THE GREEK NEW TESTAMENT

Sixth Revised Edition

Edited by
Hugh Houghton, Christos Karakolis,
David Parker, Stephen Pisano, Holger Strutwolf,
David Trobisch, Klaus Wachtel

On behalf of the
United Bible Societies

In co-operation with the
Institute for New Testament Textual Research,
Münster/Westphalia

DEUTSCHE BIBELGESELLSCHAFT
UNITED BIBLE SOCIETIES

The Greek New Testament
First–Fifth Editions 1966–2014
Sixth Revised Edition 2025

> The Deutsche Bibelgesellschaft (German Bible Society) is a not-for-profit religious foundation. It is engaged in translation of the Scriptures, the development and dissemination of innovative Bible editions, and in giving all people access to the message of the Bible. It bears international responsibility for scholarly Bible editions in the original languages. Through its international programs, in collaboration with other members of the United Bible Societies, it supports translation and distribution of the Bible worldwide, so that everyone can read the Bible in their own language. You can find more information at www.die-bibel.de

ISBN 978-3-438-05310-7

The Greek New Testament
Sixth Revised Edition
© 2025 Deutsche Bibelgesellschaft, Stuttgart

Information on Product Safety:
Deutsche Bibelgesellschaft, Balinger Str. 31A,
70567 Stuttgart, Germany, product-safety@dbg.de

All rights reserved
Printed in Germany
11.2025

TABLE OF CONTENTS

Preface VII

Introduction 1*

I. History and Background 1*
    1. The Textual Tradition of the New Testament 1*
    2. The Nature, Purpose and History of this Edition .. 4*

II. The Editorial Text 9*
III. The Textual Apparatus 12*
    1. The Selection and Evaluation of Variation Units ... 12*
    2. The Selection of Witnesses 14*
    3. Symbols Used in the Apparatus 20*

IV. Lists of Witnesses 22*
    1. Greek Papyri 23*
    2. Greek Majuscules 28*
    3. Greek Minuscules 35*
    4. Early Versions 40*
        4.1 Latin 40*
        4.2 Syriac 41*
        4.3 Christian Palestinian Aramaic 42*
        4.4 Coptic 43*
        4.5 Ethiopic 44*
        4.6 Gothic 45*
    5. Ancient Writers 45*

V. Biblical Abbreviations 47*

Selected Bibliography 48*

Text and Apparatus

Κατὰ Μαθθαῖον	1
Κατὰ Μᾶρκον	85
Κατὰ Λουκᾶν	137
Κατὰ Ἰωάννην	225
Πράξεις Ἀποστόλων	294
Ἰακώβου ἐπιστολή	370
Πέτρου ἐπιστολὴ πρώτη	378
Πέτρου ἐπιστολὴ δευτέρα	387
Ἰωάννου ἐπιστολὴ πρώτη	393
Ἰωάννου ἐπιστολὴ δευτέρα	402
Ἰωάννου ἐπιστολὴ τρίτη	404
Ἰούδα ἐπιστολή	406
Πρὸς Ῥωμαίους	409
Πρὸς Κορινθίους α'	440
Πρὸς Κορινθίους β'	469
Πρὸς Γαλάτας	488
Πρὸς Ἐφεσίους	499
Πρὸς Φιλιππησίους	511
Πρὸς Κολοσσαεῖς	519
Πρὸς Θεσσαλονικεῖς α'	528
Πρὸς Θεσσαλονικεῖς β'	535
Πρὸς Ἑβραίους	539
Πρὸς Τιμόθεον α'	561
Πρὸς Τιμόθεον β'	569
Πρὸς Τίτον	575
Πρὸς Φιλήμονα	579
Ἀποκάλυψις Ἰωάννου	581

Textual Changes Between the Fifth and Sixth Editions ... 621
Index of Quotations 627
Principal Symbols and Abbreviations 634
Maps 637

PREFACE

This United Bible Societies (UBS) edition of the Greek New Testament is intended for the use of Bible translators and students throughout the world. It presents an editorial text identical to that of the corresponding Nestle-Aland hand edition, whose more detailed apparatus provides information for scholars of the history and transmission of the New Testament text. The Greek text and selection of variation units in this edition offer the material that the editors consider to be necessary to understand, revise, and create contemporary translations of the New Testament, and to introduce readers to the tradition of these writings in their original language.

The present Sixth Edition (UBS6) is the result of an extensive period of revision which began with the appointment of a new Editorial Committee in 2011. It takes into account feedback from translators and users of the Fifth Edition (2014) as well as new discoveries for the history of the text and the appearance of fresh editions. It builds on the process of revision adopted in the Fifth Edition, namely the integration of information from the major critical edition currently in preparation, the *Novum Testamentum Graecum Editio Critica Maior* (ECM). While the Fifth Edition incorporated the results of the ECM of the Catholic Epistles (2013²), the Sixth Edition reflects the publication of the ECM of the Gospel according to Mark (2021), the Acts of the Apostles (2017) and Revelation (2024). In these books, the present edition contains a new editorial text and fully revised apparatus. It is anticipated that the next edition will incorporate similar updates from ECM volumes on the other Gospels and Pauline Epistles which are currently in preparation.

While the text of the other biblical books remains unaltered, several thoroughgoing changes have been introduced. The sequence of writings has been adjusted, bringing it into greater accordance with Greek manuscript tradition: the Catholic Epistles now appear between the Acts of the Apostles and the Pauline Epistles, and Hebrews is placed after 2 Thessalonians and before the Pastoral Epistles. The Committee has reviewed the selection of variation units in every book, placing the focus on variants with an impact on meaning. Greater attention is paid to the Byzantine tradition, including the *Textus Receptus* which underlies many historically important translations. The presentation of witnesses has been revised: the Gregory-Aland system of numerical sigla for Greek manuscripts has been adopted throughout; individual lectionaries are no longer cited; versional witnesses have been updated to reflect current scholarly norms, including the use of *Vetus Latina* rather than *Itala*, the designation of minor Coptic dialects, and the treatment of Christian Palestinian Aramaic as a separate language rather than part of Syriac tradition; the number of early Christian writers has been reduced, especially with regard to authors writing in a language other than Greek. In keeping with a reduction in the number of Greek manuscripts cited in books for which the ECM has been published, the selection of manuscripts in the Pauline Epistles has also been reduced on the basis of the *Text und Textwert* analysis. The greater harmony with the ECM introduced by such changes will assist users who wish to use the printed volumes or electronic resources associated with that edition to explore the attestation of individual variants or additional variation units in detail.

Other changes between the Fifth and Sixth Edition include the removal of references to translations into modern languages, in order to focus on the evidence for early transmission, and the discontinuation of the Discourse Segmentation apparatus, which has been of limited usefulness to translation teams. The Cross-Reference apparatus, the Index of Allusions and Parallels and the List of Alternative Readings have been removed as being beyond the scope of a hand edition and potentially limiting in the light of recent and ongoing research. The Introduction has been rewritten, and the preliminary material reduced. A new Textual Commentary has been composed to accompany the present edition, which contains a discussion of all variation units in this volume and places where square brackets are used in the editorial text. In conjunction with this, the editorial confidence ratings at each place of variation have been redefined and, occasionally, changed.

Over the course of the preparation of this edition, the Editorial Committee has become aware of its indebtedness to a very broad range of people. In revisiting the guiding principles of the edition, we salute the energy and inspiration of Eugene A. Nida, who initiated the concept of the UBS *Greek New Testament* in 1955. We also acknowledge the extensive and longstanding contributions of our predecessors as editors, Barbara Aland, Kurt Aland, Matthew Black, Johannes Karavidopoulos, Carlo Maria Martini, Bruce M. Metzger, and Allen Wikgren, as well as the many members of the teams which contributed to their work. The present edition has been overseen by Florian Voss (Deutsche Bibelgesellschaft), who was also responsible for the Fifth Edition: his experience, dedication, and expertise have been invaluable in its production. We are extremely grateful to the publisher of this edition, the Deutsche Bibelgesellschaft, for their generous support. In addition to funding regular meetings of the editors, this included the employment of a series of postdoctoral assistants to the Committee: Gregory S. Paulson (2014–17), Theodora Panella (2017–20) and Megan L. Burnett (2020–24). The first two were also partly supported by the American Bible Society and we record our gratitude too to the Society of Biblical Literature for their contribution in facilitating the application process for these positions. In addition to recording the meetings and implementing of the Committee's decisions, these three scholars also brought important insights from their own academic work. Many UBS Global Translation Advisors gave of their time in focus groups and written submissions to the Committee, and we are especially thankful for Simon Crisp and Edgar B. Ebojo who, in turn, served as representatives of the UBS translation teams and played a full part in our meetings and deliberations. The duration of the revision process also saw changes in the composition of the Committee: prior to his appointment as an editor in 2021, Hugh Houghton was nominated as a representative for David Parker after the latter's retirement in 2018; Gregory Paulson served as the nominated representative for Klaus Wachtel in 2021–2022 and continued to participate after that time; Stephen Pisano was a member of the Committee from its inception in 2011 until he died in October 2019. As well as expressing our gratitude to all who have assisted and accompanied us on the way, we thank the UBS Committee on Translation Policy for entrusting us with the responsibility of overseeing this edition, and hope that it will meet the needs of Christian Churches worldwide and further the spread of the gospel in this generation.

HUGH HOUGHTON, Birmingham (UK)
CHRISTOS KARAKOLIS, Athens (Greece)
DAVID PARKER, Birmingham (UK)
HOLGER STRUTWOLF, Münster (Germany)
DAVID TROBISCH, Washington, DC (USA)
KLAUS WACHTEL, Münster (Germany)
June, 2025

The editors and publisher invite readers to offer feedback on this edition and suggestions for the next one at the following address: ubs6@dbg.de

INTRODUCTION

I. History and Background

1. The Textual Tradition of the New Testament

The text of the New Testament has been transmitted in a variety of ways. No autograph manuscripts, produced by those responsible for the composition of each writing, have been preserved. Instead, the earliest surviving Greek manuscripts were copied at least a century after these texts began to circulate. Such witnesses consist of fragments of books written on papyrus, preserved in the dry conditions of the Egyptian desert. So far, around 140 New Testament papyri have been discovered. The first complete copies of the Greek Bible date from around the middle of the fourth century. These are supplemented by manuscripts of individual books, or collections such as the four Gospels, the Pauline Epistles, or the Acts of the Apostles and the Catholic Epistles. The collective name for these parchment documents is "majuscules", deriving from the capital letters in which they are written. Over 300 majuscules are currently known, many of which are also fragmentary. It is only from the tenth century onwards that New Testament manuscripts start to become abundant. This follows the adoption of minuscule script as the standard form of handwriting. Most surviving witnesses are "minuscules", copied between the ninth and sixteenth century prior to the adoption of printing as the principal means of book production. Their total number is in the region of 3,000. A significant group within these are catena manuscripts, which present the biblical text alongside an exegetical commentary consisting of extracts from early Christian writers. Also from this later period come the lectionaries, compilations of passages from the Greek Bible in the order in which they were appointed to be read during Christian worship in the Byzantine rite. Some 2,500 lectionary manuscripts include portions of the Greek New Testament.

The direct evidence of Greek manuscripts is complemented by two types of indirect evidence. The first of these consists of the oldest translations of the New Testament, also known as "early versions". These comprise traditions in Latin, Syriac, Christian Palestinian Aramaic, Coptic, Ethiopic and Gothic. While these derive from early Greek documents, it is necessary to take account of the limitations of the target language in representing the source text and the possibility of paraphrase or alteration by the initial translators when considering them as evidence for the Greek text. What is more, although each of these language traditions went on to develop independently, subsequent revisions may have been undertaken on the basis of other Greek evidence, meaning that later witnesses to these versions may reflect further points of contact with direct tradition. The antiquity of these traditions means that they could provide important information about a period for which little material survives in Greek, yet the application of indirect evidence is not a straightforward task. The second type of indirect evidence is quotations of the New Testament in ancient writers. Sometimes called "patristic citations", these offer a form of biblical text which may be connected to the time and place at which the work in which they are found was composed. Such quotations could reflect the text of an ancient copy of the New Testament which no longer survives. On the other hand, their wording may have been altered through deliberate adaptation, reliance on memory, or during the course of the transmission of the host work. Careful examination is therefore required to establish the extent to which such material sheds light on the textual history of the Greek Bible, with results which are open to further discussion. Details of the early versions and ancient writers cited in this edition are given in Section IV.4 and IV.5 respectively.

The challenge facing those who seek to establish the text of the Greek New Testament is the differences between the surviving witnesses. Although the majority of minuscule manuscripts usually present the same reading, typical of later Byzantine tradition, earlier witnesses often differ from this, sometimes with multiple variant readings being attested. Textual mixture (sometimes described as "contamination") makes it impossible to establish direct relationships in the form of a stemma or family tree which would provide a clear indication of the witnesses with the oldest readings. Instead, the evidence has to be assessed at each place of variation. In order to establish the earliest attainable form of text, the most commonly used method is that of "reasoned eclecticism". This takes account of the internal evidence of language and style, transcriptional probability, and the external evidence of the age and character of individual witnesses with the goal of identifying the reading which best explains the others present in the tradition.[1] Additional approaches include the examination of genealogical coherence, made possible by the application of digital tools to a large body of data, and further computer-assisted methods. The reconstruction of the earliest text not only provides a single form for the purpose of study, exegesis, and translation but also enables the evaluation of the surviving witnesses and the development of an account of the textual history of the New Testament.

Access to New Testament manuscripts has been revolutionised by recent technological developments. It is now possible to access digitised images of many complete documents online, either on the website of the holding institution or in dedicated research collections. Particular mention should be made of the New Testament Virtual Manuscript Room (NTVMR) and the Center for the Study of New Testament Manuscripts (CSNTM).[2]

---

[1] For more on the principles of textual criticism, see further the introduction to the textual commentary which accompanies this edition (H.A.G. Houghton, *A Textual Commentary on the Greek New Testament*, Stuttgart 2025).
[2] https://ntvmr.uni-muenster.de/; https://www.csntm.org/.

The former includes a wide range of digital material, such as full text transcriptions and a database of biblical quotations. Such resources complement a traditional printed edition such as this and enable users to consult the rich surviving evidence for the ways in which the New Testament has been transmitted, copied and used across the centuries.

2. The Nature, Purpose and History of this Edition

The United Bible Societies' Greek New Testament is a hand edition for the use primarily of translators, students and pastors. It consists of an editorial reconstruction of the earliest attainable text of each writing, based on the scholarly evaluation of the surviving material. This is accompanied by a textual apparatus of the variation units which are considered most relevant for the intended users of the edition. Both of these are described more fully in the following sections. The goal of the edition is to provide easy access to the New Testament in its original language, in order to assist with the interpretation and study of these works by a wide range of users at beginner and intermediate level. To this end, a variety of aids have been provided. These include the standard modern chapter and verse indications, punctuation and accentuation reflecting contemporary practice, English section headings for quick reference, and synoptic parallels. Quotations are also indicated within the text. While these, and the paragraphing of the text, may result in a presentation which differs considerably from that of the oldest surviving documents, this format has been adopted in order to enable users to benefit from the latest research in a convenient manner.

In keeping with previous editions of this Greek New Testament, the present volume is the responsibility of an Editorial Committee appointed by the United Bible Societies. This permits the edition to reflect a consensus view of the current state of scholarship. Editorial work has proceeded in conjunction with ongoing research into the text and transmission of the Greek New Testament, especially that connected with the Institute for New Testament Textual Research at the University of Münster, Germany (INTF). The editors of the present volume are Hugh Houghton, Christos Karakolis, David Parker, Stephen Pisano (†2019), Holger Strutwolf, David Trobisch and Klaus Wachtel. They have been supported by Florian Voss from the Deutsche Bibelgesellschaft and Simon Crisp and Edgar Ebojo as representatives of the United Bible Societies. This Committee has also overseen the twenty-ninth edition of the Nestle-Aland *Novum Testamentum Graece* (NA29), a hand edition which provides a much fuller textual apparatus giving a more detailed account of the textual history of the Greek New Testament. The editorial text of these two volumes continues to be identical. Both editions also draw on the *Novum Testamentum Graecum Editio Critica Maior* (ECM), a larger scholarly edition currently in progress for all New Testament writings and which features associated electronic resources in the NTVMR.[3]

The concept of the present edition of the Greek New Testament was proposed by Eugene A. Nida in 1955, supported by five national Bible Societies.[4] Among its characteristics were the following four features: (1) a critical textual apparatus restricted for the most part to variant readings significant for translators or necessary for the establishing of the text; (2) an indication of the relative degree of certainty for each variant adopted as the text; (3) a full citation of representative evidence for each variant selected; and (4) a second apparatus giving meaningful differences of punctuation. The First Edition, published in 1966 (UBS1), was edited by Kurt Aland, Matthew Black, Bruce M. Metzger and Allen Wikgren with the participation of Arthur Vööbus during the first part of the work. The Second Edition was released in 1968 (UBS2), for

---

[3] In addition to the printed volumes referenced in the Bibliography below, the ECM apparatus is found online at https://ntvmr.uni-muenster.de/ecm.
[4] See further the article by Crisp listed in the Bibliography.

which Carlo Maria Martini joined the editorial board. More extensive revision, involving over five hundred changes to the editorial text, led to the Third Edition of 1975 (UBS3). This marked the point from which the same editorial text was shared by both the UBS and Nestle-Aland hand editions. The Fourth Edition, which appeared in 1993 (UBS4), featured a thoroughly revised textual apparatus consisting of 1,438 variation units and the replacement of the Punctuation Apparatus by a Discourse Segmentation apparatus, but the editorial text was unchanged. Its editorial board consisted of Barbara Aland, Kurt Aland, Johannes Karavidopoulos, Carlo Maria Martini and Bruce Metzger, and Jan de Waard succeeded Eugene Nida as the representative of the United Bible Societies. The changes in the Fifth Edition of 2014 (UBS5), overseen by the INTF, consisted of the revision of the text and apparatus of the Catholic Epistles based on the ECM and the introduction of selected modern translations into the apparatus. A Textual Commentary was published in 1971 by Bruce M. Metzger to accompany UBS3, with a second edition appearing in 1994 in conjunction with UBS4.

As mentioned above in the Preface, the present Sixth Edition (UBS6) incorporates a number of extensive changes. Among the most obvious are two alterations to the sequence of writings so as to reflect the order of books both in the earliest Greek manuscripts and a significant proportion of later witnesses: the Catholic Epistles are now placed between the Acts of the Apostles and the Pauline Epistles, while Hebrews follows 2 Thessalonians and precedes the Pastoral Epistles and Philemon.[5] The previous order, deriving from Latin biblical tradition, was introduced by Erasmus in his influential bilingual edition of the New Testament published in 1516. The editorial text and apparatus of three books have been revised on the basis of the volumes of the *Novum Testamentum Graecum Editio*

---

[5] For more on the position of Hebrews, see the final section of the chapter by Morrill and Schmid in the Bibliography.

Critica Maior which have appeared since UBS5: the Acts of the Apostles (ECM III, 2017), the Gospel according to Mark (ECM I.2, 2021), and Revelation (ECM VI, 2024). This has resulted in a total of 165 changes to the text: more details are given in the following section, and a full listing is provided in an appendix (pp. 621–626). In order to match the ECM and provide consistency, numerical sigla have been adopted for all Greek majuscule manuscripts: For example, Codex Vaticanus is indicated by 03 rather than B. Both sigla are provided in the list of witnesses in Section IV.2 below. The selection of variation units has once again been revised across the whole volume, resulting in a total of 1,017 entries in the textual apparatus. In conjunction with the new Textual Commentary, the confidence rating for the selection of the editorial text has been reviewed at each place of variation. As well as updates to the apparatus in order to take account of important recent finds (up to Papyrus 141), the selection of Greek manuscripts in the Pauline Epistles has been revised on the basis of the *Text und Textwert* analysis. The Discourse Segmentation apparatus has been removed, with great reluctance on the part of the Committee, because feedback from translators indicated that it was not widely used. Likewise, the Cross-Reference apparatus and the citation of selected modern translations have also been discontinued. Individual lectionaries are no longer cited, because a representative selection appears in the ECM: instead, when they differ from the Byzantine tradition, or when that tradition is split, they are indicated by the group siglum *Lect*. The importance of the *Textus Receptus* for historical translations is reflected in its inclusion in the apparatus when it differs from the Byzantine reading or when that tradition is split. Several changes have been made to the treatment of early versions: the sigla to indicate Latin manuscripts have been brought into line with those of other languages, the designation of minor Coptic dialects has been revised, Gothic has been introduced from the ECM when available and Christian Palestinian Aramaic is now treated as a separate language rather than as part of Syriac tradition. References to three later language traditions (Armenian, Georgian and Old Church Slavonic) have been removed because these appear to be of limited value for the reconstruction of the earliest Greek text. The selection of ancient writers has been reduced so as to focus on early Greek sources, given that Latin authors are covered by the broader reference to Latin tradition. The Index of Allusions and Parallels and the List of Alternative Readings have been removed. The former was considered to be unduly limiting in the light of recent and ongoing research, while extending the latter to include all the split guiding lines in the published ECM editions would have made it excessively long; in any case this information is provided in the ECM.

It is hoped that these changes have made this edition more focused and user-friendly. The publication of the ECM and the development of online resources have enabled the Committee to concentrate this printed volume on the immediate requirements of its intended readership, while developing continuity with these more advanced research tools for users who wish to pursue further study. At the same time, it should be remembered that, like its predecessor, this Sixth Edition is a hybrid between writings which have appeared in the ECM (now comprising Mark, Acts, Catholic Epistles, Revelation) and those which are essentially unchanged from UBS3 (Matthew, Luke, John, Pauline Epistles). Work is in progress on the ECM of all these remaining books of the New Testament, and it is envisaged that these will be incorporated into a future release of this hand edition.[6] One of the goals of the present installment is to facilitate the transition to this fully consistent arrangement, while making the findings and achievements of the last decade of scholarship more widely available. Even then, there is much which remains provisional about this edition: the amount and pace of recent research activity, and the advances made possible

---

[6] In addition to the NTVMR, work in progress may be seen at www.iohannes.com and www.epistulae.org.

through work on the ECM means that there is still plenty to discover about the textual transmission and history of the Greek New Testament. This volume is intended to introduce readers to these riches, and to advance their appreciation of these remarkable writings and how they have been passed on from generation to generation.

II. The Editorial Text

The editorial text is presented as the earliest attainable form of the New Testament in Greek, determined on the basis of all the surviving evidence. As noted above, the Editorial Committee has chosen to adopt the reconstructed text of the published volumes of the ECM for Mark, Acts, the Catholic Epistles and Revelation. This is characterised by its editors as the "Initial Text" (*Ausgangstext*), representing the probable starting point for the textual tradition through the application of the Coherence-Based Genealogical Method (CBGM).[7] In the other books (Matthew, Luke, John, Pauline Epistles), the text remains unchanged from the corrected Third Edition (UBS3), consistent with UBS4 and UBS5. Although it would have been possible to introduce occasional changes, the editors preferred to follow the practice of UBS5 and decided not to risk anticipating the results of the preparation of the ECM for these writings. In this way, the consistency between the two hand editions has been maintained, with the text of the present volume matching that of NA29. Changes between the editorial text of the ECM and the previous hand editions (NA28/UBS5) are listed in full in the relevant volume of the ECM and also in an appendix below. It should be noted that, when the ECM editorial text has a split guiding line indicating that it was impossible to decide on the editorial text, the hand editions always follow the top

---

[7] For more on the different designations of texts of the Greek New Testament, see the works by Epp and Holmes cited in the Bibliography. On the CBGM, see the items by Mink, Wachtel and Wasserman and Gurry.

reading of the split line.[8] This usually matches the reading of the preceding edition.

The New Testament text is presented in a wide variety of formats in the surviving manuscripts, which cannot straightforwardly be replicated in a printed volume. This edition continues the practice of its precursors in promoting the convenience of users by printing the editorial text in lowercase type, with modern accentuation and punctuation and the standard system of chapters and verses.[9] Notwithstanding the prevalence of abbreviations for certain key Christian terms (*nomina sacra*) and numerals in scribal tradition, these have not been adopted here. Although they are indicated in the ECM of Revelation, the Committee preferred to maintain the same practice throughout the volume. The paragraphing of the editorial text is also based on modern principles. There have been a few minor adjustments to ensure parity between UBS6 and NA29. This has occasionally involved changes to the English section headings, provided to simplify navigation for non-expert readers, in order to make sure that they reflect the contents of the following passages. These largely correspond to the headings of the New Revised Standard Version updated edition (NRSVue) and of the Nestle-Aland Greek-English edition. Cross-references to parallel passages are found immediately under the section headings (see Section V for a key to the abbreviations).

Superscript numbers in the text refer to entries in the textual

---

[8] The practice of indicating all split guiding lines in the hand editions by a superscript diamond (♦) in the editorial text has been discontinued. Diamonds continue to be used in the confidence ratings for such apparatus units (see below).

[9] There have been a few changes to the punctuation in order to make UBS6 and NA29 identical. The practice of the present edition is only to use capital letters at the beginning of paragraphs and for proper nouns. Although the hand editions usually follow the punctuation of the ECM volumes when available, this has not been adopted for Revelation where the ECM introduces a different scheme of punctuation.

apparatus. These are in series, beginning afresh with each chapter. The number is normally placed after the final word in the variation unit.

Italic type is used to identify direct quotations. The references are given in the margin (as detailed in Section V; see also pp. 627–633); when verse numbers in English editions differ from the Hebrew Old Testament, the numbering of the NRSV is followed. Users should note that, even when the Greek Septuagint is specified as a source (LXX), the verse numbers may not correspond to those in editions of the Septuagint. Quoted poetic passages and passages with a clear formal structure are indented, as in the preceding editions.

[ ] Brackets in the text indicate particular doubt as to whether the enclosed word, words, or parts of words are to be reconstructed as the earliest form of text. These are only present in the writings for which the text of previous editions continues to be adopted. Even so, the Editorial Committee endorses the absence of brackets from a reconstructed text, as practised in the ECM. For this reason, there are no brackets in the editorial text of Mark, Acts, the Catholic Epistles and Revelation. The editorial level of confidence regarding text in brackets is comparable to that of a C or D rating in the textual apparatus (see below). Although not all instances of brackets were deemed significant enough to have a corresponding entry in the textual apparatus of this volume, each is described and discussed in the Textual Commentary. As part of the revision of the confidence rating of each variation unit, however, the opportunity was taken to remove some brackets from Matthew, Luke, John and the Pauline Epistles where the present Editorial Committee felt that their presence was difficult to justify.

⟦ ⟧ Double brackets in the text indicate that the enclosed passages are not considered to be a part of the earliest text, but additions in early stages of the tradition. They are included with the text in this way because of their antiquity and the position they have traditionally enjoyed in the churches. This marking is found at the following passages: Mt 17.21; Mt 18.11; Mt 23.14;

Mk 7.16; Mk 9.44; Mk 11.26; Mk 15.28; Mk 16.8 (Short Addition); Mk 16.9–20 (Long Addition); Lk 17.36; Lk 22.43–44; Lk 23.17; Lk 23.34a; Jn 5.4; Jn 7.53–8.11; Ac 8.37; Ac 15.34; Ac 24.6–8; Ac 28.29; Ro 16.24.

III. THE TEXTUAL APPARATUS

1. The Selection and Evaluation of Variation Units

The selection of variation units for the textual apparatus has been thoroughly revised in this edition. These entries comprise only a small proportion of the textual variation: users wishing to find information about the transmission of the text outside these units should consult NA29 and the ECM. Units were chosen for the apparatus based on the following considerations:

1. The difference from the editorial text should be translatable and of significance for translators, as often shown in footnotes in Bibles.
2. An alternative reading should be of significance for exegesis, as shown in commentaries.
3. Variants should be of pedagogical interest regarding the textual transmission.
4. The reading of the majority of manuscripts may differ significantly from the editorial text.

None of these four criteria was applied without regard to the others. In addition, it was agreed that singular readings (i.e. variants only attested in a single surviving witness) should usually not constitute a variation unit. The units for each book were evaluated by two nominated representatives and the Editorial Committee discussed all suggestions for changes, with a vote taken if necessary. As a result of this process, multiple variation units cited in the previous edition (UBS5) were removed and others were introduced. In a few cases, the extent of existing units has been changed for clarity. Numerous suggestions for new units were considered but rejected. The net result is that the present edition presents just over one thousand variation units, of which 138 were not included in UBS5. All of these are discussed in the new Textual Commentary, as are the instances of square brackets in the editorial text (mentioned above).

The rating system to indicate the level of confidence in the reconstruction of the editorial text at each variation unit is a feature of the UBS edition which has proved enduringly popular with users despite the misgivings of the Editorial Committee: such judgments are often subjective and risk homogenising different criteria and considerations. Changes to the editorial text and the production of a new Textual Commentary provided an opportunity to review the definition of these ratings, add them for new units, and adjust existing ones which were felt to be unsustainable. There are five categories, which are indicated at the beginning of each variation unit. They are described as follows:

{A} The Committee is confident in this reconstruction of the text.
{B} The Committee is fairly confident in this reconstruction of the text.
{C} The Committee is doubtful about this reconstruction of the text.
{D} The Committee is extremely doubtful about this reconstruction of the text.
♦   A decision on the reconstruction of the text was left open.

The final category, marked with a diamond, corresponds to the use of the split guiding line in the ECM, when two or more readings are considered equally likely to be the initial text. Each of these readings in the apparatus is indicated by a diamond preceding the Greek text. Only a small number of the split guiding lines in the ECM are reported in the textual apparatus of this edition. All instances of square brackets in the editorial text correspond to a confidence rating of {C} or {D}, whether or not they are accompanied by an entry in the textual apparatus.

2. The Selection of Witnesses

The overall selection of witnesses in the textual apparatus is to provide information about the key sources for the reconstruction of the editorial text. The range cited in each New Testament writing corresponds to the hybrid nature of the present edition. For those taken from the ECM (Mark, Acts, Catholic Epistles, Revelation), the choice of witnesses corresponds to those editions. The application of the Coherence-Based Genealogical Method (CBGM) has made it possible to identify the Greek manuscript texts for which the Initial Text has the highest rank among their potential ancestors, and witnesses have been selected accordingly. These are listed below, along with the representatives used to establish the Byzantine text.[10] In the other books, a representative selection of Greek manuscripts is provided based on the *Text und Textwert* analysis used to choose manuscripts for the ECM. Likewise, the citation of evidence from early versions and ancient writers has been adopted from the ECM for the relevant writings, and elsewhere carried over from UBS5. In both cases, the principles of selection for these subgroups have been applied as set out below.

The textual apparatus is constructed as a positive apparatus. This means that each of the chosen witnesses is cited for every unit in which it is available. The siglum *Byz* is a collective indication of the Byzantine text found in the majority of Greek minuscule manuscripts. If one of the selected manuscripts is not cited in the textual apparatus, it either corresponds to the Byzantine text or is not legible or extant. Lectionaries are grouped under the collective siglum *Lect*. They appear only in units when the Byzantine text is split or when lectionaries differ from the Byzantine text. The *Textus Receptus (TR)*, likewise, is indicated solely when the Byzantine text is split or when it differs from the Byzantine text. As it is not always possible to connect early versions with specific readings, these sources are only cited when they can confidently be assigned to a Greek

---

[10] The online interface for the CBGM is at https://ntg.uni-muenster.de/.

variant. In many cases, there is variation within the language tradition which means that part of the evidence supports one Greek reading and another part supports a different reading. Ancient writers are only mentioned when they provide secure evidence. The practice of providing a numerical indication of the proportion of quotations which support each reading has been discontinued. Variant readings which are only attested in ancient writers are not included in the apparatus.

The witnesses are cited in the following groups: Greek papyri (beginning with 𝔓); Greek majuscules (beginning with 0); Greek minuscules (including the manuscript families f^1 and f^{13}); the Byzantine text; the *Textus Receptus*; Greek lectionaries; early versions (in the order Latin, Syriac, Christian Palestinian Aramaic, Coptic, Ethiopic, Gothic); ancient writers. Within each group, manuscripts are given in numerical order. The first reading in the variation unit always corresponds to the reading of the editorial text, with subsequent alternatives ordered according to their broad similarity to this reading. The use of parentheses ( ) around a witness siglum indicates that a witness has insignificant differences from the reading cited. More significant differences are sometimes included within the parentheses: when witnesses from different groups agree in such a difference, they are brought together within the parentheses instead of remaining in their normal order.

The selection of Greek manuscripts from the volumes of the ECM is as follows:

Gospel according to Mark: 𝔓^{45}, 𝔓^{84}, 𝔓^{88}, 𝔓^{137}, 01, 02, 03, 04, 05, 011, 019, 022, 032, 037, 038, 042, 044, 064, 067, 072, 083, 099, 0103, 0104, 0131, 0167, 0184, 0187, 0188, 0233, 0250, 0274, 0292, f^1, f^{13}, 3, 18, 33, 35, 105, 261, 351, 565, 700, 892, 954S, 1342, 2202. Of these, the following are not listed when they agree with the Byzantine reading: 𝔓^{84}, 02, 011, 022, 042, 064, 099, 0103, 0104, 0167, 0233, 0250, 3, 18, 35, 105, 261, 351, 954S, 2202.

Acts of the Apostles: 𝔓^8, 𝔓^{29}, 𝔓^{33}, 𝔓^{38}, 𝔓^{41}, 𝔓^{45}, 𝔓^{48}, 𝔓^{50}, 𝔓^{53}, 𝔓^{56}, 𝔓^{57}, 𝔓^{74}, 𝔓^{91}, 𝔓^{112}, 𝔓^{127}, 01, 02, 03, 04, 05, 08, 044,

048, 057, 066, 076, 077, 093, 095, 096, 097, 0140, 0165, 0166, 0175, 0189, 0236, 0244, 0294, 0304, 1, 18, 33, 35, 81, 181, 307, 330, 398, 424, 614, 623, 1175, 1241, 1409, 1642, 1739. Of these, the following are not listed when they agree with the Byzantine reading: $\mathfrak{P}^{57}$, 077, 0166, 0294, 1, 18, 35, 330, 398, 424, 1241.[11]

Catholic Epistles: $\mathfrak{P}^9$, $\mathfrak{P}^{20}$, $\mathfrak{P}^{23}$, $\mathfrak{P}^{54}$, $\mathfrak{P}^{72}$, $\mathfrak{P}^{74}$, $\mathfrak{P}^{78}$, $\mathfrak{P}^{81}$, $\mathfrak{P}^{100}$, $\mathfrak{P}^{125}$, 01, 02, 03, 04, 025, 044, 048, 5, 33, 81, 307, 436, 442, 642, 1175, 1243, 1448, 1611, 1735, 1739, 1852, 2344, 2492. Also the following in individual writings: 88 (Jude), 1881 (1 John). As the representatives used to establish the Byzantine text vary from writing to writing, they have not been listed here.

Revelation: $\mathfrak{P}^{18}$, $\mathfrak{P}^{24}$, $\mathfrak{P}^{43}$, $\mathfrak{P}^{47}$, $\mathfrak{P}^{85}$, $\mathfrak{P}^{98}$, $\mathfrak{P}^{115}$, 01, 02, 04, 025, 0163, 0169, 0207, 0308, 0326 82, 254, 1006, 1611, 1637, 1854, 2019, 2050, 2053, 2080, 2329, 2344, 2846. Of these, the following are not listed when they agree with a Byzantine reading: 82, 1849, 2081, 2138, 2595, 2814.

For the Pauline Epistles, all papyri are included (apart from $\mathfrak{P}^{99}$, which is no longer considered to be a direct witness to the New Testament), along with the following Greek majuscules and minuscules:

01, 02, 03, 04, 06, 012, 015, 016, 018, 020, 025, 048, 081, 082, 088, 098, 0111, 0121, 0150, 0159, 0172, 0185, 0198, 0199, 0201, 0208, 0220, 0223, 0225, 0240, 0243, 0254, 0270, 0278, 0285, 6, 33, 81, 256, 263, 365, 1175, 1506, 1573, 1739, 1881, 1962, 2127, 2464. Of these, 018 and 020 are not listed when they agree with the Byzantine reading.

In the remaining books, the Greek manuscript witnesses are included in the lists given in Section IV below. Two families of manuscripts are cited in the Gospels: Family 1 (f^1; consisting of 1, 118, 131, 209, 1582, and others) and Family 13 (f^{13}; consist-

---

[11] Although $\mathfrak{P}^{136}$, first published after the appearance of the ECM, would have been added to this list, it is not extant in any of the variation units in UBS6.

ing of 13, 69, 124, 174, 230, 346, 543, 788, 826, 828, 983, 1689, 1709, and others). For these the following rule is observed: the leading manuscripts 1 and 13, and also 828, are cited separately when they support an independent variant in contrast to the remaining members of their respective groups which support a Byzantine reading. In such instances the other members of the group f^1 are subsumed under the symbol *Byz*; the group symbol f^{13}, however, is retained even when the leading manuscript 13 reads independently.

The Byzantine reading, *Byz*, corresponds in most cases to the reading of the majority of extant Greek witnesses (sometimes called the "Majority Text"). In the ECM, the Byzantine form has been calculated on the basis of the agreement of a majority of selected manuscripts representative of the late Byzantine text. Those used for Mark, Acts and Revelation are detailed above. In addition, the ECM identifies other manuscripts which are predominantly Byzantine in their readings. Those cited in this edition are indicated on pages 15*–16* above. These manuscripts are cited only when they differ from the Byzantine reading. Sometimes, in cases of division between the representative manuscripts, a single Byzantine reading cannot be reconstructed. In such cases, the split tradition is marked by the superscript [pt] (for "part"). On these occasions, the representative manuscripts and the other Byzantine witnesses are cited in full. In books for which the ECM is not available and some witnesses which are normally classified as Byzantine differ from the Byzantine reading, those which continue to support the Byzantine reading are listed in brackets after the siglum *Byz*. The brackets are also used to enumerate witnesses when the Byzantine tradition is split. The most famous printed edition of the Byzantine tradition is the *Textus Receptus* (*TR*; for the Oxford 1873 edition, see under [Lloyd] in the Bibliography). Where the text of this edition differs from the Byzantine reading, or where the Byzantine tradition is split, this is indicated in the apparatus.

As noted above, Greek lectionaries are cited in this edition under the collective siglum *Lect*. Differences within this group of witnesses are indicated by the superscript ᵖᵗ (for "part"). Like the *TR*, *Lect* is only cited when the lectionary text differs from the Byzantine reading, or when the Byzantine tradition is split. The Editorial Committee decided that the extensive citation of individual lectionaries was superfluous in a hand edition, not least because the lectionary tradition appears to have developed at a relatively late stage and the ECM only cites a representative selection. Further study of the large number of surviving lectionaries and the development of their biblical text is a desideratum.

The six early versions cited represent the earliest translations of the New Testament directly from Greek sources: Latin (lat), Syriac (sy), Christian Palestinian Aramaic (cpa), Coptic (co), Ethiopic (eth) and Gothic (got). Further information about each of these traditions and their subdivisions is provided in Section IV.4 below. As with the other types of witness, this evidence has been updated from the ECM for the volumes which have so far been published. Gothic is only currently cited in the Gospel according to Mark. It should be noted that the citation of Latin manuscripts and Latin writers has been considerably reduced. This is in keeping with the findings of the *Vetus Latina* edition that, apart from the initial Old Latin translation and the Vulgate revision, points of contact between Latin and Greek tradition are relatively rare: citing multiple Latin sources which all represent the same point of contact is excessive in an edition of the Greek text.

The list of ancient writers included in this edition, provided in Section IV.5, focusses on those writings in Greek before the fifth century. Although later writers may also shed light on the textual history, this secondary evidence was considered too detailed for a hand edition: it is provided in the ECM, which is also linked to full-text databases of biblical quotations.[12] The

---

[12] See http://intf.uni-muenster.de/patristik and www.purl.org/itsee/citations. Further lists of biblical quotations are available at www.biblindex.org.

only Latin writer who has been retained is Tertullian, because most of his quotations are thought to be direct translations from a Greek source. References are restricted to verbatim citations which clearly relate to a specific New Testament passage: paraphrases, adaptations, allusions, and conflated or harmonised quotations are not included. In keeping with the practice of the ECM, quotations are included from the Latin translations of Irenaeus and Origen since these transmit large portions of early material which would otherwise have been lost. The names are given in approximate chronological order. On certain occasions, quotations from earlier sources preserved in ancient writers are indicated (such as the evidence for Marcion's text transmitted in Tertullian and Epiphanius).[13] The only exception is Theodotus the Gnostic, who is cited with the symbol Clement[from Theodotus] in order to remind the reader that in the *Excerpta ex Theodoto* it is not always possible to distinguish between the original citation and Clement's editorial hand. There are few, if any, fragments remaining of the Diatessaron, an early harmony of the four gospels. The majority of the evidence for this is in languages other than Greek (notably the commentary by Ephraim the Syrian). Given the difficulty of confidently reconstructing this work and its relatively small contribution to the history of the Greek text, it has not been included in the textual apparatus.

Since a very large amount of evidence survives for the text of the New Testament, editions generally avoid adopting or reporting conjectures (scholarly proposals for readings which have been lost from the tradition). However, where a reading in the apparatus is not known to be attested by any surviving witness, this is indicated as a conjecture.

---

[13] See further the items by Schmid and Roth in the Bibliography.

3. Symbols Used in the Apparatus

The following symbols and abbreviations are used to modify witnesses in the textual apparatus. For details of the witness sigla themselves (including the subtraditions within early translations), see Section IV.

*	The original reading of a manuscript (when the reading of a manuscript has been corrected); correlated to ^{c} or ^{1,2,3}.
c	The reading of the corrector of a manuscript; correlated to *.
1,2,3,c	Successive correctors of a manuscript in chronological sequence to the extent this can be determined. The symbol ^{c} at the end of the sequence refers to the latest corrector. Correlated to *. In Codex Sinaiticus, corrector 2 is sometimes split into 2a and 2b.
( )	Parentheses indicate the presence of a negligible difference from the reading for which the enclosed witnesses are cited.
[ ]	Brackets enclose certain selected Byzantine manuscripts immediately following the symbol *Byz* (see above p. 17*). When the original or corrected reading of 13 or 828 differs from f^{13}, the correlative witness for the group is bracketed with the sign * or ^{c} following the group symbol (cf. Lk 22.43-44).
?	An indication of doubt as to whether the witness supports the given reading. In the case of early translations, this may be used to indicate a possible retroversion into Greek which cannot be verified.
acc. to	A citation which is preserved within another source ("according to").
com	Citations in a running commentary when it differs from the biblical text of the witness (^{txt}) provided with the commentary.
dub	A citation whose attribution to the given source is dubious.

ed(d)	A reading from the editorial text of a Christian writer when it differs from the manuscript tradition; correlated to ^{pap}.
gr	A citation from a Greek fragment of the work of an ancient writer which is preserved complete only in a translation.
lat, sy, arm, slav, arab	A Latin, Syriac, Armenian, Slavonic, or Arabic translation of a work by a Greek writer which has not survived complete in its original form.
lem	A citation from a lemma, the text of the New Testament which precedes the commentary (^{com}) in a commentary manuscript or ancient writer.
LXX	A quotation whose text is taken from the Greek Septuagint. In the apparatus, the verse numbering of these references corresponds to that of editions of the Septuagint, which may differ from modern forms of the Old Testament used for the references in the margin.
mg	Textual evidence contained in the margin of a manuscript; correlated to * or ^{txt}.
ms(s)	A reading attested by individual manuscripts within a broader tradition (e. g. an early translation). In ancient writers, this indicates a difference in the textual tradition from the edited text.
MT	Verse numbering in the Masoretic Text of the Hebrew Scriptures.
pap	A reading from the papyrus stage of the tradition of a Christian writer when it differs from the editorial text of the work; correlated to ^{ed}.
pt	One part of the evidence when a group of witnesses is divided. Accordingly this symbol always appears at least twice in a given set of variants.
[sic]	An abnormality reproduced exactly from the original.
supp	A portion of a manuscript supplied by a later hand where the original is missing.

txt	The biblical text of a witness when it differs from a citation in a running commentary (^{com}), a marginal reading (^{mg}), or a variant reading ($^{v.\,r.}$).
v. r.	A variant reading specifically designated in a manuscript as an alternative; correlated to ^{txt}.
vid	The apparent reading of a witness where the state of its preservation or other factors make complete verification impossible.

IV. Lists of Witnesses

The following lists enumerate all witnesses cited in this edition, along with others which have been used in the establishment of the editorial text (for example, fragmentary witnesses which are not extant in any of the variation units).[14] Greek manuscripts are identified by their Gregory-Aland (GA) number. Fragments which have been identified as parts of the same manuscript are all cited under their current siglum: details of composite witnesses previously identified by multiple GA numbers are no longer provided here, but may be identified in the online version of the *Kurzgefasste Liste* (the official register of Greek New Testament manuscripts; see under Aland in the Bibliography) available online at https://ntvmr.uni-muenster.de/liste. Entering the "Siglum" from the tables below in the box identified as "Manuscript Num.", selecting "Name" rather than "ID" in the menu on the right and clicking on "Search" at the bottom of the search box will identify the relevant witness. The indication of contents in Greek manuscripts uses the following abbreviations:

e: Gospels   p: Pauline Epistles
a: Acts of the Apostles   r: Revelation
c: Catholic Epistles

---

[14] Essentially, the Greek manuscript lists comprise all New Testament papyri, the majuscules cited in the ECM, and the consistently-cited minuscules in NA29, along with additional manuscripts which appear in UBS6.

In some cases, especially fragments, details are given of specific books within these sections. In addition, the letter K signifies that the manuscript contains a catena commentary in one or more books. The full contents of manuscripts is given in the lists below; for details of the books for which they are cited in this edition, see Section III.2 above. Fuller information about the exact contents of Greek manuscripts is to be found in the online *Kurzgefasste Liste*.

It should be noted that the dates given for manuscripts are provisional, established on the grounds of palaeography (the style of handwriting). In some cases, there is considerable scholarly disagreement and alternative dates have been proposed. Locations are given by their English name: it may be assumed that the locations refer to Europe if an American state is not specified.

In addition to standard introductions to New Testament textual criticism, convenient overviews of each of the types of witness set out in this section are available in the chapters of *The Text of the New Testament in Contemporary Research. Essays on the Status Quaestionis*.[15]

1. Greek Papyri

Siglum	Contents	Location	Century
$\mathfrak{P}^1$	e: Mt	Philadelphia, PA	III
$\mathfrak{P}^2$	e: Jn	Florence	VI
$\mathfrak{P}^3$	e: Lk	Vienna	VI/VII
$\mathfrak{P}^4$	e: Lk	Paris	III
$\mathfrak{P}^5$	e: Jn	London	III
$\mathfrak{P}^6$	e: Jn	Strasbourg	IV
$\mathfrak{P}^7$	e: Lk	Kyiv	III/IV?
$\mathfrak{P}^8$	a	Berlin	IV
$\mathfrak{P}^9$	c: 1Jn	Cambridge, MA	III/IV

---

[15] Edited by Ehrman & Holmes; see also the items by Aland & Aland, Metzger, Parker, and Crawford & Wasserman in the Bibliography.

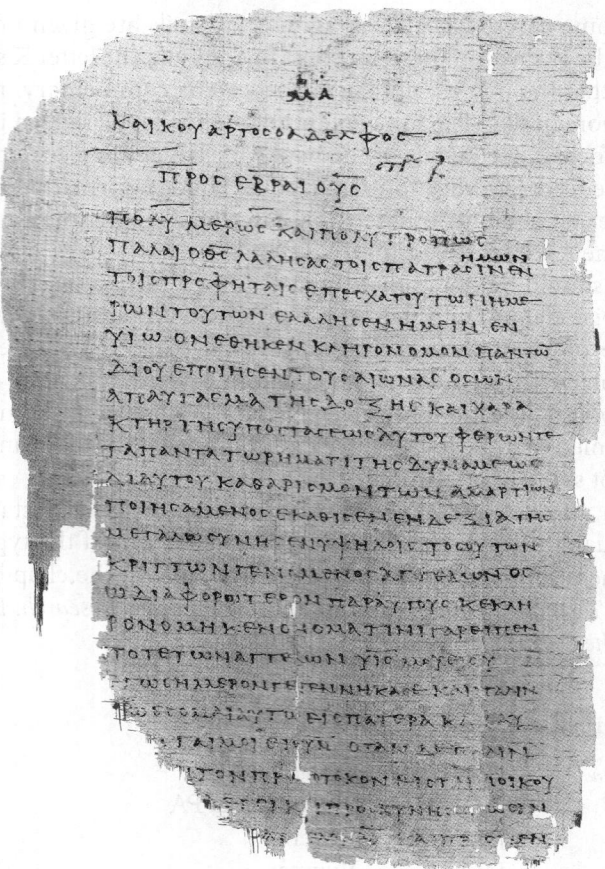

Papyrus 46 ($\mathfrak{P}^{46}$; P.Mich.inv. 6238 fol. 41r).

This third-century papyrus is the earliest surviving collection of the Pauline Epistles, arranged in descending order of length. This is page 41 of the codex, showing the end of Romans (at verse 16.23) and the title and beginning of Hebrews. The writing is in majuscule script, with minimal punctuation and space between words. An early correction above the end of the second line of Hebrews supplies the word "our" in verse 1. The plant fibres can be seen at the edges of the page where part of the material has broken off. (University of Michigan, public domain.)

Siglum	Contents	Location	Century
𝔓[10]	p: Ro	Cambridge, MA	IV
𝔓[11]	p: 1Cor	St. Petersburg; Sinai	VI
𝔓[12]	p: He	New York, NY	late III
𝔓[13]	p: He	London; Cairo	III/IV
𝔓[15]	p: 1Cor	Alexandria	IV
𝔓[16]	p: Php	Alexandria	IV
𝔓[17]	p: He	Cambridge	IV
𝔓[18]	r	London	III/IV
𝔓[19]	e: Mt	Oxford	IV/V
𝔓[20]	c: Jas	Princeton, NJ	III
𝔓[21]	e: Mt	Allentown, PA	IV/V
𝔓[22]	e: Jn	Glasgow	III
𝔓[23]	c: Jas	Urbana, IL	early III
𝔓[24]	r	New Haven, CT	IV
𝔓[25]	e: Mt	Berlin	late V
𝔓[26]	p: Ro	Dallas, TX	early VII
𝔓[27]	p: Ro	Cambridge	III
𝔓[28]	e: Jn	Los Angeles, CA	III
𝔓[29]	a	Oxford	III
𝔓[30]	p: 12Th	Ghent	II/III
𝔓[31]	p: Ro	Manchester	VII
𝔓[32]	p: Tt	Manchester	early III
𝔓[33]	a	Vienna	VI
𝔓[34]	p: 12Cor	Vienna	VII
𝔓[35]	e: Mt	Florence	late V
𝔓[36]	e: Jn	Florence	VI
𝔓[37]	e: Mt	Ann Arbor, MI	III/IV
𝔓[38]	a	Ann Arbor, MI	early IV
𝔓[39]	e: Jn	Washington, DC	III
𝔓[40]	p: Ro	Heidelberg	III
𝔓[41]	a	Vienna	VIII
𝔓[42]	e: Lk	Vienna	VII/VIII
𝔓[43]	r	London	VI/VII
𝔓[44]	e: MtJn	New York, NY	VI/VII
𝔓[45]	ea	Dublin; Vienna	III

Siglum	Contents	Location	Century
$\mathfrak{P}^{46}$	p	Dublin; Ann Arbor, MI	early III
$\mathfrak{P}^{47}$	r	Dublin	late III
$\mathfrak{P}^{48}$	a	Florence	late III
$\mathfrak{P}^{49}$	p: Eph	New Haven, CT	late III
$\mathfrak{P}^{50}$	a	New Haven, CT	IV/V
$\mathfrak{P}^{51}$	p: Ga	Oxford	early V
$\mathfrak{P}^{52}$	e: Jn	Manchester	mid II
$\mathfrak{P}^{53}$	ea: Mt	Ann Arbor, MI	III
$\mathfrak{P}^{54}$	c: Jas	Princeton, NJ	V/VI
$\mathfrak{P}^{55}$	e: Jn	Vienna	VI/VII
$\mathfrak{P}^{56}$	a	Vienna	VI
$\mathfrak{P}^{57}$	a	Vienna	IV/V
$\mathfrak{P}^{59}$	e: Jn	New York, NY	VII
$\mathfrak{P}^{60}$	e: Jn	New York, NY	VII
$\mathfrak{P}^{61}$	p	New York, NY	early VIII
$\mathfrak{P}^{62}$	e: Mt	Oslo	IV
$\mathfrak{P}^{63}$	e: Jn	Berlin	early VI
$\mathfrak{P}^{64}$	e: Mt	Oxford; Montserrat (Spain)	early III
$\mathfrak{P}^{65}$	p: 1Th	Florence	III
$\mathfrak{P}^{66}$	e: Jn	Cologny; Dublin; Cologne	early III
$\mathfrak{P}^{68}$	p: 1Cor	St. Petersburg	VII?
$\mathfrak{P}^{69}$	e: Lk	Oxford	III
$\mathfrak{P}^{70}$	e: Mt	Oxford	III
$\mathfrak{P}^{71}$	e: Mt	Oxford	IV
$\mathfrak{P}^{72}$	c: 12PeJd	Cologny; Vatican City	III/IV
$\mathfrak{P}^{73}$	e: Mt	Cologny	VII
$\mathfrak{P}^{74}$	ac	Cologny	VII
$\mathfrak{P}^{75}$	e: LkJn	Vatican City	early III
$\mathfrak{P}^{76}$	e: Jn	Vienna	VI
$\mathfrak{P}^{77}$	e: Mt	Oxford	II/III
$\mathfrak{P}^{79}$	p: He	Berlin	VII
$\mathfrak{P}^{80}$	e: Jn	Montserrat (Spain)	III
$\mathfrak{P}^{81}$	c: 1Pe	Trieste	IV

Siglum	Contents	Location	Century
𝔓⁸²	e: Lk	Strasbourg	IV/V
𝔓⁸³	e: Mt	Leuven	VI
𝔓⁸⁴	e: MkJn	Leuven	VI
𝔓⁸⁵	r	Strasbourg	IV/V
𝔓⁸⁶	e: Mt	Cologne	IV
𝔓⁸⁷	p: Phm	Cologne	III
𝔓⁸⁸	e: Mk	Milan	IV
𝔓⁸⁹	p: He	Florence	IV
𝔓⁹⁰	e: Jn	Oxford	II
𝔓⁹¹	a	Sydney; Milan	III
𝔓⁹²	p: Eph2Th	Cairo	III/IV
𝔓⁹³	e: Jn	Florence	V
𝔓⁹⁴	p: Ro	Cairo	V/VI
𝔓⁹⁵	e: Jn	Florence	III
𝔓⁹⁶	e: Mt	Vienna	VI
𝔓⁹⁷	e: Lk	Dublin	VI/VII
𝔓⁹⁸	r	Cairo	II?
𝔓¹⁰⁰	c: Jas	Oxford	III/IV
𝔓¹⁰¹	e: Mt	Oxford	III
𝔓¹⁰²	e: Mt	Oxford	III/IV
𝔓¹⁰³	e: Mt	Oxford	II/III
𝔓¹⁰⁴	e: Mt	Oxford	II
𝔓¹⁰⁶	e: Jn	Oxford	III
𝔓¹⁰⁷	e: Jn	Oxford	III
𝔓¹⁰⁸	e: Jn	Oxford	III
𝔓¹⁰⁹	e: Jn	Oxford	III
𝔓¹¹⁰	e: Mt	Oxford	IV
𝔓¹¹¹	e: Lk	Oxford	III
𝔓¹¹²	a	Oxford	V
𝔓¹¹³	p: Ro	Oxford	III
𝔓¹¹⁴	p: He	Oxford	III
𝔓¹¹⁵	r	Oxford	III/IV
𝔓¹¹⁶	p: He	Vienna	VI/VII
𝔓¹¹⁷	p: 2Cor	Hamburg	IV/V
𝔓¹¹⁸	p: Ro	Cologne	III

Siglum	Contents	Location	Century
𝔓¹¹⁹	e: Jn	Oxford	III
𝔓¹²⁰	e: Jn	Oxford	IV
𝔓¹²¹	e: Jn	Oxford	III
𝔓¹²²	e: Jn	Oxford	IV/V
𝔓¹²³	p: 1Cor	Oxford	IV
𝔓¹²⁴	p: 2Cor	Oxford	VI
𝔓¹²⁵	c: 1Pe	Oxford	III/IV
𝔓¹²⁶	p: He	Florence	IV
𝔓¹²⁷	a	Oxford	V
𝔓¹²⁸	e: Jn	New York, NY	VI/VII
𝔓¹²⁹	p: 1Cor	Oxford	II
𝔓¹³⁰	p: He	Oxford	III/IV
𝔓¹³¹	p: Ro	Oxford	III
𝔓¹³²	p: Eph	Oxford	III/IV
𝔓¹³³	p: 1Tm	Oxford	III
𝔓¹³⁴	e: Jn	Austin, TX	III/IV
𝔓¹³⁵	p: Gal	Cairo	IV/V
𝔓¹³⁶	a	Durham, NC	VI
𝔓¹³⁷	e: Mk	Oxford	II/III
𝔓¹³⁸	e: Lk	Oxford	III
𝔓¹³⁹	p: Phm	Oxford	IV
𝔓¹⁴⁰	a	Florence	V
𝔓¹⁴¹	e: Lk	Oxford	III

2. Greek Majuscules

Manuscript	Contents	Location: Codex Name	Century
01 (ℵ)	epacr	London; Leipzig; St Petersburg; Sinai: *Sinaiticus*	IV
02 (A)	eacpr	London: *Alexandrinus*	V
03 (B)	eacp	Vatican City: *Vaticanus*	IV
04 (C)	eacpr	Paris: *Ephraemi Rescriptus*	V
05 (D)	ea	Cambridge: *Bezae*	V
06 (D)	p	Paris: *Claromontanus*	VI

Codex Vaticanus (03; © Biblioteca Apostolica Vaticana, Vat. gr. 1209, p. 1512)

Codex Vaticanus was copied in the second half of the fourth century. It is a complete Greek Bible, containing the Septuagint (Greek Old Testament) followed by the New Testament. It is written in majuscule script with three columns to a page. In this image, the first column is the end of 2 Thessalonians with a closing title and a note added by a later hand in the bottom margin stating that the letter was written from Athens. The second and third columns contain the opening of Hebrews. Halfway down the second column, to the left of the biblical text, another user has written "Most ignorant wretch! Leave the old reading, do not alter it." This is because a corrector had changed ΦΑΝΕΡΩΝ ("making visible") to ΦΕΡΩΝ ("bearing") in Hebrews 1.3 (line 14 of this column). (Reproduced by kind permission of the Vatican Library.)

Manuscript	Contents	Location: Codex Name	Century
07 (E)	e	Basle: *Basiliensis*	VIII
08 (E)	a	Oxford: *Laudianus*	VI
09 (F)	e	Utrecht: *Boreelianus*	IX
011 (G)	e	London; Cambridge: *Seidelianus I*	IX
012 (G)	p	Dresden: *Boernerianus*	IX
013 (H)	e	Hamburg; Cambridge: *Seidelianus II*	IX
015 (H)	p	Athos; Kyiv; Moscow; Paris; St. Petersburg; Turin: *Coislinianus*	VI
016 (I)	p	Washington, DC: *Freerianus*	V
018 (K)	cpK	Moscow: *Mosquensis*	IX
019 (L)	e	Paris: *Regius*	VIII
020 (L)	acp	Rome: *Angelicus*	IX
022 (N)	e	Athens; Lerma; London; New York, NY; Patmos; Vatican City; St. Petersburg; Thessalonica; Vienna: *Purpureus Petropolitanus*	VI
023 (O)	e	Paris: *Sinopensis*	VI
024 (P)	e	Wolfenbüttel: *Guelferbytanus A*	VI
025 (P)	acpr	St. Petersburg: *Porphyrianus*	IX
026 (Q)	e: LkJn	Wolfenbüttel: *Guelferbytanus B*	V
028 (S)	eK	Vatican City	949
029 (T)	e: LkJn	Vatican City; New York, NY; Paris: *Borgianus*	V
032 (W)	e	Washington, DC: *Washingtonianus*	IV/V
033 (X)	eK	Munich: *Monacensis*	X

Manuscript	Contents	Location: Codex Name	Century
035 (Z)	e: Mt	Dublin: *Dublinensis*	VI
037 (Δ)	e	St. Gall: *Sangallensis*	IX
038 (Θ)	e	Tbilisi: *Coridethianus*	IX
039 (Λ)	e	Oxford	IX
040 (Ξ)	eK: Lk	Cambridge: *Zacynthius*	VI
042 (Σ)	e: MtMk	Rossano: *Rossanensis*	VI
043 (Φ)	e	Tirana: *Beratinus*	VI
044 (Ψ)	eacp	Athos: *Athous Lavrensis*	IX/X
046	r	Vatican City	X
048	acp	Vatican City	V
050	eK: Jn	Athens; Athos; Moscow; Oxford	IX
051	rK	Athos	X
057	a	Berlin	IV/V
058	e: Mt	Vienna	IV
060	e: Jn	Berlin	VI
061	p: 1Tim	Paris	V
062	p: Ga	(formerly: Damascus)	V
063	e: LkJn	Paris; Athos; Moscow	IX
064	e: MtMk	Sinai; St. Petersburg; Kyiv	VI
065	e: Jn	St. Petersburg	VI
066	a	St. Petersburg	VI
067	e: MtMk	St. Petersburg	VI
068	e: Jn	London	V
070	e: LkJn	Oxford; London, Paris; Vienna	VI
072	e: Mk	(formerly: Damascus)	V/VI
073	e: Mt	Sinai; St. Petersburg	VI
075	pK	Athens	X
076	a	New York, NY	V/VI
077	a	Sinai	V
078	e: MtLkJn	St. Petersburg	VI
079	e: Lk	St. Petersburg	VI
082	p: Eph	Moscow	VI
083	e: MkJn	St. Petersburg; Sinai	VI/VII

Manuscript	Contents	Location: Codex Name	Century
085	e: Mt	St. Petersburg	VI
086	e: Jn	London	VI
087	e: MtMkJn	St. Petersburg; Sinai	VI
088	p:1CorTt	St. Petersburg	V/VI
091	e: Jn	St. Petersburg	VI
093	ac	Cambridge	VI
095	a	St. Petersburg	VIII
096	a	St. Petersburg	VII
097	a	St. Petersburg	VII
098	p: 2Cor	Grottaferrata	VII
099	e: Mk	Paris	VII
0102	e: MtLk	Athos; Paris	VII
0103	e: Mk	Paris	VII
0104	e: MtMk	Paris	VII
0105	e: Jn	Vienna	X
0106	e: Mt	St. Petersburg; Sinai; Leipzig; Moscow; Birmingham	VII
0107	e: MtMk	St. Petersburg	VII
0109	e: Jn	Berlin	VII
0111	p: 2Th	Berlin	VII
0115	e: Lk	Paris	IX/X
0120	a	Vatican City	IX
0121	p: 12Cor	London	X
0122	p: GaHe	St. Petersburg	IX
0127	e: Jn	Paris	VIII
0130	e: MkLk	St. Gall; Zürich	IX
0131	e: Mk	Cambridge	IX
0135	e: MtMkLk	Milan	IX
0136	e: Mt	Sinai; St. Petersburg	IX
0140	a	Sinai	X
0141	eK: Jn	Paris	X
0142	apK	Munich	X
0148	e: Mt	Vienna	VIII
0150	pK	Patmos	IX

Manuscript	Contents	Location: Codex Name	Century
0156	c: 2Pe	(formerly: Damascus)	VIII
0159	p: Eph	(formerly: Damascus)	VI
0161	e: Mt	Athens	VIII
0162	e: Jn	New York, NY	III/IV
0163	r	Chicago, IL	V
0165	a	Berlin	V
0166	ac: AcJas	Heidelberg	V
0167	e: Mk	Athos; Leuven; Louvain-la-Neuve	VII
0169	r	Princeton, NJ	IV
0170	e: Mt	Princeton, NJ	V/VI
0171	e: MtLk	Florence; Berlin	early IV
0172	p: Ro	Florence	V
0173	c: Jas	Florence	V
0174	p: Ga	(formerly: Florence)	V
0175	a	Florence	V
0176	p: Ga	Florence	V
0183	p: 1Th	Vienna	VII
0184	e: Mk	Vienna	VI
0185	p: 1Cor	Vienna	IV
0186	p: 2Cor	Vienna	V/VI
0187	e: Mk	Heidelberg	VI
0188	e: Mk	Berlin	IV
0189	a	Berlin	II/III
0198	p: Col	London	VI
0199	p: 1Cor	London	VI/VII
0201	p: 1Cor	London	V
0206	c: 1Pe	Washington, DC	IV
0207	r	Florence	IV
0208	p: Col1Th	Munich	VI
0209	cp: Ro2Cor2Pe	Ann Arbor, MI	VII
0210	e: Jn	Berlin	VII
0216	e: Jn	Vienna	V
0217	e: Jn	Vienna	V

Manuscript	Contents	Location: Codex Name	Century
0218	e: Jn	Vienna	V
0219	p: Ro	Vienna	IV/V
0220	p: Ro	Washington, DC	III
0221	p: Ro	Vienna	IV
0222	p: 1Cor	Vienna	VI
0223	p: 2Cor	Vienna	VI
0225	p: 2Cor	Vienna	VI
0226	p: 1Th	Vienna	V
0227	p: He	Vienna	V
0228	p: He	Vienna	IV
0229	r	(formerly: Florence)	VIII
0233	e	Münster	VIII
0234	e: MtJn	(formerly: Damascus)	VIII
0236	a	Moscow	V
0237	e: Mt	Vienna	VI
0238	e: Jn	Vienna	VIII
0240	p: 1TimTt	Tbilisi	V
0241	p: 1Tim	Cologny	V/VI
0242	e: Mt	Alexandria	IV
0243	p: 12CorHe	Venice; Hamburg	X
0244	a	Leuven	V
0249	e: Mt	Oxford	X
0250	e	Washington, DC: *Climaci Rescriptus*	VIII
0252	p: He	Montserrat (Spain)	V
0254	p: Ga	(formerly: Damascus)	V
0256	e: Jn	Vienna	VIII
0259	p: 1Tim	Berlin	VII
0260	e: Jn	Berlin	VI
0261	p: Ga	Berlin	V
0266	e: Lk	Berlin	VI
0268	e: Jn	Berlin	VII
0270	p: 1Cor	Amsterdam	IV/V
0274	e: Mk	Cairo	V
0278	p	Sinai	IX

Manuscript	Contents	Location: Codex Name	Century
0280	p: He	Sinai	VIII
0281	e: Mt	Sinai	VII/VIII
0282	p: Php	Sinai	VI
0285	cp	Sinai	VI
0290	e: Jn	Sinai	IX
0292	e: Mk	Sinai	VI
0294	a	Sinai	VI/VII
0296	cp: 1Jn2Cor	Sinai	VI
0298	e: Mk	Montserrat (Spain)	VIII/IX
0299	e: Jn	Paris	X/XI?
0300	e: Mt	Cairo	VI/VII
0301	e: Jn	Münster	V
0302	e: Jn	Berlin	VI
0304	a	Paris	IX
0308	r	Oxford	IV
0309	e: Jn	Cologne	VI
0311	p: Ro	Cambridge	VIII/IX
0316	c: Jd	New York, NY	VII–X
0319	p[16]	St. Petersburg	IX
0324	e: Mt	New York, NY	V

3. Greek Minuscules

Manuscript	Contents	Location	Century/Date
1	eacp	Basle	XII
3	eacp	Vienna	XII
5	eacp	Paris	XIII
6	eacp	Paris	XIII
13	e	Paris	XIII
18	eacpr	Paris	1364
28	e	Paris	XI
33	eacp	Paris	IX

---

[16]This manuscript is a copy of GA 06, and is only cited in Rom 1.1 where GA 06 is no longer extant.

Minuscule 1 (GA 1; Basle, University Library, AN IV 1, fol. 4v)

This gospel book was copied in minuscule script in the twelfth century. The lighter text in the top and side margins comprises a section title and an indication of when the passage was read during worship (the Sunday after Christmas). Erasmus used this codex to provide the Greek text of the Gospels for his famous printed edition of 1516. He added a number of marks on the page to correct the spelling and word division; there is also an indication at the end of the fourth line where page 4 of the edition begins. Most strikingly, Erasmus has changed the first word of the page from εἶδον ("they saw") to εὗρον ("they found"), a reading in Matthew 2.11 which matches Latin tradition but is rare in Greek. (Basle University Library/e-codices.ch, public domain.)

Manuscript	Contents	Location	Century/Date
35	eacpr	Paris	XIV
61	eacpr	Dublin	XVI
69	eacpr	Leicester	XV
81	acp	Alexandria; London	1044
82	acprK	Paris	X
88	acpr	Naples	XII
91	acprK	Paris	XI
105	eacp	Oxford	XII
118	e	Oxford	XIII
124	e	Vienna	XI
131	eacpK	Vatican City	XIV
157	e	Vatican City	about 1122
174	e	Vatican City	1052
180	e	Vatican City	XII
181	acpr	Vatican City	X
205	eacpr	Venice	XV
209	eacp	Venice	e XIV, r XV
221	acp	Oxford	X
225	e	Naples	1192
230	e	El Escorial	1013
250	acprK	Paris	XI
254	acprK	Athens	XIV
256	acpr	Paris	XI/XII
261	e	Paris	XII
263	eacp	Paris	XIII
307	acK	Paris	X
330	eacp	St Petersburg	XII
346	e	Milan	XII
351	e	Milan	XII
365	eacp	Florence	XII
398	acp	Cambridge	X
424	acprK	Vienna	XI
429	acp	Wolfenbüttel	XIV
436	acp	Vatican City	XI/XII
442	acpK	Uppsala	XII/XIII

Manuscript	Contents	Location	Century/Date
543	e	Ann Arbor, MI	XII
565	e	St Petersburg	IX
579	e	Paris	XIII
597	e	Venice	XIII
614	acp	Milan	XIII
623	acpK	Vatican City	1037
629	acp	Vatican City	XIV
636	acp	Naples	XV
642	acp	London	XIV
700	e	London	XI
788	e	Athens	XI
826	e	Grottaferrata	XII
828	e	Grottaferrata	XII
892	e	London	IX
918	cpK	El Escorial	XVI
954	e	Athos	XV
983	e	Athos	XII
1006	er	Athos	XI
1010	e	Athos	XII
1071	e	Athos	XII
1175	acp	Patmos	X
1195	e	Sinai	XI
1241	eacp	Sinai	XII
1243	eacp	Sinai	XI
1292	eacp	Paris	XIII
1333	e	Jerusalem	XI
1342	e	Jerusalem	XIII/XIV
1409	eacp	Athos	XIV
1424	eacpKr	Drama	IX/X
1448	eacp	Athos	XII
1505	eacp	Athos	XII
1506	epK	Athos	1320
1573	eacp	Athos	XII/XIII
1574	e	Athos	XIV
1582	e	Athos	948
1611	acpr	Athens	XII

Manuscript	Contents	Location	Century/Date
1637	eacpr	Athos	1328
1642	eacp	Athos	1278
1689	e	Prague	before 1232
1709	e: Jn	Tirana	XII
1735	acp	Athos	X
1739	acp	Athos	X
1849	acpr	Venice	1069
1852	acpr	Uppsala	XIII
1854	acpr	Athos	XI
1881	cp	Sinai	XIV
1962	pK	Vienna	XI/XII
2019	rK	Naples	XIII
2050	r	El Escorial	1107
2053	rK	Messina	XIII
2080	acpr	Patmos	XIV
2081	rK	Patmos	XI
2127	eacp	Palermo; Philadelphia, PA	XII
2138	acpr	Moscow	1072
2202[17]	e	Elassona; Cambridge, MA	XIII
2318	cpK	Bucharest	XVIII
2329	r	Meteora	X
2344	acpr	Paris	XI
2351	rK	Meteora	X
2377	r	Athens	XIV
2464	acp	Patmos	IX
2473	ac	Athens	1634
2492	eacp	Sinai	XIV
2595	rK	Venice	XV
2814	rK	Augsburg	XII
2818	acK	Oxford	XII
2846	r	Paris	XII

---

[17] This manuscript is listed as a Byzantine witness in ECM Mark under its former number, 2607.

Note also the following manuscript groups:

f^1 "Family 1": manuscripts 1, 118, 131, 209, 1582, and others (manuscript 1 is cited separately when it reads independently, cf. above pp. 16*–17*).

f^{13} "Family 13": manuscripts 13, 69, 124, 174, 230, 346, 543, 788, 826, 828, 983, 1689, 1709, and others (manuscripts 13 and 828 are cited separately when they read independently, cf. above pp. 16*–17*).

Byz The reading of the Byzantine witnesses, i.e. the text of the great majority of all Greek manuscripts, especially of the second millennium.

Byz^K The Byzantine Koine tradition in Revelation, indicated by the agreement of 82 with either 1849 or 2138.

Byz^A The Byzantine Andreas tradition in Revelation, indicated by the agreement of 2081 with either 2814 or 2595.

Lect The text of the Greek lectionary tradition.

4. Early Versions

4.1 Latin

The earliest Latin translation of the New Testament appears to have been made around the end of the second century. This is known as the "Old Latin" or *Vetus Latina*. Although the surviving evidence within each biblical book appears to derive from a single translation, these texts developed in a variety of ways, with revisions internal to the Latin and occasional corrections on the basis of Greek witnesses. In the years 382–384, a thorough revision of the Latin Gospels against the Greek text was undertaken by Jerome. Combined with a revision of the other biblical books by another scholar around the beginning of the fifth century, this became known as the Vulgate ("common version") and constituted the later standard for Latin biblical tradition.[18] The Vulgate often provides a closer match to Greek forms than its precursors.

Even though the Vulgate represents a revision of the Old Latin version, it is customary to cite the two individually due to their separate use of Greek sources. The standard text of the fifth-century Vulgate is that of the Stuttgart Vulgate (Weber and Gryson, 2007[5]). The textual apparatus of the present edition has been revised to reflect only Vulgate manuscript variants reported in the Stuttgart Vulgate. For the Old Latin, most New Testament writings have appeared in the scholarly *Vetus Latina* edition overseen by the Vetus Latina-Institut in Beuron (see Bibliography). The remaining gaps may be supplied from editions of the Gospel manuscripts (Jülicher et al.) and the Pauline epistles (Houghton, Kreinecker, MacLachlan and Smith). It is worth noting that many Latin witnesses are "mixed texts", combining Old Latin forms with readings typical of the Vulgate. As explained in Section III.2 above, individual Latin witnesses are no longer cited in this edition because they do not reflect separate points of contact with Greek. Instead, the following sigla are used in the apparatus:

lat^{vl} Old Latin (*Vetus Latina*)
lat^{vg} Vulgate

4.2 Syriac

There are five stages to the Syriac translation of the New Testament. The Old Syriac is a translation of the four gospels produced in the third or fourth century, in contrast to the early adoption of a Syriac translation of the gospel harmony known as the Diatessaron. For many years, the Old Syriac was only known in two manuscripts, the Sinaitic Syriac and the Curetonian Syriac. Two further palimpsest fragments have recently come to light, one among the New Finds in St Catherine's Mona-

---

[18] For more on the Latin tradition, see Houghton in the Bibliography.

stery, Sinai and a page of Matthew: of these, the present edition includes only the first, in Mark alone, based on the ECM. The Peshitta is a more literal translation of the whole of the New Testament, made in the first half of the fifth century. This was followed by two revisions, the Philoxenian Syriac from the years 507/8 and the Harklean Syriac, produced by Thomas of Harqel in the year 616. The latter is a scholarly edition featuring critical symbols in the text and variant readings in the margin, some in Syriac and others in Greek. What is more, the translation is such a literal representation of the Greek that it can be connected with a group of minuscule manuscripts (especially 1505, 1611, 2138 and 2495 in the Catholic Epistles). Synoptic editions of the main Syriac traditions are provided in *Das Neue Testament in syrischer Überlieferung* and Kiraz (see Bibliography). The Syriac sigla are presented in the order in which they appear in the apparatus:

sy^c	Curetonian manuscript (Old Syriac)
sy^s	Sinaitic manuscript (Old Syriac)
sy^f	Sinai New Find manuscript (Old Syriac)
sy^p	Peshitta
sy^{ph}	Philoxenian
sy^h	Harklean Syriac (text)
sy$^{h\ with\ *}$	A Syriac reading in the Harklean text enclosed between an asterisk and a metobelos
sy^{hmg}	A Syriac variant reading in the margin of the Harklean edition, sometimes divided into sy^{hmg1} and sy^{hmg2}
sy^{hgr}	A Greek qualification in the margin of the Harklean edition relating to a Syriac reading

4.3 Christian Palestinian Aramaic

The Christian Palestinian Aramaic version (sometimes called "Syropalestinian") is a translation into the Western Aramaic dialect, written in a Syriac script (Estrangelo). The earliest attestation of this language is in a mosaic from the year 415 and it continued in use in the Melkite community until at least the seventh century. All of the surviving manuscripts are fragmentary and most are palimpsest: portions survive of both the Old and New Testament, including a lectionary corresponding to the Jerusalem form. The most recent edition is *The Christian-Palestinian Aramaic New Testament Version from the Early Period.*

cpa   Christian Palestinian Aramaic

4.4 Coptic

The Coptic tradition represents the translation of the Greek New Testament into the languages of Egypt. The principal early Christian Coptic language is Sahidic, into which the Bible was translated some time in the fourth century. This was accompanied by a host of minor dialects, including Proto-Bohairic, Achmimic, Lycopolitan and Middle Egyptian. These are identified on the basis of their orthography, grammar and lexicon, although their date and interrelation are difficult to establish. The standard language of the later Egyptian Church was Bohairic: this was a revision which may have been produced in the early seventh century and is attested in manuscripts from the ninth century onwards. As with the other early versions, this later form corresponds more closely to Greek texts.

Most of the early Coptic manuscripts are written on papyrus and are very fragmentary. A full register is provided by the *List of Coptic Biblical Manuscripts.*[19] The older editions of the Sahidic and Bohairic by Horner (see also Thompson for Sahidic) have been supplemented by numerous more recent publications, including fresh transcriptions produced in conjunction with the ECM. The following sigla are used for the Coptic dialects:

---

[19] http://intf.uni-muenster.de/smr/.

co^{sa}	Sahidic
co^{bo}	Bohairic
co^{mae}	Middle Egyptian
co^{fa}	Fayyumic
co^{ly}	Lycopolitan
co^{ac}	Achmimic
co^{pbo}	Proto-Bohairic
co^{cv}	Coptic Dialect V
co^{cw}	Middle Egyptian Fayyumic

4.5 Ethiopic

The translation into Ethiopic, also known as Geʿez, was made from Greek in the fourth century. Very few early manuscripts survive, and the text of the later ones has often been mixed with Arabic biblical tradition. The Abbā Garimā gospels are exceptions, dating to the sixth century, with striking full-page illustrations. There appear to be two forms of the New Testament text, the initial translation (termed the "A-text") and a later revision which corresponds more closely to the Byzantine tradition (the "B-text"). However, the *Novum Testamentum Aethiopice* only covers two gospels, and information about Ethiopic readings has to be gathered from a combination of individual works and manuscripts.

In the sections outside the books taken from the ECM, the Ethiopic is taken from the following editions with the agreement of all of them represented by the siglum eth alone:

eth^{ro}	The sixteenth-century Roman *editio princeps* (*Testamentum Novum ... gheez*)
eth^{pp}	London edition by Platt, based on the *editio princeps*.
ethTH	Takla Hāymānot edition (see under *Ḥaddis kidān*).
eth^{ms}	Paris, Ms. Eth. 32 (ed. Hackspill; only Mt 1–10)

4.6 Gothic

The Gothic language was used in central Europe from the third to the tenth century. The translation of the Bible took place in the middle of the fourth century, overseen by Bishop Wulfila. With the exception of the famous sixth-century Codex Argenteus of the gospels, it only survives in a few fragmentary manuscripts, most of which are palimpsests. The source for the New Testament was an early Greek manuscript in the Byzantine tradition. There are occasionally close relationships between the Gothic and Latin versions, which both circulated in North Italy.[20] The Gothic version is cited in the ECM, but is not extant in Acts, the Catholic Epistles or Revelation. As a result, information about this version is only provided in the Gospel of Mark in the present edition:

got   Gothic

5. Ancient Writers

For more on the use of this evidence, see pages 18*–19* above.

Siglum	*Writer*	*Date*[21]
Athanasius	Athanasius of Alexandria	373
Basil	Basil the Great	379
Cassianus	Julius Cassianus, writer quoted by Clement	about 170
Celsus	Writer quoted by Origen	about 178
Chrysostom	John Chrysostom	407
Clement	Clement of Alexandria	before 215
Clement[from Theodotus]	Clement of Alexandria, *Excerpta ex Theodoto*	before 215
Cyril	Cyril of Alexandria	444
Cyril-Jerusalem	Cyril of Jerusalem	386

---

[20] For more on the Gothic version, see Falluomini in the Bibliography.
[21] In the case of individuals, the date given is that of their death.

Siglum	Writer	Date[21]
Didache	Anonymous	II
Docetists	Early Christian group quoted by Hippolytus	II/III
Eusebius	Eusebius of Caesarea	339
Gregory-Nyssa	Gregory of Nyssa	394
Heracleon	Writer quoted by Origen	II
Heraclides	Writer quoted by Origen	about 245
Hippolytus	Hippolytus of Rome	235
Irenaeus	Irenaeus of Lyons	II
Justin	Justin Martyr	about 165
Marcion	Marcion of Sinope, quoted in Tertullian/Origen/Adamantius/Epiphanius	II
Marcus	Gnostic writer quoted by Irenaeus	II
Naassenes	Early Christian group quoted by Hippolytus	II/III
Perateni	Early Christian group quoted by Hippolytus	II/III
Origen	Origen of Alexandria	253/254
Peter-Alexandria	Peter of Alexandria, quoted by Cyril of Alexandria	311
Polycarp	Polycarp of Smyrna	156
Ptolemy[Flora/acc. to Irenaeus]	Ptolemy the Gnostic	II
Tertullian	Tertullian of Carthage	after 220
Theodotus	Gnostic writer quoted by Clement	II

On certain occasions, ancient writers are cited when they make comments about the text of manuscripts known to them (e.g. mss [acc. to Origen]). For superscript notes used with ancient writers, please see the appendix "Principal Symbols and Abbreviations" on pp. 634–636.

V. Biblical Abbreviations

Quotations are usually indicated with the verse numbering of modern English translations. The source of an Old Testament quotation is sometimes identified as coming from the Greek Septuagint (LXX), when its wording differs from the Hebrew Masoretic Text (MT). The following abbreviations are used:

Gn	Genesis	Mic	Micah
Ex	Exodus	Na	Nahum
Lv	Leviticus	Hab	Habakkuk
Nu	Numbers	Zph	Zephaniah
Dt	Deuteronomy	Hg	Haggai
Jos	Joshua	Zch	Zechariah
Jdg	Judges	Mal	Malachi
Ru	Ruth	Mt	Matthew
1,2 Sm	1, 2 Samuel	Mk	Mark
1,2 Kgs	1, 2 Kings	Lk	Luke
1,2 Chr	1, 2 Chronicles	Jn	John
Ezr	Ezra	Ac	Acts
Ne	Nehemiah	Jas	James
Est	Esther	1,2 Pe	1, 2 Peter
Job	Job	1,2,3 Jn	1, 2, 3 John
Ps	Psalms	Jd	Jude
Pr	Proverbs	Ro	Romans
Ec	Ecclesiastes	1,2 Cor	1, 2 Corinthians
Sol	Song of Solomon	Ga	Galatians
Is	Isaiah	Eph	Ephesians
Jr	Jeremiah	Php	Philippians
Lm	Lamentations	Col	Colossians
Eze	Ezekiel	1,2 Th	1, 2 Thessalonians
Dn	Daniel	He	Hebrews
Ho	Hosea	1,2 Tm	1, 2 Timothy
Jl	Joel	Tt	Titus
Am	Amos	Phm	Philemon
Ob	Obadiah	Re	Revelation
Jon	Jonah		

SELECTED BIBLIOGRAPHY

Aland, Kurt, *Kurzgefasste Liste der Griechischen Handschriften des Neuen Testaments*, 2nd edition (ANTF 1). Berlin/New York, 1994.

_____, and Barbara Aland, *The Text of the New Testament. An Introduction to the Critical Editions and to the Theory and Practice of Modern Textual Criticism*, 2nd edition. Grand Rapids/Leiden, 1989.

Bauer, Walter, Frederick W. Danker, William F. Arndt, Wilbur Gingrich, *A Greek-English Lexicon of the New Testament and Other Early Christian Literature*, 3rd edition. Chicago, 2000. [BDAG]

The Christian-Palestinian Aramaic New Testament Version from the Early Period: Gospels; *The Christian-Palestinian Aramaic New Testament Version from the Early Period: Acts of the Apostles and Epistles*, ed. by Christa Müller-Kessler and Michael Sokoloff (A Corpus of Christian-Palestinian Aramaic IIA–IIB). Groningen, 1998. [cpa]

Crawford, Sidnie White and Tommy Wasserman (ed.), *The Oxford Handbook of Biblical Textual Criticism*. Oxford, 2025.

Crisp, Simon, "Eugene Nida and the UBS Greek New Testament," in *Βιβλικές Μεταφράσεις: Ιστορία και Πράξη*, ed. Costas G. Tsiknakes and Maria Sik, Athens, 2021, pp. 89–105.

Ehrman, Bart D., and Michael W. Holmes (ed.), *The Text of the New Testament in Contemporary Research, Essays on the Status Quaestionis*, 2nd edition (NTTSD 42). Leiden/Boston 2013.

Epp, Eldon J., "The Multivalence of the Term 'Original Text' in New Testament Textual Criticism," *Harvard Theological Review* 92.3 (1999), pp. 245–281.

Falluomini, Carla, *The Gothic Version of the Gospels and Pauline Epistles* (ANTF 46). Berlin/New York, 2015.

Hackspill, L., "Die äthiopische Evangelienübersetzung (Math. I-X)," *Zeitschrift für Assyriologie* XI (1896), pp. 117–196, 367–388. [eth^{ms}]

Ḥaddis kidān (= New Testament). Prepared by the Ethiopian Orthodox Church Conference of Scholars and Publication Division, commissioned by Patriarch Takla Hāymānot of Ethiopia. Addis Ababa, 1975. [ethTH]

Holmes, Michael W., "From 'Original Text' to 'Initial Text': The Traditional Goal of New Testament Textual Criticism in Contemporary Discussion," in *The Text of the New Testament in Contemporary Research*, ed. Bart D. Ehrman and Michael W. Holmes, 2nd edition (NTTSD 42). Leiden/Boston 2013, 637–688.

The Holy Bible … New Revised Standard Version. Updated edition. New York, 2021. [NRSVue]

Horner, George, *The Coptic Version of the New Testament in the Northern Dialect otherwise called Memphitic and Bohairic*. 4 vols. Oxford, 1898–1905. [co^{bo}]

____, *The Coptic Version of the New Testament in the Southern Dialect otherwise called Sahidic and Thebaic*. 7 vols. Oxford, 1911–1924. [co^{sa}]

Houghton, H. A. G. *The Latin New Testament: A Guide to its Early History, Texts, and Manuscripts*. Oxford, 2016.

____, *A Textual Commentary on the Greek New Testament*. Stuttgart, 2025.

____, C. M. Kreinecker, R. F. MacLachlan and C. J. Smith, *The Principal Pauline Epistles: A Collation of Old Latin Witnesses*. (NTTSD 59). Leiden, 2019. [lat^{vl}]

Jülicher, Adolf, Walter Matzkow, and Kurt Aland, *Itala: Das Neue Testament in altlateinischer Überlieferung*. 4 vols. Berlin, 1938–1972. [lat^{vl}]

Kiraz, George A. *Comparative Edition of the Syriac Gospels. Aligning the Sinaiticus, Curetonianus, Peshîttâ and Ḥarklean Versions*, 4 vols. 3rd edition. Piscataway, 2004. [sy^s, sy^c, sy^p, sy^h]

Metzger, Bruce M. and Bart D. Ehrman, *The Text of the New Testament, its Transmission, Corruption, and Restoration*. 4th edition. Oxford, 2005; German translation of first edition, *Der Text des Neuen Testaments, Einführung in die neutestamentliche Textkritik*. Stuttgart, 1966; Japanese translation of first edition, *Shinyaku Seisho no Honmon Kenkyu*. Tokyo, 1973.

Mink, Gerd, "Contamination, Coherence, and Coincidence in Textual Transmission," in *The Textual History of the Greek New Testament*, ed. Klaus Wachtel and Michael W. Holmes, Leiden/Boston, 2012, pp. 141–216.

____, *The Coherence-Based Genealogical Method (CBGM) – Introductory Presentation* (https://www.uni-muenster.de/INTF/cbgm_presentation/download.html), 2009.

Morrill, Bruce and Ulrich B. Schmid, "Editorial Activity and Textual Affiliation: The Case of the *Corpus Paulinum*," in *The New Testament in Antiquity and Byzantium*, ed. H. A. G. Houghton, David C. Parker & Holger Strutwolf (ANTF 52). Berlin/Boston, 2019, 361–384.

Nestle-Aland Novum Testamentum Graece. Edited by Holger Strutwolf, Hugh Houghton, Christos Karakolis, David Parker, Stephen Pisano, David Trobisch, Klaus Wachtel. 29th edition. Stuttgart, 2026. [NA29]

Das Neue Testament in syrischer Überlieferung. I. *Die Großen Katholischen Briefe*, ed. Barbara Aland (ANTF 7). Berlin/New York, 1986; II. *Die Paulinischen Briefe. Teil I: Römer- und 1. Korintherbrief*, ed. Barbara Aland and Andreas Juckel (ANTF 14). Berlin/New York, 1991; II. *Die Paulinischen Briefe. Teil II: 2. Korintherbrief, Galaterbrief, Epheserbrief, Philipperbrief und Kolosserbrief*, ed. Barbara Aland and Andreas Juckel (ANTF 23). Berlin/New York, 1995; II. *Die Paulinischen Briefe. Teil III: 1./2. Thessalonicherbrief, 1./2. Timotheusbrief, Titusbrief, Philemonbrief und Hebräerbrief*, ed. Barbara Aland and Andreas Juckel (ANTF 32). Berlin/New York, 2002. [syr^p/, syr^h]

[Lloyd, Charles (ed.)] *Η ΚΑΙΝΗ ΔΙΑΘΗΚΗ. Novum Testamentum*. Oxford, 1873. *[TR]*

Novum Testamentum Aethiopice. The Synoptic Gospels, ed. R. Zuurmond. I: *General Introduction, Edition of the Gospel of Mark* (Äthiopistische Forschungen 27). Stuttgart, 1989; III: *The Gospel of Matthew* (Äthiopistische Forschungen 55). Wiesbaden, 2001. [eth]

Novum Testamentum Graecum – Editio Critica Maior, edited by the Institute for New Testament Textual Research. I *Die Synoptischen Evangelien*. 2 *Das Markusevangelium/The Gospel according to Mark*, ed. Holger Strutwolf, Georg Gäbel, Annette Hüffmeier, Marie-Luise Lakmann, Gregory S. Paulson and Klaus Wachtel, Stuttgart, 2021; Sonderband *Parallelperikopen/Parallel Pericopes*, ed. Holger Strutwolf and Klaus Wachtel, Stuttgart, 2011; III *Die Apostelgeschichte/The Acts of the Apostles*, ed. Holger Strutwolf, Georg Gäbel, Annette Hüffmeier, Gerd Mink and Klaus Wachtel, Stuttgart, 2017; IV *Die Katholischen Briefe/The Catholic Letters*, ed. Barbara Aland, Kurt Aland†, Gerd Mink, Holger Strutwolf, and Klaus Wachtel, 2nd revised ed., Stuttgart, 2013; VI *Die Offenbarung/Revelation*, ed. Martin Karrer, Darius Müller, Marcus Sigismund, Holger Strutwolf, Annette Hüffmeier, Gregory S. Paulson et al., Stuttgart, 2024.

Parker, David C., *An Introduction to the New Testament Manuscripts and their Texts*. Cambridge, 2008.

Platt, T. Pell, *Novum Testamentum Domini nostri ... Jesu Christi*. London, 1830. Revised by F. Praetorius. Leipzig, 1899. [eth[pp]]

Roth, Dieter T., *The Text of Marcion's Gospel* (NTTSD 49). Leiden/Boston, 2015.

Schmid, Ulrich B., *Marcion und sein Apostolos. Rekonstruktion und historische Einordnung der marcionitischen Paulusbriefausgabe* (ANTF 25). Berlin/New York, 1995.

Takla Hāymānot, see Ḥaddis kidān.

Testamentum Novum cum Epistola Pauli ad Hebreos tantum ... in lingua gheez, edited by Petrus Ethyops [Tasfa Seyon] et al., Rome, 1548–1549. [eth[ro]]

Text und Textwert der griechischen Handschriften des Neuen Testaments. I. *Die Katholischen Briefe*, ed. Kurt Aland, with Annette Benduhn-Mertz and Gerd Mink, 3 vols. (ANTF 9–11). Berlin/New York, 1987; II. *Die Paulinischen Briefe*, ed. Kurt Aland with Annette Benduhn-Mertz, Gerd Mink and Horst Bachmann, 4 vols. (ANTF 16–19). Berlin/New York, 1991; III. *Die Apostelgeschichte*, ed. Kurt Aland with Annette Benduhn-Mertz, Gerd Mink, Klaus Witte and Horst Bachmann, 2 vols. (ANTF 20–21). Berlin/New York, 1993; IV. *Die synoptischen Evangelien*. 1. *Das Markusevangelium*, ed. Kurt and Barbara Aland, with Klaus Wachtel and Klaus Witte, 2 vols. (ANTF 26–27). Berlin/New York, 1998; 2. *Das Matthäusevangelium*, 3. *Das Lukasevangelium*, ed. Kurt and Barbara Aland, and Klaus Wachtel, with Klaus Witte, 4 vols. (ANTF 28–31). Berlin/New York, 1999; V. *Das Johannesevangelium*. 1. *Teststellenkollation der Kapitel 1–10*, ed. Barbara Aland and Klaus Wachtel, 2 vols. (ANTF 35–36). Berlin/New York, 2005; VI. *Die Apokalypse*, ed. Markus Lembke, Darius Müller and Ulrich B. Schmid, with Martin Karrer. (ANTF 49). Berlin/New York, 2017.

Textus Receptus, see [Lloyd] *Η ΚΑΙΝΗ ΔΙΑΘΗΚΗ*.

Thompson, Herbert, *The Coptic Version of the Acts of the Apostles and the Pauline Epistles in the Sahidic Dialect*. Cambridge, 1932. [co[sa]]

Vetus Latina: Die Reste der altlateinischen Bibel, nach Petrus Sabatier neu gesammelt und herausgegeben von der Erzabtei Beuron. 1/1 Gryson, Roger, *Répertoire général des auteurs ecclésiastique latins*, 2 vols., Freiburg, 2007; 1/2 Gryson, Roger, *Altlateinische Handschriften/Manuscrits vieux latins*, 2 vols., 1999–2004; 17. *Evangelium secundum Marcum*, ed. Jean-Claude Haelewyck, 2013–2018. 19. *Evangelium secundum Iohannem*, ed. P. H. Burton, H. A. G. Houghton, R. F. MacLachlan, D. C. Parker, (2 fasc.) 2011–2013. 21. *Epistula ad Romanos*, ed. Hugo S. Eymann. (1 fasc.) 1996; 22. *Epistula ad Corinthios I*, ed. Uwe Fröhlich. (3 fasc.) 1995–1998; 24/1. *Epistula ad Ephesios*, ed. Hermann Josef Frede, 1962; 24/2. *Epistulae ad Philippenses et ad Colossenses*, ed. Hermann Josef Frede, 1966–1971; 25. *Epistulae ad Thessalonicenses, Timotheum, Titum, Philemonem, Hebraeos*, ed. Hermann Josef Frede, 1975–1991; 26/1. *Epistulae Catholicae*, ed. Walter Thiele, 1956–1969; 26/2. *Apocalypsis Johannis*, ed. Roger Gryson. 2000–2003. [lat[vl]]

Wachtel, Klaus, "The Development of the Coherence Based Genealogical Method (CBGM), its Place in Textual Scholarship, and Digital Editing", in *The Future of New Testament Textual Scholarship*, ed. Garrick V. Allen (WUNT I.417). Tübingen, 2019, 433–444.

____, and Michael W. Holmes (ed.), *The Textual History of the Greek New Testament, Changing Views in Contemporary Research* (SBLTCS 8). Atlanta, 2012.

Wasserman, Tommy, and Peter Gurry, *A New Approach to Textual Criticism. An Introduction to the Coherence-Based Genealogical Method* (SBLRBS 80). Atlanta/Stuttgart, 2017.

Weber, Robert, and Roger Gryson, *Biblia Sacra iuxta Vulgatam versionem*, 5th edition. Stuttgart, 2007. [lat[vg]]

ΚΑΤΑ ΜΑΘΘΑΙΟΝ

The Genealogy of Jesus Christ (Lk 3.23-38)

1 Βίβλος γενέσεως Ἰησοῦ Χριστοῦ υἱοῦ Δαυὶδ υἱοῦ Ἀβραάμ.
2 Ἀβραὰμ ἐγέννησεν τὸν Ἰσαάκ, Ἰσαὰκ δὲ ἐγέννησεν τὸν Ἰακώβ, Ἰακὼβ δὲ ἐγέννησεν τὸν Ἰούδαν καὶ τοὺς ἀδελφοὺς αὐτοῦ, 3 Ἰούδας δὲ ἐγέννησεν τὸν Φάρες καὶ τὸν Ζάρα ἐκ τῆς Θαμάρ, Φάρες δὲ ἐγέννησεν τὸν Ἑσρώμ, Ἑσρὼμ δὲ ἐγέννησεν τὸν Ἀράμ, 4 Ἀρὰμ δὲ ἐγέννησεν τὸν Ἀμιναδάβ, Ἀμιναδὰβ δὲ ἐγέννησεν τὸν Ναασσών, Ναασσὼν δὲ ἐγέννησεν τὸν Σαλμών, 5 Σαλμὼν δὲ ἐγέννησεν τὸν Βόες ἐκ τῆς Ῥαχάβ, Βόες δὲ ἐγέννησεν τὸν Ἰωβὴδ ἐκ τῆς Ῥούθ, Ἰωβὴδ δὲ ἐγέννησεν τὸν Ἰεσσαί, 6 Ἰεσσαὶ δὲ ἐγέννησεν τὸν Δαυὶδ τὸν βασιλέα.

Δαυὶδ δὲ ἐγέννησεν τὸν Σολομῶνα ἐκ τῆς τοῦ Οὐρίου, 7 Σολομὼν δὲ ἐγέννησεν τὸν Ῥοβοάμ, Ῥοβοὰμ δὲ ἐγέννησεν τὸν Ἀβιά, Ἀβιὰ δὲ ἐγέννησεν τὸν Ἀσάφ, 8 Ἀσὰφ[1] δὲ ἐγέννησεν τὸν Ἰωσαφάτ, Ἰωσαφὰτ δὲ ἐγέννησεν τὸν Ἰωράμ, Ἰωρὰμ δὲ ἐγέννησεν τὸν Ὀζίαν, 9 Ὀζίας δὲ ἐγέννησεν τὸν Ἰωαθάμ, Ἰωαθὰμ δὲ ἐγέννησεν τὸν Ἀχάζ, Ἀχὰζ δὲ ἐγέννησεν τὸν Ἑζεκίαν, 10 Ἑζεκίας δὲ ἐγέννησεν τὸν Μανασσῆ, Μανασσῆς δὲ ἐγέννησεν τὸν Ἀμώς, Ἀμὼς[2] δὲ ἐγέννησεν τὸν Ἰωσίαν, 11 Ἰωσίας δὲ ἐγέννησεν τὸν Ἰεχονίαν καὶ τοὺς ἀδελφοὺς αὐτοῦ ἐπὶ τῆς μετοικεσίας Βαβυλῶνος.

12 Μετὰ δὲ τὴν μετοικεσίαν Βαβυλῶνος Ἰεχονίας ἐγέννησεν τὸν Σαλαθιήλ, Σαλαθιὴλ δὲ ἐγέννησεν τὸν Ζοροβαβέλ, 13 Ζοροβαβὲλ δὲ ἐγέννησεν τὸν Ἀβιούδ, Ἀβιοὺδ δὲ ἐγέννησεν τὸν Ἐλιακίμ, Ἐλιακὶμ δὲ ἐγέννησεν τὸν Ἀζώρ, 14 Ἀζὼρ δὲ ἐγέννησεν τὸν Σαδώκ, Σαδὼκ δὲ ἐγέννησεν τὸν Ἀχίμ, Ἀχὶμ δὲ ἐγέννησεν τὸν Ἐλιούδ, 15 Ἐλιοὺδ δὲ ἐγέννησεν τὸν Ἐλεάζαρ,

---

[1] **7-8** {B} Ἀσάφ, Ἀσαφ 𝔓[1vid] 01 03 04 f^1 f^{13} 205 700 1071 lat[vl-pt] (sy[hmg]) co eth // Ἀσά, Ἀσά 019 032 037 28 33 180 565 579 597 828 892 1006 1010 1241 1243 1292 1342 1424 1505 *Byz* [07 042] lat[vl-pt, vg] sy cpa

[2] **10** {B} Ἀμώς, Ἀμώς 01 03 04 037 038 f^1 33 157 205 1071 1292 lat[vl-pt] co[sa, bo, fa] eth // Ἀμών, Ἀμών 019 032 f^{13} 28 180 565 579 597 (700 892 Ἀμμών, Ἀμμών) 1006 1010 1241 1243 1342 1424 1505 *Byz* [07 042] lat[vl-pt, vg] sy cpa (co[mae])

Ἐλεάζαρ δὲ ἐγέννησεν τὸν Ματθάν, Ματθὰν δὲ ἐγέννησεν τὸν Ἰακώβ, **16** Ἰακὼβ δὲ ἐγέννησεν τὸν Ἰωσὴφ τὸν ἄνδρα Μαρίας, ἐξ ἧς ἐγεννήθη Ἰησοῦς ὁ λεγόμενος Χριστός³.

17 Πᾶσαι οὖν αἱ γενεαὶ ἀπὸ Ἀβραὰμ ἕως Δαυὶδ γενεαὶ δεκατέσσαρες, καὶ ἀπὸ Δαυὶδ ἕως τῆς μετοικεσίας Βαβυλῶνος γενεαὶ δεκατέσσαρες, καὶ ἀπὸ τῆς μετοικεσίας Βαβυλῶνος ἕως τοῦ Χριστοῦ γενεαὶ δεκατέσσαρες.

The Birth of Jesus Christ (Lk 2.1-7)

18 Τοῦ δὲ Ἰησοῦ Χριστοῦ ἡ γένεσις⁴ οὕτως ἦν. μνηστευθείσης τῆς μητρὸς αὐτοῦ Μαρίας τῷ Ἰωσήφ, πρὶν ἢ συνελθεῖν αὐτοὺς εὑρέθη ἐν γαστρὶ ἔχουσα ἐκ πνεύματος ἁγίου. **19** Ἰωσὴφ δὲ ὁ ἀνὴρ αὐτῆς, δίκαιος ὢν καὶ μὴ θέλων αὐτὴν δειγματίσαι, ἐβουλήθη λάθρᾳ ἀπολῦσαι αὐτήν. **20** ταῦτα δὲ αὐτοῦ ἐνθυμηθέντος ἰδοὺ ἄγγελος κυρίου κατ᾽ ὄναρ ἐφάνη αὐτῷ λέγων· Ἰωσὴφ υἱὸς Δαυίδ, μὴ φοβηθῇς παραλαβεῖν Μαρίαν τὴν γυναῖκά σου· τὸ γὰρ ἐν αὐτῇ γεννηθὲν ἐκ πνεύματός ἐστιν ἁγίου. **21** τέξεται δὲ υἱόν, καὶ καλέσεις τὸ ὄνομα αὐτοῦ Ἰησοῦν· αὐτὸς γὰρ σώσει τὸν λαὸν αὐτοῦ ἀπὸ τῶν ἁμαρτιῶν αὐτῶν. **22** τοῦτο δὲ ὅλον γέγονεν ἵνα πληρωθῇ τὸ ῥηθὲν ὑπὸ κυρίου διὰ τοῦ προφήτου λέγοντος·

Is 7.14 **23** *ἰδοὺ ἡ παρθένος ἐν γαστρὶ ἕξει καὶ τέξεται υἱόν,*
καὶ καλέσουσιν τὸ ὄνομα αὐτοῦ Ἐμμανουήλ,

Is 8.8, 10 LXX ὅ ἐστιν μεθερμηνευόμενον *μεθ᾽ ἡμῶν ὁ θεός*. **24** ἐγερθεὶς δὲ ὁ Ἰωσὴφ ἀπὸ τοῦ ὕπνου ἐποίησεν ὡς προσέταξεν αὐτῷ ὁ ἄγγελος κυρίου καὶ παρέλαβεν τὴν γυναῖκα αὐτοῦ, **25** καὶ οὐκ

---

³**16** {A} τὸν ἄνδρα Μαρίας, ἐξ ἧς ἐγεννήθη Ἰησοῦς ὁ λεγόμενος Χριστός 𝔓¹ 01 03 04 019 032 (037 *omit* τόν) (*f*¹ *omit* Ἰησοῦς) 28 33 157 180 205 565 579ᵛⁱᵈ 597 700 892 1006 1010 1071 1241 1243 1292 1424 1505 *Byz* [07 024 042ᵛⁱᵈ] latᵛˡ⁻ᵖᵗ, ᵛᵍ syᵖ, ʰ cpa co (eth) (Tertullian) (Cyril) // ᾧ μνηστευθεῖσα παρθένος Μαριὰμ ἐγέννησεν Ἰησοῦν τὸν λεγόμενον Χριστόν 038 *f*¹³ latᵛˡ⁻ᵖᵗ (syˢ) // ᾧ μνηστευθεῖσα ἦν Μαριὰμ παρθένος, ἣ ἔτεκεν Ἰησοῦν Χριστόν syᶜ

⁴**18** {C} γένεσις 𝔓¹ 01 03 04 024 032 035 037 038 042 *f*¹ 579 Eusebius // γέννησις 019 *f*¹³ 28 33 157 180 205 565 597 700 892 1006 1010 1071 1241 1243 1292 1424 1505 *Byz* [07] lat Irenaeus Origen Chrysostom

ἐγίνωσκεν αὐτὴν ἕως οὗ ἔτεκεν υἱόν⁵· καὶ ἐκάλεσεν τὸ ὄνομα αὐτοῦ Ἰησοῦν.

The Visit of the Magi

2 Τοῦ δὲ Ἰησοῦ γεννηθέντος ἐν Βηθλέεμ τῆς Ἰουδαίας ἐν ἡμέραις Ἡρῴδου τοῦ βασιλέως, ἰδοὺ μάγοι ἀπὸ ἀνατολῶν παρεγένοντο εἰς Ἱεροσόλυμα **2** λέγοντες· ποῦ ἐστιν ὁ τεχθεὶς βασιλεὺς τῶν Ἰουδαίων; εἴδομεν γὰρ αὐτοῦ τὸν ἀστέρα ἐν τῇ ἀνατολῇ καὶ ἤλθομεν προσκυνῆσαι αὐτῷ. **3** ἀκούσας δὲ ὁ βασιλεὺς Ἡρῴδης ἐταράχθη καὶ πᾶσα Ἱεροσόλυμα μετ' αὐτοῦ, **4** καὶ συναγαγὼν πάντας τοὺς ἀρχιερεῖς καὶ γραμματεῖς τοῦ λαοῦ ἐπυνθάνετο παρ' αὐτῶν ποῦ ὁ χριστὸς γεννᾶται. **5** οἱ δὲ εἶπαν αὐτῷ· ἐν Βηθλέεμ τῆς Ἰουδαίας· οὕτως γὰρ γέγραπται διὰ τοῦ προφήτου·

6 *καὶ σὺ Βηθλέεμ, γῆ Ἰούδα,* *Mic 5.2*
  οὐδαμῶς ἐλαχίστη εἶ ἐν τοῖς ἡγεμόσιν Ἰούδα·
  ἐκ σοῦ γὰρ ἐξελεύσεται ἡγούμενος,
  ὅστις ποιμανεῖ τὸν λαόν μου τὸν Ἰσραήλ. *2 Sm 5.2;*
  1 Chr 11.2

7 Τότε Ἡρῴδης λάθρᾳ καλέσας τοὺς μάγους ἠκρίβωσεν παρ' αὐτῶν τὸν χρόνον τοῦ φαινομένου ἀστέρος, **8** καὶ πέμψας αὐτοὺς εἰς Βηθλέεμ εἶπεν· πορευθέντες ἐξετάσατε ἀκριβῶς περὶ τοῦ παιδίου· ἐπὰν δὲ εὕρητε, ἀπαγγείλατέ μοι, ὅπως κἀγὼ ἐλθὼν προσκυνήσω αὐτῷ. **9** οἱ δὲ ἀκούσαντες τοῦ βασιλέως ἐπορεύθησαν καὶ ἰδοὺ ὁ ἀστήρ, ὃν εἶδον ἐν τῇ ἀνατολῇ, προῆγεν αὐτούς, ἕως ἐλθὼν ἐστάθη ἐπάνω οὗ ἦν τὸ παιδίον. **10** ἰδόντες δὲ τὸν ἀστέρα ἐχάρησαν χαρὰν μεγάλην σφόδρα. **11** καὶ ἐλθόντες εἰς τὴν οἰκίαν εἶδον τὸ παιδίον μετὰ Μαρίας τῆς μητρὸς αὐτοῦ, καὶ πεσόντες προσεκύνησαν αὐτῷ καὶ ἀνοίξαντες τοὺς θησαυροὺς αὐτῶν προσήνεγκαν αὐτῷ δῶρα, χρυσὸν καὶ λίβανον καὶ σμύρναν. **12** καὶ χρηματισθέντες κατ' ὄναρ μὴ ἀνακάμψαι πρὸς Ἡρῴδην, δι' ἄλλης ὁδοῦ ἀνεχώρησαν εἰς τὴν χώραν αὐτῶν.

---

⁵**25** {A} υἱόν 01 03 035 f^1 f^{13} 33 lat$^{vl\text{-}pt}$ sy$^{c,\,s}$ cpa^{mss} co$^{(sa),\,(bo),\,mae}$ ∥ τὸν υἱὸν αὐτῆς τὸν πρωτότοκον (*see* Lk 2.7) 04 05* (05^c 019 *omit* αὐτῆς) 032 037 087 28 157 180 205 565 579 597 700 828 892 1006 1010 1071 1241 1243 1292 1505 *Byz* [07 022 042] lat$^{vl\text{-}pt,\,vg}$ sy$^{p,\,h}$ cpa^{mss} eth Cyril-Jerusalem Chrysostom

The Flight to Egypt

13 Ἀναχωρησάντων δὲ αὐτῶν ἰδοὺ ἄγγελος κυρίου φαίνεται κατ᾽ ὄναρ τῷ Ἰωσὴφ λέγων· ἐγερθεὶς παράλαβε τὸ παιδίον καὶ τὴν μητέρα αὐτοῦ καὶ φεῦγε εἰς Αἴγυπτον καὶ ἴσθι ἐκεῖ ἕως ἂν εἴπω σοι· μέλλει γὰρ Ἡρῴδης ζητεῖν τὸ παιδίον τοῦ ἀπολέσαι αὐτό. **14** ὁ δὲ ἐγερθεὶς παρέλαβεν τὸ παιδίον καὶ τὴν μητέρα αὐτοῦ νυκτὸς καὶ ἀνεχώρησεν εἰς Αἴγυπτον, **15** καὶ ἦν ἐκεῖ ἕως τῆς τελευτῆς Ἡρῴδου· ἵνα πληρωθῇ τὸ ῥηθὲν ὑπὸ κυρίου διὰ τοῦ προφήτου λέγοντος·

Ho 11.1   *ἐξ Αἰγύπτου ἐκάλεσα τὸν υἱόν μου.*

The Slaughter of the Infants

16 Τότε Ἡρῴδης ἰδὼν ὅτι ἐνεπαίχθη ὑπὸ τῶν μάγων ἐθυμώθη λίαν, καὶ ἀποστείλας ἀνεῖλεν πάντας τοὺς παῖδας τοὺς ἐν Βηθλέεμ καὶ ἐν πᾶσιν τοῖς ὁρίοις αὐτῆς ἀπὸ διετοῦς καὶ κατωτέρω, κατὰ τὸν χρόνον ὃν ἠκρίβωσεν παρὰ τῶν μάγων. **17** τότε ἐπληρώθη τὸ ῥηθὲν διὰ Ἰερεμίου τοῦ προφήτου λέγοντος·

Jr 31.15 **18**   *φωνὴ ἐν Ῥαμὰ ἠκούσθη,*
       κλαυθμὸς[1] καὶ ὀδυρμὸς πολύς·
       Ῥαχὴλ κλαίουσα τὰ τέκνα αὐτῆς,
       καὶ οὐκ ἤθελεν παρακληθῆναι,
    ὅτι οὐκ εἰσίν.

The Return from Egypt

19 Τελευτήσαντος δὲ τοῦ Ἡρῴδου ἰδοὺ ἄγγελος κυρίου φαίνεται κατ᾽ ὄναρ τῷ Ἰωσὴφ ἐν Αἰγύπτῳ **20** λέγων· ἐγερθεὶς παράλαβε τὸ παιδίον καὶ τὴν μητέρα αὐτοῦ καὶ πορεύου εἰς γῆν Ἰσραήλ· τεθνήκασιν γὰρ οἱ ζητοῦντες τὴν ψυχὴν τοῦ παιδίου. **21** ὁ δὲ ἐγερθεὶς παρέλαβεν τὸ παιδίον καὶ τὴν μητέρα αὐτοῦ καὶ εἰσῆλθεν εἰς γῆν Ἰσραήλ.

---

[1]**18** {B} κλαυθμός 01 03 035 0250 f^1 lat[vl-pt, vg] sy[p] cpa co Justin ∥ θρῆνος καὶ κλαυθμός (see Jr 38.15 LXX; 31.15 MT) 04 05 019 032 037 0233 f^{13} 28 33 157 180 205 565 579 597 700 892 1006 1010 1071 1241 1243 1292 1424 1505 *Byz* [07 042] (lat[vl-pt]) sy[c, s, h] eth

22 Ἀκούσας δὲ ὅτι Ἀρχέλαος βασιλεύει τῆς Ἰουδαίας ἀντὶ τοῦ πατρὸς αὐτοῦ Ἡρῴδου ἐφοβήθη ἐκεῖ ἀπελθεῖν· χρηματισθεὶς δὲ κατ᾽ ὄναρ ἀνεχώρησεν εἰς τὰ μέρη τῆς Γαλιλαίας, **23** καὶ ἐλθὼν κατῴκησεν εἰς πόλιν λεγομένην Ναζαρέτ· ὅπως πληρωθῇ τὸ ῥηθὲν διὰ τῶν προφητῶν ὅτι Ναζωραῖος κληθήσεται.

The Preaching of John the Baptist (Mk 1.1-8; Lk 3.1-9, 15-17; Jn 1.19-28)

3 Ἐν δὲ ταῖς ἡμέραις ἐκείναις παραγίνεται Ἰωάννης ὁ βαπτιστὴς κηρύσσων ἐν τῇ ἐρήμῳ τῆς Ἰουδαίας **2** [καὶ] λέγων· μετανοεῖτε· ἤγγικεν γὰρ ἡ βασιλεία τῶν οὐρανῶν. **3** οὗτος γάρ ἐστιν ὁ ῥηθεὶς διὰ Ἠσαΐου τοῦ προφήτου λέγοντος·

φωνὴ βοῶντος ἐν τῇ ἐρήμῳ·   Is 40.3
ἑτοιμάσατε τὴν ὁδὸν κυρίου,
    εὐθείας ποιεῖτε τὰς τρίβους αὐτοῦ.

4 αὐτὸς δὲ ὁ Ἰωάννης εἶχεν τὸ ἔνδυμα αὐτοῦ ἀπὸ τριχῶν καμήλου καὶ ζώνην δερματίνην περὶ τὴν ὀσφὺν αὐτοῦ, ἡ δὲ τροφὴ ἦν αὐτοῦ ἀκρίδες καὶ μέλι ἄγριον. **5** τότε ἐξεπορεύετο πρὸς αὐτὸν Ἱεροσόλυμα καὶ πᾶσα ἡ Ἰουδαία καὶ πᾶσα ἡ περίχωρος τοῦ Ἰορδάνου, **6** καὶ ἐβαπτίζοντο ἐν τῷ Ἰορδάνῃ ποταμῷ ὑπ᾽ αὐτοῦ ἐξομολογούμενοι τὰς ἁμαρτίας αὐτῶν.

7 Ἰδὼν δὲ πολλοὺς τῶν Φαρισαίων καὶ Σαδδουκαίων ἐρχομένους ἐπὶ τὸ βάπτισμα αὐτοῦ εἶπεν αὐτοῖς· γεννήματα ἐχιδνῶν, τίς ὑπέδειξεν ὑμῖν φυγεῖν ἀπὸ τῆς μελλούσης ὀργῆς; **8** ποιήσατε οὖν καρπὸν ἄξιον τῆς μετανοίας **9** καὶ μὴ δόξητε λέγειν ἐν ἑαυτοῖς· πατέρα ἔχομεν τὸν Ἀβραάμ. λέγω γὰρ ὑμῖν ὅτι δύναται ὁ θεὸς ἐκ τῶν λίθων τούτων ἐγεῖραι τέκνα τῷ Ἀβραάμ. **10** ἤδη δὲ ἡ ἀξίνη πρὸς τὴν ῥίζαν τῶν δένδρων κεῖται· πᾶν οὖν δένδρον μὴ ποιοῦν καρπὸν καλὸν ἐκκόπτεται καὶ εἰς πῦρ βάλλεται.

11 Ἐγὼ μὲν ὑμᾶς βαπτίζω ἐν ὕδατι εἰς μετάνοιαν, ὁ δὲ ὀπίσω μου ἐρχόμενος ἰσχυρότερός μού ἐστιν, οὗ οὐκ εἰμὶ ἱκανὸς τὰ ὑποδήματα βαστάσαι· αὐτὸς ὑμᾶς βαπτίσει ἐν πνεύματι ἁγίῳ καὶ πυρί· **12** οὗ τὸ πτύον ἐν τῇ χειρὶ αὐτοῦ καὶ διακαθαριεῖ τὴν ἅλωνα αὐτοῦ καὶ συνάξει τὸν σῖτον αὐτοῦ εἰς τὴν ἀποθήκην, τὸ δὲ ἄχυρον κατακαύσει πυρὶ ἀσβέστῳ.

The Baptism of Jesus (Mk 1.9-11; Lk 3.21-22)

13 Τότε παραγίνεται ὁ Ἰησοῦς ἀπὸ τῆς Γαλιλαίας ἐπὶ τὸν Ἰορδάνην πρὸς τὸν Ἰωάννην τοῦ βαπτισθῆναι ὑπ' αὐτοῦ. **14** ὁ δὲ Ἰωάννης διεκώλυεν αὐτὸν λέγων· ἐγὼ χρείαν ἔχω ὑπὸ σοῦ βαπτισθῆναι, καὶ σὺ ἔρχῃ πρός με; **15** ἀποκριθεὶς δὲ ὁ Ἰησοῦς εἶπεν πρὸς αὐτόν· ἄφες ἄρτι, οὕτως γὰρ πρέπον ἐστὶν ἡμῖν πληρῶσαι πᾶσαν δικαιοσύνην. τότε ἀφίησιν αὐτόν. **16** βαπτισθεὶς δὲ ὁ Ἰησοῦς εὐθὺς ἀνέβη ἀπὸ τοῦ ὕδατος· καὶ ἰδοὺ ἠνεῴχθησαν [αὐτῷ][1] οἱ οὐρανοί, καὶ εἶδεν [τὸ] πνεῦμα [τοῦ] θεοῦ καταβαῖνον ὡσεὶ περιστερὰν [καὶ] ἐρχόμενον ἐπ' αὐτόν· **17** καὶ ἰδοὺ φωνὴ ἐκ τῶν οὐρανῶν λέγουσα· οὗτός ἐστιν ὁ υἱός μου ὁ ἀγαπητός, ἐν ᾧ εὐδόκησα.

The Temptation of Jesus (Mk 1.12-13; Lk 4.1-13)

4 Τότε ὁ Ἰησοῦς ἀνήχθη εἰς τὴν ἔρημον ὑπὸ τοῦ πνεύματος πειρασθῆναι ὑπὸ τοῦ διαβόλου. **2** καὶ νηστεύσας ἡμέρας τεσσεράκοντα καὶ νύκτας τεσσεράκοντα, ὕστερον ἐπείνασεν. **3** καὶ προσελθὼν ὁ πειράζων εἶπεν αὐτῷ· εἰ υἱὸς εἶ τοῦ θεοῦ, εἰπὲ ἵνα οἱ λίθοι οὗτοι ἄρτοι γένωνται. **4** ὁ δὲ ἀποκριθεὶς εἶπεν·

Dt 8.3 γέγραπται· *οὐκ ἐπ' ἄρτῳ μόνῳ ζήσεται ὁ ἄνθρωπος, ἀλλ' ἐπὶ παντὶ ῥήματι ἐκπορευομένῳ διὰ στόματος θεοῦ.*

5 Τότε παραλαμβάνει αὐτὸν ὁ διάβολος εἰς τὴν ἁγίαν πόλιν καὶ ἔστησεν αὐτὸν ἐπὶ τὸ πτερύγιον τοῦ ἱεροῦ **6** καὶ λέγει αὐτῷ· εἰ υἱὸς εἶ τοῦ θεοῦ, βάλε σεαυτὸν κάτω· γέγραπται γὰρ ὅτι

Ps 91.11-12 *τοῖς ἀγγέλοις αὐτοῦ ἐντελεῖται περὶ σοῦ*
καὶ ἐπὶ χειρῶν ἀροῦσίν σε,
μήποτε προσκόψῃς πρὸς λίθον τὸν πόδα σου.

Dt 6.16 **7** ἔφη αὐτῷ ὁ Ἰησοῦς· πάλιν γέγραπται· *οὐκ ἐκπειράσεις κύριον τὸν θεόν σου.*

8 Πάλιν παραλαμβάνει αὐτὸν ὁ διάβολος εἰς ὄρος ὑψηλὸν λίαν καὶ δείκνυσιν αὐτῷ πάσας τὰς βασιλείας τοῦ κόσμου καὶ

---

[1] **16** {C} αὐτῷ 01¹ 04 05^supp 019 032 037 0233 *f*¹ *f*¹³ 28 33 157 180 205 565 579 597 700 892 1006 1010 1071 1241 1243 1292 1424 1505 *Byz* [07 024 042] lat sy^p,h cpa co^bo,mae eth Irenaeus^gr Eusebius Basil Chrysostom // *omit* (*see* Lk 3.21) 01* 03 sy^c,s co^sa Irenaeus^lat Cyril-Jerusalem

τὴν δόξαν αὐτῶν 9 καὶ εἶπεν αὐτῷ· ταῦτά σοι πάντα δώσω, ἐὰν πεσὼν προσκυνήσῃς μοι. 10 τότε λέγει αὐτῷ ὁ Ἰησοῦς· ὕπαγε, σατανᾶ· γέγραπται γάρ· *κύριον τὸν θεόν σου προσκυνήσεις καὶ αὐτῷ μόνῳ λατρεύσεις.* 11 Τότε ἀφίησιν αὐτὸν ὁ διάβολος, καὶ ἰδοὺ ἄγγελοι προσῆλθον καὶ διηκόνουν αὐτῷ. *Dt 6.13; 10.20*

The Beginning of the Galilean Ministry (Mk 1.14-15; Lk 4.14-15)

12 Ἀκούσας δὲ ὅτι Ἰωάννης παρεδόθη ἀνεχώρησεν εἰς τὴν Γαλιλαίαν. 13 καὶ καταλιπὼν τὴν Ναζαρὰ ἐλθὼν κατῴκησεν εἰς Καφαρναοὺμ τὴν παραθαλασσίαν ἐν ὁρίοις Ζαβουλὼν καὶ Νεφθαλίμ· 14 ἵνα πληρωθῇ τὸ ῥηθὲν διὰ Ἠσαΐου τοῦ προφήτου λέγοντος·
15 *γῆ Ζαβουλὼν καὶ γῆ Νεφθαλίμ,* *Is 9.1-2*
  ὁδὸν θαλάσσης, πέραν τοῦ Ἰορδάνου,
  Γαλιλαία τῶν ἐθνῶν,
16 *ὁ λαὸς ὁ καθήμενος ἐν σκότει*
  φῶς εἶδεν μέγα,
  καὶ τοῖς καθημένοις ἐν χώρᾳ καὶ σκιᾷ θανάτου
  φῶς ἀνέτειλεν αὐτοῖς.
17 Ἀπὸ τότε ἤρξατο ὁ Ἰησοῦς κηρύσσειν καὶ λέγειν· μετανοεῖτε· ἤγγικεν γὰρ ἡ βασιλεία τῶν οὐρανῶν.

The Calling of Four Fishermen (Mk 1.16-20; Lk 5.1-11)

18 Περιπατῶν δὲ παρὰ τὴν θάλασσαν τῆς Γαλιλαίας εἶδεν δύο ἀδελφούς, Σίμωνα τὸν λεγόμενον Πέτρον καὶ Ἀνδρέαν τὸν ἀδελφὸν αὐτοῦ, βάλλοντας ἀμφίβληστρον εἰς τὴν θάλασσαν· ἦσαν γὰρ ἁλιεῖς. 19 καὶ λέγει αὐτοῖς· δεῦτε ὀπίσω μου, καὶ ποιήσω ὑμᾶς ἁλιεῖς ἀνθρώπων. 20 οἱ δὲ εὐθέως ἀφέντες τὰ δίκτυα ἠκολούθησαν αὐτῷ. 21 καὶ προβὰς ἐκεῖθεν εἶδεν ἄλλους δύο ἀδελφούς, Ἰάκωβον τὸν τοῦ Ζεβεδαίου καὶ Ἰωάννην τὸν ἀδελφὸν αὐτοῦ, ἐν τῷ πλοίῳ μετὰ Ζεβεδαίου τοῦ πατρὸς αὐτῶν καταρτίζοντας τὰ δίκτυα αὐτῶν, καὶ ἐκάλεσεν αὐτούς. 22 οἱ δὲ εὐθέως ἀφέντες τὸ πλοῖον καὶ τὸν πατέρα αὐτῶν ἠκολούθησαν αὐτῷ.

Ministering to a Great Multitude   (Lk 6.17-19)

23 Καὶ περιῆγεν ἐν ὅλῃ τῇ Γαλιλαίᾳ διδάσκων ἐν ταῖς συναγωγαῖς αὐτῶν καὶ κηρύσσων τὸ εὐαγγέλιον τῆς βασιλείας καὶ θεραπεύων πᾶσαν νόσον καὶ πᾶσαν μαλακίαν ἐν τῷ λαῷ.

24 Καὶ ἀπῆλθεν ἡ ἀκοὴ αὐτοῦ εἰς ὅλην τὴν Συρίαν· καὶ προσήνεγκαν αὐτῷ πάντας τοὺς κακῶς ἔχοντας ποικίλαις νόσοις καὶ βασάνοις συνεχομένους [καὶ] δαιμονιζομένους καὶ σεληνιαζομένους καὶ παραλυτικούς, καὶ ἐθεράπευσεν αὐτούς. 25 καὶ ἠκολούθησαν αὐτῷ ὄχλοι πολλοὶ ἀπὸ τῆς Γαλιλαίας καὶ Δεκαπόλεως καὶ Ἱεροσολύμων καὶ Ἰουδαίας καὶ πέραν τοῦ Ἰορδάνου.

The Sermon on the Mount   Matthew 5-7

5 Ἰδὼν δὲ τοὺς ὄχλους ἀνέβη εἰς τὸ ὄρος, καὶ καθίσαντος αὐτοῦ προσῆλθαν αὐτῷ οἱ μαθηταὶ αὐτοῦ· 2 καὶ ἀνοίξας τὸ στόμα αὐτοῦ ἐδίδασκεν αὐτοὺς λέγων·

The Beatitudes   (Lk 6.20-23)

3   μακάριοι οἱ πτωχοὶ τῷ πνεύματι,
    ὅτι αὐτῶν ἐστιν ἡ βασιλεία τῶν οὐρανῶν.
4   μακάριοι οἱ πενθοῦντες,
    ὅτι αὐτοὶ παρακληθήσονται.
5   μακάριοι οἱ πραεῖς,
    ὅτι αὐτοὶ κληρονομήσουσιν τὴν γῆν.[1]
6   μακάριοι οἱ πεινῶντες καὶ διψῶντες τὴν δικαιοσύνην,
    ὅτι αὐτοὶ χορτασθήσονται.
7   μακάριοι οἱ ἐλεήμονες,
    ὅτι αὐτοὶ ἐλεηθήσονται.
8   μακάριοι οἱ καθαροὶ τῇ καρδίᾳ,
    ὅτι αὐτοὶ τὸν θεὸν ὄψονται.
9   μακάριοι οἱ εἰρηνοποιοί,
    ὅτι αὐτοὶ υἱοὶ θεοῦ κληθήσονται.

---

[1] 4-5 {B} 4 μακάριοι … παρακληθήσονται. 5 μακάριοι … τὴν γῆν. 01 03 04 032 037 038 f^1 f^{13} 28 157 180 205 565 579 597 700 892 1006 1010 1071 1241 1243 1292 1342 1424 1505 *Byz* [07 042] lat$^{vl\text{-}pt}$ sy$^{s,\,p,\,h}$ cpa co$^{sa,\,bo,\,mae}$ eth Tertullian Chrysostom^{pt} ⫽ 5 μακάριοι … τὴν γῆν. 4 μακάριοι … παρακληθήσονται. 05 33 lat$^{vl\text{-}pt,\,vg}$ sy^c co$^{bo\text{-}ms}$ Origen Chrysostom^{pt}

10 μακάριοι οἱ δεδιωγμένοι ἕνεκεν δικαιοσύνης,
    ὅτι αὐτῶν ἐστιν ἡ βασιλεία τῶν οὐρανῶν.
11 μακάριοί ἐστε
    ὅταν ὀνειδίσωσιν ὑμᾶς καὶ διώξωσιν καὶ εἴπωσιν
    πᾶν πονηρὸν καθ' ὑμῶν ψευδόμενοι² ἕνεκεν ἐμοῦ.
12 χαίρετε καὶ ἀγαλλιᾶσθε, ὅτι ὁ μισθὸς ὑμῶν πολὺς
ἐν τοῖς οὐρανοῖς· οὕτως γὰρ ἐδίωξαν τοὺς προφήτας
τοὺς πρὸ ὑμῶν.

Salt and Light (Mk 9.50; Lk 14.34-35)

13 Ὑμεῖς ἐστε τὸ ἅλας τῆς γῆς· ἐὰν δὲ τὸ ἅλας μωρανθῇ, ἐν τίνι ἁλισθήσεται; εἰς οὐδὲν ἰσχύει ἔτι εἰ μὴ βληθὲν ἔξω καταπατεῖσθαι ὑπὸ τῶν ἀνθρώπων.
14 Ὑμεῖς ἐστε τὸ φῶς τοῦ κόσμου. οὐ δύναται πόλις κρυβῆναι ἐπάνω ὄρους κειμένη· 15 οὐδὲ καίουσιν λύχνον καὶ τιθέασιν αὐτὸν ὑπὸ τὸν μόδιον ἀλλ' ἐπὶ τὴν λυχνίαν, καὶ λάμπει πᾶσιν τοῖς ἐν τῇ οἰκίᾳ. 16 οὕτως λαμψάτω τὸ φῶς ὑμῶν ἔμπροσθεν τῶν ἀνθρώπων, ὅπως ἴδωσιν ὑμῶν τὰ καλὰ ἔργα καὶ δοξάσωσιν τὸν πατέρα ὑμῶν τὸν ἐν τοῖς οὐρανοῖς.

Teaching about the Law

17 Μὴ νομίσητε ὅτι ἦλθον καταλῦσαι τὸν νόμον ἢ τοὺς προφήτας· οὐκ ἦλθον καταλῦσαι ἀλλὰ πληρῶσαι. 18 ἀμὴν γὰρ λέγω ὑμῖν· ἕως ἂν παρέλθῃ ὁ οὐρανὸς καὶ ἡ γῆ, ἰῶτα ἓν ἢ μία κεραία οὐ μὴ παρέλθῃ ἀπὸ τοῦ νόμου, ἕως ἂν πάντα γένηται. 19 ὃς ἐὰν οὖν λύσῃ μίαν τῶν ἐντολῶν τούτων τῶν ἐλαχίστων καὶ διδάξῃ οὕτως τοὺς ἀνθρώπους, ἐλάχιστος κληθήσεται ἐν τῇ βασιλείᾳ τῶν οὐρανῶν· ὃς δ' ἂν ποιήσῃ καὶ διδάξῃ, οὗτος μέγας κληθήσεται ἐν τῇ βασιλείᾳ τῶν οὐρανῶν.
    20 Λέγω γὰρ ὑμῖν ὅτι ἐὰν μὴ περισσεύσῃ ὑμῶν ἡ δικαιοσύνη

---

²11 {B} ψευδόμενοι 01 03 04 032 037 038 f^1 f^{13} 28 33 157 180 205 565 579 597 700 892 1006 1010 1071 1241 1243 1292 1342 1424 1505 Byz [07 042] lat[vl-pt, vg] sy[c, p, h] cpa co eth Origen[pt] Basil Gregory-Nyssa Chrysostom Cyril // omit 05 lat[vl-pt] sy[s] Tertullian Origen[pt]

πλεῖον τῶν γραμματέων καὶ Φαρισαίων, οὐ μὴ εἰσέλθητε εἰς τὴν βασιλείαν τῶν οὐρανῶν.

Teaching about Anger

21 Ἠκούσατε ὅτι ἐρρέθη τοῖς ἀρχαίοις· *οὐ φονεύσεις*· ὃς δ' ἂν φονεύσῃ, ἔνοχος ἔσται τῇ κρίσει. **22** ἐγὼ δὲ λέγω ὑμῖν ὅτι πᾶς ὁ ὀργιζόμενος τῷ ἀδελφῷ αὐτοῦ³ ἔνοχος ἔσται τῇ κρίσει· ὃς δ' ἂν εἴπῃ τῷ ἀδελφῷ αὐτοῦ· ῥακά, ἔνοχος ἔσται τῷ συνεδρίῳ· ὃς δ' ἂν εἴπῃ· μωρέ, ἔνοχος ἔσται εἰς τὴν γέενναν τοῦ πυρός. **23** ἐὰν οὖν προσφέρῃς τὸ δῶρόν σου ἐπὶ τὸ θυσιαστήριον κἀκεῖ μνησθῇς ὅτι ὁ ἀδελφός σου ἔχει τι κατὰ σοῦ, **24** ἄφες ἐκεῖ τὸ δῶρόν σου ἔμπροσθεν τοῦ θυσιαστηρίου καὶ ὕπαγε πρῶτον διαλλάγηθι τῷ ἀδελφῷ σου, καὶ τότε ἐλθὼν πρόσφερε τὸ δῶρόν σου. **25** ἴσθι εὐνοῶν τῷ ἀντιδίκῳ σου ταχύ, ἕως ὅτου εἶ μετ' αὐτοῦ ἐν τῇ ὁδῷ, μήποτέ σε παραδῷ ὁ ἀντίδικος τῷ κριτῇ καὶ ὁ κριτὴς τῷ ὑπηρέτῃ καὶ εἰς φυλακὴν βληθήσῃ· **26** ἀμὴν λέγω σοι, οὐ μὴ ἐξέλθῃς ἐκεῖθεν, ἕως ἂν ἀποδῷς τὸν ἔσχατον κοδράντην.

Teaching about Adultery

27 Ἠκούσατε ὅτι ἐρρέθη· *οὐ μοιχεύσεις*. **28** ἐγὼ δὲ λέγω ὑμῖν ὅτι πᾶς ὁ βλέπων γυναῖκα πρὸς τὸ ἐπιθυμῆσαι αὐτὴν ἤδη ἐμοίχευσεν αὐτὴν ἐν τῇ καρδίᾳ αὐτοῦ. **29** εἰ δὲ ὁ ὀφθαλμός σου ὁ δεξιὸς σκανδαλίζει σε, ἔξελε αὐτὸν καὶ βάλε ἀπὸ σοῦ· συμφέρει γάρ σοι ἵνα ἀπόληται ἓν τῶν μελῶν σου καὶ μὴ ὅλον τὸ σῶμά σου βληθῇ εἰς γέενναν. **30** καὶ εἰ ἡ δεξιά σου χεὶρ σκανδαλίζει σε, ἔκκοψον αὐτὴν καὶ βάλε ἀπὸ σοῦ· συμφέρει γάρ σοι ἵνα ἀπόληται ἓν τῶν μελῶν σου καὶ μὴ ὅλον τὸ σῶμά σου εἰς γέενναν ἀπέλθῃ.

Teaching about Divorce (Mt 19.9; Mk 10.11-12; Lk 16.18)

31 Ἐρρέθη δέ· ὃς ἂν ἀπολύσῃ τὴν γυναῖκα αὐτοῦ, δότω αὐτῇ ἀποστάσιον. **32** ἐγὼ δὲ λέγω ὑμῖν ὅτι πᾶς ὁ ἀπολύων τὴν

---

³**22** {B} αὐτοῦ 𝔓⁶⁴ 01* 03 1292 lat^{vl-pt, vg} eth^{ms} Tertullian^{vid} Origen // αὐτοῦ εἰκῇ 01² 05 019 032 037 038 0233 *f*¹ *f*¹³ 28 33 157 180 205 565 579 597 700 892 1006 1010 1071 1241 1243 1342 1424 1505 *Byz* [07 042] lat^{vl-pt} sy cpa co eth^{TH} Irenaeus^{lat} mss^{acc. to Origen} Eusebius Basil Chrysostom Cyril

γυναῖκα αὐτοῦ παρεκτὸς λόγου πορνείας ποιεῖ αὐτὴν μοιχευθῆναι, καὶ ὃς ἐὰν ἀπολελυμένην γαμήσῃ, μοιχᾶται.

Teaching about Oaths

33 Πάλιν ἠκούσατε ὅτι ἐρρέθη τοῖς ἀρχαίοις· οὐκ ἐπιορκήσεις, ἀποδώσεις δὲ τῷ κυρίῳ τοὺς ὅρκους σου. 34 ἐγὼ δὲ λέγω ὑμῖν μὴ ὀμόσαι ὅλως· μήτε ἐν τῷ οὐρανῷ, ὅτι θρόνος ἐστὶν τοῦ θεοῦ, 35 μήτε ἐν τῇ γῇ, ὅτι ὑποπόδιόν ἐστιν τῶν ποδῶν αὐτοῦ, μήτε εἰς Ἱεροσόλυμα, ὅτι πόλις ἐστὶν τοῦ μεγάλου βασιλέως, 36 μήτε ἐν τῇ κεφαλῇ σου ὀμόσῃς, ὅτι οὐ δύνασαι μίαν τρίχα λευκὴν ποιῆσαι ἢ μέλαιναν. 37 ἔστω δὲ ὁ λόγος ὑμῶν ναὶ ναί, οὒ οὔ· τὸ δὲ περισσὸν τούτων ἐκ τοῦ πονηροῦ ἐστιν.

Teaching about Retaliation (Lk 6.29-30)

38 Ἠκούσατε ὅτι ἐρρέθη· *ὀφθαλμὸν ἀντὶ ὀφθαλμοῦ καὶ ὀδόντα ἀντὶ ὀδόντος.* 39 ἐγὼ δὲ λέγω ὑμῖν μὴ ἀντιστῆναι τῷ πονηρῷ· ἀλλ' ὅστις σε ῥαπίζει εἰς τὴν δεξιὰν σιαγόνα [σου], στρέψον αὐτῷ καὶ τὴν ἄλλην· 40 καὶ τῷ θέλοντί σοι κριθῆναι καὶ τὸν χιτῶνά σου λαβεῖν, ἄφες αὐτῷ καὶ τὸ ἱμάτιον· 41 καὶ ὅστις σε ἀγγαρεύσει μίλιον ἕν, ὕπαγε μετ' αὐτοῦ δύο. 42 τῷ αἰτοῦντί σε δός, καὶ τὸν θέλοντα ἀπὸ σοῦ δανίσασθαι μὴ ἀποστραφῇς.

Ex 21.24; Lv 24.20; Dt 19.21

Love for Enemies (Lk 6.27-28, 32-36)

43 Ἠκούσατε ὅτι ἐρρέθη· *ἀγαπήσεις τὸν πλησίον σου καὶ μισήσεις τὸν ἐχθρόν σου.* 44 ἐγὼ δὲ λέγω ὑμῖν· ἀγαπᾶτε τοὺς ἐχθροὺς ὑμῶν[4] καὶ προσεύχεσθε ὑπὲρ τῶν διωκόντων

Lv 19.18

---

[4]44 {A} ὑμῶν (*see footnote* 5) 01 03 f^1 205 lat[vl-pt] sy[c, s] co[sa, bo-pt] Irenaeus[lat vid] Origen ∥ ὑμῶν, εὐλογεῖτε τοὺς καταρωμένους ὑμᾶς 1071 co[bo-pt] Clement Tertullian Eusebius[pt] ∥ ὑμῶν, καλῶς ποιεῖτε τοῖς μισοῦσιν ὑμᾶς lat[vl-pt, vg] Eusebius[pt] ∥ ὑμῶν, εὐλογεῖτε τοὺς καταρωμένους ὑμᾶς, καλῶς ποιεῖτε τοῖς μισοῦσιν ὑμᾶς (*see* Lk 6.27-28) 05[c] (05* ὑμῖν *for first* ὑμᾶς) 019 032 037 038 f^{13} 28 33 157 180 565 579 597 700 892 1006 1010 1241 1243 1292 1342 1424 1505 eth[pp. (TH)] *Byz* [07 042] lat[vl-pt] sy[h] (sy[p] τὸν καταρώμενον) (cpa) co[mae] (Chrysostom)

ὑμᾶς⁵, **45** ὅπως γένησθε υἱοὶ τοῦ πατρὸς ὑμῶν τοῦ ἐν οὐρανοῖς, ὅτι τὸν ἥλιον αὐτοῦ ἀνατέλλει ἐπὶ πονηροὺς καὶ ἀγαθοὺς καὶ βρέχει ἐπὶ δικαίους καὶ ἀδίκους. **46** ἐὰν γὰρ ἀγαπήσητε τοὺς ἀγαπῶντας ὑμᾶς, τίνα μισθὸν ἔχετε; οὐχὶ καὶ οἱ τελῶναι τὸ αὐτὸ ποιοῦσιν; **47** καὶ ἐὰν ἀσπάσησθε τοὺς ἀδελφοὺς ὑμῶν μόνον, τί περισσὸν ποιεῖτε; οὐχὶ καὶ οἱ ἐθνικοὶ⁶ τὸ αὐτὸ ποιοῦσιν; **48** ἔσεσθε οὖν ὑμεῖς τέλειοι ὡς ὁ πατὴρ ὑμῶν ὁ οὐράνιος τέλειός ἐστιν.

Teaching about Almsgiving

6 Προσέχετε [δὲ] τὴν δικαιοσύνην ὑμῶν μὴ ποιεῖν ἔμπροσθεν τῶν ἀνθρώπων πρὸς τὸ θεαθῆναι αὐτοῖς· εἰ δὲ μή γε, μισθὸν οὐκ ἔχετε παρὰ τῷ πατρὶ ὑμῶν τῷ ἐν τοῖς οὐρανοῖς. **2** ὅταν οὖν ποιῇς ἐλεημοσύνην, μὴ σαλπίσῃς ἔμπροσθέν σου, ὥσπερ οἱ ὑποκριταὶ ποιοῦσιν ἐν ταῖς συναγωγαῖς καὶ ἐν ταῖς ῥύμαις, ὅπως δοξασθῶσιν ὑπὸ τῶν ἀνθρώπων· ἀμὴν λέγω ὑμῖν, ἀπέχουσιν τὸν μισθὸν αὐτῶν. **3** σοῦ δὲ ποιοῦντος ἐλεημοσύνην μὴ γνώτω ἡ ἀριστερά σου τί ποιεῖ ἡ δεξιά σου, **4** ὅπως ᾖ σου ἡ ἐλεημοσύνη ἐν τῷ κρυπτῷ· καὶ ὁ πατήρ σου ὁ βλέπων ἐν τῷ κρυπτῷ ἀποδώσει σοι¹.

Teaching about Prayer (Lk 11.2-4)

5 Καὶ ὅταν προσεύχησθε, οὐκ ἔσεσθε ὡς οἱ ὑποκριταί, ὅτι φιλοῦσιν ἐν ταῖς συναγωγαῖς καὶ ἐν ταῖς γωνίαις τῶν πλατειῶν

---

⁵**44** {A} διωκόντων ὑμᾶς (*see footnote 4*) 01 03 *f*¹ 205 lat^(vl-pt) sy^(c, s) co^(sa, bo-pt, mae) eth^(ms, pp) Tertullian Origen^(pt) // ἐπηρεαζόντων ὑμᾶς (*see* Lk 6.28) 1241 (Clement) Origen^(pt) (Chrysostom) // ἐπηρεαζόντων ὑμᾶς καὶ διωκόντων ὑμᾶς 05^c (05* 157 *omit first* ὑμᾶς) 019 032 037 038 *f*¹³ 28 (33 1342 *omit second* ὑμᾶς) 180 565 579 597 700 892 1006 1010 1071 1243 1292 1424 1505 *Byz* [07 042] lat^(vl-pt) sy^((p), h) (cpa) eth^(TH) Eusebius Basil (Gregory-Nyssa) // *persequentibus et calumniantibus vos* lat^(vl-pt, vg)
⁶**47** {B} ἐθνικοί 01 03 05 035 *f*¹ 33 (205) 892 1071 1241 1424 lat^(vl-pt, vg) sy^(c, h) cpa co eth Basil // τελῶναι (*see* 5.46) 019 032 037 038 *f*¹³ 28 157 180 565 579 597 700 1006 1010 1243 1292 1342 1505 *Byz* [07 042] lat^(vl-pt) sy^p
¹**4** {B} σοι (*see* 6.6, 18) 01 03 05 035 *f*¹ *f*¹³ 33 205 1292 lat^(vl-pt, vg) sy^c co Origen // σοι ἐν τῷ φανερῷ 019 032 037 038 0250 13 28 157 180 565 579 597 (700) 828 892 1006 1010 1071 1241 1243 1342 1424 1505 *Byz* [07 042] lat^(vl-pt, vg) sy^(s, p, h) cpa eth Basil Chrysostom

ἑστῶτες προσεύχεσθαι, ὅπως φανῶσιν τοῖς ἀνθρώποις· ἀμὴν λέγω ὑμῖν, ἀπέχουσιν τὸν μισθὸν αὐτῶν. **6** σὺ δὲ ὅταν προσεύχῃ, εἴσελθε εἰς τὸ ταμεῖόν σου καὶ κλείσας τὴν θύραν σου πρόσευξαι τῷ πατρί σου τῷ ἐν τῷ κρυπτῷ· καὶ ὁ πατήρ σου ὁ βλέπων ἐν τῷ κρυπτῷ ἀποδώσει σοι².

7 Προσευχόμενοι δὲ μὴ βατταλογήσητε ὥσπερ οἱ ἐθνικοί, δοκοῦσιν γὰρ ὅτι ἐν τῇ πολυλογίᾳ αὐτῶν εἰσακουσθήσονται. **8** μὴ οὖν ὁμοιωθῆτε αὐτοῖς· οἶδεν γὰρ ὁ πατὴρ ὑμῶν ὧν χρείαν ἔχετε πρὸ τοῦ ὑμᾶς αἰτῆσαι αὐτόν.

9 Οὕτως οὖν προσεύχεσθε ὑμεῖς·
πάτερ ἡμῶν ὁ ἐν τοῖς οὐρανοῖς·
ἁγιασθήτω τὸ ὄνομά σου·
10 ἐλθέτω ἡ βασιλεία σου·
γενηθήτω τὸ θέλημά σου,
ὡς ἐν οὐρανῷ καὶ ἐπὶ γῆς·
11 τὸν ἄρτον ἡμῶν τὸν ἐπιούσιον δὸς ἡμῖν σήμερον·
12 καὶ ἄφες ἡμῖν τὰ ὀφειλήματα ἡμῶν,
ὡς καὶ ἡμεῖς ἀφήκαμεν³ τοῖς ὀφειλέταις ἡμῶν·
13 καὶ μὴ εἰσενέγκῃς ἡμᾶς εἰς πειρασμόν,
ἀλλὰ ῥῦσαι ἡμᾶς ἀπὸ τοῦ πονηροῦ.⁴

14 Ἐὰν γὰρ ἀφῆτε τοῖς ἀνθρώποις τὰ παραπτώματα αὐτῶν, ἀφήσει καὶ ὑμῖν ὁ πατὴρ ὑμῶν ὁ οὐράνιος· **15** ἐὰν δὲ μὴ ἀφῆτε

---

²**6** {B} σοι (see 6.4, 18) 01 03 05 035 f^1 205 lat[vl-pt, vg] sy[c, s] cpa[pt] co Origen Eusebius // σοι ἐν τῷ φανερῷ 019 032 037 038 f^{13} 28 33 157 180 565 579 597 700 892 1006 1010 1071 1241 1243 1292 1342 1424 1505 Byz [07 011 042] lat[vl-pt] sy[p, h] cpa[pt] eth Chrysostom Cyril

³**12** {B} ἀφήκαμεν 01* 03 035 f^1 lat[vg] sy[p, h] // ἀφίομεν 05 07 019 032 037 038 042 565 // ἀφίεμεν 01² f^{13} 579 700 1241 1424 Byz [011] lat[vg-mss]

⁴**13** {A} πονηροῦ. 01 03 05 035 0170 f^1 205 lat[vl-pt, vg] co[bo-pt, mae] Tertullian Origen Cyril-Jerusalem[dub] Gregory-Nyssa Cyril // πονηροῦ, ὅτι σοῦ ἐστιν ἡ βασιλεία καὶ ἡ δύναμις καὶ ἡ δόξα εἰς τοὺς αἰῶνας. ἀμήν. (see 1 Chr 29.11-13) 019 032 037 038 0233 f^{13} 28 33 180 565 579 597 700 892 1006 1010 1071 1241 1243 1292 (1342 sy[c] *omit* καὶ ἡ δύναμις) 1424 1505 Byz [07 011 042] lat[vl-pt] (lat[vl-pt] sy[p] *omit* ἀμήν) (lat[vl-pt] *omit* ἡ βασιλεία καί *and* καὶ ἡ δόξα *and* ἀμήν) sy[h] cpa co[bo-pt] (co[sa, fa] *omit* ἡ βασιλεία καί) eth // πονηροῦ, ὅτι σοῦ ἐστιν ἡ βασιλεία καὶ ἡ δύναμις καὶ ἡ δόξα τοῦ πατρὸς καὶ τοῦ υἱοῦ καὶ τοῦ ἁγίου πνεύματος εἰς τοὺς αἰῶνας. ἀμήν. 157

τοῖς ἀνθρώποις⁵, οὐδὲ ὁ πατὴρ ὑμῶν ἀφήσει τὰ παραπτώματα ὑμῶν.

Teaching about Fasting

16 Ὅταν δὲ νηστεύητε, μὴ γίνεσθε ὡς οἱ ὑποκριταὶ σκυθρωποί, ἀφανίζουσιν γὰρ τὰ πρόσωπα αὐτῶν ὅπως φανῶσιν τοῖς ἀνθρώποις νηστεύοντες· ἀμὴν λέγω ὑμῖν, ἀπέχουσιν τὸν μισθὸν αὐτῶν. **17** σὺ δὲ νηστεύων ἄλειψαί σου τὴν κεφαλὴν καὶ τὸ πρόσωπόν σου νίψαι, **18** ὅπως μὴ φανῇς τοῖς ἀνθρώποις νηστεύων ἀλλὰ τῷ πατρί σου τῷ ἐν τῷ κρυφαίῳ· καὶ ὁ πατήρ σου ὁ βλέπων ἐν τῷ κρυφαίῳ ἀποδώσει σοι⁶.

Treasure in Heaven (Lk 12.33-34)

19 Μὴ θησαυρίζετε ὑμῖν θησαυροὺς ἐπὶ τῆς γῆς, ὅπου σὴς καὶ βρῶσις ἀφανίζει καὶ ὅπου κλέπται διορύσσουσιν καὶ κλέπτουσιν· **20** θησαυρίζετε δὲ ὑμῖν θησαυροὺς ἐν οὐρανῷ, ὅπου οὔτε σὴς οὔτε βρῶσις ἀφανίζει καὶ ὅπου κλέπται οὐ διορύσσουσιν οὐδὲ κλέπτουσιν· **21** ὅπου γάρ ἐστιν ὁ θησαυρός σου, ἐκεῖ ἔσται καὶ ἡ καρδία σου.

The Light of the Body (Lk 11.34-36)

22 Ὁ λύχνος τοῦ σώματός ἐστιν ὁ ὀφθαλμός. ἐὰν οὖν ᾖ ὁ ὀφθαλμός σου ἁπλοῦς, ὅλον τὸ σῶμά σου φωτεινὸν ἔσται· **23** ἐὰν δὲ ὁ ὀφθαλμός σου πονηρὸς ᾖ, ὅλον τὸ σῶμά σου σκοτεινὸν ἔσται. εἰ οὖν τὸ φῶς τὸ ἐν σοὶ σκότος ἐστίν, τὸ σκότος πόσον.

---

⁵15 {C} ἀνθρώποις 01 05 *f*¹ 205 892* lat^(vl-pt, vg) sy^p co^(bo-pt, mae) // ἀνθρώποις τὰ παραπτώματα αὐτῶν 03 019 032 037 038 0233 *f*¹³ 28 33 157 180 565 579 597 700 892^c 1006 1010 1071 1241 1243 1292 1342 1424 1505 *Byz* [07 011 042] lat^(vl-pt) sy^(c, h) cpa co^(sa, bo-pt) eth Basil

⁶18 {A} σοι (*see* 6.4, 6) 01 03 05 019 032 038 0250 *f*¹ *f*¹³ 28 33 180 565 597 700 892 1006 1010 1292 1424 *Byz*^pt [011 042] *Lect*^pt lat^(vl-pt, vg) sy cpa^pt co // σοι ἐν τῷ φανερῷ 037 0233 157 205 579 1071 1241 1243 1342 1505 *Byz*^pt [07] *TR Lect*^pt (lat^(vl-pt) ὑμῖν *for* σοι) cpa^pt

God and Mammon (Lk 16.13)

24 Οὐδεὶς δύναται δυσὶ κυρίοις δουλεύειν· ἢ γὰρ τὸν ἕνα μισήσει καὶ τὸν ἕτερον ἀγαπήσει, ἢ ἑνὸς ἀνθέξεται καὶ τοῦ ἑτέρου καταφρονήσει. οὐ δύνασθε θεῷ δουλεύειν καὶ μαμωνᾷ.

Care and Anxiety (Lk 12.22-34)

25 Διὰ τοῦτο λέγω ὑμῖν· μὴ μεριμνᾶτε τῇ ψυχῇ ὑμῶν τί φάγητε [ἢ τί πίητε]⁷, μηδὲ τῷ σώματι ὑμῶν τί ἐνδύσησθε. οὐχὶ ἡ ψυχὴ πλεῖόν ἐστιν τῆς τροφῆς καὶ τὸ σῶμα τοῦ ἐνδύματος; **26** ἐμβλέψατε εἰς τὰ πετεινὰ τοῦ οὐρανοῦ ὅτι οὐ σπείρουσιν οὐδὲ θερίζουσιν οὐδὲ συνάγουσιν εἰς ἀποθήκας, καὶ ὁ πατὴρ ὑμῶν ὁ οὐράνιος τρέφει αὐτά· οὐχ ὑμεῖς μᾶλλον διαφέρετε αὐτῶν; **27** τίς δὲ ἐξ ὑμῶν μεριμνῶν δύναται προσθεῖναι ἐπὶ τὴν ἡλικίαν αὐτοῦ πῆχυν ἕνα; **28** καὶ περὶ ἐνδύματος τί μεριμνᾶτε; καταμάθετε τὰ κρίνα τοῦ ἀγροῦ πῶς αὐξάνουσιν· οὐ κοπιῶσιν οὐδὲ νήθουσιν· **29** λέγω δὲ ὑμῖν ὅτι οὐδὲ Σολομὼν ἐν πάσῃ τῇ δόξῃ αὐτοῦ περιεβάλετο ὡς ἓν τούτων. **30** εἰ δὲ τὸν χόρτον τοῦ ἀγροῦ σήμερον ὄντα καὶ αὔριον εἰς κλίβανον βαλλόμενον ὁ θεὸς οὕτως ἀμφιέννυσιν, οὐ πολλῷ μᾶλλον ὑμᾶς, ὀλιγόπιστοι; **31** μὴ οὖν μεριμνήσητε λέγοντες· τί φάγωμεν; ἤ· τί πίωμεν; ἤ· τί περιβαλώμεθα; **32** πάντα γὰρ ταῦτα τὰ ἔθνη ἐπιζητοῦσιν· οἶδεν γὰρ ὁ πατὴρ ὑμῶν ὁ οὐράνιος ὅτι χρῄζετε τούτων ἁπάντων. **33** ζητεῖτε δὲ πρῶτον τὴν βασιλείαν [τοῦ θεοῦ] καὶ τὴν δικαιοσύνην αὐτοῦ⁸, καὶ ταῦτα πάντα προστεθήσεται ὑμῖν. **34** μὴ οὖν μεριμνήσητε εἰς τὴν αὔριον, ἡ γὰρ αὔριον μεριμνήσει ἑαυτῆς· ἀρκετὸν τῇ ἡμέρᾳ ἡ κακία αὐτῆς.

---

⁷**25** {C} ἢ τί πίητε 03 032 f^{13} 33 157 205 1342 lat^{vl-pt} co^{sa-mss, bo, mae} Origen Basil^{pt} ∥ καὶ τί πίητε 019 037 038 0233 (28 1071 πίετε) 180 565 579 597 700 1006 1010 1241 1243 1292 1424 1505 Byz [07 011 022 042] sy^{p, h} Basil^{pt} ∥ omit (see Lk 12.22) 01 f^1 892 lat^{vl-pt, vg} sy^c cpa co^{sa-mss} Athanasius Chrysostom Cyril

⁸**33** {C} τὴν βασιλείαν τοῦ θεοῦ καὶ τὴν δικαιοσύνην αὐτοῦ 019 032 037 038 0233* (0233^c omit αὐτοῦ) f^1 f^{13} 28 33 157 180 205 565 579 597 700 892 1006 1010 1071 1241 1243 1292 1342 1424 1505 Byz [07 011 022 042] lat^{vl-pt, vg-mss} sy cpa co^{mae} eth^{(pp)} Basil Chrysostom^{pt} Cyril ∥ τὴν βασιλείαν καὶ τὴν δικαιοσύνην αὐτοῦ 01 (co^{sa, bo} βασιλείαν αὐτοῦ) lat^{vl-pt, vg} (lat^{vl-pt} δικαιοσύνην τοῦ θεοῦ) (Eusebius) (Gregory-Nyssa) ∥ τὴν δικαιοσύνην καὶ τὴν βασιλείαν αὐτοῦ 03 ∥ τὴν βασιλείαν τοῦ θεοῦ Chrysostom^{pt} ∥ τὴν βασιλείαν τῶν οὐρανῶν Justin Chrysostom^{pt}

Judging Others (Lk 6.37-38, 41-42)

7 Μὴ κρίνετε, ἵνα μὴ κριθῆτε· 2 ἐν ᾧ γὰρ κρίματι κρίνετε κριθήσεσθε, καὶ ἐν ᾧ μέτρῳ μετρεῖτε μετρηθήσεται ὑμῖν. 3 τί δὲ βλέπεις τὸ κάρφος τὸ ἐν τῷ ὀφθαλμῷ τοῦ ἀδελφοῦ σου, τὴν δὲ ἐν τῷ σῷ ὀφθαλμῷ δοκὸν οὐ κατανοεῖς; 4 ἢ πῶς ἐρεῖς τῷ ἀδελφῷ σου· ἄφες ἐκβάλω τὸ κάρφος ἐκ τοῦ ὀφθαλμοῦ σου, καὶ ἰδοὺ ἡ δοκὸς ἐν τῷ ὀφθαλμῷ σοῦ; 5 ὑποκριτά, ἔκβαλε πρῶτον ἐκ τοῦ ὀφθαλμοῦ σοῦ τὴν δοκόν, καὶ τότε διαβλέψεις ἐκβαλεῖν τὸ κάρφος ἐκ τοῦ ὀφθαλμοῦ τοῦ ἀδελφοῦ σου.

6 Μὴ δῶτε τὸ ἅγιον τοῖς κυσὶν μηδὲ βάλητε τοὺς μαργαρίτας ὑμῶν ἔμπροσθεν τῶν χοίρων, μήποτε καταπατήσουσιν αὐτοὺς ἐν τοῖς ποσὶν αὐτῶν καὶ στραφέντες ῥήξωσιν ὑμᾶς.

Ask, Seek, Knock (Lk 11.9-13)

7 Αἰτεῖτε καὶ δοθήσεται ὑμῖν, ζητεῖτε καὶ εὑρήσετε, κρούετε καὶ ἀνοιγήσεται ὑμῖν· 8 πᾶς γὰρ ὁ αἰτῶν λαμβάνει καὶ ὁ ζητῶν εὑρίσκει καὶ τῷ κρούοντι ἀνοιγήσεται. 9 ἢ τίς ἐστιν ἐξ ὑμῶν ἄνθρωπος, ὃν αἰτήσει ὁ υἱὸς αὐτοῦ ἄρτον, μὴ λίθον ἐπιδώσει αὐτῷ; 10 ἢ καὶ ἰχθὺν αἰτήσει, μὴ ὄφιν ἐπιδώσει αὐτῷ; 11 εἰ οὖν ὑμεῖς πονηροὶ ὄντες οἴδατε δόματα ἀγαθὰ διδόναι τοῖς τέκνοις ὑμῶν, πόσῳ μᾶλλον ὁ πατὴρ ὑμῶν ὁ ἐν τοῖς οὐρανοῖς δώσει ἀγαθὰ τοῖς αἰτοῦσιν αὐτόν.

12 Πάντα οὖν ὅσα ἐὰν θέλητε ἵνα ποιῶσιν ὑμῖν οἱ ἄνθρωποι, οὕτως καὶ ὑμεῖς ποιεῖτε αὐτοῖς· οὗτος γάρ ἐστιν ὁ νόμος καὶ οἱ προφῆται.

The Narrow Gate (Lk 13.24)

13 Εἰσέλθατε διὰ τῆς στενῆς πύλης· ὅτι πλατεῖα ἡ πύλη καὶ εὐρύχωρος ἡ ὁδὸς ἡ ἀπάγουσα εἰς τὴν ἀπώλειαν καὶ πολλοί εἰσιν οἱ εἰσερχόμενοι δι' αὐτῆς· 14 τί[1] στενὴ ἡ πύλη καὶ τεθλιμ-

---

[1] 14 {B} τί 01[1] 04 019 032 037 038 f^1 f^{13} 28 180 565 579 597 700* 892 1006 1241 1292 1342 1424 1505 Byz [07 011 022 023 042] lat sy cpa eth // ὅτι 01* 157 700ᶜ 828 1010 1071 1243 TR co^(sa-mss, bo, mae) Naassenes^(acc. to Hippolytus) Origen // ὅτι δέ 03* co^(sa-mss) // τί δέ 03[2] // καί 205 Chrysostom // omit (also omit στενὴ δέ) Cyril

μένη ἡ ὁδὸς ἡ ἀπάγουσα εἰς τὴν ζωὴν καὶ ὀλίγοι εἰσὶν οἱ εὑρίσκοντες αὐτήν.

A Tree Known by Its Fruit (Lk 6.43-44)

15 Προσέχετε ἀπὸ τῶν ψευδοπροφητῶν, οἵτινες ἔρχονται πρὸς ὑμᾶς ἐν ἐνδύμασιν προβάτων, ἔσωθεν δέ εἰσιν λύκοι ἅρπαγες. **16** ἀπὸ τῶν καρπῶν αὐτῶν ἐπιγνώσεσθε αὐτούς. μήτι συλλέγουσιν ἀπὸ ἀκανθῶν σταφυλὰς ἢ ἀπὸ τριβόλων σῦκα; **17** οὕτως πᾶν δένδρον ἀγαθὸν καρποὺς καλοὺς ποιεῖ, τὸ δὲ σαπρὸν δένδρον καρποὺς πονηροὺς ποιεῖ. **18** οὐ δύναται δένδρον ἀγαθὸν καρποὺς πονηροὺς ποιεῖν οὐδὲ δένδρον σαπρὸν καρποὺς καλοὺς ποιεῖν. **19** πᾶν δένδρον μὴ ποιοῦν καρπὸν καλὸν ἐκκόπτεται καὶ εἰς πῦρ βάλλεται. **20** ἄρα γε ἀπὸ τῶν καρπῶν αὐτῶν ἐπιγνώσεσθε αὐτούς.

I Never Knew You (Lk 13.25-27)

21 Οὐ πᾶς ὁ λέγων μοι· κύριε κύριε, εἰσελεύσεται εἰς τὴν βασιλείαν τῶν οὐρανῶν, ἀλλ' ὁ ποιῶν τὸ θέλημα τοῦ πατρός μου τοῦ ἐν τοῖς οὐρανοῖς. **22** πολλοὶ ἐροῦσίν μοι ἐν ἐκείνῃ τῇ ἡμέρᾳ· κύριε κύριε, οὐ τῷ σῷ ὀνόματι ἐπροφητεύσαμεν, καὶ τῷ σῷ ὀνόματι δαιμόνια ἐξεβάλομεν, καὶ τῷ σῷ ὀνόματι δυνάμεις πολλὰς ἐποιήσαμεν; **23** καὶ τότε ὁμολογήσω αὐτοῖς ὅτι οὐδέποτε ἔγνων ὑμᾶς· *ἀποχωρεῖτε ἀπ' ἐμοῦ οἱ ἐργαζόμενοι τὴν ἀνομίαν.* Ps 6.8

The Two Foundations (Lk 6.47-49)

24 Πᾶς οὖν ὅστις ἀκούει μου τοὺς λόγους τούτους καὶ ποιεῖ αὐτούς, ὁμοιωθήσεται[2] ἀνδρὶ φρονίμῳ, ὅστις ᾠκοδόμησεν αὐτοῦ τὴν οἰκίαν ἐπὶ τὴν πέτραν· **25** καὶ κατέβη ἡ βροχὴ καὶ ἦλθον οἱ ποταμοὶ καὶ ἔπνευσαν οἱ ἄνεμοι καὶ προσέπεσαν τῇ οἰκίᾳ ἐκείνῃ, καὶ οὐκ ἔπεσεν, τεθεμελίωτο γὰρ ἐπὶ τὴν πέτραν.

---

[2] **24** {B} ὁμοιωθήσεται 01 03 035 038 (f^1 *add* αὐτόν) f^{13} 33 205 700 892 1071 1241 lat$^{vl\text{-}pt,\ vg}$ sy$^{p,\ hmg}$ cpa co$^{sa,\ mae}$ eth Origen Chrysostom Cyril // ὁμοιώσω αὐτόν 04 019 032 037 157 180 565 579 597 1006 1010 1243 1292 1342 1424 1505 *Byz* [07 011 042] lat$^{vl\text{-}pt}$ sy$^{c,\ h}$ co^{bo}

26 καὶ πᾶς ὁ ἀκούων μου τοὺς λόγους τούτους καὶ μὴ ποιῶν αὐτοὺς ὁμοιωθήσεται ἀνδρὶ μωρῷ, ὅστις ᾠκοδόμησεν αὐτοῦ τὴν οἰκίαν ἐπὶ τὴν ἄμμον· **27** καὶ κατέβη ἡ βροχὴ καὶ ἦλθον οἱ ποταμοὶ καὶ ἔπνευσαν οἱ ἄνεμοι καὶ προσέκοψαν τῇ οἰκίᾳ ἐκείνῃ, καὶ ἔπεσεν καὶ ἦν ἡ πτῶσις αὐτῆς μεγάλη.

28 Καὶ ἐγένετο ὅτε ἐτέλεσεν ὁ Ἰησοῦς τοὺς λόγους τούτους, ἐξεπλήσσοντο οἱ ὄχλοι ἐπὶ τῇ διδαχῇ αὐτοῦ· **29** ἦν γὰρ διδάσκων αὐτοὺς ὡς ἐξουσίαν ἔχων καὶ οὐχ ὡς οἱ γραμματεῖς αὐτῶν.

The Healing of a Man with Leprosy (Mk 1.40-45; Lk 5.12-16)

8 Καταβάντος δὲ αὐτοῦ ἀπὸ τοῦ ὄρους ἠκολούθησαν αὐτῷ ὄχλοι πολλοί. **2** καὶ ἰδοὺ λεπρὸς προσελθὼν προσεκύνει αὐτῷ λέγων· κύριε, ἐὰν θέλῃς δύνασαί με καθαρίσαι. **3** καὶ ἐκτείνας τὴν χεῖρα ἥψατο αὐτοῦ λέγων· θέλω, καθαρίσθητι· καὶ εὐθέως ἐκαθαρίσθη αὐτοῦ ἡ λέπρα. **4** καὶ λέγει αὐτῷ ὁ Ἰησοῦς· ὅρα μηδενὶ εἴπῃς, ἀλλ' ὕπαγε σεαυτὸν δεῖξον τῷ ἱερεῖ καὶ προσένεγκον τὸ δῶρον ὃ προσέταξεν Μωϋσῆς, εἰς μαρτύριον αὐτοῖς.

The Healing of a Centurion's Servant (Lk 7.1-10; Jn 4.43-54)

5 Εἰσελθόντος δὲ αὐτοῦ εἰς Καφαρναοὺμ προσῆλθεν αὐτῷ ἑκατόνταρχος παρακαλῶν αὐτὸν **6** καὶ λέγων· κύριε, ὁ παῖς μου βέβληται ἐν τῇ οἰκίᾳ παραλυτικός, δεινῶς βασανιζόμενος. **7** καὶ λέγει αὐτῷ· ἐγὼ ἐλθὼν θεραπεύσω αὐτόν. **8** καὶ ἀποκριθεὶς ὁ ἑκατόνταρχος ἔφη· κύριε, οὐκ εἰμὶ ἱκανὸς ἵνα μου ὑπὸ τὴν στέγην εἰσέλθῃς, ἀλλὰ μόνον εἰπὲ λόγῳ, καὶ ἰαθήσεται ὁ παῖς μου. **9** καὶ γὰρ ἐγὼ ἄνθρωπός εἰμι ὑπὸ ἐξουσίαν, ἔχων ὑπ' ἐμαυτὸν στρατιώτας, καὶ λέγω τούτῳ· πορεύθητι, καὶ πορεύεται, καὶ ἄλλῳ· ἔρχου, καὶ ἔρχεται, καὶ τῷ δούλῳ μου· ποίησον τοῦτο, καὶ ποιεῖ. **10** ἀκούσας δὲ ὁ Ἰησοῦς ἐθαύμασεν καὶ εἶπεν τοῖς ἀκολουθοῦσιν· ἀμὴν λέγω ὑμῖν, παρ' οὐδενὶ τοσαύτην πίστιν ἐν τῷ Ἰσραὴλ εὗρον. **11** λέγω δὲ ὑμῖν ὅτι πολλοὶ ἀπὸ ἀνατολῶν καὶ δυσμῶν ἥξουσιν καὶ ἀνακλιθήσονται μετὰ Ἀβραὰμ καὶ Ἰσαὰκ καὶ Ἰακὼβ ἐν τῇ βασιλείᾳ τῶν οὐρανῶν, **12** οἱ δὲ υἱοὶ τῆς βασιλείας ἐκβληθήσονται εἰς τὸ σκότος τὸ ἐξώτερον· ἐκεῖ ἔσται ὁ κλαυθμὸς καὶ ὁ βρυγμὸς τῶν ὀδόντων. **13** καὶ εἶπεν ὁ Ἰησοῦς τῷ ἑκατοντάρχῃ· ὕπαγε, ὡς ἐπίστευσας γενηθήτω σοι. καὶ ἰάθη ὁ παῖς [αὐτοῦ] ἐν τῇ ὥρᾳ ἐκείνῃ.

The Healing of Many People (Mk 1.29-34; Lk 4.38-41)

14 Καὶ ἐλθὼν ὁ Ἰησοῦς εἰς τὴν οἰκίαν Πέτρου εἶδεν τὴν πενθερὰν αὐτοῦ βεβλημένην καὶ πυρέσσουσαν· **15** καὶ ἥψατο τῆς χειρὸς αὐτῆς, καὶ ἀφῆκεν αὐτὴν ὁ πυρετός, καὶ ἠγέρθη καὶ διηκόνει αὐτῷ.

16 Ὀψίας δὲ γενομένης προσήνεγκαν αὐτῷ δαιμονιζομένους πολλούς· καὶ ἐξέβαλεν τὰ πνεύματα λόγῳ καὶ πάντας τοὺς κακῶς ἔχοντας ἐθεράπευσεν, **17** ὅπως πληρωθῇ τὸ ῥηθὲν διὰ Ἡσαΐου τοῦ προφήτου λέγοντος·

αὐτὸς τὰς ἀσθενείας ἡμῶν ἔλαβεν   Is 53.4
καὶ τὰς νόσους ἐβάστασεν.

The Would-be Followers of Jesus (Lk 9.57-62)

18 Ἰδὼν δὲ ὁ Ἰησοῦς ὄχλον¹ περὶ αὐτὸν ἐκέλευσεν ἀπελθεῖν εἰς τὸ πέραν. **19** καὶ προσελθὼν εἷς γραμματεὺς εἶπεν αὐτῷ· διδάσκαλε, ἀκολουθήσω σοι ὅπου ἐὰν ἀπέρχῃ. **20** καὶ λέγει αὐτῷ ὁ Ἰησοῦς· αἱ ἀλώπεκες φωλεοὺς ἔχουσιν καὶ τὰ πετεινὰ τοῦ οὐρανοῦ κατασκηνώσεις, ὁ δὲ υἱὸς τοῦ ἀνθρώπου οὐκ ἔχει ποῦ τὴν κεφαλὴν κλίνῃ. **21** ἕτερος δὲ τῶν μαθητῶν [αὐτοῦ]² εἶπεν αὐτῷ· κύριε, ἐπίτρεψόν μοι πρῶτον ἀπελθεῖν καὶ θάψαι τὸν πατέρα μου. **22** ὁ δὲ Ἰησοῦς λέγει αὐτῷ· ἀκολούθει μοι καὶ ἄφες τοὺς νεκροὺς θάψαι τοὺς ἑαυτῶν νεκρούς.

---

¹ **18** {C} ὄχλον 03 co^(sa-mss) ∥ ὄχλον πολύν 032 (1424 πολὺν ὄχλον) lat^(vl-pt) co^(sa-ms, mae) eth^(ms) ∥ ὄχλους 01* *f*¹ (co^(bo) τοὺς ὄχλους) ∥ πολλούς 1071 ∥ πολλοὺς ὄχλους 01² 04 019 037 038 0233 *f*¹³ 33 157 180 205 565 579 597 700 892 1006 1010 1243 1292 1342 1505 *Byz* [07 011 022 042] eth^(TH) Chrysostom ∥ ὄχλους πολλούς lat^(vl-pt, vg) eth^(pp)

² **21** {C} τῶν μαθητῶν αὐτοῦ 04 019 032 037 038 0250 *f*¹ *f*¹³ 157 180 205 565 579 597 700 892 1006 1010 1071 1243 1292 1342 1424 1505 *Byz* [07 011 022 042] lat^(vl-pt, vg) sy cpa co^(bo, mae) eth ∥ τῶν μαθητῶν 01 03 33 lat^(vl-pt) co^(sa) ∥ τις (*and omit* δὲ τῶν μαθητῶν αὐτοῦ) Chrysostom

The Calming of a Storm (Mk 4.35-41; Lk 8.22-25)

23 Καὶ ἐμβάντι αὐτῷ εἰς τὸ πλοῖον ἠκολούθησαν αὐτῷ οἱ μαθηταὶ αὐτοῦ. **24** καὶ ἰδοὺ σεισμὸς μέγας ἐγένετο ἐν τῇ θαλάσσῃ, ὥστε τὸ πλοῖον καλύπτεσθαι ὑπὸ τῶν κυμάτων, αὐτὸς δὲ ἐκάθευδεν. **25** καὶ προσελθόντες ἤγειραν αὐτὸν λέγοντες· κύριε, σῶσον³, ἀπολλύμεθα. **26** καὶ λέγει αὐτοῖς· τί δειλοί ἐστε, ὀλιγόπιστοι; τότε ἐγερθεὶς ἐπετίμησεν τοῖς ἀνέμοις καὶ τῇ θαλάσσῃ, καὶ ἐγένετο γαλήνη μεγάλη. **27** οἱ δὲ ἄνθρωποι ἐθαύμασαν λέγοντες· ποταπός ἐστιν οὗτος ὅτι καὶ οἱ ἄνεμοι καὶ ἡ θάλασσα αὐτῷ ὑπακούουσιν;

The Demons and the Pigs (Mk 5.1-20; Lk 8.26-39)

28 Καὶ ἐλθόντος αὐτοῦ εἰς τὸ πέραν εἰς τὴν χώραν τῶν Γαδαρηνῶν⁴ ὑπήντησαν αὐτῷ δύο δαιμονιζόμενοι ἐκ τῶν μνημείων ἐξερχόμενοι, χαλεποὶ λίαν, ὥστε μὴ ἰσχύειν τινὰ παρελθεῖν διὰ τῆς ὁδοῦ ἐκείνης. **29** καὶ ἰδοὺ ἔκραξαν λέγοντες· τί ἡμῖν καὶ σοί, υἱὲ τοῦ θεοῦ; ἦλθες ὧδε πρὸ καιροῦ βασανίσαι ἡμᾶς; **30** ἦν δὲ μακρὰν ἀπ' αὐτῶν ἀγέλη χοίρων πολλῶν βοσκομένη. **31** οἱ δὲ δαίμονες παρεκάλουν αὐτὸν λέγοντες· εἰ ἐκβάλλεις ἡμᾶς, ἀπόστειλον ἡμᾶς εἰς τὴν ἀγέλην τῶν χοίρων. **32** καὶ εἶπεν αὐτοῖς· ὑπάγετε. οἱ δὲ ἐξελθόντες ἀπῆλθον εἰς τοὺς χοίρους· καὶ ἰδοὺ ὥρμησεν πᾶσα ἡ ἀγέλη κατὰ τοῦ κρημνοῦ εἰς τὴν θάλασσαν καὶ ἀπέθανον ἐν τοῖς ὕδασιν. **33** οἱ δὲ βόσκοντες ἔφυγον, καὶ ἀπελθόντες εἰς τὴν πόλιν ἀπήγγειλαν πάντα καὶ τὰ τῶν δαιμονιζομένων. **34** καὶ ἰδοὺ πᾶσα ἡ πόλις ἐξῆλθεν εἰς ὑπάντησιν τῷ Ἰησοῦ καὶ ἰδόντες αὐτὸν παρεκάλεσαν ὅπως μεταβῇ ἀπὸ τῶν ὁρίων αὐτῶν.

---

³**25** {B} σῶσον 01 03 04 *f*¹ *f*¹³ [828*] 33 205 892 co^(bo-mss) Cyril^(pt) ∥ σῶσον ἡμᾶς 019 032 037 038 0242^(vid) 157 180 565 579 597 700 828^c 1006 1010 1071 1243 1292 1342 1424 1505 *Byz* [07 042] lat sy^(s, p, h) cpa co^(sa, bo, mae) eth Origen^(dub) Eusebius Chrysostom Cyril^(pt)

⁴**28** {C} Γαδαρηνῶν (01* Γαζαρηνῶν) 03 04 (037 Γαραδηνῶν) 038 042 1010 sy^(s, p, h) mss^(acc. to Origen) ∥ Γεργεσηνῶν 01² 019 032 *f*¹ *f*¹³ 157 180 205 565 579 597 700 892 1006 1071 1243 1292 1342 1424 1505 *Byz* [07] (sy^(hmg 2, hgr)) (cpa) co^(bo) eth Origen Eusebius^(vid) ∥ Γερασηνῶν (*see* Mk 5.1; Lk 8.26) lat sy^(hmg 1) co^(sa, mae) mss^(acc. to Origen)

The Healing of a Paralysed Man (Mk 2.1-12; Lk 5.17-26)

9 Καὶ ἐμβὰς εἰς πλοῖον διεπέρασεν καὶ ἦλθεν εἰς τὴν ἰδίαν πόλιν. **2** Καὶ ἰδοὺ προσέφερον αὐτῷ παραλυτικὸν ἐπὶ κλίνης βεβλημένον. καὶ ἰδὼν ὁ Ἰησοῦς τὴν πίστιν αὐτῶν εἶπεν τῷ παραλυτικῷ· θάρσει, τέκνον, ἀφίενταί σου αἱ ἁμαρτίαι. **3** καὶ ἰδού τινες τῶν γραμματέων εἶπαν ἐν ἑαυτοῖς· οὗτος βλασφημεῖ. **4** καὶ ἰδὼν ὁ Ἰησοῦς τὰς ἐνθυμήσεις αὐτῶν εἶπεν· ἱνατί ἐνθυμεῖσθε πονηρὰ ἐν ταῖς καρδίαις ὑμῶν; **5** τί γάρ ἐστιν εὐκοπώτερον, εἰπεῖν· ἀφίενταί σου αἱ ἁμαρτίαι, ἢ εἰπεῖν· ἔγειρε καὶ περιπάτει; **6** ἵνα δὲ εἰδῆτε ὅτι ἐξουσίαν ἔχει ὁ υἱὸς τοῦ ἀνθρώπου ἐπὶ τῆς γῆς ἀφιέναι ἁμαρτίας – τότε λέγει τῷ παραλυτικῷ· ἐγερθεὶς ἆρόν σου τὴν κλίνην καὶ ὕπαγε εἰς τὸν οἶκόν σου. **7** καὶ ἐγερθεὶς ἀπῆλθεν εἰς τὸν οἶκον αὐτοῦ. **8** ἰδόντες δὲ οἱ ὄχλοι ἐφοβήθησαν[1] καὶ ἐδόξασαν τὸν θεὸν τὸν δόντα ἐξουσίαν τοιαύτην τοῖς ἀνθρώποις.

The Calling of Matthew (Mk 2.13-17; Lk 5.27-32)

9 Καὶ παράγων ὁ Ἰησοῦς ἐκεῖθεν εἶδεν ἄνθρωπον καθήμενον ἐπὶ τὸ τελώνιον, Μαθθαῖον λεγόμενον, καὶ λέγει αὐτῷ· ἀκολούθει μοι. καὶ ἀναστὰς ἠκολούθησεν αὐτῷ.

10 Καὶ ἐγένετο αὐτοῦ ἀνακειμένου ἐν τῇ οἰκίᾳ, καὶ ἰδοὺ πολλοὶ τελῶναι καὶ ἁμαρτωλοὶ ἐλθόντες συνανέκειντο τῷ Ἰησοῦ καὶ τοῖς μαθηταῖς αὐτοῦ. **11** καὶ ἰδόντες οἱ Φαρισαῖοι ἔλεγον τοῖς μαθηταῖς αὐτοῦ· διὰ τί μετὰ τῶν τελωνῶν καὶ ἁμαρτωλῶν ἐσθίει ὁ διδάσκαλος ὑμῶν; **12** ὁ δὲ ἀκούσας εἶπεν· οὐ χρείαν ἔχουσιν οἱ ἰσχύοντες ἰατροῦ ἀλλ᾽ οἱ κακῶς ἔχοντες. **13** πορευθέντες δὲ μάθετε τί ἐστιν· ἔλεος θέλω καὶ οὐ θυσίαν· οὐ γὰρ ἦλθον καλέσαι δικαίους ἀλλ᾽ ἁμαρτωλούς[2]. *Ho 6.6*

---

[1] **8** {A} ἐφοβήθησαν 01 03 05 032 f^1 33 205 892 1424 lat$^{vl\text{-}pt, vg}$ sy$^{s, p}$ cpa co // ἐθαύμασαν 04 019 037 038 0233 f^{13} 157 180 565 579 597 700 1006 1010 1071 1243 1292 1342 1505 *Byz* [07 09 011 022 042] sy^h Chrysostom // *admirantes timuerunt* lat$^{vl\text{-}pt}$ (eth) // *omit* (*also omit* καί) 033 Irenaeus^{lat}

[2] **13** {A} ἁμαρτωλούς 01 03 05 022 032 037 f^1 33 565 lat$^{vl\text{-}pt, vg}$ sy$^{p, h}$ co$^{bo\text{-}pt}$ // ἁμαρτωλοὺς εἰς μετάνοιαν 04 019 038 f^{13} 579 700 892 1424 *Byz* [07 011] lat$^{vl\text{-}pt}$ sy$^{s, h\,with\,*}$ co$^{sa, bo\text{-}pt, mae}$

The Question about Fasting (Mk 2.18-22; Lk 5.33-39)

14 Τότε προσέρχονται αὐτῷ οἱ μαθηταὶ Ἰωάννου λέγοντες· διὰ τί ἡμεῖς καὶ οἱ Φαρισαῖοι νηστεύομεν [πολλά]³, οἱ δὲ μαθηταί σου οὐ νηστεύουσιν; **15** καὶ εἶπεν αὐτοῖς ὁ Ἰησοῦς· μὴ δύνανται οἱ υἱοὶ τοῦ νυμφῶνος πενθεῖν ἐφ᾽ ὅσον μετ᾽ αὐτῶν ἐστιν ὁ νυμφίος; ἐλεύσονται δὲ ἡμέραι ὅταν ἀπαρθῇ ἀπ᾽ αὐτῶν ὁ νυμφίος, καὶ τότε νηστεύσουσιν. **16** οὐδεὶς δὲ ἐπιβάλλει ἐπίβλημα ῥάκους ἀγνάφου ἐπὶ ἱματίῳ παλαιῷ· αἴρει γὰρ τὸ πλήρωμα αὐτοῦ ἀπὸ τοῦ ἱματίου καὶ χεῖρον σχίσμα γίνεται. **17** οὐδὲ βάλλουσιν οἶνον νέον εἰς ἀσκοὺς παλαιούς· εἰ δὲ μή γε, ῥήγνυνται οἱ ἀσκοὶ καὶ ὁ οἶνος ἐκχεῖται καὶ οἱ ἀσκοὶ ἀπόλλυνται· ἀλλὰ βάλλουσιν οἶνον νέον εἰς ἀσκοὺς καινούς, καὶ ἀμφότεροι συντηροῦνται.

The Ruler's Daughter and the Woman Who Touched Jesus' Garment
(Mk 5.21-43; Lk 8.40-56)

18 Ταῦτα αὐτοῦ λαλοῦντος αὐτοῖς, ἰδοὺ ἄρχων εἷς ἐλθὼν προσεκύνει αὐτῷ λέγων ὅτι ἡ θυγάτηρ μου ἄρτι ἐτελεύτησεν· ἀλλ᾽ ἐλθὼν ἐπίθες τὴν χεῖρά σου ἐπ᾽ αὐτήν, καὶ ζήσεται. **19** καὶ ἐγερθεὶς ὁ Ἰησοῦς ἠκολούθησεν αὐτῷ καὶ οἱ μαθηταὶ αὐτοῦ.

20 Καὶ ἰδοὺ γυνὴ αἱμορροοῦσα δώδεκα ἔτη προσελθοῦσα ὄπισθεν ἥψατο τοῦ κρασπέδου τοῦ ἱματίου αὐτοῦ· **21** ἔλεγεν γὰρ ἐν ἑαυτῇ· ἐὰν μόνον ἅψωμαι τοῦ ἱματίου αὐτοῦ σωθήσομαι. **22** ὁ δὲ Ἰησοῦς στραφεὶς καὶ ἰδὼν αὐτὴν εἶπεν· θάρσει, θύγατερ· ἡ πίστις σου σέσωκέν σε. καὶ ἐσώθη ἡ γυνὴ ἀπὸ τῆς ὥρας ἐκείνης.

23 Καὶ ἐλθὼν ὁ Ἰησοῦς εἰς τὴν οἰκίαν τοῦ ἄρχοντος καὶ ἰδὼν τοὺς αὐλητὰς καὶ τὸν ὄχλον θορυβούμενον **24** ἔλεγεν· ἀναχωρεῖτε, οὐ γὰρ ἀπέθανεν τὸ κοράσιον ἀλλὰ καθεύδει. καὶ κατεγέλων αὐτοῦ. **25** ὅτε δὲ ἐξεβλήθη ὁ ὄχλος εἰσελθὼν ἐκράτησεν τῆς χειρὸς αὐτῆς, καὶ ἠγέρθη τὸ κοράσιον. **26** καὶ ἐξῆλθεν ἡ φήμη αὕτη εἰς ὅλην τὴν γῆν ἐκείνην.

---

³**14** {C} νηστεύομεν πολλά 01² 04 05 019 032 037 038 0233 *f*¹ *f*¹³ 33 157 (180) 205 565 579 597 700 892 1006 1010 1071 1243 1292 1342 1424 1505 *Byz* [07 09 011 022 042] lat^(vl-pt) sy^(p, h) cpa co^(sa-mss, bo, mae) eth Basil Chrysostom ∥ νηστεύομεν πυκνά 01¹ lat^(vl-pt, vg) sy^s ? ∥ νηστεύομεν 01* 03 co^(sa-ms) Cyril

The Healing of Two Blind Men

27 Καὶ παράγοντι ἐκεῖθεν τῷ Ἰησοῦ ἠκολούθησαν [αὐτῷ] δύο τυφλοὶ κράζοντες καὶ λέγοντες· ἐλέησον ἡμᾶς, υἱὸς Δαυίδ. 28 ἐλθόντι δὲ εἰς τὴν οἰκίαν προσῆλθον αὐτῷ οἱ τυφλοί, καὶ λέγει αὐτοῖς ὁ Ἰησοῦς· πιστεύετε ὅτι δύναμαι τοῦτο ποιῆσαι; λέγουσιν αὐτῷ· ναὶ κύριε. 29 τότε ἥψατο τῶν ὀφθαλμῶν αὐτῶν λέγων· κατὰ τὴν πίστιν ὑμῶν γενηθήτω ὑμῖν. 30 καὶ ἠνεῴχθησαν αὐτῶν οἱ ὀφθαλμοί. καὶ ἐνεβριμήθη αὐτοῖς ὁ Ἰησοῦς λέγων· ὁρᾶτε μηδεὶς γινωσκέτω. 31 οἱ δὲ ἐξελθόντες διεφήμισαν αὐτὸν ἐν ὅλῃ τῇ γῇ ἐκείνῃ.

The Healing of a Mute Man

32 Αὐτῶν δὲ ἐξερχομένων ἰδοὺ προσήνεγκαν αὐτῷ ἄνθρωπον κωφὸν δαιμονιζόμενον. 33 καὶ ἐκβληθέντος τοῦ δαιμονίου ἐλάλησεν ὁ κωφός. καὶ ἐθαύμασαν οἱ ὄχλοι λέγοντες· οὐδέποτε ἐφάνη οὕτως ἐν τῷ Ἰσραήλ. 34 οἱ δὲ Φαρισαῖοι ἔλεγον· ἐν τῷ ἄρχοντι τῶν δαιμονίων ἐκβάλλει τὰ δαιμόνια.

The Compassion of Jesus

35 Καὶ περιῆγεν ὁ Ἰησοῦς τὰς πόλεις πάσας καὶ τὰς κώμας διδάσκων ἐν ταῖς συναγωγαῖς αὐτῶν καὶ κηρύσσων τὸ εὐαγγέλιον τῆς βασιλείας καὶ θεραπεύων πᾶσαν νόσον καὶ πᾶσαν μαλακίαν.

36 Ἰδὼν δὲ τοὺς ὄχλους ἐσπλαγχνίσθη περὶ αὐτῶν, ὅτι ἦσαν ἐσκυλμένοι καὶ ἐρριμμένοι ὡσεὶ πρόβατα μὴ ἔχοντα ποιμένα. 37 τότε λέγει τοῖς μαθηταῖς αὐτοῦ· ὁ μὲν θερισμὸς πολύς, οἱ δὲ ἐργάται ὀλίγοι· 38 δεήθητε οὖν τοῦ κυρίου τοῦ θερισμοῦ ὅπως ἐκβάλῃ ἐργάτας εἰς τὸν θερισμὸν αὐτοῦ.

The Mission of the Twelve (Mk 3.13-19; Lk 6.12-16)

10 Καὶ προσκαλεσάμενος τοὺς δώδεκα μαθητὰς αὐτοῦ ἔδωκεν αὐτοῖς ἐξουσίαν πνευμάτων ἀκαθάρτων ὥστε ἐκβάλλειν αὐτὰ καὶ θεραπεύειν πᾶσαν νόσον καὶ πᾶσαν μαλακίαν.

2 Τῶν δὲ δώδεκα ἀποστόλων τὰ ὀνόματά ἐστιν ταῦτα· πρῶτος Σίμων ὁ λεγόμενος Πέτρος καὶ Ἀνδρέας ὁ ἀδελφὸς αὐτοῦ, καὶ Ἰάκωβος ὁ τοῦ Ζεβεδαίου καὶ Ἰωάννης ὁ ἀδελφὸς αὐτοῦ, 3 Φίλιππος καὶ Βαρθολομαῖος, Θωμᾶς καὶ Μαθθαῖος

ὁ τελώνης, Ἰάκωβος ὁ τοῦ Ἁλφαίου καὶ Θαδδαῖος¹, 4 Σίμων ὁ Καναναῖος² καὶ Ἰούδας ὁ Ἰσκαριώτης ὁ καὶ παραδοὺς αὐτόν.

The Commissioning of the Twelve (Mk 6.7-13; Lk 9.1-6)

5 Τούτους τοὺς δώδεκα ἀπέστειλεν ὁ Ἰησοῦς παραγγείλας αὐτοῖς λέγων· εἰς ὁδὸν ἐθνῶν μὴ ἀπέλθητε καὶ εἰς πόλιν Σαμαριτῶν μὴ εἰσέλθητε· 6 πορεύεσθε δὲ μᾶλλον πρὸς τὰ πρόβατα τὰ ἀπολωλότα οἴκου Ἰσραήλ. 7 πορευόμενοι δὲ κηρύσσετε λέγοντες ὅτι ἤγγικεν ἡ βασιλεία τῶν οὐρανῶν. 8 ἀσθενοῦντας θεραπεύετε, νεκροὺς ἐγείρετε, λεπροὺς καθαρίζετε, δαιμόνια ἐκβάλλετε³· δωρεὰν ἐλάβετε, δωρεὰν δότε. 9 μὴ κτήσησθε χρυσὸν μηδὲ ἄργυρον μηδὲ χαλκὸν εἰς τὰς ζώνας ὑμῶν, 10 μὴ πήραν εἰς ὁδὸν μηδὲ δύο χιτῶνας μηδὲ ὑποδήματα μηδὲ ῥάβδον· ἄξιος γὰρ ὁ ἐργάτης τῆς τροφῆς αὐτοῦ. 11 εἰς ἣν δ' ἂν πόλιν ἢ κώμην εἰσέλθητε, ἐξετάσατε τίς ἐν αὐτῇ ἄξιός ἐστιν· κἀκεῖ μείνατε ἕως ἂν ἐξέλθητε. 12 εἰσερχόμενοι δὲ εἰς τὴν οἰκίαν ἀσπάσασθε αὐτήν· 13 καὶ ἐὰν μὲν ᾖ ἡ οἰκία ἀξία, ἐλθάτω ἡ εἰρήνη ὑμῶν ἐπ' αὐτήν, ἐὰν δὲ μὴ ᾖ ἀξία, ἡ εἰρήνη ὑμῶν πρὸς ὑμᾶς ἐπιστραφήτω. 14 καὶ ὃς ἂν μὴ δέξηται ὑμᾶς μηδὲ ἀκούσῃ τοὺς λόγους ὑμῶν, ἐξερχόμενοι ἔξω τῆς οἰκίας ἢ τῆς πόλεως ἐκείνης ἐκτινάξατε τὸν κονιορτὸν τῶν ποδῶν ὑμῶν. 15 ἀμὴν λέγω ὑμῖν, ἀνεκτότερον ἔσται γῇ Σοδόμων καὶ Γομόρρων ἐν ἡμέρᾳ κρίσεως ἢ τῇ πόλει ἐκείνῃ.

---

¹ 3 {C} Θαδδαῖος 01 03 f¹³ 892 lat^(vl-pt, vg) co ∥ Λεββαῖος 05 lat^(vl-pt) Origen^lat ∥ Θαδδαῖος ὁ ἐπικληθεὶς Λεββαῖος 13 828 ∥ Λεββαῖος ὁ ἐπικληθεὶς Θαδδαῖος 04² (04*vid ὁ καὶ Θαδδαῖος) 019 032 037 038 f¹ 28 33 157 180 205 565 579 597 700 1006 1010 1071 1243 1292 1342 1424 1505 Byz [07 09 011 022 042] lat^(vl-pt) sy^(p, h) cpa^mss (eth) Chrysostom ∥ Judas Zelotes lat^(vl-pt) (cpa^ms) ∥ add Judas the son of James after Καναναῖος in verse 4 sy^s

² 4 {B} Καναναῖος 03 04 (05 Χαναναῖος) 019 022 f¹ 33 892 lat co^mae ∥ Κανανίτης 01 032 037 038 f¹³ 565 579 700 1424 Byz [(07) 09 011 042]

³ 8 {B} νεκροὺς ἐγείρετε, λεπροὺς καθαρίζετε, δαιμόνια ἐκβάλλετε 01 03 04* 022 042 f¹ f¹³ 33 565 700^mg 892 lat^(vl-pt, vg) sy^s co^bo ∥ λεπροὺς καθαρίζετε, δαιμόνια ἐκβάλλετε, νεκροὺς ἐγείρετε 024 032 037 sy^h ∥ λεπροὺς καθαρίζετε, νεκροὺς ἐγείρετε, δαιμόνια ἐκβάλλετε TR ∥ δαιμόνια ἐκβάλετε 1424* ∥ λεπροὺς καθαρίζετε, δαιμόνια ἐκβάλλετε 04³ 019 038 579 700 ^txt 1424^c Byz [07 09 011] lat^(vl-pt) (sy^p) co^(sa, mae) ∥ νεκροὺς ἐγείρατε, λεπροὺς καθαρίσατε καὶ δαιμόνια ἐκβάλετε 05

Coming Persecutions (Mk 13.9-13; Lk 21.12-17)

16 Ἰδοὺ ἐγὼ ἀποστέλλω ὑμᾶς ὡς πρόβατα ἐν μέσῳ λύκων· γίνεσθε οὖν φρόνιμοι ὡς οἱ ὄφεις καὶ ἀκέραιοι ὡς αἱ περιστεραί.
17 Προσέχετε δὲ ἀπὸ τῶν ἀνθρώπων· παραδώσουσιν γὰρ ὑμᾶς εἰς συνέδρια καὶ ἐν ταῖς συναγωγαῖς αὐτῶν μαστιγώσουσιν ὑμᾶς· **18** καὶ ἐπὶ ἡγεμόνας δὲ καὶ βασιλεῖς ἀχθήσεσθε ἕνεκεν ἐμοῦ εἰς μαρτύριον αὐτοῖς καὶ τοῖς ἔθνεσιν. **19** ὅταν δὲ παραδῶσιν ὑμᾶς, μὴ μεριμνήσητε πῶς ἢ τί λαλήσητε· δοθήσεται γὰρ ὑμῖν ἐν ἐκείνῃ τῇ ὥρᾳ τί λαλήσητε· **20** οὐ γὰρ ὑμεῖς ἐστε οἱ λαλοῦντες ἀλλὰ τὸ πνεῦμα τοῦ πατρὸς ὑμῶν τὸ λαλοῦν ἐν ὑμῖν.
21 Παραδώσει δὲ ἀδελφὸς ἀδελφὸν εἰς θάνατον καὶ πατὴρ τέκνον, καὶ ἐπαναστήσονται τέκνα ἐπὶ γονεῖς καὶ θανατώσουσιν αὐτούς. **22** καὶ ἔσεσθε μισούμενοι ὑπὸ πάντων διὰ τὸ ὄνομά μου· ὁ δὲ ὑπομείνας εἰς τέλος οὗτος σωθήσεται.
23 Ὅταν δὲ διώκωσιν ὑμᾶς ἐν τῇ πόλει ταύτῃ, φεύγετε εἰς τὴν ἑτέραν· ἀμὴν γὰρ λέγω ὑμῖν, οὐ μὴ τελέσητε τὰς πόλεις τοῦ Ἰσραὴλ ἕως ἂν ἔλθῃ ὁ υἱὸς τοῦ ἀνθρώπου.
24 Οὐκ ἔστιν μαθητὴς ὑπὲρ τὸν διδάσκαλον οὐδὲ δοῦλος ὑπὲρ τὸν κύριον αὐτοῦ. **25** ἀρκετὸν τῷ μαθητῇ ἵνα γένηται ὡς ὁ διδάσκαλος αὐτοῦ καὶ ὁ δοῦλος ὡς ὁ κύριος αὐτοῦ. εἰ τὸν οἰκοδεσπότην Βεελζεβοὺλ ἐπεκάλεσαν, πόσῳ μᾶλλον τοὺς οἰκιακοὺς αὐτοῦ.

Whom to Fear (Lk 12.2-7)

26 Μὴ οὖν φοβηθῆτε αὐτούς· οὐδὲν γάρ ἐστιν κεκαλυμμένον ὃ οὐκ ἀποκαλυφθήσεται καὶ κρυπτὸν ὃ οὐ γνωσθήσεται.
27 ὃ λέγω ὑμῖν ἐν τῇ σκοτίᾳ εἴπατε ἐν τῷ φωτί, καὶ ὃ εἰς τὸ οὖς ἀκούετε κηρύξατε ἐπὶ τῶν δωμάτων. **28** καὶ μὴ φοβεῖσθε ἀπὸ τῶν ἀποκτεννόντων τὸ σῶμα, τὴν δὲ ψυχὴν μὴ δυναμένων ἀποκτεῖναι· φοβεῖσθε δὲ μᾶλλον τὸν δυνάμενον καὶ ψυχὴν καὶ σῶμα ἀπολέσαι ἐν γεέννῃ. **29** οὐχὶ δύο στρουθία ἀσσαρίου πωλεῖται; καὶ ἓν ἐξ αὐτῶν οὐ πεσεῖται ἐπὶ τὴν γῆν ἄνευ τοῦ πατρὸς ὑμῶν. **30** ὑμῶν δὲ καὶ αἱ τρίχες τῆς κεφαλῆς πᾶσαι ἠριθμημέναι εἰσίν. **31** μὴ οὖν φοβεῖσθε· πολλῶν στρουθίων διαφέρετε ὑμεῖς.

Confessing Christ (Lk 12.8-9)

32 Πᾶς οὖν ὅστις ὁμολογήσει ἐν ἐμοὶ ἔμπροσθεν τῶν ἀνθρώπων, ὁμολογήσω κἀγὼ ἐν αὐτῷ ἔμπροσθεν τοῦ πατρός μου τοῦ ἐν [τοῖς] οὐρανοῖς· **33** ὅστις δ' ἂν ἀρνήσηταί με ἔμπροσθεν τῶν ἀνθρώπων, ἀρνήσομαι κἀγὼ αὐτὸν ἔμπροσθεν τοῦ πατρός μου τοῦ ἐν [τοῖς] οὐρανοῖς.

Not Peace, but a Sword (Lk 12.51-53; 14.26-27)

34 Μὴ νομίσητε ὅτι ἦλθον βαλεῖν εἰρήνην ἐπὶ τὴν γῆν· οὐκ ἦλθον βαλεῖν εἰρήνην ἀλλὰ μάχαιραν. **35** ἦλθον γὰρ διχάσαι *ἄνθρωπον κατὰ τοῦ πατρὸς αὐτοῦ* καὶ *θυγατέρα κατὰ τῆς μητρὸς αὐτῆς* καὶ *νύμφην κατὰ τῆς πενθερᾶς αὐτῆς*, **36** καὶ *ἐχθροὶ τοῦ ἀνθρώπου οἱ οἰκιακοὶ αὐτοῦ*.

37 Ὁ φιλῶν πατέρα ἢ μητέρα ὑπὲρ ἐμὲ οὐκ ἔστιν μου ἄξιος, καὶ ὁ φιλῶν υἱὸν ἢ θυγατέρα ὑπὲρ ἐμὲ οὐκ ἔστιν μου ἄξιος· **38** καὶ ὃς οὐ λαμβάνει τὸν σταυρὸν αὐτοῦ καὶ ἀκολουθεῖ ὀπίσω μου, οὐκ ἔστιν μου ἄξιος. **39** ὁ εὑρὼν τὴν ψυχὴν αὐτοῦ ἀπολέσει αὐτήν, καὶ ὁ ἀπολέσας τὴν ψυχὴν αὐτοῦ ἕνεκεν ἐμοῦ εὑρήσει αὐτήν.

Rewards (Mk 9.41)

40 Ὁ δεχόμενος ὑμᾶς ἐμὲ δέχεται, καὶ ὁ ἐμὲ δεχόμενος δέχεται τὸν ἀποστείλαντά με. **41** ὁ δεχόμενος προφήτην εἰς ὄνομα προφήτου μισθὸν προφήτου λήμψεται, καὶ ὁ δεχόμενος δίκαιον εἰς ὄνομα δικαίου μισθὸν δικαίου λήμψεται. **42** καὶ ὃς ἂν ποτίσῃ ἕνα τῶν μικρῶν τούτων ποτήριον ψυχροῦ μόνον εἰς ὄνομα μαθητοῦ, ἀμὴν λέγω ὑμῖν, οὐ μὴ ἀπολέσῃ τὸν μισθὸν αὐτοῦ.

11 Καὶ ἐγένετο ὅτε ἐτέλεσεν ὁ Ἰησοῦς διατάσσων τοῖς δώδεκα μαθηταῖς αὐτοῦ, μετέβη ἐκεῖθεν τοῦ διδάσκειν καὶ κηρύσσειν ἐν ταῖς πόλεσιν αὐτῶν.

The Messengers from John the Baptist   (Lk 7.18-35)

2 Ὁ δὲ Ἰωάννης ἀκούσας ἐν τῷ δεσμωτηρίῳ τὰ ἔργα τοῦ Χριστοῦ πέμψας διὰ τῶν μαθητῶν¹ αὐτοῦ **3** εἶπεν αὐτῷ· σὺ εἶ ὁ ἐρχόμενος ἢ ἕτερον προσδοκῶμεν; **4** καὶ ἀποκριθεὶς ὁ Ἰησοῦς εἶπεν αὐτοῖς· πορευθέντες ἀπαγγείλατε Ἰωάννῃ ἃ ἀκούετε καὶ βλέπετε·
5   τυφλοὶ ἀναβλέπουσιν καὶ χωλοὶ περιπατοῦσιν,
       λεπροὶ καθαρίζονται καὶ κωφοὶ ἀκούουσιν,
       καὶ νεκροὶ ἐγείρονται καὶ πτωχοὶ εὐαγγελίζονται·
6 καὶ μακάριός ἐστιν ὃς ἐὰν μὴ σκανδαλισθῇ ἐν ἐμοί.

7 Τούτων δὲ πορευομένων ἤρξατο ὁ Ἰησοῦς λέγειν τοῖς ὄχλοις περὶ Ἰωάννου· τί ἐξήλθατε εἰς τὴν ἔρημον θεάσασθαι; κάλαμον ὑπὸ ἀνέμου σαλευόμενον; **8** ἀλλὰ τί ἐξήλθατε ἰδεῖν; ἄνθρωπον ἐν μαλακοῖς ἠμφιεσμένον; ἰδοὺ οἱ τὰ μαλακὰ φοροῦντες ἐν τοῖς οἴκοις τῶν βασιλέων εἰσίν. **9** ἀλλὰ τί ἐξήλθατε ἰδεῖν; προφήτην; ναὶ λέγω ὑμῖν, καὶ περισσότερον προφήτου.
10 οὗτός ἐστιν περὶ οὗ γέγραπται·
       ἰδοὺ ἐγὼ ἀποστέλλω τὸν ἄγγελόν μου πρὸ προσώπου σου,   Ex 23.20;
       ὃς κατασκευάσει τὴν ὁδόν σου ἔμπροσθέν σου.   Mal 3.1

11 Ἀμὴν λέγω ὑμῖν· οὐκ ἐγήγερται ἐν γεννητοῖς γυναικῶν μείζων Ἰωάννου τοῦ βαπτιστοῦ· ὁ δὲ μικρότερος ἐν τῇ βασιλείᾳ τῶν οὐρανῶν μείζων αὐτοῦ ἐστιν. **12** ἀπὸ δὲ τῶν ἡμερῶν Ἰωάννου τοῦ βαπτιστοῦ ἕως ἄρτι ἡ βασιλεία τῶν οὐρανῶν βιάζεται καὶ βιασταὶ ἁρπάζουσιν αὐτήν. **13** πάντες γὰρ οἱ προφῆται καὶ ὁ νόμος ἕως Ἰωάννου ἐπροφήτευσαν· **14** καὶ εἰ θέλετε δέξασθαι, αὐτός ἐστιν Ἠλίας ὁ μέλλων ἔρχεσθαι. **15** ὁ ἔχων ὦτα² ἀκουέτω.

16 Τίνι δὲ ὁμοιώσω τὴν γενεὰν ταύτην; ὁμοία ἐστὶν παιδίοις καθημένοις ἐν ταῖς ἀγοραῖς ἃ προσφωνοῦντα τοῖς ἑτέροις **17** λέγουσιν·

---

¹2 {B} διὰ τῶν μαθητῶν 01 03 04* 05 024 032 035 037 038 042 0233 *f*¹³ 33 lat^(vl-pt) sy^(p, h) co^(sa, mae) // δύο τῶν μαθητῶν 04³ 019 *f*¹ 13 28 157 180 205 565 579 597 700 828 892 1006 1010 1071 1243 1292 1342 1424 1505 *Byz* [07 09 011] lat^(vl-pt, vg) sy^(hmg) cpa co^(bo) Origen Chrysostom // *discipulos* lat^(vl-pt)

²15 {B} ὦτα (*see* 13.9, 43) 03 05 700 lat^(vl-pt) sy^s // ὦτα ἀκούειν 01 04 019 032 035 037 038 *f*¹ *f*¹³ 28 33 157 180 205 565 579 597 892 1006 1010 1071 1243 1292 1342 1424 1505 *Byz* [07 09 011 022 042] lat^(vl-pt, vg) sy^(c, p, h) cpa co eth Chrysostom

ηὐλήσαμεν ὑμῖν καὶ οὐκ ὠρχήσασθε,
ἐθρηνήσαμεν καὶ οὐκ ἐκόψασθε.
18 ἦλθεν γὰρ Ἰωάννης μήτε ἐσθίων μήτε πίνων, καὶ λέγουσιν· δαιμόνιον ἔχει. **19** ἦλθεν ὁ υἱὸς τοῦ ἀνθρώπου ἐσθίων καὶ πίνων, καὶ λέγουσιν· ἰδοὺ ἄνθρωπος φάγος καὶ οἰνοπότης, τελωνῶν φίλος καὶ ἁμαρτωλῶν. καὶ ἐδικαιώθη ἡ σοφία ἀπὸ τῶν ἔργων³ αὐτῆς.

Woes to Unrepentant Cities (Lk 10.13-15)

20 Τότε ἤρξατο ὀνειδίζειν τὰς πόλεις ἐν αἷς ἐγένοντο αἱ πλεῖσται δυνάμεις αὐτοῦ, ὅτι οὐ μετενόησαν· **21** οὐαί σοι, Χοραζίν, οὐαί σοι, Βηθσαϊδά· ὅτι εἰ ἐν Τύρῳ καὶ Σιδῶνι ἐγένοντο αἱ δυνάμεις αἱ γενόμεναι ἐν ὑμῖν, πάλαι ἂν ἐν σάκκῳ καὶ σποδῷ μετενόησαν. **22** πλὴν λέγω ὑμῖν, Τύρῳ καὶ Σιδῶνι ἀνεκτότερον ἔσται ἐν ἡμέρᾳ κρίσεως ἢ ὑμῖν. **23** καὶ σύ, Καφαρναούμ, μὴ ἕως οὐρανοῦ ὑψωθήσῃ⁴; ἕως ᾅδου καταβήσῃ⁵· ὅτι εἰ ἐν Σοδόμοις ἐγενήθησαν αἱ δυνάμεις αἱ γενόμεναι ἐν σοί, ἔμεινεν ἂν μέχρι τῆς σήμερον. **24** πλὴν λέγω ὑμῖν ὅτι γῇ Σοδόμων ἀνεκτότερον ἔσται ἐν ἡμέρᾳ κρίσεως ἢ σοί.

---

³**19** {B} ἀπὸ τῶν ἔργων 01 03* 032 sy$^{p, h}$ co$^{sa-mss, bo}$ ∥ ἀπὸ πάντων τῶν ἔργων f^{13} ∥ ἀπὸ τῶν τέκνων 03² 04 05 019 037 038 f^1 28 33 157 180 205 565 579 597 700 892 1006 1010 1071 1243 1292 1342 1424 1505 Byz [07 09 011 022 042] lat$^{vl-pt, vg}$ sy$^{c, s, hmg}$ co$^{sa-mss, mae}$ (eth) Origen Chrysostom ∥ ἀπὸ πάντων τῶν τέκνων (see Lk 7.35) 13 828 lat^{vl-pt}

⁴**23** {B} μὴ ἕως οὐρανοῦ ὑψωθήσῃ (see Lk 10.15) 01 03* (04 1 τοῦ οὐρανοῦ) 05 032 038 lat$^{vl-pt, vg}$ sy^c co eth Irenaeus^{lat} ∥ ἢ ἕως οὐρανοῦ ὑψωθήσῃ 03² (019 τοῦ οὐρανοῦ) ∥ ἢ ἕως τοῦ οὐρανοῦ ὑψωθεῖσα (037 157 597 1292 omit τοῦ) 33 565 579 892 1071 1243 1424 1505 Byz^{pt} [022 042] TR Lect lat^{vl-pt} Chrysostom^{pt} ∥ ἢ ἕως τοῦ οὐρανοῦ ὑψώθης (f^{13} 28 omit τοῦ) 13 180 205 700 (828 omit ἤ) 1006 1010 1342 Byz^{pt} [07 09 011] lat^{vl-pt} sy$^{s, p, h}$ Chrysostom^{pt}

⁵**23** {C} καταβήσῃ (see Is 14.15; Lk 10.15) 03 05 032 lat sy$^{c, s}$ co^{sa} eth Irenaeus^{lat} ∥ καταβιβασθήσῃ 01 04 019 037 038 f^1 f^{13} 28 33 157 180 205 565 579 597 700 892 1006 1010 1071 1243 1292 1342 1424 1505 Byz [07 09 011 022 042] sy$^{p, h}$ co$^{bo, mae}$ Chrysostom

Come to Me and Rest (Lk 10.21-22)

25 Ἐν ἐκείνῳ τῷ καιρῷ ἀποκριθεὶς ὁ Ἰησοῦς εἶπεν· ἐξομολογοῦμαί σοι, πάτερ, κύριε τοῦ οὐρανοῦ καὶ τῆς γῆς, ὅτι ἔκρυψας ταῦτα ἀπὸ σοφῶν καὶ συνετῶν καὶ ἀπεκάλυψας αὐτὰ νηπίοις· **26** ναὶ ὁ πατήρ, ὅτι οὕτως εὐδοκία ἐγένετο ἔμπροσθέν σου. **27** πάντα μοι παρεδόθη ὑπὸ τοῦ πατρός μου, καὶ οὐδεὶς ἐπιγινώσκει τὸν υἱὸν εἰ μὴ ὁ πατήρ, οὐδὲ τὸν πατέρα τις ἐπιγινώσκει εἰ μὴ ὁ υἱὸς καὶ ᾧ ἐὰν βούληται ὁ υἱὸς ἀποκαλύψαι.

28 Δεῦτε πρός με πάντες οἱ κοπιῶντες καὶ πεφορτισμένοι, κἀγὼ ἀναπαύσω ὑμᾶς. **29** ἄρατε τὸν ζυγόν μου ἐφ᾽ ὑμᾶς καὶ μάθετε ἀπ᾽ ἐμοῦ, ὅτι πραΰς εἰμι καὶ ταπεινὸς τῇ καρδίᾳ, καὶ εὑρήσετε ἀνάπαυσιν ταῖς ψυχαῖς ὑμῶν· **30** ὁ γὰρ ζυγός μου χρηστὸς καὶ τὸ φορτίον μου ἐλαφρόν ἐστιν.   Jr 6.16

Plucking Grain on the Sabbath (Mk 2.23-28; Lk 6.1-5)

12 Ἐν ἐκείνῳ τῷ καιρῷ ἐπορεύθη ὁ Ἰησοῦς τοῖς σάββασιν διὰ τῶν σπορίμων· οἱ δὲ μαθηταὶ αὐτοῦ ἐπείνασαν καὶ ἤρξαντο τίλλειν στάχυας καὶ ἐσθίειν. **2** οἱ δὲ Φαρισαῖοι ἰδόντες εἶπαν αὐτῷ· ἰδοὺ οἱ μαθηταί σου ποιοῦσιν ὃ οὐκ ἔξεστιν ποιεῖν ἐν σαββάτῳ. **3** ὁ δὲ εἶπεν αὐτοῖς· οὐκ ἀνέγνωτε τί ἐποίησεν Δαυὶδ ὅτε ἐπείνασεν καὶ οἱ μετ᾽ αὐτοῦ, **4** πῶς εἰσῆλθεν εἰς τὸν οἶκον τοῦ θεοῦ καὶ τοὺς ἄρτους τῆς προθέσεως ἔφαγον[1], ὃ οὐκ ἐξὸν ἦν αὐτῷ φαγεῖν οὐδὲ τοῖς μετ᾽ αὐτοῦ εἰ μὴ τοῖς ἱερεῦσιν μόνοις; **5** ἢ οὐκ ἀνέγνωτε ἐν τῷ νόμῳ ὅτι τοῖς σάββασιν οἱ ἱερεῖς ἐν τῷ ἱερῷ τὸ σάββατον βεβηλοῦσιν καὶ ἀναίτιοί εἰσιν; **6** λέγω δὲ ὑμῖν ὅτι τοῦ ἱεροῦ μεῖζόν ἐστιν ὧδε. **7** εἰ δὲ ἐγνώκειτε τί ἐστιν· ἔλεος θέλω καὶ οὐ θυσίαν, οὐκ ἂν κατεδικάσατε τοὺς ἀναιτίους. **8** κύριος γάρ ἐστιν τοῦ σαββάτου ὁ υἱὸς τοῦ ἀνθρώπου.   Ho 6.6

---

[1] **4** {C} ἔφαγον 01 03 // ἔφαγεν (see Mk 2.26; Lk 6.4) 𝔓⁷⁰ 04 05 019 032 037 038 0233^vid f¹ f¹³ 28 33 157 180 205 565 579 597 700 892ᶜ 1006 1010 1071 1243 1292 1342 1424 1505 *Byz* [07 011 022 042] lat sy co eth Eusebius Chrysostom // ἔλαβεν 892*

The Man with a Withered Hand (Mk 3.1-6; Lk 6.6-11)

9 Καὶ μεταβὰς ἐκεῖθεν ἦλθεν εἰς τὴν συναγωγὴν αὐτῶν· **10** καὶ ἰδοὺ ἄνθρωπος χεῖρα ἔχων ξηράν. καὶ ἐπηρώτησαν αὐτὸν λέγοντες· εἰ ἔξεστιν τοῖς σάββασιν θεραπεῦσαι; ἵνα κατηγορήσωσιν αὐτοῦ. **11** ὁ δὲ εἶπεν αὐτοῖς· τίς ἔσται ἐξ ὑμῶν ἄνθρωπος ὃς ἕξει πρόβατον ἓν καὶ ἐὰν ἐμπέσῃ τοῦτο τοῖς σάββασιν εἰς βόθυνον, οὐχὶ κρατήσει αὐτὸ καὶ ἐγερεῖ; **12** πόσῳ οὖν διαφέρει ἄνθρωπος προβάτου. ὥστε ἔξεστιν τοῖς σάββασιν καλῶς ποιεῖν. **13** τότε λέγει τῷ ἀνθρώπῳ· ἔκτεινόν σου τὴν χεῖρα. καὶ ἐξέτεινεν καὶ ἀπεκατεστάθη ὑγιὴς ὡς ἡ ἄλλη. **14** ἐξελθόντες δὲ οἱ Φαρισαῖοι συμβούλιον ἔλαβον κατ᾽ αὐτοῦ ὅπως αὐτὸν ἀπολέσωσιν.

The Chosen Servant

15 Ὁ δὲ Ἰησοῦς γνοὺς ἀνεχώρησεν ἐκεῖθεν. καὶ ἠκολούθησαν αὐτῷ [ὄχλοι] πολλοί[2], καὶ ἐθεράπευσεν αὐτοὺς πάντας **16** καὶ ἐπετίμησεν αὐτοῖς ἵνα μὴ φανερὸν αὐτὸν ποιήσωσιν, **17** ἵνα πληρωθῇ τὸ ῥηθὲν διὰ Ἠσαΐου τοῦ προφήτου λέγοντος·

Is 42.1-4 **18** *ἰδοὺ ὁ παῖς μου ὃν ᾑρέτισα,*
ὁ ἀγαπητός μου εἰς ὃν εὐδόκησεν ἡ ψυχή μου·
θήσω τὸ πνεῦμά μου ἐπ᾽ αὐτόν,
καὶ κρίσιν τοῖς ἔθνεσιν ἀπαγγελεῖ.
19 *οὐκ ἐρίσει οὐδὲ κραυγάσει,*
οὐδὲ ἀκούσει τις ἐν ταῖς πλατείαις τὴν φωνὴν αὐτοῦ.
20 *κάλαμον συντετριμμένον οὐ κατεάξει*
καὶ λίνον τυφόμενον οὐ σβέσει,
ἕως ἂν ἐκβάλῃ εἰς νῖκος τὴν κρίσιν.
21 *καὶ τῷ ὀνόματι αὐτοῦ ἔθνη ἐλπιοῦσιν.*

Jesus and Beelzebul (Mk 3.20-30; Lk 11.14-23; 12.10)

22 Τότε προσηνέχθη αὐτῷ δαιμονιζόμενος τυφλὸς καὶ κωφός, καὶ ἐθεράπευσεν αὐτόν, ὥστε τὸν κωφὸν λαλεῖν καὶ βλέπειν.

---

[2]15 {C} ὄχλοι πολλοί 04 05 019 032 037 038 (0233 πολλοὶ ὄχλοι) *f*[1] *f*[13] 28 33 157 180 205 565 579 597 700 892 1006 1010 1071 1243 1292 1342 1424 1505 *Byz* [07 011 022[c] 042] lat[vl-pt] sy[p, h] co[sa-ms, bo] (eth) Origen Eusebius[pt] Chrysostom // πολλοί 01 03 lat[vl-pt, vg] (sy[c, s]) Eusebius[vid] // ὄχλοι 022*

23 καὶ ἐξίσταντο πάντες οἱ ὄχλοι καὶ ἔλεγον· μήτι οὗτός ἐστιν ὁ υἱὸς Δαυίδ; **24** οἱ δὲ Φαρισαῖοι ἀκούσαντες εἶπον· οὗτος οὐκ ἐκβάλλει τὰ δαιμόνια εἰ μὴ ἐν τῷ Βεελζεβοὺλ ἄρχοντι τῶν δαιμονίων. **25** εἰδὼς δὲ τὰς ἐνθυμήσεις αὐτῶν εἶπεν αὐτοῖς· πᾶσα βασιλεία μερισθεῖσα καθ' ἑαυτῆς ἐρημοῦται καὶ πᾶσα πόλις ἢ οἰκία μερισθεῖσα καθ' ἑαυτῆς οὐ σταθήσεται. **26** καὶ εἰ ὁ σατανᾶς τὸν σατανᾶν ἐκβάλλει, ἐφ' ἑαυτὸν ἐμερίσθη· πῶς οὖν σταθήσεται ἡ βασιλεία αὐτοῦ; **27** καὶ εἰ ἐγὼ ἐν Βεελζεβοὺλ ἐκβάλλω τὰ δαιμόνια, οἱ υἱοὶ ὑμῶν ἐν τίνι ἐκβάλλουσιν; διὰ τοῦτο αὐτοὶ κριταὶ ἔσονται ὑμῶν. **28** εἰ δὲ ἐν πνεύματι θεοῦ ἐγὼ ἐκβάλλω τὰ δαιμόνια, ἄρα ἔφθασεν ἐφ' ὑμᾶς ἡ βασιλεία τοῦ θεοῦ. **29** ἢ πῶς δύναταί τις εἰσελθεῖν εἰς τὴν οἰκίαν τοῦ ἰσχυροῦ καὶ τὰ σκεύη αὐτοῦ ἁρπάσαι, ἐὰν μὴ πρῶτον δήσῃ τὸν ἰσχυρόν; καὶ τότε τὴν οἰκίαν αὐτοῦ διαρπάσει. **30** ὁ μὴ ὢν μετ' ἐμοῦ κατ' ἐμοῦ ἐστιν, καὶ ὁ μὴ συνάγων μετ' ἐμοῦ σκορπίζει.

31 Διὰ τοῦτο λέγω ὑμῖν, πᾶσα ἁμαρτία καὶ βλασφημία ἀφεθήσεται τοῖς ἀνθρώποις, ἡ δὲ τοῦ πνεύματος βλασφημία οὐκ ἀφεθήσεται. **32** καὶ ὃς ἐὰν εἴπῃ λόγον κατὰ τοῦ υἱοῦ τοῦ ἀνθρώπου, ἀφεθήσεται αὐτῷ· ὃς δ' ἂν εἴπῃ κατὰ τοῦ πνεύματος τοῦ ἁγίου, οὐκ ἀφεθήσεται αὐτῷ οὔτε ἐν τούτῳ τῷ αἰῶνι οὔτε ἐν τῷ μέλλοντι.

A Tree and Its Fruits (Lk 6.43-45)

33 Ἢ ποιήσατε τὸ δένδρον καλὸν καὶ τὸν καρπὸν αὐτοῦ καλόν, ἢ ποιήσατε τὸ δένδρον σαπρὸν καὶ τὸν καρπὸν αὐτοῦ σαπρόν· ἐκ γὰρ τοῦ καρποῦ τὸ δένδρον γινώσκεται. **34** γεννήματα ἐχιδνῶν, πῶς δύνασθε ἀγαθὰ λαλεῖν πονηροὶ ὄντες; ἐκ γὰρ τοῦ περισσεύματος τῆς καρδίας τὸ στόμα λαλεῖ. **35** ὁ ἀγαθὸς ἄνθρωπος ἐκ τοῦ ἀγαθοῦ θησαυροῦ ἐκβάλλει ἀγαθά, καὶ ὁ πονηρὸς ἄνθρωπος ἐκ τοῦ πονηροῦ θησαυροῦ ἐκβάλλει πονηρά. **36** λέγω δὲ ὑμῖν ὅτι πᾶν ῥῆμα ἀργὸν ὃ λαλήσουσιν οἱ ἄνθρωποι ἀποδώσουσιν περὶ αὐτοῦ λόγον ἐν ἡμέρᾳ κρίσεως· **37** ἐκ γὰρ τῶν λόγων σου δικαιωθήσῃ, καὶ ἐκ τῶν λόγων σου καταδικασθήσῃ.

The Demand for a Sign (Mk 8.11-12; Lk 11.29-32)

38 Τότε ἀπεκρίθησαν αὐτῷ τινες τῶν γραμματέων καὶ Φαρισαίων λέγοντες· διδάσκαλε, θέλομεν ἀπὸ σοῦ σημεῖον ἰδεῖν. **39** ὁ δὲ ἀποκριθεὶς εἶπεν αὐτοῖς· γενεὰ πονηρὰ καὶ μοιχαλὶς σημεῖον ἐπιζητεῖ, καὶ σημεῖον οὐ δοθήσεται αὐτῇ εἰ μὴ τὸ σημεῖον Ἰωνᾶ τοῦ προφήτου. **40** *ὥσπερ γὰρ ἦν Ἰωνᾶς ἐν τῇ κοιλίᾳ τοῦ κήτους τρεῖς ἡμέρας καὶ τρεῖς νύκτας,* οὕτως ἔσται ὁ υἱὸς τοῦ ἀνθρώπου ἐν τῇ καρδίᾳ τῆς γῆς τρεῖς ἡμέρας καὶ τρεῖς νύκτας. **41** ἄνδρες Νινευῖται ἀναστήσονται ἐν τῇ κρίσει μετὰ τῆς γενεᾶς ταύτης καὶ κατακρινοῦσιν αὐτήν, ὅτι μετενόησαν εἰς τὸ κήρυγμα Ἰωνᾶ, καὶ ἰδοὺ πλεῖον Ἰωνᾶ ὧδε. **42** βασίλισσα νότου ἐγερθήσεται ἐν τῇ κρίσει μετὰ τῆς γενεᾶς ταύτης καὶ κατακρινεῖ αὐτήν, ὅτι ἦλθεν ἐκ τῶν περάτων τῆς γῆς ἀκοῦσαι τὴν σοφίαν Σολομῶνος, καὶ ἰδοὺ πλεῖον Σολομῶνος ὧδε.

Jon 1.17

The Return of the Unclean Spirit (Lk 11.24-26)

43 Ὅταν δὲ τὸ ἀκάθαρτον πνεῦμα ἐξέλθῃ ἀπὸ τοῦ ἀνθρώπου, διέρχεται δι' ἀνύδρων τόπων ζητοῦν ἀνάπαυσιν καὶ οὐχ εὑρίσκει. **44** τότε λέγει· εἰς τὸν οἶκόν μου ἐπιστρέψω ὅθεν ἐξῆλθον· καὶ ἐλθὸν εὑρίσκει σχολάζοντα σεσαρωμένον καὶ κεκοσμημένον. **45** τότε πορεύεται καὶ παραλαμβάνει μεθ' ἑαυτοῦ ἑπτὰ ἕτερα πνεύματα πονηρότερα ἑαυτοῦ καὶ εἰσελθόντα κατοικεῖ ἐκεῖ· καὶ γίνεται τὰ ἔσχατα τοῦ ἀνθρώπου ἐκείνου χείρονα τῶν πρώτων. οὕτως ἔσται καὶ τῇ γενεᾷ ταύτῃ τῇ πονηρᾷ.

The Mother and Brothers of Jesus (Mk 3.31-35; Lk 8.19-21)

46 Ἔτι αὐτοῦ λαλοῦντος τοῖς ὄχλοις ἰδοὺ ἡ μήτηρ καὶ οἱ ἀδελφοὶ αὐτοῦ εἱστήκεισαν ἔξω ζητοῦντες αὐτῷ λαλῆσαι. [**47** εἶπεν δέ τις αὐτῷ· ἰδοὺ ἡ μήτηρ σου καὶ οἱ ἀδελφοί σου ἔξω ἑστήκασιν ζητοῦντές σοι λαλῆσαι.]³ **48** ὁ δὲ ἀποκριθεὶς εἶπεν τῷ

---

³**47** {C} *include verse 47 (with minor variants; see* Mk 3.32; Lk 8.20) 01¹ 04 05 032 035 037 038 *f*¹ *f*¹³ 28 33 157 180 205 565 700 892 1006 1010 1071 1243 1292 1342 1424 1505 *Byz* [07 09 011 042] lat^(vl-pt, vg) sy^(p, h) co^(bo, mae) eth Origen^(lat) Chrysostom^(lem) // *omit verse 47* 01* 03 019 579 597 lat^(vl-pt) sy^(c, s) co^(sa)

λέγοντι αὐτῷ· τίς ἐστιν ἡ μήτηρ μου καὶ τίνες εἰσὶν οἱ ἀδελφοί μου; **49** καὶ ἐκτείνας τὴν χεῖρα αὐτοῦ ἐπὶ τοὺς μαθητὰς αὐτοῦ εἶπεν· ἰδοὺ ἡ μήτηρ μου καὶ οἱ ἀδελφοί μου. **50** ὅστις γὰρ ἂν ποιήσῃ τὸ θέλημα τοῦ πατρός μου τοῦ ἐν οὐρανοῖς αὐτός μου ἀδελφὸς καὶ ἀδελφὴ καὶ μήτηρ ἐστίν.

The Parable of the Sower (Mk 4.1-9; Lk 8.4-8)

13 Ἐν τῇ ἡμέρᾳ ἐκείνῃ ἐξελθὼν ὁ Ἰησοῦς τῆς οἰκίας ἐκάθητο παρὰ τὴν θάλασσαν· **2** καὶ συνήχθησαν πρὸς αὐτὸν ὄχλοι πολλοί, ὥστε αὐτὸν εἰς πλοῖον ἐμβάντα καθῆσθαι, καὶ πᾶς ὁ ὄχλος ἐπὶ τὸν αἰγιαλὸν εἱστήκει.

3 Καὶ ἐλάλησεν αὐτοῖς πολλὰ ἐν παραβολαῖς λέγων· ἰδοὺ ἐξῆλθεν ὁ σπείρων τοῦ σπείρειν. **4** καὶ ἐν τῷ σπείρειν αὐτὸν ἃ μὲν ἔπεσεν παρὰ τὴν ὁδόν, καὶ ἐλθόντα τὰ πετεινὰ κατέφαγεν αὐτά. **5** ἄλλα δὲ ἔπεσεν ἐπὶ τὰ πετρώδη ὅπου οὐκ εἶχεν γῆν πολλήν, καὶ εὐθέως ἐξανέτειλεν διὰ τὸ μὴ ἔχειν βάθος γῆς· **6** ἡλίου δὲ ἀνατείλαντος ἐκαυματίσθη καὶ διὰ τὸ μὴ ἔχειν ῥίζαν ἐξηράνθη. **7** ἄλλα δὲ ἔπεσεν ἐπὶ τὰς ἀκάνθας, καὶ ἀνέβησαν αἱ ἄκανθαι καὶ ἔπνιξαν αὐτά. **8** ἄλλα δὲ ἔπεσεν ἐπὶ τὴν γῆν τὴν καλὴν καὶ ἐδίδου καρπόν, ὃ μὲν ἑκατόν, ὃ δὲ ἑξήκοντα, ὃ δὲ τριάκοντα. **9** ὁ ἔχων ὦτα[1] ἀκουέτω.

The Purpose of the Parables (Mk 4.10-12; Lk 8.9-10)

10 Καὶ προσελθόντες οἱ μαθηταὶ εἶπαν αὐτῷ· διὰ τί ἐν παραβολαῖς λαλεῖς αὐτοῖς; **11** ὁ δὲ ἀποκριθεὶς εἶπεν αὐτοῖς· ὅτι ὑμῖν δέδοται γνῶναι τὰ μυστήρια τῆς βασιλείας τῶν οὐρανῶν, ἐκείνοις δὲ οὐ δέδοται. **12** ὅστις γὰρ ἔχει, δοθήσεται αὐτῷ καὶ περισσευθήσεται· ὅστις δὲ οὐκ ἔχει, καὶ ὃ ἔχει ἀρθήσεται ἀπ' αὐτοῦ. **13** διὰ τοῦτο ἐν παραβολαῖς αὐτοῖς λαλῶ, ὅτι βλέποντες οὐ βλέπουσιν καὶ ἀκούοντες οὐκ ἀκούουσιν

---

[1]**9** {B} ὦτα (see 11.15; 13.43) 01* 03 019 lat$^{vl\text{-}pt}$ sy^s // ὦτα ἀκούειν (see Mk 4.9; Lk 8.8) 01^2 04 05 032 035 037 038 f^1 f^{13} 28 33 157 180 205 565 579 597 700 892 1006 1010 1071 1241 1243 1292 1342 1424 1505 *Byz* [07 09 011 022 023 042] lat$^{vl\text{-}pt, vg}$ sy$^{c, p, h}$ co eth Docetists and Naassenes$^{acc.\ to\ Hippolytus}$ Chrysostom

οὐδὲ συνίουσιν², 14 καὶ ἀναπληροῦται αὐτοῖς ἡ προφητεία Ἡσαΐου ἡ λέγουσα·

    ἀκοῇ ἀκούσετε καὶ οὐ μὴ συνῆτε,
    καὶ βλέποντες βλέψετε καὶ οὐ μὴ ἴδητε.
15   ἐπαχύνθη γὰρ ἡ καρδία τοῦ λαοῦ τούτου,
    καὶ τοῖς ὠσὶν βαρέως ἤκουσαν
    καὶ τοὺς ὀφθαλμοὺς αὐτῶν ἐκάμμυσαν,
    μήποτε ἴδωσιν τοῖς ὀφθαλμοῖς
    καὶ τοῖς ὠσὶν ἀκούσωσιν
    καὶ τῇ καρδίᾳ συνῶσιν
    καὶ ἐπιστρέψωσιν καὶ ἰάσομαι αὐτούς.

16 ὑμῶν δὲ μακάριοι οἱ ὀφθαλμοὶ ὅτι βλέπουσιν καὶ τὰ ὦτα ὑμῶν ὅτι ἀκούουσιν. 17 ἀμὴν γὰρ λέγω ὑμῖν ὅτι πολλοὶ προφῆται καὶ δίκαιοι ἐπεθύμησαν ἰδεῖν ἃ βλέπετε καὶ οὐκ εἶδαν, καὶ ἀκοῦσαι ἃ ἀκούετε καὶ οὐκ ἤκουσαν.

The Parable of the Sower Explained   (Mk 4.13-20; Lk 8.11-15)

18 Ὑμεῖς οὖν ἀκούσατε τὴν παραβολὴν τοῦ σπείραντος. 19 παντὸς ἀκούοντος τὸν λόγον τῆς βασιλείας καὶ μὴ συνιέντος ἔρχεται ὁ πονηρὸς καὶ ἁρπάζει τὸ ἐσπαρμένον ἐν τῇ καρδίᾳ αὐτοῦ, οὗτός ἐστιν ὁ παρὰ τὴν ὁδὸν σπαρείς. 20 ὁ δὲ ἐπὶ τὰ πετρώδη σπαρείς, οὗτός ἐστιν ὁ τὸν λόγον ἀκούων καὶ εὐθὺς μετὰ χαρᾶς λαμβάνων αὐτόν, 21 οὐκ ἔχει δὲ ῥίζαν ἐν ἑαυτῷ ἀλλὰ πρόσκαιρός ἐστιν, γενομένης δὲ θλίψεως ἢ διωγμοῦ διὰ τὸν λόγον εὐθὺς σκανδαλίζεται. 22 ὁ δὲ εἰς τὰς ἀκάνθας σπαρείς, οὗτός ἐστιν ὁ τὸν λόγον ἀκούων, καὶ ἡ μέριμνα τοῦ αἰῶνος καὶ ἡ ἀπάτη τοῦ πλούτου συμπνίγει τὸν λόγον καὶ ἄκαρπος

---

²13 {A} ὅτι βλέποντες οὐ βλέπουσιν καὶ ἀκούοντες οὐκ ἀκούουσιν οὐδὲ συνίουσιν 01 03* (03² 33 157 180 συνιῶσιν) 04 019 032 037 (28 *omit* οὐδὲ συνίουσιν) 205 565 579 597 700 892 1006 1010 1071 (1241 ἀκούωσιν οὐδὲ συνιῶσιν) 1243 1292 1342 1505 *Byz* [07 09 011 022 023 042] lat^{vl-pt, vg} syr^{p, h} co^{bo} eth (Clement) (Chrysostom) Cyril^{pt} // ἵνα βλέποντες μὴ βλέπωσιν καὶ ἀκούοντες μὴ ἀκούσωσιν μηδὲ συνῶσιν 1424 co^{sa, mae} // ἵνα βλέποντες μὴ βλέπωσιν καὶ ἀκούοντες μὴ ἀκούωσιν καὶ μὴ συνιῶσιν μήποτε ἐπιστρέψωσιν (*see* Mk 4.12) (05 ἀκούσωσιν καὶ μὴ συνῶσιν) 038 *f*¹ *f*¹³ (13 828 ὅτι ἵνα) lat^{vl-pt} sy^{c, s} (Irenaeus^{lat}) (Tertullian) (Eusebius) (Cyril^{pt})

γίνεται. **23** ὁ δὲ ἐπὶ τὴν καλὴν γῆν σπαρείς, οὗτός ἐστιν ὁ τὸν λόγον ἀκούων καὶ συνιείς, ὃς δὴ καρποφορεῖ καὶ ποιεῖ ὃ μὲν ἑκατόν, ὃ δὲ ἑξήκοντα, ὃ δὲ τριάκοντα.

The Parable of the Weeds among the Wheat

24 Ἄλλην παραβολὴν παρέθηκεν αὐτοῖς λέγων· ὡμοιώθη ἡ βασιλεία τῶν οὐρανῶν ἀνθρώπῳ σπείραντι καλὸν σπέρμα ἐν τῷ ἀγρῷ αὐτοῦ. **25** ἐν δὲ τῷ καθεύδειν τοὺς ἀνθρώπους ἦλθεν αὐτοῦ ὁ ἐχθρὸς καὶ ἐπέσπειρεν ζιζάνια ἀνὰ μέσον τοῦ σίτου καὶ ἀπῆλθεν. **26** ὅτε δὲ ἐβλάστησεν ὁ χόρτος καὶ καρπὸν ἐποίησεν, τότε ἐφάνη καὶ τὰ ζιζάνια. **27** προσελθόντες δὲ οἱ δοῦλοι τοῦ οἰκοδεσπότου εἶπον αὐτῷ· κύριε, οὐχὶ καλὸν σπέρμα ἔσπειρας ἐν τῷ σῷ ἀγρῷ; πόθεν οὖν ἔχει ζιζάνια; **28** ὁ δὲ ἔφη αὐτοῖς· ἐχθρὸς ἄνθρωπος τοῦτο ἐποίησεν. οἱ δὲ δοῦλοι λέγουσιν αὐτῷ· θέλεις οὖν ἀπελθόντες συλλέξωμεν αὐτά; **29** ὁ δέ φησιν· οὔ, μήποτε συλλέγοντες τὰ ζιζάνια ἐκριζώσητε ἅμα αὐτοῖς τὸν σῖτον. **30** ἄφετε συναυξάνεσθαι ἀμφότερα ἕως τοῦ θερισμοῦ, καὶ ἐν καιρῷ τοῦ θερισμοῦ ἐρῶ τοῖς θερισταῖς· συλλέξατε πρῶτον τὰ ζιζάνια καὶ δήσατε αὐτὰ εἰς δέσμας πρὸς τὸ κατακαῦσαι αὐτά, τὸν δὲ σῖτον συναγάγετε εἰς τὴν ἀποθήκην μου.

The Parables of the Mustard Seed and the Yeast
(Mk 4.30-32; Lk 13.18-21)

31 Ἄλλην παραβολὴν παρέθηκεν αὐτοῖς λέγων· ὁμοία ἐστὶν ἡ βασιλεία τῶν οὐρανῶν κόκκῳ σινάπεως, ὃν λαβὼν ἄνθρωπος ἔσπειρεν ἐν τῷ ἀγρῷ αὐτοῦ· **32** ὃ μικρότερον μέν ἐστιν πάντων τῶν σπερμάτων, ὅταν δὲ αὐξηθῇ μεῖζον τῶν λαχάνων ἐστὶν καὶ γίνεται δένδρον, ὥστε ἐλθεῖν τὰ πετεινὰ τοῦ οὐρανοῦ καὶ κατασκηνοῦν ἐν τοῖς κλάδοις αὐτοῦ.

33 Ἄλλην παραβολὴν ἐλάλησεν αὐτοῖς· ὁμοία ἐστὶν ἡ βασιλεία τῶν οὐρανῶν ζύμῃ, ἣν λαβοῦσα γυνὴ ἐνέκρυψεν εἰς ἀλεύρου σάτα τρία ἕως οὗ ἐζυμώθη ὅλον.

The Use of Parables (Mk 4.33-34)

34 ταῦτα πάντα ἐλάλησεν ὁ Ἰησοῦς ἐν παραβολαῖς τοῖς ὄχλοις καὶ χωρὶς παραβολῆς οὐδὲν ἐλάλει αὐτοῖς, **35** ὅπως πληρωθῇ τὸ ῥηθὲν διὰ[3] τοῦ προφήτου λέγοντος·

Ps 78.2
ἀνοίξω ἐν παραβολαῖς τὸ στόμα μου,
ἐρεύξομαι κεκρυμμένα ἀπὸ καταβολῆς [κόσμου].

The Parable of the Weeds Explained

36 Τότε ἀφεὶς τοὺς ὄχλους ἦλθεν εἰς τὴν οἰκίαν. καὶ προσῆλθον αὐτῷ οἱ μαθηταὶ αὐτοῦ λέγοντες· διασάφησον ἡμῖν τὴν παραβολὴν τῶν ζιζανίων τοῦ ἀγροῦ. **37** ὁ δὲ ἀποκριθεὶς εἶπεν· ὁ σπείρων τὸ καλὸν σπέρμα ἐστὶν ὁ υἱὸς τοῦ ἀνθρώπου, **38** ὁ δὲ ἀγρός ἐστιν ὁ κόσμος, τὸ δὲ καλὸν σπέρμα οὗτοί εἰσιν οἱ υἱοὶ τῆς βασιλείας· τὰ δὲ ζιζάνιά εἰσιν οἱ υἱοὶ τοῦ πονηροῦ, **39** ὁ δὲ ἐχθρὸς ὁ σπείρας αὐτά ἐστιν ὁ διάβολος, ὁ δὲ θερισμὸς συντέλεια αἰῶνός ἐστιν, οἱ δὲ θερισταὶ ἄγγελοί εἰσιν. **40** ὥσπερ οὖν συλλέγεται τὰ ζιζάνια καὶ πυρὶ [κατα]καίεται, οὕτως ἔσται ἐν τῇ συντελείᾳ τοῦ αἰῶνος· **41** ἀποστελεῖ ὁ υἱὸς τοῦ ἀνθρώπου τοὺς ἀγγέλους αὐτοῦ, καὶ συλλέξουσιν ἐκ τῆς βασιλείας αὐτοῦ πάντα

Dn 3.6
τὰ σκάνδαλα καὶ τοὺς ποιοῦντας τὴν ἀνομίαν **42** καὶ *βαλοῦσιν αὐτοὺς εἰς τὴν κάμινον τοῦ πυρός·* ἐκεῖ ἔσται ὁ κλαυθμὸς καὶ ὁ βρυγμὸς τῶν ὀδόντων. **43** τότε οἱ δίκαιοι ἐκλάμψουσιν ὡς ὁ ἥλιος ἐν τῇ βασιλείᾳ τοῦ πατρὸς αὐτῶν. ὁ ἔχων ὦτα[4] ἀκουέτω.

Three Parables

44 Ὁμοία ἐστὶν ἡ βασιλεία τῶν οὐρανῶν θησαυρῷ κεκρυμμένῳ ἐν τῷ ἀγρῷ, ὃν εὑρὼν ἄνθρωπος ἔκρυψεν, καὶ ἀπὸ τῆς χαρᾶς αὐτοῦ ὑπάγει καὶ πωλεῖ πάντα ὅσα ἔχει καὶ ἀγοράζει τὸν ἀγρὸν ἐκεῖνον.

---

[3] **35** {C} διὰ 01[1] 03 04 05 019 032 037 0233 0242 28 157 180 205 565 579 597 700 892 1006 1010 1071 1241 1243 1292 1342 1424 1505 *Byz* [07 09 011 (023 042 ὑπό)] lat sy co eth Eusebius Chrysostom[lem] ∥ διὰ Ἠσαΐου 01* 038 f^1 f^{13} 33 Origen
[4] **43** {B} ὦτα (*see* 11.15; 13.9) 01* 03 038 0242 700 lat[vl-pt, vg] ∥ ὦτα ἀκούειν (*see* Mk 4.9; Lk 8.8) 01[2] 04 05 019 032 037 0106 0233 0250 f^1 f^{13} 28 33 157 180 205 565 579 597 892 1006 1010 1071 1241 1243 1292 1342 1424 1505 *Byz* [07 09 011 022 023 024 042] lat[vl-pt, vg-mss] sy cpa co eth Origen

45 Πάλιν ὁμοία ἐστὶν ἡ βασιλεία τῶν οὐρανῶν ἀνθρώπῳ ἐμπόρῳ ζητοῦντι καλοὺς μαργαρίτας· **46** εὑρὼν δὲ ἕνα πολύτιμον μαργαρίτην ἀπελθὼν πέπρακεν πάντα ὅσα εἶχεν καὶ ἠγόρασεν αὐτόν.

47 Πάλιν ὁμοία ἐστὶν ἡ βασιλεία τῶν οὐρανῶν σαγήνῃ βληθείσῃ εἰς τὴν θάλασσαν καὶ ἐκ παντὸς γένους συναγαγούσῃ· **48** ἣν ὅτε ἐπληρώθη ἀναβιβάσαντες ἐπὶ τὸν αἰγιαλὸν καὶ καθίσαντες συνέλεξαν τὰ καλὰ εἰς ἄγγη, τὰ δὲ σαπρὰ ἔξω ἔβαλον. **49** οὕτως ἔσται ἐν τῇ συντελείᾳ τοῦ αἰῶνος· ἐξελεύσονται οἱ ἄγγελοι καὶ ἀφοριοῦσιν τοὺς πονηροὺς ἐκ μέσου τῶν δικαίων **50** καὶ *βαλοῦσιν αὐτοὺς εἰς τὴν κάμινον τοῦ πυρός·* ἐκεῖ ἔσται ὁ κλαυθμὸς καὶ ὁ βρυγμὸς τῶν ὀδόντων.

Dn 3.6

Treasures New and Old

51 Συνήκατε ταῦτα πάντα; λέγουσιν αὐτῷ· ναί. **52** ὁ δὲ εἶπεν αὐτοῖς· διὰ τοῦτο πᾶς γραμματεὺς μαθητευθεὶς τῇ βασιλείᾳ τῶν οὐρανῶν ὅμοιός ἐστιν ἀνθρώπῳ οἰκοδεσπότῃ, ὅστις ἐκβάλλει ἐκ τοῦ θησαυροῦ αὐτοῦ καινὰ καὶ παλαιά.

The Rejection of Jesus at Nazareth   (Mk 6.1-6; Lk 4.16-30)

53 Καὶ ἐγένετο ὅτε ἐτέλεσεν ὁ Ἰησοῦς τὰς παραβολὰς ταύτας, μετῆρεν ἐκεῖθεν. **54** καὶ ἐλθὼν εἰς τὴν πατρίδα αὐτοῦ ἐδίδασκεν αὐτοὺς ἐν τῇ συναγωγῇ αὐτῶν, ὥστε ἐκπλήσσεσθαι αὐτοὺς καὶ λέγειν· πόθεν τούτῳ ἡ σοφία αὕτη καὶ αἱ δυνάμεις; **55** οὐχ οὗτός ἐστιν ὁ τοῦ τέκτονος υἱός; οὐχ ἡ μήτηρ αὐτοῦ λέγεται Μαριὰμ καὶ οἱ ἀδελφοὶ αὐτοῦ Ἰάκωβος καὶ Ἰωσὴφ[5] καὶ Σίμων καὶ Ἰούδας; **56** καὶ αἱ ἀδελφαὶ αὐτοῦ οὐχὶ πᾶσαι πρὸς ἡμᾶς εἰσιν; πόθεν οὖν τούτῳ ταῦτα πάντα; **57** καὶ ἐσκανδαλίζοντο ἐν αὐτῷ. ὁ δὲ Ἰησοῦς εἶπεν αὐτοῖς· οὐκ ἔστιν προφήτης ἄτιμος εἰ μὴ ἐν τῇ πατρίδι καὶ ἐν τῇ οἰκίᾳ αὐτοῦ. **58** καὶ οὐκ ἐποίησεν ἐκεῖ δυνάμεις πολλὰς διὰ τὴν ἀπιστίαν αὐτῶν.

[5] **55** {B} Ἰωσήφ 01[1] 03 04 022 023 038 042 f^1 13 33 700[c] 892 lat[vl-pt, vg] sy[c, s, hmg] cpa co[bo-ms, mae] Origen[pt] Eusebius Basil // Ἰωσῆς (see Mk 6.3) 019 032 037 0106 f^{13} 180 205 565 597 1241 1243 1342 *Byz Lect*[pt] lat[vl-pt] sy[p?, h?] co[sa, bo-mss, fa] eth[ro?] Chrysostom // Ἰωσῆ 157 700* 1006 1010 1071 1292 sy[p?, h?] co[bo-pt] eth[TH] // Ἰωάννης 01*[vid] 05 07 011 28 579 1424 1505 *Lect*[pt] lat[vl-pt] Origen[pt]

The Death of John the Baptist (Mk 6.14-29; Lk 9.7-9)

14 Ἐν ἐκείνῳ τῷ καιρῷ ἤκουσεν Ἡρῴδης ὁ τετραάρχης τὴν ἀκοὴν Ἰησοῦ, **2** καὶ εἶπεν τοῖς παισὶν αὐτοῦ· οὗτός ἐστιν Ἰωάννης ὁ βαπτιστής· αὐτὸς ἠγέρθη ἀπὸ τῶν νεκρῶν καὶ διὰ τοῦτο αἱ δυνάμεις ἐνεργοῦσιν ἐν αὐτῷ.

3 Ὁ γὰρ Ἡρῴδης κρατήσας τὸν Ἰωάννην ἔδησεν [αὐτὸν] καὶ ἐν φυλακῇ ἀπέθετο διὰ Ἡρῳδιάδα τὴν γυναῖκα Φιλίππου τοῦ ἀδελφοῦ αὐτοῦ· **4** ἔλεγεν γὰρ ὁ Ἰωάννης αὐτῷ· οὐκ ἔξεστίν σοι ἔχειν αὐτήν. **5** καὶ θέλων αὐτὸν ἀποκτεῖναι ἐφοβήθη τὸν ὄχλον, ὅτι ὡς προφήτην αὐτὸν εἶχον.

6 Γενεσίοις δὲ γενομένοις τοῦ Ἡρῴδου ὠρχήσατο ἡ θυγάτηρ τῆς Ἡρῳδιάδος ἐν τῷ μέσῳ καὶ ἤρεσεν τῷ Ἡρῴδῃ, **7** ὅθεν μεθ᾽ ὅρκου ὡμολόγησεν αὐτῇ δοῦναι ὃ ἐὰν αἰτήσηται. **8** ἡ δὲ προβιβασθεῖσα ὑπὸ τῆς μητρὸς αὐτῆς· δός μοι, φησίν, ὧδε ἐπὶ πίνακι τὴν κεφαλὴν Ἰωάννου τοῦ βαπτιστοῦ. **9** καὶ λυπηθεὶς ὁ βασιλεὺς διὰ[1] τοὺς ὅρκους καὶ τοὺς συνανακειμένους ἐκέλευσεν δοθῆναι, **10** καὶ πέμψας ἀπεκεφάλισεν [τὸν] Ἰωάννην ἐν τῇ φυλακῇ. **11** καὶ ἠνέχθη ἡ κεφαλὴ αὐτοῦ ἐπὶ πίνακι καὶ ἐδόθη τῷ κορασίῳ, καὶ ἤνεγκεν τῇ μητρὶ αὐτῆς. **12** καὶ προσελθόντες οἱ μαθηταὶ αὐτοῦ ἦραν τὸ πτῶμα καὶ ἔθαψαν αὐτὸ[ν] καὶ ἐλθόντες ἀπήγγειλαν τῷ Ἰησοῦ.

The Feeding of the Five Thousand (Mk 6.30-44; Lk 9.10-17; Jn 6.1-14)

13 Ἀκούσας δὲ ὁ Ἰησοῦς ἀνεχώρησεν ἐκεῖθεν ἐν πλοίῳ εἰς ἔρημον τόπον κατ᾽ ἰδίαν· καὶ ἀκούσαντες οἱ ὄχλοι ἠκολούθησαν αὐτῷ πεζῇ ἀπὸ τῶν πόλεων. **14** καὶ ἐξελθὼν εἶδεν πολὺν ὄχλον καὶ ἐσπλαγχνίσθη ἐπ᾽ αὐτοῖς καὶ ἐθεράπευσεν τοὺς ἀρρώστους αὐτῶν.

15 Ὀψίας δὲ γενομένης προσῆλθον αὐτῷ οἱ μαθηταὶ λέγοντες· ἔρημός ἐστιν ὁ τόπος καὶ ἡ ὥρα ἤδη παρῆλθεν· ἀπόλυσον τοὺς ὄχλους, ἵνα ἀπελθόντες εἰς τὰς κώμας ἀγοράσωσιν ἑαυ-

---

[1]**9** {B} λυπηθεὶς ὁ βασιλεὺς διά 03 05 038 f^1 f^{13} 700 1424 lat$^{vl\text{-}pt}$ eth ∥ ἐλυπήθη ὁ βασιλεύς· διὰ δέ 01 04 019^c (019* *omit* δέ) 032 037 0106 28 33 157 180 205 565 579 597 892 1006 1010 1071 1241 1243 1292 1342 1505 *Byz* [07 011 042] lat$^{vl\text{-}pt,\,vg}$ sy$^{p,\,h}$ co

τοῖς βρώματα. **16** ὁ δὲ [Ἰησοῦς] εἶπεν αὐτοῖς· οὐ χρείαν ἔχουσιν ἀπελθεῖν, δότε αὐτοῖς ὑμεῖς φαγεῖν. **17** οἱ δὲ λέγουσιν αὐτῷ· οὐκ ἔχομεν ὧδε εἰ μὴ πέντε ἄρτους καὶ δύο ἰχθύας. **18** ὁ δὲ εἶπεν· φέρετέ μοι ὧδε αὐτούς. **19** καὶ κελεύσας τοὺς ὄχλους ἀνακλιθῆναι ἐπὶ τοῦ χόρτου, λαβὼν τοὺς πέντε ἄρτους καὶ τοὺς δύο ἰχθύας, ἀναβλέψας εἰς τὸν οὐρανὸν εὐλόγησεν καὶ κλάσας ἔδωκεν τοῖς μαθηταῖς τοὺς ἄρτους, οἱ δὲ μαθηταὶ τοῖς ὄχλοις. **20** καὶ ἔφαγον πάντες καὶ ἐχορτάσθησαν, καὶ ἦραν τὸ περισσεῦον τῶν κλασμάτων δώδεκα κοφίνους πλήρεις. **21** οἱ δὲ ἐσθίοντες ἦσαν ἄνδρες ὡσεὶ πεντακισχίλιοι χωρὶς γυναικῶν καὶ παιδίων.

Walking on the Water (Mk 6.45-52; Jn 6.15-21)

22 Καὶ εὐθέως ἠνάγκασεν τοὺς μαθητὰς ἐμβῆναι εἰς τὸ πλοῖον καὶ προάγειν αὐτὸν εἰς τὸ πέραν, ἕως οὗ ἀπολύσῃ τοὺς ὄχλους. **23** καὶ ἀπολύσας τοὺς ὄχλους ἀνέβη εἰς τὸ ὄρος κατ' ἰδίαν προσεύξασθαι. ὀψίας δὲ γενομένης μόνος ἦν ἐκεῖ. **24** τὸ δὲ πλοῖον ἤδη σταδίους πολλοὺς ἀπὸ τῆς γῆς ἀπεῖχεν[2] βασανιζόμενον ὑπὸ τῶν κυμάτων, ἦν γὰρ ἐναντίος ὁ ἄνεμος. **25** τετάρτῃ δὲ φυλακῇ τῆς νυκτὸς ἦλθεν πρὸς αὐτοὺς περιπατῶν ἐπὶ τὴν θάλασσαν. **26** οἱ δὲ μαθηταὶ ἰδόντες αὐτὸν ἐπὶ τῆς θαλάσσης περιπατοῦντα ἐταράχθησαν λέγοντες ὅτι φάντασμά ἐστιν, καὶ ἀπὸ τοῦ φόβου ἔκραξαν. **27** εὐθὺς δὲ ἐλάλησεν [ὁ Ἰησοῦς] αὐτοῖς λέγων· θαρσεῖτε, ἐγώ εἰμι· μὴ φοβεῖσθε. **28** ἀποκριθεὶς δὲ αὐτῷ ὁ Πέτρος εἶπεν· κύριε, εἰ σὺ εἶ, κέλευσόν με ἐλθεῖν πρός σε ἐπὶ τὰ ὕδατα. **29** ὁ δὲ εἶπεν· ἐλθέ. καὶ καταβὰς ἀπὸ τοῦ πλοίου [ὁ] Πέτρος περιεπάτησεν ἐπὶ τὰ ὕδατα καὶ ἦλθεν[3] πρὸς

---

[2] **24** {C} ἤδη σταδίους πολλοὺς ἀπὸ τῆς γῆς ἀπεῖχεν 03 f^{13} (1689 omit ἀπὸ τῆς γῆς) sy$^{c, p}$ cpa (co^{sa}) ∥ ἤδη σταδίους τῆς γῆς ἀπεῖχεν ἱκανούς 700 ∥ ἤδη ἀπεῖχεν ἀπὸ τῆς γῆς σταδίους ἱκανούς 038 (co^{bo} ethTH σταδίους ὡς εἴκοσι πέντε) ∥ ἤδη μέσον τῆς θαλάσσης ἦν (see Mk 6.47) 01 04 019 032 037 073 0106 f^1 28 33 157 180 205 565 579 597 892 1006 1010 1071 1241 1243 1292 1342 1505 Byz [07 09 011 024 042] lat$^{vl-pt, vg}$ sy^h co$^{mae?, fa?}$ eth$^{ro, pp}$ Origen Chrysostom^{lem} ∥ ἦν εἰς μέσον τῆς θαλάσσης 05 (1424 omit εἰς) lat^{vl-pt} co$^{mae?, fa?}$ eth$^{ms?}$ (Eusebius)

[3] **29** {B} καὶ ἦλθεν 03 04^{*vid} 700 1010 sy$^{c, s}$ (co^{sa} omit καί) Chrysostom ∥ ἐλθεῖν 01^2 04^2 05 019 032 037 038 073^{vid} 0106 f^1 f^{13} 28 33 157 180 205 565 579 597 892 1006 1071 1241 1243 1292 1342 1424 1505 Byz [07 09 011 024 042] lat sy$^{p, h}$ cpa co$^{bo, mae, (fa)}$ eth Origen Basil ∥ ἐλθεῖν· ἦλθεν οὖν 01*

τὸν Ἰησοῦν. **30** βλέπων δὲ τὸν ἄνεμον [ἰσχυρὸν]⁴ ἐφοβήθη, καὶ ἀρξάμενος καταποντίζεσθαι ἔκραξεν λέγων· κύριε, σῶσόν με. **31** εὐθέως δὲ ὁ Ἰησοῦς ἐκτείνας τὴν χεῖρα ἐπελάβετο αὐτοῦ καὶ λέγει αὐτῷ· ὀλιγόπιστε, εἰς τί ἐδίστασας; **32** καὶ ἀναβάντων αὐτῶν εἰς τὸ πλοῖον ἐκόπασεν ὁ ἄνεμος. **33** οἱ δὲ ἐν τῷ πλοίῳ προσεκύνησαν αὐτῷ λέγοντες· ἀληθῶς θεοῦ υἱὸς εἶ.

The Healing of the Sick in Gennesaret (Mk 6.53-56)

34 Καὶ διαπεράσαντες ἦλθον ἐπὶ τὴν γῆν εἰς Γεννησαρέτ. **35** καὶ ἐπιγνόντες αὐτὸν οἱ ἄνδρες τοῦ τόπου ἐκείνου ἀπέστειλαν εἰς ὅλην τὴν περίχωρον ἐκείνην καὶ προσήνεγκαν αὐτῷ πάντας τοὺς κακῶς ἔχοντας **36** καὶ παρεκάλουν αὐτὸν ἵνα μόνον ἅψωνται τοῦ κρασπέδου τοῦ ἱματίου αὐτοῦ· καὶ ὅσοι ἥψαντο διεσώθησαν.

The Tradition of the Elders (Mk 7.1-23)

15 Τότε προσέρχονται τῷ Ἰησοῦ ἀπὸ Ἱεροσολύμων Φαρισαῖοι καὶ γραμματεῖς λέγοντες· **2** διὰ τί οἱ μαθηταί σου παραβαίνουσιν τὴν παράδοσιν τῶν πρεσβυτέρων; οὐ γὰρ νίπτονται τὰς χεῖρας [αὐτῶν] ὅταν ἄρτον ἐσθίωσιν. **3** ὁ δὲ ἀποκριθεὶς εἶπεν αὐτοῖς· διὰ τί καὶ ὑμεῖς παραβαίνετε τὴν ἐντολὴν τοῦ θεοῦ διὰ τὴν παράδοσιν ὑμῶν; **4** ὁ γὰρ θεὸς εἶπεν¹· *τίμα τὸν πατέρα καὶ τὴν μητέρα*, καί· *ὁ κακολογῶν πατέρα ἢ μητέρα θανάτῳ τελευτάτω*. **5** ὑμεῖς δὲ λέγετε· ὃς ἂν εἴπῃ τῷ πατρὶ ἢ τῇ μητρί· δῶρον ὃ ἐὰν ἐξ ἐμοῦ ὠφεληθῇς, **6** οὐ μὴ τιμήσει τὸν

Ex 20.12;
Dt 5.16
Ex 21.17

---

⁴**30** {C} ἄνεμον ἰσχυρόν 03¹ 04 05 019 037 038 0106 *f*¹ *f*¹³ 28 157 180 205 565 579 597 700 892 1006 1010 1071 1241 1243 1292 1342 1424 1505 *Byz* [07 09 011 024 042] lat sy cpa eth Origen Basil Chrysostom ∥ ἄνεμον ἰσχυρὸν σφόδρα 032 (co^mae) ∥ ἄνεμον 01 03* 073 33 lat^vg-ms co^sa, bo, fa

¹**4** {B} εἶπεν (*see* Mk 7.10) 01^2a 03 05 038 073 *f*¹³ 1 579 700 892 lat^vl-pt, vg sy^c, s, p co eth Irenaeus^lat Origen Cyril ∥ ἐνετείλατο λέγων 01*, 2b 04 019 032 037 0106 13 33 157 180 205 565 597 828 1006 1010 1071 1241 1243 1292 1342 1424 1505 *Byz* [07 09 011 022 042] lat^vl-pt sy^h (Chrysostom)

πατέρα αὐτοῦ². καὶ ἠκυρώσατε τὸν λόγον³ τοῦ θεοῦ διὰ τὴν παράδοσιν ὑμῶν. **7** ὑποκριταί, καλῶς ἐπροφήτευσεν περὶ ὑμῶν Ἠσαΐας λέγων·

8   ὁ λαὸς οὗτος⁴ τοῖς χείλεσίν με τιμᾷ,   *Is 29.13 LXX*
      ἡ δὲ καρδία αὐτῶν πόρρω ἀπέχει ἀπ' ἐμοῦ·
9   μάτην δὲ σέβονταί με
      διδάσκοντες διδασκαλίας ἐντάλματα ἀνθρώπων.

10 καὶ προσκαλεσάμενος τὸν ὄχλον εἶπεν αὐτοῖς· ἀκούετε καὶ συνίετε· **11** οὐ τὸ εἰσερχόμενον εἰς τὸ στόμα κοινοῖ τὸν ἄνθρωπον, ἀλλὰ τὸ ἐκπορευόμενον ἐκ τοῦ στόματος τοῦτο κοινοῖ τὸν ἄνθρωπον.

12 Τότε προσελθόντες οἱ μαθηταὶ λέγουσιν αὐτῷ· οἶδας ὅτι οἱ Φαρισαῖοι ἀκούσαντες τὸν λόγον ἐσκανδαλίσθησαν; **13** ὁ δὲ ἀποκριθεὶς εἶπεν· πᾶσα φυτεία ἣν οὐκ ἐφύτευσεν ὁ πατήρ μου ὁ οὐράνιος ἐκριζωθήσεται. **14** ἄφετε αὐτούς· τυφλοί εἰσιν ὁδηγοὶ [τυφλῶν]⁵· τυφλὸς δὲ τυφλὸν ἐὰν ὁδηγῇ, ἀμφότεροι εἰς βόθυνον πεσοῦνται.

15 Ἀποκριθεὶς δὲ ὁ Πέτρος εἶπεν αὐτῷ· φράσον ἡμῖν τὴν

---

²**6** {C} τὸν πατέρα αὐτοῦ 01 03 05 lat^(vl-pt) sy^c co^sa Origen^lat ∥ τὸν πατέρα αὐτοῦ ἢ τὴν μητέρα 073 *f*^13 33 579 700 892 1071 1505 lat^(vl-pt, vg) Cyril^pt ∥ τὸν πατέρα ἢ τὴν μητέρα αὐτοῦ 038 *f*^1 205 1424 Origen ∥ τὸν πατέρα αὐτοῦ ἢ τὴν μητέρα αὐτοῦ 04 019 032 037 0106 0233 157 180 (565 1241 καί *for* ἢ) 597 1006 1010 1243 1292 1342 *Byz* [07 09 011 022 042] lat^(vl-pt, vg-mss) sy^(s), p, h (co^(bo, mae)) eth (Chrysostom) Cyril^(pt, (pt))

³**6** {B} τὸν λόγον (*see* Mk 7.13) 01^2a 03 05 038 579 700 892 lat^(vl-pt) sy^(c, s, p, hmg) co eth Irenaeus^lat Origen ∥ τὸν νόμον 01*, 2b 04 073 *f*^13 1010 ∥ τὴν ἐντολήν (*see* 15.3) 019 032 (037 *omit* τήν) 0106 0233 *f*^1 33 157 180 205 565 597 1006 1071 1241 1243 1292 1342 1424 1505 *Byz* [07 09 011 022 042] lat^(vl-pt, vg) sy^h Chrysostom Cyril

⁴**8** {B} ὁ λαὸς οὗτος 01 03 05 019 038 073 *f*^13 33 579 700 892 1424 lat^(vl-pt, vg) sy^(s, c, p) co Clement Origen ∥ ἐγγίζει μοι ὁ λαὸς οὗτος τῷ στόματι αὐτῶν καί 04 032 (037 *omit* οὗτος) 0106 565 1241 *Byz* [07 09 011 022 042] lat^(vl-pt) sy^h ∥ ὁ λαὸς οὗτος ἐγγίζει μοι *f*^1

⁵**14** {C} τυφλοί εἰσιν ὁδηγοὶ τυφλῶν 01^2a 019 035 038 0233 *f*^1 *f*^13 33 205 579 700 892 1241 1424 eth^(TH) lat^(vl-pt, vg) sy^(p, h) co^(bo-mss, mae) Origen^(gr, lat) Basil Cyril ∥ τυφλοί εἰσιν ὁδηγοί 03 05 lat^(vl-pt) ∥ ὁδηγοί εἰσιν τυφλοί 01*, 2b co^(sa, bo, fa-vid) ∥ ὁδηγοί εἰσιν τυφλοὶ τυφλῶν 04 032 037 0106^vid 157 180 565 597 1006 1010 1071 1243 1292 1342 1505 *Byz* [07 09 011 022 023 042] lat^(vl-pt) (sy^(c, s)) Chrysostom

παραβολὴν [ταύτην]⁶. **16** ὁ δὲ εἶπεν· ἀκμὴν καὶ ὑμεῖς ἀσύνετοί ἐστε; **17** οὐ⁷ νοεῖτε ὅτι πᾶν τὸ εἰσπορευόμενον εἰς τὸ στόμα εἰς τὴν κοιλίαν χωρεῖ καὶ εἰς ἀφεδρῶνα ἐκβάλλεται; **18** τὰ δὲ ἐκπορευόμενα ἐκ τοῦ στόματος ἐκ τῆς καρδίας ἐξέρχεται, κἀκεῖνα κοινοῖ τὸν ἄνθρωπον. **19** ἐκ γὰρ τῆς καρδίας ἐξέρχονται διαλογισμοὶ πονηροί, φόνοι, μοιχεῖαι, πορνεῖαι, κλοπαί, ψευδομαρτυρίαι, βλασφημίαι. **20** ταῦτά ἐστιν τὰ κοινοῦντα τὸν ἄνθρωπον, τὸ δὲ ἀνίπτοις χερσὶν φαγεῖν οὐ κοινοῖ τὸν ἄνθρωπον.

The Canaanite Woman's Faith (Mk 7.24-30)

21 Καὶ ἐξελθὼν ἐκεῖθεν ὁ Ἰησοῦς ἀνεχώρησεν εἰς τὰ μέρη Τύρου καὶ Σιδῶνος. **22** καὶ ἰδοὺ γυνὴ Χαναναία ἀπὸ τῶν ὁρίων ἐκείνων ἐξελθοῦσα ἔκραζεν λέγουσα· ἐλέησόν με, κύριε υἱὸς Δαυίδ· ἡ θυγάτηρ μου κακῶς δαιμονίζεται. **23** ὁ δὲ οὐκ ἀπεκρίθη αὐτῇ λόγον. καὶ προσελθόντες οἱ μαθηταὶ αὐτοῦ ἠρώτουν αὐτὸν λέγοντες· ἀπόλυσον αὐτήν, ὅτι κράζει ὄπισθεν ἡμῶν. **24** ὁ δὲ ἀποκριθεὶς εἶπεν· οὐκ ἀπεστάλην εἰ μὴ εἰς τὰ πρόβατα τὰ ἀπολωλότα οἴκου Ἰσραήλ. **25** ἡ δὲ ἐλθοῦσα προσεκύνει αὐτῷ λέγουσα· κύριε, βοήθει μοι. **26** ὁ δὲ ἀποκριθεὶς εἶπεν· οὐκ ἔστιν καλὸν λαβεῖν τὸν ἄρτον τῶν τέκνων καὶ βαλεῖν τοῖς κυναρίοις. **27** ἡ δὲ εἶπεν· ναὶ κύριε, καὶ γὰρ τὰ κυνάρια ἐσθίει ἀπὸ τῶν ψιχίων τῶν πιπτόντων ἀπὸ τῆς τραπέζης τῶν κυρίων αὐτῶν. **28** τότε ἀποκριθεὶς ὁ Ἰησοῦς εἶπεν αὐτῇ· ὦ γύναι, μεγάλη σου ἡ πίστις· γενηθήτω σοι ὡς θέλεις. καὶ ἰάθη ἡ θυγάτηρ αὐτῆς ἀπὸ τῆς ὥρας ἐκείνης.

The Healing of Many People

29 Καὶ μεταβὰς ἐκεῖθεν ὁ Ἰησοῦς ἦλθεν παρὰ τὴν θάλασσαν τῆς Γαλιλαίας, καὶ ἀναβὰς εἰς τὸ ὄρος ἐκάθητο ἐκεῖ. **30** καὶ

---

⁶**15** {C} τὴν παραβολὴν ταύτην 04 05 019 032 (037 αὐτήν) 038 0106 0233 (*f*¹³ ταύτην τὴν παραβολήν) 33 157 180 205 565 597 1006 1010 1071 1241 1243 1292 1342 1424 1505 *Byz* [07 09 011 023 042] lat sy co^(sa-ms, mae) eth Basil Chrysostom ∥ τὴν παραβολήν 01 03 035^vid *f*¹ 579 700 892 co^(sa, bo) Origen Cyril

⁷**17** {C} οὐ 03 05 035 038 *f*¹³ 33 565 579 lat^(vl-pt, vg) sy^(s, c, p) co^(sa, mae) ∥ οὔπω 01 04 019 032 037 0106 *f*¹ 700 892 1241 1424 *Byz* [07 09 011 023 025] lat^(vl-pt) sy^h co^bo

προσῆλθον αὐτῷ ὄχλοι πολλοὶ ἔχοντες μεθ' ἑαυτῶν χωλούς, τυφλούς, κυλλούς, κωφούς, καὶ ἑτέρους πολλοὺς καὶ ἔρριψαν αὐτοὺς παρὰ τοὺς πόδας αὐτοῦ, καὶ ἐθεράπευσεν αὐτούς· **31** ὥστε τὸν ὄχλον θαυμάσαι βλέποντας κωφοὺς λαλοῦντας, κυλλοὺς ὑγιεῖς καὶ χωλοὺς περιπατοῦντας καὶ τυφλοὺς βλέποντας· καὶ ἐδόξασαν τὸν θεὸν Ἰσραήλ.

The Feeding of the Four Thousand (Mk 8.1-10)

32 Ὁ δὲ Ἰησοῦς προσκαλεσάμενος τοὺς μαθητὰς αὐτοῦ εἶπεν· σπλαγχνίζομαι ἐπὶ τὸν ὄχλον, ὅτι ἤδη ἡμέραι τρεῖς προσμένουσίν μοι καὶ οὐκ ἔχουσιν τί φάγωσιν· καὶ ἀπολῦσαι αὐτοὺς νήστεις οὐ θέλω, μήποτε ἐκλυθῶσιν ἐν τῇ ὁδῷ. **33** καὶ λέγουσιν αὐτῷ οἱ μαθηταί· πόθεν ἡμῖν ἐν ἐρημίᾳ ἄρτοι τοσοῦτοι ὥστε χορτάσαι ὄχλον τοσοῦτον; **34** καὶ λέγει αὐτοῖς ὁ Ἰησοῦς· πόσους ἄρτους ἔχετε; οἱ δὲ εἶπαν· ἑπτὰ καὶ ὀλίγα ἰχθύδια. **35** καὶ παραγγείλας τῷ ὄχλῳ ἀναπεσεῖν ἐπὶ τὴν γῆν **36** ἔλαβεν τοὺς ἑπτὰ ἄρτους καὶ τοὺς ἰχθύας καὶ εὐχαριστήσας ἔκλασεν καὶ ἐδίδου τοῖς μαθηταῖς, οἱ δὲ μαθηταὶ τοῖς ὄχλοις. **37** καὶ ἔφαγον πάντες καὶ ἐχορτάσθησαν. καὶ τὸ περισσεῦον τῶν κλασμάτων ἦραν ἑπτὰ σπυρίδας πλήρεις. **38** οἱ δὲ ἐσθίοντες ἦσαν τετρακισχίλιοι ἄνδρες χωρὶς γυναικῶν καὶ παιδίων.

39 Καὶ ἀπολύσας τοὺς ὄχλους ἐνέβη εἰς τὸ πλοῖον καὶ ἦλθεν εἰς τὰ ὅρια Μαγαδάν[8].

The Demand for a Sign (Mk 8.11-13; Lk 12.54-56)

16 Καὶ προσελθόντες οἱ Φαρισαῖοι καὶ Σαδδουκαῖοι πειράζοντες ἐπηρώτησαν αὐτὸν σημεῖον ἐκ τοῦ οὐρανοῦ ἐπιδεῖξαι αὐτοῖς. **2** ὁ δὲ ἀποκριθεὶς εἶπεν αὐτοῖς· [ὀψίας γενομένης λέγετε· εὐδία, πυρράζει γὰρ ὁ οὐρανός· **3** καὶ πρωΐ· σήμερον χειμών, πυρράζει γὰρ στυγνάζων ὁ οὐρανός. τὸ μὲν πρόσωπον τοῦ οὐρανοῦ γινώσκετε διακρίνειν, τὰ δὲ σημεῖα τῶν καιρῶν οὐ

---

[8] **39** {C} Μαγαδάν 01* 03 05 lat[vl-pt] (sy[p] *Magdu*) // Μαγεδάν 01² lat[vl-pt, vg] co[sa] eth Eusebius // Μαγδαλάν 04 022 023 032 042* 33 205 565 579 lat[vl-pt] co[bo, mae] // Μαγδαλά 019 037 038 f^1 f^{13} 157 180 597 700 892 1006 1010 1071 1241 1243 1292 1342 1424 1505 *Byz* [07 09 011 013 042[c]] sy[h] Chrysostom

δύνασθε;]¹ **4** γενεὰ πονηρὰ καὶ μοιχαλὶς σημεῖον ἐπιζητεῖ, καὶ σημεῖον οὐ δοθήσεται αὐτῇ εἰ μὴ τὸ σημεῖον Ἰωνᾶ. καὶ καταλιπὼν αὐτοὺς ἀπῆλθεν.

The Yeast of the Pharisees and Sadducees (Mk 8.14-21)

5 Καὶ ἐλθόντες οἱ μαθηταὶ εἰς τὸ πέραν ἐπελάθοντο ἄρτους λαβεῖν. **6** ὁ δὲ Ἰησοῦς εἶπεν αὐτοῖς· ὁρᾶτε καὶ προσέχετε ἀπὸ τῆς ζύμης τῶν Φαρισαίων καὶ Σαδδουκαίων. **7** οἱ δὲ διελογίζοντο ἐν ἑαυτοῖς λέγοντες ὅτι ἄρτους οὐκ ἐλάβομεν. **8** γνοὺς δὲ ὁ Ἰησοῦς εἶπεν· τί διαλογίζεσθε ἐν ἑαυτοῖς, ὀλιγόπιστοι, ὅτι ἄρτους οὐκ ἔχετε; **9** οὔπω νοεῖτε, οὐδὲ μνημονεύετε τοὺς πέντε ἄρτους τῶν πεντακισχιλίων καὶ πόσους κοφίνους ἐλάβετε; **10** οὐδὲ τοὺς ἑπτὰ ἄρτους τῶν τετρακισχιλίων καὶ πόσας σπυρίδας ἐλάβετε; **11** πῶς οὐ νοεῖτε ὅτι οὐ περὶ ἄρτων εἶπον ὑμῖν; προσέχετε δὲ ἀπὸ τῆς ζύμης τῶν Φαρισαίων καὶ Σαδδουκαίων. **12** τότε συνῆκαν ὅτι οὐκ εἶπεν προσέχειν ἀπὸ τῆς ζύμης τῶν ἄρτων ἀλλ᾽ ἀπὸ τῆς διδαχῆς τῶν Φαρισαίων καὶ Σαδδουκαίων.

Peter's Declaration about Jesus (Mk 8.27-30; Lk 9.18-21)

13 Ἐλθὼν δὲ ὁ Ἰησοῦς εἰς τὰ μέρη Καισαρείας τῆς Φιλίππου ἠρώτα τοὺς μαθητὰς αὐτοῦ λέγων· τίνα² λέγουσιν οἱ ἄνθρωποι εἶναι τὸν υἱὸν τοῦ ἀνθρώπου; **14** οἱ δὲ εἶπαν· οἱ μὲν Ἰωάννην τὸν βαπτιστήν, ἄλλοι δὲ Ἠλίαν, ἕτεροι δὲ Ἰερεμίαν ἢ ἕνα τῶν προφητῶν. **15** λέγει αὐτοῖς· ὑμεῖς δὲ τίνα με λέγετε εἶναι; **16** ἀποκριθεὶς δὲ Σίμων Πέτρος εἶπεν· σὺ εἶ ὁ χριστὸς ὁ υἱὸς τοῦ θεοῦ τοῦ ζῶντος. **17** ἀποκριθεὶς δὲ ὁ Ἰησοῦς εἶπεν αὐτῷ· μακάριος εἶ, Σίμων Βαριωνᾶ, ὅτι σὰρξ καὶ αἷμα οὐκ ἀπεκάλυ-

---

¹**2-3** {C} ὀψίας γενομένης ... οὐ δύνασθε; (*with minor variants; see* Lk 12.54-56) 04 05 019 032 037 038 *f*¹ 33 180 205 565 (579) 597 700 892 1006 1010 1071 1241 1243 1292 1342 1424 1505 *Byz* [07 09 011 013 022 023 042] lat sy^(p, h) co^(bo-pt) eth Chrysostom // *omit* 01 03 033 *f*¹³ 157 sy^(c, s) co^(sa, bo-pt, mae) Origen

²**13** {B} τίνα 01 03 579 700 lat^(vl-pt, vg) co eth Origen^(gr, lat) Cyril^(pt) // τίνα με (*see* Mk 8.27; Lk 9.18) (04) 05 019 (032) 037 038 *f*¹ *f*¹³ 28 33 157 180 205 565 597 892 1006 1010 1071 1241 1243 1292 1342 1424 1505 *Byz* [07 09 011 013 023 042] lat^(vl-pt, vg-mss) Irenaeus^(lat) Tertullian Chrysostom Cyril^(pt)

ψέν σοι ἀλλ᾽ ὁ πατήρ μου ὁ ἐν τοῖς οὐρανοῖς. **18** κἀγὼ δέ σοι λέγω ὅτι σὺ εἶ Πέτρος, καὶ ἐπὶ ταύτῃ τῇ πέτρᾳ οἰκοδομήσω μου τὴν ἐκκλησίαν καὶ πύλαι ᾅδου οὐ κατισχύσουσιν αὐτῆς. **19** δώσω σοι τὰς κλεῖδας τῆς βασιλείας τῶν οὐρανῶν, καὶ ὃ ἐὰν δήσῃς ἐπὶ τῆς γῆς ἔσται δεδεμένον ἐν τοῖς οὐρανοῖς, καὶ ὃ ἐὰν λύσῃς ἐπὶ τῆς γῆς ἔσται λελυμένον ἐν τοῖς οὐρανοῖς. **20** τότε διεστείλατο τοῖς μαθηταῖς ἵνα μηδενὶ εἴπωσιν ὅτι αὐτός ἐστιν ὁ χριστός[3].

Jesus Foretells His Death and Resurrection (Mk 8.31-33; Lk 9.22)

21 Ἀπὸ τότε ἤρξατο ὁ Ἰησοῦς δεικνύειν τοῖς μαθηταῖς αὐτοῦ ὅτι δεῖ αὐτὸν εἰς Ἱεροσόλυμα ἀπελθεῖν καὶ πολλὰ παθεῖν ἀπὸ τῶν πρεσβυτέρων καὶ ἀρχιερέων καὶ γραμματέων καὶ ἀποκτανθῆναι καὶ τῇ τρίτῃ ἡμέρᾳ ἐγερθῆναι. **22** καὶ προσλαβόμενος αὐτὸν ὁ Πέτρος ἤρξατο ἐπιτιμᾶν αὐτῷ λέγων· ἵλεώς σοι, κύριε· οὐ μὴ ἔσται σοι τοῦτο. **23** ὁ δὲ στραφεὶς εἶπεν τῷ Πέτρῳ· ὕπαγε ὀπίσω μου, σατανᾶ· σκάνδαλον εἶ ἐμοῦ, ὅτι οὐ φρονεῖς τὰ τοῦ θεοῦ ἀλλὰ τὰ τῶν ἀνθρώπων.

A Call to Discipleship (Mk 8.34-9.1; Lk 9.23-27)

24 Τότε ὁ Ἰησοῦς εἶπεν τοῖς μαθηταῖς αὐτοῦ· εἴ τις θέλει ὀπίσω μου ἐλθεῖν, ἀπαρνησάσθω ἑαυτὸν καὶ ἀράτω τὸν σταυρὸν αὐτοῦ καὶ ἀκολουθείτω μοι. **25** ὃς γὰρ ἐὰν θέλῃ τὴν ψυχὴν αὐτοῦ σῶσαι ἀπολέσει αὐτήν· ὃς δ᾽ ἂν ἀπολέσῃ τὴν ψυχὴν αὐτοῦ ἕνεκεν ἐμοῦ εὑρήσει αὐτήν. **26** τί γὰρ ὠφεληθήσεται ἄνθρωπος ἐὰν τὸν κόσμον ὅλον κερδήσῃ τὴν δὲ ψυχὴν αὐτοῦ ζημιωθῇ; ἢ τί δώσει ἄνθρωπος ἀντάλλαγμα τῆς ψυχῆς αὐτοῦ; **27** μέλλει γὰρ ὁ υἱὸς τοῦ ἀνθρώπου ἔρχεσθαι ἐν τῇ δόξῃ τοῦ πατρὸς αὐτοῦ μετὰ τῶν ἀγγέλων αὐτοῦ, καὶ τότε ἀποδώσει ἑκάστῳ κατὰ τὴν πρᾶξιν αὐτοῦ. **28** ἀμὴν λέγω ὑμῖν ὅτι εἰσίν τινες τῶν ὧδε ἑστώτων οἵτινες οὐ μὴ γεύσωνται θανάτου ἕως

---

[3] **20** {B} ὁ χριστός 01* 03 019 037 038 f^1 f^{13} 28 180 565 597 700 1010 1342 1424 1505 lat[vl-pt, vg-mss] sy[c, p] co[sa-mss] Origen[gr, lat] Chrysostom ∥ Ἰησοῦς ὁ χριστός 01[2] 04 032 13 157 205 579 828 892 1006 1071 1241 1243 1292 *Byz* [07 09 011 013 042] lat[vl-pt, vg] sy[h] co[sa-ms, bo, mae] eth ∥ ὁ χριστὸς Ἰησοῦς 05 lat[vl-pt]

ἂν ἴδωσιν τὸν υἱὸν τοῦ ἀνθρώπου ἐρχόμενον ἐν τῇ βασιλείᾳ αὐτοῦ.

The Transfiguration of Jesus (Mk 9.2-13; Lk 9.28-36)

17 Καὶ μεθ' ἡμέρας ἓξ παραλαμβάνει ὁ Ἰησοῦς τὸν Πέτρον καὶ Ἰάκωβον καὶ Ἰωάννην τὸν ἀδελφὸν αὐτοῦ καὶ ἀναφέρει αὐτοὺς εἰς ὄρος ὑψηλὸν κατ' ἰδίαν. 2 καὶ μετεμορφώθη ἔμπροσθεν αὐτῶν, καὶ ἔλαμψεν τὸ πρόσωπον αὐτοῦ ὡς ὁ ἥλιος, τὰ δὲ ἱμάτια αὐτοῦ ἐγένετο λευκὰ ὡς τὸ φῶς. 3 καὶ ἰδοὺ ὤφθη αὐτοῖς Μωϋσῆς καὶ Ἠλίας συλλαλοῦντες μετ' αὐτοῦ. 4 ἀποκριθεὶς δὲ ὁ Πέτρος εἶπεν τῷ Ἰησοῦ· κύριε, καλόν ἐστιν ἡμᾶς ὧδε εἶναι· εἰ θέλεις, ποιήσω¹ ὧδε τρεῖς σκηνάς, σοὶ μίαν καὶ Μωϋσεῖ μίαν καὶ Ἠλίᾳ μίαν. 5 ἔτι αὐτοῦ λαλοῦντος ἰδοὺ νεφέλη φωτεινὴ ἐπεσκίασεν αὐτούς, καὶ ἰδοὺ φωνὴ ἐκ τῆς νεφέλης λέγουσα· οὗτός ἐστιν ὁ υἱός μου ὁ ἀγαπητός, ἐν ᾧ εὐδόκησα· ἀκούετε αὐτοῦ.

6 Καὶ ἀκούσαντες οἱ μαθηταὶ ἔπεσαν ἐπὶ πρόσωπον αὐτῶν καὶ ἐφοβήθησαν σφόδρα. 7 καὶ προσῆλθεν ὁ Ἰησοῦς καὶ ἁψάμενος αὐτῶν εἶπεν· ἐγέρθητε καὶ μὴ φοβεῖσθε. 8 ἐπάραντες δὲ τοὺς ὀφθαλμοὺς αὐτῶν οὐδένα εἶδον εἰ μὴ αὐτὸν Ἰησοῦν μόνον.

9 Καὶ καταβαινόντων αὐτῶν ἐκ τοῦ ὄρους ἐνετείλατο αὐτοῖς ὁ Ἰησοῦς λέγων· μηδενὶ εἴπητε τὸ ὅραμα ἕως οὗ ὁ υἱὸς τοῦ ἀνθρώπου ἐκ νεκρῶν ἐγερθῇ. 10 καὶ ἐπηρώτησαν αὐτὸν οἱ μαθηταὶ λέγοντες· τί οὖν οἱ γραμματεῖς λέγουσιν ὅτι Ἠλίαν δεῖ ἐλθεῖν πρῶτον; 11 ὁ δὲ ἀποκριθεὶς εἶπεν· Ἠλίας μὲν ἔρχεται καὶ ἀποκαταστήσει πάντα· 12 λέγω δὲ ὑμῖν ὅτι Ἠλίας ἤδη ἦλθεν, καὶ οὐκ ἐπέγνωσαν αὐτὸν ἀλλ' ἐποίησαν ἐν αὐτῷ ὅσα ἠθέλησαν· οὕτως καὶ ὁ υἱὸς τοῦ ἀνθρώπου μέλλει πάσχειν ὑπ' αὐτῶν. 13 τότε συνῆκαν οἱ μαθηταὶ ὅτι περὶ Ἰωάννου τοῦ βαπτιστοῦ εἶπεν αὐτοῖς.

---

¹4 {B} ποιήσω 01 03 04* 700* lat^(vl-pt, vg-ms) ∥ ποιήσωμεν 04³ 05 019 032 037 038 f^{13} 28 33 157 180 205 565 579 597 700ᶜ 892 1006 1010 1071 1241 1243 1342 1424 1505 Byz [07 09 011 013 023 042] lat^(vl-pt, vg) sy? cpa? co Origen^(gr, lat) Chrysostom ∥ ποιήσομεν f^1 1292 sy? cpa? eth

The Healing of a Boy with a Demon (Mk 9.14-29; Lk 9.37-43a)

14 Καὶ ἐλθόντων πρὸς τὸν ὄχλον προσῆλθεν αὐτῷ ἄνθρωπος γονυπετῶν αὐτὸν **15** καὶ λέγων· κύριε, ἐλέησόν μου τὸν υἱόν, ὅτι σεληνιάζεται καὶ κακῶς πάσχει· πολλάκις γὰρ πίπτει εἰς τὸ πῦρ καὶ πολλάκις εἰς τὸ ὕδωρ. **16** καὶ προσήνεγκα αὐτὸν τοῖς μαθηταῖς σου, καὶ οὐκ ἠδυνήθησαν αὐτὸν θεραπεῦσαι. **17** ἀποκριθεὶς δὲ ὁ Ἰησοῦς εἶπεν· ὦ γενεὰ ἄπιστος καὶ διεστραμμένη, ἕως πότε μεθ' ὑμῶν ἔσομαι; ἕως πότε ἀνέξομαι ὑμῶν; φέρετέ μοι αὐτὸν ὧδε. **18** καὶ ἐπετίμησεν αὐτῷ ὁ Ἰησοῦς καὶ ἐξῆλθεν ἀπ' αὐτοῦ τὸ δαιμόνιον καὶ ἐθεραπεύθη ὁ παῖς ἀπὸ τῆς ὥρας ἐκείνης.

19 Τότε προσελθόντες οἱ μαθηταὶ τῷ Ἰησοῦ κατ' ἰδίαν εἶπον· διὰ τί ἡμεῖς οὐκ ἠδυνήθημεν ἐκβαλεῖν αὐτό; **20** ὁ δὲ λέγει αὐτοῖς· διὰ τὴν ὀλιγοπιστίαν[2] ὑμῶν· ἀμὴν γὰρ λέγω ὑμῖν, ἐὰν ἔχητε πίστιν ὡς κόκκον σινάπεως, ἐρεῖτε τῷ ὄρει τούτῳ· μετάβα ἔνθεν ἐκεῖ, καὶ μεταβήσεται· καὶ οὐδὲν ἀδυνατήσει ὑμῖν. ⟦**21** τοῦτο δὲ τὸ γένος οὐκ ἐκπορεύεται εἰ μὴ ἐν προσευχῇ καὶ νηστείᾳ.⟧[3]

Jesus Again Foretells His Death and Resurrection
(Mk 9.30-32; Lk 9.43b-45)

22 Συστρεφομένων[4] δὲ αὐτῶν ἐν τῇ Γαλιλαίᾳ εἶπεν αὐτοῖς ὁ Ἰησοῦς· μέλλει ὁ υἱὸς τοῦ ἀνθρώπου παραδίδοσθαι εἰς χεῖρας ἀνθρώπων, **23** καὶ ἀποκτενοῦσιν αὐτόν, καὶ τῇ τρίτῃ ἡμέρᾳ ἐγερθήσεται. καὶ ἐλυπήθησαν σφόδρα.

---

[2]**20** {A} ὀλιγοπιστίαν 01 03 038 f^1 f^{13} 33 579 700 892 sy^c cpa co eth Origen ∥ ἀπιστίαν 04 05 019 032 037 28 157 180 205 565 597 1006 1010 1071 1241 1243 1292 1342 1424 1505 *Byz* [07 09 011 013 023 042] lat sy$^{s, p, h}$ Chrysostom

[3]**21** {A} *no addition* 01* 03 038 33 892* lat^{vl-pt} sy$^{c, s}$ cpa co$^{sa, bo-pt}$ eth^{ms} ∥ *add verse 21 (see Mk 9.29)* (01^2 ἐκβάλλεται *for* ἐκπορεύεται) 04 05 019 032 037 f^1 f^{13} 28 157 180 (205 1505 ἐξέρχεται) 565 (579) 597 700 892^c 1006 1010 1071 1241 1243 1292 1342 1424 *Byz* [07 09 011 013 023 042] lat^{vl-pt} (sy$^{p, h}$) co$^{bo-pt, (mae)}$ eth$^{pp, TH}$ Origen Basil Chrysostom

[4]**22** {B} συστρεφομένων 01 03 f^1 892 lat$^{vl-pt, vg}$ co^{sa-mss} ∥ ἀναστρεφομένων 04 (05 αὐτῶν δὲ ἀναστρεφομένων) 019 032 037 038 f^{13} 28 33 157 180 205 565 597 700 1006 1010 1071 1241 1243 1292 1342 1424 1505 *Byz* [07 09 011 013 023 042] lat^{vl-pt} co$^{sa-mss, bo, mae}$ eth Chrysostom^{lem} ∥ ὑποστρεφόντων 579

Payment of the Temple Tax

24 Ἐλθόντων δὲ αὐτῶν εἰς Καφαρναοὺμ προσῆλθον οἱ τὰ δίδραχμα λαμβάνοντες τῷ Πέτρῳ καὶ εἶπαν· ὁ διδάσκαλος ὑμῶν οὐ τελεῖ [τὰ] δίδραχμα; 25 λέγει· ναί. καὶ ἐλθόντα εἰς τὴν οἰκίαν προέφθασεν αὐτὸν ὁ Ἰησοῦς λέγων· τί σοι δοκεῖ, Σίμων; οἱ βασιλεῖς τῆς γῆς ἀπὸ τίνων λαμβάνουσιν τέλη ἢ κῆνσον; ἀπὸ τῶν υἱῶν αὐτῶν ἢ ἀπὸ τῶν ἀλλοτρίων; 26 εἰπόντος δέ· ἀπὸ τῶν ἀλλοτρίων, ἔφη αὐτῷ ὁ Ἰησοῦς· ἄρα γε ἐλεύθεροί εἰσιν οἱ υἱοί. 27 ἵνα δὲ μὴ σκανδαλίσωμεν αὐτούς, πορευθεὶς εἰς θάλασσαν βάλε ἄγκιστρον καὶ τὸν ἀναβάντα πρῶτον ἰχθὺν ἆρον, καὶ ἀνοίξας τὸ στόμα αὐτοῦ εὑρήσεις στατῆρα· ἐκεῖνον λαβὼν δὸς αὐτοῖς ἀντὶ ἐμοῦ καὶ σοῦ.

The Greatest in the Kingdom (Mk 9.33-37; Lk 9.46-48)

18 Ἐν ἐκείνῃ τῇ ὥρᾳ προσῆλθον οἱ μαθηταὶ τῷ Ἰησοῦ λέγοντες· τίς ἄρα μείζων ἐστὶν ἐν τῇ βασιλείᾳ τῶν οὐρανῶν; 2 καὶ προσκαλεσάμενος παιδίον ἔστησεν αὐτὸ ἐν μέσῳ αὐτῶν 3 καὶ εἶπεν· ἀμὴν λέγω ὑμῖν, ἐὰν μὴ στραφῆτε καὶ γένησθε ὡς τὰ παιδία, οὐ μὴ εἰσέλθητε εἰς τὴν βασιλείαν τῶν οὐρανῶν. 4 ὅστις οὖν ταπεινώσει ἑαυτὸν ὡς τὸ παιδίον τοῦτο, οὗτός ἐστιν ὁ μείζων ἐν τῇ βασιλείᾳ τῶν οὐρανῶν. 5 καὶ ὃς ἐὰν δέξηται ἓν παιδίον τοιοῦτο ἐπὶ τῷ ὀνόματί μου, ἐμὲ δέχεται.

Temptations to Sin (Mk 9.42-48; Lk 17.1-2)

6 Ὃς δ' ἂν σκανδαλίσῃ ἕνα τῶν μικρῶν τούτων τῶν πιστευόντων εἰς ἐμέ, συμφέρει αὐτῷ ἵνα κρεμασθῇ μύλος ὀνικὸς περὶ τὸν τράχηλον αὐτοῦ καὶ καταποντισθῇ ἐν τῷ πελάγει τῆς θαλάσσης. 7 οὐαὶ τῷ κόσμῳ ἀπὸ τῶν σκανδάλων· ἀνάγκη γὰρ ἐλθεῖν τὰ σκάνδαλα, πλὴν οὐαὶ τῷ ἀνθρώπῳ δι' οὗ τὸ σκάνδαλον ἔρχεται. 8 εἰ δὲ ἡ χείρ σου ἢ ὁ πούς σου σκανδαλίζει σε, ἔκκοψον αὐτὸν καὶ βάλε ἀπὸ σοῦ· καλόν σοί ἐστιν εἰσελθεῖν εἰς τὴν ζωὴν κυλλὸν ἢ χωλὸν ἢ δύο χεῖρας ἢ δύο πόδας ἔχοντα βληθῆναι εἰς τὸ πῦρ τὸ αἰώνιον. 9 καὶ εἰ ὁ ὀφθαλμός σου σκανδαλίζει σε, ἔξελε αὐτὸν καὶ βάλε ἀπὸ σοῦ· καλόν σοί ἐστιν μονόφθαλμον εἰς τὴν ζωὴν εἰσελθεῖν ἢ δύο ὀφθαλμοὺς ἔχοντα βληθῆναι εἰς τὴν γέενναν τοῦ πυρός.

The Parable of the Lost Sheep (Lk 15.3-7)

10 Ὁρᾶτε μὴ καταφρονήσητε ἑνὸς τῶν μικρῶν τούτων· λέγω γὰρ ὑμῖν ὅτι οἱ ἄγγελοι αὐτῶν ἐν οὐρανοῖς διὰ παντὸς βλέπουσιν τὸ πρόσωπον τοῦ πατρός μου τοῦ ἐν οὐρανοῖς. ⟦**11** ἦλθεν γὰρ ὁ υἱὸς τοῦ ἀνθρώπου σῶσαι τὸ ἀπολωλός.⟧ [1]

12 Τί ὑμῖν δοκεῖ; ἐὰν γένηταί τινι ἀνθρώπῳ ἑκατὸν πρόβατα καὶ πλανηθῇ ἓν ἐξ αὐτῶν, οὐχὶ ἀφήσει τὰ ἐνενήκοντα ἐννέα ἐπὶ τὰ ὄρη καὶ πορευθεὶς ζητεῖ τὸ πλανώμενον; **13** καὶ ἐὰν γένηται εὑρεῖν αὐτό, ἀμὴν λέγω ὑμῖν ὅτι χαίρει ἐπ' αὐτῷ μᾶλλον ἢ ἐπὶ τοῖς ἐνενήκοντα ἐννέα τοῖς μὴ πεπλανημένοις. **14** οὕτως οὐκ ἔστιν θέλημα ἔμπροσθεν τοῦ πατρὸς ὑμῶν [2] τοῦ ἐν οὐρανοῖς ἵνα ἀπόληται ἓν τῶν μικρῶν τούτων.

Two or Three Witnesses (Lk 17.3)

15 Ἐὰν δὲ ἁμαρτήσῃ [εἰς σὲ] [3] ὁ ἀδελφός σου, ὕπαγε ἔλεγξον αὐτὸν μεταξὺ σοῦ καὶ αὐτοῦ μόνου. ἐὰν σου ἀκούσῃ, ἐκέρδησας τὸν ἀδελφόν σου· **16** ἐὰν δὲ μὴ ἀκούσῃ, παράλαβε μετὰ σοῦ ἔτι ἕνα ἢ δύο, ἵνα *ἐπὶ στόματος δύο μαρτύρων ἢ τριῶν σταθῇ πᾶν ῥῆμα*· **17** ἐὰν δὲ παρακούσῃ αὐτῶν, εἰπὲ τῇ ἐκκλησίᾳ· ἐὰν δὲ καὶ τῆς ἐκκλησίας παρακούσῃ, ἔστω σοι ὥσπερ ὁ ἐθνικὸς καὶ ὁ τελώνης. **18** ἀμὴν λέγω ὑμῖν· ὅσα ἐὰν δήσητε ἐπὶ τῆς γῆς ἔσται δεδεμένα ἐν οὐρανῷ, καὶ ὅσα ἐὰν λύσητε ἐπὶ τῆς γῆς ἔσται λελυμένα ἐν οὐρανῷ.

Dt 19.15

---

[1] **11** {A} *no addition* 01 03 019^{txt} 038* f^1 f^{13} 33 892* lat^{vl-pt} sy^s cpa co$^{sa, bo-pt, mae}$ Origen^{vid} // *add verse 11* 05 032 037 038^c 078^{vid} 28 180 205 565 597 700 1006 1071 1241 1292 1424 *Byz* [07 09 013 022 042] *Lect*^{pt} lat$^{vl-pt, vg}$ sy$^{c, p}$ Chrysostom // *add verse 11, but with* ζητῆσαι καὶ σῶσαι (*see* Lk 19.10) 011 (019^{mg} *omit* καί) 157 579 892^c 1010 1243 1342 1505 *Lect*^{pt} (lat^{vl-pt}) sy^h co^{bo-pt} eth

[2] **14** {C} ὑμῶν 01 05^c 019 032 037 f^1 28 205 565^{vid} 597 1006 1071 1292 1342 1505 *Byz* [07 011] *Lect*^{pt} lat sy$^{c, p, hmg}$ Chrysostom // ἡμῶν 05* Chrysostom^{mss} // μου 03 09 013 022 023 038 042 078 f^{13} 33 157 180 579 700 892 1010 1241 1243 1424 *Lect*^{pt} sy$^{s, h}$ co eth Origen // *omit* cpa

[3] **15** {C} ἁμαρτήσῃ εἰς σέ 05 019 037 038 078 f^{13} 28 157 205 565 597 700 892 1006 1010 1071 1241 1243 1292 *Byz* [07 09 011 013 022 023 042] *Lect*^{pt} lat co$^{bo-pt, mae}$ eth Basil^{ms} Chrysostom^{mss} // ἁμάρτῃ εἰς σέ 032 33 180 1342 (1424) 1505 *Lect*^{pt} Basil^{pt} Chrysostom // ἁμαρτήσῃ 01 03 f^1 579 Cyril // ἁμάρτῃ (Lk 17.3) Origen^{lem} Basil^{pt}

19 Πάλιν [ἀμὴν]⁴ λέγω ὑμῖν ὅτι ἐὰν δύο συμφωνήσωσιν ἐξ ὑμῶν ἐπὶ τῆς γῆς περὶ παντὸς πράγματος οὗ ἐὰν αἰτήσωνται, γενήσεται αὐτοῖς παρὰ τοῦ πατρός μου τοῦ ἐν οὐρανοῖς. **20** οὗ γάρ εἰσιν δύο ἢ τρεῖς συνηγμένοι εἰς τὸ ἐμὸν ὄνομα, ἐκεῖ εἰμι ἐν μέσῳ αὐτῶν.

The Parable of the Unforgiving Servant

21 Τότε προσελθὼν ὁ Πέτρος εἶπεν αὐτῷ· κύριε, ποσάκις ἁμαρτήσει εἰς ἐμὲ ὁ ἀδελφός μου καὶ ἀφήσω αὐτῷ; ἕως ἑπτάκις; **22** λέγει αὐτῷ ὁ Ἰησοῦς· οὐ λέγω σοι ἕως ἑπτάκις ἀλλ᾽ ἕως ἑβδομηκοντάκις ἑπτά.

23 Διὰ τοῦτο ὡμοιώθη ἡ βασιλεία τῶν οὐρανῶν ἀνθρώπῳ βασιλεῖ, ὃς ἠθέλησεν συνᾶραι λόγον μετὰ τῶν δούλων αὐτοῦ. **24** ἀρξαμένου δὲ αὐτοῦ συναίρειν προσηνέχθη αὐτῷ εἷς ὀφειλέτης μυρίων ταλάντων. **25** μὴ ἔχοντος δὲ αὐτοῦ ἀποδοῦναι ἐκέλευσεν αὐτὸν ὁ κύριος πραθῆναι καὶ τὴν γυναῖκα καὶ τὰ τέκνα καὶ πάντα ὅσα ἔχει, καὶ ἀποδοθῆναι. **26** πεσὼν οὖν ὁ δοῦλος προσεκύνει αὐτῷ λέγων⁵· μακροθύμησον ἐπ᾽ ἐμοί, καὶ πάντα ἀποδώσω σοι. **27** σπλαγχνισθεὶς δὲ ὁ κύριος τοῦ δούλου ἐκείνου ἀπέλυσεν αὐτὸν καὶ τὸ δάνειον ἀφῆκεν αὐτῷ. **28** ἐξελθὼν δὲ ὁ δοῦλος ἐκεῖνος εὗρεν ἕνα τῶν συνδούλων αὐτοῦ, ὃς ὤφειλεν αὐτῷ ἑκατὸν δηνάρια, καὶ κρατήσας αὐτὸν ἔπνιγεν λέγων· ἀπόδος εἴ τι ὀφείλεις. **29** πεσὼν οὖν ὁ σύνδουλος αὐτοῦ παρεκάλει αὐτὸν λέγων· μακροθύμησον ἐπ᾽ ἐμοί, καὶ ἀποδώσω σοι. **30** ὁ δὲ οὐκ ἤθελεν ἀλλ᾽ ἀπελθὼν ἔβαλεν αὐτὸν εἰς φυλακὴν ἕως ἀποδῷ τὸ ὀφειλόμενον. **31** ἰδόντες οὖν οἱ σύνδουλοι αὐτοῦ τὰ γενόμενα ἐλυπήθησαν σφόδρα καὶ ἐλθόντες διεσάφησαν τῷ κυρίῳ ἑαυτῶν πάντα τὰ γενόμενα. **32** τότε προσκα-

---

⁴**19** {C} ἀμήν 03 058 *f*¹³ 13 28 33 157 180 205 565 597 700 828 1006 1010 1071 1241 1243 1292 1342 1424 1505 *Byz* [07 09 011 013] lat[vl-pt] sy[c, s] cpa[pt] Origen[lat] Basil // omit 01 05 019 023 042 *f*¹ 579 892 *TR* lat[vl-pt, vg] sy[p, h] cpa[pt] eth Origen[lem] Chrysostom // δέ 022 032 037 sy[h] eth

⁵**26** {B} λέγων 03 05 038 700 lat[vl-pt, vg] sy[c, s] Origen Chrysostom // λέγων· κύριε 01 019 032 037 058 0233 *f*¹ *f*¹³ 28 33 157 180 205 565 579 597 892 1006 1010 1071 1241 1243 1292 1342 1424 1505 *Byz* [07 09 011 023 042] lat[vl-pt] sy[p, h] cpa co eth Origen[lat]

λεσάμενος αὐτὸν ὁ κύριος αὐτοῦ λέγει αὐτῷ· δοῦλε πονηρέ, πᾶσαν τὴν ὀφειλὴν ἐκείνην ἀφῆκά σοι, ἐπεὶ παρεκάλεσάς με· **33** οὐκ ἔδει καὶ σὲ ἐλεῆσαι τὸν σύνδουλόν σου, ὡς κἀγὼ σὲ ἠλέησα; **34** καὶ ὀργισθεὶς ὁ κύριος αὐτοῦ παρέδωκεν αὐτὸν τοῖς βασανισταῖς ἕως οὗ ἀποδῷ πᾶν τὸ ὀφειλόμενον. **35** οὕτως καὶ ὁ πατήρ μου ὁ οὐράνιος ποιήσει ὑμῖν, ἐὰν μὴ ἀφῆτε ἕκαστος τῷ ἀδελφῷ αὐτοῦ ἀπὸ τῶν καρδιῶν ὑμῶν.

Teaching about Divorce (Mk 10.1-12)

19 Καὶ ἐγένετο ὅτε ἐτέλεσεν ὁ Ἰησοῦς τοὺς λόγους τούτους, μετῆρεν ἀπὸ τῆς Γαλιλαίας καὶ ἦλθεν εἰς τὰ ὅρια τῆς Ἰουδαίας πέραν τοῦ Ἰορδάνου. **2** καὶ ἠκολούθησαν αὐτῷ ὄχλοι πολλοί, καὶ ἐθεράπευσεν αὐτοὺς ἐκεῖ.

3 Καὶ προσῆλθον αὐτῷ Φαρισαῖοι πειράζοντες αὐτὸν καὶ λέγοντες· εἰ ἔξεστιν ἀνθρώπῳ ἀπολῦσαι τὴν γυναῖκα αὐτοῦ κατὰ πᾶσαν αἰτίαν; **4** ὁ δὲ ἀποκριθεὶς εἶπεν· οὐκ ἀνέγνωτε ὅτι ὁ κτίσας ἀπ᾽ ἀρχῆς *ἄρσεν καὶ θῆλυ ἐποίησεν αὐτούς*; **5** καὶ εἶπεν· *ἕνεκα τούτου καταλείψει ἄνθρωπος τὸν πατέρα καὶ τὴν μητέρα καὶ κολληθήσεται τῇ γυναικὶ αὐτοῦ, καὶ ἔσονται οἱ δύο εἰς σάρκα μίαν.* **6** ὥστε οὐκέτι εἰσὶν δύο ἀλλὰ σὰρξ μία. ὃ οὖν ὁ θεὸς συνέζευξεν ἄνθρωπος μὴ χωριζέτω. **7** λέγουσιν αὐτῷ· τί οὖν Μωϋσῆς ἐνετείλατο δοῦναι βιβλίον ἀποστασίου καὶ ἀπολῦσαι [αὐτήν]; **8** λέγει αὐτοῖς ὅτι Μωϋσῆς πρὸς τὴν σκληροκαρδίαν ὑμῶν ἐπέτρεψεν ὑμῖν ἀπολῦσαι τὰς γυναῖκας ὑμῶν, ἀπ᾽ ἀρχῆς δὲ οὐ γέγονεν οὕτως. **9** λέγω δὲ ὑμῖν ὅτι ὃς ἂν ἀπολύσῃ τὴν γυναῖκα αὐτοῦ μὴ ἐπὶ πορνείᾳ καὶ γαμήσῃ ἄλλην μοιχᾶται[1,2].

Gn 1.27; 5.2
Gn 2.24

---

[1] **9** {B} μὴ ἐπὶ πορνείᾳ καὶ γαμήσῃ ἄλλην μοιχᾶται 01 (04* ποιεῖ αὐτὴν μοιχευθῆναι) 04³ 019 (032 *omit* καὶ) 035 037 038 078 28 157 180 205 565 579 700 892 1006 1010 1071 1241 1243 1292 1342 1424 1505 *Byz* [07 09 011 013 042] lat[vl-pt, vg] sy[s, p, h] eth[pp] Basil // παρεκτὸς λόγου πορνείας ποιεῖ αὐτὴν μοιχευθῆναι (*see* 5.32) 03 0233 1 lat[vl-pt] (cpa) co[bo] eth[TH] Origen[gr] Cyril // παρεκτὸς λόγου πορνείας καὶ γαμήσῃ ἄλλην μοιχᾶται 05 *f*¹³ 33 (597) lat[vl-pt] (sy[c]) co[sa, (bo-ms)] Origen[lat] Chrysostom
[2] **9** {C} *no addition* 01 04³ 05 019 035 828 1241 lat[vl-pt, vg-ms] sy[c, s] co[sa, bo-ms] Origen // *add* καὶ ὁ ἀπολελυμένην γαμήσας μοιχᾶται (*see* Mk 10.11) 03 28 157 180 205 597 700 892 1006 1071 1243 1292 1342 *Byz* [07 09 011 013] eth Origen[lat-pt] Basil

10 Λέγουσιν αὐτῷ οἱ μαθηταὶ [αὐτοῦ]· εἰ οὕτως ἐστὶν ἡ αἰτία τοῦ ἀνθρώπου μετὰ τῆς γυναικός, οὐ συμφέρει γαμῆσαι. **11** ὁ δὲ εἶπεν αὐτοῖς· οὐ πάντες χωροῦσιν τὸν λόγον [τοῦτον] ἀλλ᾽ οἷς δέδοται. **12** εἰσὶν γὰρ εὐνοῦχοι οἵτινες ἐκ κοιλίας μητρὸς ἐγεννήθησαν οὕτως, καὶ εἰσὶν εὐνοῦχοι οἵτινες εὐνουχίσθησαν ὑπὸ τῶν ἀνθρώπων, καὶ εἰσὶν εὐνοῦχοι οἵτινες εὐνούχισαν ἑαυτοὺς διὰ τὴν βασιλείαν τῶν οὐρανῶν. ὁ δυνάμενος χωρεῖν χωρείτω.

Little Children Blessed   (Mk 10.13-16; Lk 18.15-17)

13 Τότε προσηνέχθησαν αὐτῷ παιδία ἵνα τὰς χεῖρας ἐπιθῇ αὐτοῖς καὶ προσεύξηται· οἱ δὲ μαθηταὶ ἐπετίμησαν αὐτοῖς. **14** ὁ δὲ Ἰησοῦς εἶπεν· ἄφετε τὰ παιδία καὶ μὴ κωλύετε αὐτὰ ἐλθεῖν πρός με, τῶν γὰρ τοιούτων ἐστὶν ἡ βασιλεία τῶν οὐρανῶν. **15** καὶ ἐπιθεὶς τὰς χεῖρας αὐτοῖς ἐπορεύθη ἐκεῖθεν.

The Rich Young Man   (Mk 10.17-31; Lk 18.18-30)

16 Καὶ ἰδοὺ εἷς προσελθὼν αὐτῷ εἶπεν· διδάσκαλε, τί ἀγαθὸν ποιήσω ἵνα σχῶ ζωὴν αἰώνιον; **17** ὁ δὲ εἶπεν αὐτῷ· τί με ἐρωτᾷς περὶ τοῦ ἀγαθοῦ; εἷς ἐστιν ὁ ἀγαθός³· εἰ δὲ θέλεις εἰς τὴν ζωὴν εἰσελθεῖν, τήρησον τὰς ἐντολάς. **18** λέγει αὐτῷ· ποίας; ὁ δὲ Ἰησοῦς εἶπεν· τὸ *οὐ φονεύσεις, οὐ μοιχεύσεις, οὐ κλέψεις, οὐ ψευδομαρτυρήσεις,* **19** *τίμα τὸν πατέρα καὶ τὴν μητέρα,* καὶ

Ex 20.12-16;
Dt 5.16-20

Cyril // add καὶ ὁ ἀπολελυμένην γαμῶν μοιχᾶται 04* 022 023 032 037 (038) 042 078 0233 *f*¹ *f*¹³ 33 (565) (579 ἀπολελυμένην ἀπὸ ἀνδρός) 1010 1424 1505 lat^(vl-pt, vg) sy^(p, h) co^(bo) // add ὡσαύτως καὶ ὁ γαμῶν ἀπολελυμένην μοιχᾶται 𝔓²⁵ (co^(mae))

³17 {A} τί με ἐρωτᾷς περὶ τοῦ ἀγαθοῦ; εἷς ἐστιν ὁ ἀγαθός 01 03 (05 omit τοῦ and ὁ) 019 038 (*f*¹ 700 omit ὁ) (892* οὐδείς for εἷς) lat^(vl-pt) (sy^s) (cpa^(pt)) eth^(pp) Origen // τί με ἐρωτᾷς περὶ τοῦ ἀγαθοῦ; εἷς ἐστιν ὁ ἀγαθός, ὁ θεός lat^(vl-pt, vg) (lat^(vl-pt) ὁ πατήρ for ὁ θεός) (sy^(c, hmg)) (cpa^(pt)) co^(bo, mae) // τί με λέγεις ἀγαθόν; εἷς ἐστιν ἀγαθός, ὁ πατήρ μου ὁ ἐν τοῖς οὐρανοῖς Marcus^(acc. to Irenaeus) Justin Naassenes^(acc. to Hippolytus) // τί με λέγεις ἀγαθόν; οὐδεὶς ἀγαθὸς εἰ μὴ εἷς ὁ θεός (*see* Mk 10.18; Lk 18.19) 04 032 037 *f*¹³ 28 33 157 180 205 565 (579) 1006 1010 1071 1241 1243 1292 1342 1424 1505 Byz [07 09 011 013 042] lat^(vl-pt) sy^(p, h) co^(sa, bo-ms) eth^(ms, TH) Basil Chrysostom // τί με ἐρωτᾷς περὶ τοῦ ἀγαθοῦ; οὐδεὶς ἀγαθὸς εἰ μὴ εἷς ὁ θεός (892^c οὐδείς ἐστιν ὁ) lat^(vl-pt) Eusebius

ἀγαπήσεις τὸν πλησίον σου ὡς σεαυτόν. **20** λέγει αὐτῷ ὁ νεα- Lv 19.18
νίσκος· πάντα ταῦτα ἐφύλαξα· τί ἔτι ὑστερῶ; **21** ἔφη αὐτῷ ὁ
Ἰησοῦς· εἰ θέλεις τέλειος εἶναι, ὕπαγε πώλησόν σου τὰ ὑπάρχον-
τα καὶ δὸς [τοῖς] πτωχοῖς, καὶ ἕξεις θησαυρὸν ἐν οὐρανοῖς, καὶ
δεῦρο ἀκολούθει μοι. **22** ἀκούσας δὲ ὁ νεανίσκος τὸν λόγον
ἀπῆλθεν λυπούμενος· ἦν γὰρ ἔχων κτήματα πολλά.

23 Ὁ δὲ Ἰησοῦς εἶπεν τοῖς μαθηταῖς αὐτοῦ· ἀμὴν λέγω ὑμῖν
ὅτι πλούσιος δυσκόλως εἰσελεύσεται εἰς τὴν βασιλείαν τῶν
οὐρανῶν. **24** πάλιν δὲ λέγω ὑμῖν, εὐκοπώτερόν ἐστιν κάμηλον
διὰ τρυπήματος ῥαφίδος διελθεῖν ἢ πλούσιον εἰσελθεῖν εἰς τὴν
βασιλείαν τοῦ θεοῦ. **25** ἀκούσαντες δὲ οἱ μαθηταὶ ἐξεπλήσσον-
το σφόδρα λέγοντες· τίς ἄρα δύναται σωθῆναι; **26** ἐμβλέψας
δὲ ὁ Ἰησοῦς εἶπεν αὐτοῖς· παρὰ ἀνθρώποις τοῦτο ἀδύνατόν
ἐστιν, παρὰ δὲ θεῷ πάντα δυνατά.

27 Τότε ἀποκριθεὶς ὁ Πέτρος εἶπεν αὐτῷ· ἰδοὺ ἡμεῖς ἀφήκα-
μεν πάντα καὶ ἠκολουθήσαμέν σοι· τί ἄρα ἔσται ἡμῖν; **28** ὁ δὲ
Ἰησοῦς εἶπεν αὐτοῖς· ἀμὴν λέγω ὑμῖν ὅτι ὑμεῖς οἱ ἀκολουθήσαν-
τές μοι ἐν τῇ παλιγγενεσίᾳ, ὅταν καθίσῃ ὁ υἱὸς τοῦ ἀνθρώπου
ἐπὶ θρόνου δόξης αὐτοῦ, καθήσεσθε καὶ ὑμεῖς ἐπὶ δώδεκα θρό-
νους κρίνοντες τὰς δώδεκα φυλὰς τοῦ Ἰσραήλ. **29** καὶ πᾶς
ὅστις ἀφῆκεν οἰκίας ἢ ἀδελφοὺς ἢ ἀδελφὰς ἢ πατέρα ἢ μητέρα[4]
ἢ τέκνα ἢ ἀγροὺς ἕνεκεν τοῦ ὀνόματός μου, ἑκατονταπλασίονα
λήμψεται καὶ ζωὴν αἰώνιον κληρονομήσει. **30** πολλοὶ δὲ ἔσον-
ται πρῶτοι ἔσχατοι καὶ ἔσχατοι πρῶτοι.

The Workers in the Vineyard

20 Ὁμοία γάρ ἐστιν ἡ βασιλεία τῶν οὐρανῶν ἀνθρώπῳ
οἰκοδεσπότῃ, ὅστις ἐξῆλθεν ἅμα πρωῒ μισθώσασθαι
ἐργάτας εἰς τὸν ἀμπελῶνα αὐτοῦ. **2** συμφωνήσας δὲ μετὰ τῶν
ἐργατῶν ἐκ δηναρίου τὴν ἡμέραν ἀπέστειλεν αὐτοὺς εἰς τὸν
ἀμπελῶνα αὐτοῦ. **3** καὶ ἐξελθὼν περὶ τρίτην ὥραν εἶδεν ἄλλους

---

[4]**29** {C} πατέρα ἢ μητέρα (see Mk 10.29) 03 lat[vl-pt] cpa Chrysostom ∥ πατέρα ἢ
μητέρα ἢ γυναῖκα 01 04 019 032 037 038 f^{13} 28 33 157 180 205 565 579 597 700
892 1006 1010 1071 1241 1243 1292 1342 1424 1505 Byz [07 09 011 013 042]
lat[vl-pt, vg] sy[p, h] co eth Basil Gregory-Nyssa Cyril ∥ μητέρα 05 lat[vl-pt] (sy[c] μητέρα ἢ
γυναῖκα) sy[s] ∥ γονεῖς (see Lk 18.29) f^1 (lat[vl-pt]) (Irenaeus[lat]) Origen

ἑστῶτας ἐν τῇ ἀγορᾷ ἀργούς 4 καὶ ἐκείνοις εἶπεν· ὑπάγετε καὶ ὑμεῖς εἰς τὸν ἀμπελῶνα, καὶ ὃ ἐὰν ᾖ δίκαιον δώσω ὑμῖν. 5 οἱ δὲ ἀπῆλθον. πάλιν [δὲ] ἐξελθὼν περὶ ἕκτην καὶ ἐνάτην ὥραν ἐποίησεν ὡσαύτως. 6 περὶ δὲ τὴν ἑνδεκάτην ἐξελθὼν εὗρεν ἄλλους ἑστῶτας καὶ λέγει αὐτοῖς· τί ὧδε ἑστήκατε ὅλην τὴν ἡμέραν ἀργοί; 7 λέγουσιν αὐτῷ· ὅτι οὐδεὶς ἡμᾶς ἐμισθώσατο. λέγει αὐτοῖς· ὑπάγετε καὶ ὑμεῖς εἰς τὸν ἀμπελῶνα. 8 ὀψίας δὲ γενομένης λέγει ὁ κύριος τοῦ ἀμπελῶνος τῷ ἐπιτρόπῳ αὐτοῦ· κάλεσον τοὺς ἐργάτας καὶ ἀπόδος αὐτοῖς τὸν μισθὸν ἀρξάμενος ἀπὸ τῶν ἐσχάτων ἕως τῶν πρώτων. 9 καὶ ἐλθόντες οἱ περὶ τὴν ἑνδεκάτην ὥραν ἔλαβον ἀνὰ δηνάριον. 10 καὶ ἐλθόντες οἱ πρῶτοι ἐνόμισαν ὅτι πλεῖον λήμψονται· καὶ ἔλαβον [τὸ] ἀνὰ δηνάριον καὶ αὐτοί. 11 λαβόντες δὲ ἐγόγγυζον κατὰ τοῦ οἰκοδεσπότου 12 λέγοντες· οὗτοι οἱ ἔσχατοι μίαν ὥραν ἐποίησαν, καὶ ἴσους ἡμῖν αὐτοὺς ἐποίησας τοῖς βαστάσασιν τὸ βάρος τῆς ἡμέρας καὶ τὸν καύσωνα. 13 ὁ δὲ ἀποκριθεὶς ἑνὶ αὐτῶν εἶπεν· ἑταῖρε, οὐκ ἀδικῶ σε· οὐχὶ δηναρίου συνεφώνησάς μοι; 14 ἆρον τὸ σὸν καὶ ὕπαγε. θέλω δὲ τούτῳ τῷ ἐσχάτῳ δοῦναι ὡς καὶ σοί· 15 [ἢ] οὐκ ἔξεστίν μοι ὃ θέλω ποιῆσαι ἐν τοῖς ἐμοῖς; ἢ ὁ ὀφθαλμός σου πονηρός ἐστιν ὅτι ἐγὼ ἀγαθός εἰμι; 16 οὕτως ἔσονται οἱ ἔσχατοι πρῶτοι καὶ οἱ πρῶτοι ἔσχατοι.[1]

A Third Time Jesus Foretells His Death and Resurrection
(Mk 10.32-34; Lk 18.31-34)

17 Καὶ ἀναβαίνων ὁ Ἰησοῦς εἰς Ἱεροσόλυμα παρέλαβεν τοὺς δώδεκα [μαθητὰς] κατ' ἰδίαν καὶ ἐν τῇ ὁδῷ εἶπεν αὐτοῖς· 18 ἰδοὺ ἀναβαίνομεν εἰς Ἱεροσόλυμα, καὶ ὁ υἱὸς τοῦ ἀνθρώπου παραδοθήσεται τοῖς ἀρχιερεῦσιν καὶ γραμματεῦσιν, καὶ κατακρινοῦσιν αὐτὸν θανάτῳ 19 καὶ παραδώσουσιν αὐτὸν τοῖς ἔθνεσιν εἰς τὸ ἐμπαῖξαι καὶ μαστιγῶσαι καὶ σταυρῶσαι, καὶ τῇ τρίτῃ ἡμέρᾳ ἐγερθήσεται.

---

[1]16 {B} ἔσχατοι. 01 03 019 035 085 892* 1243* 1342 (1424) co$^{sa, bo-pt}$ ∥ ἔσχατοι. πολλοὶ γάρ εἰσιν κλητοί, ὀλίγοι δὲ ἐκλεκτοί (see 22.14) 04 05 032 037 (038 οἱ κλητοί) 0300 f^1 f^{13} (28) 33 157 180 205 565 579 597 700 892^c 1006 1010 1071 1241 1243^c 1292 1505 Byz [07 09 011 013 022^{vid} 023 042] lat sy cpa co$^{bo-pt, mae}$ eth Chrysostom

The Request for James and John (Mk 10.35-45)

20 Τότε προσῆλθεν αὐτῷ ἡ μήτηρ τῶν υἱῶν Ζεβεδαίου μετὰ τῶν υἱῶν αὐτῆς προσκυνοῦσα καὶ αἰτοῦσά τι ἀπ' αὐτοῦ. **21** ὁ δὲ εἶπεν αὐτῇ· τί θέλεις; λέγει αὐτῷ· εἰπὲ ἵνα καθίσωσιν οὗτοι οἱ δύο υἱοί μου εἷς ἐκ δεξιῶν σου καὶ εἷς ἐξ εὐωνύμων σου ἐν τῇ βασιλείᾳ σου. **22** ἀποκριθεὶς δὲ ὁ Ἰησοῦς εἶπεν· οὐκ οἴδατε τί αἰτεῖσθε. δύνασθε πιεῖν τὸ ποτήριον ὃ ἐγὼ μέλλω πίνειν[2]; λέγουσιν αὐτῷ· δυνάμεθα. **23** λέγει αὐτοῖς· τὸ μὲν ποτήριόν μου πίεσθε[3], τὸ δὲ καθίσαι ἐκ δεξιῶν μου καὶ ἐξ εὐωνύμων οὐκ ἔστιν ἐμὸν [τοῦτο] δοῦναι, ἀλλ' οἷς ἡτοίμασται ὑπὸ τοῦ πατρός μου.

24 Καὶ ἀκούσαντες οἱ δέκα ἠγανάκτησαν περὶ τῶν δύο ἀδελφῶν. **25** ὁ δὲ Ἰησοῦς προσκαλεσάμενος αὐτοὺς εἶπεν· οἴδατε ὅτι οἱ ἄρχοντες τῶν ἐθνῶν κατακυριεύουσιν αὐτῶν καὶ οἱ μεγάλοι κατεξουσιάζουσιν αὐτῶν. **26** οὐχ οὕτως ἔσται ἐν ὑμῖν, ἀλλ' ὃς ἐὰν θέλῃ ἐν ὑμῖν μέγας γενέσθαι ἔσται ὑμῶν διάκονος, **27** καὶ ὃς ἂν θέλῃ ἐν ὑμῖν εἶναι πρῶτος ἔσται ὑμῶν δοῦλος· **28** ὥσπερ ὁ υἱὸς τοῦ ἀνθρώπου οὐκ ἦλθεν διακονηθῆναι ἀλλὰ διακονῆσαι καὶ δοῦναι τὴν ψυχὴν αὐτοῦ λύτρον ἀντὶ πολλῶν.

The Healing of Two Blind Men (Mk 10.46-52; Lk 18.35-43)

29 Καὶ ἐκπορευομένων αὐτῶν ἀπὸ Ἰεριχὼ ἠκολούθησεν αὐτῷ ὄχλος πολύς. **30** καὶ ἰδοὺ δύο τυφλοὶ καθήμενοι παρὰ τὴν ὁδὸν ἀκούσαντες ὅτι Ἰησοῦς παράγει, ἔκραξαν λέγοντες·

---

[2]**22** {A} πίνειν 01 05 019 035 038 f^{13} 1 lat[vl-pt, vg] sy[c, s] co[sa, bo-pt, mae] eth[pp] // πιεῖν 03 085 // πίνειν ἢ τὸ βάπτισμα ὃ ἐγὼ βαπτίζομαι βαπτισθῆναι (see Mk 10.38) 04 (011 579 πιεῖν) 032 037 13 28 33 (205 1424 πίνω for μέλλω πίνειν) 565[supp] 597 700 828 1006 1010 1241 1243 1292 1342 1505 Byz [07 013 023 042] lat[vl-pt] sy[p, h] Origen[lat] Marcus[acc. to Irenaeus] // πίνειν καὶ τὸ βάπτισμα ὃ ἐγὼ βαπτίζομαι βαπτισθῆναι 157 (180) 892 1071 TR co[bo-pt] eth[TH] Chrysostom

[3]**23** {A} πίεσθε 01 03 05 019 035 038 085 f^1 f^{13} lat[vl-pt, vg] sy[c, s] co[sa, bo-pt, mae] // πίεσθε καὶ τὸ βάπτισμα ὃ ἐγὼ βαπτίζομαι βαπτισθήσεσθε 04 022 032 037 33 565[supp] 579 700 1241 (1424) Byz [07 011 013 023 042] lat[vl-pt] sy[p, h] co[bo-pt] // πίεσθε καὶ τὸ βάπτισμα βαπτισθήσεσθε 892

ἐλέησον ἡμᾶς, [κύριε,]⁴ υἱὸς Δαυίδ. **31** ὁ δὲ ὄχλος ἐπετίμησεν αὐτοῖς ἵνα σιωπήσωσιν· οἱ δὲ μεῖζον ἔκραξαν λέγοντες· ἐλέησον ἡμᾶς, κύριε, υἱὸς Δαυίδ. **32** καὶ στὰς ὁ Ἰησοῦς ἐφώνησεν αὐτοὺς καὶ εἶπεν· τί θέλετε ποιήσω ὑμῖν; **33** λέγουσιν αὐτῷ· κύριε, ἵνα ἀνοιγῶσιν οἱ ὀφθαλμοὶ ἡμῶν. **34** σπλαγχνισθεὶς δὲ ὁ Ἰησοῦς ἥψατο τῶν ὀμμάτων αὐτῶν, καὶ εὐθέως ἀνέβλεψαν καὶ ἠκολούθησαν αὐτῷ.

The Triumphal Entry into Jerusalem (Mk 11.1-11; Lk 19.28-38; Jn 12.12-19)

21 Καὶ ὅτε ἤγγισαν εἰς Ἱεροσόλυμα καὶ ἦλθον εἰς Βηθφαγὴ εἰς τὸ ὄρος τῶν ἐλαιῶν, τότε Ἰησοῦς ἀπέστειλεν δύο μαθητὰς **2** λέγων αὐτοῖς· πορεύεσθε εἰς τὴν κώμην τὴν κατέναντι ὑμῶν, καὶ εὐθέως εὑρήσετε ὄνον δεδεμένην καὶ πῶλον μετ' αὐτῆς· λύσαντες ἀγάγετέ μοι. **3** καὶ ἐάν τις ὑμῖν εἴπῃ τι, ἐρεῖτε ὅτι ὁ κύριος αὐτῶν χρείαν ἔχει· εὐθὺς δὲ ἀποστελεῖ αὐτούς. **4** τοῦτο δὲ γέγονεν ἵνα πληρωθῇ τὸ ῥηθὲν διὰ τοῦ προφήτου λέγοντος·

Is 62.11;
Zch 9.9

5 *εἴπατε τῇ θυγατρὶ Σιών·*
ἰδοὺ ὁ βασιλεύς σου ἔρχεταί σοι
πραΰς καὶ ἐπιβεβηκὼς ἐπὶ ὄνον
καὶ ἐπὶ πῶλον υἱὸν ὑποζυγίου.

6 πορευθέντες δὲ οἱ μαθηταὶ καὶ ποιήσαντες καθὼς συνέταξεν αὐτοῖς ὁ Ἰησοῦς **7** ἤγαγον τὴν ὄνον καὶ τὸν πῶλον καὶ ἐπέθηκαν ἐπ' αὐτῶν τὰ ἱμάτια, καὶ ἐπεκάθισεν ἐπάνω αὐτῶν. **8** ὁ δὲ πλεῖστος ὄχλος ἔστρωσαν ἑαυτῶν τὰ ἱμάτια ἐν τῇ ὁδῷ, ἄλλοι δὲ ἔκοπτον κλάδους ἀπὸ τῶν δένδρων καὶ ἐστρώννυον ἐν τῇ ὁδῷ. **9** οἱ δὲ ὄχλοι οἱ προάγοντες αὐτὸν καὶ οἱ ἀκολουθοῦντες ἔκραζον λέγοντες·

---

⁴**30** {C} ἐλέησον ἡμᾶς, κύριε (*see* 20.31) 𝔓⁴⁵vid 04 032 037 *f*¹ 28 33 180 579 597 1006 1010 1071 1241 1243 1292 1342 1424 1505 *Byz* [07 011 013 023] lat^{vl-pt} sy^{p, h} co^{sa-ms} eth^{pp, TH} Origen Chrysostom^{lem} // ἐλέησον ἡμᾶς, Ἰησοῦ (*see* Mk 10.47; Lk 18.38) 01 038 *f*¹³ 700 lat^{vl-pt} cpa^{pt} co^{mae} // ἐλέησον ἡμᾶς, κύριε Ἰησοῦ 022 042 // ἐλέησον ἡμᾶς (*see* 9.27) 05 13 157 205 565 lat^{vl-pt} sy^c co^{sa-ms} eth^{ms} // κύριε, ἐλέησον ἡμᾶς 03 035^{vid} 085 lat^{vl-pt, vg} co^{sa-mss, (bo-ms)} // κύριε, ἐλέησον ἡμᾶς, Ἰησοῦ 019 892 cpa^{pt} co^{sa-mss, (bo)}

ὡσαννὰ τῷ υἱῷ Δαυίδ·   Ps 118.25-26
εὐλογημένος ὁ ἐρχόμενος ἐν ὀνόματι κυρίου·
ὡσαννὰ ἐν τοῖς ὑψίστοις.

10 Καὶ εἰσελθόντος αὐτοῦ εἰς Ἱεροσόλυμα ἐσείσθη πᾶσα ἡ πόλις λέγουσα· τίς ἐστιν οὗτος; **11** οἱ δὲ ὄχλοι ἔλεγον· οὗτός ἐστιν ὁ προφήτης Ἰησοῦς ὁ ἀπὸ Ναζαρὲθ τῆς Γαλιλαίας.

The Cleansing of the Temple   (Mk 11.15-19; Lk 19.45-48; Jn 2.13-22)

12 Καὶ εἰσῆλθεν Ἰησοῦς εἰς τὸ ἱερὸν[1] καὶ ἐξέβαλεν πάντας τοὺς πωλοῦντας καὶ ἀγοράζοντας ἐν τῷ ἱερῷ, καὶ τὰς τραπέζας τῶν κολλυβιστῶν κατέστρεψεν καὶ τὰς καθέδρας τῶν πωλούντων τὰς περιστεράς, **13** καὶ λέγει αὐτοῖς· γέγραπται·

ὁ οἶκός μου οἶκος προσευχῆς κληθήσεται,   Is 56.7
ὑμεῖς δὲ αὐτὸν ποιεῖτε σπήλαιον λῃστῶν.   Jr 7.11

14 καὶ προσῆλθον αὐτῷ τυφλοὶ καὶ χωλοὶ ἐν τῷ ἱερῷ, καὶ ἐθεράπευσεν αὐτούς. **15** ἰδόντες δὲ οἱ ἀρχιερεῖς καὶ οἱ γραμματεῖς τὰ θαυμάσια ἃ ἐποίησεν καὶ τοὺς παῖδας τοὺς κράζοντας ἐν τῷ ἱερῷ καὶ λέγοντας· ὡσαννὰ τῷ υἱῷ Δαυίδ, ἠγανάκτησαν **16** καὶ εἶπαν αὐτῷ· ἀκούεις τί οὗτοι λέγουσιν; ὁ δὲ Ἰησοῦς λέγει αὐτοῖς· ναί. οὐδέποτε ἀνέγνωτε ὅτι

ἐκ στόματος νηπίων καὶ θηλαζόντων κατηρτίσω αἶνον;   Ps 8.2 LXX

17 καὶ καταλιπὼν αὐτοὺς ἐξῆλθεν ἔξω τῆς πόλεως εἰς Βηθανίαν καὶ ηὐλίσθη ἐκεῖ.

The Cursing of the Fig Tree   (Mk 11.12-14, 20-24)

18 Πρωῒ δὲ ἐπανάγων εἰς τὴν πόλιν ἐπείνασεν. **19** καὶ ἰδὼν συκῆν μίαν ἐπὶ τῆς ὁδοῦ ἦλθεν ἐπ' αὐτὴν καὶ οὐδὲν εὗρεν ἐν αὐτῇ εἰ μὴ φύλλα μόνον, καὶ λέγει αὐτῇ· μηκέτι ἐκ σοῦ καρπὸς γένηται εἰς τὸν αἰῶνα. καὶ ἐξηράνθη παραχρῆμα ἡ συκῆ.

20 Καὶ ἰδόντες οἱ μαθηταὶ ἐθαύμασαν λέγοντες· πῶς παρα-

---

[1] **12** {B} ἱερόν (see Mk 11.15; Lk 19.45) 01 03 019 038 f^{13} 33 700 892 1010 1424 lat[vl-pt] cpa co eth Origen[com] Chrysostom[lem] // ἱερὸν τοῦ θεοῦ 04 05 032 037 0233 f^1 28 157 180 205 565 579 597 1006 1071 1241 1243 1292 1342 1505 *Byz* [07 09 011 013 022 042] lat[vl-pt] sy Origen[lem] Basil

χρῆμα ἐξηράνθη ἡ συκῆ; **21** ἀποκριθεὶς δὲ ὁ Ἰησοῦς εἶπεν αὐτοῖς· ἀμὴν λέγω ὑμῖν, ἐὰν ἔχητε πίστιν καὶ μὴ διακριθῆτε, οὐ μόνον τὸ τῆς συκῆς ποιήσετε, ἀλλὰ κἂν τῷ ὄρει τούτῳ εἴπητε· ἄρθητι καὶ βλήθητι εἰς τὴν θάλασσαν, γενήσεται· **22** καὶ πάντα ὅσα ἂν αἰτήσητε ἐν τῇ προσευχῇ πιστεύοντες λήμψεσθε.

The Authority of Jesus Questioned (Mk 11.27-33; Lk 20.1-8)

23 Καὶ ἐλθόντος αὐτοῦ εἰς τὸ ἱερὸν προσῆλθον αὐτῷ διδάσκοντι οἱ ἀρχιερεῖς καὶ οἱ πρεσβύτεροι τοῦ λαοῦ λέγοντες· ἐν ποίᾳ ἐξουσίᾳ ταῦτα ποιεῖς; καὶ τίς σοι ἔδωκεν τὴν ἐξουσίαν ταύτην; **24** ἀποκριθεὶς δὲ ὁ Ἰησοῦς εἶπεν αὐτοῖς· ἐρωτήσω ὑμᾶς κἀγὼ λόγον ἕνα, ὃν ἐὰν εἴπητέ μοι κἀγὼ ὑμῖν ἐρῶ ἐν ποίᾳ ἐξουσίᾳ ταῦτα ποιῶ· **25** τὸ βάπτισμα τὸ Ἰωάννου πόθεν ἦν; ἐξ οὐρανοῦ ἢ ἐξ ἀνθρώπων; οἱ δὲ διελογίζοντο ἐν ἑαυτοῖς λέγοντες· ἐὰν εἴπωμεν· ἐξ οὐρανοῦ, ἐρεῖ ἡμῖν· διὰ τί οὖν οὐκ ἐπιστεύσατε αὐτῷ; **26** ἐὰν δὲ εἴπωμεν· ἐξ ἀνθρώπων, φοβούμεθα τὸν ὄχλον, πάντες γὰρ ὡς προφήτην ἔχουσιν τὸν Ἰωάννην. **27** καὶ ἀποκριθέντες τῷ Ἰησοῦ εἶπαν· οὐκ οἴδαμεν. ἔφη αὐτοῖς καὶ αὐτός· οὐδὲ ἐγὼ λέγω ὑμῖν ἐν ποίᾳ ἐξουσίᾳ ταῦτα ποιῶ.

The Parable of the Two Sons

28 Τί δὲ ὑμῖν δοκεῖ; ἄνθρωπος εἶχεν τέκνα δύο. καὶ προσελθὼν τῷ πρώτῳ εἶπεν· τέκνον, ὕπαγε σήμερον ἐργάζου ἐν τῷ ἀμπελῶνι. **29** ὁ δὲ ἀποκριθεὶς εἶπεν· οὐ θέλω, ὕστερον δὲ μεταμεληθεὶς ἀπῆλθεν[2]. **30** προσελθὼν δὲ τῷ ἑτέρῳ εἶπεν ὡσαύ-

---

[2] **29-31** {C} οὐ θέλω, ὕστερον δὲ μεταμεληθεὶς ἀπῆλθεν. ... ἑτέρῳ ... ἐγώ, κύριε, καὶ οὐκ ἀπῆλθεν. ... ὁ πρῶτος (01* 1010 omit δέ) 04* 032 (037 omit ὁ) 0102 157 565 579 597 1006 1071 1241 Byz^pt [07 09 011 013] TR lat^vl-pt, vg-mss (sy^p, h) (cpa^pt) (co^sa-mss) eth^pp, TH Origen mss^acc. to Origen Eusebius Cyril // οὐ θέλω, ὕστερον δὲ μεταμεληθεὶς ἀπῆλθεν. ... δευτέρῳ ... ἐγώ, κύριε, καὶ οὐκ ἀπῆλθεν. ... ὁ πρῶτος 01² 04² 019 035^vid f¹ 28 33 180 205 892 (1243 1342 omit δέ) 1292 1424^c (1424*) 1505 Byz^pt [023 042] Lect (co^mae) Chrysostom // οὐ θέλω, ὕστερον δὲ μεταμεληθεὶς ἀπῆλθεν εἰς τὸν ἀμπελῶνα ... ἑτέρῳ ... ἐγώ, κύριε, ὑπάγω, καὶ οὐκ ἀπῆλθεν. ... ὁ ἔσχατος 05 lat^vl-pt, vg (sy^c, s) // ἐγώ, κύριε, καὶ οὐκ ἀπῆλθεν. ... δευτέρῳ ... οὐ θέλω· ὕστερον μεταμεληθεὶς ἀπῆλθεν. ... ὁ ὕστερος 03 (cpa^pt) (co^bo) eth^ms // ὑπάγω, καὶ οὐκ ἀπῆλθεν. ... ἑτέρῳ ... οὐ θέλω, ὕστερον δὲ μεταμεληθεὶς ἀπῆλθεν. ... ὁ ἔσχατος 038 (0233 f¹³ ὑπάγω, κύριε) (700 ὑπάγω, κύριε ... δευτέρῳ) (co^sa-mss)

τως. ὁ δὲ ἀποκριθεὶς εἶπεν· ἐγώ, κύριε, καὶ οὐκ ἀπῆλθεν². **31** τίς ἐκ τῶν δύο ἐποίησεν τὸ θέλημα τοῦ πατρός; λέγουσιν· ὁ πρῶτος². λέγει αὐτοῖς ὁ Ἰησοῦς· ἀμὴν λέγω ὑμῖν ὅτι οἱ τελῶναι καὶ αἱ πόρναι προάγουσιν ὑμᾶς εἰς τὴν βασιλείαν τοῦ θεοῦ. **32** ἦλθεν γὰρ Ἰωάννης πρὸς ὑμᾶς ἐν ὁδῷ δικαιοσύνης, καὶ οὐκ ἐπιστεύσατε αὐτῷ, οἱ δὲ τελῶναι καὶ αἱ πόρναι ἐπίστευσαν αὐτῷ· ὑμεῖς δὲ ἰδόντες οὐδὲ μετεμελήθητε ὕστερον τοῦ πιστεῦσαι αὐτῷ.

The Parable of the Vineyard and the Tenants (Mk 12.1-12; Lk 20.9-19)

33 Ἄλλην παραβολὴν ἀκούσατε. ἄνθρωπος ἦν οἰκοδεσπότης ὅστις ἐφύτευσεν ἀμπελῶνα καὶ φραγμὸν αὐτῷ περιέθηκεν καὶ ὤρυξεν ἐν αὐτῷ ληνὸν καὶ ᾠκοδόμησεν πύργον καὶ ἐξέδετο αὐτὸν γεωργοῖς καὶ ἀπεδήμησεν. **34** ὅτε δὲ ἤγγισεν ὁ καιρὸς τῶν καρπῶν, ἀπέστειλεν τοὺς δούλους αὐτοῦ πρὸς τοὺς γεωργοὺς λαβεῖν τοὺς καρποὺς αὐτοῦ. **35** καὶ λαβόντες οἱ γεωργοὶ τοὺς δούλους αὐτοῦ ὃν μὲν ἔδειραν, ὃν δὲ ἀπέκτειναν, ὃν δὲ ἐλιθοβόλησαν. **36** πάλιν ἀπέστειλεν ἄλλους δούλους πλείονας τῶν πρώτων, καὶ ἐποίησαν αὐτοῖς ὡσαύτως. **37** ὕστερον δὲ ἀπέστειλεν πρὸς αὐτοὺς τὸν υἱὸν αὐτοῦ λέγων· ἐντραπήσονται τὸν υἱόν μου. **38** οἱ δὲ γεωργοὶ ἰδόντες τὸν υἱὸν εἶπον ἐν ἑαυτοῖς· οὗτός ἐστιν ὁ κληρονόμος· δεῦτε ἀποκτείνωμεν αὐτὸν καὶ σχῶμεν τὴν κληρονομίαν αὐτοῦ, **39** καὶ λαβόντες αὐτὸν ἐξέβαλον ἔξω τοῦ ἀμπελῶνος καὶ ἀπέκτειναν. **40** ὅταν οὖν ἔλθῃ ὁ κύριος τοῦ ἀμπελῶνος, τί ποιήσει τοῖς γεωργοῖς ἐκείνοις; **41** λέγουσιν αὐτῷ· κακοὺς κακῶς ἀπολέσει αὐτοὺς καὶ τὸν ἀμπελῶνα ἐκδώσεται ἄλλοις γεωργοῖς, οἵτινες ἀποδώσουσιν αὐτῷ τοὺς καρποὺς ἐν τοῖς καιροῖς αὐτῶν.

42 Λέγει αὐτοῖς ὁ Ἰησοῦς· οὐδέποτε ἀνέγνωτε ἐν ταῖς γραφαῖς·

λίθον ὃν ἀπεδοκίμασαν οἱ οἰκοδομοῦντες, Ps 118.22-23
  οὗτος ἐγενήθη εἰς κεφαλὴν γωνίας·
παρὰ κυρίου ἐγένετο αὕτη
  καὶ ἔστιν θαυμαστὴ ἐν ὀφθαλμοῖς ἡμῶν;

43 διὰ τοῦτο λέγω ὑμῖν ὅτι ἀρθήσεται ἀφ᾽ ὑμῶν ἡ βασιλεία τοῦ θεοῦ καὶ δοθήσεται ἔθνει ποιοῦντι τοὺς καρποὺς αὐτῆς.

[**44** καὶ ὁ πεσὼν ἐπὶ τὸν λίθον τοῦτον συνθλασθήσεται· ἐφ' ὃν δ' ἂν πέσῃ λικμήσει αὐτόν.][3]

45 Καὶ ἀκούσαντες οἱ ἀρχιερεῖς καὶ οἱ Φαρισαῖοι τὰς παραβολὰς αὐτοῦ ἔγνωσαν ὅτι περὶ αὐτῶν λέγει· **46** καὶ ζητοῦντες αὐτὸν κρατῆσαι ἐφοβήθησαν τοὺς ὄχλους, ἐπεὶ εἰς προφήτην αὐτὸν εἶχον.

The Parable of the Marriage Feast (Lk 14.15-24)

22 Καὶ ἀποκριθεὶς ὁ Ἰησοῦς πάλιν εἶπεν ἐν παραβολαῖς αὐτοῖς λέγων· **2** ὡμοιώθη ἡ βασιλεία τῶν οὐρανῶν ἀνθρώπῳ βασιλεῖ, ὅστις ἐποίησεν γάμους τῷ υἱῷ αὐτοῦ. **3** καὶ ἀπέστειλεν τοὺς δούλους αὐτοῦ καλέσαι τοὺς κεκλημένους εἰς τοὺς γάμους, καὶ οὐκ ἤθελον ἐλθεῖν. **4** πάλιν ἀπέστειλεν ἄλλους δούλους λέγων· εἴπατε τοῖς κεκλημένοις· ἰδοὺ τὸ ἄριστόν μου ἡτοίμακα, οἱ ταῦροί μου καὶ τὰ σιτιστὰ τεθυμένα καὶ πάντα ἕτοιμα· δεῦτε εἰς τοὺς γάμους. **5** οἱ δὲ ἀμελήσαντες ἀπῆλθον, ὃς μὲν εἰς τὸν ἴδιον ἀγρόν, ὃς δὲ ἐπὶ τὴν ἐμπορίαν αὐτοῦ· **6** οἱ δὲ λοιποὶ κρατήσαντες τοὺς δούλους αὐτοῦ ὕβρισαν καὶ ἀπέκτειναν. **7** ὁ δὲ βασιλεὺς ὠργίσθη καὶ πέμψας τὰ στρατεύματα αὐτοῦ ἀπώλεσεν τοὺς φονεῖς ἐκείνους καὶ τὴν πόλιν αὐτῶν ἐνέπρησεν. **8** τότε λέγει τοῖς δούλοις αὐτοῦ· ὁ μὲν γάμος ἕτοιμός ἐστιν, οἱ δὲ κεκλημένοι οὐκ ἦσαν ἄξιοι· **9** πορεύεσθε οὖν ἐπὶ τὰς διεξόδους τῶν ὁδῶν καὶ ὅσους ἐὰν εὕρητε καλέσατε εἰς τοὺς γάμους. **10** καὶ ἐξελθόντες οἱ δοῦλοι ἐκεῖνοι εἰς τὰς ὁδοὺς συνήγαγον πάντας οὓς εὗρον, πονηρούς τε καὶ ἀγαθούς· καὶ ἐπλήσθη ὁ γάμος ἀνακειμένων. **11** εἰσελθὼν δὲ ὁ βασιλεὺς θεάσασθαι τοὺς ἀνακειμένους εἶδεν ἐκεῖ ἄνθρωπον οὐκ ἐνδεδυμένον ἔνδυμα γάμου, **12** καὶ λέγει αὐτῷ· ἑταῖρε, πῶς εἰσῆλθες ὧδε μὴ ἔχων ἔνδυμα γάμου; ὁ δὲ ἐφιμώθη. **13** τότε ὁ βασιλεὺς εἶπεν τοῖς διακόνοις· δήσαντες αὐτοῦ πόδας καὶ χεῖρας ἐκβάλετε αὐτὸν εἰς τὸ σκότος τὸ ἐξώτερον· ἐκεῖ

---

[3]**44** {C} *include verse 44 (with minor variants; see* Lk 20.18) 01 03 04 019 032 035 037 038 0102 0233 f^1 f^{13} 28 157 180 205 565 579 597 700 892 1006 1010 1071 1241 1243 1292 1342 1424 1505 *Byz* [07 09 011 013 023 042] lat[vl-pt, vg] sy[c, p, h] co eth Chrysostom Cyril // *omit verse 44* 𝔓[104vid] 05 33 lat[vl-pt] sy[s] Irenaeus[lat] Origen? Eusebius[sy]

ἔσται ὁ κλαυθμὸς καὶ ὁ βρυγμὸς τῶν ὀδόντων. **14** πολλοὶ γάρ εἰσιν κλητοί, ὀλίγοι δὲ ἐκλεκτοί.

Paying Taxes to Caesar (Mk 12.13-17; Lk 20.20-26)

15 Τότε πορευθέντες οἱ Φαρισαῖοι συμβούλιον ἔλαβον ὅπως αὐτὸν παγιδεύσωσιν ἐν λόγῳ. **16** καὶ ἀποστέλλουσιν αὐτῷ τοὺς μαθητὰς αὐτῶν μετὰ τῶν Ἡρῳδιανῶν λέγοντες· διδάσκαλε, οἴδαμεν ὅτι ἀληθὴς εἶ καὶ τὴν ὁδὸν τοῦ θεοῦ ἐν ἀληθείᾳ διδάσκεις καὶ οὐ μέλει σοι περὶ οὐδενός· οὐ γὰρ βλέπεις εἰς πρόσωπον ἀνθρώπων, **17** εἰπὲ οὖν ἡμῖν τί σοι δοκεῖ· ἔξεστιν δοῦναι κῆνσον Καίσαρι ἢ οὔ; **18** γνοὺς δὲ ὁ Ἰησοῦς τὴν πονηρίαν αὐτῶν εἶπεν· τί με πειράζετε, ὑποκριταί; **19** ἐπιδείξατέ μοι τὸ νόμισμα τοῦ κήνσου. οἱ δὲ προσήνεγκαν αὐτῷ δηνάριον. **20** καὶ λέγει αὐτοῖς· τίνος ἡ εἰκὼν αὕτη καὶ ἡ ἐπιγραφή; **21** λέγουσιν αὐτῷ· Καίσαρος. τότε λέγει αὐτοῖς· ἀπόδοτε οὖν τὰ Καίσαρος Καίσαρι καὶ τὰ τοῦ θεοῦ τῷ θεῷ. **22** καὶ ἀκούσαντες ἐθαύμασαν, καὶ ἀφέντες αὐτὸν ἀπῆλθαν.

The Question about the Resurrection (Mk 12.18-27; Lk 20.27-40)

23 Ἐν ἐκείνῃ τῇ ἡμέρᾳ προσῆλθον αὐτῷ Σαδδουκαῖοι, λέγοντες[1] μὴ εἶναι ἀνάστασιν, καὶ ἐπηρώτησαν αὐτὸν **24** λέγοντες· διδάσκαλε, Μωϋσῆς εἶπεν· ἐάν τις ἀποθάνῃ μὴ ἔχων τέκνα, ἐπιγαμβρεύσει ὁ ἀδελφὸς αὐτοῦ τὴν γυναῖκα αὐτοῦ καὶ ἀναστήσει σπέρμα τῷ ἀδελφῷ αὐτοῦ. **25** ἦσαν δὲ παρ' ἡμῖν ἑπτὰ ἀδελφοί· καὶ ὁ πρῶτος γήμας ἐτελεύτησεν, καὶ μὴ ἔχων σπέρμα ἀφῆκεν τὴν γυναῖκα αὐτοῦ τῷ ἀδελφῷ αὐτοῦ· **26** ὁμοίως καὶ ὁ δεύτερος καὶ ὁ τρίτος ἕως τῶν ἑπτά. **27** ὕστερον δὲ πάντων ἀπέθανεν ἡ γυνή. **28** ἐν τῇ ἀναστάσει οὖν τίνος τῶν ἑπτὰ ἔσται γυνή; πάντες γὰρ ἔσχον αὐτήν· **29** ἀποκριθεὶς δὲ ὁ Ἰησοῦς εἶπεν αὐτοῖς· πλανᾶσθε μὴ εἰδότες τὰς γραφὰς μηδὲ τὴν δύναμιν τοῦ θεοῦ· **30** ἐν γὰρ τῇ ἀναστάσει

---

[1]**23** {C} Σαδδουκαῖοι, λέγοντες 01* 03 05 032 035 037^vid 0102 0233^vid ƒ¹ 13 28 33 157 180 205 (700 1243 οἱ Σαδδουκαῖοι) 892 1010 1241 1424 1505 *Lect*^pt lat^vl co^mae Origen^lem ∥ Σαδδουκαῖοι οἱ λέγοντες 01² 019 038 0107 565 579 597 1006 1071 1342 *Byz* [07 09 011 013 023 042] *Lect*^pt lat^vg? co^bo eth ∥ οἱ Σαδδουκαῖοι οἱ λέγοντες ƒ¹³ (1292 καὶ οἱ λέγοντες) co^sa

οὔτε γαμοῦσιν οὔτε γαμίζονται, ἀλλ᾽ ὡς ἄγγελοι² ἐν τῷ οὐρανῷ εἰσιν. **31** περὶ δὲ τῆς ἀναστάσεως τῶν νεκρῶν οὐκ ἀνέγνωτε τὸ ῥηθὲν ὑμῖν ὑπὸ τοῦ θεοῦ λέγοντος· **32** *ἐγώ εἰμι ὁ θεὸς Ἀβραὰμ καὶ ὁ θεὸς Ἰσαὰκ καὶ ὁ θεὸς Ἰακώβ*; οὐκ ἔστιν ὁ θεὸς νεκρῶν ἀλλὰ ζώντων. **33** καὶ ἀκούσαντες οἱ ὄχλοι ἐξεπλήσσοντο ἐπὶ τῇ διδαχῇ αὐτοῦ.

Ex 3.6

The Great Commandment (Mk 12.28-34; Lk 10.25-28)

34 Οἱ δὲ Φαρισαῖοι ἀκούσαντες ὅτι ἐφίμωσεν τοὺς Σαδδουκαίους συνήχθησαν ἐπὶ τὸ αὐτό, **35** καὶ ἐπηρώτησεν εἷς ἐξ αὐτῶν [νομικὸς] πειράζων αὐτόν· **36** διδάσκαλε, ποία ἐντολὴ μεγάλη ἐν τῷ νόμῳ; **37** ὁ δὲ ἔφη αὐτῷ· *ἀγαπήσεις κύριον τὸν θεόν σου ἐν ὅλῃ τῇ καρδίᾳ σου καὶ ἐν ὅλῃ τῇ ψυχῇ σου καὶ ἐν ὅλῃ τῇ διανοίᾳ σου*· **38** αὕτη ἐστὶν ἡ μεγάλη καὶ πρώτη ἐντολή. **39** δευτέρα δὲ ὁμοία αὐτῇ· *ἀγαπήσεις τὸν πλησίον σου ὡς σεαυτόν*. **40** ἐν ταύταις ταῖς δυσὶν ἐντολαῖς ὅλος ὁ νόμος κρέμαται καὶ οἱ προφῆται.

Dt 6.5;
Jos 22.5

Lv 19.18

The Question about David's Son (Mk 12.35-37; Lk 20.41-44)

41 Συνηγμένων δὲ τῶν Φαρισαίων ἐπηρώτησεν αὐτοὺς ὁ Ἰησοῦς **42** λέγων· τί ὑμῖν δοκεῖ περὶ τοῦ χριστοῦ; τίνος υἱός ἐστιν; λέγουσιν αὐτῷ· τοῦ Δαυίδ. **43** λέγει αὐτοῖς· πῶς οὖν Δαυὶδ ἐν πνεύματι καλεῖ αὐτὸν κύριον λέγων·

Ps 110.1 **44**   *εἶπεν κύριος τῷ κυρίῳ μου·*
        κάθου ἐκ δεξιῶν μου,
        ἕως ἂν θῶ τοὺς ἐχθρούς σου
        ὑποκάτω τῶν ποδῶν σου;

45 εἰ οὖν Δαυὶδ καλεῖ αὐτὸν κύριον, πῶς υἱὸς αὐτοῦ ἐστιν; **46** καὶ οὐδεὶς ἐδύνατο ἀποκριθῆναι αὐτῷ λόγον οὐδὲ ἐτόλμησέν τις ἀπ᾽ ἐκείνης τῆς ἡμέρας ἐπερωτῆσαι αὐτὸν οὐκέτι.

---

²**30** {C} ἄγγελοι (*see* Mk 12.25) 03 05 0233 205 700 Justin[dub] ∥ οἱ ἄγγελοι 038 *f*¹ co[sa, mae] Origen (ἄγγελοι *or* οἱ ἄγγελοι lat[vl-pt, vg-mss] sy[c] Tertullian) ∥ ἄγγελοι θεοῦ 01 019 042 *f*¹³ 28 33 157 892 1071 1241 1243 1292 1424 *Lect*[pt] Chrysostom Cyril ∥ ἄγγελοι τοῦ θεοῦ 032 037 0102 180 565 579 597 1006 1010 1342 1505 *Byz* [07 09 011 013] *Lect*[pt] Origen[vid] ∥ ἄγγελοι θεοῦ *or* ἄγγελοι τοῦ θεοῦ lat[vl-pt, vg] sy[s, p, h] cpa (co[bo]) eth Origen[lat]

The Denouncing of the Scribes and Pharisees
(Mk 12.38-40; Lk 11.37-52; 20.45-47)

23 Τότε ὁ Ἰησοῦς ἐλάλησεν τοῖς ὄχλοις καὶ τοῖς μαθηταῖς αὐτοῦ **2** λέγων· ἐπὶ τῆς Μωϋσέως καθέδρας ἐκάθισαν οἱ γραμματεῖς καὶ οἱ Φαρισαῖοι. **3** πάντα οὖν ὅσα ἐὰν εἴπωσιν ὑμῖν ποιήσατε καὶ τηρεῖτε, κατὰ δὲ τὰ ἔργα αὐτῶν μὴ ποιεῖτε· λέγουσιν γὰρ καὶ οὐ ποιοῦσιν. **4** δεσμεύουσιν δὲ φορτία βαρέα [καὶ δυσβάστακτα] καὶ ἐπιτιθέασιν ἐπὶ τοὺς ὤμους τῶν ἀνθρώπων, αὐτοὶ δὲ τῷ δακτύλῳ αὐτῶν οὐ θέλουσιν κινῆσαι αὐτά. **5** πάντα δὲ τὰ ἔργα αὐτῶν ποιοῦσιν πρὸς τὸ θεαθῆναι τοῖς ἀνθρώποις· πλατύνουσιν γὰρ τὰ φυλακτήρια αὐτῶν καὶ μεγαλύνουσιν τὰ κράσπεδα, **6** φιλοῦσιν δὲ τὴν πρωτοκλισίαν ἐν τοῖς δείπνοις καὶ τὰς πρωτοκαθεδρίας ἐν ταῖς συναγωγαῖς **7** καὶ τοὺς ἀσπασμοὺς ἐν ταῖς ἀγοραῖς καὶ καλεῖσθαι ὑπὸ τῶν ἀνθρώπων ῥαββί.

8 Ὑμεῖς δὲ μὴ κληθῆτε ῥαββί· εἷς γάρ ἐστιν ὑμῶν ὁ διδάσκαλος[1], πάντες δὲ ὑμεῖς ἀδελφοί ἐστε. **9** καὶ πατέρα μὴ καλέσητε ὑμῶν ἐπὶ τῆς γῆς, εἷς γάρ ἐστιν ὑμῶν ὁ πατὴρ ὁ οὐράνιος. **10** μηδὲ κληθῆτε καθηγηταί, ὅτι καθηγητὴς ὑμῶν ἐστιν εἷς ὁ Χριστός. **11** ὁ δὲ μείζων ὑμῶν ἔσται ὑμῶν διάκονος. **12** ὅστις δὲ ὑψώσει ἑαυτὸν ταπεινωθήσεται καὶ ὅστις ταπεινώσει ἑαυτὸν ὑψωθήσεται.

13 Οὐαὶ δὲ ὑμῖν, γραμματεῖς καὶ Φαρισαῖοι ὑποκριταί, ὅτι κλείετε τὴν βασιλείαν τῶν οὐρανῶν ἔμπροσθεν τῶν ἀνθρώπων· ὑμεῖς γὰρ οὐκ εἰσέρχεσθε οὐδὲ τοὺς εἰσερχομένους ἀφίετε εἰσελθεῖν.

⟦**14** Οὐαὶ δὲ ὑμῖν, γραμματεῖς καὶ Φαρισαῖοι ὑποκριταί, ὅτι κατεσθίετε τὰς οἰκίας τῶν χηρῶν καὶ προφάσει μακρὰ προσευχόμενοι· διὰ τοῦτο λήμψεσθε περισσότερον κρίμα.⟧[2]

---

[1]**8** {B} διδάσκαλος 01²ᵃ 03 33 892* ∥ καθηγητής 01*, ²ᵇ 05 019 (032) 037 038 0102 0107 f^1 f^{13} 565 579 700 892ᶜ 1241 1424 *Byz* [07 09 011 013 023 042]

[2]**14** {B} *no addition* 01 03 05 019 035 038 f^1 33 205 892* latᵛˡ⁻ᵖᵗ, ᵛᵍ syˢ (cpaᵖᵗ) coˢᵃ, ᵇᵒ⁻ᵖᵗ, ᵐᵃᵉ Origenᵍʳ, ˡᵃᵗ Cyril ∥ *add verse 14 here* (*see* Mk 12.40; Lk 20.47) 0233 f^{13} latᵛˡ⁻ᵖᵗ, ᵛᵍ⁻ᵐˢ (syᶜ) (cpaᵖᵗ) coᵇᵒ⁻ᵐˢˢ ∥ *add verse 14 after verse 12* (*with minor variants*) 032 037 0102 0107 28 157 180 565 579 597 700 892ᶜ 1006 1010 1071 1241 1243 1292 1342 1424 1505 *Byz* [07 09 011 013 023 042] latᵛˡ⁻ᵖᵗ syᵖ, ʰ coᵇᵒ⁻ᵖᵗ eth Chrysostom

15 Οὐαὶ ὑμῖν, γραμματεῖς καὶ Φαρισαῖοι ὑποκριταί, ὅτι περιάγετε τὴν θάλασσαν καὶ τὴν ξηρὰν ποιῆσαι ἕνα προσήλυτον, καὶ ὅταν γένηται ποιεῖτε αὐτὸν υἱὸν γεέννης διπλότερον ὑμῶν. **16** Οὐαὶ ὑμῖν, ὁδηγοὶ τυφλοὶ οἱ λέγοντες· ὃς ἂν ὀμόσῃ ἐν τῷ ναῷ, οὐδέν ἐστιν· ὃς δ' ἂν ὀμόσῃ ἐν τῷ χρυσῷ τοῦ ναοῦ, ὀφείλει. **17** μωροὶ καὶ τυφλοί, τίς γὰρ μείζων ἐστίν, ὁ χρυσὸς ἢ ὁ ναὸς ὁ ἁγιάσας τὸν χρυσόν; **18** καί· ὃς ἂν ὀμόσῃ ἐν τῷ θυσιαστηρίῳ, οὐδέν ἐστιν· ὃς δ' ἂν ὀμόσῃ ἐν τῷ δώρῳ τῷ ἐπάνω αὐτοῦ, ὀφείλει. **19** τυφλοί, τί γὰρ μεῖζον, τὸ δῶρον ἢ τὸ θυσιαστήριον τὸ ἁγιάζον τὸ δῶρον; **20** ὁ οὖν ὀμόσας ἐν τῷ θυσιαστηρίῳ ὀμνύει ἐν αὐτῷ καὶ ἐν πᾶσιν τοῖς ἐπάνω αὐτοῦ· **21** καὶ ὁ ὀμόσας ἐν τῷ ναῷ ὀμνύει ἐν αὐτῷ καὶ ἐν τῷ κατοικοῦντι αὐτόν, **22** καὶ ὁ ὀμόσας ἐν τῷ οὐρανῷ ὀμνύει ἐν τῷ θρόνῳ τοῦ θεοῦ καὶ ἐν τῷ καθημένῳ ἐπάνω αὐτοῦ.

23 Οὐαὶ ὑμῖν, γραμματεῖς καὶ Φαρισαῖοι ὑποκριταί, ὅτι ἀποδεκατοῦτε τὸ ἡδύοσμον καὶ τὸ ἄνηθον καὶ τὸ κύμινον καὶ ἀφήκατε τὰ βαρύτερα τοῦ νόμου, τὴν κρίσιν καὶ τὸ ἔλεος καὶ τὴν πίστιν· ταῦτα [δὲ] ἔδει ποιῆσαι κἀκεῖνα μὴ ἀφιέναι. **24** ὁδηγοὶ τυφλοί, οἱ διϋλίζοντες τὸν κώνωπα, τὴν δὲ κάμηλον καταπίνοντες.

25 Οὐαὶ ὑμῖν, γραμματεῖς καὶ Φαρισαῖοι ὑποκριταί, ὅτι καθαρίζετε τὸ ἔξωθεν τοῦ ποτηρίου καὶ τῆς παροψίδος, ἔσωθεν δὲ γέμουσιν ἐξ ἁρπαγῆς καὶ ἀκρασίας[3]. **26** Φαρισαῖε τυφλέ, καθάρισον πρῶτον τὸ ἐντὸς τοῦ ποτηρίου, ἵνα γένηται καὶ τὸ ἐκτὸς αὐτοῦ[4] καθαρόν.

---

[3]**25** {A} ἀκρασίας 01 03 05 019 037 038 0102 f^1 f^{13} 33 205 565 892 1010 1241 1243 1424 TR lat^{vl-pt} Origen^{lat} Basil // ἀδικίας 04 28 157 579 597 700 1006 1071 1292 1342 1505 Byz [07 09 011 013] sy^p Chrysostom // ἀκρασίας ἀδικίας 032 (sy^h) // ἀκαθαρσίας 023 042 lat^{vl-pt, vg} sy^s cpa Clement // πονηρίας (see Lk 11.39) 180
[4]**26** {D} τοῦ ποτηρίου ... τὸ ἐκτὸς αὐτοῦ 038 f^1 205 700 lat^{vl-pt} sy^s (Irenaeus^{lat}) (Chrysostom^{pt}) // τοῦ ποτηρίου ... τὸ ἔξωθεν αὐτοῦ 05 (lat^{vl-pt} Clement omit αὐτοῦ) // τοῦ ποτηρίου καὶ τῆς παροψίδος ... τὸ ἐκτὸς αὐτοῦ 03* 07* 011 f^{13} 28 157 1424 eth Basil^{pt} (Chrysostom^{pt}) // τοῦ ποτηρίου καὶ τῆς παροψίδος ... τὸ ἐκτὸς αὐτῶν 01² (01* 1243 ἐντός for ἐκτός) 03² 04 019 032 (03* omit τό) 0102 33 180 565 579 597 892 1006 1010 1071 1241 1292 1342 1505 Byz [07^c 09 013 023 042] sy^{p, (h)} cpa co^{sa, bo} Basil^{pt} // τοῦ ποτηρίου καὶ τῆς παροψίδος ... τὸ ἐκτός lat^{vl-pt, vg} co^{mae} Origen^{lat}

27 Οὐαὶ ὑμῖν, γραμματεῖς καὶ Φαρισαῖοι ὑποκριταί, ὅτι παρομοιάζετε τάφοις κεκονιαμένοις, οἵτινες ἔξωθεν μὲν φαίνονται ὡραῖοι, ἔσωθεν δὲ γέμουσιν ὀστέων νεκρῶν καὶ πάσης ἀκαθαρσίας. 28 οὕτως καὶ ὑμεῖς ἔξωθεν μὲν φαίνεσθε τοῖς ἀνθρώποις δίκαιοι, ἔσωθεν δέ ἐστε μεστοὶ ὑποκρίσεως καὶ ἀνομίας.

29 Οὐαὶ ὑμῖν, γραμματεῖς καὶ Φαρισαῖοι ὑποκριταί, ὅτι οἰκοδομεῖτε τοὺς τάφους τῶν προφητῶν καὶ κοσμεῖτε τὰ μνημεῖα τῶν δικαίων, 30 καὶ λέγετε· εἰ ἤμεθα ἐν ταῖς ἡμέραις τῶν πατέρων ἡμῶν, οὐκ ἂν ἤμεθα αὐτῶν κοινωνοὶ ἐν τῷ αἵματι τῶν προφητῶν. 31 ὥστε μαρτυρεῖτε ἑαυτοῖς ὅτι υἱοί ἐστε τῶν φονευσάντων τοὺς προφήτας. 32 καὶ ὑμεῖς πληρώσατε τὸ μέτρον τῶν πατέρων ὑμῶν. 33 ὄφεις, γεννήματα ἐχιδνῶν, πῶς φύγητε ἀπὸ τῆς κρίσεως τῆς γεέννης;

34 Διὰ τοῦτο ἰδοὺ ἐγὼ ἀποστέλλω πρὸς ὑμᾶς προφήτας καὶ σοφοὺς καὶ γραμματεῖς· ἐξ αὐτῶν ἀποκτενεῖτε καὶ σταυρώσετε καὶ ἐξ αὐτῶν μαστιγώσετε ἐν ταῖς συναγωγαῖς ὑμῶν καὶ διώξετε ἀπὸ πόλεως εἰς πόλιν· 35 ὅπως ἔλθῃ ἐφ' ὑμᾶς πᾶν αἷμα δίκαιον ἐκχυννόμενον ἐπὶ τῆς γῆς ἀπὸ τοῦ αἵματος Ἄβελ τοῦ δικαίου ἕως τοῦ αἵματος Ζαχαρίου υἱοῦ Βαραχίου, ὃν ἐφονεύσατε μεταξὺ τοῦ ναοῦ καὶ τοῦ θυσιαστηρίου. 36 ἀμὴν λέγω ὑμῖν, ἥξει ταῦτα πάντα ἐπὶ τὴν γενεὰν ταύτην.

The Lament over Jerusalem (Lk 13.34-35)

37 Ἰερουσαλὴμ Ἰερουσαλήμ, ἡ ἀποκτείνουσα τοὺς προφήτας καὶ λιθοβολοῦσα τοὺς ἀπεσταλμένους πρὸς αὐτήν, ποσάκις ἠθέλησα ἐπισυναγαγεῖν τὰ τέκνα σου, ὃν τρόπον ὄρνις ἐπισυνάγει τὰ νοσσία αὐτῆς ὑπὸ τὰς πτέρυγας, καὶ οὐκ ἠθελήσατε. 38 ἰδοὺ ἀφίεται ὑμῖν ὁ οἶκος ὑμῶν ἔρημος[5]. 39 λέγω γὰρ ὑμῖν, οὐ μή με ἴδητε ἀπ' ἄρτι ἕως ἂν εἴπητε·

εὐλογημένος ὁ ἐρχόμενος ἐν ὀνόματι κυρίου.   Ps 118.26

---

[5]38 {B} ὑμῶν ἔρημος (see Jr 22.5) 01 04 05 032 037 038 0102 f^1 f^{13} (28) 33 157 180 205 565 579 597 700 892 1006 1010 1071 1241 (1243) 1292 1342 1424 1505 Byz [07 09 011 013 042] lat$^{vl\text{-}pt,\,vg}$ sy$^{p,\,h}$ cpa co$^{bo\text{-}pt,\,mae}$ eth Clement Origen$^{gr\text{-}pt,\,lat}$ Eusebius Basil Chrysostom Cyril^{pt} // ὑμῶν (see Lk 13.35) 𝔓^{77vid} 03 019 lat$^{vl\text{-}pt}$ sy^s co$^{sa,\,bo\text{-}pt}$ Origen^{pt} Cyril^{pt}

The Destruction of the Temple Foretold (Mk 13.1-2; Lk 21.5-6)

24 Καὶ ἐξελθὼν ὁ Ἰησοῦς ἀπὸ τοῦ ἱεροῦ ἐπορεύετο, καὶ προσῆλθον οἱ μαθηταὶ αὐτοῦ ἐπιδεῖξαι αὐτῷ τὰς οἰκοδομὰς τοῦ ἱεροῦ. **2** ὁ δὲ ἀποκριθεὶς εἶπεν αὐτοῖς· οὐ βλέπετε ταῦτα πάντα; ἀμὴν λέγω ὑμῖν, οὐ μὴ ἀφεθῇ ὧδε λίθος ἐπὶ λίθον ὃς οὐ καταλυθήσεται.

Signs of the End of the Age (Mk 13.3-13; Lk 21.7-19)

3 Καθημένου δὲ αὐτοῦ ἐπὶ τοῦ ὄρους τῶν ἐλαιῶν προσῆλθον αὐτῷ οἱ μαθηταὶ κατ᾽ ἰδίαν λέγοντες· εἰπὲ ἡμῖν, πότε ταῦτα ἔσται καὶ τί τὸ σημεῖον τῆς σῆς παρουσίας καὶ συντελείας τοῦ αἰῶνος; **4** Καὶ ἀποκριθεὶς ὁ Ἰησοῦς εἶπεν αὐτοῖς· βλέπετε μή τις ὑμᾶς πλανήσῃ· **5** πολλοὶ γὰρ ἐλεύσονται ἐπὶ τῷ ὀνόματί μου λέγοντες· ἐγώ εἰμι ὁ χριστός, καὶ πολλοὺς πλανήσουσιν. **6** μελλήσετε δὲ ἀκούειν πολέμους καὶ ἀκοὰς πολέμων· ὁρᾶτε μὴ θροεῖσθε· δεῖ γὰρ γενέσθαι, ἀλλ᾽ οὔπω ἐστὶν τὸ τέλος. **7** ἐγερθήσεται γὰρ ἔθνος ἐπὶ ἔθνος καὶ βασιλεία ἐπὶ βασιλείαν καὶ ἔσονται λιμοὶ καὶ σεισμοὶ¹ κατὰ τόπους· **8** πάντα δὲ ταῦτα ἀρχὴ ὠδίνων.

9 Τότε παραδώσουσιν ὑμᾶς εἰς θλῖψιν καὶ ἀποκτενοῦσιν ὑμᾶς, καὶ ἔσεσθε μισούμενοι ὑπὸ πάντων τῶν ἐθνῶν διὰ τὸ ὄνομά μου. **10** καὶ τότε σκανδαλισθήσονται πολλοὶ καὶ ἀλλήλους παραδώσουσιν καὶ μισήσουσιν ἀλλήλους· **11** καὶ πολλοὶ ψευδοπροφῆται ἐγερθήσονται καὶ πλανήσουσιν πολλούς· **12** καὶ διὰ τὸ πληθυνθῆναι τὴν ἀνομίαν ψυγήσεται ἡ ἀγάπη τῶν πολλῶν. **13** ὁ δὲ ὑπομείνας εἰς τέλος οὗτος σωθήσεται. **14** καὶ κηρυχθήσεται τοῦτο τὸ εὐαγγέλιον τῆς βασιλείας ἐν ὅλῃ τῇ οἰκουμένῃ εἰς μαρτύριον πᾶσιν τοῖς ἔθνεσιν, καὶ τότε ἥξει τὸ τέλος.

The Great Tribulation (Mk 13.14-23; Lk 21.20-24)

Dn 11.31;
12.11

15 Ὅταν οὖν ἴδητε *τὸ βδέλυγμα τῆς ἐρημώσεως* τὸ ῥηθὲν διὰ Δανιὴλ τοῦ προφήτου ἑστὸς ἐν τόπῳ ἁγίῳ, ὁ ἀναγινώσκων

---

¹**7** {C} λιμοὶ καὶ σεισμοί 03 05 07* 892 lat^(vl-pt) sy^s co^sa Origen^vid ∥ σεισμοὶ καὶ λιμοί 01 ∥ λιμοὶ καὶ λοιμοὶ καὶ σεισμοί 04 037 038 0102 579? 828*? *f*¹ *f*¹³ 28 157 180 205 597 700 828^c 1006 1010 1071 1241 1243 1292 1342 1424 1505 *Byz* [07^c 09 011 013 023 042] lat^(vl-pt) sy^(p, h) co^mae (Hippolytus) Origen^lat ∥ λοιμοὶ καὶ λιμοὶ καὶ σεισμοί 019 032 13 33 579? 828*? lat^(vl-pt, vg) cpa ∥ λιμοὶ καὶ λοιμοί (*see* Lk 21.11) 565

νοείτω, **16** τότε οἱ ἐν τῇ Ἰουδαίᾳ φευγέτωσαν εἰς τὰ ὄρη, **17** ὁ ἐπὶ τοῦ δώματος μὴ καταβάτω ἆραι τὰ ἐκ τῆς οἰκίας αὐτοῦ, **18** καὶ ὁ ἐν τῷ ἀγρῷ μὴ ἐπιστρεψάτω ὀπίσω ἆραι τὸ ἱμάτιον αὐτοῦ. **19** οὐαὶ δὲ ταῖς ἐν γαστρὶ ἐχούσαις καὶ ταῖς θηλαζούσαις ἐν ἐκείναις ταῖς ἡμέραις.
20 Προσεύχεσθε δὲ ἵνα μὴ γένηται ἡ φυγὴ ὑμῶν χειμῶνος μηδὲ σαββάτῳ. **21** ἔσται γὰρ τότε θλῖψις μεγάλη οἵα οὐ γέγονεν ἀπ᾽ ἀρχῆς κόσμου ἕως τοῦ νῦν οὐδ᾽ οὐ μὴ γένηται. **22** καὶ εἰ μὴ ἐκολοβώθησαν αἱ ἡμέραι ἐκεῖναι, οὐκ ἂν ἐσώθη πᾶσα σάρξ· διὰ δὲ τοὺς ἐκλεκτοὺς κολοβωθήσονται αἱ ἡμέραι ἐκεῖναι.

23 Τότε ἐάν τις ὑμῖν εἴπῃ· ἰδοὺ ὧδε ὁ χριστός, ἤ· ὧδε, μὴ πιστεύσητε· **24** ἐγερθήσονται γὰρ ψευδόχριστοι καὶ ψευδοπροφῆται καὶ δώσουσιν σημεῖα μεγάλα καὶ τέρατα ὥστε πλανῆσαι, εἰ δυνατόν, καὶ τοὺς ἐκλεκτούς. **25** ἰδοὺ προείρηκα ὑμῖν. **26** ἐὰν οὖν εἴπωσιν ὑμῖν· ἰδοὺ ἐν τῇ ἐρήμῳ ἐστίν, μὴ ἐξέλθητε· ἰδοὺ ἐν τοῖς ταμείοις, μὴ πιστεύσητε· **27** ὥσπερ γὰρ ἡ ἀστραπὴ ἐξέρχεται ἀπὸ ἀνατολῶν καὶ φαίνεται ἕως δυσμῶν, οὕτως ἔσται ἡ παρουσία τοῦ υἱοῦ τοῦ ἀνθρώπου· **28** ὅπου ἐὰν ᾖ τὸ πτῶμα, ἐκεῖ συναχθήσονται οἱ ἀετοί.

The Coming of the Son of Man (Mk 13.24-27; Lk 21.25-28)

29 Εὐθέως δὲ μετὰ τὴν θλῖψιν τῶν ἡμερῶν ἐκείνων
  ὁ ἥλιος σκοτισθήσεται, Is 13.10
    καὶ ἡ σελήνη οὐ δώσει τὸ φέγγος αὐτῆς,
  καὶ οἱ ἀστέρες πεσοῦνται ἀπὸ τοῦ οὐρανοῦ, Is 34.4 LXX
    καὶ αἱ δυνάμεις τῶν οὐρανῶν σαλευθήσονται.
30 καὶ τότε φανήσεται τὸ σημεῖον τοῦ υἱοῦ τοῦ ἀνθρώπου ἐν οὐρανῷ, καὶ τότε κόψονται πᾶσαι αἱ φυλαὶ τῆς γῆς καὶ ὄψονται *τὸν υἱὸν τοῦ ἀνθρώπου ἐρχόμενον ἐπὶ τῶν νεφελῶν τοῦ οὐρανοῦ* Dn 7.13
μετὰ δυνάμεως καὶ δόξης πολλῆς· **31** καὶ ἀποστελεῖ τοὺς ἀγγέλους αὐτοῦ μετὰ σάλπιγγος μεγάλης, καὶ ἐπισυνάξουσιν τοὺς ἐκλεκτοὺς αὐτοῦ ἐκ τῶν τεσσάρων ἀνέμων ἀπ᾽ ἄκρων οὐρανῶν ἕως [τῶν] ἄκρων αὐτῶν.

The Lesson of the Fig Tree (Mk 13.28-31; Lk 21.29-33)

32 Ἀπὸ δὲ τῆς συκῆς μάθετε τὴν παραβολήν· ὅταν ἤδη ὁ κλάδος αὐτῆς γένηται ἁπαλὸς καὶ τὰ φύλλα ἐκφύῃ, γινώσκετε ὅτι ἐγγὺς τὸ θέρος· **33** οὕτως καὶ ὑμεῖς, ὅταν ἴδητε πάντα ταῦτα, γινώσκετε ὅτι ἐγγύς ἐστιν ἐπὶ θύραις. **34** ἀμὴν λέγω ὑμῖν ὅτι οὐ μὴ παρέλθῃ ἡ γενεὰ αὕτη ἕως ἂν πάντα ταῦτα γένηται. **35** ὁ οὐρανὸς καὶ ἡ γῆ παρελεύσεται, οἱ δὲ λόγοι μου οὐ μὴ παρέλθωσιν.

The Unknown Day and Hour (Mk 13.32-37; Lk 17.26-30, 34-36)

36 Περὶ δὲ τῆς ἡμέρας ἐκείνης καὶ ὥρας οὐδεὶς οἶδεν, οὐδὲ οἱ ἄγγελοι τῶν οὐρανῶν οὐδὲ ὁ υἱός[2], εἰ μὴ ὁ πατὴρ μόνος. **37** Ὥσπερ γὰρ αἱ ἡμέραι τοῦ Νῶε, οὕτως ἔσται ἡ παρουσία τοῦ υἱοῦ τοῦ ἀνθρώπου. **38** ὡς γὰρ ἦσαν ἐν ταῖς ἡμέραις [ἐκείναις] ταῖς πρὸ τοῦ κατακλυσμοῦ τρώγοντες καὶ πίνοντες, γαμοῦντες καὶ γαμίζοντες, ἄχρι ἧς ἡμέρας εἰσῆλθεν Νῶε εἰς τὴν κιβωτόν, **39** καὶ οὐκ ἔγνωσαν ἕως ἦλθεν ὁ κατακλυσμὸς καὶ ἦρεν ἅπαντας, οὕτως ἔσται [καὶ] ἡ παρουσία τοῦ υἱοῦ τοῦ ἀνθρώπου. **40** τότε δύο ἔσονται ἐν τῷ ἀγρῷ, εἷς παραλαμβάνεται καὶ εἷς ἀφίεται· **41** δύο ἀλήθουσαι ἐν τῷ μύλῳ, μία παραλαμβάνεται καὶ μία ἀφίεται.

42 Γρηγορεῖτε οὖν, ὅτι οὐκ οἴδατε ποίᾳ ἡμέρᾳ[3] ὁ κύριος ὑμῶν ἔρχεται. **43** ἐκεῖνο δὲ γινώσκετε ὅτι εἰ ᾔδει ὁ οἰκοδεσπότης ποίᾳ φυλακῇ ὁ κλέπτης ἔρχεται, ἐγρηγόρησεν ἂν καὶ οὐκ ἂν εἴασεν διορυχθῆναι τὴν οἰκίαν αὐτοῦ. **44** διὰ τοῦτο καὶ ὑμεῖς γίνεσθε ἕτοιμοι, ὅτι ᾗ οὐ δοκεῖτε ὥρᾳ ὁ υἱὸς τοῦ ἀνθρώπου ἔρχεται.

---

[2]**36** {B} οὐδὲ ὁ υἱός (see Mk 13.32) 01*, 2b 03 05 038 *f*[13] 28 1505 lat[vl-pt] cpa eth Irenaeus[lat] Origen[lat] Chrysostom Cyril // *omit* 01[2a] 019 032 037 *f*[1] 33 157 180 205 565 579 597 700 892 1006 1010 1071 1241 1243 1292 1342 1424 *Byz* [07 09 011 013 042] lat[vl-pt, vg] sy co

[3]**42** {B} ἡμέρᾳ 01 03 04 05 032 037 038 042 067 *f*[13] 1 33 157 892 1424 lat[vl-pt] sy[h] cpa co[sa-mss, bo-pt] Irenaeus[lat] Cyril-Jerusalem // ὥρᾳ (see 24.44) 019 28 180 205 565 579 597 700 828[c] 1006 1010 1071 1241 1243 1292 1342 1505 *Byz* [07 09 011 013] lat[vl-pt, vg] sy[s, p] co[sa-ms, bo-pt] eth Origen[lat] Athanasius Chrysostom Cyril // ἡμέρᾳ ἢ ὥρᾳ (see 25.13) lat[vl-pt] Hippolytus Basil

Watchful Slaves (Lk 12.41-48)

45 Τίς ἄρα ἐστὶν ὁ πιστὸς δοῦλος καὶ φρόνιμος ὃν κατέστησεν ὁ κύριος ἐπὶ τῆς οἰκετείας αὐτοῦ τοῦ δοῦναι αὐτοῖς τὴν τροφὴν ἐν καιρῷ; **46** μακάριος ὁ δοῦλος ἐκεῖνος ὃν ἐλθὼν ὁ κύριος αὐτοῦ εὑρήσει οὕτως ποιοῦντα· **47** ἀμὴν λέγω ὑμῖν ὅτι ἐπὶ πᾶσιν τοῖς ὑπάρχουσιν αὐτοῦ καταστήσει αὐτόν. **48** ἐὰν δὲ εἴπῃ ὁ κακὸς δοῦλος ἐκεῖνος ἐν τῇ καρδίᾳ αὐτοῦ· χρονίζει μου ὁ κύριος, **49** καὶ ἄρξηται τύπτειν τοὺς συνδούλους αὐτοῦ, ἐσθίῃ δὲ καὶ πίνῃ μετὰ τῶν μεθυόντων, **50** ἥξει ὁ κύριος τοῦ δούλου ἐκείνου ἐν ἡμέρᾳ ᾗ οὐ προσδοκᾷ καὶ ἐν ὥρᾳ ᾗ οὐ γινώσκει, **51** καὶ διχοτομήσει αὐτὸν καὶ τὸ μέρος αὐτοῦ μετὰ τῶν ὑποκριτῶν θήσει· ἐκεῖ ἔσται ὁ κλαυθμὸς καὶ ὁ βρυγμὸς τῶν ὀδόντων.

The Parable of the Ten Virgins

25 Τότε ὁμοιωθήσεται ἡ βασιλεία τῶν οὐρανῶν δέκα παρθένοις, αἵτινες λαβοῦσαι τὰς λαμπάδας ἑαυτῶν ἐξῆλθον εἰς ὑπάντησιν τοῦ νυμφίου[1]. **2** πέντε δὲ ἐξ αὐτῶν ἦσαν μωραὶ καὶ πέντε φρόνιμοι. **3** αἱ γὰρ μωραὶ λαβοῦσαι τὰς λαμπάδας αὐτῶν οὐκ ἔλαβον μεθ᾿ ἑαυτῶν ἔλαιον. **4** αἱ δὲ φρόνιμοι ἔλαβον ἔλαιον ἐν τοῖς ἀγγείοις μετὰ τῶν λαμπάδων ἑαυτῶν. **5** χρονίζοντος δὲ τοῦ νυμφίου ἐνύσταξαν πᾶσαι καὶ ἐκάθευδον. **6** μέσης δὲ νυκτὸς κραυγὴ γέγονεν· ἰδοὺ ὁ νυμφίος, ἐξέρχεσθε εἰς ἀπάντησιν [αὐτοῦ]. **7** τότε ἠγέρθησαν πᾶσαι αἱ παρθένοι ἐκεῖναι καὶ ἐκόσμησαν τὰς λαμπάδας ἑαυτῶν. **8** αἱ δὲ μωραὶ ταῖς φρονίμοις εἶπαν· δότε ἡμῖν ἐκ τοῦ ἐλαίου ὑμῶν, ὅτι αἱ λαμπάδες ἡμῶν σβέννυνται. **9** ἀπεκρίθησαν δὲ αἱ φρόνιμοι λέγουσαι· μήποτε οὐ μὴ ἀρκέσῃ ἡμῖν καὶ ὑμῖν· πορεύεσθε μᾶλλον πρὸς τοὺς πωλοῦντας καὶ ἀγοράσατε ἑαυταῖς. **10** ἀπερχομένων δὲ αὐτῶν ἀγοράσαι ἦλθεν ὁ νυμφίος, καὶ αἱ ἕτοιμοι εἰσῆλθον μετ᾿ αὐτοῦ εἰς τοὺς γάμους καὶ ἐκλείσθη ἡ θύρα. **11** ὕστερον δὲ ἔρχονται καὶ αἱ λοιπαὶ παρθένοι λέγουσαι· κύριε

---

[1]**1** {B} τοῦ νυμφίου 01 03 019 032 035 037 0249 f^{13} 28 33 180 205 565 579 597 700 892ᶜ 1006 1010 1071 1241 1243 1292 1342 1424 1505 *Byz* [07 011 013] cpa coˢᵃ, ᵇᵒ eth Basil Chrysostomˡᵉᵐ ∥ τῷ νυμφίῳ 04 157 892* ∥ τοῦ νυμφίου καὶ τῆς νύμφης 05 038 042 f^1 lat syˢ, ᵖ, ʰ ʷⁱᵗʰ * coᵐᵃᵉ Origenˡᵃᵗ

κύριε, ἄνοιξον ἡμῖν. **12** ὁ δὲ ἀποκριθεὶς εἶπεν· ἀμὴν λέγω ὑμῖν, οὐκ οἶδα ὑμᾶς. **13** γρηγορεῖτε οὖν, ὅτι οὐκ οἴδατε τὴν ἡμέραν οὐδὲ τὴν ὥραν².

The Parable of the Talents (Lk 19.11-27)

14 Ὥσπερ γὰρ ἄνθρωπος ἀποδημῶν ἐκάλεσεν τοὺς ἰδίους δούλους καὶ παρέδωκεν αὐτοῖς τὰ ὑπάρχοντα αὐτοῦ, **15** καὶ ᾧ μὲν ἔδωκεν πέντε τάλαντα, ᾧ δὲ δύο, ᾧ δὲ ἕν, ἑκάστῳ κατὰ τὴν ἰδίαν δύναμιν, καὶ ἀπεδήμησεν. εὐθέως **16** πορευθεὶς³ ὁ τὰ πέντε τάλαντα λαβὼν ἠργάσατο ἐν αὐτοῖς καὶ ἐκέρδησεν ἄλλα πέντε· **17** ὡσαύτως ὁ τὰ δύο ἐκέρδησεν ἄλλα δύο. **18** ὁ δὲ τὸ ἓν λαβὼν ἀπελθὼν ὤρυξεν γῆν καὶ ἔκρυψεν τὸ ἀργύριον τοῦ κυρίου αὐτοῦ. **19** μετὰ δὲ πολὺν χρόνον ἔρχεται ὁ κύριος τῶν δούλων ἐκείνων καὶ συναίρει λόγον μετ' αὐτῶν. **20** καὶ προσελθὼν ὁ τὰ πέντε τάλαντα λαβὼν προσήνεγκεν ἄλλα πέντε τάλαντα λέγων· κύριε, πέντε τάλαντά μοι παρέδωκας· ἴδε ἄλλα πέντε τάλαντα ἐκέρδησα. **21** ἔφη αὐτῷ ὁ κύριος αὐτοῦ· εὖ, δοῦλε ἀγαθὲ καὶ πιστέ, ἐπὶ ὀλίγα ἦς πιστός, ἐπὶ πολλῶν σε καταστήσω· εἴσελθε εἰς τὴν χαρὰν τοῦ κυρίου σου. **22** προσελθὼν [δὲ] καὶ ὁ τὰ δύο τάλαντα εἶπεν· κύριε, δύο τάλαντά μοι παρέδωκας· ἴδε ἄλλα δύο τάλαντα ἐκέρδησα. **23** ἔφη αὐτῷ ὁ κύριος αὐτοῦ· εὖ, δοῦλε ἀγαθὲ καὶ πιστέ, ἐπὶ ὀλίγα ἦς πιστός, ἐπὶ πολλῶν σε καταστήσω· εἴσελθε εἰς τὴν χαρὰν τοῦ κυρίου σου. **24** προσελθὼν δὲ καὶ ὁ τὸ ἓν τάλαντον εἰληφὼς εἶπεν· κύριε, ἔγνων σε ὅτι σκληρὸς εἶ ἄνθρωπος, θερίζων ὅπου οὐκ ἔσπειρας καὶ συνάγων ὅθεν οὐ διεσκόρπισας, **25** καὶ φοβηθεὶς ἀπελθὼν ἔκρυψα τὸ τάλαντόν σου ἐν

---

²**13** {A} ὥραν 𝔓³⁵ 01 02 03 04* 05 019 032 037 038 042 *f*¹ 33 157* 205 565 597* 892 1424* lat sy cpa^pt co eth^pp Origen^lat Athanasius Chrysostom ∥ ὥραν ἐν ᾗ ὁ υἱὸς τοῦ ἀνθρώπου ἔρχεται (*see* 24.44) 04³ *f*¹³ 1^c 28 157^c 180 579 597^c 700 1006 1010 1071 1241 1243 1292 1342 1424^c 1505 *Byz* [07 09 011 013] cpa^pt eth^TH

³**15-16** {B} ἀπεδήμησεν εὐθέως πορευθείς 01* 03 lat^vl-pt Origen^lat ∥ ἀπεδήμησεν. εὐθέως δὲ πορευθείς 038 *f*¹ 205 700 lat^vl-pt cpa eth^(ro), ms ∥ ἀπεδήμησεν εὐθέως. πορευθεὶς δέ 01² 02 04 05 019 032 037 *f*¹³ 28 33 157 180 565 579 597 892 1006 1010 1071 1241 1243 1292 1342 1424 1505 *Byz* [07 09 011 013 042] lat^vl-pt, vg sy^p, h eth^pp, TH Basil

τῇ γῇ· ἴδε ἔχεις τὸ σόν. **26** ἀποκριθεὶς δὲ ὁ κύριος αὐτοῦ εἶπεν αὐτῷ· πονηρὲ δοῦλε καὶ ὀκνηρέ, ᾔδεις ὅτι θερίζω ὅπου οὐκ ἔσπειρα καὶ συνάγω ὅθεν οὐ διεσκόρπισα; **27** ἔδει σε οὖν βαλεῖν τὰ ἀργύριά μου τοῖς τραπεζίταις, καὶ ἐλθὼν ἐγὼ ἐκομισάμην ἂν τὸ ἐμὸν σὺν τόκῳ. **28** ἄρατε οὖν ἀπ᾽ αὐτοῦ τὸ τάλαντον καὶ δότε τῷ ἔχοντι τὰ δέκα τάλαντα· **29** τῷ γὰρ ἔχοντι παντὶ δοθήσεται καὶ περισσευθήσεται, τοῦ δὲ μὴ ἔχοντος καὶ ὃ ἔχει ἀρθήσεται ἀπ᾽ αὐτοῦ. **30** καὶ τὸν ἀχρεῖον δοῦλον ἐκβάλετε εἰς τὸ σκότος τὸ ἐξώτερον· ἐκεῖ ἔσται ὁ κλαυθμὸς καὶ ὁ βρυγμὸς τῶν ὀδόντων.

The Judgment of the Nations

31 Ὅταν δὲ ἔλθῃ ὁ υἱὸς τοῦ ἀνθρώπου ἐν τῇ δόξῃ αὐτοῦ καὶ πάντες οἱ ἄγγελοι μετ᾽ αὐτοῦ, τότε καθίσει ἐπὶ θρόνου δόξης αὐτοῦ· **32** καὶ συναχθήσονται ἔμπροσθεν αὐτοῦ πάντα τὰ ἔθνη, καὶ ἀφορίσει αὐτοὺς ἀπ᾽ ἀλλήλων, ὥσπερ ὁ ποιμὴν ἀφορίζει τὰ πρόβατα ἀπὸ τῶν ἐρίφων, **33** καὶ στήσει τὰ μὲν πρόβατα ἐκ δεξιῶν αὐτοῦ, τὰ δὲ ἐρίφια ἐξ εὐωνύμων. **34** τότε ἐρεῖ ὁ βασιλεὺς τοῖς ἐκ δεξιῶν αὐτοῦ· δεῦτε οἱ εὐλογημένοι τοῦ πατρός μου, κληρονομήσατε τὴν ἡτοιμασμένην ὑμῖν βασιλείαν ἀπὸ καταβολῆς κόσμου. **35** ἐπείνασα γὰρ καὶ ἐδώκατέ μοι φαγεῖν, ἐδίψησα καὶ ἐποτίσατέ με, ξένος ἤμην καὶ συνηγάγετέ με, **36** γυμνὸς καὶ περιεβάλετέ με, ἠσθένησα καὶ ἐπεσκέψασθέ με, ἐν φυλακῇ ἤμην καὶ ἤλθατε πρός με. **37** τότε ἀποκριθήσονται αὐτῷ οἱ δίκαιοι λέγοντες· κύριε, πότε σε εἴδομεν πεινῶντα καὶ ἐθρέψαμεν, ἢ διψῶντα καὶ ἐποτίσαμεν; **38** πότε δέ σε εἴδομεν ξένον καὶ συνηγάγομεν, ἢ γυμνὸν καὶ περιεβάλομεν; **39** πότε δέ σε εἴδομεν ἀσθενοῦντα ἢ ἐν φυλακῇ καὶ ἤλθομεν πρός σε; **40** καὶ ἀποκριθεὶς ὁ βασιλεὺς ἐρεῖ αὐτοῖς· ἀμὴν λέγω ὑμῖν, ἐφ᾽ ὅσον ἐποιήσατε ἑνὶ τούτων τῶν ἀδελφῶν μου τῶν ἐλαχίστων, ἐμοὶ ἐποιήσατε. **41** τότε ἐρεῖ καὶ τοῖς ἐξ εὐωνύμων· πορεύεσθε ἀπ᾽ ἐμοῦ [οἱ] κατηραμένοι εἰς τὸ πῦρ τὸ αἰώνιον τὸ ἡτοιμασμένον τῷ διαβόλῳ καὶ τοῖς ἀγγέλοις αὐτοῦ. **42** ἐπείνασα γὰρ καὶ οὐκ ἐδώκατέ μοι φαγεῖν, ἐδίψησα καὶ οὐκ ἐποτίσατέ με, **43** ξένος ἤμην καὶ οὐ συνηγάγετέ με, γυμνὸς καὶ οὐ περιεβάλετέ με, ἀσθενὴς καὶ ἐν φυλακῇ καὶ οὐκ ἐπεσκέψασθέ με. **44** τότε ἀποκριθήσονται καὶ αὐτοὶ λέγοντες· κύριε, πότε σε εἴδομεν πεινῶντα ἢ διψῶντα ἢ ξένον ἢ γυμνὸν ἢ ἀσθενῆ ἢ ἐν φυλακῇ καὶ οὐ διηκονήσαμέν σοι; **45** τότε ἀποκριθήσεται αὐτοῖς λέγων· ἀμὴν λέγω ὑμῖν, ἐφ᾽ ὅσον οὐκ ἐποιήσατε ἑνὶ τούτων τῶν ἐλαχίστων, οὐδὲ ἐμοὶ ἐποιήσατε. **46** καὶ ἀπελεύσονται οὗτοι εἰς κόλασιν αἰώνιον, οἱ δὲ δίκαιοι εἰς ζωὴν αἰώνιον.

The Plot to Kill Jesus (Mk 14.1-2; Lk 22.1-2; Jn 11.45-53)

26 Καὶ ἐγένετο ὅτε ἐτέλεσεν ὁ Ἰησοῦς πάντας τοὺς λόγους τούτους, εἶπεν τοῖς μαθηταῖς αὐτοῦ· **2** οἴδατε ὅτι μετὰ δύο ἡμέρας τὸ πάσχα γίνεται, καὶ ὁ υἱὸς τοῦ ἀνθρώπου παραδίδοται εἰς τὸ σταυρωθῆναι.

3 Τότε συνήχθησαν οἱ ἀρχιερεῖς καὶ οἱ πρεσβύτεροι τοῦ λαοῦ εἰς τὴν αὐλὴν τοῦ ἀρχιερέως τοῦ λεγομένου Καϊάφα **4** καὶ συνεβουλεύσαντο ἵνα τὸν Ἰησοῦν δόλῳ κρατήσωσιν καὶ ἀποκτείνωσιν· **5** ἔλεγον δέ· μὴ ἐν τῇ ἑορτῇ, ἵνα μὴ θόρυβος γένηται ἐν τῷ λαῷ.

The Anointing at Bethany (Mk 14.3-9; Jn 12.1-8)

6 Τοῦ δὲ Ἰησοῦ γενομένου ἐν Βηθανίᾳ ἐν οἰκίᾳ Σίμωνος τοῦ λεπροῦ, **7** προσῆλθεν αὐτῷ γυνὴ ἔχουσα ἀλάβαστρον μύρου βαρυτίμου καὶ κατέχεεν ἐπὶ τῆς κεφαλῆς αὐτοῦ ἀνακειμένου. **8** ἰδόντες δὲ οἱ μαθηταὶ ἠγανάκτησαν λέγοντες· εἰς τί ἡ ἀπώλεια αὕτη; **9** ἐδύνατο γὰρ τοῦτο πραθῆναι πολλοῦ καὶ δοθῆναι πτωχοῖς. **10** γνοὺς δὲ ὁ Ἰησοῦς εἶπεν αὐτοῖς· τί κόπους παρέχετε τῇ γυναικί; ἔργον γὰρ καλὸν ἠργάσατο εἰς ἐμέ· **11** πάντοτε γὰρ τοὺς πτωχοὺς ἔχετε μεθ᾽ ἑαυτῶν, ἐμὲ δὲ οὐ πάντοτε ἔχετε· **12** βαλοῦσα γὰρ αὕτη τὸ μύρον τοῦτο ἐπὶ τοῦ σώματός μου πρὸς τὸ ἐνταφιάσαι με ἐποίησεν. **13** ἀμὴν λέγω ὑμῖν, ὅπου ἐὰν κηρυχθῇ τὸ εὐαγγέλιον τοῦτο ἐν ὅλῳ τῷ κόσμῳ, λαληθήσεται καὶ ὃ ἐποίησεν αὕτη εἰς μνημόσυνον αὐτῆς.

Judas' Agreement to Betray Jesus (Mk 14.10-11; Lk 22.3-6)

14 Τότε πορευθεὶς εἷς τῶν δώδεκα, ὁ λεγόμενος Ἰούδας Ἰσκαριώτης, πρὸς τοὺς ἀρχιερεῖς **15** εἶπεν· τί θέλετέ μοι δοῦναι, κἀγὼ ὑμῖν παραδώσω αὐτόν; οἱ δὲ ἔστησαν αὐτῷ τριάκοντα ἀργύρια. **16** καὶ ἀπὸ τότε ἐζήτει εὐκαιρίαν ἵνα αὐτὸν παραδῷ.

The Passover with the Disciples
(Mk 14.12-21; Lk 22.7-14, 21-23; Jn 13.21-30)

17 Τῇ δὲ πρώτῃ τῶν ἀζύμων προσῆλθον οἱ μαθηταὶ τῷ Ἰησοῦ λέγοντες· ποῦ θέλεις ἑτοιμάσωμέν σοι φαγεῖν τὸ πάσχα; **18** ὁ δὲ εἶπεν· ὑπάγετε εἰς τὴν πόλιν πρὸς τὸν δεῖνα καὶ εἴπατε αὐτῷ· ὁ διδάσκαλος λέγει· ὁ καιρός μου ἐγγύς ἐστιν, πρὸς σὲ ποιῶ τὸ πάσχα μετὰ τῶν μαθητῶν μου. **19** καὶ ἐποίησαν οἱ μαθηταὶ ὡς συνέταξεν αὐτοῖς ὁ Ἰησοῦς καὶ ἡτοίμασαν τὸ πάσχα.

20 Ὀψίας δὲ γενομένης ἀνέκειτο μετὰ τῶν δώδεκα. **21** καὶ ἐσθιόντων αὐτῶν εἶπεν· ἀμὴν λέγω ὑμῖν ὅτι εἷς ἐξ ὑμῶν παραδώσει με. **22** καὶ λυπούμενοι σφόδρα ἤρξαντο λέγειν αὐτῷ εἷς ἕκαστος· μήτι ἐγώ εἰμι, κύριε; **23** ὁ δὲ ἀποκριθεὶς εἶπεν· ὁ ἐμβάψας μετ' ἐμοῦ τὴν χεῖρα ἐν τῷ τρυβλίῳ οὗτός με παραδώσει. **24** ὁ μὲν υἱὸς τοῦ ἀνθρώπου ὑπάγει καθὼς γέγραπται περὶ αὐτοῦ, οὐαὶ δὲ τῷ ἀνθρώπῳ ἐκείνῳ δι' οὗ ὁ υἱὸς τοῦ ἀνθρώπου παραδίδοται· καλὸν ἦν αὐτῷ εἰ οὐκ ἐγεννήθη ὁ ἄνθρωπος ἐκεῖνος. **25** ἀποκριθεὶς δὲ Ἰούδας ὁ παραδιδοὺς αὐτὸν εἶπεν· μήτι ἐγώ εἰμι, ῥαββί; λέγει αὐτῷ· σὺ εἶπας.

The Institution of the Lord's Supper
(Mk 14.22-26; Lk 22.15-20; 1 Cor 11.23-25)

26 Ἐσθιόντων δὲ αὐτῶν λαβὼν ὁ Ἰησοῦς ἄρτον καὶ εὐλογήσας ἔκλασεν καὶ δοὺς τοῖς μαθηταῖς εἶπεν· λάβετε φάγετε, τοῦτό ἐστιν τὸ σῶμά μου. **27** καὶ λαβὼν ποτήριον[1] καὶ εὐχαριστήσας ἔδωκεν αὐτοῖς λέγων· πίετε ἐξ αὐτοῦ πάντες, **28** τοῦτο γὰρ

---

[1] **27** {B} ποτήριον (see Mk 14.23) 01 03 019 032 035 037 038 0298 f^1 13 28 33 205 579 700 892 1006 1424 Byz^{pt} [07 09 011 042] Lect^{pt} co Origen Chrysostom^{lem} ∥ τὸ ποτήριον 𝔓^{37vid} 𝔓^{45} 02 04 05 f^{13} 157 180 565 597 (1010) 1071 1241 1243 1292 1342 1505 Byz^{pt} [013] TR Lect^{pt} Cyril^{vid}

ἐστιν τὸ αἷμά μου τῆς διαθήκης[2] τὸ περὶ πολλῶν ἐκχυννόμενον εἰς ἄφεσιν ἁμαρτιῶν. **29** λέγω δὲ ὑμῖν, οὐ μὴ πίω ἀπ᾽ ἄρτι ἐκ τούτου τοῦ γενήματος τῆς ἀμπέλου ἕως τῆς ἡμέρας ἐκείνης ὅταν αὐτὸ πίνω μεθ᾽ ὑμῶν καινὸν ἐν τῇ βασιλείᾳ τοῦ πατρός μου. **30** καὶ ὑμνήσαντες ἐξῆλθον εἰς τὸ ὄρος τῶν ἐλαιῶν.

Peter's Denial Foretold (Mk 14.27-31; Lk 22.31-34; Jn 13.36-38)

31 Τότε λέγει αὐτοῖς ὁ Ἰησοῦς· πάντες ὑμεῖς σκανδαλισθήσεσθε ἐν ἐμοὶ ἐν τῇ νυκτὶ ταύτῃ, γέγραπται γάρ·

Zch 13.7   *πατάξω τὸν ποιμένα,*

    καὶ διασκορπισθήσονται τὰ πρόβατα τῆς ποίμνης.

32 μετὰ δὲ τὸ ἐγερθῆναί με προάξω ὑμᾶς εἰς τὴν Γαλιλαίαν. **33** ἀποκριθεὶς δὲ ὁ Πέτρος εἶπεν αὐτῷ· εἰ πάντες σκανδαλισθήσονται ἐν σοί, ἐγὼ οὐδέποτε σκανδαλισθήσομαι. **34** ἔφη αὐτῷ ὁ Ἰησοῦς· ἀμὴν λέγω σοι ὅτι ἐν ταύτῃ τῇ νυκτὶ πρὶν ἀλέκτορα φωνῆσαι τρὶς ἀπαρνήσῃ με. **35** λέγει αὐτῷ ὁ Πέτρος· κἂν δέῃ με σὺν σοὶ ἀποθανεῖν, οὐ μή σε ἀπαρνήσομαι. ὁμοίως καὶ πάντες οἱ μαθηταὶ εἶπαν.

The Prayer in Gethsemane (Mk 14.32-42; Lk 22.39-46)

36 Τότε ἔρχεται μετ᾽ αὐτῶν ὁ Ἰησοῦς εἰς χωρίον λεγόμενον Γεθσημανὶ καὶ λέγει τοῖς μαθηταῖς· καθίσατε αὐτοῦ ἕως [οὗ] ἀπελθὼν ἐκεῖ προσεύξωμαι. **37** καὶ παραλαβὼν τὸν Πέτρον καὶ τοὺς δύο υἱοὺς Ζεβεδαίου ἤρξατο λυπεῖσθαι καὶ ἀδημονεῖν. **38** τότε λέγει αὐτοῖς· περίλυπός ἐστιν ἡ ψυχή μου ἕως θανάτου· μείνατε ὧδε καὶ γρηγορεῖτε μετ᾽ ἐμοῦ. **39** καὶ προελθὼν μικρὸν ἔπεσεν ἐπὶ πρόσωπον αὐτοῦ προσευχόμενος καὶ λέγων· πάτερ μου, εἰ δυνατόν ἐστιν, παρελθάτω ἀπ᾽ ἐμοῦ τὸ ποτήριον τοῦτο· πλὴν οὐχ ὡς ἐγὼ θέλω ἀλλ᾽ ὡς σύ. **40** καὶ ἔρχεται πρὸς τοὺς μαθητὰς καὶ εὑρίσκει αὐτοὺς καθεύδοντας,

---

[2] **28** {B} διαθήκης (see Mk 14.24) $\mathfrak{P}^{37}$ 01 03 019 035 038 0298^{vid} 33 co$^{bo-ms, mae}$ Irenaeus^{arm} Cyril // καινῆς διαθήκης (see Lk 22.20; 1 Cor 11.25) 02 04 05 032 037 f^1 f^{13} 28 157 180 205 565 579 597 700 892 1006 1010 1071 1241 1243 1292 1342 1424 1505 Byz [07 09 011 013 042] lat sy cpa co$^{sa, bo}$ eth Irenaeus^{lat} Origen^{lat} Chrysostom^{lem}

καὶ λέγει τῷ Πέτρῳ· οὕτως οὐκ ἰσχύσατε μίαν ὥραν γρηγορῆσαι μετ' ἐμοῦ; **41** γρηγορεῖτε καὶ προσεύχεσθε, ἵνα μὴ εἰσέλθητε εἰς πειρασμόν· τὸ μὲν πνεῦμα πρόθυμον ἡ δὲ σὰρξ ἀσθενής. **42** πάλιν ἐκ δευτέρου ἀπελθὼν προσηύξατο λέγων· πάτερ μου, εἰ οὐ δύναται τοῦτο παρελθεῖν ἐὰν μὴ αὐτὸ πίω, γενηθήτω τὸ θέλημά σου. **43** καὶ ἐλθὼν πάλιν εὗρεν αὐτοὺς καθεύδοντας, ἦσαν γὰρ αὐτῶν οἱ ὀφθαλμοὶ βεβαρημένοι. **44** καὶ ἀφεὶς αὐτοὺς πάλιν ἀπελθὼν προσηύξατο ἐκ τρίτου τὸν αὐτὸν λόγον εἰπὼν πάλιν. **45** τότε ἔρχεται πρὸς τοὺς μαθητὰς καὶ λέγει αὐτοῖς· καθεύδετε [τὸ] λοιπὸν καὶ ἀναπαύεσθε· ἰδοὺ ἤγγικεν ἡ ὥρα καὶ ὁ υἱὸς τοῦ ἀνθρώπου παραδίδοται εἰς χεῖρας ἁμαρτωλῶν. **46** ἐγείρεσθε ἄγωμεν· ἰδοὺ ἤγγικεν ὁ παραδιδούς με.

The Betrayal and Arrest of Jesus (Mk 14.43-50; Lk 22.47-53; Jn 18.3-12)

47 Καὶ ἔτι αὐτοῦ λαλοῦντος ἰδοὺ Ἰούδας εἷς τῶν δώδεκα ἦλθεν καὶ μετ' αὐτοῦ ὄχλος πολὺς μετὰ μαχαιρῶν καὶ ξύλων ἀπὸ τῶν ἀρχιερέων καὶ πρεσβυτέρων τοῦ λαοῦ. **48** ὁ δὲ παραδιδοὺς αὐτὸν ἔδωκεν αὐτοῖς σημεῖον λέγων· ὃν ἂν φιλήσω αὐτός ἐστιν, κρατήσατε αὐτόν. **49** καὶ εὐθέως προσελθὼν τῷ Ἰησοῦ εἶπεν· χαῖρε, ῥαββί, καὶ κατεφίλησεν αὐτόν. **50** ὁ δὲ Ἰησοῦς εἶπεν αὐτῷ· ἑταῖρε, ἐφ' ὃ πάρει. τότε προσελθόντες ἐπέβαλον τὰς χεῖρας ἐπὶ τὸν Ἰησοῦν καὶ ἐκράτησαν αὐτόν. **51** καὶ ἰδοὺ εἷς τῶν μετὰ Ἰησοῦ ἐκτείνας τὴν χεῖρα ἀπέσπασεν τὴν μάχαιραν αὐτοῦ καὶ πατάξας τὸν δοῦλον τοῦ ἀρχιερέως ἀφεῖλεν αὐτοῦ τὸ ὠτίον. **52** τότε λέγει αὐτῷ ὁ Ἰησοῦς· ἀπόστρεψον τὴν μάχαιράν σου εἰς τὸν τόπον αὐτῆς· πάντες γὰρ οἱ λαβόντες μάχαιραν ἐν μαχαίρῃ ἀπολοῦνται. **53** ἢ δοκεῖς ὅτι οὐ δύναμαι παρακαλέσαι τὸν πατέρα μου, καὶ παραστήσει μοι ἄρτι πλείω δώδεκα λεγιῶνας ἀγγέλων; **54** πῶς οὖν πληρωθῶσιν αἱ γραφαὶ ὅτι οὕτως δεῖ γενέσθαι; **55** ἐν ἐκείνῃ τῇ ὥρᾳ εἶπεν ὁ Ἰησοῦς τοῖς ὄχλοις· ὡς ἐπὶ λῃστὴν ἐξήλθατε μετὰ μαχαιρῶν καὶ ξύλων συλλαβεῖν με; καθ' ἡμέραν ἐν τῷ ἱερῷ ἐκαθεζόμην διδάσκων καὶ οὐκ ἐκρατήσατέ με. **56** τοῦτο δὲ ὅλον γέγονεν ἵνα πληρωθῶσιν αἱ γραφαὶ τῶν προφητῶν. τότε οἱ μαθηταὶ πάντες ἀφέντες αὐτὸν ἔφυγον.

Jesus before the Council
(Mk 14.53-65; Lk 22.54-55, 63-71; Jn 18.13-14, 19-24)

57 Οἱ δὲ κρατήσαντες τὸν Ἰησοῦν ἀπήγαγον πρὸς Καϊάφαν τὸν ἀρχιερέα, ὅπου οἱ γραμματεῖς καὶ οἱ πρεσβύτεροι συνήχθησαν. **58** ὁ δὲ Πέτρος ἠκολούθει αὐτῷ ἀπὸ μακρόθεν ἕως τῆς αὐλῆς τοῦ ἀρχιερέως καὶ εἰσελθὼν ἔσω ἐκάθητο μετὰ τῶν ὑπηρετῶν ἰδεῖν τὸ τέλος.

59 Οἱ δὲ ἀρχιερεῖς καὶ τὸ συνέδριον ὅλον ἐζήτουν ψευδομαρτυρίαν κατὰ τοῦ Ἰησοῦ ὅπως αὐτὸν θανατώσωσιν, **60** καὶ οὐχ εὗρον πολλῶν προσελθόντων ψευδομαρτύρων. ὕστερον δὲ προσελθόντες δύο **61** εἶπαν· οὗτος ἔφη· δύναμαι καταλῦσαι τὸν ναὸν τοῦ θεοῦ καὶ διὰ τριῶν ἡμερῶν οἰκοδομῆσαι. **62** καὶ ἀναστὰς ὁ ἀρχιερεὺς εἶπεν αὐτῷ· οὐδὲν ἀποκρίνῃ τί οὗτοί σου καταμαρτυροῦσιν; **63** ὁ δὲ Ἰησοῦς ἐσιώπα. καὶ ὁ ἀρχιερεὺς εἶπεν αὐτῷ· ἐξορκίζω σε κατὰ τοῦ θεοῦ τοῦ ζῶντος ἵνα ἡμῖν εἴπῃς εἰ σὺ εἶ ὁ χριστὸς ὁ υἱὸς τοῦ θεοῦ. **64** λέγει αὐτῷ ὁ Ἰησοῦς· σὺ εἶπας. πλὴν λέγω ὑμῖν· ἀπ᾽ ἄρτι ὄψεσθε *τὸν υἱὸν τοῦ ἀνθρώπου καθήμενον ἐκ δεξιῶν τῆς δυνάμεως καὶ ἐρχόμενον ἐπὶ τῶν νεφελῶν τοῦ οὐρανοῦ.* **65** τότε ὁ ἀρχιερεὺς διέρρηξεν τὰ ἱμάτια αὐτοῦ λέγων· ἐβλασφήμησεν· τί ἔτι χρείαν ἔχομεν μαρτύρων; ἴδε νῦν ἠκούσατε τὴν βλασφημίαν· **66** τί ὑμῖν δοκεῖ; οἱ δὲ ἀποκριθέντες εἶπαν· ἔνοχος θανάτου ἐστίν.

67 Τότε ἐνέπτυσαν εἰς τὸ πρόσωπον αὐτοῦ καὶ ἐκολάφισαν αὐτόν, οἱ δὲ ἐράπισαν **68** λέγοντες· προφήτευσον ἡμῖν, χριστέ, τίς ἐστιν ὁ παίσας σε;

Dn 7.13

Peter's Denial of Jesus (Mk 14.66-72; Lk 22.56-62; Jn 18.15-18, 25-27)

69 Ὁ δὲ Πέτρος ἐκάθητο ἔξω ἐν τῇ αὐλῇ· καὶ προσῆλθεν αὐτῷ μία παιδίσκη λέγουσα· καὶ σὺ ἦσθα μετὰ Ἰησοῦ τοῦ Γαλιλαίου. **70** ὁ δὲ ἠρνήσατο ἔμπροσθεν πάντων λέγων· οὐκ οἶδα τί λέγεις. **71** ἐξελθόντα δὲ εἰς τὸν πυλῶνα εἶδεν αὐτὸν ἄλλη καὶ λέγει τοῖς ἐκεῖ· οὗτος³ ἦν μετὰ Ἰησοῦ τοῦ Ναζωραίου. **72** καὶ πάλιν

---

³**71** {B} οὗτος (see Mk 14.69) 01 03 05 sy^s co$^{sa, mae}$ ∥ καὶ οὗτος 02 04 019 032 037 038 f^1 f^{13} 33 157 180 205 565 579 597 700 892 1006 1010 1071 1241 1243 1292 1342 1424 1505 Byz [07 09 011 013 042] lat sy$^{p, h}$ (cpa) (co^{bo}) eth Origen^{lat} Chrysostom

ἠρνήσατο μετὰ ὅρκου ὅτι οὐκ οἶδα τὸν ἄνθρωπον. **73** μετὰ μικρὸν δὲ προσελθόντες οἱ ἑστῶτες εἶπον τῷ Πέτρῳ· ἀληθῶς καὶ σὺ ἐξ αὐτῶν εἶ, καὶ γὰρ ἡ λαλιά σου δῆλόν σε ποιεῖ. **74** τότε ἤρξατο καταθεματίζειν καὶ ὀμνύειν ὅτι οὐκ οἶδα τὸν ἄνθρωπον. καὶ εὐθέως ἀλέκτωρ ἐφώνησεν.

75 καὶ ἐμνήσθη ὁ Πέτρος τοῦ ῥήματος Ἰησοῦ εἰρηκότος ὅτι πρὶν ἀλέκτορα φωνῆσαι τρὶς ἀπαρνήσῃ με· καὶ ἐξελθὼν ἔξω ἔκλαυσεν πικρῶς.

Jesus Brought before Pilate (Mk 15.1; Lk 23.1-2; Jn 18.28-32)

27 Πρωΐας δὲ γενομένης συμβούλιον ἔλαβον πάντες οἱ ἀρχιερεῖς καὶ οἱ πρεσβύτεροι τοῦ λαοῦ κατὰ τοῦ Ἰησοῦ ὥστε θανατῶσαι αὐτόν· **2** καὶ δήσαντες αὐτὸν ἀπήγαγον καὶ παρέδωκαν Πιλάτῳ[1] τῷ ἡγεμόνι.

The Death of Judas (Ac 1.18-19)

3 Τότε ἰδὼν Ἰούδας ὁ παραδιδοὺς αὐτὸν ὅτι κατεκρίθη, μεταμεληθεὶς ἔστρεψεν τὰ τριάκοντα ἀργύρια τοῖς ἀρχιερεῦσιν καὶ πρεσβυτέροις **4** λέγων· ἥμαρτον παραδοὺς αἷμα ἀθῷον. οἱ δὲ εἶπαν· τί πρὸς ἡμᾶς; σὺ ὄψῃ. **5** καὶ ῥίψας τὰ ἀργύρια εἰς τὸν ναὸν ἀνεχώρησεν, καὶ ἀπελθὼν ἀπήγξατο. **6** οἱ δὲ ἀρχιερεῖς λαβόντες τὰ ἀργύρια εἶπαν· οὐκ ἔξεστιν βαλεῖν αὐτὰ εἰς τὸν κορβανᾶν, ἐπεὶ τιμὴ αἵματός ἐστιν. **7** συμβούλιον δὲ λαβόντες ἠγόρασαν ἐξ αὐτῶν τὸν ἀγρὸν τοῦ κεραμέως εἰς ταφὴν τοῖς ξένοις. **8** διὸ ἐκλήθη ὁ ἀγρὸς ἐκεῖνος ἀγρὸς αἵματος ἕως τῆς σήμερον. **9** τότε ἐπληρώθη τὸ ῥηθὲν διὰ Ἰερεμίου[2] τοῦ προφήτου λέγοντος· *καὶ ἔλαβον τὰ τριάκοντα ἀργύρια, τὴν*   Zch 11.13

---

[1]**2** {B} Πιλάτῳ (*see* Mk 15.1; Lk 23.1) 01 03 019 042 33 sy^(s, p) cpa^(pt) co Origen^(gr) ∥ Ποντίῳ Πιλάτῳ 02 04 032 037 038 0250 *f*¹ *f*¹³ 157 180 205 565 579 597 700 892 1006 1010 1071 1241 1243 1292 1342 1424 1505 *Byz* [07 09 011 013] lat sy^h cpa^(pt) eth Origen^(lat)

[2]**9** {A} Ἰερεμίου 03 019 037 038 *f*¹ *f*¹³ 180 565 579 597 700 892 1006 1010 1071 1241 1243 1292 1342 1424 1505 *Byz* [07 09 011 013 042] (co^(bo, mae)) eth Irenaeus^(arm) Eusebius Gregory-Nyssa Chrysostom ∥ Ἰηρεμίου 01 02 04* 032 (co^(sa)) ∥ Ἰερημίου 04² 205 1292 ∥ *Jeremiah (various spellings)* lat^(vl-pt, vg) sy^h cpa Tertullian Origen^(lat) ∥ Ζαχαρίου sy^(hmg) Origen^(lat-com) ∥ Ἰησαΐου lat^(vl-pt) ∥ *omit* 043 33 157 lat^(vl-pt) sy^(s, p) co^(bo-ms)

τιμὴν τοῦ τετιμημένου ὃν ἐτιμήσαντο ἀπὸ υἱῶν Ἰσραήλ, **10** καὶ ἔδωκαν αὐτὰ εἰς τὸν ἀγρὸν τοῦ κεραμέως, καθὰ συνέταξέν μοι κύριος.

Jesus Questioned by Pilate (Mk 15.2-5; Lk 23.3-5; Jn 18.33-38)

11 Ὁ δὲ Ἰησοῦς ἐστάθη ἔμπροσθεν τοῦ ἡγεμόνος· καὶ ἐπηρώτησεν αὐτὸν ὁ ἡγεμὼν λέγων· σὺ εἶ ὁ βασιλεὺς τῶν Ἰουδαίων; ὁ δὲ Ἰησοῦς ἔφη· σὺ λέγεις. **12** καὶ ἐν τῷ κατηγορεῖσθαι αὐτὸν ὑπὸ τῶν ἀρχιερέων καὶ πρεσβυτέρων οὐδὲν ἀπεκρίνατο. **13** τότε λέγει αὐτῷ ὁ Πιλᾶτος· οὐκ ἀκούεις πόσα σου καταμαρτυροῦσιν; **14** καὶ οὐκ ἀπεκρίθη αὐτῷ πρὸς οὐδὲ ἓν ῥῆμα, ὥστε θαυμάζειν τὸν ἡγεμόνα λίαν.

Jesus Sentenced to Death (Mk 15.6-15; Lk 23.13-25; Jn 18.39-19.16)

15 Κατὰ δὲ ἑορτὴν εἰώθει ὁ ἡγεμὼν ἀπολύειν ἕνα τῷ ὄχλῳ δέσμιον ὃν ἤθελον. **16** εἶχον δὲ τότε δέσμιον ἐπίσημον λεγόμενον [Ἰησοῦν] Βαραββᾶν³. **17** συνηγμένων οὖν αὐτῶν εἶπεν αὐτοῖς ὁ Πιλᾶτος· τίνα θέλετε ἀπολύσω ὑμῖν, [Ἰησοῦν τὸν] Βαραββᾶν⁴ ἢ Ἰησοῦν τὸν λεγόμενον χριστόν; **18** ᾔδει γὰρ ὅτι διὰ φθόνον παρέδωκαν αὐτόν.

19 Καθημένου δὲ αὐτοῦ ἐπὶ τοῦ βήματος ἀπέστειλεν πρὸς αὐτὸν ἡ γυνὴ αὐτοῦ λέγουσα· μηδὲν σοὶ καὶ τῷ δικαίῳ ἐκείνῳ· πολλὰ γὰρ ἔπαθον σήμερον κατ' ὄναρ δι' αὐτόν.

20 Οἱ δὲ ἀρχιερεῖς καὶ οἱ πρεσβύτεροι ἔπεισαν τοὺς ὄχλους ἵνα αἰτήσωνται τὸν Βαραββᾶν, τὸν δὲ Ἰησοῦν ἀπολέσωσιν. **21** ἀποκριθεὶς δὲ ὁ ἡγεμὼν εἶπεν αὐτοῖς· τίνα θέλετε ἀπὸ τῶν δύο ἀπολύσω ὑμῖν; οἱ δὲ εἶπαν· τὸν Βαραββᾶν. **22** λέγει αὐτοῖς ὁ Πιλᾶτος· τί οὖν ποιήσω Ἰησοῦν τὸν λεγόμενον χριστόν;

---

³ **16** {C} Ἰησοῦν Βαραββᾶν 038 f^1 700* sy^s cpa^{pt} // Βαραββᾶν 01 02 03 05 019 032 037 0250 f^{13} 33 157 180 205 565 579 597 700^c 892 1006 1010 1071 1241 1243 1292 1342 1424 1505 *Byz* [07 09 011 013 042] lat sy$^{p, h}$ cpa^{pt} co eth Origen^{lat}

⁴ **17** {C} Ἰησοῦν τὸν Βαραββᾶν (038 700* *omit* τόν) f^1 sy^s cpa^{pt} Origen^{lat} mss$^{acc.\ to\ Origen\ gr}$ // τὸν Βαραββᾶν 03 1010 Origen ms$^{acc.\ to\ Origen\ lat}$ lat? sy$^{p, h}$? cpa^{pt}? eth? // Βαραββᾶν 01 02 05 019 032 037 f^{13} 33 157 180 205 565 579 597 700^c 892 1006 1071 1241 1243 1292 1342 1424 1505 *Byz* [07 09 011 013 042] lat? sy$^{p, h}$ cpa^{pt}? co eth?

λέγουσιν πάντες· σταυρωθήτω. **23** ὁ δὲ ἔφη· τί γὰρ κακὸν ἐποίησεν; οἱ δὲ περισσῶς ἔκραζον λέγοντες· σταυρωθήτω.

24 Ἰδὼν δὲ ὁ Πιλᾶτος ὅτι οὐδὲν ὠφελεῖ ἀλλὰ μᾶλλον θόρυβος γίνεται, λαβὼν ὕδωρ ἀπενίψατο τὰς χεῖρας ἀπέναντι τοῦ ὄχλου λέγων· ἀθῷός εἰμι ἀπὸ τοῦ αἵματος τούτου[5]· ὑμεῖς ὄψεσθε. **25** καὶ ἀποκριθεὶς πᾶς ὁ λαὸς εἶπεν· τὸ αἷμα αὐτοῦ ἐφ᾽ ἡμᾶς καὶ ἐπὶ τὰ τέκνα ἡμῶν. **26** τότε ἀπέλυσεν αὐτοῖς τὸν Βαραββᾶν, τὸν δὲ Ἰησοῦν φραγελλώσας παρέδωκεν ἵνα σταυρωθῇ.

The Soldiers Mock Jesus (Mk 15.16-20; Jn 19.2-3)

27 Τότε οἱ στρατιῶται τοῦ ἡγεμόνος παραλαβόντες τὸν Ἰησοῦν εἰς τὸ πραιτώριον συνήγαγον ἐπ᾽ αὐτὸν ὅλην τὴν σπεῖραν. **28** καὶ ἐκδύσαντες αὐτὸν χλαμύδα κοκκίνην περιέθηκαν αὐτῷ, **29** καὶ πλέξαντες στέφανον ἐξ ἀκανθῶν ἐπέθηκαν ἐπὶ τῆς κεφαλῆς αὐτοῦ καὶ κάλαμον ἐν τῇ δεξιᾷ αὐτοῦ, καὶ γονυπετήσαντες ἔμπροσθεν αὐτοῦ ἐνέπαιξαν[6] αὐτῷ λέγοντες· χαῖρε, βασιλεῦ τῶν Ἰουδαίων, **30** καὶ ἐμπτύσαντες εἰς αὐτὸν ἔλαβον τὸν κάλαμον καὶ ἔτυπτον εἰς τὴν κεφαλὴν αὐτοῦ. **31** καὶ ὅτε ἐνέπαιξαν αὐτῷ, ἐξέδυσαν αὐτὸν τὴν χλαμύδα καὶ ἐνέδυσαν αὐτὸν τὰ ἱμάτια αὐτοῦ καὶ ἀπήγαγον αὐτὸν εἰς τὸ σταυρῶσαι.

The Crucifixion of Jesus (Mk 15.21-32; Lk 23.26-43; Jn 19.17-27)

32 Ἐξερχόμενοι δὲ εὗρον ἄνθρωπον Κυρηναῖον ὀνόματι Σίμωνα, τοῦτον ἠγγάρευσαν ἵνα ἄρῃ τὸν σταυρὸν αὐτοῦ.

33 Καὶ ἐλθόντες εἰς τόπον λεγόμενον Γολγοθᾶ, ὅ ἐστιν Κρανίου Τόπος λεγόμενος, **34** ἔδωκαν αὐτῷ πιεῖν οἶνον[7]

---

[5]**24** {C} τούτου 03 05 038 lat[vl-pt] sy[s] (co[sa-mss]) Origen[lat] Chrysostom // τοῦ δικαίου τούτου 01 019 032 f^1 f^{13} 33 157 180 205 565 579 597 700 892 1006 1071 1241 1243 1292 1342 1424 1505 Byz [07 09 011 013 042] lat[vl-pt, vg] sy[p, h] co[sa-mss, bo, mae] eth Cyril-Jerusalem Cyril // τούτου τοῦ δικαίου 02 037 lat[vl-pt, vg-ms] // τοῦ δικαίου 1010
[6]**29** {B} ἐνέπαιξαν 01 03 05 019 33 892 (1505) lat[vl-pt] // ἐνέπαιζον 02 032 037 038 0233 0250 f^1 f^{13} 157 180 205 565 579 597 700 1006 1010 1071 1241 1243 1292 1342 1424 Byz [07 09 011 013 022 042] lat[vl-pt, vg] Origen[lat] Eusebius Chrysostom[lem]
[7]**34** {A} οἶνον 01 03 05 019 038 f^1 f^{13} 33 lat[vl-pt, vg] sy[s, hmg] co[sa, bo] // ὄξος 02 032 037 565 579 700 892 1241 1424 Byz [07 09 011 013 022 042] lat[vl-pt] sy[p, h] co[bo-mss, mae]

μετὰ χολῆς μεμιγμένον· καὶ γευσάμενος οὐκ ἠθέλησεν πιεῖν. **35** σταυρώσαντες δὲ αὐτὸν *διεμερίσαντο τὰ ἱμάτια αὐτοῦ βάλλοντες κλῆρον*[8], **36** καὶ καθήμενοι ἐτήρουν αὐτὸν ἐκεῖ. **37** καὶ ἐπέθηκαν ἐπάνω τῆς κεφαλῆς αὐτοῦ τὴν αἰτίαν αὐτοῦ γεγραμμένην·

οὗτός ἐστιν Ἰησοῦς ὁ βασιλεὺς τῶν Ἰουδαίων.

38 Τότε σταυροῦνται σὺν αὐτῷ δύο λῃσταί, εἷς ἐκ δεξιῶν καὶ εἷς ἐξ εὐωνύμων. **39** οἱ δὲ παραπορευόμενοι ἐβλασφήμουν αὐτὸν κινοῦντες τὰς κεφαλὰς αὐτῶν **40** καὶ λέγοντες· ὁ καταλύων τὸν ναὸν καὶ ἐν τρισὶν ἡμέραις οἰκοδομῶν, σῶσον σεαυτόν, εἰ υἱὸς εἶ τοῦ θεοῦ, [καὶ][9] κατάβηθι ἀπὸ τοῦ σταυροῦ. **41** ὁμοίως καὶ οἱ ἀρχιερεῖς ἐμπαίζοντες μετὰ τῶν γραμματέων καὶ πρεσβυτέρων ἔλεγον· **42** ἄλλους ἔσωσεν, ἑαυτὸν οὐ δύναται σῶσαι· βασιλεὺς[10] Ἰσραήλ ἐστιν, καταβάτω νῦν ἀπὸ τοῦ σταυροῦ καὶ πιστεύσομεν ἐπ' αὐτόν. **43** *πέποιθεν ἐπὶ τὸν θεόν, ῥυσάσθω νῦν εἰ θέλει αὐτόν·* εἶπεν γὰρ ὅτι θεοῦ εἰμι υἱός. **44** τὸ δ' αὐτὸ καὶ οἱ λῃσταὶ οἱ συσταυρωθέντες σὺν αὐτῷ ὠνείδιζον αὐτόν.

The Death of Jesus (Mk 15.33-41; Lk 23.44-49; Jn 19.28-30)

45 Ἀπὸ δὲ ἕκτης ὥρας σκότος ἐγένετο ἐπὶ πᾶσαν τὴν γῆν ἕως ὥρας ἐνάτης. **46** περὶ δὲ τὴν ἐνάτην ὥραν ἀνεβόησεν ὁ Ἰησοῦς φωνῇ μεγάλῃ λέγων·

ηλι ηλι λεμα σαβαχθανι;

---

[8]**35** {A} κλῆρον 01 02 03 05 019 032 33 157 180 565 579 597 700 828 892ᶜ 1006 1010 1241 1292 1342 1505 *Byz* [07 09 011 013] lat^{vl-pt, vg} syᵖ (cpaᵖᵗ) eth^{pp} Origen^{lat} ∥ κλῆρον ἐπ' αὐτά 042 892* syˢ ∥ κλῆρον, ἵνα πληρωθῇ τὸ ῥηθὲν διὰ τοῦ προφήτου· διεμερίσαντο τὰ ἱμάτιά μου ἑαυτοῖς καὶ ἐπὶ τὸν ἱματισμόν μου ἔβαλον κλῆρον. (*see* Ps 22.18; Jn 19.24) 037 038 0233 (0250 προφήτου λέγοντος) (*f*¹ 205 ὑπό *for* διά) *f*¹³ 1071 1243 1424 lat^{vl-pt, vg-mss} syʰ (cpaᵖᵗ) co^{mae} (eth^{TH}) Eusebius

[9]**40** {C} καί 01* 02 05 lat^{vl-pt} sy^{(s), p} (cpaᵖᵗ) eth^{TH} ∥ *omit* 01² 03 019 032 037 038 0250 *f*¹ *f*¹³ 33 157 180 205 565 579 597 700 892 1006 1010 1071 1241 1243 1292 1342 1424 1505 *Byz* [07 09 011 013 042] lat^{vl-pt, vg} syʰ cpaᵖᵗ co eth Origen^{lat} Chrysostom Cyril

[10]**42** {B} βασιλεύς 01 03 05 019 33 892 lat^{vl-pt} cpaᵖᵗ co^{sa} ∥ εἰ βασιλεύς 02 032 037 038 *f*¹ *f*¹³ 157 180 205 565 579 597 700 1006 1010 1071 1241 1243 1292 1342 1424 1505 *Byz* [07 09 011 013 042] lat^{vl-pt, vg} sy cpaᵖᵗ co^{bo, mae} eth Origen^{lat} Eusebius Chrysostom Cyril

τοῦτ' ἔστιν· *θεέ μου θεέ μου, ἱνατί με ἐγκατέλιπες;* 47 τινὲς δὲ τῶν ἐκεῖ ἑστηκότων ἀκούσαντες ἔλεγον ὅτι Ἠλίαν φωνεῖ οὗτος. 48 καὶ εὐθέως δραμὼν εἷς ἐξ αὐτῶν καὶ λαβὼν σπόγγον πλήσας τε ὄξους καὶ περιθεὶς καλάμῳ ἐπότιζεν αὐτόν. 49 οἱ δὲ λοιποὶ ἔλεγον· ἄφες ἴδωμεν εἰ ἔρχεται Ἠλίας σώσων αὐτόν.[11] 50 ὁ δὲ Ἰησοῦς πάλιν κράξας φωνῇ μεγάλῃ ἀφῆκεν τὸ πνεῦμα.

51 Καὶ ἰδοὺ τὸ καταπέτασμα τοῦ ναοῦ ἐσχίσθη ἀπ' ἄνωθεν ἕως κάτω εἰς δύο καὶ ἡ γῆ ἐσείσθη καὶ αἱ πέτραι ἐσχίσθησαν, 52 καὶ τὰ μνημεῖα ἀνεῴχθησαν καὶ πολλὰ σώματα τῶν κεκοιμημένων ἁγίων ἠγέρθησαν, 53 καὶ ἐξελθόντες ἐκ τῶν μνημείων μετὰ τὴν ἔγερσιν αὐτοῦ εἰσῆλθον εἰς τὴν ἁγίαν πόλιν καὶ ἐνεφανίσθησαν πολλοῖς.

54 Ὁ δὲ ἑκατόνταρχος καὶ οἱ μετ' αὐτοῦ τηροῦντες τὸν Ἰησοῦν ἰδόντες τὸν σεισμὸν καὶ τὰ γενόμενα ἐφοβήθησαν σφόδρα, λέγοντες· ἀληθῶς θεοῦ υἱὸς ἦν οὗτος.

55 Ἦσαν δὲ ἐκεῖ γυναῖκες πολλαὶ ἀπὸ μακρόθεν θεωροῦσαι, αἵτινες ἠκολούθησαν τῷ Ἰησοῦ ἀπὸ τῆς Γαλιλαίας διακονοῦσαι αὐτῷ· 56 ἐν αἷς ἦν Μαρία ἡ Μαγδαληνὴ καὶ Μαρία ἡ τοῦ Ἰακώβου καὶ Ἰωσὴφ μήτηρ καὶ ἡ μήτηρ τῶν υἱῶν Ζεβεδαίου.

The Burial of Jesus (Mk 15.42-47; Lk 23.50-56; Jn 19.38-42)

57 Ὀψίας δὲ γενομένης ἦλθεν ἄνθρωπος πλούσιος ἀπὸ Ἀριμαθαίας, τοὔνομα Ἰωσήφ, ὃς καὶ αὐτὸς ἐμαθητεύθη τῷ Ἰησοῦ· 58 οὗτος προσελθὼν τῷ Πιλάτῳ ᾐτήσατο τὸ σῶμα τοῦ Ἰησοῦ. τότε ὁ Πιλᾶτος ἐκέλευσεν ἀποδοθῆναι. 59 καὶ λαβὼν τὸ σῶμα ὁ Ἰωσὴφ ἐνετύλιξεν αὐτὸ [ἐν] σινδόνι καθαρᾷ 60 καὶ ἔθηκεν αὐτὸ ἐν τῷ καινῷ αὐτοῦ μνημείῳ ὃ ἐλατόμησεν ἐν τῇ πέτρᾳ καὶ προσκυλίσας λίθον μέγαν τῇ θύρᾳ τοῦ μνημείου ἀπῆλθεν. 61 ἦν δὲ ἐκεῖ Μαριὰμ ἡ Μαγδαληνὴ καὶ ἡ ἄλλη Μαρία καθήμεναι ἀπέναντι τοῦ τάφου.

---

[11]**49** {B} αὐτόν. 02 05 032 037 038 f^1 f^{13} 28 33 157 180 205 565 579 597 700 892 1006 1071 1241 1243 1292 1342 1424 1505 *Byz* [07 09 011 013 042] lat sy cpa^{pt} co$^{sa, bo}$ eth$^{pp, TH}$ Origen^{lat} // αὐτόν. ἄλλος δὲ λαβὼν λόγχην ἔνυξεν αὐτοῦ τὴν πλευρὰν καὶ ἐξῆλθεν ὕδωρ καὶ αἷμα. (*see* Jn 19.34) 01 03 04 019 1010 cpa^{pt} co^{mae} eth^{ms}

The Guard at the Tomb

62 Τῇ δὲ ἐπαύριον, ἥτις ἐστὶν μετὰ τὴν παρασκευήν, συνήχθησαν οἱ ἀρχιερεῖς καὶ οἱ Φαρισαῖοι πρὸς Πιλᾶτον **63** λέγοντες· κύριε, ἐμνήσθημεν ὅτι ἐκεῖνος ὁ πλάνος εἶπεν ἔτι ζῶν· μετὰ τρεῖς ἡμέρας ἐγείρομαι. **64** κέλευσον οὖν ἀσφαλισθῆναι τὸν τάφον ἕως τῆς τρίτης ἡμέρας, μήποτε ἐλθόντες οἱ μαθηταὶ αὐτοῦ κλέψωσιν αὐτὸν καὶ εἴπωσιν τῷ λαῷ· ἠγέρθη ἀπὸ τῶν νεκρῶν, καὶ ἔσται ἡ ἐσχάτη πλάνη χείρων τῆς πρώτης. **65** ἔφη αὐτοῖς ὁ Πιλᾶτος· ἔχετε κουστωδίαν· ὑπάγετε ἀσφαλίσασθε ὡς οἴδατε. **66** οἱ δὲ πορευθέντες ἠσφαλίσαντο τὸν τάφον σφραγίσαντες τὸν λίθον μετὰ τῆς κουστωδίας.

The Resurrection of Jesus (Mk 16.1-8; Lk 24.1-12; Jn 20.1-10)

28 Ὀψὲ δὲ σαββάτων, τῇ ἐπιφωσκούσῃ εἰς μίαν σαββάτων ἦλθεν Μαριὰμ ἡ Μαγδαληνὴ καὶ ἡ ἄλλη Μαρία θεωρῆσαι τὸν τάφον. **2** καὶ ἰδοὺ σεισμὸς ἐγένετο μέγας· ἄγγελος γὰρ κυρίου καταβὰς ἐξ οὐρανοῦ καὶ προσελθὼν ἀπεκύλισεν τὸν λίθον καὶ ἐκάθητο ἐπάνω αὐτοῦ. **3** ἦν δὲ ἡ εἰδέα αὐτοῦ ὡς ἀστραπὴ καὶ τὸ ἔνδυμα αὐτοῦ λευκὸν ὡς χιών. **4** ἀπὸ δὲ τοῦ φόβου αὐτοῦ ἐσείσθησαν οἱ τηροῦντες καὶ ἐγενήθησαν ὡς νεκροί. **5** ἀποκριθεὶς δὲ ὁ ἄγγελος εἶπεν ταῖς γυναιξίν· μὴ φοβεῖσθε ὑμεῖς, οἶδα γὰρ ὅτι Ἰησοῦν τὸν ἐσταυρωμένον ζητεῖτε· **6** οὐκ ἔστιν ὧδε, ἠγέρθη γὰρ καθὼς εἶπεν· δεῦτε ἴδετε τὸν τόπον ὅπου ἔκειτο[1]. **7** καὶ ταχὺ πορευθεῖσαι εἴπατε τοῖς μαθηταῖς αὐτοῦ ὅτι ἠγέρθη ἀπὸ τῶν νεκρῶν, καὶ ἰδοὺ προάγει ὑμᾶς εἰς τὴν Γαλιλαίαν, ἐκεῖ αὐτὸν ὄψεσθε· ἰδοὺ εἶπον ὑμῖν.

8 Καὶ ἀπελθοῦσαι ταχὺ ἀπὸ τοῦ μνημείου μετὰ φόβου καὶ χαρᾶς μεγάλης ἔδραμον ἀπαγγεῖλαι τοῖς μαθηταῖς αὐτοῦ. **9** καὶ

---

[1]6 {A} ἔκειτο 01 03 038 33 892* lat[vl-pt] sy[s] cpa[pt] co eth Origen[lat] Chrysostom Cyril // ἔκειτο ὁ κύριος 02 04 05 019 032 037 f^1 f^{13} 28 157 180 205 565 579 597 700 892[c] 1006 1010 1071 1241 1243 1292 1342 1505 Byz [07 09 011 013 042 (043 ὁ Ἰησοῦς)] lat[vl-pt, vg] sy[(p), h] cpa[pt] Chrysostom[mss] // ἔκειτο τὸ σῶμα τοῦ κυρίου 1424

ἰδοὺ² Ἰησοῦς ὑπήντησεν αὐταῖς λέγων· χαίρετε. αἱ δὲ προσ-
ελθοῦσαι ἐκράτησαν αὐτοῦ τοὺς πόδας καὶ προσεκύνησαν
αὐτῷ. **10** τότε λέγει αὐταῖς ὁ Ἰησοῦς· μὴ φοβεῖσθε· ὑπάγετε
ἀπαγγείλατε τοῖς ἀδελφοῖς μου ἵνα ἀπέλθωσιν εἰς τὴν Γαλι-
λαίαν, κἀκεῖ με ὄψονται.

The Report of the Guard

11 Πορευομένων δὲ αὐτῶν ἰδού τινες τῆς κουστωδίας ἐλθόντες
εἰς τὴν πόλιν ἀπήγγειλαν τοῖς ἀρχιερεῦσιν ἅπαντα τὰ γενό-
μενα. **12** καὶ συναχθέντες μετὰ τῶν πρεσβυτέρων συμβούλιόν
τε λαβόντες ἀργύρια ἱκανὰ ἔδωκαν τοῖς στρατιώταις **13** λέγον-
τες· εἴπατε ὅτι οἱ μαθηταὶ αὐτοῦ νυκτὸς ἐλθόντες ἔκλεψαν
αὐτὸν ἡμῶν κοιμωμένων. **14** καὶ ἐὰν ἀκουσθῇ τοῦτο ἐπὶ τοῦ
ἡγεμόνος, ἡμεῖς πείσομεν [αὐτὸν] καὶ ὑμᾶς ἀμερίμνους ποιή-
σομεν. **15** οἱ δὲ λαβόντες τὰ ἀργύρια ἐποίησαν ὡς ἐδιδάχθη-
σαν. καὶ διεφημίσθη ὁ λόγος οὗτος παρὰ Ἰουδαίοις μέχρι τῆς
σήμερον [ἡμέρας].

The Commissioning of the Disciples
(Mk 16.14-18; Lk 24.36-49; Jn 20.19-23; Ac 1.6-8)

16 Οἱ δὲ ἕνδεκα μαθηταὶ ἐπορεύθησαν εἰς τὴν Γαλιλαίαν εἰς τὸ
ὄρος οὗ ἐτάξατο αὐτοῖς ὁ Ἰησοῦς, **17** καὶ ἰδόντες αὐτὸν προσε-
κύνησαν, οἱ δὲ ἐδίστασαν. **18** καὶ προσελθὼν ὁ Ἰησοῦς ἐλά-
λησεν αὐτοῖς λέγων· ἐδόθη μοι πᾶσα ἐξουσία ἐν οὐρανῷ καὶ ἐπὶ
[τῆς] γῆς. **19** πορευθέντες οὖν μαθητεύσατε πάντα τὰ ἔθνη,
βαπτίζοντες αὐτοὺς εἰς τὸ ὄνομα τοῦ πατρὸς καὶ τοῦ υἱοῦ καὶ
τοῦ ἁγίου πνεύματος, **20** διδάσκοντες αὐτοὺς τηρεῖν πάντα

---

²**9** {A} καὶ ἰδού 01 03 05 032 038 f^{13} 33 700 892 1292 *Lect*[pt] lat[vl-pt, vg] sy[p] cpa co eth[pp] Origen Eusebius Cyril-Jerusalem Cyril // ὡς δὲ ἐπορεύοντο ἀπαγγεῖλαι τοῖς μαθηταῖς αὐτοῦ καὶ ἰδού (*see* 28.8) 02 04 019 037 f^1 28 157 180 205 565 579 597 828 1006 1010 1071 1241 (1243) 1342 (1424 ἔδραμον *for* ἐπορεύοντο) 1505 *Byz* [07 09 011 013 042] *Lect*[pt] lat[vl-pt] sy[h] eth[ro, (ms), (TH)]

ὅσα ἐνετειλάμην ὑμῖν· καὶ ἰδοὺ ἐγὼ μεθ' ὑμῶν εἰμι πάσας τὰς ἡμέρας ἕως τῆς συντελείας τοῦ αἰῶνος.³

---

³**20** {A} αἰῶνος. 01 02* 03 05 032 *f*¹ 33 lat^(vl-pt, vg) cpa^(pt) co^(sa, mae, bo-pt) eth^(pp, TH) Origen^(vid) Chrysostom Cyril ∥ αἰῶνος. ἀμήν. 02^(c) 037 038 *f*¹³ 28 157 180 205 565 579 597 700 892 1006 1010 1071 1241 1243 1292 1342 1424 1505 *Byz* [07 09 011^(supp) 013 042] lat^(vl-pt, vg-ms) sy cpa^(pt) co^(bo-pt) eth^(ms)

ΚΑΤΑ ΜΑΡΚΟΝ

The Preaching of John the Baptist (Mt 3.1-12; Lk 3.1-9, 15-17; Jn 1.19-28)

1 Ἀρχὴ τοῦ εὐαγγελίου Ἰησοῦ Χριστοῦ υἱοῦ τοῦ θεοῦ¹.
2 Καθὼς γέγραπται ἐν τῷ Ἠσαΐᾳ τῷ προφήτῃ²·
  ἰδοὺ ἐγὼ ἀποστέλλω τὸν ἄγγελόν μου πρὸ προσώπου σου   Ex 23.20;
  ὃς κατασκευάσει τὴν ὁδόν σου·   Mal 3.1
3 *φωνὴ βοῶντος ἐν τῇ ἐρήμῳ·*   Is 40.3
  ἑτοιμάσατε τὴν ὁδὸν κυρίου,
  εὐθείας ποιεῖτε τὰς τρίβους αὐτοῦ,
4 ἐγένετο Ἰωάννης βαπτίζων ἐν τῇ ἐρήμῳ καὶ³ κηρύσσων βάπτισμα μετανοίας εἰς ἄφεσιν ἁμαρτιῶν. 5 καὶ ἐξεπορεύετο πρὸς αὐτὸν πᾶσα ἡ Ἰουδαία χώρα καὶ οἱ Ἱεροσολυμῖται πάντες, καὶ ἐβαπτίζοντο ὑπ᾽ αὐτοῦ ἐν τῷ Ἰορδάνῃ ποταμῷ ἐξομολογούμενοι τὰς ἁμαρτίας αὐτῶν. 6 καὶ ἦν ὁ Ἰωάννης ἐνδεδυμένος τρίχας καμήλου καὶ ζώνην δερματίνην περὶ τὴν ὀσφὺν αὐτοῦ καὶ ἐσθίων ἀκρίδας καὶ μέλι ἄγριον.

7 Καὶ ἐκήρυσσεν λέγων· ἔρχεται ὁ ἰσχυρότερός μου ὀπίσω μου οὗ οὐκ εἰμὶ ἱκανὸς κύψας λῦσαι τὸν ἱμάντα τῶν ὑποδημάτων αὐτοῦ. 8 ἐγὼ ἐβάπτισα ὑμᾶς ὕδατι, αὐτὸς δὲ βαπτίσει ὑμᾶς ἐν πνεύματι ἁγίῳ.

The Baptism of Jesus (Mt 3.13-17; Lk 3.21-22)

9 Καὶ ἐγένετο ἐν ἐκείναις ταῖς ἡμέραις, ἦλθεν Ἰησοῦς ἀπὸ Ναζαρὲτ τῆς Γαλιλαίας καὶ ἐβαπτίσθη εἰς τὸν Ἰορδάνην ὑπὸ Ἰωάννου. 10 καὶ εὐθὺς ἀναβαίνων ἐκ τοῦ ὕδατος εἶδεν

---

¹**1** {C} υἱοῦ τοῦ θεοῦ 037 *f*¹ *f*¹³ 33 565 700 892 1342 *Byz* Cyril ∥ υἱοῦ θεοῦ 01¹ 03 05 019 032 ∥ *omit* 01* 038 lat^(vl-pt) cpa co^(sa-mss) Origen^(gr, lat) Basil

²**2** {A} ἐν τῷ Ἠσαΐᾳ τῷ προφήτῃ 01 03 019 037 33 565 892 Origen^(pt) ∥ ἐν Ἠσαΐᾳ τῷ προφήτῃ 05 038 *f*¹ 700 Irenaeus^(gr) Origen^(pt) Basil ∥ ἐν τοῖς προφήταις 032 *f*¹³ 1342 *Byz* sy^h eth Irenaeus^(lat)

³**4** {C} βαπτίζων ἐν τῇ ἐρήμῳ καί 032 *f*¹ *f*¹³ 565 *Byz* lat^(vl-pt) sy^h cpa got ∥ ὁ βαπτίζων ἐν τῇ ἐρήμῳ καί 01 019 037 1342 ∥ βαπτίζων ἐν τῇ ἐρήμῳ 892^c ∥ ὁ βαπτίζων ἐν τῇ ἐρήμῳ 03 33 892* ∥ ἐν τῇ ἐρήμῳ βαπτίζων καί 05 038 700 lat^(vl-pt, vg) sy^p Eusebius Cyril-Jerusalem

σχιζομένους τοὺς οὐρανοὺς καὶ τὸ πνεῦμα ὡς περιστερὰν καταβαῖνον εἰς αὐτόν· 11 καὶ φωνὴ ἐγένετο ἐκ τῶν οὐρανῶν· σὺ εἶ ὁ υἱός μου ὁ ἀγαπητός, ἐν σοὶ εὐδόκησα.

The Temptation of Jesus (Mt 4.1-11; Lk 4.1-13)

12 Καὶ εὐθὺς τὸ πνεῦμα αὐτὸν ἐκβάλλει εἰς τὴν ἔρημον. 13 καὶ ἦν ἐν τῇ ἐρήμῳ τεσσεράκοντα ἡμέρας πειραζόμενος ὑπὸ τοῦ σατανᾶ καὶ ἦν μετὰ τῶν θηρίων, καὶ οἱ ἄγγελοι διηκόνουν αὐτῷ.

The Beginning of the Galilean Ministry (Mt 4.12-17; Lk 4.14-15)

14 Μετὰ δὲ τὸ παραδοθῆναι τὸν Ἰωάννην ἦλθεν ὁ Ἰησοῦς εἰς τὴν Γαλιλαίαν κηρύσσων τὸ εὐαγγέλιον[4] τοῦ θεοῦ 15 καὶ λέγων ὅτι πεπλήρωται ὁ καιρὸς καὶ ἤγγικεν ἡ βασιλεία τοῦ θεοῦ· μετανοεῖτε καὶ πιστεύετε ἐν τῷ εὐαγγελίῳ.

The Calling of Four Fishermen (Mt 4.18-22; Lk 5.1-11)

16 Καὶ παράγων παρὰ τὴν θάλασσαν τῆς Γαλιλαίας εἶδεν Σίμωνα καὶ Ἀνδρέαν τὸν ἀδελφὸν Σίμωνος ἀμφιβάλλοντας ἐν τῇ θαλάσσῃ· ἦσαν γὰρ ἁλιεῖς. 17 καὶ εἶπεν αὐτοῖς ὁ Ἰησοῦς· δεῦτε ὀπίσω μου, καὶ ποιήσω ὑμᾶς γενέσθαι ἁλιεῖς ἀνθρώπων. 18 καὶ εὐθὺς ἀφέντες τὰ δίκτυα ἠκολούθησαν αὐτῷ. 19 καὶ προβὰς ὀλίγον εἶδεν Ἰάκωβον τὸν τοῦ Ζεβεδαίου καὶ Ἰωάννην τὸν ἀδελφὸν αὐτοῦ καὶ αὐτοὺς ἐν τῷ πλοίῳ καταρτίζοντας τὰ δίκτυα 20 καὶ εὐθὺς ἐκάλεσεν αὐτούς. καὶ ἀφέντες τὸν πατέρα αὐτῶν Ζεβεδαῖον ἐν τῷ πλοίῳ μετὰ τῶν μισθωτῶν ἀπῆλθον ὀπίσω αὐτοῦ.

The Man with an Unclean Spirit (Lk 4.31-37)

21 Καὶ εἰσπορεύονται εἰς Καφαρναούμ· καὶ εὐθὺς τοῖς σάββασιν εἰσελθὼν εἰς τὴν συναγωγὴν ἐδίδασκεν. 22 καὶ ἐξεπλήσσοντο ἐπὶ τῇ διδαχῇ αὐτοῦ· ἦν γὰρ διδάσκων αὐτοὺς ὡς ἐξουσίαν ἔχων καὶ οὐχ ὡς οἱ γραμματεῖς.

---

[4]14 {A} εὐαγγέλιον 01 03 019 038 f^1 f^{13} 33 565 892 1342 lat$^{vl\text{-}pt}$ sy$^{s, h\text{-}ms}$ co$^{sa, bo\text{-}mss}$ Origen ∥ εὐαγγέλιον τῆς βασιλείας 05 032 037 700 Byz lat$^{vl\text{-}pt, vg}$ sy$^{p, h\text{-}ms}$ co$^{bo\text{-}mss}$ got eth

23 Καὶ εὐθὺς ἦν ἐν τῇ συναγωγῇ αὐτῶν ἄνθρωπος ἐν πνεύματι ἀκαθάρτῳ καὶ ἀνέκραξεν 24 λέγων· τί ἡμῖν καὶ σοί, Ἰησοῦ Ναζαρηνέ; ἦλθες ἀπολέσαι ἡμᾶς; οἶδά σε τίς εἶ, ὁ ἅγιος τοῦ θεοῦ. 25 καὶ ἐπετίμησεν αὐτῷ ὁ Ἰησοῦς λέγων· φιμώθητι καὶ ἔξελθε ἐξ αὐτοῦ. 26 καὶ σπαράξαν αὐτὸν τὸ πνεῦμα τὸ ἀκάθαρτον καὶ φωνῆσαν φωνῇ μεγάλῃ ἐξῆλθεν ἐξ αὐτοῦ. 27 καὶ ἐθαμβήθησαν ἅπαντες ὥστε συζητεῖν πρὸς ἑαυτοὺς λέγοντας· τί ἐστιν τοῦτο; διδαχὴ καινὴ κατ' ἐξουσίαν· καὶ⁵ τοῖς πνεύμασιν τοῖς ἀκαθάρτοις ἐπιτάσσει, καὶ ὑπακούουσιν αὐτῷ. 28 καὶ ἐξῆλθεν ἡ ἀκοὴ αὐτοῦ εὐθὺς πανταχοῦ εἰς ὅλην τὴν περίχωρον τῆς Γαλιλαίας.

The Healing of Many People (Mt 8.14-17; Lk 4.38-41)

29 Καὶ εὐθὺς ἐκ τῆς συναγωγῆς ἐξελθόντες ἦλθον εἰς τὴν οἰκίαν Σίμωνος καὶ Ἀνδρέου μετὰ Ἰακώβου καὶ Ἰωάννου. 30 ἡ δὲ πενθερὰ Σίμωνος κατέκειτο πυρέσσουσα, καὶ εὐθὺς λέγουσιν αὐτῷ περὶ αὐτῆς. 31 καὶ προσελθὼν ἤγειρεν αὐτὴν κρατήσας τῆς χειρός· καὶ ἀφῆκεν αὐτὴν ὁ πυρετός, καὶ διηκόνει αὐτοῖς.

32 Ὀψίας δὲ γενομένης ὅτε ἔδυ ὁ ἥλιος, ἔφερον πρὸς αὐτὸν πάντας τοὺς κακῶς ἔχοντας καὶ τοὺς δαιμονιζομένους· 33 καὶ ἦν ὅλη ἡ πόλις ἐπισυνηγμένη πρὸς τὴν θύραν. 34 καὶ ἐθεράπευσεν πολλοὺς κακῶς ἔχοντας ποικίλαις νόσοις καὶ δαιμόνια πολλὰ ἐξέβαλεν καὶ οὐκ ἤφιεν λαλεῖν τὰ δαιμόνια, ὅτι ᾔδεισαν αὐτόν⁶.

---

⁵ 27 {B} τί ἐστιν τοῦτο; διδαχὴ καινὴ κατ' ἐξουσίαν· καί 01 03 019 (*f*¹ 565* καινὴ αὕτη) 33 co^sa eth // τί ἐστιν τοῦτο; διδαχὴ καινὴ αὕτη· ὅτι κατ' ἐξουσίαν 038 // τί ἐστιν τοῦτο; καινὴ διδαχή· ὅτι κατ' ἐξουσίαν καί 700 // τίς ἡ διδαχὴ ἐκείνη ἡ καινὴ αὕτη ἡ ἐξουσία ὅτι καί 05 lat^vl-pt // τίς ἡ διδαχὴ καινὴ αὕτη; ὅτι κατ' ἐξουσίαν καί 1342 *Lect*^pt // τίς ἡ διδαχὴ ἡ καινὴ αὕτη ἡ ἐξουσιαστικὴ αὐτοῦ καὶ ὅτι 032 lat^vl-pt // τί ἐστιν τοῦτο; τίς ἡ διδαχὴ ἡ καινὴ αὕτη; ὅτι κατ' ἐξουσίαν καί (02 ἡ καινὴ αὕτη διδαχή) 04 037 (*f*¹³ ἡ καινὴ διδαχὴ αὕτη) (565^c ἡ τις *and omit* ὅτι) 892 *Byz Lect*^pt lat^vg (sy^p, h)

⁶ 34 {A} αὐτόν 01* 02 05 037 064 0104 3 105^c 261 351 2202 *Byz*^pt *TR* lat^vl-pt, vg sy co^sa-ms got // αὐτὸν Χριστὸν εἶναι 03 019 032 038 042 *f*¹ 18 33? 35 565 1342 *Byz*^pt *Lect* // αὐτὸν Χριστόν 105* // αὐτὸν τὸν Χριστὸν εἶναι 01² 011 *f*¹³ 33? 700 // τὸν Χριστὸν αὐτὸν εἶναι (*see* Lk 4.41) 04 0233 892

A Preaching Tour   (Lk 4.42-44)

35 Καὶ πρωῒ ἔννυχα λίαν ἀναστὰς ἐξῆλθεν καὶ ἀπῆλθεν εἰς ἔρημον τόπον κἀκεῖ προσηύχετο. **36** καὶ κατεδίωξεν αὐτὸν Σίμων καὶ οἱ μετ' αὐτοῦ, **37** καὶ εὗρον αὐτὸν καὶ λέγουσιν αὐτῷ ὅτι πάντες ζητοῦσίν σε. **38** καὶ λέγει αὐτοῖς· ἄγωμεν ἀλλαχοῦ εἰς τὰς ἐχομένας κωμοπόλεις, ἵνα καὶ ἐκεῖ κηρύξω· εἰς τοῦτο γὰρ ἐξῆλθον. **39** καὶ ἦλθεν κηρύσσων εἰς τὰς συναγωγὰς αὐτῶν εἰς ὅλην τὴν Γαλιλαίαν καὶ τὰ δαιμόνια ἐκβάλλων.

The Healing of a Man with Leprosy   (Mt 8.1-4; Lk 5.12-16)

40 Καὶ ἔρχεται πρὸς αὐτὸν λεπρὸς παρακαλῶν αὐτὸν καὶ γονυπετῶν[7] καὶ λέγων αὐτῷ ὅτι ἐὰν θέλῃς δύνασαί με καθαρίσαι. **41** καὶ σπλαγχνισθεὶς[8] ἐκτείνας τὴν χεῖρα αὐτοῦ ἥψατο καὶ λέγει αὐτῷ· θέλω, καθαρίσθητι· **42** καὶ εὐθὺς ἀπῆλθεν ἀπ' αὐτοῦ ἡ λέπρα, καὶ ἐκαθαρίσθη. **43** καὶ ἐμβριμησάμενος αὐτῷ εὐθὺς ἐξέβαλεν αὐτὸν **44** καὶ λέγει αὐτῷ· ὅρα, μηδενὶ μηδὲν εἴπῃς, ἀλλ' ὕπαγε σεαυτὸν δεῖξον τῷ ἱερεῖ καὶ προσένεγκε περὶ τοῦ καθαρισμοῦ σου ἃ προσέταξεν Μωϋσῆς, εἰς μαρτύριον αὐτοῖς. **45** ὁ δὲ ἐξελθὼν ἤρξατο κηρύσσειν πολλὰ καὶ διαφημίζειν τὸν λόγον, ὥστε μηκέτι αὐτὸν δύνασθαι φανερῶς εἰς πόλιν εἰσελθεῖν, ἀλλ' ἔξω ἐπ' ἐρήμοις τόποις ἦν· καὶ ἤρχοντο πρὸς αὐτὸν πάντοθεν.

The Healing of a Paralysed Man   (Mt 9.1-8; Lk 5.17-26)

2 Καὶ εἰσελθὼν πάλιν εἰς Καφαρναοὺμ δι' ἡμερῶν ἠκούσθη ὅτι ἐν οἴκῳ ἐστίν. **2** καὶ συνήχθησαν πολλοὶ ὥστε μηκέτι χωρεῖν μηδὲ τὰ πρὸς τὴν θύραν, καὶ ἐλάλει αὐτοῖς τὸν λόγον. **3** καὶ ἔρχονται φέροντες πρὸς αὐτὸν παραλυτικὸν αἰρόμενον ὑπὸ τεσσάρων. **4** καὶ μὴ δυνάμενοι προσενέγκαι αὐτῷ διὰ τὸν ὄχλον ἀπεστέγασαν τὴν στέγην, ὅπου ἦν, καὶ ἐξορύξαντες χαλῶσιν τὸν κράβαττον, ὅπου ὁ παραλυτικὸς κατέκειτο. **5** καὶ

---

[7]**40** {C} καὶ γονυπετῶν 01 019 038 f[1] 565 892 lat[vl-pt, vg] got Basil ∥ καὶ γονυπετῶν αὐτόν 04 037 f[13] 33[vid] 700 1342 Byz ∥ omit 03 05 011 032 0104 lat[vl-pt] co[sa]

[8]**41** {B} σπλαγχνισθείς 01 03 04 019 032 037 038 f[1] f[13] 33[vid] 565 700 892 1342 Byz lat[vl-pt, vg] sy cpa co got eth Basil ∥ ὀργισθείς 05 lat[vl-pt]

ἰδὼν ὁ Ἰησοῦς τὴν πίστιν αὐτῶν λέγει τῷ παραλυτικῷ· τέκνον, ἀφίενταί[1] σου αἱ ἁμαρτίαι. **6** ἦσαν δέ τινες τῶν γραμματέων ἐκεῖ καθήμενοι καὶ διαλογιζόμενοι ἐν ταῖς καρδίαις αὐτῶν· **7** τί οὗτος οὕτως λαλεῖ; βλασφημεῖ· τίς δύναται ἀφιέναι ἁμαρτίας εἰ μὴ εἷς ὁ θεός; **8** καὶ εὐθὺς ἐπιγνοὺς ὁ Ἰησοῦς τῷ πνεύματι αὐτοῦ ὅτι οὕτως διαλογίζονται ἐν ἑαυτοῖς λέγει αὐτοῖς· τί ταῦτα διαλογίζεσθε ἐν ταῖς καρδίαις ὑμῶν; **9** τί ἐστιν εὐκοπώτερον, εἰπεῖν τῷ παραλυτικῷ· ἀφίενταί[2] σου αἱ ἁμαρτίαι, ἢ εἰπεῖν· ἔγειρε καὶ ἆρον τὸν κράβαττόν σου καὶ περιπάτει; **10** ἵνα δὲ εἰδῆτε ὅτι ἐξουσίαν ἔχει ὁ υἱὸς τοῦ ἀνθρώπου ἀφιέναι ἁμαρτίας ἐπὶ τῆς γῆς – λέγει τῷ παραλυτικῷ· **11** σοὶ λέγω, ἔγειρε, ἆρον τὸν κράβαττόν σου καὶ ὕπαγε εἰς τὸν οἶκόν σου. **12** καὶ ἠγέρθη καὶ εὐθὺς ἄρας τὸν κράβαττον ἐξῆλθεν ἐναντίον πάντων, ὥστε ἐξίστασθαι πάντας καὶ δοξάζειν τὸν θεὸν λέγοντας ὅτι οὕτως οὐδέποτε εἴδομεν.

The Calling of Levi (Mt 9.9-13; Lk 5.27-32)

13 Καὶ ἐξῆλθεν πάλιν παρὰ τὴν θάλασσαν, καὶ πᾶς ὁ ὄχλος ἤρχετο πρὸς αὐτόν, καὶ ἐδίδασκεν αὐτούς. **14** καὶ παράγων εἶδεν Λευὶν[3] τὸν τοῦ Ἀλφαίου καθήμενον ἐπὶ τὸ τελώνιον καὶ λέγει αὐτῷ· ἀκολούθει μοι. καὶ ἀναστὰς ἠκολούθησεν αὐτῷ.

15 Καὶ γίνεται κατακεῖσθαι αὐτὸν ἐν τῇ οἰκίᾳ αὐτοῦ, καὶ πολλοὶ τελῶναι καὶ ἁμαρτωλοὶ συνανέκειντο τῷ Ἰησοῦ καὶ τοῖς μαθηταῖς αὐτοῦ· ἦσαν γὰρ πολλοὶ καὶ ἠκολούθουν αὐτῷ. **16** καὶ οἱ γραμματεῖς τῶν Φαρισαίων ἰδόντες[4] ὅτι ἐσθίει μετὰ

---

[1] **5** {B} ἀφίενται (see 2.9; Mt 9.2) 03 (037) (038) 33 565 1342 ∥ ἀφέωνται (see Lk 5.20) 𝔓⁸⁸ 01 04 05 019 032 f^1 f^{13} 700 892 *Byz* Eusebius

[2] **9** {B} ἀφίενται (see 2.5; Mt 9.5) 01 03 565 1342 lat^{vl-pt, vg} eth ∥ ἀφέωνται (see Lk 5.23) 04 05 019 032 037 038 f^1 f^{13} 33 700 892 *Byz* lat^{vl-pt}

[3] **14** {A} Λευίν (see Lk 5.27) 𝔓⁸⁸ 01² 03 04 019 032 f^1 700 892 1342 *Byz* lat^{vg} sy^{p, h} co cpa got eth ∥ Λευί 01* 02 037 3 33 Origen ∥ Ἰάκωβον (see 3.18) 05 038 f^{13} 565 lat^{vl} sy^f

[4] **15-16** {C} αὐτῷ. καὶ οἱ γραμματεῖς τῶν Φαρισαίων ἰδόντες 03 032 cpa^{mss} ∥ αὐτῷ. καὶ οἱ γραμματεῖς καὶ οἱ Φαρισαῖοι ἰδόντες 04 05 038 f^1 f^{13} 565 892 1342 *Byz* lat^{vl-pt, vg} sy co^{sa-mss} got ∥ αὐτῷ. οἱ δὲ γραμματεῖς καὶ οἱ Φαρισαῖοι ἰδόντες 042 700 lat^{vl-pt} ∥ αὐτῷ καὶ γραμματεῖς τῶν Φαρισαίων. καὶ ἰδόντες (𝔓⁸⁸ᵛⁱᵈ *but* οἱ γραμματεῖς) 01 019 (037 *omit first* καὶ) 33

τῶν ἁμαρτωλῶν καὶ τελωνῶν ἔλεγον τοῖς μαθηταῖς αὐτοῦ
ὅτι μετὰ τῶν τελωνῶν καὶ ἁμαρτωλῶν ἐσθίει[5]; **17** καὶ ἀκούσας ὁ Ἰησοῦς λέγει αὐτοῖς ὅτι οὐ χρείαν ἔχουσιν οἱ ἰσχύοντες ἰατροῦ ἀλλ᾽ οἱ κακῶς ἔχοντες· οὐκ ἦλθον καλέσαι δικαίους ἀλλ᾽ ἁμαρτωλούς.

The Question about Fasting   (Mt 9.14-17; Lk 5.33-39)

18 Καὶ ἦσαν οἱ μαθηταὶ Ἰωάννου καὶ οἱ Φαρισαῖοι νηστεύοντες. καὶ ἔρχονται καὶ λέγουσιν αὐτῷ· διὰ τί οἱ μαθηταὶ Ἰωάννου καὶ οἱ μαθηταὶ τῶν Φαρισαίων νηστεύουσιν, οἱ δὲ σοὶ μαθηταὶ οὐ νηστεύουσιν; **19** καὶ εἶπεν αὐτοῖς ὁ Ἰησοῦς· μὴ δύνανται οἱ υἱοὶ τοῦ νυμφῶνος ἐν ᾧ ὁ νυμφίος μετ᾽ αὐτῶν ἐστιν νηστεύειν; ὅσον χρόνον ἔχουσιν τὸν νυμφίον μετ᾽ αὐτῶν, οὐ δύνανται νηστεύειν. **20** ἐλεύσονται δὲ ἡμέραι, ὅταν ἀπαρθῇ ἀπ᾽ αὐτῶν ὁ νυμφίος, καὶ τότε νηστεύσουσιν ἐν ἐκείνῃ τῇ ἡμέρᾳ. **21** οὐδεὶς ἐπίβλημα ῥάκους ἀγνάφου ἐπιράπτει ἐπὶ ἱμάτιον παλαιόν· εἰ δὲ μή, αἴρει τὸ πλήρωμα ἀπ᾽ αὐτοῦ τὸ καινὸν τοῦ παλαιοῦ, καὶ χεῖρον σχίσμα γίνεται. **22** καὶ οὐδεὶς βάλλει οἶνον νέον εἰς ἀσκοὺς παλαιούς· εἰ δὲ μή, ῥήξει ὁ οἶνος τοὺς ἀσκοὺς καὶ ὁ οἶνος ἀπόλλυται καὶ οἱ ἀσκοί[6]· ἀλλ᾽ οἶνον νέον εἰς ἀσκοὺς καινούς.

Plucking Grain on the Sabbath   (Mt 12.1-8; Lk 6.1-5)

23 Καὶ ἐγένετο αὐτὸν ἐν τοῖς σάββασιν παραπορεύεσθαι διὰ τῶν σπορίμων, καὶ οἱ μαθηταὶ αὐτοῦ ἤρξαντο ὁδὸν ποιεῖν τίλλοντες τοὺς στάχυας. **24** καὶ οἱ Φαρισαῖοι ἔλεγον αὐτῷ· ἴδε τί ποιοῦσιν τοῖς σάββασιν ὃ οὐκ ἔξεστιν; **25** καὶ λέγει αὐτοῖς· οὐδέποτε ἀνέγνωτε τί ἐποίησεν Δαυίδ, ὅτε χρείαν ἔσχεν καὶ ἐπείνασεν αὐτὸς καὶ οἱ μετ᾽ αὐτοῦ, **26** πῶς εἰσῆλθεν εἰς τὸν

---

[5] **16** {B} ἐσθίει 03 05 032 lat^{vl-pt} ∥ ἐσθίει καὶ πίνει 𝔓^{88vid} f^1 33 892 *Byz* sy co^{sa-mss} ∥ ἐσθίετε 038 ∥ ἐσθίετε καὶ πίνετε (see Lk 5.30) 011 042 565 700 cpa ∥ ἐσθίει ὁ διδάσκαλος ὑμῶν (see Mt 9.11) 01 1342 ∥ ἐσθίει καὶ πίνει ὁ διδάσκαλος ὑμῶν (04) 019 037 f^{13} lat^{vl-pt, vg} (co) (eth)

[6] **22** {C} ἀπόλλυται καὶ οἱ ἀσκοί 𝔓^{88vid} 03 892 co^{bo} ∥ καὶ οἱ ἀσκοὶ ἀπολοῦνται (see Lk 5.37) 05 lat^{vl} ∥ ἐκχεῖται καὶ οἱ ἀσκοὶ ἀπολοῦνται (see Mt 9.17) 01 04 (019 038 ἀπολοῦνται or ἀπόλλυνται) (032 ἀπόλλυνται) 037 f^1 f^{13} 33 565 700 1342 *Byz* lat^{vg} (lat^{vg-mss}) sy cpa co^{sa} got eth

οἶκον τοῦ θεοῦ ἐπὶ Ἀβιαθὰρ ἀρχιερέως καὶ τοὺς ἄρτους τῆς προθέσεως ἔφαγεν οὓς οὐκ ἔξεστιν φαγεῖν εἰ μὴ τοὺς ἱερεῖς, καὶ ἔδωκεν καὶ τοῖς σὺν αὐτῷ οὖσιν; **27** καὶ ἔλεγεν αὐτοῖς· τὸ σάββατον διὰ τὸν ἄνθρωπον ἐγένετο καὶ οὐχ ὁ ἄνθρωπος διὰ τὸ σάββατον· **28** ὥστε κύριός ἐστιν ὁ υἱὸς τοῦ ἀνθρώπου καὶ τοῦ σαββάτου.

The Man with a Withered Hand (Mt 12.9-14; Lk 6.6-11)

3 Καὶ εἰσῆλθεν πάλιν εἰς τὴν συναγωγήν. καὶ ἦν ἐκεῖ ἄνθρωπος ἐξηραμμένην ἔχων τὴν χεῖρα. **2** καὶ παρετήρουν αὐτὸν εἰ τοῖς σάββασιν θεραπεύσει αὐτόν, ἵνα κατηγορήσωσιν αὐτοῦ. **3** καὶ λέγει τῷ ἀνθρώπῳ τῷ τὴν ξηρὰν χεῖρα ἔχοντι· ἔγειρε εἰς τὸ μέσον. **4** καὶ λέγει αὐτοῖς· ἔξεστιν τοῖς σάββασιν ἀγαθὸν ποιῆσαι ἢ κακοποιῆσαι, ψυχὴν σῶσαι ἢ ἀποκτεῖναι; οἱ δὲ ἐσιώπων. **5** καὶ περιβλεψάμενος αὐτοὺς μετ' ὀργῆς, συλλυπούμενος ἐπὶ τῇ πωρώσει τῆς καρδίας αὐτῶν λέγει τῷ ἀνθρώπῳ· ἔκτεινον τὴν χεῖρα. καὶ ἐξέτεινεν καὶ ἀπεκατεστάθη ἡ χεὶρ αὐτοῦ. **6** καὶ ἐξελθόντες οἱ Φαρισαῖοι εὐθὺς μετὰ τῶν Ἡρῳδιανῶν συμβούλιον ἐδίδουν κατ' αὐτοῦ ὅπως αὐτὸν ἀπολέσωσιν.

The Crowds by the Sea

7 Καὶ ὁ Ἰησοῦς μετὰ τῶν μαθητῶν αὐτοῦ ἀνεχώρησεν πρὸς τὴν θάλασσαν, καὶ πολὺ πλῆθος ἀπὸ τῆς Γαλιλαίας ἠκολούθησεν, καὶ ἀπὸ τῆς Ἰουδαίας **8** καὶ ἀπὸ Ἱεροσολύμων καὶ ἀπὸ τῆς Ἰδουμαίας καὶ πέραν τοῦ Ἰορδάνου καὶ περὶ Τύρον καὶ Σιδῶνα πλῆθος πολὺ ἀκούοντες ὅσα ἐποίει ἦλθον πρὸς αὐτόν. **9** καὶ εἶπεν τοῖς μαθηταῖς αὐτοῦ ἵνα πλοιάριον προσκαρτερῇ αὐτῷ διὰ τὸν ὄχλον ἵνα μὴ θλίβωσιν αὐτόν· **10** πολλοὺς γὰρ ἐθεράπευσεν, ὥστε ἐπιπίπτειν αὐτῷ ἵνα αὐτοῦ ἅψωνται ὅσοι εἶχον μάστιγας. **11** καὶ τὰ πνεύματα τὰ ἀκάθαρτα, ὅταν αὐτὸν ἐθεώρουν, προσέπιπτον αὐτῷ καὶ ἔκραζον λέγοντα ὅτι σὺ εἶ ὁ υἱὸς τοῦ θεοῦ. **12** καὶ πολλὰ ἐπετίμα αὐτοῖς ἵνα μὴ αὐτὸν φανερὸν ποιήσωσιν.

The Choosing of the Twelve (Mt 10.1-4; Lk 6.12-16)

13 Καὶ ἀναβαίνει εἰς τὸ ὄρος καὶ προσκαλεῖται οὓς ἤθελεν αὐτός, καὶ ἀπῆλθον πρὸς αὐτόν. 14 καὶ ἐποίησεν δώδεκα ἵνα ὦσιν μετ' αὐτοῦ[1] καὶ ἵνα ἀποστέλλῃ αὐτοὺς κηρύσσειν 15 καὶ ἔχειν ἐξουσίαν ἐκβάλλειν τὰ δαιμόνια· 16 καὶ[2] ἐπέθηκεν ὄνομα τῷ Σίμωνι Πέτρον, 17 καὶ Ἰάκωβον τὸν τοῦ Ζεβεδαίου καὶ Ἰωάννην τὸν ἀδελφὸν τοῦ Ἰακώβου καὶ ἐπέθηκεν αὐτοῖς ὀνόματα Βοανηργές, ὅ ἐστιν υἱοὶ βροντῆς· 18 καὶ Ἀνδρέαν καὶ Φίλιππον καὶ Βαρθολομαῖον καὶ Μαθθαῖον καὶ Θωμᾶν καὶ Ἰάκωβον τὸν τοῦ Ἁλφαίου καὶ Θαδδαῖον καὶ Σίμωνα τὸν Καναναῖον[3] 19 καὶ Ἰούδαν Ἰσκαριώθ, ὃς καὶ παρέδωκεν αὐτόν.

Jesus and Beelzebul (Mt 12.22-32; Lk 11.14-23; 12.10)

20 Καὶ ἔρχεται εἰς οἶκον· καὶ συνέρχεται πάλιν ὄχλος, ὥστε μὴ δύνασθαι αὐτοὺς μηδὲ ἄρτον φαγεῖν. 21 καὶ ἀκούσαντες οἱ παρ' αὐτοῦ ἐξῆλθον κρατῆσαι αὐτόν· ἔλεγον γὰρ ὅτι ἐξέστη.

22 Καὶ οἱ γραμματεῖς οἱ ἀπὸ Ἱεροσολύμων καταβάντες ἔλεγον ὅτι Βεελζεβοὺλ ἔχει καὶ ὅτι ἐν τῷ ἄρχοντι τῶν δαιμονίων ἐκβάλλει τὰ δαιμόνια.

23 Καὶ προσκαλεσάμενος αὐτοὺς ἐν παραβολαῖς ἔλεγεν αὐτοῖς· πῶς δύναται σατανᾶς σατανᾶν ἐκβάλλειν; 24 καὶ ἐὰν βασιλεία ἐφ' ἑαυτὴν μερισθῇ, οὐ δύναται σταθῆναι ἡ βασιλεία ἐκείνη· 25 καὶ ἐὰν οἰκία ἐφ' ἑαυτὴν μερισθῇ, οὐ δυνήσεται ἡ οἰκία ἐκείνη σταθῆναι. 26 καὶ εἰ ὁ σατανᾶς ἀνέστη ἐφ' ἑαυτὸν καὶ ἐμερίσθη, οὐ δύναται στῆναι ἀλλὰ τέλος ἔχει. 27 ἀλλ' οὐ δύναται οὐδεὶς εἰς τὴν οἰκίαν τοῦ ἰσχυροῦ εἰσελθὼν τὰ σκεύη

---

[1] 14 {B} δώδεκα ἵνα ὦσιν μετ' αὐτοῦ 04² 019 f^1 33 565 (700 ὦσιν περὶ αὐτόν) 892 1342 *Byz* lat^{vl-pt} sy co^{sa-ms} got ∥ ἵνα ὦσιν δώδεκα μετ' αὐτοῦ 05 lat$^{vl-pt, vg}$ ∥ δώδεκα, οὓς καὶ ἀποστόλους ὠνόμασεν, ἵνα ὦσιν μετ' αὐτοῦ (*see* Lk 6.13) 01 03 (04*vid *transpose* δώδεκα *after* ὠνόμασεν) 038 f^{13} sy^{hmg} co$^{sa-mss, bo}$ ∥ δώδεκα μαθητὰς ἵνα ὦσιν μετ' αὐτοῦ οὓς καὶ ἀποστόλους ὠνόμασεν 032 ∥ ἵνα ὦσιν μετ' αὐτοῦ δώδεκα οὓς καὶ ἀποστόλους ὠνόμασεν 037

[2] 16 {C} καί 04² 05 019 032 038 f^1 33 700 892 *Byz* lat sy co^{bo} got eth ∥ καὶ ἐποίησεν τοὺς δώδεκα καί 01 03 04* 037 565 (1342 *omit* τούς) co^{sa-ms} ∥ πρῶτον Σίμωνα καί f^{13} co^{sa}

[3] 18 {A} Καναναῖον 01 03 04 05 019 (032) 037 33 565 1342 co$^{sa-ms, bo}$ ∥ Κανανίτην 038 f^1 f^{13} 700 892 *Byz* co^{sa} got

αὐτοῦ διαρπάσαι, ἐὰν μὴ πρῶτον τὸν ἰσχυρὸν δήσῃ, καὶ τότε τὴν οἰκίαν αὐτοῦ διαρπάσει.

28 Ἀμὴν λέγω ὑμῖν ὅτι πάντα ἀφεθήσεται τοῖς υἱοῖς τῶν ἀνθρώπων τὰ ἁμαρτήματα καὶ αἱ βλασφημίαι ὅσα ἐὰν βλασφημήσωσιν· **29** ὃς δ᾽ ἂν βλασφημήσῃ εἰς τὸ πνεῦμα τὸ ἅγιον, οὐκ ἔχει ἄφεσιν εἰς τὸν αἰῶνα, ἀλλ᾽ ἔνοχός ἐστιν αἰωνίου ἁμαρτήματος[4]. **30** ὅτι ἔλεγον· πνεῦμα ἀκάθαρτον ἔχει.

The Mother and Brothers of Jesus (Mt 12.46-50; Lk 8.19-21)

31 Καὶ ἔρχεται ἡ μήτηρ αὐτοῦ καὶ οἱ ἀδελφοὶ αὐτοῦ καὶ ἔξω στήκοντες ἀπέστειλαν πρὸς αὐτὸν καλοῦντες αὐτόν. **32** καὶ ἐκάθητο περὶ αὐτὸν ὄχλος, καὶ λέγουσιν αὐτῷ· ἰδοὺ ἡ μήτηρ σου καὶ οἱ ἀδελφοί σου[5] ἔξω ζητοῦσίν σε. **33** καὶ ἀποκριθεὶς αὐτοῖς λέγει· τίς ἐστιν ἡ μήτηρ μου καὶ οἱ ἀδελφοί μου; **34** καὶ περιβλεψάμενος τοὺς περὶ αὐτὸν κύκλῳ καθημένους λέγει· ἴδε ἡ μήτηρ μου καὶ οἱ ἀδελφοί μου. **35** ὃς γὰρ ἂν ποιήσῃ τὸ θέλημα τοῦ θεοῦ, οὗτος ἀδελφός μου καὶ ἀδελφὴ καὶ μήτηρ ἐστίν.

The Parable of the Sower (Mt 13.1-9; Lk 8.4-8)

4 Καὶ πάλιν ἤρξατο διδάσκειν παρὰ τὴν θάλασσαν· καὶ συνάγεται πρὸς αὐτὸν ὄχλος πλεῖστος, ὥστε αὐτὸν εἰς πλοῖον ἐμβάντα καθῆσθαι ἐν τῇ θαλάσσῃ, καὶ πᾶς ὁ ὄχλος πρὸς τὴν θάλασσαν ἐπὶ τῆς γῆς ἦσαν. **2** καὶ ἐδίδασκεν αὐτοὺς ἐν παραβολαῖς πολλὰ καὶ ἔλεγεν αὐτοῖς ἐν τῇ διδαχῇ αὐτοῦ·

3 Ἀκούετε. ἰδοὺ ἐξῆλθεν ὁ σπείρων σπεῖραι. **4** καὶ ἐγένετο ἐν τῷ σπείρειν ὃ μὲν ἔπεσεν παρὰ τὴν ὁδόν, καὶ ἦλθεν τὰ πετεινὰ καὶ κατέφαγεν αὐτό. **5** καὶ ἄλλο ἔπεσεν ἐπὶ τὸ πετρῶδες ὅπου οὐκ εἶχεν γῆν πολλήν, καὶ εὐθὺς ἐξανέτειλεν διὰ τὸ μὴ ἔχειν βάθος γῆς· **6** καὶ ὅτε ἀνέτειλεν ὁ ἥλιος ἐκαυματίσθη καὶ διὰ τὸ μὴ ἔχειν ῥίζαν ἐξηράνθη. **7** καὶ ἄλλο ἔπεσεν εἰς τὰς ἀκάνθας, καὶ ἀνέβησαν αἱ ἄκανθαι καὶ συνέπνιξαν αὐτό, καὶ καρπὸν

---

[4]**29** {B} ἁμαρτήματος 01 03 019 037 038 33 565 892* ∥ ἁμαρτίας 04*vid 05 032 f^{13} Athanasius ∥ κρίσεως 04[2] f^1 700 892[c] 1342 *Byz* lat[vl-pt] sy[p, h] co[bo-mss] eth

[5]**32** {C} σου (*see* Mt 12.47; Lk 8.20) 01 03 04 011 019 032 037 038 042 064 f^1 f^{13} 33 565 892 1342 *TR Lect* lat[vl-pt, vg] sy co eth ∥ σου καὶ αἱ ἀδελφαί σου 05 700 *Byz* lat[vl-pt] sy[hmg] got

οὐκ ἔδωκεν. **8** καὶ ἄλλα ἔπεσεν εἰς τὴν γῆν τὴν καλὴν καὶ ἐδίδου καρπὸν ἀναβαίνοντα καὶ αὐξανόμενα καὶ ἔφερεν ἓν[1] τριάκοντα καὶ ἓν[1] ἑξήκοντα καὶ ἓν[1] ἑκατόν. **9** καὶ ἔλεγεν· ὃς ἔχει ὦτα ἀκούειν ἀκουέτω.

The Purpose of the Parables (Mt 13.10-17; Lk 8.9-10)

10 Καὶ ὅτε ἐγένετο κατὰ μόνας, ἠρώτων αὐτὸν οἱ περὶ αὐτὸν σὺν τοῖς δώδεκα τὰς παραβολάς. **11** καὶ ἔλεγεν αὐτοῖς· ὑμῖν τὸ μυστήριον δέδοται τῆς βασιλείας τοῦ θεοῦ· ἐκείνοις δὲ τοῖς ἔξω ἐν παραβολαῖς τὰ πάντα γίνεται,

Is 6.9-10 **12** ἵνα *βλέποντες βλέπωσιν καὶ μὴ ἴδωσιν,*
καὶ ἀκούοντες ἀκούσωσιν καὶ μὴ συνιῶσιν,
μήποτε ἐπιστρέψωσιν καὶ ἀφεθῇ αὐτοῖς.

The Parable of the Sower Explained (Mt 13.18-23; Lk 8.11-15)

13 Καὶ λέγει αὐτοῖς· οὐκ οἴδατε τὴν παραβολὴν ταύτην, καὶ πῶς πάσας τὰς παραβολὰς γνώσεσθε; **14** ὁ σπείρων τὸν λόγον σπείρει. **15** οὗτοι δέ εἰσιν οἱ παρὰ τὴν ὁδόν· ὅπου σπείρεται ὁ λόγος καὶ ὅταν ἀκούσωσιν, εὐθὺς ἔρχεται ὁ σατανᾶς καὶ αἴρει τὸν λόγον τὸν ἐσπαρμένον ἐν αὐτοῖς[2]. **16** καὶ οὗτοί εἰσιν ὁμοίως οἱ ἐπὶ τὰ πετρώδη σπειρόμενοι, οἳ ὅταν ἀκούσωσιν τὸν λόγον εὐθὺς μετὰ χαρᾶς λαμβάνουσιν αὐτόν, **17** καὶ οὐκ ἔχουσιν ῥίζαν ἐν ἑαυτοῖς ἀλλὰ πρόσκαιροί εἰσιν, εἶτα γενομένης θλίψεως ἢ διωγμοῦ διὰ τὸν λόγον εὐθὺς σκανδαλίζονται. **18** καὶ ἄλλοι εἰσὶν οἱ εἰς τὰς ἀκάνθας σπειρόμενοι· οὗτοί εἰσιν οἱ τὸν λόγον ἀκούσαντες, **19** καὶ αἱ μέριμναι τοῦ αἰῶνος καὶ ἡ ἀπάτη τοῦ πλούτου καὶ αἱ περὶ τὰ λοιπὰ ἐπιθυμίαι εἰσπορευόμεναι συμπνίγουσιν τὸν λόγον καὶ ἄκαρπος γίνεται. **20** καὶ ἐκεῖνοί εἰσιν οἱ ἐπὶ τὴν γῆν τὴν καλὴν σπαρέντες, οἵτινες ἀκούουσιν

---

[1]**8** ♦ ἓν ... ἓν ... ἓν (*see* 4.20) (032 το εν ... το εν ... το εν) f^{13} *TR* lat got ∥ ♦ ἐν ... ἐν ... ἐν f^1 33[vid] 565 892 1342 *Byz* ∥ εν ... εν ... εν 02 04² 05 011 038 042 ∥ εἰς ... εἰς ... εἰς 01 04*[vid] 037 700 ∥ εἰς ... ἐν ... ἐν 03² (03* *without accents*) 019

[2]**15** {C} ἐν αὐτοῖς 01 04 019 037 892 lat[vl-pt] ∥ εἰς αὐτούς 03 032 f^1 f^{13} ∥ ἐν ταῖς καρδίαις αὐτῶν (*see* Mt 13.19) 05 038 33 565 700 1342 *Byz* lat[vl-pt, (vg)] sy[h] got ∥ ἀπὸ τῆς καρδίας αὐτῶν (*see* Lk 8.12) 02 eth

τὸν λόγον καὶ παραδέχονται καὶ καρποφοροῦσιν ἓν³ τριάκοντα καὶ ἓν³ ἑξήκοντα καὶ ἓν³ ἑκατόν.

A Lamp on a Lampstand (Lk 8.16-18)

21 Καὶ ἔλεγεν αὐτοῖς· μήτι ἔρχεται ὁ λύχνος ἵνα ὑπὸ τὸν μόδιον τεθῇ ἢ ὑπὸ τὴν κλίνην; οὐχ ἵνα ἐπὶ τὴν λυχνίαν τεθῇ; **22** οὐ γάρ ἐστιν κρυπτὸν ἐὰν μὴ ἵνα φανερωθῇ, οὐδὲ ἐγένετο ἀπόκρυφον ἀλλ᾽ ἵνα ἔλθῃ εἰς φανερόν. **23** εἴ τις ἔχει ὦτα ἀκούειν ἀκουέτω. **24** καὶ ἔλεγεν αὐτοῖς· βλέπετε τί ἀκούετε. ἐν ᾧ μέτρῳ μετρεῖτε μετρηθήσεται ὑμῖν καὶ προστεθήσεται ὑμῖν⁴. **25** ὃς γὰρ ἔχει, δοθήσεται αὐτῷ· καὶ ὃς οὐκ ἔχει, καὶ ὃ ἔχει ἀρθήσεται ἀπ᾽ αὐτοῦ.

The Parable of the Growing Seed

26 Καὶ ἔλεγεν· οὕτως ἐστὶν ἡ βασιλεία τοῦ θεοῦ ὡς ἄνθρωπος βάλῃ τὸν σπόρον ἐπὶ τῆς γῆς **27** καὶ καθεύδῃ καὶ ἐγείρηται νύκτα καὶ ἡμέραν, καὶ ὁ σπόρος βλαστᾷ καὶ μηκύνηται ὡς οὐκ οἶδεν αὐτός. **28** αὐτομάτη ἡ γῆ καρποφορεῖ, πρῶτον χόρτον εἶτα στάχυν εἶτα πλήρης σῖτον ἐν τῷ στάχυϊ. **29** ὅταν δὲ παραδοῖ ὁ καρπός, εὐθὺς ἀποστέλλει τὸ δρέπανον, ὅτι παρέστηκεν ὁ θερισμός.

The Parable of the Mustard Seed (Mt 13.31-32; Lk 13.18-19)

30 Καὶ ἔλεγεν· πῶς ὁμοιώσωμεν τὴν βασιλείαν τοῦ θεοῦ ἢ ἐν τίνι αὐτὴν παραβολῇ θῶμεν; **31** ὡς κόκκον σινάπεως, ὃς ὅταν σπαρῇ ἐπὶ τῆς γῆς, μικρότερον ὂν πάντων τῶν σπερμάτων τῶν ἐπὶ τῆς γῆς, **32** καὶ ὅταν σπαρῇ, ἀναβαίνει καὶ γίνεται μεῖζον πάντων τῶν λαχάνων καὶ ποιεῖ κλάδους μεγάλους,

---

³**20** ♦ ἓν … ἓν … ἕν (032 το εν … το εν … το εν) *TR* co got eth ∥ ♦ ἐν … ἐν … ἐν (03² *omit second and third* ἐν) 019 *f*¹ *f*¹³ 33 565 700 892 1342 *Byz* Origen ∥ εν … εν … εν 01 02 (03* *omit second and third* εν) 04² (04* *omit second* εν) 05 011 037 038 042 sy^h

⁴**24** {A} καὶ προστεθήσεται ὑμῖν 01 03 04 019 037 700 892 lat^{vl-pt, vg} co^{bo-mss} eth ∥ καὶ προστεθήσεται ὑμῖν τοῖς ἀκούουσιν (038 περισσευθήσεται) *f*¹ *f*¹³ (33 *omit* ὑμῖν) 1342 *Byz* lat^{vl-pt} sy (co^{sa, bo-mss}) got ∥ τοῖς ἀκούουσιν 011 ∥ *omit* 05 032 565 lat^{vl-pt} co^{sa-ms}

ὥστε δύνασθαι ὑπὸ τὴν σκιὰν αὐτοῦ τὰ πετεινὰ τοῦ οὐρανοῦ κατασκηνοῦν.

The Use of Parables (Mt 13.34-35)

33 Καὶ τοιαύταις παραβολαῖς πολλαῖς ἐλάλει αὐτοῖς τὸν λόγον καθὼς ἠδύναντο ἀκούειν· **34** χωρὶς δὲ παραβολῆς οὐκ ἐλάλει αὐτοῖς, κατ᾽ ἰδίαν δὲ τοῖς ἰδίοις μαθηταῖς ἐπέλυεν πάντα.

The Calming of a Storm (Mt 8.23-27; Lk 8.22-25)

35 Καὶ λέγει αὐτοῖς ἐν ἐκείνῃ τῇ ἡμέρᾳ ὀψίας γενομένης· διέλθωμεν εἰς τὸ πέραν. **36** καὶ ἀφέντες τὸν ὄχλον παραλαμβάνουσιν αὐτὸν ὡς ἦν ἐν τῷ πλοίῳ, καὶ ἄλλα πλοῖα ἦν μετ᾽ αὐτοῦ. **37** καὶ γίνεται λαῖλαψ μεγάλη ἀνέμου καὶ τὰ κύματα ἐπέβαλλεν εἰς τὸ πλοῖον, ὥστε ἤδη γεμίζεσθαι τὸ πλοῖον. **38** καὶ αὐτὸς ἦν ἐν τῇ πρύμνῃ ἐπὶ τὸ προσκεφάλαιον καθεύδων. καὶ ἐγείρουσιν αὐτὸν καὶ λέγουσιν αὐτῷ· διδάσκαλε, οὐ μέλει σοι ὅτι ἀπολλύμεθα; **39** καὶ διεγερθεὶς ἐπετίμησεν τῷ ἀνέμῳ καὶ εἶπεν τῇ θαλάσσῃ· σιώπα, πεφίμωσο. καὶ ἐκόπασεν ὁ ἄνεμος καὶ ἐγένετο γαλήνη μεγάλη. **40** καὶ εἶπεν αὐτοῖς· τί δειλοί ἐστε; οὔπω [5] ἔχετε πίστιν; **41** καὶ ἐφοβήθησαν φόβον μέγαν καὶ ἔλεγον πρὸς ἀλλήλους· τίς ἄρα οὗτός ἐστιν ὅτι καὶ ὁ ἄνεμος καὶ ἡ θάλασσα ὑπακούει αὐτῷ;

The Demons and the Pigs (Mt 8.28-34; Lk 8.26-39)

5 Καὶ ἦλθον εἰς τὸ πέραν τῆς θαλάσσης εἰς τὴν χώραν τῶν Γερασηνῶν[1]. **2** καὶ ἐξελθόντος αὐτοῦ ἐκ τοῦ πλοίου εὐθὺς ὑπήντησεν αὐτῷ ἐκ τῶν μνημείων ἄνθρωπος ἐν πνεύματι ἀκαθάρτῳ, **3** ὃς τὴν κατοίκησιν εἶχεν ἐν τοῖς μνήμασιν, καὶ οὐδὲ ἁλύσει οὐκέτι οὐδεὶς ἐδύνατο αὐτὸν δῆσαι **4** διὰ τὸ αὐτὸν πολ-

---

[5] **40** {A} δειλοί ἐστε; οὔπω 01 03 05 019 037 038 565 700 892* 1342 lat^{vl-pt, vg} co ∥ δειλοί ἐστε οὕτως; 032 ∥ οὕτως δειλοί ἐστε; οὔπω 𝔓^{45vid}? f¹ f¹³ (892^c οὕτως *after* ἐστε) ∥ οὕτως δειλοί ἐστε; πῶς οὐκ 𝔓^{45vid}? 0167^{vid} ∥ δειλοί ἐστε οὕτως; πῶς οὐκ 04 33 *Byz* (lat^{vl-pt}) sy^h got Basil

[1] **1** {C} Γερασηνῶν (*see* Lk 8.26) 01* 03 05 lat co^{sa} ∥ Γαδαρηνῶν (*see* Mt 8.28) 04 f¹³ 1342 *Byz* sy^{p, h} got mss^{acc. to Origen} ∥ Γεργεσηνῶν 01² 019 037 038 f¹ 33 565 700 892 *Lect* sy^{s, hmg} co^{bo} eth ∥ Γεργυστηνῶν 032

λάκις πέδαις καὶ ἁλύσεσιν δεδέσθαι καὶ διεσπάσθαι ὑπ' αὐτοῦ τὰς ἁλύσεις καὶ τὰς πέδας συντετρῖφθαι, καὶ οὐδεὶς ἴσχυεν αὐτὸν δαμάσαι· **5** καὶ διὰ παντὸς νυκτὸς καὶ ἡμέρας ἐν τοῖς μνήμασιν καὶ ἐν τοῖς ὄρεσιν ἦν κράζων καὶ κατακόπτων ἑαυτὸν λίθοις. **6** καὶ ἰδὼν τὸν Ἰησοῦν ἀπὸ μακρόθεν ἔδραμεν καὶ προσεκύνησεν αὐτῷ **7** καὶ κράξας φωνῇ μεγάλῃ λέγει· τί ἐμοὶ καὶ σοί, Ἰησοῦ υἱὲ τοῦ θεοῦ τοῦ ὑψίστου; ὁρκίζω σε τὸν θεόν, μή με βασανίσῃς. **8** ἔλεγεν γὰρ αὐτῷ· ἔξελθε τὸ πνεῦμα τὸ ἀκάθαρτον ἐκ τοῦ ἀνθρώπου. **9** καὶ ἐπηρώτα αὐτόν· τί ὄνομά σοι; καὶ λέγει αὐτῷ· λεγιὼν ὄνομά μοι, ὅτι πολλοί ἐσμεν. **10** καὶ παρεκάλει αὐτὸν πολλὰ ἵνα μὴ αὐτὰ ἀποστείλῃ ἔξω τῆς χώρας. **11** ἦν δὲ ἐκεῖ πρὸς τῷ ὄρει ἀγέλη χοίρων μεγάλη βοσκομένη· **12** καὶ παρεκάλεσαν αὐτὸν λέγοντες· πέμψον ἡμᾶς εἰς τοὺς χοίρους, ἵνα εἰς αὐτοὺς εἰσέλθωμεν. **13** καὶ ἐπέτρεψεν αὐτοῖς. καὶ ἐξελθόντα τὰ πνεύματα τὰ ἀκάθαρτα εἰσῆλθον εἰς τοὺς χοίρους, καὶ ὥρμησεν ἡ ἀγέλη κατὰ τοῦ κρημνοῦ εἰς τὴν θάλασσαν, ὡς δισχίλιοι, καὶ ἐπνίγοντο ἐν τῇ θαλάσσῃ.

14 Καὶ οἱ βόσκοντες αὐτοὺς ἔφυγον καὶ ἀπήγγειλαν εἰς τὴν πόλιν καὶ εἰς τοὺς ἀγρούς· καὶ ἦλθον ἰδεῖν τί ἐστιν τὸ γεγονός **15** καὶ ἔρχονται πρὸς τὸν Ἰησοῦν καὶ θεωροῦσιν τὸν δαιμονιζόμενον καθήμενον ἱματισμένον καὶ σωφρονοῦντα, τὸν ἐσχηκότα τὸν λεγιῶνα, καὶ ἐφοβήθησαν. **16** καὶ διηγήσαντο αὐτοῖς οἱ ἰδόντες πῶς ἐγένετο τῷ δαιμονιζομένῳ καὶ περὶ τῶν χοίρων. **17** καὶ ἤρξαντο παρακαλεῖν αὐτὸν ἀπελθεῖν ἀπὸ τῶν ὁρίων αὐτῶν.

18 Καὶ ἐμβαίνοντος αὐτοῦ εἰς τὸ πλοῖον παρεκάλει αὐτὸν ὁ δαιμονισθεὶς ἵνα μετ' αὐτοῦ ᾖ. **19** καὶ οὐκ ἀφῆκεν αὐτόν, ἀλλὰ λέγει αὐτῷ· ὕπαγε εἰς τὸν οἶκόν σου πρὸς τοὺς σοὺς καὶ ἀπάγγειλον αὐτοῖς ὅσα ὁ κύριός σοι πεποίηκεν καὶ ἠλέησέν σε. **20** καὶ ἀπῆλθεν καὶ ἤρξατο κηρύσσειν ἐν τῇ Δεκαπόλει ὅσα ἐποίησεν αὐτῷ ὁ Ἰησοῦς, καὶ πάντες ἐθαύμαζον.

Jairus' Daughter and the Woman Who Touched Jesus' Garment
(Mt 9.18-26; Lk 8.40-56)

21 Καὶ διαπεράσαντος τοῦ Ἰησοῦ ἐν τῷ πλοίῳ πάλιν εἰς τὸ πέραν συνήχθη ὄχλος πολὺς ἐπ' αὐτόν, καὶ ἦν παρὰ τὴν θάλασσαν. **22** καὶ ἔρχεται εἷς τῶν ἀρχισυναγώγων, ὀνόματι Ἰάϊρος, καὶ ἰδὼν αὐτὸν πίπτει πρὸς τοὺς πόδας αὐτοῦ **23** καὶ παρακαλεῖ αὐτὸν πολλὰ λέγων ὅτι τὸ θυγάτριόν μου ἐσχάτως ἔχει, ἵνα ἐλθὼν ἐπιθῇς τὰς χεῖρας αὐτῇ ἵνα σωθῇ καὶ ζήσῃ. **24** καὶ ἀπῆλθεν μετ' αὐτοῦ. καὶ ἠκολούθει αὐτῷ ὄχλος πολὺς καὶ συνέθλιβον αὐτόν.

25 Καὶ γυνὴ οὖσα ἐν ῥύσει αἵματος δώδεκα ἔτη **26** καὶ πολλὰ παθοῦσα ὑπὸ πολλῶν ἰατρῶν καὶ δαπανήσασα τὰ παρ' αὐτῆς πάντα καὶ μηδὲν ὠφεληθεῖσα ἀλλὰ μᾶλλον εἰς τὸ χεῖρον ἐλθοῦσα, **27** ἀκούσασα περὶ τοῦ Ἰησοῦ, ἐλθοῦσα ἐν τῷ ὄχλῳ ὄπισθεν ἥψατο τοῦ ἱματίου αὐτοῦ· **28** ἔλεγεν γὰρ ὅτι ἐὰν ἄψωμαι κἂν τῶν ἱματίων αὐτοῦ σωθήσομαι. **29** καὶ εὐθὺς ἐξηράνθη ἡ πηγὴ τοῦ αἵματος αὐτῆς καὶ ἔγνω τῷ σώματι ὅτι ἴαται ἀπὸ τῆς μάστιγος. **30** καὶ εὐθὺς ὁ Ἰησοῦς ἐπιγνοὺς ἐν ἑαυτῷ τὴν ἐξ αὐτοῦ δύναμιν ἐξελθοῦσαν ἐπιστραφεὶς ἐν τῷ ὄχλῳ ἔλεγεν· τίς μου ἥψατο τῶν ἱματίων; **31** καὶ ἔλεγον αὐτῷ οἱ μαθηταὶ αὐτοῦ· βλέπεις τὸν ὄχλον συνθλίβοντά σε καὶ λέγεις· τίς μου ἥψατο; **32** καὶ περιεβλέπετο ἰδεῖν τὴν τοῦτο ποιήσασαν. **33** ἡ δὲ γυνὴ φοβηθεῖσα καὶ τρέμουσα, εἰδυῖα ὃ γέγονεν αὐτῇ, ἦλθεν καὶ προσέπεσεν αὐτῷ καὶ εἶπεν αὐτῷ πᾶσαν τὴν ἀλήθειαν. **34** ὁ δὲ εἶπεν αὐτῇ· θυγάτηρ, ἡ πίστις σου σέσωκέν σε· ὕπαγε εἰς εἰρήνην καὶ ἴσθι ὑγιὴς ἀπὸ τῆς μάστιγός σου.

35 Ἔτι αὐτοῦ λαλοῦντος ἔρχονται ἀπὸ τοῦ ἀρχισυναγώγου λέγοντες ὅτι ἡ θυγάτηρ σου ἀπέθανεν· τί ἔτι σκύλλεις τὸν διδάσκαλον; **36** ὁ δὲ Ἰησοῦς παρακούσας[2] τὸν λόγον λαλούμενον λέγει τῷ ἀρχισυναγώγῳ· μὴ φοβοῦ, μόνον πίστευε. **37** καὶ οὐκ ἀφῆκεν οὐδένα μετ' αὐτοῦ συνακολουθῆσαι εἰ μὴ τὸν Πέτρον καὶ Ἰάκωβον καὶ Ἰωάννην τὸν ἀδελφὸν Ἰακώβου. **38** καὶ ἔρχονται εἰς τὸν οἶκον τοῦ ἀρχισυναγώγου, καὶ θεωρεῖ θόρυβον καὶ κλαίοντας καὶ ἀλαλάζοντας πολλά, **39** καὶ εἰσελθὼν λέγει αὐτοῖς· τί θορυβεῖσθε καὶ κλαίετε; τὸ παιδίον οὐκ ἀπέθανεν ἀλλὰ καθεύδει. **40** καὶ κατεγέλων αὐτοῦ. αὐτὸς δὲ

---

[2]**36** {B} παρακούσας 01*, 1, 2b 03 019 032 037 892* lat^(vl-pt) ∥ ἀκούσας (see Lk 8.50) 01^(2a) 05 038 f^1 565 700 892^c 1342 lat^(vl-pt, vg) ∥ εὐθέως ἀκούσας 04 (042) f^{13} 33 Byz lat^(vl-pt) sy^h got ∥ ἀκούσας εὐθέως 022

ἐκβαλὼν πάντας παραλαμβάνει τὸν πατέρα τοῦ παιδίου καὶ τὴν μητέρα καὶ τοὺς μετ᾽ αὐτοῦ καὶ εἰσπορεύεται ὅπου ἦν τὸ παιδίον. **41** καὶ κρατήσας τῆς χειρὸς τοῦ παιδίου λέγει αὐτῇ· ταλιθα κουμ, ὅ ἐστιν μεθερμηνευόμενον· τὸ κοράσιον, σοὶ λέγω, ἔγειρε. **42** καὶ εὐθὺς ἀνέστη τὸ κοράσιον καὶ περιεπάτει· ἦν γὰρ ἐτῶν δώδεκα. καὶ ἐξέστησαν εὐθὺς ἐκστάσει μεγάλῃ. **43** καὶ διεστείλατο αὐτοῖς πολλὰ ἵνα μηδεὶς γνοῖ τοῦτο, καὶ εἶπεν δοθῆναι αὐτῇ φαγεῖν.

The Rejection of Jesus at Nazareth   (Mt 13.53-58; Lk 4.16-30)

6 Καὶ ἐξῆλθεν ἐκεῖθεν καὶ ἔρχεται εἰς τὴν πατρίδα αὐτοῦ, καὶ ἀκολουθοῦσιν αὐτῷ οἱ μαθηταὶ αὐτοῦ. **2** καὶ γενομένου σαββάτου ἤρξατο διδάσκειν ἐν τῇ συναγωγῇ, καὶ πολλοὶ ἀκούοντες ἐξεπλήσσοντο λέγοντες· πόθεν τούτῳ ταῦτα, καὶ τίς ἡ σοφία ἡ δοθεῖσα τούτῳ, καὶ αἱ δυνάμεις τοιαῦται διὰ τῶν χειρῶν αὐτοῦ γινόμεναι; **3** οὐχ οὗτός ἐστιν ὁ τέκτων, ὁ υἱὸς[1] τῆς Μαρίας καὶ ἀδελφὸς Ἰακώβου καὶ Ἰωσῆτος καὶ Ἰούδα καὶ Σίμωνος; καὶ οὐκ εἰσὶν αἱ ἀδελφαὶ αὐτοῦ ὧδε πρὸς ἡμᾶς; καὶ ἐσκανδαλίζοντο ἐν αὐτῷ. **4** καὶ ἔλεγεν αὐτοῖς ὁ Ἰησοῦς ὅτι οὐκ ἔστιν προφήτης ἄτιμος εἰ μὴ ἐν τῇ πατρίδι αὐτοῦ καὶ ἐν τοῖς συγγενεῦσιν αὐτοῦ καὶ ἐν τῇ οἰκίᾳ αὐτοῦ. **5** καὶ οὐκ ἐδύνατο ἐκεῖ ποιῆσαι οὐδεμίαν δύναμιν, εἰ μὴ ὀλίγοις ἀρρώστοις ἐπιθεὶς τὰς χεῖρας ἐθεράπευσεν. **6** καὶ ἐθαύμαζεν διὰ τὴν ἀπιστίαν αὐτῶν. καὶ περιῆγεν τὰς κώμας κύκλῳ διδάσκων.

The Mission of the Twelve   (Mt 10.1, 5-15; Lk 9.1-6)

7 Καὶ προσκαλεῖται τοὺς δώδεκα καὶ ἤρξατο αὐτοὺς ἀποστέλλειν δύο δύο καὶ ἐδίδου αὐτοῖς ἐξουσίαν τῶν πνευμάτων τῶν ἀκαθάρτων, **8** καὶ παρήγγειλεν αὐτοῖς ἵνα μηδὲν αἴρωσιν εἰς ὁδὸν εἰ μὴ ῥάβδον μόνον, μὴ ἄρτον, μὴ πήραν, μὴ εἰς τὴν ζώνην χαλκόν, **9** ἀλλ᾽ ὑποδεδεμένους σανδάλια, καὶ μὴ ἐνδύσησθε δύο χιτῶνας. **10** καὶ ἔλεγεν αὐτοῖς· ὅπου ἐὰν εἰσέλθητε

---

[1] 3 {A} τέκτων, ὁ υἱός 01 03 04 05 019 032 037 038 042ᶜ f¹ 892 1342 *Byz* lat^(vl-pt, vg) got Celsus^(acc. to Origen) // τοῦ τέκτονος υἱὸς καί (*see* Mt 13.55) (𝔓⁴⁵ ὁ υἱός) (042*ᵛⁱᵈ 565 lat^(vl-pt) *omit* καί) f¹³ 33 700 lat^(vl-pt) Origen

εἰς οἰκίαν, ἐκεῖ μένετε ἕως ἂν ἐξέλθητε ἐκεῖθεν. 11 καὶ ὃς ἂν τόπος μὴ δέξηται ὑμᾶς μηδὲ ἀκούσωσιν ὑμῶν, ἐκπορευόμενοι ἐκεῖθεν ἐκτινάξατε τὸν χοῦν τὸν ὑποκάτω τῶν ποδῶν ὑμῶν εἰς μαρτύριον αὐτοῖς.[2] 12 καὶ ἐξελθόντες ἐκήρυξαν ἵνα μετανοῶσιν, 13 καὶ δαιμόνια πολλὰ ἐξέβαλλον, καὶ ἤλειφον ἐλαίῳ πολλοὺς ἀρρώστους καὶ ἐθεράπευον.

The Death of John the Baptist (Mt 14.1-12; Lk 9.7-9)

14 Καὶ ἤκουσεν ὁ βασιλεὺς Ἡρῴδης, φανερὸν γὰρ ἐγένετο τὸ ὄνομα αὐτοῦ, καὶ ἔλεγον[3] ὅτι Ἰωάννης ὁ βαπτίζων ἐγήγερται ἐκ νεκρῶν καὶ διὰ τοῦτο ἐνεργοῦσιν αἱ δυνάμεις ἐν αὐτῷ. 15 ἄλλοι δὲ ἔλεγον ὅτι Ἠλίας ἐστίν· ἄλλοι δὲ ἔλεγον ὅτι προφήτης ὡς εἷς τῶν προφητῶν. 16 ἀκούσας δὲ ὁ Ἡρῴδης ἔλεγεν· ὃν ἐγὼ ἀπεκεφάλισα Ἰωάννην, οὗτος ἠγέρθη.

17 Αὐτὸς γὰρ ὁ Ἡρῴδης ἀποστείλας ἐκράτησεν τὸν Ἰωάννην καὶ ἔδησεν αὐτὸν ἐν φυλακῇ διὰ Ἡρῳδιάδα τὴν γυναῖκα Φιλίππου τοῦ ἀδελφοῦ αὐτοῦ, ὅτι αὐτὴν ἐγάμησεν· 18 ἔλεγεν γὰρ ὁ Ἰωάννης τῷ Ἡρῴδῃ ὅτι οὐκ ἔξεστίν σοι ἔχειν τὴν γυναῖκα τοῦ ἀδελφοῦ σου. 19 ἡ δὲ Ἡρῳδιὰς ἐνεῖχεν αὐτῷ καὶ ἤθελεν αὐτὸν ἀποκτεῖναι, καὶ οὐκ ἠδύνατο· 20 ὁ γὰρ Ἡρῴδης ἐφοβεῖτο τὸν Ἰωάννην, εἰδὼς αὐτὸν ἄνδρα δίκαιον καὶ ἅγιον, καὶ συνετήρει αὐτόν, καὶ ἀκούσας αὐτοῦ πολλὰ ἠπόρει[4], καὶ ἡδέως αὐτοῦ ἤκουεν.

21 Καὶ γενομένης ἡμέρας εὐκαίρου ὅτε Ἡρῴδης τοῖς γενεσίοις αὐτοῦ δεῖπνον ἐποίησεν τοῖς μεγιστᾶσιν αὐτοῦ καὶ τοῖς χιλιάρχοις καὶ τοῖς πρώτοις τῆς Γαλιλαίας, 22 καὶ εἰσελθού-

---

[2] 11 {A} αὐτοῖς. 01 03 04 05 019 032 037 038 565 892* 1342 lat^(vl-pt, vg) sy^s co^(sa, bo-mss) // αὐτοῖς. ἀμὴν λέγω ὑμῖν· ἀνεκτότερον ἔσται Σοδόμοις ἢ Γομόρροις ἐν ἡμέρᾳ κρίσεως ἢ τῇ πόλει ἐκείνῃ (see Mt 10.15; with minor variants) f^1 f^13 33 700 892^c Byz lat^(vl-pt) sy^(f, p, h) co^(bo-mss) got eth Origen^(lat)

[3] 14 {B} ἔλεγον 03 (05) 032 0167? lat^(vl-pt, vg-ms) co^(sa-ms) // ἔλεγεν 01 04 019 037 038 0167? f^1 f^13 33 565 700 892 1342 Byz lat^(vl-pt, vg) sy cpa co^(sa-mss, bo) got eth

[4] 20 {C} ἠπόρει 01 03 019 038 // ἠπορεῖτο 032 // ἐποίει 04 05 f^1 33 565 700 892 1342 Byz lat sy cpa got // ἃ ἐποίει f^13 eth // omit 037 co^(bo-ms)

σης τῆς θυγατρὸς αὐτοῦ⁵ Ἡρῳδιάδος καὶ ὀρχησαμένης ἤρεσεν τῷ Ἡρῴδῃ καὶ τοῖς συνανακειμένοις. ὁ δὲ βασιλεὺς εἶπεν τῷ κορασίῳ· αἴτησόν με ὃ ἐὰν θέλῃς, καὶ δώσω σοι· **23** καὶ ὤμοσεν αὐτῇ ὅ τι ἐάν με αἰτήσῃς δώσω σοι ἕως ἡμίσους τῆς βασιλείας μου. **24** καὶ ἐξελθοῦσα εἶπεν τῇ μητρὶ αὐτῆς· τί αἰτήσωμαι; ἡ δὲ εἶπεν· τὴν κεφαλὴν Ἰωάννου τοῦ βαπτίζοντος. **25** καὶ εἰσελθοῦσα εὐθὺς μετὰ σπουδῆς πρὸς τὸν βασιλέα ᾐτήσατο λέγουσα· θέλω ἵνα ἐξαυτῆς δῷς μοι ἐπὶ πίνακι τὴν κεφαλὴν Ἰωάννου τοῦ βαπτιστοῦ. **26** καὶ περίλυπος γενόμενος ὁ βασιλεὺς διὰ τοὺς ὅρκους καὶ τοὺς ἀνακειμένους οὐκ ἠθέλησεν ἀθετῆσαι αὐτήν· **27** καὶ εὐθὺς ἀποστείλας ὁ βασιλεὺς σπεκουλάτορα ἐπέταξεν ἐνέγκαι τὴν κεφαλὴν αὐτοῦ. καὶ ἀπελθὼν ἀπεκεφάλισεν αὐτὸν ἐν τῇ φυλακῇ **28** καὶ ἤνεγκεν τὴν κεφαλὴν αὐτοῦ ἐπὶ πίνακι καὶ ἔδωκεν αὐτὴν τῷ κορασίῳ, καὶ τὸ κοράσιον ἔδωκεν αὐτὴν τῇ μητρὶ αὐτῆς. **29** καὶ ἀκούσαντες οἱ μαθηταὶ αὐτοῦ ἦλθον καὶ ἦραν τὸ πτῶμα αὐτοῦ καὶ ἔθηκαν αὐτὸ ἐν μνημείῳ.

The Feeding of the Five Thousand (Mt 14.13-21; Lk 9.10-17; Jn 6.1-14)

30 Καὶ συνάγονται οἱ ἀπόστολοι πρὸς τὸν Ἰησοῦν καὶ ἀπήγγειλαν αὐτῷ πάντα ὅσα ἐποίησαν καὶ ὅσα ἐδίδαξαν. **31** καὶ λέγει αὐτοῖς· δεῦτε ὑμεῖς αὐτοὶ κατ᾽ ἰδίαν εἰς ἔρημον τόπον καὶ ἀναπαύσασθε ὀλίγον. ἦσαν γὰρ οἱ ἐρχόμενοι καὶ οἱ ὑπάγοντες πολλοί, καὶ οὐδὲ φαγεῖν εὐκαίρουν.

32 Καὶ ἀπῆλθον ἐν τῷ πλοίῳ εἰς ἔρημον τόπον κατ᾽ ἰδίαν. **33** καὶ εἶδον αὐτοὺς ὑπάγοντας καὶ ἐπέγνωσαν πολλοὶ καὶ πεζῇ ἀπὸ πασῶν τῶν πόλεων συνέδραμον ἐκεῖ καὶ προῆλθον αὐτούς⁶.

---

⁵**22** {D} θυγατρὸς αὐτοῦ 01 03 05 019 037 565 // θυγατρὸς αὐτῆς τῆς 04 (032 omit τῆς) 038 f^{13} 33 700 892 Byz lat$^{vl-pt,\,vg}$ sy^h // θυγατρὸς τῆς f^1 lat^{vl-pt} got eth

⁶**33** {B} ἐκεῖ καὶ προῆλθον αὐτούς 01 03 892 1342 lat$^{vl-pt,\,vg}$ // καὶ προῆλθον αὐτοῖς 0187^{vid} // ἐκεῖ καὶ προσῆλθον αὐτούς 019 (037 038 αὐτοῖς) // ἐκεῖ καὶ συνῆλθον αὐτοῦ 05 (700 ἐκεῖσε and αὐτῷ) (565 lat^{vl-pt} ἦλθον) lat^{vl-pt} // καὶ ἦλθον ἐκεῖ f^1 // πρὸς αὐτοὺς καὶ συνῆλθον πρὸς αὐτόν 33 // ἐκεῖ καὶ προῆλθον αὐτοὺς καὶ συνῆλθον πρὸς αὐτόν (02 συνέδραμον for συνῆλθον) (022) (042) (f^{13} συνεισῆλθον πρὸς αὐτούς) Byz// ἐκεῖ 032 lat^{vl-pt}

34 Καὶ ἐξελθὼν εἶδεν πολὺν ὄχλον καὶ ἐσπλαγχνίσθη ἐπ᾽ αὐτούς, ὅτι ἦσαν ὡς πρόβατα μὴ ἔχοντα ποιμένα, καὶ ἤρξατο διδάσκειν αὐτοὺς πολλά.

35 Καὶ ἤδη ὥρας πολλῆς γενομένης προσελθόντες αὐτῷ οἱ μαθηταὶ αὐτοῦ ἔλεγον ὅτι ἔρημός ἐστιν ὁ τόπος καὶ ἤδη ὥρα πολλή· 36 ἀπόλυσον αὐτούς, ἵνα ἀπελθόντες εἰς τοὺς κύκλῳ ἀγροὺς καὶ κώμας ἀγοράσωσιν ἑαυτοῖς τί φάγωσιν. 37 ὁ δὲ ἀποκριθεὶς εἶπεν αὐτοῖς· δότε αὐτοῖς ὑμεῖς φαγεῖν. καὶ λέγουσιν αὐτῷ· ἀπελθόντες ἀγοράσωμεν δηναρίων διακοσίων ἄρτους καὶ δώσομεν αὐτοῖς φαγεῖν; 38 ὁ δὲ λέγει αὐτοῖς· πόσους ἄρτους ἔχετε; ὑπάγετε ἴδετε. καὶ γνόντες λέγουσιν· πέντε, καὶ δύο ἰχθύας. 39 καὶ ἐπέταξεν αὐτοῖς ἀνακλῖναι πάντας συμπόσια συμπόσια ἐπὶ τῷ χλωρῷ χόρτῳ. 40 καὶ ἀνέπεσαν πρασιαὶ πρασιαὶ ἀνὰ ἑκατὸν καὶ ἀνὰ πεντήκοντα. 41 καὶ λαβὼν τοὺς πέντε ἄρτους καὶ τοὺς δύο ἰχθύας ἀναβλέψας εἰς τὸν οὐρανὸν εὐλόγησεν καὶ κατέκλασεν τοὺς ἄρτους καὶ ἐδίδου τοῖς μαθηταῖς αὐτοῦ ἵνα παρατιθῶσιν αὐτοῖς, καὶ τοὺς δύο ἰχθύας ἐμέρισεν πᾶσιν. 42 καὶ ἔφαγον πάντες καὶ ἐχορτάσθησαν, 43 καὶ ἦραν κλάσματα δώδεκα κοφίνων πληρώματα καὶ ἀπὸ τῶν ἰχθύων. 44 καὶ ἦσαν οἱ φαγόντες τοὺς ἄρτους πεντακισχίλιοι ἄνδρες.

Walking on the Water (Mt 14.22-23; Jn 6.15-21)

45 Καὶ εὐθὺς ἠνάγκασεν τοὺς μαθητὰς αὐτοῦ ἐμβῆναι εἰς τὸ πλοῖον καὶ προάγειν εἰς τὸ πέραν[7] πρὸς Βηθσαϊδάν, ἕως αὐτὸς ἀπολύει τὸν ὄχλον. 46 καὶ ἀποταξάμενος αὐτοῖς ἀπῆλθεν εἰς τὸ ὄρος προσεύξασθαι. 47 καὶ ὀψίας γενομένης ἦν τὸ πλοῖον ἐν μέσῳ τῆς θαλάσσης, καὶ αὐτὸς μόνος ἐπὶ τῆς γῆς. 48 καὶ ἰδὼν αὐτοὺς βασανιζομένους ἐν τῷ ἐλαύνειν, ἦν γὰρ ὁ ἄνεμος ἐναντίος αὐτοῖς, περὶ τετάρτην φυλακὴν τῆς νυκτὸς ἔρχεται πρὸς αὐτοὺς περιπατῶν ἐπὶ τῆς θαλάσσης καὶ ἤθελεν παρελθεῖν αὐτούς. 49 οἱ δὲ ἰδόντες αὐτὸν ἐπὶ τῆς θαλάσσης περιπατοῦντα ἔδοξαν ὅτι φάντασμά ἐστιν, καὶ ἀνέκραξαν· 50 πάντες γὰρ

---

[7]45 {A} εἰς τὸ πέραν (see Mt 14.22) 01 03 05 019 037 038 f^{13} 33 565 700 892 1342 Byz lat$^{vl-pt, vg}$ sy$^{p, h}$ cpa co^{sa} eth Origen // omit 𝔓^{45} 032 f^1 lat^{vl-pt} sy^s

αὐτὸν εἶδον καὶ ἐταράχθησαν. ὁ δὲ εὐθὺς ἐλάλησεν μετ' αὐτῶν, καὶ λέγει αὐτοῖς· θαρσεῖτε, ἐγώ εἰμι· μὴ φοβεῖσθε. **51** καὶ ἀνέβη πρὸς αὐτοὺς εἰς τὸ πλοῖον καὶ ἐκόπασεν ὁ ἄνεμος, καὶ λίαν ἐκ περισσοῦ ἐν ἑαυτοῖς ἐξίσταντο· **52** οὐ γὰρ συνῆκαν ἐπὶ τοῖς ἄρτοις, ἀλλ' ἦν αὐτῶν ἡ καρδία πεπωρωμένη.

The Healing of the Sick in Gennesaret   (Mt 14.34-36)

53 Καὶ διαπεράσαντες ἐπὶ τὴν γῆν ἦλθον εἰς Γεννησαρὲτ καὶ προσωρμίσθησαν. **54** καὶ ἐξελθόντων αὐτῶν ἐκ τοῦ πλοίου εὐθὺς ἐπιγνόντες αὐτὸν **55** περιέδραμον ὅλην τὴν χώραν ἐκείνην καὶ ἤρξαντο ἐπὶ τοῖς κραβάττοις τοὺς κακῶς ἔχοντας περιφέρειν ὅπου ἤκουον ὅτι ἐστίν. **56** καὶ ὅπου ἂν εἰσεπορεύετο εἰς κώμας ἢ εἰς πόλεις ἢ εἰς ἀγρούς, ἐν ταῖς ἀγοραῖς ἐτίθεσαν τοὺς ἀσθενοῦντας καὶ παρεκάλουν αὐτὸν ἵνα κἂν τοῦ κρασπέδου τοῦ ἱματίου αὐτοῦ ἅψωνται· καὶ ὅσοι ἂν ἥψαντο αὐτοῦ ἐσῴζοντο.

The Tradition of the Elders   (Mt 15.1-20)

7 Καὶ συνάγονται πρὸς αὐτὸν οἱ Φαρισαῖοι καί τινες τῶν γραμματέων ἐλθόντες ἀπὸ Ἱεροσολύμων. **2** καὶ ἰδόντες τινὰς τῶν μαθητῶν αὐτοῦ ὅτι κοιναῖς χερσίν, τοῦτ' ἔστιν ἀνίπτοις, ἐσθίουσιν τοὺς ἄρτους[1] **3** – οἱ γὰρ Φαρισαῖοι καὶ πάντες οἱ Ἰουδαῖοι ἐὰν μὴ πυγμῇ[2] νίψωνται τὰς χεῖρας οὐκ ἐσθίουσιν, κρατοῦντες τὴν παράδοσιν τῶν πρεσβυτέρων, **4** καὶ ἀπ' ἀγορᾶς ἐὰν μὴ βαπτίσωνται[3] οὐκ ἐσθίουσιν, καὶ ἄλλα πολλά ἐστιν ἃ παρέλαβον κρατεῖν, βαπτισμοὺς ποτηρίων καὶ ξεστῶν καὶ χαλκίων καὶ κλινῶν[4] – **5** καὶ ἐπερωτῶσιν αὐτὸν οἱ

---

[1] 2 {A} ἄρτους 01 02 03 011 019 037 0274 261 351 892 1342 Byz^{pt} lat^{vl-pt} sy^s co got eth // ἄρτους εμεμψαντο 022 032 038 042 0292^{vid} f^1 f^{13} 3 18 33 35 105 565 700 Byz^{pt} TR $lat^{vl-pt, vg}$ $sy^{p, h}$ // ἄρτους κατέγνωσαν 05

[2] 3 {A} πυγμῇ 03 05 019 038 0131^{vid} 0274 0292 f^1 f^{13} 33 565 700 892 1342 Byz lat^{vl} $sy^{p, h}$ Origen // πυκνά 01 032 lat^{vg} co^{bo} got eth // omit 037 sy^s

[3] 4 {B} βαπτίσωνται $\mathfrak{P}^{45}$? 05 032 038 f^1 f^{13} 33 565 700 892 Byz Origen // καταβαπτίσωνται $\mathfrak{P}^{45}$? // βαπτισονται 022 042 1342 // βαπτίζωνται 037 // βαπτίζονται 019 // ῥαντίσωνται 01 03 co^{sa}

[4] 4 {C} καὶ κλινῶν 05 032 038 0292 f^1 f^{13} 33 565 700 892 Byz lat $sy^{p, h}$ co^{sa-mss} got eth Origen // omit $\mathfrak{P}^{45vid}$ 01 03 019 037^c 1342 sy^s $co^{sa-ms, bo}$

Φαρισαῖοι καὶ οἱ γραμματεῖς· διὰ τί οὐ περιπατοῦσιν οἱ μαθηταί σου κατὰ τὴν παράδοσιν τῶν πρεσβυτέρων, ἀλλὰ κοιναῖς χερσὶν ἐσθίουσιν τὸν ἄρτον; **6** Ὁ δὲ εἶπεν αὐτοῖς· καλῶς ἐπροφήτευσεν Ἠσαΐας περὶ ὑμῶν τῶν ὑποκριτῶν, ὡς γέγραπται·

Is 29.13 LXX
οὗτος ὁ λαὸς τοῖς χείλεσίν με τιμᾷ,
ἡ δὲ καρδία αὐτῶν πόρρω ἀπέχει ἀπ' ἐμοῦ·
7 *μάτην δὲ σέβονταί με*
διδάσκοντες διδασκαλίας ἐντάλματα ἀνθρώπων.

8 ἀφέντες τὴν ἐντολὴν τοῦ θεοῦ κρατεῖτε τὴν παράδοσιν τῶν ἀνθρώπων.⁵ **9** καὶ ἔλεγεν αὐτοῖς· καλῶς ἀθετεῖτε τὴν ἐντολὴν τοῦ θεοῦ, ἵνα τὴν παράδοσιν ὑμῶν τηρήσητε⁶. **10** Μωϋσῆς γὰρ εἶπεν· *τίμα τὸν πατέρα σου καὶ τὴν μητέρα σου,* καί· *ὁ κακολογῶν πατέρα ἢ μητέρα θανάτῳ τελευτάτω.* **11** ὑμεῖς δὲ λέγετε· ἐὰν εἴπῃ ἄνθρωπος τῷ πατρὶ ἢ τῇ μητρί· κορβᾶν, ὅ ἐστιν δῶρον, ὃ ἐὰν ἐξ ἐμοῦ ὠφεληθῇς, **12** καὶ οὐκέτι ἀφίετε αὐτὸν οὐδὲν ποιῆσαι τῷ πατρὶ ἢ τῇ μητρί, **13** ἀκυροῦντες τὸν λόγον τοῦ θεοῦ τῇ παραδόσει ὑμῶν ᾗ παρεδώκατε· καὶ παρόμοια τοιαῦτα πολλὰ ποιεῖτε.

Ex 20.12;
Dt 5.16 ·
Ex 21.17;
Lv 20.9

14 Καὶ προσκαλεσάμενος πάλιν τὸν ὄχλον ἔλεγεν αὐτοῖς· ἀκούσατέ μου πάντες καὶ σύνετε. **15** οὐδέν ἐστιν ἔξωθεν τοῦ ἀνθρώπου εἰσπορευόμενον εἰς αὐτὸν ὃ δύναται κοινῶσαι αὐτόν, ἀλλὰ τὰ ἐκ τοῦ ἀνθρώπου ἐκπορευόμενά ἐστιν τὰ κοινοῦντα τὸν ἄνθρωπον. ⟦**16** εἴ τις ἔχει ὦτα ἀκούειν ἀκουέτω.⟧ ⁷

---

⁵**8** {A} ἀφέντες … ἀνθρώπων. 𝔓⁴⁵ 01 03 019 032 037 0274 *f*¹ (*Lect*ᵖᵗ *end of the lection*) co Basil ∥ ἀφέντες … ἀνθρώπων· βαπτισμοὺς ξεστῶν καὶ ποτηρίων καὶ ἄλλα παρόμοια τοιαῦτα πολλὰ ποιεῖτε. (02 βαπτισμοῦ *and omit* ἄλλα) *f*¹³ 33 700 892 (1342 coᵇᵒ⁻ᵐˢ *add only* βαπτισμοὺς ποτηρίων καὶ ξεστῶν καὶ χαλκίων) *Byz Lect*ᵖᵗ latᵛˡ⁻ᵖᵗ, ᵛᵍ (syᵖ, ʰ) got (eth) ∥ βαπτισμοὺς ξεστῶν καὶ ποτηρίων καὶ ἄλλα παρόμοια ἃ ποιεῖται τοιαῦτα πολλὰ ἀφέντες … ἀνθρώπων. 05 latᵛˡ⁻ᵖᵗ ∥ βαπτισμοὺς ποτηρίων καὶ ξεστῶν καὶ ἄλλα παρόμοια τοιαῦτα ποιεῖτε ἀφέντες … ἀνθρώπων. 038 565 latᵛˡ⁻ᵖᵗ ∥ *omit verse 8* (*see* Mt 15.3) syˢ

⁶**9** {B} τηρήσητε 01 (τηρῆτε 03) 019 037 *f*¹³ 33 700 892 1342 *Byz* latᵛˡ⁻ᵖᵗ, ᵛᵍ syʰ cpa co got eth ∥ στήσητε 05 032 038 *f*¹ 565 latᵛˡ⁻ᵖᵗ syˢ, ᵖ

⁷**16** {A} *no addition* 01 03 019 037* 0274 1342 *Lect*ᵖᵗ coˢᵃ⁻ᵐˢˢ, ᵇᵒ⁻ᵐˢˢ ∥ *add verse 16* (*see* 4.9, 23) 05 032 037ᶜ 038 *f*¹ *f*¹³ 33 565 700 892 *Byz Lect*ᵖᵗ lat sy cpa coˢᵃ⁻ᵐˢˢ, ᵇᵒ⁻ᵐˢˢ got eth

17 Καὶ ὅτε εἰσῆλθεν εἰς οἶκον ἀπὸ τοῦ ὄχλου, ἐπηρώτων αὐτὸν οἱ μαθηταὶ αὐτοῦ τὴν παραβολήν. **18** καὶ λέγει αὐτοῖς· οὕτως καὶ ὑμεῖς ἀσύνετοί ἐστε; οὐ νοεῖτε ὅτι πᾶν τὸ ἔξωθεν εἰσπορευόμενον εἰς τὸν ἄνθρωπον οὐ δύναται αὐτὸν κοινῶσαι **19** ὅτι οὐκ εἰσπορεύεται αὐτοῦ εἰς τὴν καρδίαν ἀλλ᾽ εἰς τὴν κοιλίαν, καὶ εἰς τὸν ἀφεδρῶνα ἐκπορεύεται, καθαρίζων[8] πάντα τὰ βρώματα; **20** ἔλεγεν δὲ ὅτι τὸ ἐκ τοῦ ἀνθρώπου ἐκπορευόμενον, ἐκεῖνο κοινοῖ τὸν ἄνθρωπον. **21** ἔσωθεν γὰρ ἐκ τῆς καρδίας τῶν ἀνθρώπων οἱ διαλογισμοὶ οἱ κακοὶ ἐκπορεύονται, πορνεῖαι, κλοπαί, φόνοι, **22** μοιχεῖαι, πλεονεξίαι, πονηρίαι, δόλος, ἀσέλγεια, ὀφθαλμὸς πονηρός, βλασφημία, ὑπερηφανία, ἀφροσύνη· **23** πάντα ταῦτα τὰ πονηρὰ ἔσωθεν ἐκπορεύεται καὶ κοινοῖ τὸν ἄνθρωπον.

The Syrophoenician Woman's Faith   (Mt 15.21-28)

24 Ἐκεῖθεν δὲ ἀναστὰς ἀπῆλθεν εἰς τὰ ὅρια Τύρου[9]. καὶ εἰσελθὼν εἰς οἰκίαν οὐδένα ἤθελεν γνῶναι, καὶ οὐκ ἠδυνήθη λαθεῖν· **25** ἀλλ᾽ εὐθὺς ἀκούσασα γυνὴ περὶ αὐτοῦ, ἧς εἶχεν τὸ θυγάτριον αὐτῆς πνεῦμα ἀκάθαρτον, ἐλθοῦσα προσέπεσεν πρὸς τοὺς πόδας αὐτοῦ· **26** ἡ δὲ γυνὴ ἦν Ἑλληνίς, Συροφοινίκισσα τῷ γένει· καὶ ἠρώτα αὐτὸν ἵνα τὸ δαιμόνιον ἐκβάλῃ ἐκ τῆς θυγατρὸς αὐτῆς. **27** καὶ ἔλεγεν αὐτῇ· ἄφες πρῶτον χορτασθῆναι τὰ τέκνα, οὐ γάρ ἐστιν καλὸν λαβεῖν τὸν ἄρτον τῶν τέκνων καὶ τοῖς κυναρίοις βαλεῖν. **28** ἡ δὲ ἀπεκρίθη καὶ λέγει αὐτῷ· κύριε[10]· καὶ τὰ κυνάρια ὑποκάτω τῆς τραπέζης ἐσθίουσιν ἀπὸ τῶν ψιχίων τῶν παιδίων. **29** καὶ εἶπεν αὐτῇ· διὰ τοῦτον τὸν λόγον ὕπαγε, ἐξελήλυθεν ἐκ τῆς θυγατρός σου τὸ δαιμόνιον. **30** καὶ ἀπελθοῦσα εἰς τὸν οἶκον αὐτῆς εὗρεν τὸ παιδίον βεβλημένον ἐπὶ τὴν κλίνην καὶ τὸ δαιμόνιον ἐξεληλυθός.

---

[8]**19** {A} καθαρίζων 01 02 03 011 019 032 037 038 0274 f^1 f^{13} 565 892 1342 Lect^{pt} sy^h Origen ∥ καθαρίζον 33^{vid} 700 Byz Lect^{pt} ∥ καθαρίζει 05 (lat^{vl-pt} καὶ καθαρίζει) got

[9]**24** ♦ Τύρου 05 019 032 037 038 565 lat^{vl-pt} sy^s cpa Origen ∥ ♦ Τύρου καὶ Σιδῶνος (see Mt 15.21) 01 03 f^1 f^{13} 33 700 892 1342 Byz lat$^{vl-pt, vg}$ sy$^{p, h}$ co got eth

[10]**28** {B} κύριε 𝔓^{45} 05 032 038 0274 f^{13} 565 700 lat^{vl-pt} sy^s ∥ ναί, κύριε (see Mt 15.27) 01 03 019 037 f^1 33 892 1342 Byz lat$^{vl-pt, vg}$ sy$^{p, h}$ cpa co got eth Basil

The Healing of a Deaf Man

31 Καὶ πάλιν ἐξελθὼν ἐκ τῶν ὁρίων Τύρου ἦλθεν διὰ Σιδῶνος[11] εἰς τὴν θάλασσαν τῆς Γαλιλαίας ἀνὰ μέσον τῶν ὁρίων Δεκαπόλεως. **32** καὶ φέρουσιν αὐτῷ κωφὸν καὶ μογιλάλον καὶ παρακαλοῦσιν αὐτὸν ἵνα ἐπιθῇ αὐτῷ τὴν χεῖρα. **33** καὶ ἀπολαβόμενος αὐτὸν ἀπὸ τοῦ ὄχλου κατ' ἰδίαν ἔβαλεν τοὺς δακτύλους αὐτοῦ εἰς τὰ ὦτα αὐτοῦ καὶ πτύσας ἥψατο τῆς γλώσσης αὐτοῦ, **34** καὶ ἀναβλέψας εἰς τὸν οὐρανὸν ἐστέναξεν καὶ λέγει αὐτῷ· εφφαθα, ὅ ἐστιν διανοίχθητι. **35** καὶ[12] ἠνοίγησαν αὐτοῦ αἱ ἀκοαί, καὶ ἐλύθη ὁ δεσμὸς τῆς γλώσσης αὐτοῦ καὶ ἐλάλει ὀρθῶς. **36** καὶ διεστείλατο αὐτοῖς ἵνα μηδενὶ λέγωσιν· ὅσον δὲ αὐτοῖς διεστέλλετο, αὐτοὶ μᾶλλον περισσότερον ἐκήρυσσον. **37** καὶ ὑπερπερισσῶς ἐξεπλήσσοντο λέγοντες· καλῶς πάντα πεποίηκεν, καὶ τοὺς κωφοὺς ποιεῖ ἀκούειν καὶ ἀλάλους λαλεῖν.

The Feeding of the Four Thousand (Mt 15.32-39)

8 Ἐν ἐκείναις ταῖς ἡμέραις πάλιν πολλοῦ ὄχλου ὄντος καὶ μὴ ἐχόντων τί φάγωσιν, προσκαλεσάμενος τοὺς μαθητὰς λέγει αὐτοῖς· **2** σπλαγχνίζομαι ἐπὶ τὸν ὄχλον, ὅτι ἤδη ἡμέραι τρεῖς προσμένουσίν μοι καὶ οὐκ ἔχουσιν τί φάγωσιν· **3** καὶ ἐὰν ἀπολύσω αὐτοὺς νήστεις εἰς οἶκον αὐτῶν, ἐκλυθήσονται ἐν τῇ ὁδῷ· καί τινες αὐτῶν ἀπὸ μακρόθεν ἥκασιν. **4** καὶ ἀπεκρίθησαν αὐτῷ οἱ μαθηταὶ αὐτοῦ ὅτι πόθεν τούτους δυνήσεταί τις ὧδε χορτάσαι ἄρτων ἐπ' ἐρημίας; **5** καὶ ἠρώτα αὐτούς· πόσους ἔχετε ἄρτους; οἱ δὲ εἶπαν· ἑπτά. **6** καὶ παραγγέλλει τῷ ὄχλῳ ἀναπεσεῖν ἐπὶ τῆς γῆς· καὶ λαβὼν τοὺς ἑπτὰ ἄρτους εὐχαριστήσας ἔκλασεν καὶ ἐδίδου τοῖς μαθηταῖς αὐτοῦ ἵνα παρατιθῶσιν, καὶ παρέθηκαν τῷ ὄχλῳ. **7** καὶ εἶχον ἰχθύδια ὀλίγα· καὶ εὐλογήσας αὐτὰ[1] εἶπεν καὶ

---

[11]**31** {A} ἦλθεν διὰ Σιδῶνος 01 03 05 019 037 038* (038ᶜ προσῆλθεν ὁ Ἰησοῦς διὰ Σιδῶνος) 33 565 700 892 1342 latᵛˡ⁻ᵖᵗ,ᵛᵍ cpa coˢᵃ⁻ᵐˢˢ,ᵇᵒ eth ∥ καὶ Σιδῶνος ἦλθεν 𝔓⁴⁵ᵛⁱᵈ 032 0131ᵛⁱᵈ f¹ f¹³ Byz latᵛˡ⁻ᵖᵗ sy coˢᵃ⁻ᵐˢˢ got

[12]**35** {B} καί 01 03 05 019 037 0131* 0274 33 892 1342 latᵛˡ⁻ᵖᵗ coˢᵃ⁻ᵐˢˢ,ᵇᵒ ∥ καὶ εὐθέως 𝔓⁴⁵ 032 038 0131ᶜ f¹ f¹³ 565 700 Byz latᵛˡ⁻ᵖᵗ,ᵛᵍ sy cpa coˢᵃ⁻ᵐˢˢ got eth

[1]**7** {B} εὐλογήσας αὐτά 01 03 04 019 037 038 892 1342 eth ∥ αὐτὰ εὐλογήσας (02 ταῦτα εὐλογήσας) 022 032 042 0131 f¹ f¹³ 565 Lect (latᵛˡ⁻ᵖᵗ,ᵛᵍ) syʰ (got) ∥ εὐλογήσας 33 700 Byz ∥ εὐχαριστήσας 05 latᵛˡ⁻ᵖᵗ

ταῦτα παρατιθέναι. **8** καὶ ἔφαγον καὶ ἐχορτάσθησαν, καὶ ἦραν περισσεύματα κλασμάτων ἑπτὰ σπυρίδας. **9** ἦσαν δὲ ὡς τετρακισχίλιοι. καὶ ἀπέλυσεν αὐτούς.

10 Καὶ εὐθὺς ἐμβὰς εἰς τὸ πλοῖον μετὰ τῶν μαθητῶν αὐτοῦ ἦλθεν εἰς τὰ μέρη Δαλμανουθά².

The Demand for a Sign (Mt 16.1-4)

11 Καὶ ἐξῆλθον οἱ Φαρισαῖοι καὶ ἤρξαντο συζητεῖν αὐτῷ, ζητοῦντες παρ' αὐτοῦ σημεῖον ἀπὸ τοῦ οὐρανοῦ, πειράζοντες αὐτόν. **12** καὶ ἀναστενάξας τῷ πνεύματι αὐτοῦ λέγει· τί ἡ γενεὰ αὕτη ζητεῖ σημεῖον; ἀμὴν λέγω ὑμῖν, εἰ δοθήσεται τῇ γενεᾷ ταύτῃ σημεῖον. **13** καὶ ἀφεὶς αὐτοὺς πάλιν ἐμβὰς ἀπῆλθεν εἰς τὸ πέραν.

The Yeast of the Pharisees and of Herod (Mt 16.5-12)

14 Καὶ ἐπελάθοντο λαβεῖν ἄρτους καὶ εἰ μὴ ἕνα ἄρτον οὐκ εἶχον μεθ' ἑαυτῶν ἐν τῷ πλοίῳ. **15** καὶ διεστέλλετο αὐτοῖς λέγων· ὁρᾶτε, βλέπετε ἀπὸ τῆς ζύμης τῶν Φαρισαίων καὶ τῆς ζύμης Ἡρῴδου. **16** καὶ διελογίζοντο πρὸς ἀλλήλους ὅτι ἄρτους οὐκ ἔχουσιν³. **17** καὶ γνοὺς λέγει αὐτοῖς· τί διαλογίζεσθε ὅτι ἄρτους οὐκ ἔχετε; οὔπω νοεῖτε οὐδὲ συνίετε; πεπωρωμένην ἔχετε τὴν καρδίαν ὑμῶν;

18 *ὀφθαλμοὺς ἔχοντες οὐ βλέπετε* Jr 5.21
      καὶ ὦτα ἔχοντες οὐκ ἀκούετε;
καὶ οὐ μνημονεύετε, **19** ὅτε τοὺς πέντε ἄρτους ἔκλασα εἰς τοὺς πεντακισχιλίους, πόσους κοφίνους κλασμάτων πλήρεις ἤρατε; λέγουσιν αὐτῷ· δώδεκα. **20** ὅτε τοὺς ἑπτὰ εἰς τοὺς τετρακισχιλίους, πόσων σπυρίδων πληρώματα κλασμάτων ἤρατε; καὶ λέγουσιν αὐτῷ· ἑπτά. **21** καὶ ἔλεγεν αὐτοῖς· οὔπω συνίετε;

---

²**10** {B} Δαλμανουθά 01 03 04 019 (032) 037 0131 0274 33 700 892 1342 *Byz* lat^vg sy^p,h co eth ∥ Μαγεδά 05^c (05*) (038) (*f*¹) (*f*¹³) 565 lat^vl cpa (got)

³**16** {B} ἔχουσιν 𝔓⁴⁵ 03 032 *f*¹ 565 700 1342 lat^vg ∥ ἔχομεν 01 04 019 037 038 *f*¹³ 33 892 *Byz* sy^p,h cpa co^bo-mss got ∥ εἶχαν 05

The Healing of a Blind Man at Bethsaida

22 Καὶ ἔρχονται εἰς Βηθσαϊδάν. καὶ φέρουσιν αὐτῷ τυφλὸν καὶ παρακαλοῦσιν αὐτὸν ἵνα αὐτοῦ ἅψηται. **23** καὶ ἐπιλαβόμενος τῆς χειρὸς τοῦ τυφλοῦ ἐξήνεγκεν αὐτὸν ἔξω τῆς κώμης καὶ πτύσας εἰς τὰ ὄμματα αὐτοῦ, ἐπιθεὶς τὰς χεῖρας αὐτῷ ἐπηρώτα αὐτόν· εἴ τι βλέπεις; **24** καὶ ἀναβλέψας ἔλεγεν· βλέπω τοὺς ἀνθρώπους ὅτι ὡς δένδρα ὁρῶ περιπατοῦντας. **25** εἶτα πάλιν ἐπέθηκεν τὰς χεῖρας ἐπὶ τοὺς ὀφθαλμοὺς αὐτοῦ, καὶ διέβλεψεν καὶ ἀπεκατέστη καὶ ἐνέβλεπεν τηλαυγῶς ἅπαντα. **26** καὶ ἀπέστειλεν αὐτὸν εἰς οἶκον αὐτοῦ λέγων· μηδὲ εἰς τὴν κώμην εἰσέλθῃς[4].

Peter's Declaration about Jesus (Mt 16.13-20; Lk 9.18-21)

27 Καὶ ἐξῆλθεν ὁ Ἰησοῦς καὶ οἱ μαθηταὶ αὐτοῦ εἰς τὰς κώμας Καισαρείας τῆς Φιλίππου· καὶ ἐν τῇ ὁδῷ ἐπηρώτα τοὺς μαθητὰς αὐτοῦ λέγων αὐτοῖς· τίνα με λέγουσιν οἱ ἄνθρωποι εἶναι; **28** οἱ δὲ εἶπαν αὐτῷ λέγοντες ὅτι Ἰωάννην τὸν βαπτιστήν, καὶ ἄλλοι Ἠλίαν, ἄλλοι δὲ ὅτι εἷς τῶν προφητῶν. **29** καὶ αὐτὸς ἐπηρώτα αὐτούς· ὑμεῖς δὲ τίνα με λέγετε εἶναι; ἀποκριθεὶς ὁ Πέτρος λέγει αὐτῷ· σὺ εἶ ὁ χριστός. **30** καὶ ἐπετίμησεν αὐτοῖς ἵνα μηδενὶ λέγωσιν περὶ αὐτοῦ.

Jesus Foretells His Death and Resurrection (Mt 16.21-23; Lk 9.22)

31 Καὶ ἤρξατο διδάσκειν αὐτοὺς ὅτι δεῖ τὸν υἱὸν τοῦ ἀνθρώπου πολλὰ παθεῖν καὶ ἀποδοκιμασθῆναι ὑπὸ τῶν πρεσβυτέρων καὶ τῶν ἀρχιερέων καὶ τῶν γραμματέων καὶ ἀποκτανθῆναι καὶ μετὰ τρεῖς ἡμέρας ἀναστῆναι· **32** καὶ παρρησίᾳ τὸν λόγον ἐλάλει. καὶ προσλαβόμενος ὁ Πέτρος αὐτὸν ἤρξατο ἐπιτιμᾶν αὐτῷ. **33** ὁ δὲ ἐπιστραφεὶς καὶ ἰδὼν τοὺς μαθητὰς αὐτοῦ ἐπετίμησεν

---

[4] **26** {B} μηδὲ εἰς τὴν κώμην εἰσέλθῃς (01* 032 μή) 01² 03 019 037* f^1 sy^s co$^{sa, bo-mss, fa}$ // μηδὲ εἰς τὴν κώμην εἰσέλθῃς μηδὲ εἴπῃς τινὶ ἐν τῇ κώμῃ 02^c (02*^{vid} eth ἐν τῇ πόλει) 04 037^c 33^{vid} 700 (892 τινὶ τῶν) (1342 *omit* τήν) Byz sy$^{p, h}$ got // ὕπαγε εἰς τὸν οἶκον σου καὶ μηδενὶ εἴπῃς εἰς τὴν κώμην 05 lat^{vl-pt} (lat^{vl-pt} *omit* ὕπαγε … καί) // ὕπαγε εἰς οἶκον σου καὶ ἐὰν εἰς τὴν κώμην εἰσέλθῃς μηδενὶ εἴπῃς ἐν τῇ κώμῃ 038 (f^{13} τὸν οἶκον *and* εἴπῃς μηδέ) (565 τὸν οἶκον) (lat^{vl-pt}) (lat$^{vl-pt, vg}$ *omit* ἐν τῇ κώμῃ)

Πέτρῳ καὶ λέγει· ὕπαγε ὀπίσω μου, σατανᾶ, ὅτι οὐ φρονεῖς τὰ τοῦ θεοῦ ἀλλὰ τὰ τῶν ἀνθρώπων.

A Call to Discipleship (Mt 16.24-28; Lk 9.23-27)

34 Καὶ προσκαλεσάμενος τὸν ὄχλον σὺν τοῖς μαθηταῖς αὐτοῦ εἶπεν αὐτοῖς· εἴ τις θέλει ὀπίσω μου ἀκολουθεῖν, ἀπαρνησάσθω ἑαυτὸν καὶ ἀράτω τὸν σταυρὸν αὐτοῦ καὶ ἀκολουθείτω μοι. **35** ὃς γὰρ ἐὰν θέλῃ τὴν ψυχὴν αὐτοῦ σῶσαι ἀπολέσει αὐτήν· ὃς δ᾽ ἂν ἀπολέσῃ τὴν ψυχὴν αὐτοῦ ἕνεκεν ἐμοῦ καὶ τοῦ εὐαγγελίου σώσει αὐτήν. **36** τί γὰρ ὠφελεῖ ἄνθρωπον κερδῆσαι τὸν κόσμον ὅλον καὶ ζημιωθῆναι τὴν ψυχὴν αὐτοῦ; **37** τί γὰρ δοῖ ἄνθρωπος ἀντάλλαγμα τῆς ψυχῆς αὐτοῦ; **38** ὃς γὰρ ἐὰν ἐπαισχυνθῇ με καὶ τοὺς ἐμοὺς λόγους ἐν τῇ γενεᾷ ταύτῃ τῇ μοιχαλίδι καὶ ἁμαρτωλῷ, καὶ ὁ υἱὸς τοῦ ἀνθρώπου ἐπαισχυνθήσεται αὐτόν, ὅταν ἔλθῃ ἐν τῇ δόξῃ τοῦ πατρὸς αὐτοῦ μετὰ τῶν ἀγγέλων τῶν ἁγίων.

9 Καὶ ἔλεγεν αὐτοῖς· ἀμὴν λέγω ὑμῖν ὅτι εἰσίν τινες τῶν ὧδε ἑστηκότων οἵτινες οὐ μὴ γεύσωνται θανάτου, ἕως ἂν ἴδωσιν τὴν βασιλείαν τοῦ θεοῦ ἐληλυθυῖαν ἐν δυνάμει.

The Transfiguration of Jesus (Mt 17.1-13; Lk 9.28-36)

2 Καὶ μετὰ ἡμέρας ἓξ παραλαμβάνει ὁ Ἰησοῦς τὸν Πέτρον καὶ τὸν Ἰάκωβον καὶ τὸν Ἰωάννην καὶ ἀναφέρει αὐτοὺς εἰς ὄρος ὑψηλὸν κατ᾽ ἰδίαν μόνους. καὶ μετεμορφώθη ἔμπροσθεν αὐτῶν, **3** καὶ τὰ ἱμάτια αὐτοῦ ἐγένετο στίλβοντα λευκὰ λίαν οἷα γναφεὺς ἐπὶ τῆς γῆς οὐ δύναται οὕτως λευκᾶναι. **4** καὶ ὤφθη αὐτοῖς Ἠλίας σὺν Μωϋσεῖ, καὶ ἦσαν συλλαλοῦντες τῷ Ἰησοῦ. **5** καὶ ἀποκριθεὶς ὁ Πέτρος λέγει τῷ Ἰησοῦ· ῥαββί, καλόν ἐστιν ἡμᾶς ὧδε εἶναι, καὶ ποιήσωμεν τρεῖς σκηνάς, σοὶ μίαν καὶ Μωϋσεῖ μίαν καὶ Ἠλίᾳ μίαν. **6** οὐ γὰρ ᾔδει τί ἀποκριθῇ, ἔκφοβοι γὰρ ἐγένοντο. **7** καὶ ἐγένετο νεφέλη ἐπισκιάζουσα αὐτοῖς, καὶ ἐγένετο φωνὴ ἐκ τῆς νεφέλης· οὗτός ἐστιν ὁ υἱός μου ὁ ἀγαπητός, ἀκούετε αὐτοῦ. **8** καὶ ἐξάπινα περιβλεψάμενοι οὐκέτι οὐδένα εἶδον, ἀλλὰ τὸν Ἰησοῦν μόνον μεθ᾽ ἑαυτῶν.

9 Καὶ καταβαινόντων αὐτῶν ἐκ τοῦ ὄρους διεστείλατο αὐτοῖς ἵνα μηδενὶ ἃ εἶδον διηγήσωνται, εἰ μὴ ὅταν ὁ υἱὸς τοῦ ἀνθρώπου ἐκ νεκρῶν ἀναστῇ. **10** καὶ τὸν λόγον ἐκράτησαν πρὸς ἑαυτοὺς συζητοῦντες τί ἐστιν τὸ ἐκ νεκρῶν ἀναστῆναι.

11 Καὶ ἐπηρώτων αὐτὸν λέγοντες ὅτι λέγουσιν οἱ γραμματεῖς ὅτι Ἠλίαν δεῖ ἐλθεῖν πρῶτον; **12** ὁ δὲ ἔφη αὐτοῖς· Ἠλίας μὲν ἐλθὼν πρῶτον ἀποκαθιστάνει πάντα· καὶ πῶς γέγραπται ἐπὶ τὸν υἱὸν τοῦ ἀνθρώπου ἵνα πολλὰ πάθῃ καὶ ἐξουδενηθῇ; **13** ἀλλὰ λέγω ὑμῖν ὅτι καὶ Ἠλίας ἐλήλυθεν, καὶ ἐποίησαν αὐτῷ ὅσα ἤθελον, καθὼς γέγραπται ἐπ᾽ αὐτόν.

The Healing of a Boy with a Demon (Mt 17.14-20; Lk 9.37-43a)

14 Καὶ ἐλθόντες[1] πρὸς τοὺς μαθητὰς εἶδον[1] ὄχλον πολὺν περὶ αὐτοὺς καὶ γραμματεῖς συζητοῦντας πρὸς αὐτούς. **15** καὶ εὐθὺς πᾶς ὁ ὄχλος ἰδόντες αὐτὸν ἐξεθαμβήθησαν καὶ προστρέχοντες ἠσπάζοντο αὐτόν. **16** καὶ ἐπηρώτησεν αὐτούς[2]· τί συζητεῖτε πρὸς αὐτούς; **17** καὶ ἀπεκρίθη αὐτῷ εἷς ἐκ τοῦ ὄχλου· διδάσκαλε, ἤνεγκα τὸν υἱόν μου πρὸς σέ ἔχοντα πνεῦμα ἄλαλον· **18** καὶ ὅπου ἐὰν αὐτὸν καταλάβῃ ῥήσσει αὐτὸν καὶ ἀφρίζει καὶ τρίζει τοὺς ὀδόντας καὶ ξηραίνεται. καὶ εἶπα τοῖς μαθηταῖς σου ἵνα αὐτὸ ἐκβάλωσιν, καὶ οὐκ ἴσχυσαν. **19** ὁ δὲ ἀποκριθεὶς αὐτοῖς λέγει· ὦ γενεὰ ἄπιστος, ἕως πότε πρὸς ὑμᾶς ἔσομαι; ἕως πότε ἀνέξομαι ὑμῶν; φέρετε αὐτὸν πρός με. **20** καὶ ἤνεγκαν αὐτὸν πρὸς αὐτόν. καὶ ἰδὼν αὐτὸν τὸ πνεῦμα εὐθὺς συνεσπάραξεν αὐτόν, καὶ πεσὼν ἐπὶ τῆς γῆς ἐκυλίετο ἀφρίζων. **21** καὶ ἐπηρώτησεν τὸν πατέρα αὐτοῦ· πόσος χρόνος ἐστὶν ὡς τοῦτο γέγονεν αὐτῷ; ὁ δὲ εἶπεν· ἐκ παιδιόθεν· **22** καὶ πολλάκις καὶ εἰς πῦρ αὐτὸν ἔβαλεν καὶ εἰς ὕδατα, ἵνα ἀπολέσῃ αὐτόν· ἀλλ᾽ εἴ τι δύνῃ, βοήθησον ἡμῖν σπλαγχνισθεὶς ἐφ᾽ ἡμᾶς. **23** ὁ δὲ Ἰησοῦς εἶπεν αὐτῷ· τὸ εἰ δύνῃ[3] – πάντα δυνατὰ τῷ πιστεύοντι.

---

[1]**14** {B} ἐλθόντες ... εἶδον 01 03 019 032 037 044 892 1342 lat^{vl-pt} co^{sa} ⫽ ἐλθὼν ... εἶδεν 04 05 038 067^{vid} f^1 f^{13} 33 565 700 Byz lat$^{vl-pt,\ vg}$ sy$^{p-mss,\ h}$ cpa co^{bo} got

[2]**16** {A} αὐτούς 01 03 05 019 032 037 038 044 f^1 565 892 1342 lat$^{vl-pt,\ vg}$ sy^s co ⫽ τοὺς γραμματεῖς 04 f^{13} 33 700 Byz lat^{vl-pt} sy$^{p,\ h}$ got eth

[3]**23** {B} τὸ εἰ δύνῃ 01* (01² 04* 019 δύνασαι) 03 022* 037 042 f^1 892 lat^{vl-pt} co ⫽ τοῦτο εἰ δύνῃ ($\mathfrak{P}^{45}$ *omit* τοῦτο) 032 cpa^{mss} ⫽ τὸ εἰ δύνασαι πιστεῦσαι 04³ (022^c δύνῃ) 044 33 700* 1342 Byz ⫽ εἰ δύνασαι πιστεῦσαι f^{13} 700^c ⫽ εἰ δύνῃ πιστεῦσαι 05 038 565 lat$^{vl-pt,\ vg}$ sy cpa^{ms}

24 εὐθὺς κράξας ὁ πατὴρ τοῦ παιδίου⁴ ἔλεγεν· πιστεύω, βοήθει μου τῇ ἀπιστίᾳ. **25** ἰδὼν δὲ ὁ Ἰησοῦς ὅτι ἐπισυντρέχει ὄχλος ἐπετίμησεν τῷ πνεύματι τῷ ἀκαθάρτῳ λέγων αὐτῷ· τὸ ἄλαλον καὶ κωφὸν πνεῦμα, ἐγὼ ἐπιτάσσω σοι· ἔξελθε ἐξ αὐτοῦ καὶ μηκέτι εἰσέλθῃς εἰς αὐτόν. **26** καὶ κράξας καὶ πολλὰ σπαράξας ἐξῆλθεν· καὶ ἐγένετο ὡσεὶ νεκρός, ὥστε τοὺς πολλοὺς λέγειν ὅτι ἀπέθανεν. **27** ὁ δὲ Ἰησοῦς κρατήσας τῆς χειρὸς αὐτοῦ ἤγειρεν αὐτόν, καὶ ἀνέστη.

28 Καὶ εἰσελθόντος αὐτοῦ εἰς οἶκον οἱ μαθηταὶ αὐτοῦ κατ᾽ ἰδίαν ἐπηρώτων αὐτόν· ὅτι ἡμεῖς οὐκ ἠδυνήθημεν ἐκβαλεῖν αὐτό; **29** καὶ εἶπεν αὐτοῖς· τοῦτο τὸ γένος ἐν οὐδενὶ δύναται ἐξελθεῖν εἰ μὴ ἐν προσευχῇ⁵.

Jesus Again Foretells His Death and Resurrection
(Mt 17.22-23; Lk 9.43b-45)

30 Κἀκεῖθεν ἐξελθόντες παρεπορεύοντο διὰ τῆς Γαλιλαίας, καὶ οὐκ ἤθελεν ἵνα τις γνοῖ· **31** ἐδίδασκεν γὰρ τοὺς μαθητὰς αὐτοῦ καὶ ἔλεγεν αὐτοῖς ὅτι ὁ υἱὸς τοῦ ἀνθρώπου παραδίδοται εἰς χεῖρας ἀνθρώπων, καὶ ἀποκτενοῦσιν αὐτόν, καὶ ἀποκτανθεὶς μετὰ τρεῖς ἡμέρας ἀναστήσεται. **32** οἱ δὲ ἠγνόουν τὸ ῥῆμα καὶ ἐφοβοῦντο αὐτὸν ἐπερωτῆσαι.

Who is the Greatest? (Mt 18.1-5; Lk 9.46-48)

33 Καὶ ἦλθον εἰς Καφαρναούμ. καὶ ἐν τῇ οἰκίᾳ γενόμενος ἐπηρώτα αὐτούς· τί ἐν τῇ ὁδῷ διελογίζεσθε; **34** οἱ δὲ ἐσιώπων· πρὸς ἀλλήλους γὰρ διελέχθησαν ἐν τῇ ὁδῷ τίς μείζων. **35** καὶ καθίσας ἐφώνησεν τοὺς δώδεκα καὶ λέγει αὐτοῖς· εἴ τις θέλει πρῶτος εἶναι, ἔσται πάντων ἔσχατος καὶ πάντων διάκονος. **36** καὶ λαβὼν παιδίον ἔστησεν αὐτὸ ἐν μέσῳ αὐτῶν καὶ ἐναγκαλισάμενος αὐτὸ εἶπεν αὐτοῖς· **37** ὃς ἂν ἓν τῶν τοιούτων

---

⁴**24** {A} παιδίου 𝔓⁴⁵ 01 02* 03 04* 019 (032 παιδαρίου) 037 044 700 lat^(vl-pt) sy^s co^(sa, bo-mss) eth // παιδίου μετὰ δακρύων 02² 04³ 05 038 f¹³ 33^(vid) 565 892 1342 Byz lat^(vl-pt, vg) (lat^(vl-pt) omit τοῦ παιδίου) sy^(p, h) cpa co^(bo-mss) got // παιδὸς μετὰ δακρύων f¹

⁵**29** ♦ προσευχῇ 01* 03 0274 lat^(vl-pt) // ♦ προσευχῇ καὶ νηστείᾳ (see 1 Cor 7.5 v. r.) 01² 04 05 019 032 (037 τῇ νηστείᾳ) 038 044 f¹ f¹³ 33 565 700 892 1342 Byz lat^(vl-pt, vg) sy cpa co got eth Basil

παιδίων δέξηται ἐπὶ τῷ ὀνόματί μου ἐμὲ δέχεται· καὶ ὃς ἂν ἐμὲ δέχηται, οὐκ ἐμὲ δέχεται, ἀλλὰ τὸν ἀποστείλαντά με.

Whoever is Not against Us is for Us (Lk 9.49-50)

38 Ἔφη αὐτῷ ὁ Ἰωάννης· διδάσκαλε, εἴδομέν τινα ἐν τῷ ὀνόματί σου ἐκβάλλοντα δαιμόνια καὶ ἐκωλύομεν αὐτόν, ὅτι οὐκ ἠκολούθει ἡμῖν. **39** ὁ δὲ Ἰησοῦς εἶπεν· μὴ κωλύετε αὐτόν· οὐδεὶς γάρ ἐστιν ὃς ποιήσει δύναμιν ἐπὶ τῷ ὀνόματί μου καὶ δυνήσεται ταχὺ κακολογῆσαί με· **40** ὃς γὰρ οὐκ ἔστιν καθ᾽ ἡμῶν, ὑπὲρ ἡμῶν ἐστιν.

41 Ὃς γὰρ ἂν ποτίσῃ ὑμᾶς ποτήριον ὕδατος ἐν ὀνόματι⁶ ὅτι Χριστοῦ ἐστε – ἀμὴν λέγω ὑμῖν ὅτι οὐ μὴ ἀπολέσῃ τὸν μισθὸν αὐτοῦ.

Temptations to Sin (Mt 18.6-9; Lk 17.1-2)

42 Καὶ ὃς ἂν σκανδαλίσῃ ἕνα τῶν μικρῶν τούτων τῶν πιστευόντων εἰς ἐμέ καλόν ἐστιν αὐτῷ μᾶλλον, εἰ περίκειται μύλος ὀνικὸς περὶ τὸν τράχηλον αὐτοῦ καὶ βέβληται εἰς τὴν θάλασσαν. **43** καὶ ἐὰν σκανδαλίζῃ σε ἡ χείρ σου, ἀπόκοψον αὐτήν· καλόν ἐστίν σε κυλλὸν εἰσελθεῖν εἰς τὴν ζωὴν ἢ τὰς δύο χεῖρας ἔχοντα ἀπελθεῖν εἰς τὴν γέενναν εἰς τὸ πῦρ τὸ ἄσβεστον, ⟦**44** *ὅπου ὁ σκώληξ αὐτῶν οὐ τελευτᾷ καὶ τὸ πῦρ οὐ σβέννυται*⟧⁷. **45** καὶ ἐὰν ὁ πούς σου σκανδαλίζῃ σε, ἀπόκοψον αὐτόν· καλόν ἐστίν σε εἰσελθεῖν εἰς τὴν ζωὴν χωλὸν ἢ τοὺς δύο πόδας ἔχοντα βληθῆναι εἰς τὴν γέενναν⁸, ⟦**46** *ὅπου ὁ σκώληξ αὐτῶν οὐ τελευτᾷ καὶ τὸ πῦρ οὐ σβέννυται*⟧⁹. **47** καὶ ἐὰν ὁ ὀφθαλμός σου σκαν-

---

⁶**41** {A} ἐν ὀνόματι 01² 02 03 04* 019 022 042 044 *f*¹ 892 1342 sy[s, p, h-mss] ∥ ἐν (τῷ) ὀνόματί μου 01* 04³ 05 032 037 038 *f*¹³ 565 700 *Byz* lat sy[h-mss, hmg] got eth ∥ ἐπὶ τῷ ὀνόματί μου cpa

⁷**44** {A} *no addition* 01 03 04 019 032 037 044 0274 *f*¹ 565 892 lat[vl-pt] sy[s] cpa co ∥ *add verse 44 (see 9.48, Is 66.24)* 05 038 *f*¹³ 700 1342 *Byz* lat[vl-pt, vg] sy[p, h] got eth

⁸**45** {A} εἰς τὴν γέενναν 01 03 04 019 032 037 (044 *omit* τήν) 0274 *f*¹ 892 1342 lat[vl-pt] sy[s, p] co ∥ εἰς τὸ πῦρ τὸ ἄσβεστον 700 ∥ εἰς τὴν γέενναν εἰς τὸ πῦρ τὸ ἄσβεστον 05 (022 *f*¹³ *omit* τήν) 038 565 *Byz* lat[vl-pt] (lat[vg] sy[h] τοῦ πυρὸς τοῦ ἀσβέστου) got eth

⁹**46** {A} *no addition* 01 03 04 019 032 037 044 0274 *f*¹ 565 892 lat[vl-pt] sy[s] co ∥ *add verse 46 (see 9.48, Is 66.24)* 05 038 *f*¹³ 700 1342 *Byz* lat[vl-pt, vg] sy[p, h] cpa got eth

δαλίζῃ σε, ἔκβαλε αὐτόν· καλόν σέ ἐστιν μονόφθαλμον εἰσελθεῖν εἰς τὴν βασιλείαν τοῦ θεοῦ ἢ δύο ὀφθαλμοὺς ἔχοντα βληθῆναι εἰς τὴν γέενναν, **48** *ὅπου ὁ σκώληξ αὐτῶν οὐ τελευτᾷ καὶ τὸ πῦρ οὐ σβέννυται.*   Is 66.24

49 Πᾶς γὰρ πυρὶ ἁλισθήσεται[10]. **50** καλὸν τὸ ἅλας· ἐὰν δὲ τὸ ἅλας ἄναλον γένηται, ἐν τίνι αὐτὸ ἀρτύσετε; ἔχετε ἐν ἑαυτοῖς ἅλα καὶ εἰρηνεύετε ἐν ἀλλήλοις.

Teaching about Divorce   (Mt 19.1-12)

10 Καὶ ἐκεῖθεν ἀναστὰς ἔρχεται εἰς τὰ ὅρια τῆς Ἰουδαίας καὶ πέραν[1] τοῦ Ἰορδάνου, καὶ συμπορεύονται πάλιν ὄχλοι πρὸς αὐτόν, καί, ὡς εἰώθει, πάλιν ἐδίδασκεν αὐτούς.

2 Καὶ προσελθόντες Φαρισαῖοι ἐπηρώτων αὐτὸν εἰ ἔξεστιν ἀνδρὶ γυναῖκα ἀπολῦσαι πειράζοντες αὐτόν. **3** ὁ δὲ ἀποκριθεὶς εἶπεν αὐτοῖς· τί ὑμῖν ἐνετείλατο Μωϋσῆς; **4** οἱ δὲ εἶπαν· ἐπέτρεψεν Μωϋσῆς βιβλίον ἀποστασίου γράψαι καὶ ἀπολῦσαι. **5** ὁ δὲ Ἰησοῦς εἶπεν αὐτοῖς· πρὸς τὴν σκληροκαρδίαν ὑμῶν ἔγραψεν ὑμῖν τὴν ἐντολὴν ταύτην. **6** *ἀπὸ δὲ ἀρχῆς κτίσεως ἄρσεν καὶ θῆλυ ἐποίησεν αὐτούς·* **7** *ἕνεκεν τούτου καταλείψει ἄνθρωπος τὸν πατέρα αὐτοῦ καὶ τὴν μητέρα καὶ προσκολληθήσεται πρὸς τὴν γυναῖκα αὐτοῦ*[2], **8** *καὶ ἔσονται οἱ δύο εἰς σάρκα μίαν*, ὥστε οὐκέτι εἰσὶν δύο ἀλλὰ μία σάρξ. **9** ὃ οὖν ὁ θεὸς συνέζευξεν ἄνθρωπος μὴ χωριζέτω.   Gn 1.27; 5.2   Gn 2.24

10 Καὶ εἰς τὴν οἰκίαν πάλιν οἱ μαθηταὶ περὶ τούτου ἐπηρώτων αὐτόν. **11** καὶ λέγει αὐτοῖς· ὃς ἂν ἀπολύσῃ τὴν γυναῖκα αὐτοῦ

---

[10]**49** {B} πᾶς γὰρ πυρὶ ἁλισθήσεται (01 1342 ἐν πυρί) 03 019 (032 ἁλισγηθήσεται) 037 0274^vid *f*¹ *f*¹³ 565 700 lat^vg-ms sy^s cpa co^sa, bo-mss // πᾶσα δὲ οὐσία ἀναλίσκεται lat^vl-pt // πᾶσα γὰρ θυσία ἁλὶ ἁλισθήσεται (*see* Lv 2.13) 05 lat^vl-pt // πᾶς γὰρ πυρὶ ἁλισθήσεται καὶ πᾶσα θυσία ἁλὶ ἁλισθήσεται (04 ἐν πυρί) (038 πυρὶ ἀναλωθήσεται) (044 ἀναλωθήσεται *for* ἁλὶ ἁλισθήσεται) 892 *Byz* lat^vg-ms (lat^vg eth *omit* ἁλί) sy^p, h co^bo-mss got

[1]**1** ♦ καὶ πέραν 01 03 04* 019 042* 044 0274 892 cpa co // διὰ τοῦ πέραν 700 *Byz* *Lect*^pt (sy^h) eth // ♦ πέραν (*see* Mt 19.1) 04² 05 011 032 037 038 (042^c τοῦ πέραν) *f*¹ *f*¹³ 565 1342 *Lect*^pt lat got

[2]**7** ♦ καὶ προσκολληθήσεται πρὸς τὴν γυναῖκα αὐτοῦ (*see* Gn 2.24) 05 019? 032 038 *f*¹³ 565 700 892^c *Byz* lat^vl-pt, vg // ♦ καὶ προσκολληθήσεται τῇ γυναικὶ αὐτοῦ (*see* Mt 19.5) 02 04 019? 022 037 042 *f*¹ 1342 lat^vl-pt // *omit* 01 03 044 892* sy^s got

καὶ γαμήσῃ ἄλλην μοιχᾶται ἐπ' αὐτήν· **12** καὶ ἐὰν αὐτὴ ἀπολύσασα τὸν ἄνδρα αὐτῆς γαμήσῃ ἄλλον, μοιχᾶται.

Little Children Blessed (Mt 19.13-15; Lk 18.15-17)

13 Καὶ προσέφερον αὐτῷ παιδία, ἵνα αὐτῶν ἅψηται· οἱ δὲ μαθηταὶ ἐπετίμησαν αὐτοῖς. **14** ἰδὼν δὲ ὁ Ἰησοῦς ἠγανάκτησεν καὶ εἶπεν αὐτοῖς· ἄφετε τὰ παιδία ἔρχεσθαι πρός με, μὴ κωλύετε αὐτά· τῶν γὰρ τοιούτων ἐστὶν ἡ βασιλεία τοῦ θεοῦ. **15** ἀμὴν λέγω ὑμῖν, ὃς ἂν μὴ δέξηται τὴν βασιλείαν τοῦ θεοῦ ὡς παιδίον οὐ μὴ εἰσέλθῃ εἰς αὐτήν. **16** καὶ ἐναγκαλισάμενος αὐτὰ κατευλόγει τιθεὶς τὰς χεῖρας ἐπ' αὐτά.

The Rich Man (Mt 19.16-30; Lk 18.18-30)

17 Καὶ ἐκπορευομένου αὐτοῦ εἰς ὁδὸν προσδραμὼν εἷς καὶ γονυπετήσας αὐτὸν ἐπηρώτα αὐτόν· διδάσκαλε ἀγαθέ, τί ποιήσω, ἵνα ζωὴν αἰώνιον κληρονομήσω; **18** ὁ δὲ Ἰησοῦς εἶπεν αὐτῷ· τί με λέγεις ἀγαθόν; οὐδεὶς ἀγαθὸς εἰ μὴ εἷς ὁ θεός. **19** τὰς ἐντολὰς οἶδας· *μὴ φονεύσῃς, μὴ μοιχεύσῃς, μὴ κλέψῃς, μὴ ψευδομαρτυρήσῃς, μὴ ἀποστερήσῃς*³, *τίμα τὸν πατέρα σου καὶ τὴν μητέρα*. **20** ὁ δὲ ἔφη αὐτῷ· διδάσκαλε, ταῦτα πάντα ἐφυλαξάμην ἐκ νεότητός μου. **21** ὁ δὲ Ἰησοῦς ἐμβλέψας αὐτῷ ἠγάπησεν αὐτὸν καὶ εἶπεν αὐτῷ· ἕν σε ὑστερεῖ· ὕπαγε, ὅσα ἔχεις πώλησον καὶ δὸς τοῖς πτωχοῖς καὶ ἕξεις θησαυρὸν ἐν οὐρανῷ καὶ δεῦρο ἀκολούθει μοι⁴. **22** ὁ δὲ στυγνάσας ἐπὶ τῷ λόγῳ ἀπῆλθεν λυπούμενος· ἦν γὰρ ἔχων κτήματα πολλά.

23 Καὶ περιβλεψάμενος ὁ Ἰησοῦς λέγει τοῖς μαθηταῖς αὐτοῦ· πῶς δυσκόλως οἱ τὰ χρήματα ἔχοντες εἰς τὴν βασιλείαν τοῦ θεοῦ εἰσελεύσονται. **24** οἱ δὲ μαθηταὶ ἐθαμβοῦντο ἐπὶ τοῖς

---

³ **19** {A} μὴ ἀποστερήσῃς 01 03¹ 04 05 038 0274 565 892 1342 *Byz* lat sy[p, h] co got eth Irenaeus[lat] ∥ *omit* (*see* Mt 19.18; Lk 18.20) 03* 032 037[c] 042 044 *f*¹ *f*¹³ 700 sy[s] Clement

⁴ **21** {A} δεῦρο ἀκολούθει μοι (*see* Mt 19.21; Lk 18.22) 01 03 04 05 037 038 044 0274 565 892 1342 lat[vl-pt, vg] co[sa-ms, bo] Clement ∥ δεῦρο ἀκολούθει μοι ἄρας τὸν σταυρόν 700 *Byz* Lect[pt] (*Lect*[pt] σταυρόν σου) lat[vl-pt] sy[h] got ∥ ἄρας τὸν σταυρόν σου δεῦρο ἀκολούθει μοι (011 *f*¹ 205 *omit* σου) 032 *f*¹³ (lat[vl-pt]) (sy[s, p]) (co[sa-mss]) (Irenaeus *omit* σου δεῦρο)

λόγοις αὐτοῦ. ὁ δὲ Ἰησοῦς πάλιν ἀποκριθεὶς λέγει αὐτοῖς· τέκνα, πῶς δύσκολόν ἐστιν[5] εἰς τὴν βασιλείαν τοῦ θεοῦ εἰσελθεῖν· **25** εὐκοπώτερόν ἐστιν κάμηλον διὰ τῆς τρυμαλιᾶς τῆς ῥαφίδος εἰσελθεῖν ἢ πλούσιον εἰς τὴν βασιλείαν τοῦ θεοῦ εἰσελθεῖν. **26** οἱ δὲ περισσῶς ἐξεπλήσσοντο λέγοντες πρὸς ἑαυτούς· καὶ τίς δύναται σωθῆναι; **27** ἐμβλέψας αὐτοῖς ὁ Ἰησοῦς λέγει· παρὰ ἀνθρώποις ἀδύνατον, ἀλλ᾽ οὐ παρὰ θεῷ· πάντα γὰρ δυνατὰ παρὰ τῷ θεῷ.

28 Ἤρξατο λέγειν ὁ Πέτρος αὐτῷ· ἰδοὺ ἡμεῖς ἀφήκαμεν πάντα καὶ ἠκολουθήσαμέν σοι. **29** ἔφη ὁ Ἰησοῦς· ἀμὴν λέγω ὑμῖν· οὐδείς ἐστιν ὃς ἀφῆκεν οἰκίαν ἢ ἀδελφοὺς ἢ ἀδελφὰς ἢ μητέρα ἢ πατέρα ἢ τέκνα[6] ἢ ἀγροὺς ἕνεκεν ἐμοῦ καὶ ἕνεκεν τοῦ εὐαγγελίου, **30** ἐὰν μὴ λάβῃ ἑκατονταπλασίονα νῦν ἐν τῷ καιρῷ τούτῳ οἰκίας καὶ ἀδελφοὺς καὶ ἀδελφὰς καὶ μητέρας καὶ τέκνα καὶ ἀγροὺς μετὰ διωγμῶν καὶ ἐν τῷ αἰῶνι τῷ ἐρχομένῳ ζωὴν αἰώνιον. **31** πολλοὶ δὲ ἔσονται πρῶτοι ἔσχατοι καὶ οἱ ἔσχατοι πρῶτοι.

A Third Time Jesus Foretells His Death and Resurrection
(Mt 20.17-19; Lk 18.31-34)

32 Ἦσαν δὲ ἐν τῇ ὁδῷ ἀναβαίνοντες εἰς Ἱεροσόλυμα, καὶ ἦν προάγων αὐτοὺς ὁ Ἰησοῦς, καὶ ἐθαμβοῦντο· οἱ δὲ ἀκολουθοῦντες ἐφοβοῦντο. καὶ παραλαβὼν πάλιν τοὺς δώδεκα ἤρξατο αὐτοῖς λέγειν τὰ μέλλοντα αὐτῷ συμβαίνειν **33** ὅτι ἰδοὺ ἀναβαίνομεν εἰς Ἱεροσόλυμα, καὶ ὁ υἱὸς τοῦ ἀνθρώπου παραδοθήσεται τοῖς ἀρχιερεῦσιν καὶ τοῖς γραμματεῦσιν, καὶ κατακρινοῦσιν αὐτὸν θανάτῳ καὶ παραδώσουσιν αὐτὸν τοῖς ἔθνεσιν **34** καὶ ἐμπαίξουσιν αὐτῷ καὶ ἐμπτύσουσιν αὐτῷ καὶ

---

[5]**24** {B} ἐστιν 01 03 037 044* lat[vl·pt] co[sa] ∥ ἐστιν τοὺς πεποιθότας ἐπὶ χρήμασιν 04 (038 *TR* f[1] f[13] 565 τοῖς χρήμασιν) 044[c] 700 892 1342 *Byz* lat[vl·pt, vg] sy co[bo] got eth Clement (05 lat[vl·pt] *verse 24 after 25*) ∥ ἐστιν *and add* πλούσιον *after* εἰσελθεῖν 032 ∥ οἱ τὰ χρήματα ἔχοντες lat[vl·pt]

[6]**29** {A} ἢ τέκνα 01 03 05 032 038 f[1] 565 700 892 lat[vl·pt, vg] sy[s] co ∥ ἢ γυναῖκα ἢ τέκνα 04 044 f[13] 1342 *Byz* lat[vl·pt] sy[p, h] co[bo-ms] got eth Basil ∥ *omit* 037

μαστιγώσουσιν αὐτὸν καὶ ἀποκτενοῦσιν, καὶ μετὰ τρεῖς ἡμέρας⁷ ἀναστήσεται.

The Request of James and John (Mt 20.20-28)

35 Καὶ προσπορεύονται αὐτῷ Ἰάκωβος καὶ Ἰωάννης οἱ υἱοὶ Ζεβεδαίου λέγοντες αὐτῷ· διδάσκαλε, θέλομεν ἵνα ὃ ἐὰν αἰτήσωμέν σε ποιήσῃς ἡμῖν. **36** ὁ δὲ εἶπεν αὐτοῖς· τί θέλετέ με ποιήσω ὑμῖν; **37** οἱ δὲ εἶπαν αὐτῷ· δὸς ἡμῖν ἵνα εἷς σου ἐκ δεξιῶν καὶ εἷς ἐξ ἀριστερῶν καθίσωμεν ἐν τῇ δόξῃ σου. **38** ὁ δὲ Ἰησοῦς εἶπεν αὐτοῖς· οὐκ οἴδατε τί αἰτεῖσθε. δύνασθε πιεῖν τὸ ποτήριον ὃ ἐγὼ πίνω ἢ τὸ βάπτισμα ὃ ἐγὼ βαπτίζομαι βαπτισθῆναι; **39** οἱ δὲ εἶπαν αὐτῷ· δυνάμεθα. ὁ δὲ Ἰησοῦς εἶπεν αὐτοῖς· τὸ ποτήριον ὃ ἐγὼ πίνω πίεσθε καὶ τὸ βάπτισμα ὃ ἐγὼ βαπτίζομαι βαπτισθήσεσθε, **40** τὸ δὲ καθίσαι ἐκ δεξιῶν μου ἢ ἐξ εὐωνύμων οὐκ ἔστιν ἐμὸν δοῦναι, ἀλλ᾽ οἷς ἡτοίμασται.

41 Καὶ ἀκούσαντες οἱ δέκα ἤρξαντο ἀγανακτεῖν περὶ Ἰακώβου καὶ Ἰωάννου. **42** καὶ προσκαλεσάμενος αὐτοὺς ὁ Ἰησοῦς λέγει αὐτοῖς· οἴδατε ὅτι οἱ δοκοῦντες ἄρχειν τῶν ἐθνῶν κατακυριεύουσιν αὐτῶν καὶ οἱ μεγάλοι αὐτῶν κατεξουσιάζουσιν αὐτῶν. **43** οὐχ οὕτως δέ ἐστιν ἐν ὑμῖν, ἀλλ᾽ ὃς ἂν θέλῃ μέγας γενέσθαι ἐν ὑμῖν ἔσται ὑμῶν διάκονος **44** καὶ ὃς ἂν θέλῃ ἐν ὑμῖν εἶναι πρῶτος ἔσται πάντων δοῦλος· **45** καὶ γὰρ ὁ υἱὸς τοῦ ἀνθρώπου οὐκ ἦλθεν διακονηθῆναι, ἀλλὰ διακονῆσαι καὶ δοῦναι τὴν ψυχὴν αὐτοῦ λύτρον ἀντὶ πολλῶν.

The Healing of Blind Bartimaeus (Mt 20.29-34; Lk 18.35-43)

46 Καὶ ἔρχονται εἰς Ἰεριχώ. καὶ ἐκπορευομένου αὐτοῦ ἀπὸ Ἰεριχὼ καὶ τῶν μαθητῶν αὐτοῦ καὶ ὄχλου ἱκανοῦ ὁ υἱὸς Τιμαίου Βαρτιμαῖος, τυφλὸς προσαίτης, ἐκάθητο παρὰ τὴν ὁδόν. **47** καὶ ἀκούσας ὅτι Ἰησοῦς ὁ Ναζαρηνός ἐστιν ἤρξατο κράζειν καὶ λέγειν· υἱὲ Δαυὶδ Ἰησοῦ, ἐλέησόν με. **48** καὶ ἐπετίμων αὐτῷ πολλοί, ἵνα σιωπήσῃ· ὁ δὲ πολλῷ μᾶλλον ἔκραζεν· υἱὲ Δαυίδ,

---

⁷ **34** {A} μετὰ τρεῖς ἡμέρας 01 03 04 05 019 037 044 892 1342 lat^vl sy^hmg co Clement // τῇ τρίτῃ ἡμέρᾳ (see Mt 20.19; Lk 18.33) 032 038 0233 ƒ¹ ƒ¹³ 565 700 Byz lat^vg sy cpa got eth Cyril Origen

ἐλέησόν με. **49** καὶ στὰς ὁ Ἰησοῦς εἶπεν· φωνήσατε αὐτόν. καὶ φωνοῦσιν τὸν τυφλὸν λέγοντες αὐτῷ· θάρσει, ἔγειρε, φωνεῖ σε. **50** ὁ δὲ ἀποβαλὼν τὸ ἱμάτιον αὐτοῦ ἀναπηδήσας ἦλθεν πρὸς τὸν Ἰησοῦν. **51** καὶ ἀποκριθεὶς αὐτῷ ὁ Ἰησοῦς εἶπεν· τί σοι θέλεις ποιήσω; ὁ δὲ τυφλὸς εἶπεν αὐτῷ· ραββουνι, ἵνα ἀναβλέψω. **52** καὶ ὁ Ἰησοῦς εἶπεν αὐτῷ· ὕπαγε, ἡ πίστις σου σέσωκέν σε. καὶ εὐθὺς ἀνέβλεψεν καὶ ἠκολούθει αὐτῷ ἐν τῇ ὁδῷ.

The Triumphal Entry into Jerusalem (Mt 21.1-11; Lk 19.28-40; Jn 12.12-19)

11 Καὶ ὅτε ἐγγίζουσιν εἰς Ἱεροσόλυμα, εἰς Βηθφαγὴ καὶ Βηθανίαν πρὸς τὸ ὄρος τῶν ἐλαιῶν, ἀποστέλλει δύο τῶν μαθητῶν αὐτοῦ **2** καὶ λέγει αὐτοῖς· ὑπάγετε εἰς τὴν κώμην τὴν κατέναντι ὑμῶν, καὶ εὐθὺς εἰσπορευόμενοι εἰς αὐτὴν εὑρήσετε πῶλον δεδεμένον ἐφ' ὃν οὐδεὶς οὔπω ἀνθρώπων ἐκάθισεν· λύσατε αὐτὸν καὶ φέρετε. **3** καὶ ἐάν τις ὑμῖν εἴπῃ· τί ποιεῖτε τοῦτο; εἴπατε ὅτι· ὁ κύριος αὐτοῦ χρείαν ἔχει καὶ εὐθὺς αὐτὸν ἀποστέλλει πάλιν¹ ὧδε. **4** καὶ ἀπῆλθον καὶ εὗρον πῶλον δεδεμένον πρὸς θύραν ἔξω ἐπὶ τοῦ ἀμφόδου καὶ λύουσιν αὐτόν. **5** καί τινες τῶν ἐκεῖ ἑστηκότων ἔλεγον αὐτοῖς· τί ποιεῖτε λύοντες τὸν πῶλον; **6** οἱ δὲ εἶπαν αὐτοῖς καθὼς εἶπεν ὁ Ἰησοῦς καὶ ἀφῆκαν αὐτούς. **7** καὶ φέρουσιν τὸν πῶλον πρὸς τὸν Ἰησοῦν καὶ ἐπιβάλλουσιν αὐτῷ τὰ ἱμάτια αὐτῶν, καὶ ἐκάθισεν ἐπ' αὐτόν. **8** καὶ πολλοὶ τὰ ἱμάτια αὐτῶν ἔστρωσαν εἰς τὴν ὁδόν, ἄλλοι δὲ στιβάδας κόψαντες ἐκ τῶν ἀγρῶν. **9** καὶ οἱ προάγοντες καὶ οἱ ἀκολουθοῦντες ἔκραζον·

  ὡσαννά·   *Ps 119.25-26*
  εὐλογημένος ὁ ἐρχόμενος ἐν ὀνόματι κυρίου·
10 εὐλογημένη ἡ ἐρχομένη βασιλεία τοῦ πατρὸς ἡμῶν Δαυίδ·
  ὡσαννὰ ἐν τοῖς ὑψίστοις.

11 Καὶ εἰσῆλθεν εἰς Ἱεροσόλυμα εἰς τὸ ἱερὸν καὶ περιβλεψά-

---

¹3 ♦ αὐτὸν ἀποστέλλει πάλιν 01 (03 ἀποστέλλει πάλιν αὐτόν) (04*vid αὐτὸν πάλιν ἀποστέλλει) 05 019 (037 Origenms omit αὐτόν) (038 πάλιν ἀποστέλλει αὐτόν) 892 *Lect* Origentxt ∥ ♦ αὐτὸν ἀποστέλλει 04² ƒ¹³ 565 1342 *Byz* latvl-pt Origenpt ∥ αὐτὸν ἀποστελεῖ 011 032 044 ƒ¹ 700 latvl-pt, vg Origenpt

μενος πάντα ὀψίας ἤδη οὔσης τῆς ὥρας, ἐξῆλθεν εἰς Βηθανίαν μετὰ τῶν δώδεκα.

The Cursing of the Fig Tree (Mt 21.18-19)

12 Καὶ τῇ ἐπαύριον ἐξελθόντων αὐτῶν ἀπὸ Βηθανίας ἐπείνασεν· **13** καὶ ἰδὼν συκῆν ἀπὸ μακρόθεν ἔχουσαν φύλλα ἦλθεν εἰ ἄρα τι εὑρήσει ἐν αὐτῇ, καὶ ἐλθὼν ἐπ᾽ αὐτὴν οὐδὲν εὗρεν εἰ μὴ φύλλα· ὁ γὰρ καιρὸς οὐκ ἦν σύκων. **14** καὶ ἀποκριθεὶς εἶπεν αὐτῇ· μηκέτι εἰς τὸν αἰῶνα ἐκ σοῦ μηδεὶς καρπὸν φάγοι. καὶ ἤκουον οἱ μαθηταὶ αὐτοῦ.

The Cleansing of the Temple (Mt 21.12-17; Lk 19.45-48; Jn 2.13-22)

15 Καὶ ἔρχονται εἰς Ἱεροσόλυμα. καὶ εἰσελθὼν εἰς τὸ ἱερὸν ἤρξατο ἐκβάλλειν τοὺς πωλοῦντας καὶ τοὺς ἀγοράζοντας ἐν τῷ ἱερῷ καὶ τὰς τραπέζας τῶν κολλυβιστῶν καὶ τὰς καθέδρας τῶν πωλούντων τὰς περιστερὰς κατέστρεψεν **16** καὶ οὐκ ἤφιεν ἵνα τις διενέγκῃ σκεῦος διὰ τοῦ ἱεροῦ. **17** καὶ ἐδίδασκεν καὶ ἔλεγεν αὐτοῖς· οὐ γέγραπται ὅτι

Is 56.7
    ὁ οἶκός μου οἶκος προσευχῆς κληθήσεται
        πᾶσιν τοῖς ἔθνεσιν;
Jr 7.11 ὑμεῖς δὲ πεποιήκατε αὐτὸν *σπήλαιον λῃστῶν*.

18 Καὶ ἤκουσαν οἱ ἀρχιερεῖς καὶ οἱ γραμματεῖς καὶ ἐζήτουν πῶς αὐτὸν ἀπολέσωσιν· ἐφοβοῦντο γὰρ αὐτόν· πᾶς γὰρ ὁ ὄχλος ἐξεπλήσσετο ἐπὶ τῇ διδαχῇ αὐτοῦ.

19 Καὶ ὅταν ὀψὲ ἐγένετο, ἐξεπορεύοντο ἔξω τῆς πόλεως².

The Lesson from the Withered Fig Tree (Mt 21.20-22)

20 Καὶ παραπορευόμενοι πρωῒ εἶδον τὴν συκῆν ἐξηραμμένην ἐκ ῥιζῶν. **21** καὶ ἀναμνησθεὶς ὁ Πέτρος λέγει αὐτῷ· ῥαββί, ἴδε ἡ συκῆ ἣν κατηράσω ἐξήρανται. **22** καὶ ἀποκριθεὶς ὁ Ἰησοῦς λέγει αὐτοῖς· ἔχετε³ πίστιν θεοῦ. **23** ἀμὴν γὰρ λέγω ὑμῖν ὅτι ὃς

---

²**19** ♦ ἐξεπορεύοντο ἔξω τῆς πόλεως 02 03 (032 ἐξεπορεύοντο *after* πόλεως) 037 044 0233 565 700 1342 lat^(vl-pt) sy^(p-mss, hmg) ∥ ♦ ἐξεπορεύετο ἔξω τῆς πόλεως 01 04 (05 ἐκ) 038 (*f*¹ ἐξεπορεύετο *after* πόλεως) *f*¹³ 33 892 *Byz* lat^(vl-pt, vg) sy^(s, h) cpa co got eth
³**22** {B} ἔχετε 03 04 019 032 037 044 *f*¹ 33* 892 1342 *Byz* lat^(vl-pt, vg) sy^(p, h) cpa^(pt) co got eth ∥ εἰ ἔχετε 01 05 038 0233 *f*¹³ 33^c 565 700 lat^(vl-pt) sy^(s, f) cpa^(pt)

ἂν εἴπῃ τῷ ὄρει τούτῳ· ἄρθητι καὶ βλήθητι εἰς τὴν θάλασσαν, καὶ μὴ διακριθῇ ἐν τῇ καρδίᾳ αὐτοῦ, ἀλλὰ πιστεύῃ ὅτι ὃ λαλεῖ γίνεται ἔσται αὐτῷ. **24** διὰ τοῦτο λέγω ὑμῖν· πάντα ὅσα προσεύχεσθε καὶ αἰτεῖσθε πιστεύετε ὅτι ἐλάβετε[4], καὶ ἔσται ὑμῖν. **25** καὶ ὅταν στήκετε προσευχόμενοι, ἀφίετε εἴ τι ἔχετε κατά τινος, ἵνα καὶ ὁ πατὴρ ὑμῶν ὁ ἐν τοῖς οὐρανοῖς ἀφῇ ὑμῖν τὰ παραπτώματα ὑμῶν. [[**26** εἰ δὲ ὑμεῖς οὐκ ἀφίετε, οὐδὲ ὁ πατὴρ ὑμῶν ὁ ἐν τοῖς οὐρανοῖς ἀφήσει τὰ παραπτώματα ὑμῶν.]][5]

The Authority of Jesus Questioned (Mt 21.23-27; Lk 20.1-8)

27 Καὶ ἔρχονται πάλιν εἰς Ἱεροσόλυμα. καὶ ἐν τῷ ἱερῷ περιπατοῦντος αὐτοῦ ἔρχονται πρὸς αὐτὸν οἱ ἀρχιερεῖς καὶ οἱ γραμματεῖς καὶ οἱ πρεσβύτεροι **28** καὶ ἔλεγον αὐτῷ· ἐν ποίᾳ ἐξουσίᾳ ταῦτα ποιεῖς; ἢ τίς σοι ἔδωκεν τὴν ἐξουσίαν ταύτην ἵνα ταῦτα ποιῇς; **29** ὁ δὲ Ἰησοῦς εἶπεν αὐτοῖς· ἐπερωτήσω ὑμᾶς ἕνα λόγον, καὶ ἀποκρίθητέ μοι, καὶ ἐρῶ ὑμῖν ἐν ποίᾳ ἐξουσίᾳ ταῦτα ποιῶ· **30** τὸ βάπτισμα τὸ Ἰωάννου ἐξ οὐρανοῦ ἦν ἢ ἐξ ἀνθρώπων; ἀποκρίθητέ μοι. **31** καὶ διελογίζοντο πρὸς ἑαυτοὺς λέγοντες· ἐὰν εἴπωμεν· ἐξ οὐρανοῦ, ἐρεῖ· διὰ τί οὖν οὐκ ἐπιστεύσατε αὐτῷ; **32** ἀλλ᾽ εἴπωμεν· ἐξ ἀνθρώπων; – ἐφοβοῦντο τὸν λαόν· ἅπαντες γὰρ εἶχον τὸν Ἰωάννην ὄντως ὅτι προφήτης ἦν – **33** καὶ ἀποκριθέντες τῷ Ἰησοῦ λέγουσιν· οὐκ οἴδαμεν. καὶ ὁ Ἰησοῦς λέγει αὐτοῖς· οὐδὲ ἐγὼ λέγω ὑμῖν ἐν ποίᾳ ἐξουσίᾳ ταῦτα ποιῶ.

The Parable of the Vineyard and the Tenants (Mt 21.33-46; Lk 20.9-19)

12 Καὶ ἤρξατο αὐτοῖς ἐν παραβολαῖς λαλεῖν· ἀμπελῶνα ἄνθρωπος ἐφύτευσεν καὶ περιέθηκεν φραγμὸν καὶ ὤρυξεν ὑπολήνιον καὶ ᾠκοδόμησεν πύργον καὶ ἐξέδετο αὐτὸν γεωργοῖς καὶ ἀπεδήμησεν. **2** καὶ ἀπέστειλεν πρὸς τοὺς γεωργοὺς τῷ καιρῷ δοῦλον, ἵνα παρὰ τῶν γεωργῶν λάβῃ ἀπὸ τῶν καρπῶν τοῦ ἀμπελῶνος· **3** καὶ λαβόντες αὐτὸν ἔδειραν καὶ

---

[4]**24** {A} ἐλάβετε 01 03 04 019 032 037 044 892 1342 co[sa-mss, bo-mss] // λαμβάνετε 0233[vid] f^{13} 33 *Byz* co[sa-ms, bo] Origen // λή(μ)ψεσθε 05 038 f^1 565 700 lat co[sa-mss] eth

[5]**26** {B} *no addition* 01 03 019 032 037 044 565 700 892 lat[vl-pt] sy[s, p-ms, h-mss] cpa co[sa, bo-mss] eth // *add verse 26 (with minor variants; see* Mt 6.15) 04 05 038 f^1 f^{13} 33 1342 *Byz* lat[vl-pt, vg] sy[p-mss, h-mss] co[bo-mss] got eth

ἀπέστειλαν κενόν. **4** καὶ πάλιν ἀπέστειλεν πρὸς αὐτοὺς ἄλλον δοῦλον· κἀκεῖνον ἐκεφαλίωσαν καὶ ἠτίμασαν. **5** καὶ ἄλλον ἀπέστειλεν· κἀκεῖνον ἀπέκτειναν καὶ πολλοὺς ἄλλους, οὓς μὲν δέροντες, οὓς δὲ ἀποκτέννοντες. **6** ἔτι ἕνα εἶχεν υἱὸν ἀγαπητόν· ἀπέστειλεν αὐτὸν ἔσχατον πρὸς αὐτοὺς λέγων ὅτι ἐντραπήσονται τὸν υἱόν μου. **7** ἐκεῖνοι δὲ οἱ γεωργοὶ πρὸς ἑαυτοὺς εἶπαν ὅτι οὗτός ἐστιν ὁ κληρονόμος· δεῦτε ἀποκτείνωμεν αὐτόν, καὶ ἡμῶν ἔσται ἡ κληρονομία. **8** καὶ λαβόντες ἀπέκτειναν αὐτὸν καὶ ἐξέβαλον αὐτὸν ἔξω τοῦ ἀμπελῶνος. **9** τί οὖν ποιήσει ὁ κύριος τοῦ ἀμπελῶνος; ἐλεύσεται καὶ ἀπολέσει τοὺς γεωργοὺς καὶ δώσει τὸν ἀμπελῶνα ἄλλοις. **10** οὐδὲ τὴν γραφὴν ταύτην ἀνέγνωτε·

Ps 118.22-23
λίθον ὃν ἀπεδοκίμασαν οἱ οἰκοδομοῦντες,
  οὗτος ἐγενήθη εἰς κεφαλὴν γωνίας·
11 *παρὰ κυρίου ἐγένετο αὕτη*
  καὶ ἔστιν θαυμαστὴ ἐν ὀφθαλμοῖς ἡμῶν;
12 καὶ ἐζήτουν αὐτὸν κρατῆσαι, καὶ ἐφοβήθησαν τὸν ὄχλον· ἔγνωσαν γὰρ ὅτι πρὸς αὐτοὺς τὴν παραβολὴν εἶπεν. καὶ ἀφέντες αὐτὸν ἀπῆλθον.

Paying Taxes to Caesar (Mt 22.15-22; Lk 20.20-26)

13 Καὶ ἀποστέλλουσιν πρὸς αὐτόν τινας τῶν Φαρισαίων καὶ τῶν Ἡρῳδιανῶν, ἵνα αὐτὸν ἀγρεύσωσιν λόγῳ. **14** καὶ ἐλθόντες λέγουσιν αὐτῷ· διδάσκαλε, οἴδαμεν ὅτι ἀληθὴς εἶ καὶ οὐ μέλει σοι περὶ οὐδενός· οὐ γὰρ βλέπεις εἰς πρόσωπον ἀνθρώπων, ἀλλ᾽ ἐπ᾽ ἀληθείας τὴν ὁδὸν τοῦ θεοῦ διδάσκεις· ἔξεστιν δοῦναι κῆνσον Καίσαρι ἢ οὔ; δῶμεν ἢ μὴ δῶμεν; **15** ὁ δὲ εἰδὼς αὐτῶν τὴν ὑπόκρισιν εἶπεν αὐτοῖς· τί με πειράζετε; φέρετέ μοι δηνάριον ἵνα ἴδω. **16** οἱ δὲ ἤνεγκαν. καὶ λέγει αὐτοῖς· τίνος ἡ εἰκὼν αὕτη καὶ ἡ ἐπιγραφή; οἱ δὲ εἶπαν αὐτῷ· Καίσαρος. **17** ὁ δὲ Ἰησοῦς εἶπεν αὐτοῖς· τὰ Καίσαρος ἀπόδοτε Καίσαρι καὶ τὰ τοῦ θεοῦ τῷ θεῷ. καὶ ἐξεθαύμαζον ἐπ᾽ αὐτῷ.

The Question about the Resurrection (Mt 22.23-33; Lk 20.27-40)

18 Καὶ ἔρχονται Σαδδουκαῖοι πρὸς αὐτὸν οἵτινες λέγουσιν ἀνάστασιν μὴ εἶναι καὶ ἐπηρώτων αὐτὸν λέγοντες· **19** διδάσκαλε, Μωϋσῆς ἔγραψεν ἡμῖν ὅτι ἐάν τινος ἀδελφὸς ἀποθάνῃ καὶ καταλίπῃ γυναῖκα καὶ μὴ ἀφῇ τέκνον, ἵνα λάβῃ ὁ ἀδελφὸς αὐτοῦ τὴν γυναῖκα καὶ ἐξαναστήσῃ σπέρμα τῷ ἀδελφῷ αὐτοῦ. **20** ἑπτὰ ἀδελφοὶ ἦσαν· καὶ ὁ πρῶτος ἔλαβεν γυναῖκα καὶ ἀποθνῄσκων οὐκ ἀφῆκεν σπέρμα· **21** καὶ ὁ δεύτερος ἔλαβεν αὐτὴν καὶ ἀπέθανεν μὴ καταλιπὼν σπέρμα· καὶ ὁ τρίτος ὡσαύτως· **22** καὶ οἱ ἑπτὰ οὐκ ἀφῆκαν σπέρμα. ἔσχατον πάντων καὶ ἡ γυνὴ ἀπέθανεν. **23** ἐν τῇ ἀναστάσει ὅταν ἀναστῶσιν, τίνος αὐτῶν ἔσται γυνή; οἱ γὰρ ἑπτὰ ἔσχον αὐτὴν γυναῖκα. **24** ἔφη αὐτοῖς ὁ Ἰησοῦς· οὐ διὰ τοῦτο πλανᾶσθε μὴ εἰδότες τὰς γραφὰς μηδὲ τὴν δύναμιν τοῦ θεοῦ; **25** ὅταν γὰρ ἐκ νεκρῶν ἀναστῶσιν, οὔτε γαμοῦσιν οὔτε γαμίζονται, ἀλλ᾽ εἰσὶν ὡς ἄγγελοι ἐν τοῖς οὐρανοῖς. **26** περὶ δὲ τῶν νεκρῶν ὅτι ἐγείρονται οὐκ ἀνέγνωτε ἐν τῇ βίβλῳ Μωϋσέως ἐπὶ τοῦ βάτου πῶς εἶπεν αὐτῷ ὁ θεὸς λέγων· *ἐγὼ ὁ θεὸς Ἀβραὰμ καὶ ὁ θεὸς Ἰσαὰκ καὶ ὁ θεὸς Ἰακώβ*; **27** οὐκ ἔστιν θεὸς νεκρῶν, ἀλλὰ ζώντων· πολὺ πλανᾶσθε.

Ex 3.6

The Great Commandment (Mt 22.34-40; Lk 10.25-28)

28 Καὶ προσελθὼν εἷς τῶν γραμματέων ἀκούσας αὐτῶν συζητούντων ἰδὼν ὅτι καλῶς ἀπεκρίθη αὐτοῖς ἐπηρώτησεν αὐτόν· ποία ἐστὶν ἐντολὴ πρώτη πάντων; **29** ἀπεκρίθη ὁ Ἰησοῦς ὅτι πρώτη ἐστίν· *ἄκουε, Ἰσραήλ, κύριος ὁ θεὸς ἡμῶν κύριος εἷς ἐστιν,* **30** *καὶ ἀγαπήσεις κύριον τὸν θεόν σου ἐξ ὅλης τῆς καρδίας σου καὶ ἐξ ὅλης τῆς ψυχῆς σου καὶ ἐξ ὅλης τῆς διανοίας σου καὶ ἐξ ὅλης τῆς ἰσχύος σου.* **31** δευτέρα αὕτη· *ἀγαπήσεις τὸν πλησίον σου ὡς σεαυτόν.* μείζων τούτων ἄλλη ἐντολὴ οὐκ ἔστιν. **32** καὶ εἶπεν αὐτῷ ὁ γραμματεύς· καλῶς, διδάσκαλε, ἐπ᾽ ἀληθείας εἶπες ὅτι *εἷς ἐστιν καὶ οὐκ ἔστιν ἄλλος πλὴν αὐτοῦ·* **33** *καὶ τὸ ἀγαπᾶν αὐτὸν ἐξ ὅλης τῆς καρδίας καὶ ἐξ ὅλης τῆς συνέσεως καὶ ἐξ ὅλης τῆς ἰσχύος* *καὶ τὸ ἀγαπᾶν τὸν πλησίον ὡς ἑαυτὸν* περισσότερόν ἐστιν πάντων τῶν ὁλοκαυτωμάτων καὶ θυσιῶν. **34** καὶ ὁ Ἰησοῦς ἰδὼν αὐτὸν ὅτι νουνεχῶς ἀπεκρίθη εἶπεν αὐτῷ· οὐ μακρὰν εἶ ἀπὸ τῆς βασιλείας τοῦ θεοῦ. καὶ οὐδεὶς οὐκέτι ἐτόλμα αὐτὸν ἐπερωτῆσαι.

Dt 6.4
Dt 6.5; Jos 22.5
Lv 19.18
Dt 6.4; 4.35; Is 45.21 · Dt 6.5; Jos 22.5
Lv 19.18

The Question about David's Son (Mt 22.41-46; Lk 20.41-44)

35 Καὶ ἀποκριθεὶς ὁ Ἰησοῦς ἔλεγεν διδάσκων ἐν τῷ ἱερῷ· πῶς λέγουσιν οἱ γραμματεῖς ὅτι ὁ χριστὸς υἱὸς Δαυίδ ἐστιν; **36** αὐτὸς Δαυὶδ εἶπεν ἐν τῷ πνεύματι τῷ ἁγίῳ·

Ps 110.1
    εἶπεν ὁ κύριος τῷ κυρίῳ μου·
      κάθου ἐκ δεξιῶν μου,
    ἕως ἂν θῶ τοὺς ἐχθρούς σου
      ὑποκάτω¹ τῶν ποδῶν σου.

37 αὐτὸς Δαυὶδ λέγει αὐτὸν κύριον, καὶ πόθεν αὐτοῦ ἐστιν υἱός; Καὶ ὁ πολὺς ὄχλος ἤκουεν αὐτοῦ ἡδέως.

The Denouncing of the Scribes (Mt 23.1-36; Lk 20.45-47)

38 Καὶ ἐν τῇ διδαχῇ αὐτοῦ ἔλεγεν· βλέπετε ἀπὸ τῶν γραμματέων τῶν θελόντων ἐν στολαῖς περιπατεῖν καὶ ἀσπασμοὺς ἐν ταῖς ἀγοραῖς **39** καὶ πρωτοκαθεδρίας ἐν ταῖς συναγωγαῖς καὶ πρωτοκλισίας ἐν τοῖς δείπνοις· **40** οἱ κατεσθίοντες τὰς οἰκίας τῶν χηρῶν καὶ προφάσει μακρὰ προσευχόμενοι οὗτοι λήμψονται περισσότερον κρίμα.

The Widow's Offering (Lk 21.1-4)

41 Καὶ καθίσας κατέναντι τοῦ γαζοφυλακίου ἐθεώρει πῶς ὁ ὄχλος βάλλει χαλκὸν εἰς τὸ γαζοφυλάκιον. καὶ πολλοὶ πλούσιοι ἔβαλλον πολλά· **42** καὶ ἐλθοῦσα μία χήρα πτωχὴ ἔβαλεν λεπτὰ δύο, ὅ ἐστιν κοδράντης. **43** καὶ προσκαλεσάμενος τοὺς μαθητὰς αὐτοῦ εἶπεν αὐτοῖς· ἀμὴν λέγω ὑμῖν ὅτι ἡ χήρα αὕτη ἡ πτωχὴ πλεῖον πάντων ἔβαλεν τῶν βαλλόντων εἰς τὸ γαζοφυλάκιον· **44** πάντες γὰρ ἐκ τοῦ περισσεύοντος αὐτοῖς ἔβαλον, αὕτη δὲ ἐκ τῆς ὑστερήσεως αὐτῆς πάντα ὅσα εἶχεν ἔβαλεν, ὅλον τὸν βίον αὐτῆς.

---

¹ 36 {C} ὑποκάτω (see Mt 22.44) 03 05 032 0233 sy^s ∥ ὑποπόδιον (see Ps 109.1 LXX; Lk 20.43; Ac 2.34) 01 019 037 038 044 f^1 f^{13} 33 565 700 892 1342 Byz lat sy^{p,h} cpa eth

The Destruction of the Temple Foretold (Mt 24.1-2; Lk 21.5-6)

13 Καὶ ἐκπορευομένου αὐτοῦ ἐκ τοῦ ἱεροῦ λέγει αὐτῷ εἷς τῶν μαθητῶν αὐτοῦ· διδάσκαλε, ἴδε ποταποὶ λίθοι καὶ ποταπαὶ οἰκοδομαί. **2** καὶ ὁ Ἰησοῦς εἶπεν αὐτῷ· βλέπεις ταύτας τὰς μεγάλας οἰκοδομάς; οὐ μὴ ἀφεθῇ ὧδε λίθος ἐπὶ λίθον ὃς οὐ μὴ καταλυθῇ.

The Beginning of Woes (Mt 24.3-14; Lk 21.7-19)

3 Καὶ καθημένου αὐτοῦ εἰς τὸ ὄρος τῶν ἐλαιῶν κατέναντι τοῦ ἱεροῦ ἐπηρώτα αὐτὸν κατ' ἰδίαν Πέτρος καὶ Ἰάκωβος καὶ Ἰωάννης καὶ Ἀνδρέας· **4** εἰπὸν ἡμῖν, πότε ταῦτα ἔσται καὶ τί τὸ σημεῖον, ὅταν μέλλῃ ταῦτα συντελεῖσθαι πάντα; **5** ὁ δὲ Ἰησοῦς ἤρξατο λέγειν αὐτοῖς· βλέπετε μή τις ὑμᾶς πλανήσῃ· **6** πολλοὶ ἐλεύσονται ἐπὶ τῷ ὀνόματί μου λέγοντες ὅτι ἐγώ εἰμι, καὶ πολλοὺς πλανήσουσιν. **7** ὅταν δὲ ἀκούσητε πολέμους καὶ ἀκοὰς πολέμων, μὴ θροεῖσθε· δεῖ γενέσθαι, ἀλλ' οὔπω τὸ τέλος. **8** ἐγερθήσεται γὰρ ἔθνος ἐπ' ἔθνος καὶ βασιλεία ἐπὶ βασιλείαν, ἔσονται σεισμοὶ κατὰ τόπους, ἔσονται λιμοί[1]· ἀρχὴ ὠδίνων ταῦτα.

9 Βλέπετε δὲ ὑμεῖς ἑαυτούς· παραδώσουσιν ὑμᾶς εἰς συνέδρια, καὶ εἰς συναγωγὰς δαρήσεσθε καὶ ἐπὶ ἡγεμόνων καὶ βασιλέων σταθήσεσθε ἕνεκεν ἐμοῦ εἰς μαρτύριον αὐτοῖς. **10** καὶ εἰς πάντα τὰ ἔθνη πρῶτον δεῖ κηρυχθῆναι τὸ εὐαγγέλιον. **11** καὶ ὅταν ἄγωσιν ὑμᾶς παραδιδόντες, μὴ προμεριμνᾶτε τί λαλήσητε, ἀλλ' ὃ ἐὰν δοθῇ ὑμῖν ἐν ἐκείνῃ τῇ ὥρᾳ τοῦτο λαλεῖτε· οὐ γάρ ἐστε ὑμεῖς οἱ λαλοῦντες, ἀλλὰ τὸ πνεῦμα τὸ ἅγιον. **12** καὶ παραδώσει ἀδελφὸς ἀδελφὸν εἰς θάνατον καὶ πατὴρ τέκνον, καὶ ἐπαναστήσονται τέκνα ἐπὶ γονεῖς καὶ θανατώσουσιν αὐτούς· **13** καὶ ἔσεσθε μισούμενοι ὑπὸ πάντων διὰ τὸ ὄνομά μου. ὁ δὲ ὑπομείνας εἰς τέλος οὗτος σωθήσεται.

---

[1] **8** {B} ἔσονται λιμοί (see Mt 24.7) 01² (01* omit κατὰ … λιμοί) 03 019 044 co[bo] (eth) // καὶ λιμοί 05 lat[vl-pt, vg] co[sa-mss] Hippolytus[ms] // καὶ λιμοὶ καὶ ταραχαί (032 omit the two καί) (038 λοιμοί) 565 700 (sy[s]) co[sa-mss] // καὶ ἔσονται λιμοὶ καὶ ταραχαί 037 f¹ f¹³ 33 (892 omit first καί) Byz lat[vl-pt] sy[(s, p,) h] // καὶ ἔσονται λιμοὶ καὶ λοιμοὶ καὶ ταραχαί (see Lk 21.11) 042 1342 (Hippolytus[pt] omit ἔσονται)

The Great Tribulation (Mt 24.15-28; Lk 21.20-24)

Dn 12.11; 11.31

14 Ὅταν δὲ ἴδητε τὸ βδέλυγμα τῆς ἐρημώσεως ἑστηκότα ὅπου οὐ δεῖ, ὁ ἀναγινώσκων νοείτω, τότε οἱ ἐν τῇ Ἰουδαίᾳ φευγέτωσαν εἰς τὰ ὄρη, **15** ὁ δὲ ἐπὶ τοῦ δώματος μὴ καταβάτω μηδὲ εἰσελθάτω ἆραί τι ἐκ τῆς οἰκίας αὐτοῦ, **16** καὶ ὁ εἰς τὸν ἀγρὸν μὴ ἐπιστρεψάτω εἰς τὰ ὀπίσω ἆραι τὸ ἱμάτιον αὐτοῦ. **17** οὐαὶ δὲ ταῖς ἐν γαστρὶ ἐχούσαις καὶ ταῖς θηλαζούσαις ἐν ἐκείναις ταῖς ἡμέραις.

18 Προσεύχεσθε δὲ ἵνα μὴ γένηται χειμῶνος· **19** ἔσονται γὰρ αἱ ἡμέραι ἐκεῖναι θλῖψις οἵα οὐ γέγονεν τοιαύτη ἀπ᾽ ἀρχῆς κτίσεως ἣν ἔκτισεν ὁ θεὸς ἕως τοῦ νῦν καὶ οὐ μὴ γένηται. **20** καὶ εἰ μὴ ἐκολόβωσεν κύριος τὰς ἡμέρας, οὐκ ἂν ἐσώθη πᾶσα σάρξ· ἀλλὰ διὰ τοὺς ἐκλεκτοὺς οὓς ἐξελέξατο ἐκολόβωσεν τὰς ἡμέρας.

21 Καὶ τότε ἐάν τις ὑμῖν εἴπῃ· ἴδε ὧδε ὁ χριστός, ἴδε ἐκεῖ, μὴ πιστεύετε· **22** ἐγερθήσονται γὰρ ψευδόχριστοι καὶ ψευδοπροφῆται καὶ δώσουσιν σημεῖα καὶ τέρατα πρὸς τὸ ἀποπλανᾶν εἰ δυνατὸν τοὺς ἐκλεκτούς. **23** ὑμεῖς δὲ βλέπετε· προείρηκα ὑμῖν πάντα.

The Coming of the Son of Man (Mt 24.29-31; Lk 21.25-28)

24 Ἀλλ᾽ ἐν ἐκείναις ταῖς ἡμέραις μετὰ τὴν θλῖψιν ἐκείνην

Is 13.10
    ὁ ἥλιος σκοτισθήσεται,
    καὶ ἡ σελήνη οὐ δώσει τὸ φέγγος αὐτῆς,

Is 34.4 LXX **25**   *καὶ οἱ ἀστέρες ἔσονται ἐκ τοῦ οὐρανοῦ πίπτοντες,*
    καὶ αἱ δυνάμεις αἱ ἐν τοῖς οὐρανοῖς σαλευθήσονται.

Dn 7.13-14 **26** καὶ τότε ὄψονται *τὸν υἱὸν τοῦ ἀνθρώπου ἐρχόμενον ἐν νεφέλαις* μετὰ δυνάμεως πολλῆς *καὶ δόξης*, **27** καὶ τότε ἀποστελεῖ τοὺς ἀγγέλους καὶ ἐπισυνάξει τοὺς ἐκλεκτοὺς αὐτοῦ ἐκ τῶν τεσσάρων ἀνέμων ἀπ᾽ ἄκρου γῆς ἕως ἄκρου οὐρανοῦ.

The Lesson of the Fig Tree (Mt 24.32-35; Lk 21.29-33)

28 Ἀπὸ δὲ τῆς συκῆς μάθετε τὴν παραβολήν· ὅταν ἤδη ὁ κλάδος αὐτῆς ἁπαλὸς γένηται καὶ ἐκφύῃ τὰ φύλλα, γινώσκετε ὅτι ἐγγὺς τὸ θέρος ἐστίν· **29** οὕτως καὶ ὑμεῖς, ὅταν ἴδητε ταῦτα γινόμενα, γινώσκετε ὅτι ἐγγύς ἐστιν ἐπὶ θύραις.

30 Ἀμὴν λέγω ὑμῖν ὅτι οὐ μὴ παρέλθῃ ἡ γενεὰ αὕτη μέχρις οὗ ταῦτα πάντα γένηται. **31** ὁ οὐρανὸς καὶ ἡ γῆ παρελεύσονται, οἱ δὲ λόγοι μου οὐ μὴ παρελεύσονται.

The Unknown Day and Hour (Mt 24.36-44)

32 Περὶ δὲ τῆς ἡμέρας ἐκείνης ἢ τῆς ὥρας οὐδεὶς οἶδεν, οὐδὲ οἱ ἄγγελοι ἐν οὐρανῷ οὐδὲ ὁ υἱός, εἰ μὴ ὁ πατήρ. **33** Βλέπετε, ἀγρυπνεῖτε²· οὐκ οἴδατε γὰρ πότε ὁ καιρός ἐστιν. **34** ὡς ἄνθρωπος ἀπόδημος ἀφεὶς τὴν οἰκίαν αὐτοῦ καὶ δοὺς τοῖς δούλοις αὐτοῦ τὴν ἐξουσίαν, ἑκάστῳ τὸ ἔργον αὐτοῦ, καὶ τῷ θυρωρῷ ἐνετείλατο ἵνα γρηγορῇ. **35** γρηγορεῖτε οὖν· οὐκ οἴδατε γὰρ πότε ὁ κύριος τῆς οἰκίας ἔρχεται, ἢ ὀψὲ ἢ μεσονύκτιον ἢ ἀλεκτοροφωνίας ἢ πρωΐ, **36** μὴ ἐλθὼν ἐξαίφνης εὕρῃ ὑμᾶς καθεύδοντας. **37** ὃ δὲ ὑμῖν λέγω πᾶσιν λέγω· γρηγορεῖτε.

The Plot to Kill Jesus (Mt 26.1-5; Lk 22.1-2; Jn 11.45-53)

14 Ἦν δὲ τὸ πάσχα καὶ τὰ ἄζυμα μετὰ δύο ἡμέρας. καὶ ἐζήτουν οἱ ἀρχιερεῖς καὶ οἱ γραμματεῖς πῶς αὐτὸν ἐν δόλῳ κρατήσαντες ἀποκτείνωσιν· **2** ἔλεγον γάρ· μὴ ἐν τῇ ἑορτῇ – μήποτε ἔσται θόρυβος τοῦ λαοῦ.

The Anointing at Bethany (Mt 26.6-13; Jn 12.1-8)

3 Καὶ ὄντος αὐτοῦ ἐν Βηθανίᾳ ἐν τῇ οἰκίᾳ Σίμωνος τοῦ λεπροῦ, κατακειμένου αὐτοῦ ἦλθεν γυνὴ ἔχουσα ἀλάβαστρον μύρου νάρδου πιστικῆς πολυτελοῦς, συντρίψασα τὴν ἀλάβαστρον κατέχεεν αὐτοῦ τῆς κεφαλῆς. **4** ἦσαν δέ τινες ἀγανακτοῦντες πρὸς ἑαυτούς· εἰς τί ἡ ἀπώλεια αὕτη τοῦ μύρου γέγονεν; **5** ἠδύνατο γὰρ τοῦτο τὸ μύρον πραθῆναι ἐπάνω δηναρίων τριακοσίων καὶ δοθῆναι τοῖς πτωχοῖς· καὶ ἐνεβριμῶντο αὐτῇ. **6** ὁ δὲ Ἰησοῦς εἶπεν· ἄφετε αὐτήν· τί αὐτῇ κόπους παρέχετε; καλὸν ἔργον ἠργάσατο ἐν ἐμοί· **7** πάντοτε γὰρ τοὺς πτωχοὺς ἔχετε μεθ᾽ ἑαυτῶν καί, ὅταν θέλητε, δύνασθε αὐτοῖς εὖ ποιῆσαι, ἐμὲ δὲ οὐ πάντοτε ἔχετε. **8** ὃ ἔσχεν ἐποίησεν· προέλαβεν μυρίσαι

---

²**33** {C} ἀγρυπνεῖτε 03 05 lat^{vl·pt} co^{fa} ∥ ἀγρυπνεῖτε καὶ προσεύχεσθε 01 04 019 032 037 038 044 ƒ¹ ƒ¹³ 565 700 892 1342 *Byz* lat^{vl·pt, vg} sy co^{sa, bo} eth

τὸ σῶμά μου εἰς τὸν ἐνταφιασμόν. **9** ἀμὴν δὲ λέγω ὑμῖν· ὅπου ἐὰν κηρυχθῇ τὸ εὐαγγέλιον εἰς ὅλον τὸν κόσμον καὶ ὃ ἐποίησεν αὕτη λαληθήσεται εἰς μνημόσυνον αὐτῆς.

Judas' Agreement to Betray Jesus   (Mt 26.14-16; Lk 22.3-6)

10 Καὶ Ἰούδας Ἰσκαριὼθ ὁ εἷς τῶν δώδεκα ἀπῆλθεν πρὸς τοὺς ἀρχιερεῖς, ἵνα αὐτὸν παραδοῖ αὐτοῖς. **11** οἱ δὲ ἀκούσαντες ἐχάρησαν καὶ ἐπηγγείλαντο αὐτῷ ἀργύριον δοῦναι. καὶ ἐζήτει πῶς αὐτὸν εὐκαίρως παραδοῖ.

The Passover with the Disciples
(Mt 26.17-25; Lk 22.7-14, 21-23; Jn 13.21-30)

12 Καὶ τῇ πρώτῃ ἡμέρᾳ τῶν ἀζύμων, ὅτε τὸ πάσχα ἔθυον, λέγουσιν αὐτῷ οἱ μαθηταὶ αὐτοῦ· ποῦ θέλεις ἀπελθόντες ἑτοιμάσωμεν ἵνα φάγῃς τὸ πάσχα; **13** καὶ ἀποστέλλει δύο τῶν μαθητῶν αὐτοῦ καὶ λέγει αὐτοῖς· ὑπάγετε εἰς τὴν πόλιν, καὶ ἀπαντήσει ὑμῖν ἄνθρωπος κεράμιον ὕδατος βαστάζων· ἀκολουθήσατε αὐτῷ **14** καὶ ὅπου ἐὰν εἰσέλθῃ εἴπατε τῷ οἰκοδεσπότῃ ὅτι ὁ διδάσκαλος λέγει· ποῦ ἐστιν τὸ κατάλυμά μου, ὅπου τὸ πάσχα μετὰ τῶν μαθητῶν μου φάγω; **15** καὶ αὐτὸς ὑμῖν δείξει ἀνάγαιον μέγα ἐστρωμένον ἕτοιμον· καὶ ἐκεῖ ἑτοιμάσατε ἡμῖν. **16** καὶ ἐξῆλθον οἱ μαθηταὶ καὶ ἦλθον εἰς τὴν πόλιν καὶ εὗρον καθὼς εἶπεν αὐτοῖς καὶ ἡτοίμασαν τὸ πάσχα.

17 Καὶ ὀψίας γενομένης ἔρχεται μετὰ τῶν δώδεκα. **18** καὶ ἀνακειμένων αὐτῶν καὶ ἐσθιόντων ὁ Ἰησοῦς εἶπεν· ἀμὴν λέγω ὑμῖν ὅτι εἷς ἐξ ὑμῶν παραδώσει με ὁ ἐσθίων μετ' ἐμοῦ. **19** ἤρξαντο λυπεῖσθαι καὶ λέγειν αὐτῷ εἷς κατὰ εἷς· μήτι ἐγώ; **20** ὁ δὲ εἶπεν αὐτοῖς· εἷς τῶν δώδεκα ὁ ἐμβαπτόμενος μετ' ἐμοῦ εἰς τὸ τρύβλιον[1]. **21** ὅτι ὁ μὲν υἱὸς τοῦ ἀνθρώπου ὑπάγει, καθὼς γέγραπται περὶ αὐτοῦ· οὐαὶ δὲ τῷ ἀνθρώπῳ ἐκείνῳ δι' οὗ ὁ υἱὸς τοῦ ἀνθρώπου παραδίδοται· καλὸν αὐτῷ, εἰ οὐκ ἐγεννήθη ὁ ἄνθρωπος ἐκεῖνος.

---

[1]**20** {B} τὸ τρύβλιον 01 04² 05 019 032 037 044 f^1 f^{13} 700 1342 *Byz* lat sy co eth Origen ∥ τὸ ἓν τρύβλιον 03 04* 038 565

The Institution of the Lord's Supper
(Mt 26.26-30; Lk 22.15-20; 1 Cor 11.23-25)

22 Καὶ ἐσθιόντων αὐτῶν λαβὼν ἄρτον εὐλογήσας ἔκλασεν καὶ ἔδωκεν αὐτοῖς καὶ εἶπεν· λάβετε, τοῦτό ἐστιν τὸ σῶμά μου. **23** καὶ λαβὼν ποτήριον εὐχαριστήσας ἔδωκεν αὐτοῖς, καὶ ἔπιον ἐξ αὐτοῦ πάντες. **24** καὶ εἶπεν αὐτοῖς· τοῦτό ἐστιν τὸ αἷμά μου τῆς διαθήκης[2] τὸ ἐκχυννόμενον ὑπὲρ πολλῶν. **25** ἀμὴν λέγω ὑμῖν ὅτι οὐκέτι οὐ μὴ πίω ἐκ τοῦ γενήματος τῆς ἀμπέλου ἕως τῆς ἡμέρας ἐκείνης, ὅταν αὐτὸ πίνω καινὸν ἐν τῇ βασιλείᾳ τοῦ θεοῦ.

26 Καὶ ὑμνήσαντες ἐξῆλθον εἰς τὸ ὄρος τῶν ἐλαιῶν.

Peter's Denial Foretold   (Mt 26.31-35; Lk 22.31-34; Jn 13.36-38)

27 Καὶ λέγει αὐτοῖς ὁ Ἰησοῦς ὅτι πάντες σκανδαλισθήσεσθε, ὅτι γέγραπται·

> *πατάξω τὸν ποιμένα,*   Zch 13.7
>   *καὶ τὰ πρόβατα διασκορπισθήσονται.*

28 ἀλλὰ μετὰ τὸ ἐγερθῆναί με προάξω ὑμᾶς εἰς τὴν Γαλιλαίαν. **29** ὁ δὲ Πέτρος ἔφη αὐτῷ· εἰ καὶ πάντες σκανδαλισθήσονται, ἀλλ᾽ οὐκ ἐγώ. **30** καὶ λέγει αὐτῷ ὁ Ἰησοῦς· ἀμὴν λέγω σοι ὅτι σὺ σήμερον ταύτῃ τῇ νυκτὶ, πρὶν ἢ δὶς ἀλέκτορα φωνῆσαι[3], τρίς με ἀπαρνήσῃ. **31** ὁ δὲ ἐκπερισσῶς ἐλάλει· ἐὰν με δέῃ συναποθανεῖν σοι, οὐ μή σε ἀπαρνήσομαι. ὡσαύτως δὲ καὶ πάντες ἔλεγον.

The Prayer in Gethsemane   (Mt 26.36-46; Lk 22.39-46)

32 Καὶ ἔρχονται εἰς χωρίον οὗ τὸ ὄνομα Γεθσημανὶ καὶ λέγει τοῖς μαθηταῖς αὐτοῦ· καθίσατε ὧδε, ἕως προσεύξωμαι. **33** καὶ

---

[2] **24** {A} τῆς διαθήκης (*see* Mt 26.28) 01 03 04 05¹ 019 038 044 565 lat[vl-pt] co[sa-mss, bo-mss] ∥ τὸ τῆς διαθήκης 05* 032 lat[vl-pt] ∥ τῆς καινῆς διαθήκης 892 lat[vl-pt, vg] sy co[sa-mss, bo-mss] eth ∥ τὸ τῆς καινῆς διαθήκης 037 *f*¹ *f*¹³ 700 1342 *Byz* lat[vl-pt] ∥ *omit* lat[vl-pt] co[sa-ms]

[3] **30** {B} δὶς ἀλέκτορα φωνῆσαι 03 019 037 044 083 *f*¹ 892 1342 *Byz* lat[vl-pt, vg] sy[h] ∥ ἀλέκτορα φωνῆσαι (*see* Mt 26.34; Lk 22.34; Jn 13.38) 01 04* 05 032 lat[vl-pt] co[sa-ms] eth ∥ ἀλέκτορα δὶς φωνῆσαι 038 *f*¹³ 565 700 lat[vl-pt, vg-ms] ∥ ἀλέκτορα φωνῆσαι δὶς 04²

παραλαμβάνει τὸν Πέτρον καὶ τὸν Ἰάκωβον καὶ τὸν Ἰωάννην μετ' αὐτοῦ καὶ ἤρξατο ἐκθαμβεῖσθαι καὶ ἀδημονεῖν 34 καὶ λέγει αὐτοῖς· περίλυπός ἐστιν ἡ ψυχή μου ἕως θανάτου· μείνατε ὧδε καὶ γρηγορεῖτε. 35 καὶ προελθὼν μικρὸν ἔπιπτεν ἐπὶ τῆς γῆς καὶ προσηύχετο ἵνα, εἰ δυνατόν ἐστιν, παρέλθῃ ἀπ' αὐτοῦ ἡ ὥρα, 36 καὶ ἔλεγεν· αββα ὁ πατήρ, πάντα δυνατά σοι· παρένεγκε τὸ ποτήριον τοῦτο ἀπ' ἐμοῦ· ἀλλ' οὐ τί ἐγὼ θέλω, ἀλλὰ τί σύ. 37 καὶ ἔρχεται καὶ εὑρίσκει αὐτοὺς καθεύδοντας καὶ λέγει τῷ Πέτρῳ· Σίμων, καθεύδεις; οὐκ ἴσχυσας μίαν ὥραν γρηγορῆσαι; 38 γρηγορεῖτε καὶ προσεύχεσθε ἵνα μὴ ἔλθητε εἰς πειρασμόν· τὸ μὲν πνεῦμα πρόθυμον, ἡ δὲ σὰρξ ἀσθενής. 39 καὶ πάλιν ἀπελθὼν προσηύξατο τὸν αὐτὸν λόγον εἰπών. 40 καὶ πάλιν ἐλθὼν εὗρεν αὐτοὺς καθεύδοντας· ἦσαν γὰρ αὐτῶν οἱ ὀφθαλμοὶ καταβαρυνόμενοι· καὶ οὐκ ᾔδεισαν τί ἀποκριθῶσιν αὐτῷ. 41 καὶ ἔρχεται τὸ τρίτον καὶ λέγει αὐτοῖς· καθεύδετε τὸ λοιπὸν καὶ ἀναπαύεσθε; ἀπέχει· ἦλθεν⁴ ἡ ὥρα, ἰδοὺ παραδίδοται ὁ υἱὸς τοῦ ἀνθρώπου εἰς τὰς χεῖρας τῶν ἁμαρτωλῶν. 42 ἐγείρεσθε, ἄγωμεν· ἰδοὺ ὁ παραδιδούς με ἤγγικεν.

The Betrayal and Arrest of Jesus (Mt 26.47-56; Lk 22.47-53; Jn 18.3-12)

43 Καὶ εὐθὺς ἔτι αὐτοῦ λαλοῦντος παραγίνεται Ἰούδας εἷς τῶν δώδεκα καὶ μετ' αὐτοῦ ὄχλος μετὰ μαχαιρῶν καὶ ξύλων παρὰ τῶν ἀρχιερέων καὶ τῶν γραμματέων καὶ τῶν πρεσβυτέρων. 44 δεδώκει δὲ ὁ παραδιδοὺς αὐτὸν σύσσημον αὐτοῖς λέγων· ὃν ἂν φιλήσω αὐτός ἐστιν, κρατήσατε αὐτὸν καὶ ἀπαγάγετε ἀσφαλῶς. 45 καὶ ἐλθὼν εὐθὺς προσελθὼν αὐτῷ λέγει· ραββί, καὶ κατεφίλησεν αὐτόν· 46 οἱ δὲ ἐπέβαλον τὰς χεῖρας αὐτῷ καὶ ἐκράτησαν αὐτόν. 47 εἷς δέ τις τῶν παρεστηκότων σπασάμενος τὴν μάχαιραν ἔπαισεν τὸν δοῦλον τοῦ ἀρχιερέως καὶ ἀφεῖλεν αὐτοῦ τὸ ὠτάριον.

---

⁴41 {B} ἀπέχει· ἦλθεν 01 03 04 019 037 083 ƒ¹ 700 1342 *Byz* lat^vg ∥ ἀπέχει τὸ τέλος καί 05 lat^vl-pt ∥ ἀπέχει τὸ τέλος· ἦλθεν (032 ἰδοὺ ἦλθεν) 038 0233 ƒ¹³ 565 lat^vl-pt sy cpa (co^sa) ∥ ὅτι ἦλθεν 044 (892 *omit* ὅτι) (lat^vl-pt)

48 Καὶ ἀποκριθεὶς ὁ Ἰησοῦς εἶπεν αὐτοῖς· ὡς ἐπὶ λῃστὴν ἐξήλθατε μετὰ μαχαιρῶν καὶ ξύλων συλλαβεῖν με; **49** καθ᾽ ἡμέραν ἤμην πρὸς ὑμᾶς ἐν τῷ ἱερῷ διδάσκων, καὶ οὐκ ἐκρατήσατέ με· ἀλλ᾽ ἵνα πληρωθῶσιν αἱ γραφαί. **50** καὶ ἀφέντες αὐτὸν ἔφυγον πάντες. **51** καὶ νεανίσκος τις συνηκολούθει αὐτῷ περιβεβλημένος σινδόνα ἐπὶ γυμνοῦ, καὶ κρατοῦσιν αὐτόν· **52** ὁ δὲ καταλιπὼν τὴν σινδόνα γυμνὸς ἔφυγεν.

Jesus before the Council
(Mt 26.57-68; Lk 22.54-55, 63-71; Jn 18.13-14, 19-24)

53 Καὶ ἀπήγαγον τὸν Ἰησοῦν πρὸς τὸν ἀρχιερέα, καὶ συνέρχονται πάντες οἱ ἀρχιερεῖς καὶ οἱ πρεσβύτεροι καὶ οἱ γραμματεῖς. **54** καὶ ὁ Πέτρος ἀπὸ μακρόθεν ἠκολούθησεν αὐτῷ ἕως ἔσω εἰς τὴν αὐλὴν τοῦ ἀρχιερέως καὶ ἦν συγκαθήμενος μετὰ τῶν ὑπηρετῶν καὶ θερμαινόμενος πρὸς τὸ φῶς.

55 Οἱ δὲ ἀρχιερεῖς καὶ ὅλον τὸ συνέδριον ἐζήτουν κατὰ τοῦ Ἰησοῦ μαρτυρίαν εἰς τὸ θανατῶσαι αὐτόν καὶ οὐχ ηὕρισκον· **56** πολλοὶ γὰρ ἐψευδομαρτύρουν κατ᾽ αὐτοῦ, καὶ ἴσαι αἱ μαρτυρίαι οὐκ ἦσαν. **57** καί τινες ἀναστάντες ἐψευδομαρτύρουν κατ᾽ αὐτοῦ λέγοντες **58** ὅτι ἡμεῖς ἠκούσαμεν αὐτοῦ λέγοντος ὅτι ἐγὼ καταλύσω τὸν ναὸν τοῦτον τὸν χειροποίητον καὶ διὰ τριῶν ἡμερῶν ἄλλον ἀχειροποίητον οἰκοδομήσω. **59** καὶ οὐδὲ οὕτως ἴση ἦν ἡ μαρτυρία αὐτῶν. **60** καὶ ἀναστὰς ὁ ἀρχιερεὺς εἰς μέσον ἐπηρώτησεν τὸν Ἰησοῦν λέγων· οὐκ ἀποκρίνῃ οὐδὲν τί οὗτοί σου καταμαρτυροῦσιν; **61** ὁ δὲ ἐσιώπα καὶ οὐκ ἀπεκρίνατο οὐδέν. πάλιν ὁ ἀρχιερεὺς ἐπηρώτα αὐτὸν καὶ λέγει αὐτῷ· σὺ εἶ ὁ χριστὸς ὁ υἱὸς τοῦ εὐλογητοῦ; **62** ὁ δὲ Ἰησοῦς εἶπεν· ἐγώ εἰμι, καὶ ὄψεσθε *τὸν υἱὸν τοῦ ἀνθρώπου* ἐκ δεξιῶν καθήμενον τῆς δυνάμεως καὶ *ἐρχόμενον μετὰ τῶν νεφελῶν τοῦ οὐρανοῦ*. **63** ὁ δὲ ἀρχιερεὺς διαρρήξας τοὺς χιτῶνας αὐτοῦ λέγει· τί ἔτι χρείαν ἔχομεν μαρτύρων; **64** ἠκούσατε τῆς βλασφημίας· τί ὑμῖν φαίνεται; οἱ δὲ πάντες κατέκριναν αὐτὸν ἔνοχον εἶναι θανάτου. Dn 7.13

65 Καὶ ἤρξαντό τινες ἐμπτύειν αὐτῷ καὶ περικαλύπτειν αὐτοῦ τὸ πρόσωπον καὶ κολαφίζειν αὐτὸν καὶ λέγειν αὐτῷ· προφήτευσον, καὶ οἱ ὑπηρέται ῥαπίσμασιν αὐτὸν ἔλαβον.

Peter's Denial of Jesus (Mt 26.69-75; Lk 22.56-62; Jn 18.15-18, 25-27)

66 Καὶ ὄντος τοῦ Πέτρου κάτω ἐν τῇ αὐλῇ ἔρχεται μία τῶν παιδισκῶν τοῦ ἀρχιερέως **67** καὶ ἰδοῦσα τὸν Πέτρον θερμαινόμενον ἐμβλέψασα αὐτῷ λέγει· καὶ σὺ μετὰ τοῦ Ναζαρηνοῦ ἦσθα τοῦ Ἰησοῦ. **68** ὁ δὲ ἠρνήσατο λέγων· οὔτε οἶδα οὔτε ἐπίσταμαι σὺ τί λέγεις. καὶ ἐξῆλθεν ἔξω εἰς τὸ προαύλιον καὶ ἀλέκτωρ ἐφώνησεν[5].

69 Καὶ ἡ παιδίσκη ἰδοῦσα αὐτὸν ἤρξατο πάλιν λέγειν τοῖς παρεστῶσιν ὅτι οὗτος ἐξ αὐτῶν ἐστιν. **70** ὁ δὲ πάλιν ἠρνεῖτο. καὶ μετὰ μικρὸν πάλιν οἱ παρεστῶτες ἔλεγον τῷ Πέτρῳ· ἀληθῶς ἐξ αὐτῶν εἶ· καὶ γὰρ Γαλιλαῖος εἶ. **71** ὁ δὲ ἤρξατο ἀναθεματίζειν καὶ ὀμνύναι ὅτι οὐκ οἶδα τὸν ἄνθρωπον τοῦτον ὃν λέγετε. **72** καὶ εὐθὺς ἐκ δευτέρου[6] ἀλέκτωρ ἐφώνησεν. καὶ ἀνεμνήσθη ὁ Πέτρος τὸ ῥῆμα, ὡς εἶπεν αὐτῷ ὁ Ἰησοῦς ὅτι πρὶν ἀλέκτορα φωνῆσαι δὶς, τρίς με ἀπαρνήσῃ[7]· καὶ ἐπιβαλὼν ἔκλαιεν.

Jesus before Pilate (Mt 27.1-2, 11-14; Lk 23.1-5; Jn 18.28-38)

15 Καὶ εὐθὺς πρωῒ συμβούλιον ποιήσαντες οἱ ἀρχιερεῖς μετὰ τῶν πρεσβυτέρων καὶ γραμματέων καὶ ὅλον τὸ συνέδριον δήσαντες τὸν Ἰησοῦν ἀπήνεγκαν καὶ παρέδωκαν Πιλάτῳ.

2 Καὶ ἐπηρώτησεν αὐτὸν ὁ Πιλᾶτος· σὺ εἶ ὁ βασιλεὺς τῶν Ἰουδαίων; ὁ δὲ ἀποκριθεὶς αὐτῷ λέγει· σὺ λέγεις. **3** καὶ κατηγόρουν αὐτοῦ οἱ ἀρχιερεῖς πολλά. **4** ὁ δὲ Πιλᾶτος πάλιν ἐπηρώτα αὐτὸν λέγων· οὐκ ἀποκρίνῃ οὐδέν; ἴδε πόσα σου κατηγοροῦ-

---

[5]**68** ♦ καὶ ἀλέκτωρ ἐφώνησεν (see 14.72) 04^{vid} 05 037 038 044^c 067 f^1 f^{13} 33 565 700 1342 *Byz* lat$^{vl\text{-}pt, vg}$ sy$^{p, h}$ co$^{sa\text{-}mss}$ got eth Eusebius ∥ ♦ *omit* 01 03 019 032 044* 892 lat$^{vl\text{-}pt}$ sy^s co$^{sa\text{-}mss, bo, fa}$

[6]**72** {B} ἐκ δευτέρου (see 14.68) 03 04^{2vid} 05 032 037 038 044 f^1 f^{13} 33 565 700 892 *Byz* lat$^{vl\text{-}pt, vg}$ sy co got eth Eusebius ∥ δίς 1342 ∥ *omit* 01 04* 019 lat$^{vl\text{-}pt, vg\text{-}ms}$

[7]**72** {C} (see 14.68, 72a; Mt 26.75; Lk 22.61) ὅτι πρὶν ἀλέκτορα φωνῆσαι δὶς τρίς με ἀπαρνήσῃ (03 δὶς φωνῆσαι) 04^{2vid} 019 044 892 (1342 δὶς φωνῆσαι *and* ἀπαρνήσῃ με) ∥ ὅτι πρὶν ἀλέκτορα φωνῆσαι δὶς ἀπαρνήσῃ με τρίς (038 565 700 δὶς φωνῆσαι) f^1 f^{13} 33 *Byz*∥ ὅτι πρὶν ἀλέκτορα φωνῆσαι τρίς με ἀπαρνήσῃ (see Mt 26.75; Lk 22.62) 01 04* 032 037 (042 ἀπαρνήσῃ με τρίς) ∥ *omit* 05 lat$^{vl\text{-}pt}$

σιν. 5 ὁ δὲ Ἰησοῦς οὐκέτι οὐδὲν ἀπεκρίθη, ὥστε θαυμάζειν τὸν Πιλᾶτον.

Jesus Sentenced to Death (Mt 27.15-26; Lk 23.13-25; Jn 18.39-19.16)

6 Κατὰ δὲ ἑορτὴν ἀπέλυεν αὐτοῖς ἕνα δέσμιον ὃν παρῃτοῦντο. 7 ἦν δὲ ὁ λεγόμενος Βαραββᾶς μετὰ τῶν στασιαστῶν δεδεμένος οἵτινες ἐν τῇ στάσει φόνον πεποιήκεισαν. 8 καὶ ἀναβὰς ὁ ὄχλος¹ ἤρξατο αἰτεῖσθαι καθὼς ἐποίει αὐτοῖς. 9 ὁ δὲ Πιλᾶτος ἀπεκρίθη αὐτοῖς λέγων· θέλετε ἀπολύσω ὑμῖν τὸν βασιλέα τῶν Ἰουδαίων; 10 ἐγίνωσκεν γὰρ ὅτι διὰ φθόνον παραδεδώκεισαν αὐτὸν οἱ ἀρχιερεῖς. 11 οἱ δὲ ἀρχιερεῖς ἀνέσεισαν τὸν ὄχλον, ἵνα μᾶλλον τὸν Βαραββᾶν ἀπολύσῃ αὐτοῖς. 12 ὁ δὲ Πιλᾶτος πάλιν ἀποκριθεὶς ἔλεγεν αὐτοῖς· τί οὖν ποιήσω² ὃν λέγετε³ τὸν βασιλέα τῶν Ἰουδαίων; 13 οἱ δὲ πάλιν ἔκραξαν· σταύρωσον αὐτόν. 14 ὁ δὲ Πιλᾶτος ἔλεγεν αὐτοῖς· τί γὰρ ἐποίησεν κακόν; οἱ δὲ περισσῶς ἔκραξαν· σταύρωσον αὐτόν.

15 Ὁ δὲ Πιλᾶτος βουλόμενος τῷ ὄχλῳ τὸ ἱκανὸν ποιῆσαι ἀπέλυσεν αὐτοῖς τὸν Βαραββᾶν καὶ παρέδωκεν τὸν Ἰησοῦν φραγελλώσας, ἵνα σταυρωθῇ.

The Soldiers Mock Jesus (Mt 27.27-31; Jn 19.2-3)

16 Οἱ δὲ στρατιῶται ἀπήγαγον αὐτὸν ἔσω τῆς αὐλῆς, ὅ ἐστιν πραιτώριον, καὶ συγκαλοῦσιν ὅλην τὴν σπεῖραν· 17 καὶ ἐνδιδύσκουσιν αὐτὸν πορφύραν καὶ περιτιθέασιν αὐτῷ πλέξαντες ἀκάνθινον στέφανον 18 καὶ ἤρξαντο ἀσπάζεσθαι αὐτόν· χαῖρε, βασιλεῦ τῶν Ἰουδαίων· 19 καὶ ἔτυπτον αὐτοῦ τὴν κεφαλὴν καλάμῳ καὶ ἐνέπτυον αὐτῷ καὶ τιθέντες τὰ γόνατα προσεκύνουν αὐτῷ. 20 καὶ ὅτε ἐνέπαιξαν αὐτῷ, ἐξέδυσαν αὐτὸν τὴν πορφύραν καὶ ἐνέδυσαν αὐτὸν τὰ ἱμάτια αὐτοῦ. καὶ ἐξάγουσιν αὐτόν, ἵνα σταυρώσωσιν αὐτόν.

---

¹8 ♦ ἀναβὰς ὁ ὄχλος 01* 03 (05 lat[vl-pt] got ὅλος ὁ ὄχλος) 892 lat[vl-pt, vg] co ∥ ♦ ἀναβοήσας ὁ ὄχλος 01² 04 032 037 038 044 𝑓¹ 𝑓¹³ 33 565 700 1342 Byz sy co[bo-ms]

²12 {C} ποιήσω 01 03 04 032 037 044 𝑓¹ 𝑓¹³ 33 892 1342 co[sa-mss, bo] ∥ θέλετε ποιήσω 02 05 038 565 700 Byz lat[vl-pt, vg] ∥ θέλετε ἵνα ποιήσω lat[vl-pt] sy[h, s]

³12 {B} ὃν λέγετε 01 04 037 044 0184 33 892 1342 Byz sy[p, h] cpa co[bo] eth ∥ λέγετε 03 ∥ omit 02 05 032 038 𝑓¹ 𝑓¹³ 565 700 lat sy[s] co[sa]

The Crucifixion of Jesus (Mt 27.32-44; Lk 23.26-43; Jn 19.17-27)

21 Καὶ ἀγγαρεύουσιν παράγοντά τινα Σίμωνα Κυρηναῖον ἐρχόμενον ἀπ' ἀγροῦ, τὸν πατέρα Ἀλεξάνδρου καὶ Ῥούφου, ἵνα ἄρῃ τὸν σταυρὸν αὐτοῦ. **22** Καὶ φέρουσιν αὐτὸν ἐπὶ τὸν Γολγοθᾶν τόπον, ὅ ἐστιν μεθερμηνευόμενον Κρανίου Τόπος. **23** καὶ ἐδίδουν αὐτῷ ἐσμυρνισμένον οἶνον· ὃς δὲ οὐκ ἔλαβεν. **24** καὶ σταυροῦσιν αὐτὸν καὶ *διαμερίζονται τὰ ἱμάτια αὐτοῦ βάλλοντες κλῆρον ἐπ' αὐτὰ τίς τί ἄρῃ*. **25** ἦν δὲ ὥρα τρίτη, καὶ ἐσταύρωσαν αὐτόν. **26** καὶ ἦν ἡ ἐπιγραφὴ τῆς αἰτίας αὐτοῦ ἐπιγεγραμμένη·

ὁ βασιλεὺς τῶν Ἰουδαίων.

27 Καὶ σὺν αὐτῷ σταυροῦσιν δύο λῃστάς, ἕνα ἐκ δεξιῶν καὶ ἕνα ἐξ εὐωνύμων αὐτοῦ. ⟦**28** καὶ ἐπληρώθη ἡ γραφὴ ἡ λέγουσα· καὶ μετὰ ἀνόμων ἐλογίσθη.⟧ [4]

29 Καὶ οἱ παραπορευόμενοι ἐβλασφήμουν αὐτὸν κινοῦντες τὰς κεφαλὰς αὐτῶν καὶ λέγοντες· οὐὰ ὁ καταλύων τὸν ναὸν καὶ οἰκοδομῶν ἐν τρισὶν ἡμέραις, **30** σῶσον σεαυτὸν καταβὰς ἀπὸ τοῦ σταυροῦ. **31** ὁμοίως καὶ οἱ ἀρχιερεῖς ἐμπαίζοντες πρὸς ἀλλήλους μετὰ τῶν γραμματέων ἔλεγον· ἄλλους ἔσωσεν, ἑαυτὸν οὐ δύναται σῶσαι· **32** ὁ χριστὸς ὁ βασιλεὺς Ἰσραὴλ καταβάτω νῦν ἀπὸ τοῦ σταυροῦ, ἵνα ἴδωμεν καὶ πιστεύσωμεν. καὶ οἱ συνεσταυρωμένοι σὺν αὐτῷ ὠνείδιζον αὐτόν.

The Death of Jesus (Mt 27.45-56; Lk 23.44-49; Jn 19.28-30)

33 Καὶ γενομένης ὥρας ἕκτης σκότος ἐγένετο ἐφ' ὅλην τὴν γῆν ἕως ὥρας ἐνάτης. **34** καὶ τῇ ἐνάτῃ ὥρᾳ ἐβόησεν ὁ Ἰησοῦς φωνῇ μεγάλῃ·

ελωι, ελωι, λεμα σαβαχθανι;

ὅ ἐστιν μεθερμηνευόμενον· *ὁ θεός μου, ὁ θεός μου, εἰς τί ἐγκατέλιπές με*[5]; **35** καί τινες τῶν παρεστηκότων ἀκούσαντες ἔλεγον·

---

[4] **28** {A} *no addition* 01 02 03 04 05 044 0184 *Lect* lat^(vl-pt) sy^s co^(sa, bo-mss) ∥ *add verse 28 (see* Is 53.12; Lk 22.37) 019 037 038 083 *f*¹ *f*¹³ 33 565 700 892 1342 *Byz* lat^(vl-pt, vg) sy^(p, h) cpa co^(bo-mss) got eth Origen Eusebius

[5] **34** ♦ ἐγκατέλιπές με 01 03 044 lat^vg eth Irenaeus Eusebius ∥ ἐγκατέλειπές με 019 565 892 ∥ ♦ με ἐγκατέλιπες (*see* Mt 27.46) 04 037 038 *f*¹ *f*¹³ 33 700 1342 *Byz* lat^(vl-pt, vg-mss) got ∥ με ἐγκατέλειπες 02 011 ∥ ὠνείδισάς με 05 lat^(vl-pt)

ἴδε Ἠλίαν φωνεῖ. **36** δραμὼν δέ τις καὶ γεμίσας σπόγγον ὄξους περιθεὶς καλάμῳ ἐπότιζεν αὐτὸν λέγων· ἄφετε ἴδωμεν εἰ ἔρχεται Ἠλίας καθελεῖν αὐτόν. **37** ὁ δὲ Ἰησοῦς ἀφεὶς φωνὴν μεγάλην ἐξέπνευσεν.

38 Καὶ τὸ καταπέτασμα τοῦ ναοῦ ἐσχίσθη εἰς δύο ἀπ᾽ ἄνωθεν ἕως κάτω. **39** ἰδὼν δὲ ὁ κεντυρίων ὁ παρεστηκὼς ἐξ ἐναντίας αὐτοῦ ὅτι οὕτως ἐξέπνευσεν⁶ εἶπεν· ἀληθῶς οὗτος ὁ ἄνθρωπος υἱὸς θεοῦ ἦν.

40 Ἦσαν δὲ καὶ γυναῖκες ἀπὸ μακρόθεν θεωροῦσαι ἐν αἷς καὶ Μαρία ἡ Μαγδαληνὴ καὶ Μαρία ἡ Ἰακώβου τοῦ μικροῦ καὶ Ἰωσῆτος μήτηρ καὶ Σαλώμη, **41** αἵ, ὅτε ἦν ἐν τῇ Γαλιλαίᾳ, ἠκολούθουν αὐτῷ καὶ διηκόνουν αὐτῷ, καὶ ἄλλαι πολλαὶ αἱ συναναβᾶσαι αὐτῷ εἰς Ἱεροσόλυμα.

The Burial of Jesus   (Mt 27.57-61; Lk 23.50-56; Jn 19.38-42)

42 Καὶ ἤδη ὀψίας γενομένης, ἐπεὶ ἦν παρασκευή, ὅ ἐστιν προσάββατον, **43** ἐλθὼν Ἰωσὴφ ὁ ἀπὸ Ἀριμαθαίας εὐσχήμων βουλευτὴς ὃς καὶ αὐτὸς ἦν προσδεχόμενος τὴν βασιλείαν τοῦ θεοῦ τολμήσας εἰσῆλθεν πρὸς τὸν Πιλᾶτον καὶ ᾐτήσατο τὸ σῶμα τοῦ Ἰησοῦ. **44** ὁ δὲ Πιλᾶτος ἐθαύμασεν εἰ ἤδη τέθνηκεν καὶ προσκαλεσάμενος τὸν κεντυρίωνα ἐπηρώτησεν αὐτὸν εἰ πάλαι⁷ ἀπέθανεν· **45** καὶ γνοὺς ἀπὸ τοῦ κεντυρίωνος ἐδωρήσατο τὸ πτῶμα τῷ Ἰωσήφ. **46** καὶ ἀγοράσας σινδόνα καθελὼν αὐτὸν ἐνείλησεν τῇ σινδόνι καὶ ἔθηκεν αὐτὸν ἐν μνημείῳ ὃ ἦν λελατομημένον ἐκ πέτρας καὶ προσεκύλισεν λίθον ἐπὶ τὴν θύραν τοῦ μνημείου. **47** ἡ δὲ Μαρία ἡ Μαγδαληνὴ καὶ Μαρία ἡ Ἰωσῆτος ἐθεώρουν ποῦ τέθειται.

---

⁶**39** ♦ ὅτι οὕτως ἐξέπνευσεν 01 03 019 044 892 co^(sa, fa) (co^(sa-ms, bo) *omit* οὕτως) ∥ ὅτι κράξας ἐξέπνευσεν 032 038 565 sy^s Origen^lat ∥ ♦ ὅτι οὕτως κράξας ἐξέπνευσεν 04 037 f¹ f¹³ 33 700 1342 *Byz* lat^(vl-pt, vg) sy^(p, h) got eth ∥ οὕτως αὐτὸν κράξαντα καὶ ἐξέπνευσεν 05 lat^(vl-pt)

⁷**44** {B} εἰ πάλαι 01 04 019 044 f¹ f¹³ 33 700 892 *Byz* sy^(p, h) ∥ εἰ ἤδη 03 05 032 038 1342 lat cpa got Origen^lat ∥ εἰ sy^s ∥ καὶ εἶπεν 037

The Resurrection of Jesus (Mt 28.1-8; Lk 24.1-12; Jn 20.1-10)

16 Καὶ διαγενομένου τοῦ σαββάτου Μαρία ἡ Μαγδαληνὴ καὶ Μαρία ἡ τοῦ Ἰακώβου καὶ Σαλώμη ἠγόρασαν ἀρώματα, ἵνα ἐλθοῦσαι ἀλείψωσιν αὐτόν. **2** καὶ λίαν πρωῒ τῇ μιᾷ τῶν σαββάτων ἔρχονται ἐπὶ τὸ μνημεῖον ἀνατείλαντος τοῦ ἡλίου. **3** καὶ ἔλεγον πρὸς ἑαυτάς· τίς ἀποκυλίσει ἡμῖν τὸν λίθον ἐκ τῆς θύρας τοῦ μνημείου; **4** καὶ ἀναβλέψασαι θεωροῦσιν ὅτι ἀποκεκύλισται ὁ λίθος· ἦν γὰρ μέγας σφόδρα.

5 Καὶ εἰσελθοῦσαι εἰς τὸ μνημεῖον εἶδον νεανίσκον καθήμενον ἐν τοῖς δεξιοῖς περιβεβλημένον στολὴν λευκήν καὶ ἐξεθαμβήθησαν. **6** ὁ δὲ λέγει αὐταῖς· μὴ ἐκθαμβεῖσθε· Ἰησοῦν ζητεῖτε τὸν Ναζαρηνὸν τὸν ἐσταυρωμένον· ἠγέρθη, οὐκ ἔστιν ὧδε· ἴδε ὁ τόπος, ὅπου ἔθηκαν αὐτόν. **7** ἀλλ᾽ ὑπάγετε, εἴπατε τοῖς μαθηταῖς αὐτοῦ καὶ τῷ Πέτρῳ ὅτι προάγει ὑμᾶς εἰς τὴν Γαλιλαίαν· ἐκεῖ αὐτὸν ὄψεσθε, καθὼς εἶπεν ὑμῖν.

8 Καὶ ἐξελθοῦσαι ἔφυγον ἀπὸ τοῦ μνημείου· εἶχεν γὰρ αὐτὰς τρόμος καὶ ἔκστασις· καὶ οὐδενὶ οὐδὲν εἶπαν· ἐφοβοῦντο γάρ.[1]

SHORT ADDITION

⟦Πάντα δὲ τὰ παρηγγελμένα τοῖς περὶ τὸν Πέτρον συντόμως ἐξήγγειλαν. μετὰ δὲ ταῦτα καὶ αὐτὸς ὁ Ἰησοῦς[2] ἀπὸ ἀνατολῆς καὶ ἄχρι δύσεως ἐξαπέστειλεν δι᾽ αὐτῶν τὸ ἱερὸν καὶ ἄφθαρτον κήρυγμα τῆς αἰωνίου σωτηρίας. ἀμήν.[3]⟧

---

[1]**8** {A} *no addition* 01 03 sy^s cpa co$^{sa\text{-}ms}$ Eusebius^{pt} ∥ *add the short addition only* lat$^{vl\text{-}pt}$ sy^{hmg} ∥ *add the short addition and vv 9-20* 019 044 083^{vid} (099^{vid}) co$^{sa\text{-}mss,\ bo\text{-}ms,\ fa}$ ∥ *add vv 9-20 with critical note or sign f^1* ∥ *add vv 9-20* 04 05 (032 *with additional text, see footnote 4*) 037 038 *f*^{13} 33 565 700 892 1342 *Byz* lat$^{vl\text{-}pt,\ vg}$ sy$^{p,\ h}$ co$^{sa\text{-}ms,\ bo}$ got eth Irenaeus^{lat} Eusebius^{pt} Cyril

[2]Short Addition {B} Ἰησοῦς 019 083 ∥ Ἰησοῦς ἐφάνη 044 lat$^{vl\text{-}pt}$ ∥ Ἰησοῦς ἐφάνη αὐτοῖς 099

[3]Short Addition ♦ σωτηρίας. ἀμήν. 044 083 099 lat$^{vl\text{-}pt}$ sy^{hmg} co$^{sa\text{-}mss,\ bo\text{-}ms}$ ∥ ♦ σωτηρίας. 019 co$^{bo\text{-}ms}$

Long Addition

The Appearance to Mary Magdalene (Mt 28.9-10; Jn 20.11-18)

⟦**9** Ἀναστὰς δὲ πρωῒ πρώτῃ σαββάτου ἐφάνη πρῶτον Μαρίᾳ τῇ Μαγδαληνῇ παρ᾽ ἧς ἐκβεβλήκει ἑπτὰ δαιμόνια. **10** ἐκείνη πορευθεῖσα ἀπήγγειλεν τοῖς μετ᾽ αὐτοῦ γενομένοις πενθοῦσιν καὶ κλαίουσιν· **11** κἀκεῖνοι ἀκούσαντες ὅτι ζῇ καὶ ἐθεάθη ὑπ᾽ αὐτῆς ἠπίστησαν.

The Appearance to Two Disciples (Lk 24.13-35)

12 Μετὰ δὲ ταῦτα δυσὶν ἐξ αὐτῶν περιπατοῦσιν ἐφανερώθη ἐν ἑτέρᾳ μορφῇ πορευομένοις εἰς ἀγρόν· **13** κἀκεῖνοι ἀπελθόντες ἀπήγγειλαν τοῖς λοιποῖς· οὐδὲ ἐκείνοις ἐπίστευσαν.

The Commissioning of the Disciples
(Mt 28.16-20; Lk 24.36-49; Jn 20.19-23; Ac 1.6-8)

14 Ὕστερον ἀνακειμένοις αὐτοῖς τοῖς ἕνδεκα ἐφανερώθη καὶ ὠνείδισεν τὴν ἀπιστίαν αὐτῶν καὶ σκληροκαρδίαν, ὅτι τοῖς θεασαμένοις αὐτὸν ἐγηγερμένον οὐκ ἐπίστευσαν. **15** καὶ εἶπεν αὐτοῖς[4]· πορευθέντες εἰς τὸν κόσμον ἅπαντα κηρύξατε τὸ εὐαγγέλιον πάσῃ τῇ κτίσει. **16** ὁ πιστεύσας καὶ βαπτισθεὶς σωθήσεται, ὁ δὲ ἀπιστήσας κατακριθήσεται. **17** σημεῖα δὲ τοῖς πιστεύσασιν ταῦτα παρακολουθήσει· ἐν τῷ ὀνόματί μου δαιμόνια ἐκβαλοῦσιν, γλώσσαις λαλήσουσιν καιναῖς, **18** καὶ ἐν ταῖς χερσὶν ὄφεις ἀροῦσιν κἂν θανάσιμόν τι πίωσιν, οὐ μὴ αὐτοὺς βλάψῃ· ἐπὶ ἀρρώστους χεῖρας ἐπιθήσουσιν καὶ καλῶς ἕξουσιν.

---

[4]**14-15** {A} ἐπίστευσαν. καὶ εἶπεν αὐτοῖς (*see footnote 1*) 04 (05 πρὸς αὐτούς) 019 037 038 044 f^1 f^{13} 33 565 700 892 1342 *Byz* lat sy[p, h] cpa co[sa, bo] got eth ∥ ἐπίστευσαν. κἀκεῖνοι ἀπελογοῦντο λέγοντες ὅτι ὁ αἰὼν οὗτος τῆς ἀνομίας καὶ τῆς ἀπιστίας ὑπὸ τὸν Σατανᾶν ἐστιν, ὁ μὴ ἐῶν τὰ (= τὸν μὴ ἐῶντα?) ὑπὸ τῶν πνευμάτων ἀκάθαρτα (= ἀκαθάρτων?) τὴν ἀλήθειαν τοῦ θεοῦ καταλαβέσθαι δύναμιν· διὰ τοῦτο ἀποκάλυψον σοῦ τὴν δικαιοσύνην ἤδη. ἐκεῖνοι ἔλεγον τῷ Χριστῷ, καὶ ὁ Χριστὸς ἐκείνοις προσέλεγεν ὅτι πεπλήρωται ὁ ὅρος τῶν ἐτῶν τῆς ἐξουσίας τοῦ Σατανᾶ, ἀλλὰ ἐγγίζει ἄλλα δεινὰ καὶ ὑπὲρ ὧν ἐγὼ ἁμαρτησάντων παρεδόθην εἰς θάνατον ἵνα ὑποστρέψωσιν εἰς τὴν ἀλήθειαν καὶ μηκέτι ἁμαρτήσωσιν· ἵνα τὴν ἐν τῷ οὐρανῷ πνευματικὴν καὶ ἄφθαρτον τῆς δικαιοσύνης δόξαν κληρονομήσωσιν. ἀλλά 032

The Ascension of Jesus (Lk 24.50-53; Ac 1.9-11)

19 Ὁ μὲν οὖν κύριος μετὰ τὸ λαλῆσαι αὐτοῖς ἀνελήμφθη εἰς τὸν οὐρανὸν καὶ ἐκάθισεν ἐκ δεξιῶν τοῦ θεοῦ. **20** ἐκεῖνοι δὲ ἐξελθόντες ἐκήρυξαν πανταχοῦ τοῦ κυρίου συνεργοῦντος καὶ τὸν λόγον βεβαιοῦντος διὰ τῶν ἐπακολουθούντων σημείων.[5]]

---

[5]**20** ♦ σημείων. *(see footnote 1)* 02 04[2] 33 lat[vl-pt, vg] sy[c, p, h] cpa co[sa] eth Cyril ∥
♦ σημείων. ἀμήν. 04* 019 032 037 038 044 *f*[13] 565 700 892 1342 *Byz* lat[vl-pt, vg-mss] co[bo] got

ΚΑΤΑ ΛΟΥΚΑΝ

Dedication to Theophilus

1 Ἐπειδήπερ πολλοὶ ἐπεχείρησαν ἀνατάξασθαι διήγησιν περὶ τῶν πεπληροφορημένων ἐν ἡμῖν πραγμάτων, **2** καθὼς παρέδοσαν ἡμῖν οἱ ἀπ᾽ ἀρχῆς αὐτόπται καὶ ὑπηρέται γενόμενοι τοῦ λόγου, **3** ἔδοξεν κἀμοὶ παρηκολουθηκότι ἄνωθεν πᾶσιν ἀκριβῶς καθεξῆς σοι γράψαι, κράτιστε Θεόφιλε, **4** ἵνα ἐπιγνῷς περὶ ὧν κατηχήθης λόγων τὴν ἀσφάλειαν.

The Birth of John the Baptist Foretold

5 Ἐγένετο ἐν ταῖς ἡμέραις Ἡρῴδου βασιλέως τῆς Ἰουδαίας ἱερεύς τις ὀνόματι Ζαχαρίας ἐξ ἐφημερίας Ἀβιά, καὶ γυνὴ αὐτῷ ἐκ τῶν θυγατέρων Ἀαρὼν καὶ τὸ ὄνομα αὐτῆς Ἐλισάβετ. **6** ἦσαν δὲ δίκαιοι ἀμφότεροι ἐναντίον τοῦ θεοῦ, πορευόμενοι ἐν πάσαις ταῖς ἐντολαῖς καὶ δικαιώμασιν τοῦ κυρίου ἄμεμπτοι. **7** καὶ οὐκ ἦν αὐτοῖς τέκνον, καθότι ἦν ἡ Ἐλισάβετ στεῖρα, καὶ ἀμφότεροι προβεβηκότες ἐν ταῖς ἡμέραις αὐτῶν ἦσαν.

8 Ἐγένετο δὲ ἐν τῷ ἱερατεύειν αὐτὸν ἐν τῇ τάξει τῆς ἐφημερίας αὐτοῦ ἔναντι τοῦ θεοῦ, **9** κατὰ τὸ ἔθος τῆς ἱερατείας ἔλαχεν τοῦ θυμιᾶσαι εἰσελθὼν εἰς τὸν ναὸν τοῦ κυρίου, **10** καὶ πᾶν τὸ πλῆθος ἦν τοῦ λαοῦ προσευχόμενον ἔξω τῇ ὥρᾳ τοῦ θυμιάματος. **11** ὤφθη δὲ αὐτῷ ἄγγελος κυρίου ἑστὼς ἐκ δεξιῶν τοῦ θυσιαστηρίου τοῦ θυμιάματος. **12** καὶ ἐταράχθη Ζαχαρίας ἰδὼν καὶ φόβος ἐπέπεσεν ἐπ᾽ αὐτόν. **13** εἶπεν δὲ πρὸς αὐτὸν ὁ ἄγγελος·

μὴ φοβοῦ, Ζαχαρία,
διότι εἰσηκούσθη ἡ δέησίς σου,
καὶ ἡ γυνή σου Ἐλισάβετ γεννήσει υἱόν σοι
καὶ καλέσεις τὸ ὄνομα αὐτοῦ Ἰωάννην.
14 καὶ ἔσται χαρά σοι καὶ ἀγαλλίασις
καὶ πολλοὶ ἐπὶ τῇ γενέσει αὐτοῦ χαρήσονται.
15 ἔσται γὰρ μέγας ἐνώπιον [τοῦ] κυρίου,
καὶ οἶνον καὶ σίκερα οὐ μὴ πίῃ,

καὶ πνεύματος ἁγίου πλησθήσεται
ἔτι ἐκ κοιλίας μητρὸς αὐτοῦ,
16 καὶ πολλοὺς τῶν υἱῶν Ἰσραὴλ ἐπιστρέψει
ἐπὶ κύριον τὸν θεὸν αὐτῶν.
17 καὶ αὐτὸς προελεύσεται ἐνώπιον αὐτοῦ
ἐν πνεύματι καὶ δυνάμει Ἠλίου,
ἐπιστρέψαι καρδίας πατέρων ἐπὶ τέκνα
καὶ ἀπειθεῖς ἐν φρονήσει δικαίων,
ἑτοιμάσαι κυρίῳ λαὸν κατεσκευασμένον.

18 καὶ εἶπεν Ζαχαρίας πρὸς τὸν ἄγγελον· κατὰ τί γνώσομαι τοῦτο; ἐγὼ γάρ εἰμι πρεσβύτης καὶ ἡ γυνή μου προβεβηκυῖα ἐν ταῖς ἡμέραις αὐτῆς. **19** καὶ ἀποκριθεὶς ὁ ἄγγελος εἶπεν αὐτῷ· ἐγώ εἰμι Γαβριὴλ ὁ παρεστηκὼς ἐνώπιον τοῦ θεοῦ καὶ ἀπεστάλην λαλῆσαι πρὸς σὲ καὶ εὐαγγελίσασθαί σοι ταῦτα· **20** καὶ ἰδοὺ ἔσῃ σιωπῶν καὶ μὴ δυνάμενος λαλῆσαι ἄχρι ἧς ἡμέρας γένηται ταῦτα, ἀνθ᾽ ὧν οὐκ ἐπίστευσας τοῖς λόγοις μου, οἵτινες πληρωθήσονται εἰς τὸν καιρὸν αὐτῶν.

21 Καὶ ἦν ὁ λαὸς προσδοκῶν τὸν Ζαχαρίαν καὶ ἐθαύμαζον ἐν τῷ χρονίζειν ἐν τῷ ναῷ αὐτόν. **22** ἐξελθὼν δὲ οὐκ ἐδύνατο λαλῆσαι αὐτοῖς, καὶ ἐπέγνωσαν ὅτι ὀπτασίαν ἑώρακεν ἐν τῷ ναῷ· καὶ αὐτὸς ἦν διανεύων αὐτοῖς καὶ διέμενεν κωφός. **23** καὶ ἐγένετο ὡς ἐπλήσθησαν αἱ ἡμέραι τῆς λειτουργίας αὐτοῦ, ἀπῆλθεν εἰς τὸν οἶκον αὐτοῦ. **24** μετὰ δὲ ταύτας τὰς ἡμέρας συνέλαβεν Ἐλισάβετ ἡ γυνὴ αὐτοῦ καὶ περιέκρυβεν ἑαυτὴν μῆνας πέντε λέγουσα **25** ὅτι οὕτως μοι πεποίηκεν κύριος ἐν ἡμέραις αἷς ἐπεῖδεν ἀφελεῖν ὄνειδός μου ἐν ἀνθρώποις.

The Birth of Jesus Foretold

26 Ἐν δὲ τῷ μηνὶ τῷ ἕκτῳ ἀπεστάλη ὁ ἄγγελος Γαβριὴλ ἀπὸ τοῦ θεοῦ εἰς πόλιν τῆς Γαλιλαίας ᾗ ὄνομα Ναζαρὲθ **27** πρὸς παρθένον ἐμνηστευμένην ἀνδρὶ ᾧ ὄνομα Ἰωσὴφ ἐξ οἴκου Δαυὶδ καὶ τὸ ὄνομα τῆς παρθένου Μαριάμ. **28** καὶ εἰσελθὼν πρὸς αὐτὴν εἶπεν· χαῖρε, κεχαριτωμένη, ὁ κύριος μετὰ σοῦ.¹ **29** ἡ δὲ² ἐπὶ τῷ λόγῳ διεταράχθη καὶ διελογίζετο ποταπὸς εἴη ὁ ἀσπασμὸς οὗτος. **30** καὶ εἶπεν ὁ ἄγγελος αὐτῇ·

μὴ φοβοῦ, Μαριάμ, εὗρες γὰρ χάριν παρὰ τῷ θεῷ.
31 καὶ ἰδοὺ συλλήμψῃ ἐν γαστρὶ καὶ τέξῃ υἱὸν
καὶ καλέσεις τὸ ὄνομα αὐτοῦ Ἰησοῦν.
32 οὗτος ἔσται μέγας καὶ υἱὸς ὑψίστου κληθήσεται
καὶ δώσει αὐτῷ κύριος ὁ θεὸς τὸν θρόνον Δαυὶδ τοῦ πατρὸς αὐτοῦ,
33 καὶ βασιλεύσει ἐπὶ τὸν οἶκον Ἰακὼβ εἰς τοὺς αἰῶνας
καὶ τῆς βασιλείας αὐτοῦ οὐκ ἔσται τέλος.

34 εἶπεν δὲ Μαριὰμ πρὸς τὸν ἄγγελον· πῶς ἔσται τοῦτο, ἐπεὶ ἄνδρα οὐ γινώσκω; **35** καὶ ἀποκριθεὶς ὁ ἄγγελος εἶπεν αὐτῇ·

πνεῦμα ἅγιον ἐπελεύσεται ἐπὶ σὲ
  καὶ δύναμις ὑψίστου ἐπισκιάσει σοι·
διὸ καὶ τὸ γεννώμενον³ ἅγιον κληθήσεται υἱὸς θεοῦ.

36 καὶ ἰδοὺ Ἐλισάβετ ἡ συγγενίς σου καὶ αὐτὴ συνείληφεν υἱὸν ἐν γήρει αὐτῆς καὶ οὗτος μὴν ἕκτος ἐστὶν αὐτῇ τῇ καλουμένῃ στείρᾳ· **37** ὅτι οὐκ ἀδυνατήσει παρὰ τοῦ θεοῦ πᾶν ῥῆμα. **38** εἶπεν δὲ Μαριάμ· ἰδοὺ ἡ δούλη κυρίου· γένοιτό μοι κατὰ τὸ ῥῆμά σου. καὶ ἀπῆλθεν ἀπ' αὐτῆς ὁ ἄγγελος.

Mary Visits Elizabeth

39 Ἀναστᾶσα δὲ Μαριὰμ ἐν ταῖς ἡμέραις ταύταις ἐπορεύθη εἰς τὴν ὀρεινὴν μετὰ σπουδῆς εἰς πόλιν Ἰούδα, **40** καὶ εἰσῆλθεν

---

¹**28** {A} σοῦ. 01 03 019 032 044 *f*¹ 565 579 700 1241 cpa co[sa, bo] Origen[lem] Peter-Alexandria[acc. to Cyril] Gregory-Nyssa[vid] ∥ σοῦ. εὐλογημένη σὺ ἐν γυναιξίν. (*see* 1.42) 02 04 05 037 038 0233 *f*¹³ 28 33 157 180 205 597 892 1006 1010 1243 1292 1342 1424 1505 *Byz* [07 011 013] lat sy co[bo-mss] eth Tertullian Eusebius ∥ σοῦ. εὐλογημένη σὺ ἐν γυναιξὶν καὶ εὐλογημένος ὁ καρπὸς τῆς κοιλίας σου. (*see* 1.42) 1071
²**29** {A} δέ 01 03 05 019 032 044 *f*¹ 565 579 1241 co[sa, bo-pt] ∥ δὲ ἰδοῦσα 02 04 037 038 *f*¹³ 33 700 892 1424 *Byz* [07 011 013] lat sy co[bo-pt]
³**35** {A} γεννώμενον 01 02 03 04² 05 019 032 037 044 *f*¹ 28 157 180 205 565 579 597 700 892 1006 1010 1071 1241 1243 1292 1342 1424 1505 *Byz* [07 011 013] lat[vl-pt, vg] sy[h] cpa[pt] co Origen[lat] Peter-Alexandria[acc. to Cyril] Eusebius Cyril-Jerusalem Gregory-Nyssa Cyril ∥ γεννώμενον ἐκ σοῦ 04* 038[c] (038*[vid] γενόμενον) *f*¹ 33 lat[vl-pt, vg-mss] (sy[p]) cpa[pt] eth (Justin) Irenaeus[lat] Tertullian

εἰς τὸν οἶκον Ζαχαρίου καὶ ἠσπάσατο τὴν Ἐλισάβετ. **41** καὶ ἐγένετο ὡς ἤκουσεν τὸν ἀσπασμὸν τῆς Μαρίας ἡ Ἐλισάβετ, ἐσκίρτησεν τὸ βρέφος ἐν τῇ κοιλίᾳ αὐτῆς, καὶ ἐπλήσθη πνεύματος ἁγίου ἡ Ἐλισάβετ, **42** καὶ ἀνεφώνησεν κραυγῇ μεγάλῃ καὶ εἶπεν·

εὐλογημένη σὺ ἐν γυναιξὶν
καὶ εὐλογημένος ὁ καρπὸς τῆς κοιλίας σου.

43 καὶ πόθεν μοι τοῦτο ἵνα ἔλθῃ ἡ μήτηρ τοῦ κυρίου μου πρὸς ἐμέ; **44** ἰδοὺ γὰρ ὡς ἐγένετο ἡ φωνὴ τοῦ ἀσπασμοῦ σου εἰς τὰ ὦτά μου, ἐσκίρτησεν ἐν ἀγαλλιάσει τὸ βρέφος ἐν τῇ κοιλίᾳ μου. **45** καὶ μακαρία ἡ πιστεύσασα ὅτι ἔσται τελείωσις τοῖς λελαλημένοις αὐτῇ παρὰ κυρίου.

Mary's Song of Praise

46 Καὶ εἶπεν Μαριάμ⁴·
μεγαλύνει ἡ ψυχή μου τὸν κύριον,
47 καὶ ἠγαλλίασεν τὸ πνεῦμά μου ἐπὶ τῷ θεῷ τῷ σωτῆρί μου,
48 ὅτι ἐπέβλεψεν ἐπὶ τὴν ταπείνωσιν τῆς δούλης αὐτοῦ.
ἰδοὺ γὰρ ἀπὸ τοῦ νῦν μακαριοῦσίν με πᾶσαι αἱ γενεαί,
49 ὅτι ἐποίησέν μοι μεγάλα ὁ δυνατός.
καὶ ἅγιον τὸ ὄνομα αὐτοῦ,
50 καὶ τὸ ἔλεος αὐτοῦ εἰς γενεὰς καὶ γενεὰς τοῖς φοβουμένοις αὐτόν.
51 ἐποίησεν κράτος ἐν βραχίονι αὐτοῦ,
διεσκόρπισεν ὑπερηφάνους διανοίᾳ καρδίας αὐτῶν·
52 καθεῖλεν δυνάστας ἀπὸ θρόνων
καὶ ὕψωσεν ταπεινούς,
53 πεινῶντας ἐνέπλησεν ἀγαθῶν
καὶ πλουτοῦντας ἐξαπέστειλεν κενούς.

---

⁴**46** {B} Μαριάμ 01 03 04² (04* 05 Μαρία) 019 032 037 038 040 044 f^1 f^{13} 28 33 157 180 205 565 579 597 700 892 1006 1010 1071 1241 1243 1292 1342 1424 1505 Byz [07 09 011 013] (lat$^{vl\text{-}pt, vg}$) sy cpa co^{bo} (co$^{sa, bo\text{-}ms}$) eth (Irenaeus$^{lat\text{-}pt}$) // Elisabeth lat$^{vl\text{-}pt}$ Irenaeus$^{lat\text{-}pt, arm}$ mss$^{acc.\ to\ Origen\ lat}$

54 ἀντελάβετο Ἰσραὴλ παιδὸς αὐτοῦ,
μνησθῆναι ἐλέους,
55 καθὼς ἐλάλησεν πρὸς τοὺς πατέρας ἡμῶν,
τῷ Ἀβραὰμ καὶ τῷ σπέρματι αὐτοῦ εἰς τὸν αἰῶνα.
56 Ἔμεινεν δὲ Μαριὰμ σὺν αὐτῇ ὡς μῆνας τρεῖς, καὶ ὑπέστρεψεν εἰς τὸν οἶκον αὐτῆς.

The Birth of John the Baptist

57 Τῇ δὲ Ἐλισάβετ ἐπλήσθη ὁ χρόνος τοῦ τεκεῖν αὐτὴν καὶ ἐγέννησεν υἱόν. **58** καὶ ἤκουσαν οἱ περίοικοι καὶ οἱ συγγενεῖς αὐτῆς ὅτι ἐμεγάλυνεν κύριος τὸ ἔλεος αὐτοῦ μετ' αὐτῆς καὶ συνέχαιρον αὐτῇ. **59** καὶ ἐγένετο ἐν τῇ ἡμέρᾳ τῇ ὀγδόῃ ἦλθον περιτεμεῖν τὸ παιδίον καὶ ἐκάλουν αὐτὸ ἐπὶ τῷ ὀνόματι τοῦ πατρὸς αὐτοῦ Ζαχαρίαν. **60** καὶ ἀποκριθεῖσα ἡ μήτηρ αὐτοῦ εἶπεν· οὐχί, ἀλλὰ κληθήσεται Ἰωάννης. **61** καὶ εἶπαν πρὸς αὐτὴν ὅτι οὐδείς ἐστιν ἐκ τῆς συγγενείας σου ὃς καλεῖται τῷ ὀνόματι τούτῳ. **62** ἐνένευον δὲ τῷ πατρὶ αὐτοῦ τὸ τί ἂν θέλοι καλεῖσθαι αὐτό. **63** καὶ αἰτήσας πινακίδιον ἔγραψεν λέγων· Ἰωάννης ἐστὶν ὄνομα αὐτοῦ. καὶ ἐθαύμασαν πάντες. **64** ἀνεῴχθη δὲ τὸ στόμα αὐτοῦ παραχρῆμα καὶ ἡ γλῶσσα αὐτοῦ, καὶ ἐλάλει εὐλογῶν τὸν θεόν. **65** καὶ ἐγένετο ἐπὶ πάντας φόβος τοὺς περιοικοῦντας αὐτούς, καὶ ἐν ὅλῃ τῇ ὀρεινῇ τῆς Ἰουδαίας διελαλεῖτο πάντα τὰ ῥήματα ταῦτα, **66** καὶ ἔθεντο πάντες οἱ ἀκούσαντες ἐν τῇ καρδίᾳ αὐτῶν λέγοντες· τί ἄρα τὸ παιδίον τοῦτο ἔσται; καὶ γὰρ χεὶρ κυρίου ἦν μετ' αὐτοῦ.

The Prophecy of Zechariah

67 Καὶ Ζαχαρίας ὁ πατὴρ αὐτοῦ ἐπλήσθη πνεύματος ἁγίου καὶ ἐπροφήτευσεν λέγων·
68 εὐλογητὸς κύριος ὁ θεὸς τοῦ Ἰσραήλ,
ὅτι ἐπεσκέψατο καὶ ἐποίησεν λύτρωσιν τῷ λαῷ αὐτοῦ,
69 καὶ ἤγειρεν κέρας σωτηρίας ἡμῖν
ἐν οἴκῳ Δαυὶδ παιδὸς αὐτοῦ,

70   καθὼς ἐλάλησεν διὰ στόματος τῶν ἁγίων ἀπ' αἰῶνος
     προφητῶν αὐτοῦ,
71   σωτηρίαν ἐξ ἐχθρῶν ἡμῶν καὶ ἐκ χειρὸς πάντων τῶν
         μισούντων ἡμᾶς,
72   ποιῆσαι ἔλεος μετὰ τῶν πατέρων ἡμῶν
     καὶ μνησθῆναι διαθήκης ἁγίας αὐτοῦ,
73   ὅρκον ὃν ὤμοσεν πρὸς Ἀβραὰμ τὸν πατέρα ἡμῶν,
     τοῦ δοῦναι ἡμῖν 74 ἀφόβως ἐκ χειρὸς ἐχθρῶν
     ῥυσθέντας
     λατρεύειν αὐτῷ 75 ἐν ὁσιότητι καὶ δικαιοσύνῃ
     ἐνώπιον αὐτοῦ πάσαις ταῖς ἡμέραις ἡμῶν.
76   καὶ σὺ δέ, παιδίον, προφήτης ὑψίστου κληθήσῃ·
     προπορεύσῃ γὰρ ἐνώπιον κυρίου ἑτοιμάσαι ὁδοὺς
     αὐτοῦ,
77   τοῦ δοῦναι γνῶσιν σωτηρίας τῷ λαῷ αὐτοῦ
     ἐν ἀφέσει ἁμαρτιῶν αὐτῶν,
78   διὰ σπλάγχνα ἐλέους θεοῦ ἡμῶν,
     ἐν οἷς ἐπισκέψεται⁵ ἡμᾶς ἀνατολὴ ἐξ ὕψους,
79   ἐπιφᾶναι τοῖς ἐν σκότει καὶ σκιᾷ θανάτου καθημένοις,
     τοῦ κατευθῦναι τοὺς πόδας ἡμῶν εἰς ὁδὸν εἰρήνης.

80 Τὸ δὲ παιδίον ηὔξανεν καὶ ἐκραταιοῦτο πνεύματι, καὶ ἦν ἐν ταῖς ἐρήμοις ἕως ἡμέρας ἀναδείξεως αὐτοῦ πρὸς τὸν Ἰσραήλ.

The Birth of Jesus   (Mt 1.18-25)

2 Ἐγένετο δὲ ἐν ταῖς ἡμέραις ἐκείναις ἐξῆλθεν δόγμα παρὰ Καίσαρος Αὐγούστου ἀπογράφεσθαι πᾶσαν τὴν οἰκουμένην. **2** αὕτη ἀπογραφὴ πρώτη ἐγένετο ἡγεμονεύοντος τῆς Συρίας Κυρηνίου. **3** καὶ ἐπορεύοντο πάντες ἀπογράφεσθαι, ἕκαστος εἰς τὴν ἑαυτοῦ πόλιν. **4** ἀνέβη δὲ καὶ Ἰωσὴφ ἀπὸ τῆς Γαλιλαίας ἐκ πόλεως Ναζαρὲθ εἰς τὴν Ἰουδαίαν εἰς πόλιν Δαυὶδ ἥτις καλεῖται Βηθλέεμ, διὰ τὸ εἶναι αὐτὸν ἐξ οἴκου καὶ πατριᾶς

---

⁵**78** {B} ἐπισκέψεται 01* 03 (019) 032 038 sy^(s. p) co (Gregory-Nyssa^pt) ∥ ἐπεσκέψατο (see 1.68) 01² 02 04 05 037 040 044 0130 *f*¹ *f*¹³ 28 33 157 180 205 565 579 597 700 892 1006 1010 1071 1241 1243 1292 1342 1424 1505 *Byz* [09 011 013] lat sy^h cpa eth Irenaeus^lat Gregory-Nyssa^pt Cyril

Δαυίδ, **5** ἀπογράψασθαι σὺν Μαριὰμ τῇ ἐμνηστευμένῃ αὐτῷ, οὔσῃ ἐγκύῳ. **6** ἐγένετο δὲ ἐν τῷ εἶναι αὐτοὺς ἐκεῖ ἐπλήσθησαν αἱ ἡμέραι τοῦ τεκεῖν αὐτήν, **7** καὶ ἔτεκεν τὸν υἱὸν αὐτῆς τὸν πρωτότοκον, καὶ ἐσπαργάνωσεν αὐτὸν καὶ ἀνέκλινεν αὐτὸν ἐν φάτνῃ, διότι οὐκ ἦν αὐτοῖς τόπος ἐν τῷ καταλύματι.

The Shepherds and the Angels

8 Καὶ ποιμένες ἦσαν ἐν τῇ χώρᾳ τῇ αὐτῇ ἀγραυλοῦντες καὶ φυλάσσοντες φυλακὰς τῆς νυκτὸς ἐπὶ τὴν ποίμνην αὐτῶν. **9** καὶ ἄγγελος κυρίου ἐπέστη αὐτοῖς καὶ δόξα κυρίου περιέλαμψεν αὐτούς, καὶ ἐφοβήθησαν φόβον μέγαν. **10** καὶ εἶπεν αὐτοῖς ὁ ἄγγελος· μὴ φοβεῖσθε, ἰδοὺ γὰρ εὐαγγελίζομαι ὑμῖν χαρὰν μεγάλην ἥτις ἔσται παντὶ τῷ λαῷ, **11** ὅτι ἐτέχθη ὑμῖν σήμερον σωτὴρ ὅς ἐστιν χριστὸς κύριος ἐν πόλει Δαυίδ. **12** καὶ τοῦτο ὑμῖν τὸ σημεῖον, εὑρήσετε βρέφος ἐσπαργανωμένον καὶ κείμενον ἐν φάτνῃ. **13** καὶ ἐξαίφνης ἐγένετο σὺν τῷ ἀγγέλῳ πλῆθος στρατιᾶς οὐρανίου αἰνούντων τὸν θεὸν καὶ λεγόντων·

14   δόξα ἐν ὑψίστοις θεῷ
        καὶ ἐπὶ γῆς εἰρήνη
        ἐν ἀνθρώποις εὐδοκίας[1].

15 Καὶ ἐγένετο ὡς ἀπῆλθον ἀπ' αὐτῶν εἰς τὸν οὐρανὸν οἱ ἄγγελοι, οἱ ποιμένες ἐλάλουν πρὸς ἀλλήλους· διέλθωμεν δὴ ἕως Βηθλέεμ καὶ ἴδωμεν τὸ ῥῆμα τοῦτο τὸ γεγονὸς ὃ ὁ κύριος ἐγνώρισεν ἡμῖν. **16** καὶ ἦλθαν σπεύσαντες καὶ ἀνεῦραν τήν τε Μαριὰμ καὶ τὸν Ἰωσὴφ καὶ τὸ βρέφος κείμενον ἐν τῇ φάτνῃ· **17** ἰδόντες δὲ ἐγνώρισαν περὶ τοῦ ῥήματος τοῦ λαληθέντος αὐτοῖς περὶ τοῦ παιδίου τούτου. **18** καὶ πάντες οἱ ἀκούσαντες ἐθαύμασαν περὶ τῶν λαληθέντων ὑπὸ τῶν ποιμένων πρὸς αὐτούς· **19** ἡ δὲ Μαριὰμ πάντα συνετήρει τὰ ῥήματα ταῦτα συμβάλλουσα ἐν τῇ καρδίᾳ αὐτῆς. **20** καὶ ὑπέστρεψαν οἱ

---

[1] **14** {B} ἐν ἀνθρώποις εὐδοκίας 01* 02 03* 05 032 lat[vl-pt, vg] co[sa] Origen[gr-pt, lat] Cyril-Jerusalem ∥ *hominibus bonae voluntatis* lat[vl-pt, vg-mss] Irenaeus[lat] Origen[lat] Athanasius[lat] // ἐν ἀνθρώποις εὐδοκία 01[2] 03[2] 019 037 038 040 044 0233[vid] ƒ[1] ƒ[13] 28 157 180 205 565 579 597 700 892 1006 1010 1071 1241 1243 1292 1342 1424 1505 *Byz* [07 011 013 024] cpa[pt] (cpa[pt] εὐδοκία σου) co[bo] eth Origen[pt] Eusebius Chrysostom Cyril ∥ καὶ ἐν ἀνθρώποις εὐδοκία sy[(s), (p), h] Origen[pt]

ποιμένες δοξάζοντες καὶ αἰνοῦντες τὸν θεὸν ἐπὶ πᾶσιν οἷς ἤκουσαν καὶ εἶδον καθὼς ἐλαλήθη πρὸς αὐτούς.

21 Καὶ ὅτε ἐπλήσθησαν ἡμέραι ὀκτὼ τοῦ περιτεμεῖν αὐτὸν καὶ ἐκλήθη τὸ ὄνομα αὐτοῦ Ἰησοῦς, τὸ κληθὲν ὑπὸ τοῦ ἀγγέλου πρὸ τοῦ συλλημφθῆναι αὐτὸν ἐν τῇ κοιλίᾳ.

The Presentation of Jesus in the Temple

22 Καὶ ὅτε ἐπλήσθησαν αἱ ἡμέραι τοῦ καθαρισμοῦ αὐτῶν κατὰ τὸν νόμον Μωϋσέως, ἀνήγαγον αὐτὸν εἰς Ἱεροσόλυμα παραστῆσαι τῷ κυρίῳ, **23** καθὼς γέγραπται ἐν νόμῳ κυρίου ὅτι *πᾶν ἄρσεν διανοῖγον μήτραν ἅγιον τῷ κυρίῳ κληθήσεται*, **24** καὶ τοῦ δοῦναι θυσίαν κατὰ τὸ εἰρημένον ἐν τῷ νόμῳ κυρίου, *ζεῦγος τρυγόνων ἢ δύο νοσσοὺς περιστερῶν*.

25 Καὶ ἰδοὺ ἄνθρωπος ἦν ἐν Ἰερουσαλὴμ ᾧ ὄνομα Συμεὼν καὶ ὁ ἄνθρωπος οὗτος δίκαιος καὶ εὐλαβὴς προσδεχόμενος παράκλησιν τοῦ Ἰσραήλ, καὶ πνεῦμα ἦν ἅγιον ἐπ᾽ αὐτόν· **26** καὶ ἦν αὐτῷ κεχρηματισμένον ὑπὸ τοῦ πνεύματος τοῦ ἁγίου μὴ ἰδεῖν θάνατον πρὶν [ἢ] ἂν ἴδῃ τὸν χριστὸν κυρίου. **27** καὶ ἦλθεν ἐν τῷ πνεύματι εἰς τὸ ἱερόν· καὶ ἐν τῷ εἰσαγαγεῖν τοὺς γονεῖς τὸ παιδίον Ἰησοῦν τοῦ ποιῆσαι αὐτοὺς κατὰ τὸ εἰθισμένον τοῦ νόμου περὶ αὐτοῦ **28** καὶ αὐτὸς ἐδέξατο αὐτὸ εἰς τὰς ἀγκάλας καὶ εὐλόγησεν τὸν θεὸν καὶ εἶπεν·

29 νῦν ἀπολύεις τὸν δοῦλόν σου, δέσποτα,
    κατὰ τὸ ῥῆμά σου ἐν εἰρήνῃ·
30 ὅτι εἶδον οἱ ὀφθαλμοί μου τὸ σωτήριόν σου,
31 ὃ ἡτοίμασας κατὰ πρόσωπον πάντων τῶν λαῶν,
32 φῶς εἰς ἀποκάλυψιν ἐθνῶν
    καὶ δόξαν λαοῦ σου Ἰσραήλ.

33 καὶ ἦν ὁ πατὴρ αὐτοῦ καὶ ἡ μήτηρ[2] θαυμάζοντες ἐπὶ τοῖς

---

[2]**33** {B} ὁ πατὴρ αὐτοῦ καὶ ἡ μήτηρ $\mathfrak{P}^{141vid}$ 01¹ (01* 019 μήτηρ αὐτοῦ) 03 05 032 f^1 700 1241 lat^{vl-pt, vg} (sy^s co^{sa, bo-pt} Cyril-Jerusalem μήτηρ αὐτοῦ) (sy^{hmg} *omit* καὶ ἡ μήτηρ) Origen^{lat} ∥ Ἰωσὴφ ὁ πατὴρ αὐτοῦ καὶ ἡ μήτηρ αὐτοῦ 157 (eth^{pp}) ∥ Ἰωσὴφ καὶ ἡ μήτηρ αὐτοῦ (02 044 ὁ Ἰωσήφ) 037 038 f^{13} 28 (33 *omit* αὐτοῦ) 180 205 565 597 892 1006 1010 1071 1243 1292 1342 1424 1505 Byz [07 011 013 (022 579 ὁ Ἰωσήφ *and omit* αὐτοῦ)] lat^{vl-pt} sy^{p, h} cpa^{pt} co^{bo-pt} (eth^{TH}) ∥ Ἰωσὴφ (*and* θαυμάζοντες) cpa^{pt}

λαλουμένοις περὶ αὐτοῦ. **34** καὶ εὐλόγησεν αὐτοὺς Συμεὼν καὶ εἶπεν πρὸς Μαριὰμ τὴν μητέρα αὐτοῦ· ἰδοὺ οὗτος κεῖται εἰς πτῶσιν καὶ ἀνάστασιν πολλῶν ἐν τῷ Ἰσραὴλ καὶ εἰς σημεῖον ἀντιλεγόμενον – **35** καὶ σοῦ [δὲ] αὐτῆς τὴν ψυχὴν διελεύσεται ῥομφαία – ὅπως ἂν ἀποκαλυφθῶσιν ἐκ πολλῶν καρδιῶν διαλογισμοί.

36 Καὶ ἦν Ἅννα προφῆτις, θυγάτηρ Φανουήλ, ἐκ φυλῆς Ἀσήρ· αὕτη προβεβηκυῖα ἐν ἡμέραις πολλαῖς, ζήσασα μετὰ ἀνδρὸς ἔτη ἑπτὰ ἀπὸ τῆς παρθενίας αὐτῆς **37** καὶ αὐτὴ χήρα ἕως ἐτῶν ὀγδοήκοντα τεσσάρων, ἣ οὐκ ἀφίστατο τοῦ ἱεροῦ νηστείαις καὶ δεήσεσιν λατρεύουσα νύκτα καὶ ἡμέραν. **38** καὶ αὐτῇ τῇ ὥρᾳ ἐπιστᾶσα ἀνθωμολογεῖτο τῷ θεῷ καὶ ἐλάλει περὶ αὐτοῦ πᾶσιν τοῖς προσδεχομένοις λύτρωσιν Ἰερουσαλήμ³.

The Return to Nazareth

39 Καὶ ὡς ἐτέλεσαν πάντα τὰ κατὰ τὸν νόμον κυρίου, ἐπέστρεψαν εἰς τὴν Γαλιλαίαν εἰς πόλιν ἑαυτῶν Ναζαρέθ. **40** τὸ δὲ παιδίον ηὔξανεν καὶ ἐκραταιοῦτο⁴ πληρούμενον σοφίᾳ, καὶ χάρις θεοῦ ἦν ἐπ' αὐτό.

The Boy Jesus in the Temple

41 Καὶ ἐπορεύοντο οἱ γονεῖς αὐτοῦ κατ' ἔτος εἰς Ἰερουσαλὴμ τῇ ἑορτῇ τοῦ πάσχα. **42** καὶ ὅτε ἐγένετο ἐτῶν δώδεκα, ἀναβαινόντων αὐτῶν κατὰ τὸ ἔθος τῆς ἑορτῆς **43** καὶ τελειωσάντων τὰς ἡμέρας, ἐν τῷ ὑποστρέφειν αὐτοὺς ὑπέμεινεν Ἰησοῦς ὁ παῖς ἐν Ἰερουσαλήμ, καὶ οὐκ ἔγνωσαν οἱ γονεῖς⁵ αὐτοῦ. **44** νομίσαντες

---

³**38** {B} Ἰερουσαλήμ 01 03 032 040 0233 1 565^(txt) lat^(vl-pt, vg) sy^(s, p) co^(sa, bo) eth Irenaeus^(lat) Origen^(lat) ∥ ἐν Ἰερουσαλήμ 02 05 019 037 038 044 0130 f^(13) 28 33 157 180 205 565^(v. r.) 579 597 700 892 1006 1010 1241 1292 1342 1424 1505 *Byz* [07 011 013 022] lat^(vl-pt) sy^(h) cpa Gregory-Nyssa ∥ Ἰσραὴλ lat^(vl-pt, vg-ms) co^(bo-ms) Tertullian ∥ ἐν Ἰσραὴλ 1071 1243

⁴**40** {B} ἐκραταιοῦτο 𝔓^(141vid) 01 03 05 019 032 lat^(vl-pt, vg) sy^(s) co Origen ∥ ἐκραταιοῦτο πνεύματι 02 022 037 038 044 f^(1) f^(13) 33 565 579 700 892 1241 1424 *Byz* [07 011 013] lat^(vl-pt) sy^(p, h) co^(bo-mss)

⁵**43** {A} ἔγνωσαν οἱ γονεῖς 01 03 05 019 032 038 f^(1) 33 579 (700 ἐγίνωσκον) 1241 lat^(vl-pt, vg) sy^((s), hmg) co^(sa, bo-mss) ∥ ἔγνω Ἰωσὴφ καὶ ἡ μήτηρ 02 04 022 (037 892 1424 ἔγνωσαν) 044 0130 f^(13) 565 *Byz* [07 011 013 022] lat^(vl-pt) (sy^(p, h)) co^(bo-mss)

δὲ αὐτὸν εἶναι ἐν τῇ συνοδίᾳ ἦλθον ἡμέρας ὁδὸν καὶ ἀνεζήτουν αὐτὸν ἐν τοῖς συγγενεῦσιν καὶ τοῖς γνωστοῖς, **45** καὶ μὴ εὑρόντες ὑπέστρεψαν εἰς Ἰερουσαλὴμ ἀναζητοῦντες αὐτόν. **46** καὶ ἐγένετο μετὰ ἡμέρας τρεῖς εὗρον αὐτὸν ἐν τῷ ἱερῷ καθεζόμενον ἐν μέσῳ τῶν διδασκάλων καὶ ἀκούοντα αὐτῶν καὶ ἐπερωτῶντα αὐτούς· **47** ἐξίσταντο δὲ πάντες οἱ ἀκούοντες αὐτοῦ ἐπὶ τῇ συνέσει καὶ ταῖς ἀποκρίσεσιν αὐτοῦ. **48** καὶ ἰδόντες αὐτὸν ἐξεπλάγησαν, καὶ εἶπεν πρὸς αὐτὸν ἡ μήτηρ αὐτοῦ· τέκνον, τί ἐποίησας ἡμῖν οὕτως; ἰδοὺ ὁ πατήρ σου κἀγὼ ὀδυνώμενοι ἐζητοῦμέν σε. **49** καὶ εἶπεν πρὸς αὐτούς· τί ὅτι ἐζητεῖτέ με; οὐκ ᾔδειτε ὅτι ἐν τοῖς τοῦ πατρός μου δεῖ εἶναί με; **50** καὶ αὐτοὶ οὐ συνῆκαν τὸ ῥῆμα ὃ ἐλάλησεν αὐτοῖς. **51** καὶ κατέβη μετ' αὐτῶν καὶ ἦλθεν εἰς Ναζαρὲθ καὶ ἦν ὑποτασσόμενος αὐτοῖς. καὶ ἡ μήτηρ αὐτοῦ διετήρει πάντα τὰ ῥήματα ἐν τῇ καρδίᾳ αὐτῆς. **52** καὶ Ἰησοῦς προέκοπτεν [ἐν τῇ] σοφίᾳ καὶ ἡλικίᾳ καὶ χάριτι παρὰ θεῷ καὶ ἀνθρώποις.

The Preaching of John the Baptist (Mt 3.1-12; Mk 1.1-8; Jn 1.19-28)

3 Ἐν ἔτει δὲ πεντεκαιδεκάτῳ τῆς ἡγεμονίας Τιβερίου Καίσαρος, ἡγεμονεύοντος Ποντίου Πιλάτου τῆς Ἰουδαίας, καὶ τετρααρχοῦντος τῆς Γαλιλαίας Ἡρῴδου, Φιλίππου δὲ τοῦ ἀδελφοῦ αὐτοῦ τετρααρχοῦντος τῆς Ἰτουραίας καὶ Τραχωνίτιδος χώρας, καὶ Λυσανίου τῆς Ἀβιληνῆς τετρααρχοῦντος, **2** ἐπὶ ἀρχιερέως Ἅννα καὶ Καϊάφα, ἐγένετο ῥῆμα θεοῦ ἐπὶ Ἰωάννην τὸν Ζαχαρίου υἱὸν ἐν τῇ ἐρήμῳ. **3** καὶ ἦλθεν εἰς πᾶσαν [τὴν] περίχωρον τοῦ Ἰορδάνου κηρύσσων βάπτισμα μετανοίας εἰς ἄφεσιν ἁμαρτιῶν, **4** ὡς γέγραπται ἐν βίβλῳ λόγων Ἡσαΐου τοῦ προφήτου·

Is 40.3-5
φωνὴ βοῶντος ἐν τῇ ἐρήμῳ·
ἑτοιμάσατε τὴν ὁδὸν κυρίου,
εὐθείας ποιεῖτε τὰς τρίβους αὐτοῦ·
5 *πᾶσα φάραγξ πληρωθήσεται*
καὶ πᾶν ὄρος καὶ βουνὸς ταπεινωθήσεται,
καὶ ἔσται τὰ σκολιὰ εἰς εὐθεῖαν
καὶ αἱ τραχεῖαι εἰς ὁδοὺς λείας·
6 *καὶ ὄψεται πᾶσα σὰρξ τὸ σωτήριον τοῦ θεοῦ.*

7 Ἔλεγεν οὖν τοῖς ἐκπορευομένοις ὄχλοις βαπτισθῆναι ὑπ᾽ αὐτοῦ· γεννήματα ἐχιδνῶν, τίς ὑπέδειξεν ὑμῖν φυγεῖν ἀπὸ τῆς μελλούσης ὀργῆς; **8** ποιήσατε οὖν καρποὺς ἀξίους τῆς μετανοίας καὶ μὴ ἄρξησθε λέγειν ἐν ἑαυτοῖς· πατέρα ἔχομεν τὸν Ἀβραάμ. λέγω γὰρ ὑμῖν ὅτι δύναται ὁ θεὸς ἐκ τῶν λίθων τούτων ἐγεῖραι τέκνα τῷ Ἀβραάμ. **9** ἤδη δὲ καὶ ἡ ἀξίνη πρὸς τὴν ῥίζαν τῶν δένδρων κεῖται· πᾶν οὖν δένδρον μὴ ποιοῦν καρπὸν καλὸν ἐκκόπτεται καὶ εἰς πῦρ βάλλεται.

10 Καὶ ἐπηρώτων αὐτὸν οἱ ὄχλοι λέγοντες· τί οὖν ποιήσωμεν; **11** ἀποκριθεὶς δὲ ἔλεγεν αὐτοῖς· ὁ ἔχων δύο χιτῶνας μεταδότω τῷ μὴ ἔχοντι, καὶ ὁ ἔχων βρώματα ὁμοίως ποιείτω. **12** ἦλθον δὲ καὶ τελῶναι βαπτισθῆναι καὶ εἶπαν πρὸς αὐτόν· διδάσκαλε, τί ποιήσωμεν; **13** ὁ δὲ εἶπεν πρὸς αὐτούς· μηδὲν πλέον παρὰ τὸ διατεταγμένον ὑμῖν πράσσετε. **14** ἐπηρώτων δὲ αὐτὸν καὶ στρατευόμενοι λέγοντες· τί ποιήσωμεν καὶ ἡμεῖς; καὶ εἶπεν αὐτοῖς· μηδένα διασείσητε μηδὲ συκοφαντήσητε καὶ ἀρκεῖσθε τοῖς ὀψωνίοις ὑμῶν.

15 Προσδοκῶντος δὲ τοῦ λαοῦ καὶ διαλογιζομένων πάντων ἐν ταῖς καρδίαις αὐτῶν περὶ τοῦ Ἰωάννου, μήποτε αὐτὸς εἴη ὁ χριστός, **16** ἀπεκρίνατο λέγων πᾶσιν ὁ Ἰωάννης· ἐγὼ μὲν ὕδατι βαπτίζω ὑμᾶς· ἔρχεται δὲ ὁ ἰσχυρότερός μου, οὗ οὐκ εἰμὶ ἱκανὸς λῦσαι τὸν ἱμάντα τῶν ὑποδημάτων αὐτοῦ· αὐτὸς ὑμᾶς βαπτίσει ἐν πνεύματι ἁγίῳ καὶ πυρί· **17** οὗ τὸ πτύον ἐν τῇ χειρὶ αὐτοῦ διακαθᾶραι τὴν ἅλωνα αὐτοῦ καὶ συναγαγεῖν τὸν σῖτον εἰς τὴν ἀποθήκην αὐτοῦ, τὸ δὲ ἄχυρον κατακαύσει πυρὶ ἀσβέστῳ.

18 Πολλὰ μὲν οὖν καὶ ἕτερα παρακαλῶν εὐηγγελίζετο τὸν λαόν. **19** ὁ δὲ Ἡρῴδης ὁ τετραάρχης, ἐλεγχόμενος ὑπ᾽ αὐτοῦ περὶ Ἡρῳδιάδος τῆς γυναικὸς τοῦ ἀδελφοῦ αὐτοῦ καὶ περὶ πάντων ὧν ἐποίησεν πονηρῶν ὁ Ἡρῴδης, **20** προσέθηκεν καὶ τοῦτο ἐπὶ πᾶσιν [καὶ] κατέκλεισεν τὸν Ἰωάννην ἐν φυλακῇ.

The Baptism of Jesus (Mt 3.13-17; Mk 1.9-11)

21 Ἐγένετο δὲ ἐν τῷ βαπτισθῆναι ἅπαντα τὸν λαὸν καὶ Ἰησοῦ βαπτισθέντος καὶ προσευχομένου ἀνεῳχθῆναι τὸν οὐρανὸν **22** καὶ καταβῆναι τὸ πνεῦμα τὸ ἅγιον σωματικῷ εἴδει ὡς περιστερὰν ἐπ᾽ αὐτόν, καὶ φωνὴν ἐξ οὐρανοῦ γενέσθαι· σὺ εἶ ὁ υἱός μου ὁ ἀγαπητός, ἐν σοὶ εὐδόκησα¹.

The Genealogy of Jesus (Mt 1.1-17)

23 Καὶ αὐτὸς ἦν Ἰησοῦς ἀρχόμενος ὡσεὶ ἐτῶν τριάκοντα, ὢν υἱός, ὡς ἐνομίζετο, Ἰωσὴφ τοῦ Ἠλὶ **24** τοῦ Μαθθὰτ τοῦ Λευὶ τοῦ Μελχὶ τοῦ Ἰανναὶ τοῦ Ἰωσὴφ **25** τοῦ Ματταθίου τοῦ Ἀμὼς τοῦ Ναοὺμ τοῦ Ἑσλὶ τοῦ Ναγγαὶ **26** τοῦ Μάαθ τοῦ Ματταθίου τοῦ Σεμεῒν τοῦ Ἰωσὴχ τοῦ Ἰωδὰ **27** τοῦ Ἰωανὰν τοῦ Ῥησὰ τοῦ Ζοροβαβὲλ τοῦ Σαλαθιὴλ τοῦ Νηρὶ **28** τοῦ Μελχὶ τοῦ Ἀδδὶ τοῦ Κωσὰμ τοῦ Ἐλμαδὰμ τοῦ Ἢρ **29** τοῦ Ἰησοῦ τοῦ Ἐλιέζερ τοῦ Ἰωρὶμ τοῦ Μαθθὰτ τοῦ Λευὶ **30** τοῦ Συμεὼν τοῦ Ἰούδα τοῦ Ἰωσὴφ τοῦ Ἰωνὰμ τοῦ Ἐλιακὶμ **31** τοῦ Μελεὰ τοῦ Μεννὰ τοῦ Ματταθὰ τοῦ Ναθὰμ τοῦ Δαυὶδ **32** τοῦ Ἰεσσαὶ τοῦ Ἰωβὴδ τοῦ Βόος τοῦ Σαλὰ² τοῦ Ναασσὼν **33** τοῦ Ἀμιναδὰβ τοῦ Ἀδμὶν τοῦ Ἀρνὶ³ τοῦ Ἑσρὼμ τοῦ Φάρες τοῦ Ἰούδα **34** τοῦ Ἰακὼβ τοῦ Ἰσαὰκ τοῦ Ἀβραὰμ τοῦ Θάρα τοῦ Ναχὼρ **35** τοῦ Σεροὺχ τοῦ Ῥαγαὺ τοῦ Φάλεκ τοῦ Ἔβερ τοῦ Σαλὰ **36** τοῦ Καϊνὰμ τοῦ

---

¹**22** {B} σὺ εἶ ὁ υἱός μου ὁ ἀγαπητός, ἐν σοὶ εὐδόκησα (see Mk 1.11) 𝔓⁴ 01 02 03 019 032 037 038 044 070 0233ᵛⁱᵈ ƒ¹ ƒ¹³ 28 33 157 180 205 565 579 597 (700 omit ὁ υἱός μου) 892 1006 1010 1071 1241 1243 1292 1342 1424 1505 Byz [07 011 013 022] latᵛˡ⁻ᵖᵗ, ᵛᵍ syʰ coˢᵃ, ᵇᵒ⁻ᵖᵗ eth ∥ σὺ εἶ ὁ υἱός μου ὁ ἀγαπητός, ἐν ᾧ εὐδόκησα 033 latᵛˡ⁻ᵖᵗ coᵇᵒ⁻ᵖᵗ ∥ οὗτός ἐστιν ὁ υἱός μου ὁ ἀγαπητός, ἐν ᾧ εὐδόκησα (see Mt 3.17; 17.5) 1574 coᵇᵒ⁻ᵐˢ ∥ υἱός μου εἶ σύ, ἐγὼ σήμερον γεγέννηκά σε (see Ps 2.7) 05 latᵛˡ⁻ᵖᵗ Justin (Clement add ἀγαπητός after σύ)

²**32** {B} Σαλὰ 𝔓⁴ 01* 03 syˢ cpa coˢᵃ, ᵇᵒ⁻ᵐˢˢ ∥ Σαλμών (see 1 Chr 2.11; Mt 1.4, 5) 01² 02 05 019 037 038 044 0102 28 33 157 180 205 565 597 700 892 1006 1010 1071 1241 1243 1292 1342 1424 1505 Byz [07 011 013 022] lat syᵖ, ʰ coᵇᵒ eth ∥ Σαλμάν (see Ru 4.20) ƒ¹ ƒ¹³ ∥ omit 3.24-38 032 (579 omit 3.23-38)

³**33** {D} τοῦ Ἀμιναδὰβ τοῦ Ἀδμὶν τοῦ Ἀρνὶ 01² 019 (022 Ἀράμ for Ἀδμίν) (ƒ¹³ Ἀρηῒ for Ἀρνί) 157 coᵇᵒ ∥ τοῦ Ἀδὰμ τοῦ Ἀδμὶν τοῦ Ἀρνὶ 𝔓⁴ᵛⁱᵈ 01* (03 omit τοῦ Ἀδάμ) 1241 coˢᵃ ∥ τοῦ Ἀμιναδὰβ τοῦ Ἀδμὶν τοῦ Ἀράμ 0102 (1243 add τοῦ Ἰωράμ after Ἀράμ) ∥ τοῦ Ἀμιναδὰβ τοῦ Ἀρὰμ τοῦ Ἰωράμ 037 044 (180 1010 Ἰωαράμ) 597 700 (892 Ἀρὰμ τοῦ Ἀμιναδάβ) 1006 1342 1505 Byzᵖᵗ Lectᵖᵗ latᵛˡ⁻ᵖᵗ ∥ τοῦ Ἀμιναδὰμ τοῦ Ἀρὰμ τοῦ Ἰωράμ 28ᶜ (28* Ἰαράμ) 205 (1292 Ἰωαράμ) Lectᵖᵗ syʰ ∥ τοῦ Ἀμιναδὰβ τοῦ Ἀρὰμ τοῦ Ἀδμὶ τοῦ Ἀρνί 038 (1 Ἀμιναδάμ and Ἀλμεί for Ἀδμί) (cpa) ∥ τοῦ Ἀμιναδὰβ τοῦ Ἀράμ (see Mt 1.3, 4) 02 05 33 565 (1424 Ἀμιναδάμ) Byzᵖᵗ [07 011 013 022ᶜ] TR latᵛˡ⁻ᵖᵗ, ᵛᵍ syᵖ

Ἀρφαξὰδ τοῦ Σὴμ τοῦ Νῶε τοῦ Λάμεχ **37** τοῦ Μαθουσαλὰ τοῦ Ἐνὼχ τοῦ Ἰάρετ τοῦ Μαλελεὴλ τοῦ Καϊνὰμ **38** τοῦ Ἐνὼς τοῦ Σὴθ τοῦ Ἀδὰμ τοῦ θεοῦ.

The Temptation of Jesus   (Mt 4.1-11; Mk 1.12-13)

4 Ἰησοῦς δὲ πλήρης πνεύματος ἁγίου ὑπέστρεψεν ἀπὸ τοῦ Ἰορδάνου καὶ ἤγετο ἐν τῷ πνεύματι ἐν τῇ ἐρήμῳ **2** ἡμέρας τεσσεράκοντα πειραζόμενος ὑπὸ τοῦ διαβόλου. καὶ οὐκ ἔφαγεν οὐδὲν ἐν ταῖς ἡμέραις ἐκείναις καὶ συντελεσθεισῶν αὐτῶν ἐπείνασεν. **3** εἶπεν δὲ αὐτῷ ὁ διάβολος· εἰ υἱὸς εἶ τοῦ θεοῦ, εἰπὲ τῷ λίθῳ τούτῳ ἵνα γένηται ἄρτος. **4** καὶ ἀπεκρίθη πρὸς αὐτὸν ὁ Ἰησοῦς· γέγραπται ὅτι *οὐκ ἐπ' ἄρτῳ μόνῳ ζήσεται ὁ ἄνθρωπος*[1].   Dt 8.3

5 Καὶ ἀναγαγὼν αὐτὸν ἔδειξεν αὐτῷ πάσας τὰς βασιλείας τῆς οἰκουμένης ἐν στιγμῇ χρόνου **6** καὶ εἶπεν αὐτῷ ὁ διάβολος· σοὶ δώσω τὴν ἐξουσίαν ταύτην ἅπασαν καὶ τὴν δόξαν αὐτῶν, ὅτι ἐμοὶ παραδέδοται καὶ ᾧ ἐὰν θέλω δίδωμι αὐτήν· **7** σὺ οὖν ἐὰν προσκυνήσῃς ἐνώπιον ἐμοῦ, ἔσται σοῦ πᾶσα. **8** καὶ ἀποκριθεὶς ὁ Ἰησοῦς εἶπεν αὐτῷ· γέγραπται· *κύριον τὸν θεόν σου προσκυνήσεις καὶ αὐτῷ μόνῳ λατρεύσεις*.   Dt 6.13

9 Ἤγαγεν δὲ αὐτὸν εἰς Ἰερουσαλὴμ καὶ ἔστησεν ἐπὶ τὸ πτερύγιον τοῦ ἱεροῦ καὶ εἶπεν αὐτῷ· εἰ υἱὸς εἶ τοῦ θεοῦ, βάλε σεαυτὸν ἐντεῦθεν κάτω· **10** γέγραπται γὰρ ὅτι

τοῖς ἀγγέλοις αὐτοῦ ἐντελεῖται περὶ σοῦ   Ps 91.11
  τοῦ διαφυλάξαι σε
11 *καὶ ὅτι*
  ἐπὶ χειρῶν ἀροῦσίν σε,   Ps 91.12
  μήποτε προσκόψῃς πρὸς λίθον τὸν πόδα σου.

12 καὶ ἀποκριθεὶς εἶπεν αὐτῷ ὁ Ἰησοῦς ὅτι εἴρηται· *οὐκ ἐκπειράσεις κύριον τὸν θεόν σου*.   Dt 6.16

13 Καὶ συντελέσας πάντα πειρασμὸν ὁ διάβολος ἀπέστη ἀπ' αὐτοῦ ἄχρι καιροῦ.

---

[1]4 {B} ἄνθρωπος 01 03 019 032 1241 sy[s] co[sa, bo-pt] Origen[gr-pt, lat] ∥ ἄνθρωπος ἀλλ' ἐπὶ παντὶ ῥήματι θεοῦ (*see* Dt 8.3) 02 (05 0102 892 ἐν *for* ἐπί) 037 038 044 0233 *f*[1] *f*[13] 28 33 180 565 579 597 700 1006 1010 1243 1292 1342 1505 *Byz* [07 011 013] *Lect*[pt] (lat ἐν *for* ἐπί) sy[p, h] Origen[pt] ∥ ἄνθρωπος ἀλλ' ἐπὶ παντὶ ῥήματι ἐκπορευομένῳ διὰ στόματος θεοῦ (*see* Dt 8.3; Mt 4.4) 157 (205) *Lect*[pt] co[bo-pt] eth

The Beginning of the Galilean Ministry (Mt 4.12-17; Mk 1.14-15)

14 Καὶ ὑπέστρεψεν ὁ Ἰησοῦς ἐν τῇ δυνάμει τοῦ πνεύματος εἰς τὴν Γαλιλαίαν. καὶ φήμη ἐξῆλθεν καθ' ὅλης τῆς περιχώρου περὶ αὐτοῦ. **15** καὶ αὐτὸς ἐδίδασκεν ἐν ταῖς συναγωγαῖς αὐτῶν δοξαζόμενος ὑπὸ πάντων.

The Rejection of Jesus at Nazareth (Mt 13.53-58; Mk 6.1-6)

16 Καὶ ἦλθεν εἰς Ναζαρά, οὗ ἦν τεθραμμένος, καὶ εἰσῆλθεν κατὰ τὸ εἰωθὸς αὐτῷ ἐν τῇ ἡμέρᾳ τῶν σαββάτων εἰς τὴν συναγωγὴν καὶ ἀνέστη ἀναγνῶναι. **17** καὶ ἐπεδόθη αὐτῷ βιβλίον τοῦ προφήτου Ἠσαΐου καὶ ἀναπτύξας[2] τὸ βιβλίον εὗρεν τὸν τόπον οὗ ἦν γεγραμμένον·

Is 61.1-2   **18**   *πνεῦμα κυρίου ἐπ' ἐμὲ*
οὗ εἵνεκεν ἔχρισέν με
εὐαγγελίσασθαι πτωχοῖς,
ἀπέσταλκέν με[3]*,*
κηρύξαι αἰχμαλώτοις ἄφεσιν
καὶ τυφλοῖς ἀνάβλεψιν,
Is 58.6   *ἀποστεῖλαι τεθραυσμένους ἐν ἀφέσει,*
19   *κηρύξαι ἐνιαυτὸν κυρίου δεκτόν.*

20 καὶ πτύξας τὸ βιβλίον ἀποδοὺς τῷ ὑπηρέτῃ ἐκάθισεν· καὶ πάντων οἱ ὀφθαλμοὶ ἐν τῇ συναγωγῇ ἦσαν ἀτενίζοντες αὐτῷ. **21** ἤρξατο δὲ λέγειν πρὸς αὐτοὺς ὅτι σήμερον πεπλήρωται ἡ γραφὴ αὕτη ἐν τοῖς ὠσὶν ὑμῶν. **22** καὶ πάντες ἐμαρτύρουν αὐτῷ καὶ ἐθαύμαζον ἐπὶ τοῖς λόγοις τῆς χάριτος τοῖς ἐκπορευομένοις ἐκ τοῦ στόματος αὐτοῦ καὶ ἔλεγον· οὐχὶ υἱός ἐστιν Ἰωσὴφ οὗτος; **23** καὶ εἶπεν πρὸς αὐτούς· πάντως ἐρεῖτέ μοι τὴν παραβολὴν ταύτην· ἰατρέ, θεράπευσον σεαυτόν· ὅσα ἠκού-

---

[2]**17** {C} ἀναπτύξας 01 05ᶜ (05* ἁπτύξας) 037 038 044 0233 f^1 f^{13} 28 157 180 205 565 597 700 1006 1010 1071 1243 1292 1342 1424 1505 *Byz* [07 09 011 013] lat Origenˡᵃᵗ Eusebiusᵖᵗ // ἀνοίξας 02 03 019 032 040 33 579 892 1241 co eth Eusebiusᵖᵗ

[3]**18** {A} με 01 03 05 019 032 040 f^{13} 33 579 700 892* latᵛˡ⁻ᵖᵗ, ᵛᵍ syˢ co eth Origenᵍʳ, ˡᵃᵗ Eusebius // με ἰάσασθαι τοὺς συντετριμμένους τὴν καρδίαν (*see* Is 61.1) 02 037 038 044 0102 0233 f^1 28 157 180 205 565 597 892ᶜ 1006 1010 1071 1241 1243 1292 1342 1424 1505 *Byz* [07 09 011 013] latᵛˡ⁻ᵖᵗ, ᵛᵍ⁻ᵐˢ syᵖ, ʰ cpa coᵇᵒ⁻ᵐˢˢ Irenaeusˡᵃᵗ (Hippolytus) (Cyril)

σαμεν γενόμενα εἰς τὴν Καφαρναοὺμ ποίησον καὶ ὧδε ἐν τῇ πατρίδι σου. **24** εἶπεν δέ· ἀμὴν λέγω ὑμῖν ὅτι οὐδεὶς προφήτης δεκτός ἐστιν ἐν τῇ πατρίδι αὐτοῦ. **25** ἐπ' ἀληθείας δὲ λέγω ὑμῖν, πολλαὶ χῆραι ἦσαν ἐν ταῖς ἡμέραις Ἠλίου ἐν τῷ Ἰσραήλ, ὅτε ἐκλείσθη ὁ οὐρανὸς ἐπὶ ἔτη τρία καὶ μῆνας ἕξ, ὡς ἐγένετο λιμὸς μέγας ἐπὶ πᾶσαν τὴν γῆν, **26** καὶ πρὸς οὐδεμίαν αὐτῶν ἐπέμφθη Ἠλίας εἰ μὴ εἰς Σάρεπτα τῆς Σιδωνίας πρὸς γυναῖκα χήραν. **27** καὶ πολλοὶ λεπροὶ ἦσαν ἐν τῷ Ἰσραὴλ ἐπὶ Ἐλισαίου τοῦ προφήτου, καὶ οὐδεὶς αὐτῶν ἐκαθαρίσθη εἰ μὴ Ναιμὰν ὁ Σύρος. **28** καὶ ἐπλήσθησαν πάντες θυμοῦ ἐν τῇ συναγωγῇ ἀκούοντες ταῦτα **29** καὶ ἀναστάντες ἐξέβαλον αὐτὸν ἔξω τῆς πόλεως καὶ ἤγαγον αὐτὸν ἕως ὀφρύος τοῦ ὄρους ἐφ' οὗ ἡ πόλις ᾠκοδόμητο αὐτῶν ὥστε κατακρημνίσαι αὐτόν· **30** αὐτὸς δὲ διελθὼν διὰ μέσου αὐτῶν ἐπορεύετο.

The Man with an Unclean Spirit   (Mk 1.21-28)

31 Καὶ κατῆλθεν εἰς Καφαρναοὺμ πόλιν τῆς Γαλιλαίας. καὶ ἦν διδάσκων αὐτοὺς ἐν τοῖς σάββασιν· **32** καὶ ἐξεπλήσσοντο ἐπὶ τῇ διδαχῇ αὐτοῦ, ὅτι ἐν ἐξουσίᾳ ἦν ὁ λόγος αὐτοῦ.

33 Καὶ ἐν τῇ συναγωγῇ ἦν ἄνθρωπος ἔχων πνεῦμα δαιμονίου ἀκαθάρτου καὶ ἀνέκραξεν φωνῇ μεγάλῃ· **34** ἔα, τί ἡμῖν καὶ σοί, Ἰησοῦ Ναζαρηνέ; ἦλθες ἀπολέσαι ἡμᾶς; οἶδά σε τίς εἶ, ὁ ἅγιος τοῦ θεοῦ. **35** καὶ ἐπετίμησεν αὐτῷ ὁ Ἰησοῦς λέγων· φιμώθητι καὶ ἔξελθε ἀπ' αὐτοῦ. καὶ ῥῖψαν αὐτὸν τὸ δαιμόνιον εἰς τὸ μέσον ἐξῆλθεν ἀπ' αὐτοῦ μηδὲν βλάψαν αὐτόν. **36** καὶ ἐγένετο θάμβος ἐπὶ πάντας καὶ συνελάλουν πρὸς ἀλλήλους λέγοντες· τίς ὁ λόγος οὗτος ὅτι ἐν ἐξουσίᾳ καὶ δυνάμει ἐπιτάσσει τοῖς ἀκαθάρτοις πνεύμασιν καὶ ἐξέρχονται; **37** καὶ ἐξεπορεύετο ἦχος περὶ αὐτοῦ εἰς πάντα τόπον τῆς περιχώρου.

The Healing of Many People   (Mt 8.14-17; Mk 1.29-34)

38 Ἀναστὰς δὲ ἀπὸ τῆς συναγωγῆς εἰσῆλθεν εἰς τὴν οἰκίαν Σίμωνος. πενθερὰ δὲ τοῦ Σίμωνος ἦν συνεχομένη πυρετῷ μεγάλῳ καὶ ἠρώτησαν αὐτὸν περὶ αὐτῆς. **39** καὶ ἐπιστὰς ἐπάνω αὐτῆς ἐπετίμησεν τῷ πυρετῷ καὶ ἀφῆκεν αὐτήν· παραχρῆμα δὲ ἀναστᾶσα διηκόνει αὐτοῖς.

40 Δύνοντος δὲ τοῦ ἡλίου ἅπαντες ὅσοι εἶχον ἀσθενοῦντας νόσοις ποικίλαις ἤγαγον αὐτοὺς πρὸς αὐτόν· ὁ δὲ ἑνὶ ἑκάστῳ αὐτῶν τὰς χεῖρας ἐπιτιθεὶς ἐθεράπευεν αὐτούς. **41** ἐξήρχετο δὲ καὶ δαιμόνια ἀπὸ πολλῶν κρ[αυγ]άζοντα καὶ λέγοντα ὅτι σὺ εἶ[4] ὁ υἱὸς τοῦ θεοῦ. καὶ ἐπιτιμῶν οὐκ εἴα αὐτὰ λαλεῖν, ὅτι ᾔδεισαν τὸν χριστὸν αὐτὸν εἶναι.

A Preaching Tour (Mk 1.35-39)

42 Γενομένης δὲ ἡμέρας ἐξελθὼν ἐπορεύθη εἰς ἔρημον τόπον· καὶ οἱ ὄχλοι ἐπεζήτουν αὐτὸν καὶ ἦλθον ἕως αὐτοῦ καὶ κατεῖχον αὐτὸν τοῦ μὴ πορεύεσθαι ἀπ' αὐτῶν. **43** ὁ δὲ εἶπεν πρὸς αὐτοὺς ὅτι καὶ ταῖς ἑτέραις πόλεσιν εὐαγγελίσασθαί με δεῖ τὴν βασιλείαν τοῦ θεοῦ, ὅτι ἐπὶ τοῦτο ἀπεστάλην. **44** καὶ ἦν κηρύσσων εἰς τὰς συναγωγὰς τῆς Ἰουδαίας[5].

The Calling of the First Disciples (Mt 4.18-22; Mk 1.16-20)

5 Ἐγένετο δὲ ἐν τῷ τὸν ὄχλον ἐπικεῖσθαι αὐτῷ καὶ ἀκούειν τὸν λόγον τοῦ θεοῦ καὶ αὐτὸς ἦν ἑστὼς παρὰ τὴν λίμνην Γεννησαρὲτ **2** καὶ εἶδεν δύο πλοῖα ἑστῶτα παρὰ τὴν λίμνην· οἱ δὲ ἁλιεῖς ἀπ' αὐτῶν ἀποβάντες ἔπλυνον τὰ δίκτυα. **3** ἐμβὰς δὲ εἰς ἓν τῶν πλοίων, ὃ ἦν Σίμωνος, ἠρώτησεν αὐτὸν ἀπὸ τῆς γῆς ἐπαναγαγεῖν ὀλίγον· καθίσας δὲ ἐκ τοῦ πλοίου ἐδίδασκεν τοὺς ὄχλους.

4 Ὡς δὲ ἐπαύσατο λαλῶν, εἶπεν πρὸς τὸν Σίμωνα· ἐπανάγαγε εἰς τὸ βάθος καὶ χαλάσατε τὰ δίκτυα ὑμῶν εἰς ἄγραν. **5** καὶ ἀποκριθεὶς Σίμων εἶπεν· ἐπιστάτα, δι' ὅλης νυκτὸς κοπιάσαντες οὐδὲν ἐλάβομεν· ἐπὶ δὲ τῷ ῥήματί σου χαλάσω τὰ δίκτυα. **6** καὶ τοῦτο ποιήσαντες συνέκλεισαν πλῆθος ἰχθύων πολύ, διερρήσ-

---

[4]**41** {B} εἶ 01 03 04 05 09 019 032 040 33 579 700 1241 lat[vl-pt, vg] sy[s] co[sa, bo-pt] Marcion[acc. to Tertullian] Origen // εἶ ὁ χριστός 02 022 026 037 038 044 0102 f^1 f^{13} 565 892 1424 *Byz* [07 011 013 022] lat[vl-pt] sy[p. h] co[bo-pt]

[5]**44** {B} τῆς Ἰουδαίας 𝔓[75] 01 03 04 019 026[vid] f^1 157 205 579 892 1241 *Lect* sy[s, h] co[sa, bo-pt] // τῆς Γαλιλαίας 02 05 037 038 044 f^{13} 28 33 180 565 597 700 1006 1010 1071 1243 1292 1342 1505 *Byz* [07 09 011 013] lat sy[p. hmg] co[bo-pt] eth // αὐτῶν (*see* Mt 4.23) 1424 // τῶν Ἰουδαίων 032

σετο δὲ τὰ δίκτυα αὐτῶν. **7** καὶ κατένευσαν τοῖς μετόχοις ἐν τῷ ἑτέρῳ πλοίῳ τοῦ ἐλθόντας συλλαβέσθαι αὐτοῖς· καὶ ἦλθον καὶ ἔπλησαν ἀμφότερα τὰ πλοῖα ὥστε βυθίζεσθαι αὐτά. **8** ἰδὼν δὲ Σίμων Πέτρος προσέπεσεν τοῖς γόνασιν Ἰησοῦ λέγων· ἔξελθε ἀπ᾽ ἐμοῦ, ὅτι ἀνὴρ ἁμαρτωλός εἰμι, κύριε. **9** θάμβος γὰρ περιέσχεν αὐτὸν καὶ πάντας τοὺς σὺν αὐτῷ ἐπὶ τῇ ἄγρᾳ τῶν ἰχθύων ὧν συνέλαβον, **10** ὁμοίως δὲ καὶ Ἰάκωβον καὶ Ἰωάννην υἱοὺς Ζεβεδαίου, οἳ ἦσαν κοινωνοὶ τῷ Σίμωνι. καὶ εἶπεν πρὸς τὸν Σίμωνα ὁ Ἰησοῦς· μὴ φοβοῦ· ἀπὸ τοῦ νῦν ἀνθρώπους ἔσῃ ζωγρῶν. **11** καὶ καταγαγόντες τὰ πλοῖα ἐπὶ τὴν γῆν ἀφέντες πάντα ἠκολούθησαν αὐτῷ.

The Healing of a Man with Leprosy   (Mt 8.1-4; Mk 1.40-45)

12 Καὶ ἐγένετο ἐν τῷ εἶναι αὐτὸν ἐν μιᾷ τῶν πόλεων καὶ ἰδοὺ ἀνὴρ πλήρης λέπρας· ἰδὼν δὲ τὸν Ἰησοῦν, πεσὼν ἐπὶ πρόσωπον ἐδεήθη αὐτοῦ λέγων· κύριε, ἐὰν θέλῃς δύνασαί με καθαρίσαι. **13** καὶ ἐκτείνας τὴν χεῖρα ἥψατο αὐτοῦ λέγων· θέλω, καθαρίσθητι· καὶ εὐθέως ἡ λέπρα ἀπῆλθεν ἀπ᾽ αὐτοῦ. **14** καὶ αὐτὸς παρήγγειλεν αὐτῷ μηδενὶ εἰπεῖν, ἀλλ᾽ ἀπελθὼν δεῖξον σεαυτὸν τῷ ἱερεῖ καὶ προσένεγκε περὶ τοῦ καθαρισμοῦ σου καθὼς προσέταξεν Μωϋσῆς, εἰς μαρτύριον αὐτοῖς. **15** διήρχετο δὲ μᾶλλον ὁ λόγος περὶ αὐτοῦ, καὶ συνήρχοντο ὄχλοι πολλοὶ ἀκούειν καὶ θεραπεύεσθαι ἀπὸ τῶν ἀσθενειῶν αὐτῶν· **16** αὐτὸς δὲ ἦν ὑποχωρῶν ἐν ταῖς ἐρήμοις καὶ προσευχόμενος.

The Healing of a Paralysed Man   (Mt 9.1-8; Mk 2.1-12)

17 Καὶ ἐγένετο ἐν μιᾷ τῶν ἡμερῶν καὶ αὐτὸς ἦν διδάσκων, καὶ ἦσαν καθήμενοι Φαρισαῖοι καὶ νομοδιδάσκαλοι οἳ ἦσαν ἐληλυθότες ἐκ πάσης κώμης τῆς Γαλιλαίας καὶ Ἰουδαίας καὶ Ἰερουσαλήμ· καὶ δύναμις κυρίου ἦν εἰς τὸ ἰᾶσθαι αὐτόν[1]. **18** καὶ

---

[1] **17** {A} αὐτόν 01 03 019 032 040 579 sy^s co^{sa} eth Cyril^{pt} ∥ αὐτούς 02 04 05 037 038 044 f^1 f^{13} 28 33 157 180 205 565 597 700 892 1006 1010 1071 1243 1292 1342 1424 1505 *Byz* [07 013 022] lat sy$^{p, h}$ co^{bo} ∥ πάντας cpa Cyril^{pt}

ἰδοὺ ἄνδρες φέροντες ἐπὶ κλίνης ἄνθρωπον ὃς ἦν παραλελυμένος καὶ ἐζήτουν αὐτὸν εἰσενεγκεῖν καὶ θεῖναι [αὐτὸν] ἐνώπιον αὐτοῦ. **19** καὶ μὴ εὑρόντες ποίας εἰσενέγκωσιν αὐτὸν διὰ τὸν ὄχλον, ἀναβάντες ἐπὶ τὸ δῶμα διὰ τῶν κεράμων καθῆκαν αὐτὸν σὺν τῷ κλινιδίῳ εἰς τὸ μέσον ἔμπροσθεν τοῦ Ἰησοῦ. **20** καὶ ἰδὼν τὴν πίστιν αὐτῶν εἶπεν· ἄνθρωπε, ἀφέωνταί σοι αἱ ἁμαρτίαι σου. **21** καὶ ἤρξαντο διαλογίζεσθαι οἱ γραμματεῖς καὶ οἱ Φαρισαῖοι λέγοντες· τίς ἐστιν οὗτος ὃς λαλεῖ βλασφημίας; τίς δύναται ἁμαρτίας ἀφεῖναι εἰ μὴ μόνος ὁ θεός; **22** ἐπιγνοὺς δὲ ὁ Ἰησοῦς τοὺς διαλογισμοὺς αὐτῶν ἀποκριθεὶς εἶπεν πρὸς αὐτούς· τί διαλογίζεσθε ἐν ταῖς καρδίαις ὑμῶν; **23** τί ἐστιν εὐκοπώτερον, εἰπεῖν· ἀφέωνταί σοι αἱ ἁμαρτίαι σου, ἢ εἰπεῖν· ἔγειρε καὶ περιπάτει; **24** ἵνα δὲ εἰδῆτε ὅτι ὁ υἱὸς τοῦ ἀνθρώπου ἐξουσίαν ἔχει ἐπὶ τῆς γῆς ἀφιέναι ἁμαρτίας – εἶπεν τῷ παραλελυμένῳ· σοὶ λέγω, ἔγειρε καὶ ἄρας τὸ κλινίδιόν σου πορεύου εἰς τὸν οἶκόν σου. **25** καὶ παραχρῆμα ἀναστὰς ἐνώπιον αὐτῶν, ἄρας ἐφ᾽ ὃ κατέκειτο, ἀπῆλθεν εἰς τὸν οἶκον αὐτοῦ δοξάζων τὸν θεόν. **26** καὶ ἔκστασις ἔλαβεν ἅπαντας καὶ ἐδόξαζον τὸν θεὸν καὶ ἐπλήσθησαν φόβου λέγοντες ὅτι εἴδομεν παράδοξα σήμερον.

The Calling of Levi   (Mt 9.9-13; Mk 2.13-17)

27 Καὶ μετὰ ταῦτα ἐξῆλθεν καὶ ἐθεάσατο τελώνην ὀνόματι Λευὶν καθήμενον ἐπὶ τὸ τελώνιον, καὶ εἶπεν αὐτῷ· ἀκολούθει μοι. **28** καὶ καταλιπὼν πάντα ἀναστὰς ἠκολούθει αὐτῷ. **29** καὶ ἐποίησεν δοχὴν μεγάλην Λευὶς αὐτῷ ἐν τῇ οἰκίᾳ αὐτοῦ, καὶ ἦν ὄχλος πολὺς τελωνῶν καὶ ἄλλων οἳ ἦσαν μετ᾽ αὐτῶν κατακείμενοι. **30** καὶ ἐγόγγυζον οἱ Φαρισαῖοι καὶ οἱ γραμματεῖς αὐτῶν πρὸς τοὺς μαθητὰς αὐτοῦ λέγοντες· διὰ τί μετὰ τῶν τελωνῶν καὶ ἁμαρτωλῶν ἐσθίετε καὶ πίνετε; **31** καὶ ἀποκριθεὶς ὁ Ἰησοῦς εἶπεν πρὸς αὐτούς· οὐ χρείαν ἔχουσιν οἱ ὑγιαίνοντες ἰατροῦ ἀλλ᾽ οἱ κακῶς ἔχοντες· **32** οὐκ ἐλήλυθα καλέσαι δικαίους ἀλλ᾽ ἁμαρτωλοὺς εἰς μετάνοιαν.

The Question about Fasting (Mt 9.14-17; Mk 2.18-22)

33 Οἱ δὲ εἶπαν πρὸς αὐτόν· οἱ² μαθηταὶ Ἰωάννου νηστεύουσιν πυκνὰ καὶ δεήσεις ποιοῦνται ὁμοίως καὶ οἱ τῶν Φαρισαίων, οἱ δὲ σοὶ ἐσθίουσιν καὶ πίνουσιν. **34** ὁ δὲ Ἰησοῦς εἶπεν πρὸς αὐτούς· μὴ δύνασθε τοὺς υἱοὺς τοῦ νυμφῶνος ἐν ᾧ ὁ νυμφίος μετ' αὐτῶν ἐστιν ποιῆσαι νηστεῦσαι; **35** ἐλεύσονται δὲ ἡμέραι, καὶ ὅταν ἀπαρθῇ ἀπ' αὐτῶν ὁ νυμφίος, τότε νηστεύσουσιν ἐν ἐκείναις ταῖς ἡμέραις.

36 Ἔλεγεν δὲ καὶ παραβολὴν πρὸς αὐτοὺς ὅτι οὐδεὶς ἐπίβλημα ἀπὸ ἱματίου καινοῦ σχίσας ἐπιβάλλει ἐπὶ ἱμάτιον παλαιόν· εἰ δὲ μή γε, καὶ τὸ καινὸν σχίσει καὶ τῷ παλαιῷ οὐ συμφωνήσει τὸ ἐπίβλημα τὸ ἀπὸ τοῦ καινοῦ. **37** καὶ οὐδεὶς βάλλει οἶνον νέον εἰς ἀσκοὺς παλαιούς· εἰ δὲ μή γε, ῥήξει ὁ οἶνος ὁ νέος τοὺς ἀσκοὺς καὶ αὐτὸς ἐκχυθήσεται καὶ οἱ ἀσκοὶ ἀπολοῦνται· **38** ἀλλ' οἶνον νέον εἰς ἀσκοὺς καινοὺς βλητέον. **39** [καὶ] οὐδεὶς πιὼν παλαιὸν θέλει νέον· λέγει γάρ· ὁ παλαιὸς χρηστός³ ἐστιν.

Plucking Grain on the Sabbath (Mt 12.1-8; Mk 2.23-28)

6 Ἐγένετο δὲ ἐν σαββάτῳ¹ διαπορεύεσθαι αὐτὸν διὰ σπορίμων, καὶ ἔτιλλον οἱ μαθηταὶ αὐτοῦ καὶ ἤσθιον τοὺς στάχυας ψώχοντες ταῖς χερσίν. **2** τινὲς δὲ τῶν Φαρισαίων εἶπαν· τί ποιεῖτε ὃ οὐκ ἔξεστιν τοῖς σάββασιν; **3** καὶ ἀποκριθεὶς πρὸς αὐτοὺς εἶπεν ὁ Ἰησοῦς· οὐδὲ τοῦτο ἀνέγνωτε ὃ ἐποίησεν Δαυὶδ ὅτε ἐπείνασεν αὐτὸς καὶ οἱ μετ' αὐτοῦ [ὄντες], **4** [ὡς] εἰσῆλθεν

---

²**33** {B} οἱ 𝔓⁴ 01²ᵃ 03 019 032 040 33 157 892* 1241 coˢᵃ, ᵇᵒ⁻ᵖᵗ ∥ διὰ τί οἱ (see Mk 2.18) 01*, ²ᵇ 02 04 05 037 038 044 0233 f¹ f¹³ 28 180 205 565 579 597 700 892ᶜ 1006 1010 1071 1243 1292 1342 1424 1505 Byz [07 09 013 022] lat sy cpa coᵇᵒ⁻ᵖᵗ eth

³**39** {A} χρηστός 𝔓⁴ 01 03 019 032 157 1241 1342 syᵖ ∥ χρηστότερος 02 04 037 038 044 0233 f¹ f¹³ 28 33ᵛⁱᵈ 180 205 565 579 597 700 892 1006 1010 1071 1243 1292 1424 1505 Byz [07 013] latᵛˡ⁻ᵖᵗ, ᵛᵍ syʰ cpa eth ∥ 05 latᵛˡ⁻ᵖᵗ *omit verse 39*

¹**1** {B} ἐν σαββάτῳ 𝔓⁴ 01 03 019 032 f¹ 33 157 205 579 1241 latᵛˡ⁻ᵖᵗ syᵖ, ʰᵐᵍ cpa coˢᵃ, ᵇᵒ⁻ᵖᵗ eth ∥ ἐν τοῖς σάββασιν (see Mt 12.1; Mk 2.23) coᵇᵒ⁻ᵖᵗ ∥ ἐν σαββάτῳ δευτεροπρώτῳ 02 04 05 037 038 044 0233 (f¹³ 28 1071 1243 δευτέρῳ πρώτῳ) 180 565 597 700 892 1006 1010 1292 1342 1424 1505 Byz [07 013] latᵛˡ⁻ᵖᵗ, ᵛᵍ syʰ Chrysostom ∥ *sabbato mane* latᵛˡ⁻ᵖᵗ

εἰς τὸν οἶκον τοῦ θεοῦ καὶ τοὺς ἄρτους τῆς προθέσεως λαβὼν ἔφαγεν καὶ ἔδωκεν τοῖς μετ' αὐτοῦ, οὓς οὐκ ἔξεστιν φαγεῖν εἰ μὴ μόνους τοὺς ἱερεῖς;² 5 καὶ ἔλεγεν αὐτοῖς· κύριός ἐστιν τοῦ σαββάτου ὁ υἱὸς τοῦ ἀνθρώπου³.

The Man with a Withered Hand (Mt 12.9-14; Mk 3.1-6)

6 Ἐγένετο δὲ ἐν ἑτέρῳ σαββάτῳ εἰσελθεῖν αὐτὸν εἰς τὴν συναγωγὴν καὶ διδάσκειν. καὶ ἦν ἄνθρωπος ἐκεῖ καὶ ἡ χεὶρ αὐτοῦ ἡ δεξιὰ ἦν ξηρά. 7 παρετηροῦντο δὲ αὐτὸν οἱ γραμματεῖς καὶ οἱ Φαρισαῖοι εἰ ἐν τῷ σαββάτῳ θεραπεύει, ἵνα εὕρωσιν κατηγορεῖν αὐτοῦ. 8 αὐτὸς δὲ ᾔδει τοὺς διαλογισμοὺς αὐτῶν, εἶπεν δὲ τῷ ἀνδρὶ τῷ ξηρὰν ἔχοντι τὴν χεῖρα· ἔγειρε καὶ στῆθι εἰς τὸ μέσον· καὶ ἀναστὰς ἔστη. 9 εἶπεν δὲ ὁ Ἰησοῦς πρὸς αὐτούς· ἐπερωτῶ ὑμᾶς εἰ ἔξεστιν τῷ σαββάτῳ ἀγαθοποιῆσαι ἢ κακοποιῆσαι, ψυχὴν σῶσαι ἢ ἀπολέσαι; 10 καὶ περιβλεψάμενος πάντας αὐτοὺς εἶπεν⁴ αὐτῷ· ἔκτεινον τὴν χεῖρά σου. ὁ δὲ ἐποίησεν καὶ ἀπεκατεστάθη ἡ χεὶρ αὐτοῦ. 11 αὐτοὶ δὲ ἐπλήσθησαν ἀνοίας καὶ διελάλουν πρὸς ἀλλήλους τί ἂν ποιήσαιεν τῷ Ἰησοῦ.

---

²4 {A} μόνους τοὺς ἱερεῖς; 𝔓⁴ 01 02 03 019 032 037 038 044 0233 ƒ¹ ƒ¹³ 28 33 180 205 565 579 597 700 892 1006 1010 1071 1241 1243 1292 1342 1424 *Byz* [07 013] lat^(vl-pt, vg) sy cpa co eth Irenaeus^lat ∥ μόνοις τοῖς ἱερεῦσιν; 157 1505 ∥ μόνοις τοῖς ἱερεῦσιν; Τῇ αὐτῇ ἡμέρᾳ θεασάμενός τινα ἐργαζόμενον τῷ σαββάτῳ εἶπεν αὐτῷ· ἄνθρωπε εἰ μὲν οἶδας τί ποιεῖς, μακάριος εἶ· εἰ δὲ μὴ οἶδας, ἐπικατάρατος καὶ παραβάτης εἶ τοῦ νόμου. (*see also footnote 3*) 05 lat^(vl-pt)

³5 {B} κύριός ἐστιν τοῦ σαββάτου ὁ υἱὸς τοῦ ἀνθρώπου (*see* Mt 12.8) 01 03 032 1241 sy^p (cpa) co^(bo-mss) eth ∥ κύριός ἐστιν ὁ υἱὸς τοῦ ἀνθρώπου καὶ τοῦ σαββάτου (*see* Mk 2.28) 02 019 037 038 044 0233 ƒ¹ ƒ¹³ 28 33 157 180 205 565 579 597 700 892 1006 1010 1071 1243 1292 1342 1424 1505 *Byz* [07 013] lat^(vl-pt, vg) sy^h co^(sa, bo-mss) Marcion^(acc. to Epiphanius) ∥ *transpose verse 5 in the wording of* 02 019 *etc. after verse 10* 05 lat^(vl-pt)

⁴10 {A} εἶπεν 𝔓⁴ 01 02 03 019 032 037 044 28 33 180 565 579 597 700 892 1006 1010 1241 1292 1342 1424 1505 *Byz* [07] lat^(vl-pt, vg) sy^p co eth^TH ∥ ἐν ὀργῇ εἶπεν (*see* Mk 3.5) (05 λέγει) 038 ƒ¹ (ƒ¹³ 157 μετ' ὀργῆς) 205 1071 1243 lat^(vl-pt) sy^h cpa eth^pp

The Choosing of the Twelve (Mt 10.1-4; Mk 3.13-19)

12 Ἐγένετο δὲ ἐν ταῖς ἡμέραις ταύταις ἐξελθεῖν αὐτὸν εἰς τὸ ὄρος προσεύξασθαι, καὶ ἦν διανυκτερεύων ἐν τῇ προσευχῇ τοῦ θεοῦ. **13** καὶ ὅτε ἐγένετο ἡμέρα, προσεφώνησεν τοὺς μαθητὰς αὐτοῦ, καὶ ἐκλεξάμενος ἀπ' αὐτῶν δώδεκα, οὓς καὶ ἀποστόλους ὠνόμασεν· **14** Σίμωνα ὃν καὶ ὠνόμασεν Πέτρον, καὶ Ἀνδρέαν τὸν ἀδελφὸν αὐτοῦ, καὶ Ἰάκωβον καὶ Ἰωάννην καὶ Φίλιππον καὶ Βαρθολομαῖον **15** καὶ Μαθθαῖον καὶ Θωμᾶν καὶ Ἰάκωβον Ἁλφαίου καὶ Σίμωνα τὸν καλούμενον ζηλωτὴν **16** καὶ Ἰούδαν Ἰακώβου καὶ Ἰούδαν Ἰσκαριώθ, ὃς ἐγένετο προδότης.

Ministering to a Great Multitude (Mt 4.23-25)

17 Καὶ καταβὰς μετ' αὐτῶν ἔστη ἐπὶ τόπου πεδινοῦ, καὶ ὄχλος πολὺς μαθητῶν αὐτοῦ, καὶ πλῆθος πολὺ τοῦ λαοῦ ἀπὸ πάσης τῆς Ἰουδαίας καὶ Ἰερουσαλὴμ καὶ τῆς παραλίου Τύρου καὶ Σιδῶνος, **18** οἳ ἦλθον ἀκοῦσαι αὐτοῦ καὶ ἰαθῆναι ἀπὸ τῶν νόσων αὐτῶν· καὶ οἱ ἐνοχλούμενοι ἀπὸ πνευμάτων ἀκαθάρτων ἐθεραπεύοντο, **19** καὶ πᾶς ὁ ὄχλος ἐζήτουν ἅπτεσθαι αὐτοῦ, ὅτι δύναμις παρ' αὐτοῦ ἐξήρχετο καὶ ἰᾶτο πάντας.

Blessings and Woes (Mt 5.1-12)

20 Καὶ αὐτὸς ἐπάρας τοὺς ὀφθαλμοὺς αὐτοῦ εἰς τοὺς μαθητὰς αὐτοῦ ἔλεγεν·

    μακάριοι οἱ πτωχοί,
        ὅτι ὑμετέρα ἐστὶν ἡ βασιλεία τοῦ θεοῦ.
21   μακάριοι οἱ πεινῶντες νῦν,
        ὅτι χορτασθήσεσθε.
    μακάριοι οἱ κλαίοντες νῦν,
        ὅτι γελάσετε.
22   μακάριοί ἐστε ὅταν μισήσωσιν ὑμᾶς οἱ ἄνθρωποι καὶ ὅταν ἀφορίσωσιν ὑμᾶς καὶ ὀνειδίσωσιν καὶ ἐκβάλωσιν τὸ ὄνομα ὑμῶν ὡς πονηρὸν ἕνεκα τοῦ υἱοῦ τοῦ ἀνθρώπου·

23 Χάρητε ἐν ἐκείνῃ τῇ ἡμέρᾳ καὶ σκιρτήσατε, ἰδοὺ γὰρ ὁ μισθὸς ὑμῶν πολὺς ἐν τῷ οὐρανῷ· κατὰ τὰ αὐτὰ γὰρ ἐποίουν τοῖς προφήταις οἱ πατέρες αὐτῶν.
24 πλὴν οὐαὶ ὑμῖν τοῖς πλουσίοις,
   ὅτι ἀπέχετε τὴν παράκλησιν ὑμῶν.
25 οὐαὶ ὑμῖν, οἱ ἐμπεπλησμένοι νῦν,
   ὅτι πεινάσετε.
   οὐαί, οἱ γελῶντες νῦν,
   ὅτι πενθήσετε καὶ κλαύσετε.
26 οὐαὶ ὅταν ὑμᾶς καλῶς εἴπωσιν πάντες οἱ ἄνθρωποι·
   κατὰ τὰ αὐτὰ γὰρ ἐποίουν τοῖς ψευδοπροφήταις οἱ πατέρες αὐτῶν.

Love for Enemies   (Mt 5.38-48; 7.12a)

27 Ἀλλ᾿ ὑμῖν λέγω τοῖς ἀκούουσιν· ἀγαπᾶτε τοὺς ἐχθροὺς ὑμῶν, καλῶς ποιεῖτε τοῖς μισοῦσιν ὑμᾶς, **28** εὐλογεῖτε τοὺς καταρωμένους ὑμᾶς, προσεύχεσθε περὶ τῶν ἐπηρεαζόντων ὑμᾶς. **29** τῷ τύπτοντί σε ἐπὶ τὴν σιαγόνα πάρεχε καὶ τὴν ἄλλην, καὶ ἀπὸ τοῦ αἴροντός σου τὸ ἱμάτιον καὶ τὸν χιτῶνα μὴ κωλύσῃς. **30** παντὶ αἰτοῦντί σε δίδου, καὶ ἀπὸ τοῦ αἴροντος τὰ σὰ μὴ ἀπαίτει.

31 Καὶ καθὼς θέλετε ἵνα ποιῶσιν ὑμῖν οἱ ἄνθρωποι ποιεῖτε αὐτοῖς ὁμοίως. **32** καὶ εἰ ἀγαπᾶτε τοὺς ἀγαπῶντας ὑμᾶς, ποία ὑμῖν χάρις ἐστίν; καὶ γὰρ οἱ ἁμαρτωλοὶ τοὺς ἀγαπῶντας αὐτοὺς ἀγαπῶσιν. **33** καὶ [γὰρ[5]] ἐὰν ἀγαθοποιῆτε τοὺς ἀγαθοποιοῦντας ὑμᾶς, ποία ὑμῖν χάρις ἐστίν; καὶ[6] οἱ ἁμαρτωλοὶ τὸ αὐτὸ ποιοῦσιν. **34** καὶ ἐὰν δανίσητε παρ᾿ ὧν ἐλπίζετε λαβεῖν, ποία ὑμῖν χάρις [ἐστίν]; καὶ ἁμαρτωλοὶ ἁμαρτωλοῖς δανίζουσιν ἵνα ἀπολάβωσιν τὰ ἴσα. **35** πλὴν ἀγαπᾶτε τοὺς ἐχθροὺς ὑμῶν καὶ ἀγαθοποιεῖτε καὶ δανίζετε μηδὲν ἀπελπίζοντες· καὶ ἔσται ὁ

---

[5] **33** {C} γάρ 𝔓[75] 01* 03 ∥ *omit* 01[2] 02 05 019 024 032 037 038 040 044 *f*[13] 33 565 579 700 892 1241 1424 *Byz* [07 013 024] lat sy co
[6] **33** {C} καί 01 03 07 032 700 892* 1241 lat[vl·pt] sy[s] ∥ καὶ γάρ 02 05 019 022 037 038 040 044 *f*[13] 33 565 579 892[c] 1424 *Byz* [07 013 024] lat[vl·pt, vg] sy[p, h]

μισθὸς ὑμῶν πολύς, καὶ ἔσεσθε υἱοὶ ὑψίστου, ὅτι αὐτὸς χρηστός ἐστιν ἐπὶ τοὺς ἀχαρίστους καὶ πονηρούς. **36** γίνεσθε οἰκτίρμονες καθὼς [καὶ] ὁ πατὴρ ὑμῶν οἰκτίρμων ἐστίν.

Judging Others (Mt 7.1-5)

37 Καὶ μὴ κρίνετε, καὶ οὐ μὴ κριθῆτε· καὶ μὴ καταδικάζετε, καὶ οὐ μὴ καταδικασθῆτε. ἀπολύετε, καὶ ἀπολυθήσεσθε· **38** δίδοτε, καὶ δοθήσεται ὑμῖν· μέτρον καλὸν πεπιεσμένον σεσαλευμένον ὑπερεκχυννόμενον δώσουσιν εἰς τὸν κόλπον ὑμῶν· ᾧ γὰρ μέτρῳ μετρεῖτε ἀντιμετρηθήσεται ὑμῖν.

39 Εἶπεν δὲ καὶ παραβολὴν αὐτοῖς· μήτι δύναται τυφλὸς τυφλὸν ὁδηγεῖν; οὐχὶ ἀμφότεροι εἰς βόθυνον ἐμπεσοῦνται; **40** οὐκ ἔστιν μαθητὴς ὑπὲρ τὸν διδάσκαλον· κατηρτισμένος δὲ πᾶς ἔσται ὡς ὁ διδάσκαλος αὐτοῦ.

41 Τί δὲ βλέπεις τὸ κάρφος τὸ ἐν τῷ ὀφθαλμῷ τοῦ ἀδελφοῦ σου, τὴν δὲ δοκὸν τὴν ἐν τῷ ἰδίῳ ὀφθαλμῷ οὐ κατανοεῖς; **42** πῶς δύνασαι λέγειν τῷ ἀδελφῷ σου· ἀδελφέ, ἄφες ἐκβάλω τὸ κάρφος τὸ ἐν τῷ ὀφθαλμῷ σου, αὐτὸς τὴν ἐν τῷ ὀφθαλμῷ σου δοκὸν οὐ βλέπων; ὑποκριτά, ἔκβαλε πρῶτον τὴν δοκὸν ἐκ τοῦ ὀφθαλμοῦ σου, καὶ τότε διαβλέψεις τὸ κάρφος τὸ ἐν τῷ ὀφθαλμῷ τοῦ ἀδελφοῦ σου ἐκβαλεῖν.

A Tree Known by Its Fruit (Mt 7.17-20; 12.34b-35)

43 Οὐ γάρ ἐστιν δένδρον καλὸν ποιοῦν καρπὸν σαπρόν, οὐδὲ πάλιν δένδρον σαπρὸν ποιοῦν καρπὸν καλόν. **44** ἕκαστον γὰρ δένδρον ἐκ τοῦ ἰδίου καρποῦ γινώσκεται· οὐ γὰρ ἐξ ἀκανθῶν συλλέγουσιν σῦκα οὐδὲ ἐκ βάτου σταφυλὴν τρυγῶσιν. **45** ὁ ἀγαθὸς ἄνθρωπος ἐκ τοῦ ἀγαθοῦ θησαυροῦ τῆς καρδίας προφέρει τὸ ἀγαθόν, καὶ ὁ πονηρὸς ἐκ τοῦ πονηροῦ προφέρει τὸ πονηρόν· ἐκ γὰρ περισσεύματος καρδίας λαλεῖ τὸ στόμα αὐτοῦ.

The Two Foundations (Mt 7.24-27)

46 Τί δέ με καλεῖτε· κύριε κύριε, καὶ οὐ ποιεῖτε ἃ λέγω; **47** πᾶς ὁ ἐρχόμενος πρός με καὶ ἀκούων μου τῶν λόγων καὶ ποιῶν αὐτούς, ὑποδείξω ὑμῖν τίνι ἐστὶν ὅμοιος· **48** ὅμοιός ἐστιν ἀνθρώπῳ οἰκοδομοῦντι οἰκίαν ὃς ἔσκαψεν καὶ ἐβάθυνεν καὶ ἔθηκεν θεμέλιον ἐπὶ τὴν πέτραν· πλημμύρης δὲ γενομένης προσέρηξεν ὁ ποταμὸς τῇ οἰκίᾳ ἐκείνῃ, καὶ οὐκ ἴσχυσεν σαλεῦσαι αὐτὴν διὰ τὸ καλῶς οἰκοδομῆσθαι αὐτήν[7]. **49** ὁ δὲ ἀκούσας καὶ μὴ ποιήσας ὅμοιός ἐστιν ἀνθρώπῳ οἰκοδομήσαντι οἰκίαν ἐπὶ τὴν γῆν χωρὶς θεμελίου, ᾗ προσέρηξεν ὁ ποταμός, καὶ εὐθὺς συνέπεσεν καὶ ἐγένετο τὸ ῥῆγμα τῆς οἰκίας ἐκείνης μέγα.

The Healing of a Centurion's Slave   (Mt 8.5-13; Jn 4.43-54)

7 Ἐπειδὴ ἐπλήρωσεν πάντα τὰ ῥήματα αὐτοῦ εἰς τὰς ἀκοὰς τοῦ λαοῦ, εἰσῆλθεν εἰς Καφαρναούμ. **2** ἑκατοντάρχου δέ τινος δοῦλος κακῶς ἔχων ἤμελλεν τελευτᾶν, ὃς ἦν αὐτῷ ἔντιμος. **3** ἀκούσας δὲ περὶ τοῦ Ἰησοῦ ἀπέστειλεν πρὸς αὐτὸν πρεσβυτέρους τῶν Ἰουδαίων ἐρωτῶν αὐτὸν ὅπως ἐλθὼν διασώσῃ τὸν δοῦλον αὐτοῦ. **4** οἱ δὲ παραγενόμενοι πρὸς τὸν Ἰησοῦν παρεκάλουν αὐτὸν σπουδαίως λέγοντες ὅτι ἄξιός ἐστιν ᾧ παρέξῃ τοῦτο· **5** ἀγαπᾷ γὰρ τὸ ἔθνος ἡμῶν καὶ τὴν συναγωγὴν αὐτὸς ᾠκοδόμησεν ἡμῖν. **6** ὁ δὲ Ἰησοῦς ἐπορεύετο σὺν αὐτοῖς. ἤδη δὲ αὐτοῦ οὐ μακρὰν ἀπέχοντος ἀπὸ τῆς οἰκίας ἔπεμψεν φίλους ὁ ἑκατοντάρχης λέγων αὐτῷ· κύριε, μὴ σκύλλου, οὐ γὰρ ἱκανός εἰμι ἵνα ὑπὸ τὴν στέγην μου εἰσέλθῃς· **7** διὸ οὐδὲ ἐμαυτὸν ἠξίωσα πρὸς σὲ ἐλθεῖν· ἀλλ᾽ εἰπὲ λόγῳ, καὶ ἰαθήτω ὁ παῖς μου. **8** καὶ γὰρ ἐγὼ ἄνθρωπός εἰμι ὑπὸ ἐξουσίαν τασσόμενος ἔχων ὑπ᾽ ἐμαυτὸν στρατιώτας, καὶ λέγω τούτῳ· πορεύθητι, καὶ πορεύεται, καὶ ἄλλῳ· ἔρχου, καὶ ἔρχεται, καὶ τῷ δούλῳ μου· ποίησον τοῦτο, καὶ ποιεῖ. **9** ἀκούσας δὲ ταῦτα ὁ Ἰησοῦς ἐθαύμασεν αὐτὸν καὶ στραφεὶς τῷ ἀκολουθοῦντι αὐτῷ ὄχλῳ εἶπεν· λέγω ὑμῖν, οὐδὲ ἐν τῷ Ἰσραὴλ τοσαύτην πίστιν εὗρον. **10** καὶ ὑποστρέψαντες εἰς τὸν οἶκον οἱ πεμφθέντες εὗρον τὸν δοῦλον ὑγιαίνοντα.

---

[7]**48** {A} διὰ τὸ καλῶς οἰκοδομῆσθαι αὐτήν 𝔓[75vid] 01 03 019 032 040 33 157 579 892 1241 1342 sy[hmg] co[sa, bo-pt] // τεθεμελίωτο γὰρ ἐπὶ τὴν πέτραν (see Mt 7.25) 02 04 05 037 038 044 f[1] f[13] 28 180 205 565 597 700[c] 1006 1010 1071 1243 1292 1424 1505 Byz [07 013] lat sy[p, h] (co[bo-pt]) eth // omit 𝔓[45vid] 700* sy[s]

The Raising of the Widow's Son at Nain

11 Καὶ ἐγένετο ἐν τῷ ἑξῆς¹ ἐπορεύθη εἰς πόλιν καλουμένην Ναΐν καὶ συνεπορεύοντο αὐτῷ οἱ μαθηταὶ αὐτοῦ² καὶ ὄχλος πολύς. **12** ὡς δὲ ἤγγισεν τῇ πύλῃ τῆς πόλεως, καὶ ἰδοὺ ἐξεκομίζετο τεθνηκὼς μονογενὴς υἱὸς τῇ μητρὶ αὐτοῦ καὶ αὐτὴ ἦν χήρα, καὶ ὄχλος τῆς πόλεως ἱκανὸς ἦν σὺν αὐτῇ. **13** καὶ ἰδὼν αὐτὴν ὁ κύριος ἐσπλαγχνίσθη ἐπ' αὐτῇ καὶ εἶπεν αὐτῇ· μὴ κλαῖε. **14** καὶ προσελθὼν ἥψατο τῆς σοροῦ, οἱ δὲ βαστάζοντες ἔστησαν, καὶ εἶπεν· νεανίσκε, σοὶ λέγω, ἐγέρθητι. **15** καὶ ἀνεκάθισεν ὁ νεκρὸς καὶ ἤρξατο λαλεῖν, καὶ ἔδωκεν αὐτὸν τῇ μητρὶ αὐτοῦ. **16** ἔλαβεν δὲ φόβος πάντας καὶ ἐδόξαζον τὸν θεὸν λέγοντες ὅτι προφήτης μέγας ἠγέρθη ἐν ἡμῖν καὶ ὅτι ἐπεσκέψατο ὁ θεὸς τὸν λαὸν αὐτοῦ. **17** καὶ ἐξῆλθεν ὁ λόγος οὗτος ἐν ὅλῃ τῇ Ἰουδαίᾳ περὶ αὐτοῦ καὶ πάσῃ τῇ περιχώρῳ.

The Messengers from John the Baptist (Mt 11.2-19)

18 Καὶ ἀπήγγειλαν Ἰωάννῃ οἱ μαθηταὶ αὐτοῦ περὶ πάντων τούτων. καὶ προσκαλεσάμενος δύο τινὰς τῶν μαθητῶν αὐτοῦ ὁ Ἰωάννης **19** ἔπεμψεν πρὸς τὸν κύριον λέγων· σὺ εἶ ὁ ἐρχόμενος ἢ ἄλλον προσδοκῶμεν; **20** παραγενόμενοι δὲ πρὸς αὐτὸν οἱ ἄνδρες εἶπαν· Ἰωάννης ὁ βαπτιστὴς ἀπέστειλεν ἡμᾶς πρὸς σὲ λέγων· σὺ εἶ ὁ ἐρχόμενος ἢ ἄλλον προσδοκῶμεν; **21** ἐν ἐκείνῃ τῇ ὥρᾳ ἐθεράπευσεν πολλοὺς ἀπὸ νόσων καὶ μαστίγων καὶ πνευμάτων πονηρῶν καὶ τυφλοῖς πολλοῖς ἐχαρίσατο βλέπειν. **22** καὶ ἀποκριθεὶς εἶπεν αὐτοῖς· πορευθέντες ἀπαγγείλατε Ἰωάννῃ ἃ εἴδετε καὶ ἠκούσατε·

---

¹ **11** {B} ἐν τῷ ἑξῆς 𝔓⁷⁵ 01² 03 019 037 038 044 *f*¹ *f*¹³ 33 157 180 205 579 597 700 1006 1010 1241 1243 1292 1342 1505 *Byz*ᵖᵗ [07 09 011 013] latᵛˡ⁻ᵖᵗ, ᵛᵍ syˢ cpa coˢᵃ ∥ ἐν τῇ ἑξῆς 01* 04 28 565 892 1071 1424 *Byz*ᵖᵗ *TR* latᵛˡ⁻ᵖᵗ syᵖ, ʰ coᵇᵒ eth ∥ τῇ ἑξῆς (05 latᵛˡ⁻ᵖᵗ *omit also* ἐγένετο) 032

² **11** {B} αὐτοῦ 𝔓⁷⁵ 01 03 05 019 032 040 157 579 1241 1342 latᵛˡ⁻ᵖᵗ, ᵛᵍ syˢ, ᵖ cpa co eth ∥ ἱκανοί (*and omit* οἱ *before* μαθηταί) *f*¹ 205 ∥ αὐτοῦ ἱκανοί 02 04 037 038 044 *f*¹³ 28 33 180 565 597 700 892 1006 1010 1071 1243 1292 1424 1505 *Byz* [07 09 011 013] latᵛˡ⁻ᵖᵗ syʰ

τυφλοὶ ἀναβλέπουσιν, χωλοὶ περιπατοῦσιν,
λεπροὶ καθαρίζονται καὶ κωφοὶ ἀκούουσιν,
νεκροὶ ἐγείρονται, πτωχοὶ εὐαγγελίζονται·
23 καὶ μακάριός ἐστιν ὃς ἐὰν μὴ σκανδαλισθῇ ἐν ἐμοί.

24 Ἀπελθόντων δὲ τῶν ἀγγέλων Ἰωάννου ἤρξατο λέγειν πρὸς τοὺς ὄχλους περὶ Ἰωάννου· τί ἐξήλθατε εἰς τὴν ἔρημον θεάσασθαι; κάλαμον ὑπὸ ἀνέμου σαλευόμενον; **25** ἀλλὰ τί ἐξήλθατε ἰδεῖν; ἄνθρωπον ἐν μαλακοῖς ἱματίοις ἠμφιεσμένον; ἰδοὺ οἱ ἐν ἱματισμῷ ἐνδόξῳ καὶ τρυφῇ ὑπάρχοντες ἐν τοῖς βασιλείοις εἰσίν. **26** ἀλλὰ τί ἐξήλθατε ἰδεῖν; προφήτην; ναὶ λέγω ὑμῖν, καὶ περισσότερον προφήτου. **27** οὗτός ἐστιν περὶ οὗ γέγραπται·

Ex 23.20; Mal 3.1

ἰδοὺ ἀποστέλλω τὸν ἄγγελόν μου πρὸ προσώπου σου,
ὃς κατασκευάσει τὴν ὁδόν σου ἔμπροσθέν σου.

28 λέγω ὑμῖν, μείζων ἐν γεννητοῖς γυναικῶν Ἰωάννου³ οὐδείς ἐστιν· ὁ δὲ μικρότερος ἐν τῇ βασιλείᾳ τοῦ θεοῦ μείζων αὐτοῦ ἐστιν.

29 Καὶ πᾶς ὁ λαὸς ἀκούσας καὶ οἱ τελῶναι ἐδικαίωσαν τὸν θεὸν βαπτισθέντες τὸ βάπτισμα Ἰωάννου· **30** οἱ δὲ Φαρισαῖοι καὶ οἱ νομικοὶ τὴν βουλὴν τοῦ θεοῦ ἠθέτησαν εἰς ἑαυτοὺς μὴ βαπτισθέντες ὑπ᾽ αὐτοῦ.

31 Τίνι οὖν ὁμοιώσω τοὺς ἀνθρώπους τῆς γενεᾶς ταύτης καὶ τίνι εἰσὶν ὅμοιοι; **32** ὅμοιοί εἰσιν παιδίοις τοῖς ἐν ἀγορᾷ καθημένοις καὶ προσφωνοῦσιν ἀλλήλοις ἃ λέγει·

ηὐλήσαμεν ὑμῖν καὶ οὐκ ὠρχήσασθε,
ἐθρηνήσαμεν καὶ οὐκ ἐκλαύσατε.

33 ἐλήλυθεν γὰρ Ἰωάννης ὁ βαπτιστὴς μὴ ἐσθίων ἄρτον μήτε πίνων οἶνον, καὶ λέγετε· δαιμόνιον ἔχει. **34** ἐλήλυθεν ὁ υἱὸς τοῦ

---

³**28** {B} Ἰωάννου 𝔓⁷⁵ 01 03 019 032 040 157 579 cpa co[sa-mss, bo-pt] Origen[pt] ∥ προφήτης Ἰωάννου 044 700 (892 Ἰωάννου προφήτης) (1241 *omit* Ἰωάννου) (1342 *after* μείζων *only* Ἰωάννου προφήτης) sy[s] ∥ Ἰωάννου τοῦ βαπτιστοῦ (*see* Mt 11.11) 033 33 565 597 lat[vl-pt] sy[hmg] co[sa-ms] eth Origen[gr-pt, lat] ∥ προφήτης Ἰωάννου τοῦ βαπτιστοῦ 02 (05 lat[vl-pt] *but transpose a similar sentence after verse 26*) (037 *omit* τοῦ) 038 *f*¹³ 28 180 205 1006 1010 1071 1243 1292 (1424) 1505 *Byz* [07 011 013] lat[vl-pt, vg] sy[p, h] co[bo-pt] Cyril[lem]

ἀνθρώπου ἐσθίων καὶ πίνων, καὶ λέγετε· ἰδοὺ ἄνθρωπος φάγος καὶ οἰνοπότης, φίλος τελωνῶν καὶ ἁμαρτωλῶν. **35** καὶ ἐδικαιώθη ἡ σοφία ἀπὸ πάντων τῶν τέκνων αὐτῆς.

A Sinful Woman Forgiven

36 Ἠρώτα δέ τις αὐτὸν τῶν Φαρισαίων ἵνα φάγῃ μετ᾽ αὐτοῦ, καὶ εἰσελθὼν εἰς τὸν οἶκον τοῦ Φαρισαίου κατεκλίθη. **37** καὶ ἰδοὺ γυνὴ ἥτις ἦν ἐν τῇ πόλει ἁμαρτωλός, καὶ ἐπιγνοῦσα ὅτι κατάκειται ἐν τῇ οἰκίᾳ τοῦ Φαρισαίου, κομίσασα ἀλάβαστρον μύρου **38** καὶ στᾶσα ὀπίσω παρὰ τοὺς πόδας αὐτοῦ κλαίουσα τοῖς δάκρυσιν ἤρξατο βρέχειν τοὺς πόδας αὐτοῦ καὶ ταῖς θριξὶν τῆς κεφαλῆς αὐτῆς ἐξέμασσεν καὶ κατεφίλει τοὺς πόδας αὐτοῦ καὶ ἤλειφεν τῷ μύρῳ. **39** ἰδὼν δὲ ὁ Φαρισαῖος ὁ καλέσας αὐτὸν εἶπεν ἐν ἑαυτῷ λέγων· οὗτος εἰ ἦν προφήτης, ἐγίνωσκεν ἂν τίς καὶ ποταπὴ ἡ γυνὴ ἥτις ἅπτεται αὐτοῦ, ὅτι ἁμαρτωλός ἐστιν. **40** καὶ ἀποκριθεὶς ὁ Ἰησοῦς εἶπεν πρὸς αὐτόν· Σίμων, ἔχω σοί τι εἰπεῖν. ὁ δέ· διδάσκαλε, εἰπέ, φησίν. **41** δύο χρεοφειλέται ἦσαν δανιστῇ τινι· ὁ εἷς ὤφειλεν δηνάρια πεντακόσια, ὁ δὲ ἕτερος πεντήκοντα. **42** μὴ ἐχόντων αὐτῶν ἀποδοῦναι ἀμφοτέροις ἐχαρίσατο. τίς οὖν αὐτῶν πλεῖον ἀγαπήσει αὐτόν; **43** ἀποκριθεὶς Σίμων εἶπεν· ὑπολαμβάνω ὅτι ᾧ τὸ πλεῖον ἐχαρίσατο. ὁ δὲ εἶπεν αὐτῷ· ὀρθῶς ἔκρινας. **44** καὶ στραφεὶς πρὸς τὴν γυναῖκα τῷ Σίμωνι ἔφη· βλέπεις ταύτην τὴν γυναῖκα; εἰσῆλθόν σου εἰς τὴν οἰκίαν, ὕδωρ μοι ἐπὶ πόδας οὐκ ἔδωκας· αὕτη δὲ τοῖς δάκρυσιν ἔβρεξέν μου τοὺς πόδας καὶ ταῖς θριξὶν αὐτῆς ἐξέμαξεν. **45** φίλημά μοι οὐκ ἔδωκας· αὕτη δὲ ἀφ᾽ ἧς εἰσῆλθον οὐ διέλιπεν καταφιλοῦσά μου τοὺς πόδας. **46** ἐλαίῳ τὴν κεφαλήν μου οὐκ ἤλειψας· αὕτη δὲ μύρῳ ἤλειψεν τοὺς πόδας μου. **47** οὗ χάριν λέγω σοι, ἀφέωνται αἱ ἁμαρτίαι αὐτῆς αἱ πολλαί, ὅτι ἠγάπησεν πολύ· ᾧ δὲ ὀλίγον ἀφίεται, ὀλίγον ἀγαπᾷ. **48** εἶπεν δὲ αὐτῇ· ἀφέωνταί σου αἱ ἁμαρτίαι. **49** καὶ ἤρξαντο οἱ συνανακείμενοι λέγειν ἐν ἑαυτοῖς· τίς οὗτός ἐστιν ὃς καὶ ἁμαρτίας ἀφίησιν; **50** εἶπεν δὲ πρὸς τὴν γυναῖκα· ἡ πίστις σου σέσωκέν σε· πορεύου εἰς εἰρήνην.

Some Women Accompany Jesus

8 Καὶ ἐγένετο ἐν τῷ καθεξῆς καὶ αὐτὸς διώδευεν κατὰ πόλιν καὶ κώμην κηρύσσων καὶ εὐαγγελιζόμενος τὴν βασιλείαν τοῦ θεοῦ καὶ οἱ δώδεκα σὺν αὐτῷ, **2** καὶ γυναῖκές τινες αἳ ἦσαν τεθεραπευμέναι ἀπὸ πνευμάτων πονηρῶν καὶ ἀσθενειῶν, Μαρία ἡ καλουμένη Μαγδαληνή, ἀφ' ἧς δαιμόνια ἑπτὰ ἐξεληλύθει, **3** καὶ Ἰωάννα γυνὴ Χουζᾶ ἐπιτρόπου Ἡρῴδου καὶ Σουσάννα καὶ ἕτεραι πολλαί, αἵτινες διηκόνουν αὐτοῖς¹ ἐκ τῶν ὑπαρχόντων αὐταῖς.

The Parable of the Sower (Mt 13.1-9; Mk 4.1-9)

4 Συνιόντος δὲ ὄχλου πολλοῦ καὶ τῶν κατὰ πόλιν ἐπιπορευομένων πρὸς αὐτὸν εἶπεν διὰ παραβολῆς· **5** ἐξῆλθεν ὁ σπείρων τοῦ σπεῖραι τὸν σπόρον αὐτοῦ. καὶ ἐν τῷ σπείρειν αὐτὸν ὃ μὲν ἔπεσεν παρὰ τὴν ὁδὸν καὶ κατεπατήθη, καὶ τὰ πετεινὰ τοῦ οὐρανοῦ κατέφαγεν αὐτό. **6** καὶ ἕτερον κατέπεσεν ἐπὶ τὴν πέτραν, καὶ φυὲν ἐξηράνθη διὰ τὸ μὴ ἔχειν ἰκμάδα. **7** καὶ ἕτερον ἔπεσεν ἐν μέσῳ τῶν ἀκανθῶν, καὶ συμφυεῖσαι αἱ ἄκανθαι ἀπέπνιξαν αὐτό. **8** καὶ ἕτερον ἔπεσεν εἰς τὴν γῆν τὴν ἀγαθὴν καὶ φυὲν ἐποίησεν καρπὸν ἑκατονταπλασίονα. ταῦτα λέγων ἐφώνει· ὁ ἔχων ὦτα ἀκούειν ἀκουέτω.

The Purpose of the Parables (Mt 13.10-17; Mk 4.10-12)

9 Ἐπηρώτων δὲ αὐτὸν οἱ μαθηταὶ αὐτοῦ τίς αὕτη εἴη ἡ παραβολή. **10** ὁ δὲ εἶπεν· ὑμῖν δέδοται γνῶναι τὰ μυστήρια τῆς βασιλείας τοῦ θεοῦ, τοῖς δὲ λοιποῖς ἐν παραβολαῖς, ἵνα
βλέποντες μὴ βλέπωσιν
καὶ ἀκούοντες μὴ συνιῶσιν.

---

¹**3** {B} αὐτοῖς 03 05 032 037 038 *f*¹³ 28 157 180 597 700 892 1006 1071 1424 1505 *Byz*^pt [07 09 011 013] *Lect*^pt lat^vl-pt, vg sy^c, s, p, hmg cpa^pt (Origen) // αὐτῷ 01 02 019 044 *f*¹ 33 205 565 579 1241 1243 1292 1342 *Byz*^pt TR *Lect*^pt lat^vl-pt, vg-mss sy^h cpa^ms co sy^h cpa^pt co eth Marcion^acc. to Tertullian

The Parable of the Sower Explained (Mt 13.18-23; Mk 4.13-20)

11 Ἔστιν δὲ αὕτη ἡ παραβολή· ὁ σπόρος ἐστὶν ὁ λόγος τοῦ θεοῦ. 12 οἱ δὲ παρὰ τὴν ὁδόν εἰσιν οἱ ἀκούσαντες, εἶτα ἔρχεται ὁ διάβολος καὶ αἴρει τὸν λόγον ἀπὸ τῆς καρδίας αὐτῶν, ἵνα μὴ πιστεύσαντες σωθῶσιν. 13 οἱ δὲ ἐπὶ τῆς πέτρας οἳ ὅταν ἀκούσωσιν μετὰ χαρᾶς δέχονται τὸν λόγον, καὶ οὗτοι ῥίζαν οὐκ ἔχουσιν, οἳ πρὸς καιρὸν πιστεύουσιν καὶ ἐν καιρῷ πειρασμοῦ ἀφίστανται. 14 τὸ δὲ εἰς τὰς ἀκάνθας πεσόν, οὗτοί εἰσιν οἱ ἀκούσαντες, καὶ ὑπὸ μεριμνῶν καὶ πλούτου καὶ ἡδονῶν τοῦ βίου πορευόμενοι συμπνίγονται καὶ οὐ τελεσφοροῦσιν. 15 τὸ δὲ ἐν τῇ καλῇ γῇ, οὗτοί εἰσιν οἵτινες ἐν καρδίᾳ καλῇ καὶ ἀγαθῇ ἀκούσαντες τὸν λόγον κατέχουσιν καὶ καρποφοροῦσιν ἐν ὑπομονῇ.

A Lamp on a Lampstand (Mk 4.21-25)

16 Οὐδεὶς δὲ λύχνον ἅψας καλύπτει αὐτὸν σκεύει ἢ ὑποκάτω κλίνης τίθησιν, ἀλλ᾽ ἐπὶ λυχνίας τίθησιν, ἵνα οἱ εἰσπορευόμενοι βλέπωσιν τὸ φῶς. 17 οὐ γάρ ἐστιν κρυπτὸν ὃ οὐ φανερὸν γενήσεται οὐδὲ ἀπόκρυφον ὃ οὐ μὴ γνωσθῇ καὶ εἰς φανερὸν ἔλθῃ.

18 Βλέπετε οὖν πῶς ἀκούετε· ὃς ἂν γὰρ ἔχῃ, δοθήσεται αὐτῷ· καὶ ὃς ἂν μὴ ἔχῃ, καὶ ὃ δοκεῖ ἔχειν ἀρθήσεται ἀπ᾽ αὐτοῦ.

The Mother and Brothers of Jesus (Mt 12.46-50; Mk 3.31-35)

19 Παρεγένετο δὲ πρὸς αὐτὸν ἡ μήτηρ καὶ οἱ ἀδελφοὶ αὐτοῦ καὶ οὐκ ἠδύναντο συντυχεῖν αὐτῷ διὰ τὸν ὄχλον. 20 ἀπηγγέλη δὲ αὐτῷ· ἡ μήτηρ σου καὶ οἱ ἀδελφοί σου ἑστήκασιν ἔξω ἰδεῖν θέλοντές σε. 21 ὁ δὲ ἀποκριθεὶς εἶπεν πρὸς αὐτούς· μήτηρ μου καὶ ἀδελφοί μου οὗτοί εἰσιν οἱ τὸν λόγον τοῦ θεοῦ ἀκούοντες καὶ ποιοῦντες.

The Calming of a Storm (Mt 8.23-27; Mk 4.35-41)

22 Ἐγένετο δὲ ἐν μιᾷ τῶν ἡμερῶν καὶ αὐτὸς ἐνέβη εἰς πλοῖον καὶ οἱ μαθηταὶ αὐτοῦ καὶ εἶπεν πρὸς αὐτούς· διέλθωμεν εἰς τὸ πέραν τῆς λίμνης, καὶ ἀνήχθησαν. 23 πλεόντων δὲ αὐτῶν ἀφύπνωσεν. καὶ κατέβη λαῖλαψ ἀνέμου εἰς τὴν λίμνην

καὶ συνεπληροῦντο καὶ ἐκινδύνευον. **24** προσελθόντες δὲ διήγειραν αὐτὸν λέγοντες· ἐπιστάτα ἐπιστάτα, ἀπολλύμεθα. ὁ δὲ διεγερθεὶς ἐπετίμησεν τῷ ἀνέμῳ καὶ τῷ κλύδωνι τοῦ ὕδατος· καὶ ἐπαύσαντο καὶ ἐγένετο γαλήνη. **25** εἶπεν δὲ αὐτοῖς· ποῦ ἡ πίστις ὑμῶν; φοβηθέντες δὲ ἐθαύμασαν λέγοντες πρὸς ἀλλήλους· τίς ἄρα οὗτός ἐστιν ὅτι καὶ τοῖς ἀνέμοις ἐπιτάσσει καὶ τῷ ὕδατι, καὶ ὑπακούουσιν αὐτῷ;

The Demons and the Pigs (Mt 8.28-34; Mk 5.1-20)

26 Καὶ κατέπλευσαν εἰς τὴν χώραν τῶν Γερασηνῶν[2], ἥτις ἐστὶν ἀντιπέρα τῆς Γαλιλαίας. **27** ἐξελθόντι δὲ αὐτῷ ἐπὶ τὴν γῆν ὑπήντησεν ἀνήρ τις ἐκ τῆς πόλεως ἔχων δαιμόνια καὶ χρόνῳ ἱκανῷ[3] οὐκ ἐνεδύσατο ἱμάτιον καὶ ἐν οἰκίᾳ οὐκ ἔμενεν ἀλλ' ἐν τοῖς μνήμασιν. **28** ἰδὼν δὲ τὸν Ἰησοῦν ἀνακράξας προσέπεσεν αὐτῷ καὶ φωνῇ μεγάλῃ εἶπεν· τί ἐμοὶ καὶ σοί, Ἰησοῦ υἱὲ τοῦ θεοῦ τοῦ ὑψίστου; δέομαί σου, μή με βασανίσῃς. **29** παρήγγειλεν γὰρ τῷ πνεύματι τῷ ἀκαθάρτῳ ἐξελθεῖν ἀπὸ τοῦ ἀνθρώπου. πολλοῖς γὰρ χρόνοις συνηρπάκει αὐτὸν καὶ ἐδεσμεύετο ἁλύσεσιν καὶ πέδαις φυλασσόμενος καὶ διαρρήσσων τὰ δεσμὰ ἠλαύνετο ὑπὸ τοῦ δαιμονίου εἰς τὰς ἐρήμους. **30** ἐπηρώτησεν δὲ αὐτὸν ὁ Ἰησοῦς· τί σοι ὄνομά ἐστιν; ὁ δὲ εἶπεν· λεγιών, ὅτι εἰσῆλθεν δαιμόνια πολλὰ εἰς αὐτόν. **31** καὶ παρεκάλουν αὐτὸν ἵνα μὴ ἐπιτάξῃ αὐτοῖς εἰς τὴν ἄβυσσον ἀπελθεῖν. **32** ἦν δὲ ἐκεῖ ἀγέλη χοίρων ἱκανῶν βοσκομένη ἐν τῷ ὄρει· καὶ παρεκάλεσαν αὐτὸν ἵνα ἐπιτρέψῃ αὐτοῖς εἰς ἐκείνους εἰσελθεῖν· καὶ ἐπέτρεψεν αὐτοῖς. **33** ἐξελθόντα δὲ τὰ δαιμόνια ἀπὸ τοῦ ἀνθρώπου εἰσῆλθον εἰς τοὺς χοίρους, καὶ ὥρμησεν ἡ ἀγέλη κατὰ τοῦ κρημνοῦ εἰς τὴν λίμνην καὶ ἀπεπνίγη.

---

[2]**26** {C} Γερασηνῶν (see Mk 5.1) 𝔓[75] 03 05 lat sy[hmg] co[sa, bo-ms] mss[acc. to Origen] ∥ Γεργεσηνῶν (see 8.37) 01 019 038 040 ƒ[1] 33 157 205 579 700* 1241 1342 cpa co[bo] eth Origen Cyril[lem] ∥ Γαδαρηνῶν (see Mt 8.28) 02 032 037 044 ƒ[13] 28 180 565 597 700[c] 892 1006 1010 1071 1243 1292 1424 1505 Byz [07 09 011 013] sy mss[acc. to Origen]
[3]**27** {B} καὶ χρόνῳ ἱκανῷ 𝔓[75vid] 01*[, 2b] 03 019 040 33 579 1241 ∥ ἐκ χρόνων ἱκανῶν καί 01[2a] 02 032 037 038 044 ƒ[13] 565 700 1424 Byz [07 09 011 013] lat[vl-pt, vg] sy[h] ∥ ἀπὸ χρόνων ἱκανῶν ὅς 05 (lat[vl-pt]) ∥ καὶ χρόνῳ πολλῷ ƒ[1]

34 Ἰδόντες δὲ οἱ βόσκοντες τὸ γεγονὸς ἔφυγον καὶ ἀπήγγειλαν εἰς τὴν πόλιν καὶ εἰς τοὺς ἀγρούς. **35** ἐξῆλθον δὲ ἰδεῖν τὸ γεγονὸς καὶ ἦλθον πρὸς τὸν Ἰησοῦν καὶ εὗρον καθήμενον τὸν ἄνθρωπον ἀφ' οὗ τὰ δαιμόνια ἐξῆλθεν ἱματισμένον καὶ σωφρονοῦντα παρὰ τοὺς πόδας τοῦ Ἰησοῦ, καὶ ἐφοβήθησαν. **36** ἀπήγγειλαν δὲ αὐτοῖς οἱ ἰδόντες πῶς ἐσώθη ὁ δαιμονισθείς. **37** καὶ ἠρώτησεν αὐτὸν ἅπαν τὸ πλῆθος τῆς περιχώρου τῶν Γερασηνῶν⁴ ἀπελθεῖν ἀπ' αὐτῶν, ὅτι φόβῳ μεγάλῳ συνείχοντο· αὐτὸς δὲ ἐμβὰς εἰς πλοῖον ὑπέστρεψεν. **38** ἐδεῖτο δὲ αὐτοῦ ὁ ἀνὴρ ἀφ' οὗ ἐξεληλύθει τὰ δαιμόνια εἶναι σὺν αὐτῷ· ἀπέλυσεν δὲ αὐτὸν λέγων· **39** ὑπόστρεφε εἰς τὸν οἶκόν σου καὶ διηγοῦ ὅσα σοι ἐποίησεν ὁ θεός. καὶ ἀπῆλθεν καθ' ὅλην τὴν πόλιν κηρύσσων ὅσα ἐποίησεν αὐτῷ ὁ Ἰησοῦς.

Jairus' Daughter and the Woman Who Touched Jesus' Garment
(Mt 9.18-26; Mk 5.21-43)

40 Ἐν δὲ τῷ ὑποστρέφειν τὸν Ἰησοῦν ἀπεδέξατο αὐτὸν ὁ ὄχλος· ἦσαν γὰρ πάντες προσδοκῶντες αὐτόν. **41** καὶ ἰδοὺ ἦλθεν ἀνὴρ ᾧ ὄνομα Ἰάϊρος καὶ οὗτος ἄρχων τῆς συναγωγῆς ὑπῆρχεν, καὶ πεσὼν παρὰ τοὺς πόδας [τοῦ] Ἰησοῦ παρεκάλει αὐτὸν εἰσελθεῖν εἰς τὸν οἶκον αὐτοῦ, **42** ὅτι θυγάτηρ μονογενὴς ἦν αὐτῷ ὡς ἐτῶν δώδεκα καὶ αὐτὴ ἀπέθνῃσκεν. ἐν δὲ τῷ ὑπάγειν αὐτὸν οἱ ὄχλοι συνέπνιγον αὐτόν. **43** καὶ γυνὴ οὖσα ἐν ῥύσει αἵματος ἀπὸ ἐτῶν δώδεκα, ἥτις [ἰατροῖς προσαναλώσασα ὅλον τὸν βίον]⁵ οὐκ ἴσχυσεν ἀπ' οὐδενὸς θεραπευθῆναι,

---

⁴**37** {C} Γερασηνῶν (see 8.26; Mk 5.1) 𝔓⁷⁵ 03 04* 05 579 lat sy^hmg co^sa mss^acc. to Origen ∥ Γεργεσηνῶν (see 8.26) 01*, 2b (04² Γεργασηνῶν) 019 024 038 f¹ f¹³ 33 157 205 700* 1071 1241 1342 cpa co^bo eth Origen ∥ Γαδαρηνῶν (see Mt 8.28) 01²ᵃ 02 032 037 044 28 180 565 597 700^c 892 1006 1010 1243 1292 1424 1505 Byz [07 011 013] sy mss^acc. to Origen Basil

⁵**43** {C} ἥτις ἰατροῖς προσαναλώσασα ὅλον τὸν βίον (see Mk 5.26) 01² 02 019 032 037 038 040 f¹ f¹³ 28 33 180 205 565 (579 ἀναλώσασα) 597 (700 ἄπαντα βίον) 892 1006 (1010 εἰς ἰατρούς) 1241 1243 1292 1342 1505 Byz [07 011 013 024] lat^vl-pt, vg-mss ∥ ἥτις ἰατροῖς προσαναλώσασα ὅλον τὸν βίον αὐτῆς (01* 1071 ἑαυτῆς) 04 044 157 1424 lat^vl-pt, vg sy^(c), p, h (cpa^pt) (co^bo) eth Origen^lat ∥ ἥτις 𝔓⁷⁵ 03 (05) (lat^vl-pt) sy^(s) cpa^pt co^sa Origen

44 προσελθοῦσα ὄπισθεν ἥψατο τοῦ κρασπέδου τοῦ ἱματίου αὐτοῦ καὶ παραχρῆμα ἔστη ἡ ῥύσις τοῦ αἵματος αὐτῆς. **45** καὶ εἶπεν ὁ Ἰησοῦς· τίς ὁ ἁψάμενός μου; ἀρνουμένων δὲ πάντων εἶπεν ὁ Πέτρος[6]· ἐπιστάτα, οἱ ὄχλοι συνέχουσίν σε καὶ ἀποθλίβουσιν[7]. **46** ὁ δὲ Ἰησοῦς εἶπεν· ἥψατό μού τις, ἐγὼ γὰρ ἔγνων δύναμιν ἐξεληλυθυῖαν ἀπ᾿ ἐμοῦ. **47** ἰδοῦσα δὲ ἡ γυνὴ ὅτι οὐκ ἔλαθεν, τρέμουσα ἦλθεν καὶ προσπεσοῦσα αὐτῷ δι᾿ ἣν αἰτίαν ἥψατο αὐτοῦ ἀπήγγειλεν ἐνώπιον παντὸς τοῦ λαοῦ καὶ ὡς ἰάθη παραχρῆμα. **48** ὁ δὲ εἶπεν αὐτῇ· θυγάτηρ, ἡ πίστις σου σέσωκέν σε· πορεύου εἰς εἰρήνην. **49** ἔτι αὐτοῦ λαλοῦντος ἔρχεταί τις παρὰ τοῦ ἀρχισυναγώγου λέγων ὅτι τέθνηκεν ἡ θυγάτηρ σου· μηκέτι σκύλλε τὸν διδάσκαλον. **50** ὁ δὲ Ἰησοῦς ἀκούσας ἀπεκρίθη αὐτῷ· μὴ φοβοῦ, μόνον πίστευσον, καὶ σωθήσεται. **51** ἐλθὼν δὲ εἰς τὴν οἰκίαν οὐκ ἀφῆκεν εἰσελθεῖν τινα σὺν αὐτῷ εἰ μὴ Πέτρον καὶ Ἰωάννην καὶ Ἰάκωβον καὶ τὸν πατέρα τῆς παιδὸς καὶ τὴν μητέρα. **52** ἔκλαιον δὲ πάντες καὶ ἐκόπτοντο αὐτήν. ὁ δὲ εἶπεν· μὴ κλαίετε, οὐ γὰρ ἀπέθανεν ἀλλὰ καθεύδει. **53** καὶ κατεγέλων αὐτοῦ εἰδότες ὅτι ἀπέθανεν. **54** αὐτὸς δὲ κρατήσας τῆς χειρὸς αὐτῆς ἐφώνησεν λέγων· ἡ παῖς, ἔγειρε. **55** καὶ ἐπέστρεψεν τὸ πνεῦμα αὐτῆς καὶ ἀνέστη παραχρῆμα καὶ διέταξεν αὐτῇ δοθῆναι φαγεῖν. **56** καὶ ἐξέστησαν οἱ γονεῖς αὐτῆς· ὁ δὲ παρήγγειλεν αὐτοῖς μηδενὶ εἰπεῖν τὸ γεγονός.

---

[6]**45** {B} Πέτρος 𝔓[75] 03 700* sy[c, s] cpa co[sa] Origen[vid] ∥ Πέτρος καὶ οἱ σὺν αὐτῷ (see Mk 5.31) 01 02 04* 05 019 024 032 038 040 ƒ[1] ƒ[13] 33 157 205 579 892 1071 1241 1342 1424 Lect[pt] ∥ Πέτρος καὶ οἱ μετ᾿ αὐτοῦ (see Mk 5.31) 04[3] 037 044 28 180 565 597 700[c] 1006 1010 1243 1292 1505 Byz [07 011 013] Lect[pt] Chrysostom (οἱ σὺν αὐτῷ or μετ᾿ αὐτοῦ lat sy[p, h] co[bo] eth)

[7]**45** {B} καὶ ἀποθλίβουσιν 𝔓[75] 01 03 019 ƒ[1] 157 (205 θλίβουσιν) 1241 cpa[pt] co Origen[lat] Gregory-Nyssa Cyril ∥ καὶ ἀποθλίβουσιν καὶ λέγεις· τίς ὁ ἁψάμενός μου 02 04[3] (04* τί) 032 037 038 040 ƒ[13] 33 180 565 579 597 700 892 1006 1010 1243 1292 1342 1424 1505 Byz [07 (011 ἀποθλίβουσίν σε) 013 024] sy cpa[pt] co[bo-ms] eth Chrysostom ∥ καὶ ἀποθλίβουσιν καὶ λέγεις· τίς μου ἥψατο (see Mk 5.31) 05 044 28 lat[vl-pt, vg] ∥ καὶ λέγεις· τίς μου ἥψατο 1071 lat[vl-pt]

The Mission of the Twelve (Mt 10.5-15; Mk 6.7-13)

9 Συγκαλεσάμενος δὲ τοὺς δώδεκα[1] ἔδωκεν αὐτοῖς δύναμιν καὶ ἐξουσίαν ἐπὶ πάντα τὰ δαιμόνια καὶ νόσους θεραπεύειν 2 καὶ ἀπέστειλεν αὐτοὺς κηρύσσειν τὴν βασιλείαν τοῦ θεοῦ καὶ ἰᾶσθαι [τοὺς ἀσθενεῖς], 3 καὶ εἶπεν πρὸς αὐτούς· μηδὲν αἴρετε εἰς τὴν ὁδόν, μήτε ῥάβδον μήτε πήραν μήτε ἄρτον μήτε ἀργύριον μήτε [ἀνὰ] δύο χιτῶνας ἔχειν. 4 καὶ εἰς ἣν ἂν οἰκίαν εἰσέλθητε, ἐκεῖ μένετε καὶ ἐκεῖθεν ἐξέρχεσθε. 5 καὶ ὅσοι ἂν μὴ δέχωνται ὑμᾶς, ἐξερχόμενοι ἀπὸ τῆς πόλεως ἐκείνης τὸν κονιορτὸν ἀπὸ τῶν ποδῶν ὑμῶν ἀποτινάσσετε εἰς μαρτύριον ἐπ' αὐτούς. 6 ἐξερχόμενοι δὲ διήρχοντο κατὰ τὰς κώμας εὐαγγελιζόμενοι καὶ θεραπεύοντες πανταχοῦ.

Herod's Perplexity (Mt 14.1-12; Mk 6.14-29)

7 Ἤκουσεν δὲ Ἡρῴδης ὁ τετραάρχης τὰ γινόμενα πάντα καὶ διηπόρει διὰ τὸ λέγεσθαι ὑπό τινων ὅτι Ἰωάννης ἠγέρθη ἐκ νεκρῶν, 8 ὑπό τινων δὲ ὅτι Ἠλίας ἐφάνη, ἄλλων δὲ ὅτι προφήτης τις τῶν ἀρχαίων ἀνέστη. 9 εἶπεν δὲ Ἡρῴδης· Ἰωάννην ἐγὼ ἀπεκεφάλισα· τίς δέ ἐστιν οὗτος περὶ οὗ ἀκούω τοιαῦτα; καὶ ἐζήτει ἰδεῖν αὐτόν.

The Feeding of the Five Thousand (Mt 14.13-21; Mk 6.30-44; Jn 6.1-14)

10 Καὶ ὑποστρέψαντες οἱ ἀπόστολοι διηγήσαντο αὐτῷ ὅσα ἐποίησαν. καὶ παραλαβὼν αὐτοὺς ὑπεχώρησεν κατ' ἰδίαν εἰς πόλιν καλουμένην Βηθσαϊδά[2]. 11 οἱ δὲ ὄχλοι γνόντες

---

[1] **1** {B} δώδεκα (see Mk 6.7) 𝔓⁷⁵ 02 03 05 032 037 *f*¹ 28 205 565 597 700 1292 *Byz* lat^(vl-pt) (sy^(c, s, p) co^(sa-ms) δώδεκα αὐτοῦ) co^(sa-mss) Marcion^(acc. to Adamantius-gr) ∥ δώδεκα μαθητὰς αὐτοῦ (see Mt 10.1) 04³ 07 09 013 157 180 1006 1010 1505 *TR Lect* lat^(vl-pt) Marcion^(acc. to Adamantius lat) Eusebius ∥ δώδεκα ἀποστόλους 01 04* 019 038 040 044 070 *f*¹³ 33 579 892 1071 1241 1243 1342 1424 lat^(vl-pt, vg) sy^h cpa co^bo eth

[2] **10** {B} εἰς πόλιν καλουμένην Βηθσαϊδά (𝔓⁷⁵ Βηδσαϊδά) 01^(2a) 03 019 040^(txt) 33 (sy^s) co^(sa, bo) ∥ εἰς κώμην λεγομένην Βηθσαϊδά 05 (lat^(vl-pt)) ∥ εἰς τόπον ἔρημον (see Mt 14.13; Mk 6.32) 01*, ^(2b) 157 (1241 ἔρημον τόπον) sy^c ∥ εἰς κώμην καλουμένην Βηθσαϊδὰν εἰς τόπον ἔρημον 038 (1342 πόλιν *for* κώμην *and omit second* εἰς) lat^(vl-pt) ∥ εἰς τόπον καλούμενον Βηθσαϊδά 044 (lat^(vl-pt, vg) co^(bo-mss) τόπον ἔρημον) ∥ εἰς τόπον ἔρημον πόλεως καλουμένης Βηθσαϊδά(ν) (02 040^(mg) *f*¹³ 565 ἔρημον τόπον)

ἠκολούθησαν αὐτῷ· καὶ ἀποδεξάμενος αὐτοὺς ἐλάλει αὐτοῖς περὶ τῆς βασιλείας τοῦ θεοῦ, καὶ τοὺς χρείαν ἔχοντας θεραπείας ἰᾶτο.

12 Ἡ δὲ ἡμέρα ἤρξατο κλίνειν· προσελθόντες δὲ οἱ δώδεκα εἶπαν αὐτῷ· ἀπόλυσον τὸν ὄχλον, ἵνα πορευθέντες εἰς τὰς κύκλῳ κώμας καὶ ἀγροὺς καταλύσωσιν καὶ εὕρωσιν ἐπισιτισμόν, ὅτι ὧδε ἐν ἐρήμῳ τόπῳ ἐσμέν. **13** εἶπεν δὲ πρὸς αὐτούς· δότε αὐτοῖς ὑμεῖς φαγεῖν. οἱ δὲ εἶπαν· οὐκ εἰσὶν ἡμῖν πλεῖον ἢ ἄρτοι πέντε καὶ ἰχθύες δύο, εἰ μήτι πορευθέντες ἡμεῖς ἀγοράσωμεν εἰς πάντα τὸν λαὸν τοῦτον βρώματα. **14** ἦσαν γὰρ ὡσεὶ ἄνδρες πεντακισχίλιοι. εἶπεν δὲ πρὸς τοὺς μαθητὰς αὐτοῦ· κατακλίνατε αὐτοὺς κλισίας [ὡσεὶ] ἀνὰ πεντήκοντα. **15** καὶ ἐποίησαν οὕτως καὶ κατέκλιναν ἅπαντας. **16** λαβὼν δὲ τοὺς πέντε ἄρτους καὶ τοὺς δύο ἰχθύας ἀναβλέψας εἰς τὸν οὐρανὸν εὐλόγησεν αὐτοὺς καὶ κατέκλασεν καὶ ἐδίδου τοῖς μαθηταῖς παραθεῖναι τῷ ὄχλῳ. **17** καὶ ἔφαγον καὶ ἐχορτάσθησαν πάντες, καὶ ἤρθη τὸ περισσεῦσαν αὐτοῖς κλασμάτων κόφινοι δώδεκα.

Peter's Declaration about Jesus (Mt 16.13-21; Mk 8.27-31)

18 Καὶ ἐγένετο ἐν τῷ εἶναι αὐτὸν προσευχόμενον κατὰ μόνας συνῆσαν αὐτῷ οἱ μαθηταί, καὶ ἐπηρώτησεν αὐτοὺς λέγων· τίνα με λέγουσιν οἱ ὄχλοι εἶναι; **19** οἱ δὲ ἀποκριθέντες εἶπαν· Ἰωάννην τὸν βαπτιστήν, ἄλλοι δὲ Ἠλίαν, ἄλλοι δὲ ὅτι προφήτης τις τῶν ἀρχαίων ἀνέστη. **20** εἶπεν δὲ αὐτοῖς· ὑμεῖς δὲ τίνα με λέγετε εἶναι; Πέτρος δὲ ἀποκριθεὶς εἶπεν· τὸν χριστὸν τοῦ θεοῦ. **21** ὁ δὲ ἐπιτιμήσας αὐτοῖς παρήγγειλεν μηδενὶ λέγειν τοῦτο **22** εἰπὼν ὅτι δεῖ τὸν υἱὸν τοῦ ἀνθρώπου πολλὰ παθεῖν καὶ ἀποδοκιμασθῆναι ἀπὸ τῶν πρεσβυτέρων καὶ ἀρχιερέων καὶ γραμματέων καὶ ἀποκτανθῆναι καὶ τῇ τρίτῃ ἡμέρᾳ ἐγερθῆναι.

---

04 032 037 (f¹ 205 700 omit ἔρημον) 28 180 597 892 1006 1071 1243 1292 1424 1505 Byz [07 011 013 (022 Βηθσαϊδά)] sy⁽ᵖ⁾·ʰ (eth) // omit 1010 (579 omit καὶ παραλαβὼν ... Βηθσαϊδά)

A Call to Discipleship (Mt 16.24-28; Mk 8.34-9.1)

23 Ἔλεγεν δὲ πρὸς πάντας· εἴ τις θέλει ὀπίσω μου ἔρχεσθαι, ἀρνησάσθω ἑαυτὸν καὶ ἀράτω τὸν σταυρὸν αὐτοῦ καθ' ἡμέραν καὶ ἀκολουθείτω μοι. 24 ὃς γὰρ ἂν θέλῃ τὴν ψυχὴν αὐτοῦ σῶσαι ἀπολέσει αὐτήν· ὃς δ' ἂν ἀπολέσῃ τὴν ψυχὴν αὐτοῦ ἕνεκεν ἐμοῦ οὗτος σώσει αὐτήν. 25 τί γὰρ ὠφελεῖται ἄνθρωπος κερδήσας τὸν κόσμον ὅλον ἑαυτὸν δὲ ἀπολέσας ἢ ζημιωθείς; 26 ὃς γὰρ ἂν ἐπαισχυνθῇ με καὶ τοὺς ἐμοὺς λόγους, τοῦτον ὁ υἱὸς τοῦ ἀνθρώπου ἐπαισχυνθήσεται, ὅταν ἔλθῃ ἐν τῇ δόξῃ αὐτοῦ καὶ τοῦ πατρὸς καὶ τῶν ἁγίων ἀγγέλων. 27 λέγω δὲ ὑμῖν ἀληθῶς, εἰσίν τινες τῶν αὐτοῦ ἑστηκότων οἳ οὐ μὴ γεύσωνται θανάτου ἕως ἂν ἴδωσιν τὴν βασιλείαν τοῦ θεοῦ.

The Transfiguration of Jesus (Mt 17.1-8; Mk 9.2-8)

28 Ἐγένετο δὲ μετὰ τοὺς λόγους τούτους ὡσεὶ ἡμέραι ὀκτὼ [καὶ] παραλαβὼν Πέτρον καὶ Ἰωάννην καὶ Ἰάκωβον ἀνέβη εἰς τὸ ὄρος προσεύξασθαι. 29 καὶ ἐγένετο ἐν τῷ προσεύχεσθαι αὐτὸν τὸ εἶδος τοῦ προσώπου αὐτοῦ ἕτερον καὶ ὁ ἱματισμὸς αὐτοῦ λευκὸς ἐξαστράπτων. 30 καὶ ἰδοὺ ἄνδρες δύο συνελάλουν αὐτῷ, οἵτινες ἦσαν Μωϋσῆς καὶ Ἠλίας, 31 οἳ ὀφθέντες ἐν δόξῃ ἔλεγον τὴν ἔξοδον αὐτοῦ, ἣν ἤμελλεν πληροῦν ἐν Ἰερουσαλήμ. 32 ὁ δὲ Πέτρος καὶ οἱ σὺν αὐτῷ ἦσαν βεβαρημένοι ὕπνῳ· διαγρηγορήσαντες δὲ εἶδον τὴν δόξαν αὐτοῦ καὶ τοὺς δύο ἄνδρας τοὺς συνεστῶτας αὐτῷ. 33 καὶ ἐγένετο ἐν τῷ διαχωρίζεσθαι αὐτοὺς ἀπ' αὐτοῦ εἶπεν ὁ Πέτρος πρὸς τὸν Ἰησοῦν· ἐπιστάτα, καλόν ἐστιν ἡμᾶς ὧδε εἶναι, καὶ ποιήσωμεν σκηνὰς τρεῖς, μίαν σοὶ καὶ μίαν Μωϋσεῖ καὶ μίαν Ἠλίᾳ, μὴ εἰδὼς ὃ λέγει. 34 ταῦτα δὲ αὐτοῦ λέγοντος ἐγένετο νεφέλη καὶ ἐπεσκίαζεν αὐτούς· ἐφοβήθησαν δὲ ἐν τῷ εἰσελθεῖν αὐτοὺς εἰς τὴν νεφέλην. 35 καὶ φωνὴ ἐγένετο ἐκ τῆς νεφέλης λέγουσα· οὗτός ἐστιν ὁ υἱός μου ὁ ἐκλελεγμένος[3], αὐτοῦ ἀκούετε. 36 καὶ ἐν

---

[3] 35 {B} ἐκλελεγμένος 𝔓[45] 𝔓[75] 01 03 019 040 579 892 1241 1342 lat[vl-pt, vg] sy[s, hmg] co (eth) // ἐκλεκτός 038 f[1] // ἀγαπητός (see Mk 9.7) 02 04* 032 037 f[13] 28 33 157 180 205 565 597 700 1006 1010 1071 1243 1292 1424 1505 Byz [07 011 013 024] lat[vl-pt, vg-mss] sy[c, p, h] cpa Marcion[acc. to Tertullian, Epiphanius] Tertullian Cyril // ἀγαπητός ἐν ᾧ εὐδόκησα (see 3.22; Mt 3.17; 17.5; Mk 9.7) 04[3] 05 044 Lect lat[vl-pt] (co[bo-ms])

τῷ γενέσθαι τὴν φωνὴν εὑρέθη Ἰησοῦς μόνος. καὶ αὐτοὶ ἐσίγησαν καὶ οὐδενὶ ἀπήγγειλαν ἐν ἐκείναις ταῖς ἡμέραις οὐδὲν ὧν ἑώρακαν.

The Healing of a Boy with a Demon (Mt 17.14-18; Mk 9.14-27)

37 Ἐγένετο δὲ τῇ ἑξῆς ἡμέρᾳ κατελθόντων αὐτῶν ἀπὸ τοῦ ὄρους συνήντησεν αὐτῷ ὄχλος πολύς. **38** καὶ ἰδοὺ ἀνὴρ ἀπὸ τοῦ ὄχλου ἐβόησεν λέγων· διδάσκαλε, δέομαί σου ἐπιβλέψαι ἐπὶ τὸν υἱόν μου, ὅτι μονογενής μοί ἐστιν, **39** καὶ ἰδοὺ πνεῦμα λαμβάνει αὐτὸν καὶ ἐξαίφνης κράζει καὶ σπαράσσει αὐτὸν μετὰ ἀφροῦ καὶ μόγις ἀποχωρεῖ ἀπ' αὐτοῦ συντρῖβον αὐτόν· **40** καὶ ἐδεήθην τῶν μαθητῶν σου ἵνα ἐκβάλωσιν αὐτό, καὶ οὐκ ἠδυνήθησαν. **41** ἀποκριθεὶς δὲ ὁ Ἰησοῦς εἶπεν· ὦ γενεὰ ἄπιστος καὶ διεστραμμένη, ἕως πότε ἔσομαι πρὸς ὑμᾶς καὶ ἀνέξομαι ὑμῶν; προσάγαγε ὧδε τὸν υἱόν σου. **42** ἔτι δὲ προσερχομένου αὐτοῦ ἔρρηξεν αὐτὸν τὸ δαιμόνιον καὶ συνεσπάραξεν· ἐπετίμησεν δὲ ὁ Ἰησοῦς τῷ πνεύματι τῷ ἀκαθάρτῳ καὶ ἰάσατο τὸν παῖδα καὶ ἀπέδωκεν αὐτὸν τῷ πατρὶ αὐτοῦ. **43** ἐξεπλήσσοντο δὲ πάντες ἐπὶ τῇ μεγαλειότητι τοῦ θεοῦ.

Jesus Again Foretells His Death (Mt 17.22-23; Mk 9.30-32)

Πάντων δὲ θαυμαζόντων ἐπὶ πᾶσιν οἷς ἐποίει εἶπεν πρὸς τοὺς μαθητὰς αὐτοῦ· **44** θέσθε ὑμεῖς εἰς τὰ ὦτα ὑμῶν τοὺς λόγους τούτους· ὁ γὰρ υἱὸς τοῦ ἀνθρώπου μέλλει παραδίδοσθαι εἰς χεῖρας ἀνθρώπων. **45** οἱ δὲ ἠγνόουν τὸ ῥῆμα τοῦτο καὶ ἦν παρακεκαλυμμένον ἀπ' αὐτῶν ἵνα μὴ αἴσθωνται αὐτό, καὶ ἐφοβοῦντο ἐρωτῆσαι αὐτὸν περὶ τοῦ ῥήματος τούτου.

Who is the Greatest? (Mt 18.1-5; Mk 9.33-37)

46 Εἰσῆλθεν δὲ διαλογισμὸς ἐν αὐτοῖς, τὸ τίς ἂν εἴη μείζων αὐτῶν. **47** ὁ δὲ Ἰησοῦς εἰδὼς τὸν διαλογισμὸν τῆς καρδίας αὐτῶν, ἐπιλαβόμενος παιδίον ἔστησεν αὐτὸ παρ' ἑαυτῷ **48** καὶ εἶπεν αὐτοῖς· ὃς ἐὰν δέξηται τοῦτο τὸ παιδίον ἐπὶ τῷ ὀνόματί μου, ἐμὲ δέχεται· καὶ ὃς ἂν ἐμὲ δέξηται, δέχεται τὸν ἀποστείλαντά με· ὁ γὰρ μικρότερος ἐν πᾶσιν ὑμῖν ὑπάρχων οὗτός ἐστιν μέγας.

Whoever is Not against You is for You (Mk 9.38-40)

49 Ἀποκριθεὶς δὲ Ἰωάννης εἶπεν· ἐπιστάτα, εἴδομέν τινα ἐν τῷ ὀνόματί σου ἐκβάλλοντα δαιμόνια καὶ ἐκωλύομεν αὐτόν, ὅτι οὐκ ἀκολουθεῖ μεθ' ἡμῶν. **50** εἶπεν δὲ πρὸς αὐτὸν ὁ Ἰησοῦς· μὴ κωλύετε· ὃς γὰρ οὐκ ἔστιν καθ' ὑμῶν, ὑπὲρ ὑμῶν ἐστιν.

A Samaritan Village Refuses to Receive Jesus

51 Ἐγένετο δὲ ἐν τῷ συμπληροῦσθαι τὰς ἡμέρας τῆς ἀναλήμψεως αὐτοῦ καὶ αὐτὸς τὸ πρόσωπον ἐστήρισεν τοῦ πορεύεσθαι εἰς Ἰερουσαλήμ. **52** καὶ ἀπέστειλεν ἀγγέλους πρὸ προσώπου αὐτοῦ. καὶ πορευθέντες εἰσῆλθον εἰς κώμην Σαμαριτῶν ὡς ἑτοιμάσαι αὐτῷ· **53** καὶ οὐκ ἐδέξαντο αὐτόν, ὅτι τὸ πρόσωπον αὐτοῦ ἦν πορευόμενον εἰς Ἰερουσαλήμ. **54** ἰδόντες δὲ οἱ μαθηταὶ Ἰάκωβος καὶ Ἰωάννης εἶπαν· κύριε, θέλεις εἴπωμεν πῦρ καταβῆναι ἀπὸ τοῦ οὐρανοῦ καὶ ἀναλῶσαι αὐτούς[4]; **55** στραφεὶς δὲ ἐπετίμησεν αὐτοῖς.[5] **56** καὶ ἐπορεύθησαν εἰς ἑτέραν κώμην.

The Would-be Followers of Jesus (Mt 8.19-22)

57 Καὶ πορευομένων αὐτῶν ἐν τῇ ὁδῷ εἶπέν τις πρὸς αὐτόν· ἀκολουθήσω σοι ὅπου ἐὰν ἀπέρχῃ. **58** καὶ εἶπεν αὐτῷ ὁ Ἰησοῦς· αἱ ἀλώπεκες φωλεοὺς ἔχουσιν καὶ τὰ πετεινὰ τοῦ οὐρανοῦ κατασκηνώσεις, ὁ δὲ υἱὸς τοῦ ἀνθρώπου οὐκ ἔχει ποῦ τὴν κεφαλὴν κλίνῃ. **59** εἶπεν δὲ πρὸς ἕτερον· ἀκολούθει μοι. ὁ δὲ εἶπεν· κύριε, ἐπίτρεψόν μοι ἀπελθόντι πρῶτον θάψαι τὸν

---

[4]**54** {B} αὐτούς 𝔓⁴⁵ 𝔓⁷⁵ 01 03 019 040 157 579 700* 1241 1342 lat^(vl-pt, vg) sy^(c, s) co^(sa, bo-pt) Cyril // αὐτοὺς ὡς καὶ Ἡλίας ἐποίησεν 02 04 05 032 037 038 044 *f*¹ *f*¹³ 28 33 180 205 565 597 700ᶜ 1006 1010 1071 1243 1292 1424 1505 *Byz* [07 011 013] lat^(vl-pt) sy^(p, h) cpa co^(bo-pt) Basil (Chrysostom) // αὐτοὺς ὡς Ἡλίας ἐποίησεν 892 lat^(vl-pt, vg-ms)

[5]**55-56** {A} αὐτοῖς. 𝔓⁴⁵ 𝔓⁷⁵ 01 02 03 04 019 032 037 040 044 28 33 157 565 892 1010 1071 (1241 αὐτούς) 1342 1424 *Byz*^(pt) [07 011 013] *Lect*^(pt) lat^(vl-pt, vg) sy^s co^(sa, bo-pt) eth^(pp) // αὐτοῖς καὶ εἶπεν· οὐκ οἴδατε ποίου πνεύματός ἐστε 05 lat^(vl-pt) Chrysostom // αὐτοῖς καὶ εἶπεν· οὐκ οἴδατε οἵου πνεύματός ἐστε ὑμεῖς. **56** ὁ γὰρ υἱὸς τοῦ ἀνθρώπου οὐκ ἦλθεν ψυχὰς ἀνθρώπων ἀπολέσαι ἀλλὰ σῶσαι. (*with minor variants*) 038 *f*¹ *f*¹³ 180 205 579 597 700 1006 1243 1292 1505 *Byz*^(pt) *TR Lect*^(pt) lat^(vl-pt, vg-mss) sy^(c, p, h) cpa co^(sa, bo-pt) eth^(TH)

πατέρα μου. **60** εἶπεν δὲ αὐτῷ· ἄφες τοὺς νεκροὺς θάψαι τοὺς ἑαυτῶν νεκρούς, σὺ δὲ ἀπελθὼν διάγγελλε τὴν βασιλείαν τοῦ θεοῦ. **61** εἶπεν δὲ καὶ ἕτερος· ἀκολουθήσω σοι, κύριε· πρῶτον δὲ ἐπίτρεψόν μοι ἀποτάξασθαι τοῖς εἰς τὸν οἶκόν μου. **62** εἶπεν δὲ [πρὸς αὐτὸν] ὁ Ἰησοῦς· οὐδεὶς ἐπιβαλὼν τὴν χεῖρα ἐπ' ἄροτρον καὶ βλέπων εἰς τὰ ὀπίσω εὔθετός ἐστιν τῇ βασιλείᾳ τοῦ θεοῦ.

The Mission of the Seventy-Two

10 Μετὰ δὲ ταῦτα ἀνέδειξεν ὁ κύριος ἑτέρους ἑβδομήκοντα [δύο] [1] καὶ ἀπέστειλεν αὐτοὺς ἀνὰ δύο [δύο] πρὸ προσώπου αὐτοῦ εἰς πᾶσαν πόλιν καὶ τόπον οὗ ἤμελλεν αὐτὸς ἔρχεσθαι. **2** ἔλεγεν δὲ πρὸς αὐτούς· ὁ μὲν θερισμὸς πολύς, οἱ δὲ ἐργάται ὀλίγοι· δεήθητε οὖν τοῦ κυρίου τοῦ θερισμοῦ ὅπως ἐργάτας ἐκβάλῃ εἰς τὸν θερισμὸν αὐτοῦ. **3** ὑπάγετε· ἰδοὺ ἀποστέλλω ὑμᾶς ὡς ἄρνας ἐν μέσῳ λύκων. **4** μὴ βαστάζετε βαλλάντιον, μὴ πήραν, μὴ ὑποδήματα, καὶ μηδένα κατὰ τὴν ὁδὸν ἀσπάσησθε. **5** εἰς ἣν δ' ἂν εἰσέλθητε οἰκίαν, πρῶτον λέγετε· εἰρήνη τῷ οἴκῳ τούτῳ. **6** καὶ ἐὰν ἐκεῖ ᾖ υἱὸς εἰρήνης, ἐπαναπαήσεται ἐπ' αὐτὸν ἡ εἰρήνη ὑμῶν· εἰ δὲ μή γε, ἐφ' ὑμᾶς ἀνακάμψει. **7** ἐν αὐτῇ δὲ τῇ οἰκίᾳ μένετε ἐσθίοντες καὶ πίνοντες τὰ παρ' αὐτῶν· ἄξιος γὰρ ὁ ἐργάτης τοῦ μισθοῦ αὐτοῦ. μὴ μεταβαίνετε ἐξ οἰκίας εἰς οἰκίαν. **8** καὶ εἰς ἣν ἂν πόλιν εἰσέρχησθε καὶ δέχωνται ὑμᾶς, ἐσθίετε τὰ παρατιθέμενα ὑμῖν **9** καὶ θεραπεύετε τοὺς ἐν αὐτῇ ἀσθενεῖς καὶ λέγετε αὐτοῖς· ἤγγικεν ἐφ' ὑμᾶς ἡ βασιλεία τοῦ θεοῦ. **10** εἰς ἣν δ' ἂν πόλιν εἰσέλθητε καὶ μὴ δέχωνται ὑμᾶς, ἐξελθόντες εἰς τὰς πλατείας αὐτῆς εἴπατε· **11** καὶ τὸν κονιορτὸν τὸν κολληθέντα ἡμῖν ἐκ τῆς πόλεως ὑμῶν εἰς τοὺς πόδας ἀπομασσόμεθα ὑμῖν· πλὴν τοῦτο γινώσκετε ὅτι

---

[1] {D} δύο (see 10.17) 𝔓[75] 03 05 lat[vl-pt, vg] sy[c, s] co[sa, bo-ms] ∥ μαθητάς Lect (cpa) ∥ omit 01 02 04 019 032 037 038 040 044 f[1] f[13] 28 157 180 205 565 579 597 700 892 1006 1010 1071 1241 1243 1292 1342 1424 1505 Byz [07 011 013 022] lat[vl-pt] sy[p, h] co[bo] eth Marcion[acc. to Tertullian] Irenaeus[lat] Clement Tertullian Origen[gr, lat] Eusebius Basil Cyril

ἤγγικεν ἡ βασιλεία τοῦ θεοῦ. **12** λέγω ὑμῖν ὅτι Σοδόμοις ἐν τῇ ἡμέρᾳ ἐκείνῃ ἀνεκτότερον ἔσται ἢ τῇ πόλει ἐκείνῃ.

Woes to Unrepentant Cities (Mt 11.20-24)

13 Οὐαί σοι, Χοραζίν, οὐαί σοι, Βηθσαϊδά· ὅτι εἰ ἐν Τύρῳ καὶ Σιδῶνι ἐγενήθησαν αἱ δυνάμεις αἱ γενόμεναι ἐν ὑμῖν, πάλαι ἂν ἐν σάκκῳ καὶ σποδῷ καθήμενοι μετενόησαν. **14** πλὴν Τύρῳ καὶ Σιδῶνι ἀνεκτότερον ἔσται ἐν τῇ κρίσει ἢ ὑμῖν. **15** καὶ σύ, Καφαρναούμ, μὴ ἕως οὐρανοῦ ὑψωθήσῃ;[2] ἕως τοῦ ᾅδου καταβήσῃ[3].

16 Ὁ ἀκούων ὑμῶν ἐμοῦ ἀκούει, καὶ ὁ ἀθετῶν ὑμᾶς ἐμὲ ἀθετεῖ· ὁ δὲ ἐμὲ ἀθετῶν ἀθετεῖ τὸν ἀποστείλαντά με.

The Return of the Seventy-Two

17 Ὑπέστρεψαν δὲ οἱ ἑβδομήκοντα [δύο][4] μετὰ χαρᾶς λέγοντες· κύριε, καὶ τὰ δαιμόνια ὑποτάσσεται ἡμῖν ἐν τῷ ὀνόματί σου. **18** εἶπεν δὲ αὐτοῖς· ἐθεώρουν τὸν σατανᾶν ὡς ἀστραπὴν ἐκ τοῦ οὐρανοῦ πεσόντα. **19** ἰδοὺ δέδωκα ὑμῖν τὴν ἐξουσίαν τοῦ πατεῖν ἐπάνω ὄφεων καὶ σκορπίων, καὶ ἐπὶ πᾶσαν τὴν δύναμιν τοῦ ἐχθροῦ, καὶ οὐδὲν ὑμᾶς οὐ μὴ ἀδικήσῃ. **20** πλὴν ἐν τούτῳ μὴ χαίρετε ὅτι τὰ πνεύματα ὑμῖν ὑποτάσσεται, χαίρετε δὲ ὅτι τὰ ὀνόματα ὑμῶν ἐγγέγραπται ἐν τοῖς οὐρανοῖς.

---

[2] **15** {B} μὴ ἕως οὐρανοῦ ὑψωθήσῃ; 𝔓⁴⁵ 𝔓⁷⁵ 01 03* 05 (019 040 579 700 τοῦ οὐρανοῦ) lat^{vl-pt} sy^{s, c} co^{sa-mss, bo} ∥ ἢ ἕως τοῦ οὐρανοῦ ὑψωθεῖσα 02 (03² f¹ ὑψωθήσῃ) 04 022 032 037 038 044 0115 f¹³ 33 565 892 1241 1424 Byz [07 011 013] lat^{vl-pt, vg} sy^{p, h}

[3] **15** {C} καταβήσῃ (see Is 14.15; Mt 11.23) 𝔓⁷⁵ 03 05 579 1342 lat^{vl-pt} sy^{c, s} eth ∥ καταβιβασθήσῃ 𝔓⁴⁵ 01 02 04 019 032 037 038 040 044 0115 f¹ f¹³ 28 33 157 180 205 565 597 700 892 1006 1010 1071 1241 1243 1292 1424 1505 Byz [07 011 022] lat^{vl-pt, vg} sy^{p, h} co

[4] **17** {D} δύο (see 10.1) 𝔓⁷⁵ 03 05 lat^{vl-pt, vg} sy^{s, hmg} co^{sa, bo-ms} ∥ μαθηταί 1243 ∥ omit 𝔓^{45vid} 01 02 04 019 032 037 038 040 044 0115 f¹ f¹³ 28 33 157 180 205 565 579 597 700 892 1006 1010 1071 1241 1292 1342 1424 1505 Byz [07 09 011 022] lat^{vl-pt} sy^{c, p, h} cpa co^{bo} eth Irenaeus^{lat} Hippolytus^{arab} Clement Origen Eusebius Chrysostom

The Rejoicing of Jesus (Mt 11.25-27; 13.16-17)

21 Ἐν αὐτῇ τῇ ὥρᾳ ἠγαλλιάσατο [ἐν] τῷ πνεύματι τῷ ἁγίῳ[5] καὶ εἶπεν· ἐξομολογοῦμαί σοι, πάτερ, κύριε τοῦ οὐρανοῦ καὶ τῆς γῆς, ὅτι ἀπέκρυψας ταῦτα ἀπὸ σοφῶν καὶ συνετῶν καὶ ἀπεκάλυψας αὐτὰ νηπίοις· ναὶ ὁ πατήρ, ὅτι οὕτως εὐδοκία ἐγένετο ἔμπροσθέν σου. **22** πάντα[6] μοι παρεδόθη ὑπὸ τοῦ πατρός μου, καὶ οὐδεὶς γινώσκει τίς ἐστιν ὁ υἱὸς εἰ μὴ ὁ πατήρ, καὶ τίς ἐστιν ὁ πατὴρ εἰ μὴ ὁ υἱὸς καὶ ᾧ ἐὰν βούληται ὁ υἱὸς ἀποκαλύψαι.

23 Καὶ στραφεὶς πρὸς τοὺς μαθητὰς κατ᾽ ἰδίαν εἶπεν· μακάριοι οἱ ὀφθαλμοὶ οἱ βλέποντες ἃ βλέπετε. **24** λέγω γὰρ ὑμῖν ὅτι πολλοὶ προφῆται καὶ βασιλεῖς ἠθέλησαν ἰδεῖν ἃ ὑμεῖς βλέπετε καὶ οὐκ εἶδαν, καὶ ἀκοῦσαι ἃ ἀκούετε καὶ οὐκ ἤκουσαν.

The Good Samaritan

25 Καὶ ἰδοὺ νομικός τις ἀνέστη ἐκπειράζων αὐτὸν λέγων· διδάσκαλε, τί ποιήσας ζωὴν αἰώνιον κληρονομήσω; **26** ὁ δὲ εἶπεν πρὸς αὐτόν· ἐν τῷ νόμῳ τί γέγραπται; πῶς ἀναγινώσκεις; **27** ὁ δὲ ἀποκριθεὶς εἶπεν· *ἀγαπήσεις κύριον τὸν θεόν σου ἐξ ὅλης [τῆς] καρδίας σου καὶ ἐν ὅλῃ τῇ ψυχῇ σου καὶ ἐν ὅλῃ τῇ ἰσχύϊ σου καὶ ἐν ὅλῃ τῇ διανοίᾳ σου, καὶ τὸν πλησίον σου ὡς σεαυτόν.* **28** εἶπεν δὲ αὐτῷ· ὀρθῶς ἀπεκρίθης· τοῦτο ποίει καὶ ζήσῃ. **29** ὁ δὲ θέλων δικαιῶσαι ἑαυτὸν εἶπεν πρὸς τὸν Ἰησοῦν· καὶ τίς ἐστίν μου πλησίον;

30 Ὑπολαβὼν ὁ Ἰησοῦς εἶπεν· ἄνθρωπός τις κατέβαινεν ἀπὸ Ἰερουσαλὴμ εἰς Ἰεριχὼ καὶ λῃσταῖς περιέπεσεν, οἳ καὶ ἐκδύ-

Dt 6.5;
Jos 22.5

Lv 19.18

---

[5]**21** {C} ἐν τῷ πνεύματι τῷ ἁγίῳ 01 05 040 1241 lat^vl-pt sy^c,s co^sa, bo-pt ∥ τῷ πνεύματι τῷ ἁγίῳ 𝔓^75 03 (lat^vl-pt, vg *omit* ἐν) ∥ ἐν τῷ πνεύματι 𝔓^45vid 157 ∥ τῷ πνεύματι ὁ Ἰησοῦς 02 032 037 044 (0115 892 ἐν τῷ πνεύματι) (022 *f*^13 1505 ὁ Ἰησοῦς τῷ πνεύματι) 28 180 205 565 597 700 1006 1010 1243 1292 1342 1424 *Byz* [07 011 013] lat^vl-pt (cpa^pt) (Clement) Basil Cyril ∥ τῷ πνεύματι τῷ ἁγίῳ ὁ Ἰησοῦς 04 *f*^1 sy^h ∥ ὁ Ἰησοῦς τῷ πνεύματι τῷ ἁγίῳ (019 33 ἐν τῷ πνεύματι) 038 579 1071 sy^p cpa^pt co^bo-mss eth^pp (lat^vl-pt ἐν τῷ πνεύματι)

[6]**22** {A} πάντα (*see* Mt 11.27) 𝔓^45 𝔓^75 01 03 05 019 040 070 *f*^1 *f*^13 33 205 579 700 892 1241 1243 1342 1424 lat^vl-pt, vg sy^c, s co eth Cyril ∥ καὶ στραφεὶς πρὸς τοὺς μαθητὰς εἶπεν, πάντα (*see* 10.23) 02 04*vid (04^2vid μαθητὰς αὐτοῦ) 032 037 038 044 (0115 στραφεὶς δέ) 28 157 180 565 597 1006 1010 1292 1505 *Byz* [07 011 (013 1071 μαθητὰς αὐτοῦ) 022] lat^vl-pt (lat^vl-pt μαθητὰς αὐτοῦ) sy^p, h co^bo-ms

σαντες αὐτὸν καὶ πληγὰς ἐπιθέντες ἀπῆλθον ἀφέντες ἡμιθανῆ. **31** κατὰ συγκυρίαν δὲ ἱερεύς τις κατέβαινεν ἐν τῇ ὁδῷ ἐκείνῃ καὶ ἰδὼν αὐτὸν ἀντιπαρῆλθεν· **32** ὁμοίως δὲ καὶ Λευίτης [γενόμενος] κατὰ τὸν τόπον ἐλθὼν καὶ ἰδὼν ἀντιπαρῆλθεν. **33** Σαμαρίτης δέ τις ὁδεύων ἦλθεν κατ᾽ αὐτὸν καὶ ἰδὼν ἐσπλαγχνίσθη, **34** καὶ προσελθὼν κατέδησεν τὰ τραύματα αὐτοῦ ἐπιχέων ἔλαιον καὶ οἶνον, ἐπιβιβάσας δὲ αὐτὸν ἐπὶ τὸ ἴδιον κτῆνος ἤγαγεν αὐτὸν εἰς πανδοχεῖον καὶ ἐπεμελήθη αὐτοῦ. **35** καὶ ἐπὶ τὴν αὔριον ἐκβαλὼν ἔδωκεν δύο δηνάρια τῷ πανδοχεῖ καὶ εἶπεν· ἐπιμελήθητι αὐτοῦ, καὶ ὅ τι ἂν προσδαπανήσῃς ἐγὼ ἐν τῷ ἐπανέρχεσθαί με ἀποδώσω σοι. **36** τίς τούτων τῶν τριῶν πλησίον δοκεῖ σοι γεγονέναι τοῦ ἐμπεσόντος εἰς τοὺς λῃστάς; **37** ὁ δὲ εἶπεν· ὁ ποιήσας τὸ ἔλεος μετ᾽ αὐτοῦ. εἶπεν δὲ αὐτῷ ὁ Ἰησοῦς· πορεύου καὶ σὺ ποίει ὁμοίως.

The Visit to Martha and Mary

38 Ἐν δὲ τῷ πορεύεσθαι αὐτοὺς αὐτὸς εἰσῆλθεν εἰς κώμην τινά· γυνὴ δέ τις ὀνόματι Μάρθα ὑπεδέξατο αὐτόν[7]. **39** καὶ τῇδε ἦν ἀδελφὴ καλουμένη Μαριάμ, [ἣ] καὶ παρακαθεσθεῖσα πρὸς τοὺς πόδας τοῦ κυρίου ἤκουεν τὸν λόγον αὐτοῦ. **40** ἡ δὲ Μάρθα περιεσπᾶτο περὶ πολλὴν διακονίαν· ἐπιστᾶσα δὲ εἶπεν· κύριε, οὐ μέλει σοι ὅτι ἡ ἀδελφή μου μόνην με κατέλιπεν διακονεῖν; εἰπὲ οὖν αὐτῇ ἵνα μοι συναντιλάβηται. **41** ἀποκριθεὶς δὲ εἶπεν αὐτῇ ὁ κύριος· Μάρθα Μάρθα, μεριμνᾷς καὶ θορυβάζῃ περὶ πολλά, **42** ἑνὸς δέ ἐστιν χρεία[8]· Μαριὰμ γὰρ τὴν ἀγαθὴν μερίδα ἐξελέξατο ἥτις οὐκ ἀφαιρεθήσεται αὐτῆς.

---

[7]**38** {B} αὐτόν 𝔓⁴⁵ 𝔓⁷⁵ 03 coˢᵃ ∥ αὐτόν εἰς τὴν οἰκίαν 𝔓³ᵛⁱᵈ 01*, 1ᵇ (01¹ᵃ 04² οἰκίαν αὐτῆς) 04* 019 040 33 579 ∥ αὐτὸν εἰς τὸν οἶκον αὐτῆς 02 05 032 037 038 044 070 *f*¹ *f*¹³ 28 157 180 205 565 597 700 892 1006 1010 1071 1241 1243 1292 1342 1424 1505 *Byz* [07 09 011 013 (024 ἑαυτῆς)] lat sy cpa coᵇᵒ eth Basil Cyrilˡᵉᵐ

[8]**41-42** {C} μεριμνᾷς καὶ θορυβάζῃ περὶ πολλά, ἑνὸς δέ ἐστιν χρεία 𝔓⁴⁵ 𝔓⁷⁵ 04* 032 038* ∥ μεριμνᾷς καὶ τυρβάζῃ περὶ πολλά, ἑνὸς δέ ἐστιν χρεία 02 037 038ᶜ *f*¹³ 28 157 180 205 565ˢᵘᵖᵖ 597 700 892 1006 1010 1071 1241 1243 1292 1424 1505 *Byz* [07 09 011 013 024] (latᵛˡ⁻ᵖᵗ, ᵛᵍ syᶜ, ᵖ, ʰ coˢᵃ τυρβάζῃ *or* θορυβάζῃ) Chrysostom ∥ μεριμνᾷς καὶ θορυβάζῃ περὶ πολλά, ὀλίγων δέ ἐστιν χρεία ἤ ἑνός 𝔓³ 01² (01* *omit* χρεία) (03 χρεία ἐστίν) 04² 019 *f*¹ 33 (579 τυρβάζεις) (1342 τυρβάζῃ) syʰᵐᵍ coᵇᵒ (cpa coᵇᵒ⁻ᵐˢ ethᵀᴴ *omit* ἤ ἑνός) ethᵖᵖ (Origen) Basil⁽ᵖᵗ⁾ Cyril ∥ θορυβάζῃ 05 latᵛˡ⁻ᵖᵗ ∥ *omit* latᵛˡ⁻ᵖᵗ syˢ

Teaching about Prayer (Mt 6.9-15; 7.7-11)

11 Καὶ ἐγένετο ἐν τῷ εἶναι αὐτὸν ἐν τόπῳ τινὶ προσευχόμενον, ὡς ἐπαύσατο, εἶπέν τις τῶν μαθητῶν αὐτοῦ πρὸς αὐτόν· κύριε, δίδαξον ἡμᾶς προσεύχεσθαι, καθὼς καὶ Ἰωάννης ἐδίδαξεν τοὺς μαθητὰς αὐτοῦ. **2** εἶπεν δὲ αὐτοῖς· ὅταν προσεύχησθε λέγετε·

πάτερ[1],
ἁγιασθήτω τὸ ὄνομά σου·
ἐλθέτω ἡ βασιλεία σου·[2] [3]

3   τὸν ἄρτον ἡμῶν τὸν ἐπιούσιον δίδου ἡμῖν τὸ καθ᾽ ἡμέραν·
4   καὶ ἄφες ἡμῖν τὰς ἁμαρτίας ἡμῶν,
καὶ γὰρ αὐτοὶ ἀφίομεν παντὶ ὀφείλοντι ἡμῖν·
καὶ μὴ εἰσενέγκῃς ἡμᾶς εἰς πειρασμόν[4].

5 Καὶ εἶπεν πρὸς αὐτούς· τίς ἐξ ὑμῶν ἕξει φίλον καὶ πορεύσεται πρὸς αὐτὸν μεσονυκτίου καὶ εἴπῃ αὐτῷ· φίλε, χρῆσόν μοι τρεῖς ἄρτους, **6** ἐπειδὴ φίλος μου παρεγένετο ἐξ ὁδοῦ πρός με

---

[1]**2** {A} πάτερ 𝔓75 01 03 (019 πάτερ ἡμῶν) *f*[1] 700 1342 lat[vl-pt, vg] sy[s] Marcion[acc. to Tertullian] Tertullian[vid] Origen (Cyril[lem-vid]) // πάτερ ἡμῶν ὁ ἐν τοῖς οὐρανοῖς (*see* Mt 6.9) 02 04 05 032 037 038 044 *f*[13] 28 33[vid] 157 180 205 565[supp] 579 597 892 1006 1010 1071 1241 1243 1292 1424 1505 *Byz* [07 09 011 013 024] lat[vl-pt, vg-ms] (lat[vl-pt] πάτερ ἅγιε) sy[c, p, h] co eth

[2]**2** {A} ἐλθέτω/ἐλθάτω ἡ βασιλεία σου· (*see* Mt 6.10) 𝔓75 01 02 03 04 019 032 037 038 044 *f*[1] *f*[13] 28 33 157 180 205 (565[supp] *omit* σου) 579 597 892 1006 1010 1071 1241 1243 1292 1342 1424 1505 *Byz* [07 09 011 013 024] lat[vl-pt, vg] sy co eth Origen Cyril // ἐλθέτω τὸ πνεῦμά σου τὸ ἅγιον ἐφ᾽ ἡμᾶς καὶ καθαρισάτω ἡμᾶς 700 Tertullian[vid] Gregory-Nyssa // ἐφ᾽ ἡμᾶς ἐλθέτω σου ἡ βασιλεία 05 lat[vl-pt] ἐλθάτω τὸ ἅγιον πνεῦμά σου, ἐλθάτω ἡ βασιλεία σου Marcion[acc. to Tertullian]

[3]**2** {A} σου· (*see footnote 2*) 𝔓75 03 019 1 1342 lat[vg] sy[c, s] (Marcion[acc. to Tertullian]) Tertullian[vid] Origen // σου· γενηθήτω τὸ θέλημά σου lat[vl-pt, vg-ms] co[sa, bo-mss] // σου· γενηθήτω τὸ θέλημά σου ὡς ἐν οὐρανῷ καὶ ἐπὶ τῆς γῆς (*see* Mt 6.10) 01[2a] (01* οὕτω καί) (01*, [2b] 02 04 05 024 032 037 038 892 *omit* τῆς) 044 *f*[13] 28 33 157 180 205 (565[supp] *omit* σου) 579 597 700 1006 1010 1071 1241 1243 1292 1424 1505 *Byz* [07 09 011 013] lat[vl-pt, vg-mss] sy[p, h] co[bo] eth Cyril

[4]**4** {A} πειρασμόν 𝔓75 01*, [2b] 03 019 *f*[1] 700 1342 lat[vg] sy[c] co[sa, bo-pt] Marcion[acc. to Tertullian] Tertullian[vid] Origen Cyril // πειρασμὸν ἀλλὰ ῥῦσαι ἡμᾶς ἀπὸ τοῦ πονηροῦ (*see* Mt 6.13) 02 04 05 032 037 038 044 *f*[13] 28 33 157 180 205 565 579 597 892 1006 1010 1241 1243 1292 1424 1505 *Byz* [07 09 011 013] lat[vl] sy[c, s] co[bo-pt] eth // *insert* καὶ ῥῦσαι ἡμᾶς ἀπὸ τοῦ πονηροῦ *after* γῆς *in verse 2* (*footnote 3*) 01[2a]

καὶ οὐκ ἔχω ὃ παραθήσω αὐτῷ· **7** κἀκεῖνος ἔσωθεν ἀποκριθεὶς εἴπῃ· μή μοι κόπους πάρεχε· ἤδη ἡ θύρα κέκλεισται καὶ τὰ παιδία μου μετ᾿ ἐμοῦ εἰς τὴν κοίτην εἰσίν· οὐ δύναμαι ἀναστὰς δοῦναί σοι. **8** λέγω ὑμῖν, εἰ καὶ οὐ δώσει αὐτῷ ἀναστὰς διὰ τὸ εἶναι φίλον αὐτοῦ, διά γε τὴν ἀναίδειαν αὐτοῦ ἐγερθεὶς δώσει αὐτῷ ὅσων χρῄζει. **9** κἀγὼ ὑμῖν λέγω, αἰτεῖτε καὶ δοθήσεται ὑμῖν, ζητεῖτε καὶ εὑρήσετε, κρούετε καὶ ἀνοιγήσεται ὑμῖν· **10** πᾶς γὰρ ὁ αἰτῶν λαμβάνει καὶ ὁ ζητῶν εὑρίσκει καὶ τῷ κρούοντι ἀνοιγ[ήσ]εται. **11** τίνα δὲ ἐξ ὑμῶν τὸν πατέρα αἰτήσει ὁ υἱὸς ἰχθύν[5], καὶ ἀντὶ ἰχθύος ὄφιν αὐτῷ ἐπιδώσει; **12** ἢ καὶ αἰτήσει ᾠόν, ἐπιδώσει αὐτῷ σκορπίον; **13** εἰ οὖν ὑμεῖς πονηροὶ ὑπάρχοντες οἴδατε δόματα ἀγαθὰ διδόναι τοῖς τέκνοις ὑμῶν, πόσῳ μᾶλλον ὁ πατὴρ [ὁ] ἐξ οὐρανοῦ[6] δώσει πνεῦμα ἅγιον[7] τοῖς αἰτοῦσιν αὐτόν.

Jesus and Beelzebul   (Mt 12.22-30; Mk 3.20-27)

14 Καὶ ἦν ἐκβάλλων δαιμόνιον [καὶ αὐτὸ ἦν] κωφόν· ἐγένετο δὲ τοῦ δαιμονίου ἐξελθόντος ἐλάλησεν ὁ κωφὸς καὶ ἐθαύμασαν οἱ ὄχλοι. **15** τινὲς δὲ ἐξ αὐτῶν εἶπον· ἐν Βεελζεβοὺλ τῷ ἄρχοντι τῶν δαιμονίων ἐκβάλλει τὰ δαιμόνια· **16** ἕτεροι δὲ πειράζοντες σημεῖον ἐξ οὐρανοῦ ἐζήτουν παρ᾿ αὐτοῦ. **17** αὐτὸς δὲ

---

[5] **11** {B} ἰχθύν 𝔓⁴⁵ (𝔓⁷⁵ ἰσχύν) 03 1241 lat^{vl-pt} sy^s co^{sa} Marcion^{acc. to Epiphanius} Origen // ἄρτον μὴ λίθον ἐπιδώσει αὐτῷ; ἢ καὶ ἰχθύν (see Mt 7.9) 02 (04 ἢ καὶ ἰχθύν ... ἐπιδώσει after verse 12) (05 αὐτῷ ἐπιδώσει) 032 037 038 044 *f*¹ *f*¹³ 180 205 597 1010 1071 1243 1292 1342 1424 Byz [07 (09 omit ἢ) (011 ἐπιδῷ) 013] lat^{vl-pt} sy^{c, p, h} (co^{bo}) eth // ἄρτον μὴ λίθον ἐπιδώσει αὐτῷ; ἢ ἰχθύν 01 019 28 33 157 700 892 1006 1505 lat^{vl-pt, vg}

[6] **13** {C} ὁ ἐξ οὐρανοῦ 02 03 05 032 037 038 *f*¹ 28 180 565 597 700 1010 1241 1243 1292 1505 Byz [07 09 011 013] Lect^{pt} lat^{vl-pt} sy^h // ὑμῶν ὁ ἐξ οὐρανοῦ 04 (*f*¹³ ἡμῶν) 205 1006 1342 Lect^{pt} lat^{vl-pt, vg} co^{sa} // ἐξ οὐρανοῦ 𝔓⁷⁵ 01 019 044 33 (157 1071 ὑμῶν ἐξ) 892 co^{bo} Cyril-Jerusalem // ὑμῶν ὁ οὐράνιος 𝔓⁴⁵ 579 1424 lat^{vl-pt} eth Cyril // ὑμῶν lat^{vl-pt}

[7] **13** {A} πνεῦμα ἅγιον 𝔓⁷⁵ 01 02 03 04 032 037 044 *f*¹ *f*¹³ 28 33 157 180 205 565 579 597 700 892 1006 1010 1071 1241 1243 1292 1342 1424 1505 Byz [07 09 011 013] lat^{vl-pt} sy^{c, p, h} co Tertullian Origen Cyril-Jerusalem Cyril^{pt} // πνεῦμα ἀγαθόν 𝔓⁴⁵ 019 lat^{vl-pt, vg} sy^{hmg} Cyril^{pt} // ἀγαθὸν δόμα 05 lat^{vl-pt} (eth add πνεύματος ἁγίου) // δόματα ἀγαθά 038 (lat^{vl-pt}) // ἀγαθά (see Mt 7.11) lat^{vg-ms} sy^s

εἰδὼς αὐτῶν τὰ διανοήματα εἶπεν αὐτοῖς· πᾶσα βασιλεία ἐφ' ἑαυτὴν διαμερισθεῖσα ἐρημοῦται καὶ οἶκος ἐπὶ οἶκον πίπτει. **18** εἰ δὲ καὶ ὁ σατανᾶς ἐφ' ἑαυτὸν διεμερίσθη, πῶς σταθήσεται ἡ βασιλεία αὐτοῦ; ὅτι λέγετε ἐν Βεελζεβοὺλ ἐκβάλλειν με τὰ δαιμόνια. **19** εἰ δὲ ἐγὼ ἐν Βεελζεβοὺλ ἐκβάλλω τὰ δαιμόνια, οἱ υἱοὶ ὑμῶν ἐν τίνι ἐκβάλλουσιν; διὰ τοῦτο αὐτοὶ ὑμῶν κριταὶ ἔσονται. **20** εἰ δὲ ἐν δακτύλῳ θεοῦ [ἐγὼ] ἐκβάλλω τὰ δαιμόνια, ἄρα ἔφθασεν ἐφ' ὑμᾶς ἡ βασιλεία τοῦ θεοῦ. **21** ὅταν ὁ ἰσχυρὸς καθωπλισμένος φυλάσσῃ τὴν ἑαυτοῦ αὐλήν, ἐν εἰρήνῃ ἐστὶν τὰ ὑπάρχοντα αὐτοῦ· **22** ἐπὰν δὲ ἰσχυρότερος αὐτοῦ ἐπελθὼν νικήσῃ αὐτόν, τὴν πανοπλίαν αὐτοῦ αἴρει ἐφ' ᾗ ἐπεποίθει καὶ τὰ σκῦλα αὐτοῦ διαδίδωσιν. **23** ὁ μὴ ὢν μετ' ἐμοῦ κατ' ἐμοῦ ἐστιν, καὶ ὁ μὴ συνάγων μετ' ἐμοῦ σκορπίζει[8].

The Return of the Unclean Spirit (Mt 12.43-45)

24 Ὅταν τὸ ἀκάθαρτον πνεῦμα ἐξέλθῃ ἀπὸ τοῦ ἀνθρώπου, διέρχεται δι' ἀνύδρων τόπων ζητοῦν ἀνάπαυσιν καὶ μὴ εὑρίσκον· [τότε] λέγει· ὑποστρέψω εἰς τὸν οἶκόν μου ὅθεν ἐξῆλθον· **25** καὶ ἐλθὸν εὑρίσκει σεσαρωμένον καὶ κεκοσμημένον. **26** τότε πορεύεται καὶ παραλαμβάνει ἕτερα πνεύματα πονηρότερα ἑαυτοῦ ἑπτὰ καὶ εἰσελθόντα κατοικεῖ ἐκεῖ· καὶ γίνεται τὰ ἔσχατα τοῦ ἀνθρώπου ἐκείνου χείρονα τῶν πρώτων.

True Blessedness

27 Ἐγένετο δὲ ἐν τῷ λέγειν αὐτὸν ταῦτα ἐπάρασά τις φωνὴν γυνὴ ἐκ τοῦ ὄχλου εἶπεν αὐτῷ· μακαρία ἡ κοιλία ἡ βαστάσασά σε καὶ μαστοὶ οὓς ἐθήλασας. **28** αὐτὸς δὲ εἶπεν· μενοῦν μακάριοι οἱ ἀκούοντες τὸν λόγον τοῦ θεοῦ καὶ φυλάσσοντες.

---

[8]**23** {B} σκορπίζει (*see* Mt 12.30) 𝔓⁴⁵ (𝔓⁷⁵ lat^{vl-pt} σκορπίσει) 01^{2a} 02 03 04* 05 032 037 *f*¹ *f*¹³ 28 157 180 205 565 597 700 1006 1010 1241 1243 1292 1342 1424 1505 *Byz* [07 011 013] lat^{vl-pt, vg} sy^{c, p, h} co^{sa, bo-mss} ∥ σκορπίζει με 01*, ²ᵇ 04² 019 038 044 33 579 892 1071 sy^s co^{bo} eth

The Demand for a Sign (Mt 12.38-42; Mk 8.12)

29 Τῶν δὲ ὄχλων ἐπαθροιζομένων ἤρξατο λέγειν· ἡ γενεὰ αὕτη γενεὰ πονηρά ἐστιν· σημεῖον ζητεῖ, καὶ σημεῖον οὐ δοθήσεται αὐτῇ εἰ μὴ τὸ σημεῖον Ἰωνᾶ. **30** καθὼς γὰρ ἐγένετο Ἰωνᾶς τοῖς Νινευίταις σημεῖον, οὕτως ἔσται καὶ ὁ υἱὸς τοῦ ἀνθρώπου τῇ γενεᾷ ταύτῃ. **31** βασίλισσα νότου ἐγερθήσεται ἐν τῇ κρίσει μετὰ τῶν ἀνδρῶν τῆς γενεᾶς ταύτης καὶ κατακρινεῖ αὐτούς, ὅτι ἦλθεν ἐκ τῶν περάτων τῆς γῆς ἀκοῦσαι τὴν σοφίαν Σολομῶνος, καὶ ἰδοὺ πλεῖον Σολομῶνος ὧδε. **32** ἄνδρες Νινευῖται ἀναστήσονται ἐν τῇ κρίσει μετὰ τῆς γενεᾶς ταύτης καὶ κατακρινοῦσιν αὐτήν· ὅτι μετενόησαν εἰς τὸ κήρυγμα Ἰωνᾶ, καὶ ἰδοὺ πλεῖον Ἰωνᾶ ὧδε.

The Light of the Body (Mt 5.15; 6.22-23)

33 Οὐδεὶς λύχνον ἅψας εἰς κρύπτην τίθησιν [οὐδὲ ὑπὸ τὸν μόδιον][9] ἀλλ᾽ ἐπὶ τὴν λυχνίαν, ἵνα οἱ εἰσπορευόμενοι τὸ φῶς βλέπωσιν.

34 Ὁ λύχνος τοῦ σώματός ἐστιν ὁ ὀφθαλμός σου. ὅταν ὁ ὀφθαλμός σου ἁπλοῦς ᾖ, καὶ ὅλον τὸ σῶμά σου φωτεινόν ἐστιν· ἐπὰν δὲ πονηρὸς ᾖ, καὶ τὸ σῶμά σου σκοτεινόν. **35** σκόπει οὖν μὴ τὸ φῶς τὸ ἐν σοὶ σκότος ἐστίν. **36** εἰ οὖν τὸ σῶμά σου ὅλον φωτεινόν, μὴ ἔχον μέρος τι σκοτεινόν, ἔσται φωτεινὸν ὅλον ὡς ὅταν ὁ λύχνος τῇ ἀστραπῇ φωτίζῃ σε.

The Denouncing of the Pharisees and Experts in the Law
(Mt 23.1-36; Mk 12.38-40; Lk 20.45-47)

37 Ἐν δὲ τῷ λαλῆσαι ἐρωτᾷ αὐτὸν Φαρισαῖος ὅπως ἀριστήσῃ παρ᾽ αὐτῷ· εἰσελθὼν δὲ ἀνέπεσεν. **38** ὁ δὲ Φαρισαῖος ἰδὼν ἐθαύμασεν ὅτι οὐ πρῶτον ἐβαπτίσθη πρὸ τοῦ ἀρίστου. **39** εἶπεν

---

[9]**33** {C} οὐδὲ ὑπὸ τὸν μόδιον (*see* Mt 5.15; Mk 4.21) 01 02 03 04 05 032 037 038 044 f^{13} 28 33 157 180 (565 1292 1424 ἤ *for* οὐδέ) 597 700^c 892 1006 1010 1071 1243 1342 1505 *Byz* [07 011 013] lat sy$^{(c), (p), h}$ cpa co^{bo} (co^{bo-mss} ἤ *for* οὐδέ) eth (Clement) Origen^{pt} (Cyril) ⫽ *omit* 𝔓^{45} 𝔓^{75} 019 040 070 f^1 205 700* 1241 sy^s co^{sa} Origen^{pt}

δὲ ὁ κύριος πρὸς αὐτόν· νῦν ὑμεῖς οἱ Φαρισαῖοι τὸ ἔξωθεν τοῦ ποτηρίου καὶ τοῦ πίνακος καθαρίζετε, τὸ δὲ ἔσωθεν ὑμῶν γέμει ἁρπαγῆς καὶ πονηρίας. **40** ἄφρονες, οὐχ ὁ ποιήσας τὸ ἔξωθεν καὶ τὸ ἔσωθεν ἐποίησεν; **41** πλὴν τὰ ἐνόντα δότε ἐλεημοσύνην, καὶ ἰδοὺ πάντα καθαρὰ ὑμῖν ἐστιν.

42 Ἀλλ' οὐαὶ ὑμῖν τοῖς Φαρισαίοις, ὅτι ἀποδεκατοῦτε τὸ ἡδύοσμον καὶ τὸ πήγανον καὶ πᾶν λάχανον καὶ παρέρχεσθε τὴν κρίσιν καὶ τὴν ἀγάπην τοῦ θεοῦ· ταῦτα δὲ ἔδει ποιῆσαι κἀκεῖνα μὴ παρεῖναι.

43 Οὐαὶ ὑμῖν τοῖς Φαρισαίοις, ὅτι ἀγαπᾶτε τὴν πρωτοκαθεδρίαν ἐν ταῖς συναγωγαῖς καὶ τοὺς ἀσπασμοὺς ἐν ταῖς ἀγοραῖς.

44 Οὐαὶ ὑμῖν, ὅτι ἐστὲ ὡς τὰ μνημεῖα τὰ ἄδηλα, καὶ οἱ ἄνθρωποι [οἱ] περιπατοῦντες ἐπάνω οὐκ οἴδασιν.

45 Ἀποκριθεὶς δέ τις τῶν νομικῶν λέγει αὐτῷ· διδάσκαλε, ταῦτα λέγων καὶ ἡμᾶς ὑβρίζεις.

46 Ὁ δὲ εἶπεν· καὶ ὑμῖν τοῖς νομικοῖς οὐαί, ὅτι φορτίζετε τοὺς ἀνθρώπους φορτία δυσβάστακτα, καὶ αὐτοὶ ἑνὶ τῶν δακτύλων ὑμῶν οὐ προσψαύετε τοῖς φορτίοις.

47 Οὐαὶ ὑμῖν, ὅτι οἰκοδομεῖτε τὰ μνημεῖα τῶν προφητῶν, οἱ δὲ πατέρες ὑμῶν ἀπέκτειναν αὐτούς. **48** ἄρα μάρτυρές ἐστε καὶ συνευδοκεῖτε τοῖς ἔργοις τῶν πατέρων ὑμῶν, ὅτι αὐτοὶ μὲν ἀπέκτειναν αὐτούς, ὑμεῖς δὲ οἰκοδομεῖτε. **49** διὰ τοῦτο καὶ ἡ σοφία τοῦ θεοῦ εἶπεν· ἀποστελῶ εἰς αὐτοὺς προφήτας καὶ ἀποστόλους, καὶ ἐξ αὐτῶν ἀποκτενοῦσιν καὶ διώξουσιν, **50** ἵνα ἐκζητηθῇ τὸ αἷμα πάντων τῶν προφητῶν τὸ ἐκκεχυμένον ἀπὸ καταβολῆς κόσμου ἀπὸ τῆς γενεᾶς ταύτης, **51** ἀπὸ αἵματος Ἅβελ ἕως αἵματος Ζαχαρίου τοῦ ἀπολομένου μεταξὺ τοῦ θυσιαστηρίου καὶ τοῦ οἴκου· ναὶ λέγω ὑμῖν, ἐκζητηθήσεται ἀπὸ τῆς γενεᾶς ταύτης.

52 Οὐαὶ ὑμῖν τοῖς νομικοῖς, ὅτι ἤρατε τὴν κλεῖδα τῆς γνώσεως· αὐτοὶ οὐκ εἰσήλθατε καὶ τοὺς εἰσερχομένους ἐκωλύσατε.

53 Κἀκεῖθεν ἐξελθόντος αὐτοῦ ἤρξαντο οἱ γραμματεῖς καὶ οἱ Φαρισαῖοι δεινῶς ἐνέχειν καὶ ἀποστοματίζειν αὐτὸν περὶ πλειόνων, **54** ἐνεδρεύοντες αὐτὸν θηρεῦσαί τι ἐκ τοῦ στόματος αὐτοῦ.

A Warning against Hypocrisy

12 Ἐν οἷς ἐπισυναχθεισῶν τῶν μυριάδων τοῦ ὄχλου, ὥστε καταπατεῖν ἀλλήλους, ἤρξατο λέγειν πρὸς τοὺς μαθητὰς αὐτοῦ πρῶτον· προσέχετε ἑαυτοῖς ἀπὸ τῆς ζύμης, ἥτις ἐστὶν ὑπόκρισις, τῶν Φαρισαίων. **2** Οὐδὲν δὲ συγκεκαλυμμένον ἐστὶν ὃ οὐκ ἀποκαλυφθήσεται καὶ κρυπτὸν ὃ οὐ γνωσθήσεται. **3** ἀνθ᾽ ὧν ὅσα ἐν τῇ σκοτίᾳ εἴπατε ἐν τῷ φωτὶ ἀκουσθήσεται, καὶ ὃ πρὸς τὸ οὖς ἐλαλήσατε ἐν τοῖς ταμείοις κηρυχθήσεται ἐπὶ τῶν δωμάτων.

Whom to Fear (Mt 10.28-31)

4 Λέγω δὲ ὑμῖν τοῖς φίλοις μου, μὴ φοβηθῆτε ἀπὸ τῶν ἀποκτεινόντων τὸ σῶμα καὶ μετὰ ταῦτα μὴ ἐχόντων περισσότερόν τι ποιῆσαι. **5** ὑποδείξω δὲ ὑμῖν τίνα φοβηθῆτε· φοβήθητε τὸν μετὰ τὸ ἀποκτεῖναι ἔχοντα ἐξουσίαν ἐμβαλεῖν εἰς τὴν γέενναν. ναὶ λέγω ὑμῖν, τοῦτον φοβήθητε. **6** οὐχὶ πέντε στρουθία πωλοῦνται ἀσσαρίων δύο; καὶ ἓν ἐξ αὐτῶν οὐκ ἔστιν ἐπιλελησμένον ἐνώπιον τοῦ θεοῦ. **7** ἀλλὰ καὶ αἱ τρίχες τῆς κεφαλῆς ὑμῶν πᾶσαι ἠρίθμηνται. μὴ φοβεῖσθε· πολλῶν στρουθίων διαφέρετε.

Confessing Christ (Mt 10.32-33; 12.32; 10.19-20)

8 Λέγω δὲ ὑμῖν, πᾶς ὃς ἂν ὁμολογήσῃ ἐν ἐμοὶ ἔμπροσθεν τῶν ἀνθρώπων, καὶ ὁ υἱὸς τοῦ ἀνθρώπου ὁμολογήσει ἐν αὐτῷ ἔμπροσθεν τῶν ἀγγέλων τοῦ θεοῦ· **9** ὁ δὲ ἀρνησάμενός με ἐνώπιον τῶν ἀνθρώπων ἀπαρνηθήσεται ἐνώπιον τῶν ἀγγέλων τοῦ θεοῦ.

10 Καὶ πᾶς ὃς ἐρεῖ λόγον εἰς τὸν υἱὸν τοῦ ἀνθρώπου, ἀφεθήσεται αὐτῷ· τῷ δὲ εἰς τὸ ἅγιον πνεῦμα βλασφημήσαντι οὐκ ἀφεθήσεται.

11 Ὅταν δὲ εἰσφέρωσιν ὑμᾶς ἐπὶ τὰς συναγωγὰς καὶ τὰς ἀρχὰς καὶ τὰς ἐξουσίας, μὴ μεριμνήσητε πῶς ἢ τί ἀπολογήσησθε ἢ τί εἴπητε· **12** τὸ γὰρ ἅγιον πνεῦμα διδάξει ὑμᾶς ἐν αὐτῇ τῇ ὥρᾳ ἃ δεῖ εἰπεῖν.

The Parable of the Rich Fool

13 Εἶπεν δέ τις ἐκ τοῦ ὄχλου αὐτῷ· διδάσκαλε, εἰπὲ τῷ ἀδελφῷ μου μερίσασθαι μετ' ἐμοῦ τὴν κληρονομίαν. **14** ὁ δὲ εἶπεν αὐτῷ· ἄνθρωπε, τίς με κατέστησεν κριτὴν ἢ μεριστὴν ἐφ' ὑμᾶς; **15** εἶπεν δὲ πρὸς αὐτούς· ὁρᾶτε καὶ φυλάσσεσθε ἀπὸ πάσης πλεονεξίας, ὅτι οὐκ ἐν τῷ περισσεύειν τινὶ ἡ ζωὴ αὐτοῦ ἐστιν ἐκ τῶν ὑπαρχόντων αὐτῷ.
16 Εἶπεν δὲ παραβολὴν πρὸς αὐτοὺς λέγων· ἀνθρώπου τινὸς πλουσίου εὐφόρησεν ἡ χώρα. **17** καὶ διελογίζετο ἐν ἑαυτῷ λέγων· τί ποιήσω, ὅτι οὐκ ἔχω ποῦ συνάξω τοὺς καρπούς μου; **18** καὶ εἶπεν· τοῦτο ποιήσω, καθελῶ μου τὰς ἀποθήκας καὶ μείζονας οἰκοδομήσω καὶ συνάξω ἐκεῖ πάντα τὸν σῖτον καὶ τὰ ἀγαθά μου **19** καὶ ἐρῶ τῇ ψυχῇ μου· ψυχή, ἔχεις πολλὰ ἀγαθὰ κείμενα εἰς ἔτη πολλά· ἀναπαύου, φάγε, πίε, εὐφραίνου. **20** εἶπεν δὲ αὐτῷ ὁ θεός· ἄφρων, ταύτῃ τῇ νυκτὶ τὴν ψυχήν σου ἀπαιτοῦσιν ἀπὸ σοῦ· ἃ δὲ ἡτοίμασας, τίνι ἔσται; **21** οὕτως ὁ θησαυρίζων ἑαυτῷ καὶ μὴ εἰς θεὸν πλουτῶν.

Care and Anxiety (Mt 6.25-34, 19-21)

22 Εἶπεν δὲ πρὸς τοὺς μαθητὰς [αὐτοῦ]· διὰ τοῦτο λέγω ὑμῖν· μὴ μεριμνᾶτε τῇ ψυχῇ τί φάγητε, μηδὲ τῷ σώματι τί ἐνδύσησθε. **23** ἡ γὰρ ψυχὴ πλεῖόν ἐστιν τῆς τροφῆς καὶ τὸ σῶμα τοῦ ἐνδύματος. **24** κατανοήσατε τοὺς κόρακας ὅτι οὐ σπείρουσιν οὐδὲ θερίζουσιν, οἷς οὐκ ἔστιν ταμεῖον οὐδὲ ἀποθήκη, καὶ ὁ θεὸς τρέφει αὐτούς· πόσῳ μᾶλλον ὑμεῖς διαφέρετε τῶν πετεινῶν. **25** τίς δὲ ἐξ ὑμῶν μεριμνῶν δύναται ἐπὶ τὴν ἡλικίαν αὐτοῦ προσθεῖναι πῆχυν; **26** εἰ οὖν οὐδὲ ἐλάχιστον δύνασθε, τί περὶ τῶν λοιπῶν μεριμνᾶτε; **27** κατανοήσατε τὰ κρίνα πῶς αὐξάνει· οὐ κοπιᾷ οὐδὲ νήθει· λέγω δὲ ὑμῖν, οὐδὲ Σολομὼν ἐν πάσῃ τῇ δόξῃ αὐτοῦ περιεβάλετο ὡς ἓν τούτων. **28** εἰ δὲ ἐν ἀγρῷ τὸν χόρτον ὄντα σήμερον καὶ αὔριον εἰς κλίβανον βαλλόμενον ὁ θεὸς οὕτως ἀμφιέζει, πόσῳ μᾶλλον ὑμᾶς, ὀλιγόπιστοι. **29** καὶ ὑμεῖς μὴ ζητεῖτε τί φάγητε καὶ τί πίητε καὶ μὴ μετεωρίζεσθε· **30** ταῦτα γὰρ πάντα τὰ ἔθνη τοῦ κόσμου ἐπιζητοῦσιν, ὑμῶν δὲ ὁ πατὴρ οἶδεν ὅτι χρῄζετε τούτων. **31** πλὴν ζητεῖτε τὴν βασιλείαν αὐτοῦ, καὶ ταῦτα προστεθήσεται ὑμῖν. **32** μὴ φοβοῦ, τὸ μικρὸν ποίμνιον, ὅτι εὐδόκησεν ὁ πατὴρ ὑμῶν δοῦναι ὑμῖν τὴν βασιλείαν.

33 Πωλήσατε τὰ ὑπάρχοντα ὑμῶν καὶ δότε ἐλεημοσύνην· ποιήσατε ἑαυτοῖς βαλλάντια μὴ παλαιούμενα, θησαυρὸν ἀνέκλειπτον ἐν τοῖς οὐρανοῖς, ὅπου κλέπτης οὐκ ἐγγίζει οὐδὲ σὴς διαφθείρει· 34 ὅπου γάρ ἐστιν ὁ θησαυρὸς ὑμῶν, ἐκεῖ καὶ ἡ καρδία ὑμῶν ἔσται.

Watchful Slaves (Mt 24.45-51)

35 Ἔστωσαν ὑμῶν αἱ ὀσφύες περιεζωσμέναι καὶ οἱ λύχνοι καιόμενοι· 36 καὶ ὑμεῖς ὅμοιοι ἀνθρώποις προσδεχομένοις τὸν κύριον ἑαυτῶν πότε ἀναλύσῃ ἐκ τῶν γάμων, ἵνα ἐλθόντος καὶ κρούσαντος εὐθέως ἀνοίξωσιν αὐτῷ. 37 μακάριοι οἱ δοῦλοι ἐκεῖνοι, οὓς ἐλθὼν ὁ κύριος εὑρήσει γρηγοροῦντας· ἀμὴν λέγω ὑμῖν ὅτι περιζώσεται καὶ ἀνακλινεῖ αὐτοὺς καὶ παρελθὼν διακονήσει αὐτοῖς. 38 κἂν ἐν τῇ δευτέρᾳ κἂν ἐν τῇ τρίτῃ φυλακῇ ἔλθῃ καὶ εὕρῃ οὕτως, μακάριοί εἰσιν ἐκεῖνοι. 39 τοῦτο δὲ γινώσκετε ὅτι εἰ ᾔδει ὁ οἰκοδεσπότης ποίᾳ ὥρᾳ ὁ κλέπτης ἔρχεται, οὐκ[1] ἂν ἀφῆκεν διορυχθῆναι τὸν οἶκον αὐτοῦ. 40 καὶ ὑμεῖς γίνεσθε ἕτοιμοι, ὅτι ᾗ ὥρᾳ οὐ δοκεῖτε ὁ υἱὸς τοῦ ἀνθρώπου ἔρχεται.

41 Εἶπεν δὲ ὁ Πέτρος· κύριε, πρὸς ἡμᾶς τὴν παραβολὴν ταύτην λέγεις ἢ καὶ πρὸς πάντας; 42 καὶ εἶπεν ὁ κύριος· τίς ἄρα ἐστὶν ὁ πιστὸς οἰκονόμος ὁ φρόνιμος, ὃν καταστήσει ὁ κύριος ἐπὶ τῆς θεραπείας αὐτοῦ τοῦ διδόναι ἐν καιρῷ [τὸ] σιτομέτριον; 43 μακάριος ὁ δοῦλος ἐκεῖνος, ὃν ἐλθὼν ὁ κύριος αὐτοῦ εὑρήσει ποιοῦντα οὕτως. 44 ἀληθῶς λέγω ὑμῖν ὅτι ἐπὶ πᾶσιν τοῖς ὑπάρχουσιν αὐτοῦ καταστήσει αὐτόν. 45 ἐὰν δὲ εἴπῃ ὁ δοῦλος ἐκεῖνος ἐν τῇ καρδίᾳ αὐτοῦ· χρονίζει ὁ κύριός μου ἔρχεσθαι, καὶ ἄρξηται τύπτειν τοὺς παῖδας καὶ τὰς παιδίσκας, ἐσθίειν τε καὶ πίνειν καὶ μεθύσκεσθαι, 46 ἥξει ὁ κύριος

---

[1] 39 {C} οὐκ 𝔓[75] 01* (05 lat[vl-pt], *but omit* ἀφῆκεν … αὐτοῦ) lat[vl-pt] sy[c, s] co[sa-mss, ach] Marcion[acc. to Tertullian] // ἐγρηγόρησεν ἂν καὶ οὐκ (*see* Mt 24.43) 01[2] (01[1] 157 *omit* ἂν) 02 03 019 032 037 038 044 070 *f*[1] *f*[13] 28 33 180 205 565 579 597 700 892 1006 1010 1071 1241 1243 1292 1342 1424 1505 *Byz* [07 011[supp] 013 022 024 026] lat[vl-pt, vg] sy[p, h] cpa co[sa-ms, (bo-mss)] eth Basil

τοῦ δούλου ἐκείνου ἐν ἡμέρᾳ ᾗ οὐ προσδοκᾷ καὶ ἐν ὥρᾳ ᾗ οὐ γινώσκει, καὶ διχοτομήσει αὐτὸν καὶ τὸ μέρος αὐτοῦ μετὰ τῶν ἀπίστων θήσει. **47** Ἐκεῖνος δὲ ὁ δοῦλος ὁ γνοὺς τὸ θέλημα τοῦ κυρίου αὐτοῦ καὶ μὴ ἑτοιμάσας ἢ ποιήσας πρὸς τὸ θέλημα αὐτοῦ δαρήσεται πολλάς· **48** ὁ δὲ μὴ γνούς, ποιήσας δὲ ἄξια πληγῶν δαρήσεται ὀλίγας. παντὶ δὲ ᾧ ἐδόθη πολύ, πολὺ ζητηθήσεται παρ' αὐτοῦ, καὶ ᾧ παρέθεντο πολύ, περισσότερον αἰτήσουσιν αὐτόν.

Jesus the Cause of Division (Mt 10.34-36)

49 Πῦρ ἦλθον βαλεῖν ἐπὶ τὴν γῆν, καὶ τί θέλω εἰ ἤδη ἀνήφθη. **50** βάπτισμα δὲ ἔχω βαπτισθῆναι, καὶ πῶς συνέχομαι ἕως ὅτου τελεσθῇ. **51** δοκεῖτε ὅτι εἰρήνην παρεγενόμην δοῦναι ἐν τῇ γῇ; οὐχί, λέγω ὑμῖν, ἀλλ' ἢ διαμερισμόν. **52** ἔσονται γὰρ ἀπὸ τοῦ νῦν πέντε ἐν ἑνὶ οἴκῳ διαμεμερισμένοι, τρεῖς ἐπὶ δυσὶν καὶ δύο ἐπὶ τρισίν, **53** διαμερισθήσονται πατὴρ ἐπὶ υἱῷ καὶ υἱὸς ἐπὶ πατρί, μήτηρ ἐπὶ τὴν θυγατέρα καὶ θυγάτηρ ἐπὶ τὴν μητέρα, πενθερὰ ἐπὶ τὴν νύμφην αὐτῆς καὶ νύμφη ἐπὶ τὴν πενθεράν.

Discerning the Time (Mt 16.2-3)

54 Ἔλεγεν δὲ καὶ τοῖς ὄχλοις· ὅταν ἴδητε [τὴν] νεφέλην ἀνατέλλουσαν ἐπὶ δυσμῶν, εὐθέως λέγετε ὅτι ὄμβρος ἔρχεται, καὶ γίνεται οὕτως· **55** καὶ ὅταν νότον πνέοντα, λέγετε ὅτι καύσων ἔσται, καὶ γίνεται. **56** ὑποκριταί, τὸ πρόσωπον τῆς γῆς καὶ τοῦ οὐρανοῦ οἴδατε δοκιμάζειν, τὸν καιρὸν δὲ τοῦτον πῶς οὐκ οἴδατε δοκιμάζειν;

Settling with Your Accuser (Mt 5.25-26)

57 Τί δὲ καὶ ἀφ' ἑαυτῶν οὐ κρίνετε τὸ δίκαιον; **58** ὡς γὰρ ὑπάγεις μετὰ τοῦ ἀντιδίκου σου ἐπ' ἄρχοντα, ἐν τῇ ὁδῷ δὸς ἐργασίαν ἀπηλλάχθαι ἀπ' αὐτοῦ, μήποτε κατασύρῃ σε πρὸς τὸν κριτήν, καὶ ὁ κριτής σε παραδώσει τῷ πράκτορι, καὶ ὁ πράκτωρ σε βαλεῖ εἰς φυλακήν. **59** λέγω σοι, οὐ μὴ ἐξέλθῃς ἐκεῖθεν, ἕως καὶ τὸ ἔσχατον λεπτὸν ἀποδῷς.

ΚΑΤΑ ΛΟΥΚΑΝ

Repent or Perish

13 Παρῆσαν δέ τινες ἐν αὐτῷ τῷ καιρῷ ἀπαγγέλλοντες αὐτῷ περὶ τῶν Γαλιλαίων ὧν τὸ αἷμα Πιλᾶτος ἔμιξεν μετὰ τῶν θυσιῶν αὐτῶν. **2** καὶ ἀποκριθεὶς εἶπεν αὐτοῖς· δοκεῖτε ὅτι οἱ Γαλιλαῖοι οὗτοι ἁμαρτωλοὶ παρὰ πάντας τοὺς Γαλιλαίους ἐγένοντο, ὅτι ταῦτα πεπόνθασιν; **3** οὐχί, λέγω ὑμῖν, ἀλλ᾽ ἐὰν μὴ μετανοῆτε πάντες ὁμοίως ἀπολεῖσθε. **4** ἢ ἐκεῖνοι οἱ δεκαοκτὼ ἐφ᾽ οὓς ἔπεσεν ὁ πύργος ἐν τῷ Σιλωὰμ καὶ ἀπέκτεινεν αὐτούς, δοκεῖτε ὅτι αὐτοὶ ὀφειλέται ἐγένοντο παρὰ πάντας τοὺς ἀνθρώπους τοὺς κατοικοῦντας Ἰερουσαλήμ; **5** οὐχί, λέγω ὑμῖν, ἀλλ᾽ ἐὰν μὴ μετανοῆτε πάντες ὡσαύτως ἀπολεῖσθε.

The Parable of the Barren Fig Tree

6 Ἔλεγεν δὲ ταύτην τὴν παραβολήν· συκῆν εἶχέν τις πεφυτευμένην ἐν τῷ ἀμπελῶνι αὐτοῦ, καὶ ἦλθεν ζητῶν καρπὸν ἐν αὐτῇ καὶ οὐχ εὗρεν. **7** εἶπεν δὲ πρὸς τὸν ἀμπελουργόν· ἰδοὺ τρία ἔτη ἀφ᾽ οὗ ἔρχομαι ζητῶν καρπὸν ἐν τῇ συκῇ ταύτῃ καὶ οὐχ εὑρίσκω· ἔκκοψον [οὖν] αὐτήν, ἱνατί καὶ τὴν γῆν καταργεῖ; **8** ὁ δὲ ἀποκριθεὶς λέγει αὐτῷ· κύριε, ἄφες αὐτὴν καὶ τοῦτο τὸ ἔτος, ἕως ὅτου σκάψω περὶ αὐτὴν καὶ βάλω κόπρια, **9** κἂν μὲν ποιήσῃ καρπὸν εἰς τὸ μέλλον· εἰ δὲ μή γε[1], ἐκκόψεις αὐτήν.

The Healing of a Crippled Woman on the Sabbath

10 Ἦν δὲ διδάσκων ἐν μιᾷ τῶν συναγωγῶν ἐν τοῖς σάββασιν. **11** καὶ ἰδοὺ γυνὴ πνεῦμα ἔχουσα ἀσθενείας ἔτη δεκαοκτὼ καὶ ἦν συγκύπτουσα καὶ μὴ δυναμένη ἀνακύψαι εἰς τὸ παντελές. **12** ἰδὼν δὲ αὐτὴν ὁ Ἰησοῦς προσεφώνησεν καὶ εἶπεν αὐτῇ· γύναι, ἀπολέλυσαι τῆς ἀσθενείας σου, **13** καὶ ἐπέθηκεν αὐτῇ τὰς χεῖρας· καὶ παραχρῆμα ἀνωρθώθη καὶ ἐδόξαζεν τὸν θεόν. **14** ἀποκριθεὶς δὲ ὁ ἀρχισυνάγωγος, ἀγανακτῶν ὅτι τῷ σαββάτῳ

---

[1]**9** {B} εἰς τὸ μέλλον· εἰ δὲ μή γε 𝔓⁷⁵ 01 03 019 (070 μέλλον, ἀφήσεις·) 33ᵛⁱᵈ 579 892 1241 1243 co (eth) Cyril ∥ εἰ δὲ μή γε, εἰς τὸ μέλλον 𝔓⁴⁵ᵛⁱᵈ 02 05 032 037 038 044 0233 f¹ f¹³ 28 157 180 205 565 597 700 1006 1010 1071 1292 1342 (1424) 1505 *Byz* [011 013 022] lat sy

ἐθεράπευσεν ὁ Ἰησοῦς, ἔλεγεν τῷ ὄχλῳ ὅτι ἓξ ἡμέραι εἰσὶν ἐν αἷς δεῖ ἐργάζεσθαι· ἐν αὐταῖς οὖν ἐρχόμενοι θεραπεύεσθε καὶ μὴ τῇ ἡμέρᾳ τοῦ σαββάτου. **15** ἀπεκρίθη δὲ αὐτῷ ὁ κύριος καὶ εἶπεν· ὑποκριταί, ἕκαστος ὑμῶν τῷ σαββάτῳ οὐ λύει τὸν βοῦν αὐτοῦ ἢ τὸν ὄνον ἀπὸ τῆς φάτνης καὶ ἀπαγαγὼν ποτίζει; **16** ταύτην δὲ θυγατέρα Ἀβραὰμ οὖσαν, ἣν ἔδησεν ὁ σατανᾶς ἰδοὺ δέκα καὶ ὀκτὼ ἔτη, οὐκ ἔδει λυθῆναι ἀπὸ τοῦ δεσμοῦ τούτου τῇ ἡμέρᾳ τοῦ σαββάτου; **17** καὶ ταῦτα λέγοντος αὐτοῦ κατῃσχύνοντο πάντες οἱ ἀντικείμενοι αὐτῷ, καὶ πᾶς ὁ ὄχλος ἔχαιρεν ἐπὶ πᾶσιν τοῖς ἐνδόξοις τοῖς γινομένοις ὑπ' αὐτοῦ.

The Parables of the Mustard Seed and the Yeast (Mt 13.31-33; Mk 4.30-32)

18 Ἔλεγεν οὖν· τίνι ὁμοία ἐστὶν ἡ βασιλεία τοῦ θεοῦ καὶ τίνι ὁμοιώσω αὐτήν; **19** ὁμοία ἐστὶν κόκκῳ σινάπεως, ὃν λαβὼν ἄνθρωπος ἔβαλεν εἰς κῆπον ἑαυτοῦ, καὶ ηὔξησεν καὶ ἐγένετο εἰς δένδρον², καὶ τὰ πετεινὰ τοῦ οὐρανοῦ κατεσκήνωσεν ἐν τοῖς κλάδοις αὐτοῦ.

20 Καὶ πάλιν εἶπεν· τίνι ὁμοιώσω τὴν βασιλείαν τοῦ θεοῦ; **21** ὁμοία ἐστὶν ζύμῃ, ἣν λαβοῦσα γυνὴ ἐνέκρυψεν εἰς ἀλεύρου σάτα τρία ἕως οὗ ἐζυμώθη ὅλον.

The Narrow Door (Mt 7.13-14, 21-23)

22 Καὶ διεπορεύετο κατὰ πόλεις καὶ κώμας διδάσκων καὶ πορείαν ποιούμενος εἰς Ἱεροσόλυμα.

23 Εἶπεν δέ τις αὐτῷ· κύριε, εἰ ὀλίγοι οἱ σῳζόμενοι; ὁ δὲ εἶπεν πρὸς αὐτούς· **24** ἀγωνίζεσθε εἰσελθεῖν διὰ τῆς στενῆς θύρας, ὅτι πολλοί, λέγω ὑμῖν, ζητήσουσιν εἰσελθεῖν καὶ οὐκ ἰσχύσουσιν. **25** ἀφ' οὗ ἂν ἐγερθῇ ὁ οἰκοδεσπότης καὶ ἀποκλείσῃ τὴν θύραν καὶ ἄρξησθε ἔξω ἑστάναι καὶ κρούειν τὴν θύραν λέγοντες· κύριε, ἄνοιξον ἡμῖν, καὶ ἀποκριθεὶς ἐρεῖ ὑμῖν· οὐκ οἶδα ὑμᾶς πόθεν ἐστέ. **26** τότε ἄρξεσθε λέγειν· ἐφάγομεν ἐνώπιόν σου

---

² **19** {B} δένδρον 𝔓⁷⁵ 01 03 05 019 070 (892 ὡς for εἰς) 1241 lat[vl-pt] sy[c, s] cpa co[sa, bo-pt] ∥ δένδρον μέγα 𝔓⁴⁵ 02 032 037 038 044 0233 f¹ f¹³ 28 33 157 180 205 565 579 597 700 1006 1010 1071 1243 1292 1342 (1424 ὡς for εἰς) 1505 Byz [07 09 011 013 022] lat[vl-pt, vg] sy[p, h] co[bo-pt] eth

καὶ ἐπίομεν καὶ ἐν ταῖς πλατείαις ἡμῶν ἐδίδαξας· **27** καὶ ἐρεῖ λέγων ὑμῖν[3]· οὐκ οἶδα [ὑμᾶς] πόθεν ἐστέ· *ἀπόστητε ἀπ' ἐμοῦ πάντες ἐργάται ἀδικίας.* **28** ἐκεῖ ἔσται ὁ κλαυθμὸς καὶ ὁ βρυγμὸς τῶν ὀδόντων, ὅταν ὄψησθε Ἀβραὰμ καὶ Ἰσαὰκ καὶ Ἰακὼβ καὶ πάντας τοὺς προφήτας ἐν τῇ βασιλείᾳ τοῦ θεοῦ, ὑμᾶς δὲ ἐκβαλλομένους ἔξω. **29** καὶ ἥξουσιν ἀπὸ ἀνατολῶν καὶ δυσμῶν καὶ ἀπὸ βορρᾶ καὶ νότου καὶ ἀνακλιθήσονται ἐν τῇ βασιλείᾳ τοῦ θεοῦ. **30** καὶ ἰδοὺ εἰσὶν ἔσχατοι οἳ ἔσονται πρῶτοι καὶ εἰσὶν πρῶτοι οἳ ἔσονται ἔσχατοι.

Ps 6.8

The Lament over Jerusalem (Mt 23.37-39)

31 Ἐν αὐτῇ τῇ ὥρᾳ προσῆλθάν τινες Φαρισαῖοι λέγοντες αὐτῷ· ἔξελθε καὶ πορεύου ἐντεῦθεν, ὅτι Ἡρῴδης θέλει σε ἀποκτεῖναι. **32** καὶ εἶπεν αὐτοῖς· πορευθέντες εἴπατε τῇ ἀλώπεκι ταύτῃ· ἰδοὺ ἐκβάλλω δαιμόνια καὶ ἰάσεις ἀποτελῶ σήμερον καὶ αὔριον καὶ τῇ τρίτῃ τελειοῦμαι. **33** πλὴν δεῖ με σήμερον καὶ αὔριον καὶ τῇ ἐχομένῃ πορεύεσθαι, ὅτι οὐκ ἐνδέχεται προφήτην ἀπολέσθαι ἔξω Ἰερουσαλήμ.

34 Ἰερουσαλὴμ Ἰερουσαλήμ, ἡ ἀποκτείνουσα τοὺς προφήτας καὶ λιθοβολοῦσα τοὺς ἀπεσταλμένους πρὸς αὐτήν, ποσάκις ἠθέλησα ἐπισυνάξαι τὰ τέκνα σου ὃν τρόπον ὄρνις τὴν ἑαυτῆς νοσσιὰν ὑπὸ τὰς πτέρυγας, καὶ οὐκ ἠθελήσατε. **35** ἰδοὺ ἀφίεται ὑμῖν ὁ οἶκος ὑμῶν[4]. λέγω [δὲ] ὑμῖν, οὐ μὴ ἴδητέ με ἕως [ἥξει ὅτε] εἴπητε[5]· *εὐλογημένος ὁ ἐρχόμενος ἐν ὀνόματι κυρίου.*

Ps 118.26

---

[3] **27** {C} ἐρεῖ λέγων ὑμῖν 𝔓[75c] 03 205 892 ∥ ἐρεῖ· λέγω ὑμῖν 𝔓[75*] 02 05 019 032 037 038 044 070 0233 *f*[1] *f*[13] 28 157 180 565 597 700 1006 1010 1071 1241 1243 1292 1342 1424 1505 *Byz* [07 011 013 022] lat[vl-pt] (sy[(c), s] cpa ἐρεῖ· ἀμὴν λέγω ὑμῖν) sy[h] eth ∥ ἐρεῖ ὑμῖν 01 579 lat[vl-pt, vg] sy[p] co[sa, bo-pt] ∥ ἐρεῖ co[bo-pt]

[4] **35** {B} ὑμῶν 𝔓[45vid] 𝔓[75] 01 02 03 019 032 *f*[1] 565 (579) 1006 1010 1243 1292 *Byz*[pt] *Lect*[pt] lat[vl-pt, vg] sy[s] co[sa, bo-pt] ∥ ὑμῶν ἔρημος. (see Mt 23.38) 05 037 038 044 *f*[13] 28 33 (157 ὑμῶν ἔρημος ὑμῖν) 180 205 700 892 1071 1241 1342 1424 1505 *Byz*[pt] [07 011 013 022] *TR Lect*[pt] lat[vl-pt, vg-mss] sy[c, p, h] co[bo-pt]

[5] **35** {C} ἕως ἥξει ὅτε εἴπητε 05 (ἥξει ἡ ἡμέρα lat[vl-pt] sy[c, h]) ∥ ἕως ἂν ἥξῃ ὅτε εἴπητε 044 180 565 597 700 1006 1292 1505 *Byz*[pt] [07 011 (013 ὅτι)] *TR Lect*[pt] lat[vl-pt, vg] ∥ ἕως ἂν ἥξει (*itacism for* ἥξῃ?) ὅτε εἴπητε 02 022 032 28 (579 ἥξει ὅταν) 1243 1342 1424 *Byz*[pt] *Lect*[pt] Cyril[lem] ∥ ἕως εἴπητε 𝔓[75] 03 019 892 ∥ ἕως ἂν εἴπητε 𝔓[45] 01 *f*[1] *f*[13] 157 205 1010 1071 (ἕως *or* ἕως ἂν lat[vl-pt] co[sa-mss, fa] eth) ∥ ἀπ' ἄρτι ἕως ἂν εἴπητε (*see* Mt 23.39) 038 1241 co[sa-mss, bo] ∥ ἀπ' ἄρτι ἕως ἂν ἥξει ὅτε εἴπητε 037

The Healing of the Man with a Swollen Body

14 Καὶ ἐγένετο ἐν τῷ ἐλθεῖν αὐτὸν εἰς οἶκόν τινος τῶν ἀρχόντων [τῶν] Φαρισαίων σαββάτῳ φαγεῖν ἄρτον καὶ αὐτοὶ ἦσαν παρατηρούμενοι αὐτόν. **2** Καὶ ἰδοὺ ἄνθρωπός τις ἦν ὑδρωπικὸς ἔμπροσθεν αὐτοῦ. **3** καὶ ἀποκριθεὶς ὁ Ἰησοῦς εἶπεν πρὸς τοὺς νομικοὺς καὶ Φαρισαίους λέγων· ἔξεστιν τῷ σαββάτῳ θεραπεῦσαι ἢ οὔ; **4** οἱ δὲ ἡσύχασαν. καὶ ἐπιλαβόμενος ἰάσατο αὐτὸν καὶ ἀπέλυσεν. **5** καὶ πρὸς αὐτοὺς εἶπεν· τίνος ὑμῶν υἱὸς ἢ βοῦς¹ εἰς φρέαρ πεσεῖται, καὶ οὐκ εὐθέως ἀνασπάσει αὐτὸν ἐν ἡμέρᾳ τοῦ σαββάτου; **6** καὶ οὐκ ἴσχυσαν ἀνταποκριθῆναι πρὸς ταῦτα.

A Lesson to Guests and a Host

7 Ἔλεγεν δὲ πρὸς τοὺς κεκλημένους παραβολήν, ἐπέχων πῶς τὰς πρωτοκλισίας ἐξελέγοντο, λέγων πρὸς αὐτούς· **8** ὅταν κληθῇς ὑπό τινος εἰς γάμους, μὴ κατακλιθῇς εἰς τὴν πρωτοκλισίαν, μήποτε ἐντιμότερός σου ᾖ κεκλημένος ὑπ᾽ αὐτοῦ, **9** καὶ ἐλθὼν ὁ σὲ καὶ αὐτὸν καλέσας ἐρεῖ σοι· δὸς τούτῳ τόπον, καὶ τότε ἄρξῃ μετὰ αἰσχύνης τὸν ἔσχατον τόπον κατέχειν. **10** ἀλλ᾽ ὅταν κληθῇς, πορευθεὶς ἀνάπεσε εἰς τὸν ἔσχατον τόπον, ἵνα ὅταν ἔλθῃ ὁ κεκληκώς σε ἐρεῖ σοι· φίλε, προσανάβηθι ἀνώτερον· τότε ἔσται σοι δόξα ἐνώπιον πάντων τῶν συνανακειμένων σοι. **11** ὅτι πᾶς ὁ ὑψῶν ἑαυτὸν ταπεινωθήσεται, καὶ ὁ ταπεινῶν ἑαυτὸν ὑψωθήσεται.

12 Ἔλεγεν δὲ καὶ τῷ κεκληκότι αὐτόν· ὅταν ποιῇς ἄριστον ἢ δεῖπνον, μὴ φώνει τοὺς φίλους σου μηδὲ τοὺς ἀδελφούς σου μηδὲ τοὺς συγγενεῖς σου μηδὲ γείτονας πλουσίους, μήποτε καὶ αὐτοὶ ἀντικαλέσωσίν σε καὶ γένηται ἀνταπόδομά σοι. **13** ἀλλ᾽ ὅταν δοχὴν ποιῇς, κάλει πτωχούς, ἀναπείρους, χωλούς, τυφλούς· **14** καὶ μακάριος ἔσῃ, ὅτι οὐκ ἔχουσιν ἀνταποδοῦναί σοι, ἀνταποδοθήσεται γάρ σοι ἐν τῇ ἀναστάσει τῶν δικαίων.

---

¹**5** {B} υἱὸς ἢ βοῦς 𝔓⁴⁵ 𝔓⁷⁵ (02 700 1006 ὁ υἱός) 03 032 037 28 180 565 1010 1243 1342 1424 1505 *Byz* [07 011 013 022] lat^{vl-pt} sy^{p, h} co^{sa} // ὄνος ἢ βοῦς 01 019 044 *f*¹ *f*¹³ 33 157 205 579 597 892 1071 1241 1292 *TR* lat^{vl-pt, vg} sy^{(s)} cpa co^{bo, fa} (eth) // ὄνος υἱὸς ἢ βοῦς 038 (sy^c υἱὸς ἢ βοῦς ἢ ὄνος) // πρόβατον ἢ βοῦς 05 lat^{vl-pt}

The Parable of the Great Banquet   (Mt 22.1-10)

15 Ἀκούσας δέ τις τῶν συνανακειμένων ταῦτα εἶπεν αὐτῷ· μακάριος ὅστις φάγεται ἄρτον ἐν τῇ βασιλείᾳ τοῦ θεοῦ.

16 Ὁ δὲ εἶπεν αὐτῷ· ἄνθρωπός τις ἐποίει δεῖπνον μέγα, καὶ ἐκάλεσεν πολλοὺς **17** καὶ ἀπέστειλεν τὸν δοῦλον αὐτοῦ τῇ ὥρᾳ τοῦ δείπνου εἰπεῖν τοῖς κεκλημένοις· ἔρχεσθε, ὅτι ἤδη ἕτοιμά ἐστιν[2]. **18** καὶ ἤρξαντο ἀπὸ μιᾶς πάντες παραιτεῖσθαι. ὁ πρῶτος εἶπεν αὐτῷ· ἀγρὸν ἠγόρασα καὶ ἔχω ἀνάγκην ἐξελθὼν ἰδεῖν αὐτόν· ἐρωτῶ σε, ἔχε με παρῃτημένον. **19** καὶ ἕτερος εἶπεν· ζεύγη βοῶν ἠγόρασα πέντε καὶ πορεύομαι δοκιμάσαι αὐτά· ἐρωτῶ σε, ἔχε με παρῃτημένον. **20** καὶ ἕτερος εἶπεν· γυναῖκα ἔγημα καὶ διὰ τοῦτο οὐ δύναμαι ἐλθεῖν. **21** καὶ παραγενόμενος ὁ δοῦλος ἀπήγγειλεν τῷ κυρίῳ αὐτοῦ ταῦτα. τότε ὀργισθεὶς ὁ οἰκοδεσπότης εἶπεν τῷ δούλῳ αὐτοῦ· ἔξελθε ταχέως εἰς τὰς πλατείας καὶ ῥύμας τῆς πόλεως καὶ τοὺς πτωχοὺς καὶ ἀναπείρους καὶ τυφλοὺς καὶ χωλοὺς εἰσάγαγε ὧδε. **22** καὶ εἶπεν ὁ δοῦλος· κύριε, γέγονεν ὃ ἐπέταξας, καὶ ἔτι τόπος ἐστίν. **23** καὶ εἶπεν ὁ κύριος πρὸς τὸν δοῦλον· ἔξελθε εἰς τὰς ὁδοὺς καὶ φραγμοὺς καὶ ἀνάγκασον εἰσελθεῖν, ἵνα γεμισθῇ μου ὁ οἶκος· **24** λέγω γὰρ ὑμῖν ὅτι οὐδεὶς τῶν ἀνδρῶν ἐκείνων τῶν κεκλημένων γεύσεταί μου τοῦ δείπνου.

The Cost of Discipleship   (Mt 10.37-38)

25 Συνεπορεύοντο δὲ αὐτῷ ὄχλοι πολλοί, καὶ στραφεὶς εἶπεν πρὸς αὐτούς· **26** εἴ τις ἔρχεται πρός με καὶ οὐ μισεῖ τὸν πατέρα ἑαυτοῦ καὶ τὴν μητέρα καὶ τὴν γυναῖκα καὶ τὰ τέκνα καὶ τοὺς ἀδελφοὺς καὶ τὰς ἀδελφὰς ἔτι τε καὶ τὴν ψυχὴν ἑαυτοῦ, οὐ δύναται εἶναί μου μαθητής. **27** ὅστις οὐ βαστάζει τὸν σταυρὸν ἑαυτοῦ καὶ ἔρχεται ὀπίσω μου, οὐ δύναται εἶναί μου μαθητής.

28 Τίς γὰρ ἐξ ὑμῶν θέλων πύργον οἰκοδομῆσαι οὐχὶ πρῶτον καθίσας ψηφίζει τὴν δαπάνην, εἰ ἔχει εἰς ἀπαρτισμόν; **29** ἵνα

---

[2] **17** {C} ἕτοιμά ἐστιν 03 lat^{vl-pt} ⫽ ἕτοιμά εἰσιν 𝔓^{75} 01^{*,2} 019 038 579 ⫽ ἕτοιμά ἐστιν πάντα (01^{1vid} εἰσιν) 02 032 037 044 0233 f^1 f^{13} 28 157 180 205 565 597 700 892 1006 1010 1071 1241 1243 1292 1342 1424 1505 *Byz* [07 011 013 022 024] lat$^{vl-pt, vg}$ Cyril ⫽ πάντα ἕτοιμά ἐστιν 05 lat^{vl-pt}

μήποτε θέντος αὐτοῦ θεμέλιον καὶ μὴ ἰσχύοντος ἐκτελέσαι πάντες οἱ θεωροῦντες ἄρξωνται αὐτῷ ἐμπαίζειν 30 λέγοντες ὅτι οὗτος ὁ ἄνθρωπος ἤρξατο οἰκοδομεῖν καὶ οὐκ ἴσχυσεν ἐκτελέσαι. 31 ἢ τίς βασιλεὺς πορευόμενος ἑτέρῳ βασιλεῖ συμβαλεῖν εἰς πόλεμον οὐχὶ καθίσας πρῶτον βουλεύσεται εἰ δυνατός ἐστιν ἐν δέκα χιλιάσιν ὑπαντῆσαι τῷ μετὰ εἴκοσι χιλιάδων ἐρχομένῳ ἐπ' αὐτόν; 32 εἰ δὲ μή γε, ἔτι αὐτοῦ πόρρω ὄντος πρεσβείαν ἀποστείλας ἐρωτᾷ τὰ πρὸς εἰρήνην. 33 οὕτως οὖν πᾶς ἐξ ὑμῶν ὃς οὐκ ἀποτάσσεται πᾶσιν τοῖς ἑαυτοῦ ὑπάρχουσιν οὐ δύναται εἶναί μου μαθητής.

Tasteless Salt (Mt 5.13; Mk 9.50)

34 Καλὸν οὖν τὸ ἅλας· ἐὰν δὲ καὶ τὸ ἅλας μωρανθῇ, ἐν τίνι ἀρτυθήσεται; 35 οὔτε εἰς γῆν οὔτε εἰς κοπρίαν εὔθετόν ἐστιν, ἔξω βάλλουσιν αὐτό. ὁ ἔχων ὦτα ἀκούειν ἀκουέτω.

The Parable of the Lost Sheep (Mt 18.12-14)

15 Ἦσαν δὲ αὐτῷ ἐγγίζοντες πάντες οἱ τελῶναι καὶ οἱ ἁμαρτωλοὶ ἀκούειν αὐτοῦ. 2 καὶ διεγόγγυζον οἵ τε Φαρισαῖοι καὶ οἱ γραμματεῖς λέγοντες ὅτι οὗτος ἁμαρτωλοὺς προσδέχεται καὶ συνεσθίει αὐτοῖς.

3 Εἶπεν δὲ πρὸς αὐτοὺς τὴν παραβολὴν ταύτην λέγων· 4 τίς ἄνθρωπος ἐξ ὑμῶν ἔχων ἑκατὸν πρόβατα καὶ ἀπολέσας ἐξ αὐτῶν ἓν οὐ καταλείπει τὰ ἐνενήκοντα ἐννέα ἐν τῇ ἐρήμῳ καὶ πορεύεται ἐπὶ τὸ ἀπολωλὸς ἕως εὕρῃ αὐτό; 5 καὶ εὑρὼν ἐπιτίθησιν ἐπὶ τοὺς ὤμους αὐτοῦ χαίρων 6 καὶ ἐλθὼν εἰς τὸν οἶκον συγκαλεῖ τοὺς φίλους καὶ τοὺς γείτονας λέγων αὐτοῖς· συγχάρητέ μοι, ὅτι εὗρον τὸ πρόβατόν μου τὸ ἀπολωλός. 7 λέγω ὑμῖν ὅτι οὕτως χαρὰ ἐν τῷ οὐρανῷ ἔσται ἐπὶ ἑνὶ ἁμαρτωλῷ μετανοοῦντι ἢ ἐπὶ ἐνενήκοντα ἐννέα δικαίοις οἵτινες οὐ χρείαν ἔχουσιν μετανοίας.

The Parable of the Lost Coin

8 Ἢ τίς γυνὴ δραχμὰς ἔχουσα δέκα ἐὰν ἀπολέσῃ δραχμὴν μίαν, οὐχὶ ἅπτει λύχνον καὶ σαροῖ τὴν οἰκίαν καὶ ζητεῖ ἐπιμελῶς ἕως οὗ εὕρῃ; 9 καὶ εὑροῦσα συγκαλεῖ τὰς φίλας καὶ γείτονας

λέγουσα· συγχάρητέ μοι, ὅτι εὗρον τὴν δραχμὴν ἣν ἀπώλεσα. **10** οὕτως, λέγω ὑμῖν, γίνεται χαρὰ ἐνώπιον τῶν ἀγγέλων τοῦ θεοῦ ἐπὶ ἑνὶ ἁμαρτωλῷ μετανοοῦντι.

The Parable of the Lost Son

11 Εἶπεν δέ· ἄνθρωπός τις εἶχεν δύο υἱούς. **12** καὶ εἶπεν ὁ νεώτερος αὐτῶν τῷ πατρί· πάτερ, δός μοι τὸ ἐπιβάλλον μέρος τῆς οὐσίας. ὁ δὲ διεῖλεν αὐτοῖς τὸν βίον. **13** καὶ μετ' οὐ πολλὰς ἡμέρας συναγαγὼν πάντα ὁ νεώτερος υἱὸς ἀπεδήμησεν εἰς χώραν μακρὰν καὶ ἐκεῖ διεσκόρπισεν τὴν οὐσίαν αὐτοῦ ζῶν ἀσώτως. **14** δαπανήσαντος δὲ αὐτοῦ πάντα ἐγένετο λιμὸς ἰσχυρὰ κατὰ τὴν χώραν ἐκείνην, καὶ αὐτὸς ἤρξατο ὑστερεῖσθαι. **15** καὶ πορευθεὶς ἐκολλήθη ἑνὶ τῶν πολιτῶν τῆς χώρας ἐκείνης, καὶ ἔπεμψεν αὐτὸν εἰς τοὺς ἀγροὺς αὐτοῦ βόσκειν χοίρους, **16** καὶ ἐπεθύμει χορτασθῆναι ἐκ[1] τῶν κερατίων ὧν ἤσθιον οἱ χοῖροι, καὶ οὐδεὶς ἐδίδου αὐτῷ. **17** εἰς ἑαυτὸν δὲ ἐλθὼν ἔφη· πόσοι μίσθιοι τοῦ πατρός μου περισσεύονται ἄρτων, ἐγὼ δὲ λιμῷ ὧδε ἀπόλλυμαι. **18** ἀναστὰς πορεύσομαι πρὸς τὸν πατέρα μου καὶ ἐρῶ αὐτῷ· πάτερ, ἥμαρτον εἰς τὸν οὐρανὸν καὶ ἐνώπιόν σου, **19** οὐκέτι εἰμὶ ἄξιος κληθῆναι υἱός σου· ποίησόν με ὡς ἕνα τῶν μισθίων σου. **20** καὶ ἀναστὰς ἦλθεν πρὸς τὸν πατέρα ἑαυτοῦ. ἔτι δὲ αὐτοῦ μακρὰν ἀπέχοντος εἶδεν αὐτὸν ὁ πατὴρ αὐτοῦ καὶ ἐσπλαγχνίσθη καὶ δραμὼν ἐπέπεσεν ἐπὶ τὸν τράχηλον αὐτοῦ καὶ κατεφίλησεν αὐτόν. **21** εἶπεν δὲ ὁ υἱὸς αὐτῷ· πάτερ, ἥμαρτον εἰς τὸν οὐρανὸν καὶ ἐνώπιόν σου, οὐκέτι εἰμὶ ἄξιος κληθῆναι υἱός σου.[2] **22** εἶπεν δὲ ὁ πατὴρ πρὸς τοὺς δούλους αὐτοῦ· ταχὺ ἐξενέγκατε στολὴν τὴν πρώτην καὶ ἐνδύσατε αὐτόν, καὶ δότε δακτύλιον εἰς τὴν χεῖρα αὐτοῦ καὶ ὑποδήματα εἰς τοὺς

---

[1] **16** {A} χορτασθῆναι ἐκ $\mathfrak{P}^{75}$ 01 03 05 019 f^1 f^{13} 579 (1241 ἀπό) lat$^{\text{vl-pt}}$ sy$^{(c)}$ cpa co^{sa} eth (Cyril) ∥ γεμίσαι τὴν κοιλίαν αὐτοῦ ἀπό 02 037 038 044 28 157 180 205 565 597 700 892 1006 1010 1071 1243 1292 1342 1424 1505 *Byz* [011 013 022 024 026] lat$^{\text{vl-pt, vg}}$ sy$^{\text{s, p, h}}$ co^{bo} Cyril^{lem} ∥ γεμίσαι τὴν κοιλίαν καὶ χορτασθῆναι ἀπό 032

[2] **21** {B} υἱός σου. $\mathfrak{P}^{75}$ 02 019 032 037 038 044 f^1 f^{13} 28 157 205 565 579 597 892 1010 1071 1243 1292 1342 1424 1505 *Byz* [07 011 013 022 024 026] lat$^{\text{vl-pt, vg}}$ sy$^{\text{c, s, p}}$ cpa co ∥ υἱός σου. ποίησόν με ὡς ἕνα τῶν μισθίων σου. (*see* 15.19) 01 03 (05 σου υἱός.) 33 180 700 1006 1241 lat$^{\text{vl-pt}}$ sy^{h} eth

πόδας, **23** καὶ φέρετε τὸν μόσχον τὸν σιτευτόν, θύσατε, καὶ φαγόντες εὐφρανθῶμεν, **24** ὅτι οὗτος ὁ υἱός μου νεκρὸς ἦν καὶ ἀνέζησεν, ἦν ἀπολωλὼς καὶ εὑρέθη. καὶ ἤρξαντο εὐφραίνεσθαι. **25** ἦν δὲ ὁ υἱὸς αὐτοῦ ὁ πρεσβύτερος ἐν ἀγρῷ· καὶ ὡς ἐρχόμενος ἤγγισεν τῇ οἰκίᾳ, ἤκουσεν συμφωνίας καὶ χορῶν, **26** καὶ προσκαλεσάμενος ἕνα τῶν παίδων ἐπυνθάνετο τί ἂν εἴη ταῦτα. **27** ὁ δὲ εἶπεν αὐτῷ ὅτι ὁ ἀδελφός σου ἥκει, καὶ ἔθυσεν ὁ πατήρ σου τὸν μόσχον τὸν σιτευτόν, ὅτι ὑγιαίνοντα αὐτὸν ἀπέλαβεν. **28** ὠργίσθη δὲ καὶ οὐκ ἤθελεν εἰσελθεῖν, ὁ δὲ πατὴρ αὐτοῦ ἐξελθὼν παρεκάλει αὐτόν. **29** ὁ δὲ ἀποκριθεὶς εἶπεν τῷ πατρὶ αὐτοῦ· ἰδοὺ τοσαῦτα ἔτη δουλεύω σοι καὶ οὐδέποτε ἐντολήν σου παρῆλθον, καὶ ἐμοὶ οὐδέποτε ἔδωκας ἔριφον ἵνα μετὰ τῶν φίλων μου εὐφρανθῶ· **30** ὅτε δὲ ὁ υἱός σου οὗτος ὁ καταφαγών σου τὸν βίον μετὰ πορνῶν ἦλθεν, ἔθυσας αὐτῷ τὸν σιτευτὸν μόσχον. **31** ὁ δὲ εἶπεν αὐτῷ· τέκνον, σὺ πάντοτε μετ᾽ ἐμοῦ εἶ, καὶ πάντα τὰ ἐμὰ σά ἐστιν· **32** εὐφρανθῆναι δὲ καὶ χαρῆναι ἔδει, ὅτι ὁ ἀδελφός σου οὗτος νεκρὸς ἦν καὶ ἔζησεν, καὶ ἀπολωλὼς καὶ εὑρέθη.

The Parable of the Dishonest Steward

16 Ἔλεγεν δὲ καὶ πρὸς τοὺς μαθητάς· ἄνθρωπός τις ἦν πλούσιος ὃς εἶχεν οἰκονόμον, καὶ οὗτος διεβλήθη αὐτῷ ὡς διασκορπίζων τὰ ὑπάρχοντα αὐτοῦ. **2** καὶ φωνήσας αὐτὸν εἶπεν αὐτῷ· τί τοῦτο ἀκούω περὶ σοῦ; ἀπόδος τὸν λόγον τῆς οἰκονομίας σου, οὐ γὰρ δύνῃ ἔτι οἰκονομεῖν. **3** εἶπεν δὲ ἐν ἑαυτῷ ὁ οἰκονόμος· τί ποιήσω, ὅτι ὁ κύριός μου ἀφαιρεῖται τὴν οἰκονομίαν ἀπ᾽ ἐμοῦ; σκάπτειν οὐκ ἰσχύω, ἐπαιτεῖν αἰσχύνομαι. **4** ἔγνων τί ποιήσω, ἵνα ὅταν μετασταθῶ ἐκ τῆς οἰκονομίας δέξωνταί με εἰς τοὺς οἴκους αὐτῶν. **5** καὶ προσκαλεσάμενος ἕνα ἕκαστον τῶν χρεοφειλετῶν τοῦ κυρίου ἑαυτοῦ ἔλεγεν τῷ πρώτῳ· πόσον ὀφείλεις τῷ κυρίῳ μου; **6** ὁ δὲ εἶπεν· ἑκατὸν βάτους ἐλαίου. ὁ δὲ εἶπεν αὐτῷ· δέξαι σου τὰ γράμματα καὶ καθίσας ταχέως γράψον πεντήκοντα. **7** ἔπειτα ἑτέρῳ εἶπεν· σὺ δὲ πόσον ὀφείλεις; ὁ δὲ εἶπεν· ἑκατὸν κόρους σίτου. λέγει αὐτῷ· δέξαι σου τὰ γράμματα καὶ γράψον ὀγδοήκοντα. **8** καὶ ἐπήνεσεν ὁ κύριος τὸν οἰκονόμον τῆς ἀδικίας ὅτι φρονίμως ἐποίησεν· ὅτι οἱ υἱοὶ τοῦ αἰῶνος τούτου φρονιμώτεροι ὑπὲρ τοὺς υἱοὺς τοῦ φωτὸς εἰς τὴν γενεὰν τὴν ἑαυτῶν εἰσιν. **9** καὶ ἐγὼ ὑμῖν λέγω, ἑαυτοῖς ποιήσατε φίλους ἐκ τοῦ μαμωνᾶ τῆς ἀδικίας, ἵνα ὅταν ἐκλίπῃ δέξωνται ὑμᾶς εἰς τὰς αἰωνίους σκηνάς.

10 Ὁ πιστὸς ἐν ἐλαχίστῳ καὶ ἐν πολλῷ πιστός ἐστιν, καὶ ὁ ἐν ἐλαχίστῳ ἄδικος καὶ ἐν πολλῷ ἄδικός ἐστιν. **11** εἰ οὖν ἐν τῷ ἀδίκῳ μαμωνᾷ πιστοὶ οὐκ ἐγένεσθε, τὸ ἀληθινὸν τίς ὑμῖν πιστεύσει; **12** καὶ εἰ ἐν τῷ ἀλλοτρίῳ πιστοὶ οὐκ ἐγένεσθε, τὸ ὑμέτερον¹ τίς ὑμῖν δώσει;

13 Οὐδεὶς οἰκέτης δύναται δυσὶν κυρίοις δουλεύειν· ἢ γὰρ τὸν ἕνα μισήσει καὶ τὸν ἕτερον ἀγαπήσει, ἢ ἑνὸς ἀνθέξεται καὶ τοῦ ἑτέρου καταφρονήσει. οὐ δύνασθε θεῷ δουλεύειν καὶ μαμωνᾷ.

The Law and the Kingdom of God (Mt 11.12-13)

14 Ἤκουον δὲ ταῦτα πάντα οἱ Φαρισαῖοι φιλάργυροι ὑπάρχοντες καὶ ἐξεμυκτήριζον αὐτόν. **15** καὶ εἶπεν αὐτοῖς· ὑμεῖς ἐστε οἱ δικαιοῦντες ἑαυτοὺς ἐνώπιον τῶν ἀνθρώπων, ὁ δὲ θεὸς γινώσκει τὰς καρδίας ὑμῶν· ὅτι τὸ ἐν ἀνθρώποις ὑψηλὸν βδέλυγμα ἐνώπιον τοῦ θεοῦ.

16 Ὁ νόμος καὶ οἱ προφῆται μέχρι Ἰωάννου· ἀπὸ τότε ἡ βασιλεία τοῦ θεοῦ εὐαγγελίζεται καὶ πᾶς εἰς αὐτὴν βιάζεται. **17** εὐκοπώτερον δέ ἐστιν τὸν οὐρανὸν καὶ τὴν γῆν παρελθεῖν ἢ τοῦ νόμου μίαν κεραίαν πεσεῖν.

18 Πᾶς ὁ ἀπολύων τὴν γυναῖκα αὐτοῦ καὶ γαμῶν ἑτέραν μοιχεύει, καὶ ὁ ἀπολελυμένην ἀπὸ ἀνδρὸς γαμῶν μοιχεύει.

The Rich Man and Lazarus

19 Ἄνθρωπος δέ τις ἦν πλούσιος, καὶ ἐνεδιδύσκετο πορφύραν καὶ βύσσον εὐφραινόμενος καθ' ἡμέραν λαμπρῶς. **20** πτωχὸς δέ τις ὀνόματι Λάζαρος ἐβέβλητο πρὸς τὸν πυλῶνα αὐτοῦ

---

¹**12** {B} ὑμέτερον 𝔓⁷⁵ 01 02 05 032 037 038 044 0233 *f*¹ *f*¹³ 28 180 205 565 579 597ᶜ 700 892 1006 1010 1071 1241 1243 1292 1342 1424 1505 *Byz* [07 09 011 013 022 024] latᵛˡ⁻ᵖᵗ,ᵛᵍ sy cpa co Origenᵖᵗ Basil Cyril // ἡμέτερον 03 019 Origenᵖᵗ // ἐμόν 157 latᵛˡ⁻ᵖᵗ Marcionᵃᶜᶜ· ᵗᵒ ᵀᵉʳᵗᵘˡˡⁱᵃⁿ // ἀληθινόν (*see* 16.11) 33ᵛⁱᵈ 597*

εἱλκωμένος 21 καὶ ἐπιθυμῶν χορτασθῆναι ἀπὸ τῶν πιπτόντων² ἀπὸ τῆς τραπέζης τοῦ πλουσίου· ἀλλὰ καὶ οἱ κύνες ἐρχόμενοι ἐπέλειχον τὰ ἕλκη αὐτοῦ. 22 ἐγένετο δὲ ἀποθανεῖν τὸν πτωχὸν καὶ ἀπενεχθῆναι αὐτὸν ὑπὸ τῶν ἀγγέλων εἰς τὸν κόλπον Ἀβραάμ· ἀπέθανεν δὲ καὶ ὁ πλούσιος καὶ ἐτάφη. 23 καὶ ἐν τῷ ᾅδῃ ἐπάρας τοὺς ὀφθαλμοὺς αὐτοῦ, ὑπάρχων ἐν βασάνοις, ὁρᾷ Ἀβραὰμ ἀπὸ μακρόθεν καὶ Λάζαρον ἐν τοῖς κόλποις αὐτοῦ. 24 καὶ αὐτὸς φωνήσας εἶπεν· πάτερ Ἀβραάμ, ἐλέησόν με καὶ πέμψον Λάζαρον ἵνα βάψῃ τὸ ἄκρον τοῦ δακτύλου αὐτοῦ ὕδατος καὶ καταψύξῃ τὴν γλῶσσάν μου, ὅτι ὀδυνῶμαι ἐν τῇ φλογὶ ταύτῃ. 25 εἶπεν δὲ Ἀβραάμ· τέκνον, μνήσθητι ὅτι ἀπέλαβες τὰ ἀγαθά σου ἐν τῇ ζωῇ σου, καὶ Λάζαρος ὁμοίως τὰ κακά· νῦν δὲ ὧδε παρακαλεῖται, σὺ δὲ ὀδυνᾶσαι. 26 καὶ ἐν πᾶσιν τούτοις μεταξὺ ἡμῶν καὶ ὑμῶν χάσμα μέγα ἐστήρικται, ὅπως οἱ θέλοντες διαβῆναι ἔνθεν πρὸς ὑμᾶς μὴ δύνωνται, μηδὲ ἐκεῖθεν πρὸς ἡμᾶς διαπερῶσιν. 27 εἶπεν δέ· ἐρωτῶ σε οὖν, πάτερ, ἵνα πέμψῃς αὐτὸν εἰς τὸν οἶκον τοῦ πατρός μου, 28 ἔχω γὰρ πέντε ἀδελφούς, ὅπως διαμαρτύρηται αὐτοῖς, ἵνα μὴ καὶ αὐτοὶ ἔλθωσιν εἰς τὸν τόπον τοῦτον τῆς βασάνου. 29 λέγει δὲ Ἀβραάμ· ἔχουσιν Μωϋσέα καὶ τοὺς προφήτας· ἀκουσάτωσαν αὐτῶν. 30 ὁ δὲ εἶπεν· οὐχί, πάτερ Ἀβραάμ, ἀλλ᾽ ἐάν τις ἀπὸ νεκρῶν πορευθῇ πρὸς αὐτοὺς μετανοήσουσιν. 31 εἶπεν δὲ αὐτῷ· εἰ Μωϋσέως καὶ τῶν προφητῶν οὐκ ἀκούουσιν, οὐδ᾽ ἐάν τις ἐκ νεκρῶν ἀναστῇ πεισθήσονται.

Some Sayings of Jesus (Mt 18.6-7, 21-22; Mk 9.42)

17 Εἶπεν δὲ πρὸς τοὺς μαθητὰς αὐτοῦ· ἀνένδεκτόν ἐστιν τοῦ τὰ σκάνδαλα μὴ ἐλθεῖν, πλὴν οὐαὶ δι᾽ οὗ ἔρχεται· 2 λυσιτελεῖ αὐτῷ εἰ λίθος μυλικὸς περίκειται περὶ τὸν τράχηλον αὐτοῦ καὶ ἔρριπται εἰς τὴν θάλασσαν ἢ ἵνα σκανδαλίσῃ τῶν μικρῶν τούτων ἕνα. 3 προσέχετε ἑαυτοῖς.

---

²21 {B} τῶν πιπτόντων 𝔓⁷⁵ 01* 03 019 lat[vl-pt] sy[c, s] cpa co[sa-mss, bo-pt] Marcion[acc. to Adamantius] Clement // τῶν ψιχίων τῶν πιπτόντων (see Mt 15.27) 01² 02 (05 ψιχῶν) 032 037 038 044 f¹³ 28 33 157 180 565 579 597 700 892 1006 1010 1071 1241 1243 1292 1342 1424 1505 Byz [07 09 011 013 022 024] lat[vl-pt, vg] sy[p, h] co[sa-ms, bo-pt] eth Origen[gr. lat] // τῶν πιπτόντων ψιχίων f¹ 205

Ἐὰν ἁμάρτῃ¹ ὁ ἀδελφός σου ἐπιτίμησον αὐτῷ, καὶ ἐὰν μετανοήσῃ ἄφες αὐτῷ. **4** καὶ ἐὰν ἑπτάκις τῆς ἡμέρας ἁμαρτήσῃ εἰς σὲ καὶ ἑπτάκις ἐπιστρέψῃ πρὸς σὲ λέγων· μετανοῶ, ἀφήσεις αὐτῷ.

5 Καὶ εἶπαν οἱ ἀπόστολοι τῷ κυρίῳ· πρόσθες ἡμῖν πίστιν. **6** εἶπεν δὲ ὁ κύριος· εἰ ἔχετε πίστιν ὡς κόκκον σινάπεως, ἐλέγετε ἂν τῇ συκαμίνῳ [ταύτῃ]· ἐκριζώθητι καὶ φυτεύθητι ἐν τῇ θαλάσσῃ· καὶ ὑπήκουσεν ἂν ὑμῖν.

7 Τίς δὲ ἐξ ὑμῶν δοῦλον ἔχων ἀροτριῶντα ἢ ποιμαίνοντα, ὃς εἰσελθόντι ἐκ τοῦ ἀγροῦ ἐρεῖ αὐτῷ· εὐθέως παρελθὼν ἀνάπεσε, **8** ἀλλ' οὐχὶ ἐρεῖ αὐτῷ· ἑτοίμασον τί δειπνήσω καὶ περιζωσάμενος διακόνει μοι ἕως φάγω καὶ πίω, καὶ μετὰ ταῦτα φάγεσαι καὶ πίεσαι σύ; **9** μὴ ἔχει χάριν τῷ δούλῳ ὅτι ἐποίησεν τὰ διαταχθέντα;² **10** οὕτως καὶ ὑμεῖς, ὅταν ποιήσητε πάντα τὰ διαταχθέντα ὑμῖν, λέγετε ὅτι δοῦλοι ἀχρεῖοί ἐσμεν, ὃ ὠφείλομεν ποιῆσαι πεποιήκαμεν.

The Healing of Ten Men with Leprosy

11 Καὶ ἐγένετο ἐν τῷ πορεύεσθαι εἰς Ἰερουσαλὴμ καὶ αὐτὸς διήρχετο διὰ μέσον Σαμαρείας καὶ Γαλιλαίας.

12 Καὶ εἰσερχομένου αὐτοῦ εἴς τινα κώμην ἀπήντησαν [αὐτῷ] δέκα λεπροὶ ἄνδρες, οἳ ἔστησαν πόρρωθεν **13** καὶ αὐτοὶ ἦραν φωνὴν λέγοντες· Ἰησοῦ ἐπιστάτα, ἐλέησον ἡμᾶς. **14** καὶ ἰδὼν εἶπεν αὐτοῖς· πορευθέντες ἐπιδείξατε ἑαυτοὺς τοῖς ἱερεῦσιν. καὶ ἐγένετο ἐν τῷ ὑπάγειν αὐτοὺς ἐκαθαρίσθησαν. **15** εἷς δὲ ἐξ αὐτῶν, ἰδὼν ὅτι ἰάθη, ὑπέστρεψεν μετὰ φωνῆς μεγάλης δοξάζων τὸν θεόν, **16** καὶ ἔπεσεν ἐπὶ πρόσωπον παρὰ τοὺς πόδας

---

¹**3** {A} ἁμάρτῃ 01 02 03 019 032 (038 ἁμαρτήσῃ) f^1 205 892 1071 1241 lat$^{\text{vl-pt, vg-ms}}$ sy cpa co$^{\text{sa, bo}}$ Clement Basil // ἁμάρτῃ εἰς σέ (*see* Mt 18.15) (05 037 f^{13} Lect^{pt} ἁμαρτήσῃ) 044 28 157 180 565 579 597 700 1006 1010 1243 1292 1342 1424 1505 *Byz* [07 09 011 013 022] Lect^{pt} lat$^{\text{vl-pt, vg}}$ co$^{\text{bo-mss}}$ eth

²**9** {B} διαταχθέντα; 𝔓^{75} 01^1 03 019 f^1 28 157 (205 διδαχθέντα) 1241 lat$^{\text{vl-pt}}$ cpa (lat$^{\text{vl-pt}}$ sy$^{\text{c, s}}$ co διαταχθέντα αὐτῷ) // διαταχθέντα; οὐ δοκῶ. 02 032 037 (038 πάντα διαταχθέντα) 044 180 565 579 597 700 892 700 892 1006 1010 1071 (1243 διατεταγμένα) 1292 1342 1424 1505 *Byz* [07 09 011 013 022] lat$^{\text{vl-pt}}$ sy^{h}// διαταχθέντα αὐτῷ; οὐ δοκῶ 05 *TR* f^{13} lat$^{\text{vl-pt, vg}}$ sy^{p}

αὐτοῦ εὐχαριστῶν αὐτῷ· καὶ αὐτὸς ἦν Σαμαρίτης. **17** ἀποκριθεὶς δὲ ὁ Ἰησοῦς εἶπεν· οὐχὶ οἱ δέκα ἐκαθαρίσθησαν; οἱ δὲ ἐννέα ποῦ; **18** οὐχ εὑρέθησαν ὑποστρέψαντες δοῦναι δόξαν τῷ θεῷ εἰ μὴ ὁ ἀλλογενὴς οὗτος; **19** καὶ εἶπεν αὐτῷ· ἀναστὰς πορεύου· ἡ πίστις σου σέσωκέν σε.

The Coming of the Kingdom   (Mt 24.23-28, 37-41)

20 Ἐπερωτηθεὶς δὲ ὑπὸ τῶν Φαρισαίων πότε ἔρχεται ἡ βασιλεία τοῦ θεοῦ ἀπεκρίθη αὐτοῖς καὶ εἶπεν· οὐκ ἔρχεται ἡ βασιλεία τοῦ θεοῦ μετὰ παρατηρήσεως, **21** οὐδὲ ἐροῦσιν· ἰδοὺ ὧδε ἤ· ἐκεῖ, ἰδοὺ γὰρ ἡ βασιλεία τοῦ θεοῦ ἐντὸς ὑμῶν ἐστιν.

22 Εἶπεν δὲ πρὸς τοὺς μαθητάς· ἐλεύσονται ἡμέραι ὅτε ἐπιθυμήσετε μίαν τῶν ἡμερῶν τοῦ υἱοῦ τοῦ ἀνθρώπου ἰδεῖν καὶ οὐκ ὄψεσθε. **23** καὶ ἐροῦσιν ὑμῖν· ἰδοὺ ἐκεῖ, [ἤ·] ἰδοὺ ὧδε· μὴ ἀπέλθητε μηδὲ διώξητε. **24** ὥσπερ γὰρ ἡ ἀστραπὴ ἀστράπτουσα ἐκ τῆς ὑπὸ τὸν οὐρανὸν εἰς τὴν ὑπ᾽ οὐρανὸν λάμπει, οὕτως ἔσται ὁ υἱὸς τοῦ ἀνθρώπου [ἐν τῇ ἡμέρᾳ αὐτοῦ]³. **25** πρῶτον δὲ δεῖ αὐτὸν πολλὰ παθεῖν καὶ ἀποδοκιμασθῆναι ἀπὸ τῆς γενεᾶς ταύτης. **26** καὶ καθὼς ἐγένετο ἐν ταῖς ἡμέραις Νῶε, οὕτως ἔσται καὶ ἐν ταῖς ἡμέραις τοῦ υἱοῦ τοῦ ἀνθρώπου· **27** ἤσθιον, ἔπινον, ἐγάμουν, ἐγαμίζοντο, ἄχρι ἧς ἡμέρας εἰσῆλθεν Νῶε εἰς τὴν κιβωτὸν καὶ ἦλθεν ὁ κατακλυσμὸς καὶ ἀπώλεσεν πάντας. **28** ὁμοίως καθὼς ἐγένετο ἐν ταῖς ἡμέραις Λώτ· ἤσθιον, ἔπινον, ἠγόραζον, ἐπώλουν, ἐφύτευον, ᾠκοδόμουν· **29** ᾗ δὲ ἡμέρᾳ ἐξῆλθεν Λὼτ ἀπὸ Σοδόμων, ἔβρεξεν πῦρ καὶ θεῖον ἀπ᾽ οὐρανοῦ καὶ ἀπώλεσεν πάντας. **30** κατὰ τὰ αὐτὰ ἔσται ᾗ ἡμέρᾳ ὁ υἱὸς τοῦ ἀνθρώπου ἀποκαλύπτεται. **31** ἐν ἐκείνῃ τῇ ἡμέρᾳ ὃς ἔσται ἐπὶ τοῦ δώματος καὶ τὰ σκεύη αὐτοῦ ἐν τῇ οἰκίᾳ, μὴ καταβάτω ἆραι αὐτά, καὶ ὁ ἐν ἀγρῷ ὁμοίως μὴ ἐπιστρεψάτω εἰς τὰ ὀπίσω. **32** μνημονεύετε τῆς γυναικὸς Λώτ. **33** ὃς ἐὰν ζητήσῃ τὴν

---

³**24** {C} ὁ υἱὸς τοῦ ἀνθρώπου ἐν τῇ ἡμέρᾳ αὐτοῦ 01 02 019 (022 157 καὶ ὁ υἱός) 032 037 038 044 f^1 f^{13} 28 180 205 565 579 597 700 892 1006 1010 1071 1241 1243 1292 1342 1424 1505 *Byz* [07 011 013] lat[vl-pt,vg] sy co[bo] // ἡ παρουσία τοῦ υἱοῦ τοῦ ἀνθρώπου (*see* Mt 24.27) lat[vl-pt] co[bo-ms] eth // ὁ υἱὸς τοῦ ἀνθρώπου 𝔓[75] 03 (05 lat[vl-pt] καὶ ὁ υἱός) lat[vl-pt] co[sa]

ψυχὴν αὐτοῦ περιποιήσασθαι⁴ ἀπολέσει αὐτήν, ὃς δ᾽ ἂν ἀπολέσῃ ζῳογονήσει αὐτήν. **34** λέγω ὑμῖν, ταύτῃ τῇ νυκτὶ ἔσονται δύο ἐπὶ κλίνης μιᾶς, ὁ εἷς παραλημφθήσεται καὶ ὁ ἕτερος ἀφεθήσεται· **35** ἔσονται δύο ἀλήθουσαι ἐπὶ τὸ αὐτό, ἡ μία παραλημφθήσεται, ἡ δὲ ἑτέρα ἀφεθήσεται, ⟦**36** δύο ἐν τῷ ἀγρῷ, εἷς παραλημφθήσεται καὶ ὁ ἕτερος ἀφεθήσεται.⟧⁵ **37** καὶ ἀποκριθέντες λέγουσιν αὐτῷ· ποῦ, κύριε; ὁ δὲ εἶπεν αὐτοῖς· ὅπου τὸ σῶμα, ἐκεῖ καὶ οἱ ἀετοὶ ἐπισυναχθήσονται.

The Parable of the Widow and the Judge

18 Ἔλεγεν δὲ παραβολὴν αὐτοῖς πρὸς τὸ δεῖν πάντοτε προσεύχεσθαι αὐτοὺς καὶ μὴ ἐγκακεῖν, **2** λέγων· κριτής τις ἦν ἔν τινι πόλει τὸν θεὸν μὴ φοβούμενος καὶ ἄνθρωπον μὴ ἐντρεπόμενος. **3** χήρα δὲ ἦν ἐν τῇ πόλει ἐκείνῃ καὶ ἤρχετο πρὸς αὐτὸν λέγουσα· ἐκδίκησόν με ἀπὸ τοῦ ἀντιδίκου μου. **4** καὶ οὐκ ἤθελεν ἐπὶ χρόνον. μετὰ δὲ ταῦτα εἶπεν ἐν ἑαυτῷ· εἰ καὶ τὸν θεὸν οὐ φοβοῦμαι οὐδὲ ἄνθρωπον ἐντρέπομαι, **5** διά γε τὸ παρέχειν μοι κόπον τὴν χήραν ταύτην ἐκδικήσω αὐτήν, ἵνα μὴ εἰς τέλος ἐρχομένη ὑπωπιάζῃ με. **6** εἶπεν δὲ ὁ κύριος· ἀκούσατε τί ὁ κριτὴς τῆς ἀδικίας λέγει· **7** ὁ δὲ θεὸς οὐ μὴ ποιήσῃ τὴν ἐκδίκησιν τῶν ἐκλεκτῶν αὐτοῦ τῶν βοώντων αὐτῷ ἡμέρας καὶ νυκτός, καὶ μακροθυμεῖ ἐπ᾽ αὐτοῖς; **8** λέγω ὑμῖν ὅτι ποιήσει τὴν ἐκδίκησιν αὐτῶν ἐν τάχει. πλὴν ὁ υἱὸς τοῦ ἀνθρώπου ἐλθὼν ἆρα εὑρήσει τὴν πίστιν ἐπὶ τῆς γῆς;

The Parable of the Pharisee and the Tax Collector

9 Εἶπεν δὲ καὶ πρός τινας τοὺς πεποιθότας ἐφ᾽ ἑαυτοῖς ὅτι εἰσὶν δίκαιοι καὶ ἐξουθενοῦντας τοὺς λοιποὺς τὴν παραβολὴν

---

⁴**33** {B} περιποιήσασθαι 𝔓⁷⁵ 03 019 579 ∥ σῶσαι 01 02 032 037 038 044 *f*¹ *f*¹³ 28 157 180 205 565 597 700 892 1006 1010 1071 1241 1243 1292 1342 1424 1505 *Byz* [07 011 013 022] lat⁽ᵛˡ⁻ᵖᵗ⁾, ᵛᵍ syʰ (coᵇᵒ) eth Cyrilˡᵉᵐ ∥ ζῳογονῆσαι 05 latᵛˡ⁻ᵖᵗ syᶜ, ˢ, ᵖ coˢᵃ
⁵**36** {A} *no addition* 𝔓⁷⁵ 01 02 03 019 032 037 038 044 *f*¹ 28 33 157 205 565 597 892 1010 1241 1292 1342 1424 1505 *Byz* [07 011 013 022 026] co ethᵖᵖ Basil ∥ *add verse 36* (*see* Mt 24.40) (05 *omit* τῷ) 579 1071* 1243 (180 700 1006 1071ᶜ δύο ἔσονται) *Lect* latᵛˡ⁻ᵖᵗ, ᵛᵍ sy ethᵀᴴ ∥ *add verse 36, but with* εἷς παραλημφθήσεται ἡ δὲ ἑτέρα ἀφεθήσεται *f*¹³ (latᵛˡ⁻ᵖᵗ)

ταύτην· **10** ἄνθρωποι δύο ἀνέβησαν εἰς τὸ ἱερὸν προσεύξασθαι, ὁ εἷς Φαρισαῖος καὶ ὁ ἕτερος τελώνης. **11** ὁ Φαρισαῖος σταθεὶς πρὸς ἑαυτὸν ταῦτα[1] προσηύχετο· ὁ θεός, εὐχαριστῶ σοι ὅτι οὐκ εἰμὶ ὥσπερ οἱ λοιποὶ τῶν ἀνθρώπων, ἅρπαγες, ἄδικοι, μοιχοί, ἢ καὶ ὡς οὗτος ὁ τελώνης· **12** νηστεύω δὶς τοῦ σαββάτου, ἀποδεκατῶ πάντα ὅσα κτῶμαι. **13** ὁ δὲ τελώνης μακρόθεν ἑστὼς οὐκ ἤθελεν οὐδὲ τοὺς ὀφθαλμοὺς ἐπᾶραι εἰς τὸν οὐρανόν, ἀλλ᾽ ἔτυπτεν τὸ στῆθος αὐτοῦ λέγων· ὁ θεός, ἱλάσθητί μοι τῷ ἁμαρτωλῷ. **14** λέγω ὑμῖν, κατέβη οὗτος δεδικαιωμένος εἰς τὸν οἶκον αὐτοῦ παρ᾽ ἐκεῖνον· ὅτι πᾶς ὁ ὑψῶν ἑαυτὸν ταπεινωθήσεται, ὁ δὲ ταπεινῶν ἑαυτὸν ὑψωθήσεται.

Little Children Blessed (Mt 19.13-15; Mk 10.13-16)

15 Προσέφερον δὲ αὐτῷ καὶ τὰ βρέφη ἵνα αὐτῶν ἅπτηται· ἰδόντες δὲ οἱ μαθηταὶ ἐπετίμων αὐτοῖς. **16** ὁ δὲ Ἰησοῦς προσεκαλέσατο αὐτὰ λέγων· ἄφετε τὰ παιδία ἔρχεσθαι πρός με καὶ μὴ κωλύετε αὐτά, τῶν γὰρ τοιούτων ἐστὶν ἡ βασιλεία τοῦ θεοῦ. **17** ἀμὴν λέγω ὑμῖν, ὃς ἂν μὴ δέξηται τὴν βασιλείαν τοῦ θεοῦ ὡς παιδίον, οὐ μὴ εἰσέλθῃ εἰς αὐτήν.

The Rich Ruler (Mt 19.16-30; Mk 10.17-31)

18 Καὶ ἐπηρώτησέν τις αὐτὸν ἄρχων λέγων· διδάσκαλε ἀγαθέ, τί ποιήσας ζωὴν αἰώνιον κληρονομήσω; **19** εἶπεν δὲ αὐτῷ ὁ Ἰησοῦς· τί με λέγεις ἀγαθόν; οὐδεὶς ἀγαθὸς εἰ μὴ εἷς ὁ θεός. **20** τὰς ἐντολὰς οἶδας· *μὴ μοιχεύσῃς, μὴ φονεύσῃς, μὴ κλέψῃς, μὴ ψευδομαρτυρήσῃς, τίμα τὸν πατέρα σου καὶ τὴν μητέρα.* **21** ὁ δὲ εἶπεν· ταῦτα πάντα ἐφύλαξα ἐκ νεότητος. **22** ἀκούσας δὲ ὁ Ἰησοῦς εἶπεν αὐτῷ· ἔτι ἕν σοι λείπει· πάντα ὅσα ἔχεις πώλησον καὶ διάδος πτωχοῖς, καὶ ἕξεις θησαυρὸν ἐν [τοῖς] οὐρανοῖς, καὶ δεῦρο ἀκολούθει μοι. **23** ὁ δὲ ἀκούσας ταῦτα περίλυπος ἐγενήθη· ἦν γὰρ πλούσιος σφόδρα.

---

[1]**11** {C} πρὸς ἑαυτὸν ταῦτα 02 032 037 f^{13} 28 157 180 565 597 700 1006 1010 1243 1292 1342 1424 1505 *Byz* [07 011 013 022 026] lat[vl-pt] sy[h] Basil ∥ καθ᾽ ἑαυτὸν ταῦτα 05 lat[vl-pt] ∥ ταῦτα πρὸς ἑαυτόν $\mathfrak{P}^{75}$ 01[2] 03 (019) 029 038 044 f^1 205 579 892 1241 lat[vl-pt, vg] cpa Origen[gr, lat] ∥ ταῦτα 01* lat[vl-pt] co[sa, ach] ∥ πρὸς ἑαυτόν sy[s] ∥ *omit* 828 1071 eth

24 Ἰδὼν δὲ αὐτὸν ὁ Ἰησοῦς [περίλυπον γενόμενον] εἶπεν²· πῶς δυσκόλως οἱ τὰ χρήματα ἔχοντες εἰς τὴν βασιλείαν τοῦ θεοῦ εἰσπορεύονται· **25** εὐκοπώτερον γάρ ἐστιν κάμηλον διὰ τρήματος βελόνης εἰσελθεῖν ἢ πλούσιον εἰς τὴν βασιλείαν τοῦ θεοῦ εἰσελθεῖν. **26** εἶπαν δὲ οἱ ἀκούσαντες· καὶ τίς δύναται σωθῆναι; **27** ὁ δὲ εἶπεν· τὰ ἀδύνατα παρὰ ἀνθρώποις δυνατὰ παρὰ τῷ θεῷ ἐστιν.

28 Εἶπεν δὲ ὁ Πέτρος· ἰδοὺ ἡμεῖς ἀφέντες τὰ ἴδια ἠκολουθήσαμέν σοι. **29** ὁ δὲ εἶπεν αὐτοῖς· ἀμὴν λέγω ὑμῖν ὅτι οὐδείς ἐστιν ὃς ἀφῆκεν οἰκίαν ἢ γυναῖκα ἢ ἀδελφοὺς ἢ γονεῖς ἢ τέκνα ἕνεκεν τῆς βασιλείας τοῦ θεοῦ, **30** ὃς οὐχὶ μὴ [ἀπο]λάβῃ πολλαπλασίονα ἐν τῷ καιρῷ τούτῳ καὶ ἐν τῷ αἰῶνι τῷ ἐρχομένῳ ζωὴν αἰώνιον.

A Third Time Jesus Foretells His Death and Resurrection
(Mt 20.17-19; Mk 10.32-34)

31 Παραλαβὼν δὲ τοὺς δώδεκα εἶπεν πρὸς αὐτούς· ἰδοὺ ἀναβαίνομεν εἰς Ἰερουσαλήμ, καὶ τελεσθήσεται πάντα τὰ γεγραμμένα διὰ τῶν προφητῶν τῷ υἱῷ τοῦ ἀνθρώπου· **32** παραδοθήσεται γὰρ τοῖς ἔθνεσιν καὶ ἐμπαιχθήσεται καὶ ὑβρισθήσεται καὶ ἐμπτυσθήσεται **33** καὶ μαστιγώσαντες ἀποκτενοῦσιν αὐτόν, καὶ τῇ ἡμέρᾳ τῇ τρίτῃ ἀναστήσεται. **34** καὶ αὐτοὶ οὐδὲν τούτων συνῆκαν καὶ ἦν τὸ ῥῆμα τοῦτο κεκρυμμένον ἀπ' αὐτῶν καὶ οὐκ ἐγίνωσκον τὰ λεγόμενα.

The Healing of a Blind Beggar near Jericho (Mt 20.29-34; Mk 10.46-52)

35 Ἐγένετο δὲ ἐν τῷ ἐγγίζειν αὐτὸν εἰς Ἰεριχὼ τυφλός τις ἐκάθητο παρὰ τὴν ὁδὸν ἐπαιτῶν. **36** ἀκούσας δὲ ὄχλου διαπορευομένου ἐπυνθάνετο τί εἴη τοῦτο. **37** ἀπήγγειλαν δὲ αὐτῷ ὅτι Ἰησοῦς ὁ Ναζωραῖος παρέρχεται. **38** καὶ ἐβόησεν λέγων· Ἰησοῦ υἱὲ Δαυίδ, ἐλέησόν με. **39** καὶ οἱ προάγοντες ἐπετίμων

---

²**24** {C} αὐτὸν ὁ Ἰησοῦς περίλυπον γενόμενον εἶπεν 02 032 037 038 044 078 ƒ¹³ 28 33ᵛⁱᵈ 180 565 597 700 892 1006 1010 1071 1243 1292 1342 (1424 αὐτόν *after* περίλυπον) 1505 *Byz* [07 09 011 013 022 024] latᵛˡ⁻ᵖᵗ, ᵛᵍ syʰ (ethᵀᴴ) // αὐτὸν περίλυπον γενόμενον εἶπεν ὁ Ἰησοῦς 05 latᵛˡ⁻ᵖᵗ ethᵖᵖ // αὐτὸν ὁ Ἰησοῦς εἶπεν (*see* Mk 10.23) 01 (03 *omit* ὁ) 019 ƒ¹ 157 205 579 1241 cpa co

αὐτῷ ἵνα σιγήσῃ, αὐτὸς δὲ πολλῷ μᾶλλον ἔκραζεν· υἱὲ Δαυίδ, ἐλέησόν με. **40** σταθεὶς δὲ ὁ Ἰησοῦς ἐκέλευσεν αὐτὸν ἀχθῆναι πρὸς αὐτόν. ἐγγίσαντος δὲ αὐτοῦ ἐπηρώτησεν αὐτόν· **41** τί σοι θέλεις ποιήσω; ὁ δὲ εἶπεν· κύριε, ἵνα ἀναβλέψω. **42** καὶ ὁ Ἰησοῦς εἶπεν αὐτῷ· ἀνάβλεψον· ἡ πίστις σου σέσωκέν σε. **43** καὶ παραχρῆμα ἀνέβλεψεν καὶ ἠκολούθει αὐτῷ δοξάζων τὸν θεόν. καὶ πᾶς ὁ λαὸς ἰδὼν ἔδωκεν αἶνον τῷ θεῷ.

Jesus and Zacchaeus

19 Καὶ εἰσελθὼν διήρχετο τὴν Ἰεριχώ. **2** καὶ ἰδοὺ ἀνὴρ ὀνόματι καλούμενος Ζακχαῖος, καὶ αὐτὸς ἦν ἀρχιτελώνης καὶ αὐτὸς πλούσιος· **3** καὶ ἐζήτει ἰδεῖν τὸν Ἰησοῦν τίς ἐστιν καὶ οὐκ ἠδύνατο ἀπὸ τοῦ ὄχλου, ὅτι τῇ ἡλικίᾳ μικρὸς ἦν. **4** καὶ προδραμὼν εἰς τὸ ἔμπροσθεν ἀνέβη ἐπὶ συκομορέαν ἵνα ἴδῃ αὐτὸν ὅτι ἐκείνης ἤμελλεν διέρχεσθαι. **5** καὶ ὡς ἦλθεν ἐπὶ τὸν τόπον, ἀναβλέψας ὁ Ἰησοῦς εἶπεν πρὸς αὐτόν· Ζακχαῖε, σπεύσας κατάβηθι, σήμερον γὰρ ἐν τῷ οἴκῳ σου δεῖ με μεῖναι. **6** καὶ σπεύσας κατέβη καὶ ὑπεδέξατο αὐτὸν χαίρων. **7** καὶ ἰδόντες πάντες διεγόγγυζον λέγοντες ὅτι παρὰ ἁμαρτωλῷ ἀνδρὶ εἰσῆλθεν καταλῦσαι. **8** σταθεὶς δὲ Ζακχαῖος εἶπεν πρὸς τὸν κύριον· ἰδοὺ τὰ ἡμίσιά μου τῶν ὑπαρχόντων, κύριε, τοῖς πτωχοῖς δίδωμι, καὶ εἴ τινός τι ἐσυκοφάντησα ἀποδίδωμι τετραπλοῦν. **9** εἶπεν δὲ πρὸς αὐτὸν ὁ Ἰησοῦς ὅτι σήμερον σωτηρία τῷ οἴκῳ τούτῳ ἐγένετο, καθότι καὶ αὐτὸς υἱὸς Ἀβραάμ ἐστιν· **10** ἦλθεν γὰρ ὁ υἱὸς τοῦ ἀνθρώπου ζητῆσαι καὶ σῶσαι τὸ ἀπολωλός.

The Parable of the Ten Pounds (Mt 25.14-30)

11 Ἀκουόντων δὲ αὐτῶν ταῦτα προσθεὶς εἶπεν παραβολὴν διὰ τὸ ἐγγὺς εἶναι Ἰερουσαλὴμ αὐτὸν καὶ δοκεῖν αὐτοὺς ὅτι παραχρῆμα μέλλει ἡ βασιλεία τοῦ θεοῦ ἀναφαίνεσθαι. **12** εἶπεν οὖν· ἄνθρωπός τις εὐγενὴς ἐπορεύθη εἰς χώραν μακρὰν λαβεῖν ἑαυτῷ βασιλείαν καὶ ὑποστρέψαι. **13** καλέσας δὲ δέκα δούλους ἑαυτοῦ ἔδωκεν αὐτοῖς δέκα μνᾶς καὶ εἶπεν πρὸς αὐτούς· πραγματεύσασθε ἐν ᾧ ἔρχομαι. **14** οἱ δὲ πολῖται αὐτοῦ ἐμίσουν αὐτὸν καὶ ἀπέστειλαν πρεσβείαν ὀπίσω αὐτοῦ λέγοντες· οὐ θέλομεν τοῦτον βασιλεῦσαι ἐφ᾽ ἡμᾶς. **15** καὶ ἐγένετο ἐν τῷ ἐπανελθεῖν αὐτὸν λαβόντα τὴν βασιλείαν καὶ εἶπεν φωνηθῆναι αὐτῷ τοὺς δούλους τούτους οἷς δεδώκει τὸ ἀργύριον, ἵνα γνοῖ τί διεπραγματεύσαντο[1]. **16** παρεγένετο δὲ ὁ πρῶτος λέγων· κύριε, ἡ μνᾶ σου δέκα προσηργάσατο μνᾶς. **17** καὶ εἶπεν αὐτῷ· εὖγε, ἀγαθὲ δοῦλε, ὅτι ἐν ἐλαχίστῳ πιστὸς ἐγένου, ἴσθι ἐξουσίαν ἔχων ἐπάνω δέκα πόλεων. **18** καὶ ἦλθεν ὁ δεύτερος λέγων· ἡ μνᾶ σου, κύριε, ἐποίησεν πέντε μνᾶς. **19** εἶπεν δὲ καὶ τούτῳ· καὶ σὺ ἐπάνω γίνου πέντε πόλεων. **20** καὶ ὁ ἕτερος ἦλθεν λέγων· κύριε, ἰδοὺ ἡ μνᾶ σου ἣν εἶχον ἀποκειμένην ἐν σουδαρίῳ· **21** ἐφοβούμην γάρ σε, ὅτι ἄνθρωπος αὐστηρὸς εἶ, αἴρεις ὃ οὐκ ἔθηκας καὶ θερίζεις ὃ οὐκ ἔσπειρας. **22** λέγει αὐτῷ· ἐκ τοῦ στόματός σου κρινῶ σε, πονηρὲ δοῦλε. ᾔδεις ὅτι ἐγὼ ἄνθρωπος αὐστηρός εἰμι, αἴρων ὃ οὐκ ἔθηκα καὶ θερίζων ὃ οὐκ ἔσπειρα; **23** καὶ διὰ τί οὐκ ἔδωκάς μου τὸ ἀργύριον ἐπὶ τράπεζαν; κἀγὼ ἐλθὼν σὺν τόκῳ ἂν αὐτὸ ἔπραξα. **24** καὶ τοῖς παρεστῶσιν εἶπεν· ἄρατε ἀπ' αὐτοῦ τὴν μνᾶν καὶ δότε τῷ τὰς δέκα μνᾶς ἔχοντι – **25** καὶ εἶπαν αὐτῷ· κύριε, ἔχει δέκα μνᾶς – **26** λέγω ὑμῖν ὅτι παντὶ τῷ ἔχοντι δοθήσεται, ἀπὸ δὲ τοῦ μὴ ἔχοντος καὶ ὃ ἔχει ἀρθήσεται. **27** πλὴν τοὺς ἐχθρούς μου τούτους τοὺς μὴ θελήσαντάς με βασιλεῦσαι ἐπ' αὐτοὺς ἀγάγετε ὧδε καὶ κατασφάξατε αὐτοὺς ἔμπροσθέν μου.

The Triumphal Entry into Jerusalem (Mt 21.1-11; Mk 11.1-11; Jn 12.12-19)

28 Καὶ εἰπὼν ταῦτα ἐπορεύετο ἔμπροσθεν ἀναβαίνων εἰς Ἱεροσόλυμα.

29 Καὶ ἐγένετο ὡς ἤγγισεν εἰς Βηθφαγὴ καὶ Βηθανία[ν] πρὸς τὸ ὄρος τὸ καλούμενον Ἐλαιῶν, ἀπέστειλεν δύο τῶν μαθητῶν **30** λέγων· ὑπάγετε εἰς τὴν κατέναντι κώμην, ἐν ᾗ εἰσπορευόμενοι εὑρήσετε πῶλον δεδεμένον, ἐφ' ὃν οὐδεὶς πώποτε ἀνθρώπων ἐκάθισεν, καὶ λύσαντες αὐτὸν ἀγάγετε. **31** καὶ ἐάν τις ὑμᾶς ἐρωτᾷ· διὰ τί λύετε; οὕτως ἐρεῖτε· ὅτι ὁ κύριος αὐτοῦ χρείαν

---

[1] **15** {B} τί διεπραγματεύσαντο 01 03 05 019 044 (157 ἐπραγματεύσαντο) 579 lat^{vl-pt} sy^{c, s} co eth Origen ∥ τίς τί διεπραγματεύσατο 02 038 ƒ¹ ƒ¹³ 28 33 180 205 565 597 700 892 1010 (1241 *omit* τί) 1243 1292 1342 1424 1505 *Byz* [07 09 011 013] lat^{vl-pt, (vg), vg-ms} sy^{p, h} ∥ τίς τί ἐπραγματεύσατο 032 037 0233 828 1006 1071

ἔχει. **32** ἀπελθόντες δὲ οἱ ἀπεσταλμένοι εὗρον καθὼς εἶπεν αὐτοῖς. **33** λυόντων δὲ αὐτῶν τὸν πῶλον εἶπαν οἱ κύριοι αὐτοῦ πρὸς αὐτούς· τί λύετε τὸν πῶλον; **34** οἱ δὲ εἶπαν· ὅτι ὁ κύριος αὐτοῦ χρείαν ἔχει. **35** καὶ ἤγαγον αὐτὸν πρὸς τὸν Ἰησοῦν καὶ ἐπιρίψαντες αὐτῶν τὰ ἱμάτια ἐπὶ τὸν πῶλον ἐπεβίβασαν τὸν Ἰησοῦν. **36** πορευομένου δὲ αὐτοῦ ὑπεστρώννυον τὰ ἱμάτια αὐτῶν ἐν τῇ ὁδῷ. **37** ἐγγίζοντος δὲ αὐτοῦ ἤδη πρὸς τῇ καταβάσει τοῦ ὄρους τῶν ἐλαιῶν ἤρξαντο ἅπαν τὸ πλῆθος τῶν μαθητῶν χαίροντες αἰνεῖν τὸν θεὸν φωνῇ μεγάλῃ περὶ πασῶν ὧν εἶδον δυνάμεων, **38** λέγοντες·

Ps 118.26
    εὐλογημένος ὁ ἐρχόμενος,
      ὁ βασιλεὺς² ἐν ὀνόματι κυρίου·
    ἐν οὐρανῷ εἰρήνη
      καὶ δόξα ἐν ὑψίστοις.

39 καί τινες τῶν Φαρισαίων ἀπὸ τοῦ ὄχλου εἶπαν πρὸς αὐτόν· διδάσκαλε, ἐπιτίμησον τοῖς μαθηταῖς σου. **40** καὶ ἀποκριθεὶς εἶπεν· λέγω ὑμῖν, ἐὰν οὗτοι σιωπήσουσιν, οἱ λίθοι κράξουσιν.

41 Καὶ ὡς ἤγγισεν ἰδὼν τὴν πόλιν ἔκλαυσεν ἐπ᾽ αὐτὴν **42** λέγων ὅτι εἰ ἔγνως ἐν τῇ ἡμέρᾳ ταύτῃ καὶ σὺ³ τὰ πρὸς εἰρήνην⁴· νῦν δὲ ἐκρύβη ἀπὸ ὀφθαλμῶν σου. **43** ὅτι ἥξουσιν ἡμέραι

---

²**38** {C} ὁ ἐρχόμενος ὁ βασιλεύς 03 ∥ ὁ ἐρχόμενος βασιλεύς 01² 02 019 037 038 044 *f*¹ *f*¹³ 28 157 180 205 565 597 700 892 1006 1010 1071 1241 1292 1342 1424 *Byz* [07 011 022] lat^(vl-pt, vg) (sy cpa βασιλεύς *or* ὁ βασιλεύς) ∥ ὁ βασιλεύς 01* 69^vid (013 1243 *omit* ὁ) Origen ∥ ὁ ἐρχόμενος (*see* Ps 118.26; Mt 21.9; Mk 11.9; Jn 12.13) (05 lat^(vl-pt) eth *and add* εὐλογημένος ὁ βασιλεύς *after* ἐν ὀνόματι κυρίου) 032 579 1505 co^(bo-ms)

³**42** {B} ἐν τῇ ἡμέρᾳ ταύτῃ καὶ σύ 01 03 019 579 892 eth^pp (Marcus^(acc. to Irenaeus-gr)) Origen ∥ καὶ σὺ ἐν τῇ ἡμέρᾳ ταύτῃ 05 038 (157 *add* ἠρώτησας ἄν *after* ταύτῃ) lat^(vl-pt) (lat^(vl-pt) *omit* καί) co^sa eth^TH (Irenaeus^lat) Origen^lat ∥ καὶ σὺ καί γε ἐν τῇ ἡμέρᾳ σου ταύτῃ 032 037 28 180 597 700 1006 1010 1071 (1241 *transpose* καὶ σύ *after* ταύτῃ) 1243 1292 1342 1424 *Byz* [07 011 013 022] lat^(vl-pt, vg) (lat^(vl-pt) *omit first* καί) sy^h (Eusebius) ∥ καὶ σὺ καί γε ἐν τῇ ἡμέρᾳ ταύτῃ (*see footnote* 4) 02 044 *f*¹ 205 565 1505 lat^(vl-pt) Basil

⁴**42** {B} εἰρήνην 01 03 019 038 579 co^(sa, bo-ms) Marcus^(acc. to Irenaeus-gr) Irenaeus^lat Origen^pt ∥ εἰρήνην σου (*see also footnote* 3) 02 032 037 044 *f*¹ 28 180 205 565 597 700 828 892 1006 1010 1071 1241 1243 1292 1342 1424 1505 *Byz* [07 011 013 022] lat^(vl-pt) sy cpa^ms co^bo eth Origen^pt Eusebius^pt Basil Cyril ∥ εἰρήνην σοι 05 *f*¹³ 157 lat^(vl-pt, vg) Origen^lat Eusebius^pt

ἐπὶ σὲ καὶ παρεμβαλοῦσιν οἱ ἐχθροί σου χάρακά σοι καὶ περικυκλώσουσίν σε καὶ συνέξουσίν σε πάντοθεν, **44** καὶ ἐδαφιοῦσίν σε καὶ τὰ τέκνα σου ἐν σοί, καὶ οὐκ ἀφήσουσιν λίθον ἐπὶ λίθον ἐν σοί, ἀνθ' ὧν οὐκ ἔγνως τὸν καιρὸν τῆς ἐπισκοπῆς σου.

The Cleansing of the Temple (Mt 21.12-17; Mk 11.15-19; Jn 2.13-22)

45 Καὶ εἰσελθὼν εἰς τὸ ἱερὸν ἤρξατο ἐκβάλλειν τοὺς πωλοῦντας **46** λέγων αὐτοῖς· γέγραπται·
καὶ *ἔσται ὁ οἶκός μου οἶκος προσευχῆς*,   Is 56.7
ὑμεῖς δὲ αὐτὸν ἐποιήσατε σπήλαιον λῃστῶν.   Jr 7.11

47 Καὶ ἦν διδάσκων τὸ καθ' ἡμέραν ἐν τῷ ἱερῷ. οἱ δὲ ἀρχιερεῖς καὶ οἱ γραμματεῖς ἐζήτουν αὐτὸν ἀπολέσαι καὶ οἱ πρῶτοι τοῦ λαοῦ, **48** καὶ οὐχ εὕρισκον τὸ τί ποιήσωσιν, ὁ λαὸς γὰρ ἅπας ἐξεκρέματο αὐτοῦ ἀκούων.

The Authority of Jesus Questioned (Mt 21.23-27; Mk 11.27-33)

20 Καὶ ἐγένετο ἐν μιᾷ τῶν ἡμερῶν διδάσκοντος αὐτοῦ τὸν λαὸν ἐν τῷ ἱερῷ καὶ εὐαγγελιζομένου ἐπέστησαν οἱ ἀρχιερεῖς καὶ οἱ γραμματεῖς σὺν τοῖς πρεσβυτέροις **2** καὶ εἶπαν λέγοντες πρὸς αὐτόν· εἰπὸν ἡμῖν ἐν ποίᾳ ἐξουσίᾳ ταῦτα ποιεῖς, ἢ τίς ἐστιν ὁ δούς σοι τὴν ἐξουσίαν ταύτην; **3** ἀποκριθεὶς δὲ εἶπεν πρὸς αὐτούς· ἐρωτήσω ὑμᾶς κἀγὼ λόγον, καὶ εἴπατέ μοι· **4** τὸ βάπτισμα Ἰωάννου ἐξ οὐρανοῦ ἦν ἢ ἐξ ἀνθρώπων; **5** οἱ δὲ συνελογίσαντο πρὸς ἑαυτοὺς λέγοντες ὅτι ἐὰν εἴπωμεν· ἐξ οὐρανοῦ, ἐρεῖ· διὰ τί οὐκ ἐπιστεύσατε αὐτῷ; **6** ἐὰν δὲ εἴπωμεν· ἐξ ἀνθρώπων, ὁ λαὸς ἅπας καταλιθάσει ἡμᾶς, πεπεισμένος γάρ ἐστιν Ἰωάννην προφήτην εἶναι. **7** καὶ ἀπεκρίθησαν μὴ εἰδέναι πόθεν. **8** καὶ ὁ Ἰησοῦς εἶπεν αὐτοῖς· οὐδὲ ἐγὼ λέγω ὑμῖν ἐν ποίᾳ ἐξουσίᾳ ταῦτα ποιῶ.

The Parable of the Vineyard and the Tenants (Mt 21.33-46; Mk 12.1-12)

9 Ἤρξατο δὲ πρὸς τὸν λαὸν λέγειν τὴν παραβολὴν ταύτην· ἄνθρωπός [τις] ἐφύτευσεν ἀμπελῶνα καὶ ἐξέδετο αὐτὸν γεωργοῖς καὶ ἀπεδήμησεν χρόνους ἱκανούς. **10** καὶ καιρῷ ἀπέστειλεν πρὸς τοὺς γεωργοὺς δοῦλον ἵνα ἀπὸ τοῦ καρποῦ τοῦ ἀμπελῶνος δώσουσιν αὐτῷ· οἱ δὲ γεωργοὶ ἐξαπέστειλαν αὐτὸν δείραντες κενόν. 11 καὶ προσέθετο ἕτερον πέμψαι δοῦλον· οἱ δὲ κἀκεῖνον δείραντες καὶ ἀτιμάσαντες ἐξαπέστειλαν κενόν. 12 καὶ προσέθετο τρίτον πέμψαι· οἱ δὲ καὶ τοῦτον τραυματίσαντες ἐξέβαλον. 13 εἶπεν δὲ ὁ κύριος τοῦ ἀμπελῶνος· τί ποιήσω; πέμψω τὸν υἱόν μου τὸν ἀγαπητόν· ἴσως τοῦτον ἐντραπήσονται. 14 ἰδόντες δὲ αὐτὸν οἱ γεωργοὶ διελογίζοντο πρὸς ἀλλήλους λέγοντες· οὗτός ἐστιν ὁ κληρονόμος· ἀποκτείνωμεν αὐτόν, ἵνα ἡμῶν γένηται ἡ κληρονομία. 15 καὶ ἐκβαλόντες αὐτὸν ἔξω τοῦ ἀμπελῶνος ἀπέκτειναν. τί οὖν ποιήσει αὐτοῖς ὁ κύριος τοῦ ἀμπελῶνος; 16 ἐλεύσεται καὶ ἀπολέσει τοὺς γεωργοὺς τούτους καὶ δώσει τὸν ἀμπελῶνα ἄλλοις.

Ἀκούσαντες δὲ εἶπαν· μὴ γένοιτο. 17 ὁ δὲ ἐμβλέψας αὐτοῖς εἶπεν· τί οὖν ἐστιν τὸ γεγραμμένον τοῦτο·

Ps 118.22
λίθον ὃν ἀπεδοκίμασαν οἱ οἰκοδομοῦντες,
οὗτος ἐγενήθη εἰς κεφαλὴν γωνίας;
18 πᾶς ὁ πεσὼν ἐπ᾽ ἐκεῖνον τὸν λίθον συνθλασθήσεται· ἐφ᾽ ὃν δ᾽ ἂν πέσῃ, λικμήσει αὐτόν.

19 Καὶ ἐζήτησαν οἱ γραμματεῖς καὶ οἱ ἀρχιερεῖς ἐπιβαλεῖν ἐπ᾽ αὐτὸν τὰς χεῖρας ἐν αὐτῇ τῇ ὥρᾳ, καὶ ἐφοβήθησαν τὸν λαόν, ἔγνωσαν γὰρ ὅτι πρὸς αὐτοὺς εἶπεν τὴν παραβολὴν ταύτην.

Paying Taxes to Caesar (Mt 22.15-22; Mk 12.13-17)

20 Καὶ παρατηρήσαντες ἀπέστειλαν ἐγκαθέτους ὑποκρινομένους ἑαυτοὺς δικαίους εἶναι, ἵνα ἐπιλάβωνται αὐτοῦ λόγου, ὥστε παραδοῦναι αὐτὸν τῇ ἀρχῇ καὶ τῇ ἐξουσίᾳ τοῦ ἡγεμόνος. 21 καὶ ἐπηρώτησαν αὐτὸν λέγοντες· διδάσκαλε, οἴδαμεν ὅτι ὀρθῶς λέγεις καὶ διδάσκεις καὶ οὐ λαμβάνεις πρόσωπον, ἀλλ᾽ ἐπ᾽ ἀληθείας τὴν ὁδὸν τοῦ θεοῦ διδάσκεις· 22 ἔξεστιν ἡμᾶς Καίσαρι φόρον δοῦναι ἢ οὔ; 23 κατανοήσας δὲ αὐτῶν τὴν πανουργίαν εἶπεν πρὸς αὐτούς· 24 δείξατέ μοι δηνάριον· τίνος ἔχει εἰκόνα καὶ ἐπιγραφήν; οἱ δὲ εἶπαν· Καίσαρος. 25 ὁ δὲ εἶπεν πρὸς αὐτούς· τοίνυν ἀπόδοτε τὰ Καίσαρος Καίσαρι καὶ τὰ τοῦ θεοῦ τῷ θεῷ. 26 καὶ οὐκ ἴσχυσαν ἐπιλαβέσθαι αὐτοῦ ῥήματος ἐναντίον τοῦ λαοῦ καὶ θαυμάσαντες ἐπὶ τῇ ἀποκρίσει αὐτοῦ ἐσίγησαν.

The Question about the Resurrection   (Mt 22.23-33; Mk 12.18-27)

27 Προσελθόντες δέ τινες τῶν Σαδδουκαίων, οἱ [ἀντι]λέγοντες ἀνάστασιν μὴ εἶναι, ἐπηρώτησαν αὐτὸν **28** λέγοντες· διδάσκαλε, Μωϋσῆς ἔγραψεν ἡμῖν, ἐάν τινος ἀδελφὸς ἀποθάνῃ ἔχων γυναῖκα, καὶ οὗτος ἄτεκνος ᾖ, ἵνα λάβῃ ὁ ἀδελφὸς αὐτοῦ τὴν γυναῖκα καὶ ἐξαναστήσῃ σπέρμα τῷ ἀδελφῷ αὐτοῦ. **29** ἑπτὰ οὖν ἀδελφοὶ ἦσαν· καὶ ὁ πρῶτος λαβὼν γυναῖκα ἀπέθανεν ἄτεκνος· **30** καὶ ὁ δεύτερος[1] **31** καὶ ὁ τρίτος ἔλαβεν αὐτήν, ὡσαύτως δὲ καὶ οἱ ἑπτὰ οὐ κατέλιπον τέκνα καὶ ἀπέθανον. **32** ὕστερον καὶ ἡ γυνὴ ἀπέθανεν. **33** ἡ γυνὴ οὖν ἐν τῇ ἀναστάσει τίνος αὐτῶν γίνεται γυνή; οἱ γὰρ ἑπτὰ ἔσχον αὐτὴν γυναῖκα.

34 Καὶ εἶπεν αὐτοῖς ὁ Ἰησοῦς· οἱ υἱοὶ τοῦ αἰῶνος τούτου γαμοῦσιν καὶ γαμίσκονται, **35** οἱ δὲ καταξιωθέντες τοῦ αἰῶνος ἐκείνου τυχεῖν καὶ τῆς ἀναστάσεως τῆς ἐκ νεκρῶν οὔτε γαμοῦσιν οὔτε γαμίζονται· **36** οὐδὲ γὰρ ἀποθανεῖν ἔτι δύνανται, ἰσάγγελοι γάρ εἰσιν καὶ υἱοί εἰσιν θεοῦ τῆς ἀναστάσεως υἱοὶ ὄντες. **37** ὅτι δὲ ἐγείρονται οἱ νεκροί, καὶ Μωϋσῆς ἐμήνυσεν ἐπὶ τῆς βάτου, ὡς λέγει *κύριον τὸν θεὸν Ἀβραὰμ καὶ θεὸν Ἰσαὰκ καὶ θεὸν Ἰακώβ*. **38** θεὸς δὲ οὐκ ἔστιν νεκρῶν ἀλλὰ ζώντων, πάντες γὰρ αὐτῷ ζῶσιν.   *Ex 3.6*

39 Ἀποκριθέντες δέ τινες τῶν γραμματέων εἶπαν· διδάσκαλε, καλῶς εἶπας. **40** οὐκέτι γὰρ ἐτόλμων ἐπερωτᾶν αὐτὸν οὐδέν.

The Question about David's Son   (Mt 22.41-46; Mk 12.35-37)

41 Εἶπεν δὲ πρὸς αὐτούς· πῶς λέγουσιν τὸν χριστὸν εἶναι Δαυὶδ υἱόν; **42** αὐτὸς γὰρ Δαυὶδ λέγει ἐν βίβλῳ ψαλμῶν·

εἶπεν κύριος τῷ κυρίῳ μου·   *Ps 110.1*
    κάθου ἐκ δεξιῶν μου,
43   *ἕως ἂν θῶ τοὺς ἐχθρούς σου*
        ὑποπόδιον τῶν ποδῶν σου.

44 Δαυὶδ οὖν κύριον αὐτὸν καλεῖ, καὶ πῶς αὐτοῦ υἱός ἐστιν;

---

[1]**30** {B} καὶ ὁ δεύτερος 01 03 05 019 0266 892 1241 lat^(vl-pt) co ∥ καὶ ἔλαβεν ὁ δεύτερος τὴν γυναῖκα καὶ οὗτος ἀπέθανεν ἄτεκνος 02 032 037 (038) 044 *f*¹ *f*¹³ 33 565^(supp) (579) 700 1424 *Byz* [07 011 013 022 024] lat^(vl-pt, vg) (sy^c) (co^(bo-ms))

The Denouncing of the Scribes (Mt 23.1-36; Mk 12.38-40; Lk 11.37-54)

45 Ἀκούοντος δὲ παντὸς τοῦ λαοῦ εἶπεν τοῖς μαθηταῖς [αὐτοῦ]· 46 προσέχετε ἀπὸ τῶν γραμματέων τῶν θελόντων περιπατεῖν ἐν στολαῖς καὶ φιλούντων ἀσπασμοὺς ἐν ταῖς ἀγοραῖς καὶ πρωτοκαθεδρίας ἐν ταῖς συναγωγαῖς καὶ πρωτοκλισίας ἐν τοῖς δείπνοις, 47 οἳ κατεσθίουσιν τὰς οἰκίας τῶν χηρῶν καὶ προφάσει μακρὰ προσεύχονται· οὗτοι λήμψονται περισσότερον κρίμα.

The Widow's Offering (Mk 12.41-44)

21 Ἀναβλέψας δὲ εἶδεν τοὺς βάλλοντας εἰς τὸ γαζοφυλάκιον τὰ δῶρα αὐτῶν πλουσίους. 2 εἶδεν δέ τινα χήραν πενιχρὰν βάλλουσαν ἐκεῖ λεπτὰ δύο, 3 καὶ εἶπεν· ἀληθῶς λέγω ὑμῖν ὅτι ἡ χήρα αὕτη ἡ πτωχὴ πλεῖον πάντων ἔβαλεν· 4 πάντες γὰρ οὗτοι ἐκ τοῦ περισσεύοντος αὐτοῖς ἔβαλον εἰς τὰ δῶρα[1], αὕτη δὲ ἐκ τοῦ ὑστερήματος αὐτῆς πάντα τὸν βίον ὃν εἶχεν ἔβαλεν.

The Destruction of the Temple Foretold (Mt 24.1-2; Mk 13.1-2)

5 Καί τινων λεγόντων περὶ τοῦ ἱεροῦ ὅτι λίθοις καλοῖς καὶ ἀναθήμασιν κεκόσμηται εἶπεν· 6 ταῦτα ἃ θεωρεῖτε ἐλεύσονται ἡμέραι ἐν αἷς οὐκ ἀφεθήσεται λίθος ἐπὶ λίθῳ ὃς οὐ καταλυθήσεται.

Signs and Persecutions (Mt 24.3-14; Mk 13.3-13)

7 Ἐπηρώτησαν δὲ αὐτὸν λέγοντες· διδάσκαλε, πότε οὖν ταῦτα ἔσται καὶ τί τὸ σημεῖον ὅταν μέλλῃ ταῦτα γίνεσθαι; 8 ὁ δὲ εἶπεν· βλέπετε μὴ πλανηθῆτε· πολλοὶ γὰρ ἐλεύσονται ἐπὶ τῷ ὀνόματί μου λέγοντες· ἐγώ εἰμι, καί· ὁ καιρὸς ἤγγικεν. μὴ πορευθῆτε ὀπίσω αὐτῶν. 9 ὅταν δὲ ἀκούσητε πολέμους καὶ ἀκαταστασίας, μὴ πτοηθῆτε· δεῖ γὰρ ταῦτα γενέσθαι πρῶτον, ἀλλ' οὐκ εὐθέως τὸ τέλος.

10 Τότε ἔλεγεν αὐτοῖς· ἐγερθήσεται ἔθνος ἐπ' ἔθνος καὶ βασιλεία ἐπὶ βασιλείαν, 11 σεισμοί τε μεγάλοι καὶ κατὰ τόπους

---

[1] 4 {B} δῶρα 01 03 019 𝑓¹ 205 579 1241 sy^{c. s} cpa (co) // δῶρα τοῦ θεοῦ 02 05 032 037 038 044 0102^{vid} 0233 𝑓¹³ 33 157 180 565 597 700 892 1006 1010 1071 1243 1292 1342 1424 1505 *Byz* [07 011 013 026^{vid}] lat sy^{p. h} eth^{TH} Origen Basil

λιμοὶ καὶ λοιμοὶ ἔσονται, φόβητρά τε καὶ ἀπ' οὐρανοῦ σημεῖα μεγάλα ἔσται.

12 Πρὸ δὲ τούτων πάντων ἐπιβαλοῦσιν ἐφ' ὑμᾶς τὰς χεῖρας αὐτῶν καὶ διώξουσιν, παραδιδόντες εἰς τὰς συναγωγὰς καὶ φυλακάς, ἀπαγομένους ἐπὶ βασιλεῖς καὶ ἡγεμόνας ἕνεκεν τοῦ ὀνόματός μου· **13** ἀποβήσεται ὑμῖν εἰς μαρτύριον. **14** θέτε οὖν ἐν ταῖς καρδίαις ὑμῶν μὴ προμελετᾶν ἀπολογηθῆναι· **15** ἐγὼ γὰρ δώσω ὑμῖν στόμα καὶ σοφίαν ᾗ οὐ δυνήσονται ἀντιστῆναι ἢ ἀντειπεῖν ἅπαντες οἱ ἀντικείμενοι ὑμῖν. **16** παραδοθήσεσθε δὲ καὶ ὑπὸ γονέων καὶ ἀδελφῶν καὶ συγγενῶν καὶ φίλων, καὶ θανατώσουσιν ἐξ ὑμῶν, **17** καὶ ἔσεσθε μισούμενοι ὑπὸ πάντων διὰ τὸ ὄνομά μου. **18** καὶ θρὶξ ἐκ τῆς κεφαλῆς ὑμῶν οὐ μὴ ἀπόληται. **19** ἐν τῇ ὑπομονῇ ὑμῶν κτήσασθε τὰς ψυχὰς ὑμῶν.

The Destruction of Jerusalem Foretold (Mt 24.15-21; Mk 13.14-19)

20 Ὅταν δὲ ἴδητε κυκλουμένην ὑπὸ στρατοπέδων Ἰερουσαλήμ, τότε γνῶτε ὅτι ἤγγικεν ἡ ἐρήμωσις αὐτῆς. **21** τότε οἱ ἐν τῇ Ἰουδαίᾳ φευγέτωσαν εἰς τὰ ὄρη καὶ οἱ ἐν μέσῳ αὐτῆς ἐκχωρείτωσαν καὶ οἱ ἐν ταῖς χώραις μὴ εἰσερχέσθωσαν εἰς αὐτήν, **22** ὅτι ἡμέραι ἐκδικήσεως αὗταί εἰσιν τοῦ πλησθῆναι πάντα τὰ γεγραμμένα. **23** οὐαὶ ταῖς ἐν γαστρὶ ἐχούσαις καὶ ταῖς θηλαζούσαις ἐν ἐκείναις ταῖς ἡμέραις· ἔσται γὰρ ἀνάγκη μεγάλη ἐπὶ τῆς γῆς καὶ ὀργὴ τῷ λαῷ τούτῳ, **24** καὶ πεσοῦνται στόματι μαχαίρης καὶ αἰχμαλωτισθήσονται εἰς τὰ ἔθνη πάντα, καὶ Ἰερουσαλὴμ ἔσται πατουμένη ὑπὸ ἐθνῶν, ἄχρι οὗ πληρωθῶσιν καιροὶ ἐθνῶν.

The Coming of the Son of Man (Mt 24.29-31; Mk 13.24-27)

25 Καὶ ἔσονται σημεῖα ἐν ἡλίῳ καὶ σελήνῃ καὶ ἄστροις, καὶ ἐπὶ τῆς γῆς συνοχὴ ἐθνῶν ἐν ἀπορίᾳ ἤχους θαλάσσης καὶ σάλου, **26** ἀποψυχόντων ἀνθρώπων ἀπὸ φόβου καὶ προσδοκίας τῶν ἐπερχομένων τῇ οἰκουμένῃ, αἱ γὰρ δυνάμεις τῶν οὐρανῶν σαλευθήσονται. **27** καὶ τότε ὄψονται *τὸν υἱὸν τοῦ ἀνθρώπου ἐρχόμενον ἐν νεφέλῃ μετὰ δυνάμεως καὶ δόξης πολλῆς.* Dn 7.13 **28** ἀρχομένων δὲ τούτων γίνεσθαι ἀνακύψατε καὶ ἐπάρατε τὰς κεφαλὰς ὑμῶν, διότι ἐγγίζει ἡ ἀπολύτρωσις ὑμῶν.

The Lesson of the Fig Tree (Mt 24.32-35; Mk 13.28-31)

29 Καὶ εἶπεν παραβολὴν αὐτοῖς· ἴδετε τὴν συκῆν καὶ πάντα τὰ δένδρα· 30 ὅταν προβάλωσιν ἤδη, βλέποντες ἀφ᾽ ἑαυτῶν γινώσκετε ὅτι ἤδη ἐγγὺς τὸ θέρος ἐστίν· 31 οὕτως καὶ ὑμεῖς, ὅταν ἴδητε ταῦτα γινόμενα, γινώσκετε ὅτι ἐγγύς ἐστιν ἡ βασιλεία τοῦ θεοῦ. 32 ἀμὴν λέγω ὑμῖν ὅτι οὐ μὴ παρέλθῃ ἡ γενεὰ αὕτη ἕως ἂν πάντα γένηται. 33 ὁ οὐρανὸς καὶ ἡ γῆ παρελεύσονται, οἱ δὲ λόγοι μου οὐ μὴ παρελεύσονται.

Exhortation to Watch

34 Προσέχετε δὲ ἑαυτοῖς μήποτε βαρηθῶσιν ὑμῶν αἱ καρδίαι ἐν κραιπάλῃ καὶ μέθῃ καὶ μερίμναις βιωτικαῖς καὶ ἐπιστῇ ἐφ᾽ ὑμᾶς αἰφνίδιος ἡ ἡμέρα ἐκείνη 35 ὡς παγίς· ἐπεισελεύσεται γὰρ² ἐπὶ πάντας τοὺς καθημένους ἐπὶ πρόσωπον πάσης τῆς γῆς. 36 ἀγρυπνεῖτε δὲ ἐν παντὶ καιρῷ δεόμενοι ἵνα κατισχύσητε ἐκφυγεῖν ταῦτα πάντα τὰ μέλλοντα γίνεσθαι καὶ σταθῆναι ἔμπροσθεν τοῦ υἱοῦ τοῦ ἀνθρώπου.

37 Ἦν δὲ τὰς ἡμέρας ἐν τῷ ἱερῷ διδάσκων, τὰς δὲ νύκτας ἐξερχόμενος ηὐλίζετο εἰς τὸ ὄρος τὸ καλούμενον Ἐλαιῶν· 38 καὶ πᾶς ὁ λαὸς ὤρθριζεν πρὸς αὐτὸν ἐν τῷ ἱερῷ ἀκούειν αὐτοῦ.³

The Plot to Kill Jesus (Mt 26.1-5, 14-16; Mk 14.1-2, 10-11; Jn 11.45-53)

22 Ἤγγιζεν δὲ ἡ ἑορτὴ τῶν ἀζύμων ἡ λεγομένη πάσχα. 2 καὶ ἐζήτουν οἱ ἀρχιερεῖς καὶ οἱ γραμματεῖς τὸ πῶς ἀνέλωσιν αὐτόν, ἐφοβοῦντο γὰρ τὸν λαόν.

3 Εἰσῆλθεν δὲ σατανᾶς εἰς Ἰούδαν τὸν καλούμενον Ἰσκαριώ-

---

²35 {B} ὡς παγίς· ἐπεισελεύσεται γάρ 01* (01ᶜ 019 ἐπελεύσεται) 03 05 070 (157 ἐπιστήσεται) 579 latᵛˡ⁻ᵖᵗ co (Marcionᵃᶜᶜ· ᵗᵒ ᵀᵉʳᵗᵘˡˡⁱᵃⁿ) // ὡς παγὶς γὰρ ἐπελεύσεται 02 04 032 037 038 044 f¹ f¹³ 33 180 205 565 597 700 892 1006 1010 1071 (1241 1424 ἐλεύσεται) 1243 1292 1342 1505 Byz [07 09 011 013 022] latᵛˡ⁻ᵖᵗ· ᵛᵍ sy cpaᵐˢˢ (eth) (Irenaeusˡᵃᵗ) (Eusebius) Basil

³38 {A} αὐτοῦ. 01 02 03 04 (05 070 αὐτοῦ before ἐν τῷ ἱερῷ) 019 032 037 038 044 f¹ 157 180 205 565 579 597 700 892 1006 1010 1071 1241 1243 1292 1342 1424 1505 Byz [07 09 011 013 022] lat sy co eth // αὐτοῦ. plus Jn 7.53-8.11 f¹³ (see pp. 250–251)

την, ὄντα ἐκ τοῦ ἀριθμοῦ τῶν δώδεκα· 4 καὶ ἀπελθὼν συνελάλησεν τοῖς ἀρχιερεῦσιν καὶ στρατηγοῖς τὸ πῶς αὐτοῖς παραδῷ αὐτόν. 5 καὶ ἐχάρησαν καὶ συνέθεντο αὐτῷ ἀργύριον δοῦναι. 6 καὶ ἐξωμολόγησεν, καὶ ἐζήτει εὐκαιρίαν τοῦ παραδοῦναι αὐτὸν ἄτερ ὄχλου αὐτοῖς.

The Preparation of the Passover   (Mt 26.17-25; Mk 14.12-21; Jn 13.21-30)

7 Ἦλθεν δὲ ἡ ἡμέρα τῶν ἀζύμων, [ἐν] ᾗ ἔδει θύεσθαι τὸ πάσχα· 8 καὶ ἀπέστειλεν Πέτρον καὶ Ἰωάννην εἰπών· πορευθέντες ἑτοιμάσατε ἡμῖν τὸ πάσχα ἵνα φάγωμεν. 9 οἱ δὲ εἶπαν αὐτῷ· ποῦ θέλεις ἑτοιμάσωμεν; 10 ὁ δὲ εἶπεν αὐτοῖς· ἰδοὺ εἰσελθόντων ὑμῶν εἰς τὴν πόλιν συναντήσει ὑμῖν ἄνθρωπος κεράμιον ὕδατος βαστάζων· ἀκολουθήσατε αὐτῷ εἰς τὴν οἰκίαν εἰς ἣν εἰσπορεύεται, 11 καὶ ἐρεῖτε τῷ οἰκοδεσπότῃ τῆς οἰκίας· λέγει σοι ὁ διδάσκαλος· ποῦ ἐστιν τὸ κατάλυμα ὅπου τὸ πάσχα μετὰ τῶν μαθητῶν μου φάγω; 12 κἀκεῖνος ὑμῖν δείξει ἀνάγαιον μέγα ἐστρωμένον· ἐκεῖ ἑτοιμάσατε. 13 ἀπελθόντες δὲ εὗρον καθὼς εἰρήκει αὐτοῖς καὶ ἡτοίμασαν τὸ πάσχα.

The Institution of the Lord's Supper
(Mt 26.26-30; Mk 14.22-26; 1 Cor 11.23-25)

14 Καὶ ὅτε ἐγένετο ἡ ὥρα, ἀνέπεσεν καὶ οἱ ἀπόστολοι σὺν αὐτῷ. 15 καὶ εἶπεν πρὸς αὐτούς· ἐπιθυμίᾳ ἐπεθύμησα τοῦτο τὸ πάσχα φαγεῖν μεθ' ὑμῶν πρὸ τοῦ με παθεῖν· 16 λέγω γὰρ ὑμῖν ὅτι οὐ μὴ φάγω[1] αὐτὸ ἕως ὅτου πληρωθῇ ἐν τῇ βασιλείᾳ τοῦ θεοῦ. 17 καὶ δεξάμενος ποτήριον εὐχαριστήσας εἶπεν· λάβετε τοῦτο καὶ διαμερίσατε εἰς ἑαυτούς· 18 λέγω γὰρ ὑμῖν, [ὅτι] οὐ μὴ πίω ἀπὸ τοῦ νῦν ἀπὸ τοῦ γενήματος τῆς ἀμπέλου ἕως οὗ ἡ βασιλεία τοῦ θεοῦ ἔλθῃ. 19 καὶ λαβὼν ἄρτον εὐχαριστήσας ἔκλασεν καὶ ἔδωκεν αὐτοῖς λέγων· τοῦτό ἐστιν τὸ σῶμά μου τὸ ὑπὲρ ὑμῶν διδόμενον· τοῦτο ποιεῖτε εἰς τὴν ἐμὴν ἀνάμνησιν.

---

[1] 16 {B} ὅτι οὐ μὴ φάγω (see 22.18; Mt 26.29) 𝔓75vid 01 02 03 019 013 038 579 1241 lat vl·pt co Cyril // οὐκέτι μὴ φάγωμαι 05 // ὅτι οὐκέτι οὐ μὴ φάγω (see Mk 14.25) 04² (04* 022 omit ὅτι) 032 037 (044 omit οὐ) f¹ f¹³ 157 180 205 565 597 700 892 1006 1010 1071 1243 1292 1342 1424 1505 Byz [07 011 024] lat vl·pt, vg eth Origen lat

20 καὶ τὸ ποτήριον ὡσαύτως μετὰ τὸ δειπνῆσαι, λέγων· τοῦτο τὸ ποτήριον ἡ καινὴ διαθήκη ἐν τῷ αἵματί μου τὸ ὑπὲρ ὑμῶν ἐκχυννόμενον.[2]
21 Πλὴν ἰδοὺ ἡ χεὶρ τοῦ παραδιδόντος με μετ' ἐμοῦ ἐπὶ τῆς τραπέζης. **22** ὅτι ὁ υἱὸς μὲν τοῦ ἀνθρώπου κατὰ τὸ ὡρισμένον πορεύεται, πλὴν οὐαὶ τῷ ἀνθρώπῳ ἐκείνῳ δι' οὗ παραδίδοται. **23** καὶ αὐτοὶ ἤρξαντο συζητεῖν πρὸς ἑαυτοὺς τὸ τίς ἄρα εἴη ἐξ αὐτῶν ὁ τοῦτο μέλλων πράσσειν.

The Dispute about Greatness

24 Ἐγένετο δὲ καὶ φιλονεικία ἐν αὐτοῖς, τὸ τίς αὐτῶν δοκεῖ εἶναι μείζων. **25** ὁ δὲ εἶπεν αὐτοῖς· οἱ βασιλεῖς τῶν ἐθνῶν κυριεύουσιν αὐτῶν καὶ οἱ ἐξουσιάζοντες αὐτῶν εὐεργέται καλοῦνται. **26** ὑμεῖς δὲ οὐχ οὕτως, ἀλλ' ὁ μείζων ἐν ὑμῖν γινέσθω ὡς ὁ νεώτερος καὶ ὁ ἡγούμενος ὡς ὁ διακονῶν. **27** τίς γὰρ μείζων, ὁ ἀνακείμενος ἢ ὁ διακονῶν; οὐχὶ ὁ ἀνακείμενος; ἐγὼ δὲ ἐν μέσῳ ὑμῶν εἰμι ὡς ὁ διακονῶν.

28 Ὑμεῖς δέ ἐστε οἱ διαμεμενηκότες μετ' ἐμοῦ ἐν τοῖς πειρασμοῖς μου· **29** κἀγὼ διατίθεμαι ὑμῖν καθὼς διέθετό μοι ὁ πατήρ μου βασιλείαν, **30** ἵνα ἔσθητε καὶ πίνητε ἐπὶ τῆς τραπέζης μου ἐν τῇ βασιλείᾳ μου, καὶ καθήσεσθε ἐπὶ θρόνων τὰς δώδεκα φυλὰς κρίνοντες τοῦ Ἰσραήλ.

Peter's Denial Foretold   (Mt 26.31-35; Mk 14.27-31; Jn 13.36-38)

31 Σίμων Σίμων, ἰδοὺ ὁ σατανᾶς ἐξῃτήσατο ὑμᾶς τοῦ σινιάσαι ὡς τὸν σῖτον· **32** ἐγὼ δὲ ἐδεήθην περὶ σοῦ ἵνα μὴ ἐκλίπῃ ἡ πίστις σου· καὶ σύ ποτε ἐπιστρέψας στήρισον τοὺς ἀδελφούς σου. **33** ὁ δὲ εἶπεν αὐτῷ· κύριε, μετὰ σοῦ ἕτοιμός εἰμι καὶ εἰς φυλακὴν καὶ εἰς θάνατον πορεύεσθαι. **34** ὁ δὲ εἶπεν· λέγω σοι,

---

[2] **17-20** {B} *verses 17, 18, 19, 20* $\mathfrak{P}^{75}$ 01 02 03 04 019 029^{vid} 032 037 038 044 f^1 f^{13} 157 180 205 565 579 597 700 892 1006 1010 1071 1241 1243 1292 1342 1424 1505 *Byz* [07 011 013 022] lat$^{vl\text{-}pt, vg}$ sy^h cpa co$^{sa, bo}$ eth (Basil) // *verses 17, 18, 19a (omitting 19b, 20:* τὸ ὑπὲρ ὑμῶν ... ἐκχυννόμενον) 05 lat$^{vl\text{-}pt}$ // *verses 19, 17, 18* (lat$^{vl\text{-}pt}$ *only 19a* καὶ λαβὼν ... σῶμά μου) sy^c // *verses 19, add* μετὰ τὸ δειπνῆσαι *(20a), 17, add* τοῦτό μου τὸ αἷμα ἡ καινὴ διαθήκη *(20b), 18 (see* Mt 26.26-29; Mk 14.22-25; 1 Cor 11.23-26) sy^s // *verses 19, 20 only* sy^p co$^{bo\text{-}ms}$

Πέτρε, οὐ φωνήσει σήμερον ἀλέκτωρ ἕως τρίς με ἀπαρνήσῃ εἰδέναι.

Purse, Bag, and Sword

35 Καὶ εἶπεν αὐτοῖς· ὅτε ἀπέστειλα ὑμᾶς ἄτερ βαλλαντίου καὶ πήρας καὶ ὑποδημάτων, μή τινος ὑστερήσατε; οἱ δὲ εἶπαν· οὐθενός. **36** εἶπεν δὲ αὐτοῖς· ἀλλὰ νῦν ὁ ἔχων βαλλάντιον ἀράτω, ὁμοίως καὶ πήραν, καὶ ὁ μὴ ἔχων πωλησάτω τὸ ἱμάτιον αὐτοῦ καὶ ἀγορασάτω μάχαιραν. **37** λέγω γὰρ ὑμῖν ὅτι τοῦτο τὸ γεγραμμένον δεῖ τελεσθῆναι ἐν ἐμοί, τό· *καὶ μετὰ ἀνόμων ἐλογίσθη*· καὶ γὰρ τὸ περὶ ἐμοῦ τέλος ἔχει. **38** οἱ δὲ εἶπαν· κύριε, ἰδοὺ μάχαιραι ὧδε δύο. ὁ δὲ εἶπεν αὐτοῖς· ἱκανόν ἐστιν. Is 53.12

The Prayer on the Mount of Olives (Mt 26.36-46; Mk 14.32-42)

39 Καὶ ἐξελθὼν ἐπορεύθη κατὰ τὸ ἔθος εἰς τὸ ὄρος τῶν ἐλαιῶν, ἠκολούθησαν δὲ αὐτῷ καὶ οἱ μαθηταί. **40** γενόμενος δὲ ἐπὶ τοῦ τόπου εἶπεν αὐτοῖς· προσεύχεσθε μὴ εἰσελθεῖν εἰς πειρασμόν. **41** καὶ αὐτὸς ἀπεσπάσθη ἀπ' αὐτῶν ὡσεὶ λίθου βολὴν καὶ θεὶς τὰ γόνατα προσηύχετο **42** λέγων· πάτερ, εἰ βούλει παρένεγκε τοῦτο τὸ ποτήριον ἀπ' ἐμοῦ· πλὴν μὴ τὸ θέλημά μου ἀλλὰ τὸ σὸν γινέσθω. ⟦**43** ὤφθη δὲ αὐτῷ ἄγγελος ἀπ' οὐρανοῦ ἐνισχύων αὐτόν. **44** καὶ γενόμενος ἐν ἀγωνίᾳ ἐκτενέστερον προσηύχετο· καὶ ἐγένετο ὁ ἱδρὼς αὐτοῦ ὡσεὶ θρόμβοι αἵματος καταβαίνοντες ἐπὶ τὴν γῆν.⟧[3] **45** καὶ ἀναστὰς ἀπὸ τῆς προσευχῆς ἐλθὼν πρὸς τοὺς μαθητὰς εὗρεν κοιμωμένους αὐτοὺς ἀπὸ τῆς λύπης, **46** καὶ εἶπεν αὐτοῖς· τί καθεύδετε; ἀναστάντες προσεύχεσθε, ἵνα μὴ εἰσέλθητε εἰς πειρασμόν.

---

[3]**43-44** {B} *no addition (see* Mt 26.39; Mk 14.36) ($\mathfrak{P}^{69\text{vid}}$) $\mathfrak{P}^{75}$ 01[2a] 02 03 022 029 032 579 1071* *Lect*[pt] lat[vl-pt] sy[s] co[sa, bo-pt] ∥ *add verses 43-44 (with minor variants)* 01*, [2b] 05 019 037* 038 044 0233 f^1 13[c] 157 180 205 565 597 700 828[1/2] 892* 1006 1010 1071[c] 1241 1243 1292 1342 1424 1505 *Byz* [07 09 011 013 026] lat[vl-pt, vg] sy[c, p, h] cpa co[bo-pt] eth Justin Irenaeus Hippolytus[acc. to Theodoret] Origen[dub] Chrysostom ∥ *add verses 43-44 with asterisks or obeli* 037[c] 0171[vid] 892[c] ∥ *transpose* Lk 22.43-44 *after* Mt 26.39 f^{13} [13* 828[1/2]] ∥ *transpose* Lk 22.43-44 *after* Mt 26.39 *and add* καὶ ἀναστὰς ἀπὸ τῆς προσευχῆς (Lk 22.45a) *Lect*[pt]

The Betrayal and Arrest of Jesus (Mt 26.47-56; Mk 14.43-50; Jn 18.3-11)

47 Ἔτι αὐτοῦ λαλοῦντος ἰδοὺ ὄχλος, καὶ ὁ λεγόμενος Ἰούδας εἷς τῶν δώδεκα προήρχετο αὐτοὺς καὶ ἤγγισεν τῷ Ἰησοῦ φιλῆσαι αὐτόν. 48 Ἰησοῦς δὲ εἶπεν αὐτῷ· Ἰούδα, φιλήματι τὸν υἱὸν τοῦ ἀνθρώπου παραδίδως; 49 ἰδόντες δὲ οἱ περὶ αὐτὸν τὸ ἐσόμενον εἶπαν· κύριε, εἰ πατάξομεν ἐν μαχαίρῃ; 50 καὶ ἐπάταξεν εἷς τις ἐξ αὐτῶν τοῦ ἀρχιερέως τὸν δοῦλον καὶ ἀφεῖλεν τὸ οὖς αὐτοῦ τὸ δεξιόν. 51 ἀποκριθεὶς δὲ ὁ Ἰησοῦς εἶπεν· ἐᾶτε ἕως τούτου· καὶ ἁψάμενος τοῦ ὠτίου ἰάσατο αὐτόν.

52 Εἶπεν δὲ Ἰησοῦς πρὸς τοὺς παραγενομένους ἐπ᾽ αὐτὸν ἀρχιερεῖς καὶ στρατηγοὺς τοῦ ἱεροῦ καὶ πρεσβυτέρους· ὡς ἐπὶ λῃστὴν ἐξήλθατε μετὰ μαχαιρῶν καὶ ξύλων; 53 καθ᾽ ἡμέραν ὄντος μου μεθ᾽ ὑμῶν ἐν τῷ ἱερῷ οὐκ ἐξετείνατε τὰς χεῖρας ἐπ᾽ ἐμέ, ἀλλ᾽ αὕτη ἐστὶν ὑμῶν ἡ ὥρα καὶ ἡ ἐξουσία τοῦ σκότους.

Peter's Denial of Jesus
(Mt 26.57-58, 69-75; Mk 14.53-54, 66-72; Jn 18.12-18, 25-27)

54 Συλλαβόντες δὲ αὐτὸν ἤγαγον καὶ εἰσήγαγον εἰς τὴν οἰκίαν τοῦ ἀρχιερέως· ὁ δὲ Πέτρος ἠκολούθει μακρόθεν. 55 περιαψάντων δὲ πῦρ ἐν μέσῳ τῆς αὐλῆς καὶ συγκαθισάντων ἐκάθητο ὁ Πέτρος μέσος αὐτῶν. 56 ἰδοῦσα δὲ αὐτὸν παιδίσκη τις καθημενον πρὸς τὸ φῶς καὶ ἀτενίσασα αὐτῷ εἶπεν· καὶ οὗτος σὺν αὐτῷ ἦν. 57 ὁ δὲ ἠρνήσατο λέγων· οὐκ οἶδα αὐτόν, γύναι. 58 καὶ μετὰ βραχὺ ἕτερος ἰδὼν αὐτὸν ἔφη· καὶ σὺ ἐξ αὐτῶν εἶ. ὁ δὲ Πέτρος ἔφη· ἄνθρωπε, οὐκ εἰμί. 59 καὶ διαστάσης ὡσεὶ ὥρας μιᾶς ἄλλος τις διϊσχυρίζετο λέγων· ἐπ᾽ ἀληθείας καὶ οὗτος μετ᾽ αὐτοῦ ἦν, καὶ γὰρ Γαλιλαῖός ἐστιν. 60 εἶπεν δὲ ὁ Πέτρος· ἄνθρωπε, οὐκ οἶδα ὃ λέγεις. καὶ παραχρῆμα ἔτι λαλοῦντος αὐτοῦ ἐφώνησεν ἀλέκτωρ. 61 καὶ στραφεὶς ὁ κύριος ἐνέβλεψεν τῷ Πέτρῳ, καὶ ὑπεμνήσθη ὁ Πέτρος τοῦ ῥήματος τοῦ κυρίου ὡς εἶπεν αὐτῷ ὅτι πρὶν ἀλέκτορα φωνῆσαι σήμερον ἀπαρνήσῃ με τρίς. 62 καὶ ἐξελθὼν ἔξω ἔκλαυσεν πικρῶς.

The Mocking and Beating of Jesus (Mt 26.67-68; Mk 14.65)

63 Καὶ οἱ ἄνδρες οἱ συνέχοντες αὐτὸν ἐνέπαιζον αὐτῷ δέροντες, 64 καὶ περικαλύψαντες αὐτὸν ἐπηρώτων λέγοντες·

προφήτευσον, τίς ἐστιν ὁ παίσας σε; **65** καὶ ἕτερα πολλὰ βλασφημοῦντες ἔλεγον εἰς αὐτόν.

Jesus before the Council (Mt 26.59-66; Mk 14.55-64; Jn 18.19-24)

66 Καὶ ὡς ἐγένετο ἡμέρα, συνήχθη τὸ πρεσβυτέριον τοῦ λαοῦ, ἀρχιερεῖς τε καὶ γραμματεῖς, καὶ ἀπήγαγον αὐτὸν εἰς τὸ συνέδριον αὐτῶν **67** λέγοντες· εἰ σὺ εἶ ὁ χριστός, εἰπὸν ἡμῖν. εἶπεν δὲ αὐτοῖς· ἐὰν ὑμῖν εἴπω, οὐ μὴ πιστεύσητε· **68** ἐὰν δὲ ἐρωτήσω, οὐ μὴ ἀποκριθῆτε⁴. **69** ἀπὸ τοῦ νῦν δὲ ἔσται ὁ υἱὸς τοῦ ἀνθρώπου καθήμενος ἐκ δεξιῶν τῆς δυνάμεως τοῦ θεοῦ. **70** εἶπαν δὲ πάντες· σὺ οὖν εἶ ὁ υἱὸς τοῦ θεοῦ; ὁ δὲ πρὸς αὐτοὺς ἔφη· ὑμεῖς λέγετε ὅτι ἐγώ εἰμι. **71** οἱ δὲ εἶπαν· τί ἔτι ἔχομεν μαρτυρίας χρείαν; αὐτοὶ γὰρ ἠκούσαμεν ἀπὸ τοῦ στόματος αὐτοῦ.

Jesus before Pilate (Mt 27.1-2, 11-14; Mk 15.1-5; Jn 18.28-38)

23 Καὶ ἀναστὰν ἅπαν τὸ πλῆθος αὐτῶν ἤγαγον αὐτὸν ἐπὶ τὸν Πιλᾶτον.

2 Ἤρξαντο δὲ κατηγορεῖν αὐτοῦ λέγοντες· τοῦτον εὕραμεν διαστρέφοντα τὸ ἔθνος ἡμῶν καὶ κωλύοντα φόρους Καίσαρι διδόναι καὶ λέγοντα ἑαυτὸν χριστὸν βασιλέα εἶναι. **3** ὁ δὲ Πιλᾶτος ἠρώτησεν αὐτὸν λέγων· σὺ εἶ ὁ βασιλεὺς τῶν Ἰουδαίων; ὁ δὲ ἀποκριθεὶς αὐτῷ ἔφη· σὺ λέγεις. **4** ὁ δὲ Πιλᾶτος εἶπεν πρὸς τοὺς ἀρχιερεῖς καὶ τοὺς ὄχλους· οὐδὲν εὑρίσκω αἴτιον ἐν τῷ ἀνθρώπῳ τούτῳ. **5** οἱ δὲ ἐπίσχυον λέγοντες ὅτι ἀνασείει τὸν λαὸν διδάσκων καθ᾽ ὅλης τῆς Ἰουδαίας, καὶ ἀρξάμενος ἀπὸ τῆς Γαλιλαίας ἕως ὧδε.

Jesus before Herod

6 Πιλᾶτος δὲ ἀκούσας ἐπηρώτησεν εἰ ὁ ἄνθρωπος Γαλιλαῖός ἐστιν, **7** καὶ ἐπιγνοὺς ὅτι ἐκ τῆς ἐξουσίας Ἡρῴδου ἐστὶν

---

⁴**68** {B} ἀποκριθῆτε 𝔓⁷⁵ 01 03 019 029 1241 sy^h co^bo Cyril // ἀποκριθῆτε μοι 038 f¹ 157 205 579 co^sa // ἀποκριθῆτε μοι ἢ ἀπολύσητε 02 05 032 037 044 0233 f¹³ 28 180 565 597 700 (892 1505 *omit* μοι) 1006 1010 1071 1243 1292 1342 (1424 οὐδέ *for* ἢ) *Byz* [07 011 013 022] lat sy^{s, c, p} eth

ἀνέπεμψεν αὐτὸν πρὸς Ἡρῴδην, ὄντα καὶ αὐτὸν ἐν Ἱεροσολύμοις ἐν ταύταις ταῖς ἡμέραις.

8 Ὁ δὲ Ἡρῴδης ἰδὼν τὸν Ἰησοῦν ἐχάρη λίαν, ἦν γὰρ ἐξ ἱκανῶν χρόνων θέλων ἰδεῖν αὐτὸν διὰ τὸ ἀκούειν περὶ αὐτοῦ καὶ ἤλπιζέν τι σημεῖον ἰδεῖν ὑπ' αὐτοῦ γινόμενον. **9** ἐπηρώτα δὲ αὐτὸν ἐν λόγοις ἱκανοῖς, αὐτὸς δὲ οὐδὲν ἀπεκρίνατο αὐτῷ. **10** εἱστήκεισαν δὲ οἱ ἀρχιερεῖς καὶ οἱ γραμματεῖς εὐτόνως κατηγοροῦντες αὐτοῦ. **11** ἐξουθενήσας δὲ αὐτὸν [καὶ] ὁ Ἡρῴδης σὺν τοῖς στρατεύμασιν αὐτοῦ καὶ ἐμπαίξας περιβαλὼν ἐσθῆτα λαμπρὰν ἀνέπεμψεν αὐτὸν τῷ Πιλάτῳ. **12** ἐγένοντο δὲ φίλοι ὅ τε Ἡρῴδης καὶ ὁ Πιλᾶτος ἐν αὐτῇ τῇ ἡμέρᾳ μετ' ἀλλήλων· προϋπῆρχον γὰρ ἐν ἔχθρᾳ ὄντες πρὸς αὐτούς.

Jesus Sentenced to Death   (Mt 27.15-26; Mk 15.6-15; Jn 18.39-19.16)

13 Πιλᾶτος δὲ συγκαλεσάμενος τοὺς ἀρχιερεῖς καὶ τοὺς ἄρχοντας καὶ τὸν λαὸν **14** εἶπεν πρὸς αὐτούς· προσηνέγκατέ μοι τὸν ἄνθρωπον τοῦτον ὡς ἀποστρέφοντα τὸν λαόν, καὶ ἰδοὺ ἐγὼ ἐνώπιον ὑμῶν ἀνακρίνας οὐθὲν εὗρον ἐν τῷ ἀνθρώπῳ τούτῳ αἴτιον ὧν κατηγορεῖτε κατ' αὐτοῦ. **15** ἀλλ' οὐδὲ Ἡρῴδης, ἀνέπεμψεν γὰρ αὐτὸν πρὸς ἡμᾶς[1], καὶ ἰδοὺ οὐδὲν ἄξιον θανάτου ἐστὶν πεπραγμένον αὐτῷ· **16** παιδεύσας οὖν αὐτὸν ἀπολύσω. ⟦**17** ἀνάγκην δὲ εἶχεν ἀπολύειν αὐτοῖς κατὰ ἑορτὴν ἕνα.⟧[2]

18 Ἀνέκραγον δὲ παμπληθεὶ λέγοντες· αἶρε τοῦτον, ἀπόλυσον δὲ ἡμῖν τὸν Βαραββᾶν· **19** ὅστις ἦν διὰ στάσιν τινὰ

---

[1] **15** {A} ἀνέπεμψεν γὰρ αὐτὸν πρὸς ἡμᾶς 𝔓⁷⁵ 01 03 019 029 038 (070 ἀνέπεμψαν) 157 892 1071 1241 1243 lat^(vl-pt) co ∥ ἀνέπεμψεν γὰρ αὐτὸν πρὸς ὑμᾶς f¹³ 579 sy^(hmg) ∥ ἀνέπεμψα γὰρ ὑμᾶς πρὸς αὐτὸν 02 05 032 037 044 f¹ 28 180 565 597 700 1006 1010 1292 1342 1424 1505 Byz [07 09 011 (013 205 ἀνέπεμψεν) 022] lat^(vl-pt, vg) sy^h ∥ ἀνέπεμψα γὰρ αὐτὸν πρὸς αὐτόν sy^(c, s, p) ∥ ἀνέπεμψα γὰρ αὐτὸν πρὸς ὑμᾶς 788

[2] **17** {B} no addition 𝔓⁷⁵ 02 03 019 029 070 892* 1241 lat^(vl-pt) co^(sa, bo-pt) ∥ add verse 17 (with minor variants; see Mt 27.15; Mk 15.6) 01 032 037 038 044 f¹ f¹³ 28 157 180 579 205 565 597 700 892^c 1006 1010 1071 1243 1292 1342 1424 1505 Byz [07 09 011 013 022] lat^(vl-pt, vg) sy^(p, h) co^(bo-mss) eth ∥ add verse 17 after verse 19 05 lat^(vl-pt) sy^(c, s)

γενομένην ἐν τῇ πόλει καὶ φόνον βληθεὶς ἐν τῇ φυλακῇ. **20** πάλιν δὲ ὁ Πιλᾶτος προσεφώνησεν αὐτοῖς θέλων ἀπολῦσαι τὸν Ἰησοῦν. **21** οἱ δὲ ἐπεφώνουν λέγοντες· σταύρου σταύρου αὐτόν. **22** ὁ δὲ τρίτον εἶπεν πρὸς αὐτούς· τί γὰρ κακὸν ἐποίησεν οὗτος; οὐδὲν αἴτιον θανάτου εὗρον ἐν αὐτῷ· παιδεύσας οὖν αὐτὸν ἀπολύσω. **23** οἱ δὲ ἐπέκειντο φωναῖς μεγάλαις αἰτούμενοι αὐτὸν σταυρωθῆναι, καὶ κατίσχυον αἱ φωναὶ αὐτῶν[3].

24 Καὶ Πιλᾶτος ἐπέκρινεν γενέσθαι τὸ αἴτημα αὐτῶν· **25** ἀπέλυσεν δὲ τὸν διὰ στάσιν καὶ φόνον βεβλημένον εἰς φυλακὴν ὃν ᾐτοῦντο, τὸν δὲ Ἰησοῦν παρέδωκεν τῷ θελήματι αὐτῶν.

The Crucifixion of Jesus (Mt 27.32-44; Mk 15.21-32; Jn 19.17-27)

26 Καὶ ὡς ἀπήγαγον αὐτόν, ἐπιλαβόμενοι Σίμωνά τινα Κυρηναῖον ἐρχόμενον ἀπ' ἀγροῦ ἐπέθηκαν αὐτῷ τὸν σταυρὸν φέρειν ὄπισθεν τοῦ Ἰησοῦ.

27 Ἠκολούθει δὲ αὐτῷ πολὺ πλῆθος τοῦ λαοῦ καὶ γυναικῶν αἳ ἐκόπτοντο καὶ ἐθρήνουν αὐτόν. **28** στραφεὶς δὲ πρὸς αὐτὰς [ὁ] Ἰησοῦς εἶπεν· θυγατέρες Ἰερουσαλήμ, μὴ κλαίετε ἐπ' ἐμέ· πλὴν ἐφ' ἑαυτὰς κλαίετε καὶ ἐπὶ τὰ τέκνα ὑμῶν, **29** ὅτι ἰδοὺ ἔρχονται ἡμέραι ἐν αἷς ἐροῦσιν· μακάριαι αἱ στεῖραι καὶ αἱ κοιλίαι αἳ οὐκ ἐγέννησαν καὶ μαστοὶ οἳ οὐκ ἔθρεψαν. **30** τότε ἄρξονται *λέγειν τοῖς ὄρεσιν· πέσετε ἐφ' ἡμᾶς, καὶ τοῖς βουνοῖς· καλύψατε ἡμᾶς*· **31** ὅτι εἰ ἐν τῷ ὑγρῷ ξύλῳ ταῦτα ποιοῦσιν, ἐν τῷ ξηρῷ τί γένηται; Ho 10.8

32 Ἤγοντο δὲ καὶ ἕτεροι κακοῦργοι δύο σὺν αὐτῷ ἀναιρεθῆναι.

33 Καὶ ὅτε ἦλθον ἐπὶ τὸν τόπον τὸν καλούμενον Κρανίον, ἐκεῖ ἐσταύρωσαν αὐτὸν καὶ τοὺς κακούργους, ὃν μὲν ἐκ δεξιῶν

---

[3]**23** {B} αὐτῶν 𝔓[75] 01 03 019 070 1241 lat[vl-pt, vg] co ∥ αὐτῶν καὶ τῶν ἀρχιερέων 02 05 032 037 038 044 0250 f[1] f[13] 28 157 180 205 565 579 597 700 892 1006 1010 1071 1243 1292 1342 1505 *Byz* [07 09 011 013 022 024] lat[vl-pt] sy co[bo-ms] eth ∥ αὐτῶν καὶ τῶν ἀρχόντων καὶ τῶν ἀρχιερέων 1424

ὃν δὲ ἐξ ἀριστερῶν. **34** ⟦ὁ δὲ Ἰησοῦς ἔλεγεν· πάτερ, ἄφες αὐτοῖς, οὐ γὰρ οἴδασιν τί ποιοῦσιν.⟧ [4] διαμεριζόμενοι δὲ τὰ ἱμάτια αὐτοῦ ἔβαλον κλήρους.

35 Καὶ εἱστήκει ὁ λαὸς θεωρῶν. ἐξεμυκτήριζον δὲ καὶ οἱ ἄρχοντες λέγοντες· ἄλλους ἔσωσεν, σωσάτω ἑαυτόν, εἰ οὗτός ἐστιν ὁ χριστὸς τοῦ θεοῦ ὁ ἐκλεκτός. **36** ἐνέπαιξαν δὲ αὐτῷ καὶ οἱ στρατιῶται προσερχόμενοι, ὄξος προσφέροντες αὐτῷ **37** καὶ λέγοντες· εἰ σὺ εἶ ὁ βασιλεὺς τῶν Ἰουδαίων, σῶσον σεαυτόν. **38** ἦν δὲ καὶ ἐπιγραφὴ ἐπ᾿ αὐτῷ [5]·

ὁ βασιλεὺς τῶν Ἰουδαίων οὗτος.

39 Εἷς δὲ τῶν κρεμασθέντων κακούργων ἐβλασφήμει αὐτὸν λέγων· οὐχὶ [6] σὺ εἶ ὁ χριστός; σῶσον σεαυτὸν καὶ ἡμᾶς. **40** ἀποκριθεὶς δὲ ὁ ἕτερος ἐπιτιμῶν αὐτῷ ἔφη· οὐδὲ φοβῇ σὺ τὸν θεόν, ὅτι ἐν τῷ αὐτῷ κρίματι εἶ; **41** καὶ ἡμεῖς μὲν δικαίως, ἄξια γὰρ ὧν ἐπράξαμεν ἀπολαμβάνομεν· οὗτος δὲ οὐδὲν ἄτοπον ἔπραξεν. **42** καὶ ἔλεγεν· Ἰησοῦ, μνήσθητί μου ὅταν ἔλθῃς εἰς τὴν

---

[4]**34** {B} *no addition* 𝔓⁷⁵ 01²ᵃ 03 05* 032 038 070 579 597* 1241 latᵛˡ⁻ᵖᵗ syˢ coˢᵃ, ᵇᵒ⁻ᵖᵗ ∥ *add verse 34a (with minor variants; see* Ac 7.60) 01*, ²ᵇ 02 04 05³ 019 037 044 0250 *f*¹ *f*¹³ 28 33 157 180 205 565 597ᶜ 700 828 892 1006 1010 1071 1243 1292 1342 1424 1505 *Byz* [09 011 013 022] latᵛˡ⁻ᵖᵗ, ᵛᵍ syᶜ, ᵖ, ʰ cpa coᵇᵒ⁻ᵖᵗ eth Irenaeusˡᵃᵗ Hippolytus Origenˡᵃᵗ Eusebius Gregory-Nyssa Chrysostom Cyril ∥ *add verse 34a with asterisks* 07

[5]**38** {A} ἐπ᾿ αὐτῷ 𝔓⁷⁵ 01²ᵃ 03 019 070 597 1241 coˢᵃ⁻ᵐˢˢ, ᵇᵒ⁻ᵖᵗ ∥ ἐπ᾿ αὐτῷ γεγραμμένη 04* (579* αὕτη *for* ἐπ᾿ αὐτῷ) (latᵛˡ⁻ᵖᵗ) (syᶜ, ˢ) coˢᵃ⁻ᵐˢ ∥ γεγραμμένη ἐπ᾿ αὐτῷ γράμμασιν Ἑλληνικοῖς καὶ Ῥωμαϊκοῖς καὶ Ἑβραϊκοῖς (*see* Jn 19.20) 04³ 032 037 038 (044 *f*¹³ 33 ἐπ᾿ αὐτῷ γεγραμμένη) *f*¹ 28 (157) 180 205 565 (579ᶜ αὕτη γεγραμμένη) 700 892 1006 1010 1071 1243 1292 1342 1424 1505 *Byz* [07 011 013 022] latᵛˡ⁻ᵖᵗ (latᵛˡ⁻ᵖᵗ *omit* καὶ Ῥωμαϊκοῖς) syᵖ, ʰ cpa (eth) Cyrilˡᵉᵐ ∥ ἐπιγεγραμμένη ἐπ᾿ αὐτῷ γράμμασιν Ἑλληνικοῖς καὶ Ῥωμαϊκοῖς καὶ Ἑβραϊκοῖς (*see* Jn 19.20) 02 026 latᵛˡ⁻ᵖᵗ, ᵛᵍ ∥ ἐπιγεγραμμένη ἐπ᾿ αὐτῷ γράμμασιν Ἑλληνικοῖς Ῥωμαϊκοῖς Ἑβραϊκοῖς (01*, ²ᵇ *omit* ἐπιγεγραμμένη) 05 latᵛˡ⁻ᵖᵗ

[6]**39** {A} οὐχί 𝔓⁷⁵ 01 03 04* 019 070 1241 latᵛˡ⁻ᵖᵗ syᶜ, ˢ, ʰᵐᵍ coˢᵃ⁻ᵐˢˢ, ᵇᵒ⁻ᵐˢˢ ∥ εἰ 02 04³ 026 032 037 038 044 *f*¹ *f*¹³ 33 565 579 700 892 1424 *Byz* [07 011 013 022] latᵛˡ⁻ᵖᵗ, ᵛᵍ syᵖ, ʰ coᵇᵒ⁻ᵐˢˢ

βασιλείαν⁷ σου. **43** καὶ εἶπεν αὐτῷ· ἀμήν σοι λέγω, σήμερον μετ' ἐμοῦ ἔσῃ ἐν τῷ παραδείσῳ.

The Death of Jesus (Mt 27.45-56; Mk 15.33-41; Jn 19.28-30)

44 Καὶ ἦν ἤδη ὡσεὶ ὥρα ἕκτη καὶ σκότος ἐγένετο ἐφ' ὅλην τὴν γῆν ἕως ὥρας ἐνάτης **45** τοῦ ἡλίου ἐκλιπόντος⁸, ἐσχίσθη δὲ τὸ καταπέτασμα τοῦ ναοῦ μέσον. **46** καὶ φωνήσας φωνῇ μεγάλῃ ὁ Ἰησοῦς εἶπεν· *πάτερ, εἰς χεῖράς σου παρατίθεμαι τὸ πνεῦμά μου.* Ps 31.5 τοῦτο δὲ εἰπὼν ἐξέπνευσεν.

47 Ἰδὼν δὲ ὁ ἑκατοντάρχης τὸ γενόμενον ἐδόξαζεν τὸν θεὸν λέγων· ὄντως ὁ ἄνθρωπος οὗτος δίκαιος ἦν. **48** καὶ πάντες οἱ συμπαραγενόμενοι ὄχλοι ἐπὶ τὴν θεωρίαν ταύτην, θεωρήσαντες τὰ γενόμενα, τύπτοντες τὰ στήθη ὑπέστρεφον.

49 Εἱστήκεισαν δὲ πάντες οἱ γνωστοὶ αὐτῷ ἀπὸ μακρόθεν καὶ γυναῖκες αἱ συνακολουθοῦσαι αὐτῷ ἀπὸ τῆς Γαλιλαίας ὁρῶσαι ταῦτα.

The Burial of Jesus (Mt 27.57-61; Mk 15.42-47; Jn 19.38-42)

50 Καὶ ἰδοὺ ἀνὴρ ὀνόματι Ἰωσὴφ βουλευτὴς ὑπάρχων [καὶ] ἀνὴρ ἀγαθὸς καὶ δίκαιος **51** – οὗτος οὐκ ἦν συγκατατεθειμένος τῇ βουλῇ καὶ τῇ πράξει αὐτῶν – ἀπὸ Ἀριμαθαίας πόλεως τῶν Ἰουδαίων, ὃς προσεδέχετο τὴν βασιλείαν τοῦ θεοῦ, **52** οὗτος προσελθὼν τῷ Πιλάτῳ ᾐτήσατο τὸ σῶμα τοῦ Ἰησοῦ **53** καὶ καθελὼν ἐνετύλιξεν αὐτὸ σινδόνι καὶ ἔθηκεν αὐτὸν ἐν μνήματι

---

⁷**42** {C} εἰς τὴν βασιλείαν 𝔓⁷⁵ 03 019 lat[vl-pt, vg] Origen[lat] ∥ ἐν τῇ βασιλείᾳ 01 02 04 032 037 038 044 070 ƒ¹ ƒ¹³ 28 33 157 180 205 565 597 700 892 1006 1010 1071 1241 1243 1292 1342 1424 1505 *Byz* [07 011 013 026] lat[vl-pt] Origen[gr] Cyril-Jerusalem ∥ *transpose* ἐν τῇ βασιλείᾳ σου *after* μου 579 (Gregory-Nyssa Chrysostom *omit* ὅταν ἔλθῃς) ∥ ἐν τῇ ἡμέρᾳ τῆς ἐπελεύσεως *for* ὅταν … τῇ βασιλείᾳ 05 lat[vl-pt]

⁸**45** {B} τοῦ ἡλίου ἐκλιπόντος 𝔓⁷⁵* 01 04*[vid] 019 070 579 (sy[h] σκοτισθέντος) sy[hmg] Origen[gr, lat] mss[acc. to Origen] ∥ τοῦ ἡλίου ἐκλείποντος 𝔓⁷⁵ᶜ 03 597 Origen ∥ καὶ ἐσκοτίσθη ὁ ἥλιος 02 04³ (05 lat[vl-pt] ἐσκοτίσθη δέ) 032 037 038 044 ƒ¹ ƒ¹³ 28 157 180 205 565 700 892 1006 1010 1071 1241 1243 1292 1342 1424 1505 *Byz* [07 011 013 026] lat[vl-pt, vg] sy[c, s, p] cpa (lat[vl-mss] *omit* καί) eth Marcion[acc. to Epiphanius-vid] Origen[lat] mss[acc. to Origen] ∥ *omit* 04² 33

λαξευτῷ οὗ οὐκ ἦν οὐδεὶς οὔπω κείμενος. **54** καὶ ἡμέρα ἦν παρασκευῆς καὶ σάββατον ἐπέφωσκεν.

55 Κατακολουθήσασαι δὲ αἱ γυναῖκες, αἵτινες ἦσαν συνεληλυθυῖαι ἐκ τῆς Γαλιλαίας αὐτῷ, ἐθεάσαντο τὸ μνημεῖον καὶ ὡς ἐτέθη τὸ σῶμα αὐτοῦ, **56** ὑποστρέψασαι δὲ ἡτοίμασαν ἀρώματα καὶ μύρα. καὶ τὸ μὲν σάββατον ἡσύχασαν κατὰ τὴν ἐντολήν.

The Resurrection of Jesus (Mt 28.1-10; Mk 16.1-8; Jn 20.1-10)

24 Τῇ δὲ μιᾷ τῶν σαββάτων ὄρθρου βαθέως ἐπὶ τὸ μνῆμα ἦλθον φέρουσαι ἃ ἡτοίμασαν ἀρώματα. **2** εὗρον δὲ τὸν λίθον ἀποκεκυλισμένον ἀπὸ τοῦ μνημείου, **3** εἰσελθοῦσαι δὲ οὐχ εὗρον τὸ σῶμα τοῦ κυρίου Ἰησοῦ. **4** καὶ ἐγένετο ἐν τῷ ἀπορεῖσθαι αὐτὰς περὶ τούτου καὶ ἰδοὺ ἄνδρες δύο ἐπέστησαν αὐταῖς ἐν ἐσθῆτι ἀστραπτούσῃ. **5** ἐμφόβων δὲ γενομένων αὐτῶν καὶ κλινουσῶν τὰ πρόσωπα εἰς τὴν γῆν εἶπαν πρὸς αὐτάς· τί ζητεῖτε τὸν ζῶντα μετὰ τῶν νεκρῶν; **6** οὐκ ἔστιν ὧδε, ἀλλ' ἠγέρθη[1]. μνήσθητε ὡς ἐλάλησεν ὑμῖν ἔτι ὢν ἐν τῇ Γαλιλαίᾳ **7** λέγων τὸν υἱὸν τοῦ ἀνθρώπου ὅτι δεῖ παραδοθῆναι εἰς χεῖρας ἀνθρώπων ἁμαρτωλῶν καὶ σταυρωθῆναι καὶ τῇ τρίτῃ ἡμέρᾳ ἀναστῆναι. **8** καὶ ἐμνήσθησαν τῶν ῥημάτων αὐτοῦ.

9 Καὶ ὑποστρέψασαι ἀπὸ τοῦ μνημείου ἀπήγγειλαν ταῦτα πάντα τοῖς ἕνδεκα καὶ πᾶσιν τοῖς λοιποῖς. **10** ἦσαν δὲ[2] ἡ Μαγδαληνὴ Μαρία καὶ Ἰωάννα καὶ Μαρία ἡ Ἰακώβου καὶ αἱ λοιπαὶ σὺν αὐταῖς. ἔλεγον πρὸς τοὺς ἀποστόλους ταῦτα, **11** καὶ ἐφάνησαν ἐνώπιον αὐτῶν ὡσεὶ λῆρος τὰ ῥήματα ταῦτα,

---

[1] **6** {B} οὐκ ἔστιν ὧδε, ἀλλ' ἠγέρθη 𝔓⁷⁵ 01 02 03 04³ 019 (032 ἀνέστη) 037 038 044 070 *f*¹ *f*¹³ 28 33 157 180 205 565 579 597 700 892 1006 1010 1071 1241 1243 1292 1342 1424 1505 *Byz* [07 09 011 013] lat^{vl-pt, vg} sy^{c, s, h} cpa co^{sa, bo} (eth) Eusebius Cyril // οὐκ ἔστιν ὧδε· ἠγέρθη (*see* Mt 28.6) 04* sy^p co^{bo-ms} Gregory-Nyssa // ἠγέρθη Marcion^{acc. to Epiphanius} // ἠγέρθη ἐκ νεκρῶν lat^{vl-pt} // *omit* 05 lat^{vl-pt}

[2] **10** {B} ἦσαν δέ 𝔓⁷⁵ 01 03 019 037 038 070 *f*¹³ 28 33 157 565 579 597 700 892 1071 1424 *Byz* [07 09 011 013] lat^{vl-pt} sy^{p, h with *} cpa^{ms} eth // ἦν δέ 044 *f*¹ 205 lat^{vl-pt, vg} cpa^{mss} Cyril // *omit* 02 05 032 180 1006 1010 1241 1243 1292 1342 1505 *Lect* lat^{vl-pt} sy^{c, s}

καὶ ἠπίστουν αὐταῖς. **12** ὁ δὲ Πέτρος ἀναστὰς ἔδραμεν ἐπὶ τὸ μνημεῖον καὶ παρακύψας βλέπει τὰ ὀθόνια μόνα, καὶ ἀπῆλθεν πρὸς ἑαυτὸν θαυμάζων τὸ γεγονός.³

The Walk to Emmaus (Mk 16.12-13)

13 Καὶ ἰδοὺ δύο ἐξ αὐτῶν ἐν αὐτῇ τῇ ἡμέρᾳ ἦσαν πορευόμενοι εἰς κώμην ἀπέχουσαν σταδίους ἑξήκοντα⁴ ἀπὸ Ἰερουσαλήμ, ᾗ ὄνομα Ἐμμαοῦς, **14** καὶ αὐτοὶ ὡμίλουν πρὸς ἀλλήλους περὶ πάντων τῶν συμβεβηκότων τούτων. **15** καὶ ἐγένετο ἐν τῷ ὁμιλεῖν αὐτοὺς καὶ συζητεῖν καὶ αὐτὸς Ἰησοῦς ἐγγίσας συνεπορεύετο αὐτοῖς, **16** οἱ δὲ ὀφθαλμοὶ αὐτῶν ἐκρατοῦντο τοῦ μὴ ἐπιγνῶναι αὐτόν. **17** εἶπεν δὲ πρὸς αὐτούς· τίνες οἱ λόγοι οὗτοι οὓς ἀντιβάλλετε πρὸς ἀλλήλους περιπατοῦντες; καὶ ἐστάθησαν⁵ σκυθρωποί. **18** ἀποκριθεὶς δὲ εἷς ὀνόματι Κλεοπᾶς εἶπεν πρὸς αὐτόν· σὺ μόνος παροικεῖς Ἰερουσαλὴμ καὶ οὐκ ἔγνως τὰ γενόμενα ἐν αὐτῇ ἐν ταῖς ἡμέραις ταύταις; **19** καὶ εἶπεν αὐτοῖς· ποῖα; οἱ δὲ εἶπαν αὐτῷ· τὰ περὶ Ἰησοῦ τοῦ Ναζαρηνοῦ, ὃς ἐγένετο ἀνὴρ προφήτης δυνατὸς ἐν ἔργῳ καὶ λόγῳ ἐναντίον τοῦ θεοῦ καὶ παντὸς τοῦ λαοῦ, **20** ὅπως τε παρέδωκαν αὐτὸν οἱ ἀρχιερεῖς καὶ οἱ ἄρχοντες ἡμῶν εἰς κρίμα θανάτου καὶ ἐσταύρωσαν αὐτόν. **21** ἡμεῖς δὲ ἠλπίζομεν ὅτι αὐτός ἐστιν ὁ μέλλων λυτροῦσθαι τὸν Ἰσραήλ· ἀλλά γε καὶ σὺν πᾶσιν τούτοις τρίτην ταύτην ἡμέραν ἄγει ἀφ' οὗ ταῦτα ἐγένετο. **22** ἀλλὰ καὶ γυναῖκές τινες ἐξ ἡμῶν ἐξέστησαν ἡμᾶς, γενόμεναι ὀρθριναὶ

---

³ **12** {B} *include verse 12 (with minor variants; see Jn 20.3-10)* 𝔓⁷⁵ 01 02 03 019 032 037 038 044 070 079 *f*¹ *f*¹³ 28 33 157 180 205 565 579 597 700 892 1006 1010 1071 1241 1243 1292 1342 1424 1505 *Byz* [07 09 011 013] lat^(vl-pt, vg) sy cpa co eth ∥ *omit verse 12* 05 lat^(vl-pt)

⁴ **13** {B} ἑξήκοντα 𝔓⁷⁵ 02 03 05 019 032 037 044 070 *f*¹ *f*¹³ 28 33^vid 157 180 205 565 579 597 700 892 1006 1010 1071 1241 1243 1292 1342 1424 1505 *Byz* [07 09 011 013] lat^(vl-pt, vg) sy co eth ∥ ἑπτά lat^(vl-pt) ∥ ἑκατὸν ἑξήκοντα 01 022^vid 038 079^vid lat^(vg-mss) sy^hmg cpa

⁵ **17** {B} καὶ ἐστάθησαν 𝔓⁷⁵ 01 02* 03 (019 ἔστησαν) 070 079 579 lat^(vl-pt) cpa co ∥ καὶ ἐστέ 02^c 032 037 038 044 *f*¹ *f*¹³ 28 33 157 180 205 565 597 700 892 1006 1010 1071 1241 1243 1292 1342 1424 1505 *Byz* [07 09 011 013 022 024] lat^(vl-pt, vg) sy^((c), (s), p, h) ∥ *omit* 05 lat^(vl-pt) eth Cyril

ἐπὶ τὸ μνημεῖον, **23** καὶ μὴ εὑροῦσαι τὸ σῶμα αὐτοῦ ἦλθον λέγουσαι καὶ ὀπτασίαν ἀγγέλων ἑωρακέναι, οἳ λέγουσιν αὐτὸν ζῆν. **24** καὶ ἀπῆλθόν τινες τῶν σὺν ἡμῖν ἐπὶ τὸ μνημεῖον καὶ εὗρον οὕτως καθὼς καὶ αἱ γυναῖκες εἶπον, αὐτὸν δὲ οὐκ εἶδον. **25** καὶ αὐτὸς εἶπεν πρὸς αὐτούς· ὦ ἀνόητοι καὶ βραδεῖς τῇ καρδίᾳ τοῦ πιστεύειν ἐπὶ πᾶσιν οἷς ἐλάλησαν οἱ προφῆται· **26** οὐχὶ ταῦτα ἔδει παθεῖν τὸν χριστὸν καὶ εἰσελθεῖν εἰς τὴν δόξαν αὐτοῦ; **27** καὶ ἀρξάμενος ἀπὸ Μωϋσέως καὶ ἀπὸ πάντων τῶν προφητῶν διερμήνευσεν αὐτοῖς ἐν πάσαις ταῖς γραφαῖς τὰ περὶ ἑαυτοῦ.

28 Καὶ ἤγγισαν εἰς τὴν κώμην οὗ ἐπορεύοντο, καὶ αὐτὸς προσεποιήσατο πορρώτερον πορεύεσθαι. **29** καὶ παρεβιάσαντο αὐτὸν λέγοντες· μεῖνον μεθ᾽ ἡμῶν, ὅτι πρὸς ἑσπέραν ἐστὶν καὶ κέκλικεν ἤδη ἡ ἡμέρα. καὶ εἰσῆλθεν τοῦ μεῖναι σὺν αὐτοῖς. **30** καὶ ἐγένετο ἐν τῷ κατακλιθῆναι αὐτὸν μετ᾽ αὐτῶν λαβὼν τὸν ἄρτον εὐλόγησεν καὶ κλάσας ἐπεδίδου αὐτοῖς, **31** αὐτῶν δὲ διηνοίχθησαν οἱ ὀφθαλμοὶ καὶ ἐπέγνωσαν αὐτόν· καὶ αὐτὸς ἄφαντος ἐγένετο ἀπ᾽ αὐτῶν. **32** καὶ εἶπαν πρὸς ἀλλήλους· οὐχὶ ἡ καρδία ἡμῶν καιομένη ἦν [ἐν ἡμῖν] ὡς ἐλάλει ἡμῖν ἐν τῇ ὁδῷ, ὡς διήνοιγεν ἡμῖν τὰς γραφάς;

33 Καὶ ἀναστάντες αὐτῇ τῇ ὥρᾳ ὑπέστρεψαν εἰς Ἰερουσαλὴμ καὶ εὗρον ἠθροισμένους τοὺς ἕνδεκα καὶ τοὺς σὺν αὐτοῖς, **34** λέγοντας ὅτι ὄντως ἠγέρθη ὁ κύριος καὶ ὤφθη Σίμωνι. **35** καὶ αὐτοὶ ἐξηγοῦντο τὰ ἐν τῇ ὁδῷ καὶ ὡς ἐγνώσθη αὐτοῖς ἐν τῇ κλάσει τοῦ ἄρτου.

The Appearance to the Disciples
(Mt 28.16-20; Mk 16.14-18; Jn 20.19-23; Ac 1.6-8)

36 Ταῦτα δὲ αὐτῶν λαλούντων αὐτὸς ἔστη ἐν μέσῳ αὐτῶν καὶ λέγει αὐτοῖς· εἰρήνη ὑμῖν[6]. **37** πτοηθέντες δὲ καὶ ἔμφο-

---

[6]**36** {B} καὶ λέγει αὐτοῖς· εἰρήνη ὑμῖν (*see* Jn 20.19, 26) 𝔓⁷⁵ 𝔓¹⁴¹ᵛⁱᵈ 01 02 03 019 037 038 044 *f*¹ *f*¹³ (28 εἶπεν) 33 157 180 205 565 597 700 892 1006 1010 1071 1243 1292 1342 1424 1505 *Byz* [07 013] syᶜ, ˢ coˢᵃ, ᵇᵒ⁻ᵖᵗ Chrysostom Cyril // καὶ λέγει αὐτοῖς· εἰρήνη ὑμῖν· ἐγώ εἰμι, μὴ φοβεῖσθε 011 024 (032 εἰρήνη ὑμῖν *after* φοβεῖσθε) (579 ἐγώ εἰμι *after* φοβεῖσθε) 1241 latᵛˡ⁻ᵖᵗ, ᵛᵍ syᵖ, ʰ cpa coᵇᵒ⁻ᵖᵗ (eth) // *omit* 05 latᵛˡ⁻ᵖᵗ

βοι γενόμενοι ἐδόκουν πνεῦμα θεωρεῖν. **38** καὶ εἶπεν αὐτοῖς· τί τεταραγμένοι ἐστὲ καὶ διὰ τί διαλογισμοὶ ἀναβαίνουσιν ἐν τῇ καρδίᾳ ὑμῶν; **39** ἴδετε τὰς χεῖράς μου καὶ τοὺς πόδας μου ὅτι ἐγώ εἰμι αὐτός· ψηλαφήσατέ με καὶ ἴδετε, ὅτι πνεῦμα σάρκα καὶ ὀστέα οὐκ ἔχει καθὼς ἐμὲ θεωρεῖτε ἔχοντα. **40** καὶ τοῦτο εἰπὼν ἔδειξεν αὐτοῖς τὰς χεῖρας καὶ τοὺς πόδας.[7] **41** ἔτι δὲ ἀπιστούντων αὐτῶν ἀπὸ τῆς χαρᾶς καὶ θαυμαζόντων εἶπεν αὐτοῖς· ἔχετέ τι βρώσιμον ἐνθάδε; **42** οἱ δὲ ἐπέδωκαν αὐτῷ ἰχθύος ὀπτοῦ μέρος[8]· **43** καὶ λαβὼν ἐνώπιον αὐτῶν ἔφαγεν.

44 Εἶπεν δὲ πρὸς αὐτούς· οὗτοι οἱ λόγοι μου οὓς ἐλάλησα πρὸς ὑμᾶς ἔτι ὢν σὺν ὑμῖν, ὅτι δεῖ πληρωθῆναι πάντα τὰ γεγραμμένα ἐν τῷ νόμῳ Μωϋσέως καὶ τοῖς προφήταις καὶ ψαλμοῖς περὶ ἐμοῦ. **45** τότε διήνοιξεν αὐτῶν τὸν νοῦν τοῦ συνιέναι τὰς γραφάς· **46** καὶ εἶπεν αὐτοῖς ὅτι οὕτως γέγραπται παθεῖν τὸν χριστὸν καὶ ἀναστῆναι ἐκ νεκρῶν τῇ τρίτῃ ἡμέρᾳ, **47** καὶ κηρυχθῆναι ἐπὶ τῷ ὀνόματι αὐτοῦ μετάνοιαν εἰς[9] ἄφεσιν ἁμαρτιῶν εἰς πάντα τὰ ἔθνη. ἀρξάμενοι[10] ἀπὸ Ἰερουσαλὴμ **48** ὑμεῖς μάρτυρες τούτων. **49** καὶ [ἰδοὺ] ἐγὼ ἀποστέλλω τὴν ἐπαγγελίαν τοῦ πατρός μου ἐφ' ὑμᾶς· ὑμεῖς δὲ καθίσατε ἐν τῇ πόλει ἕως οὗ ἐνδύσησθε ἐξ ὕψους δύναμιν.

---

[7]**40** {B} *include verse 40 (with minor variants; see* Jn 20.20) 𝔓⁷⁵ 01 02 03 019 032 037 038 044 *f*¹ *f*¹³ 28 33 157 180 205 565 579 597 700 892 1006 1010 1071 1241 1243 1292 1342 1424 1505 *Byz* [07 011 013 022] lat^(vl-pt, vg) sy^(p, h) cpa co eth Athanasius Chrysostom Cyril // *omit verse 40* 05 lat^(vl-pt) sy^(c, s)

[8]**42** {B} μέρος 𝔓⁷⁵ 01 02 03 05 019 032 579 lat^(vl-pt) sy^s co^(sa, bo-pt) Clement Origen^(vid) Cyril^(pt) // μέρος καὶ ἀπὸ μελισσίου κηρίον 037 044 *f*¹ 28 33 180 205 565 579 700 892 1006 1010 1071 1241 1292 1342 1424 1505 *Byz* [07^c 013 022] lat^(vl-pt) sy^(c, p, h with *) cpa co^(bo-pt) eth Justin^(dub) Cyril^(pt) // μέρος καὶ ἀπὸ μελισσίου κηρίον 07* 038 *f*¹³ 157 1243 lat^(vl-pt, vg) (lat^(vl-pt) *omit* ἀπὸ μελισσίου) Cyril-Jerusalem

[9]**47** {C} εἰς 𝔓⁷⁵ 01 03 sy^p co // καί 02 04 05 019 032 037 038 044 *f*¹ *f*¹³ 28 33 157 180 205 565 579 597 700 892 1006 1010 1071 1241 1243 1292 1342 1424 1505 *Byz* [09 013 022] lat sy^(s, h) cpa eth // *omit* μετάνοιαν εἰς Irenaeus^lat

[10]**47** {B} ἀρξάμενοι 01 03 04* 019 022 33 co eth // ἀρξαμένων 05 037^c lat^(vl-pt, vg) // ἀρξάμενον 𝔓⁷⁵ 02 04³ 032 037* *f*¹ *f*¹³ 28 157 180 205 579 597 700 892 1006 1010 1241 1243 1292 1342 1424 1505 *Byz* [09 013] lat^(vl-pt) sy^(s), (p), h cpa // ἀρξάμενος 038 044 565 1071

The Ascension of Jesus   (Mk 16.19-20; Ac 1.9-11)

50 Ἐξήγαγεν δὲ αὐτοὺς [ἔξω] ἕως πρὸς Βηθανίαν, καὶ ἐπάρας τὰς χεῖρας αὐτοῦ εὐλόγησεν αὐτούς. **51** καὶ ἐγένετο ἐν τῷ εὐλογεῖν αὐτὸν αὐτοὺς διέστη ἀπ' αὐτῶν καὶ ἀνεφέρετο εἰς τὸν οὐρανόν[11].

52 Καὶ αὐτοὶ προσκυνήσαντες αὐτὸν[12] ὑπέστρεψαν εἰς Ἰερουσαλὴμ μετὰ χαρᾶς μεγάλης **53** καὶ ἦσαν διὰ παντὸς ἐν τῷ ἱερῷ εὐλογοῦντες[13] τὸν θεόν.[14]

---

[11]**51** {B} καὶ ἀνεφέρετο εἰς τὸν οὐρανόν $\mathfrak{P}^{75}$ 01² 02 03 04 019 032 037 038 044 f^1 f^{13} 28 33 157 180 205 565 579 597 700 892 1006 1010 1071 1241 1243 1292 1342 1424 1505 *Byz* [09 013] lat$^{vl\text{-}pt,\,vg}$ sy$^{p,\,h}$ cpa co eth // *omit* 01* 05 lat$^{vl\text{-}pt}$ (sy^s)

[12]**52** {B} προσκυνήσαντες αὐτὸν $\mathfrak{P}^{75}$ 01 02 03 04 019 032 037 038 044 f^1 f^{13} 28 33 157 180 205 565 579 597 892 1006 1010 1071 1241 1243 1292 1342 1424 1505 *Byz* [09 013] lat$^{vl\text{-}pt}$ sy$^{p,\,h}$ cpa co eth // προσκυνήσαντες 700 lat$^{vl\text{-}pt,\,vg}$ // *omit* 05 lat$^{vl\text{-}pt}$ sy^s

[13]**53** {B} εὐλογοῦντες $\mathfrak{P}^{75}$ 01 03 04* 019 sy^s cpa co // αἰνοῦντες 05 lat$^{vl\text{-}pt}$ // αἰνοῦντες καὶ εὐλογοῦντες 02 04² 032 037 038 044 f^1 f^{13} 28 33 157 180 205 565 579 597 700 892 1006 1010 1071 1241 1243 1292 1342 1424 1505 *Byz* [(09) 013] lat$^{vl\text{-}pt,\,vg}$ sy$^{p,\,h}$ eth

[14]**53** {A} θεόν. $\mathfrak{P}^{75}$ 01 04* 05 019 032 1 33 lat$^{vl\text{-}pt,\,vg\text{-}mss}$ sy^s cpa co$^{sa,\,bo}$ ethTH // θεόν. ἀμήν. 02 03 04² 037 038 044 f^{13} 28 157 180 205 565 579 597 700 892 1006 1010 1071 1241 1243 1292 1342 1424 1505 *Byz* [09 013] lat$^{vl\text{-}pt,\,vg}$ sy$^{p,\,h}$ co$^{bo\text{-}mss}$ eth^{pp} // θεόν. ἀμήν. *plus* Jn 8.3-11 (*see pp. 250–251*) 1333^{supp} (*but only as lesson of Oct. 8th on fly-leaf*)

ΚΑΤΑ ΙΩΑΝΝΗΝ

The Word Became Flesh

1 Ἐν ἀρχῇ ἦν ὁ λόγος, καὶ ὁ λόγος ἦν πρὸς τὸν θεόν, καὶ θεὸς ἦν ὁ λόγος. **2** οὗτος ἦν ἐν ἀρχῇ πρὸς τὸν θεόν. **3** πάντα δι᾽ αὐτοῦ ἐγένετο, καὶ χωρὶς αὐτοῦ ἐγένετο οὐδὲ ἕν. ὃ γέγονεν **4** ἐν[1] αὐτῷ ζωὴ ἦν[2], καὶ ἡ ζωὴ ἦν τὸ φῶς τῶν ἀνθρώπων· **5** καὶ τὸ φῶς ἐν τῇ σκοτίᾳ φαίνει, καὶ ἡ σκοτία αὐτὸ οὐ κατέλαβεν.

6 Ἐγένετο ἄνθρωπος, ἀπεσταλμένος παρὰ θεοῦ, ὄνομα αὐτῷ Ἰωάννης· **7** οὗτος ἦλθεν εἰς μαρτυρίαν ἵνα μαρτυρήσῃ περὶ τοῦ φωτός, ἵνα πάντες πιστεύσωσιν δι᾽ αὐτοῦ. **8** οὐκ ἦν ἐκεῖνος τὸ φῶς, ἀλλ᾽ ἵνα μαρτυρήσῃ περὶ τοῦ φωτός.

9 Ἦν τὸ φῶς τὸ ἀληθινόν, ὃ φωτίζει πάντα ἄνθρωπον, ἐρχόμενον εἰς τὸν κόσμον. **10** ἐν τῷ κόσμῳ ἦν, καὶ ὁ κόσμος δι᾽ αὐτοῦ ἐγένετο, καὶ ὁ κόσμος αὐτὸν οὐκ ἔγνω. **11** εἰς τὰ ἴδια ἦλθεν, καὶ οἱ ἴδιοι αὐτὸν οὐ παρέλαβον. **12** ὅσοι δὲ ἔλαβον αὐτόν, ἔδωκεν αὐτοῖς ἐξουσίαν τέκνα θεοῦ γενέσθαι, τοῖς πιστεύουσιν εἰς τὸ ὄνομα αὐτοῦ, **13** οἳ οὐκ ἐξ αἱμάτων οὐδὲ ἐκ θελήματος σαρκὸς οὐδὲ ἐκ θελήματος ἀνδρὸς ἀλλ᾽ ἐκ θεοῦ ἐγεννήθησαν.

14 Καὶ ὁ λόγος σὰρξ ἐγένετο καὶ ἐσκήνωσεν ἐν ἡμῖν, καὶ

---

[1] 3-4 {B} οὐδὲ ἕν. ὃ γέγονεν ἐν 𝔓[75c] 04 (05 οὐδέν *for* ουδὲ ἕν) 019 032[supp] 050* 0141*[vid] (0141[c] *omit* ὃ γέγονεν) lat[vl-pt] sy[c] (cpa) co[sa] Heracleon[acc. to Origen] Ptolemy[Flora] Ptolemy *and* Valentinians[acc. to Irenaeus] Irenaeus[lat, arm] Clement Tertullian Naassenes *and* Perateni[acc. to Hippolytus] Hippolytus Heraclides *and* mss[acc. to Origen] Origen Eusebius[pt] Athanasius Cyril-Jerusalem Gregory-Nyssa Heretics[acc. to Chrysostom] Cyril // οὐδὲ ἕν· ὃ γέγονεν· ἐν 28 205 1241 // οὐδὲ ἕν ὃ γέγονεν. ἐν 01[2] 038 044 050[c] *f*[13] (1 1071 οὐδέν *for* οὐδὲ ἕν) 33 180 565 579 597 700 892 1006 1010 1243 1292 1342 1424 1505 *Byz* [07 09 011 013] sy[p, h] co[bo] eth Eusebius[pt] Chrysostom // οὐδὲ ἕν ὃ γέγονεν ἐν *(without dots)* (𝔓[66] 01* οὐδέν *for* οὐδὲ ἕν) 𝔓[75*] 02 03 037 lat[vg]

[2] 4 {A} ἦν 𝔓[66] 𝔓[75] 02 03 04 019 037 038 044 050 0141 *f*[1] *f*[13] 28 33 180 205 565 579 597 700 892 1006 1010 1071 1241 1243 1292 1342 1424 1505 *Byz* [07 09 011 013] lat[vg] sy[p, h] cpa co[bo] Irenaeus[lat-mss] Theodotus[acc. to Clement] Clement[pt] Origen[gr, lat-pt] Eusebius Chrysostom Cyril // ἐστιν 01 05 lat[vl] sy[c] co[sa] eth Ptolemy[acc. to Irenaeus] Valentinians[acc. to Irenaeus] Irenaeus[lat] Naassenes *and* Perateni[acc. to Hippolytus] Clement[pt] Origen[lat-pt] // *omit* 032[supp]

ἐθεασάμεθα τὴν δόξαν αὐτοῦ, δόξαν ὡς μονογενοῦς παρὰ πατρός, πλήρης χάριτος καὶ ἀληθείας. **15** Ἰωάννης μαρτυρεῖ περὶ αὐτοῦ καὶ κέκραγεν λέγων· οὗτος ἦν ὃν εἶπον· ὁ ὀπίσω μου ἐρχόμενος ἔμπροσθέν μου γέγονεν, ὅτι πρῶτός μου ἦν. **16** ὅτι ἐκ τοῦ πληρώματος αὐτοῦ ἡμεῖς πάντες ἐλάβομεν καὶ χάριν ἀντὶ χάριτος· **17** ὅτι ὁ νόμος διὰ Μωϋσέως ἐδόθη, ἡ χάρις καὶ ἡ ἀλήθεια διὰ Ἰησοῦ Χριστοῦ ἐγένετο. **18** θεὸν οὐδεὶς ἑώρακεν πώποτε· μονογενὴς θεὸς³ ὁ ὢν εἰς τὸν κόλπον τοῦ πατρὸς ἐκεῖνος ἐξηγήσατο.

The Testimony of John the Baptist (Mt 3.1-12; Mk 1.2-8; Lk 3.15-17)

19 Καὶ αὕτη ἐστὶν ἡ μαρτυρία τοῦ Ἰωάννου, ὅτε ἀπέστειλαν [πρὸς αὐτὸν]⁴ οἱ Ἰουδαῖοι ἐξ Ἱεροσολύμων ἱερεῖς καὶ Λευίτας ἵνα ἐρωτήσωσιν αὐτόν· σὺ τίς εἶ; **20** καὶ ὡμολόγησεν καὶ οὐκ ἠρνήσατο, καὶ ὡμολόγησεν ὅτι ἐγὼ οὐκ εἰμὶ ὁ χριστός. **21** καὶ ἠρώτησαν αὐτόν· τί οὖν; σὺ Ἠλίας εἶ; καὶ λέγει· οὐκ εἰμί. ὁ προφήτης εἶ σύ; καὶ ἀπεκρίθη· οὔ. **22** εἶπαν οὖν αὐτῷ· τίς εἶ; ἵνα ἀπόκρισιν δῶμεν τοῖς πέμψασιν ἡμᾶς· τί λέγεις περὶ σεαυτοῦ; **23** ἔφη·

Is 40.3
  ἐγὼ φωνὴ βοῶντος ἐν τῇ ἐρήμῳ·
   εὐθύνατε τὴν ὁδὸν κυρίου,
καθὼς εἶπεν Ἠσαΐας ὁ προφήτης.

24 Καὶ ἀπεσταλμένοι ἦσαν ἐκ τῶν Φαρισαίων. **25** καὶ ἠρώτησαν αὐτὸν καὶ εἶπαν αὐτῷ· τί οὖν βαπτίζεις εἰ σὺ οὐκ εἶ ὁ χριστὸς οὐδὲ Ἠλίας οὐδὲ ὁ προφήτης; **26** ἀπεκρίθη αὐτοῖς ὁ Ἰωάννης λέγων· ἐγὼ βαπτίζω ἐν ὕδατι· μέσος ὑμῶν ἕστηκεν ὃν

---

³18 {B} μονογενὴς θεὸς 𝔓⁶⁶ 01* 03 04* 019 sy^{p. hmg} Origen^{gr-pt} Cyril^{pt} // ὁ μονογενὴς θεὸς 𝔓⁷⁵ 01² 33 co^{bo} Clement^{pt} Clement^{from Theodotus-pt} Origen^{gr-pt} Eusebius^{pt} Basil^{pt} Gregory-Nyssa Cyril^{pt} // ὁ μονογενὴς υἱός 02 04³ 037 038 044 0141 f^1 f^{13} 28 157 180 205 565 579 597 700 892 1006 1010 1071 1241 1243 1292 1342 1424 1505 Byz [07 09 011 013] lat^{vl-pt, vg} sy^{c, h} cpa eth Clement^{from Theodotus-pt} Clement^{pt} Tertullian Hippolytus Origen^{lat-pt} Eusebius^{pt} Athanasius Basil^{pt} Chrysostom Cyril^{pt} // εἰ μὴ ὁ μονογενὴς υἱός 032^{supp} lat^{vl-pt} Irenaeus^{lat-pt} (υἱὸς θεοῦ Irenaeus^{lat-pt})

⁴19 {C} πρὸς αὐτόν 03 04* 33 892^c 1010 1071 lat^{vl-pt} sy^{c, p} cpa co eth Chrysostom^{lem} Cyril // πρὸς αὐτόν *after* Λευίτας 𝔓^{66c vid} 02 038 044 f^3 157 579 1243 (1424 *after* Ἰουδαῖοι) lat^{vl-pt, vg} sy^h // *omit* 𝔓^{66*} 𝔓^{75} 01 04³ 019 032^{supp} 037 0141 f^1 28 180 205 565 597 700 892* 1006 1241 1292 1342 1505 Byz [07 09 011 013] Origen^{lem}

ὑμεῖς οὐκ οἴδατε, 27 ὁ ὀπίσω μου ἐρχόμενος[5], οὗ οὐκ εἰμὶ [ἐγὼ] ἄξιος ἵνα λύσω αὐτοῦ τὸν ἱμάντα τοῦ ὑποδήματος. 28 ταῦτα ἐν Βηθανίᾳ ἐγένετο[6] πέραν τοῦ Ἰορδάνου, ὅπου ἦν ὁ Ἰωάννης βαπτίζων.

The Lamb of God

29 Τῇ ἐπαύριον βλέπει τὸν Ἰησοῦν ἐρχόμενον πρὸς αὐτὸν καὶ λέγει· ἴδε ὁ ἀμνὸς τοῦ θεοῦ ὁ αἴρων τὴν ἁμαρτίαν τοῦ κόσμου. 30 οὗτός ἐστιν ὑπὲρ οὗ ἐγὼ εἶπον· ὀπίσω μου ἔρχεται ἀνὴρ ὃς ἔμπροσθέν μου γέγονεν, ὅτι πρῶτός μου ἦν. 31 κἀγὼ οὐκ ᾔδειν αὐτόν, ἀλλ᾽ ἵνα φανερωθῇ τῷ Ἰσραὴλ διὰ τοῦτο ἦλθον ἐγὼ ἐν ὕδατι βαπτίζων. 32 καὶ ἐμαρτύρησεν Ἰωάννης λέγων ὅτι τεθέαμαι τὸ πνεῦμα καταβαῖνον ὡς περιστερὰν ἐξ οὐρανοῦ καὶ ἔμεινεν ἐπ᾽ αὐτόν. 33 κἀγὼ οὐκ ᾔδειν αὐτόν, ἀλλ᾽ ὁ πέμψας με βαπτίζειν ἐν ὕδατι ἐκεῖνός μοι εἶπεν· ἐφ᾽ ὃν ἂν ἴδῃς τὸ πνεῦμα καταβαῖνον καὶ μένον ἐπ᾽ αὐτόν, οὗτός ἐστιν ὁ βαπτίζων ἐν πνεύματι ἁγίῳ. 34 κἀγὼ ἑώρακα καὶ μεμαρτύρηκα ὅτι οὗτός ἐστιν ὁ υἱὸς[7] τοῦ θεοῦ.

The First Disciples

35 Τῇ ἐπαύριον πάλιν εἱστήκει ὁ Ἰωάννης καὶ ἐκ τῶν μαθητῶν αὐτοῦ δύο 36 καὶ ἐμβλέψας τῷ Ἰησοῦ περιπατοῦντι λέγει· ἴδε ὁ ἀμνὸς τοῦ θεοῦ. 37 καὶ ἤκουσαν οἱ δύο μαθηταὶ αὐτοῦ λαλοῦντος

---

[5] 27 {A} ἐρχόμενος $\mathfrak{P}^5$ $\mathfrak{P}^{66}$ $\mathfrak{P}^{75}$ $\mathfrak{P}^{119\text{vid}}$ 01 03 04* 019 022* 029 032^{supp} 044 083 f^1 33 579 1241 lat$^{\text{vl-pt}}$ sy$^{\text{s, c}}$ co ∥ ἐρχόμενος ὃς ἔμπροσθέν μου γέγονεν 02 04^3 037 (038) 044 f^{13} 565 700 892 1424 Byz [07 09 011 013 022^c] lat$^{\text{vl-pt, vg}}$ sy$^{\text{(p), h}}$ co$^{\text{bo-mss}}$

[6] 28 {C} ἐν Βηθανίᾳ ἐγένετο ($\mathfrak{P}^{66}$ 01* ἐγένετο ἐν Βηθανίᾳ) $\mathfrak{P}^{75}$ 02 03 04* 019 032^{supp} 037 038 044* 28 157 205 565 579 597 700 892^{txt} 1006 1010 1071 1241 1243 1342 1424 Byz^{pt} [07 09 011 013 (022)] Lect lat$^{\text{vl-pt, vg}}$ (lat$^{\text{vl-pt}}$) sy$^{\text{p, h}}$ cpa^{mss} co^{bo} mss$^{\text{acc. to Origen}}$ Chrysostom ∥ ἐν Βηθαβαρᾷ ἐγένετο (01^2 ἐγένετο ἐν Βηθαβαρᾷ) 04^2 029^{vid} 044^c 083 0141 f^1 f^{13} (13 828 Βηθεβαρᾷ) 33 180 (892$^{\text{v. r.}}$ sy^{hmg} co$^{\text{sa-ms}}$ Βηθαραβᾷ) 1292 1505 Byz^{pt} TR (sy$^{\text{c, s}}$) cpa^{ms} co$^{\text{sa-mss}}$ Origen (mss$^{\text{acc. to Chrysostom}}$) Cyril

[7] 34 {C} ὁ υἱός $\mathfrak{P}^{66}$ $\mathfrak{P}^{75}$ $\mathfrak{P}^{120}$ 01^2 02 03 04 019 032^{supp} 037 038 044 083 0141 0233^{vid} f^1 f^{13} 28 33 157 180 205 565 579 597 700 892 1006 1010 1071 1241 1243 1292 1342 1424 1505 Byz [07 09 011 013 022 024] lat$^{\text{vl-pt, vg}}$ sy$^{\text{p, h}}$ cpa^{mss} co^{bo} eth Origen Chrysostom Cyril ∥ ὁ ἐκλεκτός 01* lat$^{\text{vl-pt}}$ sy$^{\text{c, s}}$ ∥ ὁ ἐκλεκτὸς υἱός lat$^{\text{vl-pt}}$ cpa^{mss} (cpa^{ms} ὁ μονογενὴς υἱός) co^{sa}

καὶ ἠκολούθησαν τῷ Ἰησοῦ. **38** στραφεὶς δὲ ὁ Ἰησοῦς καὶ θεασάμενος αὐτοὺς ἀκολουθοῦντας λέγει αὐτοῖς· τί ζητεῖτε; οἱ δὲ εἶπαν αὐτῷ· ῥαββί, ὃ λέγεται μεθερμηνευόμενον διδάσκαλε, ποῦ μένεις; **39** λέγει αὐτοῖς· ἔρχεσθε καὶ ὄψεσθε. ἦλθαν οὖν καὶ εἶδαν ποῦ μένει καὶ παρ᾽ αὐτῷ ἔμειναν τὴν ἡμέραν ἐκείνην· ὥρα ἦν ὡς δεκάτη. **40** ἦν Ἀνδρέας ὁ ἀδελφὸς Σίμωνος Πέτρου εἷς ἐκ τῶν δύο τῶν ἀκουσάντων παρὰ Ἰωάννου καὶ ἀκολουθησάντων αὐτῷ· **41** εὑρίσκει οὗτος πρῶτον τὸν ἀδελφὸν τὸν ἴδιον Σίμωνα καὶ λέγει αὐτῷ· εὑρήκαμεν τὸν Μεσσίαν, ὅ ἐστιν μεθερμηνευόμενον χριστός. **42** ἤγαγεν αὐτὸν πρὸς τὸν Ἰησοῦν. ἐμβλέψας αὐτῷ ὁ Ἰησοῦς εἶπεν· σὺ εἶ Σίμων ὁ υἱὸς Ἰωάννου[8], σὺ κληθήσῃ Κηφᾶς, ὃ ἑρμηνεύεται Πέτρος.

The Calling of Philip and Nathanael

43 Τῇ ἐπαύριον ἠθέλησεν ἐξελθεῖν εἰς τὴν Γαλιλαίαν καὶ εὑρίσκει Φίλιππον. καὶ λέγει αὐτῷ ὁ Ἰησοῦς· ἀκολούθει μοι. **44** ἦν δὲ ὁ Φίλιππος ἀπὸ Βηθσαϊδά, ἐκ τῆς πόλεως Ἀνδρέου καὶ Πέτρου. **45** εὑρίσκει Φίλιππος τὸν Ναθαναὴλ καὶ λέγει αὐτῷ· ὃν ἔγραψεν Μωϋσῆς ἐν τῷ νόμῳ καὶ οἱ προφῆται εὑρήκαμεν, Ἰησοῦν υἱὸν τοῦ Ἰωσὴφ τὸν ἀπὸ Ναζαρέτ. **46** καὶ εἶπεν αὐτῷ Ναθαναήλ· ἐκ Ναζαρὲτ δύναταί τι ἀγαθὸν εἶναι; λέγει αὐτῷ [ὁ] Φίλιππος· ἔρχου καὶ ἴδε. **47** εἶδεν ὁ Ἰησοῦς τὸν Ναθαναὴλ ἐρχόμενον πρὸς αὐτὸν καὶ λέγει περὶ αὐτοῦ· ἴδε ἀληθῶς Ἰσραηλίτης ἐν ᾧ δόλος οὐκ ἔστιν. **48** λέγει αὐτῷ Ναθαναήλ· πόθεν με γινώσκεις; ἀπεκρίθη Ἰησοῦς καὶ εἶπεν αὐτῷ· πρὸ τοῦ σε Φίλιππον φωνῆσαι ὄντα ὑπὸ τὴν συκῆν εἶδόν σε. **49** ἀπεκρίθη αὐτῷ Ναθαναήλ· ῥαββί, σὺ εἶ ὁ υἱὸς τοῦ θεοῦ, σὺ βασιλεὺς εἶ τοῦ Ἰσραήλ. **50** ἀπεκρίθη Ἰησοῦς καὶ εἶπεν αὐτῷ· ὅτι εἶπόν σοι ὅτι εἶδόν σε ὑποκάτω τῆς συκῆς, πιστεύεις; μείζω τούτων ὄψῃ. **51** καὶ λέγει αὐτῷ· ἀμὴν ἀμὴν λέγω ὑμῖν, ὄψεσθε[9] *τὸν οὐρανὸν*

---

[8]**42** {B} Ἰωάννου 𝔓[66] 𝔓[75] 𝔓[106] 01 03* 019 032[supp] 33 lat[vl-pt] co ∥ Ἰωνᾶ 02 03[2] 037 044 0141 0233 f^1 f^{13} 28 157 180 205 565 579 597 700 892 1006 1010 1071 1243 1292 1342 1424 1505 *Byz* [07 09 011 013] lat[vl-pt] (lat[vl-pt, vg-ms] *Bariona*) sy cpa co[bo-ms] eth Chrysostom Cyril[lem] ∥ Ἰωαννᾶ 038 1241 lat[vg] ∥ *frater Andreae* lat[vl-pt]

[9]**51** {B} ὄψεσθε 𝔓[66] 𝔓[75] 𝔓[134] 01 03 019 032[supp] 579 lat[vl-pt, vg] ∥ ἀπ᾽ ἄρτι ὄψεσθε 02 037 038 044 f^1 f^{13} 33 565 700 892 1241 1424 *Byz* [07 09 011 013] lat[vl-pt] sy

ἀνεῳγότα καὶ τοὺς ἀγγέλους τοῦ θεοῦ ἀναβαίνοντας καὶ καταβαίνοντας ἐπὶ τὸν υἱὸν τοῦ ἀνθρώπου.

The Wedding at Cana

2 Καὶ τῇ ἡμέρᾳ τῇ τρίτῃ γάμος ἐγένετο ἐν Κανὰ τῆς Γαλιλαίας, καὶ ἦν ἡ μήτηρ τοῦ Ἰησοῦ ἐκεῖ· 2 ἐκλήθη δὲ καὶ ὁ Ἰησοῦς καὶ οἱ μαθηταὶ αὐτοῦ εἰς τὸν γάμον. 3 καὶ ὑστερήσαντος οἴνου λέγει ἡ μήτηρ τοῦ Ἰησοῦ πρὸς αὐτόν· οἶνον οὐκ ἔχουσιν. 4 [καὶ] λέγει αὐτῇ ὁ Ἰησοῦς· τί ἐμοὶ καὶ σοί, γύναι; οὔπω ἥκει ἡ ὥρα μου. 5 λέγει ἡ μήτηρ αὐτοῦ τοῖς διακόνοις· ὅ τι ἂν λέγῃ ὑμῖν ποιήσατε. 6 ἦσαν δὲ ἐκεῖ λίθιναι ὑδρίαι ἓξ κατὰ τὸν καθαρισμὸν τῶν Ἰουδαίων κείμεναι, χωροῦσαι ἀνὰ μετρητὰς δύο ἢ τρεῖς. 7 λέγει αὐτοῖς ὁ Ἰησοῦς· γεμίσατε τὰς ὑδρίας ὕδατος. καὶ ἐγέμισαν αὐτὰς ἕως ἄνω. 8 καὶ λέγει αὐτοῖς· ἀντλήσατε νῦν καὶ φέρετε τῷ ἀρχιτρικλίνῳ· οἱ δὲ ἤνεγκαν. 9 ὡς δὲ ἐγεύσατο ὁ ἀρχιτρίκλινος τὸ ὕδωρ οἶνον γεγενημένον καὶ οὐκ ᾔδει πόθεν ἐστίν, οἱ δὲ διάκονοι ᾔδεισαν οἱ ἠντληκότες τὸ ὕδωρ, φωνεῖ τὸν νυμφίον ὁ ἀρχιτρίκλινος 10 καὶ λέγει αὐτῷ· πᾶς ἄνθρωπος πρῶτον τὸν καλὸν οἶνον τίθησιν καὶ ὅταν μεθυσθῶσιν τὸν ἐλάσσω· σὺ τετήρηκας τὸν καλὸν οἶνον ἕως ἄρτι. 11 ταύτην ἐποίησεν ἀρχὴν τῶν σημείων ὁ Ἰησοῦς ἐν Κανὰ τῆς Γαλιλαίας καὶ ἐφανέρωσεν τὴν δόξαν αὐτοῦ, καὶ ἐπίστευσαν εἰς αὐτὸν οἱ μαθηταὶ αὐτοῦ.

12 Μετὰ τοῦτο κατέβη εἰς Καφαρναοὺμ αὐτὸς καὶ ἡ μήτηρ αὐτοῦ καὶ οἱ ἀδελφοὶ [αὐτοῦ] καὶ οἱ μαθηταὶ αὐτοῦ καὶ ἐκεῖ ἔμειναν οὐ πολλὰς ἡμέρας.

The Cleansing of the Temple (Mt 21.12-13; Mk 11.15-17; Lk 19.45-46)

13 Καὶ ἐγγὺς ἦν τὸ πάσχα τῶν Ἰουδαίων, καὶ ἀνέβη εἰς Ἱεροσόλυμα ὁ Ἰησοῦς.

14 Καὶ εὗρεν ἐν τῷ ἱερῷ τοὺς πωλοῦντας βόας καὶ πρόβατα καὶ περιστερὰς καὶ τοὺς κερματιστὰς καθημένους, 15 καὶ

ποιήσας φραγέλλιον¹ ἐκ σχοινίων πάντας ἐξέβαλεν ἐκ τοῦ ἱεροῦ τά τε πρόβατα καὶ τοὺς βόας, καὶ τῶν κολλυβιστῶν ἐξέχεεν τὸ κέρμα καὶ τὰς τραπέζας ἀνέτρεψεν, **16** καὶ τοῖς τὰς περιστερὰς πωλοῦσιν εἶπεν· ἄρατε ταῦτα ἐντεῦθεν, μὴ ποιεῖτε τὸν οἶκον τοῦ πατρός μου οἶκον ἐμπορίου. **17** ἐμνήσθησαν οἱ μαθηταὶ αὐτοῦ ὅτι γεγραμμένον ἐστίν· *ὁ ζῆλος τοῦ οἴκου σου καταφάγεταί με*.

Ps 69.9

18 Ἀπεκρίθησαν οὖν οἱ Ἰουδαῖοι καὶ εἶπαν αὐτῷ· τί σημεῖον δεικνύεις ἡμῖν ὅτι ταῦτα ποιεῖς; **19** ἀπεκρίθη Ἰησοῦς καὶ εἶπεν αὐτοῖς· λύσατε τὸν ναὸν τοῦτον καὶ ἐν τρισὶν ἡμέραις ἐγερῶ αὐτόν. **20** εἶπαν οὖν οἱ Ἰουδαῖοι· τεσσεράκοντα καὶ ἓξ ἔτεσιν οἰκοδομήθη ὁ ναὸς οὗτος, καὶ σὺ ἐν τρισὶν ἡμέραις ἐγερεῖς αὐτόν; **21** ἐκεῖνος δὲ ἔλεγεν περὶ τοῦ ναοῦ τοῦ σώματος αὐτοῦ. **22** ὅτε οὖν ἠγέρθη ἐκ νεκρῶν, ἐμνήσθησαν οἱ μαθηταὶ αὐτοῦ ὅτι τοῦτο ἔλεγεν, καὶ ἐπίστευσαν τῇ γραφῇ καὶ τῷ λόγῳ ὃν εἶπεν ὁ Ἰησοῦς.

Jesus Knows All People

23 Ὡς δὲ ἦν ἐν τοῖς Ἱεροσολύμοις ἐν τῷ πάσχα ἐν τῇ ἑορτῇ, πολλοὶ ἐπίστευσαν εἰς τὸ ὄνομα αὐτοῦ θεωροῦντες αὐτοῦ τὰ σημεῖα ἃ ἐποίει· **24** αὐτὸς δὲ Ἰησοῦς οὐκ ἐπίστευεν αὐτὸν αὐτοῖς διὰ τὸ αὐτὸν γινώσκειν πάντας **25** καὶ ὅτι οὐ χρείαν εἶχεν ἵνα τις μαρτυρήσῃ περὶ τοῦ ἀνθρώπου· αὐτὸς γὰρ ἐγίνωσκεν τί ἦν ἐν τῷ ἀνθρώπῳ.

Jesus and Nicodemus

3 Ἦν δὲ ἄνθρωπος ἐκ τῶν Φαρισαίων, Νικόδημος ὄνομα αὐτῷ, ἄρχων τῶν Ἰουδαίων· **2** οὗτος ἦλθεν πρὸς αὐτὸν νυκτὸς καὶ εἶπεν αὐτῷ· ῥαββί, οἴδαμεν ὅτι ἀπὸ θεοῦ ἐλήλυθας διδάσκαλος· οὐδεὶς γὰρ δύναται ταῦτα τὰ σημεῖα ποιεῖν ἃ σὺ ποιεῖς, ἐὰν μὴ ᾖ ὁ θεὸς μετ᾽ αὐτοῦ. **3** ἀπεκρίθη Ἰησοῦς καὶ εἶπεν αὐτῷ· ἀμὴν ἀμὴν λέγω σοι, ἐὰν μή τις γεννηθῇ ἄνωθεν, οὐ

---

¹ **15** {B} φραγέλλιον 01 02 03 037 038 044 0233 *f*¹³ 28 157 180 205 579 597 700 1006 1071 1292 1342 1424 1505 *Byz* [07 09 013 024] lat^(vl-pt) sy co eth Origen Cyril^(pt) ∥ ὡς φραγέλλιον 𝔓⁶⁶ 𝔓⁷⁵ 011 019 022 032^(supp) 0141 0162 *f*¹ 33 565 892 1010 1241 1243 lat^(vl-pt, vg) sy^(hmg) cpa Origen^(supp) (Cyril^(pt))

δύναται ἰδεῖν τὴν βασιλείαν τοῦ θεοῦ. **4** λέγει πρὸς αὐτὸν [ὁ] Νικόδημος· πῶς δύναται ἄνθρωπος γεννηθῆναι γέρων ὤν; μὴ δύναται εἰς τὴν κοιλίαν τῆς μητρὸς αὐτοῦ δεύτερον εἰσελθεῖν καὶ γεννηθῆναι; **5** ἀπεκρίθη Ἰησοῦς· ἀμὴν ἀμὴν λέγω σοι, ἐὰν μή τις γεννηθῇ ἐξ ὕδατος καὶ πνεύματος, οὐ δύναται εἰσελθεῖν εἰς τὴν βασιλείαν τοῦ θεοῦ. **6** τὸ γεγεννημένον ἐκ τῆς σαρκὸς σάρξ ἐστιν, καὶ τὸ γεγεννημένον ἐκ τοῦ πνεύματος πνεῦμά ἐστιν. **7** μὴ θαυμάσῃς ὅτι εἶπόν σοι· δεῖ ὑμᾶς γεννηθῆναι ἄνωθεν. **8** τὸ πνεῦμα ὅπου θέλει πνεῖ καὶ τὴν φωνὴν αὐτοῦ ἀκούεις, ἀλλ᾽ οὐκ οἶδας πόθεν ἔρχεται καὶ ποῦ ὑπάγει· οὕτως ἐστὶν πᾶς ὁ γεγεννημένος ἐκ τοῦ πνεύματος. **9** ἀπεκρίθη Νικόδημος καὶ εἶπεν αὐτῷ· πῶς δύναται ταῦτα γενέσθαι; **10** ἀπεκρίθη Ἰησοῦς καὶ εἶπεν αὐτῷ· σὺ εἶ ὁ διδάσκαλος τοῦ Ἰσραὴλ καὶ ταῦτα οὐ γινώσκεις; **11** ἀμὴν ἀμὴν λέγω σοι ὅτι ὃ οἴδαμεν λαλοῦμεν καὶ ὃ ἑωράκαμεν μαρτυροῦμεν, καὶ τὴν μαρτυρίαν ἡμῶν οὐ λαμβάνετε. **12** εἰ τὰ ἐπίγεια εἶπον ὑμῖν καὶ οὐ πιστεύετε, πῶς ἐὰν εἴπω ὑμῖν τὰ ἐπουράνια πιστεύσετε; **13** καὶ οὐδεὶς ἀναβέβηκεν εἰς τὸν οὐρανὸν εἰ μὴ ὁ ἐκ τοῦ οὐρανοῦ καταβάς, ὁ υἱὸς τοῦ ἀνθρώπου[1]. **14** καὶ καθὼς Μωϋσῆς ὕψωσεν τὸν ὄφιν ἐν τῇ ἐρήμῳ, οὕτως ὑψωθῆναι δεῖ τὸν υἱὸν τοῦ ἀνθρώπου, **15** ἵνα πᾶς ὁ πιστεύων ἐν αὐτῷ[2] ἔχῃ ζωὴν αἰώνιον. **16** οὕτως γὰρ ἠγάπησεν ὁ θεὸς τὸν κόσμον, ὥστε τὸν υἱὸν τὸν μονογενῆ ἔδωκεν, ἵνα πᾶς ὁ πιστεύων εἰς αὐτὸν μὴ ἀπόληται ἀλλ᾽ ἔχῃ ζωὴν αἰώνιον. **17** οὐ γὰρ ἀπέστειλεν ὁ θεὸς τὸν υἱὸν εἰς τὸν κόσμον ἵνα κρίνῃ τὸν κόσμον, ἀλλ᾽ ἵνα σωθῇ ὁ κόσμος δι᾽ αὐτοῦ. **18** ὁ πιστεύων εἰς αὐτὸν οὐ κρίνεται· ὁ δὲ μὴ πιστεύων ἤδη κέκριται,

---

[1] **13** {B} ἀνθρώπου 𝔓⁶⁶ 𝔓⁷⁵ 01 03 019 029 032^supp 083 086 33 1010 1241 co Origen^lat-pt Eusebius Gregory-Nyssa Cyril^pt (Cyril^pt θεοῦ) ∥ ἀνθρώπου ὁ ὢν ἐν τῷ οὐρανῷ 02^c (02* *omit* ὤν) 037 038 044 050 *f*¹ *f*¹³ 28 157 180 205 565 579 597 700 892 1006 1071 1243 1292 1342 1424 1505 *Byz* [07 011 013 022] lat^vl-pt, vg (lat^vl-pt cpa ὃς ἦν) sy^(c), p, h co^bo-pt eth Hippolytus Origen^lat-pt Chrysostom Cyril^pt ∥ ἀνθρώπου ὁ ὢν ἐκ τοῦ οὐρανοῦ 0141 sy^s

[2] **15** {B} ἐν αὐτῷ 𝔓⁷⁵ 03 029 032^supp 083 0141 Cyril^ms ∥ ἐπ᾽ αὐτῷ 𝔓⁶⁶ 019 (579 *only* αὐτῷ) Cyril ∥ εἰς αὐτὸν 01 086 *f*¹ 33 205 565 lat^vl-pt Gregory-Nyssa^vid Cyril^ms ∥ εἰς αὐτὸν μὴ ἀπόληται ἀλλ᾽ (*see* 3.16) 𝔓⁶³vid (02 ἐπ᾽ αὐτὸν) 037 038 044 *f*¹³ 28 157 180 597 700 892 1006 1010 1071 1241 1243 1292 1342 1424 1505 *Byz* [07 09 011 013 022] lat^vl-pt, vg-mss (lat^vl-pt, vg ἐν αὐτῷ) sy^s, p, h co^bo-ms Chrysostom Cyril^lem

ὅτι μὴ πεπίστευκεν εἰς τὸ ὄνομα τοῦ μονογενοῦς υἱοῦ τοῦ θεοῦ. **19** αὕτη δέ ἐστιν ἡ κρίσις ὅτι τὸ φῶς ἐλήλυθεν εἰς τὸν κόσμον καὶ ἠγάπησαν οἱ ἄνθρωποι μᾶλλον τὸ σκότος ἢ τὸ φῶς· ἦν γὰρ αὐτῶν πονηρὰ τὰ ἔργα. **20** πᾶς γὰρ ὁ φαῦλα πράσσων μισεῖ τὸ φῶς καὶ οὐκ ἔρχεται πρὸς τὸ φῶς, ἵνα μὴ ἐλεγχθῇ τὰ ἔργα αὐτοῦ· **21** ὁ δὲ ποιῶν τὴν ἀλήθειαν ἔρχεται πρὸς τὸ φῶς, ἵνα φανερωθῇ αὐτοῦ τὰ ἔργα ὅτι ἐν θεῷ ἐστιν εἰργασμένα.

Jesus and John the Baptist

22 Μετὰ ταῦτα ἦλθεν ὁ Ἰησοῦς καὶ οἱ μαθηταὶ αὐτοῦ εἰς τὴν Ἰουδαίαν γῆν καὶ ἐκεῖ διέτριβεν μετ' αὐτῶν καὶ ἐβάπτιζεν.

23 ⸀Ἦν δὲ καὶ ὁ Ἰωάννης βαπτίζων ἐν Αἰνὼν ἐγγὺς τοῦ Σαλείμ, ὅτι ὕδατα πολλὰ ἦν ἐκεῖ, καὶ παρεγίνοντο καὶ ἐβαπτίζοντο· **24** οὔπω γὰρ ἦν βεβλημένος εἰς τὴν φυλακὴν ὁ Ἰωάννης.

25 Ἐγένετο οὖν ζήτησις ἐκ τῶν μαθητῶν Ἰωάννου μετὰ Ἰουδαίου³ περὶ καθαρισμοῦ. **26** καὶ ἦλθον πρὸς τὸν Ἰωάννην καὶ εἶπαν αὐτῷ· ῥαββί, ὃς ἦν μετὰ σοῦ πέραν τοῦ Ἰορδάνου, ᾧ σὺ μεμαρτύρηκας, ἴδε οὗτος βαπτίζει καὶ πάντες ἔρχονται πρὸς αὐτόν. **27** ἀπεκρίθη Ἰωάννης καὶ εἶπεν· οὐ δύναται ἄνθρωπος λαμβάνειν οὐδὲ ἓν ἐὰν μὴ ᾖ δεδομένον αὐτῷ ἐκ τοῦ οὐρανοῦ. **28** αὐτοὶ ὑμεῖς μοι μαρτυρεῖτε ὅτι εἶπον [ὅτι] οὐκ εἰμὶ ἐγὼ ὁ χριστός, ἀλλ' ὅτι ἀπεσταλμένος εἰμὶ ἔμπροσθεν ἐκείνου. **29** ὁ ἔχων τὴν νύμφην νυμφίος ἐστίν· ὁ δὲ φίλος τοῦ νυμφίου ὁ ἑστηκὼς καὶ ἀκούων αὐτοῦ χαρᾷ χαίρει διὰ τὴν φωνὴν τοῦ νυμφίου. αὕτη οὖν ἡ χαρὰ ἡ ἐμὴ πεπλήρωται. **30** ἐκεῖνον δεῖ αὐξάνειν, ἐμὲ δὲ ἐλαττοῦσθαι.

The One Who Comes from Heaven

31 Ὁ ἄνωθεν ἐρχόμενος ἐπάνω πάντων ἐστίν· ὁ ὢν ἐκ τῆς γῆς ἐκ τῆς γῆς ἐστιν καὶ ἐκ τῆς γῆς λαλεῖ. ὁ ἐκ τοῦ οὐρανοῦ ἐρχόμε-

---

³ **25** {B} μετὰ Ἰουδαίου 𝔓⁷⁵ 01² 02 03 019 032^supp 037 044 070 086 28 33 157 180 579 700 892 1006 1010 1241 1243 1292 1424 1505 *Byz* [07 09 013 022] sy^{s, p, h} cpa^mss co^{sa-mss, fa}? Chrysostom Cyril ∥ μετὰ Ἰουδαίων 𝔓⁶⁶ 01* 011 038 0141 *f*¹ *f*¹³ 205 565 597 1071 1342 *TR* lat^{vl-pt, vg} (lat^{vl-pt} *et Iudaeos*, lat^{vl-pt} *ad Iudaeos*) vg sy^c cpa^ms co^{sa-mss, bo} eth Origen

νος [ἐπάνω πάντων ἐστίν]⁴· 32 ὃ ἑώρακεν καὶ ἤκουσεν τοῦτο μαρτυρεῖ, καὶ τὴν μαρτυρίαν αὐτοῦ οὐδεὶς λαμβάνει. 33 ὁ λαβὼν αὐτοῦ τὴν μαρτυρίαν ἐσφράγισεν ὅτι ὁ θεὸς ἀληθής ἐστιν. 34 ὃν γὰρ ἀπέστειλεν ὁ θεὸς τὰ ῥήματα τοῦ θεοῦ λαλεῖ, οὐ γὰρ ἐκ μέτρου δίδωσιν τὸ πνεῦμα⁵. 35 ὁ πατὴρ ἀγαπᾷ τὸν υἱὸν καὶ πάντα δέδωκεν ἐν τῇ χειρὶ αὐτοῦ. 36 ὁ πιστεύων εἰς τὸν υἱὸν ἔχει ζωὴν αἰώνιον· ὁ δὲ ἀπειθῶν τῷ υἱῷ οὐκ ὄψεται ζωήν, ἀλλ᾽ ἡ ὀργὴ τοῦ θεοῦ μένει ἐπ᾽ αὐτόν.

Jesus and the Woman of Samaria

4 Ὡς οὖν ἔγνω ὁ Ἰησοῦς¹ ὅτι ἤκουσαν οἱ Φαρισαῖοι ὅτι Ἰησοῦς πλείονας μαθητὰς ποιεῖ καὶ βαπτίζει ἢ Ἰωάννης 2 – καίτοιγε Ἰησοῦς αὐτὸς οὐκ ἐβάπτιζεν ἀλλ᾽ οἱ μαθηταὶ αὐτοῦ – 3 ἀφῆκεν τὴν Ἰουδαίαν καὶ ἀπῆλθεν πάλιν² εἰς τὴν Γαλιλαίαν.

4 Ἔδει δὲ αὐτὸν διέρχεσθαι διὰ τῆς Σαμαρείας. 5 ἔρχεται οὖν εἰς πόλιν τῆς Σαμαρείας λεγομένην Συχὰρ πλησίον τοῦ χωρίου ὃ ἔδωκεν Ἰακὼβ [τῷ] Ἰωσὴφ τῷ υἱῷ αὐτοῦ· 6 ἦν δὲ ἐκεῖ πηγὴ τοῦ Ἰακώβ. ὁ οὖν Ἰησοῦς κεκοπιακὼς ἐκ τῆς ὁδοιπορίας ἐκαθέζετο οὕτως ἐπὶ τῇ πηγῇ· ὥρα ἦν ὡς ἕκτη. 7 ἔρχεται γυνὴ ἐκ τῆς Σαμαρείας ἀντλῆσαι ὕδωρ. λέγει αὐτῇ ὁ Ἰησοῦς· δός μοι πιεῖν·

---

⁴31 {C} ἐρχόμενος ἐπάνω πάντων ἐστίν 𝔓³⁶ᵛⁱᵈ 𝔓⁶⁶ᶜ (𝔓⁶⁶* omit ἐρχόμενος) 01² 02 03 019 032ˢᵘᵖᵖ 037 038 044 083 086 0141 f¹³ 28 33 157 180 579ᵛⁱᵈ 700 892 1010 1006 1071 1241 1243 1292 1342 1424 1505 Byz [07 09 011 013] latᵛˡ⁻ᵖᵗ, ᵛᵍ syˢ, ᵖ, ʰ cpa coᵇᵒ, ᶠᵃ (eth) Tertullianᵖᵗ Origenᵖᵗ Chrysostom Cyril // ἐρχόμενος 𝔓⁷⁵ 01* 05 f¹ 205 565 latᵛˡ⁻ᵖᵗ syᶜ coˢᵃ Tertullianᵖᵗ? Origenᵖᵗ

⁵34 {B} τὸ πνεῦμα 𝔓⁶⁶ 𝔓⁷⁵ 01 03² 04* 019 032ˢᵘᵖᵖ 038 083 0141 f¹ 33 205 565 579 597 1241 latᵛˡ⁻ᵖᵗ Origenᵍʳ Cyril // ὁ θεὸς τὸ πνεῦμα 02 04² 05 037 044 086 f¹³ 28 157 180 700 892 1006 1010 1071 1243 1292 1342 1424 1505 Byz [07 09 011 013] latᵛˡ⁻ᵖᵗ, ᵛᵍ (latᵛˡ⁻ᵖᵗ τοῦ θεοῦ) syᵖ, ʰ co eth Origenˡᵃᵗ Chrysostom // omit 03*

¹1 {C} Ἰησοῦς 𝔓⁶⁶* 01 05 038 086 205 565 1010 1241 latᵛˡ⁻ᵖᵗ, ᵛᵍ syᶜ, ᵖ, ʰ coᵇᵒ, ᶠᵃ Chrysostom // κύριος 𝔓⁶⁶ᶜ 𝔓⁷⁵ 02 03 04 019 032ˢᵘᵖᵖ 037 038 044 083 0141 f¹ f¹³ 28 33 157 180 579 597 700 892 1006 1071 1243 1292 1342 1424 1505 Byz [07 09 011 013] latᵛˡ⁻ᵖᵗ syˢ, ʰᵐᵍ coˢᵃ, ᵇᵒ⁻ᵐˢ (eth) Cyril

²3 {A} πάλιν 𝔓⁶⁶ 𝔓⁷⁵ 01 03² 04 05 019 032ˢᵘᵖᵖ 038 083ᵛⁱᵈ 086 f¹ f¹³ 33 205 565 597 892 1010 1071 1241 1505 TR latᵛˡ⁻ᵖᵗ, ᵛᵍ syᶜ, ˢ, ᵖ coˢᵃ, ᵇᵒ, ᶠᵃ eth Irenaeusˡᵃᵗ Cyrilˡᵉᵐ // omit 02 03* 037 044 0141 28 157 180 579 700 1006 1243 1292 1342 1424 Byz [07 09 011 013] latᵛˡ⁻ᵖᵗ syʰ coᵇᵒ⁻ᵐˢˢ Chrysostomᵛⁱᵈ

8 οἱ γὰρ μαθηταὶ αὐτοῦ ἀπεληλύθεισαν εἰς τὴν πόλιν ἵνα τροφὰς ἀγοράσωσιν. **9** λέγει οὖν αὐτῷ ἡ γυνὴ ἡ Σαμαρῖτις· πῶς σὺ Ἰουδαῖος ὢν παρ' ἐμοῦ πιεῖν αἰτεῖς γυναικὸς Σαμαρίτιδος οὔσης; οὐ γὰρ συγχρῶνται Ἰουδαῖοι Σαμαρίταις. **10** ἀπεκρίθη Ἰησοῦς καὶ εἶπεν αὐτῇ· εἰ ᾔδεις τὴν δωρεὰν τοῦ θεοῦ καὶ τίς ἐστιν ὁ λέγων σοι· δός μοι πιεῖν, σὺ ἂν ᾔτησας αὐτὸν καὶ ἔδωκεν ἄν σοι ὕδωρ ζῶν. **11** λέγει αὐτῷ [ἡ γυνή]· κύριε, οὔτε ἄντλημα ἔχεις καὶ τὸ φρέαρ ἐστὶν βαθύ· πόθεν οὖν ἔχεις τὸ ὕδωρ τὸ ζῶν; **12** μὴ σὺ μείζων εἶ τοῦ πατρὸς ἡμῶν Ἰακώβ, ὃς ἔδωκεν ἡμῖν τὸ φρέαρ καὶ αὐτὸς ἐξ αὐτοῦ ἔπιεν καὶ οἱ υἱοὶ αὐτοῦ καὶ τὰ θρέμματα αὐτοῦ; **13** ἀπεκρίθη Ἰησοῦς καὶ εἶπεν αὐτῇ· πᾶς ὁ πίνων ἐκ τοῦ ὕδατος τούτου διψήσει πάλιν· **14** ὃς δ' ἂν πίῃ ἐκ τοῦ ὕδατος οὗ ἐγὼ δώσω αὐτῷ, οὐ μὴ διψήσει εἰς τὸν αἰῶνα, ἀλλὰ τὸ ὕδωρ ὃ δώσω αὐτῷ γενήσεται ἐν αὐτῷ πηγὴ ὕδατος ἁλλομένου εἰς ζωὴν αἰώνιον. **15** λέγει πρὸς αὐτὸν ἡ γυνή· κύριε, δός μοι τοῦτο τὸ ὕδωρ, ἵνα μὴ διψῶ μηδὲ διέρχωμαι ἐνθάδε ἀντλεῖν. **16** λέγει αὐτῇ· ὕπαγε φώνησον τὸν ἄνδρα σου καὶ ἐλθὲ ἐνθάδε. **17** ἀπεκρίθη ἡ γυνὴ καὶ εἶπεν αὐτῷ· οὐκ ἔχω ἄνδρα. λέγει αὐτῇ ὁ Ἰησοῦς· καλῶς εἶπας ὅτι ἄνδρα οὐκ ἔχω· **18** πέντε γὰρ ἄνδρας ἔσχες καὶ νῦν ὃν ἔχεις οὐκ ἔστιν σου ἀνήρ· τοῦτο ἀληθὲς εἴρηκας. **19** λέγει αὐτῷ ἡ γυνή· κύριε, θεωρῶ ὅτι προφήτης εἶ σύ. **20** οἱ πατέρες ἡμῶν ἐν τῷ ὄρει τούτῳ προσεκύνησαν· καὶ ὑμεῖς λέγετε ὅτι ἐν Ἱεροσολύμοις ἐστὶν ὁ τόπος ὅπου προσκυνεῖν δεῖ. **21** λέγει αὐτῇ ὁ Ἰησοῦς· πίστευέ μοι, γύναι, ὅτι ἔρχεται ὥρα ὅτε οὔτε ἐν τῷ ὄρει τούτῳ οὔτε ἐν Ἱεροσολύμοις προσκυνήσετε τῷ πατρί. **22** ὑμεῖς προσκυνεῖτε ὃ οὐκ οἴδατε· ἡμεῖς προσκυνοῦμεν ὃ οἴδαμεν, ὅτι ἡ σωτηρία ἐκ τῶν Ἰουδαίων ἐστίν. **23** ἀλλ' ἔρχεται ὥρα καὶ νῦν ἐστιν, ὅτε οἱ ἀληθινοὶ προσκυνηταὶ προσκυνήσουσιν τῷ πατρὶ ἐν πνεύματι καὶ ἀληθείᾳ· καὶ γὰρ ὁ πατὴρ τοιούτους ζητεῖ τοὺς προσκυνοῦντας αὐτόν. **24** πνεῦμα ὁ θεός, καὶ τοὺς προσκυνοῦντας αὐτὸν ἐν πνεύματι καὶ ἀληθείᾳ δεῖ προσκυνεῖν. **25** λέγει αὐτῷ ἡ γυνή· οἶδα[3] ὅτι Μεσσίας

---

[3] 25 {C} οἶδα 𝔓⁶⁶* 𝔓⁷⁵ 01* 02 03 04 05 032^supp 037 038 044 086 ƒ¹ 565 579 700 892 1424 *Byz* [07 013] lat^vl-pt, vg sy^c, p, h co^pbo ∥ οἴδαμεν 𝔓⁶⁶ᶜ 01² 011 019 022 ƒ¹³ 33 1241 lat^vl-pt sy^hmg co^sa, bo, ly

ἔρχεται ὁ λεγόμενος χριστός· ὅταν ἔλθῃ ἐκεῖνος, ἀναγγελεῖ ἡμῖν ἅπαντα. **26** λέγει αὐτῇ ὁ Ἰησοῦς· ἐγώ εἰμι, ὁ λαλῶν σοι.

27 Καὶ ἐπὶ τούτῳ ἦλθαν οἱ μαθηταὶ αὐτοῦ καὶ ἐθαύμαζον ὅτι μετὰ γυναικὸς ἐλάλει· οὐδεὶς μέντοι εἶπεν· τί ζητεῖς ἢ τί λαλεῖς μετ' αὐτῆς; **28** ἀφῆκεν οὖν τὴν ὑδρίαν αὐτῆς ἡ γυνὴ καὶ ἀπῆλθεν εἰς τὴν πόλιν καὶ λέγει τοῖς ἀνθρώποις· **29** δεῦτε ἴδετε ἄνθρωπον ὃς εἶπέν μοι πάντα ὅσα ἐποίησα, μήτι οὗτός ἐστιν ὁ χριστός; **30** ἐξῆλθον⁴ ἐκ τῆς πόλεως καὶ ἤρχοντο πρὸς αὐτόν.

31 Ἐν τῷ μεταξὺ ἠρώτων αὐτὸν οἱ μαθηταὶ λέγοντες· ῥαββί, φάγε. **32** ὁ δὲ εἶπεν αὐτοῖς· ἐγὼ βρῶσιν ἔχω φαγεῖν ἣν ὑμεῖς οὐκ οἴδατε. **33** ἔλεγον οὖν οἱ μαθηταὶ πρὸς ἀλλήλους· μή τις ἤνεγκεν αὐτῷ φαγεῖν; **34** λέγει αὐτοῖς ὁ Ἰησοῦς· ἐμὸν βρῶμά ἐστιν ἵνα ποιήσω τὸ θέλημα τοῦ πέμψαντός με καὶ τελειώσω αὐτοῦ τὸ ἔργον. **35** οὐχ ὑμεῖς λέγετε ὅτι ἔτι τετράμηνός ἐστιν καὶ ὁ θερισμὸς ἔρχεται; ἰδοὺ λέγω ὑμῖν, ἐπάρατε τοὺς ὀφθαλμοὺς ὑμῶν καὶ θεάσασθε τὰς χώρας ὅτι λευκαί εἰσιν πρὸς θερισμόν. ἤδη **36** ὁ⁵ θερίζων μισθὸν λαμβάνει καὶ συνάγει καρπὸν εἰς ζωὴν αἰώνιον, ἵνα ὁ σπείρων ὁμοῦ χαίρῃ καὶ ὁ θερίζων. **37** ἐν γὰρ τούτῳ ὁ λόγος ἐστὶν ἀληθινὸς ὅτι ἄλλος ἐστὶν ὁ σπείρων καὶ ἄλλος ὁ θερίζων. **38** ἐγὼ ἀπέστειλα ὑμᾶς θερίζειν ὃ οὐχ ὑμεῖς κεκοπιάκατε· ἄλλοι κεκοπιάκασιν καὶ ὑμεῖς εἰς τὸν κόπον αὐτῶν εἰσεληλύθατε.

39 Ἐκ δὲ τῆς πόλεως ἐκείνης πολλοὶ ἐπίστευσαν εἰς αὐτὸν τῶν Σαμαριτῶν διὰ τὸν λόγον τῆς γυναικὸς μαρτυρούσης ὅτι εἶπέν μοι πάντα ἃ ἐποίησα. **40** ὡς οὖν ἦλθον πρὸς αὐτὸν οἱ Σαμαρῖται, ἠρώτων αὐτὸν μεῖναι παρ' αὐτοῖς· καὶ ἔμεινεν ἐκεῖ δύο ἡμέρας. **41** καὶ πολλῷ πλείους ἐπίστευσαν διὰ τὸν λόγον

---

⁴**30** {B} ἐξῆλθον $\mathfrak{P}^{75}$ 02 03 037 044 33 579 Byz^{pt} [07 011 013] lat^{vl-pt, vg} // καὶ ἐξῆλθον 04 05 lat^{vl-pt} sy // ἐξῆλθον οὖν $\mathfrak{P}^{66}$ 01 022 032^{supp} 086 f^1 f^{13} 565 700 892 1424 Byz^{pt} [022] TR lat^{vl-pt} co^{sa-mss} // ἐξήρχοντο 019 // ἐξήρχοντο δέ 1241 co^{ly, pbo}

⁵**35-36** {B} θερισμόν. ἤδη ὁ 01^c 04* 05 019 032^{supp} 044 0141^c 33 lat^{vl-pt} (sy^{c, s}) co^{bo-pt} Irenaeus^{lat} Cyril^{lem} // θερισμὸν ἤδη. ὁ $\mathfrak{P}^{75}$ 083 0141* lat^{vl-pt} (lat^{vl-pt} *omit* ἤδη) co^{sa, ly} Origen Cyril // θερισμὸν ἤδη ὁ *(without interpunction or uncertain)* $\mathfrak{P}^{66}$ 01* 03 (co^{bo-pt}) // θερισμὸν ἤδη. καὶ ὁ 02 04³ 037 038 f^1 f^{13} 28 157 180 205 565 (579 θερισμόν. ἤδη καὶ ὁ) 597 700 892 1006 1010 1071 1241 1243 1292 1342 1424 1505 Byz [07 011 013 022] lat^{vl-pt, vg} sy^{p, h} co^{bo-mss} (Chrysostom)

αὐτοῦ, **42** τῇ τε γυναικὶ ἔλεγον ὅτι οὐκέτι διὰ τὴν σὴν λαλιὰν πιστεύομεν, αὐτοὶ γὰρ ἀκηκόαμεν καὶ οἴδαμεν ὅτι οὗτός ἐστιν ἀληθῶς ὁ σωτὴρ τοῦ κόσμου.

The Healing of the Official's Son (Mt 8.5-13; Lk 7.1-10)

43 Μετὰ δὲ τὰς δύο ἡμέρας ἐξῆλθεν ἐκεῖθεν εἰς τὴν Γαλιλαίαν· **44** αὐτὸς γὰρ Ἰησοῦς ἐμαρτύρησεν ὅτι προφήτης ἐν τῇ ἰδίᾳ πατρίδι τιμὴν οὐκ ἔχει. **45** ὅτε οὖν ἦλθεν εἰς τὴν Γαλιλαίαν, ἐδέξαντο αὐτὸν οἱ Γαλιλαῖοι πάντα ἑωρακότες ὅσα ἐποίησεν ἐν Ἱεροσολύμοις ἐν τῇ ἑορτῇ, καὶ αὐτοὶ γὰρ ἦλθον εἰς τὴν ἑορτήν.

46 Ἦλθεν οὖν πάλιν εἰς τὴν Κανὰ τῆς Γαλιλαίας, ὅπου ἐποίησεν τὸ ὕδωρ οἶνον.

Καὶ ἦν τις βασιλικὸς οὗ ὁ υἱὸς ἠσθένει ἐν Καφαρναούμ. **47** οὗτος ἀκούσας ὅτι Ἰησοῦς ἥκει ἐκ τῆς Ἰουδαίας εἰς τὴν Γαλιλαίαν ἀπῆλθεν πρὸς αὐτὸν καὶ ἠρώτα ἵνα καταβῇ καὶ ἰάσηται αὐτοῦ τὸν υἱόν, ἤμελλεν γὰρ ἀποθνῄσκειν. **48** εἶπεν οὖν ὁ Ἰησοῦς πρὸς αὐτόν· ἐὰν μὴ σημεῖα καὶ τέρατα ἴδητε, οὐ μὴ πιστεύσητε. **49** λέγει πρὸς αὐτὸν ὁ βασιλικός· κύριε, κατάβηθι πρὶν ἀποθανεῖν τὸ παιδίον μου. **50** λέγει αὐτῷ ὁ Ἰησοῦς· πορεύου, ὁ υἱός σου ζῇ. ἐπίστευσεν ὁ ἄνθρωπος τῷ λόγῳ ὃν εἶπεν αὐτῷ ὁ Ἰησοῦς καὶ ἐπορεύετο. **51** ἤδη δὲ αὐτοῦ καταβαίνοντος οἱ δοῦλοι αὐτοῦ ὑπήντησαν αὐτῷ λέγοντες[6] ὅτι ὁ παῖς αὐτοῦ[7] ζῇ. **52** ἐπύθετο οὖν τὴν ὥραν παρ' αὐτῶν ἐν ᾗ κομψότερον ἔσχεν· εἶπον οὖν αὐτῷ ὅτι ἐχθὲς ὥραν ἑβδόμην ἀφῆκεν αὐτὸν ὁ πυρετός. **53** ἔγνω οὖν ὁ πατὴρ ὅτι [ἐν] ἐκείνῃ τῇ ὥρᾳ ἐν ᾗ εἶπεν αὐτῷ ὁ Ἰησοῦς· ὁ υἱός σου ζῇ, καὶ ἐπίστευσεν αὐτὸς

---

[6]51 {B} λέγοντες 𝔓[75] 03 019 022 579 892 1241 co[bo, pbo] ∥ καὶ ἤγγειλαν αὐτῷ (01 omit αὐτῷ) 05 lat[vl-pt] ∥ καὶ ἀπήγγειλαν λέγοντες 𝔓[66] 02 04 032[supp] 037 038 044 f[13] 700 (1424 ἀπήγγειλαν αὐτῷ) Byz [07 09 011 013] ∥ καὶ ἀνήγγειλαν λέγοντες f[1] 33 565

[7]51 {B} παῖς αὐτοῦ 𝔓[66*] 𝔓[75] 01 02 03 04 032[supp] ∥ υἱὸς αὐτοῦ lat[vl-pt, vg] ∥ παῖς σου 037 038 044 0233 f[1] 28 157 180 205 565 597 700 1006 1010 1243 1292 1342 1424 1505 Byz [07 09 011 013] sy[h] Heracleon[acc. to Origen] Origen Chrysostom ∥ υἱός σου 𝔓[66c] 05 019 022 0141 33 579 892 1071 1241 (lat[vl-pt]) sy[c, p, hmg] cpa eth Cyril[lem] ∥ παῖς σου ὁ υἱὸς αὐτοῦ f[13]

καὶ ἡ οἰκία αὐτοῦ ὅλη. **54** τοῦτο [δὲ] πάλιν δεύτερον σημεῖον ἐποίησεν ὁ Ἰησοῦς ἐλθὼν ἐκ τῆς Ἰουδαίας εἰς τὴν Γαλιλαίαν.

The Healing at the Pool

5 Μετὰ ταῦτα ἦν ἑορτὴ[1] τῶν Ἰουδαίων καὶ ἀνέβη Ἰησοῦς εἰς Ἱεροσόλυμα.

2 Ἔστιν δὲ ἐν τοῖς Ἱεροσολύμοις ἐπὶ τῇ προβατικῇ κολυμβήθρα ἡ ἐπιλεγομένη Ἑβραϊστὶ Βηθζαθὰ[2] πέντε στοὰς ἔχουσα. **3** ἐν ταύταις κατέκειτο πλῆθος τῶν ἀσθενούντων, τυφλῶν, χωλῶν, ξηρῶν ⟦ἐκδεχομένων τὴν τοῦ ὕδατος κίνησιν⟧[3]. ⟦**4** ἄγγελος γὰρ κυρίου κατὰ καιρὸν ἐλούετο ἐν τῇ κολυμβήθρα καὶ ἐτάρασσεν τὸ ὕδωρ, ὁ οὖν πρῶτος ἐμβὰς μετὰ τὴν ταραχὴν τοῦ ὕδατος ὑγιὴς ἐγίνετο οἵῳ δήποτ᾽ οὖν κατείχετο νοσήματι.⟧[4] **5** ἦν δέ τις ἄνθρωπος ἐκεῖ τριάκοντα [καὶ] ὀκτὼ ἔτη ἔχων ἐν τῇ ἀσθενείᾳ αὐτοῦ· **6** τοῦτον ἰδὼν ὁ Ἰησοῦς κατακείμενον καὶ γνοὺς ὅτι πολὺν ἤδη χρόνον ἔχει, λέγει αὐτῷ· θέλεις ὑγιὴς γενέσθαι; **7** ἀπεκρίθη αὐτῷ ὁ ἀσθενῶν· κύριε,

---

[1] **1** {B} ἑορτή 𝔓⁶⁶ 𝔓⁷⁵ 02 03 05 029 032ˢᵘᵖᵖ 038 *f*¹³ 28 180 565 579 700 1006 1241 1292 1505 *Byz*ᵖᵗ [011 022] *TR* Origen Chrysostom ∥ ἡ ἑορτή 01 04 019 037 044 0141 0233ᵛⁱᵈ *f*¹ 33 157 205 597 828ᶜ 892 1010 1071 1243 1342 1424 *Byz*ᵖᵗ [07 09 013] Cyrilˡᵉᵐ

[2] **2** {C} Βηθζαθά 01 (019 latᵛˡ⁻ᵖᵗ Βηζαθά) 33 latᵛˡ⁻ᵖᵗ (latᵛˡ⁻ᵖᵗ Bethzetha) (Eusebius) (Cyril) ∥ Βελζεθά 05 latᵛˡ⁻ᵖᵗ (latᵛˡ⁻ᵖᵗ Belzatha) ∥ Βηθσαϊδά (*see* 1.44) (𝔓⁶⁶ᶜ Βηδσαϊδά, 𝔓⁶⁶* Βηδσαϊδάν) 𝔓⁷⁵ 03 029 032ˢᵘᵖᵖ (044 Βησσαϊδά) latᵛˡ⁻ᵖᵗ, ᵛᵍ syʰ co eth Tertullian ∥ Βηθεσδά 02 04 037 038 078 0141 0233 *f*¹ *f*¹³ 28 33 157 180 205 565 579 597 700 892 1006 1010 1071 1241 1243 1292 1342 (1424) 1505 *Byz* [07 09 011 013 (022)] latᵛˡ⁻ᵖᵗ syᶜ, ᵖ, ʰᵐᵍ⁻ᵍʳ cpa Chrysostom Cyrilˡᵉᵐ

[3] **3** {A} *no addition* 𝔓⁶⁶ 𝔓⁷⁵ 01 02* 03 04* 019 029 0141 157 latᵛˡ⁻ᵖᵗ (syᶜ) co ∥ *add* ἐκδεχομένων τὴν τοῦ ὕδατος κίνησιν 02ᶜ 04³ (032ˢᵘᵖᵖ ἐκδεχόμενοι) 037 038 044 078 0233 *f*¹ *f*¹³ 28 33 (180 ἀπεκδεχομένων) 205 565 579 597 700 892 1006 1010 1071 1241 1243 1292 1342 1424 1505 *Byz* [07 09 011 013] latᵛˡ⁻ᵖᵗ, ᵛᵍ syᵖ, ʰ cpa coᵇᵒ⁻ᵖᵗ ethᵖᵖ Chrysostom Cyrilˡᵉᵐ ∥ *add* παραλυτικῶν ἐκδεχομένων τὴν τοῦ ὕδατος κίνησιν 05 latᵛˡ⁻ᵖᵗ (latᵛˡ⁻ᵖᵗ *omit* ξηρῶν) (ethᵀᴴ)

[4] **4** {A} *no addition* 𝔓⁶⁶ 𝔓⁷⁵ 01 03 04* 05 029 032ˢᵘᵖᵖ 0141 33 157 latᵛˡ⁻ᵖᵗ, ᵛᵍ syᶜ co ∥ *add verse 4 (quoted above according to 02, with many variations in later mss and versions)* 02 04³ 019 037 038 044 078 0233 *f*¹ *f*¹³ 28 180 205 565 579 597 700 892 1006 1010 1071 1241 1243 1292 1342 1424 1505 *Byz* [07 09 011 013] latᵛˡ⁻ᵖᵗ, ᵛᵍ⁻ᵐˢ syᵖ, ʰ cpa coᵇᵒ⁻ᵖᵗ eth Tertullian Chrysostom Cyrilˡᵉᵐ

ἄνθρωπον οὐκ ἔχω ἵνα ὅταν ταραχθῇ τὸ ὕδωρ βάλῃ με εἰς τὴν κολυμβήθραν· ἐν ᾧ δὲ ἔρχομαι ἐγώ, ἄλλος πρὸ ἐμοῦ καταβαίνει. **8** λέγει αὐτῷ ὁ Ἰησοῦς· ἔγειρε ἆρον τὸν κράβαττόν σου καὶ περιπάτει. **9** καὶ εὐθέως ἐγένετο ὑγιὴς ὁ ἄνθρωπος καὶ ἦρεν τὸν κράβαττον αὐτοῦ καὶ περιεπάτει.
Ἦν δὲ σάββατον ἐν ἐκείνῃ τῇ ἡμέρᾳ. **10** ἔλεγον οὖν οἱ Ἰουδαῖοι τῷ τεθεραπευμένῳ· σάββατόν ἐστιν, καὶ οὐκ ἔξεστίν σοι ἆραι τὸν κράβαττόν σου. **11** ὁ δὲ ἀπεκρίθη αὐτοῖς· ὁ ποιήσας με ὑγιῆ ἐκεῖνός μοι εἶπεν· ἆρον τὸν κράβαττόν σου καὶ περιπάτει. **12** ἠρώτησαν αὐτόν· τίς ἐστιν ὁ ἄνθρωπος ὁ εἰπών σοι· ἆρον καὶ περιπάτει; **13** ὁ δὲ ἰαθεὶς οὐκ ᾔδει τίς ἐστιν, ὁ γὰρ Ἰησοῦς ἐξένευσεν ὄχλου ὄντος ἐν τῷ τόπῳ. **14** μετὰ ταῦτα εὑρίσκει αὐτὸν ὁ Ἰησοῦς ἐν τῷ ἱερῷ καὶ εἶπεν αὐτῷ· ἴδε ὑγιὴς γέγονας, μηκέτι ἁμάρτανε, ἵνα μὴ χεῖρόν σοί τι γένηται. **15** ἀπῆλθεν ὁ ἄνθρωπος καὶ ἀνήγγειλεν τοῖς Ἰουδαίοις ὅτι Ἰησοῦς ἐστιν ὁ ποιήσας αὐτὸν ὑγιῆ. **16** καὶ διὰ τοῦτο ἐδίωκον οἱ Ἰουδαῖοι τὸν Ἰησοῦν, ὅτι ταῦτα ἐποίει ἐν σαββάτῳ.

17 Ὁ δὲ [Ἰησοῦς] ἀπεκρίνατο αὐτοῖς· ὁ πατήρ μου ἕως ἄρτι ἐργάζεται κἀγὼ ἐργάζομαι· **18** διὰ τοῦτο οὖν μᾶλλον ἐζήτουν αὐτὸν οἱ Ἰουδαῖοι ἀποκτεῖναι, ὅτι οὐ μόνον ἔλυεν τὸ σάββατον, ἀλλὰ καὶ πατέρα ἴδιον ἔλεγεν τὸν θεὸν ἴσον ἑαυτὸν ποιῶν τῷ θεῷ.

The Authority of the Son

19 Ἀπεκρίνατο οὖν ὁ Ἰησοῦς καὶ ἔλεγεν αὐτοῖς· ἀμὴν ἀμὴν λέγω ὑμῖν, οὐ δύναται ὁ υἱὸς ποιεῖν ἀφ' ἑαυτοῦ οὐδὲν ἐὰν μή τι βλέπῃ τὸν πατέρα ποιοῦντα· ἃ γὰρ ἂν ἐκεῖνος ποιῇ, ταῦτα καὶ ὁ υἱὸς ὁμοίως ποιεῖ. **20** ὁ γὰρ πατὴρ φιλεῖ τὸν υἱὸν καὶ πάντα δείκνυσιν αὐτῷ ἃ αὐτὸς ποιεῖ, καὶ μείζονα τούτων δείξει αὐτῷ ἔργα, ἵνα ὑμεῖς θαυμάζητε. **21** ὥσπερ γὰρ ὁ πατὴρ ἐγείρει τοὺς νεκροὺς καὶ ζῳοποιεῖ, οὕτως καὶ ὁ υἱὸς οὓς θέλει ζῳοποιεῖ. **22** οὐδὲ γὰρ ὁ πατὴρ κρίνει οὐδένα, ἀλλὰ τὴν κρίσιν πᾶσαν δέδωκεν τῷ υἱῷ, **23** ἵνα πάντες τιμῶσιν τὸν υἱὸν καθὼς τιμῶσιν τὸν πατέρα. ὁ μὴ τιμῶν τὸν υἱὸν οὐ τιμᾷ τὸν πατέρα τὸν πέμψαντα αὐτόν.

24 Ἀμὴν ἀμὴν λέγω ὑμῖν ὅτι ὁ τὸν λόγον μου ἀκούων καὶ

πιστεύων τῷ πέμψαντί με ἔχει ζωὴν αἰώνιον καὶ εἰς κρίσιν οὐκ ἔρχεται, ἀλλὰ μεταβέβηκεν ἐκ τοῦ θανάτου εἰς τὴν ζωήν. **25** ἀμὴν ἀμὴν λέγω ὑμῖν ὅτι ἔρχεται ὥρα καὶ νῦν ἐστιν ὅτε οἱ νεκροὶ ἀκούσουσιν τῆς φωνῆς τοῦ υἱοῦ τοῦ θεοῦ καὶ οἱ ἀκούσαντες ζήσουσιν. **26** ὥσπερ γὰρ ὁ πατὴρ ἔχει ζωὴν ἐν ἑαυτῷ, οὕτως καὶ τῷ υἱῷ ἔδωκεν ζωὴν ἔχειν ἐν ἑαυτῷ. **27** καὶ ἐξουσίαν ἔδωκεν αὐτῷ κρίσιν ποιεῖν, ὅτι υἱὸς ἀνθρώπου ἐστίν. **28** μὴ θαυμάζετε τοῦτο, ὅτι ἔρχεται ὥρα ἐν ᾗ πάντες οἱ ἐν τοῖς μνημείοις ἀκούσουσιν τῆς φωνῆς αὐτοῦ **29** καὶ ἐκπορεύσονται οἱ τὰ ἀγαθὰ ποιήσαντες εἰς ἀνάστασιν ζωῆς, οἱ δὲ τὰ φαῦλα πράξαντες εἰς ἀνάστασιν κρίσεως.

30 Οὐ δύναμαι ἐγὼ ποιεῖν ἀπ' ἐμαυτοῦ οὐδέν· καθὼς ἀκούω κρίνω, καὶ ἡ κρίσις ἡ ἐμὴ δικαία ἐστίν, ὅτι οὐ ζητῶ τὸ θέλημα τὸ ἐμὸν ἀλλὰ τὸ θέλημα τοῦ πέμψαντός με.

Witnesses to Jesus

31 Ἐὰν ἐγὼ μαρτυρῶ περὶ ἐμαυτοῦ, ἡ μαρτυρία μου οὐκ ἔστιν ἀληθής· **32** ἄλλος ἐστὶν ὁ μαρτυρῶν περὶ ἐμοῦ, καὶ οἶδα ὅτι ἀληθής ἐστιν ἡ μαρτυρία ἣν μαρτυρεῖ περὶ ἐμοῦ. **33** ὑμεῖς ἀπεστάλκατε πρὸς Ἰωάννην, καὶ μεμαρτύρηκεν τῇ ἀληθείᾳ· **34** ἐγὼ δὲ οὐ παρὰ ἀνθρώπου τὴν μαρτυρίαν λαμβάνω, ἀλλὰ ταῦτα λέγω ἵνα ὑμεῖς σωθῆτε. **35** ἐκεῖνος ἦν ὁ λύχνος ὁ καιόμενος καὶ φαίνων, ὑμεῖς δὲ ἠθελήσατε ἀγαλλιαθῆναι πρὸς ὥραν ἐν τῷ φωτὶ αὐτοῦ.

36 Ἐγὼ δὲ ἔχω τὴν μαρτυρίαν μείζω τοῦ Ἰωάννου· τὰ γὰρ ἔργα ἃ δέδωκέν μοι ὁ πατὴρ ἵνα τελειώσω αὐτά, αὐτὰ τὰ ἔργα ἃ ποιῶ μαρτυρεῖ περὶ ἐμοῦ ὅτι ὁ πατήρ με ἀπέσταλκεν. **37** καὶ ὁ πέμψας με πατὴρ ἐκεῖνος μεμαρτύρηκεν περὶ ἐμοῦ. οὔτε φωνὴν αὐτοῦ πώποτε ἀκηκόατε οὔτε εἶδος αὐτοῦ ἑωράκατε, **38** καὶ τὸν λόγον αὐτοῦ οὐκ ἔχετε ἐν ὑμῖν μένοντα, ὅτι ὃν ἀπέστειλεν ἐκεῖνος, τούτῳ ὑμεῖς οὐ πιστεύετε. **39** ἐραυνᾶτε τὰς γραφάς, ὅτι ὑμεῖς δοκεῖτε ἐν αὐταῖς ζωὴν αἰώνιον ἔχειν· καὶ ἐκεῖναί εἰσιν αἱ μαρτυροῦσαι περὶ ἐμοῦ· **40** καὶ οὐ θέλετε ἐλθεῖν πρός με ἵνα ζωὴν ἔχητε.

41 Δόξαν παρὰ ἀνθρώπων οὐ λαμβάνω, **42** ἀλλ' ἔγνωκα ὑμᾶς ὅτι τὴν ἀγάπην τοῦ θεοῦ οὐκ ἔχετε ἐν ἑαυτοῖς. **43** ἐγὼ ἐλήλυθα ἐν τῷ ὀνόματι τοῦ πατρός μου, καὶ οὐ λαμβάνετέ με· ἐὰν ἄλλος ἔλθῃ ἐν τῷ ὀνόματι τῷ ἰδίῳ, ἐκεῖνον λήμψεσθε. **44** πῶς δύνασθε ὑμεῖς πιστεῦσαι δόξαν παρὰ ἀλλήλων λαμβάνοντες, καὶ τὴν δόξαν τὴν παρὰ τοῦ μόνου θεοῦ[5] οὐ ζητεῖτε;

45 Μὴ δοκεῖτε ὅτι ἐγὼ κατηγορήσω ὑμῶν πρὸς τὸν πατέρα· ἔστιν ὁ κατηγορῶν ὑμῶν Μωϋσῆς, εἰς ὃν ὑμεῖς ἠλπίκατε. **46** εἰ γὰρ ἐπιστεύετε Μωϋσεῖ, ἐπιστεύετε ἂν ἐμοί· περὶ γὰρ ἐμοῦ ἐκεῖνος ἔγραψεν. **47** εἰ δὲ τοῖς ἐκείνου γράμμασιν οὐ πιστεύετε, πῶς τοῖς ἐμοῖς ῥήμασιν πιστεύσετε;

The Feeding of the Five Thousand (Mt 14.13-21; Mk 6.30-44; Lk 9.10-17)

6 Μετὰ ταῦτα ἀπῆλθεν ὁ Ἰησοῦς πέραν τῆς θαλάσσης τῆς Γαλιλαίας τῆς Τιβεριάδος[1]. **2** ἠκολούθει δὲ αὐτῷ ὄχλος πολύς, ὅτι ἐθεώρουν τὰ σημεῖα ἃ ἐποίει ἐπὶ τῶν ἀσθενούντων. **3** ἀνῆλθεν δὲ εἰς τὸ ὄρος Ἰησοῦς καὶ ἐκεῖ ἐκάθητο μετὰ τῶν μαθητῶν αὐτοῦ. **4** ἦν δὲ ἐγγὺς τὸ πάσχα, ἡ ἑορτὴ τῶν Ἰουδαίων.

5 Ἐπάρας οὖν τοὺς ὀφθαλμοὺς ὁ Ἰησοῦς καὶ θεασάμενος ὅτι πολὺς ὄχλος ἔρχεται πρὸς αὐτὸν λέγει πρὸς Φίλιππον· πόθεν ἀγοράσωμεν ἄρτους ἵνα φάγωσιν οὗτοι; **6** τοῦτο δὲ ἔλεγεν πειράζων αὐτόν· αὐτὸς γὰρ ᾔδει τί ἔμελλεν ποιεῖν. **7** ἀπεκρίθη αὐτῷ [ὁ] Φίλιππος· διακοσίων δηναρίων ἄρτοι οὐκ ἀρκοῦσιν αὐτοῖς ἵνα ἕκαστος βραχύ [τι] λάβῃ. **8** λέγει αὐτῷ εἷς ἐκ τῶν μαθητῶν αὐτοῦ, Ἀνδρέας ὁ ἀδελφὸς Σίμωνος Πέτρου· **9** ἔστιν παιδάριον ὧδε ὃς ἔχει πέντε ἄρτους κριθίνους καὶ δύο ὀψάρια· ἀλλὰ ταῦτα τί ἐστιν εἰς τοσούτους; **10** εἶπεν ὁ Ἰησοῦς·

---

[5]**44** {C} θεοῦ 01 02 05 019 037 038 044 0141 0210^vid *f*¹ *f*¹³ 28 33 157 180 205 565 579 597 700 892 1006 1010 1071 1241 1243 1292 1342 1424 1505 *Byz* [07 09 011 013 022] lat^vl-pt, vg sy cpa co^bo-pt eth Origen Basil Gregory-Nyssa Chrysostom Cyril^pt ∥ *omit* 𝔓⁶⁶ 𝔓⁷⁵ 03 032 lat^vl-pt co Cyril^pt

[1]**1** {A} τῆς Γαλιλαίας τῆς Τιβεριάδος 𝔓⁶⁶c 𝔓⁷⁵vid 01 02 03 019 032 037 044 0141 *f*¹ *f*¹³ 28 33 180 205 565 579* (^c *omit second* τῆς) 700 1006 1010 1071 1241 1292 1342 1424 1505 *Byz* [07 09 013] lat^vl-pt (lat^vl-pt καὶ τῆς Τιβεριάδος) (lat^vl-pt, vg *quod est Tiberiadis*) sy cpa co eth^pp ∥ τῆς Γαλιλαίας εἰς τὰ μέρη τῆς Τιβεριάδος 05 038 597 892 lat^vl-pt (eth^TH) Chrysostom^lem ∥ τῆς Γαλιλαίας 𝔓⁶⁶* ∥ τῆς Τιβεριάδος 011 022 0210 157 1243 co^bo-ms Irenaeus^lat-vid Cyril

ποιήσατε τοὺς ἀνθρώπους ἀναπεσεῖν. ἦν δὲ χόρτος πολὺς ἐν τῷ τόπῳ. ἀνέπεσαν οὖν οἱ ἄνδρες τὸν ἀριθμὸν ὡς πεντακισχίλιοι. **11** ἔλαβεν οὖν τοὺς ἄρτους ὁ Ἰησοῦς καὶ εὐχαριστήσας διέδωκεν[2] τοῖς ἀνακειμένοις ὁμοίως καὶ ἐκ τῶν ὀψαρίων ὅσον ἤθελον. **12** ὡς δὲ ἐνεπλήσθησαν, λέγει τοῖς μαθηταῖς αὐτοῦ· συναγάγετε τὰ περισσεύσαντα κλάσματα, ἵνα μή τι ἀπόληται. **13** συνήγαγον οὖν καὶ ἐγέμισαν δώδεκα κοφίνους κλασμάτων ἐκ τῶν πέντε ἄρτων τῶν κριθίνων ἃ ἐπερίσσευσαν τοῖς βεβρωκόσιν. **14** οἱ οὖν ἄνθρωποι ἰδόντες ὃ ἐποίησεν σημεῖον[3] ἔλεγον ὅτι οὗτός ἐστιν ἀληθῶς ὁ προφήτης ὁ ἐρχόμενος εἰς τὸν κόσμον. **15** Ἰησοῦς οὖν γνοὺς ὅτι μέλλουσιν ἔρχεσθαι καὶ ἁρπάζειν αὐτὸν ἵνα ποιήσωσιν βασιλέα, ἀνεχώρησεν[4] πάλιν εἰς τὸ ὄρος αὐτὸς μόνος.

Walking on the Water (Mt 14.22-27; Mk 6.45-52)

16 Ὡς δὲ ὀψία ἐγένετο κατέβησαν οἱ μαθηταὶ αὐτοῦ ἐπὶ τὴν θάλασσαν **17** καὶ ἐμβάντες εἰς πλοῖον ἤρχοντο πέραν τῆς θαλάσσης εἰς Καφαρναούμ. καὶ σκοτία ἤδη ἐγεγόνει καὶ οὔπω ἐληλύθει πρὸς αὐτοὺς ὁ Ἰησοῦς, **18** ἥ τε θάλασσα ἀνέμου μεγάλου πνέοντος διεγείρετο. **19** ἐληλακότες οὖν ὡς σταδίους εἴκοσι πέντε ἢ τριάκοντα θεωροῦσιν τὸν Ἰησοῦν περιπατοῦντα ἐπὶ τῆς θαλάσσης καὶ ἐγγὺς τοῦ πλοίου γινόμενον, καὶ ἐφοβήθησαν. **20** ὁ δὲ λέγει αὐτοῖς· ἐγώ εἰμι· μὴ φοβεῖσθε. **21** ἤθελον οὖν λαβεῖν αὐτὸν εἰς τὸ πλοῖον, καὶ εὐθέως ἐγένετο τὸ πλοῖον ἐπὶ τῆς γῆς εἰς ἣν ὑπῆγον.

---

[2] **11** {B} διέδωκεν 𝔓28vid 𝔓66 𝔓75 01* 02 03 019 022 032 f^1 33 565 579 1241 lat[vl-pt, vg] sy[c, p, h] co[sa, bo, pbo] // διέδωκεν τοῖς μαθηταῖς, οἱ δὲ μαθηταί 01[2] 05 037 038 044 f^{13} 700 892 1424 *Byz* [07 09 011 013] lat[vl-pt] co[bo-mss, ly]

[3] **14** {B} ὃ ἐποίησεν σημεῖον 01 02 05 019 032 037 038 044 0141 f^1 f^{13} 28 33 (157 1010 τὸ σημεῖον *before* ὅ) 180 205 565 579 (597) 700 892 1006 1071 1241 1243 1292 1342 (1424) 1505 *Byz* [07 09 011 013 022] lat[vl-pt, vg] sy co[sa, ly, pbo] (cpa) eth Cyril[lem] // ἃ ἐποίησεν σημεῖα 𝔓75 03 091 lat[vl-pt] co[bo]

[4] **15** {A} ἀνεχώρησεν 𝔓75 01[2] 02 03 05 019 032 037 038 044 0141 f^1 f^{13} 28 33 157 180 205 565 579 597 700 892 1006 1010 1071 1241 1243 1292 1342 1424 1505 *Byz* [07 09 011 013 022] lat[vl-pt] sy[(s), p, h] cpa co eth Origen Chrysostom Cyril // φεύγει 01* (lat[vl-pt, vg]) (sy[c]) Tertullian

Jesus the Bread of Life

22 Τῇ ἐπαύριον ὁ ὄχλος ὁ ἑστηκὼς πέραν τῆς θαλάσσης εἶδον ὅτι πλοιάριον ἄλλο οὐκ ἦν ἐκεῖ εἰ μὴ ἕν⁵ καὶ ὅτι οὐ συνεισῆλθεν τοῖς μαθηταῖς αὐτοῦ ὁ Ἰησοῦς εἰς τὸ πλοῖον ἀλλὰ μόνοι οἱ μαθηταὶ αὐτοῦ ἀπῆλθον· **23** ἄλλα ἦλθεν πλοιά[ρια] ἐκ Τιβεριάδος ἐγγὺς τοῦ τόπου ὅπου ἔφαγον τὸν ἄρτον εὐχαριστήσαντος τοῦ κυρίου⁶. **24** ὅτε οὖν εἶδεν ὁ ὄχλος ὅτι Ἰησοῦς οὐκ ἔστιν ἐκεῖ οὐδὲ οἱ μαθηταὶ αὐτοῦ, ἐνέβησαν αὐτοὶ εἰς τὰ πλοιάρια καὶ ἦλθον εἰς Καφαρναοὺμ ζητοῦντες τὸν Ἰησοῦν. **25** καὶ εὑρόντες αὐτὸν πέραν τῆς θαλάσσης εἶπον αὐτῷ· ῥαββί, πότε ὧδε γέγονας;

26 Ἀπεκρίθη αὐτοῖς ὁ Ἰησοῦς καὶ εἶπεν· ἀμὴν ἀμὴν λέγω ὑμῖν, ζητεῖτέ με οὐχ ὅτι εἴδετε σημεῖα, ἀλλ᾽ ὅτι ἐφάγετε ἐκ τῶν ἄρτων καὶ ἐχορτάσθητε. **27** ἐργάζεσθε μὴ τὴν βρῶσιν τὴν ἀπολλυμένην ἀλλὰ τὴν βρῶσιν τὴν μένουσαν εἰς ζωὴν αἰώνιον, ἣν ὁ υἱὸς τοῦ ἀνθρώπου ὑμῖν δώσει· τοῦτον γὰρ ὁ πατὴρ ἐσφράγισεν ὁ θεός. **28** εἶπον οὖν πρὸς αὐτόν· τί ποιῶμεν ἵνα ἐργαζώμεθα τὰ ἔργα τοῦ θεοῦ; **29** ἀπεκρίθη [ὁ] Ἰησοῦς καὶ εἶπεν αὐτοῖς· τοῦτό ἐστιν τὸ ἔργον τοῦ θεοῦ, ἵνα πιστεύητε εἰς ὃν ἀπέστειλεν ἐκεῖνος.

30 Εἶπον οὖν αὐτῷ· τί οὖν ποιεῖς σὺ σημεῖον, ἵνα ἴδωμεν καὶ πιστεύσωμέν σοι; τί ἐργάζῃ; **31** οἱ πατέρες ἡμῶν τὸ μάννα ἔφαγον ἐν τῇ ἐρήμῳ, καθώς ἐστιν γεγραμμένον· *ἄρτον ἐκ τοῦ οὐρανοῦ ἔδωκεν αὐτοῖς φαγεῖν*. **32** εἶπεν οὖν αὐτοῖς ὁ Ἰησοῦς· ἀμὴν ἀμὴν λέγω ὑμῖν, οὐ Μωϋσῆς δέδωκεν ὑμῖν τὸν ἄρτον ἐκ τοῦ οὐρανοῦ, ἀλλ᾽ ὁ πατήρ μου δίδωσιν ὑμῖν τὸν ἄρτον ἐκ τοῦ

---

⁵**22** {A} ἕν 𝔓⁷⁵ 01² 02 03 019 022 032 044 *f*¹ 157 205 565 579 1010 1241 lat^(vl-pt, vg) co^(bo, ly, pbo, cw) eth ∥ ἓν ἐκεῖνο εἰς ὃ ἐνέβησαν οἱ μαθηταὶ αὐτοῦ (01* *f*¹³ co^sa τοῦ Ἰησοῦ *for* αὐτοῦ) (037 ὅν *for* ὁ *and* ἀνέβησαν) 038 0141 28 180 597 700 892 1006 1243 (1292 ἀνέβησαν) 1342 1424 1505 *Byz* [07 09 011 013] (lat^(vl-pt)) sy^((c), (p), h) (cpa) Cyril^lem ∥ ἓν εἰς ὃ ἐνέβησαν οἱ μαθηταὶ αὐτοῦ (05* αὐτοῦ Ἰησοῦ) (05^c lat^(vl-pt) τοῦ Ἰησοῦ *for* αὐτοῦ) 33 1071 sy^s (Chrysostom)

⁶**23** {B} εὐχαριστήσαντος τοῦ κυρίου 𝔓⁷⁵ 01 02 03 019 032 037 038 044 0141 (*f*¹ 205 τοῦ κυρίου εὐχαριστήσαντος) *f*¹³ 28 33 157 180 565 579 597 700 892 1006 1010 1071 1241 1243 1292 1342 1424 1505 *Byz* [07 09 011 013 022] (lat^(vl-pt) *quem benedixerat/-xit Dominus*) lat^vg (lat^(vl-pt, vg-mss) *gratias agentes Domino*) sy^h cpa (eth) Cyril^lem ∥ εὐχαριστήσαντος τοῦ Ἰησοῦ sy^(p, hmg) co^pbo ∥ *omit* 05 091 lat^(vl-pt) sy^(c, s)

οὐρανοῦ τὸν ἀληθινόν· **33** ὁ γὰρ ἄρτος τοῦ θεοῦ ἐστιν ὁ καταβαίνων ἐκ τοῦ οὐρανοῦ καὶ ζωὴν διδοὺς τῷ κόσμῳ. **34** εἶπον οὖν πρὸς αὐτόν· κύριε, πάντοτε δὸς ἡμῖν τὸν ἄρτον τοῦτον. **35** εἶπεν αὐτοῖς ὁ Ἰησοῦς· ἐγώ εἰμι ὁ ἄρτος τῆς ζωῆς· ὁ ἐρχόμενος πρὸς ἐμὲ οὐ μὴ πεινάσῃ, καὶ ὁ πιστεύων εἰς ἐμὲ οὐ μὴ διψήσει πώποτε.

36 Ἀλλ' εἶπον ὑμῖν ὅτι καὶ ἑωράκατέ [με] καὶ οὐ πιστεύετε. **37** πᾶν ὃ δίδωσίν μοι ὁ πατὴρ πρὸς ἐμὲ ἥξει, καὶ τὸν ἐρχόμενον πρὸς ἐμὲ οὐ μὴ ἐκβάλω ἔξω, **38** ὅτι καταβέβηκα ἀπὸ τοῦ οὐρανοῦ οὐχ ἵνα ποιῶ τὸ θέλημα τὸ ἐμὸν ἀλλὰ τὸ θέλημα τοῦ πέμψαντός με. **39** τοῦτο δέ ἐστιν τὸ θέλημα τοῦ πέμψαντός με, ἵνα πᾶν ὃ δέδωκέν μοι μὴ ἀπολέσω ἐξ αὐτοῦ, ἀλλ' ἀναστήσω αὐτὸ [ἐν] τῇ ἐσχάτῃ ἡμέρᾳ. **40** τοῦτο γάρ ἐστιν τὸ θέλημα τοῦ πατρός μου, ἵνα πᾶς ὁ θεωρῶν τὸν υἱὸν καὶ πιστεύων εἰς αὐτὸν ἔχῃ ζωὴν αἰώνιον, καὶ ἀναστήσω αὐτὸν ἐγὼ [ἐν] τῇ ἐσχάτῃ ἡμέρᾳ.

41 Ἐγόγγυζον οὖν οἱ Ἰουδαῖοι περὶ αὐτοῦ ὅτι εἶπεν· ἐγώ εἰμι ὁ ἄρτος ὁ καταβὰς ἐκ τοῦ οὐρανοῦ, **42** καὶ ἔλεγον· οὐχ οὗτός ἐστιν Ἰησοῦς ὁ υἱὸς Ἰωσήφ, οὗ ἡμεῖς οἴδαμεν τὸν πατέρα καὶ τὴν μητέρα; πῶς νῦν[7] λέγει ὅτι ἐκ τοῦ οὐρανοῦ καταβέβηκα; **43** ἀπεκρίθη Ἰησοῦς καὶ εἶπεν αὐτοῖς· μὴ γογγύζετε μετ' ἀλλήλων. **44** οὐδεὶς δύναται ἐλθεῖν πρός με ἐὰν μὴ ὁ πατὴρ ὁ πέμψας με ἑλκύσῃ αὐτόν, κἀγὼ ἀναστήσω αὐτὸν ἐν τῇ ἐσχάτῃ ἡμέρᾳ. **45** ἔστιν γεγραμμένον ἐν τοῖς προφήταις· καὶ ἔσονται *πάντες διδακτοὶ θεοῦ*· πᾶς ὁ ἀκούσας παρὰ τοῦ πατρὸς καὶ μαθὼν ἔρχεται πρὸς ἐμέ. **46** οὐχ ὅτι τὸν πατέρα ἑώρακέν τις εἰ μὴ ὁ ὢν παρὰ τοῦ θεοῦ, οὗτος ἑώρακεν τὸν πατέρα. **47** ἀμὴν ἀμὴν λέγω ὑμῖν, ὁ πιστεύων[8] ἔχει ζωὴν αἰώνιον. **48** ἐγώ εἰμι ὁ ἄρτος τῆς ζωῆς. **49** οἱ πατέρες ὑμῶν ἔφαγον ἐν τῇ ἐρήμῳ τὸ

Is 54.13

---

[7]**42** {B} νῦν 𝔓⁷⁵ 03 04 029 032 038 1241 co^(bo-mss) ∥ οὖν 𝔓⁶⁶ 01 02 05 019 037 044 *f*¹ *f*¹³ 33 565 700 892 1424 *Byz* [07 011 013 022] lat^(vl-pt, vg) sy^h co^(sa-mss, bo-mss) ∥ *omit* 579 lat^(vl-pt) sy^(c, s) co^(sa-mss, ly)

[8]**47** {A} πιστεύων 𝔓⁶⁶ 𝔓^(75vid) 01 03 04* 019 029 032 038 892 1071 lat^(vl-pt) co^ly Cyril^pt ∥ πιστεύων εἰς ἐμέ 02 04² 05 037 044 0141 0233 *f*¹ *f*¹³ 28 33 157 180 205 565 579 597 700 1006 1010 1241 1243 1292 1342 1424 1505 *Byz* [07 011 013 022] lat^(vl-pt, vg) sy^(p, h) co^(sa, bo, pbo) eth Cyril^pt ∥ πιστεύων εἰς τὸν θεόν sy^(c, s)

μάννα καὶ ἀπέθανον· **50** οὗτός ἐστιν ὁ ἄρτος ὁ ἐκ τοῦ οὐρανοῦ καταβαίνων, ἵνα τις ἐξ αὐτοῦ φάγῃ καὶ μὴ ἀποθάνῃ. **51** ἐγώ εἰμι ὁ ἄρτος ὁ ζῶν ὁ ἐκ τοῦ οὐρανοῦ καταβάς· ἐάν τις φάγῃ ἐκ τούτου τοῦ ἄρτου ζήσει εἰς τὸν αἰῶνα, καὶ ὁ ἄρτος δὲ ὃν ἐγὼ δώσω ἡ σάρξ μού ἐστιν ὑπὲρ τῆς τοῦ κόσμου ζωῆς.

52 Ἐμάχοντο οὖν πρὸς ἀλλήλους οἱ Ἰουδαῖοι λέγοντες· πῶς δύναται οὗτος ἡμῖν δοῦναι τὴν σάρκα [αὐτοῦ][9] φαγεῖν; **53** εἶπεν οὖν αὐτοῖς ὁ Ἰησοῦς· ἀμὴν ἀμὴν λέγω ὑμῖν, ἐὰν μὴ φάγητε τὴν σάρκα τοῦ υἱοῦ τοῦ ἀνθρώπου καὶ πίητε αὐτοῦ τὸ αἷμα, οὐκ ἔχετε ζωὴν ἐν ἑαυτοῖς. **54** ὁ τρώγων μου τὴν σάρκα καὶ πίνων μου τὸ αἷμα ἔχει ζωὴν αἰώνιον, κἀγὼ ἀναστήσω αὐτὸν τῇ ἐσχάτῃ ἡμέρᾳ. **55** ἡ γὰρ σάρξ μου ἀληθής[10] ἐστιν βρῶσις, καὶ τὸ αἷμά μου ἀληθής[11] ἐστιν πόσις. **56** ὁ τρώγων μου τὴν σάρκα καὶ πίνων μου τὸ αἷμα ἐν ἐμοὶ μένει κἀγὼ ἐν αὐτῷ. **57** καθὼς ἀπέστειλέν με ὁ ζῶν πατὴρ κἀγὼ ζῶ διὰ τὸν πατέρα, καὶ ὁ τρώγων με κἀκεῖνος ζήσει δι' ἐμέ. **58** οὗτός ἐστιν ὁ ἄρτος ὁ ἐξ οὐρανοῦ καταβάς, οὐ καθὼς ἔφαγον οἱ πατέρες[12] καὶ ἀπέθανον· ὁ τρώγων τοῦτον τὸν ἄρτον ζήσει εἰς τὸν αἰῶνα.

59 Ταῦτα εἶπεν ἐν συναγωγῇ διδάσκων ἐν Καφαρναούμ.

---

[9] **52** {C} αὐτοῦ $\mathfrak{P}^{66}$ 03 029 597 892 1243 1424 lat^{vl-pt, vg} sy cpa co eth Origen^{lat} Chrysostom Cyril^{pt} ∥ *omit* $\mathfrak{P}^{75vid}$ 01 04 05 019 032 037 038 044 0141 f^1 f^{13} 28 33 157 180 205 565 579 700 1006 1010 1071 1241 1292 1342 1505 *Byz* [07 011 013] lat^{vl-pt} Origen^{gr} Cyril^{pt}

[10] **55** {B} ἀληθής $\mathfrak{P}^{66c}$ $\mathfrak{P}^{75}$ 01² 03 04 019 029 032 044 f^1 f^{13} 565 579 892 1241 1424 lat^{vl-pt} co Clement Origen ∥ ἀληθῶς $\mathfrak{P}^{66*}$ 05 037 038 700 *Byz* [07 011 013] lat^{vl-pt, vg} sy

[11] **55** {B} ἀληθής $\mathfrak{P}^{66c}$ $\mathfrak{P}^{75}$ 01^{2a} 03 04 019 029 032 044 f^1 565 579 892 1241 1424 lat^{vl-pt} co Clement Origen ∥ ἀληθῶς $\mathfrak{P}^{66*}$ 01*, 2b 037 038 f^{13} 700 *Byz* [07 011 013] lat^{vl-pt, vg} sy

[12] **58** {A} οἱ πατέρες $\mathfrak{P}^{66}$ $\mathfrak{P}^{75}$ (01 *before* ἔφαγον) 03 04 019 029 032 co^{sa-ms, bo-pt} Origen ∥ οἱ πατέρες ὑμῶν 05 0141 33 597 lat^{vl-pt} sy^{c, s} co^{sa-mss, pbo} ∥ οἱ πατέρες ὑμῶν τὸ μάννα 037 038 044 0250 f^1 f^{13} 28 157 180 205 565 (579 1424 ἡμῶν) 700 892 1006 1010 1071 1241 1243 1292 1342 1505 *Byz* [07 011 013 022] lat^{vl-pt, vg} sy^{p, h} cpa^{mss} eth Chrysostom Cyril^{lem} ∥ οἱ πατέρες ὑμῶν τὸ μάννα ἐν τῇ ἐρήμῳ lat^{vl-pt} cpa^{ms} (co^{bo-mss})

The Words of Eternal Life

60 Πολλοὶ οὖν ἀκούσαντες ἐκ τῶν μαθητῶν αὐτοῦ εἶπαν· σκληρός ἐστιν ὁ λόγος οὗτος· τίς δύναται αὐτοῦ ἀκούειν; **61** εἰδὼς δὲ ὁ Ἰησοῦς ἐν ἑαυτῷ ὅτι γογγύζουσιν περὶ τούτου οἱ μαθηταὶ αὐτοῦ εἶπεν αὐτοῖς· τοῦτο ὑμᾶς σκανδαλίζει; **62** ἐὰν οὖν θεωρῆτε τὸν υἱὸν τοῦ ἀνθρώπου ἀναβαίνοντα ὅπου ἦν τὸ πρότερον; **63** τὸ πνεῦμά ἐστιν τὸ ζῳοποιοῦν, ἡ σὰρξ οὐκ ὠφελεῖ οὐδέν· τὰ ῥήματα ἃ ἐγὼ λελάληκα ὑμῖν πνεῦμά ἐστιν καὶ ζωή ἐστιν. **64** ἀλλ' εἰσὶν ἐξ ὑμῶν τινες οἳ οὐ πιστεύουσιν. ᾔδει γὰρ ἐξ ἀρχῆς ὁ Ἰησοῦς τίνες εἰσὶν οἱ μὴ πιστεύοντες καὶ τίς ἐστιν ὁ παραδώσων αὐτόν. **65** καὶ ἔλεγεν· διὰ τοῦτο εἴρηκα ὑμῖν ὅτι οὐδεὶς δύναται ἐλθεῖν πρός με ἐὰν μὴ ᾖ δεδομένον αὐτῷ ἐκ τοῦ πατρός.

66 Ἐκ τούτου πολλοὶ [ἐκ] τῶν μαθητῶν αὐτοῦ ἀπῆλθον εἰς τὰ ὀπίσω καὶ οὐκέτι μετ' αὐτοῦ περιεπάτουν. **67** εἶπεν οὖν ὁ Ἰησοῦς τοῖς δώδεκα· μὴ καὶ ὑμεῖς θέλετε ὑπάγειν; **68** ἀπεκρίθη αὐτῷ Σίμων Πέτρος· κύριε, πρὸς τίνα ἀπελευσόμεθα; ῥήματα ζωῆς αἰωνίου ἔχεις, **69** καὶ ἡμεῖς πεπιστεύκαμεν καὶ ἐγνώκαμεν ὅτι σὺ εἶ ὁ ἅγιος τοῦ θεοῦ[13]. **70** ἀπεκρίθη αὐτοῖς ὁ Ἰησοῦς· οὐκ ἐγὼ ὑμᾶς τοὺς δώδεκα ἐξελεξάμην; καὶ ἐξ ὑμῶν εἷς διάβολός ἐστιν. **71** ἔλεγεν δὲ τὸν Ἰούδαν Σίμωνος Ἰσκαριώτου[14]· οὗτος γὰρ ἔμελλεν παραδιδόναι αὐτόν, εἷς ἐκ τῶν δώδεκα.

---

[13]**69** {A} ὁ ἅγιος τοῦ θεοῦ 𝔓⁷⁵ 01 03 04* 05 019 032 lat[vl-pt] co[sa-ms, pbo] ∥ ὁ χριστός (see Mk 8.29) Tertullian ∥ ὁ χριστὸς ὁ ἅγιος τοῦ θεοῦ 𝔓⁶⁶ co[sa-mss, bo, ly] Cyril[lem] ∥ ὁ χριστὸς ὁ υἱὸς τοῦ θεοῦ (see Mt 16.16) 04³ 038* 0141 f¹ 33 205 565 1010 lat[vl-pt, vg] (lat[vl-pt] sy[c] *omit* ὁ χριστός) sy[s] ∥ ὁ χριστὸς ὁ υἱὸς τοῦ θεοῦ τοῦ ζῶντος (see Mt 16.16) (037 θεοῦ ζῶντος) 038[c] 044 0250 f¹³ 28 157 180 579 597 700 892 1006 1071 1241 1243 1292 1342 1424 1505 *Byz* [07 09 011 013 022] lat[vl-pt] sy[p, h] cpa co[bo-mss] eth Chrysostom Cyril[com]

[14]**71** {A} Ἰσκαριώτου 𝔓⁶⁶ 𝔓⁷⁵ 01² 03 04 019 032 044 33 892 1241 lat[vg] ∥ Ἰσκαριώτην 037 f¹ 565 579 700 1424 *Byz* [07 09 (011) 013 022] ∥ ἀπὸ Καρυώτου 01* 038 f¹³ sy[hmg] ∥ Σκαριὼθ 05 lat[vl]

The Unbelief of Jesus' Brothers

7 Καὶ μετὰ ταῦτα περιεπάτει ὁ Ἰησοῦς ἐν τῇ Γαλιλαίᾳ· οὐ γὰρ ἤθελεν[1] ἐν τῇ Ἰουδαίᾳ περιπατεῖν, ὅτι ἐζήτουν αὐτὸν οἱ Ἰουδαῖοι ἀποκτεῖναι. 2 Ἦν δὲ ἐγγὺς ἡ ἑορτὴ τῶν Ἰουδαίων ἡ σκηνοπηγία. 3 εἶπον οὖν πρὸς αὐτὸν οἱ ἀδελφοὶ αὐτοῦ· μετάβηθι ἐντεῦθεν καὶ ὕπαγε εἰς τὴν Ἰουδαίαν, ἵνα καὶ οἱ μαθηταί σου θεωρήσουσιν σοῦ τὰ ἔργα ἃ ποιεῖς· 4 οὐδεὶς γάρ τι ἐν κρυπτῷ ποιεῖ καὶ ζητεῖ αὐτὸς ἐν παρρησίᾳ εἶναι. εἰ ταῦτα ποιεῖς, φανέρωσον σεαυτὸν τῷ κόσμῳ. 5 οὐδὲ γὰρ οἱ ἀδελφοὶ αὐτοῦ ἐπίστευον εἰς αὐτόν. 6 λέγει οὖν αὐτοῖς ὁ Ἰησοῦς· ὁ καιρὸς ὁ ἐμὸς οὔπω πάρεστιν, ὁ δὲ καιρὸς ὁ ὑμέτερος πάντοτέ ἐστιν ἕτοιμος. 7 οὐ δύναται ὁ κόσμος μισεῖν ὑμᾶς, ἐμὲ δὲ μισεῖ, ὅτι ἐγὼ μαρτυρῶ περὶ αὐτοῦ ὅτι τὰ ἔργα αὐτοῦ πονηρά ἐστιν. 8 ὑμεῖς ἀνάβητε εἰς τὴν ἑορτήν· ἐγὼ οὐκ[2] ἀναβαίνω εἰς τὴν ἑορτὴν ταύτην, ὅτι ὁ ἐμὸς καιρὸς οὔπω πεπλήρωται. 9 ταῦτα δὲ εἰπὼν αὐτὸς[3] ἔμεινεν ἐν τῇ Γαλιλαίᾳ.

Jesus at the Feast of Tabernacles

10 Ὡς δὲ ἀνέβησαν οἱ ἀδελφοὶ αὐτοῦ εἰς τὴν ἑορτήν, τότε καὶ αὐτὸς ἀνέβη οὐ φανερῶς ἀλλ᾽ [ὡς][4] ἐν κρυπτῷ. 11 οἱ οὖν

---

[1] **1** {A} ἤθελεν 𝔓⁶⁶ 𝔓⁷⁵ 01 03 04 05 019 037 038 044 0105 0141 0250 *f*¹ *f*¹³ 28 33 157 180 205 565 579 597 700 892 1006 1010 1071 1241 1243 1292 1342 1424 1505 *Byz* [07 09 011 013 022] lat^(vl-pt, vg) sy^(s, p, h) cpa co eth Basil Chrysostom^(lem) Cyril ∥ εἶχεν ἐξουσίαν 032 lat^(vl-pt) sy^c Chrysostom^(com)

[2] **8** {C} οὐκ 01 05 1071 1241 lat^(vl-pt, vg) sy^(c, s) co^(bo) eth Chrysostom Cyril ∥ οὔπω 𝔓⁶⁶ 𝔓⁷⁵ 03 019 029 032 037 038 044 070 0105 0141 0250 *f*¹³ 1 28 33 157 180 205 597 700 892 1006 1010 1243 1292 1342 1424 1505 *Byz* [07 09 011 013 022] lat^(vl-pt) sy^(p, h, hgr) cpa co^(sa, ly, pbo) Basil

[3] **9** {C} αὐτός 𝔓⁶⁶ 01 05* 019 022 032 070 *f*¹ 205 565 1071 1241 lat^(vl-pt, vg) co Cyril^(lem) ∥ αὐτοῖς 𝔓⁷⁵ 03 05¹ 029 037 038 044 0105 0141 0250 *f*¹³ 28 33 157 180 579 597 700 892 1006 1010 1243 1292 1342 1424 1505 *Byz* [07 09 011 013] lat^(vl-pt) sy^h cpa Basil Chrysostom^(lem) ∥ αὐτοῖς αὐτός lat^(vl-pt) ∥ *omit* lat^(vl-pt)

[4] **10** {C} ἀλλ᾽ ὡς 𝔓⁶⁶ 𝔓⁷⁵ 03 019 029 032 037 038 044 070 0105 0141 0250 *f*¹ *f*¹³ 28 33 157 180 565 579 597 700 892 1006 1010 1071 1241 1243 1292 1342 1424 1505 *Byz* [07 09 011 013 022] lat^(vl-pt) sy^(p, h) cpa co^(bo) Basil Chrysostom Cyril^(lem) ∥ ἀλλ᾽ 01 05 205 1424 lat^(vl-pt) sy^(c, s) co^(sa, ly, pbo, cw)

Ἰουδαῖοι ἐζήτουν αὐτὸν ἐν τῇ ἑορτῇ καὶ ἔλεγον· ποῦ ἐστιν ἐκεῖνος; **12** καὶ γογγυσμὸς περὶ αὐτοῦ ἦν πολὺς ἐν τοῖς ὄχλοις· οἱ μὲν ἔλεγον ὅτι ἀγαθός ἐστιν, ἄλλοι [δὲ] ἔλεγον· οὔ, ἀλλὰ πλανᾷ τὸν ὄχλον. **13** οὐδεὶς μέντοι παρρησίᾳ ἐλάλει περὶ αὐτοῦ διὰ τὸν φόβον τῶν Ἰουδαίων.

14 Ἤδη δὲ τῆς ἑορτῆς μεσούσης ἀνέβη Ἰησοῦς εἰς τὸ ἱερὸν καὶ ἐδίδασκεν. **15** ἐθαύμαζον οὖν οἱ Ἰουδαῖοι λέγοντες· πῶς οὗτος γράμματα οἶδεν μὴ μεμαθηκώς; **16** ἀπεκρίθη οὖν αὐτοῖς ὁ Ἰησοῦς καὶ εἶπεν· ἡ ἐμὴ διδαχὴ οὐκ ἔστιν ἐμὴ ἀλλὰ τοῦ πέμψαντός με· **17** ἐάν τις θέλῃ τὸ θέλημα αὐτοῦ ποιεῖν, γνώσεται περὶ τῆς διδαχῆς πότερον ἐκ τοῦ θεοῦ ἐστιν ἢ ἐγὼ ἀπ' ἐμαυτοῦ λαλῶ. **18** ὁ ἀφ' ἑαυτοῦ λαλῶν τὴν δόξαν τὴν ἰδίαν ζητεῖ· ὁ δὲ ζητῶν τὴν δόξαν τοῦ πέμψαντος αὐτὸν οὗτος ἀληθής ἐστιν καὶ ἀδικία ἐν αὐτῷ οὐκ ἔστιν.

19 Οὐ Μωϋσῆς δέδωκεν ὑμῖν τὸν νόμον; καὶ οὐδεὶς ἐξ ὑμῶν ποιεῖ τὸν νόμον. τί με ζητεῖτε ἀποκτεῖναι; **20** ἀπεκρίθη ὁ ὄχλος· δαιμόνιον ἔχεις· τίς σε ζητεῖ ἀποκτεῖναι; **21** ἀπεκρίθη Ἰησοῦς καὶ εἶπεν αὐτοῖς· ἓν ἔργον ἐποίησα καὶ πάντες θαυμάζετε. **22** διὰ τοῦτο Μωϋσῆς δέδωκεν ὑμῖν τὴν περιτομήν – οὐχ ὅτι ἐκ τοῦ Μωϋσέως ἐστὶν ἀλλ' ἐκ τῶν πατέρων – καὶ ἐν σαββάτῳ περιτέμνετε ἄνθρωπον. **23** εἰ περιτομὴν λαμβάνει ἄνθρωπος ἐν σαββάτῳ ἵνα μὴ λυθῇ ὁ νόμος Μωϋσέως, ἐμοὶ χολᾶτε ὅτι ὅλον ἄνθρωπον ὑγιῆ ἐποίησα ἐν σαββάτῳ; **24** μὴ κρίνετε κατ' ὄψιν, ἀλλὰ τὴν δικαίαν κρίσιν κρίνετε.

Is This the Christ?

25 Ἔλεγον οὖν τινες ἐκ τῶν Ἱεροσολυμιτῶν· οὐχ οὗτός ἐστιν ὃν ζητοῦσιν ἀποκτεῖναι; **26** καὶ ἴδε παρρησίᾳ λαλεῖ καὶ οὐδὲν αὐτῷ λέγουσιν. μήποτε ἀληθῶς ἔγνωσαν οἱ ἄρχοντες ὅτι οὗτός ἐστιν ὁ Χριστός; **27** ἀλλὰ τοῦτον οἴδαμεν πόθεν ἐστίν· ὁ δὲ χριστὸς ὅταν ἔρχηται οὐδεὶς γινώσκει πόθεν ἐστίν. **28** ἔκραξεν οὖν ἐν τῷ ἱερῷ διδάσκων ὁ Ἰησοῦς καὶ λέγων· κἀμὲ οἴδατε καὶ οἴδατε πόθεν εἰμί· καὶ ἀπ' ἐμαυτοῦ οὐκ ἐλήλυθα, ἀλλ' ἔστιν ἀληθινὸς ὁ πέμψας με, ὃν ὑμεῖς οὐκ οἴδατε· **29** ἐγὼ οἶδα αὐτόν, ὅτι παρ' αὐτοῦ εἰμι κἀκεῖνός με ἀπέστειλεν. **30** ἐζήτουν οὖν αὐτὸν πιάσαι, καὶ οὐδεὶς ἐπέβαλεν ἐπ' αὐτὸν τὴν χεῖρα, ὅτι οὔπω ἐληλύθει ἡ ὥρα αὐτοῦ. **31** Ἐκ τοῦ ὄχλου δὲ πολλοὶ ἐπίστευσαν εἰς αὐτὸν καὶ ἔλεγον· ὁ χριστὸς ὅταν ἔλθῃ μὴ πλείονα σημεῖα ποιήσει ὧν οὗτος ἐποίησεν;

Officers Sent to Arrest Jesus

32 Ἤκουσαν οἱ Φαρισαῖοι τοῦ ὄχλου γογγύζοντος περὶ αὐτοῦ ταῦτα, καὶ ἀπέστειλαν οἱ ἀρχιερεῖς καὶ οἱ Φαρισαῖοι ὑπηρέτας ἵνα πιάσωσιν αὐτόν. **33** εἶπεν οὖν ὁ Ἰησοῦς· ἔτι χρόνον μικρὸν μεθ᾽ ὑμῶν εἰμι καὶ ὑπάγω πρὸς τὸν πέμψαντά με. **34** ζητήσετέ με καὶ οὐχ εὑρήσετέ [με], καὶ ὅπου εἰμὶ ἐγὼ ὑμεῖς οὐ δύνασθε ἐλθεῖν. **35** εἶπον οὖν οἱ Ἰουδαῖοι πρὸς ἑαυτούς· ποῦ οὗτος μέλλει πορεύεσθαι ὅτι ἡμεῖς οὐχ εὑρήσομεν αὐτόν; μὴ εἰς τὴν διασπορὰν τῶν Ἑλλήνων μέλλει πορεύεσθαι καὶ διδάσκειν τοὺς Ἕλληνας; **36** τίς ἐστιν ὁ λόγος οὗτος ὃν εἶπεν· ζητήσετέ με καὶ οὐχ εὑρήσετέ [με], καὶ ὅπου εἰμὶ ἐγὼ ὑμεῖς οὐ δύνασθε ἐλθεῖν;[5]

Rivers of Living Water

37 Ἐν δὲ τῇ ἐσχάτῃ ἡμέρᾳ τῇ μεγάλῃ τῆς ἑορτῆς εἱστήκει ὁ Ἰησοῦς καὶ ἔκραξεν λέγων· ἐάν τις διψᾷ ἐρχέσθω πρός με καὶ πινέτω. **38** ὁ πιστεύων εἰς ἐμέ, καθὼς εἶπεν ἡ γραφή, ποταμοὶ ἐκ τῆς κοιλίας αὐτοῦ ῥεύσουσιν ὕδατος ζῶντος. **39** τοῦτο δὲ εἶπεν περὶ τοῦ πνεύματος ὃ ἔμελλον λαμβάνειν οἱ πιστεύσαντες[6] εἰς αὐτόν· οὔπω γὰρ ἦν πνεῦμα[7], ὅτι Ἰησοῦς οὐδέπω ἐδοξάσθη.

---

[5] **36** *add* 7.53-8.11 *(see pp. 250–251)* 225

[6] **39** {B} οἱ πιστεύσαντες 𝔓⁶⁶ 03 019 029 032 lat^{vl-pt} sy^{c, s} co^{sa-mss, pbo} Gregory-Nyssa^{mss} ∥ οἱ πιστεύοντες 01 05 037 038 044 0105 0141 f¹ f¹³ 28 33 157 180 205 565 579 597 700 892 1006 1010 1071 1241 1243 1292 1342 1424 1505 *Byz* [07 011 013 022] lat^{vl-pt, vg} sy^{p, h} cpa co^{sa-mss, bo, ly} Irenaeus^{lat-vid} Origen Eusebius Athanasius Gregory-Nyssa Chrysostom Cyril ∥ οἱ πιστεύσοντες lat^{vl-pt} co^{sa-mss}

[7] **39** {B} πνεῦμα 𝔓⁶⁶ᶜ 𝔓⁷⁵ 01 022* 029 038 044 lat^{vg} co^{bo-pt} eth Origen^{gr, lat-pt} Cyril^{pt} ∥ πνεῦμα ἅγιον 𝔓⁶⁶* 019 032 037 0105 0141 f¹ f¹³ 28 33 157 180 205 565 579 597 700 892 1006 1010 1071 1241 1243 1292 1342 1424 1505 *Byz* [07 011 013 022ᶜ] eth Origen^{lat-pt} Chrysostom Cyril^{pt} ∥ πνεῦμα δεδομένον lat^{vl-pt, vg-mss} sy^{c, s, p} Eusebius ∥ πνεῦμα ἅγιον δεδομένον 03 lat^{vl-pt, vg-ms} (sy^h δεδομένον *with* *) cpa Origen^{lat-pt} ∥ τὸ πνεῦμα ἅγιον ἐπ᾽ αὐτοῖς 05* (05¹ τὸ ἅγιον ἐπ᾽ αὐτούς) lat^{vl-pt}

Division among the People

40 Ἐκ τοῦ ὄχλου οὖν⁸ ἀκούσαντες τῶν λόγων τούτων ἔλεγον· οὗτός ἐστιν ἀληθῶς ὁ προφήτης· **41** ἄλλοι ἔλεγον· οὗτός ἐστιν ὁ χριστός, οἱ δὲ ἔλεγον· μὴ γὰρ ἐκ τῆς Γαλιλαίας ὁ χριστὸς ἔρχεται; **42** οὐχ ἡ γραφὴ εἶπεν ὅτι ἐκ τοῦ σπέρματος Δαυὶδ καὶ ἀπὸ Βηθλέεμ τῆς κώμης ὅπου ἦν Δαυὶδ ἔρχεται ὁ χριστός; **43** σχίσμα οὖν ἐγένετο ἐν τῷ ὄχλῳ δι᾽ αὐτόν· **44** τινὲς δὲ ἤθελον ἐξ αὐτῶν πιάσαι αὐτόν, ἀλλ᾽ οὐδεὶς ἐπέβαλεν ἐπ᾽ αὐτὸν τὰς χεῖρας.

The Unbelief of Those in Authority

45 Ἦλθον οὖν οἱ ὑπηρέται πρὸς τοὺς ἀρχιερεῖς καὶ Φαρισαίους, καὶ εἶπον αὐτοῖς ἐκεῖνοι· διὰ τί οὐκ ἠγάγετε αὐτόν; **46** ἀπεκρίθησαν οἱ ὑπηρέται· οὐδέποτε ἐλάλησεν οὕτως ἄνθρωπος⁹. **47** ἀπεκρίθησαν οὖν αὐτοῖς οἱ Φαρισαῖοι· μὴ καὶ ὑμεῖς πεπλάνησθε; **48** μή τις ἐκ τῶν ἀρχόντων ἐπίστευσεν εἰς αὐτὸν ἢ ἐκ τῶν Φαρισαίων; **49** ἀλλ᾽ ὁ ὄχλος οὗτος ὁ μὴ γινώσκων τὸν νόμον ἐπάρατοί εἰσιν. **50** λέγει Νικόδημος πρὸς αὐτούς, ὁ ἐλθὼν πρὸς αὐτὸν [τὸ] πρότερον¹⁰, εἷς ὢν ἐξ αὐτῶν· **51** μὴ ὁ νόμος ἡμῶν κρίνει τὸν ἄνθρωπον ἐὰν μὴ ἀκούσῃ πρῶτον παρ᾽ αὐτοῦ καὶ γνῷ τί ποιεῖ; **52** ἀπεκρίθησαν καὶ εἶπαν αὐτῷ· μὴ καὶ

---

⁸**40** {A} ἐκ τοῦ ὄχλου οὖν 𝔓⁶⁶ᶜ 𝔓⁷⁵ 01 03 05 019 029 032 *f*¹ 565 latᵛˡ⁻ᵖᵗ, ᵛᵍ (co) ∥ πολλοὶ ἐκ τοῦ ὄχλου οἱ 𝔓⁶⁶* ∥ πολλοὶ οὖν ἐκ τοῦ ὄχλου 037 (038) 044 0105 *f*¹³ 33 579 700 892 1241 1424 *Byz* [07 011 013 022] latᵛˡ⁻ᵖᵗ syʳᵖ⁾, ʰ

⁹**46** {B} ἐλάλησεν οὕτως ἄνθρωπος 𝔓⁶⁶ᶜ 𝔓⁷⁵ 01² 03 019 029 032 coᵇᵒ Origen Chrysostomᶜᵒᵐ Cyril ∥ οὕτως ἐλάλησεν ἄνθρωπος ὡς οὗτος ὁ ἄνθρωπος 037 (022 044 33 1071 1241 ἐλάλησεν οὕτως) 038 0105ᵛⁱᵈ 0141 *f*¹ *f*¹³ (13* *homoeoteleuton*) (28 700 *omit* οὕτως) 157 180 205 565 579 597 892 1006 (1010 latᵛˡ⁻ᵖᵗ *omit first* ἄνθρωπος) 1071 1243 1292 1342 1424 1505 *Byz* [07 011 013] latᵛˡ⁻ᵖᵗ, ᵛᵍ (latᵛˡ⁻ᵖᵗ *omit* ὁ ἄνθρωπος) syʰ coˢᵃ, ˡʸ, ᵖᵇᵒ eth Chrysostomˡᵉᵐ ∥ οὕτως ἄνθρωπος ἐλάλησεν ὡς οὗτος λαλεῖ ὁ ἄνθρωπος 𝔓⁶⁶* 01* (05 latᵛˡ⁻ᵖᵗ *omit* ὁ ἄνθρωπος) latᵛᵍ⁻ᵐˢ syᵉ⁾, ⁽ˢ⁾, ᵖ cpa

¹⁰**50** {B} πρὸς αὐτὸν τὸ πρότερον 𝔓⁶⁶ 019 032 ∥ πρὸς αὐτὸν πρότερον 𝔓⁷⁵ 01² 03 029 ∥ νυκτὸς πρὸς αὐτὸν 579 700 1424 *Byz* [07 011 013] latᵛˡ⁻ᵖᵗ, ᵛᵍ ∥ πρὸς αὐτὸν νυκτὸς 022 037 044 ∥ νυκτὸς πρὸς αὐτὸν τὸ πρότερον 038 *f*¹ *f*¹³ (33) 565 892 (1241) latᵛˡ⁻ᵖᵗ ∥ πρὸς αὐτὸν νυκτὸς τὸ πρῶτον 05 syʰ ∥ *omit* ὁ ἐλθὼν ... πρότερον 01*

σὺ ἐκ τῆς Γαλιλαίας εἶ; ἐραύνησον καὶ ἴδε ὅτι ἐκ τῆς Γαλιλαίας προφήτης οὐκ ἐγείρεται.

The Woman Caught in Adultery

⟦53[11] Καὶ ἐπορεύθησαν ἕκαστος εἰς τὸν οἶκον αὐτοῦ, 1 Ἰησοῦς δὲ ἐπορεύθη εἰς τὸ ὄρος τῶν ἐλαιῶν. 2 ὄρθρου δὲ πάλιν παρεγένετο εἰς τὸ ἱερὸν καὶ πᾶς ὁ λαὸς ἤρχετο πρὸς αὐτόν, καὶ καθίσας ἐδίδασκεν αὐτούς. 3 ἄγουσιν δὲ οἱ γραμματεῖς καὶ οἱ Φαρισαῖοι γυναῖκα ἐπὶ μοιχείᾳ κατειλημμένην καὶ στήσαντες αὐτὴν ἐν μέσῳ 4 λέγουσιν αὐτῷ· διδάσκαλε, αὕτη ἡ γυνὴ κατείληπται ἐπ' αὐτοφώρῳ μοιχευομένη· 5 ἐν δὲ τῷ νόμῳ ἡμῖν Μωϋσῆς ἐνετείλατο τὰς τοιαύτας λιθάζειν. σὺ οὖν τί λέγεις; 6 τοῦτο[1] δὲ ἔλεγον πειράζοντες αὐτόν, ἵνα ἔχωσιν κατηγορεῖν αὐτοῦ[1]. ὁ δὲ Ἰησοῦς κάτω κύψας τῷ δακτύλῳ κατέγραφεν εἰς τὴν γῆν. 7 ὡς δὲ ἐπέμενον ἐρωτῶντες αὐτόν, ἀνέκυψεν καὶ εἶπεν αὐτοῖς[2]· ὁ ἀναμάρτητος ὑμῶν πρῶτος ἐπ' αὐτὴν βαλέτω λίθον. 8 καὶ πάλιν κατακύψας ἔγραφεν εἰς τὴν γῆν. 9 οἱ δὲ ἀκούσαντες ἐξήρχοντο εἷς καθ' εἷς[3] ἀρξάμενοι ἀπὸ

---

[11] **7.53-8.11** {A} *no addition* 𝔓⁶⁶ 𝔓⁷⁵ 01 02ᵛⁱᵈ 03 04ᵛⁱᵈ 022 029 032 038 044 0141 33 157 565 1241 1333 1424ᵗˣᵗ *Lect* latᵛˡ⁻ᵖᵗ sy (*but added in some late mss. of* syᵖ, ʰ) coˢᵃ, ᵇᵒ⁻ᵖᵗ, ˡʸ, ᵖᵇᵒ Tertullian Origen Chrysostom Cyril // *add* 7.53-8.11 05 180 205 579 597 700 892 1006 1010 1071 1243 1292 1342 (1424ᵐᵍ) 1505 *Byz* [(09 *gap* 7.28-8.10) 011 013] latᵛˡ⁻ᵖᵗ, ᵛᵍ cpa coᵇᵒ⁻ᵖᵗ // *add* 7.53-8.11 *with asterisks or obeli* (07 *asterisks only at* 8.2-11) 028 28 1424ᵐᵍ // *add only* 8.3-11 *with asterisks* 039 // *add* 7.53-8.11 *after* Lk 21.38 *f*¹³, *after* Jn 7.36 225, *after* Jn 21.25 *(with critical note)* 1; *add* 8.3-11 *after* Lk 24.53 1333ˢ // *blank space* 019 037

[1] **6** {A} *(see also footnote 11 of chapter 7)* τοῦτο … κατηγορεῖν αὐτοῦ *with minor variants* 07 011 013 028 039 *f*¹ *f*¹³ 28 180 205 579 597 700 892 1006 1010 1243 1292 1342 1424ᵐᵍ 1505 *TR* latᵛˡ⁻ᵖᵗ, ᵛᵍ cpa coᵇᵒ⁻ᵖᵗ eth // *omit, but add this sentence after* 8.4 αὐτῷ 05 1071 latᵛˡ⁻ᵖᵗ

[2] **7** {B} *(see footnote 11 of chapter 7)* αὐτοῖς 05 028 039 *f*¹ *f*¹³ 28 205 597 700 892 1006 1010 1071 1243 1292 1342 1424ᵐᵍ lat eth // πρὸς αὐτούς 07 011 013 180 579 1505 *TR*

[3] **9** {B} *(see footnote 11 of chapter 7)* οἱ δὲ ἀκούσαντες ἐξήρχοντο εἷς καθ' εἷς 028 28 597 700 (892 ἀκούσαντες δέ) 1006 1010 1243 1342 (latᵛˡ⁻ᵖᵗ, ᵛᵍ) eth // οἱ δὲ ἀκούσαντες καὶ ὑπὸ τῆς συνειδήσεως ἐλεγχόμενοι ἐξήρχοντο εἷς καθ' εἷς 07 011 013 180 205 579 1292 1505 *TR* (coᵇᵒ⁻ᵖᵗ) // ἀκούσαντες δὲ ἐξήρχοντο εἷς ἕκαστος αὐτῶν *f*¹ // ἕκαστος δὲ τῶν Ἰουδαίων ἐξήρχετο 05 1071 latᵛˡ⁻ᵖᵗ // καὶ ἐξῆλθεν εἷς καθ' εἷς 039 (*f*¹³ ἐξῆλθον) 1424ᵐᵍ cpa

τῶν πρεσβυτέρων⁴ καὶ κατελείφθη μόνος καὶ ἡ γυνὴ ἐν μέσῳ οὖσα. **10** ἀνακύψας δὲ ὁ Ἰησοῦς⁵ εἶπεν αὐτῇ· γύναι, ποῦ εἰσιν⁶; οὐδείς σε κατέκρινεν; **11** ἡ δὲ εἶπεν· οὐδείς, κύριε. εἶπεν δὲ ὁ Ἰησοῦς· οὐδὲ ἐγώ σε κατακρίνω· πορεύου, [καὶ] ἀπὸ τοῦ νῦν μηκέτι ἁμάρτανε.]]

Jesus the Light of the World

12 Πάλιν οὖν αὐτοῖς ἐλάλησεν ὁ Ἰησοῦς λέγων· ἐγώ εἰμι τὸ φῶς τοῦ κόσμου· ὁ ἀκολουθῶν ἐμοὶ οὐ μὴ περιπατήσῃ ἐν τῇ σκοτίᾳ, ἀλλ' ἕξει τὸ φῶς τῆς ζωῆς. **13** εἶπον οὖν αὐτῷ οἱ Φαρισαῖοι· σὺ περὶ σεαυτοῦ μαρτυρεῖς· ἡ μαρτυρία σου οὐκ ἔστιν ἀληθής. **14** ἀπεκρίθη Ἰησοῦς καὶ εἶπεν αὐτοῖς· κἂν ἐγὼ μαρτυρῶ περὶ ἐμαυτοῦ, ἀληθής ἐστιν ἡ μαρτυρία μου, ὅτι οἶδα πόθεν ἦλθον καὶ ποῦ ὑπάγω· ὑμεῖς δὲ οὐκ οἴδατε πόθεν ἔρχομαι ἢ ποῦ ὑπάγω. **15** ὑμεῖς κατὰ τὴν σάρκα κρίνετε, ἐγὼ οὐ κρίνω οὐδένα. **16** καὶ ἐὰν κρίνω δὲ ἐγώ, ἡ κρίσις ἡ ἐμὴ ἀληθινή ἐστιν, ὅτι μόνος οὐκ εἰμί, ἀλλ' ἐγὼ καὶ ὁ πέμψας με πατήρ. **17** καὶ ἐν τῷ νόμῳ δὲ τῷ ὑμετέρῳ γέγραπται ὅτι δύο ἀνθρώπων ἡ μαρτυρία ἀληθής ἐστιν. **18** ἐγώ εἰμι ὁ μαρτυρῶν περὶ ἐμαυτοῦ καὶ μαρτυρεῖ περὶ ἐμοῦ ὁ πέμψας με πατήρ. **19** ἔλεγον οὖν αὐτῷ· ποῦ ἐστιν ὁ πατήρ σου; ἀπεκρίθη Ἰησοῦς· οὔτε ἐμὲ οἴδατε οὔτε τὸν πατέρα μου· εἰ ἐμὲ ᾔδειτε, καὶ τὸν πατέρα μου ἂν ᾔδειτε. **20** ταῦτα τὰ ῥήματα ἐλάλησεν ἐν τῷ γαζοφυλακίῳ διδάσκων ἐν τῷ ἱερῷ· καὶ οὐδεὶς ἐπίασεν αὐτόν, ὅτι οὔπω ἐληλύθει ἡ ὥρα αὐτοῦ.

---

⁴**9** {B} *(see footnote 11 of chapter 7)* πρεσβυτέρων 07 011 013 1 579 892 1505 lat^(vl-pt, vg) // πρεσβυτέρων ἕως τῶν ἐσχάτων 028 039 *f*¹³ 28 180 205 597 700 1006 1010 1243 1292 1342 1424^(mg) TR cpa // πρεσβυτέρων ὥστε πάντας ἐξελθεῖν 05 1071 lat^(vl-pt) // πρεσβυτέρων πάντες ἀνεχώρησαν lat^(vl-pt) co^(bo-ms, (bo-pt))

⁵**10** {B} *(see footnote 11 of chapter 7)* Ἰησοῦς 05 028 1 28 892 1010 1071 lat (cpa) co^(bo-pt) // Ἰησοῦς καὶ μηδένα θεασάμενος πλὴν τῆς γυναικός 07 09^(vid) 011 013 579 1243 1505 TR // Ἰησοῦς εἶδεν αὐτὴν καί 039 *f*¹³ 180 205 597 700 1006 1292 1342 1424^(mg) eth

⁶**10** {B} *(see footnote 11 of chapter 7)* ποῦ εἰσιν 05 039 1 180 892 1010 1071 1342 1424^(mg) lat^(vl-pt, vg) cpa co^(bo-ms) // ποῦ εἰσιν οἱ κατήγοροί σου 013 028 *f*¹³ 28 597 700 1006 1243 1292 lat^(vl-pt, vg-mss) co^(bo-pt) eth // ποῦ εἰσιν ἐκεῖνοι οἱ κατήγοροί σου 07 09 011 579 1505 TR// *omit* αὐτῇ ... εἰσιν 205

Where I am Going You Cannot Come

21 Εἶπεν οὖν πάλιν αὐτοῖς· ἐγὼ ὑπάγω καὶ ζητήσετέ με, καὶ ἐν τῇ ἁμαρτίᾳ ὑμῶν ἀποθανεῖσθε· ὅπου ἐγὼ ὑπάγω ὑμεῖς οὐ δύνασθε ἐλθεῖν. **22** ἔλεγον οὖν οἱ Ἰουδαῖοι· μήτι ἀποκτενεῖ ἑαυτόν, ὅτι λέγει· ὅπου ἐγὼ ὑπάγω ὑμεῖς οὐ δύνασθε ἐλθεῖν; **23** καὶ ἔλεγεν αὐτοῖς· ὑμεῖς ἐκ τῶν κάτω ἐστέ, ἐγὼ ἐκ τῶν ἄνω εἰμί· ὑμεῖς ἐκ τούτου τοῦ κόσμου ἐστέ, ἐγὼ οὐκ εἰμὶ ἐκ τοῦ κόσμου τούτου. **24** εἶπον οὖν ὑμῖν ὅτι ἀποθανεῖσθε ἐν ταῖς ἁμαρτίαις ὑμῶν· ἐὰν γὰρ μὴ πιστεύσητε ὅτι ἐγώ εἰμι, ἀποθανεῖσθε ἐν ταῖς ἁμαρτίαις ὑμῶν. **25** ἔλεγον οὖν αὐτῷ· σὺ τίς εἶ; εἶπεν αὐτοῖς ὁ Ἰησοῦς· τὴν ἀρχὴν ὅ τι[7] καὶ λαλῶ ὑμῖν; **26** πολλὰ ἔχω περὶ ὑμῶν λαλεῖν καὶ κρίνειν, ἀλλ' ὁ πέμψας με ἀληθής ἐστιν, κἀγὼ ἃ ἤκουσα παρ' αὐτοῦ ταῦτα λαλῶ εἰς τὸν κόσμον. **27** οὐκ ἔγνωσαν ὅτι τὸν πατέρα αὐτοῖς ἔλεγεν. **28** εἶπεν οὖν [αὐτοῖς] ὁ Ἰησοῦς· ὅταν ὑψώσητε τὸν υἱὸν τοῦ ἀνθρώπου, τότε γνώσεσθε ὅτι ἐγώ εἰμι, καὶ ἀπ' ἐμαυτοῦ ποιῶ οὐδέν, ἀλλὰ καθὼς ἐδίδαξέν με ὁ πατὴρ ταῦτα λαλῶ. **29** καὶ ὁ πέμψας με μετ' ἐμοῦ ἐστιν· οὐκ ἀφῆκέν με μόνον, ὅτι ἐγὼ τὰ ἀρεστὰ αὐτῷ ποιῶ πάντοτε. **30** Ταῦτα αὐτοῦ λαλοῦντος πολλοὶ ἐπίστευσαν εἰς αὐτόν.

The Truth Will Make You Free

31 Ἔλεγεν οὖν ὁ Ἰησοῦς πρὸς τοὺς πεπιστευκότας αὐτῷ Ἰουδαίους· ἐὰν ὑμεῖς μείνητε ἐν τῷ λόγῳ τῷ ἐμῷ, ἀληθῶς μαθηταί μού ἐστε **32** καὶ γνώσεσθε τὴν ἀλήθειαν, καὶ ἡ ἀλήθεια ἐλευθερώσει ὑμᾶς. **33** ἀπεκρίθησαν πρὸς αὐτόν· σπέρμα Ἀβραάμ ἐσμεν καὶ οὐδενὶ δεδουλεύκαμεν πώποτε· πῶς σὺ λέγεις ὅτι ἐλεύθεροι γενήσεσθε; **34** ἀπεκρίθη αὐτοῖς ὁ Ἰησοῦς· ἀμὴν ἀμὴν λέγω ὑμῖν ὅτι πᾶς ὁ ποιῶν τὴν ἁμαρτίαν δοῦλός ἐστιν τῆς

---

[7]**25** {B} ὅ τι 𝔓[75] *by dot between* ο *and* τι, 565 *by* ; *after* ὑμῖν, TR *with stop after* ὑμῖν (*quod* lat[vl-pt, vg-mss]) // ὅτι (*stop after* ὑμῖν) 05 038 044 0141 *f*[1] *f*[13] 28 33 180 205 579 597 700 892 1010 1071 1241 1243 1292 1342 1424 1505 *Byz* [07 09 011 013] (*quoniam* lat[vl-pt], *quia* lat[vl-pt, vg]) // ὅ τι *or* ὅτι (*no interpunction after* ὑμῖν) 𝔓[66] 01 03 019 022 029 032 037 0250 157 1006 // *qui* lat[vl-pt, vg-mss]

ἁμαρτίας⁸. **35** ὁ δὲ δοῦλος οὐ μένει ἐν τῇ οἰκίᾳ εἰς τὸν αἰῶνα, ὁ υἱὸς μένει εἰς τὸν αἰῶνα. **36** ἐὰν οὖν ὁ υἱὸς ὑμᾶς ἐλευθερώσῃ, ὄντως ἐλεύθεροι ἔσεσθε. **37** οἶδα ὅτι σπέρμα Ἀβραάμ ἐστε· ἀλλὰ ζητεῖτέ με ἀποκτεῖναι, ὅτι ὁ λόγος ὁ ἐμὸς οὐ χωρεῖ ἐν ὑμῖν. **38** ἃ ἐγὼ ἑώρακα παρὰ τῷ πατρὶ⁹ λαλῶ· καὶ ὑμεῖς οὖν ἃ ἠκούσατε παρὰ τοῦ πατρὸς ποιεῖτε¹⁰.

Your Father the Devil

39 Ἀπεκρίθησαν καὶ εἶπαν αὐτῷ· ὁ πατὴρ ἡμῶν Ἀβραάμ ἐστιν. λέγει αὐτοῖς ὁ Ἰησοῦς· εἰ τέκνα τοῦ Ἀβραάμ ἐστε¹¹, τὰ ἔργα τοῦ Ἀβραὰμ ἐποιεῖτε¹². **40** νῦν δὲ ζητεῖτέ με ἀποκτεῖναι ἄνθρωπον ὃς τὴν ἀλήθειαν ὑμῖν λελάληκα ἣν ἤκουσα παρὰ τοῦ θεοῦ· τοῦτο Ἀβραὰμ οὐκ ἐποίησεν. **41** ὑμεῖς ποιεῖτε τὰ ἔργα τοῦ πατρὸς ὑμῶν. εἶπαν [οὖν] αὐτῷ· ἡμεῖς ἐκ πορνείας οὐ γεγεννήμεθα, ἕνα πατέρα ἔχομεν τὸν θεόν. **42** εἶπεν αὐτοῖς ὁ Ἰησοῦς· εἰ ὁ θεὸς πατὴρ ὑμῶν ἦν ἠγαπᾶτε ἂν ἐμέ, ἐγὼ γὰρ ἐκ τοῦ θεοῦ

---

⁸**34** {A} τῆς ἁμαρτίας 𝔓⁶⁶ 𝔓⁷⁵ 01 03 04 019 032 037 038 044 070 0141 0250 *f*¹ *f*¹³ 28 33 157 180 205 565 579 597 700 892 1006 1010 1071 1241 1243 1292 1342 1424 1505 *Byz* [07 09 011 013 022] lat^(vl-pt, vg) sy^(p, h) cpa co^(sa, bo, ly, pbo) eth Irenaeus^lat Origen Basil Gregory-Nyssa Chrysostom Cyril ∥ omit 05 lat^(vl-pt) sy^s co^(bo-mss)

⁹**38** {B} παρὰ τῷ πατρί 𝔓⁶⁶ 𝔓⁷⁵ 03 04 019 070 lat^(vl-pt, vg) cpa eth Origen Cyril^pt ∥ παρὰ τῷ πατρί μου 01 037 038 044 0141 0250 *f*¹ *f*¹³ 28 157 180 205 565 (579 πατρὶ ἡμῶν) 597 700 1006 1010 1071 1243 1292 1342 1424 1505 *Byz* [07 09 011 013 022] lat^(vl-pt, vg-ms) sy Tertullian ∥ παρὰ τῷ πατρί μου, ταῦτα 05 33 892 lat^(vl-pt) co^(bo, pbo) Cyril-Jerusalem Chrysostom (Cyril^pt) ∥ ἀπὸ τοῦ πατρός, ταῦτα 032

¹⁰**38** {B} ἠκούσατε παρὰ τοῦ πατρὸς ποιεῖτε (𝔓⁷⁵ λαλεῖτε *for* ποιεῖτε) 03 019 032 597 Origen Cyril ∥ ἠκούσατε παρὰ τοῦ πατρὸς ὑμῶν ποιεῖτε 01² 04 038 (0141 τῷ πατρί) *f*¹ *f*¹³ 33 565 892 lat^(vl-pt) sy^hmg cpa Chrysostom ∥ ἑωράκατε παρὰ τοῦ πατρὸς ποιεῖτε 𝔓⁶⁶ (01* πατρὸς ὑμῶν) 070 ∥ ἑωράκατε παρὰ τῷ πατρὶ ὑμῶν ποιεῖτε (05 lat^(vl-pt) Tertullian ταῦτα ποιεῖτε) 037 044 0250 28 157 180 205 579 700 1006 1010 1071 1243 1292 1342 1424 1505 *Byz* [07 09 011 013 022] lat^(vl-pt, vg) sy^(s, p, h) eth

¹¹**39** {A} ἐστε 𝔓⁶⁶ 𝔓⁷⁵ 01 03 05 019 070 lat^(vl-pt, vg) ∥ ἦτε 04 032 037 038 044 *f*¹ *f*¹³ 33 565 579 700 892 1424 *Byz* [07 09 011 013 022] lat^(vl-pt) sy^(p, h)

¹²**39** {B} ἐποιεῖτε 𝔓⁷⁵ 01* 03² 05 032 038 070 0141 0250 13 28 157 828 1292 1342 1424 1505 *Byz*^pt [07 09 011 013] *Lect*^pt lat^(vl-pt) eth Origen^(pt, lat-pt) Eusebius^pt Cyril-Jerusalem Chrysostom ∥ ἐποιεῖτε ἄν 01² 04 019 022 037 044 *f*¹ *f*¹³ 33 180 205 565 579 597 892 1006 1010 1071 1243 *Byz*^pt *Lect*^pt *TR* lat^(vl-pt) Origen^(pt, lat-pt) Eusebius^pt Basil Cyril ∥ ποιεῖτε 𝔓⁶⁶ 03* (700 ποιεῖτε ἄν) lat^(vl-pt, vg) Origen^pt

ἐξῆλθον καὶ ἥκω· οὐδὲ γὰρ ἀπ' ἐμαυτοῦ ἐλήλυθα, ἀλλ' ἐκεῖνός με ἀπέστειλεν. **43** διὰ τί τὴν λαλιὰν τὴν ἐμὴν οὐ γινώσκετε; ὅτι οὐ δύνασθε ἀκούειν τὸν λόγον τὸν ἐμόν. **44** ὑμεῖς ἐκ τοῦ πατρὸς τοῦ διαβόλου ἐστὲ καὶ τὰς ἐπιθυμίας τοῦ πατρὸς ὑμῶν θέλετε ποιεῖν. ἐκεῖνος ἀνθρωποκτόνος ἦν ἀπ' ἀρχῆς καὶ ἐν τῇ ἀληθείᾳ οὐκ ἔστηκεν, ὅτι οὐκ ἔστιν ἀλήθεια ἐν αὐτῷ. ὅταν λαλῇ τὸ ψεῦδος, ἐκ τῶν ἰδίων λαλεῖ, ὅτι ψεύστης ἐστὶν καὶ ὁ πατὴρ αὐτοῦ. **45** ἐγὼ δὲ ὅτι τὴν ἀλήθειαν λέγω, οὐ πιστεύετέ μοι. **46** τίς ἐξ ὑμῶν ἐλέγχει με περὶ ἁμαρτίας; εἰ ἀλήθειαν λέγω, διὰ τί ὑμεῖς οὐ πιστεύετέ μοι; **47** ὁ ὢν ἐκ τοῦ θεοῦ τὰ ῥήματα τοῦ θεοῦ ἀκούει· διὰ τοῦτο ὑμεῖς οὐκ ἀκούετε, ὅτι ἐκ τοῦ θεοῦ οὐκ ἐστέ.

Before Abraham Was, I Am

48 Ἀπεκρίθησαν οἱ Ἰουδαῖοι καὶ εἶπαν αὐτῷ· οὐ καλῶς λέγομεν ἡμεῖς ὅτι Σαμαρίτης εἶ σὺ καὶ δαιμόνιον ἔχεις; **49** ἀπεκρίθη Ἰησοῦς· ἐγὼ δαιμόνιον οὐκ ἔχω, ἀλλὰ τιμῶ τὸν πατέρα μου, καὶ ὑμεῖς ἀτιμάζετέ με. **50** ἐγὼ δὲ οὐ ζητῶ τὴν δόξαν μου· ἔστιν ὁ ζητῶν καὶ κρίνων. **51** ἀμὴν ἀμὴν λέγω ὑμῖν, ἐάν τις τὸν ἐμὸν λόγον τηρήσῃ, θάνατον οὐ μὴ θεωρήσῃ εἰς τὸν αἰῶνα. **52** εἶπον [οὖν] αὐτῷ οἱ Ἰουδαῖοι· νῦν ἐγνώκαμεν ὅτι δαιμόνιον ἔχεις. Ἀβραὰμ ἀπέθανεν καὶ οἱ προφῆται, καὶ σὺ λέγεις· ἐάν τις τὸν λόγον μου τηρήσῃ, οὐ μὴ γεύσηται θανάτου εἰς τὸν αἰῶνα. **53** μὴ σὺ μείζων εἶ τοῦ πατρὸς ἡμῶν Ἀβραάμ, ὅστις ἀπέθανεν; καὶ οἱ προφῆται ἀπέθανον. τίνα σεαυτὸν ποιεῖς; **54** ἀπεκρίθη Ἰησοῦς· ἐὰν ἐγὼ δοξάσω ἐμαυτόν, ἡ δόξα μου οὐδέν ἐστιν· ἔστιν ὁ πατήρ μου ὁ δοξάζων με, ὃν ὑμεῖς λέγετε ὅτι θεὸς ἡμῶν[13] ἐστιν, **55** καὶ οὐκ ἐγνώκατε αὐτόν, ἐγὼ δὲ οἶδα αὐτόν. κἂν εἴπω ὅτι οὐκ οἶδα αὐτόν, ἔσομαι ὅμοιος ὑμῖν ψεύστης· ἀλλ' οἶδα αὐτὸν καὶ τὸν λόγον αὐτοῦ τηρῶ. **56** Ἀβραὰμ ὁ πατὴρ ὑμῶν ἠγαλλιάσατο ἵνα ἴδῃ τὴν ἡμέραν τὴν ἐμήν, καὶ εἶδεν καὶ

---

[13] **54** {B} θεὸς ἡμῶν $\mathfrak{P}^{75}$ 02 03² 04 032 037 038 070 0141 0233 f^1 f^{13} 28 33 157 180 205 565 579 597 892 1006 1241 1243 1292 1505 *Byz* [07 011 013 022] *Lect*^pt lat^vl-pt, vg sy co^sa, bo, pbo eth Gregory-Nyssa Cyril^lem ∥ ὁ θεὸς ἡμῶν $\mathfrak{P}^{66c}$ ($\mathfrak{P}^{66*}$ ὑμῶν) 019 ∥ θεὸς ὑμῶν 01 03* 05 09 044 700 1010 1071 1342 1424 *Lect*^pt *TR* lat^vl-pt, vg-ms cpa co^bo-ms Tertullian Chrysostom ∥ θεός (lat^vl-pt θεὸς ἀληθής) co^ly

ἐχάρη. **57** εἶπον οὖν οἱ Ἰουδαῖοι πρὸς αὐτόν· πεντήκοντα ἔτη οὔπω ἔχεις καὶ Ἀβραὰμ ἑώρακας; **58** εἶπεν αὐτοῖς Ἰησοῦς· ἀμὴν ἀμὴν λέγω ὑμῖν, πρὶν Ἀβραὰμ γενέσθαι ἐγὼ εἰμί. **59** ἦραν οὖν λίθους ἵνα βάλωσιν ἐπ' αὐτόν. Ἰησοῦς δὲ ἐκρύβη καὶ ἐξῆλθεν ἐκ τοῦ ἱεροῦ[14].

The Healing of a Man Born Blind

9 Καὶ παράγων εἶδεν ἄνθρωπον τυφλὸν ἐκ γενετῆς. **2** καὶ ἠρώτησαν αὐτὸν οἱ μαθηταὶ αὐτοῦ λέγοντες· ῥαββί, τίς ἥμαρτεν, οὗτος ἢ οἱ γονεῖς αὐτοῦ, ἵνα τυφλὸς γεννηθῇ; **3** ἀπεκρίθη Ἰησοῦς· οὔτε οὗτος ἥμαρτεν οὔτε οἱ γονεῖς αὐτοῦ, ἀλλ' ἵνα φανερωθῇ τὰ ἔργα τοῦ θεοῦ ἐν αὐτῷ. **4** ἡμᾶς δεῖ[1] ἐργάζεσθαι τὰ ἔργα τοῦ πέμψαντός με[1] ἕως ἡμέρα ἐστίν· ἔρχεται νὺξ ὅτε οὐδεὶς δύναται ἐργάζεσθαι. **5** ὅταν ἐν τῷ κόσμῳ ὦ, φῶς εἰμι τοῦ κόσμου. **6** ταῦτα εἰπὼν ἔπτυσεν χαμαὶ καὶ ἐποίησεν πηλὸν ἐκ τοῦ πτύσματος καὶ ἐπέχρισεν αὐτοῦ τὸν πηλὸν ἐπὶ τοὺς ὀφθαλμοὺς **7** καὶ εἶπεν αὐτῷ· ὕπαγε νίψαι εἰς τὴν κολυμβήθραν τοῦ Σιλωάμ, ὃ ἑρμηνεύεται ἀπεσταλμένος. ἀπῆλθεν οὖν καὶ ἐνίψατο καὶ ἦλθεν βλέπων.

8 Οἱ οὖν γείτονες καὶ οἱ θεωροῦντες αὐτὸν τὸ πρότερον ὅτι προσαίτης ἦν[2] ἔλεγον· οὐχ οὗτός ἐστιν ὁ καθήμενος καὶ προσ-

---

[14]**59** {A} ἱεροῦ 𝔓⁶⁶ 𝔓⁷⁵ 01* 03 05 032 038* lat^{vl-pt, vg} sy^s co^{sa, bo-ms, ly, pbo} Origen^{vid} Cyril^{pt} // ἱεροῦ καὶ διελθὼν διὰ μέσου αὐτῶν (see Lk 4.30) 01^{2b} (13 omit καί) // ἱεροῦ διελθὼν διὰ μέσου αὐτῶν καὶ παρῆγεν οὕτως (see Lk 4.30) 02 037 038^c (0233 αὐτούς for οὕτως) f¹ f¹³ 28 157 180 (205 ἐκ for διά) 565 700 1006 1243 1292 1342 1424 1505 Byz [07 09 011 013] lat^{vl-pt} // ἱεροῦ καὶ διελθὼν διὰ μέσου αὐτῶν ἐπορεύετο καὶ παρῆγεν οὕτως (see Lk 4.30) 01^{2a} 04 019 022 044 070 0141 33 (579) 597 892 1010 1071 1241 (sy^{p, h}) (cpa) co^{bo} (eth) Athanasius (Cyril^{pt})

[1]**4** {B} ἡμᾶς δεῖ ... πέμψαντός με 03 (05 δεῖ ἡμᾶς) 070 (lat^{vl-pt}) cpa // ἡμᾶς δεῖ ... πέμψαντος ἡμᾶς 𝔓⁶⁶ 𝔓⁷⁵ 01* 019 032 Cyril // ἐμὲ δεῖ ... πέμψαντός με 01¹ 02 04 037 038 044 0141 0233 f¹ f¹³ 28 33 157 180 205 565 579 597 700 892 1006 1010 1071 1241 1243 1292 1342 1424 1505 Byz [07 09 011 013 022] lat^{vl-pt, vg} sy co^{ly} eth Basil Chrysostom

[2]**8** {B} προσαίτης ἦν 01 02 03 04* 05 019 022 032 038 044 070 0233 f¹ 33 157 205 565 579 597 1010 1071 lat^{vl-pt, vg} // τυφλὸς ἦν 04³ 037 0141 f¹³ 28 180 700 892 1006 1241 1243 1292 1342 1424 1505 Byz [07 09 011 013] // τυφλὸς ἦν καὶ προσαίτης 69 lat^{vl-pt}

αιτῶν; 9 ἄλλοι ἔλεγον ὅτι οὗτός ἐστιν, ἄλλοι ἔλεγον· οὐχί, ἀλλ' ὅμοιος αὐτῷ ἐστιν. ἐκεῖνος ἔλεγεν ὅτι ἐγώ εἰμι. 10 ἔλεγον οὖν αὐτῷ· πῶς [οὖν] ἠνεῴχθησάν σου οἱ ὀφθαλμοί; 11 ἀπεκρίθη ἐκεῖνος· ὁ ἄνθρωπος ὁ λεγόμενος Ἰησοῦς πηλὸν ἐποίησεν καὶ ἐπέχρισέν μου τοὺς ὀφθαλμοὺς καὶ εἶπέν μοι ὅτι ὕπαγε εἰς τὸν Σιλωὰμ καὶ νίψαι· ἀπελθὼν οὖν καὶ νιψάμενος ἀνέβλεψα. 12 καὶ εἶπαν αὐτῷ· ποῦ ἐστιν ἐκεῖνος; λέγει· οὐκ οἶδα.

The Pharisees Investigate the Healing

13 Ἄγουσιν αὐτὸν πρὸς τοὺς Φαρισαίους τόν ποτε τυφλόν. 14 ἦν δὲ σάββατον ἐν ᾗ ἡμέρᾳ τὸν πηλὸν ἐποίησεν ὁ Ἰησοῦς καὶ ἀνέῳξεν αὐτοῦ τοὺς ὀφθαλμούς. 15 πάλιν οὖν ἠρώτων αὐτὸν καὶ οἱ Φαρισαῖοι πῶς ἀνέβλεψεν. ὁ δὲ εἶπεν αὐτοῖς· πηλὸν ἐπέθηκέν μου ἐπὶ τοὺς ὀφθαλμοὺς καὶ ἐνιψάμην καὶ βλέπω. 16 ἔλεγον οὖν ἐκ τῶν Φαρισαίων τινές· οὐκ ἔστιν οὗτος παρὰ θεοῦ ὁ ἄνθρωπος, ὅτι τὸ σάββατον οὐ τηρεῖ. ἄλλοι [δὲ] ἔλεγον· πῶς δύναται ἄνθρωπος ἁμαρτωλὸς τοιαῦτα σημεῖα ποιεῖν; καὶ σχίσμα ἦν ἐν αὐτοῖς. 17 λέγουσιν οὖν τῷ τυφλῷ πάλιν· τί σὺ λέγεις περὶ αὐτοῦ, ὅτι ἠνέῳξέν σου τοὺς ὀφθαλμούς; ὁ δὲ εἶπεν ὅτι προφήτης ἐστίν.

18 Οὐκ ἐπίστευσαν οὖν οἱ Ἰουδαῖοι περὶ αὐτοῦ ὅτι ἦν τυφλὸς καὶ ἀνέβλεψεν ἕως ὅτου ἐφώνησαν τοὺς γονεῖς αὐτοῦ τοῦ ἀναβλέψαντος 19 καὶ ἠρώτησαν αὐτοὺς λέγοντες· οὗτός ἐστιν ὁ υἱὸς ὑμῶν, ὃν ὑμεῖς λέγετε ὅτι τυφλὸς ἐγεννήθη; πῶς οὖν βλέπει ἄρτι; 20 ἀπεκρίθησαν οὖν οἱ γονεῖς αὐτοῦ καὶ εἶπαν· οἴδαμεν ὅτι οὗτός ἐστιν ὁ υἱὸς ἡμῶν καὶ ὅτι τυφλὸς ἐγεννήθη· 21 πῶς δὲ νῦν βλέπει οὐκ οἴδαμεν, ἢ τίς ἤνοιξεν αὐτοῦ τοὺς ὀφθαλμοὺς ἡμεῖς οὐκ οἴδαμεν· αὐτὸν ἐρωτήσατε, ἡλικίαν ἔχει, αὐτὸς περὶ ἑαυτοῦ λαλήσει. 22 ταῦτα εἶπαν οἱ γονεῖς αὐτοῦ ὅτι ἐφοβοῦντο τοὺς Ἰουδαίους· ἤδη γὰρ συνετέθειντο οἱ Ἰουδαῖοι ἵνα ἐάν τις αὐτὸν ὁμολογήσῃ χριστόν, ἀποσυνάγωγος γένηται. 23 διὰ τοῦτο οἱ γονεῖς αὐτοῦ εἶπαν ὅτι ἡλικίαν ἔχει, αὐτὸν ἐπερωτήσατε.

24 Ἐφώνησαν οὖν τὸν ἄνθρωπον ἐκ δευτέρου ὃς ἦν τυφλὸς καὶ εἶπαν αὐτῷ· δὸς δόξαν τῷ θεῷ· ἡμεῖς οἴδαμεν ὅτι οὗτος ὁ ἄνθρωπος ἁμαρτωλός ἐστιν. 25 ἀπεκρίθη οὖν ἐκεῖ-

νος· εἰ ἁμαρτωλός ἐστιν οὐκ οἶδα· ἓν οἶδα ὅτι τυφλὸς ὢν ἄρτι βλέπω. **26** εἶπον οὖν αὐτῷ³· τί ἐποίησέν σοι; πῶς ἤνοιξέν σου τοὺς ὀφθαλμούς; **27** ἀπεκρίθη αὐτοῖς· εἶπον ὑμῖν ἤδη καὶ οὐκ ἠκούσατε· τί πάλιν θέλετε ἀκούειν; μὴ καὶ ὑμεῖς θέλετε αὐτοῦ μαθηταὶ γενέσθαι; **28** καὶ ἐλοιδόρησαν αὐτὸν καὶ εἶπον· σὺ μαθητὴς εἶ ἐκείνου, ἡμεῖς δὲ τοῦ Μωϋσέως ἐσμὲν μαθηταί· **29** ἡμεῖς οἴδαμεν ὅτι Μωϋσεῖ λελάληκεν ὁ θεός, τοῦτον δὲ οὐκ οἴδαμεν πόθεν ἐστίν. **30** ἀπεκρίθη ὁ ἄνθρωπος καὶ εἶπεν αὐτοῖς· ἐν τούτῳ γὰρ τὸ θαυμαστόν ἐστιν, ὅτι ὑμεῖς οὐκ οἴδατε πόθεν ἐστίν, καὶ ἤνοιξέν μου τοὺς ὀφθαλμούς. **31** οἴδαμεν ὅτι ἁμαρτωλῶν ὁ θεὸς οὐκ ἀκούει, ἀλλ᾽ ἐάν τις θεοσεβὴς ᾖ καὶ τὸ θέλημα αὐτοῦ ποιῇ τούτου ἀκούει. **32** ἐκ τοῦ αἰῶνος οὐκ ἠκούσθη ὅτι ἠνέῳξέν τις ὀφθαλμοὺς τυφλοῦ γεγεννημένου· **33** εἰ μὴ ἦν οὗτος παρὰ θεοῦ, οὐκ ἠδύνατο ποιεῖν οὐδέν. **34** ἀπεκρίθησαν καὶ εἶπαν αὐτῷ· ἐν ἁμαρτίαις σὺ ἐγεννήθης ὅλος καὶ σὺ διδάσκεις ἡμᾶς; καὶ ἐξέβαλον αὐτὸν ἔξω.

Spiritual Blindness

35 Ἤκουσεν Ἰησοῦς ὅτι ἐξέβαλον αὐτὸν ἔξω καὶ εὑρὼν αὐτὸν εἶπεν· σὺ πιστεύεις εἰς τὸν υἱὸν τοῦ ἀνθρώπου⁴; **36** ἀπεκρίθη ἐκεῖνος καὶ εἶπεν· καὶ τίς ἐστιν, κύριε, ἵνα πιστεύσω εἰς αὐτόν; **37** εἶπεν αὐτῷ ὁ Ἰησοῦς· καὶ ἑώρακας αὐτὸν καὶ ὁ λαλῶν μετὰ σοῦ ἐκεῖνός ἐστιν. **38** ὁ δὲ ἔφη⁵· πιστεύω, κύριε· καὶ προσεκύνησεν αὐτῷ.

39 Καὶ εἶπεν ὁ Ἰησοῦς⁵· εἰς κρίμα ἐγὼ εἰς τὸν κόσμον τοῦτον ἦλθον, ἵνα οἱ μὴ βλέποντες βλέπωσιν καὶ οἱ βλέποντες τυφλοὶ

---

³**26** {B} αὐτῷ 𝔓⁷⁵ 01* 03 05 032 579 lat^(vl-pt, vg) sy^s co ∥ αὐτῷ πάλιν 𝔓⁷⁵ 01² 02 019 037 038 044 070 f¹ f¹³ 33 565 700 892 1241 1424 Byz [07 09 011 013 022] lat^(vl-pt) sy^(p, h)

⁴**35** {B} ἀνθρώπου 𝔓⁶⁶ 𝔓⁷⁵ 01 03 05 032 lat^(vl-pt) sy^s co^(sa, ly, pbo, cw) eth Origen ∥ θεοῦ 02 019 037 038 044 070 0141 0233 0250 f¹ f¹³ 28 33 157 180 205 565 579 597 700 892 1006 1010 1071 1241 1243 1292 1342 1424 1505 Byz [07 09 011] lat^(vl-pt, vg) sy^(p, h) cpa co^(bo) Tertullian Origen^(mss) Chrysostom Cyril

⁵**38-39** {C} ὁ δὲ ἔφη … καὶ εἶπεν ὁ Ἰησοῦς *(with minor variants)* 𝔓⁶⁶ 01² 02 03 05 019 037 038 044 070 0141 0250 f¹ f¹³ 28 33 157 180 205 565 579 597 700 892 1006 1010 1071 1241 1243 1292 1342 1424 1505 Byz [07 09 011] lat^(vl-pt, vg) sy cpa co^(sa-mss, bo, pbo) eth Origen Chrysostom Cyril ∥ omit 𝔓⁷⁵ 01* 032 lat^(vl-pt) co^(sa-ms, ly, cw)

γένωνται. **40** ἤκουσαν⁶ ἐκ τῶν Φαρισαίων ταῦτα οἱ μετ᾽ αὐτοῦ ὄντες καὶ εἶπον αὐτῷ· μὴ καὶ ἡμεῖς τυφλοί ἐσμεν; **41** εἶπεν αὐτοῖς ὁ Ἰησοῦς· εἰ τυφλοὶ ἦτε, οὐκ ἂν εἴχετε ἁμαρτίαν· νῦν δὲ λέγετε ὅτι βλέπομεν, ἡ ἁμαρτία ὑμῶν μένει.

The Parable of the Sheepfold

10 Ἀμὴν ἀμὴν λέγω ὑμῖν, ὁ μὴ εἰσερχόμενος διὰ τῆς θύρας εἰς τὴν αὐλὴν τῶν προβάτων ἀλλ᾽ ἀναβαίνων ἀλλαχόθεν ἐκεῖνος κλέπτης ἐστὶν καὶ λῃστής· **2** ὁ δὲ εἰσερχόμενος διὰ τῆς θύρας ποιμήν ἐστιν τῶν προβάτων. **3** τούτῳ ὁ θυρωρὸς ἀνοίγει καὶ τὰ πρόβατα τῆς φωνῆς αὐτοῦ ἀκούει καὶ τὰ ἴδια πρόβατα φωνεῖ κατ᾽ ὄνομα καὶ ἐξάγει αὐτά. **4** ὅταν τὰ ἴδια πάντα ἐκβάλῃ, ἔμπροσθεν αὐτῶν πορεύεται καὶ τὰ πρόβατα αὐτῷ ἀκολουθεῖ, ὅτι οἴδασιν τὴν φωνὴν αὐτοῦ· **5** ἀλλοτρίῳ δὲ οὐ μὴ ἀκολουθήσουσιν, ἀλλὰ φεύξονται ἀπ᾽ αὐτοῦ, ὅτι οὐκ οἴδασιν τῶν ἀλλοτρίων τὴν φωνήν. **6** Ταύτην τὴν παροιμίαν εἶπεν αὐτοῖς ὁ Ἰησοῦς, ἐκεῖνοι δὲ οὐκ ἔγνωσαν τίνα ἦν ἃ ἐλάλει αὐτοῖς.

Jesus the Good Shepherd

7 Εἶπεν οὖν πάλιν ὁ Ἰησοῦς· ἀμὴν ἀμὴν λέγω ὑμῖν ὅτι ἐγώ εἰμι ἡ θύρα τῶν προβάτων. **8** πάντες ὅσοι ἦλθον [πρὸ ἐμοῦ] ¹ κλέπται εἰσὶν καὶ λῃσταί, ἀλλ᾽ οὐκ ἤκουσαν αὐτῶν τὰ πρόβατα. **9** ἐγώ εἰμι ἡ θύρα· δι᾽ ἐμοῦ ἐάν τις εἰσέλθῃ σωθήσεται καὶ εἰσελεύσεται καὶ ἐξελεύσεται καὶ νομὴν εὑρήσει. **10** ὁ κλέπτης οὐκ ἔρχεται εἰ μὴ ἵνα κλέψῃ καὶ θύσῃ καὶ ἀπολέσῃ· ἐγὼ ἦλθον ἵνα ζωὴν ἔχωσιν καὶ περισσὸν ἔχωσιν.

11 Ἐγώ εἰμι ὁ ποιμὴν ὁ καλός. ὁ ποιμὴν ὁ καλὸς τὴν ψυχὴν

---

⁶**40** {B} ἤκουσαν 𝔓⁶⁶ 𝔓⁷⁵ 01 03 019 032 038 044 33 579 co ∥ καὶ ἤκουσαν 02 037 *f*¹³ 700 *Byz* [07 09 011] lat^(vl-pt, vg) sy^(p, h) ∥ καὶ ἤκουον 892 1424 ∥ ἤκουσαν δέ 05 co^(sa-ms, bo-mss) ∥ ἤκουσαν οὖν *f*¹ 565 1241

¹**8** {C} ἦλθον πρὸ ἐμοῦ 𝔓⁶⁶ 01^(2a) 02 03 05 019 032 044 (0233 πρός) (0250 εἰσῆλθον) *f*¹³ 33 157 579 597 700 1006 1071 1241 1243 1505 *Byz*^pt *Lect*^pt lat^(vl-pt) sy^(h with *) co^(bo) eth Origen^pt ∥ πρὸ ἐμοῦ ἦλθον 038 *f*¹ 205 565 *TR* Valentinians^(acc. to Hippolytus) Origen^(pt, lat) ∥ ἦλθον 𝔓^(45vid) 𝔓⁷⁵ 01^(*, 2b) 037 0141 28 180 892^(supp) 1010 1292 1342 1424 *Byz*^pt [07 09 011] *Lect*^pt lat^(vl-pt, vg) sy^(s, p) cpa co^(sa, ly, pbo) Basil Chrysostom Cyril

αὐτοῦ τίθησιν² ὑπὲρ τῶν προβάτων· 12 ὁ μισθωτὸς καὶ οὐκ ὢν ποιμήν, οὗ οὐκ ἔστιν τὰ πρόβατα ἴδια, θεωρεῖ τὸν λύκον ἐρχόμενον καὶ ἀφίησιν τὰ πρόβατα καὶ φεύγει – καὶ ὁ λύκος ἁρπάζει αὐτὰ καὶ σκορπίζει – 13 ὅτι³ μισθωτός ἐστιν καὶ οὐ μέλει αὐτῷ περὶ τῶν προβάτων.

14 Ἐγώ εἰμι ὁ ποιμὴν ὁ καλὸς καὶ γινώσκω τὰ ἐμὰ καὶ γινώσκουσίν με τὰ ἐμά, 15 καθὼς γινώσκει με ὁ πατὴρ κἀγὼ γινώσκω τὸν πατέρα, καὶ τὴν ψυχήν μου τίθημι⁴ ὑπὲρ τῶν προβάτων. 16 καὶ ἄλλα πρόβατα ἔχω ἃ οὐκ ἔστιν ἐκ τῆς αὐλῆς ταύτης· κἀκεῖνα δεῖ με ἀγαγεῖν καὶ τῆς φωνῆς μου ἀκούσουσιν, καὶ γενήσονται⁵ μία ποίμνη, εἷς ποιμήν.

17 Διὰ τοῦτό με ὁ πατὴρ ἀγαπᾷ ὅτι ἐγὼ τίθημι τὴν ψυχήν μου, ἵνα πάλιν λάβω αὐτήν. 18 οὐδεὶς αἴρει αὐτὴν ἀπ᾽ ἐμοῦ, ἀλλ᾽ ἐγὼ τίθημι αὐτὴν ἀπ᾽ ἐμαυτοῦ. ἐξουσίαν ἔχω θεῖναι αὐτήν, καὶ ἐξουσίαν ἔχω πάλιν λαβεῖν αὐτήν· ταύτην τὴν ἐντολὴν ἔλαβον παρὰ τοῦ πατρός μου.

19 Σχίσμα πάλιν⁶ ἐγένετο ἐν τοῖς Ἰουδαίοις διὰ τοὺς λόγους τούτους. 20 ἔλεγον δὲ πολλοὶ ἐξ αὐτῶν· δαιμόνιον ἔχει καὶ μαίνεται· τί αὐτοῦ ἀκούετε; 21 ἄλλοι ἔλεγον· ταῦτα τὰ ῥήματα

---

²11 {B} τίθησιν 𝔓⁶⁶ 𝔓⁷⁵ 01² 02 03 019 032 037 038 044 0141 0233 0250 f¹ f¹³ 28 33 157 180 205 565 579 597 700 892ˢᵘᵖᵖ 1006 1010 1071 1241 1243 1292 1342 1424 1505 Byz [07 09 011] latᵛˡ⁻ᵖᵗ, ᵛᵍ⁻ᵐˢˢ syᵖ, ʰ coˢᵃ, ˡʸ, ᶜʷ Clement Tertullian Origenˡᵃᵗ Eusebius Basil Chrysostom Cyril ∥ δίδωσιν 𝔓⁴⁵ 01* 05 latᵛˡ⁻ᵖᵗ, ᵛᵍ syˢ cpa coᵇᵒ, ᵖᵇᵒ

³13 {B} ὅτι 𝔓⁴⁴ᵛⁱᵈ 𝔓⁴⁵ 𝔓⁶⁶ 𝔓⁷⁵ 01 02*ᵛⁱᵈ 03 05 019 (032) 038 f¹ 33 (579) 1241 latᵛˡ⁻ᵖᵗ co ∥ ὁ δὲ μισθωτὸς φεύγει ὅτι 02ᶜ 037 044 f¹³ 565 700 892ˢᵘᵖᵖ 1424 Byz [07 09 011] latᵛˡ⁻ᵖᵗ, ᵛᵍ syᵖ, ʰ

⁴15 {B} τίθημι (see 10.11, 17) 01² 02 03 019 037 038 044 0141 0233 f¹ f¹³ 28 33 157 180 205 565 579 597 700 892ˢᵘᵖᵖ 1006 1010 1071 1241 1243 1292 1342 1424 1505 Byz [07 09 011] latᵛˡ⁻ᵖᵗ, ᵛᵍ sy cpa coˢᵃ, ᵇᵒ, ˡʸ Origen Eusebius Athanasius Chrysostom Cyril ∥ δίδωμι 𝔓⁴⁵ 𝔓⁶⁶ 01* 05 032 latᵛˡ⁻ᵖᵗ coᵖᵇᵒ

⁵16 {C} γενήσονται 𝔓⁴⁵ 01² 03 05 019 032 038 044 f¹ 33 565 1071 1424 latᵛˡ⁻ᵖᵗ, ᵛᵍ⁻ᵐˢ syʰᵐᵍ cpa co eth Clement Origenᵍʳ Cyrilᵖᵗ ∥ γενήσεται 𝔓⁶⁶ 01* 02 037 0141 0233 f¹³ 28 157 180 205 579 597 700 (892ˢᵘᵖᵖ γεννήσεται) 1006 1010 1241 1243 1292 1342 1505 Byz [07 09 011] latᵛˡ⁻ᵖᵗ, ᵛᵍ sy Origenˡᵃᵗ Basil Cyrilᵖᵗ

⁶19 {B} πάλιν 𝔓⁷⁵ 01 03 019 032 157 579 1071 latᵛˡ⁻ᵖᵗ, ᵛᵍ syᵖ cpa coˢᵃ, ᶜʷ Cyrilˡᵉᵐ ∥ οὖν πάλιν 𝔓⁶⁶ 02 037 038 044 (f¹ 205 565 transpose ἐγένετο after οὖν) f¹³ 28 180 597 700 892ˢᵘᵖᵖ 1006 1010 1243 1292 1342 1424 1505 Byz [07 09 011] latᵛᵍ⁻ᵐˢˢ syʰ coᵖᵇᵒ eth ∥ οὖν 05 0233 1241 latᵛˡ⁻ᵖᵗ coᵇᵒ Chrysostom ∥ omit coˡʸ

οὐκ ἔστιν δαιμονιζομένου· μὴ δαιμόνιον δύναται τυφλῶν ὀφθαλμοὺς ἀνοῖξαι;

Jesus Rejected by the Jews

22 Ἐγένετο τότε[7] τὰ ἐγκαίνια ἐν τοῖς Ἱεροσολύμοις, χειμὼν ἦν, **23** καὶ περιεπάτει ὁ Ἰησοῦς ἐν τῷ ἱερῷ ἐν τῇ στοᾷ τοῦ Σολομῶνος. **24** ἐκύκλωσαν οὖν αὐτὸν οἱ Ἰουδαῖοι καὶ ἔλεγον αὐτῷ· ἕως πότε τὴν ψυχὴν ἡμῶν αἴρεις; εἰ σὺ εἶ ὁ χριστός, εἰπὲ ἡμῖν παρρησίᾳ. **25** ἀπεκρίθη αὐτοῖς ὁ Ἰησοῦς· εἶπον ὑμῖν καὶ οὐ πιστεύετε· τὰ ἔργα ἃ ἐγὼ ποιῶ ἐν τῷ ὀνόματι τοῦ πατρός μου ταῦτα μαρτυρεῖ περὶ ἐμοῦ· **26** ἀλλ' ὑμεῖς οὐ πιστεύετε, ὅτι οὐκ ἐστὲ ἐκ τῶν προβάτων τῶν ἐμῶν[8]. **27** τὰ πρόβατα τὰ ἐμὰ τῆς φωνῆς μου ἀκούουσιν, κἀγὼ γινώσκω αὐτὰ καὶ ἀκολουθοῦσίν μοι, **28** κἀγὼ δίδωμι αὐτοῖς ζωὴν αἰώνιον καὶ οὐ μὴ ἀπόλωνται εἰς τὸν αἰῶνα καὶ οὐχ ἁρπάσει τις αὐτὰ ἐκ τῆς χειρός μου. **29** ὁ πατήρ μου ὃ δέδωκέν μοι πάντων μεῖζόν ἐστιν[9], καὶ οὐδεὶς δύναται ἁρπάζειν ἐκ τῆς χειρὸς τοῦ πατρός. **30** ἐγὼ καὶ ὁ πατὴρ ἕν ἐσμεν.

31 Ἐβάστασαν πάλιν λίθους οἱ Ἰουδαῖοι ἵνα λιθάσωσιν αὐτόν. **32** ἀπεκρίθη αὐτοῖς ὁ Ἰησοῦς· πολλὰ ἔργα καλὰ ἔδειξα ὑμῖν ἐκ τοῦ πατρός· διὰ ποῖον αὐτῶν ἔργον ἐμὲ λιθάζετε; **33** ἀπεκρίθησαν αὐτῷ οἱ Ἰουδαῖοι· περὶ καλοῦ ἔργου οὐ λιθάζομέν σε

---

[7] **22** {B} τότε 𝔓⁶⁶ᶜ 𝔓⁷⁵ 03 019 032 044 33 579 1071 coˢᵃ⁻ᵐˢˢ, ᵇᵒ⁻ᵖᵗ (eth) // δέ 𝔓⁶⁶* 01 02 05 037 038 0141 0233 *f*¹³ 28 157 180 597 700 892ˢᵘᵖᵖ 1006 1241 1243 1292 1342 1424 1505 *Byz* [07 09 011] latᵛˡ⁻ᵖᵗ, ᵛᵍ syᵖ, ʰ cpa coᵖᵇᵒ Chrysostomˡᵉᵐ Cyrilˡᵉᵐ // δὲ τότε coˢᵃ⁻ᵐˢˢ, ᵇᵒ⁻ᵖᵗ, ˡʸ // *omit* *f*¹ 205 565 1010 latᵛˡ⁻ᵖᵗ syˢ

[8] **26** {B} ἐμῶν 𝔓⁶⁶ᶜ 𝔓⁷⁵ 01 03 019 032 038 0141 33 1241 latᵛˡ⁻ᵖᵗ, ᵛᵍ coˢᵃ, ᵇᵒ⁻ᵖᵗ, ˡʸ Origenᵍʳ, ˡᵃᵗ Cyril // ἐμῶν καθὼς εἶπον ὑμῖν (𝔓⁶⁶* ὑμῖν ὅτι) 02 05 037 044 0233 *f*¹ *f*¹³ 28 157 180 205 565 579 597 700 892ˢᵘᵖᵖ 1006 1010 1071 1243 1292 1342 1424 1505 *Byz* [07 09 011 013] latᵛˡ⁻ᵖᵗ sy (cpa) coᵇᵒ⁻ᵖᵗ, ᵖᵇᵒ eth Cyrilˡᵉᵐ

[9] **29** {D} ὃ δέδωκέν μοι πάντων μεῖζόν ἐστιν 03* latᵛˡ⁻ᵖᵗ, ᵛᵍ coᵇᵒ Tertullian // ὃ δέδωκέν μοι πάντων μείζων ἐστίν 01 (05 δεδωκώς) 019 032 044 // ὃς δέδωκέν μοι μείζων πάντων ἐστίν (𝔓⁶⁶ 1010 ἔδωκεν) (𝔓⁶⁶* *omit* μοι) 037 (0141 μείζω) *f*¹ 28 33 157 180 205 565 579 597 700 892ˢᵘᵖᵖ 1006 1071 1241 1243 1292 1342 1424 1505 *Byz* [07 09 011 013] latᵛˡ⁻ᵖᵗ (Chrysostom) (Cyril) // ὃς δέδωκέν μοι μεῖζον πάντων ἐστίν 02 (03² πάντων μεῖζον) 038 sy // ὃς δέδωκέν μοι αὐτὰ μείζων πάντων ἐστίν *f*¹³ 1243 eth

ἀλλὰ περὶ βλασφημίας, καὶ ὅτι σὺ ἄνθρωπος ὢν ποιεῖς σεαυτὸν θεόν. **34** ἀπεκρίθη αὐτοῖς [ὁ] Ἰησοῦς· οὐκ ἔστιν γεγραμμένον ἐν τῷ νόμῳ ὑμῶν ὅτι *ἐγὼ εἶπα· θεοί ἐστε;* **35** εἰ ἐκείνους εἶπεν θεοὺς πρὸς οὓς ὁ λόγος τοῦ θεοῦ ἐγένετο, καὶ οὐ δύναται λυθῆναι ἡ γραφή, **36** ὃν ὁ πατὴρ ἡγίασεν καὶ ἀπέστειλεν εἰς τὸν κόσμον ὑμεῖς λέγετε ὅτι βλασφημεῖς, ὅτι εἶπον· υἱὸς τοῦ θεοῦ εἰμι; **37** εἰ οὐ ποιῶ τὰ ἔργα τοῦ πατρός μου, μὴ πιστεύετέ μοι· **38** εἰ δὲ ποιῶ, κἂν ἐμοὶ μὴ πιστεύητε, τοῖς ἔργοις πιστεύετε, ἵνα γνῶτε καὶ γινώσκητε¹⁰ ὅτι ἐν ἐμοὶ ὁ πατὴρ κἀγὼ ἐν τῷ πατρί. **39** ἐζήτουν [οὖν] αὐτὸν πάλιν πιάσαι, καὶ ἐξῆλθεν ἐκ τῆς χειρὸς αὐτῶν.

Ps 86.2

40 Καὶ ἀπῆλθεν πάλιν πέραν τοῦ Ἰορδάνου εἰς τὸν τόπον ὅπου ἦν Ἰωάννης τὸ πρῶτον βαπτίζων καὶ ἔμεινεν ἐκεῖ. **41** καὶ πολλοὶ ἦλθον πρὸς αὐτὸν καὶ ἔλεγον ὅτι Ἰωάννης μὲν σημεῖον ἐποίησεν οὐδέν, πάντα δὲ ὅσα εἶπεν Ἰωάννης περὶ τούτου ἀληθῆ ἦν. **42** καὶ πολλοὶ ἐπίστευσαν εἰς αὐτὸν ἐκεῖ.

The Death of Lazarus

11 Ἦν δέ τις ἀσθενῶν, Λάζαρος ἀπὸ Βηθανίας, ἐκ τῆς κώμης Μαρίας καὶ Μάρθας τῆς ἀδελφῆς αὐτῆς. **2** ἦν δὲ Μαριὰμ¹ ἡ ἀλείψασα τὸν κύριον μύρῳ καὶ ἐκμάξασα τοὺς πόδας αὐτοῦ ταῖς θριξὶν αὐτῆς, ἧς ὁ ἀδελφὸς Λάζαρος ἠσθένει. **3** ἀπέστειλαν οὖν αἱ ἀδελφαὶ πρὸς αὐτὸν λέγουσαι· κύριε, ἴδε ὃν φιλεῖς ἀσθενεῖ. **4** ἀκούσας δὲ ὁ Ἰησοῦς εἶπεν· αὕτη ἡ ἀσθένεια οὐκ ἔστιν πρὸς θάνατον ἀλλ᾽ ὑπὲρ τῆς δόξης τοῦ θεοῦ, ἵνα δοξασθῇ ὁ υἱὸς τοῦ θεοῦ δι᾽ αὐτῆς. **5** ἠγάπα δὲ ὁ Ἰησοῦς τὴν Μάρθαν καὶ τὴν ἀδελφὴν αὐτῆς καὶ τὸν Λάζαρον. **6** ὡς οὖν ἤκουσεν ὅτι ἀσθενεῖ, τότε μὲν ἔμεινεν ἐν ᾧ ἦν τόπῳ δύο

---

¹⁰**38** {B} καὶ γινώσκητε 𝔓⁴⁵ 𝔓⁶⁶ 𝔓⁷⁵ 03 019 (032 γινώσκετε) *f*¹ 33 205 565 597 lat^(vl-pt) cpa co eth Athanasius // καὶ πιστεύσητε (01 1010 πιστεύητε) 02 037 044 0141 *f*¹³ 28 180 205 (579 1241 πιστεύετε) 700 892^(supp) 1006 1071 1243 1292 1505 *Byz* [07ᶜ (07* *homoeoteleuton*) 011 013] lat^(vl-pt, vg) sy^(p, h) Basil Cyril^(lem) // *omit* 05 28 157 1424 lat^(vl-pt) sy^s Tertullian Cyril
¹**2** {B} Μαριάμ 𝔓^(6vid) 03 33 sy^h // Μαρία 𝔓⁶⁶ 01 02 05 019 032 037 038 044 *f*¹ *f*¹³ 565 700 892^(supp) 1241 1424 *Byz* [07 011 013] lat co (*similar variation is found for Μαριάμ in Jn 11:19-12:3 with differing attestations*)

ἡμέρας, 7 ἔπειτα μετὰ τοῦτο λέγει τοῖς μαθηταῖς· ἄγωμεν εἰς τὴν Ἰουδαίαν πάλιν. 8 λέγουσιν αὐτῷ οἱ μαθηταί· ῥαββί, νῦν ἐζήτουν σε λιθάσαι οἱ Ἰουδαῖοι, καὶ πάλιν ὑπάγεις ἐκεῖ; 9 ἀπεκρίθη Ἰησοῦς· οὐχὶ δώδεκα ὧραί εἰσιν τῆς ἡμέρας; ἐάν τις περιπατῇ ἐν τῇ ἡμέρᾳ, οὐ προσκόπτει, ὅτι τὸ φῶς τοῦ κόσμου τούτου βλέπει· 10 ἐὰν δέ τις περιπατῇ ἐν τῇ νυκτί, προσκόπτει, ὅτι τὸ φῶς οὐκ ἔστιν ἐν αὐτῷ.
11 Ταῦτα εἶπεν, καὶ μετὰ τοῦτο λέγει αὐτοῖς· Λάζαρος ὁ φίλος ἡμῶν κεκοίμηται· ἀλλὰ πορεύομαι ἵνα ἐξυπνίσω αὐτόν. 12 εἶπαν οὖν οἱ μαθηταὶ αὐτῷ· κύριε, εἰ κεκοίμηται σωθήσεται. 13 εἰρήκει δὲ ὁ Ἰησοῦς περὶ τοῦ θανάτου αὐτοῦ, ἐκεῖνοι δὲ ἔδοξαν ὅτι περὶ τῆς κοιμήσεως τοῦ ὕπνου λέγει. 14 τότε οὖν εἶπεν αὐτοῖς ὁ Ἰησοῦς παρρησίᾳ· Λάζαρος ἀπέθανεν, 15 καὶ χαίρω δι᾽ ὑμᾶς ἵνα πιστεύσητε, ὅτι οὐκ ἤμην ἐκεῖ· ἀλλ᾽ ἄγωμεν πρὸς αὐτόν. 16 εἶπεν οὖν Θωμᾶς ὁ λεγόμενος Δίδυμος τοῖς συμμαθηταῖς· ἄγωμεν καὶ ἡμεῖς ἵνα ἀποθάνωμεν μετ᾽ αὐτοῦ.

Jesus the Resurrection and the Life

17 Ἐλθὼν οὖν ὁ Ἰησοῦς εὗρεν αὐτὸν τέσσαρας ἤδη ἡμέρας ἔχοντα ἐν τῷ μνημείῳ. 18 ἦν δὲ ἡ Βηθανία ἐγγὺς τῶν Ἱεροσολύμων ὡς ἀπὸ σταδίων δεκαπέντε. 19 πολλοὶ δὲ ἐκ τῶν Ἰουδαίων ἐληλύθεισαν πρὸς τὴν² Μάρθαν καὶ Μαριὰμ ἵνα παραμυθήσωνται αὐτὰς περὶ τοῦ ἀδελφοῦ. 20 ἡ οὖν Μάρθα ὡς ἤκουσεν ὅτι Ἰησοῦς ἔρχεται ὑπήντησεν αὐτῷ· Μαριὰμ δὲ ἐν τῷ οἴκῳ ἐκαθέζετο. 21 εἶπεν οὖν ἡ Μάρθα πρὸς τὸν Ἰησοῦν· κύριε, εἰ ἦς ὧδε οὐκ ἂν ἀπέθανεν ὁ ἀδελφός μου· 22 [ἀλλὰ] καὶ νῦν οἶδα ὅτι ὅσα ἂν αἰτήσῃ τὸν θεὸν δώσει σοι ὁ θεός. 23 λέγει αὐτῇ ὁ Ἰησοῦς· ἀναστήσεται ὁ ἀδελφός σου. 24 λέγει αὐτῷ ἡ Μάρθα· οἶδα ὅτι ἀναστήσεται ἐν τῇ ἀναστάσει ἐν τῇ ἐσχάτῃ ἡμέρᾳ. 25 εἶπεν αὐτῇ ὁ Ἰησοῦς· ἐγώ εἰμι ἡ ἀνάστασις καὶ ἡ ζωή³·

---

²19 {B} τήν 𝔓⁶⁶ 𝔓⁷⁵ᵛⁱᵈ 01 03 04* 019 032 33 579 1241 lat ∥ τὰς περί 𝔓⁴⁵ᵛⁱᵈ 02 04³ 037 038 044 f¹ f¹³ 565 700 892ˢᵘᵖᵖ 1424 Byz [07 09 011 013] syʰ ∥ omit 05

³25 {A} καὶ ἡ ζωή 𝔓⁶⁶ 𝔓⁷⁵ 01 02 03 04 05 019 032 037 038 044 0141 0250 f¹ f¹³ 28 33 157 180 205 565 579 597 700 892ˢᵘᵖᵖ 1006 1010 1071 1241 1243 1292 1342 1424 1505 Byz [07 09 011 013] latᵛˡ⁻ᵖᵗ, ᵛᵍ syᵖ, ʰ cpaᵐˢˢ co eth Irenaeusˡᵃᵗ Hippolytus Origen (Gregory-Nyssa) Chrysostom Cyril ∥ omit 𝔓⁴⁵ latᵛˡ⁻ᵖᵗ syˢ cpaᵐˢ

ὁ πιστεύων εἰς ἐμὲ κἂν ἀποθάνῃ ζήσεται, **26** καὶ πᾶς ὁ ζῶν καὶ πιστεύων εἰς ἐμὲ οὐ μὴ ἀποθάνῃ εἰς τὸν αἰῶνα. πιστεύεις τοῦτο; **27** λέγει αὐτῷ· ναὶ κύριε, ἐγὼ πεπίστευκα ὅτι σὺ εἶ ὁ χριστὸς ὁ υἱὸς τοῦ θεοῦ ὁ εἰς τὸν κόσμον ἐρχόμενος.

Jesus Weeps

28 Καὶ τοῦτο εἰποῦσα ἀπῆλθεν καὶ ἐφώνησεν Μαριὰμ τὴν ἀδελφὴν αὐτῆς λάθρᾳ εἰποῦσα· ὁ διδάσκαλος πάρεστιν καὶ φωνεῖ σε. **29** ἐκείνη δὲ ὡς ἤκουσεν ἠγέρθη ταχὺ καὶ ἤρχετο πρὸς αὐτόν. **30** οὔπω δὲ ἐληλύθει ὁ Ἰησοῦς εἰς τὴν κώμην, ἀλλ᾽ ἦν ἔτι ἐν τῷ τόπῳ ὅπου ὑπήντησεν αὐτῷ ἡ Μάρθα. **31** οἱ οὖν Ἰουδαῖοι οἱ ὄντες μετ᾽ αὐτῆς ἐν τῇ οἰκίᾳ καὶ παραμυθούμενοι αὐτήν, ἰδόντες τὴν Μαριὰμ ὅτι ταχέως ἀνέστη καὶ ἐξῆλθεν, ἠκολούθησαν αὐτῇ δόξαντες[4] ὅτι ὑπάγει εἰς τὸ μνημεῖον ἵνα κλαύσῃ ἐκεῖ.

32 Ἡ οὖν Μαριὰμ ὡς ἦλθεν ὅπου ἦν Ἰησοῦς ἰδοῦσα αὐτὸν ἔπεσεν αὐτοῦ πρὸς τοὺς πόδας λέγουσα αὐτῷ· κύριε, εἰ ἦς ὧδε οὐκ ἄν μου ἀπέθανεν ὁ ἀδελφός. **33** Ἰησοῦς οὖν ὡς εἶδεν αὐτὴν κλαίουσαν καὶ τοὺς συνελθόντας αὐτῇ Ἰουδαίους κλαίοντας, ἐνεβριμήσατο τῷ πνεύματι καὶ ἐτάραξεν ἑαυτὸν[5] **34** καὶ εἶπεν· ποῦ τεθείκατε αὐτόν; λέγουσιν αὐτῷ· κύριε, ἔρχου καὶ ἴδε. **35** ἐδάκρυσεν ὁ Ἰησοῦς. **36** ἔλεγον οὖν οἱ Ἰουδαῖοι· ἴδε πῶς ἐφίλει αὐτόν. **37** τινὲς δὲ ἐξ αὐτῶν εἶπαν· οὐκ ἐδύνατο οὗτος ὁ ἀνοίξας τοὺς ὀφθαλμοὺς τοῦ τυφλοῦ ποιῆσαι ἵνα καὶ οὗτος μὴ ἀποθάνῃ;

---

[4]**31** {B} δόξαντες 01 03 04* 05 019 032 0141 f^1 f^{13} 157 205 579 597 700 1006 1241 lat[vl-pt] sy[s, p, hmg] eth // δοξάζοντες $\mathfrak{P}^{75}$ 33 // λέγοντες $\mathfrak{P}^{66}$ 02 04[2] 037 038 044 0250 28 180 892[supp] 1010 1071 1243 1292 1342 1424 1505 Byz [07 09 011 013] lat[vl-pt, vg] sy[h] cpa co[sa, ly] Cyril[lem]

[5]**33** {A} ἐνεβριμήσατο τῷ πνεύματι καὶ ἐτάραξεν ἑαυτόν ($\mathfrak{P}^{66*}$ $\mathfrak{P}^{75}$ 01* 02 1010 ἐβριμήσατο) 01[1] 03 04 019 032 037 044 0141 0233 f^{13} 28 33 69 157 180 205 579 597 700 892[supp] 1006 1071 1241 1243 1292 1342 1505 Byz [07 09 011 013] lat[vl-pt, vg] // ἐταράχθη τῷ πνεύματι ὡς ἐμβριμούμενος $\mathfrak{P}^{45vid}$ ($\mathfrak{P}^{66c}$ 038 f^1 ἐμβριμώμενος) 05 lat[vl-pt] co[sa, ly]

Lazarus Brought to Life

38 Ἰησοῦς οὖν πάλιν ἐμβριμώμενος ἐν ἑαυτῷ ἔρχεται εἰς τὸ μνημεῖον· ἦν δὲ σπήλαιον καὶ λίθος ἐπέκειτο ἐπ' αὐτῷ. **39** λέγει ὁ Ἰησοῦς· ἄρατε τὸν λίθον. λέγει αὐτῷ ἡ ἀδελφὴ τοῦ τετελευτηκότος Μάρθα· κύριε, ἤδη ὄζει, τεταρταῖος γάρ ἐστιν. **40** λέγει αὐτῇ ὁ Ἰησοῦς· οὐκ εἶπόν σοι ὅτι ἐὰν πιστεύσῃς ὄψῃ τὴν δόξαν τοῦ θεοῦ; **41** ἦραν οὖν τὸν λίθον. ὁ δὲ Ἰησοῦς ἦρεν τοὺς ὀφθαλμοὺς ἄνω καὶ εἶπεν· πάτερ, εὐχαριστῶ σοι ὅτι ἤκουσάς μου. **42** ἐγὼ δὲ ᾔδειν ὅτι πάντοτέ μου ἀκούεις, ἀλλὰ διὰ τὸν ὄχλον τὸν περιεστῶτα εἶπον, ἵνα πιστεύσωσιν ὅτι σύ με ἀπέστειλας. **43** καὶ ταῦτα εἰπὼν φωνῇ μεγάλῃ ἐκραύγασεν· Λάζαρε, δεῦρο ἔξω. **44** ἐξῆλθεν ὁ τεθνηκὼς δεδεμένος τοὺς πόδας καὶ τὰς χεῖρας κειρίαις καὶ ἡ ὄψις αὐτοῦ σουδαρίῳ περιεδέδετο. λέγει αὐτοῖς ὁ Ἰησοῦς· λύσατε αὐτὸν καὶ ἄφετε αὐτὸν ὑπάγειν.

The Plot to Kill Jesus (Mt 26.1-5; Mk 14.1-2; Lk 22.1-2)

45 Πολλοὶ οὖν ἐκ τῶν Ἰουδαίων οἱ ἐλθόντες πρὸς τὴν Μαριὰμ καὶ θεασάμενοι ἃ ἐποίησεν ἐπίστευσαν εἰς αὐτόν· **46** τινὲς δὲ ἐξ αὐτῶν ἀπῆλθον πρὸς τοὺς Φαρισαίους καὶ εἶπαν αὐτοῖς ἃ ἐποίησεν Ἰησοῦς.

47 Συνήγαγον οὖν οἱ ἀρχιερεῖς καὶ οἱ Φαρισαῖοι συνέδριον καὶ ἔλεγον· τί ποιοῦμεν ὅτι οὗτος ὁ ἄνθρωπος πολλὰ ποιεῖ σημεῖα; **48** ἐὰν ἀφῶμεν αὐτὸν οὕτως, πάντες πιστεύσουσιν εἰς αὐτόν, καὶ ἐλεύσονται οἱ Ῥωμαῖοι καὶ ἀροῦσιν ἡμῶν καὶ τὸν τόπον καὶ τὸ ἔθνος. **49** εἷς δέ τις ἐξ αὐτῶν Καϊάφας, ἀρχιερεὺς ὢν τοῦ ἐνιαυτοῦ ἐκείνου, εἶπεν αὐτοῖς· ὑμεῖς οὐκ οἴδατε οὐδέν, **50** οὐδὲ λογίζεσθε ὅτι συμφέρει ὑμῖν[6] ἵνα εἷς ἄνθρωπος ἀποθάνῃ ὑπὲρ τοῦ λαοῦ καὶ μὴ ὅλον τὸ ἔθνος ἀπόληται. **51** τοῦτο δὲ ἀφ' ἑαυτοῦ οὐκ εἶπεν, ἀλλ' ἀρχιερεὺς ὢν τοῦ ἐνιαυτοῦ ἐκείνου ἐπροφήτευσεν ὅτι ἔμελλεν Ἰησοῦς ἀποθνήσκειν ὑπὲρ τοῦ

---

[6]**50** {B} ὑμῖν 𝔓[45] 𝔓[66] 03 05 019 0233 1010 1241 1424 lat[vl-pt] co[bo] Origen[lat] Chrysostom[lem] // ἡμῖν 02 032 037 038 044 0141 0250 f[1] f[13] 28 33 157 180 205 565 579 597 700 892[supp] 1006 1071 1243 1292 1342 1505 Byz [07 011 013] lat[vl-pt, vg] sy cpa co[sa-mss, ly] eth Origen Cyril[pt] // omit 01 co[sa-ms, pbo] Chrysostom[com] Cyril[pt]

ἔθνους, **52** καὶ οὐχ ὑπὲρ τοῦ ἔθνους μόνον ἀλλ' ἵνα καὶ τὰ τέκνα τοῦ θεοῦ τὰ διεσκορπισμένα συναγάγῃ εἰς ἕν. **53** ἀπ' ἐκείνης οὖν τῆς ἡμέρας ἐβουλεύσαντο ἵνα ἀποκτείνωσιν αὐτόν.

54 Ὁ οὖν Ἰησοῦς οὐκέτι παρρησίᾳ περιεπάτει ἐν τοῖς Ἰουδαίοις, ἀλλ' ἀπῆλθεν ἐκεῖθεν εἰς τὴν χώραν ἐγγὺς τῆς ἐρήμου, εἰς Ἐφραὶμ λεγομένην πόλιν, κἀκεῖ ἔμεινεν μετὰ τῶν μαθητῶν.

55 Ἦν δὲ ἐγγὺς τὸ πάσχα τῶν Ἰουδαίων, καὶ ἀνέβησαν πολλοὶ εἰς Ἱεροσόλυμα ἐκ τῆς χώρας πρὸ τοῦ πάσχα ἵνα ἁγνίσωσιν ἑαυτούς. **56** ἐζήτουν οὖν τὸν Ἰησοῦν καὶ ἔλεγον μετ' ἀλλήλων ἐν τῷ ἱερῷ ἑστηκότες· τί δοκεῖ ὑμῖν; ὅτι οὐ μὴ ἔλθῃ εἰς τὴν ἑορτήν; **57** δεδώκεισαν δὲ οἱ ἀρχιερεῖς καὶ οἱ Φαρισαῖοι ἐντολὰς ἵνα ἐάν τις γνῷ ποῦ ἐστιν μηνύσῃ, ὅπως πιάσωσιν αὐτόν.

The Anointing at Bethany (Mt 26.6-13; Mk 14.3-9)

12 Ὁ οὖν Ἰησοῦς πρὸ ἓξ ἡμερῶν τοῦ πάσχα ἦλθεν εἰς Βηθανίαν, ὅπου ἦν Λάζαρος, ὃν ἤγειρεν ἐκ νεκρῶν Ἰησοῦς. **2** ἐποίησαν οὖν αὐτῷ δεῖπνον ἐκεῖ, καὶ ἡ Μάρθα διηκόνει, ὁ δὲ Λάζαρος εἷς ἦν ἐκ τῶν ἀνακειμένων σὺν αὐτῷ.

3 Ἡ οὖν Μαριὰμ λαβοῦσα λίτραν μύρου νάρδου πιστικῆς πολυτίμου ἤλειψεν τοὺς πόδας τοῦ Ἰησοῦ καὶ ἐξέμαξεν ταῖς θριξὶν αὐτῆς τοὺς πόδας αὐτοῦ· ἡ δὲ οἰκία ἐπληρώθη ἐκ τῆς ὀσμῆς τοῦ μύρου. **4** λέγει δὲ Ἰούδας ὁ Ἰσκαριώτης εἷς [ἐκ] τῶν μαθητῶν αὐτοῦ[1], ὁ μέλλων αὐτὸν παραδιδόναι· **5** διὰ τί τοῦτο τὸ μύρον οὐκ ἐπράθη τριακοσίων δηναρίων καὶ ἐδόθη πτωχοῖς; **6** εἶπεν δὲ τοῦτο οὐχ ὅτι περὶ τῶν πτωχῶν ἔμελεν αὐτῷ, ἀλλ' ὅτι κλέπτης ἦν καὶ τὸ γλωσσόκομον ἔχων τὰ βαλλόμενα ἐβάσταζεν. **7** εἶπεν οὖν ὁ Ἰησοῦς· ἄφες αὐτήν, ἵνα εἰς τὴν ἡμέραν τοῦ

---

[1]**4** {C} Ἰούδας ὁ Ἰσκαριώτης εἷς ἐκ τῶν μαθητῶν αὐτοῦ (𝔓⁶⁶ 𝔓⁷⁵ᵛⁱᵈ 03 019 032 33 579 *omit* ἐκ) 01 1241 sy⁽ˢ⁾˒ᵖ coˢᵃ˒ˡʸ // εἷς ἐκ τῶν μαθητῶν αὐτοῦ Ἰούδας Σίμωνος Ἰσκαριώτης 02 (07 011 013 ὁ Ἰσκαριώτης) 026 037 038 044 *f*¹³ 700 892ˢᵘᵖᵖ 1424 *Byz* [09] latᵛˡ syʰ (coᵇᵒ) // εἷς ἐκ τῶν μαθητῶν αὐτοῦ Ἰούδας Σίμωνος Ἰσκαριώτου 044 // εἷς ἐκ τῶν μαθητῶν αὐτοῦ Ἰούδας ὁ Ἰσκαριώτης *f*¹ 565 latᵛᵍ// εἷς ἐκ τῶν μαθητῶν αὐτοῦ Ἰούδας ἀπὸ Καρυώτου 05

ἐνταφιασμοῦ μου τηρήσῃ αὐτό· **8** τοὺς πτωχοὺς γὰρ πάντοτε ἔχετε μεθ᾽ ἑαυτῶν, ἐμὲ δὲ οὐ πάντοτε ἔχετε.[2]

The Plot against Lazarus

9 Ἔγνω οὖν [ὁ] ὄχλος πολὺς ἐκ τῶν Ἰουδαίων ὅτι ἐκεῖ ἐστιν καὶ ἦλθον οὐ διὰ τὸν Ἰησοῦν μόνον, ἀλλ᾽ ἵνα καὶ τὸν Λάζαρον ἴδωσιν ὃν ἤγειρεν ἐκ νεκρῶν. **10** ἐβουλεύσαντο δὲ οἱ ἀρχιερεῖς ἵνα καὶ τὸν Λάζαρον ἀποκτείνωσιν, **11** ὅτι πολλοὶ δι᾽ αὐτὸν ὑπῆγον τῶν Ἰουδαίων καὶ ἐπίστευον εἰς τὸν Ἰησοῦν.

The Triumphal Entry into Jerusalem (Mt 21.1-11; Mk 11.1-11; Lk 19.28-40)

12 Τῇ ἐπαύριον ὁ ὄχλος πολὺς ὁ ἐλθὼν εἰς τὴν ἑορτήν, ἀκούσαντες ὅτι ἔρχεται ὁ Ἰησοῦς εἰς Ἱεροσόλυμα **13** ἔλαβον τὰ βαΐα τῶν φοινίκων καὶ ἐξῆλθον εἰς ὑπάντησιν αὐτῷ καὶ ἐκραύγαζον·

Ps 118.25-26
  ὡσαννά·
  εὐλογημένος ὁ ἐρχόμενος ἐν ὀνόματι κυρίου,
  [καὶ] ὁ βασιλεὺς τοῦ Ἰσραήλ.

14 εὑρὼν δὲ ὁ Ἰησοῦς ὀνάριον ἐκάθισεν ἐπ᾽ αὐτό, καθώς ἐστιν γεγραμμένον·

Zch 9.9 **15** *μὴ φοβοῦ, θυγάτηρ Σιών·*
  ἰδοὺ ὁ βασιλεύς σου ἔρχεται,
  καθήμενος ἐπὶ πῶλον ὄνου.

16 ταῦτα οὐκ ἔγνωσαν αὐτοῦ οἱ μαθηταὶ τὸ πρῶτον, ἀλλ᾽ ὅτε ἐδοξάσθη Ἰησοῦς τότε ἐμνήσθησαν ὅτι ταῦτα ἦν ἐπ᾽ αὐτῷ γεγραμμένα καὶ ταῦτα ἐποίησαν αὐτῷ. **17** ἐμαρτύρει οὖν ὁ ὄχλος ὁ ὢν μετ᾽ αὐτοῦ ὅτε τὸν Λάζαρον ἐφώνησεν ἐκ τοῦ μνημείου καὶ ἤγειρεν αὐτὸν ἐκ νεκρῶν. **18** διὰ τοῦτο [καὶ] ὑπήντησεν αὐτῷ ὁ ὄχλος, ὅτι ἤκουσαν τοῦτο αὐτὸν πεποιηκέναι τὸ σημεῖον. **19** οἱ οὖν Φαρισαῖοι εἶπαν πρὸς ἑαυτούς· θεωρεῖτε ὅτι οὐκ ὠφελεῖτε οὐδέν· ἴδε ὁ κόσμος ὀπίσω αὐτοῦ ἀπῆλθεν.

---

[2]**8** {B} *include verse 8 (see* Mt 26.11; Mk 14.7) $\mathfrak{P}^{66}$ 01 02 03 (019 038 *omit* γάρ) 032 037 044 0141 0233 f^1 f^{13} 28 (33 ἔχετε πάντοτε) 157 180 205 565 579 597 700 892^{supp-c} 1006 1010 1071 1241 1243 1292 1342 1424 1505 *Byz* [07 09 011 013 026] lat$^{vl-pt, vg}$ sy$^{p, h}$ cpa co eth$^{(TH)}$ (Chrysostom) Cyril^{lem} // *omit* μεθ᾽ ἑαυτῶν ... ἔχετε *(homoeoteleuton)* $\mathfrak{P}^{75}$ 892^{supp*} // *omit verse 8* 05 lat^{vl-pt} sy^s // *omit verses 7-8* 0250

Some Greeks Seek Jesus

20 Ἦσαν δὲ Ἕλληνές τινες ἐκ τῶν ἀναβαινόντων ἵνα προσκυνήσωσιν ἐν τῇ ἑορτῇ· **21** οὗτοι οὖν προσῆλθον Φιλίππῳ τῷ ἀπὸ Βηθσαϊδὰ τῆς Γαλιλαίας καὶ ἠρώτων αὐτὸν λέγοντες· κύριε, θέλομεν τὸν Ἰησοῦν ἰδεῖν. **22** ἔρχεται ὁ Φίλιππος καὶ λέγει τῷ Ἀνδρέᾳ, ἔρχεται Ἀνδρέας καὶ Φίλιππος καὶ λέγουσιν τῷ Ἰησοῦ. **23** ὁ δὲ Ἰησοῦς ἀποκρίνεται αὐτοῖς λέγων· ἐλήλυθεν ἡ ὥρα ἵνα δοξασθῇ ὁ υἱὸς τοῦ ἀνθρώπου. **24** ἀμὴν ἀμὴν λέγω ὑμῖν, ἐὰν μὴ ὁ κόκκος τοῦ σίτου πεσὼν εἰς τὴν γῆν ἀποθάνῃ, αὐτὸς μόνος μένει· ἐὰν δὲ ἀποθάνῃ, πολὺν καρπὸν φέρει. **25** ὁ φιλῶν τὴν ψυχὴν αὐτοῦ ἀπολλύει αὐτήν, καὶ ὁ μισῶν τὴν ψυχὴν αὐτοῦ ἐν τῷ κόσμῳ τούτῳ εἰς ζωὴν αἰώνιον φυλάξει αὐτήν. **26** ἐὰν ἐμοί τις διακονῇ, ἐμοὶ ἀκολουθείτω, καὶ ὅπου εἰμὶ ἐγὼ ἐκεῖ καὶ ὁ διάκονος ὁ ἐμὸς ἔσται· ἐάν τις ἐμοὶ διακονῇ τιμήσει αὐτὸν ὁ πατήρ.

The Son of Man Must be Lifted Up

27 Νῦν ἡ ψυχή μου τετάρακται, καὶ τί εἴπω; πάτερ, σῶσόν με ἐκ τῆς ὥρας ταύτης; ἀλλὰ διὰ τοῦτο ἦλθον εἰς τὴν ὥραν ταύτην. **28** πάτερ, δόξασόν σου τὸ ὄνομα[3]. ἦλθεν οὖν φωνὴ ἐκ τοῦ οὐρανοῦ· καὶ ἐδόξασα καὶ πάλιν δοξάσω. **29** ὁ οὖν ὄχλος ὁ ἑστὼς καὶ ἀκούσας ἔλεγεν βροντὴν γεγονέναι, ἄλλοι ἔλεγον· ἄγγελος αὐτῷ λελάληκεν. **30** ἀπεκρίθη Ἰησοῦς καὶ εἶπεν· οὐ δι᾽ ἐμὲ ἡ φωνὴ αὕτη γέγονεν ἀλλὰ δι᾽ ὑμᾶς. **31** νῦν κρίσις ἐστὶν τοῦ κόσμου τούτου, νῦν ὁ ἄρχων τοῦ κόσμου τούτου ἐκβληθήσεται ἔξω· **32** κἀγὼ ἐὰν ὑψωθῶ ἐκ τῆς γῆς, πάντας ἑλκύσω πρὸς ἐμαυτόν. **33** τοῦτο δὲ ἔλεγεν σημαίνων ποίῳ θανάτῳ ἤμελλεν ἀποθνήσκειν.

34 Ἀπεκρίθη οὖν αὐτῷ ὁ ὄχλος· ἡμεῖς ἠκούσαμεν ἐκ τοῦ νόμου ὅτι ὁ χριστὸς μένει εἰς τὸν αἰῶνα, καὶ πῶς λέγεις σὺ ὅτι

---

[3] **28** {A} σου τὸ ὄνομα 𝔓[66] 𝔓[75] 01 02 032 037 038 044 0141 0250 28 157 180 565 597 700 892 1006 1010[supp] 1243 1292 1342 1424 1505 *Byz* [07 09 011 013] lat[vl-pt, vg] sy[s, p, h] cpa co[sa, ly, pbo] Tertullian Athanasius Chrysostom mss[acc. to Cyril] // μου τὸ ὄνομα 03 // σου τὸν υἱόν (*see* 17.1) 019 0233 *f*[1] *f*[13] 33 205 579 1071 1241 sy[hmg] co[bo] eth Origen[lat] Eunomians[acc. to Cyril] Cyril mss[acc. to Cyril] // σου τὸ ὄνομα ἐν τῇ δόξῃ ᾗ εἶχον παρὰ σοὶ πρὸ τοῦ τὸν κόσμον γενέσθαι (*see* 17.5) 05 lat[vl-pt]

δεῖ ὑψωθῆναι τὸν υἱὸν τοῦ ἀνθρώπου; τίς ἐστιν οὗτος ὁ υἱὸς τοῦ ἀνθρώπου; **35** εἶπεν οὖν αὐτοῖς ὁ Ἰησοῦς· ἔτι μικρὸν χρόνον τὸ φῶς ἐν ὑμῖν ἐστιν. περιπατεῖτε ὡς τὸ φῶς ἔχετε, ἵνα μὴ σκοτία ὑμᾶς καταλάβῃ· καὶ ὁ περιπατῶν ἐν τῇ σκοτίᾳ οὐκ οἶδεν ποῦ ὑπάγει. **36** ὡς τὸ φῶς ἔχετε, πιστεύετε εἰς τὸ φῶς, ἵνα υἱοὶ φωτὸς γένησθε. ταῦτα ἐλάλησεν Ἰησοῦς, καὶ ἀπελθὼν ἐκρύβη ἀπ᾽ αὐτῶν.

The Unbelief of the People

37 Τοσαῦτα δὲ αὐτοῦ σημεῖα πεποιηκότος ἔμπροσθεν αὐτῶν οὐκ ἐπίστευον εἰς αὐτόν, **38** ἵνα ὁ λόγος Ἠσαΐου τοῦ προφήτου πληρωθῇ ὃν εἶπεν·

Is 53.1
κύριε, τίς ἐπίστευσεν τῇ ἀκοῇ ἡμῶν;
καὶ ὁ βραχίων κυρίου τίνι ἀπεκαλύφθη;

39 διὰ τοῦτο οὐκ ἠδύναντο πιστεύειν, ὅτι πάλιν εἶπεν Ἠσαΐας·

Is 6.10
40 *τετύφλωκεν αὐτῶν τοὺς ὀφθαλμοὺς*
καὶ ἐπώρωσεν αὐτῶν τὴν καρδίαν,
ἵνα μὴ ἴδωσιν τοῖς ὀφθαλμοῖς
καὶ νοήσωσιν τῇ καρδίᾳ
καὶ στραφῶσιν, καὶ ἰάσομαι αὐτούς.

41 ταῦτα εἶπεν Ἠσαΐας ὅτι εἶδεν τὴν δόξαν αὐτοῦ, καὶ ἐλάλησεν περὶ αὐτοῦ. **42** ὅμως μέντοι καὶ ἐκ τῶν ἀρχόντων πολλοὶ ἐπίστευσαν εἰς αὐτόν, ἀλλὰ διὰ τοὺς Φαρισαίους οὐχ ὡμολόγουν ἵνα μὴ ἀποσυνάγωγοι γένωνται· **43** ἠγάπησαν γὰρ τὴν δόξαν τῶν ἀνθρώπων μᾶλλον ἤπερ τὴν δόξαν τοῦ θεοῦ.

Judgment and Salvation

44 Ἰησοῦς δὲ ἔκραξεν καὶ εἶπεν· ὁ πιστεύων εἰς ἐμὲ οὐ πιστεύει εἰς ἐμὲ ἀλλ᾽ εἰς τὸν πέμψαντά με, **45** καὶ ὁ θεωρῶν ἐμὲ θεωρεῖ τὸν πέμψαντά με. **46** ἐγὼ φῶς εἰς τὸν κόσμον ἐλήλυθα, ἵνα πᾶς ὁ πιστεύων εἰς ἐμὲ ἐν τῇ σκοτίᾳ μὴ μείνῃ. **47** καὶ ἐάν τίς μου ἀκούσῃ τῶν ῥημάτων καὶ μὴ φυλάξῃ[4], ἐγὼ οὐ κρίνω αὐτόν· οὐ γὰρ ἦλθον ἵνα κρίνω τὸν κόσμον, ἀλλ᾽ ἵνα σώσω τὸν κόσμον.

---

[4]47 {B} φυλάξῃ $\mathfrak{P}^{66}$ $\mathfrak{P}^{75}$ 01 02 03 05 019 032 038 044 070 f^1 f^{13} 33 565 579 1241 lat$^{vl-pt, vg}$ sy co // πιστεύσῃ 037 700 892 1424 *Byz* [07 09 011 013] lat^{vl-pt} sy^{hmg}

48 ὁ ἀθετῶν ἐμὲ καὶ μὴ λαμβάνων τὰ ῥήματά μου ἔχει τὸν κρίνοντα αὐτόν· ὁ λόγος ὃν ἐλάλησα ἐκεῖνος κρινεῖ αὐτὸν ἐν τῇ ἐσχάτῃ ἡμέρᾳ. **49** ὅτι ἐγὼ ἐξ ἐμαυτοῦ οὐκ ἐλάλησα, ἀλλ᾽ ὁ πέμψας με πατὴρ αὐτός μοι ἐντολὴν δέδωκεν τί εἴπω καὶ τί λαλήσω. **50** καὶ οἶδα ὅτι ἡ ἐντολὴ αὐτοῦ ζωὴ αἰώνιός ἐστιν. ἃ οὖν ἐγὼ λαλῶ, καθὼς εἴρηκέν μοι ὁ πατήρ, οὕτως λαλῶ.

The Washing of the Disciples' Feet

13 Πρὸ δὲ τῆς ἑορτῆς τοῦ πάσχα εἰδὼς ὁ Ἰησοῦς ὅτι ἦλθεν αὐτοῦ ἡ ὥρα ἵνα μεταβῇ ἐκ τοῦ κόσμου τούτου πρὸς τὸν πατέρα, ἀγαπήσας τοὺς ἰδίους τοὺς ἐν τῷ κόσμῳ εἰς τέλος ἠγάπησεν αὐτούς. **2** καὶ δείπνου γινομένου¹, τοῦ διαβόλου ἤδη βεβληκότος εἰς τὴν καρδίαν ἵνα παραδοῖ αὐτὸν Ἰούδας Σίμωνος Ἰσκαριώτου², **3** εἰδὼς ὅτι πάντα ἔδωκεν αὐτῷ ὁ πατὴρ εἰς τὰς χεῖρας καὶ ὅτι ἀπὸ θεοῦ ἐξῆλθεν καὶ πρὸς τὸν θεὸν ὑπάγει, **4** ἐγείρεται ἐκ τοῦ δείπνου καὶ τίθησιν τὰ ἱμάτια καὶ λαβὼν λέντιον διέζωσεν ἑαυτόν· **5** εἶτα βάλλει ὕδωρ εἰς τὸν νιπτῆρα καὶ ἤρξατο νίπτειν τοὺς πόδας τῶν μαθητῶν καὶ ἐκμάσσειν τῷ λεντίῳ ᾧ ἦν διεζωσμένος. **6** ἔρχεται οὖν πρὸς Σίμωνα Πέτρον· λέγει αὐτῷ· κύριε, σύ μου νίπτεις τοὺς πόδας; **7** ἀπεκρίθη Ἰησοῦς καὶ εἶπεν αὐτῷ· ὃ ἐγὼ ποιῶ σὺ οὐκ οἶδας ἄρτι, γνώσῃ δὲ μετὰ ταῦτα. **8** λέγει αὐτῷ Πέτρος· οὐ μὴ νίψῃς μου τοὺς πόδας εἰς τὸν αἰῶνα. ἀπεκρίθη Ἰησοῦς αὐτῷ· ἐὰν μὴ νίψω σε, οὐκ ἔχεις μέρος μετ᾽ ἐμοῦ. **9** λέγει αὐτῷ Σίμων Πέτρος· κύριε, μὴ τοὺς πόδας μου μόνον ἀλλὰ καὶ τὰς χεῖρας καὶ τὴν κεφαλήν. **10** λέγει αὐτῷ ὁ Ἰησοῦς· ὁ λελουμένος οὐκ ἔχει χρείαν εἰ

---

¹**2** {B} γινομένου 01* 03 019 032 044 070 579 1241 lat^(vl-pt) eth Origen ∥ γενομένου 𝔓⁶⁶ 01² 02 05 037 038 0141 0233 *f*¹ *f*¹³ 28 33 157 180 205 565 597 700 892 1006 1071 1243 1292 1342 1424 1505 *Byz* [07 09 011 013] lat^(vl-pt, vg) Chrysostom Cyril^(lem)

²**2** {C} Ἰούδας Σίμωνος Ἰσκαριώτου 𝔓⁷⁵? 019 044 070 1241 ∥ Ἰούδας Σίμωνος Ἰσκαριώτης 𝔓⁶⁶ 𝔓⁷⁵? 01 03 (032 Ἰσκαριώτη) (579 Ἰούδας Σίμων ὁ Ἰσκαριώτης *after* καρδίαν) (lat^(vl-pt)) lat^(vg) (co^(bo)) Origen^(pt) ∥ Ἰούδα Σίμωνος Ἰσκαριώτου *after* καρδίαν 02 037 038 0141 0233 1 28 33 157 180 205 597 700 892 1006 1071 1243 1292 1342 1424 *Byz* [07 09 011 013] (lat^(vl-pt)) sy (cpa) co^(sa-mss, ly, ac) (co^(sa-ms) Origen^(lat-pt) *omit* Σίμωνος) (lat^(vl-pt) Origen^(lat-pt) *omit* Σίμωνος Ἰσκαριώτου) eth Origen^(pt) (Cyril) ∥ Ἰούδα Σίμωνος ἀπὸ Καρυώτου *after* καρδίαν 05 lat^(vl-pt) ∥ Σίμωνος Ἰσκαριώτου *after* καρδίαν *f*¹³ 1505 lat^(vl-pt) co^(pbo)

μὴ τοὺς πόδας νίψασθαι³, ἀλλ' ἔστιν καθαρὸς ὅλος· καὶ ὑμεῖς καθαροί ἐστε, ἀλλ' οὐχὶ πάντες. **11** ᾔδει γὰρ τὸν παραδιδόντα αὐτόν· διὰ τοῦτο εἶπεν ὅτι οὐχὶ πάντες καθαροί ἐστε.

12 Ὅτε οὖν ἔνιψεν τοὺς πόδας αὐτῶν καὶ ἔλαβεν τὰ ἱμάτια αὐτοῦ καὶ ἀνέπεσεν πάλιν, εἶπεν αὐτοῖς· γινώσκετε τί πεποίηκα ὑμῖν; **13** ὑμεῖς φωνεῖτέ με· ὁ διδάσκαλος, καί· ὁ κύριος, καὶ καλῶς λέγετε· εἰμὶ γάρ. **14** εἰ οὖν ἐγὼ ἔνιψα ὑμῶν τοὺς πόδας ὁ κύριος καὶ ὁ διδάσκαλος, καὶ ὑμεῖς ὀφείλετε ἀλλήλων νίπτειν τοὺς πόδας· **15** ὑπόδειγμα γὰρ ἔδωκα ὑμῖν ἵνα καθὼς ἐγὼ ἐποίησα ὑμῖν καὶ ὑμεῖς ποιῆτε. **16** ἀμὴν ἀμὴν λέγω ὑμῖν, οὐκ ἔστιν δοῦλος μείζων τοῦ κυρίου αὐτοῦ οὐδὲ ἀπόστολος μείζων τοῦ πέμψαντος αὐτόν. **17** εἰ ταῦτα οἴδατε, μακάριοί ἐστε ἐὰν ποιῆτε αὐτά.

18 Οὐ περὶ πάντων ὑμῶν λέγω· ἐγὼ οἶδα τίνας ἐξελεξάμην· ἀλλ' ἵνα ἡ γραφὴ πληρωθῇ· *ὁ τρώγων μου*⁴ *τὸν ἄρτον* ἐπῆρεν *ἐπ' ἐμὲ τὴν πτέρναν* αὐτοῦ. **19** ἀπ' ἄρτι λέγω ὑμῖν πρὸ τοῦ γενέσθαι, ἵνα πιστεύσητε ὅταν γένηται ὅτι ἐγώ εἰμι. **20** ἀμὴν ἀμὴν λέγω ὑμῖν, ὁ λαμβάνων ἄν τινα πέμψω ἐμὲ λαμβάνει, ὁ δὲ ἐμὲ λαμβάνων λαμβάνει τὸν πέμψαντά με.

Jesus Foretells His Betrayal (Mt 26.20-25; Mk 14.17-21; Lk 22.21-23)

21 Ταῦτα εἰπὼν [ὁ] Ἰησοῦς ἐταράχθη τῷ πνεύματι καὶ ἐμαρτύρησεν καὶ εἶπεν· ἀμὴν ἀμὴν λέγω ὑμῖν ὅτι εἷς ἐξ ὑμῶν παραδώσει με. **22** ἔβλεπον εἰς ἀλλήλους οἱ μαθηταὶ ἀπορούμενοι περὶ τίνος λέγει. **23** ἦν ἀνακείμενος εἷς ἐκ τῶν μαθητῶν αὐτοῦ ἐν

---

³**10** {C} εἰ μὴ τοὺς πόδας νίψασθαι 03 04* 019 032 044 *f*¹³ 157 892 1071 lat^(vl-pt, vg-mss) sy^h cpa co^(sa, bo, ly) (eth) Origen^(gr-lem, lat) (Cyril) ∥ εἰ μὴ τοὺς πόδας μόνον νίψασθαι 𝔓⁶⁶ 038 (1424 νίψασθαι μόνον *and omit* εἰ) sy^(s, p) co^pbo (Chrysostom) ∥ ἢ τοὺς πόδας νίψασθαι 𝔓⁷⁵ 02 04³ 037 0141 0233^vid *f*¹ 28 180 205 597 700 1006 1010^supp 1241 1243 1292 1342 1505 *Byz* [07 (09 *omit* ἢ) 011 013] ∥ νίψασθαι 01 (579 *omit* νίψασθαι) lat^(vl-pt, vg) Tertullian^vid Origen ∥ τὴν κεφαλὴν νίψασθαι εἰ μὴ τοὺς πόδας μόνον (*see* 13.9) 05 lat^(vl-pt)

⁴**18** {C} μου (*see* Ps 41.9) 03 04 019 892 1071 co^sa eth Origen^pt Cyril^com ∥ μετ' ἐμοῦ 𝔓⁶⁶ 01 02 05 032 037 038 044 0141 *f*¹ *f*¹³ 28 33 157 180 205 579 597 700 1006 1010^supp 1241 1243 1292 1342 1424 1505 *Byz* [07 09 011 013] lat^(vl-pt, vg) sy cpa co^(bo-pt) Tertullian Hippolytus Origen^pt Eusebius Chrysostom Cyril^lem ∥ μετ' ἐμοῦ τὸν ἄρτον μου lat^(vl-pt) co^(bo-pt, ly, pbo)

τῷ κόλπῳ τοῦ Ἰησοῦ, ὃν ἠγάπα ὁ Ἰησοῦς. **24** νεύει οὖν τούτῳ Σίμων Πέτρος πυθέσθαι τίς ἂν εἴη περὶ οὗ λέγει. **25** ἀναπεσὼν οὖν ἐκεῖνος οὕτως ἐπὶ τὸ στῆθος τοῦ Ἰησοῦ λέγει αὐτῷ· κύριε, τίς ἐστιν; **26** ἀποκρίνεται [ὁ] Ἰησοῦς· ἐκεῖνός ἐστιν ᾧ ἐγὼ βάψω τὸ ψωμίον καὶ δώσω αὐτῷ. βάψας οὖν τὸ ψωμίον [λαμβάνει καὶ] δίδωσιν[5] Ἰούδᾳ Σίμωνος Ἰσκαριώτου. **27** καὶ μετὰ τὸ ψωμίον τότε εἰσῆλθεν εἰς ἐκεῖνον ὁ σατανᾶς. λέγει οὖν αὐτῷ ὁ Ἰησοῦς· ὃ ποιεῖς ποίησον τάχιον. **28** τοῦτο δὲ οὐδεὶς ἔγνω τῶν ἀνακειμένων πρὸς τί εἶπεν αὐτῷ· **29** τινὲς γὰρ ἐδόκουν, ἐπεὶ τὸ γλωσσόκομον εἶχεν Ἰούδας, ὅτι λέγει αὐτῷ ὁ Ἰησοῦς· ἀγόρασον ὧν χρείαν ἔχομεν εἰς τὴν ἑορτήν, ἢ τοῖς πτωχοῖς ἵνα τι δῷ. **30** λαβὼν οὖν τὸ ψωμίον ἐκεῖνος ἐξῆλθεν εὐθύς. ἦν δὲ νύξ.

The New Commandment

31 Ὅτε οὖν ἐξῆλθεν, λέγει Ἰησοῦς· νῦν ἐδοξάσθη ὁ υἱὸς τοῦ ἀνθρώπου καὶ ὁ θεὸς ἐδοξάσθη ἐν αὐτῷ· **32** [εἰ ὁ θεὸς ἐδοξάσθη ἐν αὐτῷ,][6] καὶ ὁ θεὸς δοξάσει αὐτὸν ἐν αὐτῷ, καὶ εὐθὺς δοξάσει αὐτόν. **33** τεκνία, ἔτι μικρὸν μεθ' ὑμῶν εἰμι· ζητήσετέ με, καὶ καθὼς εἶπον τοῖς Ἰουδαίοις ὅτι ὅπου ἐγὼ ὑπάγω ὑμεῖς οὐ δύνασθε ἐλθεῖν, καὶ ὑμῖν λέγω ἄρτι. **34** ἐντολὴν καινὴν δίδωμι ὑμῖν, ἵνα ἀγαπᾶτε ἀλλήλους, καθὼς ἠγάπησα ὑμᾶς ἵνα καὶ ὑμεῖς ἀγαπᾶτε ἀλλήλους. **35** ἐν τούτῳ γνώσονται πάντες ὅτι ἐμοὶ μαθηταί ἐστε, ἐὰν ἀγάπην ἔχητε ἐν ἀλλήλοις.

---

[5]**26** {C} βάψας οὖν τὸ ψωμίον λαμβάνει καὶ δίδωσιν 01[2a] (03 *omit* τό) 04 019 33 892 1071* (1071[c] ἐμβάψας) 1241 (sy[hmg]) Origen // βάψας οὖν τὸ ψωμίον δίδωσιν 01*, [2b] (0141 ἐπιδίδωσιν) lat[vl-pt] Cyril[lem] // καὶ ἐμβάψας τὸ ψωμίον δίδωσιν 𝔓[66c] (𝔓[66*] ψας) 02 05 032 037 (038 ἐπιδίδωσιν) 044 *f*[1] *f*[13] 28 157 180 205 565 579[vid] 597 700 1006 1010 1243 1292 1342 1424 1505 *Byz* [07 09 011 013] lat[vl-pt, vg] sy[(s), (p), h] cpa (eth)

[6]**32** {C} εἰ ὁ θεὸς ἐδοξάσθη ἐν αὐτῷ 01[2] 02 04[2] 037 038 044 0233 *f*[1] *f*[13] 28 33 157 180 205 565 597 700 892 1006 1010 1241 1243 1292 1342 1424 1505 *Byz* [07 09 011 013] lat[vl-pt, vg] sy[p] co[sa, bo-pt, pbo] eth Origen[lem] // *omit* 𝔓[66] 01* 03 04* 05 019 032 1 579 1071 lat[vl-pt, vg-mss] sy[s, h] cpa co[bo-pt, ly, cw] Tertullian Cyril

Peter's Denial Foretold (Mt 26.31-35; Mk 14.27-31; Lk 22.31-34)

36 Λέγει αὐτῷ Σίμων Πέτρος· κύριε, ποῦ ὑπάγεις; ἀπεκρίθη [αὐτῷ] Ἰησοῦς· ὅπου ὑπάγω οὐ δύνασαί μοι νῦν ἀκολουθῆσαι, ἀκολουθήσεις δὲ ὕστερον. **37** λέγει αὐτῷ ὁ Πέτρος· κύριε, διὰ τί οὐ δύναμαί σοι ἀκολουθῆσαι ἄρτι; τὴν ψυχήν μου ὑπὲρ σοῦ θήσω. **38** ἀποκρίνεται Ἰησοῦς· τὴν ψυχήν σου ὑπὲρ ἐμοῦ θήσεις; ἀμὴν ἀμὴν λέγω σοι, οὐ μὴ ἀλέκτωρ φωνήση ἕως οὗ ἀρνήση με τρίς.

Jesus the Way to the Father

14 Μὴ ταρασσέσθω ὑμῶν ἡ καρδία· πιστεύετε εἰς τὸν θεὸν καὶ εἰς ἐμὲ πιστεύετε. **2** ἐν τῇ οἰκίᾳ τοῦ πατρός μου μοναὶ πολλαί εἰσιν· εἰ δὲ μή, εἶπον ἂν ὑμῖν ὅτι[1] πορεύομαι ἑτοιμάσαι τόπον ὑμῖν; **3** καὶ ἐὰν πορευθῶ καὶ ἑτοιμάσω τόπον ὑμῖν, πάλιν ἔρχομαι καὶ παραλήμψομαι ὑμᾶς πρὸς ἐμαυτόν, ἵνα ὅπου εἰμὶ ἐγὼ καὶ ὑμεῖς ἦτε. **4** καὶ ὅπου [ἐγὼ] ὑπάγω οἴδατε τὴν ὁδόν[2].

5 Λέγει αὐτῷ Θωμᾶς· κύριε, οὐκ οἴδαμεν ποῦ ὑπάγεις· πῶς δυνάμεθα τὴν ὁδὸν εἰδέναι; **6** λέγει αὐτῷ ὁ Ἰησοῦς· ἐγώ εἰμι ἡ ὁδὸς καὶ ἡ ἀλήθεια καὶ ἡ ζωή· οὐδεὶς ἔρχεται πρὸς τὸν πατέρα εἰ μὴ δι' ἐμοῦ. **7** εἰ ἐγνώκατέ με[3], καὶ τὸν πατέρα μου γνώσεσθε[4]. καὶ ἀπ' ἄρτι γινώσκετε αὐτὸν καὶ ἑωράκατε αὐτόν.

---

[1]**2** {B} ὅτι 𝔓⁶⁶ᶜ 01 02 03 04* 05 019 032 044 *f*¹ *f*¹³ 33 565 579 828ᶜ 892 1071 latᵛˡ⁻ᵖᵗ, ᵛᵍ co eth Cyrilˡᵉᵐ // omit 𝔓⁶⁶* 04² 037 038 0233 28 157 180 205 597 700 828* 1006 1010 1241 1243 1292 1342 1424 1505 *Byz* [07 011 013 022] latᵛˡ⁻ᵖᵗ Origenˡᵃᵗ Chrysostom Cyril

[2]**4** {B} τὴν ὁδόν 𝔓⁶⁶ᶜ 01 03 04* 019 026 032 33 579 1071 latᵛˡ⁻ᵖᵗ coˢᵃ⁻ᵐˢ, ᵇᵒ, ᵖᵇᵒ // καὶ τὴν ὁδὸν οἴδατε 𝔓⁶⁶* 02 04³ 05 037 038 044 0141 *f*¹ *f*¹³ 28 (157 omit καί) 180 205 565 597 700 892 1006 1010 1241 1243 1292 1342 1424 1505 *Byz* [07 011 013 022] latᵛˡ⁻ᵖᵗ, ᵛᵍ sy cpa coˢᵃ⁻ᵐˢˢ, ˡʸ ethᵖᵖ Chrysostom Cyrilˡᵉᵐ

[3]**7** {C} ἐγνώκατέ με 𝔓⁶⁶ (01 05* ἐμέ) 579 latᵛˡ⁻ᵖᵗ Irenaeusˡᵃᵗ Tertullianᵖᵗ // ἐγνώκειτέ με (02 omit με) 03 04 (05¹ ἐμέ) 019 (032 ἐγνώκετε) 037 038 044 0141 *f*¹ *f*¹³ 28 33 157 180 205 565 597 700 892 1006 1010 1241 1243 1292 1342 1424 1505 *Byz* [07 011 013 022 026] latᵛˡ⁻ᵖᵗ, ᵛᵍ Irenaeusˡᵃᵗ⁻ᵐˢˢ Tertullianᵖᵗ (Chrysostom) Cyrilˡᵉᵐ

[4]**7** {C} γνώσεσθε 𝔓⁶⁶ 01 05 032 (579 ἐγνώσεσθε) latᵛˡ⁻ᵖᵗ coˢᵃ, ᵇᵒ, ˡʸ Irenaeusˡᵃᵗ // ἐγνώκειτε ἄν 02 04³ 037 (038 γνώκειτε) *f*¹³ 28 157 180 205 597 700 892 1006

8 Λέγει αὐτῷ Φίλιππος· κύριε, δεῖξον ἡμῖν τὸν πατέρα, καὶ ἀρκεῖ ἡμῖν. **9** λέγει αὐτῷ ὁ Ἰησοῦς· τοσούτῳ χρόνῳ μεθ᾽ ὑμῶν εἰμι καὶ οὐκ ἔγνωκάς με, Φίλιππε; ὁ ἑωρακὼς ἐμὲ ἑώρακεν τὸν πατέρα· πῶς σὺ λέγεις· δεῖξον ἡμῖν τὸν πατέρα; **10** οὐ πιστεύεις ὅτι ἐγὼ ἐν τῷ πατρὶ καὶ ὁ πατὴρ ἐν ἐμοί ἐστιν; τὰ ῥήματα ἃ ἐγὼ λέγω ὑμῖν ἀπ᾽ ἐμαυτοῦ οὐ λαλῶ, ὁ δὲ πατὴρ ἐν ἐμοὶ μένων ποιεῖ τὰ ἔργα αὐτοῦ. **11** πιστεύετέ μοι ὅτι ἐγὼ ἐν τῷ πατρὶ καὶ ὁ πατὴρ ἐν ἐμοί· εἰ δὲ μή, διὰ τὰ ἔργα αὐτὰ πιστεύετε.

12 Ἀμὴν ἀμὴν λέγω ὑμῖν, ὁ πιστεύων εἰς ἐμὲ τὰ ἔργα ἃ ἐγὼ ποιῶ κἀκεῖνος ποιήσει καὶ μείζονα τούτων ποιήσει, ὅτι ἐγὼ πρὸς τὸν πατέρα πορεύομαι· **13** καὶ ὅ τι ἂν αἰτήσητε ἐν τῷ ὀνόματί μου τοῦτο ποιήσω, ἵνα δοξασθῇ ὁ πατὴρ ἐν τῷ υἱῷ. **14** ⁵ἐάν τι αἰτήσητέ με⁶ ἐν τῷ ὀνόματί μου ἐγὼ ποιήσω.

The Promise of the Spirit

15 Ἐὰν ἀγαπᾶτέ με, τὰς ἐντολὰς τὰς ἐμὰς τηρήσετε⁷· **16** κἀγὼ ἐρωτήσω τὸν πατέρα καὶ ἄλλον παράκλητον δώσει ὑμῖν, ἵνα μεθ᾽ ὑμῶν εἰς τὸν αἰῶνα ᾖ, **17** τὸ πνεῦμα τῆς ἀληθείας, ὃ ὁ κόσμος οὐ δύναται λαβεῖν, ὅτι οὐ θεωρεῖ αὐτὸ οὐδὲ γινώσκει·

1010 1071 1241 1243 1292 1342 1424 1505 *Byz* [07 011 013 022] Irenaeus[lat-mss] Chrysostom // ἂν ᾔδειτε 03 04* (019 ἂν εἰδῆτε *by itacism?*) 026 044 (0141 ἤδειτε ἄν) *f*¹ 33 565 (Cyril) (lat[vl-pt, vg] Tertullian[pt] ἐγνωκεῖτε ἄν *or* ἂν ᾔδειτε) // ἐγνώκατε lat[vl-pt] Tertullian[pt]

⁵**14** {A} *include verse 14 (with minor variants, but see footnote 6)* 𝔓⁶⁶ 𝔓⁷⁵ 01 03 05 019 032 037 038 044 060 *f*¹³ 28 33 180 579 700 892 1006 1071 1241 1243 1292 1342 1424 1505 *Byz* [07 011 013 026] lat[vl-pt, vg] sy[p, h] co eth Chrysostom Cyril // *include verse 14 after* ποιήσω *of verse 13* 1010 // *omit verse 14 f*¹ 157 565 lat[vl-pt] sy[s] cpa // *omit by homoeoteleuton* ἵνα δοξασθῇ *verse 13 …* ποιήσω *verse 14* 0141 205

⁶**14** {B} (*see footnote 5*) με 𝔓⁶⁶ 𝔓⁷⁵ᵛⁱᵈ 01 03 032 037 038 060 *f*¹³ 28 33 579 700 892 1006 1342 *Byz*[pt] [07 013] lat[vl-pt, vg] sy[p, h] // *omit* 02 05 019 044 180 579 (1010) 1071 1241 1243 1292 1424 1505 *Byz*[pt] [011 026] *Lect* TR lat[vl-pt] co eth Cyril[lem]

⁷**15** {C} τηρήσετε 03 019 044 1010 1071 co Eusebius[pt] Chrysostom[com] Cyril[com] // τηρήσητε 𝔓⁶⁶ 01 060 0141 33 579 Cyril // τηρήσατε 02 05 032 037 038 *f*¹ *f*¹³ 28 157 180 205 565 597 700 892 1006 1241 1243 1292 1342 1424 1505 *Byz* [07 011 013 026] lat Origen[lat] Eusebius[pt] Basil Chrysostom[lem] Cyril[lem]

ὑμεῖς γινώσκετε αὐτό, ὅτι παρ' ὑμῖν μένει⁸ καὶ ἐν ὑμῖν ἔσται⁸. **18** οὐκ ἀφήσω ὑμᾶς ὀρφανούς, ἔρχομαι πρὸς ὑμᾶς. **19** ἔτι μικρὸν καὶ ὁ κόσμος με οὐκέτι θεωρεῖ, ὑμεῖς δὲ θεωρεῖτέ με, ὅτι ἐγὼ ζῶ καὶ ὑμεῖς ζήσετε. **20** ἐν ἐκείνῃ τῇ ἡμέρᾳ γνώσεσθε ὑμεῖς ὅτι ἐγὼ ἐν τῷ πατρί μου καὶ ὑμεῖς ἐν ἐμοὶ κἀγὼ ἐν ὑμῖν. **21** ὁ ἔχων τὰς ἐντολάς μου καὶ τηρῶν αὐτὰς ἐκεῖνός ἐστιν ὁ ἀγαπῶν με· ὁ δὲ ἀγαπῶν με ἀγαπηθήσεται ὑπὸ τοῦ πατρός μου, κἀγὼ ἀγαπήσω αὐτὸν καὶ ἐμφανίσω αὐτῷ ἐμαυτόν.

22 Λέγει αὐτῷ Ἰούδας, οὐχ ὁ Ἰσκαριώτης· κύριε, [καὶ] τί γέγονεν ὅτι ἡμῖν μέλλεις ἐμφανίζειν σεαυτὸν καὶ οὐχὶ τῷ κόσμῳ; **23** ἀπεκρίθη Ἰησοῦς καὶ εἶπεν αὐτῷ· ἐάν τις ἀγαπᾷ με τὸν λόγον μου τηρήσει, καὶ ὁ πατήρ μου ἀγαπήσει αὐτὸν καὶ πρὸς αὐτὸν ἐλευσόμεθα καὶ μονὴν παρ' αὐτῷ ποιησόμεθα. **24** ὁ μὴ ἀγαπῶν με τοὺς λόγους μου οὐ τηρεῖ· καὶ ὁ λόγος ὃν ἀκούετε οὐκ ἔστιν ἐμὸς ἀλλὰ τοῦ πέμψαντός με πατρός.

25 Ταῦτα λελάληκα ὑμῖν παρ' ὑμῖν μένων· **26** ὁ δὲ παράκλητος, τὸ πνεῦμα τὸ ἅγιον, ὃ πέμψει ὁ πατὴρ ἐν τῷ ὀνόματί μου, ἐκεῖνος ὑμᾶς διδάξει πάντα καὶ ὑπομνήσει ὑμᾶς πάντα ἃ εἶπον ὑμῖν [ἐγώ].

27 Εἰρήνην ἀφίημι ὑμῖν, εἰρήνην τὴν ἐμὴν δίδωμι ὑμῖν· οὐ καθὼς ὁ κόσμος δίδωσιν ἐγὼ δίδωμι ὑμῖν. μὴ ταρασσέσθω ὑμῶν ἡ καρδία μηδὲ δειλιάτω. **28** ἠκούσατε ὅτι ἐγὼ εἶπον ὑμῖν· ὑπάγω καὶ ἔρχομαι πρὸς ὑμᾶς. εἰ ἠγαπᾶτέ με ἐχάρητε ἂν ὅτι⁹ πορεύομαι πρὸς τὸν πατέρα, ὅτι ὁ πατὴρ μείζων μού ἐστιν. **29** καὶ νῦν εἴρηκα ὑμῖν πρὶν γενέσθαι, ἵνα ὅταν γένηται πιστεύσητε. **30** οὐκέτι πολλὰ λαλήσω μεθ' ὑμῶν, ἔρχεται γὰρ ὁ τοῦ κόσμου ἄρχων· καὶ ἐν ἐμοὶ οὐκ ἔχει οὐδέν, **31** ἀλλ' ἵνα γνῷ ὁ κόσμος ὅτι ἀγαπῶ τὸν πατέρα, καὶ καθὼς ἐνετείλατό μοι ὁ πατήρ, οὕτως ποιῶ. ἐγείρεσθε, ἄγωμεν ἐντεῦθεν.

---

⁸**17** {C} μένει … ἔσται (𝔓⁶⁶ᶜ 𝔓⁷⁵ᵛⁱᵈ 01 02 05¹ 07 019 026 037 μενει) 03² 038 044 0141 *f*¹³ 28 33ᵛⁱᵈ 157 180 205 579 700 892 1006 1010 1071 1241 1243 1292 1342 1424 1505 *Byz* [011 013] latᵛˡ⁻ᵖᵗ coᵇᵒ eth Cyril-Jerusalem Cyrilˡᵉᵐ ∥ μενεῖ … ἔσται latᵛˡ⁻ᵖᵗ, ᵛᵍ coˢᵃ, ˡʸ, ᵖᵇᵒ ∥ μένει … ἐστιν (𝔓⁶⁶* 03* 05* 032 μενει) *f*¹ 565 597 latᵛˡ⁻ᵖᵗ

⁹**28** {B} ὅτι 𝔓⁷⁵ᵛⁱᵈ 01 02 03 05 019 038 044 060ᵛⁱᵈ *f*¹ 33 565 579 1241 latᵛˡ⁻ᵖᵗ, ᵛᵍ ∥ ὅτι εἶπον 037 700 892ˢᵘᵖᵖ 1424 *Byz* [07 011 013] ∥ ὅτι ἐγώ *f*¹³ latᵛˡ⁻ᵖᵗ coˢᵃ⁻ᵐˢˢ

Jesus the True Vine

15 ¹ Ἐγώ εἰμι ἡ ἄμπελος ἡ ἀληθινὴ καὶ ὁ πατήρ μου ὁ γεωργός ἐστιν. **2** πᾶν κλῆμα ἐν ἐμοὶ μὴ φέρον καρπὸν αἴρει αὐτό, καὶ πᾶν τὸ καρπὸν φέρον καθαίρει αὐτὸ ἵνα καρπὸν πλείονα φέρῃ. **3** ἤδη ὑμεῖς καθαροί ἐστε διὰ τὸν λόγον ὃν λελάληκα ὑμῖν· **4** μείνατε ἐν ἐμοί, κἀγὼ ἐν ὑμῖν. καθὼς τὸ κλῆμα οὐ δύναται καρπὸν φέρειν ἀφ' ἑαυτοῦ ἐὰν μὴ μένῃ ἐν τῇ ἀμπέλῳ, οὕτως οὐδὲ ὑμεῖς ἐὰν μὴ ἐν ἐμοὶ μένητε. **5** ἐγώ εἰμι ἡ ἄμπελος, ὑμεῖς τὰ κλήματα. ὁ μένων ἐν ἐμοὶ κἀγὼ ἐν αὐτῷ οὗτος φέρει καρπὸν πολύν, ὅτι χωρὶς ἐμοῦ οὐ δύνασθε ποιεῖν οὐδέν. **6** ἐὰν μή τις μένῃ ἐν ἐμοί, ἐβλήθη ἔξω ὡς τὸ κλῆμα καὶ ἐξηράνθη καὶ συνάγουσιν αὐτὰ καὶ εἰς τὸ πῦρ βάλλουσιν καὶ καίεται. **7** ἐὰν μείνητε ἐν ἐμοὶ καὶ τὰ ῥήματά μου ἐν ὑμῖν μείνῃ, ὃ ἐὰν θέλητε αἰτήσασθε, καὶ γενήσεται ὑμῖν. **8** ἐν τούτῳ ἐδοξάσθη ὁ πατήρ μου, ἵνα καρπὸν πολὺν φέρητε καὶ γένησθε¹ ἐμοὶ μαθηταί.

9 Καθὼς ἠγάπησέν με ὁ πατήρ, κἀγὼ ὑμᾶς ἠγάπησα· μείνατε ἐν τῇ ἀγάπῃ τῇ ἐμῇ. **10** ἐὰν τὰς ἐντολάς μου τηρήσητε, μενεῖτε ἐν τῇ ἀγάπῃ μου, καθὼς ἐγὼ τὰς ἐντολὰς τοῦ πατρός μου τετήρηκα καὶ μένω αὐτοῦ ἐν τῇ ἀγάπῃ. **11** ταῦτα λελάληκα ὑμῖν ἵνα ἡ χαρὰ ἡ ἐμὴ ἐν ὑμῖν ᾖ² καὶ ἡ χαρὰ ὑμῶν πληρωθῇ. **12** αὕτη ἐστὶν ἡ ἐντολὴ ἡ ἐμή, ἵνα ἀγαπᾶτε ἀλλήλους καθὼς ἠγάπησα ὑμᾶς. **13** μείζονα ταύτης ἀγάπην οὐδεὶς ἔχει, ἵνα τις τὴν ψυχὴν αὐτοῦ θῇ ὑπὲρ τῶν φίλων αὐτοῦ. **14** ὑμεῖς φίλοι μού ἐστε ἐὰν ποιῆτε ἃ ἐγὼ ἐντέλλομαι ὑμῖν. **15** οὐκέτι λέγω ὑμᾶς δούλους, ὅτι ὁ δοῦλος οὐκ οἶδεν τί ποιεῖ αὐτοῦ ὁ κύριος· ὑμᾶς δὲ εἴρηκα φίλους, ὅτι πάντα ἃ ἤκουσα παρὰ τοῦ πατρός μου ἐγνώρισα ὑμῖν. **16** οὐχ ὑμεῖς με ἐξελέξασθε, ἀλλ' ἐγὼ ἐξελεξάμην ὑμᾶς καὶ ἔθηκα ὑμᾶς ἵνα ὑμεῖς ὑπάγητε καὶ καρπὸν φέρητε καὶ ὁ καρπὸς ὑμῶν μένῃ, ἵνα ὅ τι ἂν αἰτήσητε τὸν πατέρα ἐν τῷ ὀνόματί μου δῷ ὑμῖν. **17** ταῦτα ἐντέλλομαι ὑμῖν, ἵνα ἀγαπᾶτε ἀλλήλους.

---

¹**8** {C} γένησθε 𝔓66vid 03 05 019 038 0250 f^1 565 597 lat Chrysostom[pt] Cyril[com] ∥ γίνεσθε 579 ∥ γενήσεσθε 01 02 037 044 0141 0233 f^{13} 28 33 157 180 205 700 892[supp] 1006 1010 1071 1241 1243 1292 1342 1424 1505 Byz [07 011 013] Chrysostom[pt] Cyril[lem]

²**11** {B} ᾖ 02 03 05 038 044 f^1 (33) 565 579 1241 lat[vl-pt, vg] sy ∥ μείνῃ 01 019 037 f^{13} 700 892[supp] 1424 Byz [07 011 013] lat[vl-pt]

The World's Hatred

18 Εἰ ὁ κόσμος ὑμᾶς μισεῖ, γινώσκετε ὅτι ἐμὲ πρῶτον ὑμῶν μεμίσηκεν. **19** εἰ ἐκ τοῦ κόσμου ἦτε, ὁ κόσμος ἂν τὸ ἴδιον ἐφίλει· ὅτι δὲ ἐκ τοῦ κόσμου οὐκ ἐστέ, ἀλλ᾽ ἐγὼ ἐξελεξάμην ὑμᾶς ἐκ τοῦ κόσμου, διὰ τοῦτο μισεῖ ὑμᾶς ὁ κόσμος. **20** μνημονεύετε τοῦ λόγου οὗ ἐγὼ εἶπον ὑμῖν· οὐκ ἔστιν δοῦλος μείζων τοῦ κυρίου αὐτοῦ. εἰ ἐμὲ ἐδίωξαν, καὶ ὑμᾶς διώξουσιν· εἰ τὸν λόγον μου ἐτήρησαν, καὶ τὸν ὑμέτερον τηρήσουσιν. **21** ἀλλὰ ταῦτα πάντα ποιήσουσιν εἰς ὑμᾶς διὰ τὸ ὄνομά μου, ὅτι οὐκ οἴδασιν τὸν πέμψαντά με. **22** εἰ μὴ ἦλθον καὶ ἐλάλησα αὐτοῖς, ἁμαρτίαν οὐκ εἴχοσαν· νῦν δὲ πρόφασιν οὐκ ἔχουσιν περὶ τῆς ἁμαρτίας αὐτῶν. **23** ὁ ἐμὲ μισῶν καὶ τὸν πατέρα μου μισεῖ. **24** εἰ τὰ ἔργα μὴ ἐποίησα ἐν αὐτοῖς ἃ οὐδεὶς ἄλλος ἐποίησεν, ἁμαρτίαν οὐκ εἴχοσαν· νῦν δὲ καὶ ἑωράκασιν καὶ μεμισήκασιν καὶ ἐμὲ καὶ τὸν πατέρα μου. **25** ἀλλ᾽ ἵνα πληρωθῇ ὁ λόγος ὁ ἐν τῷ νόμῳ αὐτῶν γεγραμμένος ὅτι *ἐμίσησάν με δωρεάν*.

26 Ὅταν ἔλθῃ ὁ παράκλητος ὃν ἐγὼ πέμψω ὑμῖν παρὰ τοῦ πατρός, τὸ πνεῦμα τῆς ἀληθείας ὃ παρὰ τοῦ πατρὸς ἐκπορεύεται, ἐκεῖνος μαρτυρήσει περὶ ἐμοῦ· **27** καὶ ὑμεῖς δὲ μαρτυρεῖτε, ὅτι ἀπ᾽ ἀρχῆς μετ᾽ ἐμοῦ ἐστε.

16 Ταῦτα λελάληκα ὑμῖν ἵνα μὴ σκανδαλισθῆτε. **2** ἀποσυναγώγους ποιήσουσιν ὑμᾶς· ἀλλ᾽ ἔρχεται ὥρα ἵνα πᾶς ὁ ἀποκτείνας ὑμᾶς δόξῃ λατρείαν προσφέρειν τῷ θεῷ. **3** καὶ ταῦτα ποιήσουσιν ὅτι οὐκ ἔγνωσαν τὸν πατέρα οὐδὲ ἐμέ. **4** ἀλλὰ ταῦτα λελάληκα ὑμῖν ἵνα ὅταν ἔλθῃ ἡ ὥρα αὐτῶν μνημονεύητε αὐτῶν[1] ὅτι ἐγὼ εἶπον ὑμῖν.

---

[1]4 {B} ὥρα αὐτῶν μνημονεύητε αὐτῶν 𝔓⁶⁶ᵛⁱᵈ 01²ᵇ 02 03 038 0233 33 157 205 1071 syᵖ˒ʰ Cyrilˡᵉᵐ ∥ ὥρα αὐτῶν μνημονεύητε 01²ᵃ (019 μνημονεύετε) (*f*¹³ μνημονεύσητε) latᵛˡ⁻ᵖᵗ˒ ᵛᵍ coᵇᵒ⁻ᵐˢ ∥ ὥρα μνημονεύητε αὐτῶν 01* 044 0141 *f*¹ 180 597 700 (892ˢᵘᵖᵖ αὐτοῦ) 1010 1292 1505 *Byz* [07 011 013] *Lect*ᵖᵗ latᵛˡ⁻ᵖᵗ cpa coᵇᵒ⁻ᵖᵗ (eth) (Chrysostom) ∥ ὥρα μνημονεύετε αὐτῶν 037 565 1006 1241 1243 1342 1424 *Lect*ᵖᵗ ∥ ὥρα μνημονεύετε 05* (05¹ μνημονεύσητε) latᵛˡ⁻ᵖᵗ syˢ co

The Work of the Spirit

Ταῦτα δὲ ὑμῖν ἐξ ἀρχῆς οὐκ εἶπον, ὅτι μεθ' ὑμῶν ἤμην. **5** νῦν δὲ ὑπάγω πρὸς τὸν πέμψαντά με, καὶ οὐδεὶς ἐξ ὑμῶν ἐρωτᾷ με· ποῦ ὑπάγεις; **6** ἀλλ' ὅτι ταῦτα λελάληκα ὑμῖν ἡ λύπη πεπλήρωκεν ὑμῶν τὴν καρδίαν. **7** ἀλλ' ἐγὼ τὴν ἀλήθειαν λέγω ὑμῖν, συμφέρει ὑμῖν ἵνα ἐγὼ ἀπέλθω. ἐὰν γὰρ μὴ ἀπέλθω, ὁ παράκλητος οὐκ ἐλεύσεται πρὸς ὑμᾶς· ἐὰν δὲ πορευθῶ, πέμψω αὐτὸν πρὸς ὑμᾶς. **8** καὶ ἐλθὼν ἐκεῖνος ἐλέγξει τὸν κόσμον περὶ ἁμαρτίας καὶ περὶ δικαιοσύνης καὶ περὶ κρίσεως· **9** περὶ ἁμαρτίας μέν, ὅτι οὐ πιστεύουσιν εἰς ἐμέ· **10** περὶ δικαιοσύνης δέ, ὅτι πρὸς τὸν πατέρα ὑπάγω καὶ οὐκέτι θεωρεῖτέ με· **11** περὶ δὲ κρίσεως, ὅτι ὁ ἄρχων τοῦ κόσμου τούτου κέκριται.

12 Ἔτι πολλὰ ἔχω ὑμῖν λέγειν, ἀλλ' οὐ δύνασθε βαστάζειν ἄρτι· **13** ὅταν δὲ ἔλθῃ ἐκεῖνος, τὸ πνεῦμα τῆς ἀληθείας, ὁδηγήσει ὑμᾶς ἐν τῇ ἀληθείᾳ πάσῃ [2]· οὐ γὰρ λαλήσει ἀφ' ἑαυτοῦ, ἀλλ' ὅσα ἀκούσει λαλήσει καὶ τὰ ἐρχόμενα ἀναγγελεῖ ὑμῖν. **14** ἐκεῖνος ἐμὲ δοξάσει, ὅτι ἐκ τοῦ ἐμοῦ λήμψεται καὶ ἀναγγελεῖ ὑμῖν. **15** πάντα ὅσα ἔχει ὁ πατὴρ ἐμά ἐστιν· διὰ τοῦτο εἶπον ὅτι ἐκ τοῦ ἐμοῦ λαμβάνει καὶ ἀναγγελεῖ ὑμῖν.

Sorrow Will Turn into Joy

16 Μικρὸν καὶ οὐκέτι θεωρεῖτέ με, καὶ πάλιν μικρὸν καὶ ὄψεσθέ με [3]. **17** εἶπαν οὖν ἐκ τῶν μαθητῶν αὐτοῦ πρὸς ἀλλήλους·

---

[2] **13** {B} ὁδηγήσει ὑμᾶς ἐν τῇ ἀληθείᾳ πάσῃ 01² (01* *omit* πάσῃ) 019 032 (038 ἐν πάσῃ τῇ ἀληθείᾳ) 1 33 565 579 1071 lat^{vl-pt} Cyril^{pt} ∥ ὁδηγήσει ὑμᾶς εἰς πᾶσαν τὴν ἀλήθειαν (02 03 τὴν ἀλήθειαν πᾶσαν) 037 044 068 0141 0233 f^{13} 28 157 180 205 597 700 892^{supp} 1006 1010 1241 1243 1292 1342 1424 1505 *Byz* [07 011 013] lat^{vl-pt} eth Tertullian^{pt} (Origen) (Chrysostom) Cyril^{lem} ∥ ἐκεῖνος ὑμᾶς ὁδηγήσει ἐν τῇ ἀληθείᾳ πάσῃ 05 lat^{vl-pt} (lat^{vl-pt} Tertullian^{pt} εἰς πᾶσαν τὴν ἀλήθειαν) ∥ διηγήσεται ὑμῖν τὴν ἀλήθειαν πᾶσαν lat$^{vl-pt, vg-mss}$ (lat^{vg} εἰς πᾶσαν τὴν ἀλήθειαν) Eusebius Cyril-Jerusalem (Origen^{lat} *docebit vos omnia*)

[3] **16** {A} με 𝔓⁵ 𝔓⁶⁶ 01 03 05 019 032 0141 0250 1071 lat^{vl-pt} co$^{sa, bo-pt, ly}$ Origen Chrysostom$^{com-vid}$ ∥ με ὅτι ὑπάγω πρὸς τὸν πατέρα (*see* 16.17) 02 (022 044 1241 καὶ ὅτι) 037 038 068 (011 0233 πατέρα μου) f^1 f^{13} 157 180 205 565 579 597 700 1006 1010 1243 1424 *Byz* [07 013] *Lect*^{pt} lat$^{vl-pt, vg}$ sy cpa co$^{bo-mss, (pbo)}$ eth Chrysostom^{lem} Cyril ∥ με ὅτι ἐγὼ ὑπάγω πρὸς τὸν πατέρα (28 καὶ ὅτι) (33 καὶ *for* ὅτι) 892^{supp} 1292 1342 1505 *Lect*^{pt} TR co^{bo-pt}

τί ἐστιν τοῦτο ὃ λέγει ἡμῖν· μικρὸν καὶ οὐ θεωρεῖτέ με, καὶ πάλιν μικρὸν καὶ ὄψεσθέ με; καί· ὅτι ὑπάγω πρὸς τὸν πατέρα; **18** ἔλεγον οὖν· τί ἐστιν τοῦτο [ὃ λέγει]⁴ τὸ μικρόν; οὐκ οἴδαμεν τί λαλεῖ.

19 Ἔγνω ὁ Ἰησοῦς ὅτι ἤθελον αὐτὸν ἐρωτᾶν, καὶ εἶπεν αὐτοῖς· περὶ τούτου ζητεῖτε μετ' ἀλλήλων ὅτι εἶπον· μικρὸν καὶ οὐ θεωρεῖτέ με, καὶ πάλιν μικρὸν καὶ ὄψεσθέ με; **20** ἀμὴν ἀμὴν λέγω ὑμῖν ὅτι κλαύσετε καὶ θρηνήσετε ὑμεῖς, ὁ δὲ κόσμος χαρήσεται· ὑμεῖς λυπηθήσεσθε, ἀλλ' ἡ λύπη ὑμῶν εἰς χαρὰν γενήσεται. **21** ἡ γυνὴ ὅταν τίκτῃ λύπην ἔχει, ὅτι ἦλθεν ἡ ὥρα αὐτῆς· ὅταν δὲ γεννήσῃ τὸ παιδίον, οὐκέτι μνημονεύει τῆς θλίψεως διὰ τὴν χαρὰν ὅτι ἐγεννήθη ἄνθρωπος εἰς τὸν κόσμον. **22** καὶ ὑμεῖς οὖν νῦν μὲν λύπην ἔχετε· πάλιν δὲ ὄψομαι ὑμᾶς, καὶ χαρήσεται ὑμῶν ἡ καρδία, καὶ τὴν χαρὰν ὑμῶν οὐδεὶς αἴρει ἀφ' ὑμῶν.

23 Καὶ ἐν ἐκείνῃ τῇ ἡμέρᾳ ἐμὲ οὐκ ἐρωτήσετε οὐδέν. ἀμὴν ἀμὴν λέγω ὑμῖν, ἄν τι αἰτήσητε τὸν πατέρα ἐν τῷ ὀνόματί μου δώσει ὑμῖν⁵. **24** ἕως ἄρτι οὐκ ᾐτήσατε οὐδὲν ἐν τῷ ὀνόματί μου· αἰτεῖτε καὶ λήμψεσθε, ἵνα ἡ χαρὰ ὑμῶν ᾖ πεπληρωμένη.

I Have Overcome the World

25 Ταῦτα ἐν παροιμίαις λελάληκα ὑμῖν· ἔρχεται ὥρα ὅτε οὐκέτι ἐν παροιμίαις λαλήσω ὑμῖν, ἀλλὰ παρρησίᾳ περὶ τοῦ πατρὸς ἀπαγγελῶ ὑμῖν. **26** ἐν ἐκείνῃ τῇ ἡμέρᾳ ἐν τῷ ὀνόματί μου αἰτήσεσθε, καὶ οὐ λέγω ὑμῖν ὅτι ἐγὼ ἐρωτήσω τὸν πατέρα περὶ ὑμῶν· **27** αὐτὸς γὰρ ὁ πατὴρ φιλεῖ ὑμᾶς, ὅτι ὑμεῖς ἐμὲ πεφι-

---

⁴**18** {C} ὃ λέγει 01² 02 03 05² 019 037 038 044 068 0233 0250 28 33 157 180 205 597 700 892^supp 1006 1010 1071 1241 1243 1292 1342 1424 1505 *Byz* [07 011 013 022] lat^vl-pt, vg sy co^bo, ly, pbo eth Origen Cyril^lem ∥ *omit* 𝔓⁵ 𝔓⁶⁶ 01* 05* 032 *f*¹³ 1 565 579 lat^vl-pt cpa co^sa

⁵**23** {C} ἐν τῷ ὀνόματί μου δώσει ὑμῖν 𝔓²²vid 02 04³ 05 032 038 044 0141 *f*¹³ 1 28 (33 δέῃ) 157 180 565 579 597 700 892^supp 1006 1010 1071 1241 (1243 ποιήσει *for* δώσει) 1292 1342 1424 1505 *Byz* [07 011 013 (022)] lat^vl-pt, vg (lat^vl-pt δοθήσεται) sy cpa co^bo, pbo (eth) ∥ δώσει ὑμῖν ἐν τῷ ὀνόματί μου 𝔓⁵vid 01 03 04* 019 037 co^sa, ly Origen Cyril ∥ δώσει ὑμῖν 205

λήκατε καὶ πεπιστεύκατε ὅτι ἐγὼ παρὰ [τοῦ] θεοῦ⁶ ἐξῆλθον. **28** ἐξῆλθον παρὰ τοῦ πατρὸς καὶ ἐλήλυθα εἰς τὸν κόσμον· πάλιν ἀφίημι τὸν κόσμον καὶ πορεύομαι πρὸς τὸν πατέρα.

29 Λέγουσιν οἱ μαθηταὶ αὐτοῦ· ἴδε νῦν ἐν παρρησίᾳ λαλεῖς καὶ παροιμίαν οὐδεμίαν λέγεις. **30** νῦν οἴδαμεν ὅτι οἶδας πάντα καὶ οὐ χρείαν ἔχεις ἵνα τίς σε ἐρωτᾷ· ἐν τούτῳ πιστεύομεν ὅτι ἀπὸ θεοῦ ἐξῆλθες. **31** ἀπεκρίθη αὐτοῖς Ἰησοῦς· ἄρτι πιστεύετε; **32** ἰδοὺ ἔρχεται ὥρα καὶ ἐλήλυθεν ἵνα σκορπισθῆτε ἕκαστος εἰς τὰ ἴδια κἀμὲ μόνον ἀφῆτε· καὶ οὐκ εἰμὶ μόνος, ὅτι ὁ πατὴρ μετ' ἐμοῦ ἐστιν. **33** ταῦτα λελάληκα ὑμῖν ἵνα ἐν ἐμοὶ εἰρήνην ἔχητε. ἐν τῷ κόσμῳ θλῖψιν ἔχετε· ἀλλὰ θαρσεῖτε, ἐγὼ νενίκηκα τὸν κόσμον.

Jesus' Prayer for the Disciples

17 Ταῦτα ἐλάλησεν Ἰησοῦς καὶ ἐπάρας τοὺς ὀφθαλμοὺς αὐτοῦ εἰς τὸν οὐρανὸν εἶπεν· πάτερ, ἐλήλυθεν ἡ ὥρα· δόξασόν σου τὸν υἱόν, ἵνα ὁ υἱὸς δοξάσῃ σέ, **2** καθὼς ἔδωκας αὐτῷ ἐξουσίαν πάσης σαρκός, ἵνα πᾶν ὃ δέδωκας αὐτῷ δώσῃ αὐτοῖς ζωὴν αἰώνιον. **3** αὕτη δέ ἐστιν ἡ αἰώνιος ζωὴ ἵνα γινώσκωσιν σὲ τὸν μόνον ἀληθινὸν θεὸν καὶ ὃν ἀπέστειλας Ἰησοῦν Χριστόν. **4** ἐγώ σε ἐδόξασα ἐπὶ τῆς γῆς τὸ ἔργον τελειώσας ὃ δέδωκάς μοι ἵνα ποιήσω· **5** καὶ νῦν δόξασόν με σύ, πάτερ, παρὰ σεαυτῷ τῇ δόξῃ ᾗ εἶχον πρὸ τοῦ τὸν κόσμον εἶναι παρὰ σοί.

6 Ἐφανέρωσά σου τὸ ὄνομα τοῖς ἀνθρώποις οὕς ἔδωκάς μοι ἐκ τοῦ κόσμου. σοὶ ἦσαν κἀμοὶ αὐτοὺς ἔδωκας καὶ τὸν λόγον σου τετήρηκαν. **7** νῦν ἔγνωκαν ὅτι πάντα ὅσα δέδωκάς μοι παρὰ σοῦ εἰσιν· **8** ὅτι τὰ ῥήματα ἃ ἔδωκάς μοι δέδωκα αὐτοῖς, καὶ αὐτοὶ ἔλαβον καὶ ἔγνωσαν ἀληθῶς ὅτι παρὰ σοῦ ἐξῆλθον, καὶ ἐπίστευσαν ὅτι σύ με ἀπέστειλας.

9 Ἐγὼ περὶ αὐτῶν ἐρωτῶ, οὐ περὶ τοῦ κόσμου ἐρωτῶ ἀλλὰ περὶ ὧν δέδωκάς μοι, ὅτι σοί εἰσιν, **10** καὶ τὰ ἐμὰ πάντα σά

---

⁶**27** {C} τοῦ θεοῦ 04³ 032 037 044 *f*¹ *f*¹³ 28 157 180 205 565 597 700 892^supp 1006 1010 1071 1241 1243 1292 1342 1424 1505 *Byz* [07 011 013] Chrysostom ∥ θεοῦ 𝔓⁵ 01*, 2b 02 022 038 33 579 (θεοῦ *or* τοῦ θεοῦ lat^vl-pt, vg sy cpa eth) Tertullian Origen^lat ∥ τοῦ πατρός (*see* 16.28) (01^2a *omit* τοῦ) 03 04* 05 019 0141 lat^vl-pt co Cyril ∥ *a deo patre* lat^vl-pt

ἐστιν καὶ τὰ σὰ ἐμά, καὶ δεδόξασμαι ἐν αὐτοῖς. **11** καὶ οὐκέτι εἰμὶ ἐν τῷ κόσμῳ, καὶ αὐτοὶ ἐν τῷ κόσμῳ εἰσίν, κἀγὼ πρὸς σὲ ἔρχομαι. πάτερ ἅγιε, τήρησον αὐτοὺς ἐν τῷ ὀνόματί σου ᾧ δέδωκάς μοι[1], ἵνα ὦσιν ἓν καθὼς ἡμεῖς. **12** ὅτε ἤμην μετ᾽ αὐτῶν ἐγὼ ἐτήρουν αὐτοὺς ἐν τῷ ὀνόματί σου ᾧ δέδωκάς μοι, καὶ[2] ἐφύλαξα, καὶ οὐδεὶς ἐξ αὐτῶν ἀπώλετο εἰ μὴ ὁ υἱὸς τῆς ἀπωλείας, ἵνα ἡ γραφὴ πληρωθῇ. **13** νῦν δὲ πρὸς σὲ ἔρχομαι καὶ ταῦτα λαλῶ ἐν τῷ κόσμῳ ἵνα ἔχωσιν τὴν χαρὰν τὴν ἐμὴν πεπληρωμένην ἐν ἑαυτοῖς. **14** ἐγὼ δέδωκα αὐτοῖς τὸν λόγον σου καὶ ὁ κόσμος ἐμίσησεν αὐτούς, ὅτι οὐκ εἰσὶν ἐκ τοῦ κόσμου καθὼς ἐγὼ οὐκ εἰμὶ ἐκ τοῦ κόσμου. **15** οὐκ ἐρωτῶ ἵνα ἄρῃς αὐτοὺς ἐκ τοῦ κόσμου, ἀλλ᾽ ἵνα τηρήσῃς αὐτοὺς ἐκ τοῦ πονηροῦ. **16** ἐκ τοῦ κόσμου οὐκ εἰσὶν καθὼς ἐγὼ οὐκ εἰμὶ ἐκ τοῦ κόσμου. **17** ἁγίασον αὐτοὺς ἐν τῇ ἀληθείᾳ· ὁ λόγος ὁ σὸς ἀλήθειά ἐστιν. **18** καθὼς ἐμὲ ἀπέστειλας εἰς τὸν κόσμον, κἀγὼ ἀπέστειλα αὐτοὺς εἰς τὸν κόσμον· **19** καὶ ὑπὲρ αὐτῶν ἐγὼ ἁγιάζω ἐμαυτόν, ἵνα ὦσιν καὶ αὐτοὶ ἡγιασμένοι ἐν ἀληθείᾳ.

20 Οὐ περὶ τούτων δὲ ἐρωτῶ μόνον, ἀλλὰ καὶ περὶ τῶν πιστευόντων διὰ τοῦ λόγου αὐτῶν εἰς ἐμέ, **21** ἵνα πάντες ἓν ὦσιν, καθὼς σύ, πάτερ, ἐν ἐμοὶ κἀγὼ ἐν σοί, ἵνα καὶ αὐτοὶ ἐν ἡμῖν ὦσιν[3], ἵνα ὁ κόσμος πιστεύῃ ὅτι σύ με ἀπέστειλας. **22** κἀγὼ τὴν δόξαν ἣν δέδωκάς μοι δέδωκα αὐτοῖς, ἵνα ὦσιν ἓν

---

[1]**11** {B} ᾧ δέδωκάς μοι (see 17.12) 𝔓⁶⁰ 02 03 04 037 038 044 0141 *f*¹³ 1 28 180 565ˢᵘᵖᵖ 579 597 700 1006 1010 1071 1241 1243 1292 1342 *Byz* [07 011 013] Athanasius Cyrilᵖᵗ ∥ ὃ δέδωκάς μοι 05* 157 1424 latᵛˡ⁻ᵖᵗ (ᾧ *or* ὃ δέδωκάς μοι syᵖ·ʰ cpa coˢᵃ⁻ᵐˢˢ,ᵇᵒ,ᵖᵇᵒ) ∥ ᾧ ἔδωκάς μοι 𝔓⁶⁶ᵛⁱᵈ 𝔓¹⁰⁷ 01 019 032 ∥ οὓς δέδωκάς μοι (see 17.12 *v. r.*) 05¹ (022ᶜ ἔδωκάς) 205 1505 *TR* latᵛˡ⁻ᵖᵗ,ᵛᵍ coˢᵃ⁻ᵐˢˢ eth Athanasiusᵐˢ Cyrilᵖᵗ ∥ οὔ ἔδωκάς μοι 022* ∥ *omit* ᾧ δέδωκας … ἡμεῖς latᵛˡ⁻ᵖᵗ syˢ coˡʸ

[2]**12** {C} ᾧ δέδωκάς μοι, καί (see 17.11) (01² ὃ *for* ᾧ) 03 (04* 032 579 ἔδωκας) 019 33 cpa co Cyril ∥ οὓς δέδωκάς μοι 02 (04³ 022ᶜ ἔδωκας) 05 037 038 044 0141 *f*¹ *f*¹³ 28 157 180 205 565ˢᵘᵖᵖ 597 700 (892ˢᵘᵖᵖ μοι, καί) 1006 1010 1071 1241 1243 1292 1342 1424 1505 *Byz* [07 011 013] latᵛˡ⁻ᵖᵗ (latᵛˡ⁻ᵖᵗ μοι, καί) syᵖ·ʰ eth Origenˡᵃᵗ ∥ καὶ οὕς ἔδωκας μοι 022* ∥ καί 𝔓⁶⁶* (𝔓⁶⁶ᶜ *illegible*) 01* (syˢ)

[3]**21** {B} ὦσιν 𝔓⁶⁶ᵛⁱᵈ 03 04* 05 032 latᵛˡ⁻ᵖᵗ syˢ coˢᵃ,ᵇᵒ⁻ᵐˢ,ˡʸ,ᵖᵇᵒ Eusebiusᵖᵗ ∥ ἓν ὦσιν 01 02 04³ 019 037 038 044 0141 *f*¹ *f*¹³ 28 33 157 180 205 565 579 597 700 892ˢᵘᵖᵖ 1006 1010 1071 1241 1243 1292 1342 1424 1505 *Byz* [07 011 013 022] latᵛˡ⁻ᵖᵗ,ᵛᵍ syᵖ·ʰ cpa coᵇᵒ eth Clement Origenᵍʳ·ˡᵃᵗ Eusebiusᵖᵗ Athanasius Basil Gregory-Nyssa Cyril

καθὼς ἡμεῖς ἕν· 23 ἐγὼ ἐν αὐτοῖς καὶ σὺ ἐν ἐμοί, ἵνα ὦσιν τετελειωμένοι εἰς ἕν, ἵνα γινώσκῃ ὁ κόσμος ὅτι σύ με ἀπέστειλας καὶ ἠγάπησας αὐτοὺς καθὼς ἐμὲ ἠγάπησας.

24 Πάτερ, ὃ δέδωκάς μοι[4], θέλω ἵνα ὅπου εἰμὶ ἐγὼ κἀκεῖνοι ὦσιν μετ᾽ ἐμοῦ, ἵνα θεωρῶσιν τὴν δόξαν τὴν ἐμήν, ἣν δέδωκάς μοι ὅτι ἠγάπησάς με πρὸ καταβολῆς κόσμου. 25 πάτερ δίκαιε, καὶ ὁ κόσμος σε οὐκ ἔγνω, ἐγὼ δέ σε ἔγνων, καὶ οὗτοι ἔγνωσαν ὅτι σύ με ἀπέστειλας· 26 καὶ ἐγνώρισα αὐτοῖς τὸ ὄνομά σου καὶ γνωρίσω, ἵνα ἡ ἀγάπη ἣν ἠγάπησάς με ἐν αὐτοῖς ᾖ κἀγὼ ἐν αὐτοῖς.

The Betrayal and Arrest of Jesus (Mt 26.47-56; Mk 14.43-50; Lk 22.47-53)

18 Ταῦτα εἰπὼν Ἰησοῦς ἐξῆλθεν σὺν τοῖς μαθηταῖς αὐτοῦ πέραν τοῦ χειμάρρου τοῦ Κεδρὼν[1] ὅπου ἦν κῆπος, εἰς ὃν εἰσῆλθεν αὐτὸς καὶ οἱ μαθηταὶ αὐτοῦ.

2 Ἤιδει δὲ καὶ Ἰούδας ὁ παραδιδοὺς αὐτὸν τὸν τόπον, ὅτι πολλάκις συνήχθη Ἰησοῦς ἐκεῖ μετὰ τῶν μαθητῶν αὐτοῦ. 3 ὁ οὖν Ἰούδας λαβὼν τὴν σπεῖραν καὶ ἐκ τῶν ἀρχιερέων καὶ ἐκ τῶν Φαρισαίων ὑπηρέτας ἔρχεται ἐκεῖ μετὰ φανῶν καὶ λαμπάδων καὶ ὅπλων. 4 Ἰησοῦς οὖν εἰδὼς πάντα τὰ ἐρχόμενα ἐπ᾽ αὐτὸν ἐξῆλθεν καὶ λέγει αὐτοῖς· τίνα ζητεῖτε; 5 ἀπεκρίθησαν αὐτῷ· Ἰησοῦν τὸν Ναζωραῖον. λέγει αὐτοῖς· ἐγώ εἰμι.[2] εἱστήκει δὲ καὶ Ἰούδας ὁ παραδιδοὺς αὐτὸν μετ᾽ αὐτῶν. 6 ὡς οὖν εἶπεν αὐτοῖς· ἐγώ εἰμι, ἀπῆλθον εἰς τὰ ὀπίσω καὶ ἔπεσαν χαμαί. 7 πάλιν οὖν ἐπηρώτησεν αὐτούς· τίνα ζητεῖτε; οἱ δὲ εἶπαν· Ἰησοῦν τὸν Ναζωραῖον. 8 ἀπεκρίθη Ἰησοῦς· εἶπον ὑμῖν ὅτι ἐγώ εἰμι. εἰ οὖν

---

[4]24 {B} ὃ δέδωκάς μοι 𝔓[60] 01 03 05 032 579 lat[vl-pt] sy[s] cpa co[bo] ∥ οὓς δέδωκάς μοι (02 ἔδωκας) 04 019 037 (038 οὖ) 044 0141 f[1] f[13] 28 33 157 180 205 565 597 700 892[supp] 1006 1010 1071 1241 1243 1292 1342 1424 1505 Byz [07 011 013 022] lat[vl-pt, vg] sy[p, h] co[sa, pbo] eth (Clement) Eusebius Basil Cyril ∥ omit Origen[lat]

[1]1 {B} τοῦ Κεδρὼν 02 037 lat[vl-pt, vg] ∥ τοῦ Κέδρου 01* 05 032 lat[vl-pt] ∥ τῶν Κεδρῶν 01[2] 03 04 019 038 044 f[1] f[13] 33 565 579 700 892[supp] 1241 1424 Byz [07 011 013 022]

[2]5 {C} ἐγώ εἰμι. 𝔓[60] 05 lat[vl-pt] sy[s] cpa[ms] co[pbo] Origen[gr, lat] ∥ ὁ Ἰησοῦς· ἐγώ εἰμι. (01 omit ὁ) 02 04 019 032 037 038 044 0141 0250 f[1] f[13] 28 33 157 180 205 565 579 597 700 892[supp] 1006 1010 1071 1241 1243 1292 1342 1424 1505 Byz [07 011 022] lat[vl-pt, vg] sy[p, h] (cpa[mss]) co[sa, bo] eth[pp] Cyril ∥ ἐγώ εἰμι Ἰησοῦς. 03 lat[vl-pt]?

ἐμὲ ζητεῖτε, ἄφετε τούτους ὑπάγειν· 9 ἵνα πληρωθῇ ὁ λόγος
ὃν εἶπεν ὅτι οὓς δέδωκάς μοι οὐκ ἀπώλεσα ἐξ αὐτῶν οὐδένα.
10 Σίμων οὖν Πέτρος ἔχων μάχαιραν εἵλκυσεν αὐτὴν καὶ ἔπαι-
σεν τὸν τοῦ ἀρχιερέως δοῦλον καὶ ἀπέκοψεν αὐτοῦ τὸ ὠτά-
ριον τὸ δεξιόν· ἦν δὲ ὄνομα τῷ δούλῳ Μάλχος. 11 εἶπεν οὖν ὁ
Ἰησοῦς τῷ Πέτρῳ· βάλε τὴν μάχαιραν εἰς τὴν θήκην· τὸ ποτή-
ριον ὃ δέδωκέν μοι ὁ πατὴρ οὐ μὴ πίω αὐτό;

Jesus before the High Priest (Mt 26.57-58; Mk 14.53-54; Lk 22.54)

12 Ἡ οὖν σπεῖρα καὶ ὁ χιλίαρχος καὶ οἱ ὑπηρέται τῶν
Ἰουδαίων συνέλαβον τὸν Ἰησοῦν καὶ ἔδησαν αὐτὸν 13 ³καὶ
ἤγαγον πρὸς Ἄνναν πρῶτον· ἦν γὰρ πενθερὸς τοῦ Καϊάφα,
ὃς ἦν ἀρχιερεὺς τοῦ ἐνιαυτοῦ ἐκείνου· 14 ἦν δὲ Καϊάφας ὁ
συμβουλεύσας τοῖς Ἰουδαίοις ὅτι συμφέρει ἕνα ἄνθρωπον
ἀποθανεῖν ὑπὲρ τοῦ λαοῦ.

Peter's Denial of Jesus (Mt 26.69-70; Mk 14.66-68; Lk 22.55-57)

15 Ἠκολούθει δὲ τῷ Ἰησοῦ Σίμων Πέτρος καὶ ἄλλος μαθητής. ὁ
δὲ μαθητὴς ἐκεῖνος ἦν γνωστὸς τῷ ἀρχιερεῖ καὶ συνεισῆλθεν τῷ
Ἰησοῦ εἰς τὴν αὐλὴν τοῦ ἀρχιερέως, 16 ὁ δὲ Πέτρος εἱστήκει
πρὸς τῇ θύρᾳ ἔξω. ἐξῆλθεν οὖν ὁ μαθητὴς ὁ ἄλλος ὁ γνωστὸς
τοῦ ἀρχιερέως καὶ εἶπεν τῇ θυρωρῷ καὶ εἰσήγαγεν τὸν Πέτρον.
17 λέγει οὖν τῷ Πέτρῳ ἡ παιδίσκη ἡ θυρωρός· μὴ καὶ σὺ ἐκ
τῶν μαθητῶν εἶ τοῦ ἀνθρώπου τούτου; λέγει ἐκεῖνος· οὐκ εἰμί.
18 εἱστήκεισαν δὲ οἱ δοῦλοι καὶ οἱ ὑπηρέται ἀνθρακιὰν πεποι-
ηκότες, ὅτι ψῦχος ἦν, καὶ ἐθερμαίνοντο· ἦν δὲ καὶ ὁ Πέτρος μετ'
αὐτῶν ἑστὼς καὶ θερμαινόμενος.

---

³13-27 {A} *verses 13-27 in this sequence* 𝔓⁶⁰ 𝔓⁶⁶ 01 02 03 04 05 (05ˢᵘᵖᵖ *verses 14-27*) 019 032 037 038 044 0141 0250ᵛⁱᵈ *f*¹ *f*¹³ 28 33 157 180 205 565 579 597 700 892ˢᵘᵖᵖ 1006 1010 1071 1241 1243 1292 1342 1424 1505 *Byz* [07 011ˢᵘᵖᵖ 022] lat syᵖ, ʰ cpaᵐˢˢ co eth Chrysostom Cyrilˡᵉᵐ ∥ *verses 13, 24, 14-15, 19-23, 16-18, 25b-27* syˢ ∥ *verses 13, 24, 14-23, 24 (second time), 25-27* 1195 syʰᵐᵍ cpaᵐˢ Cyrilᶜᵒᵐ ∥ *verses 13a, 24, 13b-23, 24 (second time), 25-27* 225

The High Priest Questions Jesus (Mt 26.59-66; Mk 14.55-64; Lk 22.66-71)

19 Ὁ οὖν ἀρχιερεὺς ἠρώτησεν τὸν Ἰησοῦν περὶ τῶν μαθητῶν αὐτοῦ καὶ περὶ τῆς διδαχῆς αὐτοῦ. **20** ἀπεκρίθη αὐτῷ Ἰησοῦς· ἐγὼ παρρησίᾳ λελάληκα τῷ κόσμῳ, ἐγὼ πάντοτε ἐδίδαξα ἐν συναγωγῇ καὶ ἐν τῷ ἱερῷ, ὅπου πάντες[4] οἱ Ἰουδαῖοι συνέρχονται, καὶ ἐν κρυπτῷ ἐλάλησα οὐδέν. **21** τί με ἐρωτᾷς; ἐρώτησον τοὺς ἀκηκοότας τί ἐλάλησα αὐτοῖς· ἴδε οὗτοι οἴδασιν ἃ εἶπον ἐγώ. **22** ταῦτα δὲ αὐτοῦ εἰπόντος εἷς παρεστηκὼς τῶν ὑπηρετῶν ἔδωκεν ῥάπισμα τῷ Ἰησοῦ εἰπών· οὕτως ἀποκρίνῃ τῷ ἀρχιερεῖ; **23** ἀπεκρίθη αὐτῷ Ἰησοῦς· εἰ κακῶς ἐλάλησα, μαρτύρησον περὶ τοῦ κακοῦ· εἰ δὲ καλῶς, τί με δέρεις; **24** ἀπέστειλεν οὖν αὐτὸν ὁ Ἅννας δεδεμένον πρὸς Καϊάφαν τὸν ἀρχιερέα.

Peter Denies Jesus Again (Mt 26.71-75; Mk 14.69-72; Lk 22.58-62)

25 Ἦν δὲ Σίμων Πέτρος ἑστὼς καὶ θερμαινόμενος. εἶπον οὖν αὐτῷ· μὴ καὶ σὺ ἐκ τῶν μαθητῶν αὐτοῦ εἶ; ἠρνήσατο ἐκεῖνος καὶ εἶπεν· οὐκ εἰμί. **26** λέγει εἷς ἐκ τῶν δούλων τοῦ ἀρχιερέως, συγγενὴς ὢν οὗ ἀπέκοψεν Πέτρος τὸ ὠτίον· οὐκ ἐγώ σε εἶδον ἐν τῷ κήπῳ μετ' αὐτοῦ; **27** πάλιν οὖν ἠρνήσατο Πέτρος, καὶ εὐθέως ἀλέκτωρ ἐφώνησεν.

Jesus before Pilate (Mt 27.1-2, 11-14; Mk 15.1-5; Lk 23.1-5)

28 Ἄγουσιν οὖν τὸν Ἰησοῦν ἀπὸ τοῦ Καϊάφα εἰς τὸ πραιτώριον· ἦν δὲ πρωΐ· καὶ αὐτοὶ οὐκ εἰσῆλθον εἰς τὸ πραιτώριον, ἵνα μὴ μιανθῶσιν ἀλλὰ φάγωσιν τὸ πάσχα. **29** ἐξῆλθεν οὖν ὁ Πιλᾶτος ἔξω πρὸς αὐτοὺς καὶ φησίν· τίνα κατηγορίαν φέρετε [κατὰ] τοῦ ἀνθρώπου τούτου; **30** ἀπεκρίθησαν καὶ εἶπαν αὐτῷ· εἰ μὴ ἦν οὗτος κακὸν ποιῶν[5], οὐκ ἄν σοι παρεδώκαμεν αὐτόν. **31** εἶπεν οὖν αὐτοῖς ὁ Πιλᾶτος· λάβετε αὐτὸν ὑμεῖς καὶ κατὰ τὸν νόμον

---

[4] **20** {B} πάντες 01 02 03 04* 019 022 032 038 f^1 f^{13} 33 565 579 lat[vl-pt, vg] sy[s, p] co Origen[lat] ⫽ πάντοτε 04³ 05[supp] 037 044 700 892[supp] 1241 1424 *Byz* [07 011 013] lat[vl-pt] sy[h]

[5] **30** {B} κακὸν ποιῶν 01² (01* κακὸν ποιήσας) 03 019 032 lat[vl-pt] ⫽ κακοποιῶν 04* 044 33 lat[vl-pt] Cyril[pt] ⫽ κακοποιός 02 04³ 05[supp] 037 038 087 0141 f^1 f^{13} 28 157 180 205 565 579 597 700 892[supp] 1006 1010 1071 1241 1243 1292 1342 1424 1505 *Byz* [07 011 013 022] lat[vl-pt, vg] Chrysostom Cyril[pt]

ὑμῶν κρίνατε αὐτόν. εἶπον αὐτῷ οἱ Ἰουδαῖοι· ἡμῖν οὐκ ἔξεστιν ἀποκτεῖναι οὐδένα· 32 ἵνα ὁ λόγος τοῦ Ἰησοῦ πληρωθῇ ὃν εἶπεν σημαίνων ποίῳ θανάτῳ ἤμελλεν ἀποθνῄσκειν.

33 Εἰσῆλθεν οὖν πάλιν εἰς τὸ πραιτώριον ὁ Πιλᾶτος καὶ ἐφώνησεν τὸν Ἰησοῦν καὶ εἶπεν αὐτῷ· σὺ εἶ ὁ βασιλεὺς τῶν Ἰουδαίων; 34 ἀπεκρίθη Ἰησοῦς· ἀπὸ σεαυτοῦ σὺ τοῦτο λέγεις ἢ ἄλλοι εἶπόν σοι περὶ ἐμοῦ; 35 ἀπεκρίθη ὁ Πιλᾶτος· μήτι ἐγὼ Ἰουδαῖός εἰμι; τὸ ἔθνος τὸ σὸν καὶ οἱ ἀρχιερεῖς παρέδωκάν σε ἐμοί· τί ἐποίησας; 36 ἀπεκρίθη Ἰησοῦς· ἡ βασιλεία ἡ ἐμὴ οὐκ ἔστιν ἐκ τοῦ κόσμου τούτου· εἰ ἐκ τοῦ κόσμου τούτου ἦν ἡ βασιλεία ἡ ἐμή, οἱ ὑπηρέται οἱ ἐμοὶ ἠγωνίζοντο [ἂν] ἵνα μὴ παραδοθῶ τοῖς Ἰουδαίοις· νῦν δὲ ἡ βασιλεία ἡ ἐμὴ οὐκ ἔστιν ἐντεῦθεν. 37 εἶπεν οὖν αὐτῷ ὁ Πιλᾶτος· οὐκοῦν βασιλεὺς εἶ σύ; ἀπεκρίθη ὁ Ἰησοῦς· σὺ λέγεις ὅτι βασιλεύς εἰμι. ἐγὼ εἰς τοῦτο γεγέννημαι καὶ εἰς τοῦτο ἐλήλυθα εἰς τὸν κόσμον, ἵνα μαρτυρήσω τῇ ἀληθείᾳ· πᾶς ὁ ὢν ἐκ τῆς ἀληθείας ἀκούει μου τῆς φωνῆς. 38 λέγει αὐτῷ ὁ Πιλᾶτος· τί ἐστιν ἀλήθεια;

Jesus Sentenced to Death (Mt 27.15-31; Mk 15.6-20; Lk 23.13-25)

Καὶ τοῦτο εἰπὼν πάλιν ἐξῆλθεν πρὸς τοὺς Ἰουδαίους καὶ λέγει αὐτοῖς· ἐγὼ οὐδεμίαν εὑρίσκω ἐν αὐτῷ αἰτίαν. 39 ἔστιν δὲ συνήθεια ὑμῖν ἵνα ἕνα ἀπολύσω ὑμῖν ἐν τῷ πάσχα· βούλεσθε οὖν ἀπολύσω ὑμῖν τὸν βασιλέα τῶν Ἰουδαίων; 40 ἐκραύγασαν οὖν πάλιν⁶ λέγοντες· μὴ τοῦτον ἀλλὰ τὸν Βαραββᾶν. ἦν δὲ ὁ Βαραββᾶς λῃστής.

19 Τότε οὖν ἔλαβεν ὁ Πιλᾶτος τὸν Ἰησοῦν καὶ ἐμαστίγωσεν. 2 καὶ οἱ στρατιῶται πλέξαντες στέφανον ἐξ ἀκανθῶν ἐπέθηκαν αὐτοῦ τῇ κεφαλῇ καὶ ἱμάτιον πορφυροῦν περιέβαλον αὐτὸν 3 καὶ ἤρχοντο πρὸς αὐτὸν καὶ ἔλεγον· χαῖρε ὁ βασιλεὺς τῶν Ἰουδαίων· καὶ ἐδίδοσαν αὐτῷ ῥαπίσματα. 4 καὶ ἐξῆλθεν πάλιν ἔξω ὁ Πιλᾶτος καὶ λέγει αὐτοῖς· ἴδε ἄγω ὑμῖν αὐτὸν ἔξω, ἵνα γνῶτε ὅτι οὐδεμίαν αἰτίαν εὑρίσκω ἐν αὐτῷ. 5 ἐξῆλθεν οὖν

---

⁶**40** {B} πάλιν 𝔓⁶⁰ 01 03 019 032 0109 579 // πάντες 𝔓⁶⁶vid 022 044 f^1 f^{13} 33 565 700 lat^{vl-pt} sy^p co^{sa, bo, pbo} // πάλιν πάντες 02 (05^{supp}) 037 038 892^{supp} 1424 Byz [07 011 013 022] lat^{vl-pt, vg} sy^h // omit 1241 co^{ly}

ὁ Ἰησοῦς ἔξω, φορῶν τὸν ἀκάνθινον στέφανον καὶ τὸ πορφυροῦν ἱμάτιον. καὶ λέγει αὐτοῖς· ἰδοὺ ὁ ἄνθρωπος. 6 Ὅτε οὖν εἶδον αὐτὸν οἱ ἀρχιερεῖς καὶ οἱ ὑπηρέται ἐκραύγασαν λέγοντες· σταύρωσον σταύρωσον. λέγει αὐτοῖς ὁ Πιλᾶτος· λάβετε αὐτὸν ὑμεῖς καὶ σταυρώσατε· ἐγὼ γὰρ οὐχ εὑρίσκω ἐν αὐτῷ αἰτίαν. 7 ἀπεκρίθησαν αὐτῷ οἱ Ἰουδαῖοι· ἡμεῖς νόμον ἔχομεν καὶ κατὰ τὸν νόμον ὀφείλει ἀποθανεῖν, ὅτι υἱὸν θεοῦ ἑαυτὸν ἐποίησεν. 8 ὅτε οὖν ἤκουσεν ὁ Πιλᾶτος τοῦτον τὸν λόγον, μᾶλλον ἐφοβήθη, 9 καὶ εἰσῆλθεν εἰς τὸ πραιτώριον πάλιν καὶ λέγει τῷ Ἰησοῦ· πόθεν εἶ σύ; ὁ δὲ Ἰησοῦς ἀπόκρισιν οὐκ ἔδωκεν αὐτῷ. 10 λέγει οὖν αὐτῷ ὁ Πιλᾶτος· ἐμοὶ οὐ λαλεῖς; οὐκ οἶδας ὅτι ἐξουσίαν ἔχω ἀπολῦσαί σε καὶ ἐξουσίαν ἔχω σταυρῶσαί σε; 11 ἀπεκρίθη [αὐτῷ] Ἰησοῦς· οὐκ εἶχες ἐξουσίαν κατ' ἐμοῦ οὐδεμίαν εἰ μὴ ἦν δεδομένον σοι ἄνωθεν· διὰ τοῦτο ὁ παραδούς μέ σοι μείζονα ἁμαρτίαν ἔχει. 12 ἐκ τούτου ὁ Πιλᾶτος ἐζήτει ἀπολῦσαι αὐτόν· οἱ δὲ Ἰουδαῖοι ἐκραύγασαν λέγοντες· ἐὰν τοῦτον ἀπολύσῃς, οὐκ εἶ φίλος τοῦ Καίσαρος· πᾶς ὁ βασιλέα ἑαυτὸν ποιῶν ἀντιλέγει τῷ Καίσαρι. 13 ὁ οὖν Πιλᾶτος ἀκούσας τῶν λόγων τούτων ἤγαγεν ἔξω τὸν Ἰησοῦν καὶ ἐκάθισεν ἐπὶ βήματος εἰς τόπον λεγόμενον Λιθόστρωτον, Ἑβραϊστὶ δὲ Γαββαθα. 14 ἦν δὲ παρασκευὴ τοῦ πάσχα, ὥρα ἦν ὡς ἕκτη. καὶ λέγει τοῖς Ἰουδαίοις· ἴδε ὁ βασιλεὺς ὑμῶν. 15 ἐκραύγασαν οὖν ἐκεῖνοι· ἆρον ἆρον, σταύρωσον αὐτόν. λέγει αὐτοῖς ὁ Πιλᾶτος· τὸν βασιλέα ὑμῶν σταυρώσω; ἀπεκρίθησαν οἱ ἀρχιερεῖς· οὐκ ἔχομεν βασιλέα εἰ μὴ Καίσαρα. 16 τότε οὖν παρέδωκεν αὐτὸν αὐτοῖς ἵνα σταυρωθῇ.

The Crucifixion of Jesus (Mt 27.32-44; Mk 15.21-32; Lk 23.26-43)

Παρέλαβον οὖν τὸν Ἰησοῦν[1], 17 καὶ βαστάζων ἑαυτῷ τὸν σταυρὸν ἐξῆλθεν εἰς τὸν λεγόμενον Κρανίου Τόπον, ὃ λέγεται

---

[1] 16 {C} Παρέλαβον οὖν τὸν Ἰησοῦν 03 019 044 0141 33 lat^{vl-pt} (cpa^{mss}) co^{bo} (eth) Cyril^{lem} ∥ Παρέλαβον οὖν τὸν Ἰησοῦν καὶ ἤγαγον 05^{supp} 037 038 28^{supp} 157 (180 ἤγαγον εἰς τὸ πραιτώριον) 892^{supp} 1010 1071 1241 1243 1292 1342 1424 1505 Byz [07 013] lat^{vl-pt, vg-ms} sy^{p, h} (Chrysostom^{lem}) ∥ Παρέλαβον οὖν τὸν Ἰησοῦν καὶ ἀπήγαγον 02 TR lat^{vl-pt, vg} ∥ Οἱ δὲ παραλαβόντες τὸν Ἰησοῦν ἀπήγαγον 𝔓^{60vid} (𝔓^{66vid} f^1

Ἑβραϊστὶ Γολγοθα, **18** ὅπου αὐτὸν ἐσταύρωσαν, καὶ μετ᾽ αὐτοῦ ἄλλους δύο ἐντεῦθεν καὶ ἐντεῦθεν, μέσον δὲ τὸν Ἰησοῦν. **19** ἔγραψεν δὲ καὶ τίτλον ὁ Πιλᾶτος καὶ ἔθηκεν ἐπὶ τοῦ σταυροῦ· ἦν δὲ γεγραμμένον· Ἰησοῦς ὁ Ναζωραῖος ὁ βασιλεὺς τῶν Ἰουδαίων. **20** τοῦτον οὖν τὸν τίτλον πολλοὶ ἀνέγνωσαν τῶν Ἰουδαίων, ὅτι ἐγγὺς ἦν ὁ τόπος τῆς πόλεως ὅπου ἐσταυρώθη ὁ Ἰησοῦς· καὶ ἦν γεγραμμένον Ἑβραϊστί, Ῥωμαϊστί, Ἑλληνιστί. **21** ἔλεγον οὖν τῷ Πιλάτῳ οἱ ἀρχιερεῖς τῶν Ἰουδαίων· μὴ γράφε· ὁ βασιλεὺς τῶν Ἰουδαίων, ἀλλ᾽ ὅτι ἐκεῖνος εἶπεν· βασιλεύς εἰμι τῶν Ἰουδαίων. **22** ἀπεκρίθη ὁ Πιλᾶτος· ὃ γέγραφα, γέγραφα.

23 Οἱ οὖν στρατιῶται, ὅτε ἐσταύρωσαν τὸν Ἰησοῦν, ἔλαβον τὰ ἱμάτια αὐτοῦ καὶ ἐποίησαν τέσσαρα μέρη, ἑκάστῳ στρατιώτῃ μέρος, καὶ τὸν χιτῶνα. ἦν δὲ ὁ χιτὼν ἄραφος, ἐκ τῶν ἄνωθεν ὑφαντὸς δι᾽ ὅλου. **24** εἶπαν οὖν πρὸς ἀλλήλους· μὴ σχίσωμεν αὐτόν, ἀλλὰ λάχωμεν περὶ αὐτοῦ τίνος ἔσται· ἵνα ἡ γραφὴ πληρωθῇ [ἡ λέγουσα]·

Ps 22.18   *διεμερίσαντο τὰ ἱμάτιά μου ἑαυτοῖς*
    καὶ ἐπὶ τὸν ἱματισμόν μου ἔβαλον κλῆρον.
οἱ μὲν οὖν στρατιῶται ταῦτα ἐποίησαν.

25 Εἱστήκεισαν δὲ παρὰ τῷ σταυρῷ τοῦ Ἰησοῦ ἡ μήτηρ αὐτοῦ καὶ ἡ ἀδελφὴ τῆς μητρὸς αὐτοῦ, Μαρία[2] ἡ τοῦ Κλωπᾶ καὶ Μαρία[2] ἡ Μαγδαληνή. **26** Ἰησοῦς οὖν ἰδὼν τὴν μητέρα καὶ τὸν μαθητὴν παρεστῶτα ὃν ἠγάπα, λέγει τῇ μητρί· γύναι, ἴδε ὁ υἱός σου. **27** εἶτα λέγει τῷ μαθητῇ· ἴδε ἡ μήτηρ σου. καὶ ἀπ᾽ ἐκείνης τῆς ὥρας ἔλαβεν ὁ μαθητὴς αὐτὴν εἰς τὰ ἴδια.

---

205 565 597 αὐτόν *for* τὸν Ἰησοῦν) (01* λαβόντες *and* ἤγαγον αὐτόν) (01[2] παραλαβόντες οὖν *and* ἤγαγον αὐτόν) 022 032 579 lat^(vl-pt) ∥ Οἱ δὲ παραλαβόντες αὐτὸν ἤγαγον καὶ ἐπέθηκαν αὐτῷ τὸν σταυρόν *f*¹³ (Origen) ∥ παραλαβόντες οὖν τὸν Ἰησοῦν ἀπήγαγον εἰς τὸ πραιτώριον 700 1006 (*Lect* ἤγαγον) (cpa^(mss))
[2]**25** {B} Μαρία ... Μαρία 02 03 05^(supp) (019 *first occurrence*) 032 038 0141 *f*¹³ 69 157 180 205 579 597 700 892^(supp) 1006 1010 1071 1241 1243 1292 1342 1424 1505 *Byz* [07 013 022] lat ∥ Μαριάμ ... Μαριάμ 01 (019 *second occurrence*) 044 *f*¹ 33 565 sy^h

The Death of Jesus (Mt 27.45-56; Mk 15.33-41; Lk 23.44-49)

28 Μετὰ τοῦτο εἰδὼς ὁ Ἰησοῦς ὅτι ἤδη πάντα τετέλεσται, ἵνα τελειωθῇ ἡ γραφή, λέγει· διψῶ. **29** σκεῦος ἔκειτο ὄξους μεστόν· σπόγγον οὖν μεστὸν τοῦ ὄξους ὑσσώπῳ περιθέντες[3] προσήνεγκαν αὐτοῦ τῷ στόματι. **30** ὅτε οὖν ἔλαβεν τὸ ὄξος ὁ Ἰησοῦς εἶπεν· τετέλεσται, καὶ κλίνας τὴν κεφαλὴν παρέδωκεν τὸ πνεῦμα.

The Piercing of Jesus' Side

31 Οἱ οὖν Ἰουδαῖοι, ἐπεὶ παρασκευὴ ἦν, ἵνα μὴ μείνῃ ἐπὶ τοῦ σταυροῦ τὰ σώματα ἐν τῷ σαββάτῳ, ἦν γὰρ μεγάλη ἡ ἡμέρα ἐκείνου τοῦ σαββάτου, ἠρώτησαν τὸν Πιλᾶτον ἵνα κατεαγῶσιν αὐτῶν τὰ σκέλη καὶ ἀρθῶσιν. **32** ἦλθον οὖν οἱ στρατιῶται καὶ τοῦ μὲν πρώτου κατέαξαν τὰ σκέλη καὶ τοῦ ἄλλου τοῦ συσταυρωθέντος αὐτῷ· **33** ἐπὶ δὲ τὸν Ἰησοῦν ἐλθόντες, ὡς εἶδον ἤδη αὐτὸν τεθνηκότα, οὐ κατέαξαν αὐτοῦ τὰ σκέλη, **34** ἀλλ' εἷς τῶν στρατιωτῶν λόγχῃ αὐτοῦ τὴν πλευρὰν ἔνυξεν, καὶ ἐξῆλθεν εὐθὺς αἷμα καὶ ὕδωρ. **35** καὶ ὁ ἑωρακὼς μεμαρτύρηκεν, καὶ ἀληθινὴ αὐτοῦ ἐστιν ἡ μαρτυρία, καὶ ἐκεῖνος οἶδεν ὅτι ἀληθῆ λέγει, ἵνα καὶ ὑμεῖς πιστεύ[σ]ητε. **36** ἐγένετο γὰρ ταῦτα ἵνα ἡ γραφὴ πληρωθῇ· *ὀστοῦν οὐ συντριβήσεται αὐτοῦ.* **37** καὶ πάλιν ἑτέρα γραφὴ λέγει· *ὄψονται εἰς ὃν ἐξεκέντησαν.*

Ex 12.10, 46 LXX; Ps 34.20 Zch 12.10

The Burial of Jesus (Mt 27.57-61; Mk 15.42-47; Lk 23.50-56)

38 Μετὰ δὲ ταῦτα ἠρώτησεν τὸν Πιλᾶτον Ἰωσὴφ [ὁ] ἀπὸ Ἁριμαθαίας, ὢν μαθητὴς τοῦ Ἰησοῦ κεκρυμμένος δὲ διὰ τὸν φόβον τῶν Ἰουδαίων, ἵνα ἄρῃ τὸ σῶμα τοῦ Ἰησοῦ· καὶ ἐπέτρεψεν ὁ Πιλᾶτος. ἦλθεν οὖν καὶ ἦρεν τὸ σῶμα αὐτοῦ. **39** ἦλθεν δὲ καὶ

---

[3] **29** {A} σπόγγον οὖν μεστὸν τοῦ ὄξους ὑσσώπῳ περιθέντες 𝔓[66vid] 01² (01* *omit* τοῦ) 03 019 032 044 1 33 565 (579 καί *for* τοῦ *and* περιτιθέντες) lat[vl-pt] co[sa-mss, pbo, ly] Cyril[lem] // οἱ δὲ πλήσαντες σπόγγον ὄξους καὶ ὑσσώπῳ περιθέντες 02 05[supp] 0141 28[supp] 157 180 205 597 700 1006 1010 1071 1241 1292 1424 1505 *Byz* [07 011 013 022] (lat[vl-pt, vg]) sy[p] co[bo] // οἱ δὲ πλήσαντες σπόγγον ὄξους μετὰ χολῆς καὶ ὑσσώπῳ περιθέντες (*see* Mt 27.34) *f*[13] 1342 (lat[vl-pt]) sy[h with *] (cpa) // οἱ δὲ πλήσαντες σπόγγον τοῦ ὄξους μετὰ χολῆς καὶ ὑσσώπῳ καὶ περιθέντες καλάμῳ (*see* Mt 27.34, 48; Mk 15.36) 038 (892[supp] 1243 *omit* τοῦ, 1243 *omit also second* καί)

Νικόδημος, ὁ ἐλθὼν πρὸς αὐτὸν νυκτὸς τὸ πρῶτον, φέρων μίγμα σμύρνης καὶ ἀλόης ὡς λίτρας ἑκατόν. **40** ἔλαβον οὖν τὸ σῶμα τοῦ Ἰησοῦ καὶ ἔδησαν αὐτὸ ὀθονίοις μετὰ τῶν ἀρωμάτων, καθὼς ἔθος ἐστὶν τοῖς Ἰουδαίοις ἐνταφιάζειν. **41** ἦν δὲ ἐν τῷ τόπῳ ὅπου ἐσταυρώθη κῆπος, καὶ ἐν τῷ κήπῳ μνημεῖον καινὸν ἐν ᾧ οὐδέπω οὐδεὶς ἦν τεθειμένος· **42** ἐκεῖ οὖν διὰ τὴν παρασκευὴν τῶν Ἰουδαίων, ὅτι ἐγγὺς ἦν τὸ μνημεῖον, ἔθηκαν τὸν Ἰησοῦν.

The Resurrection of Jesus (Mt 28.1-10; Mk 16.1-8; Lk 24.1-12)

20 Τῇ δὲ μιᾷ τῶν σαββάτων Μαρία[1] ἡ Μαγδαληνὴ ἔρχεται πρωῒ σκοτίας ἔτι οὔσης εἰς τὸ μνημεῖον καὶ βλέπει τὸν λίθον ἠρμένον ἐκ τοῦ μνημείου. **2** τρέχει οὖν καὶ ἔρχεται πρὸς Σίμωνα Πέτρον καὶ πρὸς τὸν ἄλλον μαθητὴν ὃν ἐφίλει ὁ Ἰησοῦς καὶ λέγει αὐτοῖς· ἦραν τὸν κύριον ἐκ τοῦ μνημείου καὶ οὐκ οἴδαμεν ποῦ ἔθηκαν αὐτόν. **3** ἐξῆλθεν οὖν ὁ Πέτρος καὶ ὁ ἄλλος μαθητὴς καὶ ἤρχοντο εἰς τὸ μνημεῖον. **4** ἔτρεχον δὲ οἱ δύο ὁμοῦ· καὶ ὁ ἄλλος μαθητὴς προέδραμεν τάχιον τοῦ Πέτρου καὶ ἦλθεν πρῶτος εἰς τὸ μνημεῖον, **5** καὶ παρακύψας βλέπει κείμενα τὰ ὀθόνια, οὐ μέντοι εἰσῆλθεν. **6** ἔρχεται οὖν καὶ Σίμων Πέτρος ἀκολουθῶν αὐτῷ καὶ εἰσῆλθεν εἰς τὸ μνημεῖον, καὶ θεωρεῖ τὰ ὀθόνια κείμενα, **7** καὶ τὸ σουδάριον, ὃ ἦν ἐπὶ τῆς κεφαλῆς αὐτοῦ, οὐ μετὰ τῶν ὀθονίων κείμενον ἀλλὰ χωρὶς ἐντετυλιγμένον εἰς ἕνα τόπον. **8** τότε οὖν εἰσῆλθεν καὶ ὁ ἄλλος μαθητὴς ὁ ἐλθὼν πρῶτος εἰς τὸ μνημεῖον καὶ εἶδεν καὶ ἐπίστευσεν· **9** οὐδέπω γὰρ ᾔδεισαν τὴν γραφὴν ὅτι δεῖ αὐτὸν ἐκ νεκρῶν ἀναστῆναι. **10** ἀπῆλθον οὖν πάλιν πρὸς αὐτοὺς οἱ μαθηταί.

The Appearance to Mary Magdalene (Mk 16.9-11)

11 Μαρία[2] δὲ εἱστήκει πρὸς τῷ μνημείῳ ἔξω κλαίουσα. ὡς οὖν ἔκλαιεν, παρέκυψεν εἰς τὸ μνημεῖον **12** καὶ θεωρεῖ δύο

---

[1] **1** {C} Μαρία 03 05^{supp} 037 038 044 f^{13} 28 69 157 180 205 597 700 892^{supp} 1006 1010 1071 1241 1243 1292 1342 1424 1505 *Byz* [07 011 013 022] lat // Μαριάμ 01 02 019 032 f^1 33 565 579 sy^h

[2] **11** {C} Μαρία 𝔓^{66*} 02 03 05^{supp} 019 032 037 038 0141 f^{13} 28 69 157 180 579 597 700 892^{supp} 1006 1010 1071 1241 1243 1292 1342 1424 1505 *Byz* [07 011 013 022] lat // Μαριάμ 𝔓^{66c} 01 044 050 f^1 33 565 sy^h

ἀγγέλους ἐν λευκοῖς καθεζομένους, ἕνα πρὸς τῇ κεφαλῇ καὶ ἕνα πρὸς τοῖς ποσίν, ὅπου ἔκειτο τὸ σῶμα τοῦ Ἰησοῦ. **13** καὶ λέγουσιν αὐτῇ ἐκεῖνοι· γύναι, τί κλαίεις; λέγει αὐτοῖς ὅτι ἦραν τὸν κύριόν μου, καὶ οὐκ οἶδα ποῦ ἔθηκαν αὐτόν. **14** ταῦτα εἰποῦσα ἐστράφη εἰς τὰ ὀπίσω καὶ θεωρεῖ τὸν Ἰησοῦν ἑστῶτα καὶ οὐκ ᾔδει ὅτι Ἰησοῦς ἐστιν. **15** λέγει αὐτῇ Ἰησοῦς· γύναι, τί κλαίεις; τίνα ζητεῖς; ἐκείνη δοκοῦσα ὅτι ὁ κηπουρός ἐστιν λέγει αὐτῷ· κύριε, εἰ σὺ ἐβάστασας αὐτόν, εἰπέ μοι ποῦ ἔθηκας αὐτόν, κἀγὼ αὐτὸν ἀρῶ. **16** λέγει αὐτῇ Ἰησοῦς· Μαριάμ³. στραφεῖσα ἐκείνη λέγει αὐτῷ Ἑβραϊστί· ραββουνι, ὃ λέγεται διδάσκαλε. **17** λέγει αὐτῇ Ἰησοῦς· μή μου ἅπτου, οὔπω γὰρ ἀναβέβηκα πρὸς τὸν πατέρα· πορεύου δὲ πρὸς τοὺς ἀδελφούς μου καὶ εἰπὲ αὐτοῖς· ἀναβαίνω πρὸς τὸν πατέρα μου καὶ πατέρα ὑμῶν καὶ θεόν μου καὶ θεὸν ὑμῶν. **18** ἔρχεται Μαριὰμ⁴ ἡ Μαγδαληνὴ ἀγγέλλουσα τοῖς μαθηταῖς ὅτι ἑώρακα τὸν κύριον, καὶ ταῦτα εἶπεν αὐτῇ.

The Appearance to the Disciples (Mt 28.16-20; Mk 16.14-18; Lk 24.36-49)

19 Οὔσης οὖν ὀψίας τῇ ἡμέρᾳ ἐκείνῃ τῇ μιᾷ σαββάτων καὶ τῶν θυρῶν κεκλεισμένων ὅπου ἦσαν οἱ μαθηταὶ⁵ διὰ τὸν φόβον τῶν Ἰουδαίων, ἦλθεν ὁ Ἰησοῦς καὶ ἔστη εἰς τὸ μέσον καὶ λέγει αὐτοῖς· εἰρήνη ὑμῖν. **20** καὶ τοῦτο εἰπὼν ἔδειξεν τὰς χεῖρας καὶ τὴν πλευρὰν αὐτοῖς. ἐχάρησαν οὖν οἱ μαθηταὶ ἰδόντες τὸν κύριον. **21** εἶπεν οὖν αὐτοῖς [ὁ Ἰησοῦς] πάλιν· εἰρήνη ὑμῖν· καθὼς ἀπέσταλκέν με ὁ πατήρ, κἀγὼ πέμπω ὑμᾶς. **22** καὶ τοῦτο εἰπὼν ἐνεφύσησεν καὶ λέγει αὐτοῖς· λάβετε πνεῦμα

---

³ **16** {C} Μαριάμ 01 03 019 022 032 050 1 33 565 sy^h co ∥ Μαρία 02 05 037 038 044 f^13 700 892^supp 1241 1424 *Byz* [07 011] lat

⁴ **18** {C} Μαριάμ 𝔓^66 01 03 019 022 1 33 565 sy^h co^sa-mss, ly ∥ Μαρία 02 05 032 037 038 044 f^13 700 892^supp 1241 1424 *Byz* [07 011] lat co^sa-ms, bo, pbo

⁵ **19** {A} μαθηταί 01* 02 03 05 032 078 lat^vl-pt, vg sy^s, p co^ly, pbo ∥ μαθηταὶ συνηγμένοι 01¹ 038 0141 0250 f¹ f^13 28^supp 157 180 205 565 597 700 892^supp 1006 1010 1071 1241 1243 1292 1342 1424 1505 *Byz* [07 011 022] lat^vl-pt, vg-mss sy^h with * cpa co^bo Cyril ∥ μαθηταὶ αὐτοῦ συνηγμένοι 019 037 044 33 lat^vl-pt co^sa eth Cyril^lem

ἅγιον· 23 ἄν τινων ἀφῆτε τὰς ἁμαρτίας ἀφέωνται⁶ αὐτοῖς, ἄν τινων κρατῆτε κεκράτηνται.

Jesus and Thomas

24 Θωμᾶς δὲ εἷς ἐκ τῶν δώδεκα, ὁ λεγόμενος Δίδυμος, οὐκ ἦν μετ᾽ αὐτῶν ὅτε ἦλθεν Ἰησοῦς. 25 ἔλεγον οὖν αὐτῷ οἱ ἄλλοι μαθηταί· ἑωράκαμεν τὸν κύριον. ὁ δὲ εἶπεν αὐτοῖς· ἐὰν μὴ ἴδω ἐν ταῖς χερσὶν αὐτοῦ τὸν τύπον τῶν ἥλων καὶ βάλω τὸν δάκτυλόν μου εἰς τὸν τύπον τῶν ἥλων καὶ βάλω μου τὴν χεῖρα εἰς τὴν πλευρὰν αὐτοῦ, οὐ μὴ πιστεύσω. 26 καὶ μεθ᾽ ἡμέρας ὀκτὼ πάλιν ἦσαν ἔσω οἱ μαθηταὶ αὐτοῦ καὶ Θωμᾶς μετ᾽ αὐτῶν. ἔρχεται ὁ Ἰησοῦς τῶν θυρῶν κεκλεισμένων καὶ ἔστη εἰς τὸ μέσον καὶ εἶπεν· εἰρήνη ὑμῖν. 27 εἶτα λέγει τῷ Θωμᾷ· φέρε τὸν δάκτυλόν σου ὧδε καὶ ἴδε τὰς χεῖράς μου καὶ φέρε τὴν χεῖρά σου καὶ βάλε εἰς τὴν πλευράν μου, καὶ μὴ γίνου ἄπιστος ἀλλὰ πιστός. 28 ἀπεκρίθη Θωμᾶς καὶ εἶπεν αὐτῷ· ὁ κύριός μου καὶ ὁ θεός μου. 29 λέγει αὐτῷ ὁ Ἰησοῦς· ὅτι ἑώρακάς με πεπίστευκας; μακάριοι οἱ μὴ ἰδόντες καὶ πιστεύσαντες.

The Purpose of This Book

30 Πολλὰ μὲν οὖν καὶ ἄλλα σημεῖα ἐποίησεν ὁ Ἰησοῦς ἐνώπιον τῶν μαθητῶν [αὐτοῦ]⁷, ἃ οὐκ ἔστιν γεγραμμένα ἐν τῷ βιβλίῳ τούτῳ· 31 ταῦτα δὲ γέγραπται ἵνα πιστεύ[σ]ητε⁸ ὅτι Ἰησοῦς ἐστιν ὁ χριστὸς ὁ υἱὸς τοῦ θεοῦ, καὶ ἵνα πιστεύοντες ζωὴν ἔχητε ἐν τῷ ὀνόματι αὐτοῦ.

---

⁶ 23 {C} ἀφέωνται 01² 02 05 019 050 f^1 f^{13} 33[vid] 157 205 565 Chrysostom Cyril[pt, com] // ἀφίενται (03*) 03² 032 037 038 (044) 078 0141 180 597 700 892[supp] 1006 1010 1071 1241 1243 1292 1342 1424 1505 *Byz* [07 011] lat[vl-pt, vg] sy co[bo] Origen (Eusebius) Basil Cyril-Jerusalem Cyril[pt] // ἀφεθήσεται 01* lat[vl-pt] (lat[vg-mss]) cpa co[sa, ly, pbo] Origen[lat]

⁷ 30 {C} μαθητῶν αὐτοῦ 𝔓⁶⁶ 01 04 05 019 032 038 044 0141 f^1 f^{13} 33 157 180 205 565 597 700 892[supp] 1006 1071 1241 1243 1292 1342 1424 1505 *Byz* [013 022[vid]] lat[vl-pt, vg] sy[s, p, h with *] cpa co eth Cyril // μαθητῶν 02 03 07 011 037 0250 1010 lat[vl-pt]

⁸ 31 {C} πιστεύσητε 01² 02 04 05 019 022 032 037 044 0141 f^1 f^{13} 33 180 205 565 597 700 1006 1010 1071 1241 1243 1292 1342 1424 1505 *Byz* [07 011ᶜ (011* *omit verse 31*) 013 022] Cyril // πιστεύητε 𝔓⁶⁶[vid] 01* 03 038 0250 157 892[supp]

The Appearance to the Seven Disciples

21 Μετὰ ταῦτα ἐφανέρωσεν ἑαυτὸν πάλιν ὁ Ἰησοῦς τοῖς μαθηταῖς ἐπὶ τῆς θαλάσσης τῆς Τιβεριάδος· ἐφανέρωσεν δὲ οὕτως. **2** ἦσαν ὁμοῦ Σίμων Πέτρος καὶ Θωμᾶς ὁ λεγόμενος Δίδυμος καὶ Ναθαναὴλ ὁ ἀπὸ Κανὰ τῆς Γαλιλαίας καὶ οἱ τοῦ Ζεβεδαίου καὶ ἄλλοι ἐκ τῶν μαθητῶν αὐτοῦ δύο. **3** λέγει αὐτοῖς Σίμων Πέτρος· ὑπάγω ἁλιεύειν. λέγουσιν αὐτῷ· ἐρχόμεθα καὶ ἡμεῖς σὺν σοί. ἐξῆλθον καὶ ἐνέβησαν εἰς τὸ πλοῖον[1], καὶ ἐν ἐκείνῃ τῇ νυκτὶ ἐπίασαν οὐδέν. **4** πρωΐας δὲ ἤδη γενομένης ἔστη Ἰησοῦς εἰς τὸν αἰγιαλόν, οὐ μέντοι ᾔδεισαν οἱ μαθηταὶ ὅτι Ἰησοῦς ἐστιν. **5** λέγει οὖν αὐτοῖς [ὁ] Ἰησοῦς· παιδία, μή τι προσφάγιον ἔχετε; ἀπεκρίθησαν αὐτῷ· οὔ. **6** ὁ δὲ εἶπεν αὐτοῖς· βάλετε εἰς τὰ δεξιὰ μέρη τοῦ πλοίου τὸ δίκτυον, καὶ εὑρήσετε.[2] ἔβαλον οὖν, καὶ οὐκέτι αὐτὸ ἑλκύσαι ἴσχυον ἀπὸ τοῦ πλήθους τῶν ἰχθύων. **7** λέγει οὖν ὁ μαθητὴς ἐκεῖνος ὃν ἠγάπα ὁ Ἰησοῦς τῷ Πέτρῳ· ὁ κύριός ἐστιν. Σίμων οὖν Πέτρος ἀκούσας ὅτι ὁ κύριός ἐστιν τὸν ἐπενδύτην διεζώσατο, ἦν γὰρ γυμνός, καὶ ἔβαλεν ἑαυτὸν εἰς τὴν θάλασσαν, **8** οἱ δὲ ἄλλοι μαθηταὶ τῷ πλοιαρίῳ ἦλθον, οὐ γὰρ ἦσαν μακρὰν ἀπὸ τῆς γῆς ἀλλ' ὡς ἀπὸ πηχῶν διακοσίων, σύροντες τὸ δίκτυον τῶν ἰχθύων. **9** ὡς οὖν ἀπέβησαν εἰς τὴν γῆν βλέπουσιν ἀνθρακιὰν κειμένην καὶ ὀψάριον ἐπικείμενον καὶ ἄρτον. **10** λέγει αὐτοῖς ὁ Ἰησοῦς· ἐνέγκατε ἀπὸ τῶν ὀψαρίων ὧν ἐπιάσατε νῦν. **11** ἀνέβη οὖν Σίμων Πέτρος καὶ εἵλκυσεν τὸ δίκτυον εἰς τὴν γῆν μεστὸν ἰχθύων μεγάλων ἑκατὸν πεντήκοντα τριῶν· καὶ τοσούτων ὄντων οὐκ ἐσχίσθη τὸ δίκτυον. **12** λέγει αὐτοῖς ὁ Ἰησοῦς· δεῦτε ἀριστήσατε. οὐδεὶς δὲ ἐτόλμα τῶν μαθητῶν ἐξετάσαι αὐτόν· σὺ τίς εἶ; εἰδότες ὅτι ὁ κύριός ἐστιν. **13** ἔρχεται Ἰησοῦς καὶ λαμβάνει τὸν ἄρτον καὶ

---

[1] **3** {A} πλοῖον 01 03 04² 05 019 022 032 037 038 044 f^1 f^{13} 33 565 lat sy$^{s, p}$ co ∥ πλοῖον εὐθύς 02 04³ 024 037 700 892^{supp} 1241 1424 *Byz* [07 011 013 024] sy^h

[2] **6** {A} εὑρήσετε. 01* 02 03 04 05 032 037 038 0141 f^1 f^{13} 28 33 69 157 180 205 565 597 700 892^{supp} 1006 1010 1071 1241 1243 1292 1342 1424 1505 *Byz* [07 011 013 022 024] lat$^{vl-pt, vg}$ ∥ εὑρήσετε. οἱ δὲ εἶπον· δι' ὅλης νυκτὸς ἐκοπιάσαμεν καὶ οὐδὲν ἐλάβομεν· ἐπὶ δὲ τῷ σῷ ῥήματι βαλοῦμεν. *(with minor variants; see* Lk 5.5*)* 𝔓⁶⁶ 01¹ 044 lat^{vl-pt} co^{sa} Cyril

δίδωσιν αὐτοῖς, καὶ τὸ ὀψάριον ὁμοίως. **14** τοῦτο ἤδη τρίτον ἐφανερώθη Ἰησοῦς τοῖς μαθηταῖς ἐγερθεὶς ἐκ νεκρῶν.

Jesus and Peter

15 Ὅτε οὖν ἠρίστησαν λέγει τῷ Σίμωνι Πέτρῳ ὁ Ἰησοῦς· Σίμων Ἰωάννου[3], ἀγαπᾷς με πλέον τούτων; λέγει αὐτῷ· ναί κύριε, σὺ οἶδας ὅτι φιλῶ σε. λέγει αὐτῷ· βόσκε τὰ ἀρνία μου. **16** λέγει αὐτῷ πάλιν δεύτερον· Σίμων Ἰωάννου[4], ἀγαπᾷς με; λέγει αὐτῷ· ναί κύριε, σὺ οἶδας ὅτι φιλῶ σε. λέγει αὐτῷ· ποίμαινε τὰ πρόβατά μου. **17** λέγει αὐτῷ τὸ τρίτον· Σίμων Ἰωάννου[5], φιλεῖς με; ἐλυπήθη ὁ Πέτρος ὅτι εἶπεν αὐτῷ τὸ τρίτον· φιλεῖς με; καὶ λέγει αὐτῷ· κύριε, πάντα σὺ οἶδας, σὺ γινώσκεις ὅτι φιλῶ σε. λέγει αὐτῷ [ὁ Ἰησοῦς]· βόσκε τὰ πρόβατά μου. **18** ἀμὴν ἀμὴν λέγω σοι, ὅτε ἦς νεώτερος, ἐζώννυες σεαυτὸν καὶ περιεπάτεις ὅπου ἤθελες· ὅταν δὲ γηράσῃς, ἐκτενεῖς τὰς χεῖράς σου, καὶ ἄλλος σε ζώσει καὶ οἴσει ὅπου οὐ θέλεις. **19** τοῦτο δὲ εἶπεν σημαίνων ποίῳ θανάτῳ δοξάσει τὸν θεόν. καὶ τοῦτο εἰπὼν λέγει αὐτῷ· ἀκολούθει μοι.

Jesus and the Beloved Disciple

20 Ἐπιστραφεὶς ὁ Πέτρος βλέπει τὸν μαθητὴν ὃν ἠγάπα ὁ Ἰησοῦς ἀκολουθοῦντα, ὃς καὶ ἀνέπεσεν ἐν τῷ δείπνῳ ἐπὶ τὸ στῆθος αὐτοῦ καὶ εἶπεν· κύριε, τίς ἐστιν ὁ παραδιδούς σε; **21** τοῦτον οὖν ἰδὼν ὁ Πέτρος λέγει τῷ Ἰησοῦ· κύριε, οὗτος δὲ τί; **22** λέγει αὐτῷ ὁ Ἰησοῦς· ἐὰν αὐτὸν θέλω μένειν ἕως ἔρχομαι, τί πρὸς σέ; σύ μοι ἀκολούθει. **23** ἐξῆλθεν οὖν οὗτος

---

[3] **15** {B} Ἰωάννου 01¹ 03 04* 05 019 032 lat^{vl-pt, vg} co Cyril^{pap} ∥ Ἰωνᾶ 02 04² 037 038 044 0141 f^1 f^{13} 33 157 180 205 565 597 700 892^{supp} 1006 1010 1071 1241 1243 1292 1342 1424 1505 *Byz* [07 011 013 022] (lat^{vl-pt}) sy cpa (eth) Basil Chrysostom Cyril^{edd} ∥ *omit* 01*

[4] **16** {B} Ἰωάννου 01 03 04* 05 032 lat^{vl-pt, vg} co Cyril^{pap} ∥ Ἰωνᾶ 02 04² 037 038 044 0141 f^1 f^{13} 33 157 180 205 565 597 700 892^{supp} 1006 1010 1071 1241 1243 1292 1342 1424 1505 *Byz* [07 011 013 022] (lat^{vl-pt}) sy cpa (eth) Basil Cyril^{edd}

[5] **17** {B} Ἰωάννου 𝔓^{59vid} 01 03 04* 05 032 lat^{vl-pt, vg} co Cyril^{pap} ∥ Ἰωνᾶ 02 04² 037 038 044 0141 f^1 f^{13} 33 157 180 205 565 597 700 892^{supp} 1006 1010 1071 1241 1243 1292 1342 1424 1505 *Byz* [07 011 013 022] (lat^{vl-pt}) sy cpa (eth) Origen Basil Cyril^{edd}

ὁ λόγος εἰς τοὺς ἀδελφοὺς ὅτι ὁ μαθητὴς ἐκεῖνος οὐκ ἀποθνῄ-
σκει· οὐκ εἶπεν δὲ αὐτῷ ὁ Ἰησοῦς ὅτι οὐκ ἀποθνῄσκει ἀλλ᾽· ἐὰν
αὐτὸν θέλω μένειν ἕως ἔρχομαι[, τί πρὸς σέ][6];

24 Οὗτός ἐστιν ὁ μαθητὴς ὁ μαρτυρῶν περὶ τούτων καὶ ὁ
γράψας ταῦτα, καὶ οἴδαμεν ὅτι ἀληθὴς αὐτοῦ ἡ μαρτυρία ἐστίν.
25 ἔστιν δὲ καὶ ἄλλα πολλὰ ἃ ἐποίησεν ὁ Ἰησοῦς, ἅτινα ἐὰν
γράφηται καθ᾽ ἕν, οὐδ᾽ αὐτὸν οἶμαι τὸν κόσμον χωρῆσαι τὰ
γραφόμενα βιβλία.[7][8]

---

[6]**23** {C} ἔρχομαι, τί πρὸς σέ (*see* 21.22) 01[1] 02 03 04* 032 037 038 044 0141 f^{13}
33 157 180 205 597 700 892[supp] 1006 1010 1071 1241 1243 1292 1342 1424 1505
Byz [07 011 013] lat[vl-pt, vg] (lat[vl-pt] *add* σύ μοι ἀκολούθει *after* σέ) sy[p, h] cpa[ms] co[bo, pbo]
eth Origen Chrysostom Cyril ∥ ἔρχομαι πρὸς σέ 05 ∥ ἔρχομαι 01* 04[2vid] f^1 565
lat[vl-pt] sy[s] cpa[mss]

[7]**25** {A} βιβλία. 01 02 03 04*, [3] 05 032 f^1 33 lat[vl-pt, vg-pt] sy[s, p, h] co ∥ βιβλία. ἀμήν. 04[2]
037 038 044 f^{13} 565 700 892[supp] 1241 1424 *Byz* [07 011 013] lat[vl-pt, vg-pt]

[8]**25** *after the end of the gospel add* 7.53-8.11 *(see pp. 250–251)* f^1

ΠΡΑΞΕΙΣ ΑΠΟΣΤΟΛΩΝ

The Promise of the Holy Spirit

1 Τὸν μὲν πρῶτον λόγον ἐποιησάμην περὶ πάντων, ὦ Θεόφιλε, ὧν ἤρξατο ὁ Ἰησοῦς ποιεῖν τε καὶ διδάσκειν, 2 ἄχρι ἧς ἡμέρας[1] ἐντειλάμενος τοῖς ἀποστόλοις διὰ πνεύματος ἁγίου οὓς ἐξελέξατο ἀνελήμφθη[1]. 3 οἷς καὶ παρέστησεν ἑαυτὸν ζῶντα μετὰ τὸ παθεῖν αὐτὸν ἐν πολλοῖς τεκμηρίοις, δι' ἡμερῶν τεσσεράκοντα ὀπτανόμενος αὐτοῖς καὶ λέγων τὰ περὶ τῆς βασιλείας τοῦ θεοῦ· 4 καὶ συναλιζόμενος παρήγγειλεν αὐτοῖς ἀπὸ Ἱεροσολύμων μὴ χωρίζεσθαι ἀλλὰ περιμένειν τὴν ἐπαγγελίαν τοῦ πατρὸς ἣν ἠκούσατέ μου, 5 ὅτι Ἰωάννης μὲν ἐβάπτισεν ὕδατι, ὑμεῖς δὲ ἐν πνεύματι βαπτισθήσεσθε ἁγίῳ οὐ μετὰ πολλὰς ταύτας ἡμέρας.

The Ascension of Jesus

6 Οἱ μὲν οὖν συνελθόντες ἠρώτων αὐτὸν λέγοντες· κύριε, εἰ ἐν τῷ χρόνῳ τούτῳ ἀποκαθιστάνεις τὴν βασιλείαν τῷ Ἰσραήλ; 7 εἶπεν δὲ πρὸς αὐτούς· οὐχ ὑμῶν ἐστιν γνῶναι χρόνους ἢ καιροὺς οὓς ὁ πατὴρ ἔθετο ἐν τῇ ἰδίᾳ ἐξουσίᾳ, 8 ἀλλὰ λήμψεσθε δύναμιν ἐπελθόντος τοῦ ἁγίου πνεύματος ἐφ' ὑμᾶς καὶ ἔσεσθέ μου μάρτυρες ἔν τε Ἱερουσαλὴμ καὶ ἐν πάσῃ τῇ Ἰουδαίᾳ καὶ Σαμαρείᾳ καὶ ἕως ἐσχάτου τῆς γῆς. 9 καὶ ταῦτα εἰπὼν βλεπόντων αὐτῶν ἐπήρθη καὶ νεφέλη ὑπέλαβεν αὐτὸν ἀπὸ τῶν ὀφθαλμῶν αὐτῶν. 10 καὶ ὡς ἀτενίζοντες ἦσαν εἰς τὸν οὐρανὸν πορευομένου αὐτοῦ, καὶ ἰδοὺ ἄνδρες δύο παρειστήκεισαν αὐτοῖς ἐν ἐσθῆτι λευκῇ, 11 οἳ καὶ εἶπαν· ἄνδρες Γαλιλαῖοι, τί ἑστήκατε ἐμβλέποντες εἰς τὸν οὐρανόν; οὗτος ὁ Ἰησοῦς ὁ ἀναλημφθεὶς ἀφ' ὑμῶν εἰς τὸν οὐρανὸν οὕτως ἐλεύσεται ὃν τρόπον ἐθεάσασθε αὐτὸν πορευόμενον εἰς τὸν οὐρανόν.

---

[1]2 {A} ἡμέρας ... ἀνελήμφθη 𝔓[56vid] 𝔓[74vid] 01 02 03 04[vid] 08 044 33 81 181 307 614 1175 1409 1642 1739[supp] Byz lat[vl·pt, vg] sy co[bo] cpa eth Basil Chrysostom Cyril // ἡμέρας ἀνελήμφθη ... ἐξελέξατο καὶ ἐκέλευσεν κηρύσσειν τὸ εὐαγγέλιον 05 lat[vl·pt] sy[hmg] co[sa, mae]

The Choice of Judas' Successor

12 Τότε ὑπέστρεψαν εἰς Ἰερουσαλὴμ ἀπὸ ὄρους τοῦ καλουμένου Ἐλαιῶνος, ὅ ἐστιν ἐγγὺς Ἰερουσαλὴμ σαββάτου ἔχον ὁδόν. **13** καὶ ὅτε εἰσῆλθον, εἰς τὸ ὑπερῷον ἀνέβησαν οὗ ἦσαν καταμένοντες, ὅ τε Πέτρος καὶ Ἰωάννης καὶ Ἰάκωβος καὶ Ἀνδρέας, Φίλιππος καὶ Θωμᾶς, Βαρθολομαῖος καὶ Μαθθαῖος, Ἰάκωβος Ἁλφαίου καὶ Σίμων ὁ ζηλωτὴς καὶ Ἰούδας Ἰακώβου. **14** οὗτοι πάντες ἦσαν προσκαρτεροῦντες ὁμοθυμαδὸν τῇ προσευχῇ σὺν γυναιξὶν καὶ Μαριὰμ τῇ μητρὶ τοῦ Ἰησοῦ καὶ τοῖς ἀδελφοῖς αὐτοῦ.

15 Καὶ ἐν ταῖς ἡμέραις ταύταις ἀναστὰς Πέτρος ἐν μέσῳ τῶν ἀδελφῶν[2] εἶπεν· ἦν τε ὄχλος ὀνομάτων ἐπὶ τὸ αὐτὸ ὡς ἑκατὸν εἴκοσι· **16** ἄνδρες ἀδελφοί, ἔδει πληρωθῆναι τὴν γραφὴν ἣν προεῖπεν τὸ πνεῦμα τὸ ἅγιον διὰ στόματος Δαυὶδ περὶ Ἰούδα τοῦ γενομένου ὁδηγοῦ τοῖς συλλαβοῦσιν Ἰησοῦν, **17** ὅτι κατηριθμημένος ἦν ἐν ἡμῖν καὶ ἔλαχεν τὸν κλῆρον τῆς διακονίας ταύτης. **18** οὗτος μὲν οὖν ἐκτήσατο χωρίον ἐκ μισθοῦ τῆς ἀδικίας καὶ πρηνὴς γενόμενος ἐλάκησεν μέσος καὶ ἐξεχύθη πάντα τὰ σπλάγχνα αὐτοῦ· **19** καὶ γνωστὸν ἐγένετο πᾶσιν τοῖς κατοικοῦσιν Ἰερουσαλήμ, ὥστε κληθῆναι τὸ χωρίον ἐκεῖνο τῇ ἰδίᾳ διαλέκτῳ αὐτῶν Ἁκελδαμάχ, τοῦτ' ἔστιν χωρίον αἵματος. **20** γέγραπται γὰρ ἐν βίβλῳ ψαλμῶν·

> *γενηθήτω ἡ ἔπαυλις αὐτοῦ ἔρημος* Ps 69.25
> *καὶ μὴ ἔστω ὁ κατοικῶν ἐν αὐτῇ,*

καί·

> *τὴν ἐπισκοπὴν αὐτοῦ λαβέτω ἕτερος.* Ps 109.8

21 δεῖ οὖν τῶν συνελθόντων ἡμῖν ἀνδρῶν ἐν παντὶ χρόνῳ ᾧ εἰσῆλθεν καὶ ἐξῆλθεν ἐφ' ἡμᾶς ὁ κύριος Ἰησοῦς, **22** ἀρξάμενος ἀπὸ τοῦ βαπτίσματος Ἰωάννου ἕως τῆς ἡμέρας ἧς ἀνελήμφθη ἀφ' ἡμῶν, μάρτυρα τῆς ἀναστάσεως αὐτοῦ σὺν ἡμῖν γενέσθαι ἕνα τούτων. **23** καὶ ἔστησαν δύο, Ἰωσὴφ τὸν καλούμενον Βαρσαββᾶν ὃς ἐπεκλήθη Ἰοῦστος, καὶ Μαθθίαν. **24** καὶ

---

[2] **15** {B} ἀδελφῶν 01 02 03 04* 33 1175 1409 1642 lat^(vl-pt, vg) co^(sa, bo) eth // μαθητῶν 04³ 05 08 044 81 181 307 614 1739^(supp) *Byz* lat^(vl-pt) sy co^(mae) Chrysostom // ἀποστόλων 𝔓^(74vid)

προσευξάμενοι εἶπαν· σὺ κύριε καρδιογνῶστα πάντων, ἀνάδειξον ὃν ἐξελέξω ἐκ τούτων τῶν δύο ἕνα 25 λαβεῖν τὸν τόπον τῆς διακονίας ταύτης καὶ ἀποστολῆς ἀφ' ἧς παρέβη Ἰούδας πορευθῆναι εἰς τὸν τόπον τὸν ἴδιον. 26 καὶ ἔδωκαν κλήρους αὐτῶν³ καὶ ἔπεσεν ὁ κλῆρος ἐπὶ Μαθθίαν καὶ συγκατεψηφίσθη μετὰ τῶν ἕνδεκα ἀποστόλων.

The Coming of the Holy Spirit

2 Καὶ ἐν τῷ συμπληροῦσθαι τὴν ἡμέραν τῆς πεντηκοστῆς ἦσαν πάντες ὁμοῦ ἐπὶ τὸ αὐτό. 2 καὶ ἐγένετο ἄφνω ἐκ τοῦ οὐρανοῦ ἦχος ὥσπερ φερομένης πνοῆς βιαίας καὶ ἐπλήρωσεν ὅλον τὸν οἶκον οὗ ἦσαν καθήμενοι 3 καὶ ὤφθησαν αὐτοῖς διαμεριζόμεναι γλῶσσαι ὡσεὶ πυρὸς ἐκάθισεν τε ἐφ' ἕνα ἕκαστον αὐτῶν, 4 καὶ ἐπλήσθησαν πάντες πνεύματος ἁγίου καὶ ἤρξαντο λαλεῖν ἑτέραις γλώσσαις καθὼς τὸ πνεῦμα ἐδίδου ἀποφθέγγεσθαι αὐτοῖς.

5 Ἦσαν δὲ ἐν Ἰερουσαλὴμ κατοικοῦντες Ἰουδαῖοι, ἄνδρες εὐλαβεῖς ἀπὸ παντὸς ἔθνους τῶν ὑπὸ τὸν οὐρανόν. 6 γενομένης δὲ τῆς φωνῆς ταύτης συνῆλθεν τὸ πλῆθος καὶ συνεχύθη, ὅτι ἤκουον εἷς ἕκαστος τῇ ἰδίᾳ διαλέκτῳ λαλούντων αὐτῶν. 7 ἐξίσταντο δὲ καὶ ἐθαύμαζον λέγοντες· οὐχ ἰδοὺ ἅπαντες οὗτοί εἰσιν οἱ λαλοῦντες Γαλιλαῖοι; 8 καὶ πῶς ἡμεῖς ἀκούομεν ἕκαστος τῇ ἰδίᾳ διαλέκτῳ ἡμῶν ἐν ᾗ ἐγεννήθημεν; 9 Πάρθοι καὶ Μῆδοι καὶ Ἐλαμῖται καὶ οἱ κατοικοῦντες τὴν Μεσοποταμίαν, Ἰουδαίαν τε καὶ Καππαδοκίαν, Πόντον καὶ τὴν Ἀσίαν, 10 Φρυγίαν τε καὶ Παμφυλίαν, Αἴγυπτον καὶ τὰ μέρη τῆς Λιβύης τῆς κατὰ Κυρήνην, καὶ οἱ ἐπιδημοῦντες Ῥωμαῖοι, 11 Ἰουδαῖοί τε καὶ προσήλυτοι, Κρῆτες καὶ Ἄραβες, ἀκούομεν λαλούντων αὐτῶν ταῖς ἡμετέραις γλώσσαις τὰ μεγαλεῖα τοῦ θεοῦ. 12 ἐξίσταντο δὲ πάντες καὶ διηπόρουν, ἄλλος πρὸς ἄλλον λέγοντες· τί θέλει τοῦτο εἶναι; 13 ἕτεροι δὲ διαχλευάζοντες ἔλεγον ὅτι γλεύκους μεμεστωμένοι εἰσίν.

---

³ **26** {B} αὐτῶν 05* 08 044 181 307 614 *Byz* lat$^{vl\text{-}pt}$ sy^h Basil Chrysostom^{pt} ∥ αὐτοῖς 01 02 03 04 05¹ 33 81 1175 1409 1642 1739^{supp}* lat$^{vl\text{-}pt,\,vg}$ co Chrysostom^{pt}

Peter's Speech at Pentecost

14 Σταθεὶς δὲ ὁ Πέτρος σὺν τοῖς ἕνδεκα ἐπῆρεν τὴν φωνὴν αὐτοῦ καὶ ἀπεφθέγξατο αὐτοῖς· ἄνδρες Ἰουδαῖοι καὶ οἱ κατοικοῦντες Ἰερουσαλὴμ πάντες, τοῦτο ὑμῖν γνωστὸν ἔστω καὶ ἐνωτίσασθε τὰ ῥήματά μου. **15** οὐ γὰρ ὡς ὑμεῖς ὑπολαμβάνετε οὗτοι μεθύουσιν, ἔστιν γὰρ ὥρα τρίτη τῆς ἡμέρας, **16** ἀλλὰ τοῦτό ἐστιν τὸ εἰρημένον διὰ τοῦ προφήτου Ἰωήλ·

17 *καὶ ἔσται ἐν ταῖς ἐσχάταις ἡμέραις, λέγει ὁ θεός,*   Jl 2.28-32
ἐκχεῶ ἀπὸ τοῦ πνεύματός μου ἐπὶ πᾶσαν σάρκα,
καὶ προφητεύσουσιν οἱ υἱοὶ ὑμῶν καὶ αἱ θυγατέρες ὑμῶν
καὶ οἱ νεανίσκοι ὑμῶν ὁράσεις ὄψονται
καὶ οἱ πρεσβύτεροι ὑμῶν ἐνυπνίοις ἐνυπνιασθήσονται·
18 *καί γε ἐπὶ τοὺς δούλους μου καὶ ἐπὶ τὰς δούλας μου ἐν*
    ταῖς ἡμέραις ἐκείναις
ἐκχεῶ ἀπὸ τοῦ πνεύματός μου, καὶ προφητεύσουσιν.
19 *καὶ δώσω τέρατα ἐν τῷ οὐρανῷ ἄνω*
καὶ σημεῖα ἐπὶ τῆς γῆς κάτω,
αἷμα καὶ πῦρ καὶ ἀτμίδα καπνοῦ.
20 *ὁ ἥλιος μεταστραφήσεται εἰς σκότος*
καὶ ἡ σελήνη εἰς αἷμα,
πρὶν ἢ ἐλθεῖν τὴν ἡμέραν κυρίου τὴν μεγάλην καὶ
    ἐπιφανῆ.
21 *καὶ ἔσται πᾶς ὃς ἂν ἐπικαλέσηται τὸ ὄνομα κυρίου*
    σωθήσεται.

22 ἄνδρες Ἰσραηλῖται, ἀκούσατε τοὺς λόγους τούτους· Ἰησοῦν τὸν Ναζωραῖον, ἄνδρα ἀποδεδειγμένον ἀπὸ τοῦ θεοῦ εἰς ὑμᾶς δυνάμεσιν καὶ τέρασιν καὶ σημείοις οἷς ἐποίησεν δι' αὐτοῦ ὁ θεὸς ἐν μέσῳ ὑμῶν καθὼς αὐτοὶ οἴδατε, **23** τοῦτον τῇ ὡρισμένῃ βουλῇ καὶ προγνώσει τοῦ θεοῦ ἔκδοτον διὰ χειρὸς ἀνόμων προσπήξαντες ἀνείλατε, **24** ὃν ὁ θεὸς ἀνέστησεν λύσας τὰς ὠδῖνας τοῦ θανάτου, καθότι οὐκ ἦν δυνατὸν κρατεῖσθαι αὐτὸν ὑπ' αὐτοῦ. **25** Δαυὶδ γὰρ λέγει εἰς αὐτόν·

προορώμην τὸν κύριον ἐνώπιόν μου διὰ παντός,   Ps 16.8-11
ὅτι ἐκ δεξιῶν μού ἐστιν ἵνα μὴ σαλευθῶ.
26 *διὰ τοῦτο ηὐφράνθη ἡ καρδία μου*
καὶ ἠγαλλιάσατο ἡ γλῶσσά μου,

ἔτι δὲ καὶ ἡ σάρξ μου κατασκηνώσει ἐπ' ἐλπίδι,
27 ὅτι οὐκ ἐγκαταλείψεις τὴν ψυχήν μου εἰς ᾅδην
οὐδὲ δώσεις τὸν ὅσιόν σου ἰδεῖν διαφθοράν.
28 ἐγνώρισάς μοι ὁδοὺς ζωῆς,
πληρώσεις με εὐφροσύνης μετὰ τοῦ προσώπου σου.

29 ἄνδρες ἀδελφοί, ἐξὸν εἰπεῖν μετὰ παρρησίας πρὸς ὑμᾶς περὶ τοῦ πατριάρχου Δαυὶδ ὅτι καὶ ἐτελεύτησεν καὶ ἐτάφη, καὶ τὸ μνῆμα αὐτοῦ ἔστιν ἐν ἡμῖν ἄχρι τῆς ἡμέρας ταύτης. **30** προφήτης οὖν ὑπάρχων καὶ εἰδὼς ὅτι ὅρκῳ ὤμοσεν αὐτῷ ὁ θεὸς ἐκ καρποῦ τῆς ὀσφύος αὐτοῦ καθίσαι[1] ἐπὶ τὸν θρόνον αὐτοῦ, **31** προϊδὼν ἐλάλησεν περὶ τῆς ἀναστάσεως τοῦ Χριστοῦ ὅτι οὔτε ἐγκατελείφθη εἰς[2] ᾅδην οὔτε ἡ σὰρξ αὐτοῦ εἶδεν διαφθοράν. **32** τοῦτον τὸν Ἰησοῦν ἀνέστησεν ὁ θεός, οὗ πάντες ἡμεῖς ἐσμεν μάρτυρες· **33** τῇ δεξιᾷ οὖν τοῦ θεοῦ ὑψωθείς, τήν τε ἐπαγγελίαν τοῦ πνεύματος τοῦ ἁγίου λαβὼν παρὰ τοῦ πατρός, ἐξέχεεν τοῦτο ὃ ὑμεῖς βλέπετε καὶ ἀκούετε. **34** οὐ γὰρ Δαυὶδ ἀνέβη εἰς τοὺς οὐρανούς, λέγει δὲ αὐτός·

εἶπεν ὁ κύριος τῷ κυρίῳ μου· κάθου ἐκ δεξιῶν μου,
35 ἕως ἂν θῶ τοὺς ἐχθρούς σου ὑποπόδιον τῶν ποδῶν σου.

36 ἀσφαλῶς οὖν γινωσκέτω πᾶς οἶκος Ἰσραὴλ ὅτι καὶ κύριον αὐτὸν καὶ χριστὸν ἐποίησεν ὁ θεός, τοῦτον τὸν Ἰησοῦν ὃν ὑμεῖς ἐσταυρώσατε.

37 Ἀκούσαντες δὲ κατενύγησαν τὴν καρδίαν εἶπόν τε πρὸς τὸν Πέτρον καὶ τοὺς λοιποὺς ἀποστόλους· τί ποιήσωμεν, ἄνδρες ἀδελφοί; **38** Πέτρος δὲ πρὸς αὐτούς· μετανοήσατε, φησίν, καὶ βαπτισθήτω ἕκαστος ὑμῶν ἐπὶ τῷ ὀνόματι Ἰησοῦ Χριστοῦ εἰς ἄφεσιν τῶν ἁμαρτιῶν ὑμῶν καὶ λήμψεσθε

---

[1] **30** {B} καθίσαι 01 02 03 04 (05[1] καὶ καθίσαι) 81 1175 lat[vl-pt, vg] sy[p] cpa co[sa, bo] eth Irenaeus[lat] Origen[pt] Eusebius[pt] Cyril // τὸ κατὰ σάρκα ἀναστήσειν τὸν Χριστὸν καθίσαι (044 καὶ καθίσαι) (33 181 ἀναστῆσαι) 614 1409 1642[c] Byz lat[vl-pt] Origen[pt] Eusebius[pt] Chrysostom // κατὰ σάρκα ἀναστῆσαι τὸν Χριστὸν καθίσαι τε (05* καὶ καθίσαι) 307 (1642* ἀναστήσειν) co[mae] // ἀναστῆσαι τὸν Χριστὸν καὶ καθίσαι 08 lat[vl-pt] // ἀναστήσειν τὸν Χριστὸν καθίσαι 1739

[2] **31** {A} εἰς 𝔓[74] 01 02 03 04* 05 33 81 1175 lat[vl-pt, vg] sy[p] co Irenaeus[lat] Origen Eusebius // ἡ ψυχὴ αὐτοῦ εἰς 04[3] 08 044 181 307 614 1409 1642 1739 Byz lat[vl-pt] (sy[h]) Athanasius Gregory-Nyssa[vid] Chrysostom[vid] (Cyril)

τὴν δωρεὰν τοῦ ἁγίου πνεύματος. **39** ὑμῖν γὰρ ἐστιν ἡ ἐπαγγελία καὶ τοῖς τέκνοις ὑμῶν καὶ πᾶσιν τοῖς εἰς μακράν, ὅσους ἂν προσκαλέσηται κύριος ὁ θεὸς ἡμῶν. **40** ἑτέροις τε λόγοις πλείοσιν διεμαρτύρατο καὶ παρεκάλει αὐτοὺς λέγων· σώθητε ἀπὸ τῆς γενεᾶς τῆς σκολιᾶς ταύτης. **41** οἱ μὲν οὖν ἀποδεξάμενοι[3] τὸν λόγον αὐτοῦ ἐβαπτίσθησαν καὶ προσετέθησαν ἐν τῇ ἡμέρᾳ ἐκείνῃ ψυχαὶ ὡσεὶ τρισχίλιαι.

Life among the Believers

42 Ἦσαν δὲ προσκαρτεροῦντες τῇ διδαχῇ τῶν ἀποστόλων καὶ τῇ κοινωνίᾳ, τῇ κλάσει τοῦ ἄρτου καὶ ταῖς προσευχαῖς. **43** ἐγίνετο δὲ πάσῃ ψυχῇ φόβος, πολλά τε τέρατα καὶ σημεῖα διὰ τῶν ἀποστόλων ἐγίνετο[4]. **44** πάντες δὲ οἱ πιστεύοντες ἦσαν ἐπὶ τὸ αὐτὸ καὶ εἶχον ἅπαντα κοινὰ **45** καὶ τὰ κτήματα καὶ τὰς ὑπάρξεις ἐπίπρασκον καὶ διεμέριζον αὐτὰ πᾶσιν καθότι ἄν τις χρείαν εἶχεν· **46** καθ᾽ ἡμέραν τε προσκαρτεροῦντες ὁμοθυμαδὸν ἐν τῷ ἱερῷ, κλῶντές τε κατ᾽ οἶκον ἄρτον, μετελάμβανον τροφῆς ἐν ἀγαλλιάσει καὶ ἀφελότητι καρδίας **47** αἰνοῦντες τὸν θεὸν καὶ ἔχοντες χάριν πρὸς ὅλον τὸν λαόν. ὁ δὲ κύριος προσετίθει τοὺς σῳζομένους καθ᾽ ἡμέραν ἐπὶ τὸ αὐτό.

The Healing at the Temple Gate

3 Πέτρος δὲ[1] καὶ Ἰωάννης ἀνέβαινον εἰς τὸ ἱερὸν ἐπὶ τὴν ὥραν τῆς προσευχῆς τὴν ἐνάτην. **2** καί τις ἀνὴρ χωλὸς ἐκ

---

[3]**41** {A} ἀποδεξάμενοι 𝔓⁷⁴ 01 02 03 04 81 1175 lat^{vl-pt, vg} eth Clement Eusebius^{vid} ∥ πιστεύσαντες 05 lat^{vl-pt} ∥ ἀσμένως ἀποδεξάμενοι 08 044 33 181 307 614 1409 1739 *Byz* lat^{vl-pt} sy^{p, hmg} co^{mae} Chrysostom ∥ ἀσμένως ὑποδεξάμενοι 1642

[4]**43** {A} ἐγίνετο 03 05 81 614 1739 *Byz* lat^{vl-pt} sy^h eth Chrysostom ∥ ἐγίνετο ἐν Ἰερουσαλήμ (08 ἐγίνοντο) 33 181* 1409 lat^{vl-pt} sy^p ∥ ἐγίνετο ἐν Ἰερουσαλήμ· φόβος τε ἦν ἐπὶ πάντας 𝔓⁷⁴? 181^c ∥ ἐγίνετο ἐν Ἰερουσαλήμ· φόβος τε ἦν μέγας ἐπὶ πάντας 𝔓⁷⁴? 01 02 04 1175 1642 lat^{vl-pt, vg} ∥ ἐγίνετο ἐν Ἰερουσαλήμ· φόβος τε ἦν μέγας ἐπὶ πάντας αὐτούς 044 (307 εἰς *for* ἐν)

[1]**2.47-3.1** {B} ἐπὶ τὸ αὐτό. Πέτρος δέ 𝔓^{74vid} 𝔓^{91vid} 01 02 03 04 095 81 1175 lat^{vl-pt, vg} co^{sa, bo} eth ∥ τῇ ἐκκλησίᾳ. Πέτρος δέ 1409 sy^p ∥ τῇ ἐκκλησίᾳ. Ἐπὶ τὸ αὐτὸ δὲ Πέτρος 08 044 33 (181 ἐν τῇ ἐκκλησίᾳ) 307 614 *Byz* lat^{vl-pt} sy^h Chrysostom ∥ τῇ ἐκκλησίᾳ ἐπὶ τὸ αὐτό. Πέτρος δέ 1642 1739 ∥ ἐπὶ τὸ αὐτὸ ἐν τῇ ἐκκλησίᾳ. Ἐν δὲ ταῖς ἡμέραις ταύταις Πέτρος 05 lat^{vl-pt} (lat^{vl-pt} *omit* ἐν τῇ ἐκκλησίᾳ) co^{mae}

κοιλίας μητρὸς αὐτοῦ ὑπάρχων ἐβαστάζετο, ὃν ἐτίθουν καθ' ἡμέραν πρὸς τὴν θύραν τοῦ ἱεροῦ τὴν λεγομένην Ὡραίαν τοῦ αἰτεῖν ἐλεημοσύνην παρὰ τῶν εἰσπορευομένων εἰς τὸ ἱερόν· **3** ὃς ἰδὼν Πέτρον καὶ Ἰωάννην μέλλοντας εἰσιέναι εἰς τὸ ἱερόν, ἠρώτα ἐλεημοσύνην λαβεῖν. **4** ἀτενίσας δὲ Πέτρος εἰς αὐτὸν σὺν τῷ Ἰωάννῃ εἶπεν· βλέψον εἰς ἡμᾶς. **5** ὁ δὲ ἐπεῖχεν αὐτοῖς προσδοκῶν τι παρ' αὐτῶν λαβεῖν. **6** εἶπεν δὲ Πέτρος· ἀργύριον καὶ χρυσίον οὐχ ὑπάρχει μοι, ὃ δὲ ἔχω τοῦτό σοι δίδωμι· ἐν τῷ ὀνόματι Ἰησοῦ Χριστοῦ τοῦ Ναζωραίου ἔγειρε καὶ περιπάτει[2]. **7** καὶ πιάσας αὐτὸν τῆς δεξιᾶς χειρὸς ἤγειρεν αὐτόν· παραχρῆμα δὲ ἐστερεώθησαν αἱ βάσεις αὐτοῦ καὶ τὰ σφυδρά, **8** καὶ ἐξαλλόμενος ἔστη καὶ περιεπάτει καὶ εἰσῆλθεν σὺν αὐτοῖς εἰς τὸ ἱερὸν περιπατῶν καὶ ἁλλόμενος καὶ αἰνῶν τὸν θεόν. **9** καὶ εἶδεν πᾶς ὁ λαὸς αὐτὸν περιπατοῦντα καὶ αἰνοῦντα τὸν θεόν· **10** ἐπεγίνωσκον δὲ αὐτὸν ὅτι αὐτὸς ἦν ὁ πρὸς τὴν ἐλεημοσύνην καθήμενος ἐπὶ τῇ ὡραίᾳ πύλῃ τοῦ ἱεροῦ καὶ ἐπλήσθησαν θάμβους καὶ ἐκστάσεως ἐπὶ τῷ συμβεβηκότι αὐτῷ.

Peter's Speech in Solomon's Portico

11 Κρατοῦντος δὲ αὐτοῦ τὸν Πέτρον καὶ τὸν Ἰωάννην συνέδραμεν πᾶς ὁ λαὸς πρὸς αὐτοὺς ἐπὶ τῇ στοᾷ τῇ καλουμένῃ Σολομῶντος ἔκθαμβοι. **12** ἰδὼν δὲ ὁ Πέτρος ἀπεκρίνατο πρὸς τὸν λαόν· ἄνδρες Ἰσραηλῖται, τί θαυμάζετε ἐπὶ τούτῳ ἢ ἡμῖν τί ἀτενίζετε ὡς ἰδίᾳ δυνάμει ἢ εὐσεβείᾳ πεποιηκόσιν τοῦ περιπατεῖν αὐτόν; **13** *ὁ θεὸς Ἀβραὰμ καὶ Ἰσαὰκ καὶ Ἰακώβ*[3], *ὁ θεὸς τῶν πατέρων ἡμῶν*, ἐδόξασεν τὸν παῖδα αὐτοῦ Ἰησοῦν ὃν ὑμεῖς μὲν παρεδώκατε καὶ ἠρνήσασθε κατὰ πρόσωπον Πιλάτου, κρίναντος ἐκείνου ἀπολύειν· **14** ὑμεῖς δὲ τὸν ἅγιον καὶ δίκαιον ἠρνήσασθε καὶ ᾐτήσασθε ἄνδρα φονέα χαρισθῆναι ὑμῖν, **15** τὸν δὲ ἀρχηγὸν τῆς ζωῆς ἀπεκτείνατε ὃν ὁ θεὸς ἤγειρεν ἐκ νεκρῶν,

---

[2]**6** ♦ ἔγειρε καὶ περιπάτει 02 04 08 044 095 33 81 181 307 614 1175 1409 1642 1739 *Byz* lat^(vl-pt, vg) sy co^(bo, mae) eth Irenaeus^(lat) Origen^(lat) Eusebius Basil Chrysostom Cyril ∥ ♦ περιπάτει 01 03 05 lat^(vl-pt) co^(sa)

[3]**13** {A} καὶ Ἰσαὰκ καὶ Ἰακώβ 03 08 044 0236 33 81 181 614 1409 1739 *Byz* lat^(vl-pt) sy co^(sa-mss) Chrysostom^(pt) ∥ καὶ ὁ θεὸς Ἰσαὰκ καὶ ὁ θεὸς Ἰακώβ 𝔓74 01 (02 05 *omit* ὁ *twice*) 04 307 1175 1642 lat^(vl-pt, vg) co^(sa-mss, bo, mae) Irenaeus^(lat-mss) Chrysostom^(pt)

οὗ ἡμεῖς μάρτυρές ἐσμεν. **16** καὶ ἐπὶ τῇ πίστει τοῦ ὀνόματος αὐτοῦ τοῦτον ὃν θεωρεῖτε καὶ οἴδατε, ἐστερέωσεν τὸ ὄνομα αὐτοῦ, καὶ ἡ πίστις ἡ δι' αὐτοῦ ἔδωκεν αὐτῷ τὴν ὁλοκληρίαν ταύτην ἀπέναντι πάντων ὑμῶν. **17** καὶ νῦν, ἀδελφοί, οἶδα ὅτι κατὰ ἄγνοιαν ἐπράξατε ὥσπερ καὶ οἱ ἄρχοντες ὑμῶν· **18** ὁ δὲ θεός, ἃ προκατήγγειλεν διὰ στόματος πάντων τῶν προφητῶν παθεῖν τὸν χριστὸν αὐτοῦ, ἐπλήρωσεν οὕτως. **19** μετανοήσατε οὖν καὶ ἐπιστρέψατε εἰς τὸ ἐξαλειφθῆναι ὑμῶν τὰς ἁμαρτίας, **20** ὅπως ἂν ἔλθωσιν καιροὶ ἀναψύξεως ἀπὸ προσώπου τοῦ κυρίου καὶ ἀποστείλῃ τὸν προκεχειρισμένον ὑμῖν χριστὸν Ἰησοῦν, **21** ὃν δεῖ οὐρανὸν μὲν δέξασθαι ἄχρι χρόνων ἀποκαταστάσεως πάντων ὧν ἐλάλησεν ὁ θεὸς διὰ στόματος τῶν ἁγίων ἀπ' αἰῶνος αὐτοῦ προφητῶν. **22** Μωϋσῆς μὲν εἶπεν[4] ὅτι *προφήτην ὑμῖν ἀναστήσει κύριος ὁ θεὸς ὑμῶν*[5] *ἐκ τῶν ἀδελφῶν ὑμῶν ὡς ἐμέ· αὐτοῦ ἀκούσεσθε κατὰ πάντα ὅσα ἂν λαλήσῃ πρὸς ὑμᾶς.* **23** *ἔσται δὲ πᾶσα ψυχὴ ἥτις ἐὰν μὴ ἀκούσῃ τοῦ προφήτου ἐκείνου ἐξολεθρευθήσεται ἐκ τοῦ λαοῦ.* **24** καὶ πάντες δὲ οἱ προφῆται ἀπὸ Σαμουὴλ καὶ τῶν καθεξῆς ὅσοι ἐλάλησαν καὶ κατήγγειλαν τὰς ἡμέρας ταύτας. **25** ὑμεῖς ἐστε οἱ υἱοὶ τῶν προφητῶν καὶ τῆς διαθήκης ἧς διέθετο ὁ θεὸς πρὸς τοὺς πατέρας ὑμῶν[6] λέγων πρὸς Ἀβραάμ· *καὶ ἐν τῷ σπέρματί σου ἐνευλογηθήσονται πᾶσαι αἱ πατριαὶ τῆς γῆς.* **26** ὑμῖν πρῶτον ἀναστήσας ὁ θεὸς τὸν παῖδα αὐτοῦ ἀπέστειλεν αὐτὸν εὐλογοῦντα ὑμᾶς ἐν τῷ ἀποστρέφειν ἕκαστον ἀπὸ τῶν πονηριῶν ὑμῶν.

Dt 18.15-16

Dt 18.19; Lv 23.29

Gn 22.18; 26.4

---

[4]**22** {B} εἶπεν 𝔓⁷⁴ 01 02 03 04 81 307 1175 lat^(vl-pt, vg) sy^p co^bo Tertullian ∥ γὰρ πρὸς τοὺς πατέρας εἶπεν (35) 181 (424 *omit* γάρ) 614 1409 *Byz* ∥ εἶπεν πρὸς τοὺς πατέρας 044 33? 1642 1739 sy^h Chrysostom ∥ εἶπεν πρὸς τοὺς πατέρας ἡμῶν 05 (08 lat^(vl-pt) ὑμῶν) 33? lat^(vl-pt) Irenaeus^lat

[5]**22** {C} ὑμῶν 𝔓⁷⁴? 01² 02 05 1 81 181 307 330 398 1175 1739 *Byz*^pt TR *Lect*^pt lat^(vl-pt, vg) Irenaeus^(lat-txt) Origen^(gr-pt, lat) Chrysostom^pt ∥ ἡμῶν 𝔓⁷⁴? 01* 04 08 044 18 33 35 424 614 1241 1409 1642 *Byz*^pt *Lect*^pt lat^(vl-pt) co^(sa-mss) eth Irenaeus^(lat-mss) Origen^pt ∥ *omit* 03 lat^(vl-pt) co^(sa-mss, bo) Clement Tertullian Origen^pt Eusebius Athanasius Cyril-Jerusalem Chrysostom^pt

[6]**25** ♦ ὑμῶν 𝔓⁷⁴ 01² 02 03 08 81 1175 1642 1739 lat^(vl-pt, vg) co^(sa-mss, bo-mss) Irenaeus^(lat-txt) Chrysostom ∥ ♦ ἡμῶν 01* 04 05 044 0165 181 307 614 1409 *Byz* lat^(vl-pt, vg-mss) sy co^(sa-mss, bo, mae) eth Irenaeus^(lat-mss)

Peter and John before the Council

4 Λαλούντων δὲ αὐτῶν πρὸς τὸν λαὸν ἐπέστησαν αὐτοῖς οἱ ἱερεῖς καὶ ὁ στρατηγὸς τοῦ ἱεροῦ καὶ οἱ Σαδδουκαῖοι, 2 διαπονούμενοι διὰ τὸ διδάσκειν αὐτοὺς τὸν λαὸν καὶ καταγγέλλειν ἐν τῷ Ἰησοῦ τὴν ἀνάστασιν τὴν ἐκ νεκρῶν, 3 καὶ ἐπέβαλον αὐτοῖς τὰς χεῖρας καὶ ἔθεντο εἰς τήρησιν εἰς τὴν αὔριον· ἦν γὰρ ἑσπέρα ἤδη. 4 πολλοὶ δὲ τῶν ἀκουσάντων τὸν λόγον ἐπίστευσαν καὶ ἐγενήθη ὁ ἀριθμὸς τῶν ἀνδρῶν ὡσεὶ χιλιάδες πέντε.

5 Ἐγένετο δὲ ἐπὶ τὴν αὔριον συναχθῆναι αὐτῶν τοὺς ἄρχοντας καὶ τοὺς πρεσβυτέρους καὶ τοὺς γραμματεῖς ἐν Ἰερουσαλήμ, 6 καὶ Ἄννας ὁ ἀρχιερεὺς καὶ Καϊάφας καὶ Ἰωάννης καὶ Ἀλέξανδρος καὶ ὅσοι ἦσαν ἐκ γένους ἀρχιερατικοῦ, 7 καὶ στήσαντες αὐτοὺς ἐν τῷ μέσῳ ἐπυνθάνοντο· ἐν ποίᾳ δυνάμει ἢ ἐν ποίῳ ὀνόματι ἐποιήσατε τοῦτο ὑμεῖς; 8 τότε Πέτρος πλησθεὶς πνεύματος ἁγίου εἶπεν πρὸς αὐτούς· ἄρχοντες τοῦ λαοῦ καὶ πρεσβύτεροι[1], 9 εἰ ἡμεῖς σήμερον ἀνακρινόμεθα ἐπὶ εὐεργεσίᾳ ἀνθρώπου ἀσθενοῦς ἐν τίνι οὗτος σέσωται, 10 γνωστὸν ἔστω πᾶσιν ὑμῖν καὶ παντὶ τῷ λαῷ Ἰσραὴλ ὅτι ἐν τῷ ὀνόματι Ἰησοῦ Χριστοῦ τοῦ Ναζωραίου ὃν ὑμεῖς ἐσταυρώσατε, ὃν ὁ θεὸς ἤγειρεν ἐκ νεκρῶν, ἐν τούτῳ οὗτος παρέστηκεν ἐνώπιον ὑμῶν ὑγιής. 11 οὗτός ἐστιν *ὁ λίθος, ὁ ἐξουθενηθεὶς ὑφ' ὑμῶν τῶν οἰκοδόμων, ὁ γενόμενος εἰς κεφαλὴν γωνίας.* 12 καὶ οὐκ ἔστιν ἐν ἄλλῳ οὐδενὶ ἡ σωτηρία, οὐδὲ γὰρ ὄνομά ἐστιν ἕτερον ὑπὸ τὸν οὐρανὸν τὸ δεδομένον ἐν ἀνθρώποις ἐν ᾧ δεῖ σωθῆναι ἡμᾶς.

13 Θεωροῦντες δὲ τὴν τοῦ Πέτρου παρρησίαν καὶ Ἰωάννου καὶ καταλαβόμενοι ὅτι ἄνθρωποι ἀγράμματοί εἰσιν καὶ ἰδιῶται, ἐθαύμαζον ἐπεγίνωσκόν τε αὐτοὺς ὅτι σὺν τῷ Ἰησοῦ ἦσαν, 14 τόν τε ἄνθρωπον βλέποντες σὺν αὐτοῖς ἑστῶτα τὸν τεθεραπευμένον οὐδὲν εἶχον ἀντειπεῖν. 15 κελεύσαντες δὲ αὐτοὺς ἔξω τοῦ συνεδρίου ἀπελθεῖν συνέβαλλον πρὸς ἀλλήλους

Ps 118.22

---

[1]8 {B} πρεσβύτεροι 𝔓⁷⁴ 01 02 03 0165 1175 1409* lat^{vl-pt, vg} co^{sa, bo} eth Cyril // πρεσβύτεροι τοῦ Ἰσραήλ 05 08 044 33 181 307 614 1409^c 1642 1739 *Byz* lat^{vl-pt} sy co^{mae} Irenaeus^{lat-vid} Chrysostom

16 λέγοντες· τί ποιήσωμεν τοῖς ἀνθρώποις τούτοις; ὅτι μὲν γὰρ γνωστὸν σημεῖον γέγονεν δι' αὐτῶν πᾶσιν τοῖς κατοικοῦσιν Ἰερουσαλὴμ φανερὸν καὶ οὐ δυνάμεθα ἀρνεῖσθαι· **17** ἀλλ' ἵνα μὴ ἐπὶ πλεῖον διανεμηθῇ εἰς τὸν λαὸν ἀπειλησώμεθα αὐτοῖς μηκέτι λαλεῖν ἐπὶ τῷ ὀνόματι τούτῳ μηδενὶ ἀνθρώπων. **18** καὶ καλέσαντες αὐτοὺς παρήγγειλαν τὸ καθόλου μὴ φθέγγεσθαι μηδὲ διδάσκειν ἐπὶ τῷ ὀνόματι τοῦ Ἰησοῦ. **19** ὁ δὲ Πέτρος καὶ Ἰωάννης ἀποκριθέντες εἶπον πρὸς αὐτούς· εἰ δίκαιόν ἐστιν ἐνώπιον τοῦ θεοῦ ὑμῶν ἀκούειν μᾶλλον ἢ τοῦ θεοῦ, κρίνατε· **20** οὐ δυνάμεθα γὰρ ἡμεῖς ἃ εἴδαμεν καὶ ἠκούσαμεν μὴ λαλεῖν. **21** οἱ δὲ προσαπειλησάμενοι ἀπέλυσαν αὐτούς, μηδὲν εὑρίσκοντες τὸ πῶς κολάσωνται αὐτούς, διὰ τὸν λαόν, ὅτι πάντες ἐδόξαζον τὸν θεὸν ἐπὶ τῷ γεγονότι· **22** ἐτῶν γὰρ ἦν πλειόνων τεσσεράκοντα ὁ ἄνθρωπος ἐφ' ὃν γεγόνει τὸ σημεῖον τοῦτο τῆς ἰάσεως.

The Believers Pray for Boldness

23 Ἀπολυθέντες δὲ ἦλθον πρὸς τοὺς ἰδίους καὶ ἀπήγγειλαν ὅσα πρὸς αὐτοὺς οἱ ἀρχιερεῖς καὶ οἱ πρεσβύτεροι εἶπαν. **24** οἱ δὲ ἀκούσαντες ὁμοθυμαδὸν ἦραν φωνὴν πρὸς τὸν θεὸν καὶ εἶπαν· δέσποτα, σὺ ὁ ποιήσας τὸν οὐρανὸν καὶ τὴν γῆν καὶ τὴν θάλασσαν καὶ πάντα τὰ ἐν αὐτοῖς, **25** ὁ τοῦ πατρὸς ἡμῶν διὰ πνεύματος ἁγίου στόματος Δαυὶδ παιδός σου εἰπών[2]·

ἱνατί ἐφρύαξαν ἔθνη   Ps 2.1-2
  καὶ λαοὶ ἐμελέτησαν κενά;
26 *παρέστησαν οἱ βασιλεῖς τῆς γῆς*
  καὶ οἱ ἄρχοντες συνήχθησαν ἐπὶ τὸ αὐτὸ
κατὰ τοῦ κυρίου καὶ κατὰ τοῦ χριστοῦ αὐτοῦ.

27 συνήχθησαν γὰρ ἐπ' ἀληθείας ἐν τῇ πόλει ταύτῃ ἐπὶ τὸν ἅγιον παῖδά σου Ἰησοῦν ὃν ἔχρισας, Ἡρῴδης τε καὶ Πόντιος Πιλᾶτος σὺν ἔθνεσιν καὶ λαοῖς Ἰσραήλ, **28** ποιῆσαι ὅσα ἡ χείρ

---

[2] **25** {C} ὁ τοῦ πατρὸς ἡμῶν διὰ πνεύματος ἁγίου στόματος Δαυὶδ παιδός σου εἰπών 𝔓[74] 01 02 03 08 044 33 307 1175 1409[vid] 1642 1739 lat[vl-pt] sy[h] co eth Athanasius[txt] Chrysostom[ms] ⫽ ὅς διὰ πνεύματος ἁγίου διὰ τοῦ στόματος λαλήσας Δαυὶδ παιδός σου 05 lat[vl-pt] sy[p] co[bo-mss] (Athanasius[ms]) ⫽ ὁ πνεύματι ἁγίῳ διὰ στόματος τοῦ πατρὸς ἡμῶν Δαυὶδ τοῦ παιδός σου εἰπών lat[vl-pt, vg] ⫽ ὁ διὰ στόματος Δαυὶδ παιδός σου εἰπών (18) 181 (330) 614 *Byz* (Chrysostom[txt])

σου καὶ ἡ βουλή σου προώρισεν γενέσθαι. **29** καὶ τὰ νῦν, κύριε, ἔπιδε ἐπὶ τὰς ἀπειλὰς αὐτῶν καὶ δὸς τοῖς δούλοις σου μετὰ παρρησίας πάσης λαλεῖν τὸν λόγον σου, **30** ἐν τῷ τὴν χεῖρά σου ἐκτείνειν σε εἰς ἴασιν καὶ σημεῖα καὶ τέρατα γίνεσθαι διὰ τοῦ ὀνόματος τοῦ ἁγίου παιδός σου Ἰησοῦ. **31** καὶ δεηθέντων αὐτῶν ἐσαλεύθη ὁ τόπος ἐν ᾧ ἦσαν συνηγμένοι, καὶ ἐπλήσθησαν ἅπαντες τοῦ ἁγίου πνεύματος καὶ ἐλάλουν τὸν λόγον τοῦ θεοῦ μετὰ παρρησίας.

All Things in Common

32 Τοῦ δὲ πλήθους τῶν πιστευσάντων ἦν καρδία καὶ ψυχὴ μία, καὶ οὐδὲ εἷς τι τῶν ὑπαρχόντων αὐτῷ ἔλεγεν ἴδιον εἶναι ἀλλ᾽ ἦν αὐτοῖς ἅπαντα κοινά. **33** καὶ δυνάμει μεγάλῃ ἀπεδίδουν τὸ μαρτύριον οἱ ἀπόστολοι τῆς ἀναστάσεως τοῦ κυρίου Ἰησοῦ, χάρις τε μεγάλη ἦν ἐπὶ πάντας αὐτούς. **34** οὐδὲ γὰρ ἐνδεής τις ἦν ἐν αὐτοῖς· ὅσοι γὰρ κτήτορες χωρίων ἢ οἰκιῶν ὑπῆρχον, πωλοῦντες ἔφερον τὰς τιμὰς τῶν πιπρασκομένων **35** καὶ ἐτίθουν παρὰ τοὺς πόδας τῶν ἀποστόλων, διεδίδετο δὲ ἑκάστῳ καθότι ἄν τις χρείαν εἶχεν. **36** Ἰωσὴφ δὲ ὁ ἐπικληθεὶς Βαρναβᾶς ἀπὸ τῶν ἀποστόλων, ὅ ἐστιν μεθερμηνευόμενον υἱὸς παρακλήσεως, Λευίτης, Κύπριος τῷ γένει, **37** ὑπάρχοντος αὐτῷ ἀγροῦ πωλήσας ἤνεγκεν τὸ χρῆμα καὶ ἔθηκεν πρὸς τοὺς πόδας τῶν ἀποστόλων.

Ananias and Sapphira

5 Ἀνὴρ δέ τις Ἀνανίας ὀνόματι σὺν Σαπφίρῃ τῇ γυναικὶ αὐτοῦ ἐπώλησεν κτῆμα **2** καὶ ἐνοσφίσατο ἀπὸ τῆς τιμῆς – συνειδυίης καὶ τῆς γυναικός – καὶ ἐνέγκας μέρος τι παρὰ τοὺς πόδας τῶν ἀποστόλων ἔθηκεν. **3** εἶπεν δὲ ὁ Πέτρος· Ἀνανία, διὰ τί ἐπλήρωσεν[1] ὁ σατανᾶς τὴν καρδίαν σου, ψεύσασθαί σε τὸ πνεῦμα τὸ ἅγιον καὶ νοσφίσασθαι ἀπὸ τῆς τιμῆς τοῦ χωρίου; **4** οὐχὶ μένον σοὶ ἔμενεν καὶ πραθὲν ἐν τῇ σῇ ἐξουσίᾳ ὑπῆρχεν;

---

[1] 3 {B} ἐπλήρωσεν 𝔓[8] 01[2] 02 03 05 08 044 0189 33[vid] 181 307 614 1175 1409 1642 1739 *Byz* lat[vl-pt] sy co eth Origen[gr. lat] Athanasius Cyril-Jerusalem Gregory-Nyssa Chrysostom Cyril ∥ ἐπείρασεν 𝔓[74] lat[vl-pt, vg] ∥ ἐπήρωσεν 01* 330 Gregory-Nyssa[ms]

τί ὅτι ἔθου ἐν τῇ καρδίᾳ σου τὸ πρᾶγμα τοῦτο; οὐκ ἐψεύσω ἀνθρώποις ἀλλὰ τῷ θεῷ. 5 ἀκούων δὲ ὁ Ἀνανίας τοὺς λόγους τούτους πεσὼν ἐξέψυξεν, καὶ ἐγένετο φόβος μέγας ἐπὶ πάντας τοὺς ἀκούοντας. 6 ἀναστάντες δὲ οἱ νεώτεροι συνέστειλαν αὐτὸν καὶ ἐξενέγκαντες ἔθαψαν. 7 Ἐγένετο δὲ ὡς ὡρῶν τριῶν διάστημα, καὶ ἡ γυνὴ αὐτοῦ μὴ εἰδυῖα τὸ γεγονὸς εἰσῆλθεν. 8 ἀπεκρίθη δὲ πρὸς αὐτὴν Πέτρος· εἰπέ μοι, εἰ τοσούτου τὸ χωρίον ἀπέδοσθε; ἡ δὲ εἶπεν· ναί, τοσούτου. 9 ὁ δὲ Πέτρος πρὸς αὐτήν· τί ὅτι συνεφωνήθη ὑμῖν πειράσαι τὸ πνεῦμα κυρίου; ἰδοὺ οἱ πόδες τῶν θαψάντων τὸν ἄνδρα σου ἐπὶ τῇ θύρᾳ καὶ ἐξοίσουσίν σε. 10 ἔπεσεν δὲ παραχρῆμα πρὸς τοὺς πόδας αὐτοῦ καὶ ἐξέψυξεν· εἰσελθόντες δὲ οἱ νεανίσκοι εὗρον αὐτὴν νεκρὰν καὶ ἐξενέγκαντες ἔθαψαν πρὸς τὸν ἄνδρα αὐτῆς, 11 καὶ ἐγένετο φόβος μέγας ἐφ᾽ ὅλην τὴν ἐκκλησίαν καὶ ἐπὶ πάντας τοὺς ἀκούοντας ταῦτα.

Many Signs and Wonders

12 Διὰ δὲ τῶν χειρῶν τῶν ἀποστόλων ἐγίνετο σημεῖα καὶ τέρατα πολλὰ ἐν τῷ λαῷ. καὶ ἦσαν ὁμοθυμαδὸν ἅπαντες ἐν τῇ στοᾷ Σολομῶντος, 13 τῶν δὲ λοιπῶν οὐδεὶς ἐτόλμα κολλᾶσθαι αὐτοῖς, ἀλλ᾽ ἐμεγάλυνεν αὐτοὺς ὁ λαός. 14 μᾶλλον δὲ προσετίθεντο πιστεύοντες τῷ κυρίῳ, πλήθη ἀνδρῶν τε καὶ γυναικῶν, 15 ὥστε καὶ εἰς τὰς πλατείας ἐκφέρειν τοὺς ἀσθενεῖς καὶ τιθέναι ἐπὶ κλιναρίων καὶ κραβάττων, ἵνα ἐρχομένου Πέτρου κἂν ἡ σκιὰ ἐπισκιάσῃ τινὶ αὐτῶν. 16 συνήρχετο δὲ καὶ τὸ πλῆθος τῶν πέριξ πόλεων Ἰερουσαλὴμ φέροντες ἀσθενεῖς καὶ ὀχλουμένους ὑπὸ πνευμάτων ἀκαθάρτων, οἵτινες ἐθεραπεύοντο ἅπαντες.

Persecution of the Apostles

17 Ἀναστὰς δὲ ὁ ἀρχιερεὺς καὶ πάντες οἱ σὺν αὐτῷ, ἡ οὖσα αἵρεσις τῶν Σαδδουκαίων, ἐπλήσθησαν ζήλου 18 καὶ ἐπέβαλον τὰς χεῖρας ἐπὶ τοὺς ἀποστόλους καὶ ἔθεντο αὐτοὺς ἐν τηρήσει δημοσίᾳ. 19 ἄγγελος δὲ κυρίου διὰ νυκτὸς ἀνοίξας τὰς θύρας τῆς φυλακῆς ἐξαγαγών τε αὐτοὺς εἶπεν· 20 πορεύεσθε καὶ σταθέντες λαλεῖτε ἐν τῷ ἱερῷ τῷ λαῷ πάντα τὰ ῥήματα τῆς ζωῆς ταύτης. 21 ἀκούσαντες δὲ εἰσῆλθον ὑπὸ τὸν ὄρθρον εἰς

τὸ ἱερὸν καὶ ἐδίδασκον. παραγενόμενος δὲ ὁ ἀρχιερεὺς καὶ οἱ σὺν αὐτῷ συνεκάλεσαν τὸ συνέδριον καὶ πᾶσαν τὴν γερουσίαν τῶν υἱῶν Ἰσραὴλ καὶ ἀπέστειλαν εἰς τὸ δεσμωτήριον ἀχθῆναι αὐτούς. **22** οἱ δὲ παραγενόμενοι ὑπηρέται οὐχ εὗρον αὐτοὺς ἐν τῇ φυλακῇ· ἀναστρέψαντες δὲ ἀπήγγειλαν **23** λέγοντες ὅτι τὸ δεσμωτήριον εὕρομεν κεκλεισμένον ἐν πάσῃ ἀσφαλείᾳ καὶ τοὺς φύλακας ἑστῶτας ἐπὶ τῶν θυρῶν, ἀνοίξαντες δὲ ἔσω οὐδένα εὕρομεν. **24** ὡς δὲ ἤκουσαν τοὺς λόγους τούτους ὅ τε στρατηγὸς[2] τοῦ ἱεροῦ καὶ οἱ ἀρχιερεῖς, διηπόρουν περὶ αὐτῶν τί ἂν γένοιτο τοῦτο. **25** παραγενόμενος δέ τις ἀπήγγειλεν αὐτοῖς ὅτι ἰδοὺ οἱ ἄνδρες οὓς ἔθεσθε ἐν τῇ φυλακῇ εἰσὶν ἐν τῷ ἱερῷ ἑστῶτες καὶ διδάσκοντες τὸν λαόν. **26** Τότε ἀπελθὼν ὁ στρατηγὸς σὺν τοῖς ὑπηρέταις ἤγαγεν αὐτοὺς οὐ μετὰ βίας· ἐφοβοῦντο γὰρ τὸν λαὸν μὴ λιθασθῶσιν.

27 Ἀγαγόντες δὲ αὐτοὺς ἔστησαν ἐν τῷ συνεδρίῳ. καὶ ἐπηρώτησεν αὐτοὺς ὁ ἀρχιερεὺς **28** λέγων· οὐ[3] παραγγελίᾳ παρηγγείλαμεν ὑμῖν μὴ διδάσκειν ἐπὶ τῷ ὀνόματι τούτῳ, καὶ ἰδοὺ πεπληρώκατε τὴν Ἰερουσαλὴμ τῆς διδαχῆς ὑμῶν καὶ βούλεσθε ἐπαγαγεῖν ἐφ᾽ ἡμᾶς τὸ αἷμα τοῦ ἀνθρώπου τούτου. **29** ἀποκριθεὶς δὲ Πέτρος καὶ οἱ ἀπόστολοι εἶπαν· πειθαρχεῖν δεῖ θεῷ μᾶλλον ἢ ἀνθρώποις. **30** ὁ θεὸς τῶν πατέρων ἡμῶν ἤγειρεν Ἰησοῦν ὃν ὑμεῖς διεχειρίσασθε κρεμάσαντες ἐπὶ ξύλου· **31** τοῦτον ὁ θεὸς ἀρχηγὸν καὶ σωτῆρα ὕψωσεν τῇ δεξιᾷ αὐτοῦ δοῦναι μετάνοιαν τῷ Ἰσραὴλ καὶ ἄφεσιν ἁμαρτιῶν. **32** καὶ ἡμεῖς ἐσμεν μάρτυρες[4] τῶν ῥημάτων τούτων καὶ τὸ πνεῦμα τὸ ἅγιον ὃ ἔδωκεν ὁ θεὸς τοῖς πειθαρχοῦσιν αὐτῷ.

---

[2]**24** {B} ὅ τε στρατηγός $\mathfrak{P}^{74}$ 01 02 03 05 307 1175 1409 1642 1739 lat$^{vl-pt, vg}$ sy^p co eth ∥ ὅ τε ἱερεὺς καὶ ὁ στρατηγός (08 lat^{vl-pt} οἱ ἱερεῖς καί) 044 33 181 614 623 *Byz* sy^h (Chrysostom ἀρχιερεύς)

[3]**28** ♦ οὐ 01^2 05 08 (044 οὐχί) 181 307 614 623 1409 1642 1739 *Byz* lat^{vl-pt} sy Athanasius^{pt} Basil Chrysostom Cyril^{pt} ∥ ♦ *omit* $\mathfrak{P}^{74}$ 01* 02 03 1175 lat$^{vl-pt, vg}$ Athanasius^{pt} Cyril^{pt}

[4]**32** ♦ ἐσμεν μάρτυρες $\mathfrak{P}^{74}$ 01 05* 181 614 1175 1642 lat$^{vl-pt, vg}$ co Chrysostom^{pt} ∥ μάρτυρές ἐσμεν 02 1409 lat$^{vl-pt, vg-ms}$ ∥ ♦ ἐσμεν αὐτοῦ μάρτυρες 05^2 08 (044 μὲν αὐτοῦ μάρτυρές ἐσμεν) 33 307 623 *Byz* lat^{vl-pt} Chrysostom^{pt} ∥ ἐν αὐτῷ ἐσμεν μάρτυρες 1739 co^{bo-ms} ∥ ἐν αὐτῷ μάρτυρες 03 Irenaeus^{lat}

33 Οἱ δὲ ἀκούσαντες διεπρίοντο καὶ ἐβουλεύοντο[5] ἀνελεῖν αὐτούς. **34** ἀναστὰς δέ τις ἐν τῷ συνεδρίῳ Φαρισαῖος ὀνόματι Γαμαλιήλ, νομοδιδάσκαλος τίμιος παντὶ τῷ λαῷ, ἐκέλευσεν ἔξω βραχὺ τοὺς ἀνθρώπους ποιῆσαι **35** εἶπέν τε πρὸς αὐτούς· ἄνδρες Ἰσραηλῖται, προσέχετε ἑαυτοῖς ἐπὶ τοῖς ἀνθρώποις τούτοις τί μέλλετε πράσσειν. **36** πρὸ γὰρ τούτων τῶν ἡμερῶν ἀνέστη Θευδᾶς λέγων εἶναί τινα ἑαυτόν, ᾧ προσεκλίθη ἀνδρῶν ἀριθμὸς ὡς τετρακοσίων· ὃς ἀνῃρέθη, καὶ πάντες ὅσοι ἐπείθοντο αὐτῷ διελύθησαν καὶ ἐγένοντο εἰς οὐδέν. **37** μετὰ τοῦτον ἀνέστη Ἰούδας ὁ Γαλιλαῖος ἐν ταῖς ἡμέραις τῆς ἀπογραφῆς καὶ ἀπέστησεν λαὸν[6] ὀπίσω αὐτοῦ· κἀκεῖνος ἀπώλετο καὶ πάντες ὅσοι ἐπείθοντο αὐτῷ διεσκορπίσθησαν. **38** καὶ τὰ νῦν λέγω ὑμῖν, ἀπόστητε ἀπὸ τῶν ἀνθρώπων τούτων καὶ ἄφετε αὐτούς, ὅτι ἐὰν ᾖ ἐξ ἀνθρώπων ἡ βουλὴ αὕτη ἢ τὸ ἔργον τοῦτο, καταλυθήσεται, **39** εἰ δὲ ἐκ θεοῦ ἐστιν, οὐ δυνήσεσθε καταλῦσαι αὐτούς[7], μήποτε καὶ θεομάχοι εὑρεθῆτε. ἐπείσθησαν δὲ αὐτῷ **40** καὶ προσκαλεσάμενοι τοὺς ἀποστόλους δείραντες παρήγγειλαν μὴ λαλεῖν ἐπὶ τῷ ὀνόματι τοῦ Ἰησοῦ καὶ ἀπέλυσαν. **41** οἱ μὲν οὖν ἐπορεύοντο χαίροντες ἀπὸ προσώπου τοῦ συνεδρίου, ὅτι κατηξιώθησαν ὑπὲρ τοῦ ὀνόματος ἀτιμασθῆναι, **42** πᾶσάν τε ἡμέραν ἐν τῷ ἱερῷ καὶ κατ' οἶκον οὐκ ἐπαύοντο διδάσκοντες καὶ εὐαγγελιζόμενοι τὸν χριστὸν Ἰησοῦν.

The Appointment of the Seven

6 Ἐν δὲ ταῖς ἡμέραις ταύταις πληθυνόντων τῶν μαθητῶν ἐγένετο γογγυσμὸς τῶν Ἑλληνιστῶν πρὸς τοὺς Ἑβραίους,

---

[5]**33** {B} ἐβουλεύοντο 01 05 33? 181 307 623 1642 1739 *Byz* // ἐβούλοντο 02 03 08 044 33? 614 co Chrysostom // ἐβουλεύσαντο 33? 1175 1241 1409

[6]**37** {A} λαόν 𝔓[74] 01 02* 03 1175 1241 1642 lat[vl-pt, vg] co[sa-mss, bo] Eusebius[txt] Cyril // λαὸν ἱκανόν 02[c] 0140 307 1409 1739 *Byz* // ἱκανὸν λαόν 08 044 33 181 614 623 lat[vl-pt] Eusebius[mss] Chrysostom // λαὸν πολύν 04[3] (04* πολύ) 05 (co[sa-mss, mae]) (eth) Eusebius[ms]

[7]**39** {A} αὐτούς 𝔓[74] 01 02 03 04[2] 05 08 044 33 35* 181 307 614 1175 1642 1739* lat[vl-pt, vg] co[sa-ms, bo, mae] eth // αὐτό 04*[vid] 623 1409 1739[c] *Byz* lat[vl-pt, vg-ms] co[sa, bo-ms] Chrysostom

ὅτι παρεθεωροῦντο ἐν τῇ διακονίᾳ τῇ καθημερινῇ αἱ χῆραι αὐτῶν. 2 προσκαλεσάμενοι δὲ οἱ δώδεκα τὸ πλῆθος τῶν μαθητῶν εἶπαν· οὐκ ἀρεστόν ἐστιν ἡμᾶς καταλείψαντας τὸν λόγον τοῦ θεοῦ διακονεῖν τραπέζαις. 3 ἐπισκέψασθε δέ, ἀδελφοί, ἄνδρας ἐξ ὑμῶν μαρτυρουμένους ἑπτὰ πλήρεις πνεύματος καὶ σοφίας, οὓς καταστήσομεν ἐπὶ τῆς χρείας ταύτης, 4 ἡμεῖς δὲ τῇ προσευχῇ καὶ τῇ διακονίᾳ τοῦ λόγου προσκαρτερήσομεν. 5 καὶ ἤρεσεν ὁ λόγος ἐνώπιον παντὸς τοῦ πλήθους, καὶ ἐξελέξαντο Στέφανον, ἄνδρα πλήρης πίστεως καὶ πνεύματος ἁγίου, καὶ Φίλιππον καὶ Πρόχορον καὶ Νικάνορα καὶ Τίμωνα καὶ Παρμενᾶν καὶ Νικόλαον προσήλυτον Ἀντιοχέα. 6 οὓς ἔστησαν ἐνώπιον τῶν ἀποστόλων, καὶ προσευξάμενοι ἐπέθηκαν αὐτοῖς τὰς χεῖρας. 7 καὶ ὁ λόγος τοῦ θεοῦ ηὔξανεν καὶ ἐπληθύνετο ὁ ἀριθμὸς τῶν μαθητῶν ἐν Ἰερουσαλὴμ σφόδρα, πολύς τε ὄχλος τῶν ἱερέων ὑπήκουον τῇ πίστει.

The Arrest of Stephen

8 Στέφανος δὲ πλήρης χάριτος[1] καὶ δυνάμεως ἐποίει τέρατα καὶ σημεῖα μεγάλα ἐν τῷ λαῷ. 9 ἀνέστησαν δέ τινες τῶν ἐκ τῆς συναγωγῆς τῆς λεγομένης Λιβερτίνων καὶ Κυρηναίων καὶ Ἀλεξανδρέων καὶ τῶν ἀπὸ Κιλικίας καὶ Ἀσίας συζητοῦντες τῷ Στεφάνῳ, 10 καὶ οὐκ ἴσχυον ἀντιστῆναι τῇ σοφίᾳ καὶ τῷ πνεύματι ᾧ ἐλάλει. 11 τότε ὑπέβαλον ἄνδρας λέγοντας ὅτι ἀκηκόαμεν αὐτοῦ λαλοῦντος ῥήματα βλάσφημα εἰς Μωϋσῆν καὶ τὸν θεόν. 12 συνεκίνησάν τε τὸν λαὸν καὶ τοὺς πρεσβυτέρους καὶ τοὺς γραμματεῖς καὶ ἐπιστάντες συνήρπασαν αὐτὸν καὶ ἤγαγον εἰς τὸ συνέδριον, 13 ἔστησάν τε μάρτυρας ψευδεῖς λέγοντας· ὁ ἄνθρωπος οὗτος οὐ παύεται λαλῶν ῥήματα κατὰ τοῦ τόπου τοῦ ἁγίου τούτου καὶ τοῦ νόμου· 14 ἀκηκόαμεν γὰρ αὐτοῦ λέγοντος ὅτι Ἰησοῦς ὁ Ναζωραῖος οὗτος καταλύσει τὸν τόπον τοῦτον καὶ ἀλλάξει τὰ ἔθη ἃ παρέδωκεν ἡμῖν Μωϋσῆς. 15 καὶ

---

[1] 8 {A} χάριτος $\mathfrak{P}^8$ $\mathfrak{P}^{45}$ $\mathfrak{P}^{74}$ 01 02 03 05 0175 0304 33 181 307 424ᶜ 614 623 1175 1409 1642 1739 latᵛˡ⁻ᵖᵗ, ᵛᵍ syᵖ co eth Basil Chrysostomᵖᵗ ∥ πίστεως 424* *Byz* syʰ Gregory-Nyssa Chrysostomᵖᵗ ∥ χάριτος καὶ πίστεως 08 latᵛˡ⁻ᵖᵗ ∥ πίστεως χάριτος πνεύματος 044

ἀτενίσαντες εἰς αὐτὸν πάντες οἱ καθεζόμενοι ἐν τῷ συνεδρίῳ εἶδον τὸ πρόσωπον αὐτοῦ ὡσεὶ πρόσωπον ἀγγέλου.

Stephen's Speech

7 Εἶπεν δὲ ὁ ἀρχιερεύς· εἰ ταῦτα οὕτως ἔχει; 2 ὁ δὲ ἔφη· ἄνδρες ἀδελφοὶ καὶ πατέρες, ἀκούσατε. ὁ θεὸς τῆς δόξης ὤφθη τῷ πατρὶ ἡμῶν Ἀβραὰμ ὄντι ἐν τῇ Μεσοποταμίᾳ, πρὶν ἢ κατοικῆσαι αὐτὸν ἐν Χαρρὰν 3 καὶ εἶπεν πρὸς αὐτόν· *ἔξελθε ἐκ τῆς γῆς σου καὶ ἐκ τῆς συγγενείας σου, καὶ δεῦρο εἰς τὴν γῆν ἣν ἄν σοι δείξω.* 4 τότε ἐξελθὼν ἐκ γῆς Χαλδαίων κατῴκησεν ἐν Χαρράν. κἀκεῖθεν μετὰ τὸ ἀποθανεῖν τὸν πατέρα αὐτοῦ μετῴκισεν αὐτὸν εἰς τὴν γῆν ταύτην εἰς ἣν ὑμεῖς νῦν κατοικεῖτε, 5 καὶ οὐκ ἔδωκεν αὐτῷ κληρονομίαν ἐν αὐτῇ οὐδὲ βῆμα ποδὸς καὶ ἐπηγγείλατο *δοῦναι αὐτῷ εἰς κατάσχεσιν αὐτὴν καὶ τῷ σπέρματι αὐτοῦ μετ᾽ αὐτόν,* οὐκ ὄντος αὐτῷ τέκνου. 6 ἐλάλησεν δὲ οὕτως ὁ θεὸς ὅτι *ἔσται τὸ σπέρμα αὐτοῦ πάροικον ἐν γῇ ἀλλοτρίᾳ, καὶ δουλώσουσιν αὐτὸ καὶ κακώσουσιν ἔτη τετρακόσια·* 7 *καὶ τὸ ἔθνος ᾧ ἐὰν δουλεύσωσιν κρινῶ ἐγώ,* ὁ θεὸς εἶπεν, *καὶ μετὰ ταῦτα ἐξελεύσονται καὶ λατρεύσουσίν μοι ἐν τῷ τόπῳ τούτῳ.* 8 καὶ ἔδωκεν αὐτῷ διαθήκην περιτομῆς· καὶ οὕτως ἐγέννησεν τὸν Ἰσαὰκ καὶ περιέτεμεν αὐτὸν τῇ ἡμέρᾳ τῇ ὀγδόῃ, καὶ Ἰσαὰκ τὸν Ἰακώβ, καὶ Ἰακὼβ τοὺς δώδεκα πατριάρχας.

9 Καὶ οἱ πατριάρχαι ζηλώσαντες τὸν Ἰωσὴφ ἀπέδοντο εἰς Αἴγυπτον. καὶ ἦν ὁ θεὸς μετ᾽ αὐτοῦ 10 καὶ ἐξείλατο αὐτὸν ἐκ πασῶν τῶν θλίψεων αὐτοῦ καὶ ἔδωκεν αὐτῷ χάριν καὶ σοφίαν ἐναντίον Φαραὼ βασιλέως Αἰγύπτου καὶ κατέστησεν αὐτὸν ἡγούμενον ἐπ᾽ Αἴγυπτον καὶ ἐφ᾽ ὅλον τὸν οἶκον αὐτοῦ. 11 ἦλθεν δὲ λιμὸς ἐφ᾽ ὅλην τὴν Αἴγυπτον καὶ Χανάαν καὶ θλῖψις μεγάλη, καὶ οὐχ ηὕρισκον χορτάσματα οἱ πατέρες ἡμῶν. 12 ἀκούσας δὲ Ἰακὼβ ὄντα σιτία εἰς Αἴγυπτον ἐξαπέστειλεν τοὺς πατέρας ἡμῶν πρῶτον. 13 καὶ ἐν τῷ δευτέρῳ ἀνεγνωρίσθη Ἰωσὴφ τοῖς ἀδελφοῖς αὐτοῦ, καὶ φανερὸν ἐγένετο τῷ Φαραὼ τὸ γένος τοῦ Ἰωσήφ. 14 ἀποστείλας δὲ Ἰωσὴφ μετεκαλέσατο Ἰακὼβ τὸν πατέρα αὐτοῦ καὶ πᾶσαν τὴν συγγένειαν ἐν ψυχαῖς ἑβδομήκοντα πέντε. 15 καὶ κατέβη Ἰακὼβ εἰς

Αἴγυπτον καὶ ἐτελεύτησεν αὐτὸς καὶ οἱ πατέρες ἡμῶν, **16** καὶ μετετέθησαν εἰς Συχὲμ καὶ ἐτέθησαν ἐν τῷ μνήματι ᾧ ὠνήσατο Ἀβραὰμ τιμῆς ἀργυρίου παρὰ τῶν υἱῶν Ἑμμὼρ ἐν Συχέμ[1].

17 Καθὼς δὲ ἤγγιζεν ὁ χρόνος τῆς ἐπαγγελίας ἧς ὡμολόγησεν[2] ὁ θεὸς τῷ Ἀβραάμ, ηὔξησεν ὁ λαὸς καὶ ἐπληθύνθη ἐν Αἰγύπτῳ, **18** ἄχρι οὗ *ἀνέστη βασιλεὺς ἕτερος ἐπ᾽ Αἴγυπτον*[3] *ὃς οὐκ ᾔδει τὸν Ἰωσήφ*. **19** οὗτος κατασοφισάμενος τὸ γένος ἡμῶν ἐκάκωσεν τοὺς πατέρας ἡμῶν τοῦ ποιεῖν τὰ βρέφη ἔκθετα αὐτῶν εἰς τὸ μὴ ζῳογονεῖσθαι. **20** ἐν ᾧ καιρῷ ἐγεννήθη Μωϋσῆς καὶ ἦν ἀστεῖος τῷ θεῷ· ὃς ἀνετράφη μῆνας τρεῖς ἐν τῷ οἴκῳ τοῦ πατρός, **21** ἐκτεθέντος δὲ αὐτοῦ ἀνείλατο αὐτὸν ἡ θυγάτηρ Φαραὼ καὶ ἀνεθρέψατο αὐτὸν ἑαυτῇ εἰς υἱόν. **22** καὶ ἐπαιδεύθη Μωϋσῆς πάσῃ σοφίᾳ Αἰγυπτίων, ἦν δὲ δυνατὸς ἐν λόγοις καὶ ἔργοις αὐτοῦ. **23** ὡς δὲ ἐπληροῦτο αὐτῷ τεσσερακονταετὴς χρόνος, ἀνέβη ἐπὶ τὴν καρδίαν αὐτοῦ ἐπισκέψασθαι τοὺς ἀδελφοὺς αὐτοῦ τοὺς υἱοὺς Ἰσραήλ. **24** καὶ ἰδών τινα ἀδικούμενον ἠμύνατο καὶ ἐποίησεν ἐκδίκησιν τῷ καταπονουμένῳ πατάξας τὸν Αἰγύπτιον. **25** ἐνόμιζεν δὲ συνιέναι τοὺς ἀδελφοὺς αὐτοῦ ὅτι ὁ θεὸς διὰ χειρὸς αὐτοῦ δίδωσιν σωτηρίαν αὐτοῖς· οἱ δὲ οὐ συνῆκαν. **26** τῇ τε ἐπιούσῃ ἡμέρᾳ ὤφθη αὐτοῖς μαχομένοις καὶ συνήλλασσεν αὐτοὺς εἰς εἰρήνην εἰπών· ἄνδρες, ἀδελφοί ἐστε· ἱνατί ἀδικεῖτε ἀλλήλους; **27** ὁ δὲ ἀδικῶν τὸν πλησίον ἀπώσατο αὐτὸν εἰπών· *τίς σε κατέστησεν ἄρχοντα καὶ δικαστὴν ἐφ᾽ ἡμῶν*; **28** *μὴ ἀνελεῖν με σὺ θέλεις ὃν τρόπον ἀνεῖλες ἐχθὲς τὸν Αἰγύπτιον*; **29** ἔφυγεν δὲ Μωϋσῆς ἐν τῷ λόγῳ τούτῳ καὶ ἐγένετο πάροικος ἐν γῇ Μαδιάμ, οὗ ἐγέννησεν υἱοὺς δύο. **30** καὶ πληρωθέντων ἐτῶν τεσσερά-

---

[1] **16** {C} ἐν Συχέμ 𝔓[33] 01* 03 04 181 307 424[c] 1175 1739 co[sa, bo, fa] eth // τοῦ Συχέμ 𝔓[74] 05 044 33 614 623 1642 *Byz* co[mae] Chrysostom // τοῦ ἐν Συχέμ 01[2] 02 08 424*[vid] 1409

[2] **17** {B} ὡμολόγησεν 𝔓[74] 01 02 03 04 307 1175 1642 lat[vl-pt, vg] co[sa] // ὤμοσεν 044 81 181 614 623 1409 1739 *Byz* lat[vl-pt] sy[h] co[bo, fa] Chrysostom // ἐπηγγείλατο 𝔓[45] 05 08 lat[vl-pt, vg-ms] sy[p, hmg] co[mae] eth

[3] **18** ♦ ἐπ᾽ Αἴγυπτον (*see* Ex 1.8 LXX) 𝔓[33vid] 𝔓[74] 01 02 03 04 044 181 307 424[c] 1175 1409 1642 1739 (lat[vl-pt, vg]) (sy[p, hmg]) (co) (eth) // *omit* ♦ 05 08 81 424* 614 623 *Byz* lat[vl-pt] sy[h] Chrysostom

κοντα ὤφθη αὐτῷ ἐν τῇ ἐρήμῳ τοῦ ὄρους Σινᾶ ἄγγελος ἐν φλογὶ πυρὸς βάτου. **31** ὁ δὲ Μωϋσῆς ἰδὼν ἐθαύμαζεν τὸ ὅραμα, προσερχομένου δὲ αὐτοῦ κατανοῆσαι ἐγένετο φωνὴ κυρίου· **32** *ἐγὼ ὁ θεὸς τῶν πατέρων σου, ὁ θεὸς Ἀβραὰμ καὶ Ἰσαὰκ καὶ Ἰακώβ.* ἔντρομος δὲ γενόμενος Μωϋσῆς οὐκ ἐτόλμα κατανοῆσαι. **33** εἶπεν δὲ αὐτῷ ὁ κύριος· *λῦσον τὸ ὑπόδημα τῶν ποδῶν σου· ὁ γὰρ τόπος ἐφ' ᾧ ἕστηκας γῆ ἁγία ἐστίν.* **34** *ἰδὼν εἶδον τὴν κάκωσιν τοῦ λαοῦ μου τοῦ ἐν Αἰγύπτῳ καὶ τοῦ στεναγμοῦ αὐτῶν ἤκουσα, καὶ κατέβην ἐξελέσθαι αὐτούς· καὶ νῦν δεῦρο ἀποστείλω σε εἰς Αἴγυπτον.* **35** τοῦτον τὸν Μωϋσῆν ὃν ἠρνήσαντο εἰπόντες· *τίς σε κατέστησεν ἄρχοντα καὶ δικαστήν;* – τοῦτον ὁ θεὸς καὶ ἄρχοντα καὶ λυτρωτὴν ἀπέσταλκεν σὺν χειρὶ ἀγγέλου τοῦ ὀφθέντος αὐτῷ ἐν τῇ βάτῳ. **36** οὗτος ἐξήγαγεν αὐτοὺς ποιήσας τέρατα καὶ σημεῖα ἐν γῇ Αἰγύπτῳ καὶ ἐν ἐρυθρᾷ θαλάσσῃ καὶ ἐν τῇ ἐρήμῳ ἔτη τεσσεράκοντα. **37** οὗτός ἐστιν ὁ Μωϋσῆς ὁ εἴπας τοῖς υἱοῖς Ἰσραήλ· *προφήτην ὑμῖν ἀναστήσει ὁ θεὸς ἐκ τῶν ἀδελφῶν ὑμῶν ὡς ἐμέ.* **38** οὗτός ἐστιν ὁ γενόμενος ἐν τῇ ἐκκλησίᾳ ἐν τῇ ἐρήμῳ μετὰ τοῦ ἀγγέλου τοῦ λαλοῦντος αὐτῷ ἐν τῷ ὄρει Σινᾶ καὶ τῶν πατέρων ἡμῶν, ὃς ἐδέξατο λόγια ζῶντα δοῦναι ἡμῖν[4], **39** ᾧ οὐκ ἠθέλησαν ὑπήκοοι γενέσθαι οἱ πατέρες ἡμῶν, ἀλλ' ἀπώσαντο καὶ ἐστράφησαν ἐν ταῖς καρδίαις αὐτῶν εἰς Αἴγυπτον **40** εἰπόντες τῷ Ἀαρών· *ποίησον ἡμῖν θεοὺς οἳ προπορεύσονται ἡμῶν· ὁ γὰρ Μωϋσῆς οὗτος, ὃς ἐξήγαγεν ἡμᾶς ἐκ γῆς Αἰγύπτου, οὐκ οἴδαμεν τί ἐγένετο αὐτῷ.* **41** καὶ ἐμοσχοποίησαν ἐν ταῖς ἡμέραις ἐκείναις καὶ ἀνήγαγον θυσίαν τῷ εἰδώλῳ καὶ εὐφραίνοντο ἐν τοῖς ἔργοις τῶν χειρῶν αὐτῶν. **42** ἔστρεψεν δὲ ὁ θεὸς καὶ παρέδωκεν αὐτοὺς λατρεύειν τῇ στρατιᾷ τοῦ οὐρανοῦ, καθὼς γέγραπται ἐν βίβλῳ τῶν προφητῶν·

μὴ σφάγια καὶ θυσίας προσηνέγκατέ μοι
 ἔτη τεσσεράκοντα ἐν τῇ ἐρήμῳ, οἶκος Ἰσραήλ;
43 *καὶ ἀνελάβετε τὴν σκηνὴν τοῦ Μόλοχ*
 καὶ τὸ ἄστρον τοῦ θεοῦ ὑμῶν Ῥαιφάν,

---

[4]**38** {B} ἡμῖν 02 04 05 08 044 33 81 181 614 623 1175 1739 *Byz* lat^(vl-pt, vg) sy eth Chrysostom Cyril^(txt) // ὑμῖν 𝔓^74 01 03 307 1409 1642 lat^(vl-pt) co Irenaeus^(lat) Cyril^(ms)

τοὺς τύπους οὓς ἐποιήσατε προσκυνεῖν αὐτοῖς,
καὶ μετοικιῶ ὑμᾶς ἐπέκεινα Βαβυλῶνος.

44 ἡ σκηνὴ τοῦ μαρτυρίου ἦν τοῖς πατράσιν ἡμῶν ἐν τῇ ἐρήμῳ, καθὼς διετάξατο ὁ λαλῶν τῷ Μωϋσῇ ποιῆσαι αὐτὴν κατὰ τὸν τύπον ὃν ἑωράκει· **45** ἣν καὶ εἰσήγαγον διαδεξάμενοι οἱ πατέρες ἡμῶν μετὰ Ἰησοῦ ἐν τῇ κατασχέσει τῶν ἐθνῶν, ὧν ἐξῶσεν ὁ θεὸς ἀπὸ προσώπου τῶν πατέρων ἡμῶν ἕως τῶν ἡμερῶν Δαυὶδ **46** ὃς εὗρεν χάριν ἐνώπιον τοῦ θεοῦ καὶ ᾐτήσατο εὑρεῖν σκήνωμα τῷ οἴκῳ⁵ Ἰακώβ. **47** Σολομὼν δὲ οἰκοδόμησεν αὐτῷ οἶκον. **48** ἀλλ᾽ οὐχ ὁ ὕψιστος ἐν χειροποιήτοις κατοικεῖ, καθὼς ὁ προφήτης λέγει·

Is 66.1-2 **49** *ὁ οὐρανός μοι θρόνος,*
         ἡ δὲ γῆ ὑποπόδιον τῶν ποδῶν μου·
         ποῖον οἶκον οἰκοδομήσετέ μοι, λέγει κύριος,
         ἢ τίς τόπος τῆς καταπαύσεώς μου;
50   *οὐχὶ ἡ χείρ μου ἐποίησεν ταῦτα πάντα;*

51 σκληροτράχηλοι καὶ ἀπερίτμητοι καρδίαις καὶ τοῖς ὠσίν, ὑμεῖς ἀεὶ τῷ πνεύματι τῷ ἁγίῳ ἀντιπίπτετε ὡς οἱ πατέρες ὑμῶν καὶ ὑμεῖς. **52** τίνα τῶν προφητῶν οὐκ ἐδίωξαν οἱ πατέρες ὑμῶν; καὶ ἀπέκτειναν τοὺς προκαταγγείλαντας περὶ τῆς ἐλεύσεως τοῦ δικαίου, οὗ νῦν ὑμεῖς προδόται καὶ φονεῖς ἐγένεσθε, **53** οἵτινες ἐλάβετε τὸν νόμον εἰς διαταγὰς ἀγγέλων καὶ οὐκ ἐφυλάξατε.

The Stoning of Stephen

54 Ἀκούοντες δὲ ταῦτα διεπρίοντο ταῖς καρδίαις αὐτῶν καὶ ἔβρυχον τοὺς ὀδόντας ἐπ᾽ αὐτόν. **55** ὑπάρχων δὲ πλήρης πνεύματος ἁγίου ἀτενίσας εἰς τὸν οὐρανὸν εἶδεν δόξαν θεοῦ καὶ Ἰησοῦν ἑστῶτα ἐκ δεξιῶν τοῦ θεοῦ **56** καὶ εἶπεν· ἰδοὺ θεωρῶ τοὺς οὐρανοὺς διηνοιγμένους καὶ τὸν υἱὸν τοῦ ἀνθρώπου ἐκ δεξιῶν ἑστῶτα τοῦ θεοῦ. **57** κράξαντες δὲ φωνῇ μεγάλῃ συνέσχον τὰ ὦτα αὐτῶν καὶ ὥρμησαν ὁμοθυμαδὸν ἐπ᾽ αὐτὸν **58** καὶ ἐκβαλόντες ἔξω τῆς πόλεως ἐλιθοβόλουν. καὶ οἱ μάρ-

---

⁵46 ♦ τῷ οἴκῳ $\mathfrak{P}^{74}$ 01* 03 05 lat$^{vl\text{-}pt}$ co$^{sa\text{-}ms}$ ∥ ♦ τῷ θεῷ (see Ps 132.5) 01² 02 04 08 044 33 81 181 307 614 623^c 1175 1409 1642 1739 Byz lat$^{vl\text{-}pt,vg}$ sy eth Chrysostom ∥ τοῦ θεοῦ 623*

τυρες ἀπέθεντο τὰ ἱμάτια αὐτῶν παρὰ τοὺς πόδας νεανίου καλουμένου Σαύλου, **59** καὶ ἐλιθοβόλουν τὸν Στέφανον ἐπικαλούμενον καὶ λέγοντα· κύριε Ἰησοῦ, δέξαι τὸ πνεῦμά μου. **60** θεὶς δὲ τὰ γόνατα ἔκραξεν φωνῇ μεγάλῃ· κύριε, μὴ στήσῃς αὐτοῖς ταύτην τὴν ἁμαρτίαν. καὶ τοῦτο εἰπὼν ἐκοιμήθη. **8 1** Σαῦλος δὲ ἦν συνευδοκῶν τῇ ἀναιρέσει αὐτοῦ.

Saul Persecutes the Church

Ἐγένετο δὲ ἐν ἐκείνῃ τῇ ἡμέρᾳ διωγμὸς μέγας ἐπὶ τὴν ἐκκλησίαν τὴν ἐν Ἱεροσολύμοις, πάντες δὲ διεσπάρησαν κατὰ τὰς χώρας τῆς Ἰουδαίας καὶ Σαμαρείας πλὴν τῶν ἀποστόλων. **2** συνεκόμισαν δὲ τὸν Στέφανον ἄνδρες εὐλαβεῖς καὶ ἐποίησαν κοπετὸν μέγαν ἐπ' αὐτῷ. **3** Σαῦλος δὲ ἐλυμαίνετο τὴν ἐκκλησίαν κατὰ τοὺς οἴκους εἰσπορευόμενος, σύρων τε ἄνδρας καὶ γυναῖκας παρεδίδου εἰς φυλακήν.

The Gospel Preached in Samaria

4 Οἱ μὲν οὖν διασπαρέντες διῆλθον εὐαγγελιζόμενοι τὸν λόγον. **5** Φίλιππος δὲ κατελθὼν εἰς τὴν[1] πόλιν τῆς Σαμαρείας ἐκήρυσσεν αὐτοῖς τὸν Χριστόν. **6** προσεῖχον δὲ οἱ ὄχλοι τοῖς λεγομένοις ὑπὸ τοῦ Φιλίππου ὁμοθυμαδὸν ἐν τῷ ἀκούειν αὐτοὺς καὶ βλέπειν τὰ σημεῖα ἃ ἐποίει. **7** πολλοὶ γὰρ τῶν ἐχόντων πνεύματα ἀκάθαρτα βοῶντα φωνῇ μεγάλῃ ἐξήρχοντο, πολλοὶ δὲ παραλελυμένοι καὶ χωλοὶ ἐθεραπεύθησαν· **8** ἐγένετο δὲ πολλὴ χαρὰ ἐν τῇ πόλει ἐκείνῃ.

9 Ἀνὴρ δέ τις ὀνόματι Σίμων προϋπῆρχεν ἐν τῇ πόλει μαγεύων καὶ ἐξιστάνων τὸ ἔθνος τῆς Σαμαρείας, λέγων εἶναί τινα ἑαυτὸν μέγαν. **10** ᾧ προσεῖχον πάντες ἀπὸ μικροῦ ἕως μεγάλου λέγοντες· οὗτός ἐστιν ἡ δύναμις τοῦ θεοῦ ἡ καλουμένη[2] μεγάλη. **11** προσεῖχον δὲ αὐτῷ διὰ τὸ ἱκανῷ χρόνῳ ταῖς μαγείαις ἐξεστακέναι αὐτούς. **12** ὅτε δὲ ἐπίστευσαν τῷ

---

[1] **5** ♦ τήν 𝔓⁷⁴ 01 02 03 181 1175 Eusebius // ♦ *omit* 04 05 08 044 33 81 307 614 623 1409 1642 1739 *Byz* co Chrysostom

[2] **10** {A} καλουμένη 𝔓⁷⁴ 01 02ᵛⁱᵈ 03 04 05 08 33 81 181 623 1175 1409 1642 1739 Origenᵛⁱᵈ // λεγομένη 614 syʰ // *omit* 044 307 *Byz* syᵖ coˢᵃ, ᵐᵃᵉ Chrysostom

Φιλίππῳ εὐαγγελιζομένῳ περὶ τῆς βασιλείας τοῦ θεοῦ καὶ τοῦ ὀνόματος Ἰησοῦ Χριστοῦ, ἐβαπτίζοντο ἄνδρες τε καὶ γυναῖκες. 13 ὁ δὲ Σίμων καὶ αὐτὸς ἐπίστευσεν καὶ βαπτισθεὶς ἦν προσκαρτερῶν τῷ Φιλίππῳ, θεωρῶν τε σημεῖα καὶ δυνάμεις μεγάλας γινομένας ἐξίστατο.

14 Ἀκούσαντες δὲ οἱ ἐν Ἱεροσολύμοις ἀπόστολοι ὅτι δέδεκται ἡ Σαμάρεια τὸν λόγον τοῦ θεοῦ, ἀπέστειλαν πρὸς αὐτοὺς Πέτρον καὶ Ἰωάννην, 15 οἵτινες καταβάντες προσηύξαντο περὶ αὐτῶν ὅπως λάβωσιν πνεῦμα ἅγιον· 16 οὐδέπω γὰρ ἦν ἐπ᾽ οὐδενὶ αὐτῶν ἐπιπεπτωκός, μόνον δὲ βεβαπτισμένοι ὑπῆρχον εἰς τὸ ὄνομα τοῦ κυρίου Ἰησοῦ. 17 τότε ἐπετίθεσαν τὰς χεῖρας ἐπ᾽ αὐτούς, καὶ ἐλάμβανον πνεῦμα ἅγιον. 18 ἰδὼν δὲ ὁ Σίμων ὅτι διὰ τῆς ἐπιθέσεως τῶν χειρῶν τῶν ἀποστόλων δίδοται τὸ πνεῦμα, προσήνεγκεν αὐτοῖς χρήματα 19 λέγων· δότε κἀμοὶ τὴν ἐξουσίαν ταύτην, ἵνα ᾧ ἐὰν ἐπιθῶ τὰς χεῖρας λαμβάνῃ πνεῦμα ἅγιον. 20 Πέτρος δὲ εἶπεν πρὸς αὐτόν· τὸ ἀργύριόν σου σὺν σοὶ εἴη εἰς ἀπώλειαν, ὅτι τὴν δωρεὰν τοῦ θεοῦ ἐνόμισας διὰ χρημάτων κτᾶσθαι· 21 οὐκ ἔστιν σοι μερὶς οὐδὲ κλῆρος ἐν τῷ λόγῳ τούτῳ, ἡ γὰρ καρδία σου οὐκ ἔστιν εὐθεῖα ἔναντι τοῦ θεοῦ. 22 μετανόησον οὖν ἀπὸ τῆς κακίας σου ταύτης καὶ δεήθητι τοῦ κυρίου, εἰ ἄρα ἀφεθήσεταί σοι ἡ ἐπίνοια τῆς καρδίας σου, 23 εἰς γὰρ χολὴν πικρίας καὶ σύνδεσμον ἀδικίας ὁρῶ σε ὄντα. 24 ἀποκριθεὶς δὲ ὁ Σίμων εἶπεν· δεήθητε ὑμεῖς ὑπὲρ ἐμοῦ πρὸς τὸν κύριον ὅπως μηδὲν ἐπέλθῃ ἐπ᾽ ἐμὲ ὧν εἰρήκατε. 25 οἱ μὲν οὖν διαμαρτυράμενοι καὶ λαλήσαντες τὸν λόγον τοῦ κυρίου ὑπέστρεφον εἰς Ἱεροσόλυμα, πολλάς τε κώμας τῶν Σαμαριτῶν εὐηγγελίζοντο.

Philip and the Ethiopian Eunuch

26 Ἄγγελος δὲ κυρίου ἐλάλησεν πρὸς Φίλιππον λέγων· ἀνάστηθι καὶ πορεύου κατὰ μεσημβρίαν ἐπὶ τὴν ὁδὸν τὴν καταβαίνουσαν ἀπὸ Ἱερουσαλὴμ εἰς Γάζαν, αὕτη ἐστὶν ἔρημος. 27 καὶ ἀναστὰς ἐπορεύθη. καὶ ἰδοὺ ἀνὴρ Αἰθίοψ εὐνοῦχος δυνάστης Κανδάκης βασιλίσσης Αἰθιόπων ὃς ἦν ἐπὶ πάσης τῆς γάζης αὐτῆς, ὃς ἐληλύθει προσκυνήσων εἰς Ἱερουσαλήμ. 28 ἦν τε ὑποστρέφων καὶ καθήμενος ἐπὶ τοῦ ἅρματος αὐτοῦ καὶ

ἀνεγίνωσκεν τὸν προφήτην Ἠσαΐαν. **29** εἶπεν δὲ τὸ πνεῦμα τῷ Φιλίππῳ· πρόσελθε καὶ κολλήθητι τῷ ἅρματι τούτῳ. **30** προσδραμὼν δὲ ὁ Φίλιππος ἤκουσεν αὐτοῦ ἀναγινώσκοντος Ἠσαΐαν τὸν προφήτην καὶ εἶπεν· ἆρά γε γινώσκεις ἃ ἀναγινώσκεις; **31** ὁ δὲ εἶπεν· πῶς γὰρ ἂν δυναίμην, ἐὰν μή τις ὁδηγήσῃ με; παρεκάλεσέν τε τὸν Φίλιππον ἀναβάντα καθίσαι σὺν αὐτῷ. **32** ἡ δὲ περιοχὴ τῆς γραφῆς ἣν ἀνεγίνωσκεν ἦν αὕτη·

> *ὡς πρόβατον ἐπὶ σφαγὴν ἤχθη*
> *καὶ ὡς ἀμνὸς ἐναντίον τοῦ κείραντος αὐτὸν ἄφωνος,*
> *οὕτως οὐκ ἀνοίγει τὸ στόμα αὐτοῦ.*
> **33**   *ἐν τῇ ταπεινώσει αὐτοῦ ἡ κρίσις αὐτοῦ ἤρθη·*
> *τὴν γενεὰν αὐτοῦ τίς διηγήσεται;*
> *ὅτι αἴρεται ἀπὸ τῆς γῆς ἡ ζωὴ αὐτοῦ.*

Is 53.7-8 LXX

34 ἀποκριθεὶς δὲ ὁ εὐνοῦχος τῷ Φιλίππῳ εἶπεν· δέομαί σου, περὶ τίνος ὁ προφήτης λέγει τοῦτο; περὶ ἑαυτοῦ ἢ περὶ ἑτέρου τινός; **35** ἀνοίξας δὲ ὁ Φίλιππος τὸ στόμα αὐτοῦ καὶ ἀρξάμενος ἀπὸ τῆς γραφῆς ταύτης εὐηγγελίσατο αὐτῷ τὸν Ἰησοῦν. **36** ὡς δὲ ἐπορεύοντο κατὰ τὴν ὁδόν, ἦλθον ἐπί τι ὕδωρ, καί φησιν ὁ εὐνοῦχος· ἰδοὺ ὕδωρ, τί κωλύει με βαπτισθῆναι; ⟦**37** εἶπεν δὲ αὐτῷ· εἰ πιστεύεις ἐξ ὅλης τῆς καρδίας σου, ἔξεστιν. ἀποκριθεὶς δὲ εἶπεν· πιστεύω τὸν υἱὸν τοῦ θεοῦ εἶναι Ἰησοῦν Χριστόν.⟧[3] **38** καὶ ἐκέλευσεν στῆναι τὸ ἅρμα καὶ κατέβησαν ἀμφότεροι εἰς τὸ ὕδωρ, ὅ τε Φίλιππος καὶ ὁ εὐνοῦχος, καὶ ἐβάπτισεν αὐτόν. **39** ὅτε δὲ ἀνέβησαν ἐκ τοῦ ὕδατος, πνεῦμα[4] κυρίου ἥρπασεν τὸν Φίλιππον καὶ οὐκ εἶδεν αὐτὸν οὐκέτι ὁ εὐνοῦχος, ἐπορεύετο γὰρ τὴν ὁδὸν αὐτοῦ χαίρων. **40** Φίλιππος δὲ εὑρέθη εἰς Ἄζωτον· καὶ διερχόμενος εὐηγγελίζετο τὰς πόλεις πάσας ἕως τοῦ ἐλθεῖν αὐτὸν εἰς Καισάρειαν.

---

[3]**37** {A} *no addition* 𝔓[45] 𝔓[74] 01 02 03 04 044 33 81 181 614 623 1175 1409 *Byz* lat[vl-pt, vg] sy co[sa, bo] eth Chrysostom // *add verse 37* (*with minor variants*) 08 307 1642 1739 *TR* lat[vl-pt, vg-mss] sy[h with *] co[mae]

[4]**39** {A} πνεῦμα 𝔓[45] 𝔓[74] 01 03 04 08 044 33 81 181 614 623 1175 1409 *Byz* lat[vl-pt, vg] sy co[sa, bo] eth Athanasius Chrysostom // πνεῦμα ἅγιον ἐπέπεσεν ἐπὶ τὸν εὐνοῦχον, ἄγγελος δὲ 02[c] 307 1642 1739 lat[vl-pt] sy[h with *] co[mae]

The Conversion of Saul (Ac 22.6-16; 26.12-18)

9 Ὁ δὲ Σαῦλος ἔτι ἐμπνέων ἀπειλῆς καὶ φόνου εἰς τοὺς μαθητὰς τοῦ κυρίου προσελθὼν τῷ ἀρχιερεῖ 2 ᾐτήσατο παρ᾽ αὐτοῦ ἐπιστολὰς εἰς Δαμασκὸν πρὸς τὰς συναγωγάς, ὅπως ἐάν τινας εὕρῃ τῆς ὁδοῦ ὄντας, ἄνδρας τε καὶ γυναῖκας, δεδεμένους ἀγάγῃ εἰς Ἰερουσαλήμ. 3 ἐν δὲ τῷ πορεύεσθαι ἐγένετο αὐτὸν ἐγγίζειν τῇ Δαμασκῷ, ἐξαίφνης τε αὐτὸν περιήστραψεν φῶς ἐκ τοῦ οὐρανοῦ, 4 καὶ πεσὼν ἐπὶ τὴν γῆν ἤκουσεν φωνὴν λέγουσαν αὐτῷ· Σαοὺλ Σαούλ, τί με διώκεις; 5 εἶπεν δέ· τίς εἶ, κύριε; ὁ δέ· ἐγώ εἰμι Ἰησοῦς ὃν σὺ διώκεις· 6 ἀλλ᾽ ἀνάστηθι καὶ εἴσελθε εἰς τὴν πόλιν, καὶ λαληθήσεταί σοι ὅτι σε δεῖ ποιεῖν. 7 οἱ δὲ ἄνδρες οἱ συνοδεύοντες αὐτῷ εἱστήκεισαν ἐνεοί, ἀκούοντες μὲν τῆς φωνῆς μηδένα δὲ θεωροῦντες. 8 ἠγέρθη δὲ Σαῦλος ἀπὸ τῆς γῆς, ἀνεῳγμένων δὲ τῶν ὀφθαλμῶν αὐτοῦ οὐδὲν ἔβλεπεν· χειραγωγοῦντες δὲ αὐτὸν εἰσήγαγον εἰς Δαμασκόν. 9 καὶ ἦν ἡμέρας τρεῖς μὴ βλέπων καὶ οὐκ ἔφαγεν οὐδὲ ἔπιεν.

10 Ἦν δέ τις μαθητὴς ἐν Δαμασκῷ ὀνόματι Ἀνανίας, καὶ εἶπεν πρὸς αὐτὸν ἐν ὁράματι ὁ κύριος· Ἀνανία. ὁ δὲ εἶπεν· ἰδοὺ ἐγώ, κύριε. 11 ὁ δὲ κύριος πρὸς αὐτόν· ἀναστὰς πορεύθητι ἐπὶ τὴν ῥύμην τὴν καλουμένην Εὐθεῖαν καὶ ζήτησον ἐν οἰκίᾳ Ἰούδα Σαῦλον ὀνόματι Ταρσέα· ἰδοὺ γὰρ προσεύχεται 12 καὶ εἶδεν ἄνδρα[1] Ἀνανίαν ὀνόματι εἰσελθόντα καὶ ἐπιθέντα αὐτῷ χεῖρας, ὅπως ἀναβλέψῃ. 13 ἀπεκρίθη δὲ Ἀνανίας· κύριε, ἤκουσα ἀπὸ πολλῶν περὶ τοῦ ἀνδρὸς τούτου ὅσα κακὰ τοῖς ἁγίοις σου ἐποίησεν ἐν Ἰερουσαλήμ· 14 καὶ ὧδε ἔχει ἐξουσίαν παρὰ τῶν ἀρχιερέων δῆσαι πάντας τοὺς ἐπικαλουμένους τὸ ὄνομά σου. 15 εἶπεν δὲ πρὸς αὐτὸν ὁ κύριος· πορεύου, ὅτι σκεῦος ἐκλογῆς ἐστίν μοι οὗτος τοῦ βαστάσαι τὸ ὄνομά μου ἐνώπιον ἐθνῶν τε καὶ βασιλέων υἱῶν τε Ἰσραήλ· 16 ἐγὼ γὰρ ὑποδείξω αὐτῷ ὅσα δεῖ αὐτὸν ὑπὲρ τοῦ ὀνόματός μου παθεῖν. 17 ἀπῆλθεν δὲ Ἀνανίας καὶ εἰσῆλθεν εἰς τὴν οἰκίαν καὶ ἐπιθεὶς ἐπ᾽ αὐτὸν τὰς χεῖρας

---

[1] **12** {C} ἄνδρα 𝔓⁷⁴ 01 02 81 lat^(vl-pt, vg) co^(sa, bo) eth ∥ ἄνδρα ἐν ὁράματι 03 04 1175 ∥ ἐν ὁράματι ἄνδρα 08 33 181 307 614 623 1409 1642 1739 Byz lat^(vl-pt) Chrysostom ∥ ἐν ὁράματι 044

εἶπεν· Σαοὺλ ἀδελφέ, ὁ κύριος ἀπέσταλκέν με, Ἰησοῦς ὁ ὀφθείς σοι ἐν τῇ ὁδῷ ᾗ ἤρχου, ὅπως ἀναβλέψῃς καὶ πλησθῇς πνεύματος ἁγίου. **18** καὶ εὐθέως ἀπέπεσαν αὐτοῦ ἀπὸ τῶν ὀφθαλμῶν ὡς λεπίδες, ἀνέβλεψέν τε καὶ ἀναστὰς ἐβαπτίσθη **19** καὶ λαβὼν τροφὴν ἐνίσχυσεν.

Saul Preaches in Damascus

Ἐγένετο δὲ μετὰ τῶν ἐν Δαμασκῷ μαθητῶν ἡμέρας τινὰς **20** καὶ εὐθέως ἐν ταῖς συναγωγαῖς ἐκήρυσσεν τὸν Ἰησοῦν ὅτι οὗτός ἐστιν ὁ υἱὸς τοῦ θεοῦ. **21** ἐξίσταντο δὲ πάντες οἱ ἀκούοντες καὶ ἔλεγον· οὐχ οὗτός ἐστιν ὁ πορθήσας ἐν Ἰερουσαλὴμ τοὺς ἐπικαλουμένους τὸ ὄνομα τοῦτο καὶ ὧδε εἰς τοῦτο ἐληλύθει, ἵνα δεδεμένους αὐτοὺς ἀγάγῃ ἐπὶ τοὺς ἀρχιερεῖς; **22** Σαῦλος δὲ μᾶλλον ἐνεδυναμοῦτο καὶ συνέχυννεν τοὺς Ἰουδαίους τοὺς κατοικοῦντας ἐν Δαμασκῷ συμβιβάζων ὅτι οὗτός ἐστιν ὁ χριστός.

Saul Escapes from the Jews

23 Ὡς δὲ ἐπληροῦντο ἡμέραι ἱκαναί, συνεβουλεύσαντο οἱ Ἰουδαῖοι ἀνελεῖν αὐτόν· **24** ἐγνώσθη δὲ τῷ Σαύλῳ ἡ ἐπιβουλὴ αὐτῶν. παρετηροῦντο δὲ καὶ τὰς πύλας ἡμέρας τε καὶ νυκτός, ὅπως αὐτὸν ἀνέλωσιν· **25** λαβόντες δὲ οἱ μαθηταὶ αὐτοῦ νυκτὸς διὰ τοῦ τείχους καθῆκαν αὐτὸν χαλάσαντες ἐν σπυρίδι.

Saul in Jerusalem

26 Παραγενόμενος δὲ εἰς Ἰερουσαλὴμ ἐπείραζεν κολλᾶσθαι τοῖς μαθηταῖς, καὶ πάντες ἐφοβοῦντο αὐτὸν μὴ πιστεύοντες ὅτι ἐστὶν μαθητής. **27** Βαρναβᾶς δὲ ἐπιλαβόμενος αὐτὸν ἤγαγεν πρὸς τοὺς ἀποστόλους καὶ διηγήσατο αὐτοῖς πῶς ἐν τῇ ὁδῷ εἶδεν τὸν κύριον καὶ ὅτι ἐλάλησεν αὐτῷ καὶ πῶς ἐν Δαμασκῷ ἐπαρρησιάσατο ἐν τῷ ὀνόματι τοῦ Ἰησοῦ. **28** καὶ ἦν μετ' αὐτῶν εἰσπορευόμενος καὶ ἐκπορευόμενος εἰς Ἰερουσαλήμ, παρρησιαζόμενος ἐν τῷ ὀνόματι τοῦ κυρίου, **29** ἐλάλει τε καὶ συνεζήτει πρὸς τοὺς Ἑλληνιστάς, οἱ δὲ ἐπεχείρουν ἀνελεῖν αὐτόν. **30** ἐπιγνόντες δὲ οἱ ἀδελφοὶ κατήγαγον αὐτὸν εἰς Καισάρειαν καὶ ἐξαπέστειλαν αὐτὸν εἰς Ταρσόν.

31 Ἡ μὲν οὖν ἐκκλησία² καθ' ὅλης τῆς Ἰουδαίας καὶ Γαλιλαίας καὶ Σαμαρείας εἶχεν² εἰρήνην οἰκοδομουμένη καὶ πορευομένη² τῷ φόβῳ τοῦ κυρίου καὶ τῇ παρακλήσει τοῦ ἁγίου πνεύματος ἐπληθύνετο².

The Healing of Aeneas

32 Ἐγένετο δὲ Πέτρον διερχόμενον διὰ πάντων κατελθεῖν καὶ πρὸς τοὺς ἁγίους τοὺς κατοικοῦντας Λύδδα. 33 εὗρεν δὲ ἐκεῖ ἄνθρωπόν τινα ὀνόματι Αἰνέαν ἐξ ἐτῶν ὀκτὼ κατακείμενον ἐπὶ κραβάττου ὃς ἦν παραλελυμένος. 34 καὶ εἶπεν αὐτῷ ὁ Πέτρος· Αἰνέα, ἰᾶταί σε Ἰησοῦς Χριστός· ἀνάστηθι καὶ στρῶσον σεαυτῷ. καὶ εὐθέως ἀνέστη. 35 καὶ εἶδαν αὐτὸν πάντες οἱ κατοικοῦντες Λύδδα καὶ τὸν Σαρῶνα οἵτινες ἐπέστρεψαν ἐπὶ τὸν κύριον.

Dorcas Restored to Life

36 Ἐν Ἰόππῃ δέ τις ἦν μαθήτρια ὀνόματι Ταβιθὰ ἣ διερμηνευομένη λέγεται Δορκάς· αὕτη ἦν πλήρης ἔργων ἀγαθῶν καὶ ἐλεημοσυνῶν ὧν ἐποίει. 37 ἐγένετο δὲ ἐν ταῖς ἡμέραις ἐκείναις ἀσθενήσασαν αὐτὴν ἀποθανεῖν· λούσαντες δὲ ἔθηκαν αὐτὴν ἐν ὑπερῴῳ. 38 ἐγγὺς δὲ οὔσης Λύδδας τῇ Ἰόππῃ οἱ μαθηταὶ ἀκούσαντες ὅτι Πέτρος ἐστὶν ἐν αὐτῇ ἀπέστειλαν δύο ἄνδρας πρὸς αὐτὸν παρακαλοῦντες· μὴ ὀκνήσῃς διελθεῖν ἕως ἡμῶν. 39 ἀναστὰς δὲ Πέτρος συνῆλθεν αὐτοῖς· ὃν παραγενόμενον ἀνήγαγον εἰς τὸ ὑπερῷον, καὶ παρέστησαν αὐτῷ πᾶσαι αἱ χῆραι κλαίουσαι καὶ ἐπιδεικνύμεναι χιτῶνας καὶ ἱμάτια ὅσα ἐποίει μετ' αὐτῶν οὖσα ἡ Δορκάς. 40 ἐκβαλὼν δὲ ἔξω πάντας ὁ Πέτρος καὶ θεὶς τὰ γόνατα προσηύξατο καὶ ἐπιστρέψας πρὸς τὸ σῶμα εἶπεν· Ταβιθά, ἀνάστηθι. ἡ δὲ ἤνοιξεν τοὺς ὀφθαλμοὺς αὐτῆς καὶ ἰδοῦσα τὸν Πέτρον ἀνεκάθισεν. 41 δοὺς δὲ αὐτῇ χεῖρα ἀνέστησεν αὐτήν· φωνήσας δὲ τοὺς ἁγίους καὶ τὰς χήρας παρέστησεν αὐτὴν ζῶσαν. 42 γνωστὸν δὲ ἐγένετο καθ' ὅλης τῆς

---

²31 {A} ἡ ... ἐκκλησία ... εἶχεν ... οἰκοδομουμένη καὶ πορευομένη ... ἐπληθύνετο 𝔓74 01 02 03 04 (044) 33vid 35*vid 81 181 307 623 1175 1642 1739 latvl-pt, vg syp co eth // αἱ ... ἐκκλησίαι ... εἶχον ... οἰκοδομούμεναι καὶ πορευόμεναι ... ἐπληθύνοντο 35c 614 1409 Byz latvl-pt syh cobo-mss Chrysostom // αἱ ... ἐκκλησίαι πᾶσαι ... εἶχον ... οἰκοδομούμενοι καὶ πορευόμενοι ... ἐπληθύνοντο 08

Ἰόππης, καὶ ἐπίστευσαν πολλοὶ ἐπὶ τὸν κύριον. **43** ἐγένετο δὲ ἡμέρας ἱκανὰς μεῖναι ἐν Ἰόππῃ παρά τινι Σίμωνι βυρσεῖ.

Peter and Cornelius

10 Ἀνὴρ δέ τις ἐν Καισαρείᾳ ὀνόματι Κορνήλιος, ἑκατοντάρχης ἐκ σπείρης τῆς καλουμένης Ἰταλικῆς, **2** εὐσεβὴς καὶ φοβούμενος τὸν θεὸν σὺν παντὶ τῷ οἴκῳ αὐτοῦ, ποιῶν ἐλεημοσύνας πολλὰς τῷ λαῷ καὶ δεόμενος τοῦ θεοῦ διὰ παντός, **3** εἶδεν ἐν ὁράματι φανερῶς ὡσεὶ περὶ ὥραν ἐνάτην τῆς ἡμέρας ἄγγελον τοῦ θεοῦ εἰσελθόντα πρὸς αὐτὸν καὶ εἰπόντα αὐτῷ· Κορνήλιε. **4** ὁ δὲ ἀτενίσας αὐτῷ καὶ ἔμφοβος γενόμενος εἶπεν· τί ἐστιν, κύριε; εἶπεν δὲ αὐτῷ· αἱ προσευχαί σου καὶ αἱ ἐλεημοσύναι σου ἀνέβησαν εἰς μνημόσυνον ἔμπροσθεν τοῦ θεοῦ. **5** καὶ νῦν πέμψον ἄνδρας εἰς Ἰόππην καὶ μετάπεμψαι Σίμωνά τινα ὃς ἐπικαλεῖται Πέτρος· **6** οὗτος ξενίζεται παρά τινι Σίμωνι βυρσεῖ ᾧ ἐστιν οἰκία παρὰ θάλασσαν. **7** ὡς δὲ ἀπῆλθεν ὁ ἄγγελος ὁ λαλῶν αὐτῷ, φωνήσας δύο τῶν οἰκετῶν καὶ στρατιώτην εὐσεβῆ τῶν προσκαρτερούντων αὐτῷ **8** καὶ ἐξηγησάμενος ἅπαντα αὐτοῖς ἀπέστειλεν αὐτοὺς εἰς τὴν Ἰόππην. **9** τῇ δὲ ἐπαύριον ὁδοιπορούντων αὐτῶν καὶ τῇ πόλει ἐγγιζόντων ἀνέβη Πέτρος ἐπὶ τὸ δῶμα προσεύξασθαι περὶ ὥραν ἕκτην. **10** ἐγένετο δὲ πρόσπεινος καὶ ἤθελεν γεύσασθαι. παρασκευαζόντων δὲ αὐτῶν ἐγένετο ἐπ' αὐτὸν ἔκστασις, **11** καὶ θεωρεῖ τὸν οὐρανὸν ἀνεῳγμένον καὶ καταβαῖνον σκεῦός τι ὡς ὀθόνην μεγάλην τέσσαρσιν ἀρχαῖς καθιέμενον ἐπὶ τῆς γῆς **12** ἐν ᾧ ὑπῆρχεν πάντα τὰ τετράποδα καὶ ἑρπετὰ τῆς γῆς καὶ πετεινὰ τοῦ οὐρανοῦ. **13** καὶ ἐγένετο φωνὴ πρὸς αὐτόν· ἀναστάς, Πέτρε, θῦσον καὶ φάγε. **14** ὁ δὲ Πέτρος εἶπεν· μηδαμῶς, κύριε, ὅτι οὐδέποτε ἔφαγον πᾶν κοινὸν καὶ ἀκάθαρτον. **15** καὶ φωνὴ πάλιν ἐκ δευτέρου πρὸς αὐτόν· ἃ ὁ θεὸς ἐκαθάρισεν, σὺ μὴ κοίνου. **16** τοῦτο δὲ ἐγένετο ἐπὶ τρὶς καὶ εὐθὺς ἀνελήμφθη τὸ σκεῦος εἰς τὸν οὐρανόν. **17** ὡς δὲ ἐν ἑαυτῷ διηπόρει ὁ Πέτρος τί ἂν εἴη τὸ ὅραμα ὃ εἶδεν, ἰδοὺ οἱ ἄνδρες οἱ ἀπεσταλμένοι ὑπὸ τοῦ Κορνηλίου διερωτήσαντες τὴν οἰκίαν τοῦ Σίμωνος ἐπέστησαν ἐπὶ τὸν πυλῶνα **18** καὶ φωνήσαντες ἐπυνθάνοντο εἰ Σίμων ὁ ἐπικαλούμενος Πέτρος ἐνθάδε ξενίζεται. **19** τοῦ δὲ Πέτρου διενθυμουμένου περὶ τοῦ ὁράματος εἶπεν αὐτῷ τὸ πνεῦμα· ἰδοὺ ἄνδρες τρεῖς[1] ζητοῦντές σε, **20** ἀλλ' ἀναστὰς κατάβηθι καὶ πορεύου σὺν αὐτοῖς μηδὲν διακρινόμενος, ὅτι ἐγὼ ἀπέσταλκα αὐτούς. **21** καταβὰς δὲ Πέτρος πρὸς τοὺς ἄνδρας εἶπεν· ἰδοὺ ἐγώ εἰμι ὃν ζητεῖτε· τίς ἡ αἰτία δι' ἣν πάρεστε; **22** οἱ δὲ εἶπαν· Κορνήλιος ἑκατοντάρχης, ἀνὴρ δίκαιος καὶ φοβούμενος τὸν θεόν, μαρτυρούμενός τε ὑπὸ ὅλου τοῦ ἔθνους τῶν Ἰουδαίων, ἐχρηματίσθη ὑπὸ ἀγγέλου ἁγίου μεταπέμψασθαί σε εἰς τὸν οἶκον αὐτοῦ καὶ ἀκοῦσαι ῥήματα παρὰ σοῦ. **23** εἰσκαλεσάμενος οὖν αὐτοὺς ἐξένισεν. τῇ δὲ ἐπαύριον ἀναστὰς ἐξῆλθεν σὺν αὐτοῖς, καί τινες τῶν ἀδελφῶν τῶν ἀπὸ Ἰόππης συνῆλθον αὐτῷ. **24** τῇ δὲ ἐπαύριον εἰσῆλθεν εἰς τὴν Καισάρειαν. ὁ δὲ Κορνήλιος ἦν προσδοκῶν αὐτοὺς συγκαλεσάμενος τοὺς συγγενεῖς αὐτοῦ καὶ τοὺς ἀναγκαίους φίλους. **25** ὡς δὲ ἐγένετο τοῦ εἰσελθεῖν τὸν Πέτρον, συναντήσας αὐτῷ ὁ Κορνήλιος πεσὼν ἐπὶ τοὺς πόδας προσεκύνησεν. **26** ὁ δὲ Πέτρος ἤγειρεν αὐτὸν λέγων· ἀνάστηθι· καὶ ἐγὼ αὐτὸς ἄνθρωπός εἰμι. **27** καὶ συνομιλῶν αὐτῷ εἰσῆλθεν καὶ εὑρίσκει συνεληλυθότας πολλούς. **28** ἔφη τε πρὸς αὐτούς· ὑμεῖς ἐπίστασθε ὡς ἀθέμιτόν ἐστιν ἀνδρὶ Ἰουδαίῳ κολλᾶσθαι ἢ προσέρχεσθαι ἀλλοφύλῳ· κἀμοὶ ὁ θεὸς ἔδειξεν μηδένα κοινὸν ἢ ἀκάθαρτον λέγειν ἄνθρωπον· **29** διὸ καὶ ἀναντιρρήτως ἦλθον μεταπεμφθείς. πυνθάνομαι οὖν τίνι λόγῳ μετεπέμψασθέ με; **30** καὶ ὁ Κορνήλιος ἔφη· ἀπὸ τετάρτης ἡμέρας μέχρι ταύτης τῆς ὥρας ἤμην τὴν ἐνάτην[2] προσευχόμενος ἐν τῷ οἴκῳ μου, καὶ ἰδοὺ ἀνὴρ ἔστη ἐνώπιόν μου ἐν ἐσθῆτι λαμπρᾷ **31** καὶ φησίν· Κορνήλιε, εἰσηκούσθη σου ἡ προσευχή, καὶ αἱ ἐλεημοσύναι σου ἐμνήσθησαν ἐνώπιον τοῦ θεοῦ. **32** πέμψον οὖν εἰς Ἰόππην καὶ μετακάλεσαι Σίμωνα ὃς ἐπικαλεῖται Πέτρος, οὗτος ξενίζεται

---

[1] **19** {B} τρεῖς (see 11.11) 𝔓⁷⁴ 01 02 04 08 33 81 181 307 424ᶜ 1175 1409 1642 1739 *TR* lat^(vl-pt, vg) sy^(p, hmg) co eth // δύο (see 10.7) 03 // *omit* 05 044 424* 614 623 *Byz* lat^(vl-pt) sy^h Cyril-Jerusalem Chrysostom

[2] **30** {B} τὴν ἐνάτην 𝔓⁷⁴ 01 02*ᵛⁱᵈ 03 04 81 1642* 1739 lat^(vl-pt, vg) co^(bo) eth // νηστεύων καὶ τὴν ἐνάτην 𝔓⁵⁰ 02ᶜ (05) (08) (181) (1409 *omit* τὴν ἐνάτην) (1642ᶜ *omit* καί) // νηστεύων καὶ τὴν ἐνάτην ὥραν 044 307 614 623 1175 *Byz* sy Chrysostom

ἐν οἰκίᾳ Σίμωνος βυρσέως παρὰ θάλασσαν³. **33** ἐξαυτῆς οὖν ἔπεμψα πρὸς σέ, σύ τε καλῶς ἐποίησας παραγενόμενος. νῦν οὖν πάντες ἡμεῖς ἐνώπιον τοῦ θεοῦ πάρεσμεν ἀκοῦσαι πάντα τὰ προστεταγμένα σοι ὑπὸ τοῦ κυρίου.

Peter Speaks in Cornelius' House

34 Ἀνοίξας δὲ Πέτρος τὸ στόμα εἶπεν· ἐπ' ἀληθείας καταλαμβάνομαι ὅτι οὐκ ἔστιν προσωπολήμπτης ὁ θεός, **35** ἀλλ' ἐν παντὶ ἔθνει ὁ φοβούμενος αὐτὸν καὶ ἐργαζόμενος δικαιοσύνην δεκτὸς αὐτῷ ἐστιν. **36** τὸν λόγον ὃν⁴ ἀπέστειλεν τοῖς υἱοῖς Ἰσραὴλ εὐαγγελιζόμενος εἰρήνην διὰ Ἰησοῦ Χριστοῦ, οὗτός ἐστιν πάντων κύριος, **37** ὑμεῖς οἴδατε τὸ γενόμενον ῥῆμα καθ' ὅλης τῆς Ἰουδαίας, ἀρξάμενος ἀπὸ τῆς Γαλιλαίας μετὰ τὸ βάπτισμα ὃ ἐκήρυξεν Ἰωάννης, **38** Ἰησοῦν τὸν ἀπὸ Ναζαρέθ, ὡς ἔχρισεν αὐτὸν ὁ θεὸς πνεύματι ἁγίῳ καὶ δυνάμει, ὃς διῆλθεν εὐεργετῶν καὶ ἰώμενος πάντας τοὺς καταδυναστευομένους ὑπὸ τοῦ διαβόλου, ὅτι ὁ θεὸς ἦν μετ' αὐτοῦ. **39** καὶ ἡμεῖς μάρτυρες πάντων ὧν ἐποίησεν ἔν τε τῇ χώρᾳ τῶν Ἰουδαίων καὶ ἐν Ἰερουσαλήμ. ὃν καὶ ἀνεῖλαν κρεμάσαντες ἐπὶ ξύλου, **40** τοῦτον ὁ θεὸς ἤγειρεν τῇ τρίτῃ ἡμέρᾳ⁵ καὶ ἔδωκεν αὐτὸν ἐμφανῆ γενέσθαι, **41** οὐ παντὶ τῷ λαῷ, ἀλλὰ μάρτυσιν τοῖς προκεχειροτονημένοις ὑπὸ τοῦ θεοῦ, ἡμῖν, οἵτινες συνεφάγομεν καὶ συνεπίομεν αὐτῷ μετὰ τὸ ἀναστῆναι αὐτὸν ἐκ νεκρῶν· **42** καὶ παρήγγειλεν ἡμῖν κηρύξαι τῷ λαῷ καὶ διαμαρτύρασθαι ὅτι οὗτός ἐστιν ὁ ὡρισμένος ὑπὸ τοῦ θεοῦ κριτὴς ζώντων καὶ νεκρῶν. **43** τούτῳ πάντες οἱ προφῆται μαρτυροῦσιν ἄφεσιν ἁμαρτιῶν λαβεῖν διὰ τοῦ ὀνόματος αὐτοῦ πάντα τὸν πιστεύοντα εἰς αὐτόν.

---

³**32** {B} θάλασσαν 𝔓⁴⁵ 𝔓⁷⁴ 01 02 03 81 307 lat^(vl-pt, vg) co^(bo) // θάλασσαν ὃς παραγενόμενος λαλήσει σοι 𝔓^(127vid) 04 05 08 044 33^(vid) 181 614 623 1175 1409 1642 1739 *Byz* lat^(vl-pt) sy cpa co^(sa, mae) Chrysostom

⁴**36** {C} ὅν 𝔓⁷⁴ 01* 04 05 08 044 181 307 623 1175 1409 1642 *Byz* lat^(vl-pt) sy^h Cyril-Jerusalem Chrysostom // *omit* 01¹ 02 03 81 614 1739 lat^(vl-pt, vg) Athanasius Cyril

⁵**40** {C} τῇ τρίτῃ ἡμέρᾳ 𝔓⁷⁴ 01² 02 03 05^c 08 044 33 81 181 307 614 623 1175 1409 1642 1739 *Byz* Irenaeus^lat Chrysostom // ἐν τῇ τρίτῃ ἡμέρᾳ 01* 04 // μετὰ τὴν τρίτην ἡμέραν 05* lat^(vl-pt)

Gentiles Receive the Holy Spirit

44 Ἔτι λαλοῦντος τοῦ Πέτρου τὰ ῥήματα ταῦτα ἐπέπεσεν τὸ πνεῦμα τὸ ἅγιον ἐπὶ πάντας τοὺς ἀκούοντας τὸν λόγον. **45** καὶ ἐξέστησαν οἱ ἐκ περιτομῆς πιστοὶ ὅσοι συνῆλθαν τῷ Πέτρῳ, ὅτι καὶ ἐπὶ τὰ ἔθνη ἡ δωρεὰ τοῦ ἁγίου πνεύματος ἐκκέχυται· **46** ἤκουον γὰρ αὐτῶν λαλούντων γλώσσαις καὶ μεγαλυνόντων τὸν θεόν. τότε ἀπεκρίθη Πέτρος· **47** μήτι τὸ ὕδωρ δύναται κωλῦσαί τις τοῦ μὴ βαπτισθῆναι τούτους οἵτινες τὸ πνεῦμα τὸ ἅγιον ἔλαβον ὡς καὶ ἡμεῖς; **48** προσέταξεν δὲ αὐτοὺς ἐν τῷ ὀνόματι Ἰησοῦ Χριστοῦ βαπτισθῆναι. τότε ἠρώτησαν αὐτὸν ἐπιμεῖναι ἡμέρας τινάς.

Peter's Report to the Church at Jerusalem

11 Ἤκουσαν δὲ οἱ ἀπόστολοι καὶ οἱ ἀδελφοὶ οἱ ὄντες κατὰ τὴν Ἰουδαίαν ὅτι καὶ τὰ ἔθνη ἐδέξαντο τὸν λόγον τοῦ θεοῦ. **2** ὅτε δὲ ἀνέβη Πέτρος εἰς Ἰερουσαλήμ, διεκρίνοντο πρὸς αὐτὸν οἱ ἐκ περιτομῆς **3** λέγοντες ὅτι εἰσῆλθες πρὸς ἄνδρας ἀκροβυστίαν ἔχοντας καὶ συνέφαγες αὐτοῖς. **4** ἀρξάμενος δὲ Πέτρος ἐξετίθετο αὐτοῖς καθεξῆς λέγων· **5** ἐγὼ ἤμην ἐν πόλει Ἰόππῃ προσευχόμενος καὶ εἶδον ἐν ἐκστάσει ὅραμα, καταβαῖνον σκεῦός τι ὡς ὀθόνην μεγάλην τέσσαρσιν ἀρχαῖς καθιεμένην ἐκ τοῦ οὐρανοῦ, καὶ ἦλθεν ἄχρι ἐμοῦ. **6** εἰς ἣν ἀτενίσας κατενόουν καὶ εἶδον τὰ τετράποδα τῆς γῆς καὶ τὰ θηρία καὶ τὰ ἑρπετὰ καὶ τὰ πετεινὰ τοῦ οὐρανοῦ. **7** ἤκουσα δὲ καὶ φωνῆς λεγούσης μοι· ἀναστάς, Πέτρε, θῦσον καὶ φάγε. **8** εἶπον δέ· μηδαμῶς, κύριε, ὅτι κοινὸν ἢ ἀκάθαρτον οὐδέποτε εἰσῆλθεν εἰς τὸ στόμα μου. **9** ἀπεκρίθη δὲ φωνὴ ἐκ δευτέρου ἐκ τοῦ οὐρανοῦ· ἃ ὁ θεὸς ἐκαθάρισεν, σὺ μὴ κοίνου. **10** τοῦτο δὲ ἐγένετο ἐπὶ τρίς, καὶ ἀνεσπάσθη πάλιν ἅπαντα εἰς τὸν οὐρανόν. **11** καὶ ἰδοὺ ἐξαυτῆς τρεῖς ἄνδρες ἐπέστησαν ἐπὶ τὴν οἰκίαν ἐν ᾗ ἦμεν, ἀπεσταλμένοι ἀπὸ Καισαρείας πρός με. **12** εἶπεν δὲ τὸ πνεῦμά μοι συνελθεῖν αὐτοῖς μηδὲν διακρίναντα. ἦλθον δὲ σὺν ἐμοὶ καὶ οἱ ἓξ ἀδελφοὶ οὗτοι, καὶ εἰσήλθομεν εἰς τὸν οἶκον τοῦ ἀνδρός. **13** ἀπήγγειλεν δὲ ἡμῖν πῶς εἶδεν τὸν ἄγγελον ἐν τῷ οἴκῳ αὐτοῦ σταθέντα καὶ εἰπόντα· ἀπόστειλον εἰς Ἰόππην καὶ μετάπεμψαι Σίμωνα τὸν ἐπικαλούμενον Πέτρον, **14** ὃς λαλήσει ῥήματα πρὸς σὲ ἐν οἷς σωθήσῃ σὺ καὶ πᾶς ὁ οἶκός σου. **15** ἐν δὲ τῷ ἄρξασθαί με λαλεῖν ἐπέπεσεν τὸ πνεῦμα τὸ ἅγιον ἐπ' αὐτοὺς ὥσπερ καὶ ἐφ' ἡμᾶς ἐν ἀρχῇ. **16** ἐμνήσθην δὲ τοῦ ῥήματος τοῦ κυρίου ὡς ἔλεγεν· Ἰωάννης μὲν ἐβάπτισεν ὕδατι, ὑμεῖς δὲ βαπτισθήσεσθε ἐν πνεύματι ἁγίῳ. **17** εἰ οὖν τὴν ἴσην δωρεὰν ἔδωκεν αὐτοῖς ὁ θεὸς ὡς καὶ ἡμῖν πιστεύσασιν ἐπὶ τὸν κύριον Ἰησοῦν Χριστόν, ἐγὼ τίς ἤμην δυνατὸς κωλῦσαι τὸν θεόν; **18** ἀκούσαντες δὲ ταῦτα ἡσύχασαν καὶ ἐδόξασαν τὸν θεὸν λέγοντες· ἄρα καὶ τοῖς ἔθνεσιν ὁ θεὸς τὴν μετάνοιαν εἰς ζωὴν ἔδωκεν.

The Church in Antioch

19 Οἱ μὲν οὖν διασπαρέντες ἀπὸ τῆς θλίψεως τῆς γενομένης ἐπὶ Στεφάνῳ διῆλθον ἕως Φοινίκης καὶ Κύπρου καὶ Ἀντιοχείας μηδενὶ λαλοῦντες τὸν λόγον εἰ μὴ μόνον Ἰουδαίοις. **20** ἦσαν δέ τινες ἐξ αὐτῶν ἄνδρες Κύπριοι καὶ Κυρηναῖοι οἵτινες ἐλθόντες εἰς Ἀντιόχειαν ἐλάλουν καὶ πρὸς τοὺς Ἑλληνιστὰς[1] εὐαγγελιζόμενοι τὸν κύριον Ἰησοῦν. **21** καὶ ἦν χεὶρ κυρίου μετ' αὐτῶν, πολύς τε ἀριθμὸς ὁ πιστεύσας ἐπέστρεψεν ἐπὶ τὸν κύριον. **22** ἠκούσθη δὲ ὁ λόγος εἰς τὰ ὦτα τῆς ἐκκλησίας τῆς οὔσης ἐν Ἰερουσαλὴμ περὶ αὐτῶν, καὶ ἐξαπέστειλαν Βαρναβᾶν ἕως Ἀντιοχείας. **23** ὃς παραγενόμενος καὶ ἰδὼν τὴν χάριν τὴν τοῦ θεοῦ ἐχάρη καὶ παρεκάλει πάντας τῇ προθέσει τῆς καρδίας προσμένειν τῷ κυρίῳ, **24** ὅτι ἦν ἀνὴρ ἀγαθὸς καὶ πλήρης πνεύματος ἁγίου καὶ πίστεως. καὶ προσετέθη ὄχλος ἱκανὸς τῷ κυρίῳ. **25** ἐξῆλθεν δὲ εἰς Ταρσὸν ἀναζητῆσαι Σαῦλον **26** καὶ εὑρὼν ἤγαγεν εἰς Ἀντιόχειαν. ἐγένετο δὲ αὐτοῖς καὶ ἐνιαυτὸν ὅλον συναχθῆναι ἐν τῇ ἐκκλησίᾳ καὶ διδάξαι ὄχλον ἱκανὸν χρηματίσαι τε πρώτως ἐν Ἀντιοχείᾳ τοὺς μαθητὰς Χριστιανούς.

27 Ἐν ταύταις δὲ ταῖς ἡμέραις κατῆλθον ἀπὸ Ἱεροσολύμων προφῆται εἰς Ἀντιόχειαν. **28** ἀναστὰς δὲ εἷς ἐξ αὐτῶν ὀνόματι Ἅγαβος ἐσήμανεν διὰ τοῦ πνεύματος λιμὸν μεγάλην μέλλειν ἔσεσθαι ἐφ' ὅλην τὴν οἰκουμένην· ἥτις ἐγένετο ἐπὶ Κλαυδίου. **29** τῶν δὲ μαθητῶν, καθὼς εὐπορεῖτό τις, ὥρισαν ἕκαστος

---

[1] **20** {B} Ἑλληνιστάς 01* 03 05² 08 044 81 181 307 614 623 1175 1409 1642 1739 *Byz* Chrysostom^txt ∥ Ἕλληνας 𝔓⁷⁴ 01² 02 05* Chrysostom^ms

αὐτῶν εἰς διακονίαν πέμψαι τοῖς κατοικοῦσιν ἐν τῇ Ἰουδαίᾳ ἀδελφοῖς· 30 ὃ καὶ ἐποίησαν ἀποστείλαντες πρὸς τοὺς πρεσβυτέρους διὰ χειρὸς Βαρναβᾶ καὶ Σαύλου.

James Killed and Peter Imprisoned

12 Κατ' ἐκεῖνον δὲ τὸν καιρὸν ἐπέβαλεν Ἡρῴδης ὁ βασιλεὺς τὰς χεῖρας κακῶσαί τινας τῶν ἀπὸ τῆς ἐκκλησίας. 2 ἀνεῖλεν δὲ Ἰάκωβον τὸν ἀδελφὸν Ἰωάννου μαχαίρῃ. 3 ἰδὼν δὲ ὅτι ἀρεστόν ἐστιν τοῖς Ἰουδαίοις προσέθετο συλλαβεῖν καὶ Πέτρον – ἦσαν δὲ αἱ ἡμέραι τῶν ἀζύμων – 4 ὃν καὶ πιάσας ἔθετο εἰς φυλακὴν παραδοὺς τέσσαρσιν τετραδίοις στρατιωτῶν φυλάσσειν αὐτόν βουλόμενος μετὰ τὸ πάσχα ἀναγαγεῖν αὐτὸν τῷ λαῷ. 5 ὁ μὲν οὖν Πέτρος ἐτηρεῖτο ἐν τῇ φυλακῇ· προσευχὴ δὲ ἦν ἐκτενῶς γινομένη ὑπὸ τῆς ἐκκλησίας πρὸς τὸν θεὸν περὶ αὐτοῦ.

Peter Delivered from Prison

6 Ὅτε δὲ ἤμελλεν προαγαγεῖν αὐτὸν ὁ Ἡρῴδης, τῇ νυκτὶ ἐκείνῃ ἦν ὁ Πέτρος κοιμώμενος μεταξὺ δύο στρατιωτῶν δεδεμένος ἁλύσεσιν δυσίν, φύλακές τε πρὸ τῆς θύρας ἐτήρουν τὴν φυλακήν. 7 καὶ ἰδοὺ ἄγγελος κυρίου ἐπέστη καὶ φῶς ἔλαμψεν ἐν τῷ οἰκήματι· πατάξας δὲ τὴν πλευρὰν τοῦ Πέτρου ἤγειρεν αὐτὸν λέγων· ἀνάστα ἐν τάχει. καὶ ἐξέπεσαν αὐτοῦ αἱ ἁλύσεις ἐκ τῶν χειρῶν. 8 εἶπεν δὲ ὁ ἄγγελος πρὸς αὐτόν· ζῶσαι καὶ ὑπόδησαι τὰ σανδάλιά σου. ἐποίησεν δὲ οὕτως. καὶ λέγει αὐτῷ· περιβαλοῦ τὸ ἱμάτιόν σου καὶ ἀκολούθει μοι. 9 καὶ ἐξελθὼν ἠκολούθει καὶ οὐκ ᾔδει ὅτι ἀληθές ἐστιν τὸ γινόμενον διὰ τοῦ ἀγγέλου· ἐδόκει δὲ ὅραμα βλέπειν. 10 διελθόντες δὲ πρώτην φυλακὴν καὶ δευτέραν ἦλθαν ἐπὶ τὴν πύλην τὴν σιδηρᾶν τὴν φέρουσαν εἰς τὴν πόλιν. ἥτις αὐτομάτη ἠνοίγη αὐτοῖς, καὶ ἐξελθόντες προῆλθον ῥύμην μίαν, καὶ εὐθέως ἀπέστη ὁ ἄγγελος ἀπ' αὐτοῦ. 11 καὶ ὁ Πέτρος ἐν ἑαυτῷ γενόμενος εἶπεν· νῦν οἶδα ἀληθῶς ὅτι ἐξαπέστειλεν κύριος τὸν ἄγγελον αὐτοῦ καὶ ἐξείλατό με ἐκ χειρὸς Ἡρῴδου καὶ πάσης τῆς προσδοκίας τοῦ λαοῦ τῶν Ἰουδαίων. 12 συνιδών τε ἦλθεν ἐπὶ τὴν οἰκίαν τῆς Μαρίας τῆς μητρὸς Ἰωάννου τοῦ ἐπικαλουμένου Μάρκου, οὗ ἦσαν

ἱκανοὶ συνηθροισμένοι καὶ προσευχόμενοι. **13** κρούσαντος δὲ αὐτοῦ τὴν θύραν τοῦ πυλῶνος προσῆλθεν παιδίσκη ὑπακοῦσαι ὀνόματι Ῥόδη, **14** καὶ ἐπιγνοῦσα τὴν φωνὴν τοῦ Πέτρου ἀπὸ τῆς χαρᾶς οὐκ ἤνοιξεν τὸν πυλῶνα, εἰσδραμοῦσα δὲ ἀπήγγειλεν ἑστάναι τὸν Πέτρον πρὸ τοῦ πυλῶνος. **15** οἱ δὲ πρὸς αὐτὴν εἶπαν· μαίνῃ. ἡ δὲ διϊσχυρίζετο οὕτως ἔχειν. οἱ δὲ ἔλεγον· ὁ ἄγγελός ἐστιν αὐτοῦ. **16** ὁ δὲ Πέτρος ἐπέμενεν κρούων· ἀνοίξαντες δὲ εἶδαν αὐτὸν καὶ ἐξέστησαν. **17** κατασείσας δὲ αὐτοῖς τῇ χειρὶ σιγᾶν διηγήσατο αὐτοῖς πῶς ὁ κύριος αὐτὸν ἐξήγαγεν ἐκ τῆς φυλακῆς εἶπέν τε· ἀπαγγείλατε Ἰακώβῳ καὶ τοῖς ἀδελφοῖς ταῦτα. καὶ ἐξελθὼν ἐπορεύθη εἰς ἕτερον τόπον.

18 Γενομένης δὲ ἡμέρας ἦν τάραχος οὐκ ὀλίγος ἐν τοῖς στρατιώταις τί ἄρα ὁ Πέτρος ἐγένετο. **19** Ἡρῴδης δὲ ἐπιζητήσας αὐτὸν καὶ μὴ εὑρὼν ἀνακρίνας τοὺς φύλακας ἐκέλευσεν ἀπαχθῆναι, καὶ κατελθὼν ἀπὸ τῆς Ἰουδαίας εἰς Καισάρειαν διέτριβεν.

The Death of Herod

20 Ἦν δὲ θυμομαχῶν Τυρίοις καὶ Σιδωνίοις· ὁμοθυμαδὸν δὲ παρῆσαν πρὸς αὐτὸν καὶ πείσαντες Βλάστον, τὸν ἐπὶ τοῦ κοιτῶνος τοῦ βασιλέως ᾐτοῦντο εἰρήνην διὰ τὸ τρέφεσθαι αὐτῶν τὴν χώραν ἀπὸ τῆς βασιλικῆς. **21** τακτῇ δὲ ἡμέρᾳ ὁ Ἡρῴδης ἐνδυσάμενος ἐσθῆτα βασιλικὴν καὶ καθίσας ἐπὶ τοῦ βήματος ἐδημηγόρει πρὸς αὐτούς, **22** ὁ δὲ δῆμος ἐπεφώνει· θεοῦ φωνὴ καὶ οὐκ ἀνθρώπου. **23** παραχρῆμα δὲ ἐπάταξεν αὐτὸν ἄγγελος κυρίου ἀνθ' ὧν οὐκ ἔδωκεν τὴν δόξαν τῷ θεῷ, καὶ γενόμενος σκωληκόβρωτος ἐξέψυξεν.

24 Ὁ δὲ λόγος τοῦ θεοῦ ηὔξανεν καὶ ἐπληθύνετο. **25** Βαρναβᾶς δὲ καὶ Σαῦλος ὑπέστρεψαν εἰς Ἰερουσαλὴμ[1] πληρώσαντες τὴν διακονίαν συμπαραλαβόντες Ἰωάννην τὸν ἐπικληθέντα Μᾶρκον.

---

[1] **25** {C} εἰς Ἰερουσαλὴμ 01 03 81 623ᶜ 1409 1642 *Byz Lect*ᵖᵗ syʰᵐᵍ Chrysostomᵐˢˢ ∥ ἀπὸ Ἰερουσαλὴμ 05 044 181 307 424* 614 623* *Lect*ᵖᵗ Chrysostomᵐˢ ∥ ἐξ Ἰερουσαλήμ 𝔓⁷⁴ 02 33 *TR* Chrysostomᵗˣᵗ ∥ ἐξ Ἰερουσαλὴμ εἰς Ἀντιόχειαν (08 424ᶜ 1175 ἀπό *for* ἐξ) 1739 (latᵛˡ⁻ᵖᵗ) (syᵖ) (coˢᵃ)

Barnabas and Saul Commissioned

13 Ἦσαν δὲ ἐν Ἀντιοχείᾳ κατὰ τὴν οὖσαν ἐκκλησίαν προφῆται καὶ διδάσκαλοι ὅ τε Βαρναβᾶς καὶ Συμεὼν ὁ καλούμενος Νίγερ καὶ Λούκιος ὁ Κυρηναῖος, Μαναήν τε Ἡρῴδου τοῦ τετραάρχου σύντροφος καὶ Σαῦλος. **2** λειτουργούντων δὲ αὐτῶν τῷ κυρίῳ καὶ νηστευόντων εἶπεν τὸ πνεῦμα τὸ ἅγιον· ἀφορίσατε δή μοι τὸν Βαρναβᾶν καὶ Σαῦλον εἰς τὸ ἔργον ὃ προσκέκλημαι αὐτούς. **3** τότε νηστεύσαντες καὶ προσευξάμενοι καὶ ἐπιθέντες τὰς χεῖρας αὐτοῖς ἀπέλυσαν.

The Apostles Preach in Cyprus

4 Αὐτοὶ μὲν οὖν ἐκπεμφθέντες ὑπὸ τοῦ ἁγίου πνεύματος κατῆλθον εἰς Σελεύκειαν, ἐκεῖθέν τε ἀπέπλευσαν εἰς Κύπρον **5** καὶ γενόμενοι ἐν Σαλαμῖνι κατήγγελλον τὸν λόγον τοῦ θεοῦ ἐν ταῖς συναγωγαῖς τῶν Ἰουδαίων. εἶχον δὲ καὶ Ἰωάννην ὑπηρέτην. **6** Διελθόντες δὲ ὅλην τὴν νῆσον ἄχρι Πάφου εὗρον ἄνδρα τινὰ μάγον ψευδοπροφήτην Ἰουδαῖον ᾧ ὄνομα Βαριησοῦ **7** ὃς ἦν σὺν τῷ ἀνθυπάτῳ Σεργίῳ Παύλῳ, ἀνδρὶ συνετῷ. οὗτος προσκαλεσάμενος Βαρναβᾶν καὶ Σαῦλον ἐπεζήτησεν ἀκοῦσαι τὸν λόγον τοῦ θεοῦ. **8** ἀνθίστατο δὲ αὐτοῖς Ἐλύμας ὁ μάγος – οὕτως γὰρ μεθερμηνεύεται τὸ ὄνομα αὐτοῦ – ζητῶν διαστρέψαι τὸν ἀνθύπατον ἀπὸ τῆς πίστεως. **9** Σαῦλος δὲ ὁ καὶ Παῦλος πλησθεὶς πνεύματος ἁγίου ἀτενίσας εἰς αὐτὸν **10** εἶπεν· ὦ πλήρης παντὸς δόλου καὶ πάσης ῥᾳδιουργίας, υἱὲ διαβόλου, ἐχθρὲ πάσης δικαιοσύνης, οὐ παύσῃ διαστρέφων τὰς ὁδοὺς τοῦ κυρίου τὰς εὐθείας; **11** καὶ νῦν ἰδοὺ χεὶρ κυρίου ἐπὶ σὲ καὶ ἔσῃ τυφλὸς μὴ βλέπων τὸν ἥλιον ἄχρι καιροῦ. παραχρῆμά τε ἐπέπεσεν ἐπ᾽ αὐτὸν ἀχλὺς καὶ σκότος, καὶ περιάγων ἐζήτει χειραγωγούς. **12** τότε ἰδὼν ὁ ἀνθύπατος τὸ γεγονὸς ἐπίστευσεν ἐκπλησσόμενος ἐπὶ τῇ διδαχῇ τοῦ κυρίου.

Paul and Barnabas in Antioch of Pisidia

13 Ἀναχθέντες δὲ ἀπὸ τῆς Πάφου οἱ περὶ Παῦλον ἦλθον εἰς Πέργην τῆς Παμφυλίας, Ἰωάννης δὲ ἀποχωρήσας ἀπ᾽ αὐτῶν ὑπέστρεψεν εἰς Ἱεροσόλυμα. **14** αὐτοὶ δὲ διελθόντες ἀπὸ τῆς Πέργης παρεγένοντο εἰς Ἀντιόχειαν τὴν Πισιδίαν καὶ εἰσἐλθόντες εἰς τὴν συναγωγὴν τῇ ἡμέρᾳ τῶν σαββάτων ἐκάθισαν. **15** μετὰ δὲ τὴν ἀνάγνωσιν τοῦ νόμου καὶ τῶν προφητῶν ἀπέστειλαν οἱ ἀρχισυνάγωγοι πρὸς αὐτοὺς λέγοντες· ἄνδρες ἀδελφοί, εἴ τίς ἐστιν ἐν ὑμῖν λόγος παρακλήσεως πρὸς τὸν λαόν, λέγετε. **16** ἀναστὰς δὲ Παῦλος καὶ κατασείσας τῇ χειρὶ εἶπεν· ἄνδρες Ἰσραηλῖται καὶ οἱ φοβούμενοι τὸν θεόν, ἀκούσατε. **17** ὁ θεὸς τοῦ λαοῦ τούτου Ἰσραὴλ ἐξελέξατο τοὺς πατέρας ἡμῶν καὶ τὸν λαὸν ὕψωσεν ἐν τῇ παροικίᾳ ἐν γῇ Αἰγύπτου καὶ μετὰ βραχίονος ὑψηλοῦ ἐξήγαγεν αὐτοὺς ἐξ αὐτῆς **18** καὶ ὡς τεσσερακονταετῆ χρόνον ἐτροποφόρησεν[1] αὐτοὺς ἐν τῇ ἐρήμῳ. **19** καὶ καθελὼν ἔθνη ἑπτὰ ἐν γῇ Χανάαν κατεκληρονόμησεν τὴν γῆν αὐτῶν **20** ὡς ἔτεσιν τετρακοσίοις καὶ πεντήκοντα. καὶ μετὰ ταῦτα[2] ἔδωκεν κριτὰς ἕως Σαμουὴλ τοῦ προφήτου. **21** κἀκεῖθεν ᾐτήσαντο βασιλέα, καὶ ἔδωκεν αὐτοῖς ὁ θεὸς τὸν Σαοὺλ υἱὸν Κίς, ἄνδρα ἐκ φυλῆς Βενιαμίν, ἔτη τεσσεράκοντα. **22** καὶ μεταστήσας αὐτὸν ἤγειρεν τὸν Δαυὶδ αὐτοῖς εἰς βασιλέα ᾧ καὶ εἶπεν μαρτυρήσας· εὗρον Δαυὶδ τὸν τοῦ Ἰεσσαὶ ἄνδρα κατὰ τὴν καρδίαν μου ὃς ποιήσει πάντα τὰ θελήματά μου. **23** τούτου ὁ θεὸς ἀπὸ τοῦ σπέρματος κατ' ἐπαγγελίαν ἤγαγεν τῷ Ἰσραὴλ σωτῆρα Ἰησοῦν **24** προκηρύξαντος Ἰωάννου πρὸ προσώπου τῆς εἰσόδου αὐτοῦ βάπτισμα μετανοίας παντὶ τῷ λαῷ Ἰσραήλ. **25** ὡς δὲ ἐπλήρου Ἰωάννης τὸν δρόμον, ἔλεγεν· τί ἐμὲ ὑπονοεῖτε εἶναι; οὐκ εἰμὶ ἐγώ· ἀλλ' ἰδοὺ ἔρχεται μετ' ἐμὲ οὗ οὐκ εἰμὶ ἄξιος τὸ ὑπόδημα τῶν ποδῶν λῦσαι. **26** ἄνδρες ἀδελφοί, υἱοὶ γένους Ἀβραὰμ καὶ οἱ ἐν ὑμῖν φοβούμενοι τὸν θεόν, ἡμῖν[3] ὁ λόγος τῆς σωτηρίας ταύτης ἐξαπεστάλη. **27** οἱ

---

[1] **18** {B} ἐτροποφόρησεν 01 03 04² 05 81 307 614 623 1409 1739 *Byz* lat^(vl-pt, vg) Chrysostom // ἐτροφοφόρησεν (*see* Dt 1.31) 𝔓⁷⁴ 02 04* 08 044 33 181 1175 1642 lat^(vl-pt) sy co eth

[2] **20** {B} ὡς ἔτεσιν τετρακοσίοις καὶ πεντήκοντα. καὶ μετὰ ταῦτα 𝔓⁷⁴ 01 02 03 04 33 81 181 307 1175 1409 1642 lat^(vl-pt, vg) (sy^h co^(sa-mss) *omit* μετὰ ταῦτα) co^(bo, mae) // ἔτεσιν τετρακοσίοις καὶ πεντήκοντα καί 614 sy^p co^(sa-ms) // καὶ μετὰ ταῦτα ὡς ἔτεσιν τετρακοσίοις καὶ πεντήκοντα 05² 08 044 623 1739 *Byz* lat^(vl-pt) Chrysostom // καὶ ἕως ἔτεσιν τετρακοσίοις καὶ πεντήκοντα 05* lat^(vl-pt)

[3] **26** ♦ ἡμῖν 𝔓⁷⁴ 01 02 03 05 044 33 81 614 lat^(vl-pt) sy^hmg co^(sa, mae) // ♦ ὑμῖν 𝔓⁴⁵ 04 08 181 307 623 1175 1409 1642 1739 *Byz* lat^(vl-pt, vg) sy^(p, h) co^bo eth Origen Chrysostom

γὰρ κατοικοῦντες ἐν Ἰερουσαλὴμ καὶ οἱ ἄρχοντες αὐτῶν
τοῦτον ἀγνοήσαντες καὶ τὰς φωνὰς τῶν προφητῶν τὰς κατὰ
πᾶν σάββατον ἀναγινωσκομένας κρίναντες ἐπλήρωσαν **28** καὶ
μηδεμίαν αἰτίαν θανάτου εὑρόντες ᾐτήσαντο Πιλᾶτον ἀναιρε-
θῆναι αὐτόν. **29** ὡς δὲ ἐτέλεσαν πάντα τὰ περὶ αὐτοῦ γεγραμ-
μένα, καθελόντες ἀπὸ τοῦ ξύλου ἔθηκαν εἰς μνημεῖον. **30** ὁ δὲ
θεὸς ἤγειρεν αὐτὸν ἐκ νεκρῶν **31** ὃς ὤφθη ἐπὶ ἡμέρας πλείους
τοῖς συναναβᾶσιν αὐτῷ ἀπὸ τῆς Γαλιλαίας εἰς Ἰερουσαλήμ, οἵτι-
νες νῦν εἰσιν μάρτυρες αὐτοῦ πρὸς τὸν λαόν. **32** καὶ ἡμεῖς ὑμᾶς
εὐαγγελιζόμεθα τὴν πρὸς τοὺς πατέρας ἐπαγγελίαν γενομένην,
33 ὅτι ταύτην ὁ θεὸς ἐκπεπλήρωκεν τοῖς τέκνοις ἡμῖν[4] ἀνα-
στήσας Ἰησοῦν ὡς καὶ ἐν τῷ ψαλμῷ γέγραπται τῷ δευτέρῳ·

Ps 2.7   *υἱός μου εἶ σύ,*
         ἐγὼ σήμερον γεγέννηκά σε.

34 ὅτι δὲ ἀνέστησεν αὐτὸν ἐκ νεκρῶν μηκέτι μέλλοντα ὑπο-
Is 55.3 LXX στρέφειν εἰς διαφθοράν, οὕτως εἴρηκεν ὅτι *δώσω ὑμῖν τὰ ὅσια*
Ps 16.10 LXX *Δαυὶδ τὰ πιστά.* **35** διότι καὶ ἐν ἑτέρῳ λέγει· *οὐ δώσεις τὸν ὅσιόν*
         σου ἰδεῖν διαφθοράν. **36** Δαυὶδ μὲν γὰρ ἰδίᾳ γενεᾷ ὑπηρετήσας
τῇ τοῦ θεοῦ βουλῇ ἐκοιμήθη καὶ προσετέθη πρὸς τοὺς πατέ-
ρας αὐτοῦ καὶ εἶδεν διαφθοράν· **37** ὃν δὲ ὁ θεὸς ἤγειρεν, οὐκ
εἶδεν διαφθοράν. **38** γνωστὸν οὖν ἔστω ὑμῖν, ἄνδρες ἀδελφοί,
ὅτι διὰ τούτου ὑμῖν ἄφεσις ἁμαρτιῶν καταγγέλλεται, καὶ ἀπὸ
πάντων ὧν οὐκ ἠδυνήθητε ἐν νόμῳ Μωϋσέως δικαιωθῆναι,
39 ἐν τούτῳ πᾶς ὁ πιστεύων δικαιοῦται. **40** βλέπετε οὖν, μὴ
ἐπέλθῃ τὸ εἰρημένον ἐν τοῖς προφήταις·

Hab 1.5 LXX **41**   *ἴδετε, οἱ καταφρονηταί,*
         καὶ θαυμάσατε καὶ ἀφανίσθητε,
       ὅτι ἔργον ἐργάζομαι ἐγὼ ἐν ταῖς ἡμέραις ὑμῶν,
         ἔργον ὃ οὐ μὴ πιστεύσητε, ἐάν τις ἐκδιηγῆται ὑμῖν.

42 Ἐξιόντων δὲ αὐτῶν[5] παρεκάλουν εἰς τὸ μεταξὺ σάββα-

---

[4]**33** {D} ἡμῖν *conjecture (ECM)*// αὐτῶν 1175 lat^(vl-pt) co^(bo)// ἡμῶν 𝔓^74 01 02 03 04*
05 (044 lat^(vl-pt) ὑμῶν *by itacism?*) 1409 lat^(vl-pt, vg) eth // αὐτῶν ἡμῖν 04³ 08 33 81 181
307 614 623 1642 1739 *Byz* lat^(vl-pt) sy co^(sa) Chrysostom
[5]**42** {A} αὐτῶν 𝔓^74 01 02 03 04 05 08 044 097 35*^vid 81 181 307 424^c 614 623*
1175 1739 lat sy co Chrysostom // *omit* 1642* // ἐκ τῆς συναγωγῆς τῶν Ἰου-
δαίων 1 18 35^c 330 398 1642^c *Byz*^pt *TR*// αὐτῶν ἐκ τῆς συναγωγῆς τῶν Ἰουδαίων
623^c 1241 1409 *Byz*^pt

τον⁶ λαληθῆναι αὐτοῖς τὰ ῥήματα ταῦτα. **43** λυθείσης δὲ τῆς συναγωγῆς ἠκολούθησαν πολλοὶ τῶν Ἰουδαίων καὶ τῶν σεβομένων προσηλύτων τῷ Παύλῳ καὶ τῷ Βαρναβᾷ οἵτινες προσλαλοῦντες αὐτοῖς ἔπειθον αὐτοὺς προσμένειν τῇ χάριτι τοῦ θεοῦ. **44** τῷ δὲ ἐρχομένῳ σαββάτῳ σχεδὸν πᾶσα ἡ πόλις συνήχθη ἀκοῦσαι τὸν λόγον τοῦ κυρίου⁷. **45** ἰδόντες δὲ οἱ Ἰουδαῖοι τοὺς ὄχλους ἐπλήσθησαν ζήλου καὶ ἀντέλεγον τοῖς ὑπὸ Παύλου λαλουμένοις βλασφημοῦντες. **46** παρρησιασάμενοί τε ὁ Παῦλος καὶ ὁ Βαρναβᾶς εἶπαν· ὑμῖν ἦν ἀναγκαῖον πρῶτον λαληθῆναι τὸν λόγον τοῦ θεοῦ· ἐπειδὴ ἀπωθεῖσθε αὐτὸν καὶ οὐκ ἀξίους κρίνετε ἑαυτοὺς τῆς αἰωνίου ζωῆς, ἰδοὺ στρεφόμεθα εἰς τὰ ἔθνη. **47** οὕτως γὰρ ἐντέταλται ἡμῖν ὁ κύριος·

τέθεικά σε εἰς φῶς ἐθνῶν   Is 49.6
  τοῦ εἶναί σε εἰς σωτηρίαν ἕως ἐσχάτου τῆς γῆς.

48 Ἀκούοντα δὲ τὰ ἔθνη ἔχαιρον καὶ ἐδόξαζον τὸν λόγον τοῦ κυρίου⁸ καὶ ἐπίστευσαν ὅσοι ἦσαν τεταγμένοι εἰς ζωὴν αἰώνιον· **49** διεφέρετο δὲ ὁ λόγος τοῦ κυρίου δι' ὅλης τῆς χώρας. **50** οἱ δὲ Ἰουδαῖοι παρώτρυναν τὰς σεβομένας γυναῖκας τὰς εὐσχήμονας καὶ τοὺς πρώτους τῆς πόλεως καὶ ἐπήγειραν διωγμὸν ἐπὶ τὸν Παῦλον καὶ Βαρναβᾶν καὶ ἐξέβαλον αὐτοὺς ἀπὸ τῶν ὁρίων αὐτῶν. **51** οἱ δὲ ἐκτιναξάμενοι τὸν κονιορτὸν τῶν ποδῶν ἐπ' αὐτοὺς ἦλθον εἰς Ἰκόνιον, **52** οἵ τε μαθηταὶ ἐπληροῦντο χαρᾶς καὶ πνεύματος ἁγίου.

---

⁶**42** {B} παρεκάλουν εἰς τὸ μεταξὺ σάββατον 𝔓⁷⁴ 01 02 04 044 097 33 35* 81 181 (307 παρεκάλουν *after* σάββατον) 424ᶜ 614 623* 1175 1642 1739 (latᵛˡ⁻ᵖᵗ, ᵛᵍ) syʰ (coˢᵃ, ᵐᵃᵉ) Chrysostom // παρεκάλουν τὰ ἔθνη εἰς τὸ μεταξὺ σάββατον 35ᶜ 424* 623ᶜ 1409 *Byz*// παρεκάλουν αὐτοὺς εἰς τὸ μεταξὺ σάββατον syᵖ // εἰς τὸ μεταξὺ σάββατον ἠξίουν 03 coᵇᵒ // εἰς τὸ μεταξὺ σάββατον 08 latᵛˡ⁻ᵖᵗ // παρεκάλουν εἰς τὸ ἑξῆς σάββατον 05

⁷**44** {C} τὸν λόγον τοῦ κυρίου 𝔓⁷⁴ 01 02 03² 33 81 181 307 1175 1409 1642 1739 latᵛˡ⁻ᵖᵗ, ᵛᵍ coˢᵃ// τὸν λόγον τοῦ θεοῦ 03* 04 08 044 614 623 *Byz* latᵛˡ⁻ᵖᵗ sy coᵇᵒ Chrysostom // Παύλου πολύν τε λόγον ποιησαμένου περὶ τοῦ κυρίου 05 latᵛˡ⁻ᵖᵗ coᵐᵃᵉ

⁸**48** {B} τὸν λόγον τοῦ κυρίου 𝔓⁴⁵ 𝔓⁷⁴ 01 02 04 044 33 81 181 307 623 1175 1409 1642 1739 *Byz* latᵛˡ⁻ᵖᵗ, ᵛᵍ coˢᵃ Chrysostom // τὸν λόγον τοῦ θεοῦ 03 05 08 latᵛˡ⁻ᵖᵗ coˢᵃ⁻ᵐˢ, ᵇᵒ, ᵐᵃᵉ // τὸν θεόν 614 (latᵛˡ⁻ᵖᵗ τὸν κύριον) sy

Paul and Barnabas in Iconium

14 Ἐγένετο δὲ ἐν Ἰκονίῳ κατὰ τὸ αὐτὸ εἰσελθεῖν αὐτοὺς εἰς τὴν συναγωγὴν τῶν Ἰουδαίων καὶ λαλῆσαι οὕτως, ὥστε πιστεῦσαι Ἰουδαίων τε καὶ Ἑλλήνων πολὺ πλῆθος. **2** οἱ δὲ ἀπειθήσαντες Ἰουδαῖοι ἐπήγειραν καὶ ἐκάκωσαν τὰς ψυχὰς τῶν ἐθνῶν κατὰ τῶν ἀδελφῶν. **3** ἱκανὸν μὲν οὖν χρόνον διέτριψαν παρρησιαζόμενοι ἐπὶ τῷ κυρίῳ τῷ μαρτυροῦντι τῷ λόγῳ τῆς χάριτος αὐτοῦ διδόντι σημεῖα καὶ τέρατα γίνεσθαι διὰ τῶν χειρῶν αὐτῶν. **4** ἐσχίσθη δὲ τὸ πλῆθος τῆς πόλεως, καὶ οἱ μὲν ἦσαν σὺν τοῖς Ἰουδαίοις, οἱ δὲ σὺν τοῖς ἀποστόλοις. **5** ὡς δὲ ἐγένετο ὁρμὴ τῶν ἐθνῶν τε καὶ Ἰουδαίων σὺν τοῖς ἄρχουσιν αὐτῶν ὑβρίσαι καὶ λιθοβολῆσαι αὐτούς, **6** συνιδόντες κατέφυγον εἰς τὰς πόλεις τῆς Λυκαονίας Λύστραν καὶ Δέρβην καὶ τὴν περίχωρον, **7** κἀκεῖ εὐαγγελιζόμενοι ἦσαν.

Paul and Barnabas in Lystra

8 Καί τις ἀνὴρ ἀδύνατος ἐν Λύστροις τοῖς ποσὶν ἐκάθητο, χωλὸς ἐκ κοιλίας μητρὸς αὐτοῦ ὃς οὐδέποτε περιεπάτησεν. **9** οὗτος ἤκουσεν τοῦ Παύλου λαλοῦντος· ὃς ἀτενίσας αὐτῷ καὶ ἰδὼν ὅτι ἔχει πίστιν τοῦ σωθῆναι, **10** εἶπεν μεγάλῃ τῇ φωνῇ· ἀνάστηθι ἐπὶ τοὺς πόδας σου ὀρθός. καὶ ἥλατο καὶ περιεπάτει. **11** οἵ τε ὄχλοι ἰδόντες ὃ ἐποίησεν Παῦλος ἐπῆραν τὴν φωνὴν αὐτῶν Λυκαονιστὶ λέγοντες· οἱ θεοὶ ὁμοιωθέντες ἀνθρώποις κατέβησαν πρὸς ἡμᾶς, **12** ἐκάλουν τε τὸν Βαρναβᾶν Δία, τὸν δὲ Παῦλον Ἑρμῆν, ἐπειδὴ αὐτὸς ἦν ὁ ἡγούμενος τοῦ λόγου. **13** ὅ τε ἱερεὺς τοῦ Διὸς τοῦ ὄντος πρὸ τῆς πόλεως ταύρους καὶ στέμματα ἐπὶ τοὺς πυλῶνας ἐνέγκας σὺν τοῖς ὄχλοις ἤθελεν θύειν. **14** ἀκούσαντες δὲ οἱ ἀπόστολοι Βαρναβᾶς καὶ Παῦλος διαρρήξαντες τὰ ἱμάτια αὐτῶν ἐξεπήδησαν εἰς τὸν ὄχλον κράζοντες **15** καὶ λέγοντες· ἄνδρες, τί ταῦτα ποιεῖτε; καὶ ἡμεῖς ὁμοιοπαθεῖς ἐσμεν ὑμῖν ἄνθρωποι εὐαγγελιζόμενοι ὑμᾶς ἀπὸ τούτων τῶν ματαίων ἐπιστρέφειν ἐπὶ θεὸν ζῶντα ὃς ἐποίησεν τὸν οὐρανὸν καὶ τὴν γῆν καὶ τὴν θάλασσαν καὶ πάντα τὰ ἐν αὐτοῖς. **16** ὃς ἐν ταῖς παρῳχημέναις γενεαῖς εἴασεν πάντα τὰ ἔθνη πορεύεσθαι ταῖς ὁδοῖς αὐτῶν· **17** καίτοι οὐκ ἀμάρτυρον αὐτὸν ἀφῆκεν ἀγαθουργῶν οὐρανόθεν ὑμῖν ὑετοὺς διδοὺς καὶ καιροὺς καρποφόρους ἐμπιπλῶν τροφῆς καὶ εὐφροσύνης τὰς καρδίας ὑμῶν. 18 καὶ ταῦτα λέγοντες μόλις κατέπαυσαν τοὺς ὄχλους τοῦ μὴ θύειν αὐτοῖς.

19 Ἐπῆλθαν δὲ ἀπὸ Ἀντιοχείας καὶ Ἰκονίου Ἰουδαῖοι καὶ πείσαντες τοὺς ὄχλους καὶ λιθάσαντες τὸν Παῦλον ἔσυρον ἔξω τῆς πόλεως νομίζοντες αὐτὸν τεθνηκέναι. 20 κυκλωσάντων δὲ τῶν μαθητῶν αὐτὸν ἀναστὰς εἰσῆλθεν εἰς τὴν πόλιν.

The Return to Antioch in Syria

Καὶ τῇ ἐπαύριον ἐξῆλθεν σὺν τῷ Βαρναβᾷ εἰς Δέρβην. 21 εὐαγγελισάμενοί τε τὴν πόλιν ἐκείνην καὶ μαθητεύσαντες ἱκανοὺς ὑπέστρεψαν εἰς τὴν Λύστραν καὶ εἰς Ἰκόνιον καὶ εἰς Ἀντιόχειαν 22 ἐπιστηρίζοντες τὰς ψυχὰς τῶν μαθητῶν παρακαλοῦντες ἐμμένειν τῇ πίστει καὶ ὅτι διὰ πολλῶν θλίψεων δεῖ ἡμᾶς εἰσελθεῖν εἰς τὴν βασιλείαν τοῦ θεοῦ. 23 χειροτονήσαντες δὲ αὐτοῖς κατ' ἐκκλησίαν πρεσβυτέρους προσευξάμενοι μετὰ νηστειῶν παρέθεντο αὐτοὺς τῷ κυρίῳ εἰς ὃν πεπιστεύκεισαν. 24 καὶ διελθόντες τὴν Πισιδίαν ἦλθον εἰς τὴν Παμφυλίαν 25 καὶ λαλήσαντες ἐν Πέργῃ τὸν λόγον[1] κατέβησαν εἰς Ἀττάλειαν 26 κἀκεῖθεν ἀπέπλευσαν εἰς Ἀντιόχειαν, ὅθεν ἦσαν παραδεδομένοι τῇ χάριτι τοῦ θεοῦ εἰς τὸ ἔργον ὃ ἐπλήρωσαν. 27 παραγενόμενοι δὲ καὶ συναγαγόντες τὴν ἐκκλησίαν ἀνήγγελλον ὅσα ἐποίησεν ὁ θεὸς μετ' αὐτῶν καὶ ὅτι ἤνοιξεν τοῖς ἔθνεσιν θύραν πίστεως. 28 διέτριβον δὲ χρόνον οὐκ ὀλίγον σὺν τοῖς μαθηταῖς.

The Council at Jerusalem

15 Καί τινες κατελθόντες ἀπὸ τῆς Ἰουδαίας ἐδίδασκον τοὺς ἀδελφοὺς ὅτι, ἐὰν μὴ περιτμηθῆτε τῷ ἔθει τῷ Μωϋσέως, οὐ δύνασθε σωθῆναι. 2 γενομένης δὲ στάσεως καὶ ζητήσεως οὐκ ὀλίγης τῷ Παύλῳ καὶ τῷ Βαρναβᾷ πρὸς αὐτοὺς ἔταξαν ἀναβαίνειν Παῦλον καὶ Βαρναβᾶν καί τινας ἄλλους ἐξ αὐτῶν

---

[1] 25 {B} λόγον 03 05 307 1175 1739 *Byz* lat[vl-pt] sy[h] co eth Chrysostom ∥ λόγον τοῦ κυρίου 01 02 04 044 33 81 181 614 623 1409 1642 lat[vl-pt, vg] sy[p, h with *] ∥ λόγον τοῦ θεοῦ 𝔓[74] 08 lat[vl-pt] co[bo-ms]

πρὸς τοὺς ἀποστόλους καὶ πρεσβυτέρους εἰς Ἰερουσαλὴμ περὶ τοῦ ζητήματος τούτου. 3 οἱ μὲν οὖν προπεμφθέντες ὑπὸ τῆς ἐκκλησίας διήρχοντο τήν τε Φοινίκην καὶ Σαμάρειαν ἐκδιηγούμενοι τὴν ἐπιστροφὴν τῶν ἐθνῶν καὶ ἐποίουν χαρὰν μεγάλην πᾶσιν τοῖς ἀδελφοῖς. 4 παραγενόμενοι δὲ εἰς Ἰερουσαλὴμ παρεδέχθησαν ὑπὸ τῆς ἐκκλησίας καὶ τῶν ἀποστόλων καὶ τῶν πρεσβυτέρων ἀνήγγειλάν τε ὅσα ὁ θεὸς ἐποίησεν μετ' αὐτῶν. 5 ἐξανέστησαν δέ τινες τῶν ἀπὸ τῆς αἱρέσεως τῶν Φαρισαίων πεπιστευκότες λέγοντες ὅτι δεῖ περιτέμνειν αὐτοὺς παραγγέλλειν τε τηρεῖν τὸν νόμον Μωϋσέως.

6 Συνήχθησάν τε οἱ ἀπόστολοι καὶ οἱ πρεσβύτεροι ἰδεῖν περὶ τοῦ λόγου τούτου. 7 πολλῆς δὲ ζητήσεως γενομένης ἀναστὰς Πέτρος εἶπεν πρὸς αὐτούς· ἄνδρες ἀδελφοί, ὑμεῖς ἐπίστασθε ὅτι ἀφ' ἡμερῶν ἀρχαίων ἐν ὑμῖν ἐξελέξατο ὁ θεὸς διὰ τοῦ στόματός μου ἀκοῦσαι τὰ ἔθνη τὸν λόγον τοῦ εὐαγγελίου καὶ πιστεῦσαι. 8 καὶ ὁ καρδιογνώστης θεὸς ἐμαρτύρησεν αὐτοῖς δοὺς τὸ πνεῦμα τὸ ἅγιον καθὼς καὶ ἡμῖν 9 καὶ οὐθὲν διέκρινεν μεταξὺ ἡμῶν τε καὶ αὐτῶν τῇ πίστει καθαρίσας τὰς καρδίας αὐτῶν. 10 νῦν οὖν τί πειράζετε τὸν θεὸν ἐπιθεῖναι ζυγὸν ἐπὶ τὸν τράχηλον τῶν μαθητῶν ὃν οὔτε οἱ πατέρες ἡμῶν οὔτε ἡμεῖς ἰσχύσαμεν βαστάσαι; 11 ἀλλὰ διὰ τῆς χάριτος τοῦ κυρίου Ἰησοῦ πιστεύομεν σωθῆναι καθ' ὃν τρόπον κἀκεῖνοι. 12 ἐσίγησεν δὲ πᾶν τὸ πλῆθος καὶ ἤκουον Βαρναβᾶ καὶ Παύλου ἐξηγουμένων ὅσα ἐποίησεν ὁ θεὸς σημεῖα καὶ τέρατα ἐν τοῖς ἔθνεσιν δι' αὐτῶν. 13 μετὰ δὲ τὸ σιγῆσαι αὐτοὺς ἀπεκρίθη Ἰάκωβος λέγων· ἄνδρες ἀδελφοί, ἀκούσατέ μου. 14 Συμεὼν ἐξηγήσατο καθὼς πρῶτον ὁ θεὸς ἐπεσκέψατο λαβεῖν ἐξ ἐθνῶν λαὸν τῷ ὀνόματι αὐτοῦ. 15 καὶ τούτῳ συμφωνοῦσιν οἱ λόγοι τῶν προφητῶν, καθὼς γέγραπται·

16   μετὰ ταῦτα ἀναστρέψω

Am 9.11-12   *καὶ ἀνοικοδομήσω τὴν σκηνὴν Δαυὶδ τὴν πεπτωκυῖαν*
καὶ τὰ κατεσκαμμένα αὐτῆς ἀνοικοδομήσω
καὶ ἀνορθώσω αὐτήν,

17 ὅπως ἂν ἐκζητήσωσιν οἱ κατάλοιποι τῶν ἀνθρώπων τὸν κύριον

καὶ πάντα τὰ ἔθνη ἐφ' οὓς ἐπικέκληται τὸ ὄνομά μου ἐπ' αὐτούς,

λέγει κύριος ὁ ποιῶν ταῦτα **18** γνωστὰ ἀπ' αἰῶνος[1].

19 διὸ ἐγὼ κρίνω μὴ παρενοχλεῖν τοῖς ἀπὸ τῶν ἐθνῶν ἐπιστρέφουσιν ἐπὶ τὸν θεόν, **20** ἀλλ' ἐπιστεῖλαι αὐτοῖς τοῦ ἀπέχεσθαι τῶν ἀλισγημάτων τῶν εἰδώλων καὶ τῆς πορνείας καὶ τοῦ πνικτοῦ καὶ τοῦ αἵματος[2]. **21** Μωϋσῆς γὰρ ἐκ γενεῶν ἀρχαίων κατὰ πόλιν τοὺς κηρύσσοντας αὐτὸν ἔχει ἐν ταῖς συναγωγαῖς κατὰ πᾶν σάββατον ἀναγινωσκόμενος.

The Reply of the Council

22 Τότε ἔδοξεν τοῖς ἀποστόλοις καὶ τοῖς πρεσβυτέροις σὺν ὅλῃ τῇ ἐκκλησίᾳ ἐκλεξαμένους ἄνδρας ἐξ αὐτῶν πέμψαι εἰς Ἀντιόχειαν σὺν τῷ Παύλῳ καὶ Βαρναβᾷ, Ἰούδαν τὸν καλούμενον Βαρσαββᾶν καὶ Σιλᾶν, ἄνδρας ἡγουμένους ἐν τοῖς ἀδελφοῖς, **23** γράψαντες διὰ χειρὸς αὐτῶν·

Οἱ ἀπόστολοι καὶ οἱ πρεσβύτεροι ἀδελφοὶ[3] τοῖς κατὰ τὴν Ἀντιόχειαν καὶ Συρίαν καὶ Κιλικίαν ἀδελφοῖς τοῖς ἐξ ἐθνῶν χαίρειν. **24** ἐπειδὴ ἠκούσαμεν ὅτι τινὲς ἐξ ἡμῶν ἐξελθόντες

---

[1] **17-18** {B} ταῦτα γνωστὰ ἀπ' αἰῶνος 01 03 04 044 33 81 1175 co eth Eusebius ∥ ταῦτα πάντα γνωστὰ ἀπ' αἰῶνος 307 1739 ∥ ταῦτα· γνωστὸν ἀπ' αἰῶνος τῷ κυρίῳ τὸ ἔργον αὐτοῦ $\mathfrak{P}^{74}$ 02 (05 lat$^{vl\text{-pt, vg}}$ sy^{hmg} ἀπ' αἰῶνός ἐστιν) 1642 (Irenaeus^{lat}) ∥ ταῦτα· γνωστὰ ἀπ' αἰῶνος τῷ κυρίῳ πάντα τὰ ἔργα 1409 ∥ ταῦτα πάντα· γνωστὰ ἀπ' αἰῶνός ἐστιν τῷ θεῷ πάντα τὰ ἔργα αὐτοῦ (08 πάντα ταῦτα) (181 *omit both* πάντα) 614 623 *Byz* lat$^{vl\text{-pt}}$ sy^h Chrysostom

[2] **20** {B} τῆς πορνείας καὶ τοῦ πνικτοῦ καὶ τοῦ αἵματος 01 08 ($\mathfrak{P}^{74}$ 02 03 044 33 1642 *without first* τοῦ) (81 Cyril^{vid} *omit both* τοῦ) 181 307 614 623 1175 1409 *Byz* lat$^{vl\text{-pt, vg}}$ sy co^{bo} Chrysostom ∥ τῆς πορνείας καὶ τοῦ αἵματος lat$^{vl\text{-pt}}$ ∥ τοῦ πνικτοῦ καὶ τοῦ αἵματος $\mathfrak{P}^{45}$ ∥ τοῦ αἵματος καὶ τοῦ πνικτοῦ καὶ τῆς πορνείας καὶ ὅσα αν μὴ θέλωσιν αὐτοῖς γίνεσθαι ἑτέροις μὴ ποιεῖν 1739 (co^{sa}) ∥ τῆς πορνείας καὶ τοῦ αἵματος καὶ ὅσα μὴ θέλουσιν ἑαυτοῖς γίνεσθαι ἑτέροις μὴ ποιεῖτε 05 lat$^{vl\text{-ms}}$ (Irenaeus^{lat})

[3] **23** {B} ἀδελφοί $\mathfrak{P}^{33}$ $\mathfrak{P}^{74}$ 01* 02 03 04 05 33 81 lat$^{vl\text{-pt, vg}}$ co^{bo} Irenaeus^{lat} ∥ καὶ οἱ ἀδελφοί ($\mathfrak{P}^{45vid}$ *omit* οἱ) 01² 08 044 181 307 614 623 1175 1409 1642 1739 *Byz* (lat$^{vl\text{-pt}}$) (sy) (co$^{bo\text{-mss}}$) Chrysostom ∥ *omit* co^{sa} Origen^{lat}

ἐτάραξαν ὑμᾶς λόγοις ἀνασκευάζοντες τὰς ψυχὰς ὑμῶν⁴ οἷς οὐ διεστειλάμεθα, **25** ἔδοξεν ἡμῖν γενομένοις ὁμοθυμαδὸν ἐκλεξαμένοις ἄνδρας πέμψαι πρὸς ὑμᾶς σὺν τοῖς ἀγαπητοῖς ἡμῶν Βαρναβᾷ καὶ Παύλῳ, **26** ἀνθρώποις παραδεδωκόσιν τὰς ψυχὰς αὐτῶν ὑπὲρ τοῦ ὀνόματος τοῦ κυρίου ἡμῶν Ἰησοῦ Χριστοῦ. **27** ἀπεστάλκαμεν οὖν Ἰούδαν καὶ Σιλᾶν καὶ αὐτοὺς διὰ λόγου ἀπαγγέλλοντας τὰ αὐτά. **28** ἔδοξεν γὰρ τῷ πνεύματι τῷ ἁγίῳ καὶ ἡμῖν μηδὲν πλέον ἐπιτίθεσθαι ὑμῖν βάρος πλὴν τούτων τῶν ἐπάναγκες, **29** ἀπέχεσθαι εἰδωλοθύτων καὶ αἵματος καὶ πνικτῶν⁵ καὶ πορνείας⁶ ἐξ ὧν διατηροῦντες ἑαυτοὺς εὖ πράξετε⁷. ἔρρωσθε.

30 Οἱ μὲν οὖν ἀπολυθέντες κατῆλθον εἰς Ἀντιόχειαν καὶ συναγαγόντες τὸ πλῆθος ἐπέδωκαν τὴν ἐπιστολήν. **31** ἀναγνόντες δὲ ἐχάρησαν ἐπὶ τῇ παρακλήσει. **32** Ἰούδας τε καὶ Σιλᾶς καὶ αὐτοὶ προφῆται ὄντες διὰ λόγου πολλοῦ παρεκάλεσαν τοὺς ἀδελφοὺς καὶ ἐπεστήριξαν, **33** ποιήσαντες δὲ χρόνον ἀπελύθησαν μετ' εἰρήνης ἀπὸ τῶν ἀδελφῶν πρὸς τοὺς ἀποστείλαντας αὐτούς. ⟦**34** ἔδοξεν δὲ τῷ Σιλᾷ ἐπιμεῖναι αὐτοῦ.⟧⁸ **35** Παῦλος

---

⁴**24** {A} ὑμῶν 𝔓³³ᵛⁱᵈ 𝔓⁴⁵ᵛⁱᵈ 𝔓⁷⁴ 01 02 03 05 33 81 latᵛˡ⁻ᵖᵗ, ᵛᵍ co eth // ὑμῶν *and add* τηρεῖν τὸν νόμον *after* διεστειλάμεθα 1175 // ὑμῶν λέγοντες περιτέμνεσθαι καὶ τηρεῖν τὸν νόμον 04 (08 περιτέμνεσθαι δεῖ) 044 181 307 614 623 1409 1642 1739 *Byz* (latᵛˡ⁻ᵖᵗ) sy (Irenaeusˡᵃᵗ) (Chrysostom)

⁵**29** ◆ καὶ πνικτῶν 01* 02*ᵛⁱᵈ 03 04 81 614 1175 Clement Origenˡᵃᵗ Cyril-Jerusalemᵐˢˢ // ◆ καὶ πνικτῶν 𝔓⁷⁴ 01² 02² 08 044 33 181 307 623 1409 1642 1739 *Byz* latᵛˡ⁻ᵖᵗ, ᵛᵍ syʰ Cyril-Jerusalem Chrysostomᵛⁱᵈ Cyril // *omit* 05 latᵛˡ⁻ᵖᵗ Irenaeusˡᵃᵗ Tertullian

⁶**29** {A} καὶ πορνείας 𝔓³³ 𝔓⁷⁴ 01 02 03 04 08 044 33ᵛⁱᵈ 81 181 307 623 1175 1409 1642 *Byz* latᵛˡ⁻ᵖᵗ, ᵛᵍ syᵖ coᵇᵒ Clement Tertullian Origenˡᵃᵗ Chrysostom // καὶ πορνείας, καὶ ὅσα μὴ θέλετε ἑαυτοῖς γίνεσθαι ἑτέρῳ μὴ ποιεῖν (*see* 15.20) 05* (05² ποιεῖτε) (614 αὐτοῖς γενέσθαι *and* ποιεῖτε) (1739 ἑτέροις) (latᵛˡ⁻ᵖᵗ) (syʰ ʷⁱᵗʰ *) (coˢᵃ) (eth) (Irenaeusˡᵃᵗ)

⁷**29** {A} πράξετε 𝔓³³ 01 02 03 044 33 81 181 307 614 1175 1409 1642 1739 *Byz* latᵛᵍ⁻ᵐˢˢ Origenˡᵃᵗ // πράξατε 𝔓⁷⁴ 04 // πράξητε 08 623 latᵛᵍ // πράξετε/πράξατε φερόμενοι ἐν τῷ ἁγίῳ πνεύματι 05 latᵛˡ⁻ᵖᵗ Irenaeusˡᵃᵗ Tertullianᵐˢ

⁸**34** {A} *no addition* 𝔓⁷⁴ 01 02 03 08 044 81 *Byz* latᵛˡ⁻ᵖᵗ, ᵛᵍ sy coᵇᵒ Chrysostom // *add verse 34 (with minor variants)* 04 33 181 307 614 623 1175 1409 1642 1739 *TR* latᵛˡ⁻ᵐˢ syʰ ʷⁱᵗʰ * coˢᵃ, ᵇᵒ⁻ᵐˢˢ eth // *add verse 34 followed by* μόνος δὲ Ἰούδας ἐπορεύθη *(with minor variants)* 𝔓¹²⁷ᵛⁱᵈ 05 latᵛˡ⁻ᵖᵗ

δὲ καὶ Βαρναβᾶς διέτριβον ἐν Ἀντιοχείᾳ διδάσκοντες καὶ εὐαγγελιζόμενοι μετὰ καὶ ἑτέρων πολλῶν τὸν λόγον τοῦ κυρίου.

Paul and Barnabas Separate

36 Μετὰ δέ τινας ἡμέρας εἶπεν πρὸς Βαρναβᾶν Παῦλος· ἐπιστρέψαντες δὴ ἐπισκεψώμεθα τοὺς ἀδελφοὺς κατὰ πόλιν πᾶσαν ἐν αἷς κατηγγείλαμεν τὸν λόγον τοῦ κυρίου πῶς ἔχουσιν. **37** Βαρναβᾶς δὲ ἐβούλετο συμπαραλαβεῖν καὶ Ἰωάννην τὸν καλούμενον Μᾶρκον· **38** Παῦλος δὲ ἠξίου τὸν ἀποστάντα ἀπ' αὐτῶν ἀπὸ Παμφυλίας καὶ μὴ συνελθόντα αὐτοῖς εἰς τὸ ἔργον μὴ συμπαραλαμβάνειν τοῦτον. **39** ἐγένετο δὲ παροξυσμός, ὥστε ἀποχωρισθῆναι αὐτοὺς ἀπ' ἀλλήλων τόν τε Βαρναβᾶν παραλαβόντα τὸν Μᾶρκον ἐκπλεῦσαι εἰς Κύπρον. **40** Παῦλος δὲ ἐπιλεξάμενος Σιλᾶν ἐξῆλθεν παραδοθεὶς τῇ χάριτι τοῦ κυρίου[9] ὑπὸ τῶν ἀδελφῶν. **41** διήρχετο δὲ τὴν Συρίαν καὶ Κιλικίαν ἐπιστηρίζων τὰς ἐκκλησίας.

Timothy Accompanies Paul and Silas

16 Κατήντησεν δὲ καὶ εἰς Δέρβην καὶ εἰς Λύστραν. καὶ ἰδοὺ μαθητής τις ἦν ἐκεῖ ὀνόματι Τιμόθεος, υἱὸς γυναικὸς Ἰουδαίας πιστῆς, πατρὸς δὲ Ἕλληνος, **2** ὃς ἐμαρτυρεῖτο ὑπὸ τῶν ἐν Λύστροις καὶ Ἰκονίῳ ἀδελφῶν. **3** τοῦτον ἠθέλησεν ὁ Παῦλος σὺν αὐτῷ ἐξελθεῖν καὶ λαβὼν περιέτεμεν αὐτὸν διὰ τοὺς Ἰουδαίους τοὺς ὄντας ἐν τοῖς τόποις ἐκείνοις· ᾔδεισαν γὰρ ἅπαντες ὅτι Ἕλλην ὁ πατὴρ αὐτοῦ ὑπῆρχεν. **4** ὡς δὲ διεπορεύοντο τὰς πόλεις, παρεδίδοσαν αὐτοῖς φυλάσσειν τὰ δόγματα τὰ κεκριμένα ὑπὸ τῶν ἀποστόλων καὶ πρεσβυτέρων τῶν ἐν Ἱεροσολύμοις. **5** αἱ μὲν οὖν ἐκκλησίαι ἐστερεοῦντο τῇ πίστει καὶ ἐπερίσσευον τῷ ἀριθμῷ καθ' ἡμέραν.

Paul's Vision of the Man of Macedonia

6 Διῆλθον δὲ τὴν Φρυγίαν καὶ Γαλατικὴν χώραν κωλυθέντες ὑπὸ τοῦ ἁγίου πνεύματος λαλῆσαι τὸν λόγον ἐν τῇ Ἀσίᾳ.

---

[9]**40** ♦ κυρίου 𝔓[74] 01 02 03 05 33 81 181 1409 lat[vl-pt, vg] co[sa] ∥ ♦ θεοῦ 𝔓[45] 04 08 044 307 614 623 1175 1642 1739 *Byz* lat[vl-pt] sy co[bo] Chrysostom

7 ἐλθόντες δὲ κατὰ τὴν Μυσίαν ἐπείραζον εἰς τὴν Βιθυνίαν πορευθῆναι, καὶ οὐκ εἴασεν αὐτοὺς τὸ πνεῦμα Ἰησοῦ[1]· **8** παρελθόντες δὲ τὴν Μυσίαν κατέβησαν εἰς Τρῳάδα. **9** καὶ ὅραμα διὰ τῆς νυκτὸς τῷ Παύλῳ ὤφθη, ἀνὴρ Μακεδών τις ἦν ἑστὼς καὶ παρακαλῶν αὐτὸν καὶ λέγων· διαβὰς εἰς Μακεδονίαν βοήθησον ἡμῖν. **10** ὡς δὲ τὸ ὅραμα εἶδεν, εὐθέως ἐζητήσαμεν ἐξελθεῖν εἰς Μακεδονίαν συμβιβάζοντες ὅτι προσκέκληται ἡμᾶς ὁ θεὸς[2] εὐαγγελίσασθαι αὐτούς.

The Conversion of Lydia

11 Ἀναχθέντες οὖν ἀπὸ Τρῳάδος εὐθυδρομήσαμεν εἰς Σαμοθρᾴκην, τῇ δὲ ἐπιούσῃ εἰς Νέαν πόλιν **12** κἀκεῖθεν εἰς Φιλίππους ἥτις ἐστὶν πρώτη τῆς μερίδος[3] Μακεδονίας πόλις, κολωνία. ἦμεν δὲ ἐν ταύτῃ τῇ πόλει διατρίβοντες ἡμέρας τινάς. **13** τῇ τε ἡμέρᾳ τῶν σαββάτων ἐξήλθομεν ἔξω τῆς πύλης παρὰ ποταμὸν, οὗ ἐνομίζετο προσευχὴ[4] εἶναι, καὶ καθίσαντες ἐλαλοῦμεν ταῖς συνελθούσαις γυναιξίν. **14** καί τις γυνὴ ὀνόματι Λυδία πορφυρόπωλις πόλεως Θυατείρων σεβομένη τὸν θεὸν ἤκουεν ἧς ὁ κύριος διήνοιξεν τὴν καρδίαν προσέχειν τοῖς λαλουμένοις ὑπὸ τοῦ Παύλου. **15** ὡς δὲ ἐβαπτίσθη καὶ ὁ οἶκος αὐτῆς, παρεκάλεσεν λέγουσα· εἰ κεκρίκατέ με πιστὴν τῷ κυρίῳ εἶναι, εἰσελθόντες εἰς τὸν οἶκόν μου μένετε. καὶ παρεβιάσατο ἡμᾶς.

---

[1] **7** {A} Ἰησοῦ 𝔓⁷⁴ 01 02 03 04² 05 08 (044 τοῦ Ἰησοῦ) 33 81* 181 307 623 1175 1409 1739 lat^(vl-pt, vg) sy^(p-mss, h) co^(bo, fa) eth Origen^lat Athanasius Cyril // κυρίου 04* lat^(vl-pt) sy^(p-ms) co^(bo-mss) // *omit* 81^c 1642 *Byz* co^sa Chrysostom

[2] **10** {B} θεός 𝔓⁷⁴ 01 02 03 04 08 044 33 81 181 307 1175 1642 1739 lat^(vl-pt, vg) co^bo // κύριος 05 614 623 1409 *Byz* lat^(vl-pt) sy co^sa Irenaeus^lat Chrysostom

[3] **12** {B} πρώτη τῆς μερίδος 𝔓⁷⁴ 01 02 04 044 33 81 181 307 1175 1642 *Byz*^pt // πρώτη τῆς μερίδος τῆς (03 35^c *omit first* τῆς) 623 *Byz*^pt *TR* // πρώτη τῆς 35* 614 1241 1409 1739 sy^h co^(bo-ms) eth Chrysostom // πρώτη μερίς 08 lat^(vl-pt) // κεφαλὴ τῆς 05 lat^(vl-pt)

[4] **13** {C} ἐνομίζετο προσευχὴ 02* 08 614 1175 1409 1739 *Byz* eth Chrysostom // ἐνομίζομεν προσευχήν 02^c (03 181 προσευχή) 04 044 33 81 // ἐνομίζετο προσευχήν 307 623 1642 // ἐνόμιζεν προσευχήν (𝔓⁷⁴ προσευχή) 01 // ἐδόκει προσευχή 05

The Imprisonment at Philippi

16 Ἐγένετο δὲ πορευομένων ἡμῶν εἰς τὴν προσευχὴν παιδίσκην τινὰ ἔχουσαν πνεῦμα πύθωνα ὑπαντῆσαι ἡμῖν ἥτις ἐργασίαν πολλὴν παρεῖχεν τοῖς κυρίοις αὐτῆς μαντευομένη. **17** αὕτη κατακολουθήσασα τῷ Παύλῳ καὶ ἡμῖν ἔκραζεν λέγουσα· οὗτοι οἱ ἄνθρωποι δοῦλοι τοῦ θεοῦ τοῦ ὑψίστου εἰσὶν οἵτινες καταγγέλλουσιν ὑμῖν[5] ὁδὸν σωτηρίας. **18** τοῦτο δὲ ἐποίει ἐπὶ πολλὰς ἡμέρας. διαπονηθεὶς δὲ Παῦλος καὶ ἐπιστρέψας τῷ πνεύματι εἶπεν· παραγγέλλω σοι ἐν ὀνόματι Ἰησοῦ Χριστοῦ ἐξελθεῖν ἀπ' αὐτῆς. καὶ ἐξῆλθεν αὐτῇ τῇ ὥρᾳ. **19** ἰδόντες δὲ οἱ κύριοι αὐτῆς ὅτι ἐξῆλθεν ἡ ἐλπὶς τῆς ἐργασίας αὐτῶν, ἐπιλαβόμενοι τὸν Παῦλον καὶ τὸν Σιλᾶν εἵλκυσαν εἰς τὴν ἀγορὰν ἐπὶ τοὺς ἄρχοντας **20** καὶ προσαγαγόντες αὐτοὺς τοῖς στρατηγοῖς εἶπαν· οὗτοι οἱ ἄνθρωποι ἐκταράσσουσιν ἡμῶν τὴν πόλιν Ἰουδαῖοι ὑπάρχοντες **21** καὶ καταγγέλλουσιν ἔθη ἃ οὐκ ἔξεστιν ἡμῖν παραδέχεσθαι οὐδὲ ποιεῖν Ῥωμαίοις οὖσιν. **22** καὶ συνεπέστη ὁ ὄχλος κατ' αὐτῶν καὶ οἱ στρατηγοὶ περιρήξαντες αὐτῶν τὰ ἱμάτια ἐκέλευον ῥαβδίζειν **23** πολλάς τε ἐπιθέντες αὐτοῖς πληγὰς ἔβαλον εἰς φυλακὴν παραγγείλαντες τῷ δεσμοφύλακι ἀσφαλῶς τηρεῖν αὐτούς. **24** ὃς παραγγελίαν τοιαύτην λαβὼν ἔβαλεν αὐτοὺς εἰς τὴν ἐσωτέραν φυλακὴν καὶ τοὺς πόδας ἠσφαλίσατο αὐτῶν εἰς τὸ ξύλον. **25** κατὰ δὲ τὸ μεσονύκτιον Παῦλος καὶ Σιλᾶς προσευχόμενοι ὕμνουν τὸν θεόν, ἐπηκροῶντο δὲ αὐτῶν οἱ δέσμιοι. **26** ἄφνω δὲ σεισμὸς ἐγένετο μέγας, ὥστε σαλευθῆναι τὰ θεμέλια τοῦ δεσμωτηρίου· ἠνεῴχθησαν δὲ παραχρῆμα αἱ θύραι πᾶσαι καὶ πάντων τὰ δεσμὰ ἀνέθη. **27** ἔξυπνος δὲ γενόμενος ὁ δεσμοφύλαξ καὶ ἰδὼν ἀνεῳγμένας τὰς θύρας τῆς φυλακῆς, σπασάμενος μάχαιραν ἤμελλεν ἑαυτὸν ἀναιρεῖν νομίζων ἐκπεφευγέναι τοὺς δεσμίους. **28** ἐφώνησεν δὲ φωνῇ μεγάλῃ ὁ Παῦλος λέγων· μηδὲν πράξῃς σεαυτῷ κακόν, ἅπαντες γάρ ἐσμεν ἐνθάδε. **29** αἰτήσας δὲ φῶτα εἰσεπήδησεν καὶ ἔντρομος γενόμενος προσέπεσεν τῷ Παύλῳ καὶ τῷ Σιλᾷ **30** καὶ

---

[5]**17** {B} ὑμῖν 𝔓[74] 𝔓[127c] 01 03 05 08 307 330 1175 1409 1739 lat[vl·pt, vg] sy co[bo] Origen[lat] Chrysostom[pt] ∥ ἡμῖν 𝔓[127*] 02 04 044 33 81 181 614 623 1642 *Byz* lat[vl·pt] co[sa] eth Origen[gr] Chrysostom[pt]

προαγαγὼν αὐτοὺς ἔξω ἔφη· κύριοι, τί με δεῖ ποιεῖν, ἵνα σωθῶ; **31** οἱ δὲ εἶπαν· πίστευσον ἐπὶ τὸν κύριον Ἰησοῦν καὶ σωθήσῃ σὺ καὶ ὁ οἶκός σου. **32** καὶ ἐλάλησαν αὐτῷ τὸν λόγον τοῦ κυρίου σὺν πᾶσιν τοῖς ἐν τῇ οἰκίᾳ αὐτοῦ. **33** καὶ παραλαβὼν αὐτοὺς ἐν ἐκείνῃ τῇ ὥρᾳ τῆς νυκτὸς ἔλουσεν ἀπὸ τῶν πληγῶν, καὶ ἐβαπτίσθη αὐτὸς καὶ οἱ αὐτοῦ πάντες παραχρῆμα, **34** ἀναγαγών τε αὐτοὺς εἰς τὸν οἶκον παρέθηκεν τράπεζαν καὶ ἠγαλλιάσατο πανοικεὶ πεπιστευκὼς τῷ θεῷ. **35** ἡμέρας δὲ γενομένης ἀπέστειλαν οἱ στρατηγοὶ τοὺς ῥαβδούχους λέγοντες· ἀπόλυσον τοὺς ἀνθρώπους ἐκείνους. **36** ἀπήγγειλεν δὲ ὁ δεσμοφύλαξ τοὺς λόγους τούτους πρὸς τὸν Παῦλον ὅτι ἀπέσταλκαν οἱ στρατηγοί, ἵνα ἀπολυθῆτε· νῦν οὖν ἐξελθόντες πορεύεσθε ἐν εἰρήνῃ. **37** ὁ δὲ Παῦλος ἔφη πρὸς αὐτούς· δείραντες ἡμᾶς δημοσίᾳ ἀκατακρίτους ἀνθρώπους Ῥωμαίους ὑπάρχοντας ἔβαλαν εἰς φυλακήν· καὶ νῦν λάθρᾳ ἡμᾶς ἐκβάλλουσιν; οὐ γάρ, ἀλλ᾽ ἐλθόντες αὐτοὶ ἡμᾶς ἐξαγαγέτωσαν. **38** ἀπήγγειλαν δὲ τοῖς στρατηγοῖς οἱ ῥαβδοῦχοι τὰ ῥήματα ταῦτα. ἐφοβήθησαν δὲ ἀκούσαντες ὅτι Ῥωμαῖοί εἰσιν, **39** καὶ ἐλθόντες παρεκάλεσαν αὐτοὺς καὶ ἐξαγαγόντες ἠρώτων ἀπελθεῖν ἀπὸ τῆς πόλεως. **40** ἐξελθόντες δὲ ἀπὸ τῆς φυλακῆς εἰσῆλθον πρὸς τὴν Λυδίαν καὶ ἰδόντες παρεκάλεσαν τοὺς ἀδελφοὺς καὶ ἐξῆλθαν.

The Uproar in Thessalonica

17 Διοδεύσαντες δὲ τὴν Ἀμφίπολιν καὶ τὴν Ἀπολλωνίαν ἦλθον εἰς Θεσσαλονίκην, ὅπου ἦν συναγωγὴ τῶν Ἰουδαίων. **2** κατὰ δὲ τὸ εἰωθὸς τῷ Παύλῳ εἰσῆλθεν πρὸς αὐτοὺς καὶ ἐπὶ σάββατα τρία διελέξατο αὐτοῖς ἀπὸ τῶν γραφῶν, **3** διανοίγων καὶ παρατιθέμενος ὅτι τὸν χριστὸν ἔδει παθεῖν καὶ ἀναστῆναι ἐκ νεκρῶν καὶ ὅτι οὗτός ἐστιν ὁ χριστὸς ὁ Ἰησοῦς ὃν ἐγὼ καταγγέλλω ὑμῖν. **4** καί τινες ἐξ αὐτῶν ἐπείσθησαν καὶ προσεκληρώθησαν τῷ Παύλῳ καὶ τῷ Σιλᾷ, τῶν τε σεβομένων Ἑλλήνων[1] πλῆθος πολύ, γυναικῶν τε τῶν πρώτων οὐκ ὀλίγαι. **5** ζηλώσαντες δὲ οἱ Ἰουδαῖοι καὶ προσλαβόμενοι τῶν ἀγο-

---

[1] **4** {B} Ἑλλήνων 𝔓[127vid] 01 03 08 044 614 623 1175 1642 1739 Byz lat[vl-pt] sy co[sa, bo-mss] eth Chrysostom // καὶ Ἑλλήνων 𝔓[74] 02 05 33 81 181 lat[vl-pt, vg] co[bo] // omit 307

ραίων ἄνδρας τινὰς πονηροὺς καὶ ὀχλοποιήσαντες ἐθορύβουν τὴν πόλιν καὶ ἐπιστάντες τῇ οἰκίᾳ Ἰάσονος ἐζήτουν αὐτοὺς προαγαγεῖν εἰς τὸν δῆμον· **6** μὴ εὑρόντες δὲ αὐτοὺς ἔσυρον Ἰάσονα καί τινας ἀδελφοὺς ἐπὶ τοὺς πολιτάρχας βοῶντες ὅτι οἱ τὴν οἰκουμένην ἀναστατώσαντες οὗτοι καὶ ἐνθάδε πάρεισιν. **7** οὓς ὑποδέδεκται Ἰάσων, καὶ οὗτοι πάντες ἀπέναντι τῶν δογμάτων Καίσαρος πράσσουσιν βασιλέα ἕτερον λέγοντες εἶναι, Ἰησοῦν. **8** ἐτάραξαν δὲ τὸν ὄχλον καὶ τοὺς πολιτάρχας ἀκούοντας ταῦτα, **9** καὶ λαβόντες τὸ ἱκανὸν παρὰ τοῦ Ἰάσονος καὶ τῶν λοιπῶν ἀπέλυσαν αὐτούς.

The Apostles in Beroea

10 Οἱ δὲ ἀδελφοὶ εὐθέως διὰ νυκτὸς ἐξέπεμψαν τόν τε Παῦλον καὶ τὸν Σιλᾶν εἰς Βέροιαν οἵτινες παραγενόμενοι εἰς τὴν συναγωγὴν τῶν Ἰουδαίων ἀπῄεσαν. **11** οὗτοι δὲ ἦσαν εὐγενέστεροι τῶν ἐν Θεσσαλονίκῃ οἵτινες ἐδέξαντο τὸν λόγον μετὰ πάσης προθυμίας καθ᾽ ἡμέραν ἀνακρίνοντες τὰς γραφὰς εἰ ἔχοι ταῦτα οὕτως. **12** πολλοὶ μὲν οὖν ἐξ αὐτῶν ἐπίστευσαν καὶ τῶν Ἑλληνίδων γυναικῶν τῶν εὐσχημόνων καὶ ἀνδρῶν οὐκ ὀλίγοι. **13** ὡς δὲ ἔγνωσαν οἱ ἀπὸ τῆς Θεσσαλονίκης Ἰουδαῖοι ὅτι καὶ ἐν τῇ Βεροίᾳ κατηγγέλη ὑπὸ τοῦ Παύλου ὁ λόγος τοῦ θεοῦ, ἦλθον κἀκεῖ σαλεύοντες καὶ ταράσσοντες τοὺς ὄχλους². **14** εὐθέως δὲ τότε τὸν Παῦλον ἐξαπέστειλαν οἱ ἀδελφοὶ πορεύεσθαι ἕως ἐπὶ τὴν θάλασσαν, ὑπέμεινάν τε ὅ τε Σιλᾶς καὶ ὁ Τιμόθεος ἐκεῖ. **15** οἱ δὲ καθιστάνοντες τὸν Παῦλον ἤγαγον ἕως Ἀθηνῶν καὶ λαβόντες ἐντολὴν πρὸς τὸν Σιλᾶν καὶ τὸν Τιμόθεον ἵνα ὡς τάχιστα ἔλθωσιν πρὸς αὐτὸν ἐξῄεσαν.

Paul in Athens

16 Ἐν δὲ ταῖς Ἀθήναις ἐκδεχομένου αὐτοὺς τοῦ Παύλου παρωξύνετο τὸ πνεῦμα αὐτοῦ ἐν αὐτῷ θεωροῦντος κατείδωλον

---

²**13** {B} καὶ ταράσσοντες τοὺς ὄχλους 𝔓⁷⁴ 01 02 03 (044 co^bo Chrysostom^ms τοὺς ὄχλους *before* καί) 33^vid 81 181 307 614 623 1175 1642 1739 lat^vl-pt, vg syʰ co^sa ∥ καὶ ταράσσοντες τοὺς ὄχλους οὐ διελίμπανον 05^(*), 1 lat^vl-pt sy^p ∥ τοὺς ὄχλους 𝔓⁴⁵ 08 *Byz* lat^vl-ms eth Chrysostom^txt

οὖσαν τὴν πόλιν. **17** διελέγετο μὲν οὖν ἐν τῇ συναγωγῇ τοῖς Ἰουδαίοις καὶ τοῖς σεβομένοις καὶ ἐν τῇ ἀγορᾷ κατὰ πᾶσαν ἡμέραν πρὸς τοὺς παρατυγχάνοντας. **18** τινὲς δὲ καὶ τῶν Ἐπικουρείων καὶ Στοϊκῶν φιλοσόφων συνέβαλλον αὐτῷ, καί τινες ἔλεγον· τί ἂν θέλοι ὁ σπερμολόγος οὗτος λέγειν; οἱ δέ· ξένων δαιμονίων δοκεῖ καταγγελεὺς εἶναι, ὅτι τὸν Ἰησοῦν καὶ τὴν ἀνάστασιν εὐηγγελίζετο. **19** ἐπιλαβόμενοί τε αὐτοῦ ἐπὶ τὸν Ἄρειον πάγον ἤγαγον λέγοντες· δυνάμεθα γνῶναι τίς ἡ καινὴ αὕτη ἡ ὑπὸ σοῦ λαλουμένη διδαχή; **20** ξενίζοντα γάρ τινα εἰσφέρεις εἰς τὰς ἀκοὰς ἡμῶν· βουλόμεθα οὖν γνῶναι τίνα θέλει ταῦτα εἶναι. **21** Ἀθηναῖοι δὲ πάντες καὶ οἱ ἐπιδημοῦντες ξένοι εἰς οὐδὲν ἕτερον ηὐκαίρουν ἢ λέγειν τι ἢ ἀκούειν τι καινότερον.

22 Σταθεὶς δὲ ὁ Παῦλος ἐν μέσῳ τοῦ Ἀρείου πάγου ἔφη· ἄνδρες Ἀθηναῖοι, κατὰ πάντα ὡς δεισιδαιμονεστέρους ὑμᾶς θεωρῶ. **23** διερχόμενος γὰρ καὶ ἀναθεωρῶν τὰ σεβάσματα ὑμῶν εὗρον καὶ βωμὸν ἐν ᾧ ἐπεγέγραπτο·

ἀγνώστῳ θεῷ.

ὃ οὖν ἀγνοοῦντες εὐσεβεῖτε, τοῦτο ἐγὼ καταγγέλλω ὑμῖν. **24** ὁ θεὸς ὁ ποιήσας τὸν κόσμον καὶ πάντα τὰ ἐν αὐτῷ, οὗτος οὐρανοῦ καὶ γῆς ὑπάρχων κύριος οὐκ ἐν χειροποιήτοις ναοῖς κατοικεῖ **25** οὐδὲ ὑπὸ χειρῶν ἀνθρωπίνων θεραπεύεται προσδεόμενός τινος αὐτὸς διδοὺς πᾶσιν ζωὴν καὶ πνοὴν καὶ τὰ πάντα· **26** ἐποίησέν τε ἐξ ἑνὸς[3] πᾶν ἔθνος ἀνθρώπων κατοικεῖν ἐπὶ παντὸς προσώπου τῆς γῆς ὁρίσας προστεταγμένους καιροὺς καὶ τὰς ὁροθεσίας τῆς κατοικίας αὐτῶν **27** ζητεῖν τὸν θεὸν[4] εἰ ἄρα γε ψηλαφήσειαν αὐτὸν καὶ εὕροιεν καί γε οὐ μακρὰν ἀπὸ ἑνὸς ἑκάστου ἡμῶν ὑπάρχοντα.

28 Ἐν αὐτῷ γὰρ ζῶμεν καὶ κινούμεθα καὶ ἐσμέν, ὡς καί τινες τῶν καθ᾽ ὑμᾶς ποιητῶν εἰρήκασιν· τοῦ γὰρ καὶ γένος ἐσμέν. **29** γένος οὖν ὑπάρχοντες τοῦ θεοῦ οὐκ ὀφείλομεν νομίζειν

---

[3]**26** {B} ἐξ ἑνὸς 𝔓[74vid] 01 02 03 33 35* 81 181 1175 1739 lat[vl-pt, vg] co eth Clement ∥ ἐξ ἑνὸς αἵματος 05 08 35[c] 307 614 623 1642 Byz lat[vl-pt] Irenaeus[lat] Chrysostom ∥ ἐξ ἑνὸς στόματος 044

[4]**27** {A} ζητεῖν τὸν θεόν 𝔓[74] 01 02 03 044 33[vid] 81 181 307 330 424 614 1175 1241 1642 1739 Byz[pt] sy co Chrysostom ∥ ζητεῖν τὸν κύριον 08 1 18 35 398 623 Byz[pt] TR Lect∥ μάλιστα ζητεῖν τὸ θεῖόν ἐστιν 05 (lat[vl-pt]) (Irenaeus[lat])

χρυσῷ ἢ ἀργύρῳ ἢ λίθῳ, χαράγματι τέχνης καὶ ἐνθυμήσεως ἀνθρώπου τὸ θεῖον εἶναι ὅμοιον. **30** τοὺς μὲν οὖν χρόνους τῆς ἀγνοίας ὑπεριδὼν ὁ θεὸς τὰ νῦν παραγγέλλει τοῖς ἀνθρώποις πάντας πανταχοῦ μετανοεῖν, **31** καθότι ἔστησεν ἡμέραν ἐν ᾗ μέλλει κρίνειν τὴν οἰκουμένην ἐν δικαιοσύνῃ ἐν ἀνδρὶ ᾧ ὥρισεν πίστιν παρασχὼν πᾶσιν ἀναστήσας αὐτὸν ἐκ νεκρῶν. **32** ἀκούσαντες δὲ ἀνάστασιν νεκρῶν οἱ μὲν ἐχλεύαζον, οἱ δὲ εἶπαν· ἀκουσόμεθά σου περὶ τούτου καὶ πάλιν. **33** οὕτως ὁ Παῦλος ἐξῆλθεν ἐκ μέσου αὐτῶν. **34** τινὲς δὲ ἄνδρες κολληθέντες αὐτῷ ἐπίστευσαν ἐν οἷς καὶ Διονύσιος ὁ Ἀρεοπαγίτης καὶ γυνὴ ὀνόματι Δάμαρις καὶ ἕτεροι σὺν αὐτοῖς.

Paul in Corinth

18 Μετὰ ταῦτα χωρισθεὶς ἐκ τῶν Ἀθηνῶν ἦλθεν εἰς Κόρινθον. **2** καὶ εὑρών τινα Ἰουδαῖον ὀνόματι Ἀκύλαν, Ποντικὸν τῷ γένει προσφάτως ἐληλυθότα ἀπὸ τῆς Ἰταλίας καὶ Πρίσκιλλαν γυναῖκα αὐτοῦ, διὰ τὸ διατεταχέναι Κλαύδιον χωρίζεσθαι πάντας τοὺς Ἰουδαίους ἀπὸ τῆς Ῥώμης προσῆλθεν αὐτοῖς **3** καὶ διὰ τὸ ὁμότεχνον εἶναι ἔμενεν παρ' αὐτοῖς, καὶ ἠργάζετο· ἦσαν γὰρ σκηνοποιοὶ τῇ τέχνῃ. **4** διελέγετο δὲ ἐν τῇ συναγωγῇ κατὰ πᾶν σάββατον ἔπειθέν τε Ἰουδαίους καὶ Ἕλληνας. **5** ὡς δὲ κατῆλθον ἀπὸ τῆς Μακεδονίας ὅ τε Σιλᾶς καὶ ὁ Τιμόθεος, συνείχετο τῷ λόγῳ[1] ὁ Παῦλος διαμαρτυρόμενος τοῖς Ἰουδαίοις εἶναι τὸν χριστὸν Ἰησοῦν. **6** ἀντιτασσομένων δὲ αὐτῶν καὶ βλασφημούντων ἐκτιναξάμενος τὰ ἱμάτια εἶπεν πρὸς αὐτούς· τὸ αἷμα ὑμῶν ἐπὶ τὴν κεφαλὴν ὑμῶν· καθαρὸς ἐγὼ ἀπὸ τοῦ νῦν εἰς τὰ ἔθνη πορεύσομαι. **7** καὶ μεταβὰς ἐκεῖθεν εἰσῆλθεν εἰς οἰκίαν τινὸς ὀνόματι Τίτου Ἰούστου[2] σεβομένου τὸν θεὸν οὗ ἡ οἰκία ἦν συνομοροῦσα τῇ συναγωγῇ. **8** Κρίσπος δὲ ὁ ἀρχισυνάγωγος ἐπίστευσεν τῷ κυρίῳ σὺν ὅλῳ τῷ οἴκῳ αὐτοῦ, καὶ πολλοὶ τῶν Κορινθίων ἀκούοντες ἐπίστευον

---

[1]**5** {B} λόγῳ 𝔓⁷⁴ 01 02 03 05 08 044 33 181 614 623* lat sy co eth Basil Chrysostom^ms // πνεύματι 307 623^c 1175 1642 1739 Byz sy^hmg Chrysostom^txt

[2]**7** {C} Τίτου Ἰούστου 𝔓⁷⁴vid 01 08 307 1175 1642* 1739 sy^p co // Τιτίου Ἰούστου 03* 05¹ sy^h // Ἰούστου 02 03² 05* 044 33 181 614 623 1409 1642^c Byz lat^vl-pt eth Chrysostom

καὶ ἐβαπτίζοντο. **9** εἶπεν δὲ ὁ κύριος ἐν νυκτὶ δι' ὁράματος τῷ Παύλῳ· μὴ φοβοῦ, ἀλλὰ λάλει καὶ μὴ σιωπήσῃς, **10** διότι ἐγώ εἰμι μετὰ σοῦ καὶ οὐδεὶς ἐπιθήσεταί σοι τοῦ κακῶσαί σε, διότι λαός ἐστίν μοι πολὺς ἐν τῇ πόλει ταύτῃ. **11** ἐκάθισεν δὲ ἐνιαυτὸν καὶ μῆνας ἓξ διδάσκων ἐν αὐτοῖς τὸν λόγον τοῦ θεοῦ.

12 Γαλλίωνος δὲ ἀνθυπάτου ὄντος τῆς Ἀχαΐας κατεπέστησαν ὁμοθυμαδὸν οἱ Ἰουδαῖοι τῷ Παύλῳ καὶ ἤγαγον αὐτὸν ἐπὶ τὸ βῆμα **13** λέγοντες ὅτι παρὰ τὸν νόμον ἀναπείθει οὗτος τοὺς ἀνθρώπους σέβεσθαι τὸν θεόν. **14** μέλλοντος δὲ τοῦ Παύλου ἀνοίγειν τὸ στόμα εἶπεν ὁ Γαλλίων πρὸς τοὺς Ἰουδαίους· εἰ μὲν ἦν ἀδίκημά τι ἢ ῥᾳδιούργημα πονηρόν, ὦ Ἰουδαῖοι, κατὰ λόγον ἂν ἀνεσχόμην ὑμῶν, **15** εἰ δὲ ζητήματά ἐστιν περὶ λόγου καὶ ὀνομάτων καὶ νόμου τοῦ καθ' ὑμᾶς, ὄψεσθε αὐτοί· κριτὴς ἐγὼ τούτων οὐ βούλομαι εἶναι. **16** καὶ ἀπήλασεν αὐτοὺς ἀπὸ τοῦ βήματος. **17** ἐπιλαβόμενοι δὲ πάντες[3] Σωσθένην τὸν ἀρχισυνάγωγον ἔτυπτον ἔμπροσθεν τοῦ βήματος· καὶ οὐδὲν τούτων τῷ Γαλλίωνι ἔμελεν.

Paul's Return to Antioch

18 Ὁ δὲ Παῦλος ἔτι προσμείνας ἡμέρας ἱκανὰς τοῖς ἀδελφοῖς ἀποταξάμενος ἐξέπλει εἰς τὴν Συρίαν, καὶ σὺν αὐτῷ Πρίσκιλλα καὶ Ἀκύλας κειράμενος ἐν Κεγχρεαῖς τὴν κεφαλήν, εἶχεν γὰρ εὐχήν. **19** κατήντησαν δὲ εἰς Ἔφεσον, κἀκείνους κατέλιπεν αὐτοῦ, αὐτὸς δὲ εἰσελθὼν εἰς τὴν συναγωγὴν διελέξατο τοῖς Ἰουδαίοις. **20** ἐρωτώντων δὲ αὐτῶν ἐπὶ πλείονα χρόνον μεῖναι οὐκ ἐπένευσεν, **21** ἀλλ' ἀποταξάμενος καὶ εἰπών[4]· πάλιν ἀνακάμψω πρὸς ὑμᾶς τοῦ θεοῦ θέλοντος, ἀνήχθη ἀπὸ τῆς Ἐφέσου, **22** καὶ κατελθὼν εἰς Καισάρειαν, ἀναβὰς καὶ ἀσπασάμενος τὴν ἐκκλησίαν κατέβη εἰς Ἀντιόχειαν.

---

[3] **17** ♦ πάντες 𝔓[74] 01 02 03 lat[vl-pt, vg] co[bo] // ♦ πάντες οἱ Ἕλληνες 05[1] 08 044 33 181 614 623 1175 1409 1642 1739 *Byz* lat[vl-pt] sy co[sa] Chrysostom // πάντες οἱ Ἰουδαῖοι 307

[4] **21** {A} εἰπών 𝔓[74] 01 02 03 08 33 307 1409 1642 1739 lat[vl-pt, vg] co eth // εἰπών, Δεῖ με πάντως τὴν ἑορτὴν τὴν ἐρχομένην ποιῆσαι εἰς Ἱεροσόλυμα (*see* 20.16) (05* δέ *for* με *and* ἡμέραν *for second* τήν) 044 181 614 623 1175 *Byz* lat[vl-pt] Chrysostom

23 Καὶ ποιήσας χρόνον τινὰ ἐξῆλθεν διερχόμενος καθεξῆς τὴν Γαλατικὴν χώραν καὶ Φρυγίαν ἐπιστηρίζων πάντας τοὺς μαθητάς.

Apollos Preaches in Ephesus

24 Ἰουδαῖος δέ τις Ἀπολλῶς ὀνόματι, Ἀλεξανδρεὺς τῷ γένει, ἀνὴρ λόγιος, κατήντησεν εἰς Ἔφεσον, δυνατὸς ὢν ἐν ταῖς γραφαῖς. 25 οὗτος ἦν κατηχημένος τὴν ὁδὸν τοῦ κυρίου καὶ ζέων τῷ πνεύματι ἐλάλει καὶ ἐδίδασκεν ἀκριβῶς τὰ περὶ τοῦ Ἰησοῦ ἐπιστάμενος μόνον τὸ βάπτισμα Ἰωάννου· 26 οὗτός τε ἤρξατο παρρησιάζεσθαι ἐν τῇ συναγωγῇ. ἀκούσαντες δὲ αὐτοῦ Πρίσκιλλα καὶ Ἀκύλας προσελάβοντο αὐτὸν καὶ ἀκριβέστερον αὐτῷ ἐξέθεντο τὴν ὁδὸν τοῦ θεοῦ. 27 βουλομένου δὲ αὐτοῦ διελθεῖν εἰς τὴν Ἀχαΐαν προτρεψάμενοι οἱ ἀδελφοὶ ἔγραψαν τοῖς μαθηταῖς ἀποδέξασθαι αὐτόν. ὃς παραγενόμενος συνεβάλετο πολὺ τοῖς πεπιστευκόσιν διὰ τῆς χάριτος· 28 εὐτόνως γὰρ τοῖς Ἰουδαίοις διακατηλέγχετο δημοσίᾳ ἐπιδεικνὺς διὰ τῶν γραφῶν εἶναι τὸν χριστὸν Ἰησοῦν.

Paul in Ephesus

19 Ἐγένετο δὲ ἐν τῷ τὸν Ἀπολλῶ εἶναι ἐν Κορίνθῳ Παῦλον διελθόντα τὰ ἀνωτερικὰ μέρη κατελθεῖν εἰς Ἔφεσον[1] καὶ εὑρεῖν τινας μαθητὰς 2 εἶπέν τε πρὸς αὐτούς· εἰ πνεῦμα ἅγιον ἐλάβετε πιστεύσαντες; οἱ δὲ πρὸς αὐτόν· ἀλλ' οὐδ' εἰ πνεῦμα ἅγιον ἔστιν ἠκούσαμεν. 3 εἶπέν τε· εἰς τί οὖν ἐβαπτίσθητε; οἱ δὲ εἶπαν· εἰς τὸ Ἰωάννου βάπτισμα. 4 εἶπεν δὲ Παῦλος· Ἰωάννης ἐβάπτισεν βάπτισμα μετανοίας τῷ λαῷ λέγων εἰς τὸν ἐρχόμενον μετ' αὐτόν, ἵνα πιστεύσωσιν, τοῦτ' ἔστιν εἰς τὸν Ἰησοῦν. 5 ἀκούσαντες δὲ ἐβαπτίσθησαν εἰς τὸ ὄνομα τοῦ κυρίου Ἰησοῦ, 6 καὶ ἐπιθέντος αὐτοῖς τοῦ Παύλου τὰς χεῖρας ἦλθεν τὸ πνεῦμα

---

[1] 1 {A} Ἐγένετο δὲ ἐν τῷ τὸν Ἀπολλῶ εἶναι ἐν Κορίνθῳ Παῦλον διελθόντα τὰ ἀνωτερικὰ μέρη κατελθεῖν εἰς Ἔφεσον (*with minor variants*) 𝔓^{74} 01 02 03 08 044 33 181 307 614 623 1175 1409 1642 1739 *Byz* lat$^{vl\text{-}pt, vg}$ sy co eth Chrysostom ∥ Θέλοντος δὲ τοῦ Παύλου κατὰ τὴν ἰδίαν βουλὴν πορεύεσθαι εἰς Ἱεροσόλυμα εἶπεν αὐτῷ τὸ πνεῦμα ὑποστρέφειν εἰς τὴν Ἀσίαν· διελθὼν δὲ τὰ ἀνωτερικὰ μέρη ἔρχεται εἰς Ἔφεσον 𝔓$^{38\text{vid}}$ 05 lat$^{vl\text{-}pt}$ sy^{hmg}

τὸ ἅγιον ἐπ' αὐτούς, ἐλάλουν τε γλώσσαις καὶ ἐπροφήτευον. **7** ἦσαν δὲ οἱ πάντες ἄνδρες ὡσεὶ δώδεκα.

8 Εἰσελθὼν δὲ εἰς τὴν συναγωγὴν ἐπαρρησιάζετο ἐπὶ μῆνας τρεῖς διαλεγόμενος καὶ πείθων τὰ περὶ τῆς βασιλείας τοῦ θεοῦ. **9** ὡς δέ τινες ἐσκληρύνοντο καὶ ἠπείθουν κακολογοῦντες τὴν ὁδὸν ἐνώπιον τοῦ πλήθους, ἀποστὰς ἀπ' αὐτῶν ἀφώρισεν τοὺς μαθητὰς καθ' ἡμέραν διαλεγόμενος ἐν τῇ σχολῇ Τυράννου². **10** τοῦτο δὲ ἐγένετο ἐπὶ ἔτη δύο, ὥστε πάντας τοὺς κατοικοῦντας τὴν Ἀσίαν ἀκοῦσαι τὸν λόγον τοῦ κυρίου, Ἰουδαίους τε καὶ Ἕλληνας. **11** δυνάμεις τε οὐ τὰς τυχούσας ὁ θεὸς ἐποίει διὰ τῶν χειρῶν Παύλου, **12** ὥστε καὶ ἐπὶ τοὺς ἀσθενοῦντας ἀποφέρεσθαι ἀπὸ τοῦ χρωτὸς αὐτοῦ σουδάρια ἢ σιμικίνθια καὶ ἀπαλλάσσεσθαι ἀπ' αὐτῶν τὰς νόσους, τά τε πνεύματα τὰ πονηρὰ ἐκπορεύεσθαι.

The Sons of Sceva

13 Ἐπεχείρησαν δέ τινες καὶ τῶν περιερχομένων Ἰουδαίων ἐξορκιστῶν ὀνομάζειν ἐπὶ τοὺς ἔχοντας τὰ πνεύματα τὰ πονηρὰ τὸ ὄνομα τοῦ κυρίου Ἰησοῦ λέγοντες· ὁρκίζω ὑμᾶς τὸν Ἰησοῦν ὃν Παῦλος κηρύσσει. **14** ἦσαν δέ τινες Σκευᾶ Ἰουδαίου ἀρχιερέως ἑπτὰ υἱοὶ τοῦτο ποιοῦντες. **15** ἀποκριθὲν δὲ τὸ πνεῦμα τὸ πονηρὸν εἶπεν αὐτοῖς· τὸν Ἰησοῦν γινώσκω καὶ τὸν Παῦλον ἐπίσταμαι, ὑμεῖς δὲ τίνες ἐστέ; **16** καὶ ἐφαλόμενος ὁ ἄνθρωπος ἐπ' αὐτοὺς ἐν ᾧ ἦν τὸ πνεῦμα τὸ πονηρὸν κατακυριεύσας ἀμφοτέρων ἴσχυσεν κατ' αὐτῶν, ὥστε γυμνοὺς καὶ τετραυματισμένους ἐκφυγεῖν ἐκ τοῦ οἴκου ἐκείνου. **17** τοῦτο δὲ ἐγένετο γνωστὸν πᾶσιν Ἰουδαίοις τε καὶ Ἕλλησιν τοῖς κατοικοῦσιν τὴν Ἔφεσον, καὶ ἐπέπεσεν φόβος ἐπὶ πάντας αὐτοὺς καὶ ἐμεγαλύνετο τὸ ὄνομα τοῦ κυρίου Ἰησοῦ. **18** πολλοί τε τῶν πεπιστευκότων ἤρχοντο ἐξομολογούμενοι καὶ ἀναγγέλλοντες τὰς πράξεις αὐτῶν. **19** ἱκανοὶ δὲ τῶν τὰ περίεργα πραξάντων συν-

---

²**9** {B} Τυράννου $\mathfrak{P}^{74}$ 01 02 03 1739 lat$^{vl\text{-}pt,\,vg}$ co eth // Τυράννου τινός 08 (044 181 1642 sy^h Τυραννίου) 307 623 1175 *Byz* lat$^{vl\text{-}pt,\,vg\text{-}mss}$ Chrysostom // Τυράννου τινός ἀπὸ ὥρας πέμπτης ἕως δεκάτης (05 Τυραννίου) lat$^{vl\text{-}pt}$ // Τυράννου τινὸς ἀπὸ ὥρας πέμπτης ἕως ὥρας δεκάτης 614 1409 lat$^{vl\text{-}pt}$ sy$^{h\,with\,*}$

ἐνέγκαντες τὰς βίβλους κατέκαιον ἐνώπιον πάντων, καὶ συνεψήφισαν τὰς τιμὰς αὐτῶν καὶ εὗρον ἀργυρίου μυριάδας πέντε. **20** οὕτως κατὰ κράτος τοῦ κυρίου ὁ λόγος ηὔξανεν καὶ ἴσχυεν.

The Riot in Ephesus

21 Ὡς δὲ ἐπληρώθη ταῦτα, ἔθετο ὁ Παῦλος ἐν τῷ πνεύματι διελθὼν τὴν Μακεδονίαν καὶ Ἀχαΐαν πορεύεσθαι εἰς Ἱεροσόλυμα εἰπὼν ὅτι μετὰ τὸ γενέσθαι με ἐκεῖ δεῖ με καὶ Ῥώμην ἰδεῖν. **22** ἀποστείλας δὲ εἰς τὴν Μακεδονίαν δύο τῶν διακονούντων αὐτῷ, Τιμόθεον καὶ Ἔραστον, αὐτὸς ἐπέσχεν χρόνον εἰς τὴν Ἀσίαν.

23 Ἐγένετο δὲ κατὰ τὸν καιρὸν ἐκεῖνον τάραχος οὐκ ὀλίγος περὶ τῆς ὁδοῦ. **24** Δημήτριος γάρ τις ὀνόματι, ἀργυροκόπος, ποιῶν ναοὺς ἀργυροῦς Ἀρτέμιδος παρείχετο τοῖς τεχνίταις οὐκ ὀλίγην ἐργασίαν. **25** οὓς συναθροίσας καὶ τοὺς περὶ τὰ τοιαῦτα ἐργάτας εἶπεν· ἄνδρες, ἐπίστασθε ὅτι ἐκ ταύτης τῆς ἐργασίας ἡ εὐπορία ἡμῖν ἐστιν **26** καὶ θεωρεῖτε καὶ ἀκούετε ὅτι οὐ μόνον Ἐφέσου ἀλλὰ σχεδὸν πάσης τῆς Ἀσίας ὁ Παῦλος οὗτος πείσας μετέστησεν ἱκανὸν ὄχλον λέγων ὅτι οὐκ εἰσὶν θεοὶ οἱ διὰ χειρῶν γινόμενοι. **27** οὐ μόνον δὲ τοῦτο κινδυνεύει ἡμῖν τὸ μέρος εἰς ἀπελεγμὸν ἐλθεῖν ἀλλὰ καὶ τὸ τῆς μεγάλης θεᾶς Ἀρτέμιδος ἱερὸν εἰς οὐθὲν λογισθῆναι, μέλλειν τε καὶ καθαιρεῖσθαι τῆς μεγαλειότητος αὐτῆς ἣν ὅλη ἡ Ἀσία καὶ ἡ οἰκουμένη σέβεται. **28** ἀκούσαντες δὲ καὶ γενόμενοι πλήρεις θυμοῦ ἔκραζον λέγοντες· μεγάλη ἡ Ἄρτεμις Ἐφεσίων. **29** καὶ ἐπλήσθη ἡ πόλις τῆς συγχύσεως, ὥρμησάν τε ὁμοθυμαδὸν εἰς τὸ θέατρον συναρπάσαντες Γάϊον καὶ Ἀρίσταρχον Μακεδόνας, συνεκδήμους Παύλου. **30** Παύλου δὲ βουλομένου εἰσελθεῖν εἰς τὸν δῆμον οὐκ εἴων αὐτὸν οἱ μαθηταί· **31** τινὲς δὲ καὶ τῶν Ἀσιαρχῶν ὄντες αὐτῷ φίλοι πέμψαντες πρὸς αὐτὸν παρεκάλουν μὴ δοῦναι ἑαυτὸν εἰς τὸ θέατρον. **32** ἄλλοι μὲν οὖν ἄλλο τι ἔκραζον· ἦν γὰρ ἡ ἐκκλησία συγκεχυμένη, καὶ οἱ πλείους οὐκ ᾔδεισαν τίνος ἕνεκα συνεληλύθεισαν. **33** ἐκ δὲ τοῦ ὄχλου συνεβίβασαν[3] Ἀλέξανδρον,

---

[3]**33** {A} συνεβίβασαν $\mathfrak{P}^{74}$ 01 02 03 08 33 424ᶜ 1739 syʰ ∥ προεβίβασαν 05² 044 181 307 424* 614 623 1175 1409 1642 *Byz* Chrysostom ∥ κατεβίβασαν 05* lat

προβαλόντων αὐτὸν τῶν Ἰουδαίων· ὁ δὲ Ἀλέξανδρος κατασείσας τὴν χεῖρα ἤθελεν ἀπολογεῖσθαι τῷ δήμῳ. **34** ἐπιγνόντες δὲ ὅτι Ἰουδαῖός ἐστιν, φωνὴ ἐγένετο μία ἐκ πάντων ὡς ἐπὶ ὥρας δύο κραζόντων· μεγάλη ἡ Ἄρτεμις Ἐφεσίων. **35** καταστείλας δὲ ὁ γραμματεὺς τὸν ὄχλον φησίν· ἄνδρες Ἐφέσιοι, τίς γάρ ἐστιν ἀνθρώπων ὃς οὐ γινώσκει τὴν Ἐφεσίων πόλιν νεωκόρον οὖσαν τῆς μεγάλης Ἀρτέμιδος καὶ τοῦ διοπετοῦς; **36** ἀναντιρρήτων οὖν ὄντων τούτων δέον ἐστὶν ὑμᾶς κατεσταλμένους ὑπάρχειν καὶ μηδὲν προπετὲς πράσσειν. **37** ἠγάγετε γὰρ τοὺς ἄνδρας τούτους οὔτε ἱεροσύλους οὔτε βλασφημοῦντας τὴν θεὸν ἡμῶν[4]. **38** εἰ μὲν οὖν Δημήτριος καὶ οἱ σὺν αὐτῷ τεχνῖται ἔχουσιν πρός τινα λόγον, ἀγοραῖοι ἄγονται καὶ ἀνθύπατοί εἰσιν, ἐγκαλείτωσαν ἀλλήλοις. **39** εἰ δέ τι περαιτέρω ἐπιζητεῖτε, ἐν τῇ ἐννόμῳ ἐκκλησίᾳ ἐπιλυθήσεται. **40** καὶ γὰρ κινδυνεύομεν ἐγκαλεῖσθαι στάσεως περὶ τῆς σήμερον μηδενὸς αἰτίου ὑπάρχοντος περὶ οὗ οὐ[5] δυνησόμεθα ἀποδοῦναι λόγον περὶ τῆς συστροφῆς ταύτης. καὶ ταῦτα εἰπὼν ἀπέλυσεν τὴν ἐκκλησίαν.

Paul's Journey to Macedonia and Greece

20 Μετὰ δὲ τὸ παύσασθαι τὸν θόρυβον μεταπεμψάμενος ὁ Παῦλος τοὺς μαθητὰς καὶ παρακαλέσας ἀσπασάμενος ἐξῆλθεν πορεύεσθαι εἰς Μακεδονίαν. **2** διελθὼν δὲ τὰ μέρη ἐκεῖνα καὶ παρακαλέσας αὐτοὺς λόγῳ πολλῷ ἦλθεν εἰς τὴν Ἑλλάδα **3** ποιήσας τε μῆνας τρεῖς γενομένης ἐπιβουλῆς αὐτῷ ὑπὸ τῶν Ἰουδαίων μέλλοντι ἀνάγεσθαι εἰς τὴν Συρίαν ἐγένετο γνώμης τοῦ ὑποστρέφειν διὰ Μακεδονίας. **4** συνείπετο δὲ αὐτῷ[1] Σώπατρος Πύρρου[2] Βεροιαῖος, Θεσσαλονικέων

---

[4]**37** {B} ἡμῶν 𝔓[74] 01 02 03 05 08[c] 044 181 307 330 424 1175 1739 *Byz*[pt] lat[vl-pt] cpa co[sa, bo-ms] // ὑμῶν 08* 1 18 35 398 614 623 1241 1409 1642 *Byz*[pt] *TR* lat[vl-pt, vg] co[bo] eth Chrysostom

[5]**40** {B} οὐ 01 02 03 05 044 35[c] 181 614 623 1409 1642 1739 *Byz* lat[vl-pt, vg] eth Chrysostom[pt] // *omit* 𝔓[74] 05 08 33 35* 307 1175 *TR* lat[vl-pt, vg-mss] Chrysostom[pt]

[1]**4** {B} συνείπετο δὲ αὐτῷ 𝔓[74] 01 03 33 lat[vl-pt, vg] co eth // συνείπετο δὲ αὐτῷ ἄχρι τῆς Ἀσίας 02 08 (044 συνείποντο) 181 307 (424 *omit* αὐτῷ) 614 623 1175 1409 1642 1739 *Byz* lat[vl-pt] Chrysostom // μέλλοντος οὖν ἐξιέναι αὐτοῦ μέχρι τῆς Ἀσίας 05

[2]**4** {B} Πύρρου 𝔓[74] 01 02 03 05 08 044 33 181 307 424[c] 623 1175 1409 1642 1739 lat sy[hmg] cpa co Origen[lat] // *omit* 424* 614 1642 *Byz* sy eth Chrysostom

δὲ Ἀρίσταρχος καὶ Σεκοῦνδος καὶ Γάϊος Δερβαῖος καὶ Τιμόθεος, Ἀσιανοὶ δὲ Τύχικος καὶ Τρόφιμος. **5** οὗτοι δὲ προσελθόντες ἔμενον ἡμᾶς ἐν Τρῳάδι, **6** ἡμεῖς δὲ ἐξεπλεύσαμεν μετὰ τὰς ἡμέρας τῶν ἀζύμων ἀπὸ Φιλίππων καὶ ἤλθομεν πρὸς αὐτοὺς εἰς τὴν Τρῳάδα ἄχρι ἡμερῶν πέντε, οὗ διετρίψαμεν ἡμέρας ἑπτά.

Eutychus Falls from the Window

7 Ἐν δὲ τῇ μιᾷ τῶν σαββάτων συνηγμένων ἡμῶν κλάσαι ἄρτον, ὁ Παῦλος διελέγετο αὐτοῖς μέλλων ἐξιέναι τῇ ἐπαύριον παρέτεινέν τε τὸν λόγον μέχρι μεσονυκτίου. **8** ἦσαν δὲ λαμπάδες ἱκαναὶ ἐν τῷ ὑπερῴῳ, οὗ ἦμεν συνηγμένοι. **9** καθεζόμενος δέ τις νεανίας ὀνόματι Εὔτυχος ἐπὶ τῆς θυρίδος καταφερόμενος ὕπνῳ βαθεῖ διαλεγομένου τοῦ Παύλου ἐπὶ πλεῖον, κατενεχθεὶς ἀπὸ τοῦ ὕπνου ἔπεσεν ἀπὸ τοῦ τριστέγου κάτω καὶ ἤρθη νεκρός. **10** καταβὰς δὲ ὁ Παῦλος ἐπέπεσεν αὐτῷ καὶ συμπεριλαβὼν εἶπεν· μὴ θορυβεῖσθε, ἡ γὰρ ψυχὴ αὐτοῦ ἐν αὐτῷ ἐστιν. **11** ἀναβὰς δὲ καὶ κλάσας τὸν ἄρτον καὶ γευσάμενος ἐφ᾽ ἱκανόν τε ὁμιλήσας ἄχρι αὐγῆς οὕτως ἐξῆλθεν. **12** ἤγαγον δὲ τὸν παῖδα ζῶντα καὶ παρεκλήθησαν οὐ μετρίως.

The Voyage from Troas to Miletus

13 Ἡμεῖς δὲ προελθόντες ἐπὶ τὸ πλοῖον ἀνήχθημεν ἐπὶ τὴν Ἄσσον ἐκεῖθεν μέλλοντες ἀναλαμβάνειν τὸν Παῦλον· οὕτως γὰρ διατεταγμένος ἦν μέλλων αὐτὸς πεζεύειν. **14** ὡς δὲ συνέβαλλεν ἡμῖν εἰς τὴν Ἄσσον, ἀναλαβόντες αὐτὸν ἤλθομεν εἰς Μιτυλήνην **15** κἀκεῖθεν ἀποπλεύσαντες τῇ ἐπιούσῃ κατηντήσαμεν ἄντικρυς Χίου, τῇ δὲ ἑτέρᾳ παρεβάλομεν εἰς Σάμον, τῇ δὲ[3] ἐχομένῃ ἤλθομεν εἰς Μίλητον. **16** κεκρίκει γὰρ ὁ Παῦλος παραπλεῦσαι τὴν Ἔφεσον, ὅπως μὴ γένηται αὐτῷ χρονοτριβῆσαι ἐν τῇ Ἀσίᾳ· ἔσπευδεν γάρ, εἰ δυνατὸν εἴη αὐτῷ, τὴν ἡμέραν τῆς πεντηκοστῆς γενέσθαι εἰς Ἱεροσόλυμα.

---

[3]**15** {B} τῇ δέ 𝔓[41] 𝔓[74] 01 02 03 04 08 33 307 1175 1739 ∥ καὶ τῇ 623* lat[vl-pt, vg] ∥ τῇ lat[vl-pt] co[bo] ∥ καὶ μείναντες ἐν Τρωγυλ(λ)ίῳ τῇ (05) (044) 181 614 623[c] (1409 Στρωγυλλίῳ) 1642 *Byz* lat[vl-pt] sy co[sa] Chrysostom

Paul Speaks to the Ephesian Elders

17 Ἀπὸ δὲ τῆς Μιλήτου πέμψας εἰς Ἔφεσον μετεκαλέσατο τοὺς πρεσβυτέρους τῆς ἐκκλησίας. 18 ὡς δὲ παρεγένοντο πρὸς αὐτὸν, εἶπεν αὐτοῖς· ὑμεῖς ἐπίστασθε ἀπὸ πρώτης ἡμέρας ἀφ' ἧς ἐπέβην εἰς τὴν Ἀσίαν, πῶς μεθ' ὑμῶν τὸν πάντα χρόνον ἐγενόμην 19 δουλεύων τῷ κυρίῳ μετὰ πάσης ταπεινοφροσύνης καὶ δακρύων καὶ πειρασμῶν τῶν συμβάντων μοι ἐν ταῖς ἐπιβουλαῖς τῶν Ἰουδαίων, 20 ὡς οὐδὲν ὑπεστειλάμην τῶν συμφερόντων τοῦ μὴ ἀναγγεῖλαι ὑμῖν καὶ διδάξαι ὑμᾶς δημοσίᾳ καὶ κατ' οἴκους 21 διαμαρτυρόμενος Ἰουδαίοις τε καὶ Ἕλλησιν τὴν εἰς θεὸν μετάνοιαν καὶ πίστιν εἰς τὸν κύριον ἡμῶν Ἰησοῦν Χριστόν[4]. 22 καὶ νῦν ἰδοὺ δεδεμένος ἐγὼ τῷ πνεύματι πορεύομαι εἰς Ἰερουσαλὴμ τὰ ἐν αὐτῇ συναντήσοντά μοι μὴ εἰδὼς 23 πλὴν ὅτι τὸ πνεῦμα τὸ ἅγιον κατὰ πόλιν διαμαρτύρεταί μοι λέγον ὅτι δεσμὰ καὶ θλίψεις με μένουσιν. 24 ἀλλ' οὐδενὸς λόγου ποιοῦμαι τὴν ψυχὴν τιμίαν ἐμαυτῷ ὡς τελειῶσαι τὸν δρόμον μου καὶ τὴν διακονίαν ἣν ἔλαβον παρὰ τοῦ κυρίου Ἰησοῦ, διαμαρτύρασθαι τὸ εὐαγγέλιον τῆς χάριτος τοῦ θεοῦ. 25 καὶ νῦν ἰδοὺ ἐγὼ οἶδα ὅτι οὐκέτι ὄψεσθε τὸ πρόσωπόν μου ὑμεῖς πάντες ἐν οἷς διῆλθον κηρύσσων τὴν βασιλείαν. 26 διότι μαρτύρομαι ὑμῖν ἐν τῇ σήμερον ἡμέρᾳ ὅτι καθαρός εἰμι ἀπὸ τοῦ αἵματος πάντων· 27 οὐ γὰρ ὑπεστειλάμην τοῦ μὴ ἀναγγεῖλαι πᾶσαν τὴν βουλὴν τοῦ θεοῦ ὑμῖν. 28 προσέχετε ἑαυτοῖς καὶ παντὶ τῷ ποιμνίῳ ἐν ᾧ ὑμᾶς τὸ πνεῦμα τὸ ἅγιον ἔθετο ἐπισκόπους ποιμαίνειν τὴν ἐκκλησίαν τοῦ θεοῦ[5] ἣν περιεποιήσατο διὰ τοῦ αἵματος τοῦ ἰδίου[6]. 29 ἐγὼ οἶδα ὅτι εἰσελεύσονται μετὰ τὴν ἄφιξίν μου λύκοι βαρεῖς εἰς ὑμᾶς μὴ

---

[4]**21** {B} εἰς τὸν κύριον ἡμῶν Ἰησοῦν Χριστόν 𝔓74 01 02 04 (08 lat^vl-pt co^bo-mss *omit* ἡμῶν) 33 35* 181 307 330 398 623 1175 1241 1409 1642 1739 Byz^pt TR lat^vl-pt, vg sy^p co^bo eth Chrysostom // εἰς τὸν κύριον ἡμῶν Ἰησοῦν 03 044 1 18 35^c 424 614 Byz^pt lat^vl-pt sy^h co^sa Basil // διὰ τοῦ κυρίου ἡμῶν Ἰησοῦ Χριστοῦ 05

[5]**28** {C} θεοῦ 01 03 35* 614 1175 1409 1642 TR lat^vl-pt, vg sy co^bo-ms Athanasius Basil Chrysostom^pt Cyril // κυρίου 𝔓41 𝔓74 02 04* 05 08 044 33 181 307 623* 1739 lat^vl-pt sy^hmg co^sa, bo Irenaeus^lat Chrysostom^pt // κυρίου καὶ θεοῦ 04^3 35^c 623^c Byz

[6]**28** {A} αἵματος τοῦ ἰδίου 𝔓41 𝔓74 01 02 03 04 05 08 044 33 181 307 623 1175 1739 lat Irenaeus^lat Cyril // ἰδίου αἵματος 614 1409 1642 Byz Athanasius Chrysostom

φειδόμενοι τοῦ ποιμνίου, **30** καὶ ἐξ ὑμῶν αὐτῶν ἀναστήσονται ἄνδρες λαλοῦντες διεστραμμένα τοῦ ἀποσπᾶν τοὺς μαθητὰς ὀπίσω αὐτῶν. **31** διὸ γρηγορεῖτε μνημονεύοντες ὅτι τριετίαν νύκτα καὶ ἡμέραν οὐκ ἐπαυσάμην μετὰ δακρύων νουθετῶν ἕνα ἕκαστον. **32** καὶ τὰ νῦν παρατίθεμαι ὑμᾶς τῷ θεῷ καὶ τῷ λόγῳ τῆς χάριτος αὐτοῦ τῷ δυναμένῳ οἰκοδομῆσαι καὶ δοῦναι τὴν κληρονομίαν ἐν τοῖς ἡγιασμένοις πᾶσιν. **33** ἀργυρίου ἢ χρυσίου ἢ ἱματισμοῦ οὐδενὸς ἐπεθύμησα· **34** αὐτοὶ γινώσκετε ὅτι ταῖς χρείαις μου καὶ τοῖς οὖσιν μετ' ἐμοῦ ὑπηρέτησαν αἱ χεῖρες αὗται. **35** πάντα ὑπέδειξα ὑμῖν ὅτι οὕτως κοπιῶντας δεῖ ἀντιλαμβάνεσθαι τῶν ἀσθενούντων μνημονεύειν τε τῶν λόγων τοῦ κυρίου Ἰησοῦ, ὅτι αὐτὸς εἶπεν· μακάριόν ἐστιν μᾶλλον διδόναι ἢ λαμβάνειν. **36** καὶ ταῦτα εἰπὼν θεὶς τὰ γόνατα αὐτοῦ σὺν πᾶσιν αὐτοῖς προσηύξατο. **37** ἱκανὸς δὲ κλαυθμὸς ἐγένετο πάντων, καὶ ἐπιπεσόντες ἐπὶ τὸν τράχηλον τοῦ Παύλου κατεφίλουν αὐτὸν **38** ὀδυνώμενοι μάλιστα ἐπὶ τῷ λόγῳ ᾧ εἰρήκει, ὅτι οὐκέτι μέλλουσιν τὸ πρόσωπον αὐτοῦ θεωρεῖν. προέπεμπον δὲ αὐτὸν εἰς τὸ πλοῖον.

Paul's Journey to Jerusalem

21 Ὡς δὲ ἐγένετο ἀναχθῆναι ἡμᾶς ἀποσπασθέντας ἀπ' αὐτῶν, εὐθυδρομήσαντες ἤλθομεν εἰς τὴν Κῶ, τῇ δὲ ἑξῆς εἰς τὴν Ῥόδον κἀκεῖθεν εἰς Πάταρα, **2** καὶ εὑρόντες πλοῖον διαπερῶν εἰς Φοινίκην ἐπιβάντες ἀνήχθημεν. **3** ἀναφάναντες δὲ τὴν Κύπρον καὶ καταλιπόντες αὐτὴν εὐώνυμον ἐπλέομεν εἰς Συρίαν καὶ κατήλθομεν εἰς Τύρον· ἐκεῖσε γὰρ τὸ πλοῖον ἦν ἀποφορτιζόμενον τὸν γόμον. **4** ἀνευρόντες δὲ τοὺς μαθητὰς ἐπεμείναμεν αὐτοῦ ἡμέρας ἑπτά. οἵτινες τῷ Παύλῳ ἔλεγον διὰ τοῦ πνεύματος μὴ ἐπιβαίνειν εἰς Ἱεροσόλυμα. **5** ὅτε δὲ ἐγένετο ἡμᾶς ἐξαρτίσαι τὰς ἡμέρας, ἐξελθόντες ἐπορευόμεθα προπεμπόντων ἡμᾶς πάντων σὺν γυναιξὶν καὶ τέκνοις ἕως ἔξω τῆς πόλεως καὶ θέντες τὰ γόνατα ἐπὶ τὸν αἰγιαλὸν προσευξάμενοι **6** ἀπησπασάμεθα ἀλλήλους καὶ ἀνέβημεν εἰς τὸ πλοῖον, ἐκεῖνοι δὲ ὑπέστρεψαν εἰς τὰ ἴδια.

7 Ἡμεῖς δὲ τὸν πλοῦν διανύσαντες ἀπὸ Τύρου κατηντήσαμεν εἰς Πτολεμαΐδα καὶ ἀσπασάμενοι τοὺς ἀδελφοὺς ἐμείναμεν ἡμέραν μίαν παρ' αὐτοῖς. **8** τῇ δὲ ἐπαύριον ἐξελθόντες ἤλθομεν[1] εἰς Καισάρειαν καὶ εἰσελθόντες εἰς τὸν οἶκον Φιλίππου τοῦ εὐαγγελιστοῦ ὄντος ἐκ τῶν ἑπτὰ ἐμείναμεν παρ' αὐτῷ. **9** τούτῳ δὲ ἦσαν θυγατέρες τέσσαρες παρθένοι προφητεύουσαι. **10** ἐπιμενόντων δὲ ἡμέρας πλείους κατῆλθέν τις ἀπὸ τῆς Ἰουδαίας προφήτης ὀνόματι Ἅγαβος. **11** καὶ ἐλθὼν πρὸς ἡμᾶς καὶ ἄρας τὴν ζώνην τοῦ Παύλου, δήσας ἑαυτοῦ τοὺς πόδας καὶ τὰς χεῖρας εἶπεν· τάδε λέγει τὸ πνεῦμα τὸ ἅγιον· τὸν ἄνδρα οὗ ἐστιν ἡ ζώνη αὕτη οὕτως δήσουσιν ἐν Ἰερουσαλὴμ οἱ Ἰουδαῖοι καὶ παραδώσουσιν εἰς χεῖρας ἐθνῶν. **12** ὡς δὲ ἠκούσαμεν ταῦτα, παρεκαλοῦμεν ἡμεῖς τε καὶ οἱ ἐντόπιοι τοῦ μὴ ἀναβαίνειν αὐτὸν εἰς Ἰερουσαλήμ. **13** τότε ἀπεκρίθη ὁ Παῦλος· τί ποιεῖτε κλαίοντες καὶ συνθρύπτοντές μου τὴν καρδίαν; ἐγὼ γὰρ οὐ μόνον δεθῆναι ἀλλὰ καὶ ἀποθανεῖν εἰς Ἰερουσαλὴμ ἑτοίμως ἔχω ὑπὲρ τοῦ ὀνόματος τοῦ κυρίου Ἰησοῦ. **14** μὴ πειθομένου δὲ αὐτοῦ ἡσυχάσαμεν εἰπόντες· τοῦ κυρίου τὸ θέλημα γινέσθω.

15 Μετὰ δὲ τὰς ἡμέρας ταύτας ἐπισκευασάμενοι ἀνεβαίνομεν εἰς Ἱεροσόλυμα· **16** συνῆλθον δὲ καὶ τῶν μαθητῶν ἀπὸ Καισαρείας σὺν ἡμῖν ἄγοντες παρ' ᾧ ξενισθῶμεν, Μνάσωνί τινι Κυπρίῳ ἀρχαίῳ μαθητῇ. **17** γενομένων δὲ ἡμῶν εἰς Ἱεροσόλυμα ἀσμένως ἀπεδέξαντο ἡμᾶς οἱ ἀδελφοί.

Paul Visits James

18 Τῇ δὲ ἐπιούσῃ εἰσῄει ὁ Παῦλος σὺν ἡμῖν πρὸς Ἰάκωβον, πάντες τε παρεγένοντο οἱ πρεσβύτεροι. **19** καὶ ἀσπασάμενος αὐτοὺς ἐξηγεῖτο καθ' ἓν ἕκαστον ὧν ἐποίησεν ὁ θεὸς ἐν τοῖς ἔθνεσιν διὰ τῆς διακονίας αὐτοῦ. **20** οἱ δὲ ἀκούσαντες ἐδόξαζον τὸν θεὸν εἶπόν τε αὐτῷ· θεωρεῖς, ἀδελφέ, πόσαι μυριάδες εἰσὶν ἐν τοῖς Ἰουδαίοις τῶν πεπιστευκότων καὶ πάντες ζηλωταὶ τοῦ νόμου ὑπάρχουσιν· **21** κατηχήθησαν δὲ περὶ σοῦ ὅτι ἀποστασίαν διδάσκεις ἀπὸ Μωϋσέως τοὺς κατὰ τὰ ἔθνη πάντας

---

[1]**8** {A} ἤλθομεν 𝔓[74] 01 02 03 04 08 044 18 33 35* 181 307 424[c] 614 623* 1175 1409 1739 lat sy cpa co eth Eusebius Chrysostom ∥ οἱ περὶ τὸν Παῦλον ἦλθον 1 330 398 1241 Byz[pt] TR ∥ οἱ περὶ τὸν Παῦλον ἤλθομεν 35[v.r.] 623[c] 1642 Byz[pt] ∥ οἱ ἀπόστολοι ἀπὸ Τύρου ἦλθον (see 21.7) Lect (at beginning of lesson)

Ἰουδαίους λέγων μὴ περιτέμνειν αὐτοὺς τὰ τέκνα μηδὲ τοῖς ἔθεσιν περιπατεῖν. **22** τί οὖν ἐστιν; πάντως ἀκούσονται[2] ὅτι ἐλήλυθας. **23** τοῦτο οὖν ποίησον ὅ σοι λέγομεν· εἰσὶν ἡμῖν ἄνδρες τέσσαρες εὐχὴν ἔχοντες ἐφ᾽ ἑαυτῶν. **24** τούτους παραλαβὼν ἁγνίσθητι σὺν αὐτοῖς καὶ δαπάνησον ἐπ᾽ αὐτοῖς, ἵνα ξυρήσονται τὴν κεφαλήν, καὶ γνώσονται πάντες ὅτι ὧν κατήχηνται περὶ σοῦ οὐδέν ἐστιν, ἀλλὰ στοιχεῖς καὶ αὐτὸς φυλάσσων τὸν νόμον. **25** περὶ δὲ τῶν πεπιστευκότων ἐθνῶν ἡμεῖς ἐπεστείλαμεν κρίναντες φυλάσσεσθαι αὐτοὺς[3] τό τε εἰδωλόθυτον καὶ αἷμα καὶ πνικτὸν καὶ πορνείαν[4]. **26** τότε ὁ Παῦλος παραλαβὼν τοὺς ἄνδρας τῇ ἐχομένῃ ἡμέρᾳ σὺν αὐτοῖς ἁγνισθεὶς εἰσῄει εἰς τὸ ἱερὸν διαγγέλλων τὴν ἐκπλήρωσιν τῶν ἡμερῶν τοῦ ἁγνισμοῦ, ἕως οὗ προσηνέχθη ὑπὲρ ἑνὸς ἑκάστου αὐτῶν ἡ προσφορά.

Paul Arrested in the Temple

27 Ὡς δὲ ἔμελλον αἱ ἑπτὰ ἡμέραι συντελεῖσθαι, οἱ ἀπὸ τῆς Ἀσίας Ἰουδαῖοι θεασάμενοι αὐτὸν ἐν τῷ ἱερῷ συνέχεον πάντα τὸν ὄχλον καὶ ἐπέβαλον ἐπ᾽ αὐτὸν τὰς χεῖρας **28** κράζοντες· ἄνδρες Ἰσραηλῖται, βοηθεῖτε· οὗτός ἐστιν ὁ ἄνθρωπος ὁ κατὰ τοῦ λαοῦ καὶ τοῦ νόμου καὶ τοῦ τόπου τούτου πάντας πανταχῇ διδάσκων ἔτι τε καὶ Ἕλληνας εἰσήγαγεν εἰς τὸ ἱερὸν καὶ κεκοίνωκεν τὸν ἅγιον τόπον τοῦτον. **29** ἦσαν γὰρ προεωρακότες Τρόφιμον τὸν Ἐφέσιον ἐν τῇ πόλει σὺν αὐτῷ ὃν ἐνόμιζον ὅτι

---

[2]**22** {B} ἀκούσονται 03 04* 307 614 1175 1739^{txt} sy co eth // δεῖ συνελθεῖν πλῆθος· ἀκούσονται γάρ 𝔓^{74} 01^2 (01* 04^2 *omit* γάρ) 02 08 33 181 1409 1739$^{v.\ r.}$ lat$^{vl\text{-}pt,\ vg}$ cpa // δεῖ πλῆθος συνελθεῖν· ἀκούσονται γάρ 05 (05^1 τὸ πλῆθος) 044 623 1642 *Byz* lat$^{vl\text{-}pt}$ Chrysostom

[3]**25** {B} κρίναντες φυλάσσεσθαι αὐτούς 𝔓^{74} 01 02 03 33 1175 1409 lat$^{vl\text{-}pt,\ vg}$ sy^p cpa co eth // κρίναντες μηδὲν τοιοῦτο τηρεῖν αὐτοὺς ἀλλὰ φυλάσσεσθαι 1739 // κρίναντες μηδὲν τοιοῦτο τηρεῖν αὐτοὺς εἰ μὴ φυλάσσεσθαι αὐτούς 05^2 (05* κρίνοντες) (04 08 044 181 307) 614 1642 *Byz* lat$^{vl\text{-}pt}$ sy^h (eth) Chrysostom

[4]**25** {B} τό τε εἰδωλόθυτον καὶ αἷμα καὶ πνικτὸν καὶ πορνείαν (𝔓^{74} *omit* τε) 01 02 03 04 33 (307 *omit second* καί) 623 1739 lat$^{vl\text{-}pt,\ vg}$? sy? co? cpa? // τό τε εἰδωλόθυτον καὶ τὸ αἷμα καὶ πνικτὸν καὶ πορνείαν (044 614 *omit* τε) (181 *omit* τε *and add* τό *before* πνικτόν) 1409 1642 *Byz* (eth) (Chrysostom) lat$^{vl\text{-}pt,\ vg}$? sy? co? cpa? // ἀπὸ εἰδωλοθύτων καὶ αἵματος καὶ πνικτοῦ καὶ πορνείας 08 // τό τε εἰδωλόθυτον καὶ αἷμα καὶ πνικτὸν 1175 // τὸ εἰδωλόθυτον καὶ αἷμα καὶ πορνείαν 05 lat$^{vl\text{-}pt}$

εἰς τὸ ἱερὸν εἰσήγαγεν ὁ Παῦλος. **30** ἐκινήθη τε ἡ πόλις ὅλη καὶ ἐγένετο συνδρομὴ τοῦ λαοῦ, καὶ ἐπιλαβόμενοι τοῦ Παύλου εἷλκον αὐτὸν ἔξω τοῦ ἱεροῦ, καὶ εὐθέως ἐκλείσθησαν αἱ θύραι. **31** ζητούντων τε αὐτὸν ἀποκτεῖναι ἀνέβη φάσις τῷ χιλιάρχῳ τῆς σπείρης ὅτι ὅλη συγχύννεται Ἰερουσαλήμ. **32** ὃς ἐξαυτῆς παραλαβὼν στρατιώτας καὶ ἑκατοντάρχας κατέδραμεν ἐπ' αὐτούς, οἱ δὲ ἰδόντες τὸν χιλίαρχον καὶ τοὺς στρατιώτας ἐπαύσαντο τύπτοντες τὸν Παῦλον. **33** τότε ἐγγίσας ὁ χιλίαρχος ἐπελάβετο αὐτοῦ καὶ ἐκέλευσεν δεθῆναι ἁλύσεσιν δυσίν, καὶ ἐπυνθάνετο τίς εἴη καὶ τί ἐστιν πεποιηκώς. **34** ἄλλοι δὲ ἄλλο τι ἐπεφώνουν ἐν τῷ ὄχλῳ. μὴ δυναμένου δὲ αὐτοῦ γνῶναι τὸ ἀσφαλὲς διὰ τὸν θόρυβον ἐκέλευσεν ἄγεσθαι αὐτὸν εἰς τὴν παρεμβολήν. **35** ὅτε δὲ ἐγένετο ἐπὶ τοὺς ἀναβαθμούς, συνέβη βαστάζεσθαι αὐτὸν ὑπὸ τῶν στρατιωτῶν διὰ τὴν βίαν τοῦ ὄχλου, **36** ἠκολούθει γὰρ τὸ πλῆθος τοῦ λαοῦ κράζοντες· αἶρε αὐτόν.

Paul Defends Himself

37 Μέλλων τε εἰσάγεσθαι εἰς τὴν παρεμβολὴν ὁ Παῦλος λέγει τῷ χιλιάρχῳ· εἰ ἔξεστίν μοι εἰπεῖν τι πρὸς σέ; ὁ δὲ ἔφη· Ἑλληνιστὶ γινώσκεις; **38** οὐκ ἄρα σὺ εἶ ὁ Αἰγύπτιος ὁ πρὸ τούτων τῶν ἡμερῶν ἀναστατώσας καὶ ἐξαγαγὼν εἰς τὴν ἔρημον τοὺς τετρακισχιλίους ἄνδρας τῶν σικαρίων; **39** εἶπεν δὲ ὁ Παῦλος· ἐγὼ ἄνθρωπος μέν εἰμι Ἰουδαῖος, Ταρσεὺς τῆς Κιλικίας, οὐκ ἀσήμου πόλεως πολίτης· δέομαι δέ σου, ἐπίτρεψόν μοι λαλῆσαι πρὸς τὸν λαόν. **40** ἐπιτρέψαντος δὲ αὐτοῦ ὁ Παῦλος ἑστὼς ἐπὶ τῶν ἀναβαθμῶν κατέσεισεν τῇ χειρὶ τῷ λαῷ. πολλῆς δὲ σιγῆς γενομένης προσεφώνησεν τῇ Ἑβραΐδι διαλέκτῳ λέγων·

22 Ἄνδρες ἀδελφοὶ καὶ πατέρες, ἀκούσατέ μου τῆς πρὸς ὑμᾶς νυνὶ ἀπολογίας. **2** ἀκούσαντες δὲ ὅτι τῇ Ἑβραΐδι διαλέκτῳ προσεφώνει αὐτοῖς μᾶλλον παρέσχον ἡσυχίαν. καὶ φησίν· **3** ἐγώ εἰμι ἀνὴρ Ἰουδαῖος, γεγεννημένος ἐν Ταρσῷ τῆς Κιλικίας, ἀνατεθραμμένος δὲ ἐν τῇ πόλει ταύτῃ, παρὰ τοὺς πόδας Γαμαλιὴλ πεπαιδευμένος κατὰ ἀκρίβειαν τοῦ πατρῴου νόμου, ζηλωτὴς ὑπάρχων τοῦ θεοῦ, καθὼς πάντες ὑμεῖς ἐστε σήμερον, **4** ὃς ταύτην τὴν ὁδὸν ἐδίωξα ἄχρι θανάτου δεσμεύων καὶ παραδιδοὺς εἰς φυλακὰς ἄνδρας τε καὶ γυναῖκας, 5 ὡς καὶ ὁ ἀρχιερεὺς μαρτυρεῖ μοι καὶ πᾶν τὸ πρεσβυτέριον παρ' ὧν καὶ ἐπιστολὰς δεξάμενος πρὸς τοὺς ἀδελφοὺς εἰς Δαμασκὸν ἐπορευόμην ἄξων καὶ τοὺς ἐκεῖσε ὄντας δεδεμένους εἰς Ἰερουσαλήμ, ἵνα τιμωρηθῶσιν.

Paul Tells of His Conversion (Ac 9.1-19; 26.12-18)

6 Ἐγένετο δέ μοι πορευομένῳ καὶ ἐγγίζοντι τῇ Δαμασκῷ περὶ μεσημβρίαν ἐξαίφνης ἐκ τοῦ οὐρανοῦ περιαστράψαι φῶς ἱκανὸν περὶ ἐμέ, 7 ἔπεσά τε εἰς τὸ ἔδαφος καὶ ἤκουσα φωνῆς λεγούσης μοι· Σαοὺλ Σαούλ, τί με διώκεις; 8 ἐγὼ δὲ ἀπεκρίθην· τίς εἶ, κύριε; εἶπέν τε πρός με· ἐγώ εἰμι Ἰησοῦς ὁ Ναζωραῖος ὃν σὺ διώκεις. 9 οἱ δὲ σὺν ἐμοὶ ὄντες τὸ μὲν φῶς ἐθεάσαντο[1], τὴν δὲ φωνὴν οὐκ ἤκουσαν τοῦ λαλοῦντός μοι. 10 εἶπον δέ· τί ποιήσω, κύριε; ὁ δὲ κύριος εἶπεν πρός με· ἀναστὰς πορεύου εἰς Δαμασκόν, κἀκεῖ σοι λαληθήσεται περὶ πάντων ὧν τέτακταί σοι ποιῆσαι. 11 ὡς δὲ οὐκ ἐνέβλεπον ἀπὸ τῆς δόξης τοῦ φωτὸς ἐκείνου, χειραγωγούμενος ὑπὸ τῶν συνόντων μοι ἦλθον εἰς Δαμασκόν. 12 Ἀνανίας δέ τις, ἀνὴρ εὐλαβὴς κατὰ τὸν νόμον, μαρτυρούμενος ὑπὸ πάντων τῶν κατοικούντων Ἰουδαίων, 13 ἐλθὼν πρός με καὶ ἐπιστὰς εἶπέν μοι· Σαοὺλ ἀδελφέ, ἀνάβλεψον. κἀγὼ αὐτῇ τῇ ὥρᾳ ἀνέβλεψα εἰς αὐτόν. 14 ὁ δὲ εἶπεν· ὁ θεὸς τῶν πατέρων ἡμῶν προεχειρίσατό σε γνῶναι τὸ θέλημα αὐτοῦ καὶ ἰδεῖν τὸν δίκαιον καὶ ἀκοῦσαι φωνὴν ἐκ τοῦ στόματος αὐτοῦ, 15 ὅτι ἔσῃ μάρτυς αὐτῷ πρὸς πάντας ἀνθρώπους ὧν ἑώρακας καὶ ἤκουσας. 16 καὶ νῦν τί μέλλεις; ἀναστὰς βάπτισαι καὶ ἀπόλουσαι τὰς ἁμαρτίας σου ἐπικαλεσάμενος τὸ ὄνομα αὐτοῦ.

Paul Sent to the Gentiles

17 Ἐγένετο δέ μοι ὑποστρέψαντι εἰς Ἰερουσαλὴμ καὶ προσευχομένου μου ἐν τῷ ἱερῷ γενέσθαι με ἐν ἐκστάσει 18 καὶ ἰδεῖν αὐτὸν λέγοντά μοι· σπεῦσον καὶ ἔξελθε ἐν τάχει ἐξ Ἰερουσαλήμ,

---

[1]9 {B} ἐθεάσαντο 𝔓74 01 02 03 33 181 623 1175 1409 1642 lat^{vl·pt, vg} syp cobo ∥ ἐθεάσαντο καὶ ἔμφοβοι ἐγένοντο 05 08 044 (307 γενόμενοι *for* ἐγένοντο) 614 1739 *Byz* lat^{vl·pt} syh cosa eth Chrysostom

διότι οὐ παραδέξονταί σου μαρτυρίαν περὶ ἐμοῦ. 19 κἀγὼ εἶπον· κύριε, αὐτοὶ ἐπίστανται ὅτι ἐγὼ ἤμην φυλακίζων καὶ δέρων κατὰ τὰς συναγωγὰς τοὺς πιστεύοντας ἐπὶ σέ, 20 καὶ ὅτε ἐξεχύννετο τὸ αἷμα Στεφάνου τοῦ μάρτυρός σου, καὶ αὐτὸς ἤμην ἐφεστὼς καὶ συνευδοκῶν καὶ φυλάσσων τὰ ἱμάτια τῶν ἀναιρούντων αὐτόν. 21 καὶ εἶπεν πρός με· πορεύου, ὅτι ἐγὼ εἰς ἔθνη μακρὰν ἐξαποστελῶ σε.

Paul and the Roman Tribune

22 Ἤκουον δὲ αὐτοῦ ἄχρι τούτου τοῦ λόγου καὶ ἐπῆραν τὴν φωνὴν αὐτῶν λέγοντες· αἶρε ἀπὸ τῆς γῆς τὸν τοιοῦτον, οὐ γὰρ καθῆκεν αὐτὸν ζῆν. 23 κραυγαζόντων τε αὐτῶν καὶ ῥιπτούντων τὰ ἱμάτια καὶ κονιορτὸν βαλλόντων εἰς τὸν ἀέρα 24 ἐκέλευσεν ὁ χιλίαρχος εἰσάγεσθαι αὐτὸν εἰς τὴν παρεμβολὴν εἴπας μάστιξιν ἀνετάζεσθαι αὐτόν, ἵνα ἐπιγνῷ δι' ἣν αἰτίαν οὕτως ἐπεφώνουν αὐτῷ. 25 ὡς δὲ προέτειναν αὐτὸν τοῖς ἱμᾶσιν, εἶπεν πρὸς τὸν ἑστῶτα ἑκατόνταρχον ὁ Παῦλος· εἰ ἄνθρωπον Ῥωμαῖον καὶ ἀκατάκριτον ἔξεστιν ὑμῖν μαστίζειν; 26 ἀκούσας δὲ ὁ ἑκατοντάρχης προσελθὼν τῷ χιλιάρχῳ ἀπήγγειλεν λέγων· τί μέλλεις ποιεῖν; ὁ γὰρ ἄνθρωπος οὗτος Ῥωμαῖός ἐστιν. 27 προσελθὼν δὲ ὁ χιλίαρχος εἶπεν αὐτῷ· λέγε μοι, σὺ Ῥωμαῖος εἶ; ὁ δὲ ἔφη· ναί. 28 ἀπεκρίθη δὲ ὁ χιλίαρχος· ἐγὼ πολλοῦ κεφαλαίου τὴν πολιτείαν ταύτην ἐκτησάμην. ὁ δὲ Παῦλος ἔφη· ἐγὼ δὲ καὶ γεγέννημαι. 29 εὐθέως οὖν ἀπέστησαν ἀπ' αὐτοῦ οἱ μέλλοντες αὐτὸν ἀνετάζειν, καὶ ὁ χιλίαρχος δὲ ἐφοβήθη ἐπιγνοὺς ὅτι Ῥωμαῖός ἐστιν καὶ ὅτι αὐτὸν ἦν δεδεκώς.

Paul before the Council

30 Τῇ δὲ ἐπαύριον βουλόμενος γνῶναι τὸ ἀσφαλὲς τὸ τί κατηγορεῖται ὑπὸ τῶν Ἰουδαίων ἔλυσεν αὐτὸν καὶ ἐκέλευσεν συνελθεῖν τοὺς ἀρχιερεῖς καὶ πᾶν τὸ συνέδριον καὶ καταγαγὼν τὸν Παῦλον ἔστησεν εἰς αὐτούς.

23 Ἀτενίσας δὲ τῷ συνεδρίῳ ὁ Παῦλος εἶπεν· ἄνδρες ἀδελφοί, ἐγὼ πάσῃ συνειδήσει ἀγαθῇ πεπολίτευμαι τῷ θεῷ ἄχρι ταύτης τῆς ἡμέρας. 2 ὁ δὲ ἀρχιερεὺς Ἀνανίας ἐπέταξεν τοῖς παρεστῶσιν αὐτῷ τύπτειν αὐτοῦ τὸ στόμα. 3 τότε

ὁ Παῦλος πρὸς αὐτὸν εἶπεν· τύπτειν σε μέλλει ὁ θεός, τοῖχε κεκο
νιαμένε· καὶ σὺ κάθη κρίνων με κατὰ τὸν νόμον καὶ παρανομῶν
κελεύεις με τύπτεσθαι; 4 οἱ δὲ παρεστῶτες εἶπαν· τὸν ἀρχ
ιερέα τοῦ θεοῦ λοιδορεῖς; 5 ἔφη τε ὁ Παῦλος· οὐκ ᾔδειν, ἀδελ
φοί, ὅτι ἐστὶν ἀρχιερεύς· γέγραπται γὰρ *ἄρχοντα τοῦ λαοῦ σου*   Ex 22.28
οὐκ ἐρεῖς κακῶς. 6 γνοὺς δὲ ὁ Παῦλος ὅτι τὸ ἓν μέρος ἐστὶν
Σαδδουκαίων τὸ δὲ ἕτερον Φαρισαίων ἔκραζεν ἐν τῷ συνεδρίῳ·
ἄνδρες ἀδελφοί, ἐγὼ Φαρισαῖός εἰμι, υἱὸς Φαρισαίων, περὶ ἐλπί
δος καὶ ἀναστάσεως νεκρῶν ἐγὼ κρίνομαι. 7 τοῦτο δὲ αὐτοῦ
εἰπόντος ἐγένετο στάσις τῶν Φαρισαίων καὶ Σαδδουκαίων, καὶ
ἐσχίσθη τὸ πλῆθος. 8 Σαδδουκαῖοι μὲν γὰρ λέγουσιν μὴ εἶναι
ἀνάστασιν μήτε ἄγγελον μήτε πνεῦμα, Φαρισαῖοι δὲ ὁμολογοῦ
σιν τὰ ἀμφότερα. 9 ἐγένετο δὲ κραυγὴ μεγάλη, καὶ ἀναστάντες
τινὲς τῶν γραμματέων τοῦ μέρους τῶν Φαρισαίων διεμάχοντο
λέγοντες· οὐδὲν κακὸν εὑρίσκομεν ἐν τῷ ἀνθρώπῳ τούτῳ· εἰ
δὲ πνεῦμα ἐλάλησεν αὐτῷ ἢ ἄγγελος;[1] 10 πολλῆς δὲ γενομέ
νης στάσεως φοβηθεὶς ὁ χιλίαρχος μὴ διασπασθῇ ὁ Παῦλος
ὑπ' αὐτῶν ἐκέλευσεν τὸ στράτευμα καταβὰν ἁρπάσαι αὐτὸν
ἐκ μέσου αὐτῶν ἄγειν τε εἰς τὴν παρεμβολήν. 11 τῇ δὲ ἐπιούσῃ
νυκτὶ ἐπιστὰς αὐτῷ ὁ κύριος εἶπεν· θάρσει· ὡς γὰρ διεμαρτύρω
τὰ περὶ ἐμοῦ εἰς Ἰερουσαλήμ, οὕτως σε δεῖ καὶ εἰς Ῥώμην
μαρτυρῆσαι.

The Plot against Paul's Life

12 Γενομένης δὲ ἡμέρας ποιήσαντες συστροφὴν οἱ Ἰουδαῖοι[2]
ἀνεθεμάτισαν ἑαυτοὺς λέγοντες μήτε φαγεῖν μήτε πιεῖν, ἕως οὗ
ἀποκτείνωσιν τὸν Παῦλον. 13 ἦσαν δὲ πλείους τεσσεράκοντα
οἱ ταύτην τὴν συνωμοσίαν ποιησάμενοι 14 οἵτινες προσελ
θόντες τοῖς ἀρχιερεῦσιν καὶ τοῖς πρεσβυτέροις εἶπαν· ἀνα
θέματι ἀνεθεματίσαμεν ἑαυτοὺς μηδενὸς γεύσασθαι, ἕως οὗ

---

[1]**9** {A} ἢ ἄγγελος; 𝔓⁷⁴ 01 02 03 04 08 044 33 81 181 623* 1175 1739 lat syʰ coᵇᵒ eth // ἢ ἄγγελος; μὴ θεομαχῶμεν 307 614 623ᶜ 1409 1642 *Byz* syᵖ coˢᵃ Chrysostom
[2]**12** {B} ποιήσαντες συστροφὴν οἱ Ἰουδαῖοι 𝔓⁷⁴ 01 02 03 04 08 (044 35*ᵛⁱᵈ 614 syʰ Chrysostom οἱ Ἰουδαῖοι συστροφήν) 33 81 181 307 1175 1739 (coᵇᵒ) eth // ποιήσαντες τινες τῶν Ἰουδαίων συστροφήν 35ᶜ (623) 1409 1642 *Byz* (latᵛˡ⁻ᵖᵗ, ᵛᵍ) (syᵖ) (coˢᵃ⁻ᵐˢˢ) // καιτ[…] βοήθειαν συστραφέντες τινὲς τῶν Ἰουδαίων 𝔓⁴⁸

ἀποκτείνωμεν τὸν Παῦλον. **15** νῦν οὖν ὑμεῖς ἐμφανίσατε τῷ χιλιάρχῳ σὺν τῷ συνεδρίῳ ὅπως καταγάγῃ αὐτὸν εἰς ὑμᾶς ὡς μέλλοντας διαγινώσκειν ἀκριβέστερον τὰ περὶ αὐτοῦ· ἡμεῖς δὲ πρὸ τοῦ ἐγγίσαι αὐτὸν ἕτοιμοί ἐσμεν τοῦ ἀνελεῖν αὐτόν. **16** ἀκούσας δὲ ὁ υἱὸς τῆς ἀδελφῆς Παύλου τὴν ἐνέδραν παραγενόμενος καὶ εἰσελθὼν εἰς τὴν παρεμβολὴν ἀπήγγειλεν τῷ Παύλῳ. **17** προσκαλεσάμενος δὲ ὁ Παῦλος ἕνα τῶν ἑκατονταρχῶν ἔφη· τὸν νεανίαν τοῦτον ἀπάγαγε πρὸς τὸν χιλίαρχον, ἔχει γὰρ ἀπαγγεῖλαί τι αὐτῷ. **18** ὁ μὲν οὖν παραλαβὼν αὐτὸν ἤγαγεν πρὸς τὸν χιλίαρχον καὶ φησίν· ὁ δέσμιος Παῦλος προσκαλεσάμενός με ἠρώτησεν τοῦτον τὸν νεανίσκον ἀγαγεῖν πρὸς σὲ ἔχοντά τι λαλῆσαί σοι. **19** ἐπιλαβόμενος δὲ τῆς χειρὸς αὐτοῦ ὁ χιλίαρχος καὶ ἀναχωρήσας κατ᾽ ἰδίαν ἐπυνθάνετο· τί ἐστιν ὃ ἔχεις ἀπαγγεῖλαί μοι; **20** εἶπεν δὲ ὅτι οἱ Ἰουδαῖοι συνέθεντο τοῦ ἐρωτῆσαί σε ὅπως αὔριον τὸν Παῦλον καταγάγῃς εἰς τὸ συνέδριον ὡς μέλλον τι ἀκριβέστερον πυνθάνεσθαι περὶ αὐτοῦ. **21** σὺ οὖν μὴ πεισθῇς αὐτοῖς· ἐνεδρεύουσιν γὰρ αὐτὸν ἐξ αὐτῶν ἄνδρες πλείους τεσσεράκοντα οἵτινες ἀνεθεμάτισαν ἑαυτοὺς μήτε φαγεῖν μήτε πιεῖν, ἕως οὗ ἀνέλωσιν αὐτόν, καὶ νῦν εἰσιν ἕτοιμοι προσδεχόμενοι τὴν ἀπὸ σοῦ ἐπαγγελίαν. **22** ὁ μὲν οὖν χιλίαρχος ἀπέλυσεν τὸν νεανίσκον παραγγείλας μηδενὶ ἐκλαλῆσαι ὅτι ταῦτα ἐνεφάνισας πρός με.

Paul Sent to Felix the Governor

23 Καὶ προσκαλεσάμενος δύο τινὰς τῶν ἑκατονταρχῶν εἶπεν· ἑτοιμάσατε στρατιώτας διακοσίους, ὅπως πορευθῶσιν ἕως Καισαρείας, καὶ ἱππεῖς ἑβδομήκοντα καὶ δεξιολάβους διακοσίους ἀπὸ τρίτης ὥρας τῆς νυκτός **24** κτήνη τε παραστῆσαι, ἵνα ἐπιβιβάσαντες τὸν Παῦλον διασώσωσιν πρὸς Φήλικα τὸν ἡγεμόνα, **25** γράψας ἐπιστολὴν ἔχουσαν τὸν τύπον τοῦτον· **26** Κλαύδιος Λυσίας τῷ κρατίστῳ ἡγεμόνι Φήλικι χαίρειν. **27** τὸν ἄνδρα τοῦτον συλλημφθέντα ὑπὸ τῶν Ἰουδαίων καὶ μέλλοντα ἀναιρεῖσθαι ὑπ᾽ αὐτῶν ἐπιστὰς σὺν τῷ στρατεύματι ἐξειλάμην μαθὼν ὅτι Ῥωμαῖός ἐστιν. **28** βουλόμενός τε ἐπιγνῶναι τὴν αἰτίαν δι᾽ ἣν ἐνεκάλουν αὐτῷ κατήγαγον εἰς τὸ συνέδριον αὐτῶν **29** ὃν εὗρον ἐγκαλούμενον περὶ ζητημάτων τοῦ νόμου αὐτῶν, μηδὲν δὲ ἄξιον θανάτου ἢ δεσμῶν ἔχοντα ἔγκλημα. **30** μηνυθείσης δέ μοι ἐπιβουλῆς εἰς τὸν ἄνδρα ἔσεσθαι ἐξαυτῆς ἔπεμψα πρὸς σὲ παραγγείλας καὶ τοῖς κατηγόροις λέγειν τὰ πρὸς αὐτὸν ἐπὶ σοῦ.³

31 Οἱ μὲν οὖν στρατιῶται κατὰ τὸ διατεταγμένον αὐτοῖς ἀναλαβόντες τὸν Παῦλον ἤγαγον διὰ νυκτὸς εἰς τὴν Ἀντιπατρίδα, **32** τῇ δὲ ἐπαύριον ἐάσαντες τοὺς ἱππεῖς ἀπέρχεσθαι σὺν αὐτῷ ὑπέστρεψαν εἰς τὴν παρεμβολήν· **33** οἵτινες εἰσελθόντες εἰς τὴν Καισάρειαν καὶ ἀναδόντες τὴν ἐπιστολὴν τῷ ἡγεμόνι παρέστησαν καὶ τὸν Παῦλον αὐτῷ. **34** ἀναγνοὺς δὲ καὶ ἐπερωτήσας ἐκ ποίας ἐπαρχείας ἐστὶν καὶ πυθόμενος ὅτι ἀπὸ Κιλικίας· **35** διακούσομαί σου, ἔφη, ὅταν καὶ οἱ κατήγοροί σου παραγένωνται, κελεύσας ἐν τῷ πραιτωρίῳ τοῦ Ἡρῴδου φυλάσσεσθαι αὐτόν.

The Case against Paul

24 Μετὰ δὲ πέντε ἡμέρας κατέβη ὁ ἀρχιερεὺς Ἀνανίας μετὰ πρεσβυτέρων τινῶν καὶ ῥήτορος Τερτύλλου τινὸς οἵτινες ἐνεφάνισαν τῷ ἡγεμόνι κατὰ τοῦ Παύλου. **2** κληθέντος δὲ αὐτοῦ ἤρξατο κατηγορεῖν ὁ Τέρτυλλος λέγων· πολλῆς εἰρήνης τυγχάνοντες διὰ σοῦ καὶ διορθωμάτων γινομένων τῷ ἔθνει τούτῳ διὰ τῆς σῆς προνοίας **3** πάντῃ τε καὶ πανταχοῦ ἀποδεχόμεθα, κράτιστε Φῆλιξ, μετὰ πάσης εὐχαριστίας. **4** ἵνα δὲ μὴ ἐπὶ πλεῖόν σε ἐγκόπτω, παρακαλῶ ἀκοῦσαί σε ἡμῶν συντόμως τῇ σῇ ἐπιεικείᾳ. **5** εὑρόντες γὰρ τὸν ἄνδρα τοῦτον λοιμὸν καὶ κινοῦντα στάσεις πᾶσιν τοῖς Ἰουδαίοις τοῖς κατὰ τὴν οἰκουμένην πρωτοστάτην τε τῆς τῶν Ναζωραίων αἱρέσεως **6** ὃς καὶ τὸ ἱερὸν ἐπείρασεν βεβηλῶσαι, ὃν καὶ ἐκρατήσαμεν. [[καὶ κατὰ τὸν ἡμέτερον νόμον ἠθελήσαμεν κρῖναι. **7** παρελθὼν δὲ Λυσίας ὁ χιλίαρχος μετὰ πολλῆς βίας ἐκ τῶν χειρῶν ἡμῶν ἀπήγαγεν **8** κελεύσας τοὺς κατηγόρους αὐτοῦ ἔρχεσθαι ἐπὶ σέ.]]¹ παρ' οὗ δυνήσῃ αὐτὸς ἀνακρίνας

---

³**30** ◆ σοῦ. 𝔓⁷⁴ 02 03 33 lat^(vl-pt, vg) co eth ∥ ◆ σοῦ. ἔρρωσο. 01 08 044 (81 *omit* ἐπὶ σοῦ) 18 35 181 307 398 424 614 623 1175 1409 1642 1739 *Byz*^pt *TR* lat^(vl-pt, vg-mss) sy Chrysostom ∥ σοῦ. ἔρρωσθε. 1 330 1241 *Byz*^pt

¹**6-8** {B} *no addition* 𝔓⁷⁴ 01 02 03 18 35^c 81 424* 1175 1241 *Byz*^pt lat^(vl-pt, vg) co eth ∥ *add verses 6b, 7, 8a (with minor variants)* 08 044 33 35* 181 307 398 424^c 614 623 1409 1739 *Byz*^pt *TR* lat^(vl-pt, vg-mss) sy Chrysostom

περὶ πάντων τούτων ἐπιγνῶναι ὧν ἡμεῖς κατηγοροῦμεν αὐτοῦ. 9 συνεπέθεντο δὲ καὶ οἱ Ἰουδαῖοι φάσκοντες ταῦτα οὕτως ἔχειν.

Paul Defends Himself before Felix

10 Ἀπεκρίθη τε ὁ Παῦλος νεύσαντος αὐτῷ τοῦ ἡγεμόνος λέγειν· ἐκ πολλῶν ἐτῶν ὄντα σε κριτὴν τῷ ἔθνει τούτῳ ἐπιστάμενος εὐθύμως τὰ περὶ ἐμαυτοῦ ἀπολογοῦμαι 11 δυναμένου σου ἐπιγνῶναι ὅτι οὐ πλείους εἰσίν μοι ἡμέραι δώδεκα ἀφ' ἧς ἀνέβην προσκυνήσων εἰς Ἰερουσαλήμ. 12 καὶ οὔτε ἐν τῷ ἱερῷ εὗρόν με πρός τινα διαλεγόμενον ἢ ἐπίστασιν ποιοῦντα ὄχλου οὔτε ἐν ταῖς συναγωγαῖς οὔτε κατὰ τὴν πόλιν 13 οὐδὲ παραστῆσαι δύνανταί σοι περὶ ὧν νυνὶ κατηγοροῦσίν μου. 14 ὁμολογῶ δὲ τοῦτό σοι ὅτι κατὰ τὴν ὁδὸν ἣν λέγουσιν αἵρεσιν οὕτως λατρεύω τῷ πατρῴῳ θεῷ πιστεύων πᾶσιν τοῖς κατὰ τὸν νόμον καὶ τοῖς ἐν τοῖς προφήταις γεγραμμένοις 15 ἐλπίδα ἔχων εἰς τὸν θεὸν ἣν καὶ αὐτοὶ οὗτοι προσδέχονται, ἀνάστασιν μέλλειν ἔσεσθαι δικαίων τε καὶ ἀδίκων. 16 ἐν τούτῳ καὶ αὐτὸς ἀσκῶ ἀπρόσκοπον συνείδησιν ἔχειν πρὸς τὸν θεὸν καὶ τοὺς ἀνθρώπους διὰ παντός. 17 δι' ἐτῶν δὲ πλειόνων ἐλεημοσύνας ποιήσων εἰς τὸ ἔθνος μου παρεγενόμην καὶ προσφοράς. 18 ἐν αἷς εὗρόν με ἡγνισμένον ἐν τῷ ἱερῷ οὐ μετὰ ὄχλου οὐδὲ μετὰ θορύβου, 19 τινὲς δὲ ἀπὸ τῆς Ἀσίας Ἰουδαῖοι οὓς ἔδει ἐπὶ σοῦ παρεῖναι καὶ κατηγορεῖν εἴ τι ἔχοιεν πρὸς ἐμέ. 20 ἢ αὐτοὶ οὗτοι εἰπάτωσαν τί εὗρον ἀδίκημα στάντος μου ἐπὶ τοῦ συνεδρίου 21 ἢ περὶ μιᾶς ταύτης φωνῆς ἧς ἐκέκραξα ἐν αὐτοῖς ἑστὼς, ὅτι περὶ ἀναστάσεως νεκρῶν ἐγὼ κρίνομαι σήμερον ἐφ' ὑμῶν.

22 Ἀνεβάλετο δὲ αὐτοὺς ὁ Φῆλιξ ἀκριβέστερον εἰδὼς τὰ περὶ τῆς ὁδοῦ εἴπας· ὅταν Λυσίας ὁ χιλίαρχος καταβῇ, διαγνώσομαι τὰ καθ' ὑμᾶς, 23 διαταξάμενος τῷ ἑκατοντάρχῃ τηρεῖσθαι αὐτὸν ἔχειν τε ἄνεσιν καὶ μηδένα κωλύειν τῶν ἰδίων αὐτοῦ ὑπηρετεῖν αὐτῷ.

Paul Held in Custody

24 Μετὰ δὲ ἡμέρας τινὰς παραγενόμενος ὁ Φῆλιξ σὺν Δρουσίλλῃ τῇ ἰδίᾳ γυναικὶ οὔσῃ Ἰουδαίᾳ μετεπέμψατο τὸν Παῦλον καὶ ἤκουσεν αὐτοῦ περὶ τῆς εἰς Χριστὸν Ἰησοῦν πίστεως.

25 διαλεγομένου δὲ αὐτοῦ περὶ δικαιοσύνης καὶ ἐγκρατείας καὶ τοῦ κρίματος τοῦ μέλλοντος ἔμφοβος γενόμενος ὁ Φῆλιξ ἀπεκρίθη· τὸ νῦν ἔχον πορεύου, καιρὸν δὲ μεταλαβὼν μετακαλέσομαί σε, **26** ἅμα καὶ ἐλπίζων ὅτι χρήματα δοθήσεται αὐτῷ ὑπὸ τοῦ Παύλου· διὸ καὶ πυκνότερον αὐτὸν μεταπεμπόμενος ὡμίλει αὐτῷ. **27** διετίας δὲ πληρωθείσης ἔλαβεν διάδοχον ὁ Φῆλιξ Πόρκιον Φῆστον· θέλων τε χάριτα καταθέσθαι τοῖς Ἰουδαίοις ὁ Φῆλιξ κατέλιπεν τὸν Παῦλον δεδεμένον.

Paul Appeals to Caesar

25 Φῆστος οὖν ἐπιβὰς τῇ ἐπαρχείᾳ μετὰ τρεῖς ἡμέρας ἀνέβη εἰς Ἱεροσόλυμα ἀπὸ Καισαρείας **2** ἐνεφάνισάν τε αὐτῷ οἱ ἀρχιερεῖς καὶ οἱ πρῶτοι τῶν Ἰουδαίων κατὰ τοῦ Παύλου καὶ παρεκάλουν αὐτὸν **3** αἰτούμενοι χάριν κατ' αὐτοῦ ὅπως μεταπέμψηται αὐτὸν εἰς Ἰερουσαλήμ ἐνέδραν ποιοῦντες ἀνελεῖν αὐτὸν κατὰ τὴν ὁδόν. **4** ὁ μὲν οὖν Φῆστος ἀπεκρίθη τηρεῖσθαι τὸν Παῦλον εἰς Καισάρειαν, ἑαυτὸν δὲ μέλλειν ἐν τάχει ἐκπορεύεσθαι. **5** οἱ οὖν ἐν ὑμῖν, φησίν, δυνατοὶ συγκαταβάντες, εἴ τί ἐστιν ἐν τῷ ἀνδρὶ ἄτοπον, κατηγορείτωσαν αὐτοῦ.

6 Διατρίψας δὲ ἐν αὐτοῖς ἡμέρας οὐ πλείους ὀκτὼ ἢ δέκα καταβὰς εἰς Καισάρειαν, τῇ ἐπαύριον καθίσας ἐπὶ τοῦ βήματος ἐκέλευσεν τὸν Παῦλον ἀχθῆναι. **7** παραγενομένου δὲ αὐτοῦ περιέστησαν αὐτὸν οἱ ἀπὸ Ἱεροσολύμων καταβεβηκότες Ἰουδαῖοι πολλὰ καὶ βαρέα αἰτιώματα καταφέροντες ἃ οὐκ ἴσχυον ἀποδεῖξαι **8** τοῦ Παύλου ἀπολογουμένου ὅτι οὔτε εἰς τὸν νόμον τῶν Ἰουδαίων οὔτε εἰς τὸ ἱερὸν οὔτε εἰς Καίσαρά τι ἥμαρτον. **9** ὁ Φῆστος δὲ θέλων τοῖς Ἰουδαίοις χάριν καταθέσθαι ἀποκριθεὶς τῷ Παύλῳ εἶπεν· θέλεις εἰς Ἱεροσόλυμα ἀναβὰς ἐκεῖ περὶ τούτων κριθῆναι ἐπ' ἐμοῦ; **10** εἶπεν δὲ ὁ Παῦλος· ἐπὶ τοῦ βήματος Καίσαρος ἑστώς εἰμι, οὗ με δεῖ κρίνεσθαι. Ἰουδαίους οὐδὲν ἠδίκησα ὡς καὶ σὺ κάλλιον ἐπιγινώσκεις. **11** εἰ μὲν οὖν ἀδικῶ καὶ ἄξιον θανάτου πέπραχά τι, οὐ παραιτοῦμαι τὸ ἀποθανεῖν· εἰ δὲ οὐδέν ἐστιν ὧν οὗτοι κατηγοροῦσίν μου, οὐδείς με δύναται αὐτοῖς χαρίσασθαι· Καίσαρα ἐπικαλοῦμαι. **12** τότε ὁ Φῆστος συλλαλήσας μετὰ τοῦ συμβουλίου ἀπεκρίθη· Καίσαρα ἐπικέκλησαι, ἐπὶ Καίσαρα πορεύσῃ.

Paul Brought before Agrippa and Bernice

13 Ἡμερῶν δὲ διαγενομένων τινῶν Ἀγρίππας ὁ βασιλεὺς καὶ Βερνίκη κατήντησαν εἰς Καισάρειαν ἀσπασάμενοι τὸν Φῆστον. 14 ὡς δὲ πλείους ἡμέρας διέτριβον ἐκεῖ, ὁ Φῆστος τῷ βασιλεῖ ἀνέθετο τὰ κατὰ τὸν Παῦλον λέγων· ἀνήρ τίς ἐστιν καταλελειμμένος ὑπὸ Φήλικος δέσμιος, 15 περὶ οὗ γενομένου μου εἰς Ἱεροσόλυμα ἐνεφάνισαν οἱ ἀρχιερεῖς καὶ οἱ πρεσβύτεροι τῶν Ἰουδαίων αἰτούμενοι κατ' αὐτοῦ καταδίκην. 16 πρὸς οὓς ἀπεκρίθην ὅτι οὐκ ἔστιν ἔθος Ῥωμαίοις χαρίζεσθαί τινα ἄνθρωπον, πρὶν ἢ ὁ κατηγορούμενος κατὰ πρόσωπον ἔχοι τοὺς κατηγόρους τόπον τε ἀπολογίας λάβοι περὶ τοῦ ἐγκλήματος. 17 συνελθόντων οὖν αὐτῶν ἐνθάδε ἀναβολὴν μηδεμίαν ποιησάμενος τῇ ἑξῆς καθίσας ἐπὶ τοῦ βήματος ἐκέλευσα ἀχθῆναι τὸν ἄνδρα· 18 περὶ οὗ σταθέντες οἱ κατήγοροι οὐδεμίαν αἰτίαν ἔφερον ὧν ἐγὼ ὑπενόουν πονηράν[1], 19 ζητήματα δέ τινα περὶ τῆς ἰδίας δεισιδαιμονίας εἶχον πρὸς αὐτὸν καὶ περί τινος Ἰησοῦ τεθνηκότος ὃν ἔφασκεν ὁ Παῦλος ζῆν. 20 ἀπορούμενος δὲ ἐγὼ τὴν περὶ τούτων ζήτησιν ἔλεγον εἰ βούλοιτο πορεύεσθαι εἰς Ἱεροσόλυμα κἀκεῖ κρίνεσθαι περὶ τούτων. 21 τοῦ δὲ Παύλου ἐπικαλεσαμένου τηρηθῆναι αὐτὸν εἰς τὴν τοῦ Σεβαστοῦ διάγνωσιν ἐκέλευσα τηρεῖσθαι αὐτόν, ἕως οὗ ἀναπέμψω αὐτὸν πρὸς Καίσαρα. 22 Ἀγρίππας δὲ πρὸς τὸν Φῆστον· ἐβουλόμην καὶ αὐτὸς τοῦ ἀνθρώπου ἀκοῦσαι. αὔριον, φησίν, ἀκούσῃ αὐτοῦ.

23 Τῇ οὖν ἐπαύριον ἐλθόντος τοῦ Ἀγρίππα καὶ τῆς Βερνίκης μετὰ πολλῆς φαντασίας καὶ εἰσελθόντων εἰς τὸ ἀκροατήριον σύν τε χιλιάρχοις καὶ ἀνδράσιν τοῖς κατ' ἐξοχὴν τῆς πόλεως καὶ κελεύσαντος τοῦ Φήστου ἤχθη ὁ Παῦλος. 24 καί φησιν ὁ Φῆστος· Ἀγρίππα βασιλεῦ καὶ πάντες οἱ συμπαρόντες ἡμῖν ἄνδρες, θεωρεῖτε τοῦτον περὶ οὗ ἅπαν τὸ πλῆθος τῶν Ἰουδαίων ἐνέτυχόν μοι ἔν τε Ἱεροσολύμοις καὶ ἐνθάδε βοῶντες μὴ δεῖν αὐτὸν ζῆν μηκέτι. 25 ἐγὼ δὲ κατελαβόμην μηδὲν ἄξιον αὐτὸν θανάτου πεπραχέναι, αὐτοῦ δὲ τούτου ἐπικαλεσαμένου τὸν Σεβαστὸν ἔκρινα πέμπειν. 26 περὶ οὗ ἀσφαλές τι γράψαι τῷ

---

[1] 18 {C} πονηράν 𝔓[74] 01* 02 04 044 33 181 307 614 623 1175 1739 lat[vl·pt, vg] // πονηρῶν 01[2] 03 08 81 1409 lat[vl·pt] // omit 1642 Byz Chrysostom

κυρίῳ οὐκ ἔχω, διὸ προήγαγον αὐτὸν ἐφ' ὑμῶν καὶ μάλιστα ἐπὶ σοῦ, βασιλεῦ Ἀγρίππα, ὅπως τῆς ἀνακρίσεως γενομένης σχῶ τί γράψω· **27** ἄλογον γάρ μοι δοκεῖ πέμποντα δέσμιον μὴ καὶ τὰς κατ' αὐτοῦ αἰτίας σημᾶναι.

Paul Defends Himself before Agrippa

26 Ἀγρίππας δὲ πρὸς τὸν Παῦλον ἔφη· ἐπιτρέπεταί σοι περὶ σεαυτοῦ λέγειν. τότε ὁ Παῦλος ἐκτείνας τὴν χεῖρα ἀπελογεῖτο· **2** περὶ πάντων ὧν ἐγκαλοῦμαι ὑπὸ Ἰουδαίων, βασιλεῦ Ἀγρίππα, ἥγημαι ἐμαυτὸν μακάριον ἐπὶ σοῦ μέλλων σήμερον ἀπολογεῖσθαι **3** μάλιστα γνώστην ὄντα σε πάντων τῶν κατὰ Ἰουδαίους ἐθῶν τε καὶ ζητημάτων, διὸ δέομαι μακροθύμως ἀκοῦσαί μου. **4** τὴν μὲν οὖν βίωσίν μου τὴν ἐκ νεότητος τὴν ἀπ' ἀρχῆς γενομένην ἐν τῷ ἔθνει μου ἔν τε Ἱεροσολύμοις ἴσασιν πάντες οἱ Ἰουδαῖοι **5** προγινώσκοντές με ἄνωθεν, ἐὰν θέλωσιν μαρτυρεῖν, ὅτι κατὰ τὴν ἀκριβεστάτην αἵρεσιν τῆς ἡμετέρας θρησκείας ἔζησα Φαρισαῖος. **6** καὶ νῦν ἐπ' ἐλπίδι τῆς εἰς τοὺς πατέρας ἡμῶν ἐπαγγελίας γενομένης ὑπὸ τοῦ θεοῦ ἕστηκα κρινόμενος **7** εἰς ἣν τὸ δωδεκάφυλον ἡμῶν ἐν ἐκτενείᾳ νύκτα καὶ ἡμέραν λατρεῦον ἐλπίζει καταντῆσαι, περὶ ἧς ἐλπίδος ἐγκαλοῦμαι ὑπὸ Ἰουδαίων, βασιλεῦ. **8** τί ἄπιστον κρίνεται παρ' ὑμῖν, εἰ ὁ θεὸς νεκροὺς ἐγείρει; **9** ἐγὼ μὲν οὖν ἔδοξα ἐμαυτῷ πρὸς τὸ ὄνομα Ἰησοῦ τοῦ Ναζωραίου δεῖν πολλὰ ἐναντία πρᾶξαι. **10** ὃ καὶ ἐποίησα ἐν Ἱεροσολύμοις καὶ πολλούς τε τῶν ἁγίων ἐγὼ ἐν φυλακαῖς κατέκλεισα τὴν παρὰ τῶν ἀρχιερέων ἐξουσίαν λαβὼν ἀναιρουμένων τε αὐτῶν κατήνεγκα ψῆφον. **11** καὶ κατὰ πάσας τὰς συναγωγὰς πολλάκις τιμωρῶν αὐτοὺς ἠνάγκαζον βλασφημεῖν περισσῶς τε ἐμμαινόμενος αὐτοῖς ἐδίωκον ἕως καὶ εἰς τὰς ἔξω πόλεις.

Paul Tells of His Conversion (Ac 9.1-19; 22.6-16)

12 Ἐν οἷς πορευόμενος εἰς τὴν Δαμασκὸν μετ' ἐξουσίας καὶ ἐπιτροπῆς τῆς τῶν ἀρχιερέων **13** ἡμέρας μέσης κατὰ τὴν ὁδὸν εἶδον, βασιλεῦ, οὐρανόθεν ὑπὲρ τὴν λαμπρότητα τοῦ ἡλίου περιλάμψαν με φῶς καὶ τοὺς σὺν ἐμοὶ πορευομένους. **14** πάντων τε καταπεσόντων ἡμῶν εἰς τὴν γῆν ἤκουσα φωνὴν λέγουσαν πρός με τῇ Ἑβραΐδι διαλέκτῳ· Σαοὺλ Σαούλ, τί με διώκεις; σκληρόν σοι πρὸς κέντρα λακτίζειν. **15** ἐγὼ δὲ εἶπα· τίς εἶ, κύριε; ὁ δὲ κύριος εἶπεν· ἐγώ εἰμι Ἰησοῦς ὃν σὺ διώκεις. **16** ἀλλ' ἀνάστηθι καὶ στῆθι ἐπὶ τοὺς πόδας σου· εἰς τοῦτο γὰρ ὤφθην σοι, προχειρίσασθαί σε ὑπηρέτην καὶ μάρτυρα ὧν τε εἶδές με[1] ὧν τε ὀφθήσομαί σοι, **17** ἐξαιρούμενός σε ἐκ τοῦ λαοῦ καὶ ἐκ τῶν ἐθνῶν εἰς οὓς ἐγὼ ἀποστέλλω σε **18** ἀνοῖξαι ὀφθαλμοὺς αὐτῶν τοῦ ἐπιστρέψαι ἀπὸ σκότους εἰς φῶς καὶ τῆς ἐξουσίας τοῦ σατανᾶ ἐπὶ τὸν θεὸν τοῦ λαβεῖν αὐτοὺς ἄφεσιν ἁμαρτιῶν καὶ κλῆρον ἐν τοῖς ἡγιασμένοις πίστει τῇ εἰς ἐμέ.

Paul's Testimony to Jews and Gentiles

19 Ὅθεν, βασιλεῦ Ἀγρίππα, οὐκ ἐγενόμην ἀπειθὴς τῇ οὐρανίῳ ὀπτασίᾳ, **20** ἀλλὰ τοῖς ἐν Δαμασκῷ πρῶτόν τε καὶ Ἱεροσολύμοις, πᾶσάν τε τὴν χώραν τῆς Ἰουδαίας καὶ τοῖς ἔθνεσιν ἀπήγγελλον μετανοεῖν καὶ ἐπιστρέφειν ἐπὶ τὸν θεὸν ἄξια τῆς μετανοίας ἔργα πράσσοντας. **21** ἕνεκα τούτων με Ἰουδαῖοι συλλαβόμενοι ὄντα ἐν τῷ ἱερῷ ἐπειρῶντο διαχειρίσασθαι. **22** ἐπικουρίας οὖν τυχὼν τῆς ἀπὸ τοῦ θεοῦ ἄχρι τῆς ἡμέρας ταύτης ἕστηκα μαρτυρόμενος μικρῷ τε καὶ μεγάλῳ οὐδὲν ἐκτὸς λέγων ὧν τε οἱ προφῆται ἐλάλησαν μελλόντων γίνεσθαι καὶ Μωϋσῆς, **23** εἰ παθητὸς ὁ χριστός, εἰ πρῶτος ἐξ ἀναστάσεως νεκρῶν φῶς μέλλει καταγγέλλειν τῷ τε λαῷ καὶ τοῖς ἔθνεσιν.

Paul Appeals to Agrippa to Believe

24 Ταῦτα δὲ αὐτοῦ ἀπολογουμένου ὁ Φῆστος μεγάλῃ τῇ φωνῇ φησιν· μαίνῃ, Παῦλε· τὰ πολλά σε γράμματα εἰς μανίαν περιτρέπει. **25** ὁ δὲ Παῦλος· οὐ μαίνομαι, φησίν, κράτιστε Φῆστε, ἀλλ' ἀληθείας καὶ σωφροσύνης ῥήματα ἀποφθέγγομαι. **26** ἐπίσταται γὰρ περὶ τούτων ὁ βασιλεὺς πρὸς ὃν καὶ παρρησιαζόμενος λαλῶ· λανθάνειν γὰρ αὐτόν τι τούτων οὐ πείθομαι οὐθέν, οὐ γάρ ἐστιν ἐν γωνίᾳ πεπραγμένον τοῦτο. **27** πιστεύεις, βασιλεῦ Ἀγρίππα, τοῖς προφήταις; οἶδα ὅτι πιστεύεις. **28** ὁ

---

[1] **16** ♦ με 03 614 1175 1739 sy co^(sa) ∥ ♦ *omit* 𝔓^74 01 02 04² 08 044 096 81 181 307 623 1409 1642 *Byz* lat co^(bo) Chrysostom

δὲ Ἀγρίππας πρὸς τὸν Παῦλον· ἐν ὀλίγῳ με πείθεις Χριστιανὸν ποιῆσαι². **29** ὁ δὲ Παῦλος· εὐξαίμην ἂν τῷ θεῷ καὶ ἐν ὀλίγῳ καὶ ἐν μεγάλῳ οὐ μόνον σὲ ἀλλὰ καὶ πάντας τοὺς ἀκούοντάς μου σήμερον γενέσθαι τοιούτους ὁποῖος καὶ ἐγώ εἰμι παρεκτὸς τῶν δεσμῶν τούτων. **30** ἀνέστη τε ὁ βασιλεὺς καὶ ὁ ἡγεμὼν ἥ τε Βερνίκη καὶ οἱ συγκαθήμενοι αὐτοῖς **31** καὶ ἀναχωρήσαντες ἐλάλουν πρὸς ἀλλήλους λέγοντες ὅτι οὐδὲν θανάτου ἢ δεσμῶν ἄξιόν τι πράσσει ὁ ἄνθρωπος οὗτος. **32** Ἀγρίππας δὲ τῷ Φήστῳ ἔφη· ἀπολελύσθαι ἐδύνατο ὁ ἄνθρωπος οὗτος, εἰ μὴ ἐπεκέκλητο Καίσαρα.

Paul Sails for Rome

27 Ὡς δὲ ἐκρίθη τοῦ ἀποπλεῖν ἡμᾶς εἰς τὴν Ἰταλίαν, παρεδίδουν τόν τε Παῦλον καί τινας ἑτέρους δεσμώτας ἑκατοντάρχῃ ὀνόματι Ἰουλίῳ σπείρης Σεβαστῆς. **2** ἐπιβάντες δὲ πλοίῳ Ἀδραμυττηνῷ μέλλοντι πλεῖν εἰς τοὺς κατὰ τὴν Ἀσίαν τόπους ἀνήχθημεν ὄντος σὺν ἡμῖν Ἀριστάρχου Μακεδόνος Θεσσαλονικέως. **3** τῇ τε ἑτέρᾳ κατήχθημεν εἰς Σιδῶνα, φιλανθρώπως τε ὁ Ἰούλιος τῷ Παύλῳ χρησάμενος ἐπέτρεψεν πρὸς τοὺς φίλους πορευθέντι ἐπιμελείας τυχεῖν. **4** κἀκεῖθεν ἀναχθέντες ὑπεπλεύσαμεν τὴν Κύπρον διὰ τὸ τοὺς ἀνέμους εἶναι ἐναντίους. **5** τό τε πέλαγος τὸ κατὰ τὴν Κιλικίαν καὶ Παμφυλίαν διαπλεύσαντες κατήλθομεν εἰς Μύρα τῆς Λυκίας. **6** κἀκεῖ εὑρὼν ὁ ἑκατοντάρχης πλοῖον Ἀλεξανδρῖνον πλέον εἰς τὴν Ἰταλίαν ἐνεβίβασεν ἡμᾶς εἰς αὐτό. **7** ἐν ἱκαναῖς δὲ ἡμέραις βραδυπλοοῦντες καὶ μόλις γενόμενοι κατὰ τὴν Κνίδον, μὴ προσεῶντος ἡμᾶς τοῦ ἀνέμου ὑπεπλεύσαμεν τὴν Κρήτην κατὰ Σαλμώνην **8** μόλις τε παραλεγόμενοι αὐτὴν ἤλθομεν εἰς τόπον τινὰ καλούμενον Καλοὺς λιμένας ᾧ ἐγγὺς ἦν πόλις Λασαία.

9 Ἱκανοῦ δὲ χρόνου διαγενομένου καὶ ὄντος ἤδη ἐπισφαλοῦς τοῦ πλοὸς διὰ τὸ καὶ τὴν νηστείαν ἤδη παρεληλυθέναι παρῄνει ὁ Παῦλος **10** λέγων αὐτοῖς· ἄνδρες, θεωρῶ ὅτι μετὰ ὕβρεως καὶ πολλῆς ζημίας οὐ μόνον τοῦ φορτίου καὶ τοῦ πλοίου, ἀλλὰ

---

²**28** {A} ποιῆσαι 𝔓⁷⁴ 01 02 03 048 33 81 181 1175 sy^hmg co Chrysostom^txt-vid ∥ γενέσθαι 08 044 307 614 623 1409 1642 1739 *Byz* lat sy^h Cyril-Jerusalem Chrysostom

καὶ τῶν ψυχῶν ἡμῶν μέλλειν ἔσεσθαι τὸν πλοῦν. **11** ὁ δὲ ἑκατοντάρχης τῷ κυβερνήτῃ καὶ τῷ ναυκλήρῳ μᾶλλον ἐπείθετο ἢ τοῖς ὑπὸ Παύλου λεγομένοις. **12** ἀνευθέτου δὲ τοῦ λιμένος ὑπάρχοντος πρὸς παραχειμασίαν οἱ πλείονες ἔθεντο βουλὴν ἀναχθῆναι ἐκεῖθεν, εἴ πως δύναιντο καταντήσαντες εἰς Φοίνικα παραχειμάσαι λιμένα τῆς Κρήτης βλέποντα κατὰ λίβα καὶ κατὰ χῶρον.

The Storm at Sea

13 Ὑποπνεύσαντος δὲ νότου δόξαντες τῆς προθέσεως κεκρατηκέναι ἄραντες ἆσσον παρελέγοντο τὴν Κρήτην. **14** μετ᾽ οὐ πολὺ δὲ ἔβαλεν κατ᾽ αὐτῆς ἄνεμος τυφωνικὸς ὁ καλούμενος εὐρακύλων[1]· **15** συναρπασθέντος δὲ τοῦ πλοίου καὶ μὴ δυναμένου ἀντοφθαλμεῖν τῷ ἀνέμῳ ἐπιδόντες ἐφερόμεθα. **16** νησίον δέ τι ὑποδραμόντες καλούμενον Καῦδα[2] ἰσχύσαμεν μόλις περικρατεῖς γενέσθαι τῆς σκάφης. **17** ἣν ἄραντες βοηθείαις ἐχρῶντο ὑποζωννύντες τὸ πλοῖον, φοβούμενοί τε μὴ εἰς τὴν Σύρτιν ἐκπέσωσιν χαλάσαντες τὸ σκεῦος οὕτως ἐφέροντο. **18** σφοδρῶς δὲ χειμαζομένων ἡμῶν τῇ ἑξῆς ἐκβολὴν ἐποιοῦντο **19** καὶ τῇ τρίτῃ αὐτόχειρες τὴν σκευὴν τοῦ πλοίου ἔρριψαν. **20** μήτε δὲ ἡλίου μήτε ἄστρων ἐπιφαινόντων ἐπὶ πλείονας ἡμέρας χειμῶνός τε οὐκ ὀλίγου ἐπικειμένου λοιπὸν περιῃρεῖτο ἐλπὶς πᾶσα τοῦ σῴζεσθαι ἡμᾶς.

21 Πολλῆς τε ἀσιτίας ὑπαρχούσης τότε σταθεὶς ὁ Παῦλος ἐν μέσῳ αὐτῶν εἶπεν· ἔδει μέν, ὦ ἄνδρες, πειθαρχήσαντάς μοι μὴ ἀνάγεσθαι ἀπὸ τῆς Κρήτης κερδῆσαί τε τὴν ὕβριν ταύτην καὶ τὴν ζημίαν. **22** καὶ τὰ νῦν παραινῶ ὑμᾶς εὐθυμεῖν· ἀποβολὴ γὰρ ψυχῆς οὐδεμία ἔσται ἐξ ὑμῶν πλὴν τοῦ πλοίου. **23** παρέστη γάρ μοι ταύτῃ τῇ νυκτὶ τοῦ θεοῦ – οὗ εἰμι, ᾧ καὶ λατρεύω – ἄγγελος **24** λέγων· μὴ φοβοῦ, Παῦλε, Καίσαρί σε δεῖ παραστῆναι, καὶ ἰδοὺ κεχάρισταί σοι ὁ θεὸς πάντας τοὺς

---

[1] **14** {B} εὐρακύλων $\mathfrak{P}^{74}$ 01 02 03* (lat) Chrysostom // εὐροκλύδων (03² 181 εὐρυκλύδων) 044 (33 εὐροκοίδον) (81 εὐροκλύδω) 307 614 623 1175 1409 1642 1739 *Byz*

[2] **16** {B} Καῦδα $\mathfrak{P}^{74}$ 01² 03 1175 sy^p Chrysostom // Κλαῦδα 01* 33 81 181 614 1739 sy^h eth // Κλαῦδαν 623 // Κλαύδην 307 1409 1642 *Byz* // Γαύδην 044

πλέοντας μετὰ σοῦ. **25** διὸ εὐθυμεῖτε, ἄνδρες· πιστεύω γὰρ τῷ θεῷ ὅτι οὕτως ἔσται, καθ' ὃν τρόπον λελάληταί μοι. **26** εἰς νῆσον δέ τινα δεῖ ἡμᾶς ἐκπεσεῖν.

27 Ὡς δὲ τεσσαρεσκαιδεκάτη νὺξ ἐγένετο διαφερομένων ἡμῶν ἐν τῷ Ἀδρίᾳ, κατὰ μέσον τῆς νυκτὸς ὑπενόουν οἱ ναῦται προσάγειν τινὰ αὐτοῖς χώραν. **28** καὶ βολίσαντες εὗρον ὀργυιὰς εἴκοσι, βραχὺ δὲ διαστήσαντες καὶ πάλιν βολίσαντες εὗρον ὀργυιὰς δεκαπέντε· **29** φοβούμενοί τε μή που κατὰ τραχεῖς τόπους ἐκπέσωμεν ἐκ πρύμνης ῥίψαντες ἀγκύρας τέσσαρας ηὔχοντο ἡμέραν γενέσθαι. **30** τῶν δὲ ναυτῶν ζητούντων φυγεῖν ἐκ τοῦ πλοίου καὶ χαλασάντων τὴν σκάφην εἰς τὴν θάλασσαν προφάσει ὡς ἐκ πρῴρης ἀγκύρας μελλόντων ἐκτείνειν **31** εἶπεν ὁ Παῦλος τῷ ἑκατοντάρχῃ καὶ τοῖς στρατιώταις· ἐὰν μὴ οὗτοι μείνωσιν ἐν τῷ πλοίῳ, ὑμεῖς σωθῆναι οὐ δύνασθε. **32** τότε ἀπέκοψαν οἱ στρατιῶται τὰ σχοινία τῆς σκάφης καὶ εἴασαν αὐτὴν ἐκπεσεῖν.

33 Ἄχρι δὲ οὗ ἡμέρα ἤμελλεν γίνεσθαι, παρεκάλει ὁ Παῦλος ἅπαντας μεταλαβεῖν τροφῆς λέγων· τεσσαρεσκαιδεκάτην σήμερον ἡμέραν προσδοκῶντες ἄσιτοι διατελεῖτε μηθὲν προσλαβόμενοι. **34** διὸ παρακαλῶ ὑμᾶς μεταλαβεῖν τροφῆς· τοῦτο γὰρ πρὸς τῆς ὑμετέρας σωτηρίας ὑπάρχει, οὐδενὸς γὰρ ὑμῶν θρὶξ ἀπὸ τῆς κεφαλῆς ἀπολεῖται. **35** εἴπας δὲ ταῦτα καὶ λαβὼν ἄρτον εὐχαρίστησεν τῷ θεῷ ἐνώπιον πάντων καὶ κλάσας ἤρξατο ἐσθίειν. **36** εὔθυμοι δὲ γενόμενοι πάντες καὶ αὐτοὶ προσελάβοντο τροφῆς. **37** ἤμεθα δὲ αἱ πᾶσαι ψυχαὶ ἐν τῷ πλοίῳ διακόσιαι ἑβδομήκοντα ἕξ. **38** κορεσθέντες δὲ τροφῆς ἐκούφιζον τὸ πλοῖον ἐκβαλλόμενοι τὸν σῖτον εἰς τὴν θάλασσαν.

The Shipwreck

39 Ὅτε δὲ ἡμέρα ἐγένετο, τὴν γῆν οὐκ ἐπεγίνωσκον, κόλπον δέ τινα κατενόουν ἔχοντα αἰγιαλὸν εἰς ὃν ἐβουλεύοντο, εἰ δύναιντο, ἐξῶσαι τὸ πλοῖον. **40** καὶ τὰς ἀγκύρας περιελόντες εἴων εἰς τὴν θάλασσαν, ἅμα ἀνέντες τὰς ζευκτηρίας τῶν πηδαλίων καὶ ἐπάραντες τὸν ἀρτέμωνα τῇ πνεούσῃ κατεῖχον εἰς τὸν αἰγιαλόν. **41** περιπεσόντες δὲ εἰς τόπον διθάλασσον ἐπέκειλαν τὴν ναῦν καὶ ἡ μὲν πρῷρα ἐρείσασα ἔμεινεν ἀσάλευτος, ἡ δὲ πρύμνα ἐλύετο ὑπὸ τῆς βίας τῶν κυμάτων. **42** τῶν δὲ στρατιωτῶν βουλὴ ἐγένετο ἵνα τοὺς δεσμώτας ἀποκτείνωσιν, μή τις ἐκκολυμβήσας διαφύγῃ. **43** ὁ δὲ ἑκατοντάρχης βουλόμενος διασῶσαι τὸν Παῦλον ἐκώλυσεν αὐτοὺς τοῦ βουλήματος, ἐκέλευσέν τε τοὺς δυναμένους κολυμβᾶν ἀπορίψαντας πρώτους ἐπὶ τὴν γῆν ἐξιέναι **44** καὶ τοὺς λοιποὺς οὓς μὲν ἐπὶ σανίσιν, οὓς δὲ ἐπί τινων τῶν ἀπὸ τοῦ πλοίου. καὶ οὕτως ἐγένετο πάντας διασωθῆναι ἐπὶ τὴν γῆν.

Paul on the Island of Malta

28 Καὶ διασωθέντες τότε ἐπέγνωμεν[1] ὅτι Μελίτη ἡ νῆσος καλεῖται. **2** οἵ τε βάρβαροι παρεῖχον οὐ τὴν τυχοῦσαν φιλανθρωπίαν ἡμῖν· ἅψαντες γὰρ πυρὰν προσελάβοντο πάντας ἡμᾶς διὰ τὸν ὑετὸν τὸν ἐφεστῶτα καὶ διὰ τὸ ψῦχος. **3** συστρέψαντος δὲ τοῦ Παύλου φρυγάνων τι πλῆθος καὶ ἐπιθέντος ἐπὶ τὴν πυράν ἔχιδνα ἀπὸ τῆς θέρμης ἐξελθοῦσα καθῆψεν τῆς χειρὸς αὐτοῦ. **4** ὡς δὲ εἶδον οἱ βάρβαροι κρεμάμενον τὸ θηρίον ἐκ τῆς χειρὸς αὐτοῦ, πρὸς ἀλλήλους ἔλεγον· πάντως φονεύς ἐστιν ὁ ἄνθρωπος οὗτος ὃν διασωθέντα ἐκ τῆς θαλάσσης ἡ δίκη ζῆν οὐκ εἴασεν. **5** ὁ μὲν οὖν ἀποτιναξάμενος τὸ θηρίον εἰς τὸ πῦρ ἔπαθεν οὐδὲν κακόν, **6** οἱ δὲ προσεδόκων αὐτὸν μέλλειν πίμπρασθαι ἢ καταπίπτειν ἄφνω νεκρόν. ἐπὶ πολὺ δὲ αὐτῶν προσδοκώντων καὶ θεωρούντων μηδὲν ἄτοπον εἰς αὐτὸν γινόμενον μεταβαλόμενοι ἔλεγον αὐτὸν εἶναι θεόν.

7 Ἐν δὲ τοῖς περὶ τὸν τόπον ἐκεῖνον ὑπῆρχεν χωρία τῷ πρώτῳ τῆς νήσου ὀνόματι Ποπλίῳ ὃς ἀναδεξάμενος ἡμᾶς τρεῖς ἡμέρας φιλοφρόνως ἐξένισεν. **8** ἐγένετο δὲ τὸν πατέρα τοῦ Ποπλίου πυρετοῖς καὶ δυσεντερίῳ συνεχόμενον κατακεῖσθαι. πρὸς ὃν ὁ Παῦλος εἰσελθὼν καὶ προσευξάμενος ἐπιθεὶς τὰς χεῖρας αὐτῷ ἰάσατο αὐτόν. **9** τούτου δὲ γενομένου καὶ οἱ λοιποὶ οἱ ἐν τῇ νήσῳ ἔχοντες ἀσθενείας προσήρχοντο καὶ ἐθεραπεύοντο, **10** οἳ καὶ πολλαῖς τιμαῖς ἐτίμησαν ἡμᾶς καὶ ἀναγομένοις ἐπέθεντο τὰ πρὸς τὰς χρείας.

---

[1] **1** {C} ἐπέγνωμεν 𝔓⁷⁴ 01 02 03 04 33 35ᶜ 81 181 614 1175 1409 lat sy co ∥ ἐπέγνωσαν 044 35* 307 623 1642 1739 *Byz* eth Chrysostom

Paul Arrives at Rome

11 Μετὰ δὲ τρεῖς μῆνας ἀνήχθημεν ἐν πλοίῳ παρακεχειμακότι ἐν τῇ νήσῳ, Ἀλεξανδρίνῳ, παρασήμῳ Διοσκούροις. **12** καὶ καταχθέντες εἰς Συρακούσας ἐπεμείναμεν ἡμέρας τρεῖς, **13** ὅθεν περιελόντες[2] κατηντήσαμεν εἰς Ῥήγιον. καὶ μετὰ μίαν ἡμέραν ἐπιγενομένου νότου δευτεραῖοι ἤλθομεν εἰς Ποτιόλους, **14** οὗ εὑρόντες ἀδελφοὺς παρεκλήθημεν παρ' αὐτοῖς ἐπιμεῖναι ἡμέρας ἑπτά· καὶ οὕτως εἰς τὴν Ῥώμην ἤλθαμεν. **15** κἀκεῖθεν οἱ ἀδελφοὶ ἀκούσαντες τὰ περὶ ἡμῶν ἦλθαν εἰς ἀπάντησιν ἡμῖν ἄχρι Ἀππίου φόρου καὶ Τριῶν ταβερνῶν· οὓς ἰδὼν ὁ Παῦλος εὐχαριστήσας τῷ θεῷ ἔλαβεν θάρσος. **16** ὅτε δὲ εἰσήλθομεν εἰς Ῥώμην, ἐπετράπη τῷ Παύλῳ[3] μένειν καθ' ἑαυτὸν σὺν τῷ φυλάσσοντι αὐτὸν στρατιώτῃ.

Paul Preaches in Rome

17 Ἐγένετο δὲ μετὰ ἡμέρας τρεῖς συγκαλέσασθαι αὐτὸν τοὺς ὄντας τῶν Ἰουδαίων πρώτους· συνελθόντων δὲ αὐτῶν ἔλεγεν πρὸς αὐτούς· ἐγώ, ἄνδρες ἀδελφοί, οὐδὲν ἐναντίον ποιήσας τῷ λαῷ ἢ τοῖς ἔθεσιν τοῖς πατρῴοις δέσμιος ἐξ Ἱεροσολύμων παρεδόθην εἰς τὰς χεῖρας τῶν Ῥωμαίων **18** οἵτινες ἀνακρίναντές με ἐβούλοντο ἀπολῦσαί διὰ τὸ μηδεμίαν αἰτίαν θανάτου ὑπάρχειν ἐν ἐμοί. **19** ἀντιλεγόντων δὲ τῶν Ἰουδαίων ἠναγκάσθην ἐπικαλέσασθαι Καίσαρα οὐχ ὡς τοῦ ἔθνους μου ἔχων τι κατηγορεῖν. **20** διὰ ταύτην οὖν τὴν αἰτίαν παρεκάλεσα ὑμᾶς ἰδεῖν καὶ προσλαλῆσαι· ἕνεκεν γὰρ τῆς ἐλπίδος τοῦ Ἰσραὴλ τὴν ἅλυσιν ταύτην περίκειμαι. **21** οἱ δὲ πρὸς αὐτὸν εἶπαν· ἡμεῖς οὔτε γράμματα περὶ σοῦ ἐδεξάμεθα ἀπὸ τῆς Ἰουδαίας οὔτε παραγενόμενός τις τῶν ἀδελφῶν ἀπήγγειλεν ἢ ἐλάλησέν τι περὶ σοῦ

---

[2]**13** ♦ περιελόντες (see 27.40) 01* 03 044 398 lat$^{vl\text{-}pt}$ ∥ ♦ περιελθόντες $\mathfrak{P}^{74}$ 01^2 02 048 066 81 181 307 614 1175 1409 1642 1739 *Byz* lat$^{vl\text{-}pt,\ vg}$ sy Chrysostom ∥ παρελθόντες 623

[3]**16** {A} ἐπετράπη τῷ Παύλῳ 01 02 03 044 048 066 81 181 1175 1739 lat$^{vl\text{-}pt,\ vg}$ sy co^{bo} eth Chrysostom ∥ ὁ ἑκατόνταρχος παρέδωκεν τοὺς δεσμίους τῷ στρατοπεδάρχῳ(-χῃ), τῷ δὲ Παύλῳ ἐπετράπη 307 (330 *omit* τῷ δέ) 614 (623) 1409 1642 *Byz* lat$^{vl\text{-}pt}$ (sy$^{h\ with}$ *) (co^{sa})

πονηρόν. **22** ἀξιοῦμεν δὲ παρὰ σοῦ ἀκοῦσαι ἃ φρονεῖς· περὶ μὲν γὰρ τῆς αἱρέσεως ταύτης γνωστὸν ἡμῖν ἐστιν ὅτι πανταχοῦ ἀντιλέγεται.

23 Ταξάμενοι δὲ αὐτῷ ἡμέραν ἦλθον πρὸς αὐτὸν εἰς τὴν ξενίαν πλείονες οἷς ἐξετίθετο διαμαρτυρόμενος τὴν βασιλείαν τοῦ θεοῦ πείθων τε αὐτοὺς περὶ τοῦ Ἰησοῦ ἀπό τε τοῦ νόμου Μωϋσέως καὶ τῶν προφητῶν, ἀπὸ πρωῒ ἕως ἑσπέρας. **24** καὶ οἱ μὲν ἐπείθοντο τοῖς λεγομένοις, οἱ δὲ ἠπίστουν. **25** ἀσύμφωνοι δὲ ὄντες πρὸς ἀλλήλους ἀπελύοντο εἰπόντος τοῦ Παύλου ῥῆμα ἓν ὅτι καλῶς τὸ πνεῦμα τὸ ἅγιον ἐλάλησεν διὰ Ἠσαΐου τοῦ προφήτου πρὸς τοὺς πατέρας ὑμῶν[4] **26** λέγων·

Is 6.9-10
    πορεύθητι πρὸς τὸν λαὸν τοῦτον καὶ εἰπόν·
        ἀκοῇ ἀκούσετε καὶ οὐ μὴ συνῆτε
        καὶ βλέποντες βλέψετε καὶ οὐ μὴ ἴδητε·
27   *ἐπαχύνθη γὰρ ἡ καρδία τοῦ λαοῦ τούτου*
    καὶ τοῖς ὠσὶν βαρέως ἤκουσαν
    καὶ τοὺς ὀφθαλμοὺς αὐτῶν ἐκάμμυσαν,
    μήποτε ἴδωσιν τοῖς ὀφθαλμοῖς
    καὶ τοῖς ὠσὶν ἀκούσωσιν
    καὶ τῇ καρδίᾳ συνῶσιν
    καὶ ἐπιστρέψωσιν, καὶ ἰάσομαι αὐτούς.

28 γνωστὸν οὖν ἔστω ὑμῖν ὅτι τοῖς ἔθνεσιν ἀπεστάλη τοῦτο τὸ σωτήριον τοῦ θεοῦ· αὐτοὶ καὶ ἀκούσονται. ⟦**29** καὶ ταῦτα αὐτοῦ εἰπόντος ἀπῆλθον οἱ Ἰουδαῖοι πολλὴν ἔχοντες ἐν ἑαυτοῖς συζήτησιν.⟧[5]

30 Ἐνέμεινεν δὲ διετίαν ὅλην ἐν ἰδίῳ μισθώματι καὶ ἀπεδέχετο πάντας τοὺς εἰσπορευομένους πρὸς αὐτόν, **31** κηρύσσων

---

[4]**25** {B} ὑμῶν 𝔓[74] 01 02 03 044 33 81 181 398 424 1175 1409 1739 *Byz*[pt] lat[vl-pt, pt] sy[p] co eth Athanasius Basil Cyril-Jerusalem ∥ ἡμῶν 1 18 35 307 330 614 623 1241 1642 *Byz*[pt] *TR* lat[vl-pt, vg] sy[h] co[bo-ms] Chrysostom

[5]**29** {A} *no addition* 𝔓[74] 01 02 03 08 044 048 33 81 181 1175 1739 lat[vl-pt, vg] sy co eth ∥ *add verse 29 (with minor variants)* 307 614 623 1409 1642 *Byz* lat[vl-pt, vg-ms] sy[h with] * Chrysostom

τὴν βασιλείαν τοῦ θεοῦ καὶ διδάσκων τὰ περὶ τοῦ κυρίου Ἰησοῦ Χριστοῦ μετὰ πάσης παρρησίας ἀκωλύτως.⁶

---

⁶31 {A} ἀκωλύτως. 𝔓⁷⁴ 01 02 03 08 048 33 81 1739 *Byz* lat^(vl-pt, vg) sy^p co eth Chrysostom^pt ∥ ἀκωλύτως. ἀμήν. 044 181 307 398 614 623 1175 1409 lat^(vl-pt, vg-mss) Chrysostom^pt ∥ εἰπὼν ὅτι οὗτός ἐστιν (ὁ) Χριστὸς Ἰησοῦς ὁ υἱὸς (τοῦ) θεοῦ δι' οὗ μέλλει πᾶς/ὅλος ὁ κόσμος κρίνεσθαι. ἀμήν. lat^(vl-pt) sy^h

ΙΑΚΩΒΟΥ ΕΠΙΣΤΟΛΗ

Salutation

1 Ἰάκωβος θεοῦ καὶ κυρίου Ἰησοῦ Χριστοῦ δοῦλος ταῖς δώδεκα φυλαῖς ταῖς ἐν τῇ διασπορᾷ χαίρειν.

Faith and Wisdom

2 Πᾶσαν χαρὰν ἡγήσασθε, ἀδελφοί μου, ὅταν πειρασμοῖς περιπέσητε ποικίλοις, 3 γινώσκοντες ὅτι τὸ δοκίμιον ὑμῶν τῆς πίστεως κατεργάζεται ὑπομονήν. 4 ἡ δὲ ὑπομονὴ ἔργον τέλειον ἐχέτω, ἵνα ἦτε τέλειοι καὶ ὁλόκληροι ἐν μηδενὶ λειπόμενοι.

5 Εἰ δέ τις ὑμῶν λείπεται σοφίας, αἰτείτω παρὰ τοῦ διδόντος θεοῦ πᾶσιν ἁπλῶς καὶ μὴ ὀνειδίζοντος, καὶ δοθήσεται αὐτῷ. 6 αἰτείτω δὲ ἐν πίστει μηδὲν διακρινόμενος· ὁ γὰρ διακρινόμενος ἔοικεν κλύδωνι θαλάσσης ἀνεμιζομένῳ καὶ ῥιπιζομένῳ. 7 μὴ γὰρ οἰέσθω ὁ ἄνθρωπος ἐκεῖνος ὅτι λήμψεταί τι παρὰ τοῦ κυρίου, 8 ἀνὴρ δίψυχος, ἀκατάστατος ἐν πάσαις ταῖς ὁδοῖς αὐτοῦ.

Poverty and Riches

9 Καυχάσθω δὲ ὁ ἀδελφὸς ὁ ταπεινὸς ἐν τῷ ὕψει αὐτοῦ, 10 ὁ δὲ πλούσιος ἐν τῇ ταπεινώσει αὐτοῦ, ὅτι ὡς ἄνθος χόρτου παρελεύσεται. 11 ἀνέτειλεν γὰρ ὁ ἥλιος σὺν τῷ καύσωνι καὶ ἐξήρανεν τὸν χόρτον, καὶ τὸ ἄνθος αὐτοῦ ἐξέπεσεν, καὶ ἡ εὐπρέπεια τοῦ προσώπου αὐτοῦ ἀπώλετο· οὕτως καὶ ὁ πλούσιος ἐν ταῖς πορείαις αὐτοῦ μαρανθήσεται.

Trial and Temptation

12 Μακάριος ἀνὴρ ὃς ὑπομένει πειρασμόν, ὅτι δόκιμος γενόμενος λήμψεται τὸν στέφανον τῆς ζωῆς ὃν ἐπηγγείλατο[1] τοῖς ἀγαπῶσιν αὐτόν. 13 μηδεὶς πειραζόμενος λεγέτω ὅτι ἀπὸ θεοῦ

---

[1] 12 {A} ἐπηγγείλατο 𝔓74 01 02 03 044 81 2344 lat^{vl-pt} co eth^{mss} Cyril^{mss} // ἐπηγγείλατο ὁ θεός 1175 1243 1735 1739 1852 2492 lat^{vg} sy^p Athanasius Cyril^{txt} // ἐπηγγείλατο ὁ κύριος (04 *omit* ὁ) 025 5 307 436 442 642 1448 1611 *Byz*

πειράζομαι· ὁ γὰρ θεὸς ἀπείραστός ἐστιν κακῶν, πειράζει δὲ αὐτὸς οὐδένα. **14** ἕκαστος δὲ πειράζεται ὑπὸ τῆς ἰδίας ἐπιθυμίας ἐξελκόμενος καὶ δελεαζόμενος· **15** εἶτα ἡ ἐπιθυμία συλλαβοῦσα τίκτει ἁμαρτίαν, ἡ δὲ ἁμαρτία ἀποτελεσθεῖσα ἀποκύει θάνατον.
16 Μὴ πλανᾶσθε, ἀδελφοί μου ἀγαπητοί. **17** πᾶσα δόσις ἀγαθὴ καὶ πᾶν δώρημα τέλειον ἄνωθέν ἐστιν καταβαῖνον ἀπὸ τοῦ πατρὸς τῶν φώτων, παρ' ᾧ οὐκ ἔνι παραλλαγὴ ἢ τροπῆς ἀποσκίασμα[2]. **18** βουληθεὶς ἀπεκύησεν ἡμᾶς λόγῳ ἀληθείας εἰς τὸ εἶναι ἡμᾶς ἀπαρχήν τινα τῶν αὐτοῦ κτισμάτων.

Hearing and Doing The Word

19 Ἴστε, ἀδελφοί μου ἀγαπητοί· ἔστω δὲ[3] πᾶς ἄνθρωπος ταχὺς εἰς τὸ ἀκοῦσαι, βραδὺς εἰς τὸ λαλῆσαι, βραδὺς εἰς ὀργήν· **20** ὀργὴ γὰρ ἀνδρὸς δικαιοσύνην θεοῦ οὐ κατεργάζεται. **21** διὸ ἀποθέμενοι πᾶσαν ῥυπαρίαν καὶ περισσείαν κακίας ἐν πραΰτητι δέξασθε τὸν ἔμφυτον λόγον τὸν δυνάμενον σῶσαι τὰς ψυχὰς ὑμῶν.
22 Γίνεσθε δὲ ποιηταὶ λόγου καὶ μὴ μόνον ἀκροαταὶ παραλογιζόμενοι ἑαυτούς. **23** ὅτι εἴ τις ἀκροατὴς λόγου ἐστὶν καὶ οὐ ποιητής, οὗτος ἔοικεν ἀνδρὶ κατανοοῦντι τὸ πρόσωπον τῆς γενέσεως αὐτοῦ ἐν ἐσόπτρῳ· **24** κατενόησεν γὰρ ἑαυτὸν καὶ ἀπελήλυθεν καὶ εὐθέως ἐπελάθετο ὁποῖος ἦν. **25** ὁ δὲ παρακύψας εἰς νόμον τέλειον τὸν τῆς ἐλευθερίας καὶ παραμείνας οὐκ ἀκροατὴς ἐπιλησμονῆς γενόμενος ἀλλὰ ποιητὴς ἔργου, οὗτος μακάριος ἐν τῇ ποιήσει αὐτοῦ ἔσται.

---

[2]**17** {B} παραλλαγὴ ἢ τροπῆς ἀποσκίασμα 01² 02 04 025 5 81 307 436 442 642 1175 1243 1448 1611 1735 1739 1852 2344 2492 *Byz* sy^h Athanasius Cyril-Jerusalem ∥ παραλλαγὴ οὐδὲ τροπῆς ἀποσκίασμα 044 lat^{vg} sy^p ∥ παραλλαγὴ ἢ *(or* ἧ*)* τροπῆς ἀποσκιάσματος 01* 03 ∥ παραλλαγῆς ἢ τροπῆς ἀποσκιάσματος 𝔓²³ ∥ παραλλαγὴ ἢ ῥοπῇ ἀποσκιάσματος lat^{vl-pt}

[3]**19** {B} ἴστε, ἀδελφοί μου ἀγαπητοί· ἔστω δέ 01 03 04 (81 καὶ ἔστω) (436 1175 1243 2492* *omit* δέ) 1739 2344 lat sy^{hmg} co$^{sa-ms, bo}$ ∥ ἴστε δὲ ἀδελφοί μου ἀγαπητοί. καὶ ἔστω 𝔓^{74vid} 02 (co$^{sa-mss, bo-mss}$ ἔστω δέ) ∥ ὥστε, ἀδελφοί μου ἀγαπητοί, ἔστω 025^c (025* 1852 ἔστω δέ) 044 5 307 442 642 1448 1611 1735 2492^c *Byz* sy^h ∥ ἀδελφοί μου ἀγαπητοί, ἔστω *Lect at beginning of lesson*

26 Εἴ τις δοκεῖ θρησκὸς εἶναι μὴ χαλιναγωγῶν γλῶσσαν αὐτοῦ ἀλλ᾽ ἀπατῶν καρδίαν αὐτοῦ, τούτου μάταιος ἡ θρησκεία. 27 θρησκεία καθαρὰ καὶ ἀμίαντος παρὰ τῷ θεῷ καὶ πατρὶ αὕτη ἐστίν, ἐπισκέπτεσθαι ὀρφανοὺς καὶ χήρας ἐν τῇ θλίψει αὐτῶν, ἄσπιλον ἑαυτὸν τηρεῖν ἀπὸ τοῦ κόσμου.

Warning against Partiality

2 Ἀδελφοί μου, μὴ ἐν προσωπολημψίαις ἔχετε τὴν πίστιν τοῦ κυρίου ἡμῶν Ἰησοῦ Χριστοῦ τῆς δόξης. 2 ἐὰν γὰρ εἰσέλθῃ εἰς συναγωγὴν ὑμῶν ἀνὴρ χρυσοδακτύλιος ἐν ἐσθῆτι λαμπρᾷ, εἰσέλθῃ δὲ καὶ πτωχὸς ἐν ῥυπαρᾷ ἐσθῆτι, 3 ἐπιβλέψητε δὲ ἐπὶ τὸν φοροῦντα τὴν ἐσθῆτα τὴν λαμπρὰν καὶ εἴπητε· σὺ κάθου ὧδε καλῶς, καὶ τῷ πτωχῷ εἴπητε· σὺ στῆθι ἢ κάθου ἐκεῖ[1] ὑπὸ τὸ ὑποπόδιόν μου, 4 καὶ οὐ διεκρίθητε ἐν ἑαυτοῖς καὶ ἐγένεσθε κριταὶ διαλογισμῶν πονηρῶν; 5 ἀκούσατε, ἀδελφοί μου ἀγαπητοί· οὐχ ὁ θεὸς ἐξελέξατο τοὺς πτωχοὺς τῷ κόσμῳ πλουσίους ἐν πίστει καὶ κληρονόμους τῆς βασιλείας ἧς ἐπηγγείλατο τοῖς ἀγαπῶσιν αὐτόν; 6 ὑμεῖς δὲ ἠτιμάσατε τὸν πτωχόν. οὐχ οἱ πλούσιοι καταδυναστεύουσιν ὑμῶν καὶ αὐτοὶ ἕλκουσιν ὑμᾶς εἰς κριτήρια; 7 οὐκ αὐτοὶ βλασφημοῦσιν τὸ καλὸν ὄνομα τὸ ἐπικληθὲν ἐφ᾽ ὑμᾶς;

Lv 19.18

8 Εἰ μέντοι νόμον τελεῖτε βασιλικὸν κατὰ τὴν γραφήν· *ἀγαπήσεις τὸν πλησίον σου ὡς σεαυτόν*, καλῶς ποιεῖτε· 9 εἰ δὲ προσωπολημπτεῖτε, ἁμαρτίαν ἐργάζεσθε ἐλεγχόμενοι ὑπὸ τοῦ νόμου ὡς παραβάται. 10 ὅστις γὰρ ὅλον τὸν νόμον τηρήσῃ, πταίσῃ δὲ ἐν ἑνί, γέγονεν πάντων ἔνοχος. 11 ὁ γὰρ εἰπών· *μὴ μοιχεύσῃς*, εἶπεν καί· *μὴ φονεύσῃς*· εἰ δὲ οὐ μοιχεύεις, φονεύεις δέ, γέγονας παραβάτης νόμου.

Ex 20.13-14;
Dt 5.17-18

12 Οὕτως λαλεῖτε καὶ οὕτως ποιεῖτε ὡς διὰ νόμου ἐλευθερίας μέλλοντες κρίνεσθαι. 13 ἡ γὰρ κρίσις ἀνέλεος τῷ μὴ ποιήσαντι ἔλεος· κατακαυχᾶται ἔλεος κρίσεως.

---

[1]3 {C} ἢ κάθου ἐκεῖ 03 1175 1243 1739 1852 2492 lat^{vl-pt} co^{sa-mss} ∥ ἐκεῖ ἢ κάθου 02 044 33 81 1448* 1611 lat^{vg} sy^h co^{sa-ms} eth Cyril ∥ ἐκεῖ ἢ κάθου ὧδε 01 025 5 307 436 442 642 1448^c 1735 2344 *Byz* sy^p co^{bo} ∥ ἐκεῖ καὶ κάθου ὧδε (04* *omit* ὧδε) 04² co^{sa-ms}

Faith and Works

14 Τί τὸ ὄφελος, ἀδελφοί μου, ἐὰν πίστιν λέγῃ τις ἔχειν, ἔργα δὲ μὴ ἔχῃ; μὴ δύναται ἡ πίστις σῶσαι αὐτόν; **15** ἐὰν ἀδελφὸς ἢ ἀδελφὴ γυμνοὶ ὑπάρχωσιν καὶ λειπόμενοι ὦσιν τῆς ἐφημέρου τροφῆς, **16** εἴπῃ δέ τις αὐτοῖς ἐξ ὑμῶν· ὑπάγετε ἐν εἰρήνῃ, θερμαίνεσθε καὶ χορτάζεσθε, μὴ δῶτε δὲ αὐτοῖς τὰ ἐπιτήδεια τοῦ σώματος, τί τὸ ὄφελος; **17** οὕτως καὶ ἡ πίστις, ἐὰν μὴ ἔχῃ ἔργα, νεκρά ἐστιν καθ᾽ ἑαυτήν.

18 Ἀλλ᾽ ἐρεῖ τις· σὺ πίστιν ἔχεις, κἀγὼ ἔργα ἔχω. δεῖξόν μοι τὴν πίστιν σου χωρὶς τῶν ἔργων, κἀγώ σοι δείξω ἐκ τῶν ἔργων μου τὴν πίστιν. **19** σὺ πιστεύεις ὅτι εἷς ἐστιν ὁ θεός, καλῶς ποιεῖς· καὶ τὰ δαιμόνια πιστεύουσιν καὶ φρίσσουσιν.

20 Θέλεις δὲ γνῶναι, ὦ ἄνθρωπε κενέ, ὅτι ἡ πίστις χωρὶς τῶν ἔργων ἀργή[2] ἐστιν; **21** Ἀβραὰμ ὁ πατὴρ ἡμῶν οὐκ ἐξ ἔργων ἐδικαιώθη ἀνενέγκας Ἰσαὰκ τὸν υἱὸν αὐτοῦ ἐπὶ τὸ θυσιαστήριον; **22** βλέπεις ὅτι ἡ πίστις συνήργει τοῖς ἔργοις αὐτοῦ καὶ ἐκ τῶν ἔργων ἡ πίστις ἐτελειώθη, **23** καὶ ἐπληρώθη ἡ γραφὴ ἡ λέγουσα· *ἐπίστευσεν δὲ Ἀβραὰμ τῷ θεῷ, καὶ ἐλογίσθη αὐτῷ εἰς δικαιοσύνην* καὶ φίλος θεοῦ ἐκλήθη. **24** ὁρᾶτε ὅτι ἐξ ἔργων δικαιοῦται ἄνθρωπος καὶ οὐκ ἐκ πίστεως μόνον. **25** ὁμοίως δὲ καὶ Ῥαὰβ ἡ πόρνη οὐκ ἐξ ἔργων ἐδικαιώθη ὑποδεξαμένη τοὺς ἀγγέλους καὶ ἑτέρᾳ ὁδῷ ἐκβαλοῦσα; **26** ὥσπερ γὰρ τὸ σῶμα χωρὶς πνεύματος νεκρόν ἐστιν, οὕτως καὶ ἡ πίστις χωρὶς ἔργων νεκρά ἐστιν.

Gn 15.6

The Tongue

3 Μὴ πολλοὶ διδάσκαλοι γίνεσθε, ἀδελφοί μου, εἰδότες ὅτι μεῖζον κρίμα λημψόμεθα. **2** πολλὰ γὰρ πταίομεν ἅπαντες. εἴ τις ἐν λόγῳ οὐ πταίει, οὗτος τέλειος ἀνὴρ δυνατὸς χαλιναγωγῆσαι καὶ ὅλον τὸ σῶμα. **3** εἰ δὲ[1] τῶν ἵππων τοὺς χαλινοὺς

---

[2] **20** {B} ἀργή 03 04* 1175 1243 1739 lat^{vg} co^{sa} ∥ νεκρά (*see* 2.26) 01 02 04² 025 044 5 33 81 307 436 442 642 1448 1611 1735 1852 2344 2492 *Byz* lat^{vg-mss} sy co^{bo} eth Cyril ∥ κενή 𝔓^{74} lat^{vl-pt}

[1] **3** {C} εἰ δέ 03² 044 (01² 02 03* *without accents, itacism for* ἴδε?) 5 33 307 436 1243 1611 1735 1852 2344 2492 *Byz*^{pt} lat^{vl-pt, vg} co^{bo} ∥ ἴδε (04 025 *without accent, itacism for* εἰ δέ?) 81 442 642 1175 1448 1739 *Byz*^{pt} *Lect* lat^{vl-pt} sy^{h-mss} co^{sa} ∥ ἰδού *TR* ∥ ει δε γαρ (*without accents* = ἴδε γάρ) 01* sy^{p, h-ms}

εἰς τὰ στόματα βάλλομεν εἰς τὸ πείθεσθαι αὐτοὺς ἡμῖν, καὶ ὅλον τὸ σῶμα αὐτῶν μετάγομεν. 4 ἰδοὺ καὶ τὰ πλοῖα τηλικαῦτα ὄντα καὶ ὑπὸ ἀνέμων σκληρῶν ἐλαυνόμενα μετάγεται ὑπὸ ἐλαχίστου πηδαλίου ὅπου ἡ ὁρμὴ τοῦ εὐθύνοντος βούλεται. 5 οὕτως καὶ ἡ γλῶσσα μικρὸν μέλος ἐστὶν καὶ μεγάλα αὐχεῖ. ἰδοὺ ἡλίκον πῦρ ἡλίκην ὕλην ἀνάπτει. 6 καὶ ἡ γλῶσσα πῦρ. ὁ κόσμος τῆς ἀδικίας ἡ γλῶσσα καθίσταται ἐν τοῖς μέλεσιν ἡμῶν ἡ σπιλοῦσα ὅλον τὸ σῶμα καὶ φλογίζουσα τὸν τροχὸν τῆς γενέσεως καὶ φλογιζομένη ὑπὸ τῆς γεέννης. 7 πᾶσα γὰρ φύσις θηρίων τε καὶ πετεινῶν, ἑρπετῶν τε καὶ ἐναλίων δαμάζεται καὶ δεδάμασται τῇ φύσει τῇ ἀνθρωπίνῃ, 8 τὴν δὲ γλῶσσαν οὐδεὶς δαμάσαι δύναται ἀνθρώπων, ἀκατάστατον[2] κακόν, μεστὴ ἰοῦ θανατηφόρου. 9 ἐν αὐτῇ εὐλογοῦμεν τὸν κύριον[3] καὶ πατέρα καὶ ἐν αὐτῇ καταρώμεθα τοὺς ἀνθρώπους τοὺς καθ᾽ ὁμοίωσιν θεοῦ γεγονότας· 10 ἐκ τοῦ αὐτοῦ στόματος ἐξέρχεται εὐλογία καὶ κατάρα. οὐ χρή, ἀδελφοί μου, ταῦτα οὕτως γίνεσθαι. 11 μήτι ἡ πηγὴ ἐκ τῆς αὐτῆς ὀπῆς βρύει τὸ γλυκὺ καὶ τὸ πικρόν; 12 μὴ δύναται, ἀδελφοί μου, συκῆ ἐλαίας ποιῆσαι ἢ ἄμπελος σῦκα; οὔτε ἁλυκὸν[4] γλυκὺ ποιῆσαι ὕδωρ.

The Wisdom from Above

13 Τίς σοφὸς καὶ ἐπιστήμων ἐν ὑμῖν; δειξάτω ἐκ τῆς καλῆς ἀναστροφῆς τὰ ἔργα αὐτοῦ ἐν πραΰτητι σοφίας. 14 εἰ δὲ ζῆλον πικρὸν ἔχετε καὶ ἐριθείαν ἐν τῇ καρδίᾳ ὑμῶν, μὴ κατακαυχᾶσθε καὶ ψεύδεσθε κατὰ τῆς ἀληθείας. 15 οὐκ ἔστιν αὕτη ἡ σοφία ἄνωθεν κατερχομένη ἀλλ᾽ ἐπίγειος, ψυχική,

---

[2]**8** {B} ἀκατάστατον 01 02 03 025 1175 1243 1735 1739* lat[vl-pt, vg] co ∥ ἀκατάσχετον 04 044 5 81 307 436 442 642 1448 1611 1739[c] 1852 2344 2492 Byz lat[vl-pt] sy[h] Cyril
[3]**9** {A} κύριον 𝔓[20] 01 02 03 04 025 044 5 33 81 1175 1735 1739 1852 2492*[vid] lat[vl-pt, vg] sy[p] co[bo-pt] Cyril ∥ θεόν 307 436 442 642 1243 1448 1611 2344 2492[c] Byz lat[vl-pt, vg-mss] sy[h] co[sa, bo-pt, ac]
[4]**12** {B} οὔτε ἁλυκὸν 02 03 04* 1175 1852 (2492[c] add καί after ἁλυκόν) (co[sa]) ∥ οὕτως οὐδὲ ἁλυκόν 01 (04[2] 044 οὔτε) 33 81 (1735 οὔτε ἁλυκὸν καί) 1739 2344 (2492* οὕτως ἁλυκὸν καί) (lat) sy[p] (co[bo]) Cyril ∥ οὕτως οὐδεμία πηγὴ ἁλυκὸν καί 5 307 436 442 642 1448 1611 Byz ∥ οὕτως οὔτε μία πηγή ἁλυκὸν καί 025

δαιμονιώδης. **16** ὅπου γὰρ ζῆλος καὶ ἐριθεία, ἐκεῖ ἀκαταστασία καὶ πᾶν φαῦλον πρᾶγμα. **17** ἡ δὲ ἄνωθεν σοφία πρῶτον μὲν ἁγνή ἐστιν, ἔπειτα εἰρηνική, ἐπιεικής, εὐπειθής, μεστὴ ἐλέους καὶ καρπῶν ἀγαθῶν, ἀδιάκριτος, ἀνυπόκριτος. **18** καρπὸς δὲ δικαιοσύνης ἐν εἰρήνῃ σπείρεται τοῖς ποιοῦσιν εἰρήνην.

Friendship with the World

4 Πόθεν πόλεμοι καὶ πόθεν μάχαι ἐν ὑμῖν; οὐκ ἐντεῦθεν, ἐκ τῶν ἡδονῶν ὑμῶν τῶν στρατευομένων ἐν τοῖς μέλεσιν ὑμῶν; **2** ἐπιθυμεῖτε καὶ οὐκ ἔχετε, φονεύετε καὶ ζηλοῦτε καὶ οὐ δύνασθε ἐπιτυχεῖν, μάχεσθε καὶ πολεμεῖτε, οὐκ ἔχετε διὰ τὸ μὴ αἰτεῖσθαι ὑμᾶς, **3** αἰτεῖτε καὶ οὐ λαμβάνετε, διότι κακῶς αἰτεῖσθε, ἵνα ἐν ταῖς ἡδοναῖς ὑμῶν δαπανήσητε. **4** μοιχαλίδες[1], οὐκ οἴδατε ὅτι ἡ φιλία τοῦ κόσμου ἔχθρα τοῦ θεοῦ ἐστιν; ὃς ἐὰν οὖν βουληθῇ φίλος εἶναι τοῦ κόσμου, ἐχθρὸς τοῦ θεοῦ καθίσταται. **5** ἢ δοκεῖτε ὅτι κενῶς ἡ γραφὴ λέγει· πρὸς φθόνον ἐπιποθεῖ τὸ πνεῦμα ὃ κατῴκισεν[2] ἐν ἡμῖν, **6** μείζονα δὲ δίδωσιν χάριν; διὸ λέγει·

    ὁ θεὸς ὑπερηφάνοις ἀντιτάσσεται,   Pr 3.34 LXX
        ταπεινοῖς δὲ δίδωσιν χάριν.

7 ὑποτάγητε οὖν τῷ θεῷ, ἀντίστητε δὲ τῷ διαβόλῳ, καὶ φεύξεται ἀφ᾽ ὑμῶν· **8** ἐγγίσατε τῷ θεῷ καὶ ἐγγιεῖ ὑμῖν. καθαρίσατε χεῖρας, ἁμαρτωλοί, καὶ ἁγνίσατε καρδίας, δίψυχοι. **9** ταλαιπωρήσατε καὶ πενθήσατε καὶ κλαύσατε. ὁ γέλως ὑμῶν εἰς πένθος μετατραπήτω καὶ ἡ χαρὰ εἰς κατήφειαν. **10** ταπεινώθητε ἐνώπιον τοῦ κυρίου καὶ ὑψώσει ὑμᾶς.

Judging Another

11 Μὴ καταλαλεῖτε ἀλλήλων, ἀδελφοί. ὁ καταλαλῶν ἀδελφοῦ ἢ κρίνων τὸν ἀδελφὸν αὐτοῦ καταλαλεῖ νόμου καὶ κρίνει νόμον· εἰ δὲ νόμον κρίνεις, οὐκ εἶ ποιητὴς νόμου ἀλλὰ κριτής.

---

[1] **4** {A} μοιχαλίδες 𝔓¹⁰⁰ 01* 02 03 33 81 1175* 1739 1852 lat sy ∥ μοιχοὶ καὶ μοιχαλίδες 01² 025 044 5 307 436 442 642 1175ᶜ 1243 1448 1611 1735 2344 2492 *Byz* syʰ⁻ᵐˢˢ, ʰ ʷⁱᵗʰ *

[2] **5** {B} κατῴκισεν 𝔓⁷⁴ 01 03 044 1739 ∥ κατῴκησεν 025 5 33 307 436 442 642 1243 1448 1611 1735 1852 2344 2492 *Byz*∥ κατῴκεισεν 02 81 1175

12 εἷς ἐστιν ὁ νομοθέτης καὶ κριτὴς ὁ δυνάμενος σῶσαι καὶ ἀπολέσαι· σὺ δὲ τίς εἶ ὁ κρίνων τὸν πλησίον;

Warning against Boasting

13 Ἄγε νῦν οἱ λέγοντες· σήμερον ἢ αὔριον πορευσόμεθα εἰς τήνδε τὴν πόλιν καὶ ποιήσομεν ἐκεῖ ἐνιαυτὸν καὶ ἐμπορευσόμεθα καὶ κερδήσομεν, **14** οἵτινες οὐκ ἐπίστασθε τὸ τῆς αὔριον ποία ἡ ζωὴ ὑμῶν – ἀτμὶς γάρ ἐστε^3 ἡ πρὸς ὀλίγον φαινομένη, ἔπειτα καὶ ἀφανιζομένη – **15** ἀντὶ τοῦ λέγειν ὑμᾶς· ἐὰν ὁ κύριος θελήσῃ καὶ ζήσομεν καὶ ποιήσομεν τοῦτο ἢ ἐκεῖνο. **16** νῦν δὲ καυχᾶσθε ἐν ταῖς ἀλαζονείαις ὑμῶν· πᾶσα καύχησις τοιαύτη πονηρά ἐστιν. **17** εἰδότι οὖν καλὸν ποιεῖν καὶ μὴ ποιοῦντι, ἁμαρτία αὐτῷ ἐστιν.

Warning to the Rich

5 Ἄγε νῦν οἱ πλούσιοι, κλαύσατε ὀλολύζοντες ἐπὶ ταῖς ταλαιπωρίαις ὑμῶν ταῖς ἐπερχομέναις. **2** ὁ πλοῦτος ὑμῶν σέσηπεν καὶ τὰ ἱμάτια ὑμῶν σητόβρωτα γέγονεν, **3** ὁ χρυσὸς ὑμῶν καὶ ὁ ἄργυρος κατίωται καὶ ὁ ἰὸς αὐτῶν εἰς μαρτύριον ὑμῖν ἔσται καὶ φάγεται τὰς σάρκας ὑμῶν ὡς πῦρ. ἐθησαυρίσατε ἐν ἐσχάταις ἡμέραις. **4** ἰδοὺ ὁ μισθὸς τῶν ἐργατῶν τῶν ἀμησάντων τὰς χώρας ὑμῶν ὁ ἀπεστερημένος ἀφ᾽ ὑμῶν κράζει, καὶ αἱ βοαὶ τῶν θερισάντων εἰς τὰ ὦτα κυρίου σαβαὼθ εἰσεληλύθασιν. **5** ἐτρυφήσατε ἐπὶ τῆς γῆς καὶ ἐσπαταλήσατε, ἐθρέψατε τὰς καρδίας ὑμῶν ἐν ἡμέρᾳ σφαγῆς, **6** κατεδικάσατε, ἐφονεύσατε τὸν δίκαιον· οὐκ ἀντιτάσσεται ὑμῖν.

Patience and Prayer

7 Μακροθυμήσατε οὖν, ἀδελφοί, ἕως τῆς παρουσίας τοῦ κυρίου. ἰδοὺ ὁ γεωργὸς ἐκδέχεται τὸν τίμιον καρπὸν τῆς γῆς μακροθυμῶν ἐπ᾽ αὐτῷ, ἕως λάβῃ^1 πρόϊμον καὶ ὄψιμον. **8** μακροθυμή-

---

^{3}**14** {B} ἀτμὶς γάρ ἐστε 03 81 642 1175 1243 1739 1852 2492 lat$^{vl\text{-}pt}$ sy^h ∥ ἀτμὶς γὰρ ἔσται (02 *omit* γάρ) 025 044 307 436 442 1448 1611 *Byz^{pt} Lect* lat$^{vl\text{-}pt}$ ∥ ἀτμὶς γάρ ἐστιν 5 *Byz^{pt} TR* co$^{sa, bo\text{-}mss}$ ∥ ἀτμίς ἐστιν 33 1735 2344 lat^{vg} co^{bo} ∥ *omit* 01

^{1}**7** {B} λάβῃ 𝔓^{74} 03 048 1739 lat^{vg} co^{sa} ∥ λάβῃ ὑετόν 02 025 044 5 33 81 307 (436 ὑετὸν λάβῃ) 442 642 1243 1448 1611 1735 1852 2344 2492 *Byz* sy ∥ λάβῃ καρπόν 01^2 (01* καρπὸν τόν) 1175 lat$^{vl\text{-}pt}$ sy^{hmg} co^{bo}

σατε καὶ ὑμεῖς, στηρίξατε τὰς καρδίας ὑμῶν, ὅτι ἡ παρουσία τοῦ κυρίου ἤγγικεν. **9** μὴ στενάζετε, ἀδελφοί, κατ᾽ ἀλλήλων, ἵνα μὴ κριθῆτε· ἰδοὺ ὁ κριτὴς πρὸ τῶν θυρῶν ἕστηκεν. **10** ὑπόδειγμα λάβετε, ἀδελφοί, τῆς κακοπαθείας καὶ τῆς μακροθυμίας τοὺς προφήτας οἳ ἐλάλησαν ἐν τῷ ὀνόματι κυρίου. **11** ἰδοὺ μακαρίζομεν τοὺς ὑπομείναντας· τὴν ὑπομονὴν Ἰὼβ ἠκούσατε καὶ τὸ τέλος κυρίου εἴδετε, ὅτι πολύσπλαγχνός ἐστιν ὁ κύριος καὶ οἰκτίρμων.

12 Πρὸ πάντων δέ, ἀδελφοί μου, μὴ ὀμνύετε μήτε τὸν οὐρανὸν μήτε τὴν γῆν μήτε ἄλλον τινὰ ὅρκον· ἤτω δὲ ὑμῶν τὸ ναὶ ναὶ καὶ τὸ οὒ οὔ, ἵνα μὴ ὑπὸ κρίσιν πέσητε.

13 Κακοπαθεῖ τις ἐν ὑμῖν, προσευχέσθω· εὐθυμεῖ τις, ψαλλέτω· **14** ἀσθενεῖ τις ἐν ὑμῖν, προσκαλεσάσθω τοὺς πρεσβυτέρους τῆς ἐκκλησίας καὶ προσευξάσθωσαν ἐπ᾽ αὐτὸν ἀλείψαντες αὐτὸν ἐλαίῳ ἐν τῷ ὀνόματι τοῦ κυρίου. **15** καὶ ἡ εὐχὴ τῆς πίστεως σώσει τὸν κάμνοντα καὶ ἐγερεῖ αὐτὸν ὁ κύριος· κἂν ἁμαρτίας ᾖ πεποιηκώς, ἀφεθήσεται αὐτῷ. **16** ἐξομολογεῖσθε οὖν ἀλλήλοις τὰς ἁμαρτίας καὶ εὔχεσθε ὑπὲρ ἀλλήλων, ὅπως ἰαθῆτε. πολὺ ἰσχύει δέησις δικαίου ἐνεργουμένη. **17** Ἡλίας ἄνθρωπος ἦν ὁμοιοπαθὴς ἡμῖν καὶ προσευχῇ προσηύξατο τοῦ μὴ βρέξαι, καὶ οὐκ ἔβρεξεν ἐπὶ τῆς γῆς ἐνιαυτοὺς τρεῖς καὶ μῆνας ἕξ· **18** καὶ πάλιν προσηύξατο, καὶ ὁ οὐρανὸς ὑετὸν ἔδωκεν καὶ ἡ γῆ ἐβλάστησεν τὸν καρπὸν αὐτῆς.

19 Ἀδελφοί μου, ἐάν τις ἐν ὑμῖν πλανηθῇ ἀπὸ τῆς ἀληθείας καὶ ἐπιστρέψῃ τις αὐτόν, **20** γινωσκέτω ὅτι[2] ὁ ἐπιστρέψας ἁμαρτωλὸν ἐκ πλάνης ὁδοῦ αὐτοῦ σώσει ψυχὴν αὐτοῦ ἐκ θανάτου[3] καὶ καλύψει πλῆθος ἁμαρτιῶν.[4]

---

[2] **20** {B} γινωσκέτω ὅτι 01 02 025 5 81 307 436 442 642 1175 1243 1448 1611 1735 1739 1852 2344 2492 *Byz* lat^(vl-pt, vg) sy^p co^bo ∥ γινώσκετε ὅτι 03 sy^h ∥ ὅτι 044 Origen^lat ∥ *omit* 𝔓^74 lat^(vl-pt) co^sa

[3] **20** {C} αὐτοῦ ἐκ θανάτου 01 02 025 048^vid 5 33 307 436 1735 1739 2344 lat^(vl-pt, vg) sy co^(sa-ms, bo) Cyril ∥ ἐκ θανάτου αὐτοῦ 𝔓^74vid 03 1611 lat^(vl-pt) ∥ ἐκ θανάτου 044 81 442 642 1175 1243 1448 1852 2492 *Byz* co^(sa-mss) Origen^lat

[4] **20** {A} ἁμαρτιῶν. 01 02 03 025 044 5 81 307 436 442 642 1175 1243 1735 1739 2344 Byz lat sy^p co Cyril Origen ∥ ἁμαρτιῶν. ἀμήν. 1448 1611 1852 (2492) sy^h

ΠΕΤΡΟΥ ΕΠΙΣΤΟΛΗ ΠΡΩΤΗ

Salutation

1 Πέτρος ἀπόστολος Ἰησοῦ Χριστοῦ ἐκλεκτοῖς παρεπιδήμοις διασπορᾶς Πόντου, Γαλατίας, Καππαδοκίας, Ἀσίας καὶ Βιθυνίας **2** κατὰ πρόγνωσιν θεοῦ πατρὸς ἐν ἁγιασμῷ πνεύματος εἰς ὑπακοὴν καὶ ῥαντισμὸν αἵματος Ἰησοῦ Χριστοῦ, χάρις ὑμῖν καὶ εἰρήνη πληθυνθείη.

A Living Hope

3 Εὐλογητὸς ὁ θεὸς καὶ πατὴρ τοῦ κυρίου ἡμῶν Ἰησοῦ Χριστοῦ ὁ κατὰ τὸ πολὺ αὐτοῦ ἔλεος ἀναγεννήσας ἡμᾶς εἰς ἐλπίδα ζῶσαν δι' ἀναστάσεως Ἰησοῦ Χριστοῦ ἐκ νεκρῶν **4** εἰς κληρονομίαν ἄφθαρτον καὶ ἀμίαντον καὶ ἀμάραντον τετηρημένην ἐν οὐρανοῖς εἰς ὑμᾶς **5** τοὺς ἐν δυνάμει θεοῦ φρουρουμένους διὰ πίστεως εἰς σωτηρίαν ἑτοίμην ἀποκαλυφθῆναι ἐν καιρῷ ἐσχάτῳ **6** ἐν ᾧ ἀγαλλιᾶσθε, ὀλίγον ἄρτι, εἰ δέον ἐστίν, λυπηθέντας ἐν ποικίλοις πειρασμοῖς, **7** ἵνα τὸ δοκίμιον ὑμῶν τῆς πίστεως πολυτιμότερον χρυσίου τοῦ ἀπολλυμένου, διὰ πυρὸς δὲ δοκιμαζομένου εὑρεθῇ εἰς ἔπαινον καὶ δόξαν καὶ τιμὴν ἐν ἀποκαλύψει Ἰησοῦ Χριστοῦ **8** ὃν οὐκ ἰδόντες ἀγαπᾶτε, εἰς ὃν ἄρτι μὴ ὁρῶντες, πιστεύοντες δὲ ἀγαλλιᾶσθε χαρᾷ ἀνεκλαλήτῳ καὶ δεδοξασμένῃ **9** κομιζόμενοι τὸ τέλος τῆς πίστεως ὑμῶν σωτηρίαν ψυχῶν. **10** περὶ ἧς σωτηρίας ἐξεζήτησαν καὶ ἐξηραύνησαν προφῆται οἱ περὶ τῆς εἰς ὑμᾶς χάριτος προφητεύσαντες **11** ἐραυνῶντες εἰς τίνα ἢ ποῖον καιρὸν ἐδήλου τὸ ἐν αὐτοῖς πνεῦμα Χριστοῦ προμαρτυρόμενον τὰ εἰς Χριστὸν παθήματα καὶ τὰς μετὰ ταῦτα δόξας. **12** οἷς ἀπεκαλύφθη ὅτι οὐχ ἑαυτοῖς, ὑμῖν δὲ διηκόνουν αὐτὰ ἃ νῦν ἀνηγγέλη ὑμῖν διὰ τῶν εὐαγγελισαμένων ὑμᾶς ἐν πνεύματι ἁγίῳ ἀποσταλέντι ἀπ' οὐρανοῦ, εἰς ἃ ἐπιθυμοῦσιν ἄγγελοι παρακύψαι.

A Call to Holy Living

13 Διὸ ἀναζωσάμενοι τὰς ὀσφύας τῆς διανοίας ὑμῶν νήφοντες τελείως ἐλπίσατε ἐπὶ τὴν φερομένην ὑμῖν χάριν ἐν ἀποκαλύψει

Ἰησοῦ Χριστοῦ. **14** ὡς τέκνα ὑπακοῆς μὴ συσχηματιζόμενοι ταῖς πρότερον ἐν τῇ ἀγνοίᾳ ὑμῶν ἐπιθυμίαις, **15** ἀλλὰ κατὰ τὸν καλέσαντα ὑμᾶς ἅγιον καὶ αὐτοὶ ἅγιοι ἐν πάσῃ ἀναστροφῇ γενήθητε, **16** διότι γέγραπται· *ἅγιοι ἔσεσθε, ὅτι ἐγὼ ἅγιος.* *Lv 11.44-45; 19.2*
17 καὶ εἰ πατέρα ἐπικαλεῖσθε τὸν ἀπροσωπολήμπτως κρίνοντα κατὰ τὸ ἑκάστου ἔργον, ἐν φόβῳ τὸν τῆς παροικίας ὑμῶν χρόνον ἀναστράφητε
18   εἰδότες ὅτι οὐ φθαρτοῖς, ἀργυρίῳ ἢ χρυσίῳ, ἐλυτρώθητε
   ἐκ τῆς ματαίας ὑμῶν ἀναστροφῆς πατροπαραδότου
19   ἀλλὰ τιμίῳ αἵματι ὡς ἀμνοῦ ἀμώμου καὶ ἀσπίλου
   Χριστοῦ
20   προεγνωσμένου μὲν πρὸ καταβολῆς κόσμου,
   φανερωθέντος δὲ ἐπ᾽ ἐσχάτου τῶν χρόνων
   δι᾽ ὑμᾶς **21** τοὺς δι᾽ αὐτοῦ πιστοὺς εἰς θεὸν
   τὸν ἐγείραντα αὐτὸν ἐκ νεκρῶν καὶ δόξαν αὐτῷ δόντα,
   ὥστε τὴν πίστιν ὑμῶν καὶ ἐλπίδα εἶναι εἰς θεόν.

22 Τὰς ψυχὰς ὑμῶν ἡγνικότες ἐν τῇ ὑπακοῇ τῆς ἀληθείας¹ εἰς φιλαδελφίαν ἀνυπόκριτον ἐκ καθαρᾶς καρδίας² ἀλλήλους ἀγαπήσατε ἐκτενῶς **23** ἀναγεγεννημένοι οὐκ ἐκ σπορᾶς φθαρτῆς ἀλλ᾽ ἀφθάρτου διὰ λόγου ζῶντος θεοῦ καὶ μένοντος. **24** διότι
   πᾶσα σὰρξ ὡς χόρτος *Is 40.6-7*
      καὶ πᾶσα δόξα αὐτῆς ὡς ἄνθος χόρτου·
   ἐξηράνθη ὁ χόρτος καὶ τὸ ἄνθος ἐξέπεσεν·
25   *τὸ δὲ ῥῆμα κυρίου μένει εἰς τὸν αἰῶνα.* *Is 40.8*
τοῦτο δέ ἐστιν τὸ ῥῆμα τὸ εὐαγγελισθὲν εἰς ὑμᾶς.

The Living Stone and the Holy Nation

2 Ἀποθέμενοι οὖν πᾶσαν κακίαν καὶ πάντα δόλον καὶ ὑποκρίσεις καὶ φθόνους καὶ πάσας καταλαλιὰς **2** ὡς ἀρτιγέννητα βρέφη τὸ λογικὸν ἄδολον γάλα ἐπιποθήσατε, ἵνα ἐν αὐτῷ

---

¹**22** {A} ἀληθείας 𝔓⁷² 01 02 03 04 044 33 81 436 1243 1448* 1739 1852 2344 2492 sy co eth // ἀληθείας διὰ πνεύματος 025 5 307 ⁵42 642 1175 1448ᶜ 1611 1735 *Byz*// ἀγάπης latᵛᵍ// πίστεως διὰ πνεύματος latᵛˡ·ᵖᵗ

²**22** ♦ ἐκ καθαρᾶς καρδίας 𝔓⁷² 01* 04 025 044 5 33 81 307 436 442 642 1175 1243 1448 1611 1735 1739 2344 2492 *Byz* latᵛˡ·ᵖᵗ sy co // ἐκ καρδίας ἀληθινῆς 01² latᵛˡ·ᵖᵗ// ♦ ἐκ καρδίας 02 03 1852 latᵛᵍ

αὐξηθῆτε εἰς σωτηρίαν¹, 3 εἰ ἐγεύσασθε ὅτι χρηστὸς ὁ κύριος. 4 πρὸς ὃν προσερχόμενοι λίθον ζῶντα ὑπὸ ἀνθρώπων μὲν ἀποδεδοκιμασμένον, παρὰ δὲ θεῷ ἐκλεκτὸν ἔντιμον, 5 καὶ αὐτοὶ ὡς λίθοι ζῶντες οἰκοδομεῖσθε οἶκος πνευματικὸς εἰς ἱεράτευμα ἅγιον ἀνενέγκαι πνευματικὰς θυσίας εὐπροσδέκτους θεῷ διὰ Ἰησοῦ Χριστοῦ. 6 διότι περιέχει ἐν γραφῇ·

Is 28.16
ἰδοὺ τίθημι ἐν Σιὼν λίθον ἀκρογωνιαῖον ἐκλεκτὸν ἔντιμον,
καὶ ὁ πιστεύων ἐπ' αὐτῷ οὐ μὴ καταισχυνθῇ.

Ps 118.22 7 ὑμῖν οὖν ἡ τιμὴ τοῖς πιστεύουσιν, ἀπιστοῦσιν δὲ *λίθος ὃν ἀπεδοκίμασαν οἱ οἰκοδομοῦντες, οὗτος ἐγενήθη εἰς κεφαλὴν γωνίας*
Is 8.14 8 καὶ *λίθος προσκόμματος καὶ πέτρα σκανδάλου·* οἳ προσκόπτουσιν τῷ λόγῳ ἀπειθοῦντες εἰς ὃ καὶ ἐτέθησαν. 9 ὑμεῖς δὲ γένος ἐκλεκτόν, βασίλειον ἱεράτευμα, ἔθνος ἅγιον, λαὸς εἰς περιποίησιν, ὅπως τὰς ἀρετὰς ἐξαγγείλητε τοῦ ἐκ σκότους ὑμᾶς καλέσαντος εἰς τὸ θαυμαστὸν αὐτοῦ φῶς· 10 οἵ ποτε οὐ λαός, νῦν δὲ λαὸς θεοῦ, οἱ οὐκ ἠλεημένοι, νῦν δὲ ἐλεηθέντες.

Live as Servants of God

11 Ἀγαπητοί, παρακαλῶ ὡς παροίκους καὶ παρεπιδήμους ἀπέχεσθαι τῶν σαρκικῶν ἐπιθυμιῶν αἵτινες στρατεύονται κατὰ τῆς ψυχῆς· 12 τὴν ἀναστροφὴν ὑμῶν ἐν τοῖς ἔθνεσιν ἔχοντες καλήν, ἵνα ἐν ᾧ καταλαλοῦσιν ὑμῶν ὡς κακοποιῶν ἐκ τῶν καλῶν ἔργων ἐποπτεύοντες δοξάσωσιν τὸν θεὸν ἐν ἡμέρᾳ ἐπισκοπῆς.

13 Ὑποτάγητε πάσῃ ἀνθρωπίνῃ κτίσει διὰ τὸν κύριον, εἴτε βασιλεῖ ὡς ὑπερέχοντι 14 εἴτε ἡγεμόσιν ὡς δι' αὐτοῦ πεμπομένοις εἰς ἐκδίκησιν κακοποιῶν, ἔπαινον δὲ ἀγαθοποιῶν, 15 ὅτι οὕτως ἐστὶν τὸ θέλημα τοῦ θεοῦ ἀγαθοποιοῦντας φιμοῦν τὴν τῶν ἀφρόνων ἀνθρώπων ἀγνωσίαν, 16 ὡς ἐλεύθεροι καὶ μὴ ὡς ἐπικάλυμμα ἔχοντες τῆς κακίας τὴν ἐλευθερίαν ἀλλ' ὡς θεοῦ

---

¹ 2 {A} εἰς σωτηρίαν 𝔓⁷² 𝔓¹²⁵ 01 02 03 04 025 044 5 33 81 307 436 442 1175 1243 1448 1611 1735 1739 1852 2344 2492 *Byz*ᵖᵗ lat sy co Clement Cyril ∥ *omit* 642 *Byz*ᵖᵗ TR

δοῦλοι. **17** πάντας τιμήσατε, τὴν ἀδελφότητα ἀγαπᾶτε, τὸν θεὸν φοβεῖσθε, τὸν βασιλέα τιμᾶτε.

The Example of Christ's Suffering

18 Οἱ οἰκέται ὑποτασσόμενοι ἐν παντὶ φόβῳ τοῖς δεσπόταις, οὐ μόνον τοῖς ἀγαθοῖς καὶ ἐπιεικέσιν ἀλλὰ καὶ τοῖς σκολιοῖς. **19** τοῦτο γὰρ χάρις, εἰ διὰ συνείδησιν θεοῦ[2] ὑποφέρει τις λύπας πάσχων ἀδίκως. **20** ποῖον γὰρ κλέος, εἰ ἁμαρτάνοντες καὶ κολαφιζόμενοι ὑπομενεῖτε; ἀλλ᾽ εἰ ἀγαθοποιοῦντες καὶ πάσχοντες ὑπομενεῖτε, τοῦτο χάρις παρὰ θεῷ.

21 εἰς τοῦτο γὰρ ἐκλήθητε,
 ὅτι καὶ Χριστὸς ἔπαθεν[3] ὑπὲρ ὑμῶν
 ὑμῖν[4] ὑπολιμπάνων ὑπογραμμόν,
 ἵνα ἐπακολουθήσητε τοῖς ἴχνεσιν αὐτοῦ,
22 ὃς ἁμαρτίαν *οὐκ ἐποίησεν*   Is 53.9
 οὐδὲ εὑρέθη δόλος ἐν τῷ στόματι αὐτοῦ,
23 ὃς λοιδορούμενος οὐκ ἀντελοιδόρει,
 πάσχων οὐκ ἠπείλει,
 παρεδίδου δὲ τῷ κρίνοντι δικαίως,
24 ὃς τὰς ἁμαρτίας ἡμῶν αὐτὸς ἀνήνεγκεν
 ἐν τῷ σώματι αὐτοῦ ἐπὶ τὸ ξύλον,
 ἵνα ταῖς ἁμαρτίαις ἀπογενόμενοι
 τῇ δικαιοσύνῃ ζήσωμεν,
 οὗ τῷ μώλωπι ἰάθητε.
25 ἦτε γὰρ ὡς πρόβατα πλανώμενοι,
 ἀλλ᾽ ἐπεστράφητε νῦν ἐπὶ τὸν ποιμένα
 καὶ ἐπίσκοπον τῶν ψυχῶν ὑμῶν.

---

[2] **19** {B} θεοῦ 01 02ᶜ 03 025 5 436 642 1735 *Byz* lat co ∥ ἀγαθήν 04 044 307 442 1175 1243 1448 1611 1739 1852 2492 sy ∥ ἀγαθὴν θεοῦ 𝔓⁷² 81 ∥ θεοῦ ἀγαθήν 02* 33 2344

[3] **21** {A} ἔπαθεν 𝔓⁷² 02 03 04 025 33 81 436 442 642 1175 1243 1448 1611 1735 1739 1852 2344 2492 *Byz* lat syʰ co eth Tertullian Chrysostom ∥ ἀπέθανεν (*see* 3.18) 𝔓⁸¹ 01 044 5 307 syᵖ Cyril

[4] **21** {A} ὑμῶν ὑμῖν 𝔓⁷² 01 02 03 04 044 5 81 442 1175 1448 1611 1735 1739 1852 latᵛᵍ syʰ coˢᵃ⁻ᵐˢˢ eth Cyrilᵗˣᵗ ∥ ἡμῶν ὑμῖν 025 33 307 436 *Byz* (*Lect* ὑπὲρ ἡμῶν ἔπαθεν/ἀπέθανεν ὑμῖν) latᵛᵍ⁻ᵐˢˢ coˢᵃ⁻ᵐˢ Tertullian Cyrilᵐˢˢ ∥ ἡμῶν ἡμῖν 642 1243 2344 *TR* syᵖ coᵇᵒ Cyril ∥ ὑμῶν ἡμῖν 2492

Wives and Husbands

3 Ὁμοίως αἱ γυναῖκες, ὑποτασσόμεναι τοῖς ἰδίοις ἀνδράσιν, ἵνα καὶ εἴ τινες ἀπειθοῦσιν τῷ λόγῳ, διὰ τῆς τῶν γυναικῶν ἀναστροφῆς ἄνευ λόγου κερδηθήσονται **2** ἐποπτεύσαντες τὴν ἐν φόβῳ ἁγνὴν ἀναστροφὴν ὑμῶν. **3** ὧν ἔστω οὐχ ὁ ἔξωθεν ἐμπλοκῆς τριχῶν καὶ περιθέσεως χρυσίων ἢ ἐνδύσεως ἱματίων κόσμος, **4** ἀλλ᾽ ὁ κρυπτὸς τῆς καρδίας ἄνθρωπος ἐν τῷ ἀφθάρτῳ τοῦ πραέως καὶ ἡσυχίου πνεύματος ὅ ἐστιν ἐνώπιον τοῦ θεοῦ πολυτελές. **5** οὕτως γάρ ποτε καὶ αἱ ἅγιαι γυναῖκες αἱ ἐλπίζουσαι εἰς θεὸν ἐκόσμουν ἑαυτὰς ὑποτασσόμεναι τοῖς ἰδίοις ἀνδράσιν, **6** ὡς Σάρρα ὑπήκουσεν τῷ Ἀβραὰμ κύριον αὐτὸν καλοῦσα ἧς ἐγενήθητε τέκνα ἀγαθοποιοῦσαι καὶ μὴ φοβούμεναι μηδεμίαν πτόησιν.

7 Οἱ ἄνδρες ὁμοίως, συνοικοῦντες κατὰ γνῶσιν ὡς ἀσθενεστέρῳ σκεύει τῷ γυναικείῳ, ἀπονέμοντες τιμὴν ὡς καὶ συγκληρονόμοις χάριτος ζωῆς εἰς τὸ μὴ ἐγκόπτεσθαι τὰς προσευχὰς ὑμῶν.

Suffering for Righteousness' Sake

8 Τὸ δὲ τέλος πάντες ὁμόφρονες, συμπαθεῖς, φιλάδελφοι, εὔσπλαγχνοι, ταπεινόφρονες[1], **9** μὴ ἀποδιδόντες κακὸν ἀντὶ κακοῦ ἢ λοιδορίαν ἀντὶ λοιδορίας, τοὐναντίον δὲ εὐλογοῦντες, ὅτι εἰς τοῦτο ἐκλήθητε, ἵνα εὐλογίαν κληρονομήσητε.

10 ὁ γὰρ θέλων ζωὴν ἀγαπᾶν
  καὶ ἰδεῖν ἡμέρας ἀγαθὰς
  παυσάτω τὴν γλῶσσαν ἀπὸ κακοῦ
  καὶ χείλη τοῦ μὴ λαλῆσαι δόλον,
11 ἐκκλινάτω δὲ ἀπὸ κακοῦ καὶ ποιησάτω ἀγαθόν,
  ζητησάτω εἰρήνην καὶ διωξάτω αὐτήν·
12 ὅτι ὀφθαλμοὶ κυρίου ἐπὶ δικαίους
  καὶ ὦτα αὐτοῦ εἰς δέησιν αὐτῶν,
  πρόσωπον δὲ κυρίου ἐπὶ ποιοῦντας κακά.

---

[1] 8 {A} ταπεινόφρονες 𝔓⁷² 𝔓⁸¹ᵛⁱᵈ 01 02 03 04 044 5 33 81 307ᵛ·ʳ· 436 442 642 1175 1243 1448ᵗˣᵗ 1611 1735 1739 1852 2344 2492 *Byz*ᵖᵗ lat sy coᵇᵒ eth Clement ∥ φιλόφρονες 025 307ᵗˣᵗ *Byz*ᵖᵗ TR *Lect*∥ φιλόφρονες ταπεινόφρονες 1448ᵛ·ʳ·⁻ᵛⁱᵈ

13 Καὶ τίς ὁ κακώσων ὑμᾶς, ἐὰν τοῦ ἀγαθοῦ ζηλωταὶ γένησθε; **14** ἀλλ᾽ εἰ καὶ πάσχοιτε διὰ δικαιοσύνην, μακάριοι. τὸν δὲ φόβον αὐτῶν μὴ φοβηθῆτε μηδὲ ταραχθῆτε, **15** κύριον δὲ τὸν Χριστὸν[2] ἁγιάσατε ἐν ταῖς καρδίαις ὑμῶν, ἕτοιμοι ἀεὶ πρὸς ἀπολογίαν παντὶ τῷ αἰτοῦντι ὑμᾶς λόγον περὶ τῆς ἐν ὑμῖν ἐλπίδος, **16** ἀλλὰ μετὰ πραΰτητος καὶ φόβου, συνείδησιν ἔχοντες ἀγαθήν, ἵνα ἐν ᾧ καταλαλεῖσθε[3] καταισχυνθῶσιν οἱ ἐπηρεάζοντες ὑμῶν τὴν ἀγαθὴν ἐν Χριστῷ ἀναστροφήν. **17** κρεῖττον γὰρ ἀγαθοποιοῦντας, εἰ θέλοι τὸ θέλημα τοῦ θεοῦ, πάσχειν ἢ κακοποιοῦντας.

18   ὅτι καὶ Χριστὸς ἅπαξ περὶ ἁμαρτιῶν ἔπαθεν[4],
         δίκαιος ὑπὲρ ἀδίκων,
      ἵνα ὑμᾶς[5] προσαγάγῃ τῷ θεῷ
         θανατωθεὶς μὲν σαρκί,
      ζωοποιηθεὶς δὲ πνεύματι·
19   ἐν ᾧ καὶ τοῖς ἐν φυλακῇ πνεύμασιν πορευθεὶς
         ἐκήρυξεν

20 ἀπειθήσασίν ποτε, ὅτε ἀπεξεδέχετο ἡ τοῦ θεοῦ μακροθυμία ἐν ἡμέραις Νῶε κατασκευαζομένης κιβωτοῦ εἰς ἣν ὀλίγοι, τοῦτ᾽ ἔστιν ὀκτὼ ψυχαί, διεσώθησαν δι᾽ ὕδατος **21** ὃ καὶ ὑμᾶς ἀντίτυπον νῦν σῴζει βάπτισμα, οὐ σαρκὸς ἀπόθεσις ῥύπου

---

[2] **15** {B} τὸν Χριστόν 𝔓⁷² 01 02 03 04 044 33 1175 1243 1611 1739 1852 lat sy co Clement // τὸν θεόν 025 5 81 307 436 442 642 1448 1735 2344 2492 *Byz* eth

[3] **16** {A} καταλαλεῖσθε 𝔓⁷² 03 044 1175 1611 1739 1852 syʰ // καταλαλοῦσιν 1448* // καταλαλοῦσιν ὑμῶν ὡς κακοποιῶν (*see* 2.12) 01 02 04 025 5 33 81 642 1448ᶜ (2492 ὡς κακούργων) *Byz*ᵖᵗ // καταλαλῶσιν ὑμῶν ὡς κακοποιῶν (*see* 2.12) 307 436 442 1243 1735 2344 *Byz*ᵖᵗ TR Lect

[4] **18** {B} περὶ ἁμαρτιῶν ἔπαθεν 03 025 642 *Byz* // ὑπὲρ ἁμαρτιῶν ἔπαθεν 2492 // περὶ ἁμαρτωλῶν ἔπαθεν latᵛˡ⁻ᵖᵗ Cyrilᵐˢ // περὶ ἁμαρτιῶν ὑπὲρ ὑμῶν ἀπέθανεν (*see* 2.21) 𝔓⁷² 02 (044 περὶ ὑμῶν ὑπὲρ ἁμαρτιῶν) 1611 1735 // περὶ ἁμαρτιῶν ὑπὲρ ἡμῶν ἀπέθανεν 01² (01* τῶν ἁμαρτιῶν) 04² 5 33ᵛⁱᵈ 436 442 1175 1243 1739 1852 2344 (syʰ) // περὶ ἁμαρτιῶν ἡμῶν ἀπέθανεν 04*ᵛⁱᵈ latᵛᵍ⁻ᵐˢˢ (latᵛᵍ *omit* ἡμῶν) syᵖ coˢᵃ⁻ᵐˢˢ // περὶ ἁμαρτιῶν ἀπέθανεν Cyrilᵖᵗ // ὑπὲρ ἁμαρτιῶν ἀπέθανεν Cyrilᵖᵗ // ὑπὲρ ἁμαρτιῶν περὶ ἡμῶν ἀπέθανεν Cyrilᵖᵗ // περὶ ἁμαρτιῶν ὑπὲρ ἡμῶν ἔπαθεν 81 307 1448 // ὑπὲρ ἁμαρτωλῶν ἀπέθανεν Cyrilᵐˢˢ

[5] **18** {C} ὑμᾶς 𝔓⁷² 03 025 044 1175 1243 1448 1611 1852 2492 *Byz*ᵖᵗ latᵛˡ⁻ᵖᵗ sy coˢᵃ⁻ᵐˢˢ // ἡμᾶς 01² 02 04 5 33 81 307 436 442 642 1735 1739 2344 *Byz*ᵖᵗ TR Lect latᵛˡ⁻ᵖᵗ, ᵛᵍ syʰᵐᵍ coˢᵃ⁻ᵐˢˢ, ᵇᵒ eth Clementˡᵃᵗ Cyril // *omit* 01*

ἀλλὰ συνειδήσεως ἀγαθῆς ἐπερώτημα εἰς θεόν, δι' ἀναστάσεως Ἰησοῦ Χριστοῦ **22** ὅς ἐστιν ἐν δεξιᾷ τοῦ θεοῦ πορευθεὶς εἰς οὐρανὸν ὑποταγέντων αὐτῷ ἀγγέλων καὶ ἐξουσιῶν καὶ δυνάμεων.

Good Stewards of God's Grace

4 Χριστοῦ οὖν παθόντος [1] σαρκὶ καὶ ὑμεῖς τὴν αὐτὴν ἔννοιαν ὁπλίσασθε, ὅτι ὁ παθὼν σαρκὶ πέπαυται ἁμαρτίας **2** εἰς τὸ μηκέτι ἀνθρώπων ἐπιθυμίαις ἀλλὰ θελήματι θεοῦ τὸν ἐπίλοιπον ἐν σαρκὶ βιῶσαι χρόνον. **3** ἀρκετὸς γὰρ ὁ παρεληλυθὼς χρόνος τὸ βούλημα τῶν ἐθνῶν κατειργάσθαι πεπορευμένους ἐν ἀσελγείαις, ἐπιθυμίαις, οἰνοφλυγίαις, κώμοις, πότοις καὶ ἀθεμίτοις εἰδωλολατρίαις. **4** ἐν ᾧ ξενίζονται μὴ συντρεχόντων ὑμῶν εἰς τὴν αὐτὴν τῆς ἀσωτίας ἀνάχυσιν βλασφημοῦντες, **5** οἳ ἀποδώσουσιν λόγον τῷ ἑτοίμως ἔχοντι κρῖναι ζῶντας καὶ νεκρούς. **6** εἰς τοῦτο γὰρ καὶ νεκροῖς εὐηγγελίσθη, ἵνα κριθῶσιν μὲν κατὰ ἀνθρώπους σαρκί, ζῶσιν δὲ κατὰ θεὸν πνεύματι.

7 Πάντων δὲ τὸ τέλος ἤγγικεν. σωφρονήσατε οὖν καὶ νήψατε εἰς προσευχὰς **8** πρὸ πάντων τὴν εἰς ἑαυτοὺς ἀγάπην ἐκτενῆ ἔχοντες, ὅτι ἀγάπη καλύπτει πλῆθος ἁμαρτιῶν, **9** φιλόξενοι εἰς ἀλλήλους ἄνευ γογγυσμοῦ, **10** ἕκαστος καθὼς ἔλαβεν χάρισμα εἰς ἑαυτοὺς αὐτὸ διακονοῦντες ὡς καλοὶ οἰκονόμοι ποικίλης χάριτος θεοῦ. **11** εἴ τις λαλεῖ, ὡς λόγια θεοῦ· εἴ τις διακονεῖ, ὡς ἐξ ἰσχύος ἧς χορηγεῖ ὁ θεός, ἵνα ἐν πᾶσιν δοξάζηται ὁ θεὸς διὰ Ἰησοῦ Χριστοῦ ᾧ ἐστιν ἡ δόξα καὶ τὸ κράτος εἰς τοὺς αἰῶνας τῶν αἰώνων, ἀμήν.

Suffering as a Christian

12 Ἀγαπητοί, μὴ ξενίζεσθε τῇ ἐν ὑμῖν πυρώσει πρὸς πειρασμὸν ὑμῖν γινομένῃ ὡς ξένου ὑμῖν συμβαίνοντος, **13** ἀλλὰ καθὸ κοινωνεῖτε τοῖς τοῦ Χριστοῦ παθήμασιν, χαίρετε, ἵνα καὶ ἐν τῇ

---

[1] **1** {A} παθόντος 𝔓⁷² 03 04 044 1243 1739 lat^(vl-pt, vg) co^(sa) ∥ παθόντος ὑπὲρ ἡμῶν 01² 02 025 5 33 81 307 436 442 642 (1175 1852 σαρκί *before* ὑπέρ) 1448 1611 1735 2344 2492 *Byz* (lat^(vl-pt)) sy^h (co^(bo)) (eth) Athanasius^pt Cyril ∥ ὑπὲρ ἡμῶν παθόντος Athanasius^pt ∥ ἀποθανόντος ὑπὲρ ὑμῶν 01*

ἀποκαλύψει τῆς δόξης αὐτοῦ χαρῆτε ἀγαλλιώμενοι. **14** εἰ ὀνειδίζεσθε ἐν ὀνόματι Χριστοῦ, μακάριοι, ὅτι τὸ τῆς δόξης[2] καὶ τὸ τοῦ θεοῦ πνεῦμα ἐφ' ὑμᾶς ἀναπαύεται[3]. **15** μὴ γάρ τις ὑμῶν πασχέτω ὡς φονεὺς ἢ κλέπτης ἢ κακοποιὸς ἢ ὡς ἀλλοτριεπίσκοπος· **16** εἰ δὲ ὡς χριστιανός, μὴ αἰσχυνέσθω, δοξαζέτω δὲ τὸν θεὸν ἐν τῷ μέρει[4] τούτῳ. **17** ὅτι ὁ καιρὸς τοῦ ἄρξασθαι τὸ κρίμα ἀπὸ τοῦ οἴκου τοῦ θεοῦ· εἰ δὲ πρῶτον ἀφ' ἡμῶν, τί τὸ τέλος τῶν ἀπειθούντων τῷ τοῦ θεοῦ εὐαγγελίῳ; **18** *καὶ εἰ ὁ δίκαιος μόλις σῴζεται, ὁ ἀσεβὴς καὶ ἁμαρτωλὸς ποῦ φανεῖται;* **19** ὥστε καὶ οἱ πάσχοντες κατὰ τὸ θέλημα τοῦ θεοῦ πιστῷ κτίστῃ παρατιθέσθωσαν τὰς ψυχὰς αὐτῶν ἐν ἀγαθοποιΐᾳ.

Pr 11.31 LXX

Tending the Flock of God

5 Πρεσβυτέρους τοὺς ἐν ὑμῖν παρακαλῶ ὁ συμπρεσβύτερος καὶ μάρτυς τῶν τοῦ Χριστοῦ παθημάτων, ὁ καὶ τῆς μελλούσης ἀποκαλύπτεσθαι δόξης κοινωνός· **2** ποιμάνατε τὸ ἐν ὑμῖν ποίμνιον τοῦ θεοῦ ἐπισκοποῦντες μὴ ἀναγκαστῶς ἀλλ' ἑκουσίως κατὰ θεόν[1], μηδὲ αἰσχροκερδῶς ἀλλὰ προθύμως, **3** μηδ' ὡς κατακυριεύοντες τῶν κλήρων ἀλλὰ τύποι γινόμενοι τοῦ ποιμνίου· **4** καὶ φανερωθέντος τοῦ ἀρχιποίμενος κομιεῖσθε τὸν ἀμαράντινον τῆς δόξης στέφανον. **5** ὁμοίως, νεώτεροι, ὑποτάγητε πρεσβυτέροις· πάντες δὲ ἀλλήλοις τὴν ταπεινοφροσύνην

---

[2]**14** {B} δόξης 𝔓⁷² 03 044 642 1448 2492 *Byz* lat^{vg} sy^p Clement Tertullian Cyril ∥ δόξης καὶ τῆς δυνάμεως 01² (01* eth τῆς δυνάμεως αὐτοῦ) ∥ δόξης καὶ δυνάμεως 02 025 5 33 81 307 436 442 1175 1243 1735 1739 2344 *Lect* lat^{vl-pt, vg-mss} Athanasius
[3]**14** {B} *no addition* 𝔓⁷² 01 02 03 5 33 81 436 442 642 1175 1243 1735 1739 1852 2344 2492 lat^{vg} sy co^{sa-ms, bo} eth Clement Tertullian Cyril ∥ *add* κατὰ δὲ ὑμᾶς δοξάζεται 307 ∥ *add* κατὰ μὲν αὐτοὺς βλασφημεῖται, κατὰ δὲ ὑμᾶς δοξάζεται 025 044 (1448 ἡμᾶς) 1611 *Byz* lat^{vl, vg-ms} sy^{h with *} co^{sa-mss, bo-ms}
[4]**16** {C} μέρει 025 307 642 1448 1735 *Byz*∥ ὀνόματι 𝔓⁷² 01 02 03 044 5 33 81 436 442 1175 1243 1611 1739 1852 2344 2492 lat sy co eth Tertullian Cyril
[1]**2** {C} ἐπισκοποῦντες μὴ ἀναγκαστῶς ἀλλ' ἑκουσίως κατὰ θεόν 𝔓⁷² 01² 02 025 044 5 (33 2344 ἀναγκαστικῶς) 81 436 442 (1243) 1448 1735 1739 1852 lat sy^h co^{bo}∥ ἐπισκοπεύοντες μὴ ἀναγκαστῶς ἀλλ' ἑκουσίως κατὰ θεόν 1175 1611 ∥ ἐπισκοποῦντες μὴ ἀναγκαστῶς ἀλλ' ἑκουσίως 307 642 2492 *Byz*^{pt} (*Byz*^{pt} ἀναγκαστικῶς) *TR Lect* sy^p∥ μὴ ἀναγκαστῶς ἀλλ' ἑκουσίως 03 ∥ μὴ ἀναγκαστῶς ἀλλ' ἑκουσίως κατὰ θεόν 01* co^{sa} eth

Pr 3.34 LXX ἐγκομβώσασθε, ὅτι ὁ θεὸς *ὑπερηφάνοις ἀντιτάσσεται, ταπεινοῖς δὲ δίδωσιν χάριν*. **6** Ταπεινώθητε οὖν ὑπὸ τὴν κραταιὰν χεῖρα τοῦ θεοῦ, ἵνα ὑμᾶς ὑψώσῃ ἐν καιρῷ, **7** πᾶσαν τὴν μέριμναν ὑμῶν ἐπιρίψαντες ἐπ᾽ αὐτόν, ὅτι αὐτῷ μέλει περὶ ὑμῶν. **8** νήψατε, γρηγορήσατε. ὁ ἀντίδικος ὑμῶν διάβολος ὡς λέων ὠρυόμενος περιπατεῖ ζητῶν τινα καταπιεῖν· **9** ᾧ ἀντίστητε στερεοὶ τῇ πίστει εἰδότες τὰ αὐτὰ τῶν παθημάτων τῇ ἐν κόσμῳ ὑμῶν ἀδελφότητι ἐπιτελεῖσθαι. **10** ὁ δὲ θεὸς πάσης χάριτος, ὁ καλέσας ὑμᾶς[2] εἰς τὴν αἰώνιον αὐτοῦ δόξαν ἐν Χριστῷ ὀλίγον παθόντας αὐτὸς καταρτίσει, στηρίξει, σθενώσει, θεμελιώσει. **11** αὐτῷ τὸ κράτος[3] εἰς τοὺς αἰῶνας, ἀμήν.

Final Greetings

12 Διὰ Σιλουανοῦ ὑμῖν τοῦ πιστοῦ ἀδελφοῦ, ὡς λογίζομαι, δι᾽ ὀλίγων ἔγραψα παρακαλῶν καὶ ἐπιμαρτυρῶν ταύτην εἶναι ἀληθῆ χάριν τοῦ θεοῦ εἰς ἣν στῆτε. **13** ἀσπάζεται ὑμᾶς ἡ ἐν Βαβυλῶνι συνεκλεκτὴ καὶ Μᾶρκος ὁ υἱός μου. **14** ἀσπάσασθε ἀλλήλους ἐν φιλήματι ἀγάπης.

Εἰρήνη ὑμῖν πᾶσιν τοῖς ἐν Χριστῷ.[4]

---

[2] **10** {A} ὑμᾶς 𝔓⁷² 01 02 03 025 044 5 33 81 307 436 642 1175 1243 1448 1611 1735ᶜ 1739 1852 2344 *Byz* latᵛˡ⁻ᵖᵗ syʰ co eth // ἡμᾶς 442 1735* 2492 *TR* latᵛˡ⁻ᵖᵗ,ᵛᵍ syᵖ coᵇᵒ⁻ᵐˢˢ
[3] **11** {B} τὸ κράτος (𝔓⁷² *omit* τό) 02 03 044 latᵛˡ⁻ᵖᵗ,ᵛᵍ // ἡ δόξα *Byz*ᵖᵗ (436 *omit* ἡ) *Lect* // ἡ δόξα καὶ τὸ κράτος (*see* 4.11) 01 025 307 442 642 1735 2492 *Byz*ᵖᵗ *TR* latᵛᵍ⁻ᵐˢˢ // τὸ κράτος καὶ ἡ δόξα 5 33 81 1175 1243 1448 1611 1739 1852 2344 syʰ coᵇᵒ Cyril-Jerusalemᵛⁱᵈ
[4] **14** ◆ Χριστῷ. 02 03 044 2344 latᵛᵍ coˢᵃ⁻ᵐˢ ethᵐˢˢ // Χριστῷ. ἀμήν. 2492 latᵛᵍ⁻ᵐˢˢ syᵖ eth // ◆ Χριστῷ Ἰησοῦ. 81 1175 1243 1739* latᵛᵍ⁻ᵐˢˢ coˢᵃ⁻ᵐˢ // Χριστῷ Ἰησοῦ. ἀμήν. 01 025 5 307 436 442 642 1448 1611 1735 1739ᶜ 1852 *Byz* latᵛˡ⁻ᵖᵗ syʰ

ΠΕΤΡΟΥ ΕΠΙΣΤΟΛΗ ΔΕΥΤΕΡΑ

Salutation

1 Συμεών[1] Πέτρος δοῦλος καὶ ἀπόστολος Ἰησοῦ Χριστοῦ τοῖς ἰσότιμον ἡμῖν λαχοῦσιν πίστιν ἐν δικαιοσύνῃ τοῦ θεοῦ ἡμῶν καὶ σωτῆρος Ἰησοῦ Χριστοῦ, 2 χάρις ὑμῖν καὶ εἰρήνη πληθυνθείη ἐν ἐπιγνώσει τοῦ θεοῦ καὶ Ἰησοῦ τοῦ κυρίου ἡμῶν.

The Christian's Call and Election

3 Ὡς πάντα ἡμῖν τῆς θείας δυνάμεως αὐτοῦ τὰ πρὸς ζωὴν καὶ εὐσέβειαν δεδωρημένης διὰ τῆς ἐπιγνώσεως τοῦ καλέσαντος ἡμᾶς ἰδίᾳ δόξῃ καὶ ἀρετῇ[2] 4 δι' ὧν τὰ τίμια καὶ μέγιστα ἡμῖν ἐπαγγέλματα δεδώρηται, ἵνα διὰ τούτων γένησθε θείας κοινωνοὶ φύσεως ἀποφυγόντες τῆς ἐν τῷ κόσμῳ ἐν ἐπιθυμίᾳ φθορᾶς. 5 καὶ αὐτὸ τοῦτο δὲ σπουδὴν πᾶσαν παρεισενέγκαντες ἐπιχορηγήσατε ἐν τῇ πίστει ὑμῶν τὴν ἀρετήν, ἐν δὲ τῇ ἀρετῇ τὴν γνῶσιν, 6 ἐν δὲ τῇ γνώσει τὴν ἐγκράτειαν, ἐν δὲ τῇ ἐγκρατείᾳ τὴν ὑπομονήν, ἐν δὲ τῇ ὑπομονῇ τὴν εὐσέβειαν, 7 ἐν δὲ τῇ εὐσεβείᾳ τὴν φιλαδελφίαν, ἐν δὲ τῇ φιλαδελφίᾳ τὴν ἀγάπην. 8 ταῦτα γὰρ ὑμῖν ὑπάρχοντα καὶ πλεονάζοντα οὐκ ἀργοὺς οὐδὲ ἀκάρπους καθίστησιν εἰς τὴν τοῦ κυρίου ἡμῶν Ἰησοῦ Χριστοῦ ἐπίγνωσιν· 9 ᾧ γὰρ μὴ πάρεστιν ταῦτα, τυφλός ἐστιν μυωπάζων λήθην λαβὼν τοῦ καθαρισμοῦ τῶν πάλαι αὐτοῦ ἁμαρτιῶν. 10 διὸ μᾶλλον, ἀδελφοί, σπουδάσατε βεβαίαν[3] ὑμῶν τὴν κλῆσιν καὶ ἐκλογὴν ποιεῖσθαι[3]· ταῦτα γὰρ ποιοῦντες οὐ μὴ

---

[1] **1** {B} Συμεών 01 02 025 33 307 436 442 642 1175 1448 1735 1739 1852 2344 *Byz*[pt] *TR Lect* ∥ Σίμων 𝔓[72] 03 044 5 81 1243 1611 2492 *Byz*[pt] lat[vg]

[2] **3** {B} ἰδίᾳ δόξῃ καὶ ἀρετῇ 01 02 04 025 044 33 81 307 436 442 1243 1735 1739 1852 2344 lat sy cpa co[sa, bo] ∥ διὰ δόξης καὶ ἀρετῆς 𝔓[72] 03 5 642 1175 1448 1611 2492 *Byz* co[cv-vid]

[3] **10** {A} σπουδάσατε βεβαίαν ... ποιεῖσθαι 𝔓[72] 03 04 025 642 1448 1739 (2344 ποιεῖσθε) 2492 *Byz* lat[vl-pt] ∥ σπουδάσατε ἵνα διὰ τῶν καλῶν ἔργων βεβαίαν ... ποιήσθε (*or by itacism* ποιεῖσθε) 01 (02 ὑμῶν ἔργων) 044 5 81 307 436 (1175) 1611 (1735 ἔργων ὑμῶν) 1852 (lat[vl-pt, vg]) (sy[h]) (co) (eth) ∥ σπουδάσατε διὰ τῶν καλῶν ἔργων βεβαίαν ... ποιεῖσθαι 442 ∥ σπουδάσατε βεβαίαν εἰ ὑμῶν τὴν ἐκλογὴν ποιεῖσθε 1243

πταίσητέ ποτε. **11** οὕτως γὰρ πλουσίως ἐπιχορηγηθήσεται ὑμῖν ἡ εἴσοδος εἰς τὴν αἰώνιον βασιλείαν τοῦ κυρίου ἡμῶν καὶ σωτῆρος Ἰησοῦ Χριστοῦ.

12 Διὸ μελλήσω ἀεὶ ὑμᾶς ὑπομιμνήσκειν περὶ τούτων καίπερ εἰδότας καὶ ἐστηριγμένους ἐν τῇ παρούσῃ ἀληθείᾳ. **13** δίκαιον δὲ ἡγοῦμαι, ἐφ᾽ ὅσον εἰμὶ ἐν τούτῳ τῷ σκηνώματι, διεγείρειν ὑμᾶς ἐν ὑπομνήσει **14** εἰδὼς ὅτι ταχινή ἐστιν ἡ ἀπόθεσις τοῦ σκηνώματός μου, καθὼς καὶ ὁ κύριος ἡμῶν Ἰησοῦς Χριστὸς ἐδήλωσέν μοι. **15** σπουδάσω δὲ καὶ ἑκάστοτε ἔχειν ὑμᾶς μετὰ τὴν ἐμὴν ἔξοδον τὴν τούτων μνήμην ποιεῖσθαι.

Christ's Glory and the Prophetic Word

16 Οὐ γὰρ σεσοφισμένοις μύθοις ἐξακολουθήσαντες ἐγνωρίσαμεν ὑμῖν τὴν τοῦ κυρίου ἡμῶν Ἰησοῦ Χριστοῦ δύναμιν καὶ παρουσίαν ἀλλ᾽ ἐπόπται γενηθέντες τῆς ἐκείνου μεγαλειότητος. **17** λαβὼν γὰρ παρὰ θεοῦ πατρὸς τιμὴν καὶ δόξαν φωνῆς ἐνεχθείσης αὐτῷ τοιᾶσδε ὑπὸ τῆς μεγαλοπρεποῦς δόξης· ὁ υἱός μου ὁ ἀγαπητός μου οὗτός ἐστιν[4] εἰς ὃν ἐγὼ εὐδόκησα **18** καὶ ταύτην τὴν φωνὴν ἡμεῖς ἠκούσαμεν ἐξ οὐρανοῦ ἐνεχθεῖσαν σὺν αὐτῷ ὄντες ἐν τῷ ἁγίῳ ὄρει. **19** καὶ ἔχομεν βεβαιότερον τὸν προφητικὸν λόγον ᾧ καλῶς ποιεῖτε προσέχοντες ὡς λύχνῳ φαίνοντι ἐν αὐχμηρῷ τόπῳ, ἕως οὗ ἡμέρα διαυγάσῃ καὶ φωσφόρος ἀνατείλῃ ἐν ταῖς καρδίαις ὑμῶν, **20** τοῦτο πρῶτον γινώσκοντες ὅτι πᾶσα προφητεία γραφῆς ἰδίας ἐπιλύσεως οὐ γίνεται· **21** οὐ γὰρ θελήματι ἀνθρώπου ἠνέχθη προφητεία ποτέ, ἀλλ᾽ ὑπὸ πνεύματος ἁγίου φερόμενοι ἐλάλησαν ἀπὸ θεοῦ[5] ἄνθρωποι.

---

[4] **17** {B} ὁ υἱός μου ὁ ἀγαπητός μου οὗτός ἐστιν 𝔓⁷² 03 co^{sa-ms} // οὗτός ἐστιν ὁ υἱός μου ὁ ἀγαπητός (see Mt 3.17; 17.5) 01 02 04¹ 044 5 33 81 307 436 442 642 1243 1448 1611 1735 1739 1852 2344 2492 Byz lat sy // οὗτός ἐστιν ὁ υἱός μου ὁ ἀγαπητὸς οὗτός ἐστιν (04*vid omit ὁ ἀγαπητός) 025 1175 co^{sa-mss, bo}

[5] **21** {B} ἀπὸ θεοῦ 𝔓⁷² 03 025 442 1175 1243 1739 1852 2492 sy^h // ἀπὸ θεοῦ ἅγιοι 04 (81 ἅγιοι ἀπὸ θεοῦ) // ἅγιοι θεοῦ 01 (02 τοῦ θεοῦ) 044 5 33 307 436 642 1448 1611 1735 2344 Byz lat sy^{ph}

False Prophets and Teachers   (Jude 4-13)

2 Ἐγένοντο δὲ καὶ ψευδοπροφῆται ἐν τῷ λαῷ, ὡς καὶ ἐν ὑμῖν ἔσονται ψευδοδιδάσκαλοι οἵτινες παρεισάξουσιν αἱρέσεις ἀπωλείας καὶ τὸν ἀγοράσαντα αὐτοὺς δεσπότην ἀρνούμενοι ἐπάγοντες ἑαυτοῖς ταχινὴν ἀπώλειαν. 2 καὶ πολλοὶ ἐξακολουθήσουσιν αὐτῶν ταῖς ἀσελγείαις δι' οὓς ἡ ὁδὸς τῆς ἀληθείας βλασφημηθήσεται, 3 καὶ ἐν πλεονεξίᾳ πλαστοῖς λόγοις ὑμᾶς ἐμπορεύσονται οἷς τὸ κρίμα ἔκπαλαι οὐκ ἀργεῖ καὶ ἡ ἀπώλεια αὐτῶν οὐ νυστάζει.

4 Εἰ γὰρ ὁ θεὸς ἀγγέλων ἁμαρτησάντων οὐκ ἐφείσατο ἀλλὰ σειραῖς[1] ζόφου ταρταρώσας παρέδωκεν εἰς κρίσιν τηρουμένους 5 καὶ ἀρχαίου κόσμου οὐκ ἐφείσατο ἀλλ' ὄγδοον Νῶε δικαιοσύνης κήρυκα ἐφύλαξεν κατακλυσμὸν κόσμῳ ἀσεβῶν ἐπάξας 6 καὶ πόλεις Σοδόμων καὶ Γομόρρας τεφρώσας καταστροφῇ κατέκρινεν ὑπόδειγμα μελλόντων ἀσεβεῖν[2] τεθεικώς 7 καὶ δίκαιον Λὼτ καταπονούμενον ὑπὸ τῆς τῶν ἀθέσμων ἐν ἀσελγείᾳ ἀναστροφῆς ἐρρύσατο· 8 βλέμματι γὰρ καὶ ἀκοῇ ὁ δίκαιος ἐγκατοικῶν ἐν αὐτοῖς ἡμέραν ἐξ ἡμέρας ψυχὴν δικαίαν ἀνόμοις ἔργοις ἐβασάνιζεν. 9 οἶδεν κύριος εὐσεβεῖς ἐκ πειρασμοῦ ῥύεσθαι, ἀδίκους δὲ εἰς ἡμέραν κρίσεως κολαζομένους τηρεῖν, 10 μάλιστα δὲ τοὺς ὀπίσω σαρκὸς ἐν ἐπιθυμίᾳ μιασμοῦ πορευομένους καὶ κυριότητος καταφρονοῦντας. τολμηταὶ αὐθάδεις δόξας οὐ τρέμουσιν βλασφημοῦντες, 11 ὅπου ἄγγελοι ἰσχύϊ καὶ δυνάμει μείζονες ὄντες οὐ φέρουσιν κατ' αὐτῶν παρὰ κυρίῳ[3] βλάσφημον κρίσιν.

12 Οὗτοι δὲ ὡς ἄλογα ζῷα γεγεννημένα φυσικὰ εἰς ἅλωσιν καὶ φθορὰν ἐν οἷς ἀγνοοῦσιν βλασφημοῦντες ἐν τῇ φθορᾷ αὐτῶν καὶ φθαρήσονται 13 ἀδικούμενοι[4] μισθὸν ἀδικίας ἡδονὴν

---

[1]4 {C} σειραῖς $\mathfrak{P}^{72}$ 025 044 5 33 307 436 442 642 1175 1243 1448 1611 1735 1739 1852 2344 2492 *Byz* lat^{vg} sy^{ph} co$^{bo, cv}$ Cyril // σιροῖς 01 02 03 04 81 lat^{vl-pt}

[2]6 {C} ἀσεβεῖν 01 02 04 044 5 33 81 307 436 442 642 1448 1611 1735 1739 2344 2492 *Byz* lat co^{sa} // ἀσεβέσιν $\mathfrak{P}^{72}$ 03 025 1175 1243 1852 sy eth

[3]11 ♦ παρὰ κυρίῳ 01 03 04 025 1175 1243 1448^{c} 1739 1852 2492 *Byz*// παρὰ κυρίου $\mathfrak{P}^{72}$ 5 307 lat^{vl-pt} sy$^{ph-mss, h\ with\ *}$ // ♦ *omit* 02 044 33 81 436 442 642 1448* 1611 1735 2344 lat^{vg} sy$^{ph-mss, h}$ co

[4]13 {B} ἀδικούμενοι $\mathfrak{P}^{72}$ 01* 03 025 044 1175 1243 1852 sy^{ph}// κομιούμενοι 01^{2} 02 04 5 33 81 307 436 442 642 1448 1611 1735 1739 2344 2492 *Byz* lat sy^{h} co eth

ἡγούμενοι τὴν ἐν ἡμέρᾳ τρυφήν, σπίλοι καὶ μῶμοι ἐντρυφῶντες ἐν ταῖς ἀπάταις⁵ αὐτῶν συνευωχούμενοι ὑμῖν, **14** ὀφθαλμοὺς ἔχοντες μεστοὺς μοιχαλίδος καὶ ἀκαταπαύστους ἁμαρτίας, δελεάζοντες ψυχὰς ἀστηρίκτους, καρδίαν γεγυμνασμένην πλεονεξίας ἔχοντες, κατάρας τέκνα. **15** καταλιπόντες εὐθεῖαν ὁδὸν ἐπλανήθησαν ἐξακολουθήσαντες τῇ ὁδῷ τοῦ Βαλαὰμ τοῦ Βοσὸρ⁶ ὃς μισθὸν ἀδικίας ἠγάπησεν, **16** ἔλεγξιν δὲ ἔσχεν ἰδίας παρανομίας· ὑποζύγιον ἄφωνον ἐν ἀνθρώπου φωνῇ φθεγξάμενον ἐκώλυσεν τὴν τοῦ προφήτου παραφρονίαν. **17** οὗτοί εἰσιν πηγαὶ ἄνυδροι καὶ ὁμίχλαι ὑπὸ λαίλαπος ἐλαυνόμεναι οἷς ὁ ζόφος τοῦ σκότους τετήρηται. **18** ὑπέρογκα γὰρ ματαιότητος φθεγγόμενοι δελεάζουσιν ἐν ἐπιθυμίαις σαρκὸς ἀσελγείαις τοὺς ὄντως⁷ ἀποφεύγοντας τοὺς ἐν πλάνῃ ἀναστρεφομένους, **19** ἐλευθερίαν αὐτοῖς ἐπαγγελλόμενοι αὐτοὶ δοῦλοι ὑπάρχοντες τῆς φθορᾶς· ᾧ γάρ τις ἥττηται, τούτῳ δεδούλωται. **20** εἰ γὰρ ἀποφυγόντες τὰ μιάσματα τοῦ κόσμου ἐν ἐπιγνώσει τοῦ κυρίου καὶ σωτῆρος Ἰησοῦ Χριστοῦ, τούτοις δὲ πάλιν ἐμπλακέντες ἡττῶνται, γέγονεν αὐτοῖς τὰ ἔσχατα χείρονα τῶν πρώτων. **21** κρεῖττον γὰρ ἦν αὐτοῖς μὴ ἐπεγνωκέναι τὴν ὁδὸν τῆς δικαιοσύνης ἢ ἐπιγνοῦσιν ὑποστρέψαι ἐκ τῆς παραδοθείσης αὐτοῖς ἁγίας ἐντολῆς. **22** συμβέβηκεν αὐτοῖς τὸ τῆς ἀληθοῦς παροιμίας· κύων ἐπιστρέψας ἐπὶ τὸ ἴδιον ἐξέραμα, καί· ὗς λουσαμένη εἰς κυλισμὸν βορβόρου.

The Promise of the Lord's Coming

3 Ταύτην ἤδη, ἀγαπητοί, δευτέραν ὑμῖν γράφω ἐπιστολὴν ἐν αἷς διεγείρω ὑμῶν ἐν ὑπομνήσει τὴν εἰλικρινῆ διάνοιαν **2** μνησθῆναι τῶν προειρημένων ῥημάτων ὑπὸ τῶν ἁγίων

---

⁵ **13** {B} ἀπάταις 𝔓⁷² 01 04 025 33 81 307 436 442 642 1175 1448 1735 1852 2344 2492 *Byz* syʰ coˢᵃ⁻ᵐˢˢ, ᵇᵒ ∥ ἀγάπαις (*see* Jd12) 02 03 044 5 1243 1611 lat syᵖʰ, ʰᵐᵍ coˢᵃ⁻ᵐˢˢ eth ∥ ἀγνοίαις 1739

⁶ **15** {A} Βοσόρ 𝔓⁷² 01² 02 04 025 044 048 5 81 307 436 442 642 1175 1243 1448 1611 1735 1739 1852 2344 2492 *Byz* latᵛᵍ syʰ coᵇᵒ ∥ Βεώρ (*see* Nu 22.5) 03 latᵛˡ⁻ᵖᵗ syᵖʰ coˢᵃ ∥ Βεωορσορ (*but omit following* ὅς) 01*

⁷ **18** {C} ὄντως 01* 04 025 048 5 81 307 442 642 1175 1243 1448 1611 1735 1739 1852 2492 *Byz* ∥ ὀλίγως 𝔓⁷² 01² 02 03 044 33 436 lat? sy? co? ∥ ὀλίγον 2344 lat? sy? co?

προφητῶν καὶ τῆς τῶν ἀποστόλων ὑμῶν ἐντολῆς τοῦ κυρίου καὶ σωτῆρος. **3** τοῦτο πρῶτον γινώσκοντες ὅτι ἐλεύσονται ἐπ' ἐσχάτων τῶν ἡμερῶν ἐν ἐμπαιγμονῇ ἐμπαῖκται κατὰ τὰς ἰδίας ἐπιθυμίας αὐτῶν πορευόμενοι **4** καὶ λέγοντες· ποῦ ἐστιν ἡ ἐπαγγελία τῆς παρουσίας αὐτοῦ; ἀφ' ἧς γὰρ οἱ πατέρες ἐκοιμήθησαν, πάντα οὕτως διαμένει ἀπ' ἀρχῆς κτίσεως. **5** λανθάνει γὰρ αὐτοὺς τοῦτο θέλοντας ὅτι οὐρανοὶ ἦσαν ἔκπαλαι καὶ γῆ ἐξ ὕδατος καὶ δι' ὕδατος συνεστῶσα τῷ τοῦ θεοῦ λόγῳ **6** δι' ὃν[1] ὁ τότε κόσμος ὕδατι κατακλυσθεὶς ἀπώλετο· **7** οἱ δὲ νῦν οὐρανοὶ καὶ ἡ γῆ τῷ αὐτῷ λόγῳ τεθησαυρισμένοι εἰσὶν πυρὶ τηρούμενοι εἰς ἡμέραν κρίσεως καὶ ἀπωλείας τῶν ἀσεβῶν ἀνθρώπων.

8 Ἓν δὲ τοῦτο μὴ λανθανέτω ὑμᾶς, ἀγαπητοί, ὅτι μία ἡμέρα παρὰ κυρίῳ ὡς χίλια ἔτη καὶ χίλια ἔτη ὡς ἡμέρα μία. **9** οὐ βραδύνει κύριος τῆς ἐπαγγελίας, ὥς τινες βραδύτητα ἡγοῦνται, ἀλλὰ μακροθυμεῖ εἰς ὑμᾶς[2] μὴ βουλόμενός τινας ἀπολέσθαι ἀλλὰ πάντας εἰς μετάνοιαν χωρῆσαι.

10 Ἥξει δὲ ἡμέρα κυρίου ὡς κλέπτης ἐν ᾗ οἱ οὐρανοὶ ῥοιζηδὸν παρελεύσονται, στοιχεῖα δὲ καυσούμενα λυθήσεται, καὶ γῆ καὶ τὰ ἐν αὐτῇ ἔργα οὐχ εὑρεθήσεται[3]. **11** τούτων οὕτως πάντων λυομένων ποταποὺς δεῖ ὑπάρχειν ὑμᾶς ἐν ἁγίαις ἀναστροφαῖς καὶ εὐσεβείαις **12** προσδοκῶντας καὶ σπεύδοντας τὴν παρουσίαν τῆς τοῦ θεοῦ ἡμέρας δι' ἣν οὐρανοὶ πυρούμενοι λυθήσονται καὶ στοιχεῖα καυσούμενα τήκεται. **13** καινοὺς δὲ οὐρανοὺς καὶ γῆν καινὴν κατὰ τὸ ἐπάγγελμα αὐτοῦ προσδοκῶμεν ἐν οἷς δικαιοσύνη κατοικεῖ.

14 Διό, ἀγαπητοί, ταῦτα προσδοκῶντες σπουδάσατε ἄσπιλοι καὶ ἀμώμητοι αὐτῷ εὑρεθῆναι ἐν εἰρήνῃ **15** καὶ τὴν τοῦ κυρίου

---

[1] **6** {C} δι' ὅν 025 1175 lat[vl-pt, vg-mss] // δι' ὧν $\mathfrak{P}^{72}$ 01 02 03 04 044 048 5 33 81 307 436 442 642 1448 1611 1735 1739 1852 2344 2492 *Byz* lat[vl-pt, vg] sy co

[2] **9** {C} εἰς ὑμᾶς $\mathfrak{P}^{72}$ 03 04 025 048[vid] 81 1175 1243 1448 1735 1739 2344 // εἰς ἡμᾶς 307 442 642 2492 *Byz* // δι' ὑμᾶς 01 02 044 5 33 436 1611 1852 lat sy co[sa] eth

[3] **10** {D} οὐχ εὑρεθήσεται sy[ph-mss] co[sa, cv-vid] // εὑρεθήσεται 01 03 025 1175 1448 1739[txt] 1852 sy[ph-mss, h-ms-mg] // εὑρεθήσεται λυόμενα $\mathfrak{P}^{72}$ // ἀφανισθήσονται 04 // κατακαήσεται 02 048 (5 1243 1735 2492 κατακαήσονται) 33 81 307 436 442 642 1611 1739[v. r.] 2344 *Byz* lat[vl-pt, vg-ms] sy[h] cpa (co[bo]) (eth) Cyril // *omit* καὶ γῆ … εὑρεθήσεται 044 lat[vg]

ἡμῶν μακροθυμίαν σωτηρίαν ἡγεῖσθε, καθὼς καὶ ὁ ἀγαπητὸς ἡμῶν ἀδελφὸς Παῦλος κατὰ τὴν δοθεῖσαν αὐτῷ σοφίαν ἔγραψεν ὑμῖν, **16** ὡς καὶ ἐν πάσαις ταῖς ἐπιστολαῖς λαλῶν ἐν αὐταῖς περὶ τούτων ἐν αἷς ἐστιν δυσνόητά τινα ἃ οἱ ἀμαθεῖς καὶ ἀστήρικτοι στρεβλώσουσιν ὡς καὶ τὰς λοιπὰς γραφὰς πρὸς τὴν ἰδίαν αὐτῶν ἀπώλειαν.

17 Ὑμεῖς οὖν, ἀγαπητοί, προγινώσκοντες φυλάσσεσθε, ἵνα μὴ τῇ τῶν ἀθέσμων πλάνῃ συναπαχθέντες ἐκπέσητε τοῦ ἰδίου στηριγμοῦ, **18** αὐξάνετε δὲ ἐν χάριτι καὶ γνώσει τοῦ κυρίου ἡμῶν καὶ σωτῆρος Ἰησοῦ Χριστοῦ. αὐτῷ ἡ δόξα καὶ νῦν καὶ εἰς ἡμέραν αἰῶνος.[4]

---

[4]**18** {C} αἰῶνος. 03 1175 1243 1739* // αἰῶνος. ἀμήν. 𝔓⁷² 01 02 04 025 044 5 33 81 307 436 442 642 1448 1611 1735 1739ᶜ 1852 2344 2492 *Byz* latᵛᵍ sy co

ΙΩΑΝΝΟΥ ΕΠΙΣΤΟΛΗ ΠΡΩΤΗ

The Word of Life

1 Ὅ ἦν ἀπ' ἀρχῆς, ὃ ἀκηκόαμεν, ὃ ἑωράκαμεν τοῖς ὀφθαλμοῖς ἡμῶν, ὃ ἐθεασάμεθα καὶ αἱ χεῖρες ἡμῶν ἐψηλάφησαν περὶ τοῦ λόγου τῆς ζωῆς – 2 καὶ ἡ ζωὴ ἐφανερώθη, καὶ ἑωράκαμεν καὶ μαρτυροῦμεν καὶ ἀπαγγέλλομεν ὑμῖν τὴν ζωὴν τὴν αἰώνιον ἥτις ἦν πρὸς τὸν πατέρα καὶ ἐφανερώθη ἡμῖν – 3 ὃ ἑωράκαμεν καὶ ἀκηκόαμεν, ἀπαγγέλλομεν καὶ ὑμῖν, ἵνα καὶ ὑμεῖς κοινωνίαν ἔχητε μεθ' ἡμῶν. καὶ ἡ κοινωνία δὲ ἡ ἡμετέρα μετὰ τοῦ πατρὸς καὶ μετὰ τοῦ υἱοῦ αὐτοῦ Ἰησοῦ Χριστοῦ. 4 καὶ ταῦτα γράφομεν ἡμεῖς¹, ἵνα ἡ χαρὰ ἡμῶν² ᾖ πεπληρωμένη.

God is Light

5 Καὶ ἔστιν αὕτη ἡ ἀγγελία ἣν ἀκηκόαμεν ἀπ' αὐτοῦ καὶ ἀναγγέλλομεν ὑμῖν, ὅτι ὁ θεὸς φῶς ἐστιν καὶ σκοτία ἐν αὐτῷ οὐκ ἔστιν οὐδεμία. 6 ἐὰν εἴπωμεν ὅτι κοινωνίαν ἔχομεν μετ' αὐτοῦ καὶ ἐν τῷ σκότει περιπατῶμεν, ψευδόμεθα καὶ οὐ ποιοῦμεν τὴν ἀλήθειαν· 7 ἐὰν ἐν τῷ φωτὶ περιπατῶμεν, ὡς αὐτός ἐστιν ἐν τῷ φωτί, κοινωνίαν ἔχομεν μετ' ἀλλήλων, καὶ τὸ αἷμα Ἰησοῦ τοῦ υἱοῦ αὐτοῦ καθαρίζει ἡμᾶς ἀπὸ πάσης ἁμαρτίας. 8 ἐὰν εἴπωμεν ὅτι ἁμαρτίαν οὐκ ἔχομεν, ἑαυτοὺς πλανῶμεν καὶ ἡ ἀλήθεια οὐκ ἔστιν ἐν ἡμῖν. 9 ἐὰν ὁμολογῶμεν τὰς ἁμαρτίας ἡμῶν, πιστός ἐστιν καὶ δίκαιος, ἵνα ἀφῇ ἡμῖν τὰς ἁμαρτίας καὶ καθαρίσῃ ἡμᾶς ἀπὸ πάσης ἀδικίας. 10 ἐὰν εἴπωμεν ὅτι οὐχ ἡμαρτήκαμεν, ψεύστην ποιοῦμεν αὐτόν, καὶ ὁ λόγος αὐτοῦ οὐκ ἔστιν ἐν ἡμῖν.

Christ Our Advocate

2 Τεκνία μου, ταῦτα γράφω ὑμῖν ἵνα μὴ ἁμάρτητε. καὶ ἐάν τις ἁμάρτῃ, παράκλητον ἔχομεν πρὸς τὸν πατέρα Ἰησοῦν

---

¹4 {B} ἡμεῖς 01 02*vid 03 025 044 33 lat vl-pt co sa-mss ∥ ὑμῖν 02c 04 5 81 307 436 442 642 1175 1243 1448 1611 1735 1739 1852 1881 2344 Byz lat vl-pt, vg sy co sa-ms, bo, cv eth
²4 ♦ ἡμῶν 01 03 044 436 1175 Byz pt Lect lat vl-pt, vg sy p co sa ∥ ♦ ὑμῶν 02 04 025 5 33 81 307 442 642 1243 1448 1611 1735 1739 1852 1881 2344 Byz pt TR lat vl-pt, vg-mss sy h co bo, cv eth

Χριστὸν δίκαιον· 2 καὶ αὐτὸς ἱλασμός ἐστιν περὶ τῶν ἁμαρτιῶν ἡμῶν, οὐ περὶ τῶν ἡμετέρων δὲ μόνον ἀλλὰ καὶ περὶ ὅλου τοῦ κόσμου. 3 Καὶ ἐν τούτῳ γινώσκομεν ὅτι ἐγνώκαμεν αὐτόν, ἐὰν τὰς ἐντολὰς αὐτοῦ τηρῶμεν. 4 ὁ λέγων ὅτι ἔγνωκα αὐτὸν καὶ τὰς ἐντολὰς αὐτοῦ μὴ τηρῶν ψεύστης ἐστίν, καὶ ἐν τούτῳ ἡ ἀλήθεια οὐκ ἔστιν· 5 ὃς δ᾽ ἂν τηρῇ αὐτοῦ τὸν λόγον, ἀληθῶς ἐν τούτῳ ἡ ἀγάπη τοῦ θεοῦ τετελείωται· ἐν τούτῳ γινώσκομεν ὅτι ἐν αὐτῷ ἐσμεν. 6 ὁ λέγων ἐν αὐτῷ μένειν ὀφείλει, καθὼς ἐκεῖνος περιεπάτησεν, καὶ αὐτὸς οὕτως περιπατεῖν.

The New Commandment

7 Ἀγαπητοί, οὐκ ἐντολὴν καινὴν γράφω ὑμῖν ἀλλ᾽ ἐντολὴν παλαιὰν ἣν εἴχετε ἀπ᾽ ἀρχῆς· ἡ ἐντολὴ ἡ παλαιά ἐστιν ὁ λόγος ὃν ἠκούσατε. 8 πάλιν ἐντολὴν καινὴν γράφω ὑμῖν ὅ ἐστιν ἀληθὲς ἐν αὐτῷ καὶ ἐν ὑμῖν, ὅτι ἡ σκοτία παράγεται καὶ τὸ φῶς τὸ ἀληθινὸν ἤδη φαίνει. 9 ὁ λέγων ἐν τῷ φωτὶ εἶναι καὶ τὸν ἀδελφὸν αὐτοῦ μισῶν ἐν τῇ σκοτίᾳ ἐστὶν ἕως ἄρτι. 10 ὁ ἀγαπῶν τὸν ἀδελφὸν αὐτοῦ ἐν τῷ φωτὶ μένει, καὶ σκάνδαλον ἐν αὐτῷ οὐκ ἔστιν· 11 ὁ δὲ μισῶν τὸν ἀδελφὸν αὐτοῦ ἐν τῇ σκοτίᾳ ἐστὶν καὶ ἐν τῇ σκοτίᾳ περιπατεῖ καὶ οὐκ οἶδεν ποῦ ὑπάγει, ὅτι ἡ σκοτία ἐτύφλωσεν τοὺς ὀφθαλμοὺς αὐτοῦ.

12 γράφω ὑμῖν, τεκνία, ὅτι ἀφέωνται ὑμῖν αἱ ἁμαρτίαι διὰ
    τὸ ὄνομα αὐτοῦ.
13 γράφω ὑμῖν, πατέρες, ὅτι ἐγνώκατε τὸν ἀπ᾽ ἀρχῆς.
    γράφω ὑμῖν, νεανίσκοι, ὅτι νενικήκατε τὸν πονηρόν.
14 ἔγραψα[1] ὑμῖν, παιδία, ὅτι ἐγνώκατε τὸν πατέρα.
    ἔγραψα ὑμῖν, πατέρες, ὅτι ἐγνώκατε τὸν ἀπ᾽ ἀρχῆς.
    ἔγραψα ὑμῖν, νεανίσκοι, ὅτι ἰσχυροί ἐστε καὶ ὁ λόγος
        τοῦ θεοῦ ἐν ὑμῖν μένει καὶ νενικήκατε τὸν πονηρόν.

15 Μὴ ἀγαπᾶτε τὸν κόσμον μηδὲ τὰ ἐν τῷ κόσμῳ. ἐάν τις ἀγαπᾷ τὸν κόσμον, οὐκ ἔστιν ἡ ἀγάπη τοῦ πατρὸς ἐν αὐτῷ·

---

[1] 14 {A} ἔγραψα 𝔓[74vid] 01 02 03 04 025 044 5 33 307 436 442 1243 1611 1735 1739 1852 1881 2344 *Lect* lat[vg] sy[p-mss, h] co[sa, bo] eth Cyril // γράφω 81 642 1175 1448 2492 *Byz* lat[vl, vg-mss] sy[p-mss] co[cv]

16 ὅτι πᾶν τὸ ἐν τῷ κόσμῳ, ἡ ἐπιθυμία τῆς σαρκὸς καὶ ἡ ἐπιθυμία τῶν ὀφθαλμῶν καὶ ἡ ἀλαζονεία τοῦ βίου, οὐκ ἔστιν ἐκ τοῦ πατρὸς ἀλλ' ἐκ τοῦ κόσμου ἐστίν. **17** καὶ ὁ κόσμος παράγεται καὶ ἡ ἐπιθυμία αὐτοῦ, ὁ δὲ ποιῶν τὸ θέλημα τοῦ θεοῦ μένει εἰς τὸν αἰῶνα.

The Antichrist

18 Παιδία, ἐσχάτη ὥρα ἐστίν, καὶ καθὼς ἠκούσατε ὅτι[2] ἀντίχριστος ἔρχεται, καὶ νῦν ἀντίχριστοι πολλοὶ γεγόνασιν, ὅθεν γινώσκομεν ὅτι ἐσχάτη ὥρα ἐστίν. **19** ἐξ ἡμῶν ἐξῆλθαν ἀλλ' οὐκ ἦσαν ἐξ ἡμῶν, εἰ γὰρ ἐξ ἡμῶν ἦσαν, μεμενήκεισαν ἂν μεθ' ἡμῶν – ἀλλ' ἵνα φανερωθῶσιν ὅτι οὐκ εἰσὶν πάντες ἐξ ἡμῶν. **20** καὶ ὑμεῖς χρῖσμα ἔχετε ἀπὸ τοῦ ἁγίου καὶ οἴδατε πάντες[3]. **21** οὐκ ἔγραψα ὑμῖν ὅτι οὐκ οἴδατε τὴν ἀλήθειαν ἀλλ' ὅτι οἴδατε αὐτὴν καὶ ὅτι πᾶν ψεῦδος ἐκ τῆς ἀληθείας οὐκ ἔστιν.

22 Τίς ἐστιν ὁ ψεύστης εἰ μὴ ὁ ἀρνούμενος ὅτι Ἰησοῦς οὐκ ἔστιν ὁ Χριστός; οὗτός ἐστιν ὁ ἀντίχριστος, ὁ ἀρνούμενος τὸν πατέρα καὶ τὸν υἱόν. **23** πᾶς ὁ ἀρνούμενος τὸν υἱὸν οὐδὲ τὸν πατέρα ἔχει, ὁ ὁμολογῶν τὸν υἱὸν καὶ τὸν πατέρα ἔχει[4]. **24** ὑμεῖς ὃ ἠκούσατε ἀπ' ἀρχῆς, ἐν ὑμῖν μενέτω. ἐὰν ἐν ὑμῖν μείνῃ ὃ ἀπ' ἀρχῆς ἠκούσατε, καὶ ὑμεῖς ἐν τῷ υἱῷ καὶ ἐν τῷ πατρὶ μενεῖτε. **25** καὶ αὕτη ἐστὶν ἡ ἐπαγγελία ἣν αὐτὸς ἐπηγγείλατο ἡμῖν, τὴν ζωὴν τὴν αἰώνιον.

26 Ταῦτα ἔγραψα ὑμῖν περὶ τῶν πλανώντων ὑμᾶς. **27** καὶ ὑμεῖς τὸ χρῖσμα ὃ ἐλάβετε ἀπ' αὐτοῦ μένει ἐν ὑμῖν, καὶ οὐ χρείαν ἔχετε ἵνα τις διδάσκῃ ὑμᾶς, ἀλλ' ὡς τὸ αὐτοῦ χρῖσμα διδάσκει ὑμᾶς περὶ πάντων, καὶ ἀληθές ἐστιν καὶ οὐκ ἔστιν ψεῦδος, καὶ καθὼς ἐδίδαξεν ὑμᾶς, μένετε ἐν αὐτῷ.

---

[2] **18** {B} ὅτι 01* 03 04 044 5 436 1739 Origen // ὅτι ὁ 01[2] 33 81 307 442 642 1175 1243 1448 1611 1735 1852 2344 2492 *Byz* (*or only* ὅτι lat sy co Irenaeus[lat]) // ὁ 02 1881

[3] **20** {B} πάντες 01 03 025 044 1852 sy co[sa] // πάντα 02 04 5 33 81 307 436 442 642 1175 1243 1448 1611 1735 1739 1881 2344 2492 *Byz* lat co[bo] eth Cyril-Jerusalem

[4] **23** {A} ὁ ὁμολογῶν τὸν υἱὸν καὶ τὸν πατέρα ἔχει 01 02 03 04 025 044 5 33 307 436 442 1243 1448 1611 1735 1852 2344 2492 lat sy co eth Athanasius Cyril-Jerusalem Cyril // *omit* 81 642 1175 2492 *Byz* co[bo-ms]

Children of God

28 Καὶ νῦν, τεκνία, μένετε ἐν αὐτῷ, ἵνα ἐὰν φανερωθῇ, σχῶμεν παρρησίαν καὶ μὴ αἰσχυνθῶμεν ἀπ' αὐτοῦ ἐν τῇ παρουσίᾳ αὐτοῦ. **29** ἐὰν εἰδῆτε ὅτι δίκαιός ἐστιν, γινώσκετε ὅτι καὶ πᾶς ὁ ποιῶν τὴν δικαιοσύνην ἐξ αὐτοῦ γεγέννηται.

3 Ἴδετε ποταπὴν ἀγάπην δέδωκεν ἡμῖν ὁ πατήρ, ἵνα τέκνα θεοῦ κληθῶμεν, καὶ ἐσμέν[1]. διὰ τοῦτο ὁ κόσμος οὐ γινώσκει ἡμᾶς, ὅτι οὐκ ἔγνω αὐτόν. **2** ἀγαπητοὶ νῦν τέκνα θεοῦ ἐσμεν, καὶ οὔπω ἐφανερώθη τί ἐσόμεθα. οἴδαμεν ὅτι ἐὰν φανερωθῇ, ὅμοιοι αὐτῷ ἐσόμεθα, ὅτι ὀψόμεθα αὐτόν, καθώς ἐστιν. **3** καὶ πᾶς ὁ ἔχων τὴν ἐλπίδα ταύτην ἐπ' αὐτῷ ἁγνίζει ἑαυτόν, καθὼς ἐκεῖνος ἁγνός ἐστιν.

4 Πᾶς ὁ ποιῶν τὴν ἁμαρτίαν καὶ τὴν ἀνομίαν ποιεῖ, καὶ ἡ ἁμαρτία ἐστὶν ἡ ἀνομία. **5** καὶ οἴδατε ὅτι ἐκεῖνος ἐφανερώθη, ἵνα τὰς ἁμαρτίας[2] ἄρῃ, καὶ ἁμαρτία ἐν αὐτῷ οὐκ ἔστιν. **6** πᾶς ὁ ἐν αὐτῷ μένων οὐχ ἁμαρτάνει· πᾶς ὁ ἁμαρτάνων οὐχ ἑώρακεν αὐτὸν οὐδὲ ἔγνωκεν αὐτόν.

7 Παιδία, μηδεὶς πλανάτω ὑμᾶς· ὁ ποιῶν τὴν δικαιοσύνην δίκαιός ἐστιν, καθὼς ἐκεῖνος δίκαιός ἐστιν· **8** ὁ ποιῶν τὴν ἁμαρτίαν ἐκ τοῦ διαβόλου ἐστίν, ὅτι ἀπ' ἀρχῆς ὁ διάβολος ἁμαρτάνει. εἰς τοῦτο ἐφανερώθη ὁ υἱὸς τοῦ θεοῦ, ἵνα λύσῃ τὰ ἔργα τοῦ διαβόλου. **9** πᾶς ὁ γεγεννημένος ἐκ τοῦ θεοῦ ἁμαρτίαν οὐ ποιεῖ, ὅτι σπέρμα αὐτοῦ ἐν αὐτῷ μένει, καὶ οὐ δύναται ἁμαρτάνειν, ὅτι ἐκ τοῦ θεοῦ γεγέννηται. **10** ἐν τούτῳ φανερά ἐστιν τὰ τέκνα τοῦ θεοῦ καὶ τὰ τέκνα τοῦ διαβόλου· πᾶς ὁ μὴ ποιῶν δικαιοσύνην οὐκ ἔστιν ἐκ τοῦ θεοῦ καὶ ὁ μὴ ἀγαπῶν τὸν ἀδελφὸν αὐτοῦ.

Love One Another

11 Ὅτι αὕτη ἐστὶν ἡ ἀγγελία ἣν ἠκούσατε ἀπ' ἀρχῆς, ἵνα ἀγαπῶμεν ἀλλήλους, **12** οὐ καθὼς Κάϊν ἐκ τοῦ πονηροῦ ἦν καὶ

---

[1] **1** {B} καὶ ἐσμέν 𝔓[74vid] 01 02 03 04 025 044 5 33 81 307 436 442 1243 1611 1735 1739 1852 1881 2344 lat // omit 642 1175 1448 2492 Byz lat[vg-ms] co[sa-ms]

[2] **5** {B} ἁμαρτίας 02 03 025 5 33 436 1243 1735 1739 1852 1881 2344 lat[vl, vg] sy[h] co[bo] eth Tertullian // ἁμαρτίας ἡμῶν 01 04 044 81 307 442 642 1175 1448 1611 2492 Byz lat[vg-mss] sy[p] co[sa, fa, cv] Athanasius

ἔσφαξεν τὸν ἀδελφὸν αὐτοῦ· καὶ χάριν τίνος ἔσφαξεν αὐτόν; ὅτι τὰ ἔργα αὐτοῦ πονηρὰ ἦν, τὰ δὲ τοῦ ἀδελφοῦ αὐτοῦ δίκαια. **13** Καὶ μὴ θαυμάζετε, ἀδελφοί, εἰ μισεῖ ὑμᾶς ὁ κόσμος. **14** ἡμεῖς οἴδαμεν ὅτι μεταβεβήκαμεν ἐκ τοῦ θανάτου εἰς τὴν ζωήν, ὅτι ἀγαπῶμεν τοὺς ἀδελφούς· ὁ μὴ ἀγαπῶν[3] μένει ἐν τῷ θανάτῳ. **15** πᾶς ὁ μισῶν τὸν ἀδελφὸν αὐτοῦ ἀνθρωποκτόνος ἐστίν, καὶ οἴδατε ὅτι πᾶς ἀνθρωποκτόνος οὐκ ἔχει ζωὴν αἰώνιον ἐν αὐτῷ μένουσαν. **16** ἐν τούτῳ ἐγνώκαμεν τὴν ἀγάπην, ὅτι ἐκεῖνος ὑπὲρ ἡμῶν τὴν ψυχὴν αὐτοῦ ἔθηκεν, καὶ ἡμεῖς ὀφείλομεν ὑπὲρ τῶν ἀδελφῶν τὰς ψυχὰς θεῖναι. **17** ὃς δ᾽ ἂν ἔχῃ τὸν βίον τοῦ κόσμου καὶ θεωρῇ τὸν ἀδελφὸν αὐτοῦ χρείαν ἔχοντα καὶ κλείσῃ τὰ σπλάγχνα αὐτοῦ ἀπ᾽ αὐτοῦ, πῶς ἡ ἀγάπη τοῦ θεοῦ μένει ἐν αὐτῷ; **18** τεκνία, μὴ ἀγαπῶμεν λόγῳ μηδὲ τῇ γλώσσῃ, ἀλλ᾽ ἐν ἔργῳ καὶ ἀληθείᾳ.

Confidence before God

19 Καὶ ἐν τούτῳ γνωσόμεθα ὅτι ἐκ τῆς ἀληθείας ἐσμέν. καὶ ἔμπροσθεν αὐτοῦ πείσομεν τὴν καρδίαν ἡμῶν, **20** ὅτι ἐὰν καταγινώσκῃ ἡμῶν ἡ καρδία, ὅτι μείζων ἐστὶν ὁ θεὸς τῆς καρδίας ἡμῶν καὶ γινώσκει πάντα. **21** ἀγαπητοί, ἐὰν ἡ καρδία ἡμῶν μὴ καταγινώσκῃ, παρρησίαν ἔχομεν πρὸς τὸν θεὸν **22** καὶ ὃ ἐὰν αἰτῶμεν, λαμβάνομεν ἀπ᾽ αὐτοῦ, ὅτι τὰς ἐντολὰς αὐτοῦ τηροῦμεν καὶ τὰ ἀρεστὰ ἐνώπιον αὐτοῦ ποιοῦμεν.

23 Καὶ αὕτη ἐστὶν ἡ ἐντολὴ αὐτοῦ, ἵνα πιστεύσωμεν τῷ ὀνόματι τοῦ υἱοῦ αὐτοῦ Ἰησοῦ Χριστοῦ καὶ ἀγαπῶμεν ἀλλήλους, καθὼς ἔδωκεν ἐντολὴν ἡμῖν. **24** καὶ ὁ τηρῶν τὰς ἐντολὰς αὐτοῦ ἐν αὐτῷ μένει καὶ αὐτὸς ἐν αὐτῷ· καὶ ἐν τούτῳ γινώσκομεν ὅτι μένει ἐν ἡμῖν, ἐκ τοῦ πνεύματος οὗ ἡμῖν ἔδωκεν.

Testing the Spirits

4 Ἀγαπητοί, μὴ παντὶ πνεύματι πιστεύετε ἀλλὰ δοκιμάζετε τὰ πνεύματα εἰ ἐκ τοῦ θεοῦ ἐστιν, ὅτι πολλοὶ ψευδο-

---

[3] **14** {A} ἀγαπῶν 01 02 03 33 1243 1739 1852 1881 2344 2492 lat[vl-pt, vg] co[sa-mss, bo] eth[ms] ∥ ἀγαπῶν τὸν ἀδελφόν 04 044 5 81 307 642 1175 1735 *Byz* ∥ ἀγαπῶν τὸν ἀδελφὸν αὐτοῦ 025 436 442 1448 1611 sy eth[mss]

προφῆται ἐξεληλύθασιν εἰς τὸν κόσμον. **2** ἐν τούτῳ γινώσκετε τὸ πνεῦμα τοῦ θεοῦ· πᾶν πνεῦμα ὃ ὁμολογεῖ Ἰησοῦν Χριστὸν ἐν σαρκὶ ἐληλυθότα ἐκ τοῦ θεοῦ ἐστιν, **3** καὶ πᾶν πνεῦμα ὃ μὴ ὁμολογεῖ[1] τὸν Ἰησοῦν[2] ἐκ τοῦ θεοῦ οὐκ ἔστιν· καὶ τοῦτό ἐστιν τὸ τοῦ ἀντιχρίστου ὃ ἀκηκόατε ὅτι ἔρχεται, καὶ νῦν ἐν τῷ κόσμῳ ἐστὶν ἤδη.

4 Ὑμεῖς ἐκ τοῦ θεοῦ ἐστε, τεκνία, καὶ νενικήκατε αὐτούς, ὅτι μείζων ἐστὶν ὁ ἐν ὑμῖν ἢ ὁ ἐν τῷ κόσμῳ. **5** αὐτοὶ ἐκ τοῦ κόσμου εἰσίν, διὰ τοῦτο ἐκ τοῦ κόσμου λαλοῦσιν καὶ ὁ κόσμος αὐτῶν ἀκούει. **6** ἡμεῖς ἐκ τοῦ θεοῦ ἐσμεν· ὁ γινώσκων τὸν θεὸν ἀκούει ἡμῶν· ὃς οὐκ ἔστιν ἐκ τοῦ θεοῦ, οὐκ ἀκούει ἡμῶν. ἐκ τούτου γινώσκομεν τὸ πνεῦμα τῆς ἀληθείας καὶ τὸ πνεῦμα τῆς πλάνης.

God is Love

7 ἀγαπητοί, ἀγαπῶμεν ἀλλήλους,
ὅτι ἡ ἀγάπη ἐκ τοῦ θεοῦ ἐστιν,
καὶ πᾶς ὁ ἀγαπῶν ἐκ τοῦ θεοῦ γεγέννηται
καὶ γινώσκει τὸν θεόν.

8 ὁ μὴ ἀγαπῶν οὐκ ἔγνω τὸν θεόν,
ὅτι ὁ θεὸς ἀγάπη ἐστίν.

9 ἐν τούτῳ ἐφανερώθη ἡ ἀγάπη τοῦ θεοῦ ἐν ἡμῖν,
ὅτι τὸν υἱὸν αὐτοῦ τὸν μονογενῆ ἀπέσταλκεν ὁ θεὸς
εἰς τὸν κόσμον, ἵνα ζήσωμεν δι' αὐτοῦ.

10 ἐν τούτῳ ἐστὶν ἡ ἀγάπη,
οὐχ ὅτι ἡμεῖς ἠγαπήκαμεν τὸν θεόν,
ἀλλ' ὅτι αὐτὸς ἠγάπησεν ἡμᾶς

---

[1] **3** {A} μὴ ὁμολογεῖ 01 02 03 044 5 33 81 307 436 642 1175 1448 1611 1735 1739 1852 1881* 2344 2492 *Byz* lat[vl-pt] sy (co) eth Origen[gr, lat-pt] Cyril ∥ μὴ ὁμολογῇ 442 1243 1881[c-vid] ∥ λύει lat[vl-pt, vg] Irenaeus[lat and acc. to 1739-mg] Clement[acc. to 1739-mg] Tertullian Origen[gr acc. to 1739-mg] Origen[lat-pt]

[2] **3** {A} τὸν Ἰησοῦν 02 03 1739 (1881 *omit* τόν) lat[vg] co[bo] Irenaeus[lat and acc. to 1739-mg] Clement[acc. to 1739-mg] Tertullian[pt] Origen[gr, lat-pt] Cyril[pt] ∥ Ἰησοῦν Χριστόν 1735 lat[vl-pt, vg-ms] co[sa, bo-mss] Tertullian[pt] Cyril[pt] ∥ τὸν Ἰησοῦν ἐν σαρκὶ ἐληλυθότα/ἐληλυθέναι 044 33 81 436 1448 1611 1852 2344 sy[p-mss, h] ∥ Ἰησοῦν κύριον ἐν σαρκὶ ἐληλυθότα 01 ∥ Ἰησοῦν Χριστὸν ἐν σαρκὶ ἐληλυθότα/ἐληλυθέναι (*see* 4.2; *with minor variants*) 5 307 442 642 1175 1243 2492 *Byz* lat[vl-pt] sy[p-mss] Origen[lat-pt]

καὶ ἀπέστειλεν τὸν υἱὸν αὐτοῦ
ἱλασμὸν περὶ τῶν ἁμαρτιῶν ἡμῶν.
11 ἀγαπητοί, εἰ οὕτως ὁ θεὸς ἠγάπησεν ἡμᾶς, καὶ ἡμεῖς ὀφείλομεν ἀλλήλους ἀγαπᾶν. **12** θεὸν οὐδεὶς πώποτε τεθέαται. ἐὰν ἀγαπῶμεν ἀλλήλους, ὁ θεὸς ἐν ἡμῖν μένει καὶ ἡ ἀγάπη αὐτοῦ ἐν ἡμῖν τετελειωμένη ἐστίν. **13** ἐν τούτῳ γινώσκομεν ὅτι ἐν αὐτῷ μένομεν καὶ αὐτὸς ἐν ἡμῖν, ὅτι ἐκ τοῦ πνεύματος αὐτοῦ δέδωκεν ἡμῖν. **14** καὶ ἡμεῖς τεθεάμεθα καὶ μαρτυροῦμεν ὅτι ὁ πατὴρ ἀπέσταλκεν τὸν υἱὸν σωτῆρα τοῦ κόσμου. **15** ὃς ἐὰν ὁμολογήσῃ ὅτι Ἰησοῦς ἐστιν ὁ υἱὸς τοῦ θεοῦ, ὁ θεὸς ἐν αὐτῷ μένει καὶ αὐτὸς ἐν τῷ θεῷ. **16** καὶ ἡμεῖς ἐγνώκαμεν καὶ πεπιστεύκαμεν τὴν ἀγάπην ἣν ἔχει ὁ θεὸς ἐν ἡμῖν.

Ὁ θεὸς ἀγάπη ἐστίν, καὶ ὁ μένων ἐν τῇ ἀγάπῃ ἐν τῷ θεῷ μένει, καὶ ὁ θεὸς ἐν αὐτῷ μένει. **17** ἐν τούτῳ τετελείωται ἡ ἀγάπη μεθ' ἡμῶν, ἵνα παρρησίαν ἔχωμεν ἐν τῇ ἡμέρᾳ τῆς κρίσεως, ὅτι καθὼς ἐκεῖνός ἐστιν, καὶ ἡμεῖς ἐσμεν ἐν τῷ κόσμῳ τούτῳ. **18** φόβος οὐκ ἔστιν ἐν τῇ ἀγάπῃ, ἀλλ' ἡ τελεία ἀγάπη ἔξω βάλλει τὸν φόβον, ὅτι ὁ φόβος κόλασιν ἔχει, ὁ δὲ φοβούμενος οὐ τετελείωται ἐν τῇ ἀγάπῃ. **19** ἡμεῖς ἀγαπῶμεν[3], ὅτι αὐτὸς πρῶτος ἠγάπησεν ἡμᾶς. **20** ἐάν τις εἴπῃ ὅτι ἀγαπῶ τὸν θεὸν καὶ τὸν ἀδελφὸν αὐτοῦ μισῇ, ψεύστης ἐστίν· ὁ γὰρ μὴ ἀγαπῶν τὸν ἀδελφὸν αὐτοῦ ὃν ἑώρακεν, τὸν θεὸν ὃν οὐχ ἑώρακεν οὐ δύναται ἀγαπᾶν.[4] **21** καὶ ταύτην τὴν ἐντολὴν ἔχομεν ἀπ' αὐτοῦ, ἵνα ὁ ἀγαπῶν τὸν θεὸν ἀγαπᾷ καὶ τὸν ἀδελφὸν αὐτοῦ.

Faith is Victory over the World

5 Πᾶς ὁ πιστεύων ὅτι Ἰησοῦς ἐστιν ὁ Χριστὸς ἐκ τοῦ θεοῦ γεγέννηται, καὶ πᾶς ὁ ἀγαπῶν τὸν γεννήσαντα ἀγαπᾷ καὶ τὸν γεγεννημένον ἐξ αὐτοῦ. **2** ἐν τούτῳ γινώσκομεν ὅτι ἀγαπῶμεν τὰ τέκνα τοῦ θεοῦ, ὅταν τὸν θεὸν ἀγαπῶμεν καὶ τὰς

---

[3] **19** {A} ἀγαπῶμεν 02 03 5 1243 1739 1852 1881 lat^{vg} ∥ ἀγαπῶμεν τὸν θεόν 01 048 33 81 436 442 642 1448 1611 1735 2344 lat$^{vl,\,vg\text{-}mss}$ sy co$^{bo,\,cv\text{-}vid}$ ∥ ἀγαπῶμεν αὐτόν 044 307 1175 2492 *Byz* ∥ γινώσκομεν co^{sa}

[4] **20** ♦ οὐ δύναται ἀγαπᾶν. 01 03 044 442 1243 1448*^{vid} 1611 1739 1852 lat$^{vl\text{-}pt}$ sy^h co^{sa} Origen ∥ ♦ πῶς δύναται ἀγαπᾶν; 02 048 5 (33 ἀγαπῆσαι) 81 307 436 642 1175 1448^c 1735 1881 2344 2492 *Byz* lat$^{vl\text{-}pt,\,vg}$ sy^p co$^{bo,\,cv}$ eth Cyril

ἐντολὰς αὐτοῦ ποιῶμεν. **3** αὕτη γάρ ἐστιν ἡ ἀγάπη τοῦ θεοῦ, ἵνα τὰς ἐντολὰς αὐτοῦ τηρῶμεν, καὶ αἱ ἐντολαὶ αὐτοῦ βαρεῖαι οὐκ εἰσίν. **4** ὅτι πᾶν τὸ γεγεννημένον ἐκ τοῦ θεοῦ νικᾷ τὸν κόσμον· καὶ αὕτη ἐστὶν ἡ νίκη ἡ νικήσασα τὸν κόσμον, ἡ πίστις ἡμῶν. **5** τίς δέ ἐστιν ὁ νικῶν τὸν κόσμον εἰ μὴ ὁ πιστεύων ὅτι Ἰησοῦς ἐστιν ὁ υἱὸς τοῦ θεοῦ;

Testimony concerning the Son of God

6 Οὗτός ἐστιν ὁ ἐλθὼν δι᾽ ὕδατος καὶ αἵματος [1], Ἰησοῦς Χριστός, οὐκ ἐν τῷ ὕδατι μόνον, ἀλλ᾽ ἐν τῷ ὕδατι καὶ ἐν τῷ αἵματι [2]· καὶ τὸ πνεῦμά ἐστιν τὸ μαρτυροῦν, ὅτι τὸ πνεῦμά ἐστιν ἡ ἀλήθεια. **7** ὅτι τρεῖς εἰσιν οἱ μαρτυροῦντες, **8** τὸ πνεῦμα καὶ τὸ ὕδωρ καὶ τὸ αἷμα [3], καὶ οἱ τρεῖς εἰς τὸ ἕν εἰσιν. **9** εἰ τὴν μαρτυρίαν τῶν ἀνθρώπων λαμβάνομεν, ἡ μαρτυρία τοῦ θεοῦ μείζων ἐστίν· ὅτι αὕτη ἐστὶν ἡ μαρτυρία τοῦ θεοῦ, ὅτι μεμαρτύρηκεν περὶ τοῦ υἱοῦ αὐτοῦ. **10** ὁ πιστεύων εἰς τὸν υἱὸν τοῦ θεοῦ ἔχει τὴν μαρτυρίαν ἐν αὐτῷ [4], ὁ μὴ πιστεύων

---

[1] **6** {A} αἵματος 03 044 642 1175 1739* 1881 *Byz* lat$^{vl-pt, vg}$ sy^p co^{cv-vid} Clement^{lat} Tertullian Cyril^{pt} // πνεύματος (see Jn 3.5) lat^{vl-pt} Cyril^{pt} // αἵματος καὶ πνεύματος 01 02 33^{vid} 307 436 1448 1611 1735 1739^c 2344 lat^{vg-ms} sy^h co$^{sa-mss, bo}$ eth^{ms} Cyril^{pt} // πνεύματος καὶ αἵματος 025 5 81 442 1243 1852 2492 eth^{mss}

[2] **6** ♦ ὕδατι καὶ ἐν τῷ αἵματι 03 044 5 33 307 1175 1611 1852 2344 co^{bo} // αἵματι καὶ ἐν τῷ ὕδατι 025 1243 1739* (1881 *omit* ἐν) // ὕδατι καὶ ἐν τῷ πνεύματι 02 1735 // αἵματι καὶ ἐν τῷ ὕδατι καὶ πνεύματι 1739^c (lat^{vg-ms}) // ♦ ὕδατι καὶ τῷ αἵματι 01 436 442 642 1448 2492 *Byz* co$^{sa, bo-mss}$ Cyril^{pt} // ὕδατι καὶ αἵματι 81 co^{cv} Cyril^{pt}

[3] **7-8** {A} μαρτυροῦντες, **8** τὸ πνεῦμα καὶ τὸ ὕδωρ καὶ τὸ αἷμα 01 02 03 025 (044 1852 μαρτυροῦσιν) 048^{vid} 5 33 81 88^{txt} 221^{txt} 307 (429^{txt} *omit first* καί) 436 442 636^{txt} 642 1175 1243 1448 1611 1735 1739 1881 2344 2492 *Byz* lat$^{vl-pt, vg}$ sy co Clement^{lat} (Origen^{lat}) Cyril // μαρτυροῦντες ἐν τῷ οὐρανῷ, ὁ πατὴρ ὁ λόγος καὶ τὸ ἅγιον πνεῦμα, καὶ οὗτοι οἱ τρεῖς ἕν εἰσιν. **8** καὶ τρεῖς εἰσιν οἱ μαρτυροῦντες ἐν τῇ γῇ, τὸ πνεῦμα καὶ τὸ ὕδωρ καὶ τὸ αἷμα 221$^{v. r.}$ 2318 2473 (61 629 *omit the following* καὶ οἱ τρεῖς ... εἰσιν; 61 88$^{v. r.}$ 429$^{v. r.}$ 629 636$^{v. r.}$ 918 *with other minor variants*) *TR* // *testimonium dicunt (or: dant) in terra, spiritus (or: spiritus et) aqua et sanguis, et hi tres unum sunt in Christo Iesu.* **8** *et tres sunt, qui testimonium dicunt in caelo, pater, verbum (or: filius) et spiritus* lat^{vl-pt} (lat^{vl-pt} *omit: et hi tres ... Christo Iesu*)

[4] **10** {C} ἐν αὐτῷ 03^2 81 307 436 442 642 1175 1448 1735 1852 1881* 2344 *Byz*^{pt} *Lect* // ἐν ἑαυτῷ 01 044 5 1243 1611 1739 1881^c 2492 *Byz*^{pt} *TR* Cyril // εν αυτω *without accents* 02 03* 025

τῷ θεῷ⁵ ψεύστην πεποίηκεν αὐτόν, ὅτι οὐ πεπίστευκεν εἰς τὴν μαρτυρίαν ἣν μεμαρτύρηκεν ὁ θεὸς περὶ τοῦ υἱοῦ αὐτοῦ. **11** καὶ αὕτη ἐστὶν ἡ μαρτυρία, ὅτι ζωὴν αἰώνιον ἔδωκεν ἡμῖν ὁ θεός, καὶ αὕτη ἡ ζωὴ ἐν τῷ υἱῷ αὐτοῦ ἐστιν. **12** ὁ ἔχων τὸν υἱὸν ἔχει τὴν ζωήν· ὁ μὴ ἔχων τὸν υἱὸν τοῦ θεοῦ τὴν ζωὴν οὐκ ἔχει.

The Knowledge of Eternal Life

13 Ταῦτα ἔγραψα ὑμῖν, ἵνα εἰδῆτε ὅτι ζωὴν ἔχετε αἰώνιον, τοῖς πιστεύουσιν εἰς τὸ ὄνομα τοῦ υἱοῦ τοῦ θεοῦ. **14** καὶ αὕτη ἐστὶν ἡ παρρησία ἣν ἔχομεν πρὸς αὐτόν, ὅτι ἐάν τι αἰτώμεθα κατὰ τὸ θέλημα αὐτοῦ ἀκούει ἡμῶν. **15** καὶ ἐὰν οἴδαμεν ὅτι ἀκούει ἡμῶν ὃ ἐὰν αἰτώμεθα, οἴδαμεν ὅτι ἔχομεν τὰ αἰτήματα ἃ ᾐτήκαμεν ἀπ' αὐτοῦ.

16 Ἐάν τις ἴδῃ τὸν ἀδελφὸν αὐτοῦ ἁμαρτάνοντα ἁμαρτίαν μὴ πρὸς θάνατον, αἰτήσει καὶ δώσει αὐτῷ ζωήν, τοῖς ἁμαρτάνουσιν μὴ πρὸς θάνατον. ἔστιν ἁμαρτία πρὸς θάνατον· οὐ περὶ ἐκείνης λέγω ἵνα ἐρωτήσῃ. **17** πᾶσα ἀδικία ἁμαρτία ἐστίν, καὶ ἔστιν ἁμαρτία οὐ πρὸς θάνατον.

18 Οἴδαμεν ὅτι πᾶς ὁ γεγεννημένος ἐκ τοῦ θεοῦ οὐχ ἁμαρτάνει, ἀλλ' ὁ γεννηθεὶς ἐκ τοῦ θεοῦ τηρεῖ ἑαυτὸν⁶ καὶ ὁ πονηρὸς οὐχ ἅπτεται αὐτοῦ. **19** οἴδαμεν ὅτι ἐκ τοῦ θεοῦ ἐσμεν καὶ ὁ κόσμος ὅλος ἐν τῷ πονηρῷ κεῖται. **20** οἴδαμεν δὲ ὅτι ὁ υἱὸς τοῦ θεοῦ ἥκει καὶ δέδωκεν ἡμῖν διάνοιαν, ἵνα γινώσκωμεν τὸν ἀληθινόν, καὶ ἐσμὲν ἐν τῷ ἀληθινῷ, ἐν τῷ υἱῷ αὐτοῦ Ἰησοῦ Χριστῷ. οὗτός ἐστιν ὁ ἀληθινὸς θεὸς καὶ ζωὴ αἰώνιος.

21 Τεκνία, φυλάξατε ἑαυτὰ ἀπὸ τῶν εἰδώλων.⁷

---

⁵**10** {A} τῷ θεῷ 01 03 025 044 307 442 1175 1243 1448 1611 1735 1739ᶜ 1852 1881 2492 *Byz* latᵛˡ sy coᵇᵒ⁻ᵖᵗ Cyril // τῷ υἱῷ 02 5 81 436 642 1739* 2344 latᵛᵍ syʰᵐᵍ // τῷ υἱῷ τοῦ θεοῦ coˢᵃ, ᵇᵒ⁻ᵖᵗ ethᵐˢˢ

⁶**18** {C} ἑαυτὸν 01 02ᶜ 025 044 5 33 81 307 436 442 642 1175 1243 1448 1611 1735 1739 1881 2344 2492 *Byz* eth Origen // αὐτόν 03² 1852 lat // αυτον *without accents* 02* 03*

⁷**21** {A} εἰδώλων. 01 02 03 044 5 33 436 442 642 1243 1448 1611 1735 1739 1881 2344 2492 latᵛˡ, ᵛᵍ sy coˢᵃ, ᵇᵒ eth // εἰδώλων. ἀμήν. 025 81 307 1175 1852 *Byz* latᵛᵍ⁻ᵐˢ coᶜᵛ

ΙΩΑΝΝΟΥ ΕΠΙΣΤΟΛΗ ΔΕΥΤΕΡΑ

Salutation

1 Ὁ πρεσβύτερος ἐκλεκτῇ κυρίᾳ καὶ τοῖς τέκνοις αὐτῆς, οὓς ἐγὼ ἀγαπῶ ἐν ἀληθείᾳ, καὶ οὐκ ἐγὼ μόνος ἀλλὰ καὶ πάντες οἱ ἐγνωκότες τὴν ἀλήθειαν, **2** διὰ τὴν ἀλήθειαν τὴν μένουσαν ἐν ἡμῖν καὶ μεθ᾽ ἡμῶν ἔσται εἰς τὸν αἰῶνα. **3** ἔσται μεθ᾽ ἡμῶν χάρις ἔλεος εἰρήνη παρὰ θεοῦ πατρὸς καὶ παρὰ Ἰησοῦ Χριστοῦ τοῦ υἱοῦ τοῦ πατρὸς ἐν ἀληθείᾳ καὶ ἀγάπῃ.

Truth and Love

4 Ἐχάρην λίαν ὅτι εὕρηκα ἐκ τῶν τέκνων σου περιπατοῦντας ἐν ἀληθείᾳ, καθὼς ἐντολὴν ἐλάβομεν παρὰ τοῦ πατρός. **5** καὶ νῦν ἐρωτῶ σε, κυρία, οὐχ ὡς ἐντολὴν γράφων σοι καινὴν ἀλλ᾽ ἣν εἴχομεν ἀπ᾽ ἀρχῆς, ἵνα ἀγαπῶμεν ἀλλήλους. **6** καὶ αὕτη ἐστὶν ἡ ἀγάπη, ἵνα περιπατῶμεν κατὰ τὰς ἐντολὰς αὐτοῦ· αὕτη ἡ ἐντολή ἐστιν, καθὼς ἠκούσατε ἀπ᾽ ἀρχῆς, ἵνα ἐν αὐτῇ περιπατῆτε.

7 Ὅτι πολλοὶ πλάνοι ἐξῆλθον εἰς τὸν κόσμον, οἱ μὴ ὁμολογοῦντες Ἰησοῦν Χριστὸν ἐρχόμενον ἐν σαρκί· οὗτός ἐστιν ὁ πλάνος καὶ ὁ ἀντίχριστος. **8** βλέπετε ἑαυτούς, ἵνα μὴ ἀπολέσητε[1] ἃ εἰργασάμεθα[2] ἀλλὰ μισθὸν πλήρη ἀπολάβητε[1].

9 Πᾶς ὁ προάγων καὶ μὴ μένων ἐν τῇ διδαχῇ τοῦ Χριστοῦ θεὸν οὐκ ἔχει· ὁ μένων ἐν τῇ διδαχῇ, οὗτος καὶ τὸν πατέρα καὶ τὸν υἱὸν ἔχει. **10** εἴ τις ἔρχεται πρὸς ὑμᾶς καὶ ταύτην τὴν διδαχὴν οὐ φέρει, μὴ λαμβάνετε αὐτὸν εἰς οἰκίαν καὶ χαίρειν αὐτῷ μὴ λέγετε· **11** ὁ λέγων γὰρ αὐτῷ χαίρειν κοινωνεῖ τοῖς ἔργοις αὐτοῦ τοῖς πονηροῖς.

---

[1]8 {A} ἀπολέσητε ... ἀπολάβητε 01² (01* ἀπόλησθε) 02 03 044 5 33 81 307 436 442 642 (1243 ἀπολέσησθε) 1611 1735 1739 1852^{vid} 2344 2492 lat sy co ∥ ἀπολέσωμεν ... ἀπολάβωμεν 025 1175 1448 *Byz*

[2]8 {C} εἰργασάμεθα 03 025 1175 1448 2492 *Byz* sy^{hmg} co^{sa-mss} ∥ εἰργάσασθε 01 02 044 048^{vid} 5 33 81 307 436 442 642 1243 1611 1735 1739 1852^{vid} 2344 lat sy$^{ph, h}$ co$^{sa-mss, bo}$ eth (Irenaeus$^{lat-vid}$)

Final Greetings

12 Πολλὰ ἔχων ὑμῖν γράφειν οὐκ ἐβουλήθην διὰ χάρτου καὶ μέλανος, ἀλλ᾽ ἐλπίζω γενέσθαι πρὸς ὑμᾶς καὶ στόμα πρὸς στόμα λαλῆσαι, ἵνα ἡ χαρὰ ἡμῶν³ ᾖ πεπληρωμένη.

13 Ἀσπάζεταί σε τὰ τέκνα τῆς ἀδελφῆς σου τῆς ἐκλεκτῆς.⁴

---

³**12** ♦ ἡμῶν 01 025 044 307 642 1175^{vid} 1448 1611 1735 1852 2344$^{c\text{-}vid}$ *Byz* sy ∥
♦ ὑμῶν 02 03 5 33 81 436 442 1243 1739 2344* 2492 lat co^{bo} eth ∥ μου co^{sa}
⁴**13** {A} τῆς ἐκλεκτῆς. 𝔓^{74vid} 01 02 03 025 044 048 5 33 81 (436 *omit* ἐκλεκτῆς) 642 1243 1735 1739 2344 2492 lat$^{vl,\,vg}$ co ∥ τῆς ἐκλεκτῆς. ἀμήν. 1175 1448 1611 1852 *Byz* lat$^{vg\text{-}ms}$ sy$^{ph\text{-}mss,\,h}$ ∥ τῆς ἐκκλησίας. ἀμήν. 307 lat$^{vg\text{-}ms}$ ∥ τῆς ἐκλεκτῆς. ἡ χάρις μετὰ σοῦ. 442 lat$^{vg\text{-}ms}$

ΙΩΑΝΝΟΥ ΕΠΙΣΤΟΛΗ ΤΡΙΤΗ

Salutation

1 Ὁ πρεσβύτερος Γαΐῳ τῷ ἀγαπητῷ, ὃν ἐγὼ ἀγαπῶ ἐν ἀληθείᾳ.
2 Ἀγαπητέ, περὶ πάντων εὔχομαί σε εὐοδοῦσθαι καὶ ὑγιαίνειν, καθὼς εὐοδοῦταί σου ἡ ψυχή. **3** ἐχάρην γὰρ λίαν ἐρχομένων ἀδελφῶν καὶ μαρτυρούντων σου τῇ ἀληθείᾳ, καθὼς σὺ ἐν ἀληθείᾳ περιπατεῖς **4** μειζοτέραν τούτων οὐκ ἔχω χαράν¹, ἵνα ἀκούω τὰ ἐμὰ τέκνα ἐν ἀληθείᾳ περιπατοῦντα.

Cooperation and Opposition

5 Ἀγαπητέ, πιστὸν ποιεῖς ὃ ἐὰν ἐργάσῃ εἰς τοὺς ἀδελφοὺς καὶ τοῦτο ξένους, **6** οἳ ἐμαρτύρησάν σου τῇ ἀγάπῃ ἐνώπιον ἐκκλησίας, οὓς καλῶς ποιήσεις προπέμψας ἀξίως τοῦ θεοῦ· **7** ὑπὲρ γὰρ τοῦ ὀνόματος ἐξῆλθον μηδὲν λαμβάνοντες ἀπὸ τῶν ἐθνικῶν. **8** ἡμεῖς οὖν ὀφείλομεν ὑπολαμβάνειν τοὺς τοιούτους, ἵνα συνεργοὶ γινώμεθα τῇ ἀληθείᾳ.

9 Ἔγραψά τι² τῇ ἐκκλησίᾳ· ἀλλ᾽ ὁ φιλοπρωτεύων αὐτῶν Διοτρέφης οὐκ ἐπιδέχεται ἡμᾶς. **10** διὰ τοῦτο, ἐὰν ἔλθω, ὑπομνήσω αὐτοῦ τὰ ἔργα ἃ ποιεῖ λόγοις πονηροῖς φλυαρῶν ἡμᾶς, καὶ μὴ ἀρκούμενος ἐπὶ τούτοις οὔτε αὐτὸς ἐπιδέχεται τοὺς ἀδελφοὺς καὶ τοὺς βουλομένους κωλύει καὶ ἐκ τῆς ἐκκλησίας ἐκβάλλει.

11 Ἀγαπητέ, μὴ μιμοῦ τὸ κακὸν ἀλλὰ τὸ ἀγαθόν. ὁ ἀγαθοποιῶν ἐκ τοῦ θεοῦ ἐστιν· ὁ κακοποιῶν οὐχ ἑώρακεν τὸν θεόν.
12 Δημητρίῳ μεμαρτύρηται ὑπὸ πάντων καὶ ὑπὸ αὐτῆς τῆς ἀληθείας· καὶ ἡμεῖς δὲ μαρτυροῦμεν, καὶ οἶδας ὅτι ἡ μαρτυρία ἡμῶν ἀληθής ἐστιν.

---

¹**4** {A} οὐκ ἔχω χαράν 01 02 025 044 048ᵛⁱᵈ 5 33 81 307 436 642 1175 1448 1611 1735 1852 2344 *Byz* latᵛˡ⁻ᵖᵗ ethᵐˢ ∥ χαρὰν οὐκ ἔχω 04 442 1739 ∥ οὐκ ἔχω χάριν 03² (03* ἔχων) latᵛᵍ ∥ χάριν οὐκ ἔχω 1243 2492

²**9** {B} Ἔγραψά τι 01* 02 048 442 1739 coᵇᵒ⁻ᵐˢˢ ∥ Ἔγραψάς τι 03 co ∥ Ἔγραψα ἄν 01² 33 81 307 436 642 1243 1735 2344 2492 latᵛᵍ sy ∥ Ἔγραψα ἄν τι 1611*ᵛⁱᵈ Ἔγραψα 04 025 044 5 1175 1448 1611ᶜ 1852 *Byz*

Final Greetings

13 Πολλὰ εἶχον γράψαι σοι ἀλλ' οὐ θέλω διὰ μέλανος καὶ καλάμου σοι γράφειν· **14** ἐλπίζω δὲ εὐθέως σε ἰδεῖν, καὶ στόμα πρὸς στόμα λαλήσομεν.

15 Εἰρήνη σοι. ἀσπάζονταί σε οἱ φίλοι. ἀσπάζου τοὺς φίλους κατ' ὄνομα.³

---

³**15** {A} ὄνομα. 01 02 03 04 025 044 048 5 33 81 436 442 642 1175 1243 1448 1611 1735 1739 2492 *Byz* lat sy co eth ∥ ὄνομα. ἀμήν. 307 1852

ΙΟΥΔΑ ΕΠΙΣΤΟΛΗ

Salutation

1 Ἰούδας Ἰησοῦ Χριστοῦ δοῦλος, ἀδελφὸς δὲ Ἰακώβου, τοῖς ἐν θεῷ πατρὶ ἠγαπημένοις[1] καὶ Ἰησοῦ Χριστῷ τετηρημένοις κλητοῖς· **2** ἔλεος ὑμῖν καὶ εἰρήνη καὶ ἀγάπη πληθυνθείη.

Judgment on False Teachers (2 Pe 2.1-17)

3 Ἀγαπητοί, πᾶσαν σπουδὴν ποιούμενος γράφειν ὑμῖν περὶ τῆς κοινῆς ἡμῶν σωτηρίας ἀνάγκην ἔσχον γράψαι ὑμῖν παρακαλῶν ἐπαγωνίζεσθαι τῇ ἅπαξ παραδοθείσῃ τοῖς ἁγίοις πίστει. **4** παρεισέδυσαν γάρ τινες ἄνθρωποι, οἱ πάλαι προγεγραμμένοι εἰς τοῦτο τὸ κρίμα, ἀσεβεῖς, τὴν τοῦ θεοῦ ἡμῶν χάριτα μετατιθέντες εἰς ἀσέλγειαν καὶ τὸν μόνον δεσπότην[2] καὶ κύριον ἡμῶν Ἰησοῦν Χριστὸν ἀρνούμενοι.

5 Ὑπομνῆσαι δὲ ὑμᾶς βούλομαι, εἰδότας ὑμᾶς ἅπαξ πάντα ὅτι Ἰησοῦς[3] λαὸν ἐκ γῆς Αἰγύπτου σώσας τὸ δεύτερον τοὺς μὴ πιστεύσαντας ἀπώλεσεν, **6** ἀγγέλους τε τοὺς μὴ τηρήσαντας τὴν ἑαυτῶν ἀρχὴν ἀλλ' ἀπολιπόντας τὸ ἴδιον οἰκητήριον εἰς κρίσιν μεγάλης ἡμέρας δεσμοῖς ἀϊδίοις ὑπὸ ζόφον τετήρηκεν, **7** ὡς Σόδομα καὶ Γόμορρα καὶ αἱ περὶ αὐτὰς πόλεις τὸν ὅμοιον

---

[1]**1** {B} τοῖς ἐν θεῷ πατρὶ ἠγαπημένοις $\mathfrak{P}^{72}$ 01 02 03 044 5 81 88 436 442 lat co eth Origen$^{gr,\ lat}$ // τοῖς ἐν θεῷ πατρὶ ἡγιασμένοις 025 307* 642 1175 1448 1735 *Byz*// τοῖς ἔθνεσιν ἐν θεῷ πατρὶ ἡγαπημένοις 1243 1611 1739 2492 sy // τοῖς ἔθνεσιν ἐν θεῷ πατρὶ ἡγιασμένοις 307^c

[2]**4** {A} δεσπότην $\mathfrak{P}^{72}$ $\mathfrak{P}^{78}$ 01 02 03 04 33 81 307 436 442 642 1243 1739 2344 *Lect*^{pt} lat co Cyril // δεσπότην θεόν 025 044 5 88 1175 1448 1611 1735 2492 *Byz Lect*^{pt} sy

[3]**5** {C} ὑμᾶς ἅπαξ πάντα ὅτι Ἰησοῦς 03 // ὑμᾶς πάντα ὅτι κύριος ἅπαξ 01 sy^h? // ὑμᾶς ἅπαξ τοῦτο ὅτι ὁ κύριος 1175 1448 *Byz*// ἅπαξ πάντα ὅτι ὁ θεὸς 04^2// ἅπαξ τοῦτο ὅτι ὁ θεὸς 5 // ἅπαξ τοῦτο ὅτι ὁ κύριος 307 436 642 // πάντα ὅτι ὁ θεὸς ἅπαξ 442 1243 2492 lat^{vl-pt} (lat^{vl-pt} *omit* ἅπαξ) sy^{ph}// πάντα ὅτι ὁ κύριος ἅπαξ (044 *omit* ὁ) 1611 sy^h? // ἅπαξ πάντα ὅτι θεὸς Χριστός $\mathfrak{P}^{72c}$ ($\mathfrak{P}^{72*}$ πάντας) // ἅπαξ πάντα ὅτι Ἰησοῦς 02 33^c (33* ὁ Ἰησοῦς) 81 2344 lat^{vg} eth // πάντα ὅτι Ἰησοῦς ἅπαξ (88 ὁ Ἰησοῦς) 1739^{txt} co$^{sa-ms,\ bo}$ Origen$^{acc.\ to\ 1739}$ // ἅπαξ τοῦτο ὅτι κύριος Ἰησοῦς 1735 // πάντα ἅπαξ γὰρ Ἰησοῦς 1739$^{v.\ r.}$

τρόπον τούτοις ἐκπορνεύσασαι καὶ ἀπελθοῦσαι ὀπίσω σαρκὸς ἑτέρας, πρόκεινται δεῖγμα πυρὸς αἰωνίου δίκην ὑπέχουσαι.

8 Ὁμοίως μέντοι καὶ οὗτοι ἐνυπνιαζόμενοι σάρκα μὲν μιαίνουσιν κυριότητα δὲ ἀθετοῦσιν δόξας δὲ βλασφημοῦσιν. **9** ὁ δὲ Μιχαὴλ ὁ ἀρχάγγελος, ὅτε τῷ διαβόλῳ διακρινόμενος διελέγετο περὶ τοῦ Μωϋσέως σώματος, οὐκ ἐτόλμησεν κρίσιν ἐπενεγκεῖν βλασφημίας ἀλλ᾽ εἶπεν· ἐπιτιμήσαι σοι κύριος. **10** οὗτοι δὲ ὅσα μὲν οὐκ οἴδασιν βλασφημοῦσιν, ὅσα δὲ φυσικῶς ὡς τὰ ἄλογα ζῷα ἐπίστανται, ἐν τούτοις φθείρονται. **11** οὐαὶ αὐτοῖς, ὅτι τῇ ὁδῷ τοῦ Κάϊν ἐπορεύθησαν καὶ τῇ πλάνῃ τοῦ Βαλαὰμ μισθοῦ ἐξεχύθησαν καὶ τῇ ἀντιλογίᾳ τοῦ Κόρε ἀπώλοντο. **12** οὗτοί εἰσιν οἱ ἐν ταῖς ἀγάπαις ὑμῶν⁴ σπιλάδες συνευωχούμενοι ἀφόβως, ἑαυτοὺς ποιμαίνοντες, νεφέλαι ἄνυδροι ὑπὸ ἀνέμων παραφερόμεναι, δένδρα φθινοπωρινὰ ἄκαρπα δὶς ἀποθανόντα ἐκριζωθέντα, **13** κύματα ἄγρια θαλάσσης ἐπαφρίζοντα τὰς ἑαυτῶν αἰσχύνας, ἀστέρες πλανῆται οἷς ὁ ζόφος τοῦ σκότους εἰς αἰῶνα τετήρηται.

14 Προεφήτευσεν δὲ καὶ τούτοις ἕβδομος ἀπὸ Ἀδὰμ Ἐνὼχ λέγων· ἰδοὺ ἦλθεν κύριος ἐν ἁγίαις μυριάσιν αὐτοῦ **15** ποιῆσαι κρίσιν κατὰ πάντων καὶ ἐλέγξαι πᾶσαν ψυχὴν⁵ περὶ πάντων τῶν ἔργων ἀσεβείας αὐτῶν ὧν ἠσέβησαν καὶ περὶ πάντων τῶν σκληρῶν ὧν ἐλάλησαν κατ᾽ αὐτοῦ ἁμαρτωλοὶ ἀσεβεῖς. **16** οὗτοί εἰσιν γογγυσταὶ μεμψίμοιροι κατὰ τὰς ἐπιθυμίας ἑαυτῶν πορευόμενοι, καὶ τὸ στόμα αὐτῶν λαλεῖ ὑπέρογκα, θαυμάζοντες πρόσωπα ὠφελείας χάριν.

Warnings and Exhortations

17 Ὑμεῖς δέ, ἀγαπητοί, μνήσθητε τῶν ῥημάτων τῶν προειρημένων ὑπὸ τῶν ἀποστόλων τοῦ κυρίου ἡμῶν Ἰησοῦ Χριστοῦ

---

⁴**12** {A} ἀγάπαις ὑμῶν 𝔓⁷² 01 03 044 5 33 81 307 436 442 642 1175 1448 1611 1735 1739 2344 *Byz* lat^{vl} sy^h co^{sa-mss, bo} ∥ ἀγάπαις αὐτῶν lat^{vg} sy^{ph} co^{sa-ms} ∥ ἀπάταις ὑμῶν (*see* 2 Pe 2.13) 02*^{vid} 04 88 (1243 ἡμῶν) 2492 ∥ ἀπάταις αὐτῶν 02^c

⁵**15** {C} πᾶσαν ψυχὴν 𝔓⁷² 01 1852 sy^{ph-mss} co^{sa, bo-mss} ∥ πάντας τοὺς ἀσεβεῖς 02 03 04 044 5 33 81 307 436 642 1243 1448 1611 1735 (1739 *omit* τούς) 2344 *Lect*^{pt} lat^{vg} sy^{ph-mss, h} co^{bo} ∥ πάντας τοὺς ἀσεβεῖς αὐτῶν 88 1175 2492 *Byz Lect*^{pt} eth ∥ τοὺς ἀσεβεῖς 442 sy^{ph-mss}

18 ὅτι ἔλεγον ὑμῖν ἐπ' ἐσχάτου χρόνου ἔσονται ἐμπαῖκται κατὰ τὰς ἑαυτῶν ἐπιθυμίας πορευόμενοι τῶν ἀσεβειῶν. **19** οὗτοί εἰσιν οἱ ἀποδιορίζοντες, ψυχικοί, πνεῦμα μὴ ἔχοντες.

20 Ὑμεῖς δέ, ἀγαπητοί, ἐποικοδομοῦντες ἑαυτοὺς τῇ ἁγιωτάτῃ ὑμῶν πίστει, ἐν πνεύματι ἁγίῳ προσευχόμενοι, **21** ἑαυτοὺς ἐν ἀγάπῃ θεοῦ τηρήσατε προσδεχόμενοι τὸ ἔλεος τοῦ κυρίου ἡμῶν Ἰησοῦ Χριστοῦ εἰς ζωὴν αἰώνιον. **22** καὶ οὓς μὲν ἐλεᾶτε διακρινομένους⁶, **23** οὓς δὲ σῴζετε ἐκ πυρὸς ἁρπάζοντες, οὓς δὲ ἐλεᾶτε ἐν φόβῳ⁷ μισοῦντες καὶ τὸν ἀπὸ τῆς σαρκὸς ἐσπιλωμένον χιτῶνα.

Benediction

24 Τῷ δὲ δυναμένῳ φυλάξαι ὑμᾶς ἀπταίστους καὶ στῆσαι κατενώπιον τῆς δόξης αὐτοῦ ἀμώμους ἐν ἀγαλλιάσει, **25** μόνῳ⁸ θεῷ σωτῆρι ἡμῶν διὰ Ἰησοῦ Χριστοῦ τοῦ κυρίου ἡμῶν δόξα μεγαλωσύνη κράτος καὶ ἐξουσία πρὸ παντὸς τοῦ αἰῶνος καὶ νῦν καὶ εἰς πάντας τοὺς αἰῶνας, ἀμήν.⁹

---

⁶**22** {C} ἐλεᾶτε διακρινομένους *(see footnote 7)* 01 03 04² 044 88 442 1243 (1852 ἐλεεῖτε) sy^h // ἐλέγχετε διακρινομένους 02 04* 5 33 81 436 1611 1735 1739 2344 lat^{vl-pt, vg} co^{bo} // ἐλεεῖτε διακρινόμενοι 025 307 642 1175 1448 2492 *Byz* // *omit verb and transpose* διακρινομένους *(see footnote 7)* 𝔓⁷² lat^{vl-pt} sy^{ph} co^{sa} Clement

⁷**23** {C} οὓς δὲ σῴζετε ἐκ πυρὸς ἁρπάζοντες, οὓς δὲ ἐλεᾶτε ἐν φόβῳ *(see footnote 6)* 01 02 044 (5 436 2344 ἐλεεῖτε) 33 81 (307 442 ἐλέγχετε) 1735 1739 lat^{vl-pt, vg} co^{bo} Clement^{lat} // οὓς δὲ ἐν φόβῳ σῴζετε ἐκ πυρὸς ἁρπάζοντες, οὓς δὲ ἐλεᾶτε ἐν φόβῳ (88 ἐλέγχετε) 1611 // σῴζετε ἐκ πυρὸς ἁρπάζοντες, οὓς δὲ ἐλεᾶτε ἐν φόβῳ 03 // οὓς δὲ ἐν φόβῳ σῴζετε ἐκ πυρὸς ἁρπάζοντες 025 1175 1448 2492 *Byz* // οὓς δὲ σῴζετε ἐκ πυρὸς ἁρπάζοντες ἐν φόβῳ 04 1243 1852 sy^h // οὓς δὲ σῴζετε ἐκ πυρὸς ἁρπάζοντες 642 // ἐκ πυρὸς ἁρπάσατε, διακρινομένους δὲ ἐλεεῖτε ἐν φόβῳ 𝔓⁷² lat^{vl-pt} sy^{ph} co^{sa} (Clement^{gr} *omit* ἐν φόβῳ)

⁸**25** {A} μόνῳ 𝔓⁷² 01 02 03 04 044 33 81 88 436 442 1243 1611 1739 1852 2344 lat sy co eth // μόνῳ σοφῷ *(see* Ro 16.27) 025 5 307 642 1175 1448 1735 *Byz*

⁹**25** {A} ἀμήν. 𝔓⁷² 01 02 03 04 025 044 5 33 81 88 307 436 442 642 1175 1243 1448 1611 1739 2344 *Byz* lat sy co // *omit* 6 1735

ΠΡΟΣ ΡΩΜΑΙΟΥΣ

Salutation

1 Παῦλος δοῦλος Χριστοῦ Ἰησοῦ[1], κλητὸς ἀπόστολος ἀφωρισμένος εἰς εὐαγγέλιον θεοῦ, **2** ὃ προεπηγγείλατο διὰ τῶν προφητῶν αὐτοῦ ἐν γραφαῖς ἁγίαις **3** περὶ τοῦ υἱοῦ αὐτοῦ τοῦ γενομένου ἐκ σπέρματος Δαυὶδ κατὰ σάρκα, **4** τοῦ ὁρισθέντος υἱοῦ θεοῦ ἐν δυνάμει κατὰ πνεῦμα ἁγιωσύνης ἐξ ἀναστάσεως νεκρῶν, Ἰησοῦ Χριστοῦ τοῦ κυρίου ἡμῶν, **5** δι᾽ οὗ ἐλάβομεν χάριν καὶ ἀποστολὴν εἰς ὑπακοὴν πίστεως ἐν πᾶσιν τοῖς ἔθνεσιν ὑπὲρ τοῦ ὀνόματος αὐτοῦ, **6** ἐν οἷς ἐστε καὶ ὑμεῖς κλητοὶ Ἰησοῦ Χριστοῦ, **7** πᾶσιν τοῖς οὖσιν ἐν Ῥώμῃ ἀγαπητοῖς θεοῦ, κλητοῖς ἁγίοις, χάρις ὑμῖν καὶ εἰρήνη ἀπὸ θεοῦ πατρὸς ἡμῶν καὶ κυρίου Ἰησοῦ Χριστοῦ.

Paul's Desire to Visit Rome

8 Πρῶτον μὲν εὐχαριστῶ τῷ θεῷ μου διὰ Ἰησοῦ Χριστοῦ περὶ πάντων ὑμῶν ὅτι ἡ πίστις ὑμῶν καταγγέλλεται ἐν ὅλῳ τῷ κόσμῳ. **9** μάρτυς γάρ μού ἐστιν ὁ θεός, ᾧ λατρεύω ἐν τῷ πνεύματί μου ἐν τῷ εὐαγγελίῳ τοῦ υἱοῦ αὐτοῦ, ὡς ἀδιαλείπτως μνείαν ὑμῶν ποιοῦμαι **10** πάντοτε ἐπὶ τῶν προσευχῶν μου δεόμενος εἴ πως ἤδη ποτὲ εὐοδωθήσομαι ἐν τῷ θελήματι τοῦ θεοῦ ἐλθεῖν πρὸς ὑμᾶς. **11** ἐπιποθῶ γὰρ ἰδεῖν ὑμᾶς, ἵνα τι μεταδῶ χάρισμα ὑμῖν πνευματικὸν εἰς τὸ στηριχθῆναι ὑμᾶς, **12** τοῦτο δέ ἐστιν συμπαρακληθῆναι ἐν ὑμῖν διὰ τῆς ἐν ἀλλήλοις πίστεως ὑμῶν τε καὶ ἐμοῦ. **13** οὐ θέλω δὲ ὑμᾶς ἀγνοεῖν, ἀδελφοί, ὅτι πολλάκις προεθέμην ἐλθεῖν πρὸς ὑμᾶς, καὶ ἐκωλύθην ἄχρι τοῦ δεῦρο, ἵνα τινὰ καρπὸν σχῶ καὶ ἐν ὑμῖν καθὼς καὶ ἐν τοῖς λοιποῖς ἔθνεσιν. **14** Ἕλλησίν τε καὶ βαρβάροις, σοφοῖς τε καὶ

---

[1] **1** {C} Χριστοῦ Ἰησοῦ 𝔓10 03 81 lat[vl-pt, vg] Irenaeus[lat] Origen[pt] ∥ Ἰησοῦ Χριστοῦ 𝔓26 01 02 012 025 0278 0319 6 33 256 263 1175 1506 1573 1739 1881 1962 2127 2464 *Byz* lat[vl-pt, vg-mss] sy cpa co (eth) Irenaeus[lat-mss] Origen[pt] Basil Gregory-Nyssa Chrysostom Cyril

ἀνοήτοις ὀφειλέτης εἰμί, **15** οὕτως τὸ κατ' ἐμὲ πρόθυμον καὶ ὑμῖν τοῖς ἐν Ῥώμῃ εὐαγγελίσασθαι.

The Power of the Gospel

16 Οὐ γὰρ ἐπαισχύνομαι τὸ εὐαγγέλιον, δύναμις γὰρ θεοῦ ἐστιν εἰς σωτηρίαν παντὶ τῷ πιστεύοντι, Ἰουδαίῳ τε πρῶτον καὶ Ἕλληνι. **17** δικαιοσύνη γὰρ θεοῦ ἐν αὐτῷ ἀποκαλύπτεται ἐκ πίστεως εἰς πίστιν, καθὼς γέγραπται· *ὁ δὲ δίκαιος ἐκ πίστεως ζήσεται.*

The Guilt of Humankind

18 Ἀποκαλύπτεται γὰρ ὀργὴ θεοῦ ἀπ' οὐρανοῦ ἐπὶ πᾶσαν ἀσέβειαν καὶ ἀδικίαν ἀνθρώπων τῶν τὴν ἀλήθειαν ἐν ἀδικίᾳ κατεχόντων, **19** διότι τὸ γνωστὸν τοῦ θεοῦ φανερόν ἐστιν ἐν αὐτοῖς· ὁ θεὸς γὰρ αὐτοῖς ἐφανέρωσεν. **20** τὰ γὰρ ἀόρατα αὐτοῦ ἀπὸ κτίσεως κόσμου τοῖς ποιήμασιν νοούμενα καθορᾶται, ἥ τε ἀΐδιος αὐτοῦ δύναμις καὶ θειότης, εἰς τὸ εἶναι αὐτοὺς ἀναπολογήτους, **21** διότι γνόντες τὸν θεὸν οὐχ ὡς θεὸν ἐδόξασαν ἢ ηὐχαρίστησαν, ἀλλ' ἐματαιώθησαν ἐν τοῖς διαλογισμοῖς αὐτῶν καὶ ἐσκοτίσθη ἡ ἀσύνετος αὐτῶν καρδία. **22** φάσκοντες εἶναι σοφοὶ ἐμωράνθησαν **23** καὶ ἤλλαξαν τὴν δόξαν τοῦ ἀφθάρτου θεοῦ ἐν ὁμοιώματι εἰκόνος φθαρτοῦ ἀνθρώπου καὶ πετεινῶν καὶ τετραπόδων καὶ ἑρπετῶν. **24** διὸ παρέδωκεν αὐτοὺς ὁ θεὸς ἐν ταῖς ἐπιθυμίαις τῶν καρδιῶν αὐτῶν εἰς ἀκαθαρσίαν τοῦ ἀτιμάζεσθαι τὰ σώματα αὐτῶν ἐν αὐτοῖς· **25** οἵτινες μετήλλαξαν τὴν ἀλήθειαν τοῦ θεοῦ ἐν τῷ ψεύδει καὶ ἐσεβάσθησαν καὶ ἐλάτρευσαν τῇ κτίσει παρὰ τὸν κτίσαντα, ὅς ἐστιν εὐλογητὸς εἰς τοὺς αἰῶνας, ἀμήν. **26** διὰ τοῦτο παρέδωκεν αὐτοὺς ὁ θεὸς εἰς πάθη ἀτιμίας, αἵ τε γὰρ θήλειαι αὐτῶν μετήλλαξαν τὴν φυσικὴν χρῆσιν εἰς τὴν παρὰ φύσιν, **27** ὁμοίως τε καὶ οἱ ἄρσενες ἀφέντες τὴν φυσικὴν χρῆσιν τῆς θηλείας ἐξεκαύθησαν ἐν τῇ ὀρέξει αὐτῶν εἰς ἀλλήλους, ἄρσενες ἐν ἄρσεσιν τὴν ἀσχημοσύνην κατεργαζόμενοι καὶ τὴν ἀντιμισθίαν ἣν ἔδει τῆς πλάνης αὐτῶν ἐν ἑαυτοῖς ἀπολαμβάνοντες. **28** καὶ καθὼς οὐκ ἐδοκίμασαν τὸν θεὸν ἔχειν ἐν ἐπιγνώσει, παρέδωκεν αὐτοὺς ὁ θεὸς εἰς ἀδόκιμον νοῦν, ποιεῖν τὰ μὴ καθήκοντα, **29** πεπληρωμένους πάσῃ ἀδικίᾳ πονηρίᾳ πλεονεξίᾳ κακίᾳ², μεστοὺς φθόνου φόνου ἔριδος δόλου κακοηθείας, ψιθυριστὰς **30** καταλάλους θεοστυγεῖς ὑβριστὰς ὑπερηφάνους ἀλαζόνας, ἐφευρετὰς κακῶν, γονεῦσιν ἀπειθεῖς, **31** ἀσυνέτους ἀσυνθέτους ἀστόργους³ ἀνελεήμονας· **32** οἵτινες τὸ δικαίωμα τοῦ θεοῦ ἐπιγνόντες ὅτι οἱ τὰ τοιαῦτα πράσσοντες ἄξιοι θανάτου εἰσίν, οὐ μόνον αὐτὰ ποιοῦσιν ἀλλὰ καὶ συνευδοκοῦσιν τοῖς πράσσουσιν.

The Righteous Judgment of God

2 Διὸ ἀναπολόγητος εἶ, ὦ ἄνθρωπε πᾶς ὁ κρίνων· ἐν ᾧ γὰρ κρίνεις τὸν ἕτερον, σεαυτὸν κατακρίνεις, τὰ γὰρ αὐτὰ πράσσεις ὁ κρίνων. **2** οἴδαμεν δὲ ὅτι τὸ κρίμα τοῦ θεοῦ ἐστιν κατὰ ἀλήθειαν ἐπὶ τοὺς τὰ τοιαῦτα πράσσοντας. **3** λογίζῃ δὲ τοῦτο, ὦ ἄνθρωπε ὁ κρίνων τοὺς τὰ τοιαῦτα πράσσοντας καὶ ποιῶν αὐτά, ὅτι σὺ ἐκφεύξῃ τὸ κρίμα τοῦ θεοῦ; **4** ἢ τοῦ πλούτου τῆς χρηστότητος αὐτοῦ καὶ τῆς ἀνοχῆς καὶ τῆς μακροθυμίας καταφρονεῖς, ἀγνοῶν ὅτι τὸ χρηστὸν τοῦ θεοῦ εἰς μετάνοιάν σε ἄγει; **5** κατὰ δὲ τὴν σκληρότητά σου καὶ ἀμετανόητον καρδίαν θησαυρίζεις σεαυτῷ ὀργὴν ἐν ἡμέρᾳ ὀργῆς καὶ ἀποκαλύψεως¹ δικαιοκρισίας τοῦ θεοῦ **6** ὃς ἀποδώσει ἑκάστῳ κατὰ τὰ ἔργα αὐτοῦ· **7** τοῖς μὲν καθ᾽ ὑπομονὴν ἔργου ἀγαθοῦ δόξαν καὶ τιμὴν καὶ ἀφθαρσίαν ζητοῦσιν ζωὴν αἰώνιον, **8** τοῖς δὲ ἐξ ἐριθείας καὶ ἀπειθοῦσιν τῇ ἀληθείᾳ πειθομένοις δὲ τῇ ἀδικίᾳ ὀργὴ καὶ θυμός. **9** θλῖψις καὶ στενοχωρία ἐπὶ πᾶσαν ψυχὴν ἀνθρώπου τοῦ κατεργαζομένου τὸ κακόν, Ἰουδαίου τε πρῶτον

---

²**29** {C} πονηρίᾳ πλεονεξίᾳ κακίᾳ 03 0172[vid] 6 1739 1881 Chrysostom ∥ κακίᾳ πονηρίᾳ πλεονεξίᾳ (01 02 πονηρίᾳ κακίᾳ) 04 33 81 1506 co[sa, (bo-mss)] eth (Origen[lat-pt]) ∥ κακίᾳ πορνείᾳ πλεονεξίᾳ 06* 012 lat[vl-pt] Origen[lat-pt] ∥ πορνείᾳ πονηρίᾳ πλεονεξίᾳ κακίᾳ (06² κακίᾳ *before* πορνείᾳ) (025 *omit* πονηρίᾳ) 0278 256 263 365 1175 1573 1962 2127 2464 *Byz* (lat[vl-pt, vg]) sy[(p), h] (Origen[lat-pt]) Basil Gregory-Nyssa ∥ πλεονεξίᾳ κακίᾳ 018 (Origen[lat-pt])

³**31** {B} ἀστόργους 01* 02 03 06* 012 6 1506 1739 lat[vl] co[sa-ms, bo] Origen[lat-pt] Basil[pt] ∥ ἀστόργους ἀσπόνδους (*see* 2 Tm 3.3) 01² 04 06² 025 (33 ἀσπόνδους ἀστόργους) 81 256 263 365 1175 1573 1881 1962 2127 2464 *Byz* lat[vg] sy Origen[lat-pt] Basil[pt] Gregory-Nyssa Chrysostom

¹**5** {B} ἀποκαλύψεως 01* 02 03 06*, c 012 81 1506 *TR* lat sy[p] co Irenaeus[lat] ∥ ἀποκαλύψεως καί 01² 06² 025 33 365 1175 1739 1881 2464 *Byz* sy[h]

καὶ Ἕλληνος· 10 δόξα δὲ καὶ τιμὴ καὶ εἰρήνη παντὶ τῷ ἐργαζομένῳ τὸ ἀγαθόν, Ἰουδαίῳ τε πρῶτον καὶ Ἕλληνι· 11 οὐ γάρ ἐστιν προσωπολημψία παρὰ τῷ θεῷ.

12 Ὅσοι γὰρ ἀνόμως ἥμαρτον, ἀνόμως καὶ ἀπολοῦνται, καὶ ὅσοι ἐν νόμῳ ἥμαρτον, διὰ νόμου κριθήσονται· 13 οὐ γὰρ οἱ ἀκροαταὶ νόμου δίκαιοι παρὰ τῷ θεῷ, ἀλλ᾽ οἱ ποιηταὶ νόμου δικαιωθήσονται. 14 ὅταν γὰρ ἔθνη τὰ μὴ νόμον ἔχοντα φύσει τὰ τοῦ νόμου ποιῶσιν, οὗτοι νόμον μὴ ἔχοντες ἑαυτοῖς εἰσιν νόμος· 15 οἵτινες ἐνδείκνυνται τὸ ἔργον τοῦ νόμου γραπτὸν ἐν ταῖς καρδίαις αὐτῶν, συμμαρτυρούσης αὐτῶν τῆς συνειδήσεως καὶ μεταξὺ ἀλλήλων τῶν λογισμῶν κατηγορούντων ἢ καὶ ἀπολογουμένων, 16 ἐν ἡμέρᾳ ὅτε κρίνει ὁ θεὸς τὰ κρυπτὰ τῶν ἀνθρώπων κατὰ τὸ εὐαγγέλιόν μου διὰ Χριστοῦ Ἰησοῦ[2].

The Jews and the Law

17 Εἰ δὲ[3] σὺ Ἰουδαῖος ἐπονομάζῃ καὶ ἐπαναπαύῃ νόμῳ καὶ καυχᾶσαι ἐν θεῷ 18 καὶ γινώσκεις τὸ θέλημα καὶ δοκιμάζεις τὰ διαφέροντα κατηχούμενος ἐκ τοῦ νόμου, 19 πέποιθάς τε σεαυτὸν ὁδηγὸν εἶναι τυφλῶν, φῶς τῶν ἐν σκότει, 20 παιδευτὴν ἀφρόνων, διδάσκαλον νηπίων, ἔχοντα τὴν μόρφωσιν τῆς γνώσεως καὶ τῆς ἀληθείας ἐν τῷ νόμῳ· 21 ὁ οὖν διδάσκων ἕτερον σεαυτὸν οὐ διδάσκεις; ὁ κηρύσσων μὴ κλέπτειν κλέπτεις; 22 ὁ λέγων μὴ μοιχεύειν μοιχεύεις; ὁ βδελυσσόμενος τὰ εἴδωλα ἱεροσυλεῖς; 23 ὃς ἐν νόμῳ καυχᾶσαι, διὰ τῆς παραβάσεως τοῦ νόμου τὸν θεὸν ἀτιμάζεις· 24 *τὸ γὰρ ὄνομα τοῦ θεοῦ δι᾽ ὑμᾶς βλασφημεῖται ἐν τοῖς ἔθνεσιν*, καθὼς γέγραπται.

Is 52.5

25 Περιτομὴ μὲν γὰρ ὠφελεῖ ἐὰν νόμον πράσσῃς· ἐὰν δὲ παραβάτης νόμου ᾖς, ἡ περιτομή σου ἀκροβυστία γέγονεν. 26 ἐὰν οὖν ἡ ἀκροβυστία τὰ δικαιώματα τοῦ νόμου φυλάσσῃ, οὐχ ἡ ἀκροβυστία αὐτοῦ εἰς περιτομὴν λογισθήσεται; 27 καὶ

---

[2] **16** {C} Χριστοῦ Ἰησοῦ 01*vid 03 ∥ Ἰησοῦ Χριστοῦ 01¹ 02 06 6 33 81 256 263 365 1175 1506 1573 1739 1881 1962 2127 2464 *Byz* lat sy co eth Origen Chrysostom Cyril

[3] **17** {A} Εἰ δέ 01 02 03 06* 018 81 1506 lat syᵖ co Clement ∥ Ἴδε 06² 33 365 1175 1739 1881 2464 *Byz* syʰ

κρινεῖ ἡ ἐκ φύσεως ἀκροβυστία τὸν νόμον τελοῦσα σὲ τὸν διὰ γράμματος καὶ περιτομῆς παραβάτην νόμου. **28** οὐ γὰρ ὁ ἐν τῷ φανερῷ Ἰουδαῖός ἐστιν οὐδὲ ἡ ἐν τῷ φανερῷ ἐν σαρκὶ περιτομή, **29** ἀλλ' ὁ ἐν τῷ κρυπτῷ Ἰουδαῖος, καὶ περιτομὴ καρδίας ἐν πνεύματι οὐ γράμματι, οὗ ὁ ἔπαινος οὐκ ἐξ ἀνθρώπων ἀλλ' ἐκ τοῦ θεοῦ.

3 Τί οὖν τὸ περισσὸν τοῦ Ἰουδαίου ἢ τίς ἡ ὠφέλεια τῆς περιτομῆς; **2** πολὺ κατὰ πάντα τρόπον. πρῶτον μὲν [γὰρ] ὅτι ἐπιστεύθησαν τὰ λόγια τοῦ θεοῦ. **3** τί γάρ; εἰ ἠπίστησάν τινες, μὴ ἡ ἀπιστία αὐτῶν τὴν πίστιν τοῦ θεοῦ καταργήσει; **4** μὴ γένοιτο· γινέσθω δὲ ὁ θεὸς ἀληθής, πᾶς δὲ ἄνθρωπος ψεύστης, καθὼς γέγραπται·

ὅπως ἂν δικαιωθῇς ἐν τοῖς λόγοις σου   Ps 51.4
καὶ νικήσεις[1] *ἐν τῷ κρίνεσθαί σε.*

5 εἰ δὲ ἡ ἀδικία ἡμῶν θεοῦ δικαιοσύνην συνίστησιν, τί ἐροῦμεν; μὴ ἄδικος ὁ θεὸς ὁ ἐπιφέρων τὴν ὀργήν; κατὰ ἄνθρωπον λέγω. **6** μὴ γένοιτο· ἐπεὶ πῶς κρινεῖ ὁ θεὸς τὸν κόσμον; **7** εἰ δὲ[2] ἡ ἀλήθεια τοῦ θεοῦ ἐν τῷ ἐμῷ ψεύσματι ἐπερίσσευσεν εἰς τὴν δόξαν αὐτοῦ, τί ἔτι κἀγὼ ὡς ἁμαρτωλὸς κρίνομαι; **8** καὶ μὴ καθὼς βλασφημούμεθα καὶ καθώς φασίν τινες ἡμᾶς λέγειν ὅτι ποιήσωμεν τὰ κακά, ἵνα ἔλθῃ τὰ ἀγαθά; ὧν τὸ κρίμα ἔνδικόν ἐστιν.

No One is Righteous

9 Τί οὖν; προεχόμεθα; οὐ πάντως· προῃτιασάμεθα γὰρ Ἰουδαίους τε καὶ Ἕλληνας πάντας ὑφ' ἁμαρτίαν εἶναι, **10** καθὼς γέγραπται ὅτι

οὐκ ἔστιν δίκαιος οὐδὲ εἷς,   Ps 14.1-3;
11   *οὐκ ἔστιν ὁ συνίων,*   53.1-3
    οὐκ ἔστιν ὁ ἐκζητῶν τὸν θεόν.

---

[1]4 {B} νικήσεις 01 02 06 018 81 2464 Byz^pt ∥ νικήσῃς 03 012 020 365 1175 Byz^pt TR lat

[2]7 {C} δέ 01 02 81 256 263 365 1506 1573 2127 co^bo ∥ γάρ 03 06 012 025 6 33 1175 1739 1881 1962 2464 Byz lat co^sa eth Origen^lat Chrysostom

12   πάντες ἐξέκλιναν ἅμα ἠχρεώθησαν·
       οὐκ ἔστιν ὁ ποιῶν χρηστότητα,
       οὐκ ἔστιν ἕως ἑνός.
13   τάφος ἀνεῳγμένος ὁ λάρυγξ αὐτῶν,
       ταῖς γλώσσαις αὐτῶν ἐδολιοῦσαν,
       ἰὸς ἀσπίδων ὑπὸ τὰ χείλη αὐτῶν·
14   ὧν τὸ στόμα ἀρᾶς καὶ πικρίας γέμει,
15   ὀξεῖς οἱ πόδες αὐτῶν ἐκχέαι αἷμα,
16   σύντριμμα καὶ ταλαιπωρία ἐν ταῖς ὁδοῖς αὐτῶν,
17   καὶ ὁδὸν εἰρήνης οὐκ ἔγνωσαν.
18   οὐκ ἔστιν φόβος θεοῦ ἀπέναντι τῶν ὀφθαλμῶν αὐτῶν.
19 οἴδαμεν δὲ ὅτι ὅσα ὁ νόμος λέγει τοῖς ἐν τῷ νόμῳ λαλεῖ, ἵνα πᾶν στόμα φραγῇ καὶ ὑπόδικος γένηται πᾶς ὁ κόσμος τῷ θεῷ· **20** διότι ἐξ ἔργων νόμου οὐ δικαιωθήσεται πᾶσα σὰρξ ἐνώπιον αὐτοῦ, διὰ γὰρ νόμου ἐπίγνωσις ἁμαρτίας.

Righteousness through Faith

21 Νυνὶ δὲ χωρὶς νόμου δικαιοσύνη θεοῦ πεφανέρωται μαρτυρουμένη ὑπὸ τοῦ νόμου καὶ τῶν προφητῶν, **22** δικαιοσύνη δὲ θεοῦ διὰ πίστεως Ἰησοῦ Χριστοῦ εἰς πάντας[3] τοὺς πιστεύοντας. οὐ γάρ ἐστιν διαστολή, **23** πάντες γὰρ ἥμαρτον καὶ ὑστεροῦνται τῆς δόξης τοῦ θεοῦ **24** δικαιούμενοι δωρεὰν τῇ αὐτοῦ χάριτι διὰ τῆς ἀπολυτρώσεως τῆς ἐν Χριστῷ Ἰησοῦ· **25** ὃν προέθετο ὁ θεὸς ἱλαστήριον διὰ [τῆς] πίστεως ἐν τῷ αὐτοῦ αἵματι εἰς ἔνδειξιν τῆς δικαιοσύνης αὐτοῦ διὰ τὴν πάρεσιν τῶν προγεγονότων ἁμαρτημάτων **26** ἐν τῇ ἀνοχῇ τοῦ θεοῦ, πρὸς τὴν ἔνδειξιν τῆς δικαιοσύνης αὐτοῦ ἐν τῷ νῦν καιρῷ, εἰς τὸ εἶναι αὐτὸν δίκαιον καὶ δικαιοῦντα τὸν ἐκ πίστεως Ἰησοῦ.

27 Ποῦ οὖν ἡ καύχησις; ἐξεκλείσθη. διὰ ποίου νόμου; τῶν ἔργων; οὐχί, ἀλλὰ διὰ νόμου πίστεως. **28** λογιζόμεθα γὰρ[4]

---

[3] **22** {B} εἰς πάντας 𝔓⁴⁰ 01* 02 03 04 025 6 81 263 1506 1739 1881 cpa co Clement Origen^(lat-pt) Cyril // ἐπὶ πάντας lat^(vg) // εἰς πάντας καὶ ἐπὶ πάντας 01² 06 012 33 256 365 1175 1573 1962 2127 2464 Byz lat^(vl, vg-mss) sy Origen^(lat-pt) Chrysostom

[4] **28** {B} γάρ 01 02 06* 012 81 256 263 365 1506 1573 1739 1881 1962 2127 lat^(vl-pt, vg) cpa co^(sa, bo) eth Origen^(lat) Cyril // οὖν 03 04 06² 025 6 33 1175 2464 Byz lat^(vl-pt) sy Chrysostom // omit (beginning of lesson/quotation) Lect co^(bo-mss)

δικαιοῦσθαι πίστει ἄνθρωπον χωρὶς ἔργων νόμου. **29** ἢ Ἰουδαίων ὁ θεὸς μόνον; οὐχὶ καὶ ἐθνῶν; ναὶ καὶ ἐθνῶν, **30** εἴπερ[5] εἷς ὁ θεὸς ὃς δικαιώσει περιτομὴν ἐκ πίστεως καὶ ἀκροβυστίαν διὰ τῆς πίστεως. **31** νόμον οὖν καταργοῦμεν διὰ τῆς πίστεως; μὴ γένοιτο· ἀλλὰ νόμον ἱστάνομεν.

The Example of Abraham

4 Τί οὖν ἐροῦμεν εὑρηκέναι Ἀβραὰμ τὸν προπάτορα ἡμῶν[1] κατὰ σάρκα; **2** εἰ γὰρ Ἀβραὰμ ἐξ ἔργων ἐδικαιώθη, ἔχει καύχημα, ἀλλ' οὐ πρὸς θεόν. **3** τί γὰρ ἡ γραφὴ λέγει; *ἐπίστευσεν δὲ Ἀβραὰμ τῷ θεῷ καὶ ἐλογίσθη αὐτῷ εἰς δικαιοσύνην*. **4** τῷ δὲ ἐργαζομένῳ ὁ μισθὸς οὐ λογίζεται κατὰ χάριν ἀλλὰ κατὰ ὀφείλημα, **5** τῷ δὲ μὴ ἐργαζομένῳ πιστεύοντι δὲ ἐπὶ τὸν δικαιοῦντα τὸν ἀσεβῆ λογίζεται ἡ πίστις αὐτοῦ εἰς δικαιοσύνην· **6** καθάπερ καὶ Δαυὶδ λέγει τὸν μακαρισμὸν τοῦ ἀνθρώπου ᾧ ὁ θεὸς λογίζεται δικαιοσύνην χωρὶς ἔργων·

Gn 15.6

7 *μακάριοι ὧν ἀφέθησαν αἱ ἀνομίαι*
    καὶ ὧν ἐπεκαλύφθησαν αἱ ἁμαρτίαι·
8 *μακάριος ἀνὴρ οὗ οὐ μὴ λογίσηται κύριος ἁμαρτίαν.*

Ps 32.1-2

9 Ὁ μακαρισμὸς οὖν οὗτος ἐπὶ τὴν περιτομὴν ἢ καὶ ἐπὶ τὴν ἀκροβυστίαν; λέγομεν γάρ· ἐλογίσθη τῷ Ἀβραὰμ ἡ πίστις εἰς δικαιοσύνην. **10** πῶς οὖν ἐλογίσθη; ἐν περιτομῇ ὄντι ἢ ἐν ἀκροβυστίᾳ; οὐκ ἐν περιτομῇ ἀλλ' ἐν ἀκροβυστίᾳ· **11** καὶ σημεῖον ἔλαβεν περιτομῆς σφραγῖδα τῆς δικαιοσύνης τῆς πίστεως τῆς ἐν τῇ ἀκροβυστίᾳ, εἰς τὸ εἶναι αὐτὸν πατέρα πάντων τῶν πιστευόντων δι' ἀκροβυστίας, εἰς τὸ λογισθῆναι [καὶ] αὐτοῖς [τὴν] δικαιοσύνην, **12** καὶ πατέρα περιτομῆς τοῖς οὐκ ἐκ

---

[5]**30** {A} εἴπερ 01* 02 03 04 06[1] 6 81 365 1506 1739 lat[vl-pt] Clement Origen ⫽ ἐπείπερ 01[2] 06*,[2] 012 025 33 1175 1881 2464 *Byz* lat[vl-pt, vg] Irenaeus[lat] Eusebius ⫽ ἐπειδήπερ 018

[1]**1** {B} εὑρηκέναι Ἀβραὰμ τὸν προπάτορα ἡμῶν 01*,[2] 02 04* 81 256 263 (365 προπάτορα πατέρα ἡμῶν) 1506 2127 sy[(p)] cpa co[sa, (bo)] Origen[gr-lem] Cyril ⫽ Ἀβραὰμ τὸν προπάτορα ἡμῶν 03 (6 1739 πατέρα ἡμῶν) ⫽ εὑρηκέναι Ἀβραὰμ τὸν πατέρα ἡμῶν 01[1] 04[3] 06 012 1573 lat Origen[lat] ⫽ Ἀβραὰμ τὸν πατέρα ἡμῶν εὑρηκέναι 025 33 1175 1881 1962 2464 *Byz* (eth) Chrysostom[lem]

περιτομῆς μόνον ἀλλὰ καὶ τοῖς στοιχοῦσιν τοῖς ἴχνεσιν τῆς ἐν ἀκροβυστίᾳ πίστεως τοῦ πατρὸς ἡμῶν Ἀβραάμ.

The Promise Made Real through Faith

13 Οὐ γὰρ διὰ νόμου ἡ ἐπαγγελία τῷ Ἀβραὰμ ἢ τῷ σπέρματι αὐτοῦ, τὸ κληρονόμον αὐτὸν εἶναι κόσμου, ἀλλὰ διὰ δικαιοσύνης πίστεως. **14** εἰ γὰρ οἱ ἐκ νόμου κληρονόμοι, κεκένωται ἡ πίστις καὶ κατήργηται ἡ ἐπαγγελία· **15** ὁ γὰρ νόμος ὀργὴν κατεργάζεται· οὗ δὲ² οὐκ ἔστιν νόμος οὐδὲ παράβασις. **16** διὰ τοῦτο ἐκ πίστεως, ἵνα κατὰ χάριν, εἰς τὸ εἶναι βεβαίαν τὴν ἐπαγγελίαν παντὶ τῷ σπέρματι, οὐ τῷ ἐκ τοῦ νόμου μόνον ἀλλὰ καὶ τῷ ἐκ πίστεως Ἀβραάμ, ὅς ἐστιν πατὴρ πάντων ἡμῶν, **17** καθὼς γέγραπται ὅτι *πατέρα πολλῶν ἐθνῶν τέθεικά σε*, κατέναντι οὗ ἐπίστευσεν θεοῦ τοῦ ζῳοποιοῦντος τοὺς νεκροὺς καὶ καλοῦντος τὰ μὴ ὄντα ὡς ὄντα. **18** ὃς παρ' ἐλπίδα ἐπ' ἐλπίδι ἐπίστευσεν εἰς τὸ γενέσθαι αὐτὸν πατέρα πολλῶν ἐθνῶν κατὰ τὸ εἰρημένον· *οὕτως ἔσται τὸ σπέρμα σου*, **19** καὶ μὴ ἀσθενήσας τῇ πίστει κατενόησεν³ τὸ ἑαυτοῦ σῶμα [ἤδη]⁴ νενεκρωμένον, ἑκατονταετής που ὑπάρχων, καὶ τὴν νέκρωσιν τῆς μήτρας Σάρρας· **20** εἰς δὲ τὴν ἐπαγγελίαν τοῦ θεοῦ οὐ διεκρίθη τῇ ἀπιστίᾳ ἀλλ' ἐνεδυναμώθη τῇ πίστει, δοὺς δόξαν τῷ θεῷ **21** καὶ πληροφορηθεὶς ὅτι ὃ ἐπήγγελται δυνατός ἐστιν καὶ ποιῆσαι. **22** διὸ καὶ ἐλογίσθη αὐτῷ εἰς δικαιοσύνην. **23** οὐκ ἐγράφη δὲ δι' αὐτὸν μόνον ὅτι ἐλογίσθη αὐτῷ **24** ἀλλὰ καὶ δι' ἡμᾶς, οἷς μέλλει λογίζεσθαι, τοῖς πιστεύουσιν ἐπὶ τὸν ἐγείραντα Ἰησοῦν τὸν κύριον ἡμῶν ἐκ νεκρῶν, **25** ὃς παρεδόθη διὰ τὰ παραπτώματα ἡμῶν καὶ ἠγέρθη διὰ τὴν δικαίωσιν ἡμῶν.

---

² **15** {B} δέ 01* 02 03 04 81 1506 sy^hmg co eth Origen^lat-pt ∥ γάρ 01² 06 012 025 6 256 263 365 1175 1573 1739 1881 1962 2127 2464 *Byz* lat sy Origen^lat-pt Chrysostom Cyril

³ **19** {C} κατενόησεν 01 02 03 04 6 81 256 263 365 1506 1573 1739 2127 lat^vl-pt, vg sy^p co eth Origen^gr, lat-pt Cyril-Jerusalem Chrysostom^pt ∥ οὐ κατενόησεν 06 012 025 33 1175 1881 1962 2464 *Byz* lat^vl-pt, vg-mss sy^h Origen^lat-pt Basil Chrysostom^pt

⁴ **19** {C} ἤδη 01 02 04 06 025 6 33 81 256 263 365 1175 1506 1573 1962 2127 2464 *Byz* lat^vl-pt, vg-ms sy^h with * co^bo Origen^gr, lat-pt Basil Cyril-Jerusalem ∥ *omit* 03 012 1739 1881 lat^vl-pt, vg sy^p cpa co^sa eth Origen^lat-pt Chrysostom

Results of Justification

5 Δικαιωθέντες οὖν ἐκ πίστεως εἰρήνην ἔχομεν[1] πρὸς τὸν θεὸν διὰ τοῦ κυρίου ἡμῶν Ἰησοῦ Χριστοῦ 2 δι᾽ οὗ καὶ τὴν προσαγωγὴν ἐσχήκαμεν [τῇ πίστει][2] εἰς τὴν χάριν ταύτην ἐν ᾗ ἑστήκαμεν καὶ καυχώμεθα ἐπ᾽ ἐλπίδι τῆς δόξης τοῦ θεοῦ. 3 οὐ μόνον δέ, ἀλλὰ καὶ καυχώμεθα ἐν ταῖς θλίψεσιν, εἰδότες ὅτι ἡ θλῖψις ὑπομονὴν κατεργάζεται, 4 ἡ δὲ ὑπομονὴ δοκιμήν, ἡ δὲ δοκιμὴ ἐλπίδα. 5 ἡ δὲ ἐλπὶς οὐ καταισχύνει, ὅτι ἡ ἀγάπη τοῦ θεοῦ ἐκκέχυται ἐν ταῖς καρδίαις ἡμῶν διὰ πνεύματος ἁγίου τοῦ δοθέντος ἡμῖν. 6 ἔτι γὰρ[3] Χριστὸς ὄντων ἡμῶν ἀσθενῶν ἔτι[3] κατὰ καιρὸν ὑπὲρ ἀσεβῶν ἀπέθανεν. 7 μόλις γὰρ ὑπὲρ δικαίου τις ἀποθανεῖται· ὑπὲρ γὰρ τοῦ ἀγαθοῦ τάχα τις καὶ τολμᾷ ἀποθανεῖν· 8 συνίστησιν δὲ τὴν ἑαυτοῦ ἀγάπην εἰς ἡμᾶς ὁ θεός, ὅτι ἔτι ἁμαρτωλῶν ὄντων ἡμῶν Χριστὸς ὑπὲρ ἡμῶν ἀπέθανεν. 9 πολλῷ οὖν μᾶλλον δικαιωθέντες νῦν ἐν τῷ αἵματι αὐτοῦ σωθησόμεθα δι᾽ αὐτοῦ ἀπὸ τῆς ὀργῆς. 10 εἰ γὰρ ἐχθροὶ ὄντες κατηλλάγημεν τῷ θεῷ διὰ τοῦ θανάτου τοῦ υἱοῦ αὐτοῦ, πολλῷ μᾶλλον καταλλαγέντες σωθησόμεθα ἐν τῇ ζωῇ αὐτοῦ· 11 οὐ μόνον δέ, ἀλλὰ καὶ καυχώμενοι ἐν τῷ θεῷ διὰ τοῦ κυρίου ἡμῶν Ἰησοῦ Χριστοῦ δι᾽ οὗ νῦν τὴν καταλλαγὴν ἐλάβομεν.

Adam and Christ

12 Διὰ τοῦτο ὥσπερ δι᾽ ἑνὸς ἀνθρώπου ἡ ἁμαρτία εἰς τὸν κόσμον εἰσῆλθεν καὶ διὰ τῆς ἁμαρτίας ὁ θάνατος, καὶ οὕτως εἰς πάντας ἀνθρώπους ὁ θάνατος διῆλθεν, ἐφ᾽ ᾧ πάντες ἥμαρτον· 13 ἄχρι γὰρ νόμου ἁμαρτία ἦν ἐν κόσμῳ, ἁμαρτία δὲ οὐκ

---

[1]**1** {D} ἔχομεν 01[1] 03[2] 012 025 0220[vid] 6 256 263 365 1506 1573 1739 1881 2127 2464 Byz[pt] TR Lect[pt] lat[vl-pt] co[sa] Basil Gregory-Nyssa[mss] Cyril[pt] ∥ ἔχωμεν 01* 02 03* 04 06 018 020 33 81 1175 1962 Byz[pt] Lect[pt] lat[vl-pt, vg] co[bo] eth Marcion[acc. to Tertullian] Origen[lat] Gregory-Nyssa Chrysostom Cyril[pt]

[2]**2** {C} τῇ πίστει 01*, [2] 04 025 6 33 81 256 263 365 1175 1506 1573 1739 1881 2127 2464 Byz lat[vl-pt, vg] sy cpa co[bo] eth Origen[lat-pt] Chrysostom[pt] Cyril ∥ ἐν τῇ πίστει 01[1] 02 1962 lat[vg-mss] Chrysostom[pt] ∥ omit 03 06 012 0220 lat[vl-pt] co[sa] Origen[lat-pt] Basil

[3]**6** {C} ἔτι γὰρ ... ἔτι 01 02 04[vid] 06* 81 256 263 (365) 1506 1573 2127 sy[h] Marcion[acc. to Epiphanius] ∥ ἔτι γὰρ ... omit 06[2] (020 δέ for γάρ) 025 6 33 1175 1739 1881 1962 2464 Byz (sy[p]) eth Origen[lat] Chrysostom ∥ εἴ γε ... ἔτι 03 co[sa, (bo)] (cpa) ∥ εἰς τί γὰρ ... ἔτι 012 lat Irenaeus[lat] ∥ εἰς τί γὰρ ... omit 06[1]

ἐλλογεῖται μὴ ὄντος νόμου, **14** ἀλλ' ἐβασίλευσεν ὁ θάνατος ἀπὸ Ἀδὰμ μέχρι Μωϋσέως καὶ ἐπὶ τοὺς μὴ ἁμαρτήσαντας ἐπὶ τῷ ὁμοιώματι τῆς παραβάσεως Ἀδὰμ ὅς ἐστιν τύπος τοῦ μέλλοντος. **15** ἀλλ' οὐχ ὡς τὸ παράπτωμα, οὕτως καὶ τὸ χάρισμα· εἰ γὰρ τῷ τοῦ ἑνὸς παραπτώματι οἱ πολλοὶ ἀπέθανον, πολλῷ μᾶλλον ἡ χάρις τοῦ θεοῦ καὶ ἡ δωρεὰ ἐν χάριτι τῇ τοῦ ἑνὸς ἀνθρώπου Ἰησοῦ Χριστοῦ εἰς τοὺς πολλοὺς ἐπερίσσευσεν. **16** καὶ οὐχ ὡς δι' ἑνὸς ἁμαρτήσαντος τὸ δώρημα· τὸ μὲν γὰρ κρίμα ἐξ ἑνὸς εἰς κατάκριμα, τὸ δὲ χάρισμα ἐκ πολλῶν παραπτωμάτων εἰς δικαίωμα. **17** εἰ γὰρ τῷ τοῦ ἑνὸς παραπτώματι ὁ θάνατος ἐβασίλευσεν διὰ τοῦ ἑνός, πολλῷ μᾶλλον οἱ τὴν περισσείαν τῆς χάριτος καὶ τῆς δωρεᾶς τῆς δικαιοσύνης λαμβάνοντες ἐν ζωῇ βασιλεύσουσιν διὰ τοῦ ἑνὸς Ἰησοῦ Χριστοῦ. **18** ἄρα οὖν ὡς δι' ἑνὸς παραπτώματος εἰς πάντας ἀνθρώπους εἰς κατάκριμα, οὕτως καὶ δι' ἑνὸς δικαιώματος εἰς πάντας ἀνθρώπους εἰς δικαίωσιν ζωῆς· **19** ὥσπερ γὰρ διὰ τῆς παρακοῆς τοῦ ἑνὸς ἀνθρώπου ἁμαρτωλοὶ κατεστάθησαν οἱ πολλοί, οὕτως καὶ διὰ τῆς ὑπακοῆς τοῦ ἑνὸς δίκαιοι κατασταθήσονται οἱ πολλοί. **20** νόμος δὲ παρεισῆλθεν, ἵνα πλεονάσῃ τὸ παράπτωμα· οὗ δὲ ἐπλεόνασεν ἡ ἁμαρτία, ὑπερεπερίσσευσεν ἡ χάρις, **21** ἵνα ὥσπερ ἐβασίλευσεν ἡ ἁμαρτία ἐν τῷ θανάτῳ, οὕτως καὶ ἡ χάρις βασιλεύσῃ διὰ δικαιοσύνης εἰς ζωὴν αἰώνιον διὰ Ἰησοῦ Χριστοῦ τοῦ κυρίου ἡμῶν.

Dead to Sin but Alive in Christ

6 Τί οὖν ἐροῦμεν; ἐπιμένωμεν[1] τῇ ἁμαρτίᾳ, ἵνα ἡ χάρις πλεονάσῃ; **2** μὴ γένοιτο. οἵτινες ἀπεθάνομεν τῇ ἁμαρτίᾳ, πῶς ἔτι ζήσομεν ἐν αὐτῇ; **3** ἢ ἀγνοεῖτε ὅτι, ὅσοι ἐβαπτίσθημεν εἰς Χριστὸν Ἰησοῦν, εἰς τὸν θάνατον αὐτοῦ ἐβαπτίσθημεν; **4** συνετάφημεν οὖν αὐτῷ διὰ τοῦ βαπτίσματος εἰς τὸν θάνατον, ἵνα ὥσπερ ἠγέρθη Χριστὸς ἐκ νεκρῶν διὰ τῆς δόξης τοῦ πατρός, οὕτως καὶ ἡμεῖς ἐν καινότητι ζωῆς περιπατήσωμεν. **5** εἰ

---

[1] **1** {B} ἐπιμένωμεν 02 03 04 06 012 81 1506 Byz^{pt} lat$^{vl\text{-}pt}$ co$^{sa,\,bo}$ // ἐπιμενοῦμεν TR lat$^{vl\text{-}pt,\,vg}$ // ἐπιμένομεν 01 018 025 1175 1881 2464 Byz^{pt} co$^{bo\text{-}ms}$ Tertullian // ἐπιμείνωμεν 020 33 (365 1739)

γὰρ σύμφυτοι γεγόναμεν τῷ ὁμοιώματι τοῦ θανάτου αὐτοῦ, ἀλλὰ καὶ τῆς ἀναστάσεως ἐσόμεθα· **6** τοῦτο γινώσκοντες ὅτι ὁ παλαιὸς ἡμῶν ἄνθρωπος συνεσταυρώθη, ἵνα καταργηθῇ τὸ σῶμα τῆς ἁμαρτίας, τοῦ μηκέτι δουλεύειν ἡμᾶς τῇ ἁμαρτίᾳ· **7** ὁ γὰρ ἀποθανὼν δεδικαίωται ἀπὸ τῆς ἁμαρτίας. **8** εἰ δὲ[2] ἀπεθάνομεν σὺν Χριστῷ, πιστεύομεν ὅτι καὶ συζήσομεν αὐτῷ, **9** εἰδότες ὅτι Χριστὸς ἐγερθεὶς ἐκ νεκρῶν οὐκέτι ἀποθνῄσκει, θάνατος αὐτοῦ οὐκέτι κυριεύει. **10** ὃ γὰρ ἀπέθανεν, τῇ ἁμαρτίᾳ ἀπέθανεν ἐφάπαξ· ὃ δὲ ζῇ, ζῇ τῷ θεῷ. **11** οὕτως καὶ ὑμεῖς λογίζεσθε ἑαυτοὺς [εἶναι] νεκροὺς μὲν τῇ ἁμαρτίᾳ ζῶντας δὲ τῷ θεῷ ἐν Χριστῷ Ἰησοῦ[3].

12 Μὴ οὖν βασιλευέτω ἡ ἁμαρτία ἐν τῷ θνητῷ ὑμῶν σώματι εἰς τὸ ὑπακούειν ταῖς ἐπιθυμίαις αὐτοῦ[4], **13** μηδὲ παριστάνετε τὰ μέλη ὑμῶν ὅπλα ἀδικίας τῇ ἁμαρτίᾳ, ἀλλὰ παραστήσατε ἑαυτοὺς τῷ θεῷ ὡσεὶ ἐκ νεκρῶν ζῶντας καὶ τὰ μέλη ὑμῶν ὅπλα δικαιοσύνης τῷ θεῷ. **14** ἁμαρτία γὰρ ὑμῶν οὐ κυριεύσει· οὐ γάρ ἐστε ὑπὸ νόμον ἀλλ' ὑπὸ χάριν.

Slaves of Righteousness

15 Τί οὖν; ἁμαρτήσωμεν, ὅτι οὐκ ἐσμὲν ὑπὸ νόμον ἀλλ' ὑπὸ χάριν; μὴ γένοιτο. **16** οὐκ οἴδατε ὅτι ᾧ παριστάνετε ἑαυτοὺς δούλους εἰς ὑπακοήν, δοῦλοί ἐστε ᾧ ὑπακούετε, ἤτοι ἁμαρτίας εἰς θάνατον ἢ ὑπακοῆς εἰς δικαιοσύνην; **17** χάρις δὲ τῷ θεῷ ὅτι ἦτε δοῦλοι τῆς ἁμαρτίας ὑπηκούσατε δὲ ἐκ καρδίας εἰς ὃν παρεδόθητε τύπον διδαχῆς, **18** ἐλευθερωθέντες δὲ ἀπὸ τῆς ἁμαρτίας ἐδουλώθητε τῇ δικαιοσύνῃ. **19** ἀνθρώπινον λέγω διὰ τὴν

---

[2]**8** {A} δέ 01 02 03 04 06 025 6 81 256 263 365 1175 1506 1573 1739 1881 1962 2127 2464 *Byz* lat^(vl-pt, vg) sy^h cpa co eth Tertullian Origen^lat Eusebius Chrysostom // γάρ 𝔓46 012 lat^(vl-pt) (sy^p)

[3]**11** {A} ἐν Χριστῷ Ἰησοῦ 𝔓46 02 03 06 012 1739* lat^(vl-pt, vg) sy^h co^sa Tertullian^(pt, (pt)) Origen^(gr, lat-pt) Basil Cyril // ἐν Χριστῷ Ἰησοῦ τῷ κυρίῳ ἡμῶν 𝔓94vid 01 04 025 6 33 81 256 263 365 1175 1506 1573 1739^c 1881 1962 2127 2464 *Byz* (sy^p) (cpa) co^bo (eth) Origen^lat-pt Chrysostom // *omit* lat^(vl-pt) Irenaeus^lat Origen^lat-pt

[4]**12** {B} ταῖς ἐπιθυμίαις αὐτοῦ 𝔓94 01 02 03 04* 6 81 256 263 365 1506 1573 1739 1881 1962 2127 lat^(vl-pt, vg) sy^p co eth Origen^(gr), lat-pt Cyril // αὐτῇ 𝔓46 06 012 lat^(vl-pt) Irenaeus^lat Tertullian Origen^lat-pt // αὐτῇ ἐν ταῖς ἐπιθυμίαις αὐτοῦ 04^3 025 (33 αὐτοῦ *for* αὐτῇ) 1175 2464 *Byz* sy^h Chrysostom

ἀσθένειαν τῆς σαρκὸς ὑμῶν. ὥσπερ γὰρ παρεστήσατε τὰ μέλη ὑμῶν δοῦλα τῇ ἀκαθαρσίᾳ καὶ τῇ ἀνομίᾳ εἰς τὴν ἀνομίαν, οὕτως νῦν παραστήσατε τὰ μέλη ὑμῶν δοῦλα τῇ δικαιοσύνῃ εἰς ἁγιασμόν. **20** ὅτε γὰρ δοῦλοι ἦτε τῆς ἁμαρτίας, ἐλεύθεροι ἦτε τῇ δικαιοσύνῃ. **21** τίνα οὖν καρπὸν εἴχετε τότε; ἐφ᾽ οἷς νῦν ἐπαισχύνεσθε, τὸ γὰρ τέλος ἐκείνων θάνατος. **22** νυνὶ δὲ ἐλευθερωθέντες ἀπὸ τῆς ἁμαρτίας δουλωθέντες δὲ τῷ θεῷ ἔχετε τὸν καρπὸν ὑμῶν εἰς ἁγιασμόν, τὸ δὲ τέλος ζωὴν αἰώνιον. **23** τὰ γὰρ ὀψώνια τῆς ἁμαρτίας θάνατος, τὸ δὲ χάρισμα τοῦ θεοῦ ζωὴ αἰώνιος ἐν Χριστῷ Ἰησοῦ τῷ κυρίῳ ἡμῶν.

An Analogy from Marriage

7 Ἢ ἀγνοεῖτε, ἀδελφοί, γινώσκουσιν γὰρ νόμον λαλῶ, ὅτι ὁ νόμος κυριεύει τοῦ ἀνθρώπου ἐφ᾽ ὅσον χρόνον ζῇ; **2** ἡ γὰρ ὕπανδρος γυνὴ τῷ ζῶντι ἀνδρὶ δέδεται νόμῳ· ἐὰν δὲ ἀποθάνῃ ὁ ἀνήρ, κατήργηται ἀπὸ τοῦ νόμου τοῦ ἀνδρός. **3** ἄρα οὖν ζῶντος τοῦ ἀνδρὸς μοιχαλὶς χρηματίσει ἐὰν γένηται ἀνδρὶ ἑτέρῳ· ἐὰν δὲ ἀποθάνῃ ὁ ἀνήρ, ἐλευθέρα ἐστὶν ἀπὸ τοῦ νόμου, τοῦ μὴ εἶναι αὐτὴν μοιχαλίδα γενομένην ἀνδρὶ ἑτέρῳ. **4** ὥστε, ἀδελφοί μου, καὶ ὑμεῖς ἐθανατώθητε τῷ νόμῳ διὰ τοῦ σώματος τοῦ Χριστοῦ, εἰς τὸ γενέσθαι ὑμᾶς ἑτέρῳ, τῷ ἐκ νεκρῶν ἐγερθέντι, ἵνα καρποφορήσωμεν τῷ θεῷ. **5** ὅτε γὰρ ἦμεν ἐν τῇ σαρκί, τὰ παθήματα τῶν ἁμαρτιῶν τὰ διὰ τοῦ νόμου ἐνηργεῖτο ἐν τοῖς μέλεσιν ἡμῶν, εἰς τὸ καρποφορῆσαι τῷ θανάτῳ· **6** νυνὶ δὲ κατηργήθημεν ἀπὸ τοῦ νόμου ἀποθανόντες ἐν ᾧ κατειχόμεθα, ὥστε δουλεύειν ἡμᾶς ἐν καινότητι πνεύματος καὶ οὐ παλαιότητι γράμματος.

The Problem of Indwelling Sin

7 Τί οὖν ἐροῦμεν; ὁ νόμος ἁμαρτία; μὴ γένοιτο· ἀλλὰ τὴν ἁμαρτίαν οὐκ ἔγνων εἰ μὴ διὰ νόμου· τήν τε γὰρ ἐπιθυμίαν οὐκ ᾔδειν εἰ μὴ ὁ νόμος ἔλεγεν· *οὐκ ἐπιθυμήσεις*. **8** ἀφορμὴν δὲ λαβοῦσα ἡ ἁμαρτία διὰ τῆς ἐντολῆς κατειργάσατο ἐν ἐμοὶ πᾶσαν ἐπιθυμίαν· χωρὶς γὰρ νόμου ἁμαρτία νεκρά. **9** ἐγὼ δὲ ἔζων χωρὶς νόμου ποτέ, ἐλθούσης δὲ τῆς ἐντολῆς ἡ ἁμαρτία ἀνέζησεν, **10** ἐγὼ δὲ ἀπέθανον καὶ εὑρέθη μοι ἡ ἐντολὴ ἡ εἰς ζωήν, αὕτη

Ex 20.17; Dt 5.21

εἰς θάνατον· **11** ἡ γὰρ ἁμαρτία ἀφορμὴν λαβοῦσα διὰ τῆς ἐντολῆς ἐξηπάτησέν με καὶ δι' αὐτῆς ἀπέκτεινεν. **12** ὥστε ὁ μὲν νόμος ἅγιος καὶ ἡ ἐντολὴ ἁγία καὶ δικαία καὶ ἀγαθή. **13** τὸ οὖν ἀγαθὸν ἐμοὶ ἐγένετο θάνατος; μὴ γένοιτο· ἀλλ' ἡ ἁμαρτία, ἵνα φανῇ ἁμαρτία, διὰ τοῦ ἀγαθοῦ μοι κατεργαζομένη θάνατον, ἵνα γένηται καθ' ὑπερβολὴν ἁμαρτωλὸς ἡ ἁμαρτία διὰ τῆς ἐντολῆς.
14 Οἴδαμεν[1] γὰρ ὅτι ὁ νόμος πνευματικός ἐστιν, ἐγὼ δὲ σάρκινός εἰμι πεπραμένος ὑπὸ τὴν ἁμαρτίαν. **15** ὃ γὰρ κατεργάζομαι οὐ γινώσκω· οὐ γὰρ ὃ θέλω τοῦτο πράσσω, ἀλλ' ὃ μισῶ τοῦτο ποιῶ. **16** εἰ δὲ ὃ οὐ θέλω τοῦτο ποιῶ, σύμφημι τῷ νόμῳ ὅτι καλός. **17** νυνὶ δὲ οὐκέτι ἐγὼ κατεργάζομαι αὐτὸ ἀλλ' ἡ οἰκοῦσα ἐν ἐμοὶ ἁμαρτία. **18** οἶδα γὰρ ὅτι οὐκ οἰκεῖ ἐν ἐμοί, τοῦτ' ἔστιν ἐν τῇ σαρκί μου, ἀγαθόν· τὸ γὰρ θέλειν παράκειταί μοι, τὸ δὲ κατεργάζεσθαι τὸ καλὸν οὔ[2]· **19** οὐ γὰρ ὃ θέλω ποιῶ ἀγαθόν, ἀλλ' ὃ οὐ θέλω κακὸν τοῦτο πράσσω. **20** εἰ δὲ ὃ οὐ θέλω [ἐγὼ] τοῦτο ποιῶ, οὐκέτι ἐγὼ κατεργάζομαι αὐτὸ ἀλλ' ἡ οἰκοῦσα ἐν ἐμοὶ ἁμαρτία. **21** εὑρίσκω ἄρα τὸν νόμον, τῷ θέλοντι ἐμοὶ ποιεῖν τὸ καλόν, ὅτι ἐμοὶ τὸ κακὸν παράκειται· **22** συνήδομαι γὰρ τῷ νόμῳ τοῦ θεοῦ κατὰ τὸν ἔσω ἄνθρωπον, **23** βλέπω δὲ ἕτερον νόμον ἐν τοῖς μέλεσίν μου ἀντιστρατευόμενον τῷ νόμῳ τοῦ νοός μου καὶ αἰχμαλωτίζοντά με ἐν τῷ νόμῳ τῆς ἁμαρτίας τῷ ὄντι ἐν τοῖς μέλεσίν μου. **24** ταλαίπωρος ἐγὼ ἄνθρωπος· τίς με ῥύσεται ἐκ τοῦ σώματος τοῦ θανάτου τούτου; **25** χάρις δὲ τῷ θεῷ[3] διὰ Ἰησοῦ Χριστοῦ τοῦ κυρίου ἡμῶν. ἄρα οὖν αὐτὸς ἐγὼ τῷ μὲν νοῒ δουλεύω νόμῳ θεοῦ τῇ δὲ σαρκὶ νόμῳ ἁμαρτίας.

---

[1] **14** {A} οἴδαμεν 03² 06² 6 81 256 263 365 1175 1506 1573 1739 1881 1962 2127 2464 *Byz* lat sy co eth Origen^(gr, lat) Basil Gregory-Nyssa Chrysostom Cyril^(lem) ∥ οἶδα μέν 33 ∥ οιδαμεν *without accents* 01 02 03* 04 06* 012 025

[2] **18** {B} οὔ 01 02 03 04 6 81 1739 1881 co Cyril^(com) ∥ οὐχ εὑρίσκω 06 012 025 33 1175 1506 1962 2464 *Byz* lat sy eth Irenaeus^(lat) Origen^(lat) Basil Chrysostom Cyril^(lem) ∥ οὐ γινώσκω 256 263 1573 2127

[3] **25** {C} χάρις δὲ τῷ θεῷ 01¹ 33 81 256 (263) 365 1506 1573 2127 co^(bo) Cyril ∥ χάρις τῷ θεῷ 03 co^(sa) Origen ∥ ἡ χάρις τοῦ θεοῦ 06 lat^(vl-pt, vg) Origen^(lat-pt) ∥ ἡ χάρις κυρίου 012 lat^(vl-pt) ∥ εὐχαριστῶ τῷ θεῷ 01* 02 025 6 1175 1739 1881 1962 2464 *Byz* sy (Chrysostom) Cyril^(lem) ∥ χάρις τῷ κυρίῳ ἡμῶν Ἰησοῦ Χριστοῦ (*instead of the whole clause*) (Irenaeus^(lat)) Origen^(lat-pt)

Life in the Spirit

8 Οὐδὲν ἄρα νῦν κατάκριμα τοῖς ἐν Χριστῷ Ἰησοῦ¹. **2** ὁ γὰρ νόμος τοῦ πνεύματος τῆς ζωῆς ἐν Χριστῷ Ἰησοῦ ἠλευθέρωσέν σε² ἀπὸ τοῦ νόμου τῆς ἁμαρτίας καὶ τοῦ θανάτου. **3** τὸ γὰρ ἀδύνατον τοῦ νόμου ἐν ᾧ ἠσθένει διὰ τῆς σαρκός, ὁ θεὸς τὸν ἑαυτοῦ υἱὸν πέμψας ἐν ὁμοιώματι σαρκὸς ἁμαρτίας καὶ περὶ ἁμαρτίας κατέκρινεν τὴν ἁμαρτίαν ἐν τῇ σαρκί, **4** ἵνα τὸ δικαίωμα τοῦ νόμου πληρωθῇ ἐν ἡμῖν τοῖς μὴ κατὰ σάρκα περιπατοῦσιν ἀλλὰ κατὰ πνεῦμα. **5** οἱ γὰρ κατὰ σάρκα ὄντες τὰ τῆς σαρκὸς φρονοῦσιν, οἱ δὲ κατὰ πνεῦμα τὰ τοῦ πνεύματος. **6** τὸ γὰρ φρόνημα τῆς σαρκὸς θάνατος, τὸ δὲ φρόνημα τοῦ πνεύματος ζωὴ καὶ εἰρήνη· **7** διότι τὸ φρόνημα τῆς σαρκὸς ἔχθρα εἰς θεόν, τῷ γὰρ νόμῳ τοῦ θεοῦ οὐχ ὑποτάσσεται, οὐδὲ γὰρ δύναται· **8** οἱ δὲ ἐν σαρκὶ ὄντες θεῷ ἀρέσαι οὐ δύνανται. **9** ὑμεῖς δὲ οὐκ ἐστὲ ἐν σαρκὶ ἀλλ᾽ ἐν πνεύματι, εἴπερ πνεῦμα θεοῦ οἰκεῖ ἐν ὑμῖν. εἰ δέ τις πνεῦμα Χριστοῦ οὐκ ἔχει, οὗτος οὐκ ἔστιν αὐτοῦ. **10** εἰ δὲ Χριστὸς ἐν ὑμῖν, τὸ μὲν σῶμα νεκρὸν διὰ ἁμαρτίαν τὸ δὲ πνεῦμα ζωὴ διὰ δικαιοσύνην. **11** εἰ δὲ τὸ πνεῦμα τοῦ ἐγείραντος τὸν Ἰησοῦν ἐκ νεκρῶν οἰκεῖ ἐν ὑμῖν, ὁ ἐγείρας Χριστὸν ἐκ νεκρῶν ζωοποιήσει καὶ τὰ θνητὰ σώματα ὑμῶν διὰ τοῦ ἐνοικοῦντος αὐτοῦ πνεύματος³ ἐν ὑμῖν.

12 Ἄρα οὖν, ἀδελφοί, ὀφειλέται ἐσμὲν οὐ τῇ σαρκὶ τοῦ κατὰ σάρκα ζῆν, **13** εἰ γὰρ κατὰ σάρκα ζῆτε, μέλλετε ἀποθνῄσκειν· εἰ δὲ πνεύματι τὰς πράξεις τοῦ σώματος θανατοῦτε, ζήσεσθε.

---

¹**1** {A} Ἰησοῦ 01* 03 06* (012 *with space for addition*) 6 1506 1739 1881 lat[vl-pt] co (eth) Marcion[acc. to Adamantius] Origen[lat] Athanasius Cyril ∥ Ἰησοῦ μὴ κατὰ σάρκα περιπατοῦσιν (*see* 8.4) 02 06¹ 81 256 263 (365 τοῖς *for* μή) 1573 2127 lat[vl-pt, vg] syp Chrysostom ∥ Ἰησοῦ μὴ κατὰ σάρκα περιπατοῦσιν ἀλλὰ κατὰ πνεῦμα 01² 06² 025 33[vid] 1175 1962 2464 *Byz* lat[vl-pt] sy[h] Cyril[lem]

²**2** {B} σε 01 03 012 1506* 1739* lat[vl-pt] sy[p] Tertullian[pt] ∥ με 02 06 025 6 81 256 263 365 1175 1506[c] 1573 1739[c] 1881 1962 2127 2464[vid] *Byz* lat[vl-pt, vg] sy[h] co[sa] Clement Tertullian[pt] Origen[lat] Athanasius Chrysostom Cyril ∥ ἡμᾶς cpa co[bo] eth Marcion[acc. to Adamantius] Basil

³**11** {C} τοῦ ἐνοικοῦντος αὐτοῦ πνεύματος 01 02 04 025[c] 81 256 263 1506 1573 1962 2127 lat[vl-pt] sy[h] co eth Clement Hippolytus Athanasius Basil Cyril-Jerusalem Cyril ∥ τὸ ἐνοικοῦν αὐτοῦ πνεῦμα 03 06 012 025* 6 33 1175 1739 1881 2464 *Byz* lat[vl-pt, vg] sy[p] (cpa) Irenaeus[lat] Tertullian Hippolytus[sy] Origen[gr. lat] Chrysostom

14 ὅσοι γὰρ πνεύματι θεοῦ ἄγονται, οὗτοι υἱοὶ θεοῦ εἰσιν. **15** οὐ γὰρ ἐλάβετε πνεῦμα δουλείας πάλιν εἰς φόβον ἀλλ᾽ ἐλάβετε πνεῦμα υἱοθεσίας ἐν ᾧ κράζομεν· αββα ὁ πατήρ. **16** αὐτὸ τὸ πνεῦμα συμμαρτυρεῖ τῷ πνεύματι ἡμῶν ὅτι ἐσμὲν τέκνα θεοῦ. **17** εἰ δὲ τέκνα, καὶ κληρονόμοι· κληρονόμοι μὲν θεοῦ, συγκληρονόμοι δὲ Χριστοῦ, εἴπερ συμπάσχομεν ἵνα καὶ συνδοξασθῶμεν.

Future Glory

18 Λογίζομαι γὰρ ὅτι οὐκ ἄξια τὰ παθήματα τοῦ νῦν καιροῦ πρὸς τὴν μέλλουσαν δόξαν ἀποκαλυφθῆναι εἰς ἡμᾶς. **19** ἡ γὰρ ἀποκαραδοκία τῆς κτίσεως τὴν ἀποκάλυψιν τῶν υἱῶν τοῦ θεοῦ ἀπεκδέχεται. **20** τῇ γὰρ ματαιότητι ἡ κτίσις ὑπετάγη, οὐχ ἑκοῦσα ἀλλὰ διὰ τὸν ὑποτάξαντα, ἐφ᾽ ἐλπίδι **21** ὅτι καὶ αὐτὴ ἡ κτίσις ἐλευθερωθήσεται ἀπὸ τῆς δουλείας τῆς φθορᾶς εἰς τὴν ἐλευθερίαν τῆς δόξης τῶν τέκνων τοῦ θεοῦ. **22** οἴδαμεν γὰρ ὅτι πᾶσα ἡ κτίσις συστενάζει καὶ συνωδίνει ἄχρι τοῦ νῦν· **23** οὐ μόνον δέ, ἀλλὰ καὶ αὐτοὶ τὴν ἀπαρχὴν τοῦ πνεύματος ἔχοντες, ἡμεῖς καὶ αὐτοὶ ἐν ἑαυτοῖς στενάζομεν υἱοθεσίαν[4] ἀπεκδεχόμενοι, τὴν ἀπολύτρωσιν τοῦ σώματος ἡμῶν. **24** τῇ γὰρ ἐλπίδι ἐσώθημεν· ἐλπὶς δὲ βλεπομένη οὐκ ἔστιν ἐλπίς· ὃ γὰρ βλέπει τίς ἐλπίζει; **25** εἰ δὲ ὃ οὐ βλέπομεν ἐλπίζομεν, δι᾽ ὑπομονῆς ἀπεκδεχόμεθα. **26** ὡσαύτως δὲ καὶ τὸ πνεῦμα συναντιλαμβάνεται τῇ ἀσθενείᾳ ἡμῶν· τὸ γὰρ τί προσευξώμεθα καθὸ δεῖ οὐκ οἴδαμεν, ἀλλ᾽ αὐτὸ τὸ πνεῦμα ὑπερεντυγχάνει[5] στεναγμοῖς ἀλαλήτοις· **27** ὁ δὲ ἐραυνῶν τὰς καρδίας οἶδεν τί τὸ φρόνημα τοῦ πνεύματος, ὅτι κατὰ θεὸν ἐντυγχάνει ὑπὲρ ἁγίων. **28** οἴδαμεν δὲ ὅτι τοῖς ἀγαπῶσιν τὸν θεὸν πάντα συνεργεῖ[6] εἰς ἀγαθόν, τοῖς

---

[4]**23** {A} υἱοθεσίαν 01 02 03 04 025 6 33 81 256 263 1175 1506 1573 1739 1881 1962 2127 2464 *Byz* lat[vl-pt, vg] vg sy co eth Origen[lat] Chrysostom Cyril // *omit* 𝔓[46vid] 06 012 lat[vl-pt]

[5]**26** {A} ὑπερεντυγχάνει 01* 02 03 06 012 6 81 256 263 1506 1573 1739 1881 2127 lat[vl-pt] (Origen) // ὑπερεντυγχάνει ὑπὲρ ἡμῶν 01[2] 04 025 33 1175 1962 2464 *Byz* lat[vl-pt, vg] sy co eth Origen[lat] Eusebius Chrysostom (Cyril)

[6]**28** {B} συνεργεῖ 01 04 06 012 025 0289 6 33 256 263 1175 1506 1573 1739 1881 1962 2127 2464 *Byz* lat sy co[bo] Clement Origen[gr, lat] Eusebius Cyril-Jerusalem (Gregory-Nyssa) Chrysostom Cyril // συνεργεῖ ὁ θεός 𝔓[46] 02 03 81 co[sa] eth

κατὰ πρόθεσιν κλητοῖς οὖσιν. **29** ὅτι οὓς προέγνω, καὶ προώρισεν συμμόρφους τῆς εἰκόνος τοῦ υἱοῦ αὐτοῦ, εἰς τὸ εἶναι αὐτὸν πρωτότοκον ἐν πολλοῖς ἀδελφοῖς· **30** οὓς δὲ προώρισεν, τούτους καὶ ἐκάλεσεν· καὶ οὓς ἐκάλεσεν, τούτους καὶ ἐδικαίωσεν· οὓς δὲ ἐδικαίωσεν, τούτους καὶ ἐδόξασεν.

God's Love

31 Τί οὖν ἐροῦμεν πρὸς ταῦτα; εἰ ὁ θεὸς ὑπὲρ ἡμῶν, τίς καθ᾽ ἡμῶν; **32** ὅς γε τοῦ ἰδίου υἱοῦ οὐκ ἐφείσατο ἀλλ᾽ ὑπὲρ ἡμῶν πάντων παρέδωκεν αὐτόν, πῶς οὐχὶ καὶ σὺν αὐτῷ τὰ πάντα ἡμῖν χαρίσεται; **33** τίς ἐγκαλέσει κατὰ ἐκλεκτῶν θεοῦ; θεὸς ὁ δικαιῶν· **34** τίς ὁ κατακρινῶν; Χριστὸς [Ἰησοῦς] ὁ ἀποθανών, μᾶλλον δὲ ἐγερθείς, ὃς καί ἐστιν ἐν δεξιᾷ τοῦ θεοῦ, ὃς καὶ ἐντυγχάνει ὑπὲρ ἡμῶν. **35** τίς ἡμᾶς χωρίσει ἀπὸ τῆς ἀγάπης τοῦ Χριστοῦ; θλῖψις ἢ στενοχωρία ἢ διωγμὸς ἢ λιμὸς ἢ γυμνότης ἢ κίνδυνος ἢ μάχαιρα; **36** καθὼς γέγραπται ὅτι

ἕνεκεν σοῦ θανατούμεθα ὅλην τὴν ἡμέραν,
ἐλογίσθημεν ὡς πρόβατα σφαγῆς.

37 ἀλλ᾽ ἐν τούτοις πᾶσιν ὑπερνικῶμεν διὰ τοῦ ἀγαπήσαντος ἡμᾶς. **38** πέπεισμαι γὰρ ὅτι οὔτε θάνατος οὔτε ζωὴ οὔτε ἄγγελοι οὔτε ἀρχαὶ οὔτε ἐνεστῶτα οὔτε μέλλοντα οὔτε δυνάμεις **39** οὔτε ὕψωμα οὔτε βάθος οὔτε τις κτίσις ἑτέρα δυνήσεται ἡμᾶς χωρίσαι ἀπὸ τῆς ἀγάπης τοῦ θεοῦ τῆς ἐν Χριστῷ Ἰησοῦ τῷ κυρίῳ ἡμῶν.

God's Election of Israel

9 Ἀλήθειαν λέγω ἐν Χριστῷ, οὐ ψεύδομαι, συμμαρτυρούσης μοι τῆς συνειδήσεώς μου ἐν πνεύματι ἁγίῳ, **2** ὅτι λύπη μοί ἐστιν μεγάλη καὶ ἀδιάλειπτος ὀδύνη τῇ καρδίᾳ μου. **3** ηὐχόμην γὰρ ἀνάθεμα εἶναι αὐτὸς ἐγὼ ἀπὸ τοῦ Χριστοῦ ὑπὲρ τῶν ἀδελφῶν μου τῶν συγγενῶν μου κατὰ σάρκα, **4** οἵτινές εἰσιν Ἰσραηλῖται, ὧν ἡ υἱοθεσία καὶ ἡ δόξα καὶ αἱ διαθῆκαι καὶ ἡ νομοθεσία καὶ ἡ λατρεία καὶ αἱ ἐπαγγελίαι, **5** ὧν οἱ πατέρες καὶ ἐξ ὧν ὁ Χριστὸς τὸ κατὰ σάρκα, ὁ ὢν ἐπὶ πάντων θεὸς εὐλογητὸς εἰς τοὺς αἰῶνας, ἀμήν.

6 Οὐχ οἷον δὲ ὅτι ἐκπέπτωκεν ὁ λόγος τοῦ θεοῦ. οὐ γὰρ

πάντες οἱ ἐξ Ἰσραὴλ οὗτοι Ἰσραήλ· 7 οὐδ᾽ ὅτι εἰσὶν σπέρμα
Ἀβραάμ πάντες τέκνα, ἀλλ᾽· *ἐν Ἰσαὰκ κληθήσεταί σοι σπέρμα.* Gn 21.12
8 τοῦτ᾽ ἔστιν, οὐ τὰ τέκνα τῆς σαρκὸς ταῦτα τέκνα τοῦ θεοῦ
ἀλλὰ τὰ τέκνα τῆς ἐπαγγελίας λογίζεται εἰς σπέρμα. 9 ἐπαγ-
γελίας γὰρ ὁ λόγος οὗτος· *κατὰ τὸν καιρὸν τοῦτον ἐλεύσομαι* Gn 18.10, 14
καὶ ἔσται τῇ Σάρρᾳ υἱός.

10 Οὐ μόνον δέ, ἀλλὰ καὶ Ῥεβέκκα ἐξ ἑνὸς κοίτην ἔχουσα,
Ἰσαὰκ τοῦ πατρὸς ἡμῶν· 11 μήπω γὰρ γεννηθέντων μηδὲ πρα-
ξάντων τι ἀγαθὸν ἢ φαῦλον, ἵνα ἡ κατ᾽ ἐκλογὴν πρόθεσις τοῦ
θεοῦ μένῃ, 12 οὐκ ἐξ ἔργων ἀλλ᾽ ἐκ τοῦ καλοῦντος, ἐρρέθη
αὐτῇ ὅτι *ὁ μείζων δουλεύσει τῷ ἐλάσσονι,* 13 καθὼς γέγραπται· Gn 25.23
τὸν Ἰακὼβ ἠγάπησα, τὸν δὲ Ἠσαῦ ἐμίσησα. Mal 1.2-3

God's Wrath and Mercy

14 Τί οὖν ἐροῦμεν; μὴ ἀδικία παρὰ τῷ θεῷ; μὴ γένοιτο. 15 τῷ
Μωϋσεῖ γὰρ λέγει· *ἐλεήσω ὃν ἂν ἐλεῶ καὶ οἰκτιρήσω ὃν ἂν* Ex 33.19
οἰκτίρω. 16 ἄρα οὖν οὐ τοῦ θέλοντος οὐδὲ τοῦ τρέχοντος ἀλλὰ
τοῦ ἐλεῶντος θεοῦ. 17 λέγει γὰρ ἡ γραφὴ τῷ Φαραὼ ὅτι *εἰς* Ex 9.16
αὐτὸ τοῦτο ἐξήγειρά σε ὅπως ἐνδείξωμαι ἐν σοὶ τὴν δύναμίν μου
καὶ ὅπως διαγγελῇ τὸ ὄνομά μου ἐν πάσῃ τῇ γῇ. 18 ἄρα οὖν ὃν
θέλει ἐλεεῖ, ὃν δὲ θέλει σκληρύνει.

19 Ἐρεῖς μοι οὖν· τί [οὖν] ἔτι μέμφεται; τῷ γὰρ βουλήματι
αὐτοῦ τίς ἀνθέστηκεν; 20 ὦ ἄνθρωπε, μενοῦνγε σὺ τίς εἶ ὁ
ἀνταποκρινόμενος τῷ θεῷ; *μὴ ἐρεῖ τὸ πλάσμα τῷ πλάσαντι·* Is 29.16 LXX
τί με ἐποίησας οὕτως; 21 ἢ οὐκ ἔχει ἐξουσίαν ὁ κεραμεὺς τοῦ
πηλοῦ ἐκ τοῦ αὐτοῦ φυράματος ποιῆσαι ὃ μὲν εἰς τιμὴν σκεῦος
ὃ δὲ εἰς ἀτιμίαν; 22 εἰ δὲ θέλων ὁ θεὸς ἐνδείξασθαι τὴν ὀργὴν
καὶ γνωρίσαι τὸ δυνατὸν αὐτοῦ ἤνεγκεν ἐν πολλῇ μακροθυμίᾳ
σκεύη ὀργῆς κατηρτισμένα εἰς ἀπώλειαν, 23 καὶ ἵνα[1] γνωρίσῃ
τὸν πλοῦτον τῆς δόξης αὐτοῦ ἐπὶ σκεύη ἐλέους ἃ προητοίμα-
σεν εἰς δόξαν; 24 οὓς καὶ ἐκάλεσεν ἡμᾶς οὐ μόνον ἐξ Ἰουδαίων
ἀλλὰ καὶ ἐξ ἐθνῶν, 25 ὡς καὶ ἐν τῷ Ὡσηὲ λέγει·

---

[1]23 {A} καὶ ἵνα 𝔓[46vid] 01 02 06 012 025 33 81 256 263 365 1175 1506 1573 1739 1881 1962 2127 2464 *Byz* lat[vl-pt] sy co[bo-pt] eth Chrysostom ∥ ἵνα 03 6 lat[vl-pt, vg] co[sa, bo-pt] Origen[gr, lat]

Ho 2.23   καλέσω τὸν οὐ λαόν μου λαόν μου
                    καὶ τὴν οὐκ ἠγαπημένην ἠγαπημένην·
Ho 1.10 **26** καὶ ἔσται ἐν τῷ τόπῳ οὗ ἐρρέθη αὐτοῖς· οὐ λαός μου
                    ὑμεῖς,
                    ἐκεῖ κληθήσονται υἱοὶ θεοῦ ζῶντος.
           27 Ἠσαΐας δὲ κράζει ὑπὲρ τοῦ Ἰσραήλ·
Is 10.22-23;   ἐὰν ᾖ ὁ ἀριθμὸς τῶν υἱῶν Ἰσραὴλ ὡς ἡ ἄμμος
Ho 1.10   τῆς θαλάσσης,
                    τὸ ὑπόλειμμα σωθήσεται·
           28 λόγον γὰρ συντελῶν καὶ συντέμνων² ποιήσει κύριος
                    ἐπὶ τῆς γῆς.
           29 καὶ καθὼς προείρηκεν Ἠσαΐας·
Is 1.9   εἰ μὴ κύριος σαβαὼθ ἐγκατέλιπεν ἡμῖν σπέρμα,
                    ὡς Σόδομα ἂν ἐγενήθημεν καὶ ὡς Γόμορρα ἂν
                    ὡμοιώθημεν.

Israel and the Gospel

30 Τί οὖν ἐροῦμεν; ὅτι ἔθνη τὰ μὴ διώκοντα δικαιοσύνην κατέλαβεν δικαιοσύνην, δικαιοσύνην δὲ τὴν ἐκ πίστεως, **31** Ἰσραὴλ δὲ διώκων νόμον δικαιοσύνης εἰς νόμον οὐκ ἔφθασεν. **32** διὰ τί; ὅτι οὐκ ἐκ πίστεως ἀλλ᾽ ὡς ἐξ ἔργων³· προσέκοψαν τῷ λίθῳ τοῦ προσκόμματος, **33** καθὼς γέγραπται·

Is 28.16   ἰδοὺ τίθημι ἐν Σιὼν λίθον προσκόμματος καὶ πέτραν
                    σκανδάλου,
                    καὶ ὁ πιστεύων ἐπ᾽ αὐτῷ οὐ καταισχυνθήσεται.

10 Ἀδελφοί, ἡ μὲν εὐδοκία τῆς ἐμῆς καρδίας καὶ ἡ δέησις πρὸς τὸν θεὸν ὑπὲρ αὐτῶν εἰς σωτηρίαν. **2** μαρτυρῶ γὰρ αὐτοῖς ὅτι ζῆλον θεοῦ ἔχουσιν ἀλλ᾽ οὐ κατ᾽ ἐπίγνωσιν· **3** ἀγνοοῦντες γὰρ τὴν τοῦ θεοῦ δικαιοσύνην καὶ τὴν ἰδίαν

---

²**28** {B} συντέμνων 𝔓⁴⁶ 01* 02 03 6 1506 1739 1881 lat^{vl-pt} sy^p co eth Eusebius^{pt} Cyril ∥ συντέμνων ἐν δικαιοσύνῃ 81 ∥ συντέμνων ἐν δικαιοσύνῃ ὅτι λόγον συντετμημένον (see Is 10.22-23) 01² 06 012 025 33 256 263 365 1175 1573 1962 2127 2464 Byz lat^{vl-pt, vg} sy^h Origen^{lat} Chrysostom (Eusebius^{pt})

³**32** {B} ἔργων 𝔓⁴⁶vid 01* 02 03 012 6 1739 1881 lat^{vl-pt, vg} co Origen^{lat} ∥ ἔργων νόμου 01² 06 025 33 81 256 263 365 1175 1506 1573 1962 2127 2464 Byz lat^{vl-pt} sy cpa eth Chrysostom

[δικαιοσύνην] ζητοῦντες στῆσαι, τῇ δικαιοσύνῃ τοῦ θεοῦ οὐχ ὑπετάγησαν. **4** τέλος γὰρ νόμου Χριστὸς εἰς δικαιοσύνην παντὶ τῷ πιστεύοντι.

Salvation for All

5 Μωϋσῆς γὰρ γράφει τὴν δικαιοσύνην τὴν ἐκ τοῦ νόμου ὅτι *ὁ ποιήσας αὐτὰ ἄνθρωπος ζήσεται ἐν αὐτοῖς*. **6** ἡ δὲ ἐκ πίστεως δικαιοσύνη οὕτως λέγει· *μὴ εἴπῃς ἐν τῇ καρδίᾳ σου· τίς ἀναβήσεται εἰς τὸν οὐρανόν;* τοῦτ᾽ ἔστιν Χριστὸν καταγαγεῖν· **7** ἤ· *τίς καταβήσεται εἰς τὴν ἄβυσσον;* τοῦτ᾽ ἔστιν Χριστὸν ἐκ νεκρῶν ἀναγαγεῖν. **8** ἀλλὰ τί λέγει; *ἐγγύς σου τὸ ῥῆμά ἐστιν ἐν τῷ στόματί σου καὶ ἐν τῇ καρδίᾳ σου*, τοῦτ᾽ ἔστιν τὸ ῥῆμα τῆς πίστεως ὃ κηρύσσομεν. **9** ὅτι ἐὰν ὁμολογήσῃς ἐν τῷ στόματί σου κύριον Ἰησοῦν καὶ πιστεύσῃς ἐν τῇ καρδίᾳ σου ὅτι ὁ θεὸς αὐτὸν ἤγειρεν ἐκ νεκρῶν, σωθήσῃ· **10** καρδίᾳ γὰρ πιστεύεται εἰς δικαιοσύνην, στόματι δὲ ὁμολογεῖται εἰς σωτηρίαν. **11** λέγει γὰρ ἡ γραφή· *πᾶς ὁ πιστεύων ἐπ᾽ αὐτῷ οὐ καταισχυνθήσεται*. **12** οὐ γάρ ἐστιν διαστολὴ Ἰουδαίου τε καὶ Ἕλληνος, ὁ γὰρ αὐτὸς κύριος πάντων, πλουτῶν εἰς πάντας τοὺς ἐπικαλουμένους αὐτόν· **13** *πᾶς γὰρ ὃς ἂν ἐπικαλέσηται τὸ ὄνομα κυρίου σωθήσεται*.

Lv 18.5
Dt 9.4·
Dt 30.12

Dt 30.14

Is 28.16

Jl 2.32

14 Πῶς οὖν ἐπικαλέσωνται εἰς ὃν οὐκ ἐπίστευσαν; πῶς δὲ πιστεύσωσιν οὗ οὐκ ἤκουσαν; πῶς δὲ ἀκούσωσιν χωρὶς κηρύσσοντος; **15** πῶς δὲ κηρύξωσιν ἐὰν μὴ ἀποσταλῶσιν; καθὼς γέγραπται· *ὡς ὡραῖοι οἱ πόδες τῶν εὐαγγελιζομένων [τὰ] ἀγαθά*. **16** ἀλλ᾽ οὐ πάντες ὑπήκουσαν τῷ εὐαγγελίῳ. Ἠσαΐας γὰρ λέγει· *κύριε, τίς ἐπίστευσεν τῇ ἀκοῇ ἡμῶν;* **17** ἄρα ἡ πίστις ἐξ ἀκοῆς, ἡ δὲ ἀκοὴ διὰ ῥήματος Χριστοῦ[1]. **18** ἀλλὰ λέγω, μὴ οὐκ ἤκουσαν; μενοῦνγε·

Is 52.7;
Na 1.15

Is 53.1

εἰς πᾶσαν τὴν γῆν ἐξῆλθεν ὁ φθόγγος αὐτῶν
καὶ εἰς τὰ πέρατα τῆς οἰκουμένης τὰ ῥήματα αὐτῶν.

Ps 19.4

19 ἀλλὰ λέγω, μὴ Ἰσραὴλ οὐκ ἔγνω; πρῶτος Μωϋσῆς λέγει·

---

[1] **17** {A} Χριστοῦ 01* 03 04 06* 6 81 1506 1739 lat^(vl-pt, vg) co Origen^(lat) // θεοῦ 01¹ 02 06¹ 025 33 256 263 365 1175 1573 1881 1962 2127 2464 *Byz* sy eth^(pp) Clement Basil Chrysostom // κυρίου 𝔓⁴⁶ // *omit* 012 lat^(vl-pt)

Dt 32.21
> ἐγὼ παραζηλώσω ὑμᾶς ἐπ' οὐκ ἔθνει,
> ἐπ' ἔθνει ἀσυνέτῳ παροργιῶ ὑμᾶς.

20 Ἡσαΐας δὲ ἀποτολμᾷ καὶ λέγει·

Is 65.1
> εὑρέθην [ἐν] τοῖς ἐμὲ μὴ ζητοῦσιν,
> ἐμφανὴς ἐγενόμην τοῖς ἐμὲ μὴ ἐπερωτῶσιν.

21 πρὸς δὲ τὸν Ἰσραὴλ λέγει·

Is 65.2 LXX
> ὅλην τὴν ἡμέραν ἐξεπέτασα τὰς χεῖράς μου
> πρὸς λαὸν ἀπειθοῦντα καὶ ἀντιλέγοντα.

The Remnant of Israel

11 Λέγω οὖν, μὴ ἀπώσατο ὁ θεὸς τὸν λαὸν αὐτοῦ; μὴ γένοιτο· καὶ γὰρ ἐγὼ Ἰσραηλίτης εἰμί, ἐκ σπέρματος Ἀβραάμ, φυλῆς Βενιαμίν. **2** οὐκ ἀπώσατο ὁ θεὸς τὸν λαὸν αὐτοῦ ὃν προέγνω. ἢ οὐκ οἴδατε ἐν Ἠλίᾳ τί λέγει ἡ γραφή, ὡς ἐντυγχάνει τῷ θεῷ κατὰ τοῦ Ἰσραήλ; **3** κύριε, τοὺς προφήτας σου ἀπέκτειναν, τὰ θυσιαστήριά σου κατέσκαψαν, κἀγὼ ὑπελείφθην μόνος καὶ ζητοῦσιν τὴν ψυχήν μου. **4** ἀλλὰ τί λέγει αὐτῷ ὁ χρηματισμός; κατέλιπον ἐμαυτῷ ἑπτακισχιλίους ἄνδρας, οἵτινες οὐκ ἔκαμψαν γόνυ τῇ Βάαλ. **5** οὕτως οὖν καὶ ἐν τῷ νῦν καιρῷ λεῖμμα κατ' ἐκλογὴν χάριτος γέγονεν· **6** εἰ δὲ χάριτι, οὐκέτι ἐξ ἔργων, ἐπεὶ ἡ χάρις οὐκέτι γίνεται χάρις[1]. **7** τί οὖν; ὃ ἐπιζητεῖ Ἰσραήλ, τοῦτο οὐκ ἐπέτυχεν, ἡ δὲ ἐκλογὴ ἐπέτυχεν· οἱ δὲ λοιποὶ ἐπωρώθησαν, **8** καθὼς γέγραπται·

Dt 29.4; 29.10
> ἔδωκεν αὐτοῖς ὁ θεὸς πνεῦμα κατανύξεως,
> ὀφθαλμοὺς τοῦ μὴ βλέπειν καὶ ὦτα τοῦ μὴ ἀκούειν,
> ἕως τῆς σήμερον ἡμέρας.

9 καὶ Δαυὶδ λέγει·

Ps 69.22-23
> γενηθήτω ἡ τράπεζα αὐτῶν εἰς παγίδα καὶ εἰς θήραν
> καὶ εἰς σκάνδαλον καὶ εἰς ἀνταπόδομα αὐτοῖς,
> **10** σκοτισθήτωσαν οἱ ὀφθαλμοὶ αὐτῶν τοῦ μὴ βλέπειν
> καὶ τὸν νῶτον αὐτῶν διὰ παντὸς σύγκαμψον.

---

[1]**6** {A} χάρις 𝔓⁴⁶ 01* 02 04 06 012 025 (81 χάρις γίνεται) 263 1506ᵛⁱᵈ 1739 1881 lat co (eth) Origenᵍʳ, ˡᵃᵗ Cyril ∥ χάρις. εἰ δὲ ἐξ ἔργων, οὐκέτι ἐστὶν χάρις, ἐπεὶ τὸ ἔργον οὐκέτι ἐστὶν ἔργον 01² (03 *omit first* ἐστίν *and read* χάρις *for final* ἔργον) 6 33ᵛⁱᵈ 256 (365) 1175 1573 (1962 ἡ χάρις *for* ἐστὶν χάρις *and* οὐκ ἔστιν ἔργον) 2127 2464 *Byz* (sy) Chrysostom

The Salvation of the Gentiles

11 Λέγω οὖν, μὴ ἔπταισαν ἵνα πέσωσιν; μὴ γένοιτο· ἀλλὰ τῷ αὐτῶν παραπτώματι ἡ σωτηρία τοῖς ἔθνεσιν εἰς τὸ παραζηλῶσαι αὐτούς. 12 εἰ δὲ τὸ παράπτωμα αὐτῶν πλοῦτος κόσμου καὶ τὸ ἥττημα αὐτῶν πλοῦτος ἐθνῶν, πόσῳ μᾶλλον τὸ πλήρωμα αὐτῶν. 13 ὑμῖν δὲ λέγω τοῖς ἔθνεσιν· ἐφ᾽ ὅσον μὲν οὖν εἰμι ἐγὼ ἐθνῶν ἀπόστολος, τὴν διακονίαν μου δοξάζω, 14 εἴ πως παραζηλώσω μου τὴν σάρκα καὶ σώσω τινὰς ἐξ αὐτῶν. 15 εἰ γὰρ ἡ ἀποβολὴ αὐτῶν καταλλαγὴ κόσμου, τίς ἡ πρόσλημψις εἰ μὴ ζωὴ ἐκ νεκρῶν; 16 εἰ δὲ ἡ ἀπαρχὴ ἁγία, καὶ τὸ φύραμα· καὶ εἰ ἡ ῥίζα ἁγία, καὶ οἱ κλάδοι. 17 εἰ δέ τινες τῶν κλάδων ἐξεκλάσθησαν, σὺ δὲ ἀγριέλαιος ὢν ἐνεκεντρίσθης ἐν αὐτοῖς καὶ συγκοινωνὸς τῆς ῥίζης τῆς πιότητος[2] τῆς ἐλαίας ἐγένου, 18 μὴ κατακαυχῶ τῶν κλάδων· εἰ δὲ κατακαυχᾶσαι οὐ σὺ τὴν ῥίζαν βαστάζεις ἀλλ᾽ ἡ ῥίζα σέ. 19 ἐρεῖς οὖν· ἐξεκλάσθησαν κλάδοι ἵνα ἐγὼ ἐγκεντρισθῶ. 20 καλῶς· τῇ ἀπιστίᾳ ἐξεκλάσθησαν, σὺ δὲ τῇ πίστει ἕστηκας. μὴ ὑψηλὰ φρόνει ἀλλὰ φοβοῦ· 21 εἰ γὰρ ὁ θεὸς τῶν κατὰ φύσιν κλάδων οὐκ ἐφείσατο, [μή πως] οὐδὲ[3] σοῦ φείσεται. 22 ἴδε οὖν χρηστότητα καὶ ἀποτομίαν θεοῦ· ἐπὶ μὲν τοὺς πεσόντας ἀποτομία, ἐπὶ δὲ σὲ χρηστότης θεοῦ, ἐὰν ἐπιμένῃς τῇ χρηστότητι, ἐπεὶ καὶ σὺ ἐκκοπήσῃ. 23 κἀκεῖνοι δέ, ἐὰν μὴ ἐπιμένωσιν τῇ ἀπιστίᾳ, ἐγκεντρισθήσονται· δυνατὸς γάρ ἐστιν ὁ θεὸς πάλιν ἐγκεντρίσαι αὐτούς. 24 εἰ γὰρ σὺ ἐκ τῆς κατὰ φύσιν ἐξεκόπης ἀγριελαίου καὶ παρὰ φύσιν ἐνεκεντρίσθης εἰς καλλιέλαιον, πόσῳ μᾶλλον οὗτοι οἱ κατὰ φύσιν ἐγκεντρισθήσονται τῇ ἰδίᾳ ἐλαίᾳ.

---

[2]17 {B} τῆς ῥίζης τῆς πιότητος 01* 03 04 1175 1506 lat^{vl-pt} (co$^{sa,\ bo}$) Origen^{lat-pt} ∥ τῆς ῥίζης καὶ τῆς πιότητος 01² 02 06¹ 025 6 33 81 256 263 365 1573 1739 1881 1962 2127 2464 Byz lat$^{vl-pt,\ vg}$ sy Origen^{lat-pt} Chrysostom Cyril ∥ τῆς πιότητος 𝔓^{46} 06* 012 lat^{vl-pt} co$^{bo-ms,\ fa}$ Irenaeus^{lat} ∥ τῆς ῥίζης (eth)

[3]21 {C} μή πως οὐδέ 𝔓^{46} 06 012 33 1175 1962 2464 Byz lat sy (eth) Irenaeus^{lat} Chrysostom ∥ οὐδέ 01 02 03 04 025 6 81 256 263 365 1506 1573 1739 1881 2127 co Origen^{lat}

The Restoration of Israel

25 Οὐ γὰρ θέλω ὑμᾶς ἀγνοεῖν, ἀδελφοί, τὸ μυστήριον τοῦτο, ἵνα μὴ ἦτε [παρ'] ἑαυτοῖς φρόνιμοι, ὅτι πώρωσις ἀπὸ μέρους τῷ Ἰσραὴλ γέγονεν ἄχρι οὗ τὸ πλήρωμα τῶν ἐθνῶν εἰσέλθῃ **26** καὶ οὕτως πᾶς Ἰσραὴλ σωθήσεται, καθὼς γέγραπται·

Is 59.20-21
      ἥξει ἐκ Σιὼν ὁ ῥυόμενος,
      ἀποστρέψει ἀσεβείας ἀπὸ Ἰακώβ.
27   *καὶ αὕτη αὐτοῖς ἡ παρ' ἐμοῦ διαθήκη,*
      ὅταν ἀφέλωμαι τὰς ἁμαρτίας αὐτῶν.

28 κατὰ μὲν τὸ εὐαγγέλιον ἐχθροὶ δι' ὑμᾶς, κατὰ δὲ τὴν ἐκλογὴν ἀγαπητοὶ διὰ τοὺς πατέρας· **29** ἀμεταμέλητα γὰρ τὰ χαρίσματα καὶ ἡ κλῆσις τοῦ θεοῦ. **30** ὥσπερ γὰρ ὑμεῖς ποτε ἠπειθήσατε τῷ θεῷ, νῦν δὲ ἠλεήθητε τῇ τούτων ἀπειθείᾳ, **31** οὕτως καὶ οὗτοι νῦν ἠπείθησαν τῷ ὑμετέρῳ ἐλέει, ἵνα καὶ αὐτοὶ [νῦν][4] ἐλεηθῶσιν. **32** συνέκλεισεν γὰρ ὁ θεὸς τοὺς πάντας εἰς ἀπείθειαν, ἵνα τοὺς πάντας ἐλεήσῃ.

33   ὦ βάθος πλούτου
      καὶ σοφίας καὶ γνώσεως θεοῦ·
   ὡς ἀνεξεραύνητα τὰ κρίματα αὐτοῦ
   καὶ ἀνεξιχνίαστοι αἱ ὁδοὶ αὐτοῦ.

Is 40.13 LXX **34** *τίς γὰρ ἔγνω νοῦν κυρίου;*
      ἢ τίς σύμβουλος αὐτοῦ ἐγένετο;
Job 41.3 **35** *ἢ τίς προέδωκεν αὐτῷ,*
      καὶ ἀνταποδοθήσεται αὐτῷ;
36   ὅτι ἐξ αὐτοῦ καὶ δι' αὐτοῦ καὶ εἰς αὐτὸν τὰ πάντα·
   αὐτῷ ἡ δόξα εἰς τοὺς αἰῶνας, ἀμήν.

The New Life in Christ

12 Παρακαλῶ οὖν ὑμᾶς, ἀδελφοί, διὰ τῶν οἰκτιρμῶν τοῦ θεοῦ παραστῆσαι τὰ σώματα ὑμῶν θυσίαν ζῶσαν ἁγίαν εὐάρεστον τῷ θεῷ, τὴν λογικὴν λατρείαν ὑμῶν· **2** καὶ μὴ συσχηματίζεσθε τῷ αἰῶνι τούτῳ, ἀλλὰ μεταμορφοῦσθε τῇ

---

[4]**31** {C} νῦν 01 03 06*, 3 1506 co^(bo, fa-ms) ∥ ὕστερον 33 256 263 365 1573 1962 2127 co^(sa, fa-ms) ∥ omit 𝔓46 02 06¹ 012 6 81 1175 1739 1881 *Byz* lat sy^p eth Origen^(lat) Chrysostom

ἀνακαινώσει τοῦ νοὸς εἰς τὸ δοκιμάζειν ὑμᾶς τί τὸ θέλημα τοῦ θεοῦ, τὸ ἀγαθὸν καὶ εὐάρεστον καὶ τέλειον.

3 Λέγω γὰρ διὰ τῆς χάριτος τῆς δοθείσης μοι παντὶ τῷ ὄντι ἐν ὑμῖν μὴ ὑπερφρονεῖν παρ᾽ ὃ δεῖ φρονεῖν ἀλλὰ φρονεῖν εἰς τὸ σωφρονεῖν, ἑκάστῳ ὡς ὁ θεὸς ἐμέρισεν μέτρον πίστεως. **4** καθάπερ γὰρ ἐν ἑνὶ σώματι πολλὰ μέλη ἔχομεν, τὰ δὲ μέλη πάντα οὐ τὴν αὐτὴν ἔχει πρᾶξιν, **5** οὕτως οἱ πολλοὶ ἓν σῶμά ἐσμεν ἐν Χριστῷ, τὸ δὲ καθ᾽ εἷς ἀλλήλων μέλη. **6** ἔχοντες δὲ χαρίσματα κατὰ τὴν χάριν τὴν δοθεῖσαν ἡμῖν διάφορα, εἴτε προφητείαν κατὰ τὴν ἀναλογίαν τῆς πίστεως, **7** εἴτε διακονίαν ἐν τῇ διακονίᾳ, εἴτε ὁ διδάσκων ἐν τῇ διδασκαλίᾳ, **8** εἴτε ὁ παρακαλῶν ἐν τῇ παρακλήσει· ὁ μεταδιδοὺς ἐν ἁπλότητι, ὁ προϊστάμενος ἐν σπουδῇ, ὁ ἐλεῶν ἐν ἱλαρότητι.

Christian Characteristics

9 Ἡ ἀγάπη ἀνυπόκριτος. ἀποστυγοῦντες τὸ πονηρόν, κολλώμενοι τῷ ἀγαθῷ, **10** τῇ φιλαδελφίᾳ εἰς ἀλλήλους φιλόστοργοι, τῇ τιμῇ ἀλλήλους προηγούμενοι, **11** τῇ σπουδῇ μὴ ὀκνηροί, τῷ πνεύματι ζέοντες, τῷ κυρίῳ δουλεύοντες, **12** τῇ ἐλπίδι χαίροντες, τῇ θλίψει ὑπομένοντες, τῇ προσευχῇ προσκαρτεροῦντες, **13** ταῖς χρείαις τῶν ἁγίων κοινωνοῦντες, τὴν φιλοξενίαν διώκοντες. **14** εὐλογεῖτε τοὺς διώκοντας [ὑμᾶς], εὐλογεῖτε καὶ μὴ καταρᾶσθε. **15** χαίρειν μετὰ χαιρόντων, κλαίειν μετὰ κλαιόντων. **16** τὸ αὐτὸ εἰς ἀλλήλους φρονοῦντες, μὴ τὰ ὑψηλὰ φρονοῦντες ἀλλὰ τοῖς ταπεινοῖς συναπαγόμενοι. μὴ γίνεσθε φρόνιμοι παρ᾽ ἑαυτοῖς. **17** μηδενὶ κακὸν ἀντὶ κακοῦ ἀποδιδόντες, προνοούμενοι καλὰ ἐνώπιον πάντων ἀνθρώπων· **18** εἰ δυνατὸν τὸ ἐξ ὑμῶν, μετὰ πάντων ἀνθρώπων εἰρηνεύοντες· **19** μὴ ἑαυτοὺς ἐκδικοῦντες, ἀγαπητοί, ἀλλὰ δότε τόπον τῇ ὀργῇ, γέγραπται γάρ· *ἐμοὶ ἐκδίκησις, ἐγὼ ἀνταποδώσω*, λέγει κύριος. **20** *ἀλλ᾽ ἐὰν πεινᾷ ὁ ἐχθρός σου, ψώμιζε αὐτόν· ἐὰν διψᾷ, πότιζε αὐτόν· τοῦτο γὰρ ποιῶν ἄνθρακας πυρὸς σωρεύσεις ἐπὶ τὴν κεφαλὴν αὐτοῦ.* **21** μὴ νικῶ ὑπὸ τοῦ κακοῦ ἀλλὰ νίκα ἐν τῷ ἀγαθῷ τὸ κακόν.

Dt 32.25
Pr 25.21-22

Being Subject to Authorities

13 Πᾶσα ψυχὴ ἐξουσίαις ὑπερεχούσαις ὑποτασσέσθω. οὐ γὰρ ἔστιν ἐξουσία εἰ μὴ ὑπὸ θεοῦ, αἱ δὲ οὖσαι ὑπὸ θεοῦ τεταγμέναι εἰσίν. **2** ὥστε ὁ ἀντιτασσόμενος τῇ ἐξουσίᾳ τῇ τοῦ θεοῦ διαταγῇ ἀνθέστηκεν, οἱ δὲ ἀνθεστηκότες ἑαυτοῖς κρίμα λήμψονται. **3** οἱ γὰρ ἄρχοντες οὐκ εἰσὶν φόβος τῷ ἀγαθῷ ἔργῳ ἀλλὰ τῷ κακῷ. θέλεις δὲ μὴ φοβεῖσθαι τὴν ἐξουσίαν· τὸ ἀγαθὸν ποίει, καὶ ἕξεις ἔπαινον ἐξ αὐτῆς· **4** θεοῦ γὰρ διάκονός ἐστιν σοὶ εἰς τὸ ἀγαθόν. ἐὰν δὲ τὸ κακὸν ποιῇς, φοβοῦ· οὐ γὰρ εἰκῇ τὴν μάχαιραν φορεῖ· θεοῦ γὰρ διάκονός ἐστιν ἔκδικος εἰς ὀργὴν τῷ τὸ κακὸν πράσσοντι. **5** διὸ ἀνάγκη ὑποτάσσεσθαι, οὐ μόνον διὰ τὴν ὀργὴν ἀλλὰ καὶ διὰ τὴν συνείδησιν. **6** διὰ τοῦτο γὰρ καὶ φόρους τελεῖτε· λειτουργοὶ γὰρ θεοῦ εἰσιν εἰς αὐτὸ τοῦτο προσκαρτεροῦντες. **7** ἀπόδοτε πᾶσιν τὰς ὀφειλάς, τῷ τὸν φόρον τὸν φόρον, τῷ τὸ τέλος τὸ τέλος, τῷ τὸν φόβον τὸν φόβον, τῷ τὴν τιμὴν τὴν τιμήν.

Love for One Another

8 Μηδενὶ μηδὲν ὀφείλετε εἰ μὴ τὸ ἀλλήλους ἀγαπᾶν· ὁ γὰρ ἀγαπῶν τὸν ἕτερον νόμον πεπλήρωκεν. **9** τὸ γὰρ *οὐ μοιχεύσεις, οὐ φονεύσεις, οὐ κλέψεις, οὐκ ἐπιθυμήσεις*, καὶ εἴ τις ἑτέρα ἐντολή, ἐν τῷ λόγῳ τούτῳ ἀνακεφαλαιοῦται [ἐν τῷ]· *ἀγαπήσεις τὸν πλησίον σου ὡς σεαυτόν.* **10** ἡ ἀγάπη τῷ πλησίον κακὸν οὐκ ἐργάζεται· πλήρωμα οὖν νόμου ἡ ἀγάπη.

The Approach of the Day of Christ

11 Καὶ τοῦτο εἰδότες τὸν καιρόν, ὅτι ὥρα ἤδη ὑμᾶς ἐξ ὕπνου ἐγερθῆναι, νῦν γὰρ ἐγγύτερον ἡμῶν ἡ σωτηρία ἢ ὅτε ἐπιστεύσαμεν. **12** ἡ νὺξ προέκοψεν, ἡ δὲ ἡμέρα ἤγγικεν. ἀποθώμεθα οὖν τὰ ἔργα τοῦ σκότους, ἐνδυσώμεθα δὲ τὰ ὅπλα τοῦ φωτός. **13** ὡς ἐν ἡμέρᾳ εὐσχημόνως περιπατήσωμεν, μὴ κώμοις καὶ μέθαις, μὴ κοίταις καὶ ἀσελγείαις, μὴ ἔριδι καὶ ζήλῳ, **14** ἀλλ᾿ ἐνδύσασθε τὸν κύριον Ἰησοῦν Χριστὸν καὶ τῆς σαρκὸς πρόνοιαν μὴ ποιεῖσθε εἰς ἐπιθυμίας.

Do Not Judge Another

14 Τὸν δὲ ἀσθενοῦντα τῇ πίστει προσλαμβάνεσθε, μὴ εἰς διακρίσεις διαλογισμῶν. **2** ὃς μὲν πιστεύει φαγεῖν πάντα, ὁ δὲ ἀσθενῶν λάχανα ἐσθίει. **3** ὁ ἐσθίων τὸν μὴ ἐσθίοντα μὴ ἐξουθενείτω, ὁ δὲ μὴ ἐσθίων τὸν ἐσθίοντα μὴ κρινέτω, ὁ θεὸς γὰρ αὐτὸν προσελάβετο. **4** σὺ τίς εἶ ὁ κρίνων ἀλλότριον οἰκέτην; τῷ ἰδίῳ κυρίῳ στήκει ἢ πίπτει· σταθήσεται δέ, δυνατεῖ γὰρ ὁ κύριος[1] στῆσαι αὐτόν. **5** ὃς μὲν [γὰρ][2] κρίνει ἡμέραν παρ᾽ ἡμέραν, ὃς δὲ κρίνει πᾶσαν ἡμέραν· ἕκαστος ἐν τῷ ἰδίῳ νοῒ πληροφορείσθω. **6** ὁ φρονῶν τὴν ἡμέραν κυρίῳ φρονεῖ[3]· καὶ ὁ ἐσθίων κυρίῳ ἐσθίει, εὐχαριστεῖ γὰρ τῷ θεῷ· καὶ ὁ μὴ ἐσθίων κυρίῳ οὐκ ἐσθίει καὶ εὐχαριστεῖ τῷ θεῷ. **7** οὐδεὶς γὰρ ἡμῶν ἑαυτῷ ζῇ καὶ οὐδεὶς ἑαυτῷ ἀποθνήσκει· **8** ἐάν τε γὰρ ζῶμεν, τῷ κυρίῳ ζῶμεν, ἐάν τε ἀποθνήσκωμεν, τῷ κυρίῳ ἀποθνήσκομεν. ἐάν τε οὖν ζῶμεν ἐάν τε ἀποθνήσκωμεν, τοῦ κυρίου ἐσμέν. **9** εἰς τοῦτο γὰρ Χριστὸς ἀπέθανεν καὶ ἔζησεν[4], ἵνα καὶ νεκρῶν καὶ ζώντων κυριεύσῃ. **10** σὺ δὲ τί κρίνεις τὸν ἀδελφόν σου; ἢ καὶ σὺ τί ἐξουθενεῖς τὸν ἀδελφόν σου; πάντες γὰρ παραστησόμεθα τῷ βήματι τοῦ θεοῦ[5], **11** γέγραπται γάρ·

---

[1] **4** {A} κύριος $\mathfrak{P}^{46}$ 01 02 03 04 025 (sy^p) co // θεός (see 14.3) 06 012 048 0150 6 33 81 256 263 365 1175 1506 1573 1739 1881 1962 2127 Byz lat sy^h Origen^{lat} Basil Chrysostom

[2] **5** {C} γάρ 01* 02 04^2 025 0150 256 263 365 1506 1573 2127 lat co^{bo} ethTH Basil // omit $\mathfrak{P}^{46}$ 01^2 03 06 012 048 6 33 81 1175 1739 1881 1962 Byz sy co^{sa} eth^{pp} Origen^{lat} Chrysostom

[3] **6** {A} φρονεῖ 01 02 03 04^{2vid} 06 012 048 6 1739 1881 lat // φρονεῖ καὶ ὁ μὴ φρονῶν τὴν ἡμέραν κυρίῳ οὐ φρονεῖ 04^3 025 33 81 365 1175 1506 Byz sy

[4] **9** {A} ἔζησεν 01* 02 03 04 0150 256 365 1506 1573 1739 1881 2127 lat^{vg} co eth Origen^{lat-pt} Hippolytus^{slav} Cyril-Jerusalem Chrysostom^{pt} Cyril^{pt} // ἀνέστη 012 lat$^{vl-pt, vg-mss}$ Origen^{gr} Cyril^{pt} // ἀνέστη καὶ ἔζησεν 01^2 (06*) 06^1 025 6 33 81 263 1175 (1962) Byz lat^{vl-pt} sy$^{h, (p)}$ (Irenaeus^{lat}) Chrysostom^{pt}

[5] **10** {B} θεοῦ 01* 02 03 04* 06 012 (0150 τῷ θεῷ) 1506 1739 lat$^{vl-pt, vg}$ co Origen^{lat-pt} Cyril // Χριστοῦ 01^2 04^2 025 048 6 33 81 256 263 365 1175 1573 1881 1962 2127 Byz lat$^{vl-pt, vg-ms}$ sy eth Polycarp Marcion$^{acc.\ to\ Tertullian}$ Origen^{lat-pt} Chrysostom

Is 49.18 etc.
Is 45.23 LXX

ζῶ ἐγώ, λέγει κύριος, ὅτι ἐμοὶ κάμψει πᾶν γόνυ
καὶ πᾶσα γλῶσσα ἐξομολογήσεται τῷ θεῷ.
12 ἄρα [οὖν] ἕκαστος ἡμῶν περὶ ἑαυτοῦ λόγον δώσει [τῷ θεῷ][6].

Do Not Make Another Stumble

13 Μηκέτι οὖν ἀλλήλους κρίνωμεν· ἀλλὰ τοῦτο κρίνατε μᾶλλον, τὸ μὴ τιθέναι πρόσκομμα τῷ ἀδελφῷ ἢ σκάνδαλον. **14** οἶδα καὶ πέπεισμαι ἐν κυρίῳ Ἰησοῦ ὅτι οὐδὲν κοινὸν δι' ἑαυτοῦ, εἰ μὴ τῷ λογιζομένῳ τι κοινὸν εἶναι, ἐκείνῳ κοινόν. **15** εἰ γὰρ διὰ βρῶμα ὁ ἀδελφός σου λυπεῖται, οὐκέτι κατὰ ἀγάπην περιπατεῖς· μὴ τῷ βρώματί σου ἐκεῖνον ἀπόλλυε ὑπὲρ οὗ Χριστὸς ἀπέθανεν. **16** μὴ βλασφημείσθω οὖν ὑμῶν τὸ ἀγαθόν. **17** οὐ γάρ ἐστιν ἡ βασιλεία τοῦ θεοῦ βρῶσις καὶ πόσις ἀλλὰ δικαιοσύνη καὶ εἰρήνη καὶ χαρὰ ἐν πνεύματι ἁγίῳ· **18** ὁ γὰρ ἐν τούτῳ δουλεύων τῷ Χριστῷ εὐάρεστος τῷ θεῷ καὶ δόκιμος τοῖς ἀνθρώποις. **19** ἄρα οὖν τὰ τῆς εἰρήνης διώκωμεν[7] καὶ τὰ τῆς οἰκοδομῆς τῆς εἰς ἀλλήλους. **20** μὴ ἕνεκεν βρώματος κατάλυε τὸ ἔργον τοῦ θεοῦ. πάντα μὲν καθαρά, ἀλλὰ κακὸν τῷ ἀνθρώπῳ τῷ διὰ προσκόμματος ἐσθίοντι. **21** καλὸν τὸ μὴ φαγεῖν κρέα μηδὲ πιεῖν οἶνον μηδὲ ἐν ᾧ ὁ ἀδελφός σου προσκόπτει[8]. **22** σὺ πίστιν [ἣν] ἔχεις[9] κατὰ σεαυτὸν ἔχε ἐνώπιον τοῦ θεοῦ. μακάριος ὁ μὴ κρίνων ἑαυτὸν ἐν ᾧ δοκιμάζει· **23** ὁ δὲ

---

[6] **12** {C} τῷ θεῷ 01 02 04 06 025 048 0150 33 81 256 263 365 1175 1506 1573 1962 2127 *Byz* lat[vl-pt, vg] vg sy co eth Origen[lat] Basil Chrysostom // *omit* 03 012 6 1739 1881 lat[vl-pt] Polycarp

[7] **19** {D} διώκωμεν 04 06 33 81 256 365 1175 1506 1573 1739 1881 1962 2127 *Byz* Lect[pt] lat cpa co eth Origen[lat] Chrysostom // διώκομεν 01 02 03 012 020 025 048 0150 6 263 Lect[pt]

[8] **21** {C} προσκόπτει 01[1] 02 04 048 0150 6 81 1506 1739 lat[vl-pt] sy[p] co[bo] eth Marcion Origen[gr, lat] // λυπεῖται 01* // προσκόπτει ἢ σκανδαλίζεται ἢ ἀσθενεῖ 01[2] 03 06 012 33 256 263 365 1175 1573 1881 1962 2127 *Byz* lat[vl-pt, vg] sy[h] (cpa) co[sa] Basil Chrysostom[pt, (pt)] // λυπεῖται ἢ σκανδαλίζεται ἢ ἀσθενεῖ 025

[9] **22** {C} ἣν ἔχεις 01 02 03 04 048 lat[vl-pt] Origen[lat] // ἔχεις 06 012 025 0150 6 81 256 263 365 1175 1506 1573 1739 1881 1962 2127 *Byz* lat[vl-pt, vg] co eth Chrysostom

διακρινόμενος ἐὰν φάγῃ κατακέκριται, ὅτι οὐκ ἐκ πίστεως· πᾶν δὲ ὃ οὐκ ἐκ πίστεως ἁμαρτία ἐστίν.[10]

Please Others, Not Yourself

15 Ὀφείλομεν δὲ ἡμεῖς οἱ δυνατοὶ τὰ ἀσθενήματα τῶν ἀδυνάτων βαστάζειν καὶ μὴ ἑαυτοῖς ἀρέσκειν. **2** ἕκαστος ἡμῶν τῷ πλησίον ἀρεσκέτω εἰς τὸ ἀγαθὸν πρὸς οἰκοδομήν· **3** καὶ γὰρ ὁ Χριστὸς οὐχ ἑαυτῷ ἤρεσεν, ἀλλὰ καθὼς γέγραπται· *οἱ ὀνειδισμοὶ τῶν ὀνειδιζόντων σε ἐπέπεσαν ἐπ᾽ ἐμέ.* **4** ὅσα γὰρ προεγράφη, εἰς τὴν ἡμετέραν διδασκαλίαν ἐγράφη, ἵνα διὰ τῆς ὑπομονῆς καὶ διὰ τῆς παρακλήσεως τῶν γραφῶν τὴν ἐλπίδα ἔχωμεν. **5** ὁ δὲ θεὸς τῆς ὑπομονῆς καὶ τῆς παρακλήσεως δῴη ὑμῖν τὸ αὐτὸ φρονεῖν ἐν ἀλλήλοις κατὰ Χριστὸν Ἰησοῦν, **6** ἵνα ὁμοθυμαδὸν ἐν ἑνὶ στόματι δοξάζητε τὸν θεὸν καὶ πατέρα τοῦ κυρίου ἡμῶν Ἰησοῦ Χριστοῦ.

Ps 69.9

The Gospel for Jews and Gentiles Alike

7 Διὸ προσλαμβάνεσθε ἀλλήλους, καθὼς καὶ ὁ Χριστὸς προσελάβετο ὑμᾶς εἰς δόξαν τοῦ θεοῦ. **8** λέγω γὰρ Χριστὸν διάκονον γεγενῆσθαι περιτομῆς ὑπὲρ ἀληθείας θεοῦ, εἰς τὸ βεβαιῶσαι τὰς ἐπαγγελίας τῶν πατέρων, **9** τὰ δὲ ἔθνη ὑπὲρ ἐλέους δοξάσαι τὸν θεόν, καθὼς γέγραπται·

διὰ τοῦτο ἐξομολογήσομαί σοι ἐν ἔθνεσιν
καὶ τῷ ὀνόματί σου ψαλῶ.

2Sm 22.50;
Ps 18.49

10 καὶ πάλιν λέγει·

εὐφράνθητε, ἔθνη, μετὰ τοῦ λαοῦ αὐτοῦ.

Dt 32.43

11 καὶ πάλιν·

αἰνεῖτε, πάντα τὰ ἔθνη, τὸν κύριον
καὶ ἐπαινεσάτωσαν αὐτὸν πάντες οἱ λαοί.

Ps 117.1

---

[10]**23** {A} ἐστίν. (*see* 15.33; 16.25) 01 03 04 06 048 81 256 263 365 1573 1739 1962 2127 *TR* lat[vl-pt, vg] sy[p] cpa co eth mss[acc. to Origen-lat] ∥ ἐστίν. *plus* 16.25-27 *here only* 6 1175 1881 *Byz* lat[vl-pt?] sy[h] mss[acc. to Origen-lat] Chrysostom ∥ ἐστίν. *plus* 16.25-27 *both here and at* 16.23 02 025 0150 33 ∥ ἐστίν. *plus* 16.25-27 *at* 15.33 *only* 𝔓[46] ∥ ἐστίν. *plus* 16.25-27 *here and following blank space after* 15.33, *but omit* 16.1-24 1506 ∥ ἐστίν. *omit* 16.25-27 *here and after* 16.23 (012 *omits, but leaves space*) lat[vl-pt?] ∥ ἐστίν. *omit* 15.1-16.27 Marcion[acc. to Origen]

12 καὶ πάλιν Ἠσαΐας λέγει·
*ἔσται ἡ ῥίζα τοῦ Ἰεσσαὶ
καὶ ὁ ἀνιστάμενος ἄρχειν ἐθνῶν,
ἐπ᾽ αὐτῷ ἔθνη ἐλπιοῦσιν.*
13 ὁ δὲ θεὸς τῆς ἐλπίδος πληρώσαι ὑμᾶς πάσης χαρᾶς καὶ εἰρήνης ἐν τῷ πιστεύειν, εἰς τὸ περισσεύειν ὑμᾶς ἐν τῇ ἐλπίδι ἐν δυνάμει πνεύματος ἁγίου.

Paul's Missionary Commission

14 Πέπεισμαι δέ, ἀδελφοί μου, καὶ αὐτὸς ἐγὼ περὶ ὑμῶν ὅτι καὶ αὐτοὶ μεστοί ἐστε ἀγαθωσύνης, πεπληρωμένοι πάσης [τῆς] γνώσεως, δυνάμενοι καὶ ἀλλήλους νουθετεῖν. **15** τολμηρότερον δὲ ἔγραψα ὑμῖν ἀπὸ μέρους ὡς ἐπαναμιμνῄσκων ὑμᾶς διὰ τὴν χάριν τὴν δοθεῖσάν μοι ὑπὸ τοῦ θεοῦ **16** εἰς τὸ εἶναί με λειτουργὸν Χριστοῦ Ἰησοῦ εἰς τὰ ἔθνη, ἱερουργοῦντα τὸ εὐαγγέλιον τοῦ θεοῦ, ἵνα γένηται ἡ προσφορὰ τῶν ἐθνῶν εὐπρόσδεκτος, ἡγιασμένη ἐν πνεύματι ἁγίῳ. **17** ἔχω οὖν [τὴν] καύχησιν ἐν Χριστῷ Ἰησοῦ τὰ πρὸς τὸν θεόν· **18** οὐ γὰρ τολμήσω τι λαλεῖν ὧν οὐ κατειργάσατο Χριστὸς δι᾽ ἐμοῦ εἰς ὑπακοὴν ἐθνῶν, λόγῳ καὶ ἔργῳ, **19** ἐν δυνάμει σημείων καὶ τεράτων, ἐν δυνάμει πνεύματος [θεοῦ][1]· ὥστε με ἀπὸ Ἱερουσαλὴμ καὶ κύκλῳ μέχρι τοῦ Ἰλλυρικοῦ πεπληρωκέναι τὸ εὐαγγέλιον τοῦ Χριστοῦ, **20** οὕτως δὲ φιλοτιμούμενον εὐαγγελίζεσθαι οὐχ ὅπου ὠνομάσθη Χριστός, ἵνα μὴ ἐπ᾽ ἀλλότριον θεμέλιον οἰκοδομῶ, **21** ἀλλὰ καθὼς γέγραπται·
*οἷς οὐκ ἀνηγγέλη περὶ αὐτοῦ ὄψονται,
καὶ οἳ οὐκ ἀκηκόασιν συνήσουσιν.*

Paul's Plan to Visit Rome

22 Διὸ καὶ ἐνεκοπτόμην τὰ πολλὰ τοῦ ἐλθεῖν πρὸς ὑμᾶς· **23** νυνὶ δὲ μηκέτι τόπον ἔχων ἐν τοῖς κλίμασιν τούτοις, ἐπι-

---

[1]**19** {C} πνεύματος θεοῦ 𝔓⁴⁶ 01 06¹ 025 0150 6 1175 1506 *Byz* lat^(vl-pt) sy Origen^(lat-pt) Chrysostom Cyril^(pt) // πνεύματος 03 // πνεύματος ἁγίου 02 06*, 2 012 33 81 256 263 365 1573 1739 1881 1962 2127 lat^(vl-pt, vg) sy^(hmg) cpa co eth Origen^(lat-pt) Athanasius Cyril^(pt)

ποθίαν δὲ ἔχων τοῦ ἐλθεῖν πρὸς ὑμᾶς ἀπὸ πολλῶν ἐτῶν, **24** ὡς ἂν πορεύωμαι εἰς τὴν Σπανίαν· ἐλπίζω γὰρ διαπορευόμενος θεάσασθαι ὑμᾶς καὶ ὑφ᾽ ὑμῶν προπεμφθῆναι ἐκεῖ ἐὰν ὑμῶν πρῶτον ἀπὸ μέρους ἐμπλησθῶ. **25** νυνὶ δὲ πορεύομαι εἰς Ἰερουσαλὴμ διακονῶν τοῖς ἁγίοις. **26** εὐδόκησαν γὰρ Μακεδονία καὶ Ἀχαΐα κοινωνίαν τινὰ ποιήσασθαι εἰς τοὺς πτωχοὺς τῶν ἁγίων τῶν ἐν Ἰερουσαλήμ. **27** εὐδόκησαν γὰρ καὶ ὀφειλέται εἰσὶν αὐτῶν· εἰ γὰρ τοῖς πνευματικοῖς αὐτῶν ἐκοινώνησαν τὰ ἔθνη, ὀφείλουσιν καὶ ἐν τοῖς σαρκικοῖς λειτουργῆσαι αὐτοῖς. **28** τοῦτο οὖν ἐπιτελέσας καὶ σφραγισάμενος αὐτοῖς τὸν καρπὸν τοῦτον, ἀπελεύσομαι δι᾽ ὑμῶν εἰς Σπανίαν· **29** οἶδα δὲ ὅτι ἐρχόμενος πρὸς ὑμᾶς ἐν πληρώματι εὐλογίας Χριστοῦ[2] ἐλεύσομαι.

30 Παρακαλῶ δὲ ὑμᾶς[, ἀδελφοί,] διὰ τοῦ κυρίου ἡμῶν Ἰησοῦ Χριστοῦ καὶ διὰ τῆς ἀγάπης τοῦ πνεύματος συναγωνίσασθαί μοι ἐν ταῖς προσευχαῖς ὑπὲρ ἐμοῦ πρὸς τὸν θεόν, **31** ἵνα ῥυσθῶ ἀπὸ τῶν ἀπειθούντων ἐν τῇ Ἰουδαίᾳ καὶ ἡ διακονία μου ἡ εἰς Ἰερουσαλὴμ εὐπρόσδεκτος τοῖς ἁγίοις γένηται, **32** ἵνα ἐν χαρᾷ ἐλθὼν πρὸς ὑμᾶς διὰ θελήματος θεοῦ συναναπαύσωμαι ὑμῖν. **33** ὁ δὲ θεὸς τῆς εἰρήνης μετὰ πάντων ὑμῶν, ἀμήν[3].

Personal Greetings

16 Συνίστημι δὲ ὑμῖν Φοίβην τὴν ἀδελφὴν ἡμῶν, οὖσαν [καὶ] διάκονον τῆς ἐκκλησίας τῆς ἐν Κεγχρεαῖς, **2** ἵνα αὐτὴν προσδέξησθε ἐν κυρίῳ ἀξίως τῶν ἁγίων καὶ παραστῆτε αὐτῇ ἐν ᾧ ἂν ὑμῶν χρῄζῃ πράγματι· καὶ γὰρ αὐτὴ προστάτις πολλῶν ἐγενήθη καὶ ἐμοῦ αὐτοῦ.

3 Ἀσπάσασθε Πρίσκαν καὶ Ἀκύλαν τοὺς συνεργούς μου ἐν Χριστῷ Ἰησοῦ, **4** οἵτινες ὑπὲρ τῆς ψυχῆς μου τὸν ἑαυτῶν τράχηλον ὑπέθηκαν, οἷς οὐκ ἐγὼ μόνος εὐχαριστῶ ἀλλὰ καὶ πᾶσαι

---

[2]**29** {A} Χριστοῦ 𝔓⁴⁶ 01* 02 03 04 06 012 025 6 81 1739 1881 lat co Clement Origen[lat] ∥ τοῦ εὐαγγελίου τοῦ Χριστοῦ 01² (0150 1506 Χριστοῦ τοῦ εὐαγγελίου) 33 256 365 1175 1573 1962 2127 *Byz* sy Chrysostom ∥ *omit* 263

[3]**33** {A} ἀμήν (*see* 14.23; 16.25) 𝔓¹¹⁸vid 01 03 04 06 025 0150 6 33 81 256 263 365 1175 1506 1573 1962 2127 *Byz* lat[vl-pt, vg] sy co eth Origen[lat] Chrysostom ∥ *omit* 02 012 1739 1881 lat[vl-pt] ∥ *omit* ἀμήν, *but add* 16.25-27 *here* 𝔓⁴⁶

αἱ ἐκκλησίαι τῶν ἐθνῶν, **5** καὶ τὴν κατ᾽ οἶκον αὐτῶν ἐκκλησίαν. ἀσπάσασθε Ἐπαίνετον τὸν ἀγαπητόν μου, ὅς ἐστιν ἀπαρχὴ τῆς Ἀσίας[1] εἰς Χριστόν. **6** ἀσπάσασθε Μαρίαν, ἥτις πολλὰ ἐκοπίασεν εἰς ὑμᾶς[2]. **7** ἀσπάσασθε Ἀνδρόνικον καὶ Ἰουνίαν[3] τοὺς συγγενεῖς μου καὶ συναιχμαλώτους μου, οἵτινές εἰσιν ἐπίσημοι ἐν τοῖς ἀποστόλοις, οἳ καὶ πρὸ ἐμοῦ γέγοναν ἐν Χριστῷ. **8** ἀσπάσασθε Ἀμπλιᾶτον τὸν ἀγαπητόν μου ἐν κυρίῳ. **9** ἀσπάσασθε Οὐρβανὸν τὸν συνεργὸν ἡμῶν ἐν Χριστῷ καὶ Στάχυν τὸν ἀγαπητόν μου. **10** ἀσπάσασθε Ἀπελλῆν τὸν δόκιμον ἐν Χριστῷ. ἀσπάσασθε τοὺς ἐκ τῶν Ἀριστοβούλου. **11** ἀσπάσασθε Ἡρῳδίωνα τὸν συγγενῆ μου. ἀσπάσασθε τοὺς ἐκ τῶν Ναρκίσσου τοὺς ὄντας ἐν κυρίῳ. **12** ἀσπάσασθε Τρύφαιναν καὶ Τρυφῶσαν τὰς κοπιώσας ἐν κυρίῳ. ἀσπάσασθε Περσίδα τὴν ἀγαπητήν, ἥτις πολλὰ ἐκοπίασεν ἐν κυρίῳ. **13** ἀσπάσασθε Ῥοῦφον τὸν ἐκλεκτὸν ἐν κυρίῳ καὶ τὴν μητέρα αὐτοῦ καὶ ἐμοῦ. **14** ἀσπάσασθε Ἀσύγκριτον, Φλέγοντα, Ἑρμῆν, Πατροβᾶν, Ἑρμᾶν καὶ τοὺς σὺν αὐτοῖς ἀδελφούς. **15** ἀσπάσασθε Φιλόλογον καὶ Ἰουλίαν, Νηρέα καὶ τὴν ἀδελφὴν αὐτοῦ, καὶ Ὀλυμπᾶν καὶ τοὺς σὺν αὐτοῖς πάντας ἁγίους. **16** ἀσπάσασθε ἀλλήλους ἐν φιλήματι ἁγίῳ. ἀσπάζονται ὑμᾶς αἱ ἐκκλησίαι πᾶσαι τοῦ Χριστοῦ.

17 Παρακαλῶ δὲ ὑμᾶς, ἀδελφοί, σκοπεῖν τοὺς τὰς διχοστασίας καὶ τὰ σκάνδαλα παρὰ τὴν διδαχὴν ἣν ὑμεῖς ἐμάθετε ποιοῦντας, καὶ ἐκκλίνετε ἀπ᾽ αὐτῶν· **18** οἱ γὰρ τοιοῦτοι τῷ κυρίῳ ἡμῶν Χριστῷ οὐ δουλεύουσιν ἀλλὰ τῇ ἑαυτῶν κοιλίᾳ, καὶ διὰ τῆς χρηστολογίας καὶ εὐλογίας ἐξαπατῶσιν τὰς καρδίας τῶν ἀκάκων. **19** ἡ γὰρ ὑμῶν ὑπακοὴ εἰς πάντας ἀφίκετο· ἐφ᾽ ὑμῖν οὖν χαίρω, θέλω δὲ ὑμᾶς σοφοὺς εἶναι εἰς τὸ ἀγαθόν, ἀκεραίους δὲ εἰς τὸ κακόν. **20** ὁ δὲ θεὸς τῆς εἰρήνης συντρίψει

---

[1] **5** {B} Ἀσίας 𝔓[46] 𝔓[118] 01 02 03 04 06* 012 6 81 365 1739 lat ∥ Ἀχαΐας 06[1] 025 33 1175 1881 *Byz* sy

[2] **6** {B} εἰς ὑμᾶς 𝔓[46] 𝔓[118] 01 02 03 04* 025 6 81 365 1739 1881 lat[vl·pt, vg] ∥ εἰς ἡμᾶς 04[2] 33 1175 *Byz* lat[vl·pt] ∥ ἐν ὑμῖν 06 012

[3] **7** {A} Ἰουνίαν 03[2] 06[2] 0150 33 81 256 263 365 1175 1573 1739 1881 1962 2127 *Byz* lat[vg] Chrysostom (*without accents:* 01 02 03* 04 06* 012 025) ∥ Ἰουλίαν 𝔓[46] 6 lat[vl· vg-mss] co[bo] eth

τὸν σατανᾶν ὑπὸ τοὺς πόδας ὑμῶν ἐν τάχει. ἡ χάρις τοῦ κυρίου ἡμῶν Ἰησοῦ μεθ᾽ ὑμῶν⁴.

21 Ἀσπάζεται ὑμᾶς Τιμόθεος ὁ συνεργός μου καὶ Λούκιος καὶ Ἰάσων καὶ Σωσίπατρος οἱ συγγενεῖς μου. **22** ἀσπάζομαι ὑμᾶς ἐγὼ Τέρτιος ὁ γράψας τὴν ἐπιστολὴν ἐν κυρίῳ. **23** ἀσπάζεται ὑμᾶς Γάϊος ὁ ξένος μου καὶ ὅλης τῆς ἐκκλησίας. ἀσπάζεται ὑμᾶς Ἔραστος ὁ οἰκονόμος τῆς πόλεως καὶ Κούαρτος ὁ ἀδελφός. 〚**24** ἡ χάρις τοῦ κυρίου ἡμῶν Ἰησοῦ Χριστοῦ μετὰ πάντων ὑμῶν. ἀμήν.〛⁵

Doxology

[**25** ⁶ Τῷ δὲ δυναμένῳ ὑμᾶς στηρίξαι κατὰ τὸ εὐαγγέλιόν μου καὶ τὸ κήρυγμα Ἰησοῦ Χριστοῦ, κατὰ ἀποκάλυψιν μυστηρίου χρόνοις αἰωνίοις σεσιγημένου, **26** φανερωθέντος δὲ νῦν διά τε γραφῶν προφητικῶν κατ᾽ ἐπιταγὴν τοῦ αἰωνίου θεοῦ εἰς ὑπακοὴν πίστεως εἰς πάντα τὰ ἔθνη γνωρισθέντος, **27** μόνῳ σοφῷ θεῷ, διὰ Ἰησοῦ Χριστοῦ, ᾧ ἡ δόξα εἰς τοὺς αἰῶνας⁷, ἀμήν.]

---

⁴**20** {B} ἡ χάρις τοῦ κυρίου ἡμῶν Ἰησοῦ μεθ᾽ ὑμῶν 𝔓⁴⁶ 01 03 1881 ∥ ἡ χάρις τοῦ κυρίου ἡμῶν Ἰησοῦ Χριστοῦ μεθ᾽ ὑμῶν 02 04 025 0150 6 33 81 256 263 365 1175 1573 1739 (1962 ὑμῶν. ἀμήν.) 2127 2464 *Byz* lat^(vl-pt, vg) sy co eth Origen^lat Chrysostom ∥ *omit (but see footnote 5)* 06 012 lat^(vl-pt)

⁵**24** {A} *no addition* 𝔓⁴⁶ 𝔓⁶¹ 01 02 03 04 0150 81 (1506 *omit* 16.1-24) 1739 1962 2127 2464 lat^(vl-pt, vg) co^(sa, bo) Origen^lat ∥ *add verse 24 here (see* 2 Th 3.18 *and footnote 4)* 06 (012 *omit* Ἰησοῦ Χριστοῦ) 6 1175 1881 *Byz* lat^(vl-pt, vg-mss) sy^h ∥ *add verse 24 following* 16.27 (025) 33 256 263 365 1573 sy^p co^(bo-ms) eth

⁶**25-27** {C} *include* 16.25-27 *here (see* 14.23; 15.33) 𝔓⁶¹ 01 03 04 06 81 256 263 365 1573 1739 1962 2127 2464 *TR* lat^(vl-pt, vg) sy^p co eth Origen^lat mss^(acc. to Origen-lat) ∥ *include* 16.25-27 *here and after* 14.23 02 025 0150 33 (1506) ∥ *include* 16.25-27 *after* 14.23 *only* 6 1175 1881 *Byz* lat^(vl-pt?) lat^(vg-mss) sy^h mss^(acc. to Origen-lat) Chrysostom ∥ *include* 16.25-27 *after* 15.33 𝔓⁴⁶ ∥ *omit* 16.25-27 012 lat^(vl-pt?)

⁷**27** {B} αἰῶνας *(see footnote 6)* 𝔓⁴⁶ 03 04 6 33 256 263 365 1175 1506 1573 1739 1881 2127 *Byz* sy^h co^sa Eusebius Chrysostom Cyril ∥ αἰῶνας τῶν αἰώνων 𝔓⁶¹ 01 02 06 025 0150 81 1962 2464 lat sy^p co^bo eth Origen^lat

ΠΡΟΣ ΚΟΡΙΝΘΙΟΥΣ Α'

Salutation

1 Παῦλος κλητὸς ἀπόστολος Χριστοῦ Ἰησοῦ¹ διὰ θελήματος θεοῦ καὶ Σωσθένης ὁ ἀδελφὸς 2 τῇ ἐκκλησίᾳ τοῦ θεοῦ τῇ οὔσῃ ἐν Κορίνθῳ, ἡγιασμένοις ἐν Χριστῷ Ἰησοῦ, κλητοῖς ἁγίοις, σὺν πᾶσιν τοῖς ἐπικαλουμένοις τὸ ὄνομα τοῦ κυρίου ἡμῶν Ἰησοῦ Χριστοῦ ἐν παντὶ τόπῳ, αὐτῶν καὶ ἡμῶν· 3 χάρις ὑμῖν καὶ εἰρήνη ἀπὸ θεοῦ πατρὸς ἡμῶν καὶ κυρίου Ἰησοῦ Χριστοῦ.

4 Εὐχαριστῶ τῷ θεῷ μου πάντοτε περὶ ὑμῶν ἐπὶ τῇ χάριτι τοῦ θεοῦ τῇ δοθείσῃ ὑμῖν ἐν Χριστῷ Ἰησοῦ, 5 ὅτι ἐν παντὶ ἐπλουτίσθητε ἐν αὐτῷ, ἐν παντὶ λόγῳ καὶ πάσῃ γνώσει, 6 καθὼς τὸ μαρτύριον τοῦ Χριστοῦ ἐβεβαιώθη ἐν ὑμῖν, 7 ὥστε ὑμᾶς μὴ ὑστερεῖσθαι ἐν μηδενὶ χαρίσματι ἀπεκδεχομένους τὴν ἀποκάλυψιν τοῦ κυρίου ἡμῶν Ἰησοῦ Χριστοῦ· 8 ὃς καὶ βεβαιώσει ὑμᾶς ἕως τέλους ἀνεγκλήτους ἐν τῇ ἡμέρᾳ τοῦ κυρίου ἡμῶν Ἰησοῦ Χριστοῦ. 9 πιστὸς ὁ θεός, δι' οὗ ἐκλήθητε εἰς κοινωνίαν τοῦ υἱοῦ αὐτοῦ Ἰησοῦ Χριστοῦ τοῦ κυρίου ἡμῶν.

Divisions in the Church

10 Παρακαλῶ δὲ ὑμᾶς, ἀδελφοί, διὰ τοῦ ὀνόματος τοῦ κυρίου ἡμῶν Ἰησοῦ Χριστοῦ, ἵνα τὸ αὐτὸ λέγητε πάντες καὶ μὴ ᾖ ἐν ὑμῖν σχίσματα, ἦτε δὲ κατηρτισμένοι ἐν τῷ αὐτῷ νοῒ καὶ ἐν τῇ αὐτῇ γνώμῃ. 11 ἐδηλώθη γάρ μοι περὶ ὑμῶν, ἀδελφοί μου, ὑπὸ τῶν Χλόης ὅτι ἔριδες ἐν ὑμῖν εἰσιν. 12 λέγω δὲ τοῦτο ὅτι ἕκαστος ὑμῶν λέγει· ἐγὼ μέν εἰμι Παύλου, ἐγὼ δὲ Ἀπολλῶ, ἐγὼ δὲ Κηφᾶ, ἐγὼ δὲ Χριστοῦ. 13 μεμέρισται² ὁ Χριστός; μὴ Παῦλος ἐσταυρώθη ὑπὲρ ὑμῶν, ἢ εἰς τὸ ὄνομα Παύλου ἐβαπτίσθητε;

---

¹ 1 {B} Χριστοῦ Ἰησοῦ 𝔓⁴⁶ 03 06 012 33 lat^{vl-pt, vg} co^{sa} eth Chrysostom Cyril ∥ Ἰησοῦ Χριστοῦ 01 02 025 0150 6 81 256 263 365 1175 1506 1573 1739 1881 1962 2127 2464 Byz lat^{vl-pt} sy co^{bo} Origen^{lat} Cyril^{lem}

² 13 {A} μεμέρισται 01 02 03 04 06 012 025 0150 6 33 81 256 263 365 1175 1506 1573 1739 1881 2127 2464^c Byz lat sy^h co^{bo} Chrysostom Cyril ∥ μὴ μεμέρισται 𝔓^{46vid} 1962 2464* sy^p cpa co^{sa} eth

14 εὐχαριστῶ [τῷ θεῷ]³ ὅτι οὐδένα ὑμῶν ἐβάπτισα εἰ μὴ Κρίσπον καὶ Γάϊον, **15** ἵνα μή τις εἴπῃ ὅτι εἰς τὸ ἐμὸν ὄνομα ἐβαπτίσθητε. **16** ἐβάπτισα δὲ καὶ τὸν Στεφανᾶ οἶκον, λοιπὸν οὐκ οἶδα εἴ τινα ἄλλον ἐβάπτισα. **17** οὐ γὰρ ἀπέστειλέν με Χριστὸς βαπτίζειν ἀλλ᾽ εὐαγγελίζεσθαι, οὐκ ἐν σοφίᾳ λόγου, ἵνα μὴ κενωθῇ ὁ σταυρὸς τοῦ Χριστοῦ.

Christ the Power and Wisdom of God

18 Ὁ λόγος γὰρ ὁ τοῦ σταυροῦ τοῖς μὲν ἀπολλυμένοις μωρία ἐστίν, τοῖς δὲ σῳζομένοις ἡμῖν δύναμις θεοῦ ἐστιν. **19** γέγραπται γάρ·

 ἀπολῶ τὴν σοφίαν τῶν σοφῶν   Is 29.14
  καὶ τὴν σύνεσιν τῶν συνετῶν ἀθετήσω.

20 ποῦ σοφός; ποῦ γραμματεύς; ποῦ συζητητὴς τοῦ αἰῶνος τούτου; οὐχὶ ἐμώρανεν ὁ θεὸς τὴν σοφίαν τοῦ κόσμου; **21** ἐπειδὴ γὰρ ἐν τῇ σοφίᾳ τοῦ θεοῦ οὐκ ἔγνω ὁ κόσμος διὰ τῆς σοφίας τὸν θεόν, εὐδόκησεν ὁ θεὸς διὰ τῆς μωρίας τοῦ κηρύγματος σῶσαι τοὺς πιστεύοντας· **22** ἐπειδὴ καὶ Ἰουδαῖοι σημεῖα αἰτοῦσιν καὶ Ἕλληνες σοφίαν ζητοῦσιν, **23** ἡμεῖς δὲ κηρύσσομεν Χριστὸν ἐσταυρωμένον, Ἰουδαίοις μὲν σκάνδαλον, ἔθνεσιν δὲ μωρίαν, **24** αὐτοῖς δὲ τοῖς κλητοῖς, Ἰουδαίοις τε καὶ Ἕλλησιν, Χριστὸν θεοῦ δύναμιν καὶ θεοῦ σοφίαν· **25** ὅτι τὸ μωρὸν τοῦ θεοῦ σοφώτερον τῶν ἀνθρώπων ἐστὶν καὶ τὸ ἀσθενὲς τοῦ θεοῦ ἰσχυρότερον τῶν ἀνθρώπων.

26 Βλέπετε γὰρ τὴν κλῆσιν ὑμῶν, ἀδελφοί, ὅτι οὐ πολλοὶ σοφοὶ κατὰ σάρκα, οὐ πολλοὶ δυνατοί, οὐ πολλοὶ εὐγενεῖς· **27** ἀλλὰ τὰ μωρὰ τοῦ κόσμου ἐξελέξατο ὁ θεός, ἵνα καταισχύνῃ τοὺς σοφούς, καὶ τὰ ἀσθενῆ τοῦ κόσμου ἐξελέξατο ὁ θεός, ἵνα καταισχύνῃ τὰ ἰσχυρά, **28** καὶ τὰ ἀγενῆ τοῦ κόσμου

---

³ **14** {C} τῷ θεῷ 01² 04 06 012 025 0150 256 263 365 1175 1506 1573 1881 1962 2127 2464 *Byz* lat^(vl-pt, vg) co^(bo-ms) eth Tertullian Origen^(lat-pt) Chrysostom // τῷ θεῷ μου 02 33 81 lat^(vl-pt, vg-mss) sy^(p, h with *) cpa co^(sa-ms, bo-mss) Origen^(lat-pt) // omit 01* 03 6 1739 co^(sa-mss, bo-pt)

καὶ τὰ ἐξουθενημένα ἐξελέξατο ὁ θεός, τὰ μὴ ὄντα⁴, ἵνα τὰ ὄντα καταργήσῃ, **29** ὅπως μὴ καυχήσηται πᾶσα σὰρξ ἐνώπιον τοῦ θεοῦ. **30** ἐξ αὐτοῦ δὲ ὑμεῖς ἐστε ἐν Χριστῷ Ἰησοῦ, ὃς ἐγενήθη σοφία ἡμῖν ἀπὸ θεοῦ, δικαιοσύνη τε καὶ ἁγιασμὸς καὶ ἀπολύτρωσις, **31** ἵνα καθὼς γέγραπται· *ὁ καυχώμενος ἐν κυρίῳ καυχάσθω.*

Proclaiming Christ Crucified

2 Κἀγὼ ἐλθὼν πρὸς ὑμᾶς, ἀδελφοί, ἦλθον οὐ καθ' ὑπεροχὴν λόγου ἢ σοφίας καταγγέλλων ὑμῖν τὸ μυστήριον¹ τοῦ θεοῦ. **2** οὐ γὰρ ἔκρινά τι εἰδέναι ἐν ὑμῖν εἰ μὴ Ἰησοῦν Χριστὸν καὶ τοῦτον ἐσταυρωμένον. **3** κἀγὼ ἐν ἀσθενείᾳ καὶ ἐν φόβῳ καὶ ἐν τρόμῳ πολλῷ ἐγενόμην πρὸς ὑμᾶς, **4** καὶ ὁ λόγος μου καὶ τὸ κήρυγμά μου οὐκ ἐν πειθοῖ[ς] σοφίας [λόγοις]² ἀλλ' ἐν ἀποδείξει πνεύματος καὶ δυνάμεως, **5** ἵνα ἡ πίστις ὑμῶν μὴ ᾖ ἐν σοφίᾳ ἀνθρώπων ἀλλ' ἐν δυνάμει θεοῦ.

Revelation through the Spirit

6 Σοφίαν δὲ λαλοῦμεν ἐν τοῖς τελείοις, σοφίαν δὲ οὐ τοῦ αἰῶνος τούτου οὐδὲ τῶν ἀρχόντων τοῦ αἰῶνος τούτου τῶν καταργουμένων· **7** ἀλλὰ λαλοῦμεν θεοῦ σοφίαν ἐν μυστηρίῳ τὴν ἀποκεκρυμμένην, ἣν προώρισεν ὁ θεὸς πρὸ τῶν αἰώνων εἰς δόξαν ἡμῶν, **8** ἣν οὐδεὶς τῶν ἀρχόντων τοῦ αἰῶνος τούτου

---

⁴**28** {B} τὰ μὴ ὄντα 𝔓⁴⁶ 01* 02 04* 06* 012 0150 33 1175 1739 2464ᶜ (2464* *omit* τά) latᵛˡ⁻ᵖᵗ coˢᵃ⁻ᵐˢˢ Marcionᵃᶜᶜ· ᵗᵒ ᵀᵉʳᵗᵘˡˡⁱᵃⁿ Origenᵖᵗ ∥ καὶ τὰ μὴ ὄντα 01² 03 04³ 06² 025 6 81 256 263 365 1506 1573 1881 1962 2127 *Byz* latᵛˡ⁻ᵖᵗ, ᵛᵍ sy coˢᵃ⁻ᵐˢˢ, ᵇᵒ eth Origenᵍʳ⁻ᵖᵗ, ˡᵃᵗ Eusebius Basil Chrysostom

¹**1** {C} μυστήριον 𝔓⁴⁶ᵛⁱᵈ 01* 02 04 latᵛˡ⁻ᵖᵗ syᵖ coᵇᵒ Hippolytus ∥ μαρτύριον 01² 03 06 012 025 0150 6 33 81 256 263 365 1175 1506 1573 1881 1962 2127 2464 *Byz* latᵛˡ⁻ᵖᵗ, syʰ coˢᵃ ethᵖᵖ Basil Chrysostom Cyril

²**4** {D} πειθοῖς σοφίας λόγοις (01* λόγος) 03 06 0150 33 1175 1506 1739 1881 latᵛˡ⁻ᵖᵗ, ᵛᵍ Origenᵍʳ⁻ᵖᵗ, ˡᵃᵗ⁻ᵖᵗ Eusebius Chrysostomᵖᵗ ∥ πειθοῖς σοφίας 𝔓⁴⁶ 012 Chrysostomᵐˢˢ (latᵛˡ⁻ᵖᵗ πειθοῖ) ∥ πειθοῖς ἀνθρωπίνης σοφίας λόγοις 01² 02 04 025 6 81 256 263 365 1573 (1962 σοφίας ἀνθρωπίνης) 2127 2464 *Byz* latᵛˡ⁻ᵖᵗ, ᵛᵍ⁻ᵐˢˢ Origenᵍʳ⁻ᵖᵗ, ˡᵃᵗ⁻ᵖᵗ Cyril-Jerusalem Chrysostomᵖᵗ Cyrilᵖᵗ ∥ πειθοῖ ἀνθρωπίνης σοφίας λόγοις 205 209 Cyrilᵖᵗ ∥ πειθοῖ σοφίας λόγων (latᵛˡ⁻ᵖᵗ, ᵛᵍ⁻ᵐˢ) syᵖ Origenᵍʳ⁻ᵖᵗ

ἔγνωκεν· εἰ γὰρ ἔγνωσαν, οὐκ ἂν τὸν κύριον τῆς δόξης ἐσταύρωσαν. **9** ἀλλὰ καθὼς γέγραπται·
> ἃ ὀφθαλμὸς οὐκ εἶδεν καὶ οὖς οὐκ ἤκουσεν   Is 64.4
> καὶ ἐπὶ καρδίαν ἀνθρώπου οὐκ ἀνέβη,
> ἃ ἡτοίμασεν ὁ θεὸς τοῖς ἀγαπῶσιν αὐτόν.

10 ἡμῖν δὲ³ ἀπεκάλυψεν ὁ θεὸς διὰ τοῦ πνεύματος· τὸ γὰρ πνεῦμα πάντα ἐραυνᾷ, καὶ τὰ βάθη τοῦ θεοῦ. **11** τίς γὰρ οἶδεν ἀνθρώπων τὰ τοῦ ἀνθρώπου εἰ μὴ τὸ πνεῦμα τοῦ ἀνθρώπου τὸ ἐν αὐτῷ; οὕτως καὶ τὰ τοῦ θεοῦ οὐδεὶς ἔγνωκεν εἰ μὴ τὸ πνεῦμα τοῦ θεοῦ. **12** ἡμεῖς δὲ οὐ τὸ πνεῦμα τοῦ κόσμου ἐλάβομεν ἀλλὰ τὸ πνεῦμα τὸ ἐκ τοῦ θεοῦ, ἵνα εἰδῶμεν τὰ ὑπὸ τοῦ θεοῦ χαρισθέντα ἡμῖν· **13** ἃ καὶ λαλοῦμεν οὐκ ἐν διδακτοῖς ἀνθρωπίνης σοφίας λόγοις ἀλλ' ἐν διδακτοῖς πνεύματος, πνευματικοῖς πνευματικὰ συγκρίνοντες. **14** ψυχικὸς δὲ ἄνθρωπος οὐ δέχεται τὰ τοῦ πνεύματος τοῦ θεοῦ· μωρία γὰρ αὐτῷ ἐστιν καὶ οὐ δύναται γνῶναι, ὅτι πνευματικῶς ἀνακρίνεται. **15** ὁ δὲ πνευματικὸς ἀνακρίνει [τὰ] πάντα⁴, αὐτὸς δὲ ὑπ' οὐδενὸς ἀνακρίνεται. **16** *τίς γὰρ ἔγνω νοῦν κυρίου, ὃς συμβιβάσει αὐτόν;*   Is 40.13 LXX
ἡμεῖς δὲ νοῦν Χριστοῦ⁵ ἔχομεν.

Fellow Workers for God

3 Κἀγώ, ἀδελφοί, οὐκ ἠδυνήθην λαλῆσαι ὑμῖν ὡς πνευματικοῖς ἀλλ' ὡς σαρκίνοις, ὡς νηπίοις ἐν Χριστῷ. **2** γάλα ὑμᾶς ἐπότισα, οὐ βρῶμα· οὔπω γὰρ ἐδύνασθε. ἀλλ' οὐδὲ ἔτι νῦν δύνασθε, **3** ἔτι γὰρ σαρκικοί ἐστε. ὅπου γὰρ ἐν ὑμῖν

---

³ **10** {B} δέ 01 02 04 06 012 025 0150 33 81 1506 1881 1962 2464 *Byz* lat sy co[bo-pt] eth Origen[lat] Basil Chrysostom // γάρ 𝔓⁴⁶ 03 6 256 263 365 1175 1573 1739 2127 co[sa, bo-pt] Clement Cyril // *omit Lect* co[bo-ms]

⁴ **15** {C} τὰ πάντα 𝔓⁴⁶ 02 04 06* (012 *omit* τά) lat sy[p] co[sa-ms, bo, fa] eth Ptolemy[acc. to Irenaeus] (Clement) Origen[gr-pt, (gr-pt), lat] Gregory-Nyssa Chrysostom[pt] // μὲν πάντα 01¹ (01* *homoeoteleuton*) 03 06² 0150 0289* 263 1175 1506 1881 1962 2464 *Byz* sy[h] co[sa-mss] Origen[pt] Cyril // μὲν τὰ πάντα 025 0289[c] 6 33 81 256 365 1573 1739 2127 co[sa-mss] Chrysostom[pt] // μὲν πάντας Irenaeus[lat]

⁵ **16** {B} Χριστοῦ 𝔓⁴⁶ 01 02 04 06¹ 025 048 0150 6 33 81 256 263 365 1175 1506 1573 1739 1881 1962 2127 2464 *Byz* lat[vl-pt, vg] sy co eth Origen[gr, lat] Athanasius Chrysostom Cyril // κυρίου 03 06* 012 lat[vl-pt]

ζῆλος καὶ ἔρις¹, οὐχὶ σαρκικοί ἐστε καὶ κατὰ ἄνθρωπον περιπατεῖτε; **4** ὅταν γὰρ λέγῃ τις· ἐγὼ μέν εἰμι Παύλου, ἕτερος δέ· ἐγὼ Ἀπολλῶ, οὐκ ἄνθρωποί² ἐστε; **5** τί οὖν ἐστιν Ἀπολλῶς³; τί δέ ἐστιν Παῦλος³; διάκονοι δι' ὧν ἐπιστεύσατε, καὶ ἑκάστῳ ὡς ὁ κύριος ἔδωκεν. **6** ἐγὼ ἐφύτευσα, Ἀπολλῶς ἐπότισεν, ἀλλ' ὁ θεὸς ηὔξανεν· **7** ὥστε οὔτε ὁ φυτεύων ἐστίν τι οὔτε ὁ ποτίζων ἀλλ' ὁ αὐξάνων θεός. **8** ὁ φυτεύων δὲ καὶ ὁ ποτίζων ἕν εἰσιν, ἕκαστος δὲ τὸν ἴδιον μισθὸν λήμψεται κατὰ τὸν ἴδιον κόπον· **9** θεοῦ γάρ ἐσμεν συνεργοί, θεοῦ γεώργιον, θεοῦ οἰκοδομή ἐστε. **10** κατὰ τὴν χάριν τοῦ θεοῦ τὴν δοθεῖσάν μοι ὡς σοφὸς ἀρχιτέκτων θεμέλιον ἔθηκα, ἄλλος δὲ ἐποικοδομεῖ. ἕκαστος δὲ βλεπέτω πῶς ἐποικοδομεῖ. **11** θεμέλιον γὰρ ἄλλον οὐδεὶς δύναται θεῖναι παρὰ τὸν κείμενον, ὅς ἐστιν Ἰησοῦς Χριστός. **12** εἰ δέ τις ἐποικοδομεῖ ἐπὶ τὸν θεμέλιον χρυσόν, ἄργυρον, λίθους τιμίους, ξύλα, χόρτον, καλάμην, **13** ἑκάστου τὸ ἔργον φανερὸν γενήσεται, ἡ γὰρ ἡμέρα δηλώσει, ὅτι ἐν πυρὶ ἀποκαλύπτεται· καὶ ἑκάστου τὸ ἔργον ὁποῖόν ἐστιν τὸ πῦρ [αὐτὸ] δοκιμάσει. **14** εἴ τινος τὸ ἔργον μενεῖ ὃ ἐποικοδόμησεν, μισθὸν λήμψεται· **15** εἴ τινος τὸ ἔργον κατακαήσεται, ζημιωθήσεται, αὐτὸς δὲ σωθήσεται, οὕτως δὲ ὡς διὰ πυρός. **16** οὐκ οἴδατε ὅτι ναὸς θεοῦ ἐστε καὶ τὸ πνεῦμα τοῦ θεοῦ οἰκεῖ ἐν ὑμῖν; **17** εἴ τις τὸν ναὸν τοῦ θεοῦ φθείρει, φθερεῖ τοῦτον ὁ θεός· ὁ γὰρ ναὸς τοῦ θεοῦ ἅγιός ἐστιν, οἵτινές ἐστε ὑμεῖς.

18 Μηδεὶς ἑαυτὸν ἐξαπατάτω· εἴ τις δοκεῖ σοφὸς εἶναι ἐν ὑμῖν ἐν τῷ αἰῶνι τούτῳ, μωρὸς γενέσθω, ἵνα γένηται σοφός. **19** ἡ γὰρ σοφία τοῦ κόσμου τούτου μωρία παρὰ τῷ θεῷ ἐστιν. γέγραπται γάρ· ὁ δρασσόμενος τοὺς σοφοὺς ἐν τῇ πανουργίᾳ

---

¹**3** {B} ἔρις 𝔓¹¹ 01 02 03 04 025 048 0150 0289 81 263 1175 1506 1739 1881 lat^(vl-pt, vg) co eth Clement Origen^(gr. (lat-pt)) Origen^(dub) Eusebius Gregory-Nyssa Chrysostom^(pt) // ἔρις καὶ διχοστασίαι 𝔓⁴⁶ 06 (012 020 365 ἔρεις) 6 33 256 1573 (1962 ἀρχοστασίαι) 2127 Byz lat^(vl-pt) sy Irenaeus (Origen^(lat-pt)) Chrysostom^(pt, (pt))

²**4** {B} ἄνθρωποι 𝔓⁴⁶ 01* 02 03 04 06 012 048 0289 33 81 1175 1506 1739 1881 lat // σαρκικοί 01² 025 365 2464 Byz sy

³**5** {A} Ἀπολλῶς … Παῦλος 𝔓⁴⁶ 01 02 03 04 06*, ² 012 025 048^vid 0150 0289 33 81 365 1175 1506 1739 1881 1962 lat co^(sa, bo) // Παῦλος … Ἀπολλῶς 06¹ 6 256 263 1573 2127 2464 Byz sy co^fa eth Chrysostom

αὐτῶν· **20** καὶ πάλιν· *κύριος γινώσκει τοὺς διαλογισμοὺς τῶν* Ps 94.11
σοφῶν ὅτι εἰσὶν μάταιοι. **21** ὥστε μηδεὶς καυχάσθω ἐν ἀνθρώποις· πάντα γὰρ ὑμῶν ἐστιν, **22** εἴτε Παῦλος εἴτε Ἀπολλῶς εἴτε Κηφᾶς, εἴτε κόσμος εἴτε ζωὴ εἴτε θάνατος, εἴτε ἐνεστῶτα εἴτε μέλλοντα· πάντα ὑμῶν, **23** ὑμεῖς δὲ Χριστοῦ, Χριστὸς δὲ θεοῦ.

The Ministry of the Apostles

4 Οὕτως ἡμᾶς λογιζέσθω ἄνθρωπος ὡς ὑπηρέτας Χριστοῦ καὶ οἰκονόμους μυστηρίων θεοῦ. **2** ὧδε λοιπὸν ζητεῖται ἐν τοῖς οἰκονόμοις, ἵνα πιστός τις εὑρεθῇ. **3** ἐμοὶ δὲ εἰς ἐλάχιστόν ἐστιν, ἵνα ὑφ' ὑμῶν ἀνακριθῶ ἢ ὑπὸ ἀνθρωπίνης ἡμέρας· ἀλλ' οὐδὲ ἐμαυτὸν ἀνακρίνω. **4** οὐδὲν γὰρ ἐμαυτῷ σύνοιδα, ἀλλ' οὐκ ἐν τούτῳ δεδικαίωμαι, ὁ δὲ ἀνακρίνων με κύριός ἐστιν. **5** ὥστε μὴ πρὸ καιροῦ τι κρίνετε ἕως ἂν ἔλθῃ ὁ κύριος, ὃς καὶ φωτίσει τὰ κρυπτὰ τοῦ σκότους καὶ φανερώσει τὰς βουλὰς τῶν καρδιῶν· καὶ τότε ὁ ἔπαινος γενήσεται ἑκάστῳ ἀπὸ τοῦ θεοῦ.

6 Ταῦτα δέ, ἀδελφοί, μετεσχημάτισα εἰς ἐμαυτὸν καὶ Ἀπολλῶν δι' ὑμᾶς, ἵνα ἐν ἡμῖν μάθητε τὸ μὴ ὑπὲρ ἃ γέγραπται[1], ἵνα μὴ εἷς ὑπὲρ τοῦ ἑνὸς φυσιοῦσθε κατὰ τοῦ ἑτέρου. **7** τίς γάρ σε διακρίνει; τί δὲ ἔχεις ὃ οὐκ ἔλαβες; εἰ δὲ καὶ ἔλαβες, τί καυχᾶσαι ὡς μὴ λαβών; **8** ἤδη κεκορεσμένοι ἐστέ, ἤδη ἐπλουτήσατε, χωρὶς ἡμῶν ἐβασιλεύσατε· καὶ ὄφελόν γε ἐβασιλεύσατε, ἵνα καὶ ἡμεῖς ὑμῖν συμβασιλεύσωμεν. **9** δοκῶ γάρ, ὁ θεὸς ἡμᾶς τοὺς ἀποστόλους ἐσχάτους ἀπέδειξεν ὡς ἐπιθανατίους, ὅτι θέατρον ἐγενήθημεν τῷ κόσμῳ καὶ ἀγγέλοις καὶ ἀνθρώποις. **10** ἡμεῖς μωροὶ διὰ Χριστόν, ὑμεῖς δὲ φρόνιμοι ἐν Χριστῷ· ἡμεῖς ἀσθενεῖς, ὑμεῖς δὲ ἰσχυροί· ὑμεῖς ἔνδοξοι, ἡμεῖς δὲ ἄτιμοι. **11** ἄχρι τῆς ἄρτι ὥρας καὶ πεινῶμεν καὶ διψῶμεν καὶ γυμνιτεύομεν καὶ κολαφιζόμεθα καὶ ἀστατοῦμεν **12** καὶ κοπιῶμεν ἐργαζόμενοι ταῖς ἰδίαις χερσίν· λοιδορούμενοι εὐλογοῦμεν, διωκόμενοι ἀνεχόμεθα, **13** δυσφημούμενοι παρακαλοῦμεν· ὡς περικαθάρματα τοῦ κόσμου ἐγενήθημεν, πάντων περίψημα ἕως ἄρτι.

14 Οὐκ ἐντρέπων ὑμᾶς γράφω ταῦτα ἀλλ' ὡς τέκνα μου

---

[1] **6** {B} γέγραπται 𝔓⁴⁶ 01* 02 03 06* 012 0289ᵛⁱᵈ 81 1175 1739 1881 latᵛˡ⁻ᵖᵗ, ᵛᵍ co ∥ γέγραπται φρονεῖν 01² 04ᵛⁱᵈ 06² 025 33 365 1506 2464 *Byz* latᵛˡ⁻ᵖᵗ

ἀγαπητὰ νουθετῶ[ν]. **15** ἐὰν γὰρ μυρίους παιδαγωγοὺς ἔχητε ἐν Χριστῷ ἀλλ᾽ οὐ πολλοὺς πατέρας· ἐν γὰρ Χριστῷ Ἰησοῦ διὰ τοῦ εὐαγγελίου ἐγὼ ὑμᾶς ἐγέννησα. **16** παρακαλῶ οὖν ὑμᾶς, μιμηταί μου γίνεσθε. **17** Διὰ τοῦτο ἔπεμψα ὑμῖν Τιμόθεον, ὅς ἐστίν μου τέκνον ἀγαπητὸν καὶ πιστὸν ἐν κυρίῳ, ὅς ὑμᾶς ἀναμνήσει τὰς ὁδούς μου τὰς ἐν Χριστῷ [Ἰησοῦ]², καθὼς πανταχοῦ ἐν πάσῃ ἐκκλησίᾳ διδάσκω. **18** ὡς μὴ ἐρχομένου δέ μου πρὸς ὑμᾶς ἐφυσιώθησάν τινες· **19** ἐλεύσομαι δὲ ταχέως πρὸς ὑμᾶς ἐὰν ὁ κύριος θελήσῃ, καὶ γνώσομαι οὐ τὸν λόγον τῶν πεφυσιωμένων ἀλλὰ τὴν δύναμιν· **20** οὐ γὰρ ἐν λόγῳ ἡ βασιλεία τοῦ θεοῦ ἀλλ᾽ ἐν δυνάμει. **21** τί θέλετε; ἐν ῥάβδῳ ἔλθω πρὸς ὑμᾶς ἢ ἐν ἀγάπῃ πνεύματί τε πραΰτητος;

Judgment against Immorality

5 Ὅλως ἀκούεται ἐν ὑμῖν πορνεία, καὶ τοιαύτη πορνεία ἥτις οὐδὲ ἐν τοῖς ἔθνεσιν, ὥστε γυναῖκά τινα τοῦ πατρὸς ἔχειν. **2** καὶ ὑμεῖς πεφυσιωμένοι ἐστὲ καὶ οὐχὶ μᾶλλον ἐπενθήσατε, ἵνα ἀρθῇ ἐκ μέσου ὑμῶν ὁ τὸ ἔργον τοῦτο πράξας; **3** ἐγὼ μὲν γάρ, ἀπὼν τῷ σώματι παρὼν δὲ τῷ πνεύματι, ἤδη κέκρικα ὡς παρὼν τὸν οὕτως τοῦτο κατεργασάμενον· **4** ἐν τῷ ὀνόματι τοῦ κυρίου [ἡμῶν] Ἰησοῦ¹ συναχθέντων ὑμῶν καὶ τοῦ ἐμοῦ πνεύματος σὺν τῇ δυνάμει τοῦ κυρίου ἡμῶν Ἰησοῦ, **5** παραδοῦναι τὸν τοιοῦτον τῷ σατανᾷ εἰς ὄλεθρον τῆς σαρκός, ἵνα τὸ πνεῦμα σωθῇ ἐν τῇ ἡμέρᾳ τοῦ κυρίου². **6** οὐ καλὸν τὸ καύ-

---

²**17** {C} Χριστῷ Ἰησοῦ 𝔓⁴⁶ 01 04 06¹ 6 33 81 1175 1739 1881 1962 2464 lat^(vl-pt, vg-mss) sy^h co^bo eth^TH Chrysostom^lem ∥ Χριστῷ 02 03 06² 025 0150 256 365 1573 2127 Byz lat^(vl-pt, vg) sy^p co^sa eth^pp Origen^lem Chrysostom ∥ κυρίῳ Ἰησοῦ 06* 012 (263 omit Ἰησοῦ) lat^(vl-pt) co^(bo-ms)

¹**4** {C} ἡμῶν Ἰησοῦ 03 06* 1175 1739 lat^(vl-pt) ∥ Ἰησοῦ 02 ∥ Ἰησοῦ Χριστοῦ 01 lat^(vl-pt) ∥ ἡμῶν Ἰησοῦ Χριστοῦ 𝔓⁴⁶ 06² 012 025 0150 6 33 (81) 256 263 365 1573 1881 1962 2127 2464 Byz lat^(vl-pt, vg) sy^(p, h with *) co eth Marcion^(acc. to Adamantius) Basil Chrysostom

²**5** {B} κυρίου 𝔓⁴⁶ 03 1739 Marcion^(acc. to Tertullian) Tertullian Origen^(gr-pt, lat-pt) Chrysostom^mss ∥ κυρίου Ἰησοῦ 𝔓^(61vid) 01 6 81 1175 2464 Byz lat^vg Origen^(lat-pt) Basil Chrysostom^pt ∥ κυρίου Ἰησοῦ Χριστοῦ 06 lat^(vl-pt) Origen^(gr-pt) ∥ κυρίου ἡμῶν Ἰησοῦ Χριστοῦ 02 012 025 0150 33 256^vid 263 365 1573 1881 1962 2127 lat^(vl-pt, vg-mss) sy^(p, h with *) co (eth) Origen^(lat-pt) Chrysostom^pt

χημα ὑμῶν. οὐκ οἴδατε ὅτι μικρὰ ζύμη ὅλον τὸ φύραμα ζυμοῖ; 7 ἐκκαθάρατε τὴν παλαιὰν ζύμην, ἵνα ἦτε νέον φύραμα, καθώς ἐστε ἄζυμοι· καὶ γὰρ τὸ πάσχα ἡμῶν ἐτύθη Χριστός. 8 ὥστε ἑορτάζωμεν μὴ ἐν ζύμῃ παλαιᾷ μηδὲ ἐν ζύμῃ κακίας καὶ πονηρίας ἀλλ᾽ ἐν ἀζύμοις εἰλικρινείας καὶ ἀληθείας. 9 ἔγραψα ὑμῖν ἐν τῇ ἐπιστολῇ μὴ συναναμίγνυσθαι πόρνοις, 10 οὐ πάντως τοῖς πόρνοις τοῦ κόσμου τούτου ἢ τοῖς πλεονέκταις καὶ ἅρπαξιν ἢ εἰδωλολάτραις, ἐπεὶ ὠφείλετε ἄρα ἐκ τοῦ κόσμου ἐξελθεῖν. 11 νῦν δὲ ἔγραψα ὑμῖν μὴ συναναμίγνυσθαι ἐάν τις ἀδελφὸς ὀνομαζόμενος ᾖ πόρνος ἢ πλεονέκτης ἢ εἰδωλολάτρης ἢ λοίδορος ἢ μέθυσος ἢ ἅρπαξ, τῷ τοιούτῳ μηδὲ συνεσθίειν. 12 τί γάρ μοι τοὺς ἔξω κρίνειν; οὐχὶ τοὺς ἔσω ὑμεῖς κρίνετε; 13 τοὺς δὲ ἔξω ὁ θεὸς κρινεῖ. *ἐξάρατε τὸν πονηρὸν ἐξ ὑμῶν αὐτῶν.* Dt 17.7

Lawsuits among Unbelievers

6 Τολμᾷ τις ὑμῶν πρᾶγμα ἔχων πρὸς τὸν ἕτερον κρίνεσθαι ἐπὶ τῶν ἀδίκων καὶ οὐχὶ ἐπὶ τῶν ἁγίων; 2 ἢ οὐκ οἴδατε ὅτι οἱ ἅγιοι τὸν κόσμον κρινοῦσιν; καὶ εἰ ἐν ὑμῖν κρίνεται ὁ κόσμος, ἀνάξιοί ἐστε κριτηρίων ἐλαχίστων; 3 οὐκ οἴδατε ὅτι ἀγγέλους κρινοῦμεν, μήτι γε βιωτικά; 4 βιωτικὰ μὲν οὖν κριτήρια ἐὰν ἔχητε, τοὺς ἐξουθενημένους ἐν τῇ ἐκκλησίᾳ, τούτους καθίζετε; 5 πρὸς ἐντροπὴν ὑμῖν λέγω. οὕτως οὐκ ἔνι ἐν ὑμῖν οὐδεὶς σοφός, ὃς δυνήσεται διακρῖναι ἀνὰ μέσον τοῦ ἀδελφοῦ αὐτοῦ; 6 ἀλλ᾽ ἀδελφὸς μετὰ ἀδελφοῦ κρίνεται καὶ τοῦτο ἐπὶ ἀπίστων; 7 ἤδη μὲν [οὖν] ὅλως ἥττημα ὑμῖν ἐστιν ὅτι κρίματα ἔχετε μεθ᾽ ἑαυτῶν. διὰ τί οὐχὶ μᾶλλον ἀδικεῖσθε; διὰ τί οὐχὶ μᾶλλον ἀποστερεῖσθε; 8 ἀλλ᾽ ὑμεῖς ἀδικεῖτε καὶ ἀποστερεῖτε, καὶ τοῦτο ἀδελφούς. 9 ἢ οὐκ οἴδατε ὅτι ἄδικοι θεοῦ βασιλείαν οὐ κληρονομήσουσιν; μὴ πλανᾶσθε· οὔτε πόρνοι οὔτε εἰδωλολάτραι οὔτε μοιχοὶ οὔτε μαλακοὶ οὔτε ἀρσενοκοῖται 10 οὔτε κλέπται οὔτε πλεονέκται, οὐ μέθυσοι, οὐ λοίδοροι, οὐχ ἅρπαγες βασιλείαν θεοῦ κληρονομήσουσιν. 11 καὶ ταῦτά τινες ἦτε· ἀλλ᾽

ἀπελούσασθε, ἀλλ' ἡγιάσθητε, ἀλλ' ἐδικαιώθητε ἐν τῷ ὀνόματι τοῦ κυρίου Ἰησοῦ Χριστοῦ[1] καὶ ἐν τῷ πνεύματι τοῦ θεοῦ ἡμῶν.

Glorify God in Your Body

12 Πάντα μοι ἔξεστιν ἀλλ' οὐ πάντα συμφέρει· πάντα μοι ἔξεστιν ἀλλ' οὐκ ἐγὼ ἐξουσιασθήσομαι ὑπό τινος. **13** τὰ βρώματα τῇ κοιλίᾳ καὶ ἡ κοιλία τοῖς βρώμασιν, ὁ δὲ θεὸς καὶ ταύτην καὶ ταῦτα καταργήσει. τὸ δὲ σῶμα οὐ τῇ πορνείᾳ ἀλλὰ τῷ κυρίῳ, καὶ ὁ κύριος τῷ σώματι· **14** ὁ δὲ θεὸς καὶ τὸν κύριον ἤγειρεν καὶ ἡμᾶς ἐξεγερεῖ[2] διὰ τῆς δυνάμεως αὐτοῦ. **15** οὐκ οἴδατε ὅτι τὰ σώματα ὑμῶν μέλη Χριστοῦ ἐστιν; ἄρας οὖν τὰ μέλη τοῦ Χριστοῦ ποιήσω πόρνης μέλη; μὴ γένοιτο. **16** [ἢ] οὐκ οἴδατε ὅτι ὁ κολλώμενος τῇ πόρνῃ ἓν σῶμά ἐστιν; *ἔσονται γάρ, φησίν, οἱ δύο εἰς σάρκα μίαν.* **17** ὁ δὲ κολλώμενος τῷ κυρίῳ ἓν πνεῦμά ἐστιν. **18** φεύγετε τὴν πορνείαν. πᾶν ἁμάρτημα ὃ ἐὰν ποιήσῃ ἄνθρωπος ἐκτὸς τοῦ σώματός ἐστιν· ὁ δὲ πορνεύων εἰς τὸ ἴδιον σῶμα ἁμαρτάνει. **19** ἢ οὐκ οἴδατε ὅτι τὸ σῶμα ὑμῶν ναὸς τοῦ ἐν ὑμῖν ἁγίου πνεύματός ἐστιν οὗ ἔχετε ἀπὸ θεοῦ, καὶ οὐκ ἐστὲ ἑαυτῶν; **20** ἠγοράσθητε γὰρ τιμῆς· δοξάσατε δὴ τὸν θεὸν ἐν τῷ σώματι ὑμῶν[3].

Gn 2.24

Directions concerning Marriage

7 Περὶ δὲ ὧν ἐγράψατε, καλὸν ἀνθρώπῳ γυναικὸς μὴ ἅπτεσθαι· **2** διὰ δὲ τὰς πορνείας ἕκαστος τὴν ἑαυτοῦ γυναῖκα ἐχέτω καὶ ἑκάστη τὸν ἴδιον ἄνδρα ἐχέτω. **3** τῇ γυναικὶ ὁ ἀνὴρ

---

[1] **11** {C} Ἰησοῦ Χριστοῦ 𝔓[11vid] 𝔓[46] 01 06* lat[vl-pt] Irenaeus[lat-pt] Tertullian Basil[pt] Chrysostom[pt] Cyril ∥ Ἰησοῦ 02 06[2] 0150 6 *Byz* ∥ ἡμῶν Ἰησοῦ Χριστοῦ 03 04[vid] 025 33 81 256 263 365 1175 1573 1739 1881 1962 2127 2464 lat[vl-pt, vg] sy[p, h with *] co[bo] eth Origen[lat] Athanasius Basil[pt] Chrysostom[pt] ∥ ἡμῶν (co[sa] *add* Ἰησοῦ) Irenaeus[lat-pt]
[2] **14** {B} ἐξεγερεῖ 𝔓[46c1] 01 04 06[2] 33 81 256 263 365 1175 1573 1881 1962 2127 2464 *Byz* lat[vl-pt, vg] co eth Marcion[acc. to Tertullian] Irenaeus[lat] Tertullian Chrysostom Cyril ∥ ἐξήγειρεν 𝔓[46c2] 03 6 1739 lat[vl-pt, vg-mss] Origen[acc. to 1739] ∥ ἐξεγείρει 𝔓[11] 𝔓[46*] 02 06* 025 0150 lat[vl-pt]
[3] **20** {A} ὑμῶν 𝔓[46] 01 02 03 04* 06* 012 6* 33 81 1175 1739* 1962 lat co eth Irenaeus[lat] Tertullian Origen Cyril ∥ ὑμῶν καὶ ἐν τῷ πνεύματι ὑμῶν 2464 ∥ ὑμῶν καὶ ἐν τῷ πνεύματι ὑμῶν, ἅτινά ἐστιν τοῦ θεοῦ 04[3] 06[2] 025 0150 6[c] 256 263 365 (1881 ἡμῶν *for first* ὑμῶν) 1573 1739[c] 2127 *Byz* sy Chrysostom[pt]

τὴν ὀφειλὴν ἀποδιδότω, ὁμοίως δὲ καὶ ἡ γυνὴ τῷ ἀνδρί. **4** ἡ γυνὴ τοῦ ἰδίου σώματος οὐκ ἐξουσιάζει ἀλλ' ὁ ἀνήρ, ὁμοίως δὲ καὶ ὁ ἀνὴρ τοῦ ἰδίου σώματος οὐκ ἐξουσιάζει ἀλλ' ἡ γυνή. **5** μὴ ἀποστερεῖτε ἀλλήλους, εἰ μήτι ἂν ἐκ συμφώνου πρὸς καιρόν, ἵνα σχολάσητε τῇ προσευχῇ[1] καὶ πάλιν ἐπὶ τὸ αὐτὸ ἦτε, ἵνα μὴ πειράζῃ ὑμᾶς ὁ σατανᾶς διὰ τὴν ἀκρασίαν ὑμῶν. **6** τοῦτο δὲ λέγω κατὰ συγγνώμην οὐ κατ' ἐπιταγήν. **7** θέλω δὲ[2] πάντας ἀνθρώπους εἶναι ὡς καὶ ἐμαυτόν· ἀλλ' ἕκαστος ἴδιον ἔχει χάρισμα ἐκ θεοῦ, ὁ μὲν οὕτως, ὁ δὲ οὕτως.

8 Λέγω δὲ τοῖς ἀγάμοις καὶ ταῖς χήραις, καλὸν αὐτοῖς ἐὰν μείνωσιν ὡς κἀγώ· **9** εἰ δὲ οὐκ ἐγκρατεύονται, γαμησάτωσαν, κρεῖττον γάρ ἐστιν γαμῆσαι ἢ πυροῦσθαι. **10** τοῖς δὲ γεγαμηκόσιν παραγγέλλω, οὐκ ἐγὼ ἀλλ' ὁ κύριος, γυναῖκα ἀπὸ ἀνδρὸς μὴ χωρισθῆναι, **11** – ἐὰν δὲ καὶ χωρισθῇ, μενέτω ἄγαμος ἢ τῷ ἀνδρὶ καταλλαγήτω, – καὶ ἄνδρα γυναῖκα μὴ ἀφιέναι. **12** τοῖς δὲ λοιποῖς λέγω ἐγὼ οὐχ ὁ κύριος· εἴ τις ἀδελφὸς γυναῖκα ἔχει ἄπιστον καὶ αὕτη συνευδοκεῖ οἰκεῖν μετ' αὐτοῦ, μὴ ἀφιέτω αὐτήν· **13** καὶ γυνὴ εἴ τις ἔχει ἄνδρα ἄπιστον καὶ οὗτος συνευδοκεῖ οἰκεῖν μετ' αὐτῆς, μὴ ἀφιέτω τὸν ἄνδρα. **14** ἡγίασται γὰρ ὁ ἀνὴρ ὁ ἄπιστος ἐν τῇ γυναικὶ καὶ ἡγίασται ἡ γυνὴ ἡ ἄπιστος ἐν τῷ ἀδελφῷ[3]· ἐπεὶ ἄρα τὰ τέκνα ὑμῶν ἀκάθαρτά ἐστιν, νῦν δὲ ἅγιά ἐστιν. **15** εἰ δὲ ὁ ἄπιστος χωρίζεται, χωριζέσθω· οὐ δεδούλωται ὁ ἀδελφὸς ἢ ἡ ἀδελφὴ ἐν τοῖς τοιούτοις· ἐν δὲ εἰρήνῃ κέκληκεν ὑμᾶς[4] ὁ θεός. **16** τί γὰρ οἶδας, γύναι, εἰ τὸν ἄνδρα σώσεις; ἢ τί οἶδας, ἄνερ, εἰ τὴν γυναῖκα σώσεις;

---

[1] **5** {A} τῇ προσευχῇ $\mathfrak{P}^{11vid}$ $\mathfrak{P}^{46}$ 01* 02 03 04 06 012 025 6 33 81 263 1175 1739 1881 1962 2464 lat co eth Clement Tertullian Origen$^{gr, lat-pt}$ ∥ τῇ νηστείᾳ καὶ τῇ προσευχῇ (see Mk 9.29 v. r.) 01² 0150 256 365 1573 2127 Byz sy (Origen^{lat-pt}) Chrysostom

[2] **7** {B} δέ $\mathfrak{P}^{46}$ 01* 02 04 06* 012 0150 81 1962 2464 lat co^{bo} Tertullian Origen Chrysostom^{pt} Cyril^{pt} ∥ γάρ 01² 03 06¹ 025 6 256 263 365 1175 1573 1739 1881 2127 Byz sy co^{sa} eth Chrysostom^{pt} Cyril^{pt}

[3] **14** {A} ἀδελφῷ $\mathfrak{P}^{46}$ 01* 02 03 04 06* 012 025 33 1175 1739 1962 lat^{vl-pt} co ∥ ἀνδρί 01² 06² 0150 6 81 256 263 365 1573 1881 2127 2464 Byz sy^h eth Chrysostom Cyril ∥ ἀνδρὶ τῷ πιστῷ 629 lat$^{vl-pt, vg}$ sy^p Irenaeus^{lat} Tertullian

[4] **15** {C} ὑμᾶς 01* 02 04 018 0150 81 1175 2127 co^{bo} ∥ ἡμᾶς $\mathfrak{P}^{46}$ 01² 03 06 012 6 33 256 263 365 1573 1739 1881 1962 2464 Byz lat sy co$^{sa, fa}$ eth^{pp} Tertullian Basil Chrysostom Cyril

The Life the Lord Has Assigned

17 Εἰ μὴ ἑκάστῳ ὡς ἐμέρισεν ὁ κύριος, ἕκαστον ὡς κέκληκεν ὁ θεός, οὕτως περιπατείτω. καὶ οὕτως ἐν ταῖς ἐκκλησίαις πάσαις διατάσσομαι. **18** περιτετμημένος τις ἐκλήθη, μὴ ἐπισπάσθω· ἐν ἀκροβυστίᾳ κέκληταί τις, μὴ περιτεμνέσθω. **19** ἡ περιτομὴ οὐδέν ἐστιν καὶ ἡ ἀκροβυστία οὐδέν ἐστιν, ἀλλὰ τήρησις ἐντολῶν θεοῦ. **20** ἕκαστος ἐν τῇ κλήσει ᾗ ἐκλήθη, ἐν ταύτῃ μενέτω. **21** δοῦλος ἐκλήθης, μή σοι μελέτω· ἀλλ᾽ εἰ καὶ δύνασαι ἐλεύθερος γενέσθαι, μᾶλλον χρῆσαι. **22** ὁ γὰρ ἐν κυρίῳ κληθεὶς δοῦλος ἀπελεύθερος κυρίου ἐστίν, ὁμοίως ὁ ἐλεύθερος κληθεὶς δοῦλός ἐστιν Χριστοῦ. **23** τιμῆς ἠγοράσθητε· μὴ γίνεσθε δοῦλοι ἀνθρώπων. **24** ἕκαστος ἐν ᾧ ἐκλήθη, ἀδελφοί, ἐν τούτῳ μενέτω παρὰ θεῷ.

The Unmarried and Widows

25 Περὶ δὲ τῶν παρθένων ἐπιταγὴν κυρίου οὐκ ἔχω, γνώμην δὲ δίδωμι ὡς ἠλεημένος ὑπὸ κυρίου πιστὸς εἶναι. **26** νομίζω οὖν τοῦτο καλὸν ὑπάρχειν διὰ τὴν ἐνεστῶσαν ἀνάγκην, ὅτι καλὸν ἀνθρώπῳ τὸ οὕτως εἶναι. **27** δέδεσαι γυναικί, μὴ ζήτει λύσιν· λέλυσαι ἀπὸ γυναικός, μὴ ζήτει γυναῖκα. **28** ἐὰν δὲ καὶ γαμήσῃς, οὐχ ἥμαρτες, καὶ ἐὰν γήμῃ ἡ παρθένος, οὐχ ἥμαρτεν· θλῖψιν δὲ τῇ σαρκὶ ἕξουσιν οἱ τοιοῦτοι, ἐγὼ δὲ ὑμῶν φείδομαι. **29** τοῦτο δέ φημι, ἀδελφοί, ὁ καιρὸς συνεσταλμένος ἐστίν· τὸ λοιπόν, ἵνα καὶ οἱ ἔχοντες γυναῖκας ὡς μὴ ἔχοντες ὦσιν **30** καὶ οἱ κλαίοντες ὡς μὴ κλαίοντες καὶ οἱ χαίροντες ὡς μὴ χαίροντες καὶ οἱ ἀγοράζοντες ὡς μὴ κατέχοντες, **31** καὶ οἱ χρώμενοι τὸν κόσμον ὡς μὴ καταχρώμενοι· παράγει γὰρ τὸ σχῆμα τοῦ κόσμου τούτου. **32** θέλω δὲ ὑμᾶς ἀμερίμνους εἶναι. ὁ ἄγαμος μεριμνᾷ τὰ τοῦ κυρίου, πῶς ἀρέσῃ τῷ κυρίῳ· **33** ὁ δὲ γαμήσας μεριμνᾷ τὰ τοῦ κόσμου, πῶς ἀρέσῃ τῇ γυναικί, **34** καὶ μεμέρισται. καὶ ἡ γυνὴ ἡ ἄγαμος καὶ ἡ παρθένος[5] μεριμνᾷ τὰ τοῦ

---

[5] **34** {D} καὶ μεμέρισται. καὶ ἡ γυνὴ ἡ ἄγαμος καὶ ἡ παρθένος 𝔓[15] 03 025 256 263 365 (1175 *omit third* ἡ) 1573 1962 lat[vg] co[sa, bo-pt] Eusebius // καὶ μεμέρισται. καὶ ἡ γυνὴ ἡ ἄγαμος καὶ ἡ παρθένος ἡ ἄγαμος 𝔓[46] 01 02 (6 *omit second* ἡ *and add* καὶ *after* παρθένος) 33 81 1739 1881 (sy[h]) eth Origen[acc. to 1739] // καὶ μεμέρισται ἡ γυνή. καὶ ἡ παρθένος ἡ ἄγαμος 06* (2127 *transpose* ἡ ἄγαμος *after* γυνή) (2464*[vid] ἡ

κυρίου, ἵνα ᾖ ἁγία καὶ τῷ σώματι καὶ τῷ πνεύματι· ἡ δὲ γαμήσασα μεριμνᾷ τὰ τοῦ κόσμου, πῶς ἀρέσῃ τῷ ἀνδρί. **35** τοῦτο δὲ πρὸς τὸ ὑμῶν αὐτῶν σύμφορον λέγω, οὐχ ἵνα βρόχον ὑμῖν ἐπιβάλω ἀλλὰ πρὸς τὸ εὔσχημον καὶ εὐπάρεδρον τῷ κυρίῳ ἀπερισπάστως. **36** εἰ δέ τις ἀσχημονεῖν ἐπὶ τὴν παρθένον αὐτοῦ νομίζει, ἐὰν ᾖ ὑπέρακμος καὶ οὕτως ὀφείλει γίνεσθαι, ὃ θέλει ποιείτω, οὐχ ἁμαρτάνει, γαμείτωσαν. **37** ὃς δὲ ἕστηκεν ἐν τῇ καρδίᾳ αὐτοῦ ἑδραῖος μὴ ἔχων ἀνάγκην, ἐξουσίαν δὲ ἔχει περὶ τοῦ ἰδίου θελήματος καὶ τοῦτο κέκρικεν ἐν τῇ ἰδίᾳ καρδίᾳ, τηρεῖν τὴν ἑαυτοῦ παρθένον, καλῶς ποιήσει. **38** ὥστε καὶ ὁ γαμίζων[6] τὴν ἑαυτοῦ παρθένον καλῶς ποιεῖ καὶ ὁ μὴ γαμίζων[6] κρεῖσσον ποιήσει. **39** γυνὴ δέδεται ἐφ' ὅσον χρόνον ζῇ ὁ ἀνὴρ αὐτῆς· ἐὰν δὲ κοιμηθῇ ὁ ἀνήρ, ἐλευθέρα ἐστὶν ᾧ θέλει γαμηθῆναι, μόνον ἐν κυρίῳ. **40** μακαριωτέρα δέ ἐστιν ἐὰν οὕτως μείνῃ, κατὰ τὴν ἐμὴν γνώμην· δοκῶ δὲ κἀγὼ πνεῦμα θεοῦ ἔχειν.

Food Offered to Idols

8 Περὶ δὲ τῶν εἰδωλοθύτων, οἴδαμεν ὅτι πάντες γνῶσιν ἔχομεν. ἡ γνῶσις φυσιοῖ, ἡ δὲ ἀγάπη οἰκοδομεῖ· **2** εἴ τις δοκεῖ ἐγνωκέναι τι, οὔπω ἔγνω καθὼς δεῖ γνῶναι· **3** εἰ δέ τις ἀγαπᾷ τὸν θεόν[1], οὗτος ἔγνωσται ὑπ' αὐτοῦ[1]. **4** περὶ τῆς βρώσεως οὖν τῶν εἰδωλοθύτων, οἴδαμεν ὅτι οὐδὲν εἴδωλον ἐν κόσμῳ καὶ ὅτι οὐδεὶς θεὸς εἰ μὴ εἷς. **5** καὶ γὰρ εἴπερ εἰσὶν λεγόμενοι θεοὶ εἴτε ἐν οὐρανῷ εἴτε ἐπὶ γῆς, ὥσπερ εἰσὶν θεοὶ πολλοὶ καὶ κύριοι πολλοί,

---

ἄγαμος ἡ παρθένος, 2464ᶜ ἡ παρθένος, ἡ παρθένος) lat^{vl-pt} ∥ μεμέρισται ἡ γυνὴ καὶ ἡ παρθένος ἡ ἄγαμος *TR Lect*^{pt} lat^{vl-pt} (sy^p) Tertullian ∥ μεμέρισται καὶ ἡ γυνὴ καὶ ἡ παρθένος ἡ ἄγαμος 06² 012 0150 *Byz Lect*^{pt} lat^{vl-pt} Basil (Chrysostom) ∥ [...] παρθένος ἡ ἄγαμος 𝔓¹²⁹

⁶**38** {B} γαμίζων ... γαμίζων 𝔓¹⁵ᵛⁱᵈ 𝔓⁴⁶ 01* 02 03 06 (012) 33 81 1175 1739 1881 lat^{vl-pt, vg} Clement ∥ ἐκγαμίζων ... ἐκγαμίζων 025 2464 *Byz* lat^{vl-pt} ∥ γαμίζων ... ἐκγαμίζων 01² 365

¹**3** {B} τὸν θεόν ... ὑπ' αὐτοῦ 𝔓¹⁵ 01² 02 03 06 012 025 0150ᵛⁱᵈ 0278 6 81 256 263 365 1175 1573 1739 1881 1962 2464 *Byz* lat sy co Chrysostom ∥ τὸν θεόν ... *omit* 01* 33 eth ∥ *omit* ... *omit* 𝔓⁴⁶ Clement

6 ἀλλ᾽ ἡμῖν εἷς θεὸς ὁ πατὴρ
ἐξ οὗ τὰ πάντα καὶ ἡμεῖς εἰς αὐτόν,
καὶ εἷς κύριος Ἰησοῦς Χριστὸς
δι᾽ οὗ τὰ πάντα καὶ ἡμεῖς δι᾽ αὐτοῦ.

7 Ἀλλ᾽ οὐκ ἐν πᾶσιν ἡ γνῶσις· τινὲς δὲ τῇ συνηθείᾳ[2] ἕως ἄρτι τοῦ εἰδώλου ὡς εἰδωλόθυτον ἐσθίουσιν, καὶ ἡ συνείδησις αὐτῶν ἀσθενὴς οὖσα μολύνεται. **8** βρῶμα δὲ ἡμᾶς οὐ παραστήσει τῷ θεῷ· οὔτε ἐὰν μὴ φάγωμεν ὑστερούμεθα, οὔτε ἐὰν φάγωμεν περισσεύομεν. **9** βλέπετε δὲ μή πως ἡ ἐξουσία ὑμῶν αὕτη πρόσκομμα γένηται τοῖς ἀσθενέσιν. **10** ἐὰν γάρ τις ἴδῃ σὲ τὸν ἔχοντα γνῶσιν ἐν εἰδωλείῳ κατακείμενον, οὐχὶ ἡ συνείδησις αὐτοῦ ἀσθενοῦς ὄντος οἰκοδομηθήσεται εἰς τὸ τὰ εἰδωλόθυτα ἐσθίειν; **11** ἀπόλλυται γὰρ ὁ ἀσθενῶν ἐν τῇ σῇ γνώσει, ὁ ἀδελφὸς δι᾽ ὃν Χριστὸς ἀπέθανεν. **12** οὕτως δὲ ἁμαρτάνοντες εἰς τοὺς ἀδελφοὺς καὶ τύπτοντες αὐτῶν τὴν συνείδησιν ἀσθενοῦσαν εἰς Χριστὸν ἁμαρτάνετε. **13** διόπερ εἰ βρῶμα σκανδαλίζει τὸν ἀδελφόν μου, οὐ μὴ φάγω κρέα εἰς τὸν αἰῶνα, ἵνα μὴ τὸν ἀδελφόν μου σκανδαλίσω.

The Rights of an Apostle

9 Οὐκ εἰμὶ ἐλεύθερος; οὐκ εἰμὶ ἀπόστολος; οὐχὶ Ἰησοῦν τὸν κύριον ἡμῶν ἑόρακα; οὐ τὸ ἔργον μου ὑμεῖς ἐστε ἐν κυρίῳ; **2** εἰ ἄλλοις οὐκ εἰμὶ ἀπόστολος, ἀλλά γε ὑμῖν εἰμι· ἡ γὰρ σφραγίς μου τῆς ἀποστολῆς ὑμεῖς ἐστε ἐν κυρίῳ. **3** ἡ ἐμὴ ἀπολογία τοῖς ἐμὲ ἀνακρίνουσίν ἐστιν αὕτη. **4** μὴ οὐκ ἔχομεν ἐξουσίαν φαγεῖν καὶ πιεῖν; **5** μὴ οὐκ ἔχομεν ἐξουσίαν ἀδελφὴν γυναῖκα περιάγειν ὡς καὶ οἱ λοιποὶ ἀπόστολοι καὶ οἱ ἀδελφοὶ τοῦ κυρίου καὶ Κηφᾶς; **6** ἢ μόνος ἐγὼ καὶ Βαρναβᾶς οὐκ ἔχομεν ἐξουσίαν μὴ ἐργάζεσθαι; **7** τίς στρατεύεται ἰδίοις ὀψωνίοις ποτέ; τίς φυτεύει ἀμπελῶνα καὶ τὸν καρπὸν αὐτοῦ οὐκ ἐσθίει; ἢ τίς ποιμαίνει ποίμνην καὶ ἐκ τοῦ γάλακτος τῆς ποίμνης οὐκ ἐσθίει; **8** μὴ κατὰ ἄνθρωπον ταῦτα λαλῶ ἢ καὶ ὁ νόμος ταῦτα οὐ λέγει; **9** ἐν γὰρ τῷ Μωϋσέως νόμῳ γέγραπται· *οὐ κημώσεις*

---

[2]7 {A} συνηθείᾳ 01* 02 03 025 0150 6 33 81 1739 1881 1962 sy^hmg co eth ∥ συνειδήσει 01² 06 012 256 263 365 1175 1573 2127 2464 *Byz* lat sy Basil Chrysostom

βοῦν ἀλοῶντα. μὴ τῶν βοῶν μέλει τῷ θεῷ **10** ἢ δι᾽ ἡμᾶς πάντως
λέγει; δι᾽ ἡμᾶς γὰρ ἐγράφη ὅτι ὀφείλει ἐπ᾽ ἐλπίδι ὁ ἀροτριῶν *Source*
ἀροτριᾶν καὶ ὁ ἀλοῶν ἐπ᾽ ἐλπίδι τοῦ μετέχειν. **11** εἰ ἡμεῖς ὑμῖν *unclear*
τὰ πνευματικὰ ἐσπείραμεν, μέγα εἰ ἡμεῖς ὑμῶν τὰ σαρκικὰ θερί-
σομεν; **12** εἰ ἄλλοι τῆς ὑμῶν ἐξουσίας μετέχουσιν, οὐ μᾶλλον
ἡμεῖς; ἀλλ᾽ οὐκ ἐχρησάμεθα τῇ ἐξουσίᾳ ταύτῃ, ἀλλὰ πάντα στέ-
γομεν, ἵνα μή τινα ἐγκοπὴν δῶμεν τῷ εὐαγγελίῳ τοῦ Χριστοῦ.
13 οὐκ οἴδατε ὅτι οἱ τὰ ἱερὰ ἐργαζόμενοι [τὰ] ἐκ τοῦ ἱεροῦ ἐσθί-
ουσιν, οἱ τῷ θυσιαστηρίῳ παρεδρεύοντες τῷ θυσιαστηρίῳ συμ-
μερίζονται; **14** οὕτως καὶ ὁ κύριος διέταξεν τοῖς τὸ εὐαγγέλιον
καταγγέλλουσιν ἐκ τοῦ εὐαγγελίου ζῆν. **15** ἐγὼ δὲ οὐ κέχρη-
μαι οὐδενὶ τούτων. οὐκ ἔγραψα δὲ ταῦτα, ἵνα οὕτως γένηται
ἐν ἐμοί· καλὸν γάρ μοι μᾶλλον ἀποθανεῖν ἤ – τὸ καύχημά μου
οὐδεὶς κενώσει[1]. **16** ἐὰν γὰρ εὐαγγελίζωμαι, οὐκ ἔστιν μοι καύ-
χημα· ἀνάγκη γάρ μοι ἐπίκειται· οὐαὶ γάρ μοί ἐστιν ἐὰν μὴ εὐ-
αγγελίσωμαι. **17** εἰ γὰρ ἑκὼν τοῦτο πράσσω, μισθὸν ἔχω· εἰ δὲ
ἄκων, οἰκονομίαν πεπίστευμαι· **18** τίς οὖν μού ἐστιν ὁ μισθός;
ἵνα εὐαγγελιζόμενος ἀδάπανον θήσω τὸ εὐαγγέλιον εἰς τὸ μὴ
καταχρήσασθαι τῇ ἐξουσίᾳ μου ἐν τῷ εὐαγγελίῳ.

19 Ἐλεύθερος γὰρ ὢν ἐκ πάντων πᾶσιν ἐμαυτὸν ἐδούλωσα,
ἵνα τοὺς πλείονας κερδήσω· **20** καὶ ἐγενόμην τοῖς Ἰουδαίοις
ὡς Ἰουδαῖος, ἵνα Ἰουδαίους κερδήσω· τοῖς ὑπὸ νόμον ὡς ὑπὸ
νόμον, μὴ ὢν αὐτὸς ὑπὸ νόμον[2], ἵνα τοὺς ὑπὸ νόμον κερδήσω·
21 τοῖς ἀνόμοις ὡς ἄνομος, μὴ ὢν ἄνομος θεοῦ ἀλλ᾽ ἔννομος
Χριστοῦ, ἵνα κερδάνω τοὺς ἀνόμους· **22** ἐγενόμην τοῖς ἀσθε-
νέσιν ἀσθενής[3], ἵνα τοὺς ἀσθενεῖς κερδήσω· τοῖς πᾶσιν γέγονα

---

[1] **15** {B} οὐδεὶς κενώσει 𝔓⁴⁶ 01* 03 06* 33 1739 1881 lat^{vl-pt} Tertullian Gregory-Nyssa // οὐθεὶς μη κενώσῃ (02 καινώσει) 1175 // τίς κενώσει; 012 lat^{vl-pt}// ἵνα τις κενώσῃ 01² 04 06¹ 025 0150 6 81 256 263 365 1573 1962 2127 2464 *Byz* lat^{vl-pt, vg} sy^h Basil Chrysostom

[2] **20** {B} μὴ ὢν αὐτὸς ὑπὸ νόμον 01 02 03 04 06* 012 025 0150 6 33 256^c (256* *homoeoteleuton*) 263 365 1175 1573 1739 2127 lat sy^h co Origen^pt Chrysostom // omit 06² 1881 2464 *Byz* sy^p eth Origen^pt

[3] **22** {B} ἀσθενής 𝔓⁴⁶ 01* 02 03 1739 lat^{vl-pt, vg} // ὡς ἀσθενής 01² 04 06 012 025 028 33 81 365 1175 1881 2464 *Byz* lat^{vl-pt} sy co

πάντα, ἵνα πάντως τινὰς⁴ σώσω. **23** πάντα δὲ ποιῶ διὰ τὸ εὐαγγέλιον, ἵνα συγκοινωνὸς αὐτοῦ γένωμαι.

24 Οὐκ οἴδατε ὅτι οἱ ἐν σταδίῳ τρέχοντες πάντες μὲν τρέχουσιν, εἷς δὲ λαμβάνει τὸ βραβεῖον; οὕτως τρέχετε ἵνα καταλάβητε. **25** πᾶς δὲ ὁ ἀγωνιζόμενος πάντα ἐγκρατεύεται, ἐκεῖνοι μὲν οὖν ἵνα φθαρτὸν στέφανον λάβωσιν, ἡμεῖς δὲ ἄφθαρτον. **26** ἐγὼ τοίνυν οὕτως τρέχω ὡς οὐκ ἀδήλως, οὕτως πυκτεύω ὡς οὐκ ἀέρα δέρων· **27** ἀλλ᾽ ὑπωπιάζω μου τὸ σῶμα καὶ δουλαγωγῶ, μή πως ἄλλοις κηρύξας αὐτὸς ἀδόκιμος γένωμαι.

Warning against Idolatry

10 Οὐ θέλω γὰρ ὑμᾶς ἀγνοεῖν, ἀδελφοί, ὅτι οἱ πατέρες ἡμῶν πάντες ὑπὸ τὴν νεφέλην ἦσαν καὶ πάντες διὰ τῆς θαλάσσης διῆλθον **2** καὶ πάντες εἰς τὸν Μωϋσῆν ἐβαπτίσθησαν¹ ἐν τῇ νεφέλῃ καὶ ἐν τῇ θαλάσσῃ **3** καὶ πάντες τὸ αὐτὸ πνευματικὸν βρῶμα ἔφαγον **4** καὶ πάντες τὸ αὐτὸ πνευματικὸν ἔπιον πόμα· ἔπινον γὰρ ἐκ πνευματικῆς ἀκολουθούσης πέτρας, ἡ πέτρα δὲ ἦν ὁ Χριστός. **5** ἀλλ᾽ οὐκ ἐν τοῖς πλείοσιν αὐτῶν εὐδόκησεν ὁ θεός, κατεστρώθησαν γὰρ ἐν τῇ ἐρήμῳ. **6** ταῦτα δὲ τύποι ἡμῶν ἐγενήθησαν, εἰς τὸ μὴ εἶναι ἡμᾶς ἐπιθυμητὰς κακῶν, καθὼς κἀκεῖνοι ἐπεθύμησαν. **7** μηδὲ εἰδωλολάτραι γίνεσθε καθώς τινες αὐτῶν, ὥσπερ γέγραπται· *ἐκάθισεν ὁ λαὸς φαγεῖν καὶ πιεῖν καὶ ἀνέστησαν παίζειν*. **8** μηδὲ πορνεύωμεν, καθώς τινες αὐτῶν ἐπόρνευσαν καὶ ἔπεσαν μιᾷ ἡμέρᾳ εἴκοσι τρεῖς χιλιάδες. **9** μηδὲ ἐκπειράζωμεν τὸν Χριστόν², καθώς τινες αὐτῶν ἐπείρασαν καὶ ὑπὸ τῶν ὄφεων ἀπώλλυντο. **10** μηδὲ γογγύζετε, καθάπερ τινὲς αὐτῶν ἐγόγγυσαν καὶ ἀπώλοντο ὑπὸ τοῦ

---

⁴**22** {A} πάντως τινάς 𝔓⁴⁶ 01 02ᵛⁱᵈ 03 04 025 0150 6 81 256 (263 τινά) 365 1175 1573 1739 1881 2127 2464 *Byz* syʰ co Chrysostom Cyril ∥ πάντας 06 012 (33 τοὺς πάντας) lat syᵖ eth Marcionᵃᶜᶜ· ᵗᵒ ᵀᵉʳᵗᵘˡˡⁱᵃⁿ (Clementᵛⁱᵈ) Tertullian

¹**2** {D} ἐβαπτίσθησαν 01 02 04 06 012 33 81 256 263 365 1573 2127 2464 lat Marcionᵃᶜᶜ· ᵗᵒ ᴬᵈᵃᵐᵃⁿᵗⁱᵘˢ Basil Cyril ∥ ἐβαπτίσαντο 𝔓⁴⁶ᶜ (𝔓⁴⁶* ἐβαπτίζοντο) 03 025 0150 6 1175 1739 1881 *Byz* Origen Chrysostom

²**9** {B} Χριστόν 𝔓⁴⁶ 06 012 6 1739 1881 *Byz* lat sy co Irenaeusˡᵃᵗ Marcionᵃᶜᶜ· ᵗᵒ ᴱᵖⁱᵖʰᵃⁿⁱᵘˢ Origenᵃᶜᶜ· ᵗᵒ ¹⁷³⁹ Eusebius ∥ κύριον 01 03 04 025 0150 33 256 263 365 1175 1573 2127 2464 syʰᵐᵍ cpa ∥ θεόν 02 81

Ex 32.6

ὀλοθρευτοῦ. **11** ταῦτα δὲ τυπικῶς συνέβαινεν ἐκείνοις, ἐγράφη δὲ πρὸς νουθεσίαν ἡμῶν, εἰς οὓς τὰ τέλη τῶν αἰώνων κατήντηκεν. **12** ὥστε ὁ δοκῶν ἑστάναι βλεπέτω μὴ πέσῃ. **13** πειρασμὸς ὑμᾶς οὐκ εἴληφεν εἰ μὴ ἀνθρώπινος· πιστὸς δὲ ὁ θεός, ὃς οὐκ ἐάσει ὑμᾶς πειρασθῆναι ὑπὲρ ὃ δύνασθε ἀλλὰ ποιήσει σὺν τῷ πειρασμῷ καὶ τὴν ἔκβασιν τοῦ δύνασθαι ὑπενεγκεῖν.
14 Διόπερ, ἀγαπητοί μου, φεύγετε ἀπὸ τῆς εἰδωλολατρίας. **15** ὡς φρονίμοις λέγω· κρίνατε ὑμεῖς ὅ φημι. **16** τὸ ποτήριον τῆς εὐλογίας ὃ εὐλογοῦμεν, οὐχὶ κοινωνία ἐστὶν τοῦ αἵματος τοῦ Χριστοῦ; τὸν ἄρτον ὃν κλῶμεν, οὐχὶ κοινωνία τοῦ σώματος τοῦ Χριστοῦ ἐστιν; **17** ὅτι εἷς ἄρτος, ἓν σῶμα οἱ πολλοί ἐσμεν, οἱ γὰρ πάντες ἐκ τοῦ ἑνὸς ἄρτου μετέχομεν. **18** βλέπετε τὸν Ἰσραὴλ κατὰ σάρκα· οὐχ οἱ ἐσθίοντες τὰς θυσίας κοινωνοὶ τοῦ θυσιαστηρίου εἰσίν; **19** τί οὖν φημι; ὅτι εἰδωλόθυτόν τί ἐστιν ἢ ὅτι εἴδωλόν τί ἐστιν; **20** ἀλλ᾽ ὅτι ἃ θύουσιν, δαιμονίοις καὶ οὐ θεῷ θύουσιν[3]· οὐ θέλω δὲ ὑμᾶς κοινωνοὺς τῶν δαιμονίων γίνεσθαι. **21** οὐ δύνασθε ποτήριον κυρίου πίνειν καὶ ποτήριον δαιμονίων, οὐ δύνασθε τραπέζης κυρίου μετέχειν καὶ τραπέζης δαιμονίων. **22** ἢ παραζηλοῦμεν τὸν κύριον; μὴ ἰσχυρότεροι αὐτοῦ ἐσμεν;

Do All to the Glory of God

23 Πάντα ἔξεστιν ἀλλ᾽ οὐ πάντα συμφέρει· πάντα ἔξεστιν ἀλλ᾽ οὐ πάντα οἰκοδομεῖ. **24** μηδεὶς τὸ ἑαυτοῦ ζητείτω ἀλλὰ τὸ τοῦ ἑτέρου. **25** πᾶν τὸ ἐν μακέλλῳ πωλούμενον ἐσθίετε μηδὲν ἀνακρίνοντες διὰ τὴν συνείδησιν· **26** *τοῦ κυρίου γὰρ ἡ γῆ καὶ τὸ πλήρωμα αὐτῆς.* *Ps 24.1* **27** εἴ τις καλεῖ ὑμᾶς τῶν ἀπίστων καὶ θέλετε πορεύεσθαι, πᾶν τὸ παρατιθέμενον ὑμῖν ἐσθίετε μηδὲν ἀνακρίνοντες διὰ τὴν συνείδησιν. **28** ἐὰν δέ τις ὑμῖν εἴπῃ· τοῦτο ἱερόθυτόν ἐστιν, μὴ ἐσθίετε δι᾽ ἐκεῖνον τὸν

---

[3] **20** {C} ἃ θύουσιν, δαιμονίοις καὶ οὐ θεῷ θύουσιν 03 co[sa] (Marcion[acc. to Epiphanius]) Eusebius ∥ ἃ θύουσιν, δαιμονίοις θύουσιν καὶ οὐ θεῷ 06 012 lat[vl-pt] Eusebius[ms] ∥ ἃ θύουσιν τὰ ἔθνη, δαιμονίοις καὶ οὐ θεῷ θύουσιν 𝔓[46vid] 01 02 04 025 33 81 256 263 365 1175 1573 1739 2127 2464 (co[sa, bo]) Origen[lat] ∥ ἃ θύει τὰ ἔθνη, δαιμονίοις θύει καὶ οὐ θεῷ 6 1881 *Byz* lat[vl-pt, vg] sy (eth) Chrysostom

μηνύσαντα καὶ τὴν συνείδησιν⁴· **29** συνείδησιν δὲ λέγω οὐχὶ τὴν ἑαυτοῦ ἀλλὰ τὴν τοῦ ἑτέρου. ἱνατί γὰρ ἡ ἐλευθερία μου κρίνεται ὑπὸ ἄλλης συνειδήσεως; **30** εἰ ἐγὼ χάριτι μετέχω, τί βλασφημοῦμαι ὑπὲρ οὗ ἐγὼ εὐχαριστῶ; **31** εἴτε οὖν ἐσθίετε εἴτε πίνετε εἴτε τι ποιεῖτε, πάντα εἰς δόξαν θεοῦ ποιεῖτε. **32** ἀπρόσκοποι καὶ Ἰουδαίοις γίνεσθε καὶ Ἕλλησιν καὶ τῇ ἐκκλησίᾳ τοῦ θεοῦ, **33** καθὼς κἀγὼ πάντα πᾶσιν ἀρέσκω μὴ ζητῶν τὸ ἐμαυτοῦ σύμφορον ἀλλὰ τὸ τῶν πολλῶν, ἵνα σωθῶσιν.

11 **1** μιμηταί μου γίνεσθε καθὼς κἀγὼ Χριστοῦ.

Head Coverings

2 Ἐπαινῶ δὲ ὑμᾶς ὅτι πάντα μου μέμνησθε καί, καθὼς παρέδωκα ὑμῖν, τὰς παραδόσεις κατέχετε. **3** θέλω δὲ ὑμᾶς εἰδέναι ὅτι παντὸς ἀνδρὸς ἡ κεφαλὴ ὁ Χριστός ἐστιν, κεφαλὴ δὲ γυναικὸς ὁ ἀνήρ, κεφαλὴ δὲ τοῦ Χριστοῦ ὁ θεός. **4** πᾶς ἀνὴρ προσευχόμενος ἢ προφητεύων κατὰ κεφαλῆς ἔχων καταισχύνει τὴν κεφαλὴν αὐτοῦ. **5** πᾶσα δὲ γυνὴ προσευχομένη ἢ προφητεύουσα ἀκατακαλύπτῳ τῇ κεφαλῇ καταισχύνει τὴν κεφαλὴν αὐτῆς· ἓν γάρ ἐστιν καὶ τὸ αὐτὸ τῇ ἐξυρημένῃ. **6** εἰ γὰρ οὐ κατακαλύπτεται γυνή, καὶ κειράσθω· εἰ δὲ αἰσχρὸν γυναικὶ τὸ κείρασθαι ἢ ξυρᾶσθαι, κατακαλυπτέσθω. **7** ἀνὴρ μὲν γὰρ οὐκ ὀφείλει κατακαλύπτεσθαι τὴν κεφαλὴν εἰκὼν καὶ δόξα θεοῦ ὑπάρχων· ἡ γυνὴ δὲ δόξα ἀνδρός ἐστιν. **8** οὐ γάρ ἐστιν ἀνὴρ ἐκ γυναικὸς ἀλλὰ γυνὴ ἐξ ἀνδρός· **9** καὶ γὰρ οὐκ ἐκτίσθη ἀνὴρ διὰ τὴν γυναῖκα ἀλλὰ γυνὴ διὰ τὸν ἄνδρα. **10** διὰ τοῦτο ὀφείλει ἡ γυνὴ ἐξουσίαν ἔχειν ἐπὶ τῆς κεφαλῆς διὰ τοὺς ἀγγέλους. **11** πλὴν οὔτε γυνὴ χωρὶς ἀνδρὸς οὔτε ἀνὴρ χωρὶς γυναικὸς ἐν κυρίῳ· **12** ὥσπερ γὰρ ἡ γυνὴ ἐκ τοῦ ἀνδρός, οὕτως καὶ ὁ ἀνὴρ διὰ τῆς γυναικός· τὰ δὲ πάντα ἐκ τοῦ θεοῦ. **13** ἐν ὑμῖν αὐτοῖς κρίνατε· πρέπον ἐστὶν γυναῖκα ἀκατακάλυπτον τῷ θεῷ προσεύχεσθαι; **14** οὐδὲ ἡ φύσις αὐτὴ διδάσκει ὑμᾶς ὅτι ἀνὴρ μὲν ἐὰν

---

⁴**28** {A} συνείδησιν 01 02 03 04* 06 012 015* 025 0150 33 81 256 365 1175 1573 1739 1881 1962 2127 2464 lat syᵖ co (eth) // συνείδησιν – τοῦ γὰρ κυρίου ἡ γῆ καὶ τὸ πλήρωμα αὐτῆς (*see* 10.26) (04³ *transposes after verse 31*) 015ᶜ 6 263 *Byz* syʰ Chrysostom // *omit* τὸν μηνύσαντα καὶ τὴν συνείδησιν 𝔓⁴⁶

κομᾷ ἀτιμία αὐτῷ ἐστιν, 15 γυνὴ δὲ ἐὰν κομᾷ δόξα αὐτῇ ἐστιν; ὅτι ἡ κόμη ἀντὶ περιβολαίου δέδοται [αὐτῇ]. 16 εἰ δέ τις δοκεῖ φιλόνεικος εἶναι, ἡμεῖς τοιαύτην συνήθειαν οὐκ ἔχομεν οὐδὲ αἱ ἐκκλησίαι τοῦ θεοῦ.

Abuses at the Lord's Supper

17 Τοῦτο δὲ παραγγέλλων οὐκ ἐπαινῶ ὅτι οὐκ εἰς τὸ κρεῖσσον ἀλλ᾽ εἰς τὸ ἧσσον συνέρχεσθε. 18 πρῶτον μὲν γὰρ συνερχομένων ὑμῶν ἐν ἐκκλησίᾳ ἀκούω σχίσματα ἐν ὑμῖν ὑπάρχειν καὶ μέρος τι πιστεύω. 19 δεῖ γὰρ καὶ αἱρέσεις ἐν ὑμῖν εἶναι, ἵνα [καὶ] οἱ δόκιμοι φανεροὶ γένωνται ἐν ὑμῖν. 20 συνερχομένων οὖν ὑμῶν ἐπὶ τὸ αὐτὸ οὐκ ἔστιν κυριακὸν δεῖπνον φαγεῖν· 21 ἕκαστος γὰρ τὸ ἴδιον δεῖπνον προλαμβάνει ἐν τῷ φαγεῖν, καὶ ὃς μὲν πεινᾷ ὃς δὲ μεθύει. 22 μὴ γὰρ οἰκίας οὐκ ἔχετε εἰς τὸ ἐσθίειν καὶ πίνειν; ἢ τῆς ἐκκλησίας τοῦ θεοῦ καταφρονεῖτε, καὶ καταισχύνετε τοὺς μὴ ἔχοντας; τί εἴπω ὑμῖν; ἐπαινέσω ὑμᾶς; ἐν τούτῳ οὐκ ἐπαινῶ.

The Institution of the Lord's Supper
(Mt 26.26-29; Mk 14.22-25; Lk 22.14-20)

23 Ἐγὼ γὰρ παρέλαβον ἀπὸ τοῦ κυρίου, ὃ καὶ παρέδωκα ὑμῖν, ὅτι ὁ κύριος Ἰησοῦς ἐν τῇ νυκτὶ ᾗ παρεδίδετο ἔλαβεν ἄρτον 24 καὶ εὐχαριστήσας ἔκλασεν καὶ εἶπεν· τοῦτό[1] μού ἐστιν τὸ σῶμα τὸ ὑπὲρ ὑμῶν[2]· τοῦτο ποιεῖτε εἰς τὴν ἐμὴν ἀνάμνησιν. 25 ὡσαύτως καὶ τὸ ποτήριον μετὰ τὸ δειπνῆσαι λέγων· τοῦτο τὸ ποτήριον ἡ καινὴ διαθήκη ἐστὶν ἐν τῷ ἐμῷ αἵματι· τοῦτο ποιεῖτε, ὁσάκις ἐὰν πίνητε, εἰς τὴν ἐμὴν ἀνάμνησιν. 26 ὁσάκις γὰρ ἐὰν ἐσθίητε τὸν ἄρτον τοῦτον καὶ τὸ ποτήριον πίνητε, τὸν θάνατον τοῦ κυρίου καταγγέλλετε ἄχρι οὗ ἔλθῃ.

---

[1]24 {A} τοῦτο 𝔓⁴⁶ 01 02 03 04* 06 012 0199 6 33 81* 1175 1739 1881 1962 2127 2464 lat^{vl, vg} cpa co Cyril ∥ λάβετε φάγετε, τοῦτο (see Mt 26.26) 04³ 025 0150 81^c 256 263 365 1573 Byz lat^{vg-mss} sy eth Basil Cyril-Jerusalem^{dub} Chrysostom

[2]24 {A} ὑμῶν 𝔓⁴⁶ 01* 02 03 04* 6 33 1739* lat^{vg} cpa (Cyril) ∥ ὑμῶν κλώμενον 01² 04³ 06¹ 012 025 0150 81 256 (263 ἡμῶν) 365 1175 1573 1739^c 1881 1962 2127 2464 Byz lat^{vl-pt} sy Basil Chrysostom ∥ ὑμῶν θρυπτόμενον 06* ∥ ὑμῶν διδόμενον (see Lk 22.19) lat^{vl-pt, vg-mss} co eth

Unworthy Participation in the Supper

27 Ὥστε ὃς ἂν ἐσθίῃ τὸν ἄρτον ἢ πίνῃ τὸ ποτήριον τοῦ κυρίου ἀναξίως, ἔνοχος ἔσται τοῦ σώματος καὶ τοῦ αἵματος τοῦ κυρίου. **28** δοκιμαζέτω δὲ ἄνθρωπος ἑαυτὸν καὶ οὕτως ἐκ τοῦ ἄρτου ἐσθιέτω καὶ ἐκ τοῦ ποτηρίου πινέτω· **29** ὁ γὰρ ἐσθίων καὶ πίνων³ κρίμα ἑαυτῷ ἐσθίει καὶ πίνει μὴ διακρίνων τὸ σῶμα⁴. **30** διὰ τοῦτο ἐν ὑμῖν πολλοὶ ἀσθενεῖς καὶ ἄρρωστοι καὶ κοιμῶνται ἱκανοί. **31** εἰ δὲ ἑαυτοὺς διεκρίνομεν, οὐκ ἂν ἐκρινόμεθα· **32** κρινόμενοι δὲ ὑπὸ [τοῦ] κυρίου παιδευόμεθα, ἵνα μὴ σὺν τῷ κόσμῳ κατακριθῶμεν. **33** ὥστε, ἀδελφοί μου, συνερχόμενοι εἰς τὸ φαγεῖν ἀλλήλους ἐκδέχεσθε. **34** εἴ τις πεινᾷ, ἐν οἴκῳ ἐσθιέτω, ἵνα μὴ εἰς κρίμα συνέρχησθε. τὰ δὲ λοιπὰ ὡς ἂν ἔλθω διατάξομαι.

Spiritual Gifts

12 Περὶ δὲ τῶν πνευματικῶν, ἀδελφοί, οὐ θέλω ὑμᾶς ἀγνοεῖν. **2** οἴδατε ὅτι ὅτε ἔθνη ἦτε πρὸς τὰ εἴδωλα τὰ ἄφωνα ὡς ἂν ἤγεσθε ἀπαγόμενοι. **3** διὸ γνωρίζω ὑμῖν ὅτι οὐδεὶς ἐν πνεύματι θεοῦ λαλῶν λέγει· ἀνάθεμα Ἰησοῦς, καὶ οὐδεὶς δύναται εἰπεῖν· Κύριος Ἰησοῦς, εἰ μὴ ἐν πνεύματι ἁγίῳ.

4 Διαιρέσεις δὲ χαρισμάτων εἰσίν, τὸ δὲ αὐτὸ πνεῦμα· **5** καὶ διαιρέσεις διακονιῶν εἰσιν, καὶ ὁ αὐτὸς κύριος· **6** καὶ διαιρέσεις ἐνεργημάτων εἰσίν, ὁ δὲ αὐτὸς θεὸς ὁ ἐνεργῶν τὰ πάντα ἐν πᾶσιν. **7** ἑκάστῳ δὲ δίδοται ἡ φανέρωσις τοῦ πνεύματος πρὸς τὸ συμφέρον. **8** ᾧ μὲν γὰρ διὰ τοῦ πνεύματος δίδοται λόγος σοφίας, ἄλλῳ δὲ λόγος γνώσεως κατὰ τὸ αὐτὸ πνεῦμα, **9** ἑτέρῳ πίστις ἐν τῷ αὐτῷ πνεύματι, ἄλλῳ δὲ χαρίσματα ἰαμάτων ἐν τῷ ἑνὶ πνεύματι, **10** ἄλλῳ δὲ ἐνεργήματα δυνάμεων, ἄλλῳ [δὲ] προφητεία, ἄλλῳ [δὲ] διακρίσεις πνευμάτων, ἑτέρῳ γένη γλωσσῶν, ἄλλῳ δὲ ἑρμηνεία γλωσσῶν· **11** πάντα δὲ

---

³**29** {A} πίνων 𝔓⁴⁶ 01* 02 03 04* 33 1739 lat[vl-pt] co ∥ πίνων ἀναξίως (see 11.27) 01² 04³ 06 012 025 0150 6 81 256 263 365 1175 1573 1881 1962 2127 2464 *Byz* lat[vl-pt, vg] sy cpa eth Basil Chrysostom (Cyril)

⁴**29** {A} σῶμα 𝔓⁴⁶ 01* 02 03 04* 6 33 1739 lat[vl-pt, vg] cpa co ∥ σῶμα τοῦ κυρίου 01² 04³ 06 012 025 0150 81 256 263 365 1175 1573 1881 1962 2127 2464 *Byz* lat[vl-pt, vg-mss] sy (eth) Basil Chrysostom (Cyril)

ταῦτα ἐνεργεῖ τὸ ἓν καὶ τὸ αὐτὸ πνεῦμα διαιροῦν ἰδίᾳ ἑκάστῳ καθὼς βούλεται.

One Body with Many Members

12 Καθάπερ γὰρ τὸ σῶμα ἕν ἐστιν καὶ μέλη πολλὰ ἔχει, πάντα δὲ τὰ μέλη τοῦ σώματος πολλὰ ὄντα ἕν ἐστιν σῶμα, οὕτως καὶ ὁ Χριστός· **13** καὶ γὰρ ἐν ἑνὶ πνεύματι ἡμεῖς πάντες εἰς ἓν σῶμα ἐβαπτίσθημεν, εἴτε Ἰουδαῖοι εἴτε Ἕλληνες εἴτε δοῦλοι εἴτε ἐλεύθεροι, καὶ πάντες ἓν πνεῦμα ἐποτίσθημεν. **14** καὶ γὰρ τὸ σῶμα οὐκ ἔστιν ἓν μέλος ἀλλὰ πολλά. **15** ἐὰν εἴπῃ ὁ πούς· ὅτι οὐκ εἰμὶ χείρ, οὐκ εἰμὶ ἐκ τοῦ σώματος, οὐ παρὰ τοῦτο οὐκ ἔστιν ἐκ τοῦ σώματος; **16** καὶ ἐὰν εἴπῃ τὸ οὖς· ὅτι οὐκ εἰμὶ ὀφθαλμός, οὐκ εἰμὶ ἐκ τοῦ σώματος, οὐ παρὰ τοῦτο οὐκ ἔστιν ἐκ τοῦ σώματος; **17** εἰ ὅλον τὸ σῶμα ὀφθαλμός, ποῦ ἡ ἀκοή; εἰ ὅλον ἀκοή, ποῦ ἡ ὄσφρησις; **18** νυνὶ δὲ ὁ θεὸς ἔθετο τὰ μέλη, ἓν ἕκαστον αὐτῶν ἐν τῷ σώματι καθὼς ἠθέλησεν. **19** εἰ δὲ ἦν τὰ πάντα ἓν μέλος, ποῦ τὸ σῶμα; **20** νῦν δὲ πολλὰ μὲν μέλη, ἓν δὲ σῶμα. **21** οὐ δύναται δὲ ὁ ὀφθαλμὸς εἰπεῖν τῇ χειρί· χρείαν σου οὐκ ἔχω, ἢ πάλιν ἡ κεφαλὴ τοῖς ποσίν· χρείαν ὑμῶν οὐκ ἔχω· **22** ἀλλὰ πολλῷ μᾶλλον τὰ δοκοῦντα μέλη τοῦ σώματος ἀσθενέστερα ὑπάρχειν ἀναγκαῖά ἐστιν, **23** καὶ ἃ δοκοῦμεν ἀτιμότερα εἶναι τοῦ σώματος τούτοις τιμὴν περισσοτέραν περιτίθεμεν, καὶ τὰ ἀσχήμονα ἡμῶν εὐσχημοσύνην περισσοτέραν ἔχει, **24** τὰ δὲ εὐσχήμονα ἡμῶν οὐ χρείαν ἔχει. ἀλλ᾽ ὁ θεὸς συνεκέρασεν τὸ σῶμα τῷ ὑστερουμένῳ περισσοτέραν δοὺς τιμήν, **25** ἵνα μὴ ᾖ σχίσμα ἐν τῷ σώματι ἀλλὰ τὸ αὐτὸ ὑπὲρ ἀλλήλων μεριμνῶσιν τὰ μέλη. **26** καὶ εἴτε πάσχει ἓν μέλος, συμπάσχει πάντα τὰ μέλη· εἴτε δοξάζεται [ἓν] μέλος, συγχαίρει πάντα τὰ μέλη. **27** ὑμεῖς δέ ἐστε σῶμα Χριστοῦ καὶ μέλη ἐκ μέρους. **28** καὶ οὓς μὲν ἔθετο ὁ θεὸς ἐν τῇ ἐκκλησίᾳ πρῶτον ἀποστόλους, δεύτερον προφήτας, τρίτον διδασκάλους, ἔπειτα δυνάμεις, ἔπειτα χαρίσματα ἰαμάτων, ἀντιλήμψεις, κυβερνήσεις, γένη γλωσσῶν. **29** μὴ πάντες ἀπόστολοι; μὴ πάντες προφῆται; μὴ πάντες διδάσκαλοι; μὴ πάντες δυνάμεις; **30** μὴ πάντες χαρίσματα ἔχουσιν ἰαμάτων; μὴ πάντες γλώσσαις λαλοῦσιν; μὴ πάντες διερμηνεύουσιν; **31** ζηλοῦτε δὲ τὰ χαρίσματα τὰ μείζονα.

Love

13 Καὶ ἔτι καθ' ὑπερβολὴν ὁδὸν ὑμῖν δείκνυμι. **1** Ἐὰν ταῖς γλώσσαις τῶν ἀνθρώπων λαλῶ καὶ τῶν ἀγγέλων, ἀγάπην δὲ μὴ ἔχω, γέγονα χαλκὸς ἠχῶν ἢ κύμβαλον ἀλαλάζον. **2** καὶ ἐὰν ἔχω προφητείαν καὶ εἰδῶ τὰ μυστήρια πάντα καὶ πᾶσαν τὴν γνῶσιν καὶ ἐὰν ἔχω πᾶσαν τὴν πίστιν ὥστε ὄρη μεθιστάναι, ἀγάπην δὲ μὴ ἔχω, οὐθέν εἰμι. **3** κἂν ψωμίσω πάντα τὰ ὑπάρχοντά μου καὶ ἐὰν παραδῶ τὸ σῶμά μου ἵνα καυχήσωμαι[1], ἀγάπην δὲ μὴ ἔχω, οὐδὲν ὠφελοῦμαι.

4 Ἡ ἀγάπη μακροθυμεῖ, χρηστεύεται ἡ ἀγάπη, οὐ ζηλοῖ, [ἡ ἀγάπη] οὐ περπερεύεται, οὐ φυσιοῦται, **5** οὐκ ἀσχημονεῖ, οὐ ζητεῖ τὰ ἑαυτῆς, οὐ παροξύνεται, οὐ λογίζεται τὸ κακόν, **6** οὐ χαίρει ἐπὶ τῇ ἀδικίᾳ, συγχαίρει δὲ τῇ ἀληθείᾳ· **7** πάντα στέγει, πάντα πιστεύει, πάντα ἐλπίζει, πάντα ὑπομένει.

8 Ἡ ἀγάπη οὐδέποτε πίπτει· εἴτε δὲ προφητεῖαι, καταργηθήσονται· εἴτε γλῶσσαι, παύσονται· εἴτε γνῶσις, καταργηθήσεται. **9** ἐκ μέρους γὰρ γινώσκομεν καὶ ἐκ μέρους προφητεύομεν· **10** ὅταν δὲ ἔλθῃ τὸ τέλειον, τὸ ἐκ μέρους καταργηθήσεται. **11** ὅτε ἤμην νήπιος, ἐλάλουν ὡς νήπιος, ἐφρόνουν ὡς νήπιος, ἐλογιζόμην ὡς νήπιος· ὅτε γέγονα ἀνήρ, κατήργηκα τὰ τοῦ νηπίου. **12** βλέπομεν γὰρ ἄρτι δι' ἐσόπτρου ἐν αἰνίγματι, τότε δὲ πρόσωπον πρὸς πρόσωπον· ἄρτι γινώσκω ἐκ μέρους, τότε δὲ ἐπιγνώσομαι καθὼς καὶ ἐπεγνώσθην. **13** νυνὶ δὲ μένει πίστις, ἐλπίς, ἀγάπη, τὰ τρία ταῦτα· μείζων δὲ τούτων ἡ ἀγάπη.

Tongues and Prophecy

14 Διώκετε τὴν ἀγάπην, ζηλοῦτε δὲ τὰ πνευματικά, μᾶλλον δὲ ἵνα προφητεύητε. **2** ὁ γὰρ λαλῶν γλώσσῃ οὐκ ἀνθρώποις λαλεῖ ἀλλὰ θεῷ· οὐδεὶς γὰρ ἀκούει, πνεύματι δὲ λαλεῖ μυστήρια· **3** ὁ δὲ προφητεύων ἀνθρώποις λαλεῖ οἰκοδομὴν καὶ παράκλησιν καὶ παραμυθίαν. **4** ὁ λαλῶν γλώσσῃ

---

[1]**3** {D} καυχήσωμαι 𝔓⁴⁶ 01 02 03 (048 1175* καυχήσομαι) 0150 33 1739* co Origen ∥ καυθήσομαι 04 06 012 020 6 81 263 1175ᶜ 1881* *Lect*ᵖᵗ Cyril ∥ καυθήσωμαι 256 365 1573 1739ᶜ 1881ᶜ 1962 2464 *Byz Lect*ᵖᵗ latᵛˡ, ᵛᵍ syʰᵐᵍ (eth) Tertullian Origenˡᵃᵗ Basil Gregory-Nyssa Chrysostomᵖᵗ ∥ καυθῇ 2127 (sy) (latᵛᵍ⁻ᵐˢˢ) Chrysostomᵖᵗ

ἑαυτὸν οἰκοδομεῖ· ὁ δὲ προφητεύων ἐκκλησίαν οἰκοδομεῖ. 5 θέλω δὲ πάντας ὑμᾶς λαλεῖν γλώσσαις, μᾶλλον δὲ ἵνα προφητεύητε· μείζων δὲ ὁ προφητεύων ἢ ὁ λαλῶν γλώσσαις ἐκτὸς εἰ μὴ διερμηνεύῃ, ἵνα ἡ ἐκκλησία οἰκοδομὴν λάβῃ.

6 Νῦν δέ, ἀδελφοί, ἐὰν ἔλθω πρὸς ὑμᾶς γλώσσαις λαλῶν, τί ὑμᾶς ὠφελήσω ἐὰν μὴ ὑμῖν λαλήσω ἢ ἐν ἀποκαλύψει ἢ ἐν γνώσει ἢ ἐν προφητείᾳ ἢ [ἐν] διδαχῇ; 7 ὅμως τὰ ἄψυχα φωνὴν διδόντα, εἴτε αὐλὸς εἴτε κιθάρα, ἐὰν διαστολὴν τοῖς φθόγγοις μὴ δῷ, πῶς γνωσθήσεται τὸ αὐλούμενον ἢ τὸ κιθαριζόμενον; 8 καὶ γὰρ ἐὰν ἄδηλον σάλπιγξ φωνὴν δῷ, τίς παρασκευάσεται εἰς πόλεμον; 9 οὕτως καὶ ὑμεῖς διὰ τῆς γλώσσης ἐὰν μὴ εὔσημον λόγον δῶτε, πῶς γνωσθήσεται τὸ λαλούμενον; ἔσεσθε γὰρ εἰς ἀέρα λαλοῦντες. 10 τοσαῦτα εἰ τύχοι γένη φωνῶν εἰσιν ἐν κόσμῳ καὶ οὐδὲν ἄφωνον· 11 ἐὰν οὖν μὴ εἰδῶ τὴν δύναμιν τῆς φωνῆς, ἔσομαι τῷ λαλοῦντι βάρβαρος καὶ ὁ λαλῶν ἐν ἐμοὶ βάρβαρος. 12 οὕτως καὶ ὑμεῖς, ἐπεὶ ζηλωταί ἐστε πνευμάτων, πρὸς τὴν οἰκοδομὴν τῆς ἐκκλησίας ζητεῖτε ἵνα περισσεύητε.

13 Διὸ ὁ λαλῶν γλώσσῃ προσευχέσθω ἵνα διερμηνεύῃ. 14 ἐὰν [γὰρ] προσεύχωμαι γλώσσῃ, τὸ πνεῦμά μου προσεύχεται, ὁ δὲ νοῦς μου ἄκαρπός ἐστιν. 15 τί οὖν ἐστιν; προσεύξομαι τῷ πνεύματι, προσεύξομαι δὲ καὶ τῷ νοΐ· ψαλῶ τῷ πνεύματι, ψαλῶ δὲ καὶ τῷ νοΐ. 16 ἐπεὶ ἐὰν εὐλογῇς [ἐν] πνεύματι, ὁ ἀναπληρῶν τὸν τόπον τοῦ ἰδιώτου πῶς ἐρεῖ τὸ ἀμὴν ἐπὶ τῇ σῇ εὐχαριστίᾳ; ἐπειδὴ τί λέγεις οὐκ οἶδεν· 17 σὺ μὲν γὰρ καλῶς εὐχαριστεῖς ἀλλ᾽ ὁ ἕτερος οὐκ οἰκοδομεῖται. 18 εὐχαριστῶ τῷ θεῷ, πάντων ὑμῶν μᾶλλον γλώσσαις λαλῶ· 19 ἀλλ᾽ ἐν ἐκκλησίᾳ θέλω πέντε λόγους τῷ νοΐ μου λαλῆσαι, ἵνα καὶ ἄλλους κατηχήσω, ἢ μυρίους λόγους ἐν γλώσσῃ.

20 Ἀδελφοί, μὴ παιδία γίνεσθε ταῖς φρεσὶν ἀλλὰ τῇ κακίᾳ νηπιάζετε, ταῖς δὲ φρεσὶν τέλειοι γίνεσθε. 21 ἐν τῷ νόμῳ γέγραπται ὅτι

ἐν ἑτερογλώσσοις καὶ ἐν χείλεσιν ἑτέρων λαλήσω τῷ λαῷ τούτῳ Is 28.11-12
καὶ οὐδ᾽ οὕτως εἰσακούσονταί μου, λέγει κύριος.

22 ὥστε αἱ γλῶσσαι εἰς σημεῖόν εἰσιν οὐ τοῖς πιστεύουσιν ἀλλὰ τοῖς ἀπίστοις, ἡ δὲ προφητεία οὐ τοῖς ἀπίστοις ἀλλὰ τοῖς

πιστεύουσιν. **23** ἐὰν οὖν συνέλθῃ ἡ ἐκκλησία ὅλη ἐπὶ τὸ αὐτὸ καὶ πάντες λαλῶσιν γλώσσαις, εἰσέλθωσιν δὲ ἰδιῶται ἢ ἄπιστοι, οὐκ ἐροῦσιν ὅτι μαίνεσθε; **24** ἐὰν δὲ πάντες προφητεύωσιν, εἰσέλθῃ δέ τις ἄπιστος ἢ ἰδιώτης, ἐλέγχεται ὑπὸ πάντων, ἀνακρίνεται ὑπὸ πάντων, **25** τὰ κρυπτὰ τῆς καρδίας αὐτοῦ φανερὰ γίνεται, καὶ οὕτως πεσὼν ἐπὶ πρόσωπον προσκυνήσει τῷ θεῷ ἀπαγγέλλων ὅτι ὄντως ὁ θεὸς ἐν ὑμῖν ἐστιν.

Orderly Worship

26 Τί οὖν ἐστιν, ἀδελφοί; ὅταν συνέρχησθε, ἕκαστος ψαλμὸν ἔχει, διδαχὴν ἔχει, ἀποκάλυψιν ἔχει, γλῶσσαν ἔχει, ἑρμηνείαν ἔχει· πάντα πρὸς οἰκοδομὴν γινέσθω. **27** εἴτε γλώσσῃ τις λαλεῖ, κατὰ δύο ἢ τὸ πλεῖστον τρεῖς καὶ ἀνὰ μέρος, καὶ εἷς διερμηνευέτω· **28** ἐὰν δὲ μὴ ᾖ διερμηνευτής, σιγάτω ἐν ἐκκλησίᾳ, ἑαυτῷ δὲ λαλείτω καὶ τῷ θεῷ. **29** προφῆται δὲ δύο ἢ τρεῖς λαλείτωσαν καὶ οἱ ἄλλοι διακρινέτωσαν· **30** ἐὰν δὲ ἄλλῳ ἀποκαλυφθῇ καθημένῳ, ὁ πρῶτος σιγάτω. **31** δύνασθε γὰρ καθ᾽ ἕνα πάντες προφητεύειν, ἵνα πάντες μανθάνωσιν καὶ πάντες παρακαλῶνται. **32** καὶ πνεύματα προφητῶν προφήταις ὑποτάσσεται, **33** οὐ γάρ ἐστιν ἀκαταστασίας ὁ θεὸς ἀλλ᾽ εἰρήνης.

Ὡς ἐν πάσαις ταῖς ἐκκλησίαις τῶν ἁγίων **34** [1] αἱ γυναῖκες[2] ἐν ταῖς ἐκκλησίαις σιγάτωσαν· οὐ γὰρ ἐπιτρέπεται αὐταῖς λαλεῖν, ἀλλ᾽ ὑποτασσέσθωσαν, καθὼς καὶ ὁ νόμος λέγει. **35** εἰ δέ τι μαθεῖν θέλουσιν, ἐν οἴκῳ τοὺς ἰδίους ἄνδρας ἐπερωτάτωσαν· αἰσχρὸν γάρ ἐστιν γυναικὶ λαλεῖν ἐν ἐκκλησίᾳ[1]. **36** ἢ ἀφ᾽ ὑμῶν ὁ λόγος τοῦ θεοῦ ἐξῆλθεν, ἢ εἰς ὑμᾶς μόνους κατήντησεν;

37 Εἴ τις δοκεῖ προφήτης εἶναι ἢ πνευματικός, ἐπιγινωσκέτω ἃ γράφω ὑμῖν ὅτι κυρίου ἐστὶν ἐντολή· **38** εἰ δέ τις ἀγνοεῖ,

---

[1] **34-35** {B} *include verse 34-35 here (with minor variants)* 𝔓⁴⁶ 𝔓¹²³ 01 02 03 0150 0243 6 33 81 256 263 365 1175 1573 1739 1881 1962 2127 2464 *Byz* lat^(vl-pt, vg) sy cpa co eth Origen Chrysostom // *verses 34-35 following* 14.40 06 012 lat^(vl-pt, vg-ms)
[2] **34** {B} γυναῖκες 𝔓¹²³ 01 02 03 0243 33 81 365 1175 1739 1881 2464 lat^vg co // γυναῖκες ὑμῶν 06 012 *Byz* lat^vl sy

ἀγνοεῖται³. **39** ὥστε, ἀδελφοί [μου], ζηλοῦτε τὸ προφητεύειν καὶ τὸ λαλεῖν μὴ κωλύετε γλώσσαις· **40** πάντα δὲ εὐσχημόνως καὶ κατὰ τάξιν γινέσθω.⁴

The Resurrection of Christ

15 Γνωρίζω δὲ ὑμῖν, ἀδελφοί, τὸ εὐαγγέλιον ὃ εὐηγγελισάμην ὑμῖν, ὃ καὶ παρελάβετε, ἐν ᾧ καὶ ἑστήκατε, **2** δι' οὗ καὶ σῴζεσθε, τίνι λόγῳ εὐηγγελισάμην ὑμῖν εἰ κατέχετε, ἐκτὸς εἰ μὴ εἰκῇ ἐπιστεύσατε. **3** παρέδωκα γὰρ ὑμῖν ἐν πρώτοις, ὃ καὶ παρέλαβον, ὅτι Χριστὸς ἀπέθανεν ὑπὲρ τῶν ἁμαρτιῶν ἡμῶν κατὰ τὰς γραφὰς **4** καὶ ὅτι ἐτάφη καὶ ὅτι ἐγήγερται τῇ ἡμέρᾳ τῇ τρίτῃ κατὰ τὰς γραφὰς **5** καὶ ὅτι ὤφθη Κηφᾷ εἶτα τοῖς δώδεκα· **6** ἔπειτα ὤφθη ἐπάνω πεντακοσίοις ἀδελφοῖς ἐφάπαξ, ἐξ ὧν οἱ πλείονες μένουσιν ἕως ἄρτι, τινὲς δὲ ἐκοιμήθησαν· **7** ἔπειτα ὤφθη Ἰακώβῳ εἶτα τοῖς ἀποστόλοις πᾶσιν· **8** ἔσχατον δὲ πάντων ὡσπερεὶ τῷ ἐκτρώματι ὤφθη κἀμοί. **9** ἐγὼ γάρ εἰμι ὁ ἐλάχιστος τῶν ἀποστόλων ὃς οὐκ εἰμὶ ἱκανὸς καλεῖσθαι ἀπόστολος, διότι ἐδίωξα τὴν ἐκκλησίαν τοῦ θεοῦ· **10** χάριτι δὲ θεοῦ εἰμι ὅ εἰμι, καὶ ἡ χάρις αὐτοῦ ἡ εἰς ἐμὲ οὐ κενὴ ἐγενήθη, ἀλλὰ περισσότερον αὐτῶν πάντων ἐκοπίασα, οὐκ ἐγὼ δὲ ἀλλ' ἡ χάρις τοῦ θεοῦ [ἡ] σὺν ἐμοί. **11** εἴτε οὖν ἐγὼ εἴτε ἐκεῖνοι, οὕτως κηρύσσομεν καὶ οὕτως ἐπιστεύσατε.

The Resurrection of the Dead

12 Εἰ δὲ Χριστὸς κηρύσσεται ὅτι ἐκ νεκρῶν ἐγήγερται, πῶς λέγουσιν ἐν ὑμῖν τινες ὅτι ἀνάστασις νεκρῶν οὐκ ἔστιν; **13** εἰ δὲ ἀνάστασις νεκρῶν οὐκ ἔστιν, οὐδὲ Χριστὸς ἐγήγερται· **14** εἰ δὲ Χριστὸς οὐκ ἐγήγερται, κενὸν ἄρα [καὶ] τὸ κήρυγμα ἡμῶν, κενὴ καὶ ἡ πίστις ὑμῶν· **15** εὑρισκόμεθα δὲ καὶ ψευδομάρτυρες

---

³**38** {B} ἀγνοεῖται 01* 02*ᵛⁱᵈ (06*) (012 ἠγνοεῖται) 048 0243 6 33 1739 latᵛˡ⁻ᵖᵗ co Origenᵍʳ⁻ᵖᵗ, ˡᵃᵗ⁻ᵖᵗ // ἀγνοείτω 𝔓⁴⁶ 01² 02ᶜ 03 06¹ 0150 81 256 263 365 1175 1573 1881 1962 2127 2464 *Byz* sy cpa (eth) Origenᵍʳ⁻ᵖᵗ Chrysostom // *ignorabitur* latᵛˡ⁻ᵖᵗ, ᵛᵍ Origenˡᵃᵗ⁻ᵖᵗ

⁴**40** {A} *no addition* 𝔓⁴⁶ 𝔓¹²³ 01 02 03 025 048 0150 0243 6 33 81 256 263 365 1175 1573 1739 1881 1962 2127 2464 *Byz* latᵛᵍ sy cpa co eth Origen Chrysostom // *add verse 34-35 here* 06 012 latᵛˡ, ᵛᵍ⁻ᵐˢ

τοῦ θεοῦ, ὅτι ἐμαρτυρήσαμεν κατὰ τοῦ θεοῦ ὅτι ἤγειρεν τὸν Χριστόν, ὃν οὐκ ἤγειρεν εἴπερ ἄρα νεκροὶ οὐκ ἐγείρονται. **16** εἰ γὰρ νεκροὶ οὐκ ἐγείρονται, οὐδὲ Χριστὸς ἐγήγερται· **17** εἰ δὲ Χριστὸς οὐκ ἐγήγερται, ματαία ἡ πίστις ὑμῶν, ἔτι ἐστὲ ἐν ταῖς ἁμαρτίαις ὑμῶν, **18** ἄρα καὶ οἱ κοιμηθέντες ἐν Χριστῷ ἀπώλοντο. **19** εἰ ἐν τῇ ζωῇ ταύτῃ ἐν Χριστῷ ἠλπικότες ἐσμὲν μόνον, ἐλεεινότεροι πάντων ἀνθρώπων ἐσμέν.

20 Νυνὶ δὲ Χριστὸς ἐγήγερται ἐκ νεκρῶν ἀπαρχὴ τῶν κεκοιμημένων. **21** ἐπειδὴ γὰρ δι᾽ ἀνθρώπου θάνατος, καὶ δι᾽ ἀνθρώπου ἀνάστασις νεκρῶν. **22** ὥσπερ γὰρ ἐν τῷ Ἀδὰμ πάντες ἀποθνήσκουσιν, οὕτως καὶ ἐν τῷ Χριστῷ πάντες ζῳοποιηθήσονται. **23** ἕκαστος δὲ ἐν τῷ ἰδίῳ τάγματι· ἀπαρχὴ Χριστός, ἔπειτα οἱ τοῦ Χριστοῦ ἐν τῇ παρουσίᾳ αὐτοῦ, **24** εἶτα τὸ τέλος, ὅταν παραδιδῷ τὴν βασιλείαν τῷ θεῷ καὶ πατρί, ὅταν καταργήσῃ πᾶσαν ἀρχὴν καὶ πᾶσαν ἐξουσίαν καὶ δύναμιν. **25** δεῖ γὰρ αὐτὸν βασιλεύειν ἄχρι οὗ *θῇ πάντας τοὺς ἐχθροὺς ὑπὸ τοὺς πόδας αὐτοῦ*. **26** ἔσχατος ἐχθρὸς καταργεῖται ὁ θάνατος· **27** *πάντα γὰρ ὑπέταξεν ὑπὸ τοὺς πόδας αὐτοῦ*. ὅταν δὲ εἴπῃ ὅτι πάντα ὑποτέτακται, δῆλον ὅτι ἐκτὸς τοῦ ὑποτάξαντος αὐτῷ τὰ πάντα. **28** ὅταν δὲ ὑποταγῇ αὐτῷ τὰ πάντα, τότε [καὶ] αὐτὸς ὁ υἱὸς ὑποταγήσεται τῷ ὑποτάξαντι αὐτῷ τὰ πάντα, ἵνα ᾖ ὁ θεὸς [τὰ] πάντα ἐν πᾶσιν.

29 Ἐπεὶ τί ποιήσουσιν οἱ βαπτιζόμενοι ὑπὲρ τῶν νεκρῶν; εἰ ὅλως νεκροὶ οὐκ ἐγείρονται, τί καὶ βαπτίζονται ὑπὲρ αὐτῶν; **30** τί καὶ ἡμεῖς κινδυνεύομεν πᾶσαν ὥραν; **31** καθ᾽ ἡμέραν ἀποθνήσκω, νὴ τὴν ὑμετέραν καύχησιν, [ἀδελφοί][1], ἣν ἔχω ἐν Χριστῷ Ἰησοῦ τῷ κυρίῳ ἡμῶν. **32** εἰ κατὰ ἄνθρωπον ἐθηριομάχησα ἐν Ἐφέσῳ, τί μοι τὸ ὄφελος; εἰ νεκροὶ οὐκ ἐγείρονται, *φάγωμεν καὶ πίωμεν, αὔριον γὰρ ἀποθνήσκομεν*. **33** μὴ πλανᾶσθε·

φθείρουσιν ἤθη χρηστὰ ὁμιλίαι κακαί.

---

[1]**31** {C} ἀδελφοί 01 02 03 018 025 0150 33 81 256 263 365 1175 1573 1962 2127 2464 lat^(vl-pt, vg) sy cpa co (eth) Marcion^(acc. to Adamantius) Origen^(pt) Cyril // *omit* 𝔓^46 06 012 0243 6 1739 1881 *Byz* lat^(vl-pt) Origen^(pt) Chrysostom

34 ἐκνήψατε δικαίως καὶ μὴ ἁμαρτάνετε, ἀγνωσίαν γὰρ θεοῦ τινες ἔχουσιν, πρὸς ἐντροπὴν ὑμῖν λαλῶ.

The Resurrection Body

35 Ἀλλ' ἐρεῖ τις· πῶς ἐγείρονται οἱ νεκροί; ποίῳ δὲ σώματι ἔρχονται; 36 ἄφρων, σὺ ὃ σπείρεις, οὐ ζῳοποιεῖται ἐὰν μὴ ἀποθάνῃ· 37 καὶ ὃ σπείρεις, οὐ τὸ σῶμα τὸ γενησόμενον σπείρεις ἀλλὰ γυμνὸν κόκκον εἰ τύχοι σίτου ἤ τινος τῶν λοιπῶν· 38 ὁ δὲ θεὸς δίδωσιν αὐτῷ σῶμα καθὼς ἠθέλησεν, καὶ ἑκάστῳ τῶν σπερμάτων ἴδιον σῶμα. 39 οὐ πᾶσα σὰρξ ἡ αὐτὴ σὰρξ ἀλλ' ἄλλη μὲν ἀνθρώπων, ἄλλη δὲ σὰρξ κτηνῶν, ἄλλη δὲ σὰρξ πτηνῶν, ἄλλη δὲ ἰχθύων. 40 καὶ σώματα ἐπουράνια, καὶ σώματα ἐπίγεια· ἀλλ' ἑτέρα μὲν ἡ τῶν ἐπουρανίων δόξα, ἑτέρα δὲ ἡ τῶν ἐπιγείων. 41 ἄλλη δόξα ἡλίου, καὶ ἄλλη δόξα σελήνης, καὶ ἄλλη δόξα ἀστέρων· ἀστὴρ γὰρ ἀστέρος διαφέρει ἐν δόξῃ. 42 Οὕτως καὶ ἡ ἀνάστασις τῶν νεκρῶν. σπείρεται ἐν φθορᾷ, ἐγείρεται ἐν ἀφθαρσίᾳ· 43 σπείρεται ἐν ἀτιμίᾳ, ἐγείρεται ἐν δόξῃ· σπείρεται ἐν ἀσθενείᾳ, ἐγείρεται ἐν δυνάμει· 44 σπείρεται σῶμα ψυχικόν, ἐγείρεται σῶμα πνευματικόν. εἰ ἔστιν σῶμα ψυχικόν, ἔστιν καὶ πνευματικόν. 45 οὕτως καὶ γέγραπται· *ἐγένετο ὁ πρῶτος ἄνθρωπος Ἀδὰμ εἰς ψυχὴν ζῶσαν*, ὁ ἔσχατος Ἀδὰμ εἰς πνεῦμα ζῳοποιοῦν. 46 ἀλλ' οὐ πρῶτον τὸ πνευματικὸν ἀλλὰ τὸ ψυχικόν, ἔπειτα τὸ πνευματικόν. 47 ὁ πρῶτος ἄνθρωπος ἐκ γῆς χοϊκός, ὁ δεύτερος ἄνθρωπος ἐξ οὐρανοῦ. 48 οἷος ὁ χοϊκός, τοιοῦτοι καὶ οἱ χοϊκοί, καὶ οἷος ὁ ἐπουράνιος, τοιοῦτοι καὶ οἱ ἐπουράνιοι· 49 καὶ καθὼς ἐφορέσαμεν τὴν εἰκόνα τοῦ χοϊκοῦ, φορέσομεν[2] καὶ τὴν εἰκόνα τοῦ ἐπουρανίου.

Gn 2.7

50 Τοῦτο δέ φημι, ἀδελφοί, ὅτι σὰρξ καὶ αἷμα βασιλείαν θεοῦ κληρονομῆσαι οὐ δύναται οὐδὲ ἡ φθορὰ τὴν ἀφθαρσίαν κληρονομεῖ. 51 ἰδοὺ μυστήριον ὑμῖν λέγω· πάντες οὐ κοιμη-

---

[2]49 {B} φορέσομεν 03 016 0150 6 1881 *TR* co^sa eth Cyril^pt ∥ φορέσωμεν 𝔓^46 01 02 04 06 012 025 0243 33 81 256 263 365 1175 1573 1739 1962 2127 2464 *Byz* lat co^bo Marcion^acc. to Tertullian Irenaeus^lat Clement Tertullian Origen^gr. lat Gregory-Nyssa Chrysostom Cyril^pt

θησόμεθα, πάντες δὲ ἀλλαγησόμεθα³, **52** ἐν ἀτόμῳ, ἐν ῥιπῇ ὀφθαλμοῦ, ἐν τῇ ἐσχάτῃ σάλπιγγι· σαλπίσει γὰρ καὶ οἱ νεκροὶ ἐγερθήσονται ἄφθαρτοι καὶ ἡμεῖς ἀλλαγησόμεθα. **53** δεῖ γὰρ τὸ φθαρτὸν τοῦτο ἐνδύσασθαι ἀφθαρσίαν καὶ τὸ θνητὸν τοῦτο ἐνδύσασθαι ἀθανασίαν. **54** ὅταν δὲ τὸ φθαρτὸν τοῦτο ἐνδύσηται ἀφθαρσίαν καὶ τὸ θνητὸν τοῦτο ἐνδύσηται ἀθανασίαν, τότε γενήσεται ὁ λόγος ὁ γεγραμμένος·

Is 25.8   *κατεπόθη ὁ θάνατος εἰς νῖκος.*

Ho 13.14 **55** *ποῦ σου, θάνατε, τὸ νῖκος;*
*ποῦ σου, θάνατε, τὸ κέντρον;*⁴

56 τὸ δὲ κέντρον τοῦ θανάτου ἡ ἁμαρτία, ἡ δὲ δύναμις τῆς ἁμαρτίας ὁ νόμος· **57** τῷ δὲ θεῷ χάρις τῷ διδόντι ἡμῖν τὸ νῖκος διὰ τοῦ κυρίου ἡμῶν Ἰησοῦ Χριστοῦ. **58** ὥστε, ἀδελφοί μου ἀγαπητοί, ἑδραῖοι γίνεσθε, ἀμετακίνητοι, περισσεύοντες ἐν τῷ ἔργῳ τοῦ κυρίου πάντοτε, εἰδότες ὅτι ὁ κόπος ὑμῶν οὐκ ἔστιν κενὸς ἐν κυρίῳ.

The Collection for Jerusalem

16 Περὶ δὲ τῆς λογείας τῆς εἰς τοὺς ἁγίους ὥσπερ διέταξα ταῖς ἐκκλησίαις τῆς Γαλατίας, οὕτως καὶ ὑμεῖς ποιήσατε. **2** κατὰ μίαν σαββάτου ἕκαστος ὑμῶν παρ' ἑαυτῷ τιθέτω θησαυρίζων ὅ τι ἐὰν εὐοδῶται, ἵνα μὴ ὅταν ἔλθω τότε λογεῖαι γίνωνται. **3** ὅταν δὲ παραγένωμαι, οὓς ἐὰν δοκιμάσητε,

---

³**51** {B} οὐ κοιμηθησόμεθα, πάντες δὲ ἀλλαγησόμεθα 03 06² 025 048 0150 0243ᶜ 6 81 256 263 365 1175 1573 1881 1962 2127 2464 *Byz* sy co eth (Origenᵖᵗ) Chrysostom (Cyrilᵖᵗ) ∥ οὐ κοιμηθησόμεθα, οὐ πάντες δὲ ἀλλαγησόμεθα 𝔓⁴⁶ 02ᶜ (012 οὖν κοιμηθησόμεθα) ∥ κοιμηθησόμεθα, οὐ πάντες δὲ ἀλλαγησόμεθα 01 (02* οἱ *for* οὐ) 04 0243* 33 1739 latᵛˡ⁻ᵖᵗ Origenᵍʳ⁻ᵖᵗ, ˡᵃᵗ Cyrilᵖᵗ ∥ ἀναστησόμεθα, οὐ πάντες δὲ ἀλλαγησόμεθα 06* latᵛˡ⁻ᵖᵗ, ᵛᵍ Marcionᵃᶜᶜ. ᵗᵒ ᴬᵈᵃᵐᵃⁿᵗⁱᵘˢ⁻ˡᵃᵗ Tertullian

⁴**55** {B} νῖκος; ποῦ σου, θάνατε, τὸ κέντρον; 𝔓⁴⁶ 01* 03 04 088 1739* latᵛˡ⁻ᵖᵗ, ᵛᵍ co Marcionᵃᶜᶜ. ᵗᵒ ᵀᵉʳᵗᵘˡˡⁱᵃⁿ Irenaeusˡᵃᵗ⁻ᵖᵗ Origenˡᵃᵗ⁻ᵖᵗ Eusebiusᵖᵗ ∥ νῖκος; ποῦ σου, ᾅδη, τὸ κέντρον; 0121 0150 0243 33 81 1175 1739ᶜ 2464 Origenᵍʳ⁻ᵖᵗ, ˡᵃᵗ⁻ᵖᵗ Athanasiusᵖᵗ Cyril-Jerusalem Cyril ∥ νῖκος; ποῦ σου, ᾅδη, τὸ νῖκος; 1962 ∥ κέντρον; ποῦ σου, θάνατε, τὸ νῖκος; 06* (06² *omit* θάνατε) 012 latᵛˡ⁻ᵖᵗ Irenaeusˡᵃᵗ⁻ᵖᵗ (Tertullian) Origenˡᵃᵗ⁻ᵖᵗ Eusebiusᵖᵗ ∥ κέντρον; ποῦ σου, ᾅδη, τὸ νῖκος; 01² 02ᶜ 025 6 263 365 1573 (1881 *omit* τό) 2127 *Byz* sy⁽ᵖ⁾, ʰ eth Origenᵍʳ⁻ᵖᵗ Athanasiusᵖᵗ Gregory-Nyssa Chrysostom ∥ κέντρον; 02*

δι' ἐπιστολῶν τούτους πέμψω ἀπενεγκεῖν τὴν χάριν ὑμῶν εἰς Ἰερουσαλήμ· **4** ἐὰν δὲ ἄξιον ᾖ τοῦ κἀμὲ πορεύεσθαι, σὺν ἐμοὶ πορεύσονται.

Plans for Travel

5 Ἐλεύσομαι δὲ πρὸς ὑμᾶς ὅταν Μακεδονίαν διέλθω· Μακεδονίαν γὰρ διέρχομαι, **6** πρὸς ὑμᾶς δὲ τυχὸν παραμενῶ ἢ καὶ παραχειμάσω, ἵνα ὑμεῖς με προπέμψητε οὗ ἐὰν πορεύωμαι. **7** οὐ θέλω γὰρ ὑμᾶς ἄρτι ἐν παρόδῳ ἰδεῖν, ἐλπίζω γὰρ χρόνον τινὰ ἐπιμεῖναι πρὸς ὑμᾶς ἐὰν ὁ κύριος ἐπιτρέψῃ. **8** ἐπιμενῶ δὲ ἐν Ἐφέσῳ ἕως τῆς πεντηκοστῆς· **9** θύρα γάρ μοι ἀνέῳγεν μεγάλη καὶ ἐνεργής, καὶ ἀντικείμενοι πολλοί.

10 Ἐὰν δὲ ἔλθῃ Τιμόθεος, βλέπετε, ἵνα ἀφόβως γένηται πρὸς ὑμᾶς· τὸ γὰρ ἔργον κυρίου ἐργάζεται ὡς κἀγώ· **11** μή τις οὖν αὐτὸν ἐξουθενήσῃ. προπέμψατε δὲ αὐτὸν ἐν εἰρήνῃ, ἵνα ἔλθῃ πρός με· ἐκδέχομαι γὰρ αὐτὸν μετὰ τῶν ἀδελφῶν. **12** περὶ δὲ Ἀπολλῶ τοῦ ἀδελφοῦ, πολλὰ παρεκάλεσα αὐτόν, ἵνα ἔλθῃ πρὸς ὑμᾶς μετὰ τῶν ἀδελφῶν· καὶ πάντως οὐκ ἦν θέλημα ἵνα νῦν ἔλθῃ· ἐλεύσεται δὲ ὅταν εὐκαιρήσῃ.

Final Request and Greetings

13 Γρηγορεῖτε, στήκετε ἐν τῇ πίστει, ἀνδρίζεσθε, κραταιοῦσθε. **14** πάντα ὑμῶν ἐν ἀγάπῃ γινέσθω.

15 Παρακαλῶ δὲ ὑμᾶς, ἀδελφοί· οἴδατε τὴν οἰκίαν Στεφανᾶ, ὅτι ἐστὶν ἀπαρχὴ τῆς Ἀχαΐας καὶ εἰς διακονίαν τοῖς ἁγίοις ἔταξαν ἑαυτούς· **16** ἵνα καὶ ὑμεῖς ὑποτάσσησθε τοῖς τοιούτοις καὶ παντὶ τῷ συνεργοῦντι καὶ κοπιῶντι. **17** χαίρω δὲ ἐπὶ τῇ παρουσίᾳ Στεφανᾶ καὶ Φορτουνάτου καὶ Ἀχαϊκοῦ, ὅτι τὸ ὑμέτερον ὑστέρημα οὗτοι ἀνεπλήρωσαν· **18** ἀνέπαυσαν γὰρ τὸ ἐμὸν πνεῦμα καὶ τὸ ὑμῶν. ἐπιγινώσκετε οὖν τοὺς τοιούτους.

19 Ἀσπάζονται ὑμᾶς αἱ ἐκκλησίαι τῆς Ἀσίας. ἀσπάζεται ὑμᾶς ἐν κυρίῳ πολλὰ Ἀκύλας καὶ Πρίσκα[1] σὺν τῇ κατ' οἶκον αὐτῶν

---

[1] **19** {A} Πρίσκα ($\mathfrak{P}^{46}$) 01 03 025 0121 0243 33 1175* 1739 1881* lat$^{vl\text{-}pt,\ vg}$ co$^{sa,\ bo\text{-}mss}$ // Πρίσκιλλα 04 06 012 81 365 1175^c 1881^c *Byz* lat$^{vl\text{-}pt,\ vg\text{-}mss}$ co$^{bo\text{-}mss}$

ἐκκλησίᾳ. **20** ἀσπάζονται ὑμᾶς οἱ ἀδελφοὶ πάντες. ἀσπάσασθε ἀλλήλους ἐν φιλήματι ἁγίῳ.
21 Ὁ ἀσπασμὸς τῇ ἐμῇ χειρὶ Παύλου. **22** εἴ τις οὐ φιλεῖ τὸν κύριον, ἤτω ἀνάθεμα. μαράνα θά. **23** ἡ χάρις τοῦ κυρίου Ἰησοῦ μεθ᾽ ὑμῶν. **24** ἡ ἀγάπη μου μετὰ πάντων ὑμῶν ἐν Χριστῷ Ἰησοῦ.[2]

---

[2]**24** {B} Ἰησοῦ. 03 0121 0243 33 (81 *omit* ἐν Χριστῷ Ἰησοῦ) 1881 lat[vl-pt, vg-ms] syp co[sa, bo-mss] // Ἰησοῦ· ἀμήν. 01 02 04 06 025 0150 6 256 263 365 1175 1573 1739c (1739* *omit* Ἰησοῦ) 1962 2127 2464 *Byz* lat[vl-pt, vg] syh (cpa) cobo eth Chrysostom // Ἰησοῦ. γενεθήτω γενεθήτω. 012

ΠΡΟΣ ΚΟΡΙΝΘΙΟΥΣ Β΄

Salutation

1 Παῦλος ἀπόστολος Χριστοῦ Ἰησοῦ διὰ θελήματος θεοῦ καὶ Τιμόθεος ὁ ἀδελφὸς τῇ ἐκκλησίᾳ τοῦ θεοῦ τῇ οὔσῃ ἐν Κορίνθῳ σὺν τοῖς ἁγίοις πᾶσιν τοῖς οὖσιν ἐν ὅλῃ τῇ Ἀχαΐᾳ, **2** χάρις ὑμῖν καὶ εἰρήνη ἀπὸ θεοῦ πατρὸς ἡμῶν καὶ κυρίου Ἰησοῦ Χριστοῦ.

Paul's Thanksgiving after Affliction

3 Εὐλογητὸς ὁ θεὸς καὶ πατὴρ τοῦ κυρίου ἡμῶν Ἰησοῦ Χριστοῦ, ὁ πατὴρ τῶν οἰκτιρμῶν καὶ θεὸς πάσης παρακλήσεως, **4** ὁ παρακαλῶν ἡμᾶς ἐπὶ πάσῃ τῇ θλίψει ἡμῶν εἰς τὸ δύνασθαι ἡμᾶς παρακαλεῖν τοὺς ἐν πάσῃ θλίψει διὰ τῆς παρακλήσεως ἧς παρακαλούμεθα αὐτοὶ ὑπὸ τοῦ θεοῦ. **5** ὅτι καθὼς περισσεύει τὰ παθήματα τοῦ Χριστοῦ εἰς ἡμᾶς, οὕτως διὰ τοῦ Χριστοῦ περισσεύει καὶ ἡ παράκλησις ἡμῶν. **6** εἴτε δὲ θλιβόμεθα, ὑπὲρ τῆς ὑμῶν παρακλήσεως καὶ σωτηρίας· εἴτε παρακαλούμεθα, ὑπὲρ τῆς ὑμῶν παρακλήσεως τῆς ἐνεργουμένης ἐν ὑπομονῇ τῶν αὐτῶν παθημάτων ὧν καὶ ἡμεῖς πάσχομεν. **7** καὶ ἡ ἐλπὶς ἡμῶν βεβαία ὑπὲρ ὑμῶν εἰδότες ὅτι ὡς κοινωνοί ἐστε τῶν παθημάτων, οὕτως καὶ τῆς παρακλήσεως.

8 Οὐ γὰρ θέλομεν ὑμᾶς ἀγνοεῖν, ἀδελφοί, ὑπὲρ τῆς θλίψεως ἡμῶν τῆς γενομένης ἐν τῇ Ἀσίᾳ, ὅτι καθ᾽ ὑπερβολὴν ὑπὲρ δύναμιν ἐβαρήθημεν ὥστε ἐξαπορηθῆναι ἡμᾶς καὶ τοῦ ζῆν· **9** ἀλλ᾽ αὐτοὶ ἐν ἑαυτοῖς τὸ ἀπόκριμα τοῦ θανάτου ἐσχήκαμεν, ἵνα μὴ πεποιθότες ὦμεν ἐφ᾽ ἑαυτοῖς ἀλλ᾽ ἐπὶ τῷ θεῷ τῷ ἐγείροντι τοὺς νεκρούς· **10** ὃς ἐκ τηλικούτου θανάτου[1] ἐρρύσατο ἡμᾶς καὶ

---

[1] **10** {B} τηλικούτου θανάτου 01 02 03 04 06 012 025 0121 0150 0243 6 33 81 256 263 365 1175 1573 1739^txt 1881 1962 2127 2464 *Byz* (lat^vl-pt) co eth Clement Basil Chrysostom^pt ∥ τηλικούτων θανάτων 𝔓^46 1739^v.r. lat^vl-pt, vg? sy Origen^gr, lat Basil^ms Chrysostom^pt

ῥύσεται[2], εἰς ὃν ἠλπίκαμεν [ὅτι] καὶ ἔτι[3] ῥύσεται, **11** συνυπουργούντων καὶ ὑμῶν ὑπὲρ ἡμῶν τῇ δεήσει, ἵνα ἐκ πολλῶν προσώπων τὸ εἰς ἡμᾶς χάρισμα διὰ πολλῶν εὐχαριστηθῇ ὑπὲρ ἡμῶν.

The Postponement of Paul's Visit

12 Ἡ γὰρ καύχησις ἡμῶν αὕτη ἐστίν, τὸ μαρτύριον τῆς συνειδήσεως ἡμῶν, ὅτι ἐν ἁπλότητι[4] καὶ εἰλικρινείᾳ τοῦ θεοῦ, [καὶ] οὐκ ἐν σοφίᾳ σαρκικῇ ἀλλ᾽ ἐν χάριτι θεοῦ, ἀνεστράφημεν ἐν τῷ κόσμῳ, περισσοτέρως δὲ πρὸς ὑμᾶς. **13** οὐ γὰρ ἄλλα γράφομεν ὑμῖν ἀλλ᾽ ἢ ἃ ἀναγινώσκετε ἢ καὶ ἐπιγινώσκετε· ἐλπίζω δὲ ὅτι ἕως τέλους ἐπιγνώσεσθε, **14** καθὼς καὶ ἐπέγνωτε ἡμᾶς ἀπὸ μέρους, ὅτι καύχημα ὑμῶν ἐσμεν καθάπερ καὶ ὑμεῖς ἡμῶν ἐν τῇ ἡμέρᾳ τοῦ κυρίου [ἡμῶν][5] Ἰησοῦ.

15 Καὶ ταύτῃ τῇ πεποιθήσει ἐβουλόμην πρότερον πρὸς ὑμᾶς ἐλθεῖν, ἵνα δευτέραν χάριν σχῆτε, **16** καὶ δι᾽ ὑμῶν διελθεῖν εἰς Μακεδονίαν καὶ πάλιν ἀπὸ Μακεδονίας ἐλθεῖν πρὸς ὑμᾶς καὶ ὑφ᾽ ὑμῶν προπεμφθῆναι εἰς τὴν Ἰουδαίαν. **17** τοῦτο οὖν βουλόμενος μήτι ἄρα τῇ ἐλαφρίᾳ ἐχρησάμην; ἢ ἃ βουλεύομαι κατὰ σάρκα βουλεύομαι, ἵνα ᾖ παρ᾽ ἐμοὶ τὸ ναὶ ναὶ καὶ τὸ οὒ οὔ; **18** πιστὸς δὲ ὁ θεὸς ὅτι ὁ λόγος ἡμῶν ὁ πρὸς ὑμᾶς οὐκ ἔστιν ναὶ καὶ οὔ. **19** ὁ τοῦ θεοῦ γὰρ υἱὸς Ἰησοῦς Χριστὸς ὁ ἐν ὑμῖν δι᾽ ἡμῶν κηρυχθείς, δι᾽ ἐμοῦ καὶ Σιλουανοῦ καὶ Τιμοθέου, οὐκ

---

[2] **10** {B} καὶ ῥύσεται $\mathfrak{P}^{46}$ 01 03 04 025 0150 33 81 256 365 1175 1573 1962^{vid} 2127 lat$^{vl\text{-}pt, vg}$ co Origen^{lat} Athanasius // καὶ ῥύεται 06^{2} 012 0121 0243 6 263 1739 1881 2464 *Byz* lat$^{vl\text{-}pt, vg\text{-}ms}$ Origen^{gr} Basil Chrysostom^{pt} // *omit* 02 06* lat$^{vl\text{-}pt}$ sy^{p} eth Chrysostom^{pt}

[3] **10** {C} ὅτι καὶ ἔτι 01 02 04 06^{2} 025 0150 33 81 256^{vid} 263 365 1175 1573 2127 2464 *Byz* lat$^{vl\text{-}pt, vg}$ (sy^{p}) co Origen^{lat} Basil Chrysostom^{pt} // καὶ ἔτι $\mathfrak{P}^{46}$ 03 06* 0121 0243 1739 1881 // καὶ ὅτι 012 lat$^{vl\text{-}pt}$ (eth) // ὅτι καί 06^{1} 6 lat$^{vl\text{-}pt}$ sy^{h} Origen^{gr} Chrysostom^{pt}

[4] **12** {B} ἁπλότητι 01^{2} 06 012 6 263 *Byz* lat$^{vl\text{-}pt, vg}$ sy Chrysostom // ἁγιότητι $\mathfrak{P}^{46}$ 01* 02 03 04 018 025 0121 0150 0243 33 81 256 365 1175 1739 1881 1962 2127 2464 lat$^{vl\text{-}pt}$ co Clement Origen

[5] **14** {C} τοῦ κυρίου ἡμῶν 01 03 012 025 0121 0150 0243 6 33 81 256 263 365 1175 1573 1739 1881 1962 2127 2464 lat$^{vl\text{-}pt, vg}$ sy$^{p, h\ with\ *}$ co eth Chrysostom // τοῦ κυρίου $\mathfrak{P}^{46vid}$ 02 04 06 *Byz* lat$^{vl\text{-}pt}$

ἐγένετο ναὶ καὶ οὒ ἀλλὰ ναὶ ἐν αὐτῷ γέγονεν. **20** ὅσαι γὰρ ἐπαγγελίαι θεοῦ, ἐν αὐτῷ τὸ ναί· διὸ καὶ δι' αὐτοῦ τὸ ἀμὴν τῷ θεῷ πρὸς δόξαν δι' ἡμῶν. **21** ὁ δὲ βεβαιῶν ἡμᾶς σὺν ὑμῖν εἰς Χριστὸν καὶ χρίσας ἡμᾶς θεός, **22** ὁ καὶ σφραγισάμενος ἡμᾶς καὶ δοὺς τὸν ἀρραβῶνα τοῦ πνεύματος ἐν ταῖς καρδίαις ἡμῶν. **23** Ἐγὼ δὲ μάρτυρα τὸν θεὸν ἐπικαλοῦμαι ἐπὶ τὴν ἐμὴν ψυχήν, ὅτι φειδόμενος ὑμῶν οὐκέτι ἦλθον εἰς Κόρινθον. **24** οὐχ ὅτι κυριεύομεν ὑμῶν τῆς πίστεως ἀλλὰ συνεργοί ἐσμεν τῆς **2** χαρᾶς ὑμῶν· τῇ γὰρ πίστει ἑστήκατε. **1** ἔκρινα γὰρ[1] ἐμαυτῷ τοῦτο τὸ μὴ πάλιν ἐν λύπῃ πρὸς ὑμᾶς ἐλθεῖν. **2** εἰ γὰρ ἐγὼ λυπῶ ὑμᾶς, καὶ τίς ὁ εὐφραίνων με εἰ μὴ ὁ λυπούμενος ἐξ ἐμοῦ; **3** καὶ ἔγραψα τοῦτο αὐτό, ἵνα μὴ ἐλθὼν λύπην σχῶ ἀφ' ὧν ἔδει με χαίρειν, πεποιθὼς ἐπὶ πάντας ὑμᾶς ὅτι ἡ ἐμὴ χαρὰ πάντων ὑμῶν ἐστιν. **4** ἐκ γὰρ πολλῆς θλίψεως καὶ συνοχῆς καρδίας ἔγραψα ὑμῖν διὰ πολλῶν δακρύων, οὐχ ἵνα λυπηθῆτε ἀλλὰ τὴν ἀγάπην ἵνα γνῶτε ἣν ἔχω περισσοτέρως εἰς ὑμᾶς.

Forgiveness for the Offender

5 Εἰ δέ τις λελύπηκεν, οὐκ ἐμὲ λελύπηκεν, ἀλλ' ἀπὸ μέρους, ἵνα μὴ ἐπιβαρῶ, πάντας ὑμᾶς. **6** ἱκανὸν τῷ τοιούτῳ ἡ ἐπιτιμία αὕτη ἡ ὑπὸ τῶν πλειόνων, **7** ὥστε τοὐναντίον μᾶλλον ὑμᾶς χαρίσασθαι καὶ παρακαλέσαι, μή πως τῇ περισσοτέρᾳ λύπῃ καταποθῇ ὁ τοιοῦτος. **8** διὸ παρακαλῶ ὑμᾶς κυρῶσαι εἰς αὐτὸν ἀγάπην· **9** εἰς τοῦτο γὰρ καὶ ἔγραψα, ἵνα γνῶ τὴν δοκιμὴν ὑμῶν, εἰ εἰς πάντα ὑπήκοοί ἐστε. **10** ᾧ δέ τι χαρίζεσθε, κἀγώ· καὶ γὰρ ἐγὼ ὃ κεχάρισμαι, εἴ τι κεχάρισμαι, δι' ὑμᾶς ἐν προσώπῳ Χριστοῦ, **11** ἵνα μὴ πλεονεκτηθῶμεν ὑπὸ τοῦ σατανᾶ· οὐ γὰρ αὐτοῦ τὰ νοήματα ἀγνοοῦμεν.

Paul's Anxiety and Relief

12 Ἐλθὼν δὲ εἰς τὴν Τρῳάδα εἰς τὸ εὐαγγέλιον τοῦ Χριστοῦ καὶ θύρας μοι ἀνεῳγμένης ἐν κυρίῳ, **13** οὐκ ἔσχηκα ἄνεσιν

---

[1] **1** {C} γάρ 𝔓[46] 03 0223 0243 33 1175 1739 1881 1962 lat[vl-pt] syh cpa co[sa-mss, bo] ∥ δέ 01 02 04 06[1] 012 025 0150 0285 6 81 256 263 365 1573 2127 2464 *Byz* lat[vl-pt, vg] sy[p] Chrysostom ∥ τε 06* ∥ *omit* co[sa-ms, bo-mss]

τῷ πνεύματί μου τῷ μὴ εὑρεῖν με Τίτον τὸν ἀδελφόν μου, ἀλλ᾽ ἀποταξάμενος αὐτοῖς ἐξῆλθον εἰς Μακεδονίαν.

14 Τῷ δὲ θεῷ χάρις τῷ πάντοτε θριαμβεύοντι ἡμᾶς ἐν τῷ Χριστῷ καὶ τὴν ὀσμὴν τῆς γνώσεως αὐτοῦ φανεροῦντι δι᾽ ἡμῶν ἐν παντὶ τόπῳ· **15** ὅτι Χριστοῦ εὐωδία ἐσμὲν τῷ θεῷ ἐν τοῖς σῳζομένοις καὶ ἐν τοῖς ἀπολλυμένοις, **16** οἷς μὲν ὀσμὴ ἐκ θανάτου εἰς θάνατον, οἷς δὲ ὀσμὴ ἐκ ζωῆς εἰς ζωήν. καὶ πρὸς ταῦτα τίς ἱκανός; **17** οὐ γάρ ἐσμεν ὡς οἱ πολλοὶ[2] καπηλεύοντες τὸν λόγον τοῦ θεοῦ, ἀλλ᾽ ὡς ἐξ εἰλικρινείας, ἀλλ᾽ ὡς ἐκ θεοῦ κατέναντι θεοῦ ἐν Χριστῷ λαλοῦμεν.

Ministers of the New Covenant

3 Ἀρχόμεθα πάλιν ἑαυτοὺς συνιστάνειν; ἢ μὴ χρῄζομεν ὥς τινες συστατικῶν ἐπιστολῶν πρὸς ὑμᾶς ἢ ἐξ ὑμῶν; **2** ἡ ἐπιστολὴ ἡμῶν ὑμεῖς ἐστε, ἐγγεγραμμένη ἐν ταῖς καρδίαις ἡμῶν[1], γινωσκομένη καὶ ἀναγινωσκομένη ὑπὸ πάντων ἀνθρώπων, **3** φανερούμενοι ὅτι ἐστὲ ἐπιστολὴ Χριστοῦ διακονηθεῖσα ὑφ᾽ ἡμῶν, ἐγγεγραμμένη οὐ μέλανι ἀλλὰ πνεύματι θεοῦ ζῶντος, οὐκ ἐν πλαξὶν λιθίναις ἀλλ᾽ ἐν πλαξὶν καρδίαις σαρκίναις.

4 Πεποίθησιν δὲ τοιαύτην ἔχομεν διὰ τοῦ Χριστοῦ πρὸς τὸν θεόν. **5** οὐχ ὅτι ἀφ᾽ ἑαυτῶν ἱκανοί ἐσμεν λογίσασθαί τι ὡς ἐξ ἑαυτῶν, ἀλλ᾽ ἡ ἱκανότης ἡμῶν ἐκ τοῦ θεοῦ, **6** ὃς καὶ ἱκάνωσεν ἡμᾶς διακόνους καινῆς διαθήκης, οὐ γράμματος ἀλλὰ πνεύματος· τὸ γὰρ γράμμα ἀποκτέννει, τὸ δὲ πνεῦμα ζῳοποιεῖ. **7** εἰ δὲ ἡ διακονία τοῦ θανάτου ἐν γράμμασιν ἐντετυπωμένη λίθοις ἐγενήθη ἐν δόξῃ, ὥστε μὴ δύνασθαι ἀτενίσαι τοὺς υἱοὺς Ἰσραὴλ εἰς τὸ πρόσωπον Μωϋσέως διὰ τὴν δόξαν τοῦ προσώπου αὐτοῦ τὴν καταργουμένην, **8** πῶς οὐχὶ μᾶλλον ἡ διακονία τοῦ πνεύματος ἔσται ἐν δόξῃ; **9** εἰ γὰρ τῇ διακονίᾳ τῆς κατακρίσεως δόξα, πολλῷ μᾶλλον περισσεύει ἡ διακονία τῆς δικαιοσύνης δόξῃ. **10** καὶ γὰρ οὐ δεδόξασται τὸ δεδοξασμένον ἐν τούτῳ

---

[2]**17** {B} πολλοί 01 02 03 04 025 0150 0243 33 81 256 263 365 1175 1573 1739 1881 1962 2127 2464 *Byz* lat^(vl-pt, vg) co eth Irenaeus^(gr, lat) Basil ∥ λοιποί 𝔓⁴⁶ 06 012 020 6 *Lect* lat^(vl-pt) sy Chrysostom

[1]**2** {A} ἡμῶν 𝔓⁴⁶ 02 03 04 06 012 025 0150 0243 6 81 256 263 365 1573 1739 1962 2127 2464 *Byz* lat sy co eth Chrysostom Cyril ∥ ὑμῶν 01 33 1175 1881

τῷ μέρει εἵνεκεν τῆς ὑπερβαλλούσης δόξης. **11** εἰ γὰρ τὸ καταργούμενον διὰ δόξης, πολλῷ μᾶλλον τὸ μένον ἐν δόξῃ.

12 Ἔχοντες οὖν τοιαύτην ἐλπίδα πολλῇ παρρησίᾳ χρώμεθα **13** καὶ οὐ καθάπερ Μωϋσῆς ἐτίθει κάλυμμα ἐπὶ τὸ πρόσωπον αὐτοῦ πρὸς τὸ μὴ ἀτενίσαι τοὺς υἱοὺς Ἰσραὴλ εἰς τὸ τέλος τοῦ καταργουμένου. **14** ἀλλ' ἐπωρώθη τὰ νοήματα αὐτῶν. ἄχρι γὰρ τῆς σήμερον ἡμέρας τὸ αὐτὸ κάλυμμα ἐπὶ τῇ ἀναγνώσει τῆς παλαιᾶς διαθήκης μένει, μὴ ἀνακαλυπτόμενον ὅτι ἐν Χριστῷ καταργεῖται· **15** ἀλλ' ἕως σήμερον ἡνίκα ἂν ἀναγινώσκηται Μωϋσῆς, κάλυμμα ἐπὶ τὴν καρδίαν αὐτῶν κεῖται· **16** ἡνίκα δὲ ἐὰν ἐπιστρέψῃ πρὸς κύριον, περιαιρεῖται τὸ κάλυμμα. **17** ὁ δὲ κύριος τὸ πνεῦμά ἐστιν· οὗ δὲ τὸ πνεῦμα κυρίου, ἐλευθερία. **18** ἡμεῖς δὲ πάντες ἀνακεκαλυμμένῳ προσώπῳ τὴν δόξαν κυρίου κατοπτριζόμενοι τὴν αὐτὴν εἰκόνα μεταμορφούμεθα ἀπὸ δόξης εἰς δόξαν καθάπερ ἀπὸ κυρίου πνεύματος.

Treasure in Clay Jars

4 Διὰ τοῦτο, ἔχοντες τὴν διακονίαν ταύτην καθὼς ἠλεήθημεν, οὐκ ἐγκακοῦμεν **2** ἀλλ' ἀπειπάμεθα τὰ κρυπτὰ τῆς αἰσχύνης, μὴ περιπατοῦντες ἐν πανουργίᾳ μηδὲ δολοῦντες τὸν λόγον τοῦ θεοῦ ἀλλὰ τῇ φανερώσει τῆς ἀληθείας συνιστάνοντες ἑαυτοὺς πρὸς πᾶσαν συνείδησιν ἀνθρώπων ἐνώπιον τοῦ θεοῦ. **3** εἰ δὲ καὶ ἔστιν κεκαλυμμένον τὸ εὐαγγέλιον ἡμῶν, ἐν τοῖς ἀπολλυμένοις ἐστὶν κεκαλυμμένον, **4** ἐν οἷς ὁ θεὸς τοῦ αἰῶνος τούτου ἐτύφλωσεν τὰ νοήματα τῶν ἀπίστων εἰς τὸ μὴ αὐγάσαι τὸν φωτισμὸν τοῦ εὐαγγελίου τῆς δόξης τοῦ Χριστοῦ, ὅς ἐστιν εἰκὼν τοῦ θεοῦ. **5** οὐ γὰρ ἑαυτοὺς κηρύσσομεν ἀλλ' Ἰησοῦν Χριστὸν κύριον, ἑαυτοὺς δὲ δούλους ὑμῶν διὰ Ἰησοῦν[1]. **6** ὅτι ὁ θεὸς ὁ εἰπών· ἐκ σκότους φῶς λάμψει, ὃς ἔλαμψεν ἐν ταῖς καρδίαις ἡμῶν πρὸς φωτισμὸν τῆς γνώσεως τῆς δόξης τοῦ θεοῦ ἐν προσώπῳ [Ἰησοῦ] Χριστοῦ.

---

[1]**5** {B} Ἰησοῦν 02*vid 03 06 012 015 025 0150 6 81 256 263 365 1175 1573 1962 2127 *Byz* lat^(vl-pt) sy cpa (eth) Cyril-Jerusalem Gregory-Nyssa Chrysostom^(pt, (pt)) Cyril^(pt) ∥ Ἰησοῦ 𝔓46 01* 02^c 04 0243 33 1739 1881 lat^(vl-pt, vg) co^(sa, bo) Marcion^(acc. to Epiphanius) ∥ Χριστοῦ 01^1 2464 co^(bo-ms) Cyril^(pt) ∥ Ἰησοῦν Χριστοῦ lat^(vl-pt) co^(bo-ms) Cyril^(pt)

7 Ἔχομεν δὲ τὸν θησαυρὸν τοῦτον ἐν ὀστρακίνοις σκεύεσιν, ἵνα ἡ ὑπερβολὴ τῆς δυνάμεως ᾖ τοῦ θεοῦ καὶ μὴ ἐξ ἡμῶν· 8 ἐν παντὶ θλιβόμενοι ἀλλ᾽ οὐ στενοχωρούμενοι, ἀπορούμενοι ἀλλ᾽ οὐκ ἐξαπορούμενοι, 9 διωκόμενοι ἀλλ᾽ οὐκ ἐγκαταλειπόμενοι, καταβαλλόμενοι ἀλλ᾽ οὐκ ἀπολλύμενοι, 10 πάντοτε τὴν νέκρωσιν τοῦ Ἰησοῦ ἐν τῷ σώματι περιφέροντες, ἵνα καὶ ἡ ζωὴ τοῦ Ἰησοῦ ἐν τῷ σώματι ἡμῶν φανερωθῇ. 11 ἀεὶ γὰρ ἡμεῖς οἱ ζῶντες εἰς θάνατον παραδιδόμεθα διὰ Ἰησοῦν, ἵνα καὶ ἡ ζωὴ τοῦ Ἰησοῦ φανερωθῇ ἐν τῇ θνητῇ σαρκὶ ἡμῶν. 12 ὥστε ὁ θάνατος ἐν ἡμῖν ἐνεργεῖται, ἡ δὲ ζωὴ ἐν ὑμῖν. 13 ἔχοντες δὲ τὸ αὐτὸ πνεῦμα τῆς πίστεως κατὰ τὸ γεγραμμένον· *ἐπίστευσα, διὸ ἐλάλησα,* καὶ ἡμεῖς πιστεύομεν, διὸ καὶ λαλοῦμεν, 14 εἰδότες ὅτι ὁ ἐγείρας τὸν κύριον Ἰησοῦν καὶ ἡμᾶς σὺν Ἰησοῦ ἐγερεῖ καὶ παραστήσει σὺν ὑμῖν. 15 τὰ γὰρ πάντα δι᾽ ὑμᾶς, ἵνα ἡ χάρις πλεονάσασα διὰ τῶν πλειόνων τὴν εὐχαριστίαν περισσεύσῃ εἰς τὴν δόξαν τοῦ θεοῦ.

Ps 116.10 LXX

Living by Faith

16 Διὸ οὐκ ἐγκακοῦμεν, ἀλλ᾽ εἰ καὶ ὁ ἔξω ἡμῶν ἄνθρωπος διαφθείρεται, ἀλλ᾽ ὁ ἔσω ἡμῶν ἀνακαινοῦται ἡμέρᾳ καὶ ἡμέρᾳ. 17 τὸ γὰρ παραυτίκα ἐλαφρὸν τῆς θλίψεως ἡμῶν καθ᾽ ὑπερβολὴν εἰς ὑπερβολὴν αἰώνιον βάρος δόξης κατεργάζεται ἡμῖν, 18 μὴ σκοπούντων ἡμῶν τὰ βλεπόμενα ἀλλὰ τὰ μὴ βλεπόμενα· τὰ γὰρ βλεπόμενα πρόσκαιρα, τὰ δὲ μὴ βλεπόμενα αἰώνια.

5 Οἴδαμεν γὰρ ὅτι ἐὰν ἡ ἐπίγειος ἡμῶν οἰκία τοῦ σκήνους καταλυθῇ, οἰκοδομὴν ἐκ θεοῦ ἔχομεν, οἰκίαν ἀχειροποίητον αἰώνιον ἐν τοῖς οὐρανοῖς. 2 καὶ γὰρ ἐν τούτῳ στενάζομεν τὸ οἰκητήριον ἡμῶν τὸ ἐξ οὐρανοῦ ἐπενδύσασθαι ἐπιποθοῦντες, 3 εἴ γε καὶ ἐκδυσάμενοι[1] οὐ γυμνοὶ εὑρεθησόμεθα. 4 καὶ γὰρ οἱ ὄντες ἐν τῷ σκήνει στενάζομεν βαρούμενοι, ἐφ᾽ ᾧ οὐ θέλομεν ἐκδύσασθαι ἀλλ᾽ ἐπενδύσασθαι, ἵνα καταποθῇ τὸ θνητὸν ὑπὸ τῆς ζωῆς. 5 ὁ δὲ κατεργασάμενος ἡμᾶς εἰς αὐτὸ τοῦτο

---

[1] 3 {C} ἐκδυσάμενοι 06*,c (012) lat^{vl-pt} Marcion^{acc. to Tertullian} Tertullian // ἐνδυσάμενοι 𝔓46 01 03 04 06² 025 0150 0243 6 33 81 256 263 365 1175 1573 1739 1881 1962 2127 2464 *Byz* lat^{vl-pt, vg} sy cpa co eth Clement Chrysostom Cyril

θεός, ὁ δοὺς ἡμῖν τὸν ἀρραβῶνα τοῦ πνεύματος. 6 θαρροῦντες οὖν πάντοτε καὶ εἰδότες ὅτι ἐνδημοῦντες ἐν τῷ σώματι ἐκδημοῦμεν ἀπὸ τοῦ κυρίου· 7 διὰ πίστεως γὰρ περιπατοῦμεν, οὐ διὰ εἴδους· 8 θαρροῦμεν δὲ καὶ εὐδοκοῦμεν μᾶλλον ἐκδημῆσαι ἐκ τοῦ σώματος καὶ ἐνδημῆσαι πρὸς τὸν κύριον. 9 διὸ καὶ φιλοτιμούμεθα, εἴτε ἐνδημοῦντες εἴτε ἐκδημοῦντες, εὐάρεστοι αὐτῷ εἶναι. 10 τοὺς γὰρ πάντας ἡμᾶς φανερωθῆναι δεῖ ἔμπροσθεν τοῦ βήματος τοῦ Χριστοῦ, ἵνα κομίσηται ἕκαστος τὰ διὰ τοῦ σώματος πρὸς ἃ ἔπραξεν, εἴτε ἀγαθὸν εἴτε φαῦλον.

The Ministry of Reconciliation

11 Εἰδότες οὖν τὸν φόβον τοῦ κυρίου ἀνθρώπους πείθομεν, θεῷ δὲ πεφανερώμεθα· ἐλπίζω δὲ καὶ ἐν ταῖς συνειδήσεσιν ὑμῶν πεφανερῶσθαι. 12 οὐ πάλιν ἑαυτοὺς συνιστάνομεν ὑμῖν ἀλλ᾽ ἀφορμὴν διδόντες ὑμῖν καυχήματος ὑπὲρ ἡμῶν, ἵνα ἔχητε πρὸς τοὺς ἐν προσώπῳ καυχωμένους καὶ μὴ ἐν καρδίᾳ. 13 εἴτε γὰρ ἐξέστημεν, θεῷ· εἴτε σωφρονοῦμεν, ὑμῖν. 14 ἡ γὰρ ἀγάπη τοῦ Χριστοῦ συνέχει ἡμᾶς, κρίναντας τοῦτο, ὅτι εἷς ὑπὲρ πάντων ἀπέθανεν, ἄρα οἱ πάντες ἀπέθανον· 15 καὶ ὑπὲρ πάντων ἀπέθανεν, ἵνα οἱ ζῶντες μηκέτι ἑαυτοῖς ζῶσιν ἀλλὰ τῷ ὑπὲρ αὐτῶν ἀποθανόντι καὶ ἐγερθέντι. 16 ὥστε ἡμεῖς ἀπὸ τοῦ νῦν οὐδένα οἴδαμεν κατὰ σάρκα· εἰ καὶ ἐγνώκαμεν κατὰ σάρκα Χριστόν, ἀλλὰ νῦν οὐκέτι γινώσκομεν. 17 ὥστε εἴ τις ἐν Χριστῷ, καινὴ κτίσις· τὰ ἀρχαῖα παρῆλθεν, ἰδοὺ γέγονεν καινά[2]. 18 τὰ δὲ πάντα ἐκ τοῦ θεοῦ τοῦ καταλλάξαντος ἡμᾶς ἑαυτῷ διὰ Χριστοῦ καὶ δόντος ἡμῖν τὴν διακονίαν τῆς καταλλαγῆς, 19 ὡς ὅτι θεὸς ἦν ἐν Χριστῷ κόσμον καταλλάσσων ἑαυτῷ, μὴ λογιζόμενος αὐτοῖς τὰ παραπτώματα αὐτῶν καὶ θέμενος ἐν ἡμῖν τὸν λόγον τῆς καταλλαγῆς. 20 ὑπὲρ Χριστοῦ οὖν πρεσβεύομεν ὡς τοῦ θεοῦ παρακαλοῦντος δι᾽ ἡμῶν· δεόμεθα ὑπὲρ Χριστοῦ, καταλλάγητε τῷ θεῷ. 21 τὸν μὴ γνόντα ἁμαρτίαν ὑπὲρ

---

[2]17 {A} καινά 𝔓⁴⁶ 01 03 04 06* 012 048 0243 1175 1739 1962 lat^(vl-pt, vg) (sy^p) cpa co Clement Athanasius^ms Cyril^pt ∥ καινὰ τὰ πάντα 06² 018 020 025 0150 263 2464 Byz^pt TR Lect^pt sy^h eth Marcion^(acc. to Tertullian) (Origen^gr) Chrysostom^pt ∥ τὰ πάντα καινά 6 33 81 256 365 1573 1881 2127 Byz^pt Lect^pt lat^(vl-pt) Origen^lat Athanasius Gregory-Nyssa Chrysostom^pt Cyril^pt

ἡμῶν ἁμαρτίαν ἐποίησεν, ἵνα ἡμεῖς γενώμεθα δικαιοσύνῃ θεοῦ ἐν αὐτῷ.

6 Συνεργοῦντες δὲ καὶ παρακαλοῦμεν μὴ εἰς κενὸν τὴν χάριν τοῦ θεοῦ δέξασθαι ὑμᾶς· **2** λέγει γάρ·

Is 49.8
καιρῷ δεκτῷ ἐπήκουσά σου
καὶ ἐν ἡμέρᾳ σωτηρίας ἐβοήθησά σοι.

ἰδοὺ νῦν καιρὸς εὐπρόσδεκτος, ἰδοὺ νῦν ἡμέρα σωτηρίας. **3** μηδεμίαν ἐν μηδενὶ διδόντες προσκοπήν, ἵνα μὴ μωμηθῇ ἡ διακονία, **4** ἀλλ' ἐν παντὶ συνιστάντες ἑαυτοὺς ὡς θεοῦ διάκονοι, ἐν ὑπομονῇ πολλῇ, ἐν θλίψεσιν, ἐν ἀνάγκαις, ἐν στενοχωρίαις, **5** ἐν πληγαῖς, ἐν φυλακαῖς, ἐν ἀκαταστασίαις, ἐν κόποις, ἐν ἀγρυπνίαις, ἐν νηστείαις, **6** ἐν ἁγνότητι, ἐν γνώσει, ἐν μακροθυμίᾳ, ἐν χρηστότητι, ἐν πνεύματι ἁγίῳ, ἐν ἀγάπῃ ἀνυποκρίτῳ, **7** ἐν λόγῳ ἀληθείας, ἐν δυνάμει θεοῦ· διὰ τῶν ὅπλων τῆς δικαιοσύνης τῶν δεξιῶν καὶ ἀριστερῶν, **8** διὰ δόξης καὶ ἀτιμίας, διὰ δυσφημίας καὶ εὐφημίας· ὡς πλάνοι καὶ ἀληθεῖς, **9** ὡς ἀγνοούμενοι καὶ ἐπιγινωσκόμενοι, ὡς ἀποθνῄσκοντες καὶ ἰδοὺ ζῶμεν, ὡς παιδευόμενοι καὶ μὴ θανατούμενοι, **10** ὡς λυπούμενοι ἀεὶ δὲ χαίροντες, ὡς πτωχοὶ πολλοὺς δὲ πλουτίζοντες, ὡς μηδὲν ἔχοντες καὶ πάντα κατέχοντες.

11 Τὸ στόμα ἡμῶν ἀνέῳγεν πρὸς ὑμᾶς, Κορίνθιοι, ἡ καρδία ἡμῶν πεπλάτυνται· **12** οὐ στενοχωρεῖσθε ἐν ἡμῖν, στενοχωρεῖσθε δὲ ἐν τοῖς σπλάγχνοις ὑμῶν· **13** τὴν δὲ αὐτὴν ἀντιμισθίαν, ὡς τέκνοις λέγω, πλατύνθητε καὶ ὑμεῖς.

The Temple of the Living God

14 Μὴ γίνεσθε ἑτεροζυγοῦντες ἀπίστοις· τίς γὰρ μετοχὴ δικαιοσύνῃ καὶ ἀνομίᾳ, ἢ τίς κοινωνία φωτὶ πρὸς σκότος; **15** τίς δὲ συμφώνησις Χριστοῦ πρὸς Βελιάρ, ἢ τίς μερὶς πιστῷ μετὰ ἀπίστου; **16** τίς δὲ συγκατάθεσις ναῷ θεοῦ μετὰ εἰδώλων; ἡμεῖς γὰρ ναὸς θεοῦ ἐσμεν[1] ζῶντος, καθὼς εἶπεν ὁ θεὸς ὅτι

---

[1] **16** {B} ἡμεῖς γὰρ ναὸς θεοῦ ἐσμεν 03 06* 020 025 (6) 33 81 256 365 1175 1573ᶜ 1881 1962 (2127) 2464 latᵛˡ⁻ᵖᵗ cpa co eth Origenᵍʳ ∥ ἡμεῖς γὰρ ναοὶ θεοῦ ἐσμεν 01* 0243 1739 (Clement) Cyril ∥ ὑμεῖς γὰρ ναὸς θεοῦ ἐστε (*see* 1 Cor 3.16) 𝔓⁴⁶ (01² ἐστε θεοῦ) 04 06² 012 0150 263 1573* *Byz* latᵛˡ⁻ᵖᵗ, ᵛᵍ sy Tertullian Origenˡᵃᵗ Basil Chrysostom

ἐνοικήσω ἐν αὐτοῖς καὶ ἐμπεριπατήσω Lv 26.11-12;
καὶ ἔσομαι αὐτῶν θεὸς καὶ αὐτοὶ ἔσονταί μου λαός. Eze 37.27

17 διὸ ἐξέλθατε ἐκ μέσου αὐτῶν Is 52.11;
καὶ ἀφορίσθητε, λέγει κύριος, Eze 20.34, 41
καὶ ἀκαθάρτου μὴ ἅπτεσθε·
κἀγὼ εἰσδέξομαι ὑμᾶς
18 καὶ ἔσομαι ὑμῖν εἰς πατέρα 2Sm 7.14
καὶ ὑμεῖς ἔσεσθέ μοι εἰς υἱοὺς καὶ θυγατέρας,
λέγει κύριος παντοκράτωρ.

7 Ταύτας οὖν ἔχοντες τὰς ἐπαγγελίας, ἀγαπητοί, καθαρίσωμεν ἑαυτοὺς ἀπὸ παντὸς μολυσμοῦ σαρκὸς καὶ πνεύματος, ἐπιτελοῦντες ἁγιωσύνην ἐν φόβῳ θεοῦ.

Paul's Joy at the Church's Repentance

2 Χωρήσατε ἡμᾶς· οὐδένα ἠδικήσαμεν, οὐδένα ἐφθείραμεν, οὐδένα ἐπλεονεκτήσαμεν. 3 πρὸς κατάκρισιν οὐ λέγω· προείρηκα γὰρ ὅτι ἐν ταῖς καρδίαις ἡμῶν ἐστε εἰς τὸ συναποθανεῖν καὶ συζῆν. 4 πολλή μοι παρρησία πρὸς ὑμᾶς, πολλή μοι καύχησις ὑπὲρ ὑμῶν· πεπλήρωμαι τῇ παρακλήσει, ὑπερπερισσεύομαι τῇ χαρᾷ ἐπὶ πάσῃ τῇ θλίψει ἡμῶν.

5 Καὶ γὰρ ἐλθόντων ἡμῶν εἰς Μακεδονίαν οὐδεμίαν ἔσχηκεν ἄνεσιν ἡ σὰρξ ἡμῶν ἀλλ᾽ ἐν παντὶ θλιβόμενοι· ἔξωθεν μάχαι, ἔσωθεν φόβοι. 6 ἀλλ᾽ ὁ παρακαλῶν τοὺς ταπεινοὺς παρεκάλεσεν ἡμᾶς ὁ θεὸς ἐν τῇ παρουσίᾳ Τίτου, 7 οὐ μόνον δὲ ἐν τῇ παρουσίᾳ αὐτοῦ ἀλλὰ καὶ ἐν τῇ παρακλήσει ᾗ παρεκλήθη ἐφ᾽ ὑμῖν, ἀναγγέλλων ἡμῖν τὴν ὑμῶν ἐπιπόθησιν, τὸν ὑμῶν ὀδυρμόν, τὸν ὑμῶν ζῆλον ὑπὲρ ἐμοῦ ὥστε με μᾶλλον χαρῆναι. 8 ὅτι εἰ καὶ ἐλύπησα ὑμᾶς ἐν τῇ ἐπιστολῇ, οὐ μεταμέλομαι· εἰ καὶ μετεμελόμην, βλέπω [γὰρ]¹ ὅτι ἡ ἐπιστολὴ ἐκείνη εἰ καὶ πρὸς ὥραν ἐλύπησεν ὑμᾶς, 9 νῦν χαίρω, οὐχ ὅτι ἐλυπήθητε ἀλλ᾽ ὅτι ἐλυπήθητε εἰς μετάνοιαν· ἐλυπήθητε γὰρ κατὰ θεόν, ἵνα ἐν μηδενὶ ζημιωθῆτε ἐξ ἡμῶν. 10 ἡ γὰρ κατὰ θεὸν λύπη μετάνοιαν

---

¹8 {C} βλέπω γάρ 01 04 06¹ 012 025 0150 0243 6 33 81 256 263 365 1175 1573 1739 1881 1962 2127 2464 *Byz* lat^{vl-pt} sy co^{bo} Basil Chrysostom ∥ βλέπω 𝔓^{46c} 𝔓^{117} 03 06* lat^{vl-pt} co^{sa} ∥ βλέπων 𝔓^{46*} lat^{vg}

εἰς σωτηρίαν ἀμεταμέλητον ἐργάζεται· ἡ δὲ τοῦ κόσμου λύπη θάνατον κατεργάζεται. **11** ἰδοὺ γὰρ αὐτὸ τοῦτο τὸ κατὰ θεὸν λυπηθῆναι πόσην κατειργάσατο ὑμῖν σπουδήν, ἀλλ᾽ ἀπολογίαν, ἀλλ᾽ ἀγανάκτησιν, ἀλλὰ φόβον, ἀλλ᾽ ἐπιπόθησιν, ἀλλὰ ζῆλον, ἀλλ᾽ ἐκδίκησιν. ἐν παντὶ συνεστήσατε ἑαυτοὺς ἁγνοὺς εἶναι τῷ πράγματι. **12** ἄρα εἰ καὶ ἔγραψα ὑμῖν, οὐχ ἕνεκεν τοῦ ἀδικήσαντος οὐδὲ ἕνεκεν τοῦ ἀδικηθέντος ἀλλ᾽ ἕνεκεν τοῦ φανερωθῆναι τὴν σπουδὴν ὑμῶν τὴν ὑπὲρ ἡμῶν πρὸς ὑμᾶς ἐνώπιον τοῦ θεοῦ. **13** διὰ τοῦτο παρακεκλήμεθα. ἐπὶ δὲ τῇ παρακλήσει ἡμῶν περισσοτέρως μᾶλλον ἐχάρημεν ἐπὶ τῇ χαρᾷ Τίτου, ὅτι ἀναπέπαυται τὸ πνεῦμα αὐτοῦ ἀπὸ πάντων ὑμῶν· **14** ὅτι εἴ τι αὐτῷ ὑπὲρ ὑμῶν κεκαύχημαι, οὐ κατῃσχύνθην, ἀλλ᾽ ὡς πάντα ἐν ἀληθείᾳ ἐλαλήσαμεν ὑμῖν, οὕτως καὶ ἡ καύχησις ἡμῶν ἡ ἐπὶ Τίτου ἀλήθεια ἐγενήθη. **15** καὶ τὰ σπλάγχνα αὐτοῦ περισσοτέρως εἰς ὑμᾶς ἐστιν ἀναμιμνῃσκομένου τὴν πάντων ὑμῶν ὑπακοήν, ὡς μετὰ φόβου καὶ τρόμου ἐδέξασθε αὐτόν. **16** χαίρω ὅτι ἐν παντὶ θαρρῶ ἐν ὑμῖν.

Generous Giving

8 Γνωρίζομεν δὲ ὑμῖν, ἀδελφοί, τὴν χάριν τοῦ θεοῦ τὴν δεδομένην ἐν ταῖς ἐκκλησίαις τῆς Μακεδονίας, **2** ὅτι ἐν πολλῇ δοκιμῇ θλίψεως ἡ περισσεία τῆς χαρᾶς αὐτῶν καὶ ἡ κατὰ βάθους πτωχεία αὐτῶν ἐπερίσσευσεν εἰς τὸ πλοῦτος τῆς ἁπλότητος αὐτῶν· **3** ὅτι κατὰ δύναμιν, μαρτυρῶ, καὶ παρὰ δύναμιν, αὐθαίρετοι **4** μετὰ πολλῆς παρακλήσεως δεόμενοι ἡμῶν τὴν χάριν καὶ τὴν κοινωνίαν τῆς διακονίας τῆς εἰς τοὺς ἁγίους, **5** καὶ οὐ καθὼς ἠλπίσαμεν ἀλλ᾽ ἑαυτοὺς ἔδωκαν πρῶτον τῷ κυρίῳ καὶ ἡμῖν διὰ θελήματος θεοῦ **6** εἰς τὸ παρακαλέσαι ἡμᾶς Τίτον, ἵνα καθὼς προενήρξατο οὕτως καὶ ἐπιτελέσῃ εἰς ὑμᾶς καὶ τὴν χάριν ταύτην. **7** ἀλλ᾽ ὥσπερ ἐν παντὶ περισσεύετε, πίστει καὶ λόγῳ καὶ γνώσει καὶ πάσῃ σπουδῇ καὶ τῇ ἐξ ἡμῶν ἐν ὑμῖν[1] ἀγάπῃ, ἵνα καὶ ἐν ταύτῃ τῇ χάριτι περισσεύητε.

---

[1] 7 {C} ἡμῶν ἐν ὑμῖν 𝔓46 03 0243 6 1175 1739 1881 1962 lat[vl-pt] sy[p] co Origen[lat] // ὑμῶν ἐν ἡμῖν 01 04 06 012 025 0150 (33 εἰς ἡμᾶς) 81 256 365 1573 2127 *Byz* lat[vl-pt, vg] sy[h] eth (Chrysostom) // ὑμῶν ἐν ὑμῖν 2464 // ἡμῶν ἐν ἡμῖν 263

8 οὐ κατ' ἐπιταγὴν λέγω ἀλλὰ διὰ τῆς ἑτέρων σπουδῆς καὶ τὸ τῆς ὑμετέρας ἀγάπης γνήσιον δοκιμάζων· **9** γινώσκετε γὰρ τὴν χάριν τοῦ κυρίου ἡμῶν Ἰησοῦ Χριστοῦ, ὅτι δι' ὑμᾶς ἐπτώχευσεν πλούσιος ὤν, ἵνα ὑμεῖς τῇ ἐκείνου πτωχείᾳ πλουτήσητε. **10** καὶ γνώμην ἐν τούτῳ δίδωμι· τοῦτο γὰρ ὑμῖν συμφέρει, οἵτινες οὐ μόνον τὸ ποιῆσαι ἀλλὰ καὶ τὸ θέλειν προενήρξασθε ἀπὸ πέρυσι· **11** νυνὶ δὲ καὶ τὸ ποιῆσαι ἐπιτελέσατε, ὅπως καθάπερ ἡ προθυμία τοῦ θέλειν, οὕτως καὶ τὸ ἐπιτελέσαι ἐκ τοῦ ἔχειν. **12** εἰ γὰρ ἡ προθυμία πρόκειται, καθὸ ἐὰν ἔχῃ εὐπρόσδεκτος, οὐ καθὸ οὐκ ἔχει. **13** οὐ γὰρ ἵνα ἄλλοις ἄνεσις, ὑμῖν θλῖψις, ἀλλ' ἐξ ἰσότητος· **14** ἐν τῷ νῦν καιρῷ τὸ ὑμῶν περίσσευμα εἰς τὸ ἐκείνων ὑστέρημα, ἵνα καὶ τὸ ἐκείνων περίσσευμα γένηται εἰς τὸ ὑμῶν ὑστέρημα, ὅπως γένηται ἰσότης, **15** καθὼς γέγραπται· *ὁ τὸ πολὺ οὐκ ἐπλεόνασεν, καὶ ὁ τὸ ὀλίγον οὐκ ἠλαττόνησεν.* Ex 16.18

Titus and His Companions

16 Χάρις δὲ τῷ θεῷ τῷ δόντι τὴν αὐτὴν σπουδὴν ὑπὲρ ὑμῶν ἐν τῇ καρδίᾳ Τίτου, **17** ὅτι τὴν μὲν παράκλησιν ἐδέξατο, σπουδαιότερος δὲ ὑπάρχων αὐθαίρετος ἐξῆλθεν πρὸς ὑμᾶς. **18** συνεπέμψαμεν δὲ μετ' αὐτοῦ τὸν ἀδελφὸν οὗ ὁ ἔπαινος ἐν τῷ εὐαγγελίῳ διὰ πασῶν τῶν ἐκκλησιῶν, **19** οὐ μόνον δέ, ἀλλὰ καὶ χειροτονηθεὶς ὑπὸ τῶν ἐκκλησιῶν συνέκδημος ἡμῶν σὺν τῇ χάριτι ταύτῃ τῇ διακονουμένῃ ὑφ' ἡμῶν πρὸς τὴν [αὐτοῦ]² τοῦ κυρίου δόξαν καὶ προθυμίαν ἡμῶν, **20** στελλόμενοι τοῦτο, μή τις ἡμᾶς μωμήσηται ἐν τῇ ἁδρότητι ταύτῃ τῇ διακονουμένῃ ὑφ' ἡμῶν· **21** προνοοῦμεν γὰρ καλὰ οὐ μόνον ἐνώπιον κυρίου ἀλλὰ καὶ ἐνώπιον ἀνθρώπων. **22** συνεπέμψαμεν δὲ αὐτοῖς τὸν ἀδελφὸν ἡμῶν ὃν ἐδοκιμάσαμεν ἐν πολλοῖς πολλάκις σπουδαῖον ὄντα, νυνὶ δὲ πολὺ σπουδαιότερον πεποιθήσει πολλῇ τῇ εἰς ὑμᾶς. **23** εἴτε ὑπὲρ Τίτου, κοινωνὸς ἐμὸς καὶ εἰς ὑμᾶς

---

²**19** {C} αὐτοῦ 01 06¹ 0150 6 1881* *Byz* sy Chrysostom // αὐτήν 025 0243 263 1739 1881ᶜ // *omit* 03 04 06* 012 020 81 256 365 1175 1573 1962 2127 2464 lat co eth

συνεργός· εἴτε ἀδελφοὶ ἡμῶν, ἀπόστολοι ἐκκλησιῶν, δόξα Χριστοῦ. **24** τὴν οὖν ἔνδειξιν τῆς ἀγάπης ὑμῶν καὶ ἡμῶν καυχήσεως ὑπὲρ ὑμῶν εἰς αὐτοὺς ἐνδεικνύμενοι εἰς πρόσωπον τῶν ἐκκλησιῶν.

The Collection for Jerusalem

9 Περὶ μὲν γὰρ τῆς διακονίας τῆς εἰς τοὺς ἁγίους περισσόν μοί ἐστιν τὸ γράφειν ὑμῖν· **2** οἶδα γὰρ τὴν προθυμίαν ὑμῶν ἣν ὑπὲρ ὑμῶν καυχῶμαι Μακεδόσιν, ὅτι Ἀχαΐα παρεσκεύασται ἀπὸ πέρυσι, καὶ τὸ ὑμῶν ζῆλος ἠρέθισεν τοὺς πλείονας. **3** ἔπεμψα δὲ τοὺς ἀδελφούς, ἵνα μὴ τὸ καύχημα ἡμῶν τὸ ὑπὲρ ὑμῶν κενωθῇ ἐν τῷ μέρει τούτῳ, ἵνα καθὼς ἔλεγον παρεσκευασμένοι ἦτε, **4** μή πως ἐὰν ἔλθωσιν σὺν ἐμοὶ Μακεδόνες καὶ εὕρωσιν ὑμᾶς ἀπαρασκευάστους καταισχυνθῶμεν ἡμεῖς, ἵνα μὴ λέγω ὑμεῖς, ἐν τῇ ὑποστάσει ταύτῃ[1]. **5** ἀναγκαῖον οὖν ἡγησάμην παρακαλέσαι τοὺς ἀδελφούς, ἵνα προέλθωσιν εἰς ὑμᾶς καὶ προκαταρτίσωσιν τὴν προεπηγγελμένην εὐλογίαν ὑμῶν, ταύτην ἑτοίμην εἶναι οὕτως ὡς εὐλογίαν καὶ μὴ ὡς πλεονεξίαν.

6 Τοῦτο δέ, ὁ σπείρων φειδομένως φειδομένως καὶ θερίσει, καὶ ὁ σπείρων ἐπ' εὐλογίαις ἐπ' εὐλογίαις καὶ θερίσει. **7** ἕκαστος καθὼς προῄρηται τῇ καρδίᾳ, μὴ ἐκ λύπης ἢ ἐξ ἀνάγκης· ἱλαρὸν γὰρ δότην ἀγαπᾷ ὁ θεός. **8** δυνατεῖ δὲ ὁ θεὸς πᾶσαν χάριν περισσεῦσαι εἰς ὑμᾶς, ἵνα ἐν παντὶ πάντοτε πᾶσαν αὐτάρκειαν ἔχοντες περισσεύητε εἰς πᾶν ἔργον ἀγαθόν, **9** καθὼς γέγραπται·

ἐσκόρπισεν, ἔδωκεν τοῖς πένησιν,
ἡ δικαιοσύνη αὐτοῦ μένει εἰς τὸν αἰῶνα.

10 ὁ δὲ ἐπιχορηγῶν σπόρον τῷ σπείροντι καὶ ἄρτον εἰς βρῶσιν χορηγήσει καὶ πληθυνεῖ τὸν σπόρον ὑμῶν καὶ αὐξήσει τὰ γενήματα τῆς δικαιοσύνης ὑμῶν. **11** ἐν παντὶ πλουτιζόμενοι εἰς

---

[1] **4** {B} ταύτῃ 𝔓[46] 01* 03 04 06* 012 048 0243 33 81 1739 1881 1962 2464 lat[vi. vg] co ∥ ταύτῃ τῆς καυχήσεως 01[2] 06[2] 025 0150 6 (256 ταύτης) 263 365 1175 1573 2127 *Byz* lat[vg-ms] sy[(p). h] (Chrysostom)

πᾶσαν ἁπλότητα, ἥτις κατεργάζεται δι' ἡμῶν εὐχαριστίαν τῷ θεῷ· 12 ὅτι ἡ διακονία τῆς λειτουργίας ταύτης οὐ μόνον ἐστὶν προσαναπληροῦσα τὰ ὑστερήματα τῶν ἁγίων, ἀλλὰ καὶ περισσεύουσα διὰ πολλῶν εὐχαριστιῶν τῷ θεῷ. 13 διὰ τῆς δοκιμῆς τῆς διακονίας ταύτης δοξάζοντες τὸν θεὸν ἐπὶ τῇ ὑποταγῇ τῆς ὁμολογίας ὑμῶν εἰς τὸ εὐαγγέλιον τοῦ Χριστοῦ καὶ ἁπλότητι τῆς κοινωνίας εἰς αὐτοὺς καὶ εἰς πάντας, 14 καὶ αὐτῶν δεήσει ὑπὲρ ὑμῶν ἐπιποθούντων ὑμᾶς διὰ τὴν ὑπερβάλλουσαν χάριν τοῦ θεοῦ ἐφ' ὑμῖν. 15 χάρις τῷ θεῷ ἐπὶ τῇ ἀνεκδιηγήτῳ αὐτοῦ δωρεᾷ.

Paul Defends His Ministry

10 Αὐτὸς δὲ ἐγὼ Παῦλος παρακαλῶ ὑμᾶς διὰ τῆς πραΰτητος καὶ ἐπιεικείας τοῦ Χριστοῦ, ὃς κατὰ πρόσωπον μὲν ταπεινὸς ἐν ὑμῖν, ἀπὼν δὲ θαρρῶ εἰς ὑμᾶς· 2 δέομαι δὲ τὸ μὴ παρὼν θαρρῆσαι τῇ πεποιθήσει ᾗ λογίζομαι τολμῆσαι ἐπί τινας τοὺς λογιζομένους ἡμᾶς ὡς κατὰ σάρκα περιπατοῦντας. 3 ἐν σαρκὶ γὰρ περιπατοῦντες οὐ κατὰ σάρκα στρατευόμεθα, 4 τὰ γὰρ ὅπλα τῆς στρατείας ἡμῶν οὐ σαρκικὰ ἀλλὰ δυνατὰ τῷ θεῷ πρὸς καθαίρεσιν ὀχυρωμάτων, λογισμοὺς καθαιροῦντες 5 καὶ πᾶν ὕψωμα ἐπαιρόμενον κατὰ τῆς γνώσεως τοῦ θεοῦ, καὶ αἰχμαλωτίζοντες πᾶν νόημα εἰς τὴν ὑπακοὴν τοῦ Χριστοῦ, 6 καὶ ἐν ἑτοίμῳ ἔχοντες ἐκδικῆσαι πᾶσαν παρακοήν, ὅταν πληρωθῇ ὑμῶν ἡ ὑπακοή.

7 Τὰ κατὰ πρόσωπον βλέπετε. εἴ τις πέποιθεν ἑαυτῷ Χριστοῦ εἶναι, τοῦτο λογιζέσθω πάλιν ἐφ' ἑαυτοῦ, ὅτι καθὼς αὐτὸς Χριστοῦ, οὕτως καὶ ἡμεῖς. 8 ἐάν [τε] γὰρ περισσότερόν τι καυχήσωμαι περὶ τῆς ἐξουσίας ἡμῶν ἧς ἔδωκεν ὁ κύριος εἰς οἰκοδομὴν καὶ οὐκ εἰς καθαίρεσιν ὑμῶν, οὐκ αἰσχυνθήσομαι. 9 ἵνα μὴ δόξω ὡς ἂν ἐκφοβεῖν ὑμᾶς διὰ τῶν ἐπιστολῶν· 10 ὅτι αἱ ἐπιστολαὶ μέν, φησίν, βαρεῖαι καὶ ἰσχυραί, ἡ δὲ παρουσία τοῦ σώματος ἀσθενὴς καὶ ὁ λόγος ἐξουθενημένος. 11 τοῦτο λογιζέσθω ὁ τοιοῦτος, ὅτι οἷοί ἐσμεν τῷ λόγῳ δι' ἐπιστολῶν ἀπόντες, τοιοῦτοι καὶ παρόντες τῷ ἔργῳ.

12 Οὐ γὰρ τολμῶμεν ἐγκρῖναι ἢ συγκρῖναι ἑαυτούς τισιν τῶν ἑαυτοὺς συνιστανόντων, ἀλλ᾽ αὐτοὶ ἐν ἑαυτοῖς ἑαυτοὺς μετροῦντες καὶ συγκρίνοντες ἑαυτοὺς ἑαυτοῖς οὐ συνιᾶσιν. **13** ἡμεῖς δὲ[1] οὐκ εἰς τὰ ἄμετρα καυχησόμεθα ἀλλὰ κατὰ τὸ μέτρον τοῦ κανόνος οὗ ἐμέρισεν ἡμῖν ὁ θεὸς μέτρου, ἐφικέσθαι ἄχρι καὶ ὑμῶν. **14** οὐ γὰρ ὡς μὴ ἐφικνούμενοι εἰς ὑμᾶς ὑπερεκτείνομεν ἑαυτούς, ἄχρι γὰρ καὶ ὑμῶν ἐφθάσαμεν ἐν τῷ εὐαγγελίῳ τοῦ Χριστοῦ, **15** οὐκ εἰς τὰ ἄμετρα καυχώμενοι ἐν ἀλλοτρίοις κόποις, ἐλπίδα δὲ ἔχοντες αὐξανομένης τῆς πίστεως ὑμῶν ἐν ὑμῖν μεγαλυνθῆναι κατὰ τὸν κανόνα ἡμῶν εἰς περισσείαν **16** εἰς τὰ ὑπερέκεινα ὑμῶν εὐαγγελίσασθαι, οὐκ ἐν ἀλλοτρίῳ κανόνι εἰς τὰ ἕτοιμα καυχήσασθαι. **17** *ὁ δὲ καυχώμενος ἐν κυρίῳ καυχάσθω·* **18** οὐ γὰρ ὁ ἑαυτὸν συνιστάνων, ἐκεῖνός ἐστιν δόκιμος, ἀλλ᾽ ὃν ὁ κύριος συνίστησιν.

Jr 9.23-24

Paul and the False Apostles

11 Ὄφελον ἀνείχεσθέ μου μικρόν τι ἀφροσύνης· ἀλλὰ καὶ ἀνέχεσθέ μου. **2** ζηλῶ γὰρ ὑμᾶς θεοῦ ζήλῳ, ἡρμοσάμην γὰρ ὑμᾶς ἑνὶ ἀνδρὶ παρθένον ἁγνὴν παραστῆσαι τῷ Χριστῷ· **3** φοβοῦμαι δὲ μή πως, ὡς ὁ ὄφις ἐξηπάτησεν Εὔαν ἐν τῇ πανουργίᾳ αὐτοῦ, φθαρῇ τὰ νοήματα ὑμῶν ἀπὸ τῆς ἁπλότητος καὶ τῆς ἁγνότητος[1] τῆς εἰς τὸν Χριστόν. **4** εἰ μὲν γὰρ ὁ ἐρχόμενος ἄλλον Ἰησοῦν κηρύσσει ὃν οὐκ ἐκηρύξαμεν, ἢ πνεῦμα ἕτερον λαμβάνετε ὃ οὐκ ἐλάβετε, ἢ εὐαγγέλιον ἕτερον ὃ οὐκ ἐδέξασθε, καλῶς ἀνέχεσθε.

5 Λογίζομαι γὰρ μηδὲν ὑστερηκέναι τῶν ὑπερλίαν ἀποστόλων. **6** εἰ δὲ καὶ ἰδιώτης τῷ λόγῳ, ἀλλ᾽ οὐ τῇ γνώσει, ἀλλ᾽ ἐν

---

[1] **12-13** {B} οὐ συνιᾶσιν. ἡμεῖς δέ 𝔓⁴⁶ 01¹ (01* συνίσασιν) 03 015ᵛⁱᵈ 0243 33 81 1175 1739 1881 1962 2464 ∥ οὐ συνίουσιν. ἡμεῖς δέ 06² 025 0150 6 256 263 365 1573 2127 *Byz* (*or* συνιᾶσιν: latᵛˡ⁻ᵖᵗ sy co) Chrysostom ∥ ἡμεῖς δέ latᵛˡ⁻ᵖᵗ, ᵛᵍ ∥ *omit* 06* 012 latᵛˡ⁻ᵖᵗ

[1] **3** {B} ἀπὸ τῆς ἁπλότητος καὶ τῆς ἁγνότητος 𝔓⁴⁶ 𝔓¹²⁴ 01* 03 (06*ᵛⁱᵈ, ¹) 012 0150 33 81 1962 latᵛˡ⁻ᵖᵗ syʰ ʷⁱᵗʰ * co eth ∥ ἀπὸ τῆς ἁπλότητος 01² 06²ᵛⁱᵈ 015 025 0121 0243 6 256 263 365 1175 1573 1881 2127 2464 *Byz* latᵛˡ⁻ᵖᵗ, ᵛᵍ syᵖ Cassianusᵃᶜᶜ· ᵗᵒ Clement Clement Origenˡᵃᵗ Origenᵈᵘᵇ Eusebius Chrysostom

παντὶ φανερώσαντες[2] ἐν πᾶσιν εἰς ὑμᾶς. 7 ἢ ἁμαρτίαν ἐποίησα ἐμαυτὸν ταπεινῶν ἵνα ὑμεῖς ὑψωθῆτε, ὅτι δωρεὰν τὸ τοῦ θεοῦ εὐαγγέλιον εὐηγγελισάμην ὑμῖν; 8 ἄλλας ἐκκλησίας ἐσύλησα λαβὼν ὀψώνιον πρὸς τὴν ὑμῶν διακονίαν, 9 καὶ παρὼν πρὸς ὑμᾶς καὶ ὑστερηθεὶς οὐ κατενάρκησα οὐθενός· τὸ γὰρ ὑστέρημά μου προσανεπλήρωσαν οἱ ἀδελφοὶ ἐλθόντες ἀπὸ Μακεδονίας, καὶ ἐν παντὶ ἀβαρῆ ἐμαυτὸν ὑμῖν ἐτήρησα καὶ τηρήσω. 10 ἔστιν ἀλήθεια Χριστοῦ ἐν ἐμοὶ ὅτι ἡ καύχησις αὕτη οὐ φραγήσεται εἰς ἐμὲ ἐν τοῖς κλίμασιν τῆς Ἀχαΐας. 11 διὰ τί; ὅτι οὐκ ἀγαπῶ ὑμᾶς; ὁ θεὸς οἶδεν.

12 Ὃ δὲ ποιῶ, καὶ ποιήσω, ἵνα ἐκκόψω τὴν ἀφορμὴν τῶν θελόντων ἀφορμήν, ἵνα ἐν ᾧ καυχῶνται εὑρεθῶσιν καθὼς καὶ ἡμεῖς. 13 οἱ γὰρ τοιοῦτοι ψευδαπόστολοι, ἐργάται δόλιοι, μετασχηματιζόμενοι εἰς ἀποστόλους Χριστοῦ. 14 καὶ οὐ θαῦμα· αὐτὸς γὰρ ὁ σατανᾶς μετασχηματίζεται εἰς ἄγγελον φωτός. 15 οὐ μέγα οὖν εἰ καὶ οἱ διάκονοι αὐτοῦ μετασχηματίζονται ὡς διάκονοι δικαιοσύνης· ὧν τὸ τέλος ἔσται κατὰ τὰ ἔργα αὐτῶν.

Paul's Sufferings as an Apostle

16 Πάλιν λέγω, μή τίς με δόξῃ ἄφρονα εἶναι· εἰ δὲ μή γε, κἂν ὡς ἄφρονα δέξασθέ με, ἵνα κἀγὼ μικρόν τι καυχήσωμαι. 17 ὃ λαλῶ, οὐ κατὰ κύριον λαλῶ ἀλλ᾽ ὡς ἐν ἀφροσύνῃ, ἐν ταύτῃ τῇ ὑποστάσει τῆς καυχήσεως. 18 ἐπεὶ πολλοὶ καυχῶνται κατὰ σάρκα, κἀγὼ καυχήσομαι. 19 ἡδέως γὰρ ἀνέχεσθε τῶν ἀφρόνων φρόνιμοι ὄντες· 20 ἀνέχεσθε γὰρ εἴ τις ὑμᾶς καταδουλοῖ, εἴ τις κατεσθίει, εἴ τις λαμβάνει, εἴ τις ἐπαίρεται, εἴ τις εἰς πρόσωπον ὑμᾶς δέρει. 21 κατὰ ἀτιμίαν λέγω, ὡς ὅτι ἡμεῖς ἠσθενήκαμεν.

Ἐν ᾧ δ᾽ ἄν τις τολμᾷ, ἐν ἀφροσύνῃ λέγω, τολμῶ κἀγώ. 22 Ἑβραῖοί εἰσιν; κἀγώ. Ἰσραηλῖταί εἰσιν; κἀγώ. σπέρμα Ἀβραάμ εἰσιν; κἀγώ. 23 διάκονοι Χριστοῦ εἰσιν; παραφρονῶν

---

[2]6 {B} φανερώσαντες 01* 03 012 33 // φανερώσαντες ἑαυτούς 0121 0243 1739 1881 // φανερωθέντες $\mathfrak{P}^{34}$ 01^2 06^2 025 0278 81 365 1175 2464 *Byz* lat$^{vl\text{-}pt}$ // φανερωθείς 06* lat$^{vl\text{-}pt,\,vg}$

λαλῶ, ὑπὲρ ἐγώ· ἐν κόποις περισσοτέρως, ἐν φυλακαῖς περισσοτέρως, ἐν πληγαῖς ὑπερβαλλόντως, ἐν θανάτοις πολλάκις. **24** ὑπὸ Ἰουδαίων πεντάκις τεσσεράκοντα παρὰ μίαν ἔλαβον, **25** τρὶς ἐρραβδίσθην, ἅπαξ ἐλιθάσθην, τρὶς ἐναυάγησα, νυχθήμερον ἐν τῷ βυθῷ πεποίηκα· **26** ὁδοιπορίαις πολλάκις, κινδύνοις ποταμῶν, κινδύνοις λῃστῶν, κινδύνοις ἐκ γένους, κινδύνοις ἐξ ἐθνῶν, κινδύνοις ἐν πόλει, κινδύνοις ἐν ἐρημίᾳ, κινδύνοις ἐν θαλάσσῃ, κινδύνοις ἐν ψευδαδέλφοις, **27** κόπῳ καὶ μόχθῳ, ἐν ἀγρυπνίαις πολλάκις, ἐν λιμῷ καὶ δίψει, ἐν νηστείαις πολλάκις, ἐν ψύχει καὶ γυμνότητι· **28** χωρὶς τῶν παρεκτὸς ἡ ἐπίστασίς μοι ἡ καθ' ἡμέραν, ἡ μέριμνα πασῶν τῶν ἐκκλησιῶν. **29** τίς ἀσθενεῖ καὶ οὐκ ἀσθενῶ; τίς σκανδαλίζεται καὶ οὐκ ἐγὼ πυροῦμαι; **30** εἰ καυχᾶσθαι δεῖ, τὰ τῆς ἀσθενείας μου καυχήσομαι. **31** ὁ θεὸς καὶ πατὴρ τοῦ κυρίου Ἰησοῦ οἶδεν, ὁ ὢν εὐλογητὸς εἰς τοὺς αἰῶνας, ὅτι οὐ ψεύδομαι. **32** ἐν Δαμασκῷ ὁ ἐθνάρχης Ἀρέτα τοῦ βασιλέως ἐφρούρει τὴν πόλιν Δαμασκηνῶν πιάσαι με[3], **33** καὶ διὰ θυρίδος ἐν σαργάνῃ ἐχαλάσθην διὰ τοῦ τείχους καὶ ἐξέφυγον τὰς χεῖρας αὐτοῦ.

Visions and Revelations

12 Καυχᾶσθαι δεῖ[1], οὐ συμφέρον μέν, ἐλεύσομαι δὲ εἰς ὀπτασίας καὶ ἀποκαλύψεις κυρίου. **2** οἶδα ἄνθρωπον ἐν Χριστῷ πρὸ ἐτῶν δεκατεσσάρων, εἴτε ἐν σώματι οὐκ οἶδα, εἴτε ἐκτὸς τοῦ σώματος οὐκ οἶδα, ὁ θεὸς οἶδεν, ἁρπαγέντα τὸν τοιοῦτον ἕως τρίτου οὐρανοῦ. **3** καὶ οἶδα τὸν τοιοῦτον ἄνθρωπον, εἴτε ἐν σώματι εἴτε χωρὶς τοῦ σώματος οὐκ οἶδα, ὁ θεὸς οἶδεν, **4** ὅτι ἡρπάγη εἰς τὸν παράδεισον καὶ ἤκουσεν

---

[3]**32** {C} πιάσαι με 03 06* lat^(vl-pt, vg) sy^p co^sa Eusebius // θέλων πιάσαι με 012 (1739 με πιάσαι) lat^(vl-pt) sy^h co^bo eth // πιάσαι με θέλων 01 06² 015 025 0121 0150 0243 0278^vid 6 33 81 256 263 365 1175 1573 1881 1962 2127 2464 *Byz* Chrysostom
[1]**1** {B} καυχᾶσθαι δεῖ 𝔓^46 03 06² 012 020 025 0150 0243 0278 6 33 263 1739 1881 2464 *Byz*^pt *Lect*^pt lat^(vl-pt) sy co^(bo-ms) // καυχᾶσθαι δή 018 0121 *Byz*^pt TR *Lect*^pt Chrysostom // καυχᾶσθαι δέ 01* 06* co^bo eth // εἰ καυχᾶσθαι δεῖ (01² δέ *for* δεῖ) 015 81 256 365^vid 1175 1573 1962 2127 lat^(vl-pt, vg) co^sa

ἄρρητα ῥήματα ἃ οὐκ ἐξὸν ἀνθρώπῳ λαλῆσαι. **5** ὑπὲρ τοῦ τοιούτου καυχήσομαι, ὑπὲρ δὲ ἐμαυτοῦ οὐ καυχήσομαι εἰ μὴ ἐν ταῖς ἀσθενείαις. **6** ἐὰν γὰρ θελήσω καυχήσασθαι, οὐκ ἔσομαι ἄφρων, ἀλήθειαν γὰρ ἐρῶ· φείδομαι δέ, μή τις εἰς ἐμὲ λογίσηται ὑπὲρ ὃ βλέπει με ἢ ἀκούει [τι] ἐξ ἐμοῦ **7** καὶ τῇ ὑπερβολῇ τῶν ἀποκαλύψεων. διὸ[2] ἵνα μὴ ὑπεραίρωμαι, ἐδόθη μοι σκόλοψ τῇ σαρκί, ἄγγελος σατανᾶ, ἵνα με κολαφίζῃ, ἵνα μὴ ὑπεραίρωμαι. **8** ὑπὲρ τούτου τρὶς τὸν κύριον παρεκάλεσα ἵνα ἀποστῇ ἀπ᾽ ἐμοῦ. **9** καὶ εἴρηκέν μοι· ἀρκεῖ σοι ἡ χάρις μου, ἡ γὰρ δύναμις[3] ἐν ἀσθενείᾳ τελεῖται. ἥδιστα οὖν μᾶλλον καυχήσομαι ἐν ταῖς ἀσθενείαις μου, ἵνα ἐπισκηνώσῃ ἐπ᾽ ἐμὲ ἡ δύναμις τοῦ Χριστοῦ. **10** διὸ εὐδοκῶ ἐν ἀσθενείαις, ἐν ὕβρεσιν, ἐν ἀνάγκαις, ἐν διωγμοῖς καὶ στενοχωρίαις, ὑπὲρ Χριστοῦ· ὅταν γὰρ ἀσθενῶ, τότε δυνατός εἰμι.

Paul's Concern for the Corinthian Church

11 Γέγονα ἄφρων, ὑμεῖς με ἠναγκάσατε. ἐγὼ γὰρ ὤφειλον ὑφ᾽ ὑμῶν συνίστασθαι· οὐδὲν γὰρ ὑστέρησα τῶν ὑπερλίαν ἀποστόλων εἰ καὶ οὐδέν εἰμι. **12** τὰ μὲν σημεῖα τοῦ ἀποστόλου κατειργάσθη ἐν ὑμῖν ἐν πάσῃ ὑπομονῇ, σημείοις τε καὶ τέρασιν καὶ δυνάμεσιν. **13** τί γάρ ἐστιν ὃ ἡσσώθητε ὑπὲρ τὰς λοιπὰς ἐκκλησίας, εἰ μὴ ὅτι αὐτὸς ἐγὼ οὐ κατενάρκησα ὑμῶν; χαρίσασθέ μοι τὴν ἀδικίαν ταύτην.

14 Ἰδοὺ τρίτον τοῦτο ἑτοίμως ἔχω ἐλθεῖν πρὸς ὑμᾶς, καὶ οὐ καταναρκήσω· οὐ γὰρ ζητῶ τὰ ὑμῶν ἀλλ᾽ ὑμᾶς. οὐ γὰρ ὀφείλει τὰ τέκνα τοῖς γονεῦσιν θησαυρίζειν ἀλλ᾽ οἱ γονεῖς τοῖς τέκνοις. **15** ἐγὼ δὲ ἥδιστα δαπανήσω καὶ ἐκδαπανηθήσομαι ὑπὲρ τῶν

---

[2]**7** {C} διό 01 02 03 012 0243 33 81 256 1175 1573 1739 2127 lat[vl-pt] co[bo] // *omit* 𝔓[46] 06 025 0150 6 263 365 1881 1962 2464 *Byz* lat[vl-pt, vg] co[sa] eth Irenaeus[lat] Origen[lat] Basil Chrysostom

[3]**9** {B} δύναμις 𝔓[46vid] 01* 02* 03 06* 012 lat co[sa, bo-pt] eth Marcion[acc. to Tertullian] Irenaeus[lat] Tertullian Cyril[pt] // δύναμίς μου 01[2] 02[c] 06[1] 025 0150 0243 0278 6 33 81 256 263 365 1175 1573 1739 1881 1962 2127 2464 *Byz* sy co[bo-pt] Irenaeus[arm] Origen Chrysostom Cyril[pt]

ψυχῶν ὑμῶν. εἰ⁴ περισσοτέρως ὑμᾶς ἀγαπῶ[ν]⁵, ἧσσον ἀγαπῶμαι; **16** ἔστω δέ, ἐγὼ οὐ κατεβάρησα ὑμᾶς· ἀλλ᾽ ὑπάρχων πανοῦργος δόλῳ ὑμᾶς ἔλαβον. **17** μή τινα ὧν ἀπέσταλκα πρὸς ὑμᾶς, δι᾽ αὐτοῦ ἐπλεονέκτησα ὑμᾶς; **18** παρεκάλεσα Τίτον καὶ συναπέστειλα τὸν ἀδελφόν· μήτι ἐπλεονέκτησεν ὑμᾶς Τίτος; οὐ τῷ αὐτῷ πνεύματι περιεπατήσαμεν; οὐ τοῖς αὐτοῖς ἴχνεσιν;

19 Πάλαι⁶ δοκεῖτε ὅτι ὑμῖν ἀπολογούμεθα. κατέναντι θεοῦ ἐν Χριστῷ λαλοῦμεν· τὰ δὲ πάντα, ἀγαπητοί, ὑπὲρ τῆς ὑμῶν οἰκοδομῆς. **20** φοβοῦμαι γὰρ μή πως ἐλθὼν οὐχ οἵους θέλω εὕρω ὑμᾶς κἀγὼ εὑρεθῶ ὑμῖν οἷον οὐ θέλετε· μή πως ἔρις, ζῆλος, θυμοί, ἐριθεῖαι, καταλαλιαί, ψιθυρισμοί, φυσιώσεις, ἀκαταστασίαι· **21** μὴ πάλιν ἐλθόντος μου ταπεινώσῃ με ὁ θεός μου πρὸς ὑμᾶς καὶ πενθήσω πολλοὺς τῶν προημαρτηκότων καὶ μὴ μετανοησάντων ἐπὶ τῇ ἀκαθαρσίᾳ καὶ πορνείᾳ καὶ ἀσελγείᾳ ᾗ ἔπραξαν.

Final Warnings and Greetings

13 Τρίτον τοῦτο ἔρχομαι πρὸς ὑμᾶς· *ἐπὶ στόματος δύο μαρτύρων καὶ τριῶν σταθήσεται πᾶν ῥῆμα.* **2** προείρηκα καὶ προλέγω, ὡς παρὼν τὸ δεύτερον καὶ ἀπὼν νῦν, τοῖς προημαρτηκόσιν καὶ τοῖς λοιποῖς πᾶσιν, ὅτι ἐὰν ἔλθω εἰς τὸ πάλιν οὐ φείσομαι, **3** ἐπεὶ δοκιμὴν ζητεῖτε τοῦ ἐν ἐμοὶ λαλοῦντος Χριστοῦ, ὃς εἰς ὑμᾶς οὐκ ἀσθενεῖ ἀλλὰ δυνατεῖ ἐν ὑμῖν. **4** καὶ γὰρ¹ ἐσταυρώθη ἐξ ἀσθενείας, ἀλλὰ ζῇ ἐκ δυνάμεως θεοῦ. καὶ γὰρ

---

⁴**15** {B} εἰ 𝔓⁴⁶ 01* 02 03 012 33 81* co ∥ εἰ καί 01² 06¹ 025 0150 0243 6 81ᶜ 256 263 365 1175 1573 1739 1881 1962 2127 2464 *Byz* latᵛˡ⁻ᵖᵗ,ᵛᵍ sy eth Chrysostom ∥ *omit* 06* latᵛˡ⁻ᵖᵗ

⁵**15** {C} ἀγαπῶν 𝔓⁴⁶ 01² 03 06 012 025 0243 6 81 256 263 365 1175 1573ᶜ 1739 1881 1962 2127 2464 *Byz* lat Chrysostom ∥ ἀγαπῶ 01* 02 0150 33 1573*

⁶**19** {A} πάλαι 01* 02 03 012 0243 6 33 81 256 365 1175 1573 1739 1881 2127 latᵛˡ⁻ᵖᵗ,ᵛᵍ coˢᵃ ∥ οὐ πάλαι 𝔓⁴⁶ ∥ πάλιν 01² 06 025 0150 0278 263 1962 2464 *Byz* latᵛˡ⁻ᵖᵗ sy coᵇᵒ Chrysostom

¹**4** {B} γάρ 𝔓⁴⁶ᵛⁱᵈ 01* 03 06* 012 018 025 0243 33 81 365 1739 latᵛˡ⁻ᵖᵗ co Eusebius ∥ γὰρ εἰ 01² 02 06¹ 1175 1881 2464 *Byz* latᵛˡ⁻ᵖᵗ,ᵛᵍ sy

ἡμεῖς ἀσθενοῦμεν ἐν αὐτῷ, ἀλλὰ ζήσομεν σὺν αὐτῷ ἐκ δυνάμεως θεοῦ εἰς ὑμᾶς.

5 Ἑαυτοὺς πειράζετε εἰ ἐστὲ ἐν τῇ πίστει, ἑαυτοὺς δοκιμάζετε· ἢ οὐκ ἐπιγινώσκετε ἑαυτοὺς ὅτι Ἰησοῦς Χριστὸς ἐν ὑμῖν; εἰ μήτι ἀδόκιμοί ἐστε. **6** ἐλπίζω δὲ ὅτι γνώσεσθε ὅτι ἡμεῖς οὐκ ἐσμὲν ἀδόκιμοι. **7** εὐχόμεθα δὲ πρὸς τὸν θεὸν μὴ ποιῆσαι ὑμᾶς κακὸν μηδέν, οὐχ ἵνα ἡμεῖς δόκιμοι φανῶμεν, ἀλλ᾽ ἵνα ὑμεῖς τὸ καλὸν ποιῆτε, ἡμεῖς δὲ ὡς ἀδόκιμοι ὦμεν. **8** οὐ γὰρ δυνάμεθά τι κατὰ τῆς ἀληθείας ἀλλ᾽ ὑπὲρ τῆς ἀληθείας. **9** χαίρομεν γὰρ ὅταν ἡμεῖς ἀσθενῶμεν, ὑμεῖς δὲ δυνατοὶ ἦτε· τοῦτο καὶ εὐχόμεθα, τὴν ὑμῶν κατάρτισιν. **10** διὰ τοῦτο ταῦτα ἀπὼν γράφω, ἵνα παρὼν μὴ ἀποτόμως χρήσωμαι κατὰ τὴν ἐξουσίαν ἣν ὁ κύριος ἔδωκέν μοι εἰς οἰκοδομὴν καὶ οὐκ εἰς καθαίρεσιν.

11 Λοιπόν, ἀδελφοί, χαίρετε, καταρτίζεσθε, παρακαλεῖσθε, τὸ αὐτὸ φρονεῖτε, εἰρηνεύετε, καὶ ὁ θεὸς τῆς ἀγάπης καὶ εἰρήνης ἔσται μεθ᾽ ὑμῶν. **12** ἀσπάσασθε ἀλλήλους ἐν ἁγίῳ φιλήματι. ἀσπάζονται ὑμᾶς οἱ ἅγιοι πάντες.

13 Ἡ χάρις τοῦ κυρίου Ἰησοῦ Χριστοῦ καὶ ἡ ἀγάπη τοῦ θεοῦ καὶ ἡ κοινωνία τοῦ ἁγίου πνεύματος μετὰ πάντων ὑμῶν.[2]

---

[2] **13** {A} ὑμῶν. $\mathfrak{P}^{46}$ 01* 02 03 012 0243 6 33 81 1175 1739 1881 lat$^{vl\text{-}pt,\,vg\text{-}ms}$ co$^{sa,\,bo\text{-}ms}$ ∥ ὑμῶν· ἀμήν. 01² 06 025 365 2464 *Byz* lat$^{vl\text{-}pt,\,vg}$ sy co^{bo}

ΠΡΟΣ ΓΑΛΑΤΑΣ

Salutation

1 Παῦλος ἀπόστολος οὐκ ἀπ' ἀνθρώπων οὐδὲ δι' ἀνθρώπου ἀλλὰ διὰ Ἰησοῦ Χριστοῦ καὶ θεοῦ πατρὸς τοῦ ἐγείραντος αὐτὸν ἐκ νεκρῶν, 2 καὶ οἱ σὺν ἐμοὶ πάντες ἀδελφοὶ ταῖς ἐκκλησίαις τῆς Γαλατίας, 3 χάρις ὑμῖν καὶ εἰρήνη ἀπὸ θεοῦ πατρὸς ἡμῶν καὶ κυρίου[1] Ἰησοῦ Χριστοῦ 4 τοῦ δόντος ἑαυτὸν ὑπὲρ τῶν ἁμαρτιῶν ἡμῶν, ὅπως ἐξέληται ἡμᾶς ἐκ τοῦ αἰῶνος τοῦ ἐνεστῶτος πονηροῦ κατὰ τὸ θέλημα τοῦ θεοῦ καὶ πατρὸς ἡμῶν, 5 ᾧ ἡ δόξα εἰς τοὺς αἰῶνας τῶν αἰώνων, ἀμήν.

There is No Other Gospel

6 Θαυμάζω ὅτι οὕτως ταχέως μετατίθεσθε ἀπὸ τοῦ καλέσαντος ὑμᾶς ἐν χάριτι [Χριστοῦ][2] εἰς ἕτερον εὐαγγέλιον, 7 ὃ οὐκ ἔστιν ἄλλο, εἰ μή τινές εἰσιν οἱ ταράσσοντες ὑμᾶς καὶ θέλοντες μεταστρέψαι τὸ εὐαγγέλιον τοῦ Χριστοῦ. 8 ἀλλὰ καὶ ἐὰν ἡμεῖς ἢ ἄγγελος ἐξ οὐρανοῦ εὐαγγελίζηται [ὑμῖν][3] παρ' ὃ εὐηγγελισάμεθα ὑμῖν, ἀνάθεμα ἔστω. 9 ὡς προειρήκαμεν καὶ ἄρτι πάλιν λέγω· εἴ τις ὑμᾶς εὐαγγελίζεται παρ' ὃ παρελάβετε, ἀνάθεμα ἔστω.

10 Ἄρτι γὰρ ἀνθρώπους πείθω ἢ τὸν θεόν; ἢ ζητῶ ἀνθρώ-

---

[1]3 {C} πατρὸς ἡμῶν καὶ κυρίου 01 02 025 33 81 256 365 1573 1962 2127 2464 lat$^{vl\text{-}pt,\ vg\text{-}mss}$ Origen^{dub} Chrysostom^{pt} ∥ πατρὸς καὶ κυρίου ἡμῶν 𝔓^{46} 𝔓^{51vid} 03 06 012 015 6 263 1175 1739 1881 Byz lat$^{vl\text{-}pt,\ vg}$ sy cpa co$^{sa,\ (bo),\ bo\text{-}mss}$ (eth) ∥ πατρὸς καὶ κυρίου 0150 0278 lat$^{vl\text{-}pt}$ Chrysostom^{pt}

[2]6 {C} Χριστοῦ 𝔓^{51} 01 02 03 015^{vid} 025 0150 6 33 81 256 263 365 1175 1573 1739 1881 1962 2127 2464 Byz lat$^{vl\text{-}pt,\ vg}$ sy^p cpa co^{bo} eth^{pp} Eusebius Basil Chrysostom Cyril ∥ Ἰησοῦ Χριστοῦ 06 lat$^{vl\text{-}pt}$ (co^{sa} Χριστοῦ Ἰησοῦ) sy$^{h\ with\ *}$ ∥ θεοῦ Origen^{lat} ∥ omit 𝔓^{46vid} 012 lat$^{vl\text{-}pt}$ Marcion$^{acc.\ to\ Tertullian}$ Tertullian

[3]8 {C} εὐαγγελίζηται ὑμῖν 06^2 (06* ὑμᾶς) 020 6 33 256 263 (1962 ἡμῖν) 2127 Byz^{pt} TR lat$^{vl\text{-}pt,\ vg}$ Basil^{pt} Chrysostom ∥ ὑμῖν εὐαγγελίζηται 𝔓^{51vid} 03 015 1175 1739 ∥ εὐαγγελίζεται ὑμῖν 018 025 (0278 ὑμῖν εὐαγγελίζεται) 365 1573 1881 2464 Byz^{pt} Lect ∥ εὐαγγελίζηται ὑμῖν 01^2 02 81 lat$^{vl\text{-}pt}$ Tertullian^{pt} Origen^{lat} (Eusebius) Cyril^{pt} ∥ εὐαγγελίσηται 01* lat$^{vl\text{-}pt}$ Marcion$^{acc.\ to\ Tertullian}$ Tertullian^{pt} Cyril^{pt} ∥ εὐαγγελίζηται 012 lat$^{vl\text{-}pt}$ Tertullian^{pt} Basil^{pt} ∥ εὐαγγελίζεται 0150

ποις ἀρέσκειν; εἰ ἔτι ἀνθρώποις ἤρεσκον, Χριστοῦ δοῦλος οὐκ ἂν ἤμην.

How Paul Became an Apostle

11 Γνωρίζω γὰρ[4] ὑμῖν, ἀδελφοί, τὸ εὐαγγέλιον τὸ εὐαγγελισθὲν ὑπ' ἐμοῦ ὅτι οὐκ ἔστιν κατὰ ἄνθρωπον· **12** οὐδὲ γὰρ ἐγὼ παρὰ ἀνθρώπου παρέλαβον αὐτὸ οὔτε ἐδιδάχθην, ἀλλὰ δι' ἀποκαλύψεως Ἰησοῦ Χριστοῦ. **13** ἠκούσατε γὰρ τὴν ἐμὴν ἀναστροφήν ποτε ἐν τῷ Ἰουδαϊσμῷ, ὅτι καθ' ὑπερβολὴν ἐδίωκον τὴν ἐκκλησίαν τοῦ θεοῦ καὶ ἐπόρθουν αὐτήν, **14** καὶ προέκοπτον ἐν τῷ Ἰουδαϊσμῷ ὑπὲρ πολλοὺς συνηλικιώτας ἐν τῷ γένει μου, περισσοτέρως ζηλωτὴς ὑπάρχων τῶν πατρικῶν μου παραδόσεων. **15** ὅτε δὲ εὐδόκησεν ὁ θεὸς[5] ὁ ἀφορίσας με ἐκ κοιλίας μητρός μου καὶ καλέσας διὰ τῆς χάριτος αὐτοῦ **16** ἀποκαλύψαι τὸν υἱὸν αὐτοῦ ἐν ἐμοί, ἵνα εὐαγγελίζωμαι αὐτὸν ἐν τοῖς ἔθνεσιν, εὐθέως οὐ προσανεθέμην σαρκὶ καὶ αἵματι **17** οὐδὲ ἀνῆλθον εἰς Ἱεροσόλυμα πρὸς τοὺς πρὸ ἐμοῦ ἀποστόλους, ἀλλ' ἀπῆλθον εἰς Ἀραβίαν καὶ πάλιν ὑπέστρεψα εἰς Δαμασκόν. **18** ἔπειτα μετὰ ἔτη τρία ἀνῆλθον εἰς Ἱεροσόλυμα ἱστορῆσαι Κηφᾶν[6] καὶ ἐπέμεινα πρὸς αὐτὸν ἡμέρας δεκαπέντε, **19** ἕτερον δὲ τῶν ἀποστόλων οὐκ εἶδον εἰ μὴ Ἰάκωβον τὸν ἀδελφὸν τοῦ κυρίου. **20** ἃ δὲ γράφω ὑμῖν, ἰδοὺ ἐνώπιον τοῦ θεοῦ ὅτι οὐ ψεύδομαι. **21** ἔπειτα ἦλθον εἰς τὰ κλίματα τῆς Συρίας καὶ τῆς Κιλικίας· **22** ἤμην δὲ ἀγνοούμενος τῷ προσώπῳ ταῖς ἐκκλησίαις τῆς Ἰουδαίας ταῖς ἐν Χριστῷ. **23** μόνον δὲ ἀκούοντες ἦσαν ὅτι ὁ διώκων ἡμᾶς ποτε νῦν εὐαγγελίζεται τὴν πίστιν ἥν ποτε ἐπόρθει, **24** καὶ ἐδόξαζον ἐν ἐμοὶ τὸν θεόν.

---

[4]**11** {C} γάρ 01¹ 03 06* 012 0150 33 lat^(vl-pt, vg) co^(sa) ∥ δέ 𝔓⁴⁶ 01*,² 02 06¹ 025 6 81 256 263 365 1175 1573 1739 1881 1962 2127 2464 *Byz* lat^(vl-pt) sy cpa co^(bo) Origen^(lat) Chrysostom Cyril ∥ οὖν 0278 ∥ *omit Lect (beginning of lesson)* eth

[5]**15** {B} εὐδόκησεν ὁ θεός 01 02 06 025 0278 6 33 81 256 263 365 1175 1573 1739 1881 1962 2127 2464 *Byz* lat^(vl-pt) sy^(h with *) cpa co eth Irenaeus^(lat-pt) Origen^(gr, lat) Eusebius Basil Chrysostom Cyril ∥ εὐδόκησεν 𝔓⁴⁶ 03 012 0150 lat^(vl-pt, vg) sy^(p) Irenaeus^(lat-pt, arm)

[6]**18** {A} Κηφᾶν 𝔓⁴⁶ 𝔓⁵¹ 01* 02 03 33 1739^(txt) sy^(hmg) co ∥ Πέτρον 01² 06 012 025 0278 81 365 1175 1739^(mg) 1881 2464 *Byz* lat sy^(h)

Paul Accepted by the Other Apostles

2 Ἔπειτα διὰ δεκατεσσάρων ἐτῶν πάλιν ἀνέβην εἰς Ἱεροσόλυμα μετὰ Βαρναβᾶ συμπαραλαβὼν καὶ Τίτον· **2** ἀνέβην δὲ κατὰ ἀποκάλυψιν· καὶ ἀνεθέμην αὐτοῖς τὸ εὐαγγέλιον ὃ κηρύσσω ἐν τοῖς ἔθνεσιν, κατ' ἰδίαν δὲ τοῖς δοκοῦσιν, μή πως εἰς κενὸν τρέχω ἢ ἔδραμον. **3** ἀλλ' οὐδὲ Τίτος ὁ σὺν ἐμοί, Ἕλλην ὤν, ἠναγκάσθη περιτμηθῆναι· **4** διὰ δὲ τοὺς παρεισάκτους ψευδαδέλφους, οἵτινες παρεισῆλθον κατασκοπῆσαι τὴν ἐλευθερίαν ἡμῶν ἣν ἔχομεν ἐν Χριστῷ Ἰησοῦ, ἵνα ἡμᾶς καταδουλώσουσιν, **5** οἷς οὐδὲ¹ πρὸς ὥραν εἴξαμεν τῇ ὑποταγῇ, ἵνα ἡ ἀλήθεια τοῦ εὐαγγελίου διαμείνῃ πρὸς ὑμᾶς. **6** ἀπὸ δὲ τῶν δοκούντων εἶναί τι, – ὁποῖοί ποτε ἦσαν οὐδέν μοι διαφέρει· πρόσωπον [ὁ] θεὸς ἀνθρώπου οὐ λαμβάνει – ἐμοὶ γὰρ οἱ δοκοῦντες οὐδὲν προσανέθεντο, **7** ἀλλὰ τοὐναντίον ἰδόντες ὅτι πεπίστευμαι τὸ εὐαγγέλιον τῆς ἀκροβυστίας καθὼς Πέτρος τῆς περιτομῆς, **8** ὁ γὰρ ἐνεργήσας Πέτρῳ εἰς ἀποστολὴν τῆς περιτομῆς ἐνήργησεν καὶ ἐμοὶ εἰς τὰ ἔθνη, **9** καὶ γνόντες τὴν χάριν τὴν δοθεῖσάν μοι, Ἰάκωβος καὶ Κηφᾶς² καὶ Ἰωάννης, οἱ δοκοῦντες στῦλοι εἶναι, δεξιὰς ἔδωκαν ἐμοὶ καὶ Βαρναβᾷ κοινωνίας, ἵνα ἡμεῖς εἰς τὰ ἔθνη, αὐτοὶ δὲ εἰς τὴν περιτομήν· **10** μόνον τῶν πτωχῶν ἵνα μνημονεύωμεν, ὃ καὶ ἐσπούδασα αὐτὸ τοῦτο ποιῆσαι.

Paul Rebukes Peter at Antioch

11 Ὅτε δὲ ἦλθεν Κηφᾶς³ εἰς Ἀντιόχειαν, κατὰ πρόσωπον αὐτῷ ἀντέστην, ὅτι κατεγνωσμένος ἦν. **12** πρὸ τοῦ γὰρ ἐλθεῖν τινας ἀπὸ Ἰακώβου μετὰ τῶν ἐθνῶν συνήσθιεν· ὅτε δὲ ἦλθον, ὑπέστελλεν καὶ ἀφώριζεν ἑαυτὸν φοβούμενος τοὺς ἐκ περιτομῆς. **13** καὶ συνυπεκρίθησαν αὐτῷ [καὶ] οἱ λοιποὶ Ἰουδαῖοι, ὥστε καὶ

---

¹**5** {A} οἷς οὐδέ 𝔓⁴⁶ 01 02 03 04 06² 012 025 0150 0278 6 33 81 256 263 365 1175 1573 1739 1881 1962 2127 2464 *Byz* lat^(vl-pt, vg) sy^h cpa co (eth) Basil Chrysostom // οἷς 06^(1vid) // οὐδέ Marcion^(acc. to Tertullian) // *omit* 06* lat^(vl-pt) Irenaeus^(lat) (Tertullian)

²**9** {A} Ἰάκωβος καὶ Κηφᾶς 01 03 04 016^(vid) 025 0278 33 81 365 1175 1739 1881 2464 *Byz* lat^(vg) sy co // Ἰάκωβος 02 // Ἰάκωβος καὶ Πέτρος 𝔓⁴⁶ lat^(vl-pt) // Πέτρος καὶ Ἰάκωβος 06 012 lat^(vl-pt) Tertullian

³**11** {A} Κηφᾶς 01 02 03 04 015 025 0278 33 81 365 1175 1739 1881 lat^(vg) sy^(hmg) Clement // Πέτρος 06 012 2464 *Byz* lat^(vl) sy^h

Βαρναβᾶς συναπήχθη αὐτῶν τῇ ὑποκρίσει. **14** ἀλλ' ὅτε εἶδον ὅτι οὐκ ὀρθοποδοῦσιν πρὸς τὴν ἀλήθειαν τοῦ εὐαγγελίου, εἶπον τῷ Κηφᾷ[4] ἔμπροσθεν πάντων· εἰ σὺ Ἰουδαῖος ὑπάρχων ἐθνικῶς καὶ οὐχὶ Ἰουδαϊκῶς ζῇς, πῶς τὰ ἔθνη ἀναγκάζεις ἰουδαΐζειν; **15** ἡμεῖς φύσει Ἰουδαῖοι καὶ οὐκ ἐξ ἐθνῶν ἁμαρτωλοί· **16** εἰδότες [δὲ] ὅτι οὐ δικαιοῦται ἄνθρωπος ἐξ ἔργων νόμου ἐὰν μὴ διὰ πίστεως Ἰησοῦ Χριστοῦ, καὶ ἡμεῖς εἰς Χριστὸν Ἰησοῦν ἐπιστεύσαμεν, ἵνα δικαιωθῶμεν ἐκ πίστεως Χριστοῦ καὶ οὐκ ἐξ ἔργων νόμου, ὅτι ἐξ ἔργων νόμου οὐ δικαιωθήσεται πᾶσα σάρξ. **17** εἰ δὲ ζητοῦντες δικαιωθῆναι ἐν Χριστῷ εὑρέθημεν καὶ αὐτοὶ ἁμαρτωλοί, ἆρα Χριστὸς ἁμαρτίας διάκονος; μὴ γένοιτο. **18** εἰ γὰρ ἃ κατέλυσα ταῦτα πάλιν οἰκοδομῶ, παραβάτην ἐμαυτὸν συνιστάνω. **19** ἐγὼ γὰρ διὰ νόμου νόμῳ ἀπέθανον, ἵνα θεῷ ζήσω. Χριστῷ συνεσταύρωμαι· **20** ζῶ δὲ οὐκέτι ἐγώ, ζῇ δὲ ἐν ἐμοὶ Χριστός· ὃ δὲ νῦν ζῶ ἐν σαρκί, ἐν πίστει ζῶ τῇ τοῦ υἱοῦ τοῦ θεοῦ[5] τοῦ ἀγαπήσαντός με καὶ παραδόντος ἑαυτὸν ὑπὲρ ἐμοῦ. **21** οὐκ ἀθετῶ τὴν χάριν τοῦ θεοῦ· εἰ γὰρ διὰ νόμου δικαιοσύνη, ἄρα Χριστὸς δωρεὰν ἀπέθανεν.

Law or Faith

3 Ὦ ἀνόητοι Γαλάται, τίς ὑμᾶς ἐβάσκανεν[1], οἷς κατ' ὀφθαλμοὺς Ἰησοῦς Χριστὸς προεγράφη ἐσταυρωμένος; **2** τοῦτο μόνον θέλω μαθεῖν ἀφ' ὑμῶν· ἐξ ἔργων νόμου τὸ πνεῦμα ἐλάβετε ἢ ἐξ ἀκοῆς πίστεως; **3** οὕτως ἀνόητοί ἐστε, ἐναρξάμενοι πνεύματι νῦν σαρκὶ ἐπιτελεῖσθε; **4** τοσαῦτα ἐπάθετε εἰκῇ; εἴ γε καὶ εἰκῇ. **5** ὁ οὖν ἐπιχορηγῶν ὑμῖν τὸ πνεῦμα καὶ ἐνεργῶν δυνάμεις ἐν ὑμῖν, ἐξ ἔργων νόμου ἢ ἐξ ἀκοῆς πίστεως;

6 Καθὼς Ἀβραὰμ *ἐπίστευσεν τῷ θεῷ, καὶ ἐλογίσθη αὐτῷ εἰς*   Gn 15.6

---

[4]**14** {A} Κηφᾷ 𝔓[46] 01 02 03 04 015 0278 33 81 365 1175 1739 1881 lat[vg] co ∥ Πέτρῳ 06 012 025 2464 *Byz* lat[vl] sy[h]

[5]**20** {B} υἱοῦ τοῦ θεοῦ 01 02 04 06[1] 025 0150 0278 6 33 81 256 263 365 1175 1573 1739 1881 1962 2127 2464 *Byz* lat[vl-pt, vg] sy co eth Marcion[acc. to Adamantius] Clement Chrysostom Cyril ∥ θεοῦ καὶ Χριστοῦ 𝔓[46] 03 06* 012 lat[vl-pt]

[1]**1** {A} ἐβάσκανεν 01 02 03 06* 012 6 33* 81 1739 lat sy[p] co ∥ ἐβάσκανεν τῇ ἀληθείᾳ μὴ πείθεσθαι 04 06[2] 025 0278 33[c] 365 1175 1881 2464 *Byz* lat[vg-mss] sy[h]

δικαιοσύνην· 7 γινώσκετε ἄρα ὅτι οἱ ἐκ πίστεως, οὗτοι υἱοί εἰσιν Ἀβραάμ. 8 προϊδοῦσα δὲ ἡ γραφὴ ὅτι ἐκ πίστεως δικαιοῖ τὰ ἔθνη ὁ θεός, προευηγγελίσατο τῷ Ἀβραὰμ ὅτι *ἐνευλογηθήσονται ἐν σοὶ πάντα τὰ ἔθνη·* 9 ὥστε οἱ ἐκ πίστεως εὐλογοῦνται σὺν τῷ πιστῷ Ἀβραάμ.

10 Ὅσοι γὰρ ἐξ ἔργων νόμου εἰσίν, ὑπὸ κατάραν εἰσίν· γέγραπται γὰρ ὅτι *ἐπικατάρατος πᾶς ὃς οὐκ ἐμμένει πᾶσιν τοῖς γεγραμμένοις ἐν τῷ βιβλίῳ τοῦ νόμου τοῦ ποιῆσαι αὐτά.* 11 ὅτι δὲ ἐν νόμῳ οὐδεὶς δικαιοῦται παρὰ τῷ θεῷ δῆλον, ὅτι *ὁ δίκαιος ἐκ πίστεως ζήσεται·* 12 ὁ δὲ νόμος οὐκ ἔστιν ἐκ πίστεως, ἀλλ' *ὁ ποιήσας αὐτὰ ζήσεται ἐν αὐτοῖς.* 13 Χριστὸς ἡμᾶς ἐξηγόρασεν ἐκ τῆς κατάρας τοῦ νόμου γενόμενος ὑπὲρ ἡμῶν κατάρα, ὅτι γέγραπται· *ἐπικατάρατος πᾶς ὁ κρεμάμενος ἐπὶ ξύλου,* 14 ἵνα εἰς τὰ ἔθνη ἡ εὐλογία τοῦ Ἀβραὰμ γένηται ἐν Χριστῷ Ἰησοῦ, ἵνα τὴν ἐπαγγελίαν τοῦ πνεύματος λάβωμεν διὰ τῆς πίστεως.

The Law and the Promise

15 Ἀδελφοί, κατὰ ἄνθρωπον λέγω· ὅμως ἀνθρώπου κεκυρωμένην διαθήκην οὐδεὶς ἀθετεῖ ἢ ἐπιδιατάσσεται. 16 τῷ δὲ Ἀβραὰμ ἐρρέθησαν αἱ ἐπαγγελίαι καὶ τῷ σπέρματι αὐτοῦ. οὐ λέγει· καὶ τοῖς σπέρμασιν, ὡς ἐπὶ πολλῶν ἀλλ' ὡς ἐφ' ἑνός· *καὶ τῷ σπέρματί σου,* ὅς ἐστιν Χριστός. 17 τοῦτο δὲ λέγω· διαθήκην προκεκυρωμένην ὑπὸ τοῦ θεοῦ² ὁ μετὰ τετρακόσια καὶ τριάκοντα ἔτη γεγονὼς νόμος οὐκ ἀκυροῖ εἰς τὸ καταργῆσαι τὴν ἐπαγγελίαν. 18 εἰ γὰρ ἐκ νόμου ἡ κληρονομία, οὐκέτι ἐξ ἐπαγγελίας· τῷ δὲ Ἀβραὰμ δι' ἐπαγγελίας κεχάρισται ὁ θεός.

19 Τί οὖν ὁ νόμος; τῶν παραβάσεων χάριν προσετέθη³, ἄχρις

---

²**17** {B} θεοῦ 𝔓⁴⁶ 01 02 03 04 025 0150 6 33 81 1175 1739 1881 2464 lat^{vl-pt, vg} co eth Cyril // θεοῦ εἰς Χριστόν 06 012 016 0278 256 263 365 1573 1962 2127 *Byz* lat^{vl-pt} sy Eusebius Chrysostom

³**19** {A} νόμος; τῶν παραβάσεων χάριν προσετέθη 01 02 03 04 06² 025 0150 0278 6 33 81 256 263 365 (2464 ἐτέθη) 1175 1573 1739 1881 1962 2127 *Byz* lat^{vl-pt, vg} (lat^{vl-pt}) co (Clement) Origen^{vid} (Eusebius) Cyril // νόμος; τῶν παραδόσεων χάριν ἐτέθη 06* // νόμος τῶν πράξεων; ἐτέθη 012 lat^{vl-pt} Irenaeus^{lat} // νόμος τῶν πράξεων; 𝔓⁴⁶

οὗ ἔλθῃ τὸ σπέρμα ᾧ ἐπήγγελται, διαταγεὶς δι' ἀγγέλων ἐν χειρὶ μεσίτου. **20** ὁ δὲ μεσίτης ἑνὸς οὐκ ἔστιν, ὁ δὲ θεὸς εἷς ἐστιν. **21** ὁ οὖν νόμος κατὰ τῶν ἐπαγγελιῶν τοῦ θεοῦ[4]; μὴ γένοιτο. εἰ γὰρ ἐδόθη νόμος ὁ δυνάμενος ζῳοποιῆσαι, ὄντως ἐκ νόμου ἂν ἦν ἡ δικαιοσύνη· **22** ἀλλὰ συνέκλεισεν ἡ γραφὴ τὰ πάντα ὑπὸ ἁμαρτίαν, ἵνα ἡ ἐπαγγελία ἐκ πίστεως Ἰησοῦ Χριστοῦ δοθῇ τοῖς πιστεύουσιν.

Slaves and Heirs

23 Πρὸ τοῦ δὲ ἐλθεῖν τὴν πίστιν ὑπὸ νόμον ἐφρουρούμεθα συγκλειόμενοι εἰς τὴν μέλλουσαν πίστιν ἀποκαλυφθῆναι, **24** ὥστε ὁ νόμος παιδαγωγὸς ἡμῶν γέγονεν εἰς Χριστόν, ἵνα ἐκ πίστεως δικαιωθῶμεν· **25** ἐλθούσης δὲ τῆς πίστεως οὐκέτι ὑπὸ παιδαγωγόν ἐσμεν. **26** πάντες γὰρ υἱοὶ θεοῦ ἐστε διὰ τῆς πίστεως ἐν Χριστῷ Ἰησοῦ· **27** ὅσοι γὰρ εἰς Χριστὸν ἐβαπτίσθητε, Χριστὸν ἐνεδύσασθε. **28** οὐκ ἔνι Ἰουδαῖος οὐδὲ Ἕλλην, οὐκ ἔνι δοῦλος οὐδὲ ἐλεύθερος, οὐκ ἔνι ἄρσεν καὶ θῆλυ· πάντες γὰρ ὑμεῖς εἷς ἐστε ἐν Χριστῷ[5] Ἰησοῦ. **29** εἰ δὲ ὑμεῖς Χριστοῦ, ἄρα τοῦ Ἀβραὰμ σπέρμα ἐστέ, κατ' ἐπαγγελίαν κληρονόμοι.

4 Λέγω δέ, ἐφ' ὅσον χρόνον ὁ κληρονόμος νήπιός ἐστιν, οὐδὲν διαφέρει δούλου κύριος πάντων ὤν, **2** ἀλλ' ὑπὸ ἐπιτρόπους ἐστὶν καὶ οἰκονόμους ἄχρι τῆς προθεσμίας τοῦ πατρός. **3** οὕτως καὶ ἡμεῖς, ὅτε ἦμεν νήπιοι, ὑπὸ τὰ στοιχεῖα τοῦ κόσμου ἤμεθα δεδουλωμένοι· **4** ὅτε δὲ ἦλθεν τὸ πλήρωμα τοῦ χρόνου, ἐξαπέστειλεν ὁ θεὸς τὸν υἱὸν αὐτοῦ, γενόμενον ἐκ γυναικός, γενόμενον ὑπὸ νόμον, **5** ἵνα τοὺς ὑπὸ νόμον ἐξαγοράσῃ, ἵνα τὴν υἱοθεσίαν ἀπολάβωμεν. **6** ὅτι δέ ἐστε υἱοί, ἐξαπέστειλεν

---

[4]**21** {B} τοῦ θεοῦ 01 02 04 06 (012 *omit* τοῦ) 025 0150 0278 6 33 81 256 263 365 1175 1573 1739 1881 1962 2127 2464 *Byz* lat[vl·pt, vg] sy cpa co Chrysostom Cyril ∥ *omit* 𝔓[46] 03 lat[vl·pt] (eth)

[5]**28** {B} εἷς ἐστε ἐν Χριστῷ 01[2] 03 04 06 025 0278 6 81 256 263 365 1175 1573 1739 1881 1962 2127 2464 *Byz* (eth) Clement Chrysostom ∥ ἕν ἐστε ἐν Χριστῷ 012 33 lat Origen[lat] Basil Chrysostom ∥ ἐστε Χριστοῦ 𝔓[46] 01[1] 02 ∥ ἐστε εν (*i.e.* ἕν *or* ἐν) Χριστοῦ 01*

ὁ θεὸς τὸ πνεῦμα τοῦ υἱοῦ αὐτοῦ εἰς τὰς καρδίας ἡμῶν¹ κρᾶζον· αββα ὁ πατήρ. **7** ὥστε οὐκέτι εἶ δοῦλος ἀλλ' υἱός· εἰ δὲ υἱός, καὶ κληρονόμος διὰ θεοῦ².

Paul's Concern for the Galatians

8 Ἀλλὰ τότε μὲν οὐκ εἰδότες θεὸν ἐδουλεύσατε τοῖς φύσει μὴ οὖσιν θεοῖς· **9** νῦν δὲ γνόντες θεόν, μᾶλλον δὲ γνωσθέντες ὑπὸ θεοῦ, πῶς ἐπιστρέφετε πάλιν ἐπὶ τὰ ἀσθενῆ καὶ πτωχὰ στοιχεῖα οἷς πάλιν ἄνωθεν δουλεύειν θέλετε; **10** ἡμέρας παρατηρεῖσθε καὶ μῆνας καὶ καιροὺς καὶ ἐνιαυτούς, **11** φοβοῦμαι ὑμᾶς μή πως εἰκῇ κεκοπίακα εἰς ὑμᾶς.

12 Γίνεσθε ὡς ἐγώ, ὅτι κἀγὼ ὡς ὑμεῖς, ἀδελφοί, δέομαι ὑμῶν. οὐδέν με ἠδικήσατε· **13** οἴδατε δὲ ὅτι δι' ἀσθένειαν τῆς σαρκὸς εὐηγγελισάμην ὑμῖν τὸ πρότερον, **14** καὶ τὸν πειρασμὸν ὑμῶν³ ἐν τῇ σαρκί μου οὐκ ἐξουθενήσατε οὐδὲ ἐξεπτύσατε, ἀλλ' ὡς ἄγγελον θεοῦ ἐδέξασθέ με, ὡς Χριστὸν Ἰησοῦν. **15** ποῦ οὖν ὁ μακαρισμὸς ὑμῶν; μαρτυρῶ γὰρ ὑμῖν ὅτι εἰ δυνατὸν τοὺς ὀφθαλμοὺς ὑμῶν ἐξορύξαντες ἐδώκατέ μοι. **16** ὥστε ἐχθρὸς ὑμῶν γέγονα ἀληθεύων ὑμῖν; **17** ζηλοῦσιν ὑμᾶς οὐ καλῶς, ἀλλ' ἐκκλεῖσαι ὑμᾶς θέλουσιν, ἵνα αὐτοὺς ζηλοῦτε· **18** καλὸν δὲ ζηλοῦσθαι ἐν καλῷ πάντοτε καὶ μὴ μόνον ἐν τῷ παρεῖναί με πρὸς ὑμᾶς. **19** τέκνα μου, οὓς πάλιν ὠδίνω μέχρις οὗ μορφωθῇ Χριστὸς ἐν ὑμῖν· **20** ἤθελον δὲ παρεῖναι πρὸς ὑμᾶς ἄρτι καὶ ἀλλάξαι τὴν φωνήν μου, ὅτι ἀποροῦμαι ἐν ὑμῖν.

---

¹**6** {A} ἡμῶν 𝔓⁴⁶ 01 02 03 04 06* 012 025 0278 1175 1739 1881 1962 *Lect*[pt] lat[vl, vg] cpa co[sa, bo-pt] Marcion[acc. to Tertullian] Origen[lat] Athanasius[pt] Basil Cyril[pt] ∥ ὑμῶν 06² 0150 6 33 81 256 263 365 1573 2127 2464 *Byz Lect*[pt] lat[vg-ms] sy co[bo-pt] eth Athanasius[pt] Chrysostom Cyril[pt]

²**7** {B} διὰ θεοῦ 𝔓⁴⁶ 01* 02 03 04* 33 1739*[vid] lat[vl-pt, vg] co[bo] Clement Basil Cyril ∥ διὰ θεόν 012 1881 ∥ διὰ Χριστοῦ 81 (1739ᶜ Ἰησοῦ Χριστοῦ) 2464 cpa co[sa] ∥ θεοῦ 1962 ∥ θεοῦ διὰ Χριστοῦ 01² 04³ 06 0150 0278 256 365 1175 1573 *Byz* lat[vl-pt] Athanasius Chrysostom ∥ θεοῦ διὰ Ἰησοῦ Χριστοῦ 025 6 263 2127 sy eth

³**14** {B} τὸν πειρασμὸν ὑμῶν 01* 02 03 04² 06* 012 33 lat[vl-pt, vg] co[bo] ∥ τὸν πειρασμὸν ὑμῶν τόν 6 1739 1881 Origen ∥ τὸν πειρασμὸν τόν 01² 0278 81 2464 sy[p] Basil ∥ τὸν πειρασμόν μου 𝔓⁴⁶ lat[vl-pt] ∥ τὸν πειρασμόν μου τόν 04*[vid] 06² 025 0150 256 263 365 1175 1573 1962 2127 *Byz* sy[h] co[sa, bo-ms] Chrysostom

The Allegory of Hagar and Sarah

21 Λέγετέ μοι, οἱ ὑπὸ νόμον θέλοντες εἶναι, τὸν νόμον οὐκ ἀκούετε; **22** γέγραπται γὰρ ὅτι Ἀβραὰμ δύο υἱοὺς ἔσχεν, ἕνα ἐκ τῆς παιδίσκης καὶ ἕνα ἐκ τῆς ἐλευθέρας. **23** ἀλλ᾽ ὁ μὲν ἐκ τῆς παιδίσκης κατὰ σάρκα γεγέννηται, ὁ δὲ ἐκ τῆς ἐλευθέρας δι᾽ ἐπαγγελίας. **24** ἅτινά ἐστιν ἀλληγορούμενα· αὗται γάρ εἰσιν δύο διαθῆκαι, μία μὲν ἀπὸ ὄρους Σινᾶ εἰς δουλείαν γεννῶσα, ἥτις ἐστὶν Ἁγάρ. **25** τὸ δὲ Ἁγὰρ Σινᾶ[4] ὄρος ἐστὶν ἐν τῇ Ἀραβίᾳ· συστοιχεῖ δὲ τῇ νῦν Ἰερουσαλήμ, δουλεύει γὰρ μετὰ τῶν τέκνων αὐτῆς. **26** ἡ δὲ ἄνω Ἰερουσαλὴμ ἐλευθέρα ἐστίν, ἥτις ἐστὶν μήτηρ ἡμῶν· **27** γέγραπται γάρ·

εὐφράνθητι, στεῖρα ἡ οὐ τίκτουσα,   Is 54.1
ῥῆξον καὶ βόησον, ἡ οὐκ ὠδίνουσα·
ὅτι πολλὰ τὰ τέκνα τῆς ἐρήμου
μᾶλλον ἢ τῆς ἐχούσης τὸν ἄνδρα.

28 ὑμεῖς[5] δέ, ἀδελφοί, κατὰ Ἰσαὰκ ἐπαγγελίας τέκνα ἐστέ[5]. **29** ἀλλ᾽ ὥσπερ τότε ὁ κατὰ σάρκα γεννηθεὶς ἐδίωκεν τὸν κατὰ πνεῦμα, οὕτως καὶ νῦν. **30** ἀλλὰ τί λέγει ἡ γραφή; *ἔκβαλε τὴν*   Gn 21.10 *παιδίσκην καὶ τὸν υἱὸν αὐτῆς· οὐ γὰρ μὴ κληρονομήσει ὁ υἱὸς τῆς παιδίσκης μετὰ τοῦ υἱοῦ τῆς ἐλευθέρας.* **31** διό, ἀδελφοί, οὐκ ἐσμὲν παιδίσκης τέκνα ἀλλὰ τῆς ἐλευθέρας.

---

[4]**25** {D} δὲ Ἁγὰρ Σινᾶ 02 03 06 0278 256 365 1175 1962 2127 2464 sy^hmg cpa co^bo-pt ∥ γὰρ Ἁγὰρ Σινᾶ 025 0150 6 33 81 263 1881 *Byz* (lat^vl-pt *omit* Σινᾶ) sy co^bo-mss Chrysostom Cyril^pt ∥ δὲ Σινᾶ 𝔓^46 co^sa ∥ γὰρ Σινᾶ 01 04 012 1739 lat^vl-pt, vg eth Origen^lat Cyril^pt

[5]**28** {B} ὑμεῖς ... ἐστέ 𝔓^46 03 06* 012 0278 6 33 256 365 1175 1573 1739 1881 2127 lat^vl-pt cpa co^sa Irenaeus^lat Origen^acc. to Jerome ∥ ἡμεῖς ... ἐσμέν 01 02 04 06² 025 0150 81 263 1962 2464 *Byz* lat^vl-pt, vg sy co^bo eth Chrysostom Cyril

Christian Freedom

5 Τῇ ἐλευθερίᾳ ἡμᾶς Χριστὸς ἠλευθέρωσεν· στήκετε οὖν[1] καὶ μὴ πάλιν ζυγῷ δουλείας ἐνέχεσθε. **2** Ἴδε ἐγὼ Παῦλος λέγω ὑμῖν ὅτι ἐὰν περιτέμνησθε, Χριστὸς ὑμᾶς οὐδὲν ὠφελήσει. **3** μαρτύρομαι δὲ πάλιν παντὶ ἀνθρώπῳ περιτεμνομένῳ ὅτι ὀφειλέτης ἐστὶν ὅλον τὸν νόμον ποιῆσαι. **4** κατηργήθητε ἀπὸ Χριστοῦ, οἵτινες ἐν νόμῳ δικαιοῦσθε, τῆς χάριτος ἐξεπέσατε. **5** ἡμεῖς γὰρ πνεύματι ἐκ πίστεως ἐλπίδα δικαιοσύνης ἀπεκδεχόμεθα. **6** ἐν γὰρ Χριστῷ Ἰησοῦ οὔτε περιτομή τι ἰσχύει οὔτε ἀκροβυστία ἀλλὰ πίστις δι' ἀγάπης ἐνεργουμένη.

7 Ἐτρέχετε καλῶς· τίς ὑμᾶς ἐνέκοψεν τῇ ἀληθείᾳ μὴ πείθεσθαι; **8** ἡ πεισμονὴ οὐκ ἐκ τοῦ καλοῦντος ὑμᾶς. **9** μικρὰ ζύμη ὅλον τὸ φύραμα ζυμοῖ. **10** ἐγὼ πέποιθα εἰς ὑμᾶς ἐν κυρίῳ ὅτι οὐδὲν ἄλλο φρονήσετε· ὁ δὲ ταράσσων ὑμᾶς βαστάσει τὸ κρίμα, ὅστις ἐὰν ᾖ. **11** ἐγὼ δέ, ἀδελφοί, εἰ περιτομὴν ἔτι κηρύσσω, τί ἔτι διώκομαι; ἄρα κατήργηται τὸ σκάνδαλον τοῦ σταυροῦ. **12** Ὄφελον καὶ ἀποκόψονται οἱ ἀναστατοῦντες ὑμᾶς.

Life in the Spirit

13 Ὑμεῖς γὰρ ἐπ' ἐλευθερίᾳ ἐκλήθητε, ἀδελφοί· μόνον μὴ τὴν ἐλευθερίαν εἰς ἀφορμὴν τῇ σαρκί, ἀλλὰ διὰ τῆς ἀγάπης δουλεύετε ἀλλήλοις. **14** ὁ γὰρ πᾶς νόμος ἐν ἑνὶ λόγῳ πεπλήρωται, ἐν τῷ· *ἀγαπήσεις τὸν πλησίον σου ὡς σεαυτόν*. **15** εἰ δὲ ἀλλήλους δάκνετε καὶ κατεσθίετε, βλέπετε μὴ ὑπ' ἀλλήλων ἀναλωθῆτε. **16** λέγω δέ, πνεύματι περιπατεῖτε καὶ ἐπιθυμίαν σαρκὸς οὐ μὴ τελέσητε. **17** ἡ γὰρ σὰρξ ἐπιθυμεῖ κατὰ τοῦ πνεύματος, τὸ δὲ πνεῦμα κατὰ τῆς σαρκός, ταῦτα γὰρ ἀλλήλοις ἀντίκειται, ἵνα

---

[1] **1** {B} τῇ ἐλευθερίᾳ ἡμᾶς Χριστὸς ἠλευθέρωσεν· στήκετε οὖν 𝔓¹³⁵? 01* 02 03 (06* *omit* οὖν) 025 33 co^(sa. (bo)) ∥ τῇ ἐλευθερίᾳ Χριστὸς ἡμᾶς ἠλευθέρωσεν· στήκετε οὖν 𝔓¹³⁵? 01² 04* (04² ἐλευθερίᾳ οὖν) (0150 *transpose* οὖν *after* ἐλευθερίᾳ) 81 1739 1881 Lect^pt ∥ τῇ ἐλευθερίᾳ Χριστὸς ἡμᾶς ἠλευθέρωσεν· στῆτε οὖν 015 0278 256 365 1175 1573 1962 (2127 *omit* ἡμᾶς) ∥ τῇ ἐλευθερίᾳ, ᾗ Χριστὸς ἡμᾶς ἠλευθέρωσεν· στήκετε 06¹ (06² ἡμᾶς, ᾗ Χριστός) (6 2464 στήκετε οὖν) 263 sy^hmg (Cyril) ∥ τῇ ἐλευθερίᾳ οὖν, ᾗ Χριστὸς ἡμᾶς ἠλευθέρωσεν· στήκετε Byz Lect^pt Basil ∥ ᾗ ἐλευθερίᾳ ἡμᾶς Χριστὸς ἠλευθέρωσεν, στήκετε οὖν 012 lat (Marcion^acc. to Tertullian)

μὴ ἃ ἐὰν θέλητε ταῦτα ποιῆτε. **18** εἰ δὲ πνεύματι ἄγεσθε, οὐκ ἐστὲ ὑπὸ νόμον. **19** φανερὰ δέ ἐστιν τὰ ἔργα τῆς σαρκός, ἅτινά ἐστιν πορνεία[2], ἀκαθαρσία, ἀσέλγεια, **20** εἰδωλολατρία, φαρμακεία, ἔχθραι, ἔρις, ζῆλος, θυμοί, ἐριθεῖαι, διχοστασίαι, αἱρέσεις, **21** φθόνοι[3], μέθαι, κῶμοι καὶ τὰ ὅμοια τούτοις, ἃ προλέγω ὑμῖν, καθὼς προεῖπον ὅτι οἱ τὰ τοιαῦτα πράσσοντες βασιλείαν θεοῦ οὐ κληρονομήσουσιν. **22** ὁ δὲ καρπὸς τοῦ πνεύματός ἐστιν ἀγάπη χαρὰ εἰρήνη, μακροθυμία χρηστότης ἀγαθωσύνη, πίστις **23** πραΰτης ἐγκράτεια· κατὰ τῶν τοιούτων οὐκ ἔστιν νόμος. **24** οἱ δὲ τοῦ Χριστοῦ [Ἰησοῦ][4] τὴν σάρκα ἐσταύρωσαν σὺν τοῖς παθήμασιν καὶ ταῖς ἐπιθυμίαις. **25** εἰ ζῶμεν πνεύματι, πνεύματι καὶ στοιχῶμεν. **26** μὴ γινώμεθα κενόδοξοι, ἀλλήλους προκαλούμενοι, ἀλλήλοις φθονοῦντες.

Bear One Another's Burdens

6 Ἀδελφοί, ἐὰν καὶ προλημφθῇ ἄνθρωπος ἔν τινι παραπτώματι, ὑμεῖς οἱ πνευματικοὶ καταρτίζετε τὸν τοιοῦτον ἐν πνεύματι πραΰτητος, σκοπῶν σεαυτὸν μὴ καὶ σὺ πειρασθῇς. **2** ἀλλήλων τὰ βάρη βαστάζετε καὶ οὕτως ἀναπληρώσετε[1] τὸν νόμον τοῦ Χριστοῦ. **3** εἰ γὰρ δοκεῖ τις εἶναί τι μηδὲν ὤν, φρεναπατᾷ ἑαυτόν. **4** τὸ δὲ ἔργον ἑαυτοῦ δοκιμαζέτω ἕκαστος, καὶ τότε εἰς ἑαυτὸν μόνον τὸ καύχημα ἕξει καὶ οὐκ εἰς τὸν ἕτερον· **5** ἕκαστος γὰρ τὸ ἴδιον φορτίον βαστάσει.

---

[2] **19** {A} πορνεία 01* 02 03 04 025 33 81 1175 1739^txt 1881 2464 lat^vg sy^p co Clement ⫽ μοιχεία, πορνεία 01² 06 (0278 365) 1739^mg *Byz* lat^vl-pt sy^h⫽ μοιχεῖαι, πορνεία 012 lat^vl-pt Irenaeus^lat

[3] **21** {C} φθόνοι 𝔓⁴⁶ 01 03 33 81 co^sa Marcion^acc. to Epiphanius Irenaeus^lat Clement Origen^lat ⫽ φθόνοι φόνοι 02 04 06 012 025 0150 0278 6 256^c (256* *omit* διχοστασίαι ... μέθαι) 263 365 1175 1573 1739 1881 1962 2127 2464 *Byz* lat sy^(p), h co^bo eth Basil Chrysostom

[4] **24** {C} Χριστοῦ Ἰησοῦ 01² (01* κυρίου Χριστοῦ Ἰησοῦ) 02 03 04 025 0150 0278 33 256 263 1175 1573 1739 (1881 κυρίου Χριστοῦ) 1962^c 2127 (cpa) co (eth) Cyril^pt, (pt) ⫽ Χριστοῦ 𝔓⁴⁶ 06 012 6 81 365 1962* 2464 *Byz* lat sy Marcion^acc. to Epiphanius Origen^lat Basil Chrysostom Cyril^pt

[1] **2** {C} ἀναπληρώσετε 03 012 1962 lat co eth Marcion^acc. to Tertullian Chrysostom^lat (Cyril) ⫽ ἀποπληρώσετε 𝔓⁴⁶⫽ ἀναπληρώσατε 01 02 04 06 025 0150 6 33 81 256 263 365 1175 1573 1739 1881 2127 2464 *Byz* Clement Basil Chrysostom^gr

6 Κοινωνείτω δὲ ὁ κατηχούμενος τὸν λόγον τῷ κατηχοῦντι ἐν πᾶσιν ἀγαθοῖς. **7** Μὴ πλανᾶσθε, θεὸς οὐ μυκτηρίζεται. ὃ γὰρ ἐὰν σπείρῃ ἄνθρωπος, τοῦτο καὶ θερίσει· **8** ὅτι ὁ σπείρων εἰς τὴν σάρκα ἑαυτοῦ ἐκ τῆς σαρκὸς θερίσει φθοράν, ὁ δὲ σπείρων εἰς τὸ πνεῦμα ἐκ τοῦ πνεύματος θερίσει ζωὴν αἰώνιον. **9** τὸ δὲ καλὸν ποιοῦντες μὴ ἐγκακῶμεν, καιρῷ γὰρ ἰδίῳ θερίσομεν μὴ ἐκλυόμενοι. **10** Ἄρα οὖν ὡς καιρὸν ἔχομεν, ἐργαζώμεθα τὸ ἀγαθὸν πρὸς πάντας, μάλιστα δὲ πρὸς τοὺς οἰκείους τῆς πίστεως.

Final Warning and Benediction

11 Ἴδετε πηλίκοις ὑμῖν γράμμασιν ἔγραψα τῇ ἐμῇ χειρί. **12** ὅσοι θέλουσιν εὐπροσωπῆσαι ἐν σαρκί, οὗτοι ἀναγκάζουσιν ὑμᾶς περιτέμνεσθαι, μόνον ἵνα τῷ σταυρῷ τοῦ Χριστοῦ μὴ διώκωνται. **13** οὐδὲ γὰρ οἱ περιτεμνόμενοι[2] αὐτοὶ νόμον φυλάσσουσιν ἀλλὰ θέλουσιν ὑμᾶς περιτέμνεσθαι, ἵνα ἐν τῇ ὑμετέρᾳ σαρκὶ καυχήσωνται. **14** ἐμοὶ δὲ μὴ γένοιτο καυχᾶσθαι εἰ μὴ ἐν τῷ σταυρῷ τοῦ κυρίου ἡμῶν Ἰησοῦ Χριστοῦ, δι᾽ οὗ ἐμοὶ κόσμος ἐσταύρωται κἀγὼ κόσμῳ. **15** οὔτε γὰρ[3] περιτομή τί ἐστιν οὔτε ἀκροβυστία ἀλλὰ καινὴ κτίσις. **16** καὶ ὅσοι τῷ κανόνι τούτῳ στοιχήσουσιν, εἰρήνη ἐπ᾽ αὐτοὺς καὶ ἔλεος καὶ ἐπὶ τὸν Ἰσραὴλ τοῦ θεοῦ.

17 Τοῦ λοιποῦ κόπους μοι μηδεὶς παρεχέτω· ἐγὼ γὰρ τὰ στίγματα τοῦ Ἰησοῦ[4] ἐν τῷ σώματί μου βαστάζω.

18 Ἡ χάρις τοῦ κυρίου ἡμῶν Ἰησοῦ Χριστοῦ μετὰ τοῦ πνεύματος ὑμῶν, ἀδελφοί· ἀμήν.

---

[2]**13** {C} περιτεμνόμενοι 01 02 04 06 (012) 018 025 0278 33 81 1739 2464 *Byz*^pt *TR* lat^vg sy // περιτετμημένοι 𝔓^46 03 020 6 365 1175 *Byz*^pt lat^vl co^bo

[3]**15** {B} οὔτε γάρ 𝔓^46 03 33 1175 1739* lat^vl-pt (sy^p) (cpa) co^sa-mss Gregory-Nyssa Chrysostom // ἐν γὰρ Χριστῷ Ἰησοῦ οὔτε 01 02 04 06 012 025 0150 0278 6 81 256 263 365 1573 (1739^c) 1881 1962 2127 2464 *Byz* lat^vl-pt, vg sy^h with * co^sa-mss, bo, fa

[4]**17** {B} Ἰησοῦ 𝔓^46 02 03 04* 33 lat^vl-pt, vg co^sa-ms // Χριστοῦ 025 0278 81 365 1175 2464 co^bo // κυρίου Ἰησοῦ 04^3 06^2 (1739 *add* μου *after* κυρίου) 1881 *Byz* (sy^p) // κυρίου ἡμῶν Ἰησοῦ Χριστοῦ (01 06^1 *omit* ἡμῶν) 06* 012 lat^vl-pt (co^sa-mss)

ΠΡΟΣ ΕΦΕΣΙΟΥΣ

Salutation

1 Παῦλος ἀπόστολος Χριστοῦ Ἰησοῦ διὰ θελήματος θεοῦ τοῖς ἁγίοις τοῖς οὖσιν [ἐν Ἐφέσῳ][1] καὶ πιστοῖς ἐν Χριστῷ Ἰησοῦ, 2 χάρις ὑμῖν καὶ εἰρήνη ἀπὸ θεοῦ πατρὸς ἡμῶν καὶ κυρίου Ἰησοῦ Χριστοῦ.

Spiritual Blessings in Christ

3 Εὐλογητὸς ὁ θεὸς καὶ πατὴρ τοῦ κυρίου ἡμῶν Ἰησοῦ Χριστοῦ, ὁ εὐλογήσας ἡμᾶς ἐν πάσῃ εὐλογίᾳ πνευματικῇ ἐν τοῖς ἐπουρανίοις ἐν Χριστῷ, 4 καθὼς ἐξελέξατο ἡμᾶς ἐν αὐτῷ πρὸ καταβολῆς κόσμου εἶναι ἡμᾶς ἁγίους καὶ ἀμώμους κατενώπιον αὐτοῦ ἐν ἀγάπῃ, 5 προορίσας ἡμᾶς εἰς υἱοθεσίαν διὰ Ἰησοῦ Χριστοῦ εἰς αὐτόν, κατὰ τὴν εὐδοκίαν τοῦ θελήματος αὐτοῦ, 6 εἰς ἔπαινον δόξης τῆς χάριτος αὐτοῦ ἧς ἐχαρίτωσεν ἡμᾶς ἐν τῷ ἠγαπημένῳ. 7 ἐν ᾧ ἔχομεν τὴν ἀπολύτρωσιν διὰ τοῦ αἵματος αὐτοῦ, τὴν ἄφεσιν τῶν παραπτωμάτων, κατὰ τὸ πλοῦτος τῆς χάριτος αὐτοῦ 8 ἧς ἐπερίσσευσεν εἰς ἡμᾶς, ἐν πάσῃ σοφίᾳ καὶ φρονήσει, 9 γνωρίσας ἡμῖν τὸ μυστήριον τοῦ θελήματος αὐτοῦ, κατὰ τὴν εὐδοκίαν αὐτοῦ ἣν προέθετο ἐν αὐτῷ 10 εἰς οἰκονομίαν τοῦ πληρώματος τῶν καιρῶν, ἀνακεφαλαιώσασθαι τὰ πάντα ἐν τῷ Χριστῷ, τὰ ἐπὶ τοῖς οὐρανοῖς καὶ τὰ ἐπὶ τῆς γῆς ἐν αὐτῷ. 11 ἐν ᾧ καὶ ἐκληρώθημεν προορισθέντες κατὰ πρόθεσιν τοῦ τὰ πάντα ἐνεργοῦντος κατὰ τὴν βουλὴν τοῦ θελήματος αὐτοῦ 12 εἰς τὸ εἶναι ἡμᾶς εἰς ἔπαινον δόξης αὐτοῦ τοὺς προηλπικότας ἐν τῷ Χριστῷ. 13 ἐν ᾧ καὶ ὑμεῖς ἀκούσαντες τὸν λόγον τῆς ἀληθείας, τὸ εὐαγγέλιον τῆς σωτηρίας ὑμῶν, ἐν ᾧ καὶ πιστεύσαντες ἐσφραγίσθητε τῷ πνεύματι τῆς ἐπαγγελίας τῷ ἁγίῳ, 14 ὅ ἐστιν ἀρραβὼν τῆς κληρονομίας ἡμῶν, εἰς ἀπολύτρωσιν τῆς περιποιήσεως, εἰς ἔπαινον τῆς δόξης αὐτοῦ.

---

[1] 1 {C} ἐν Ἐφέσῳ 01² 02 03² 06 012 025 0150 0278 33 81 256 263 365 1175 1573 1881 1962 2127 2464 *Byz* lat sy co eth Chrysostom // omit 𝔓⁴⁶ 01* 03* 6 1739 Marcion[acc. to Tertullian] Origen[vid]

Paul's Prayer

15 Διὰ τοῦτο κἀγὼ ἀκούσας τὴν καθ' ὑμᾶς πίστιν ἐν τῷ κυρίῳ Ἰησοῦ καὶ τὴν ἀγάπην τὴν εἰς πάντας τοὺς ἁγίους[2] **16** οὐ παύομαι εὐχαριστῶν ὑπὲρ ὑμῶν μνείαν ποιούμενος ἐπὶ τῶν προσευχῶν μου, **17** ἵνα ὁ θεὸς τοῦ κυρίου ἡμῶν Ἰησοῦ Χριστοῦ, ὁ πατὴρ τῆς δόξης, δώῃ ὑμῖν πνεῦμα σοφίας καὶ ἀποκαλύψεως ἐν ἐπιγνώσει αὐτοῦ, **18** πεφωτισμένους τοὺς ὀφθαλμοὺς τῆς καρδίας ὑμῶν εἰς τὸ εἰδέναι ὑμᾶς τίς ἐστιν ἡ ἐλπὶς τῆς κλήσεως αὐτοῦ, τίς ὁ πλοῦτος τῆς δόξης τῆς κληρονομίας αὐτοῦ ἐν τοῖς ἁγίοις, **19** καὶ τί τὸ ὑπερβάλλον μέγεθος τῆς δυνάμεως αὐτοῦ εἰς ἡμᾶς τοὺς πιστεύοντας κατὰ τὴν ἐνέργειαν τοῦ κράτους τῆς ἰσχύος αὐτοῦ. **20** ἣν ἐνήργησεν ἐν τῷ Χριστῷ ἐγείρας αὐτὸν ἐκ νεκρῶν καὶ καθίσας ἐν δεξιᾷ αὐτοῦ ἐν τοῖς ἐπουρανίοις **21** ὑπεράνω πάσης ἀρχῆς καὶ ἐξουσίας καὶ δυνάμεως καὶ κυριότητος καὶ παντὸς ὀνόματος ὀνομαζομένου, οὐ μόνον ἐν τῷ αἰῶνι τούτῳ ἀλλὰ καὶ ἐν τῷ μέλλοντι· **22** καὶ *πάντα ὑπέταξεν ὑπὸ τοὺς πόδας αὐτοῦ* καὶ αὐτὸν ἔδωκεν κεφαλὴν ὑπὲρ πάντα τῇ ἐκκλησίᾳ, **23** ἥτις ἐστὶν τὸ σῶμα αὐτοῦ, τὸ πλήρωμα τοῦ τὰ πάντα ἐν πᾶσιν πληρουμένου.

Ps 8.6

From Death to Life

2 Καὶ ὑμᾶς ὄντας νεκροὺς τοῖς παραπτώμασιν καὶ ταῖς ἁμαρτίαις ὑμῶν, **2** ἐν αἷς ποτε περιεπατήσατε κατὰ τὸν αἰῶνα τοῦ κόσμου τούτου, κατὰ τὸν ἄρχοντα τῆς ἐξουσίας τοῦ ἀέρος, τοῦ πνεύματος τοῦ νῦν ἐνεργοῦντος ἐν τοῖς υἱοῖς τῆς ἀπειθείας· **3** ἐν οἷς καὶ ἡμεῖς πάντες ἀνεστράφημέν ποτε ἐν ταῖς ἐπιθυμίαις τῆς σαρκὸς ἡμῶν ποιοῦντες τὰ θελήματα τῆς σαρκὸς καὶ τῶν διανοιῶν, καὶ ἤμεθα τέκνα φύσει ὀργῆς ὡς καὶ οἱ λοιποί· **4** ὁ δὲ θεὸς πλούσιος ὢν ἐν ἐλέει, διὰ τὴν πολλὴν ἀγάπην αὐτοῦ ἣν ἠγάπησεν ἡμᾶς, **5** καὶ ὄντας ἡμᾶς νεκροὺς τοῖς παρα-

---

[2] **15** {B} καὶ τὴν ἀγάπην τὴν εἰς πάντας τοὺς ἁγίους (*see* Col 1.4) 01² 06² (06* 012 *omit second* τήν) 0150 6 1962 *Byz* lat sy^h co$^{(sa),\ bo\text{-}pt}$ eth (Gregory-Nyssa) Chrysostom // καὶ τὴν εἰς πάντας τοὺς ἁγίους 𝔓⁴⁶ 01* 02 03 025 33 1739 1881 co$^{bo\text{-}pt}$ Origen // καὶ τὴν εἰς πάντας τοὺς ἁγίους ἀγάπην 81 256 263 365 1175 1573 2127 (2464 *omit* τήν) Cyril

πτώμασιν συνεζωοποίησεν τῷ Χριστῷ[1], – χάριτί ἐστε σεσῳσμένοι – 6 καὶ συνήγειρεν καὶ συνεκάθισεν ἐν τοῖς ἐπουρανίοις ἐν Χριστῷ Ἰησοῦ, 7 ἵνα ἐνδείξηται ἐν τοῖς αἰῶσιν τοῖς ἐπερχομένοις τὸ ὑπερβάλλον πλοῦτος τῆς χάριτος αὐτοῦ ἐν χρηστότητι ἐφ' ἡμᾶς ἐν Χριστῷ Ἰησοῦ. 8 τῇ γὰρ χάριτί ἐστε σεσῳσμένοι διὰ πίστεως· καὶ τοῦτο οὐκ ἐξ ὑμῶν, θεοῦ τὸ δῶρον· 9 οὐκ ἐξ ἔργων, ἵνα μή τις καυχήσηται. 10 αὐτοῦ γάρ ἐσμεν ποίημα, κτισθέντες ἐν Χριστῷ Ἰησοῦ ἐπὶ ἔργοις ἀγαθοῖς οἷς προητοίμασεν ὁ θεός, ἵνα ἐν αὐτοῖς περιπατήσωμεν.

One in Christ

11 Διὸ μνημονεύετε ὅτι ποτὲ ὑμεῖς τὰ ἔθνη ἐν σαρκί, οἱ λεγόμενοι ἀκροβυστία ὑπὸ τῆς λεγομένης περιτομῆς ἐν σαρκὶ χειροποιήτου, 12 ὅτι ἦτε τῷ καιρῷ ἐκείνῳ χωρὶς Χριστοῦ, ἀπηλλοτριωμένοι τῆς πολιτείας τοῦ Ἰσραὴλ καὶ ξένοι τῶν διαθηκῶν τῆς ἐπαγγελίας, ἐλπίδα μὴ ἔχοντες καὶ ἄθεοι ἐν τῷ κόσμῳ. 13 νυνὶ δὲ ἐν Χριστῷ Ἰησοῦ ὑμεῖς οἵ ποτε ὄντες μακρὰν ἐγενήθητε ἐγγὺς ἐν τῷ αἵματι τοῦ Χριστοῦ. 14 αὐτὸς γάρ ἐστιν ἡ εἰρήνη ἡμῶν, ὁ ποιήσας τὰ ἀμφότερα ἓν καὶ τὸ μεσότοιχον τοῦ φραγμοῦ λύσας, τὴν ἔχθραν ἐν τῇ σαρκὶ αὐτοῦ, 15 τὸν νόμον τῶν ἐντολῶν ἐν δόγμασιν καταργήσας, ἵνα τοὺς δύο κτίσῃ ἐν αὐτῷ εἰς ἕνα καινὸν ἄνθρωπον ποιῶν εἰρήνην 16 καὶ ἀποκαταλλάξῃ τοὺς ἀμφοτέρους ἐν ἑνὶ σώματι τῷ θεῷ διὰ τοῦ σταυροῦ, ἀποκτείνας τὴν ἔχθραν ἐν αὐτῷ. 17 καὶ ἐλθὼν εὐηγγελίσατο εἰρήνην ὑμῖν τοῖς μακρὰν καὶ εἰρήνην τοῖς ἐγγύς· 18 ὅτι δι' αὐτοῦ ἔχομεν τὴν προσαγωγὴν οἱ ἀμφότεροι ἐν ἑνὶ πνεύματι πρὸς τὸν πατέρα. 19 ἄρα οὖν οὐκέτι ἐστὲ ξένοι καὶ πάροικοι ἀλλ' ἐστὲ συμπολῖται τῶν ἁγίων καὶ οἰκεῖοι τοῦ θεοῦ, 20 ἐποικοδομηθέντες ἐπὶ τῷ θεμελίῳ τῶν ἀποστόλων καὶ προφητῶν, ὄντος ἀκρογωνιαίου αὐτοῦ Χριστοῦ Ἰησοῦ, 21 ἐν ᾧ πᾶσα οἰκοδομὴ συναρμολογουμένη αὔξει εἰς ναὸν ἅγιον ἐν

---

[1]5 {B} τῷ Χριστῷ 01 02 06 012 025 0150 0278 6 81 256 263 365 1175 1573 1739 1881 1962 2127 2464 *Byz* lat[vl-pt, vg] Clement Origen[lem] Cyril-Jerusalem Cyril ∥ σὺν τῷ Χριστῷ lat[vl-pt] sy[p, (h)] cpa (Origen[lat]) ∥ ἐν τῷ Χριστῷ 𝔓[46] 03 33 lat[vl-pt, vg-mss] co eth Chrysostom

κυρίῳ, **22** ἐν ᾧ καὶ ὑμεῖς συνοικοδομεῖσθε εἰς κατοικητήριον τοῦ θεοῦ ἐν πνεύματι.

Paul's Ministry to the Gentiles

3 Τούτου χάριν ἐγὼ Παῦλος ὁ δέσμιος τοῦ Χριστοῦ [Ἰησοῦ] [1] ὑπὲρ ὑμῶν τῶν ἐθνῶν **2** – εἴ γε ἠκούσατε τὴν οἰκονομίαν τῆς χάριτος τοῦ θεοῦ τῆς δοθείσης μοι εἰς ὑμᾶς, **3** ὅτι κατὰ ἀποκάλυψιν ἐγνωρίσθη μοι τὸ μυστήριον, καθὼς προέγραψα ἐν ὀλίγῳ, **4** πρὸς ὃ δύνασθε ἀναγινώσκοντες νοῆσαι τὴν σύνεσίν μου ἐν τῷ μυστηρίῳ τοῦ Χριστοῦ, **5** ὃ ἑτέραις γενεαῖς οὐκ ἐγνωρίσθη τοῖς υἱοῖς τῶν ἀνθρώπων ὡς νῦν ἀπεκαλύφθη τοῖς ἁγίοις ἀποστόλοις αὐτοῦ καὶ προφήταις ἐν πνεύματι, **6** εἶναι τὰ ἔθνη συγκληρονόμα καὶ σύσσωμα καὶ συμμέτοχα τῆς ἐπαγγελίας ἐν Χριστῷ Ἰησοῦ διὰ τοῦ εὐαγγελίου, **7** οὗ ἐγενήθην διάκονος κατὰ τὴν δωρεὰν τῆς χάριτος τοῦ θεοῦ τῆς δοθείσης μοι κατὰ τὴν ἐνέργειαν τῆς δυνάμεως αὐτοῦ.

8 Ἐμοὶ τῷ ἐλαχιστοτέρῳ πάντων ἁγίων ἐδόθη ἡ χάρις αὕτη, τοῖς ἔθνεσιν εὐαγγελίσασθαι τὸ ἀνεξιχνίαστον πλοῦτος τοῦ Χριστοῦ **9** καὶ φωτίσαι πάντας [2] τίς ἡ οἰκονομία τοῦ μυστηρίου τοῦ ἀποκεκρυμμένου ἀπὸ τῶν αἰώνων ἐν τῷ θεῷ τῷ τὰ πάντα κτίσαντι, **10** ἵνα γνωρισθῇ νῦν ταῖς ἀρχαῖς καὶ ταῖς ἐξουσίαις ἐν τοῖς ἐπουρανίοις διὰ τῆς ἐκκλησίας ἡ πολυποίκιλος σοφία τοῦ θεοῦ, **11** κατὰ πρόθεσιν τῶν αἰώνων ἣν ἐποίησεν ἐν τῷ Χριστῷ Ἰησοῦ τῷ κυρίῳ ἡμῶν, **12** ἐν ᾧ ἔχομεν τὴν παρρησίαν καὶ προσαγωγὴν ἐν πεποιθήσει διὰ τῆς πίστεως αὐτοῦ. **13** διὸ αἰτοῦμαι μὴ ἐγκακεῖν ἐν ταῖς θλίψεσίν μου ὑπὲρ ὑμῶν, ἥτις ἐστὶν δόξα ὑμῶν.

---

[1] **1** {C} τοῦ Χριστοῦ Ἰησοῦ 𝔓⁴⁶ 01¹ 02 03 06¹ 025 0150 33 81 263 1175 1739 2464 *Byz* lat[vl-pt, vg] sy[h] co[sa-mss, bo] Origen Cyril[pt] ∥ Ἰησοῦ Χριστοῦ 6 1881 1962 lat[vl-pt] sy[p] co[sa-ms] (Chrysostom) (Cyril[pt]) ∥ τοῦ κυρίου Ἰησοῦ 04 ∥ τοῦ Χριστοῦ 01* 06* 012 256 1573 2127 lat[vl-pt] co[sa-mss] eth ∥ ἐν Χριστῷ 365

[2] **9** {B} φωτίσαι πάντας 𝔓⁴⁶ 01² 03 04 06 012 025 33 81 256 263 365 1175 1573 1962 2127 2464 *Byz* lat sy co eth Marcion[acc. to Adamantius and Tertullian] Chrysostom Cyril[pt] ∥ φωτίσαι 01* 02 0150 6 1739 1881 Cyril[pt]

To Know the Love of Christ

14 Τούτου χάριν κάμπτω τὰ γόνατά μου πρὸς τὸν πατέρα³, **15** ἐξ οὗ πᾶσα πατριὰ ἐν οὐρανοῖς καὶ ἐπὶ γῆς ὀνομάζεται, **16** ἵνα δῷ ὑμῖν κατὰ τὸ πλοῦτος τῆς δόξης αὐτοῦ δυνάμει κραταιωθῆναι διὰ τοῦ πνεύματος αὐτοῦ εἰς τὸν ἔσω ἄνθρωπον, **17** κατοικῆσαι τὸν Χριστὸν διὰ τῆς πίστεως ἐν ταῖς καρδίαις ὑμῶν, ἐν ἀγάπῃ ἐρριζωμένοι καὶ τεθεμελιωμένοι, **18** ἵνα ἐξισχύσητε καταλαβέσθαι σὺν πᾶσιν τοῖς ἁγίοις τί τὸ πλάτος καὶ μῆκος καὶ ὕψος καὶ βάθος, **19** γνῶναί τε τὴν ὑπερβάλλουσαν τῆς γνώσεως ἀγάπην τοῦ Χριστοῦ, ἵνα πληρωθῆτε εἰς⁴ πᾶν τὸ πλήρωμα τοῦ θεοῦ.

20 Τῷ δὲ δυναμένῳ ὑπὲρ⁵ πάντα ποιῆσαι ὑπερεκπερισσοῦ ὧν αἰτούμεθα ἢ νοοῦμεν κατὰ τὴν δύναμιν τὴν ἐνεργουμένην ἐν ἡμῖν, **21** αὐτῷ ἡ δόξα ἐν τῇ ἐκκλησίᾳ καὶ ἐν Χριστῷ Ἰησοῦ εἰς πάσας τὰς γενεὰς τοῦ αἰῶνος τῶν αἰώνων, ἀμήν.

The Unity of the Body

4 Παρακαλῶ οὖν ὑμᾶς ἐγὼ ὁ δέσμιος ἐν κυρίῳ ἀξίως περιπατῆσαι τῆς κλήσεως ἧς ἐκλήθητε, **2** μετὰ πάσης ταπεινοφροσύνης καὶ πραΰτητος, μετὰ μακροθυμίας, ἀνεχόμενοι ἀλλήλων ἐν ἀγάπῃ, **3** σπουδάζοντες τηρεῖν τὴν ἑνότητα τοῦ πνεύματος ἐν τῷ συνδέσμῳ τῆς εἰρήνης· **4** ἓν σῶμα καὶ ἓν πνεῦμα, καθὼς καὶ ἐκλήθητε ἐν μιᾷ ἐλπίδι τῆς κλήσεως ὑμῶν·

---

³ **14** {A} πατέρα 𝔓⁴⁶ 01* 02 03 04 025 0150 6 33 81 256 263 365 1175 1573 1739 1962 2127 cpa co eth Origen Athanasius Cyril-Jerusalem Cyril // πατέρα τοῦ κυρίου ἡμῶν Ἰησοῦ Χριστοῦ 01² 06 012 0278 1881 2464 *Byz* lat sy (Valentinians[acc. to Hippolytus]) Origen[lat] Gregory-Nyssa Chrysostom

⁴ **19** {B} πληρωθῆτε εἰς 01 02 04 06 012 025 0150 6 256 263 365 1573 1739 1881 1962 2127 2464 *Byz* lat sy cpa co[bo] (eth) Athanasius Gregory-Nyssa (Chrysostom) Cyril // πληροφορηθῆτε εἰς 81 // πληρωθῇ 𝔓⁴⁶ 03 0278 33 1175 co[sa]

⁵ **20** {A} ὑπέρ 01 02 03 04 016[vid] 025 0150 0278 0285 6 33 81 256 263 365 1175 1573 1739 1881 1962 2127 2464 *Byz* lat[vl-pt] sy cpa co Chrysostom // omit 𝔓⁴⁶ 06 012 lat[vl-pt, vg]

5 εἷς κύριος, μία πίστις, ἓν βάπτισμα,
6 εἷς θεὸς καὶ πατὴρ πάντων,
ὁ ἐπὶ πάντων καὶ διὰ πάντων καὶ ἐν πᾶσιν[1].
7 ἑνὶ δὲ ἑκάστῳ ἡμῶν ἐδόθη ἡ χάρις κατὰ τὸ μέτρον τῆς δωρεᾶς τοῦ Χριστοῦ. **8** διὸ λέγει·
ἀναβὰς εἰς ὕψος ᾐχμαλώτευσεν αἰχμαλωσίαν,
ἔδωκεν δόματα τοῖς ἀνθρώποις.
9 τὸ δὲ ἀνέβη τί ἐστιν, εἰ μὴ ὅτι καὶ κατέβη[2] εἰς τὰ κατώτερα [μέρη][3] τῆς γῆς; **10** ὁ καταβὰς αὐτός ἐστιν καὶ ὁ *ἀναβὰς* ὑπεράνω πάντων τῶν οὐρανῶν, ἵνα πληρώσῃ τὰ πάντα. **11** καὶ αὐτὸς ἔδωκεν τοὺς μὲν ἀποστόλους, τοὺς δὲ προφήτας, τοὺς δὲ εὐαγγελιστάς, τοὺς δὲ ποιμένας καὶ διδασκάλους, **12** πρὸς τὸν καταρτισμὸν τῶν ἁγίων εἰς ἔργον διακονίας, εἰς οἰκοδομὴν τοῦ σώματος τοῦ Χριστοῦ, **13** μέχρι καταντήσωμεν οἱ πάντες εἰς τὴν ἑνότητα τῆς πίστεως καὶ τῆς ἐπιγνώσεως τοῦ υἱοῦ τοῦ θεοῦ, εἰς ἄνδρα τέλειον, εἰς μέτρον ἡλικίας τοῦ πληρώματος τοῦ Χριστοῦ, **14** ἵνα μηκέτι ὦμεν νήπιοι, κλυδωνιζόμενοι καὶ περιφερόμενοι παντὶ ἀνέμῳ τῆς διδασκαλίας ἐν τῇ κυβείᾳ τῶν ἀνθρώπων, ἐν πανουργίᾳ πρὸς τὴν μεθοδείαν τῆς πλάνης, **15** ἀληθεύοντες δὲ ἐν ἀγάπῃ αὐξήσωμεν εἰς αὐτὸν τὰ πάντα, ὅς ἐστιν ἡ κεφαλή, Χριστός, **16** ἐξ οὗ πᾶν τὸ σῶμα συναρμολογούμενον καὶ συμβιβαζόμενον διὰ πάσης ἁφῆς τῆς ἐπιχορηγίας κατ᾽ ἐνέργειαν ἐν μέτρῳ ἑνὸς ἑκάστου μέρους τὴν αὔξησιν τοῦ σώματος ποιεῖται εἰς οἰκοδομὴν ἑαυτοῦ ἐν ἀγάπῃ.

---

[1]**6** {A} πᾶσιν 𝔓⁴⁶ 01 02 03 04 025 082 0150 6 33 81 1739* 1881 1962 2464 co eth Marcion^(acc. to Epiphanius) Origen^(gr, lat) Eusebius Athanasius Gregory-Nyssa Chrysostom^(lem) Cyril // πᾶσιν ἡμῖν 06 012 0278 256 263 365 1175 1573 2127 Byz lat sy Irenaeus^(gr, lat) (Chrysostom^(com)) //πᾶσιν ὑμῖν 1739^c TR

[2]**9** {A} κατέβη 𝔓⁴⁶ 01* 02 04* 06 012 016^(vid) 082 6 33 81 1739 1881 lat^(vl-pt, vg-mss) co^(sa-ms, bo) eth Irenaeus^(lat) Clement^(from Theodotus) Tertullian Origen^(gr, lat) Cyril // κατέβη πρῶτον 01² 03 04³ 025^(vid) 0150 256 263 365 1175 1573 1962 2127 2464 Byz lat^(vl-pt, vg) sy co^(sa-mss) Eusebius Chrysostom

[3]**9** {C} μέρη 01 02 03 04 06² 016 025 0150 6 33 81 256 263 365 1175 1573 1739 1881 1962 2127 2464 Byz lat^(vl-pt, vg) sy^h co^(bo) Chrysostom Cyril // omit 𝔓⁴⁶ 06* 012 lat^(vl-pt) co^(sa) eth Irenaeus^(lat) Clement^(from Theodotus) Tertullian Origen^(lat) Eusebius

The Old Life and the New

17 Τοῦτο οὖν λέγω καὶ μαρτύρομαι ἐν κυρίῳ, μηκέτι ὑμᾶς περιπατεῖν, καθὼς καὶ τὰ ἔθνη [4] περιπατεῖ ἐν ματαιότητι τοῦ νοὸς αὐτῶν, **18** ἐσκοτωμένοι τῇ διανοίᾳ ὄντες, ἀπηλλοτριωμένοι τῆς ζωῆς τοῦ θεοῦ διὰ τὴν ἄγνοιαν τὴν οὖσαν ἐν αὐτοῖς, διὰ τὴν πώρωσιν τῆς καρδίας αὐτῶν, **19** οἵτινες ἀπηλγηκότες [5] ἑαυτοὺς παρέδωκαν τῇ ἀσελγείᾳ εἰς ἐργασίαν ἀκαθαρσίας πάσης ἐν πλεονεξίᾳ.

20 Ὑμεῖς δὲ οὐχ οὕτως ἐμάθετε τὸν Χριστόν, **21** εἴ γε αὐτὸν ἠκούσατε καὶ ἐν αὐτῷ ἐδιδάχθητε, καθώς ἐστιν ἀλήθεια ἐν τῷ Ἰησοῦ, **22** ἀποθέσθαι ὑμᾶς κατὰ τὴν προτέραν ἀναστροφὴν τὸν παλαιὸν ἄνθρωπον τὸν φθειρόμενον κατὰ τὰς ἐπιθυμίας τῆς ἀπάτης, **23** ἀνανεοῦσθαι δὲ τῷ πνεύματι τοῦ νοὸς ὑμῶν **24** καὶ ἐνδύσασθαι τὸν καινὸν ἄνθρωπον τὸν κατὰ θεὸν κτισθέντα ἐν δικαιοσύνῃ καὶ ὁσιότητι τῆς ἀληθείας.

Rules for the New Life

25 Διὸ ἀποθέμενοι τὸ ψεῦδος *λαλεῖτε ἀλήθειαν ἕκαστος μετὰ τοῦ πλησίον αὐτοῦ*, ὅτι ἐσμὲν ἀλλήλων μέλη. **26** *ὀργίζεσθε καὶ μὴ ἁμαρτάνετε*· ὁ ἥλιος μὴ ἐπιδυέτω ἐπὶ [τῷ] παροργισμῷ ὑμῶν, **27** μηδὲ δίδοτε τόπον τῷ διαβόλῳ. **28** ὁ κλέπτων μηκέτι κλεπτέτω, μᾶλλον δὲ κοπιάτω ἐργαζόμενος ταῖς [ἰδίαις] χερσὶν τὸ ἀγαθόν [6], ἵνα ἔχῃ μεταδιδόναι τῷ χρείαν ἔχοντι. **29** πᾶς λόγος σαπρὸς ἐκ τοῦ στόματος ὑμῶν μὴ ἐκπορευέσθω, ἀλλ᾽ εἴ τις

Zch 8.16
Ps 4.4 LXX

---

[4] **17** {B} τὰ ἔθνη 𝔓⁴⁶ 𝔓⁴⁹ᵛⁱᵈ 01* 02 03 06* 012 082 33 365 1175 1739 1881 2464 Clement ∥ τὰ λοιπὰ ἔθνη 01² 06¹ 025 *Byz*

[5] **19** {A} ἀπηλγηκότες 𝔓⁴⁶ 01 02 03 0150 6 33 81 256 263 365 1175 1573 1739 1881 1962 2127 2464 *Byz* sy^{h, hgr} co Clement Origen Chrysostom ∥ ἀπηλπικότες 06 (012 ἀφηλπικότες) 025 lat sy^p eth Irenaeus^{lat}

[6] **28** {C} ταῖς ἰδίαις χερσὶν τὸ ἀγαθόν 01* 02 06 012 0150 81 256 263 365 1175 1573 2127 2464 lat^{vl-pt} (co^{sa-ms, bo}) (eth) Basil^{pt} ∥ ταῖς χερσὶν τὸ ἀγαθόν 𝔓⁴⁶ 𝔓⁴⁹ᵛⁱᵈ 01² 03 lat^{vl-pt, vg} ∥ τὸ ἀγαθὸν ταῖς χερσίν 020 *Byz*^{pt} *TR Lect* Origen Basil^{pt} Chrysostom ∥ τὸ ἀγαθὸν ταῖς ἰδίαις χερσίν 018 1962 *Byz*^{pt} ∥ ταῖς χερσίν co^{sa-mss} Tertullian (co^{sa-ms}) ∥ τὸ ἀγαθόν 025 6 33 1739 1881 Clement Gregory-Nyssa

ἀγαθὸς πρὸς οἰκοδομὴν τῆς χρείας[7], ἵνα δῷ χάριν τοῖς ἀκούουσιν. 30 καὶ μὴ λυπεῖτε τὸ πνεῦμα τὸ ἅγιον τοῦ θεοῦ, ἐν ᾧ ἐσφραγίσθητε εἰς ἡμέραν ἀπολυτρώσεως. 31 πᾶσα πικρία καὶ θυμὸς καὶ ὀργὴ καὶ κραυγὴ καὶ βλασφημία ἀρθήτω ἀφ᾽ ὑμῶν σὺν πάσῃ κακίᾳ. 32 γίνεσθε [δὲ] εἰς ἀλλήλους χρηστοί, εὔσπλαγχνοι, χαριζόμενοι ἑαυτοῖς, καθὼς καὶ ὁ θεὸς ἐν Χριστῷ ἐχαρίσατο ὑμῖν[8].

5 Γίνεσθε οὖν μιμηταὶ τοῦ θεοῦ ὡς τέκνα ἀγαπητὰ 2 καὶ περιπατεῖτε ἐν ἀγάπῃ, καθὼς καὶ ὁ Χριστὸς ἠγάπησεν ἡμᾶς[1] καὶ παρέδωκεν ἑαυτὸν ὑπὲρ ἡμῶν[2] προσφορὰν καὶ θυσίαν τῷ θεῷ εἰς ὀσμὴν εὐωδίας.

3 Πορνεία δὲ καὶ ἀκαθαρσία πᾶσα ἢ πλεονεξία μηδὲ ὀνομαζέσθω ἐν ὑμῖν, καθὼς πρέπει ἁγίοις, 4 καὶ αἰσχρότης καὶ μωρολογία ἢ εὐτραπελία, ἃ οὐκ ἀνῆκεν, ἀλλὰ μᾶλλον εὐχαριστία. 5 τοῦτο γὰρ ἴστε γινώσκοντες, ὅτι πᾶς πόρνος ἢ ἀκάθαρτος ἢ πλεονέκτης, ὅ ἐστιν εἰδωλολάτρης, οὐκ ἔχει κληρονομίαν ἐν τῇ βασιλείᾳ τοῦ Χριστοῦ καὶ θεοῦ.

Walk as Children of Light

6 Μηδεὶς ὑμᾶς ἀπατάτω κενοῖς λόγοις· διὰ ταῦτα γὰρ ἔρχεται ἡ ὀργὴ τοῦ θεοῦ ἐπὶ τοὺς υἱοὺς τῆς ἀπειθείας. 7 μὴ οὖν γίνεσθε συμμέτοχοι αὐτῶν· 8 ἦτε γάρ ποτε σκότος, νῦν δὲ φῶς ἐν κυρίῳ· ὡς τέκνα φωτὸς περιπατεῖτε 9 – ὁ γὰρ καρπὸς

---

[7] **29** {A} χρείας 𝔓[46] 01 02 03 06[2] 016[vid] 025 6 33 81 256 263 365 1175 1573 1739 1881 1962 2127 2464 *Byz* lat[vg] sy[(p), h] cpa co eth Clement Origen Chrysostom // πίστεως 06* 012 lat[vl] Tertullian Basil Gregory-Nyssa

[8] **32** {B} ὑμῖν 𝔓[46] 01 02 012 025 0150 6 81 256 263 365 1573 2127 *TR* lat[vl] co[sa, bo] eth Clement Tertullian[pt] Origen[lat] Basil Chrysostom[lem] // ἡμῖν 𝔓[49] 03 06 0278 33 1175 1739 1881 1962 2464 *Byz* lat[vg] sy cpa co[bo-mss] Tertullian[pt] Origen Chrysostom[com]

[1] **2** {B} ἡμᾶς 𝔓[46] 01[2a] 06 012 0150 0278 6 33 256 263 365 1573 1739 1881 1962 2127 2464 *Byz* lat[vl-pt, vg] sy cpa Clement[pt] Basil Chrysostom Cyril // ὑμᾶς 01*, [2b] 02 03 025 0159 81 1175 lat[vl-pt] co eth Clement[pt]

[2] **2** {A} ἡμῶν 𝔓[46] 𝔓[49] 01 02 06 012 025 0150 0159 0278* 6 33 81 256 263 365 1573 1739 1881 1962 2127 2464 *Byz* lat[vl-pt, vg] sy cpa Clement Basil (Gregory-Nyssa) Chrysostom Cyril // ὑμῶν 03 0278[c] 1175 lat[vl-pt] co eth

τοῦ φωτός³ ἐν πάσῃ ἀγαθωσύνῃ καὶ δικαιοσύνῃ καὶ ἀληθείᾳ – **10** δοκιμάζοντες τί ἐστιν εὐάρεστον τῷ κυρίῳ, **11** καὶ μὴ συγκοινωνεῖτε τοῖς ἔργοις τοῖς ἀκάρποις τοῦ σκότους, μᾶλλον δὲ καὶ ἐλέγχετε. **12** τὰ γὰρ κρυφῇ γινόμενα ὑπ' αὐτῶν αἰσχρόν ἐστιν καὶ λέγειν, **13** τὰ δὲ πάντα ἐλεγχόμενα ὑπὸ τοῦ φωτὸς φανεροῦται, **14** πᾶν γὰρ τὸ φανερούμενον φῶς ἐστιν. διὸ λέγει·

ἔγειρε, ὁ καθεύδων,
καὶ ἀνάστα ἐκ τῶν νεκρῶν,
καὶ ἐπιφαύσει σοι ὁ Χριστός⁴.

15 Βλέπετε οὖν ἀκριβῶς πῶς⁵ περιπατεῖτε μὴ ὡς ἄσοφοι ἀλλ' ὡς σοφοί, **16** ἐξαγοραζόμενοι τὸν καιρόν, ὅτι αἱ ἡμέραι πονηραί εἰσιν. **17** διὰ τοῦτο μὴ γίνεσθε ἄφρονες, ἀλλὰ συνίετε τί τὸ θέλημα τοῦ κυρίου. **18** καὶ μὴ μεθύσκεσθε οἴνῳ, ἐν ᾧ ἐστιν ἀσωτία, ἀλλὰ πληροῦσθε ἐν πνεύματι, **19** λαλοῦντες ἑαυτοῖς [ἐν] ψαλμοῖς καὶ ὕμνοις καὶ ᾠδαῖς πνευματικαῖς⁶, ᾄδοντες καὶ ψάλλοντες τῇ καρδίᾳ ὑμῶν τῷ κυρίῳ, **20** εὐχαριστοῦντες πάντοτε ὑπὲρ πάντων ἐν ὀνόματι τοῦ κυρίου ἡμῶν Ἰησοῦ Χριστοῦ τῷ θεῷ καὶ πατρί.

---

³**9** {B} φωτός 𝔓⁴⁹ 01 02 03 06* 012 025 6 33 81 256 1175ᶜ 1739 1881 1962 2127 2464 lat syᵖ cpa co eth Origen // πνεύματος (see Ga 5.22) 𝔓⁴⁶ 06² 0150 263 365 1175* 1573 *Byz* syʰ Chrysostom

⁴**14** {A} ἐπιφαύσει σοι ὁ Χριστός 𝔓⁴⁶ 01 02 03 06² 012 025 048 0150 0278 6 33 81 256 263 365 1175 1573 1739 1881 1962 2127 2464 *Byz* latᵛˡ⁻ᵖᵗ, ᵛᵍ sy cpa co eth Marcionᵃᶜᶜ· ᵗᵒ Epiphanius Clement Naassenesᵃᶜᶜ· ᵗᵒ Hippolytus Hippolytus Origen Origenᵈᵘᵇ Athanasius Chrysostom Cyril // ἐπιφαύσεις τοῦ Χριστοῦ 06* latᵛˡ⁻ᵖᵗ Origenˡᵃᵗ mssᵃᶜᶜ· ᵗᵒ Chrysostom

⁵**15** {B} οὖν ἀκριβῶς πῶς 𝔓⁴⁶ 01* 03 0150 0278 33 81 1175 1739 1962 coˢᵃ Origenˡᵉᵐ Chrysostomˡᵉᵐ // οὖν πῶς ἀκριβῶς 06 012 025 6 256 263 365 1573 1881 2127 *Byz* latᵛˡ⁻ᵖᵗ sy cpa (eth) Basil (Chrysostomᶜᵒᵐ) // οὖν, ἀδελφοί, πῶς ἀκριβῶς 01² 02 2464 latᵛˡ⁻ᵖᵗ, ᵛᵍ coᵇᵒ⁻ᵐˢˢ, ⁽ᵇᵒ⁾

⁶**19** {A} ᾠδαῖς πνευματικαῖς 01 06 012 025 048ᵛⁱᵈ 0278 6 33 81 256 263 365 1175 1573 1739 1881 1962 2127 2464 *Byz* latᵛˡ⁻ᵖᵗ, ᵛᵍ sy cpa co Origen Basilᵛⁱᵈ Cyril-Jerusalem Chrysostom // ᾠδαῖς πνευματικαῖς ἐν χάριτι 02 // ᾠδαῖς 𝔓⁴⁶ 03 latᵛˡ⁻ᵖᵗ

Wives and Husbands

21 Ὑποτασσόμενοι ἀλλήλοις ἐν φόβῳ Χριστοῦ[7], **22** αἱ γυναῖκες τοῖς ἰδίοις ἀνδράσιν ὡς[8] τῷ κυρίῳ, **23** ὅτι ἀνήρ ἐστιν κεφαλὴ τῆς γυναικὸς ὡς καὶ ὁ Χριστὸς κεφαλὴ τῆς ἐκκλησίας, αὐτὸς σωτὴρ τοῦ σώματος· **24** ἀλλ᾽ ὡς ἡ ἐκκλησία ὑποτάσσεται τῷ Χριστῷ, οὕτως καὶ αἱ γυναῖκες τοῖς ἀνδράσιν ἐν παντί.

25 Οἱ ἄνδρες, ἀγαπᾶτε τὰς γυναῖκας[9], καθὼς καὶ ὁ Χριστὸς ἠγάπησεν τὴν ἐκκλησίαν καὶ ἑαυτὸν παρέδωκεν ὑπὲρ αὐτῆς, **26** ἵνα αὐτὴν ἁγιάσῃ καθαρίσας τῷ λουτρῷ τοῦ ὕδατος ἐν ῥήματι, **27** ἵνα παραστήσῃ αὐτὸς ἑαυτῷ ἔνδοξον τὴν ἐκκλησίαν, μὴ ἔχουσαν σπίλον ἢ ῥυτίδα ἤ τι τῶν τοιούτων, ἀλλ᾽ ἵνα ᾖ ἁγία καὶ ἄμωμος. **28** οὕτως ὀφείλουσιν [καὶ] οἱ ἄνδρες ἀγαπᾶν τὰς ἑαυτῶν γυναῖκας ὡς τὰ ἑαυτῶν σώματα. ὁ ἀγαπῶν τὴν ἑαυτοῦ γυναῖκα ἑαυτὸν ἀγαπᾷ. **29** οὐδεὶς γάρ ποτε τὴν ἑαυτοῦ σάρκα ἐμίσησεν ἀλλ᾽ ἐκτρέφει καὶ θάλπει αὐτήν, καθὼς καὶ ὁ Χριστὸς τὴν ἐκκλησίαν, **30** ὅτι μέλη ἐσμὲν τοῦ σώματος αὐτοῦ[10]. **31** *ἀντὶ τούτου καταλείψει ἄνθρωπος [τὸν] πατέρα καὶ [τὴν] μητέρα καὶ προσκολληθήσεται πρὸς τὴν γυναῖκα αὐτοῦ, καὶ ἔσονται οἱ δύο εἰς σάρκα μίαν*. **32** τὸ μυστήριον τοῦτο μέγα ἐστίν· ἐγὼ δὲ λέγω εἰς Χριστὸν καὶ εἰς τὴν ἐκκλησίαν. **33** πλὴν

---

[7] **21** {B} Χριστοῦ 𝔓⁴⁶ 01 02 03 020 025 048 0278 33 256 263 365 1175 1573 1739 1962 2127 2464 *Byz*ᵖᵗ latᵛˡ⁻ᵖᵗ, ᵛᵍ Basil Chrysostomᵖᵗ ∥ Ἰησοῦ Χριστοῦ 012 ∥ Χριστοῦ Ἰησοῦ 06 latᵛˡ⁻ᵖᵗ ∥ κυρίου 018 coᵇᵒ⁻ᵐˢ ∥ θεοῦ 6 81 1881 *Byz*ᵖᵗ TR Clement Chrysostomᵖᵗ

[8] **22** {C} γυναῖκες τοῖς ἰδίοις ἀνδράσιν ὡς 𝔓⁴⁶ 03 Clementᵖᵗ ∥ γυναῖκες ὑποτάσσεσθε τοῖς ἰδίοις ἀνδράσιν ὡς 06 012 latᵛˡ⁻ᵖᵗ ∥ γυναῖκες τοῖς ἰδίοις ἀνδράσιν ὑποτάσσεσθε ὡς 0150 *Byz* latᵛˡ⁻ᵖᵗ syʰ Chrysostom ∥ γυναῖκες τοῖς ἰδίοις ἀνδράσιν ὑποτασσέσθωσαν ὡς 01 02 016 025 0278 6 33 81 256 263 365 1175 1573 1739 1881 1962 2127 2464 latᵛˡ⁻ᵖᵗ, ᵛᵍ syʰᵐᵍ cpa (coˢᵃ, ᵇᵒ) eth Origenᵍʳ⁻ˡᵉᵐ, ˡᵃᵗ Clementᵖᵗ Basil

[9] **25** {A} γυναῖκας 01 02 03 048 33 81 latᵛᵍ Clementᵖᵗ ∥ γυναῖκας ὑμῶν 012 latᵛˡ, ᵛᵍ⁻ᵐˢˢ sy ∥ γυναῖκας ἑαυτῶν 06 (025) 0278 365 1175 (1739 1881 2464) *Byz* Clementᵖᵗ

[10] **30** {A} αὐτοῦ 𝔓⁴⁶ 01* 02 03 048 6 33 81 1739* 1881 2464 latᵛˡ⁻ᵖᵗ co eth Origenˡᵃᵗ ∥ αὐτοῦ καὶ ἐκ τῶν ὀστέων αὐτοῦ (*see* Gn 2.23) 0150 ∥ αὐτοῦ ἐκ τῆς σαρκὸς αὐτοῦ καὶ ἐκ τῶν ὀστέων αὐτοῦ (*see* Gn 2.23) 01² 06 012 (018 τοῦ σώματος *for* τῶν ὀστέων) 025 0278 0285ᵛⁱᵈ 256 263 365 1175 1573 1739ᶜ 1962 2127 *Byz* latᵛˡ⁻ᵖᵗ, ᵛᵍ sy⁽ᵖ⁾, ʰ Irenaeusᵍʳ, ˡᵃᵗ Chrysostom

καὶ ὑμεῖς οἱ καθ' ἕνα, ἕκαστος τὴν ἑαυτοῦ γυναῖκα οὕτως ἀγαπάτω ὡς ἑαυτόν, ἡ δὲ γυνὴ ἵνα φοβῆται τὸν ἄνδρα.

Children and Parents

6 Τὰ τέκνα, ὑπακούετε τοῖς γονεῦσιν ὑμῶν [ἐν κυρίῳ]¹· τοῦτο γάρ ἐστιν δίκαιον. **2** *τίμα τὸν πατέρα σου καὶ τὴν μητέρα*, ἥτις ἐστὶν ἐντολὴ πρώτη ἐν ἐπαγγελίᾳ, **3** *ἵνα εὖ σοι γένηται καὶ ἔσῃ μακροχρόνιος ἐπὶ τῆς γῆς*. **4** καὶ οἱ πατέρες, μὴ παροργίζετε τὰ τέκνα ὑμῶν ἀλλ' ἐκτρέφετε αὐτὰ ἐν παιδείᾳ καὶ νουθεσίᾳ κυρίου.

Ex 20.12; Dt 5.16

Slaves and Masters

5 Οἱ δοῦλοι, ὑπακούετε τοῖς κατὰ σάρκα κυρίοις μετὰ φόβου καὶ τρόμου ἐν ἁπλότητι τῆς καρδίας ὑμῶν ὡς τῷ Χριστῷ, **6** μὴ κατ' ὀφθαλμοδουλίαν ὡς ἀνθρωπάρεσκοι ἀλλ' ὡς δοῦλοι Χριστοῦ ποιοῦντες τὸ θέλημα τοῦ θεοῦ ἐκ ψυχῆς, **7** μετ' εὐνοίας δουλεύοντες ὡς τῷ κυρίῳ καὶ οὐκ ἀνθρώποις, **8** εἰδότες ὅτι ἕκαστος ἐάν τι ποιήσῃ ἀγαθόν, τοῦτο κομίσεται παρὰ κυρίου εἴτε δοῦλος εἴτε ἐλεύθερος. **9** καὶ οἱ κύριοι, τὰ αὐτὰ ποιεῖτε πρὸς αὐτούς, ἀνιέντες τὴν ἀπειλήν, εἰδότες ὅτι καὶ αὐτῶν καὶ ὑμῶν ὁ κύριός ἐστιν ἐν οὐρανοῖς καὶ προσωπολημψία οὐκ ἔστιν παρ' αὐτῷ.

The Battle against Evil

10 Τοῦ λοιποῦ², ἐνδυναμοῦσθε ἐν κυρίῳ καὶ ἐν τῷ κράτει τῆς ἰσχύος αὐτοῦ. **11** ἐνδύσασθε τὴν πανοπλίαν τοῦ θεοῦ πρὸς τὸ δύνασθαι ὑμᾶς στῆναι πρὸς τὰς μεθοδείας τοῦ διαβόλου· **12** ὅτι οὐκ ἔστιν ἡμῖν ἡ πάλη πρὸς αἷμα καὶ σάρκα ἀλλὰ πρὸς τὰς ἀρχάς, πρὸς τὰς ἐξουσίας, πρὸς τοὺς κοσμοκράτορας τοῦ σκότους

---

[1] **1** {C} ἐν κυρίῳ 𝔓⁴⁶ 01 02 06¹ 025 0150 0278 0285 6 33 81 256 263 365 1175 (1573 *omit* ἐν) 1739 1881 1962 2127 2464 *Byz* lat^(vl-pt, vg) sy co (eth) Origen Basil Chrysostom Cyril // *omit* 03 06* 012 lat^(vl-pt) Cyril-Jerusalem^vid

[2] **10** {B} *no addition* 𝔓⁴⁶ 01* 03 06 016 33 81 1175 1739 1881 lat^vl co^sa // *add* ἀδελφοί μου 01² 025 *Byz* sy co^bo // *add* ἀδελφοί 012 365 lat^vg // *add* ἀδελφοί *before* ἐν κυρίῳ 02 0278 2464

τούτου³, πρὸς τὰ πνευματικὰ τῆς πονηρίας ἐν τοῖς ἐπουρανίοις. **13** διὰ τοῦτο ἀναλάβετε τὴν πανοπλίαν τοῦ θεοῦ, ἵνα δυνηθῆτε ἀντιστῆναι ἐν τῇ ἡμέρᾳ τῇ πονηρᾷ καὶ ἅπαντα κατεργασάμενοι στῆναι. **14** στῆτε οὖν περιζωσάμενοι τὴν ὀσφὺν ὑμῶν ἐν ἀληθείᾳ καὶ ἐνδυσάμενοι τὸν θώρακα τῆς δικαιοσύνης **15** καὶ ὑποδησάμενοι τοὺς πόδας ἐν ἑτοιμασίᾳ τοῦ εὐαγγελίου τῆς εἰρήνης, **16** ἐν πᾶσιν ἀναλαβόντες τὸν θυρεὸν τῆς πίστεως, ἐν ᾧ δυνήσεσθε πάντα τὰ βέλη τοῦ πονηροῦ τὰ πεπυρωμένα σβέσαι· **17** καὶ τὴν περικεφαλαίαν τοῦ σωτηρίου δέξασθε καὶ τὴν μάχαιραν τοῦ πνεύματος, ὅ ἐστιν ῥῆμα θεοῦ. **18** διὰ πάσης προσευχῆς καὶ δεήσεως προσευχόμενοι ἐν παντὶ καιρῷ ἐν πνεύματι, καὶ εἰς αὐτὸ ἀγρυπνοῦντες ἐν πάσῃ προσκαρτερήσει καὶ δεήσει περὶ πάντων τῶν ἁγίων **19** καὶ ὑπὲρ ἐμοῦ, ἵνα μοι δοθῇ λόγος ἐν ἀνοίξει τοῦ στόματός μου, ἐν παρρησίᾳ γνωρίσαι τὸ μυστήριον τοῦ εὐαγγελίου⁴, **20** ὑπὲρ οὗ πρεσβεύω ἐν ἁλύσει, ἵνα ἐν αὐτῷ⁵ παρρησιάσωμαι ὡς δεῖ με λαλῆσαι.

Final Greetings

21 Ἵνα δὲ εἰδῆτε καὶ ὑμεῖς τὰ κατ᾿ ἐμέ, τί πράσσω, πάντα γνωρίσει ὑμῖν Τύχικος ὁ ἀγαπητὸς ἀδελφὸς καὶ πιστὸς διάκονος ἐν κυρίῳ, **22** ὃν ἔπεμψα πρὸς ὑμᾶς εἰς αὐτὸ τοῦτο, ἵνα γνῶτε τὰ περὶ ἡμῶν καὶ παρακαλέσῃ τὰς καρδίας ὑμῶν.

23 Εἰρήνη τοῖς ἀδελφοῖς καὶ ἀγάπη μετὰ πίστεως ἀπὸ θεοῦ πατρὸς καὶ κυρίου Ἰησοῦ Χριστοῦ. **24** ἡ χάρις μετὰ πάντων τῶν ἀγαπώντων τὸν κύριον ἡμῶν Ἰησοῦν Χριστὸν ἐν ἀφθαρσίᾳ.⁶

---

³ **12** {B} τοῦ σκότους τούτου 𝔓⁴⁶ 01*, ²ᵇ 02 03 06* 012 0278 6 33 1175 1739ᵗˣᵗ lat syᵖ co Clement Origen Eusebius // τοῦ σκότους τοῦ αἰῶνος τούτου 01²ᵃ 06² 025 81 365 1739ᵐᵍ 1881 2464 *Byz* syʰ ʷⁱᵗʰ * Tertullian

⁴ **19** {A} τοῦ εὐαγγελίου 01 02 06 016 025 0150 0278 6 33 81 256 263 365 1175 1573 1739 1881 1962 2127 2464 *Byz* latᵛˡ⁻ᵖᵗ, ᵛᵍ sy cpa coˢᵃ, ᵇᵒ, ᶠᵃ⁻ᵐˢ eth Origen Basil Chrysostom // *omit* 03 012 latᵛˡ⁻ᵖᵗ coᶠᵃ⁻ᵐˢ Marcionᵃᶜᶜ· ᵗᵒ ᵀᵉʳᵗᵘˡˡⁱᵃⁿ

⁵ **20** {B} ἐν αὐτῷ 02 06 012 016 025 0150 0278 6 33 81 256 263 365 1175 1573 1962 2127 2464 *Byz* lat syʰ cpa (eth) Basil Chrysostom // *transpose* ἐν αὐτῷ *after* παρρησιάσωμαι 01 co // αὐτὸ 𝔓⁴⁶ 03 1739 1881 syᵖ

⁶ **24** {A} ἀφθαρσίᾳ. 𝔓⁴⁶ 01* 02 03 012 6 33 81 0278 1175 1739* 1881 latᵛˡ⁻ᵖᵗ, ᵛᵍ cpa coˢᵃ, ᵇᵒ⁻ᵖᵗ, ᶠᵃ Origen // ἀφθαρσίᾳ· ἀμήν. 01² 06 025 0150 256 263 365 1573 1739ᶜ 1962 2127 2464 *Byz* latᵛˡ⁻ᵖᵗ, ᵛᵍ⁻ᵐˢˢ sy coᵇᵒ⁻ᵖᵗ eth Chrysostom

ΠΡΟΣ ΦΙΛΙΠΠΗΣΙΟΥΣ

Salutation

1 Παῦλος καὶ Τιμόθεος δοῦλοι Χριστοῦ Ἰησοῦ πᾶσιν τοῖς ἁγίοις ἐν Χριστῷ Ἰησοῦ τοῖς οὖσιν ἐν Φιλίπποις σὺν ἐπισκόποις καὶ διακόνοις, 2 χάρις ὑμῖν καὶ εἰρήνη ἀπὸ θεοῦ πατρὸς ἡμῶν καὶ κυρίου Ἰησοῦ Χριστοῦ.

Paul's Prayer for the Philippians

3 Εὐχαριστῶ τῷ θεῷ μου ἐπὶ πάσῃ τῇ μνείᾳ ὑμῶν 4 πάντοτε ἐν πάσῃ δεήσει μου ὑπὲρ πάντων ὑμῶν, μετὰ χαρᾶς τὴν δέησιν ποιούμενος, 5 ἐπὶ τῇ κοινωνίᾳ ὑμῶν εἰς τὸ εὐαγγέλιον ἀπὸ τῆς πρώτης ἡμέρας ἄχρι τοῦ νῦν, 6 πεποιθὼς αὐτὸ τοῦτο, ὅτι ὁ ἐναρξάμενος ἐν ὑμῖν ἔργον ἀγαθὸν ἐπιτελέσει ἄχρι ἡμέρας Χριστοῦ Ἰησοῦ· 7 καθώς ἐστιν δίκαιον ἐμοὶ τοῦτο φρονεῖν ὑπὲρ πάντων ὑμῶν διὰ τὸ ἔχειν με ἐν τῇ καρδίᾳ ὑμᾶς, ἔν τε τοῖς δεσμοῖς μου καὶ ἐν τῇ ἀπολογίᾳ καὶ βεβαιώσει τοῦ εὐαγγελίου συγκοινωνούς μου τῆς χάριτος πάντας ὑμᾶς ὄντας. 8 μάρτυς γάρ μου ὁ θεὸς ὡς ἐπιποθῶ πάντας ὑμᾶς ἐν σπλάγχνοις Χριστοῦ Ἰησοῦ. 9 καὶ τοῦτο προσεύχομαι, ἵνα ἡ ἀγάπη ὑμῶν ἔτι μᾶλλον καὶ μᾶλλον περισσεύῃ ἐν ἐπιγνώσει καὶ πάσῃ αἰσθήσει 10 εἰς τὸ δοκιμάζειν ὑμᾶς τὰ διαφέροντα, ἵνα ἦτε εἰλικρινεῖς καὶ ἀπρόσκοποι εἰς ἡμέραν Χριστοῦ, 11 πεπληρωμένοι καρπὸν δικαιοσύνης τὸν διὰ Ἰησοῦ Χριστοῦ εἰς δόξαν καὶ ἔπαινον θεοῦ[1].

To Live is Christ

12 Γινώσκειν δὲ ὑμᾶς βούλομαι, ἀδελφοί, ὅτι τὰ κατ' ἐμὲ μᾶλλον εἰς προκοπὴν τοῦ εὐαγγελίου ἐλήλυθεν, 13 ὥστε τοὺς δεσμούς μου φανεροὺς ἐν Χριστῷ γενέσθαι ἐν ὅλῳ τῷ πραιτωρίῳ καὶ τοῖς λοιποῖς πᾶσιν, 14 καὶ τοὺς πλείονας τῶν ἀδελφῶν

---

[1] 11 {A} καὶ ἔπαινον θεοῦ 01 02 03 06² 016 025 0150 0278 6 33 81 256[vid] 263 365 1175 1573 1739 1881 2127 *Byz* lat[vl-pt, vg] sy co Basil Chrysostom // καὶ ἔπαινον Χριστοῦ 06* 1962 // καὶ ἔπαινόν μοι 012 lat[vl-pt] // θεοῦ καὶ ἔπαινον ἐμοί 𝔓[46] (lat[vl-pt])

ἐν κυρίῳ πεποιθότας τοῖς δεσμοῖς μου περισσοτέρως τολμᾶν ἀφόβως τὸν λόγον λαλεῖν. **15** τινὲς μὲν καὶ διὰ φθόνον καὶ ἔριν, τινὲς δὲ καὶ δι' εὐδοκίαν τὸν Χριστὸν κηρύσσουσιν· **16** οἱ μὲν ἐξ ἀγάπης, εἰδότες ὅτι εἰς ἀπολογίαν τοῦ εὐαγγελίου κεῖμαι, **17** οἱ δὲ ἐξ ἐριθείας τὸν Χριστὸν καταγγέλλουσιν, οὐχ ἁγνῶς, οἰόμενοι θλῖψιν ἐγείρειν τοῖς δεσμοῖς μου.² **18** τί γάρ; πλὴν ὅτι παντὶ τρόπῳ, εἴτε προφάσει εἴτε ἀληθείᾳ, Χριστὸς καταγγέλλεται, καὶ ἐν τούτῳ χαίρω.

Ἀλλὰ καὶ χαρήσομαι, **19** οἶδα γὰρ ὅτι τοῦτό μοι ἀποβήσεται εἰς σωτηρίαν διὰ τῆς ὑμῶν δεήσεως καὶ ἐπιχορηγίας τοῦ πνεύματος Ἰησοῦ Χριστοῦ **20** κατὰ τὴν ἀποκαραδοκίαν καὶ ἐλπίδα μου, ὅτι ἐν οὐδενὶ αἰσχυνθήσομαι ἀλλ' ἐν πάσῃ παρρησίᾳ ὡς πάντοτε καὶ νῦν μεγαλυνθήσεται Χριστὸς ἐν τῷ σώματί μου, εἴτε διὰ ζωῆς εἴτε διὰ θανάτου. **21** ἐμοὶ γὰρ τὸ ζῆν Χριστὸς καὶ τὸ ἀποθανεῖν κέρδος. **22** εἰ δὲ τὸ ζῆν ἐν σαρκί, τοῦτό μοι καρπὸς ἔργου, καὶ τί αἱρήσομαι οὐ γνωρίζω. **23** συνέχομαι δὲ ἐκ τῶν δύο, τὴν ἐπιθυμίαν ἔχων εἰς τὸ ἀναλῦσαι καὶ σὺν Χριστῷ εἶναι, πολλῷ [γὰρ] μᾶλλον κρεῖσσον· **24** τὸ δὲ ἐπιμένειν [ἐν] τῇ σαρκὶ ἀναγκαιότερον δι' ὑμᾶς. **25** καὶ τοῦτο πεποιθὼς οἶδα ὅτι μενῶ καὶ παραμενῶ πᾶσιν ὑμῖν εἰς τὴν ὑμῶν προκοπὴν καὶ χαρὰν τῆς πίστεως, **26** ἵνα τὸ καύχημα ὑμῶν περισσεύῃ ἐν Χριστῷ Ἰησοῦ ἐν ἐμοὶ διὰ τῆς ἐμῆς παρουσίας πάλιν πρὸς ὑμᾶς.

27 Μόνον ἀξίως τοῦ εὐαγγελίου τοῦ Χριστοῦ πολιτεύεσθε, ἵνα εἴτε ἐλθὼν καὶ ἰδὼν ὑμᾶς εἴτε ἀπὼν ἀκούω τὰ περὶ ὑμῶν, ὅτι στήκετε ἐν ἑνὶ πνεύματι, μιᾷ ψυχῇ συναθλοῦντες τῇ πίστει τοῦ εὐαγγελίου **28** καὶ μὴ πτυρόμενοι ἐν μηδενὶ ὑπὸ τῶν ἀντικειμένων, ἥτις ἐστὶν αὐτοῖς ἔνδειξις ἀπωλείας, ὑμῶν δὲ σωτηρίας, καὶ τοῦτο ἀπὸ θεοῦ· **29** ὅτι ὑμῖν ἐχαρίσθη τὸ ὑπὲρ Χριστοῦ, οὐ μόνον τὸ εἰς αὐτὸν πιστεύειν ἀλλὰ καὶ τὸ ὑπὲρ αὐτοῦ πάσχειν, **30** τὸν αὐτὸν ἀγῶνα ἔχοντες, οἷον εἴδετε ἐν ἐμοὶ καὶ νῦν ἀκούετε ἐν ἐμοί.

---

² **17** {A} verses 16, 17 (with minor variants) $\mathfrak{P}^{46}$ 01 02 03 06* 012 025 048 0278 33 81 365 1175 1739 1881 2464 lat sy^h co // verses 17, 16, but οἱ μέν … οἱ δέ 06¹ Byz sy^h // verse 16, but οἱ δέ 020

Imitating Christ's Humility

2 Εἴ τις οὖν παράκλησις ἐν Χριστῷ, εἴ τι παραμύθιον ἀγάπης, εἴ τις κοινωνία πνεύματος, εἴ τις σπλάγχνα καὶ οἰκτιρμοί, **2** πληρώσατέ μου τὴν χαρὰν ἵνα τὸ αὐτὸ φρονῆτε, τὴν αὐτὴν ἀγάπην ἔχοντες, σύμψυχοι, τὸ ἓν φρονοῦντες, **3** μηδὲν κατ' ἐριθείαν μηδὲ κατὰ κενοδοξίαν ἀλλὰ τῇ ταπεινοφροσύνῃ ἀλλήλους ἡγούμενοι ὑπερέχοντας ἑαυτῶν, **4** μὴ τὰ ἑαυτῶν ἕκαστος σκοποῦντες ἀλλὰ καὶ τὰ ἑτέρων ἕκαστοι.

5 Τοῦτο[1] φρονεῖτε ἐν ὑμῖν ὃ καὶ ἐν Χριστῷ Ἰησοῦ,
6   ὃς ἐν μορφῇ θεοῦ ὑπάρχων
     οὐχ ἁρπαγμὸν ἡγήσατο
        τὸ εἶναι ἴσα θεῷ,
7   ἀλλ' ἑαυτὸν ἐκένωσεν
     μορφὴν δούλου λαβών,
     ἐν ὁμοιώματι ἀνθρώπων γενόμενος·
        καὶ σχήματι εὑρεθεὶς ὡς ἄνθρωπος
8   ἐταπείνωσεν ἑαυτὸν
     γενόμενος ὑπήκοος μέχρι θανάτου,
        θανάτου δὲ σταυροῦ.
9   διὸ καὶ ὁ θεὸς αὐτὸν ὑπερύψωσεν
     καὶ ἐχαρίσατο αὐτῷ τὸ ὄνομα
        τὸ ὑπὲρ πᾶν ὄνομα,
10 ἵνα ἐν τῷ ὀνόματι Ἰησοῦ
     πᾶν γόνυ κάμψῃ
        ἐπουρανίων καὶ ἐπιγείων καὶ καταχθονίων
11 καὶ πᾶσα γλῶσσα ἐξομολογήσηται ὅτι
     κύριος Ἰησοῦς Χριστὸς
        εἰς δόξαν θεοῦ πατρός.

---

[1]**5** {B} τοῦτο 01* 02 03 04 33 81 2464 (*Lect at beginning of lesson*) lat$^{vg\cdot mss}$ co eth Origen Eusebius Basil Gregory-Nyssa Cyril^{pt} // τοῦτο γάρ 𝔓^{46} 01^2 06 012 025 0150 0278 6 256 263 365 1175 1573 1739 1881 1962 2127 *Byz* lat$^{vl, vg}$ sy$^{(p), h}$ cpa Chrysostom Cyril^{pt}

Shining as Lights in the World

12 Ὥστε, ἀγαπητοί μου, καθὼς πάντοτε ὑπηκούσατε, μὴ ὡς ἐν τῇ παρουσίᾳ μου μόνον ἀλλὰ νῦν πολλῷ μᾶλλον ἐν τῇ ἀπουσίᾳ μου, μετὰ φόβου καὶ τρόμου τὴν ἑαυτῶν σωτηρίαν κατεργάζεσθε· **13** θεὸς γάρ ἐστιν ὁ ἐνεργῶν ἐν ὑμῖν καὶ τὸ θέλειν καὶ τὸ ἐνεργεῖν ὑπὲρ τῆς εὐδοκίας. **14** πάντα ποιεῖτε χωρὶς γογγυσμῶν καὶ διαλογισμῶν, **15** ἵνα γένησθε ἄμεμπτοι καὶ ἀκέραιοι, τέκνα θεοῦ ἄμωμα μέσον γενεᾶς σκολιᾶς καὶ διεστραμμένης, ἐν οἷς φαίνεσθε ὡς φωστῆρες ἐν κόσμῳ, **16** λόγον ζωῆς ἐπέχοντες, εἰς καύχημα ἐμοὶ εἰς ἡμέραν Χριστοῦ, ὅτι οὐκ εἰς κενὸν ἔδραμον οὐδὲ εἰς κενὸν ἐκοπίασα. **17** ἀλλ' εἰ καὶ σπένδομαι ἐπὶ τῇ θυσίᾳ καὶ λειτουργίᾳ τῆς πίστεως ὑμῶν, χαίρω καὶ συγχαίρω πᾶσιν ὑμῖν· **18** τὸ δὲ αὐτὸ καὶ ὑμεῖς χαίρετε καὶ συγχαίρετέ μοι.

Timothy and Epaphroditus

19 Ἐλπίζω δὲ ἐν κυρίῳ Ἰησοῦ Τιμόθεον ταχέως πέμψαι ὑμῖν, ἵνα κἀγὼ εὐψυχῶ γνοὺς τὰ περὶ ὑμῶν. **20** οὐδένα γὰρ ἔχω ἰσόψυχον, ὅστις γνησίως τὰ περὶ ὑμῶν μεριμνήσει· **21** οἱ πάντες γὰρ τὰ ἑαυτῶν ζητοῦσιν, οὐ τὰ Ἰησοῦ Χριστοῦ. **22** τὴν δὲ δοκιμὴν αὐτοῦ γινώσκετε, ὅτι ὡς πατρὶ τέκνον σὺν ἐμοὶ ἐδούλευσεν εἰς τὸ εὐαγγέλιον. **23** τοῦτον μὲν οὖν ἐλπίζω πέμψαι ὡς ἂν ἀφίδω τὰ περὶ ἐμὲ ἐξαυτῆς· **24** πέποιθα δὲ ἐν κυρίῳ ὅτι καὶ αὐτὸς ταχέως ἐλεύσομαι.

25 Ἀναγκαῖον δὲ ἡγησάμην Ἐπαφρόδιτον τὸν ἀδελφὸν καὶ συνεργὸν καὶ συστρατιώτην μου, ὑμῶν δὲ ἀπόστολον καὶ λειτουργὸν τῆς χρείας μου, πέμψαι πρὸς ὑμᾶς, **26** ἐπειδὴ ἐπιποθῶν ἦν πάντας ὑμᾶς καὶ ἀδημονῶν, διότι ἠκούσατε ὅτι ἠσθένησεν. **27** καὶ γὰρ ἠσθένησεν παραπλήσιον θανάτῳ· ἀλλ' ὁ θεὸς ἠλέησεν αὐτόν, οὐκ αὐτὸν δὲ μόνον ἀλλὰ καὶ ἐμέ, ἵνα μὴ λύπην ἐπὶ λύπην σχῶ. **28** σπουδαιοτέρως οὖν ἔπεμψα αὐτόν, ἵνα ἰδόντες αὐτὸν πάλιν χαρῆτε κἀγὼ ἀλυπότερος ὦ. **29** προσδέχεσθε οὖν αὐτὸν ἐν κυρίῳ μετὰ πάσης χαρᾶς καὶ τοὺς τοιούτους ἐντίμους ἔχετε, **30** ὅτι διὰ τὸ ἔργον Χριστοῦ μέχρι θανάτου ἤγγισεν παραβολευσάμενος τῇ ψυχῇ, ἵνα ἀναπληρώσῃ τὸ ὑμῶν ὑστέρημα τῆς πρός με λειτουργίας.

The True Righteousness

3 Τὸ λοιπόν, ἀδελφοί μου, χαίρετε ἐν κυρίῳ. τὰ αὐτὰ γράφειν ὑμῖν ἐμοὶ μὲν οὐκ ὀκνηρόν, ὑμῖν δὲ ἀσφαλές. 2 Βλέπετε τοὺς κύνας, βλέπετε τοὺς κακοὺς ἐργάτας, βλέπετε τὴν κατατομήν. 3 ἡμεῖς γάρ ἐσμεν ἡ περιτομή, οἱ πνεύματι θεοῦ[1] λατρεύοντες καὶ καυχώμενοι ἐν Χριστῷ Ἰησοῦ καὶ οὐκ ἐν σαρκὶ πεποιθότες, 4 καίπερ ἐγὼ ἔχων πεποίθησιν καὶ ἐν σαρκί. εἴ τις δοκεῖ ἄλλος πεποιθέναι ἐν σαρκί, ἐγὼ μᾶλλον· 5 περιτομῇ ὀκταήμερος, ἐκ γένους Ἰσραήλ, φυλῆς Βενιαμίν, Ἑβραῖος ἐξ Ἑβραίων, κατὰ νόμον Φαρισαῖος, 6 κατὰ ζῆλος διώκων τὴν ἐκκλησίαν, κατὰ δικαιοσύνην τὴν ἐν νόμῳ γενόμενος ἄμεμπτος. 7 [ἀλλ'] ἅτινα ἦν μοι κέρδη, ταῦτα ἥγημαι διὰ τὸν Χριστὸν ζημίαν. 8 ἀλλὰ μενοῦνγε καὶ ἡγοῦμαι πάντα ζημίαν εἶναι διὰ τὸ ὑπερέχον τῆς γνώσεως Χριστοῦ Ἰησοῦ τοῦ κυρίου μου, δι' ὃν τὰ πάντα ἐζημιώθην, καὶ ἡγοῦμαι σκύβαλα, ἵνα Χριστὸν κερδήσω 9 καὶ εὑρεθῶ ἐν αὐτῷ, μὴ ἔχων ἐμὴν δικαιοσύνην τὴν ἐκ νόμου ἀλλὰ τὴν διὰ πίστεως Χριστοῦ, τὴν ἐκ θεοῦ δικαιοσύνην ἐπὶ τῇ πίστει, 10 τοῦ γνῶναι αὐτὸν καὶ τὴν δύναμιν τῆς ἀναστάσεως αὐτοῦ καὶ τὴν κοινωνίαν τῶν παθημάτων αὐτοῦ, συμμορφιζόμενος τῷ θανάτῳ αὐτοῦ, 11 εἴ πως καταντήσω εἰς τὴν ἐξανάστασιν τὴν ἐκ νεκρῶν.

Pressing toward the Goal

12 Οὐχ ὅτι ἤδη ἔλαβον ἢ ἤδη τετελείωμαι, διώκω δὲ εἰ καὶ καταλάβω, ἐφ' ᾧ καὶ κατελήμφθην ὑπὸ Χριστοῦ Ἰησοῦ. 13 ἀδελφοί, ἐγὼ ἐμαυτὸν οὐ[2] λογίζομαι κατειληφέναι· ἓν δέ, τὰ μὲν ὀπίσω ἐπιλανθανόμενος τοῖς δὲ ἔμπροσθεν ἐπεκτεινόμενος, 14 κατὰ σκοπὸν διώκω εἰς τὸ βραβεῖον τῆς ἄνω κλήσεως τοῦ θεοῦ ἐν

---

[1] 3 {B} θεοῦ 01* 02 03 04 06² 012 0150 0278vid 6 33 81 263 1739 1881 2464 Byz lat[vl-pt] sy[hmg] co Eusebius Athanasius // θεῷ 01² 06* 025 256 365 1175 1573 1962 2127 TR lat[vl-pt, vg] sy eth Origen[lat] Chrysostom // omit 𝔓⁴⁶

[2] 13 {B} οὐ 𝔓⁴⁶ 03 06² 012 6 1739 1881 Byz lat[vl-pt, vg] sy[p] co[sa] Origen[lat] Chrysostom[pt] // οὔπω 01 02 06* 025 0150 33 81 (256 365 1573 ἐγὼ οὔπω ἐμαυτόν) 263 (1175 2127 ἐγὼ οὔπω λογίζομαι ἐμαυτόν) 1962 2464vid Lect lat[vl-pt] sy[h with *] co[bo] eth Clement Tertullian Basil Gregory-Nyssa Chrysostom[pt]

Χριστῷ Ἰησοῦ. **15** ὅσοι οὖν τέλειοι, τοῦτο φρονῶμεν· καὶ εἴ τι ἑτέρως φρονεῖτε, καὶ τοῦτο ὁ θεὸς ὑμῖν ἀποκαλύψει· **16** πλὴν εἰς ὃ ἐφθάσαμεν, τῷ αὐτῷ στοιχεῖν³.

17 Συμμιμηταί μου γίνεσθε, ἀδελφοί, καὶ σκοπεῖτε τοὺς οὕτως περιπατοῦντας καθὼς ἔχετε τύπον ἡμᾶς. **18** πολλοὶ γὰρ περιπατοῦσιν οὓς πολλάκις ἔλεγον ὑμῖν, νῦν δὲ καὶ κλαίων λέγω, τοὺς ἐχθροὺς τοῦ σταυροῦ τοῦ Χριστοῦ, **19** ὧν τὸ τέλος ἀπώλεια, ὧν ὁ θεὸς ἡ κοιλία καὶ ἡ δόξα ἐν τῇ αἰσχύνῃ αὐτῶν, οἱ τὰ ἐπίγεια φρονοῦντες. **20** ἡμῶν γὰρ τὸ πολίτευμα ἐν οὐρανοῖς ὑπάρχει, ἐξ οὗ καὶ σωτῆρα ἀπεκδεχόμεθα κύριον Ἰησοῦν Χριστόν, **21** ὃς μετασχηματίσει τὸ σῶμα τῆς ταπεινώσεως ἡμῶν σύμμορφον τῷ σώματι τῆς δόξης αὐτοῦ κατὰ τὴν ἐνέργειαν τοῦ δύνασθαι αὐτὸν καὶ ὑποτάξαι αὐτῷ τὰ πάντα.

4 Ὥστε, ἀδελφοί μου ἀγαπητοὶ καὶ ἐπιπόθητοι, χαρὰ καὶ στέφανός μου, οὕτως στήκετε ἐν κυρίῳ, ἀγαπητοί.

Exhortations

2 Εὐοδίαν παρακαλῶ καὶ Συντύχην παρακαλῶ τὸ αὐτὸ φρονεῖν ἐν κυρίῳ. **3** ναὶ ἐρωτῶ καὶ σέ, γνήσιε σύζυγε, συλλαμβάνου αὐταῖς, αἵτινες ἐν τῷ εὐαγγελίῳ συνήθλησάν μοι μετὰ καὶ Κλήμεντος καὶ τῶν λοιπῶν συνεργῶν μου, ὧν τὰ ὀνόματα ἐν βίβλῳ ζωῆς.

4 Χαίρετε ἐν κυρίῳ πάντοτε· πάλιν ἐρῶ, χαίρετε. **5** τὸ ἐπιεικὲς ὑμῶν γνωσθήτω πᾶσιν ἀνθρώποις. ὁ κύριος ἐγγύς. **6** μηδὲν μεριμνᾶτε, ἀλλ' ἐν παντὶ τῇ προσευχῇ καὶ τῇ δεήσει μετὰ εὐχαριστίας τὰ αἰτήματα ὑμῶν γνωριζέσθω πρὸς τὸν θεόν. **7** καὶ ἡ εἰρήνη τοῦ θεοῦ ἡ ὑπερέχουσα πάντα νοῦν φρουρήσει τὰς καρδίας ὑμῶν καὶ τὰ νοήματα ὑμῶν ἐν Χριστῷ Ἰησοῦ.

8 Τὸ λοιπόν, ἀδελφοί, ὅσα ἐστὶν ἀληθῆ, ὅσα σεμνά, ὅσα δίκαια, ὅσα ἁγνά, ὅσα προσφιλῆ, ὅσα εὔφημα, εἴ τις ἀρετὴ καὶ

---

³**16** {A} τῷ αὐτῷ στοιχεῖν 𝔓¹⁶ 𝔓⁴⁶ 01* 02 03 016ᵛⁱᵈ 0150 6 33 1739 latᵛˡ⁻ᵖᵗ co eth ∥ τὸ αὐτὸ φρονεῖν 1881 ∥ τὸ αὐτὸ φρονεῖν, τῷ αὐτῷ συνστοιχεῖν (06* αὐτοὶ στοιχεῖν) 012 latᵛˡ⁻ᵖᵗ ∥ τὸ αὐτὸ φρονεῖν, τῷ αὐτῷ κανόνι στοιχεῖν (06² στοιχεῖν κανόνι) 81 256 263 365 1175 1573 2127 latᵛˡ⁻ᵖᵗ,ᵛᵍ ∥ τῷ αὐτῷ στοιχεῖν κανόνι, τὸ αὐτὸ φρονεῖν 01² 025 1962 2464 *Byz* sy⁽ᵖ⁾,ʰ Basil Chrysostom

εἴ τις ἔπαινος, ταῦτα λογίζεσθε· **9** ἃ καὶ ἐμάθετε καὶ παρελάβετε καὶ ἠκούσατε καὶ εἴδετε ἐν ἐμοί, ταῦτα πράσσετε· καὶ ὁ θεὸς τῆς εἰρήνης ἔσται μεθ᾽ ὑμῶν.

Acknowledgment of the Philippians' Gift

10 Ἐχάρην δὲ ἐν κυρίῳ μεγάλως ὅτι ἤδη ποτὲ ἀνεθάλετε τὸ ὑπὲρ ἐμοῦ φρονεῖν, ἐφ᾽ ᾧ καὶ ἐφρονεῖτε, ἠκαιρεῖσθε δέ. **11** οὐχ ὅτι καθ᾽ ὑστέρησιν λέγω, ἐγὼ γὰρ ἔμαθον ἐν οἷς εἰμι αὐτάρκης εἶναι. **12** οἶδα καὶ ταπεινοῦσθαι, οἶδα καὶ περισσεύειν· ἐν παντὶ καὶ ἐν πᾶσιν μεμύημαι, καὶ χορτάζεσθαι καὶ πεινᾶν καὶ περισσεύειν καὶ ὑστερεῖσθαι· **13** πάντα ἰσχύω ἐν τῷ ἐνδυναμοῦντί με[1]. **14** πλὴν καλῶς ἐποιήσατε συγκοινωνήσαντές μου τῇ θλίψει. **15** οἴδατε δὲ καὶ ὑμεῖς, Φιλιππήσιοι, ὅτι ἐν ἀρχῇ τοῦ εὐαγγελίου, ὅτε ἐξῆλθον ἀπὸ Μακεδονίας, οὐδεμία μοι ἐκκλησία ἐκοινώνησεν εἰς λόγον δόσεως καὶ λήμψεως εἰ μὴ ὑμεῖς μόνοι, **16** ὅτι καὶ ἐν Θεσσαλονίκῃ καὶ ἅπαξ καὶ δὶς εἰς τὴν χρείαν μοι ἐπέμψατε. **17** οὐχ ὅτι ἐπιζητῶ τὸ δόμα, ἀλλ᾽ ἐπιζητῶ τὸν καρπὸν τὸν πλεονάζοντα εἰς λόγον ὑμῶν. **18** ἀπέχω δὲ πάντα καὶ περισσεύω· πεπλήρωμαι δεξάμενος παρὰ Ἐπαφροδίτου τὰ παρ᾽ ὑμῶν, ὀσμὴν εὐωδίας, θυσίαν δεκτήν, εὐάρεστον τῷ θεῷ. **19** ὁ δὲ θεός μου πληρώσει[2] πᾶσαν χρείαν ὑμῶν κατὰ τὸ πλοῦτος αὐτοῦ ἐν δόξῃ ἐν Χριστῷ Ἰησοῦ. **20** τῷ δὲ θεῷ καὶ πατρὶ ἡμῶν ἡ δόξα εἰς τοὺς αἰῶνας τῶν αἰώνων, ἀμήν.

Final Greetings

21 Ἀσπάσασθε πάντα ἅγιον ἐν Χριστῷ Ἰησοῦ. ἀσπάζονται ὑμᾶς οἱ σὺν ἐμοὶ ἀδελφοί. **22** ἀσπάζονται ὑμᾶς πάντες οἱ ἅγιοι, μάλιστα δὲ οἱ ἐκ τῆς Καίσαρος οἰκίας.

---

[1] **13** {A} με 01* 02 03 06* 016 33 1739 lat[vl-pt, vg] cpa co Clement Eusebius[pt] ∥ με Χριστῷ 01² 06² (012) 025 0150 6 81 256 263 365 1175 1881 1962 2127 2464 *Byz* lat[vl-pt] sy eth Origen[(gr), lat] (Origen[dub]) Eusebius[pt] Basil Cyril-Jerusalem[dub] Gregory-Nyssa Chrysostom Cyril ∥ ἐν τῷ δύνασθαι Χριστῷ 1573

[2] **19** {B} πληρώσει 𝔓⁴⁶ 01 02 03 06² 025 0150 *Byz Lect*[pt] co Chrysostom ∥ πληρῶσαι 06* 012 6 33 81 256 263 365 1175 1573 1739 1881 1962 2127 *Lect*[pt] lat eth

23 Ἡ χάρις τοῦ κυρίου Ἰησοῦ Χριστοῦ μετὰ τοῦ πνεύματος³ ὑμῶν.⁴

---

³ **23** {B} τοῦ πνεύματος 𝔓⁴⁶ 01* 02 03 06 012 025 6 33 81 365 1175 1739 1881 lat co ∥ πάντων 01² 2464 *Byz* sy

⁴ **23** {B} ὑμῶν. 03 012 6 263 1739* 1881 lat^(vl-pt) cpa co^(sa) Chrysostom ∥ ὑμῶν· ἀμήν. 𝔓⁴⁶ 01 02 06 025 0150 33 81 256 365 1175 (1573 ἡμῶν) 1739ᶜ 1962 2127 2464 *Byz* lat^(vl-pt, vg) sy co^(bo) eth

ΠΡΟΣ ΚΟΛΟΣΣΑΕΙΣ

Salutation

1 Παῦλος ἀπόστολος Χριστοῦ Ἰησοῦ διὰ θελήματος θεοῦ καὶ Τιμόθεος ὁ ἀδελφὸς 2 τοῖς ἐν Κολοσσαῖς ἁγίοις καὶ πιστοῖς ἀδελφοῖς ἐν Χριστῷ, χάρις ὑμῖν καὶ εἰρήνη ἀπὸ θεοῦ πατρὸς ἡμῶν[1].

Paul Thanks God for the Colossians

3 Εὐχαριστοῦμεν τῷ θεῷ πατρὶ[2] τοῦ κυρίου ἡμῶν Ἰησοῦ Χριστοῦ πάντοτε περὶ ὑμῶν προσευχόμενοι, 4 ἀκούσαντες τὴν πίστιν ὑμῶν ἐν Χριστῷ Ἰησοῦ καὶ τὴν ἀγάπην ἣν ἔχετε εἰς πάντας τοὺς ἁγίους 5 διὰ τὴν ἐλπίδα τὴν ἀποκειμένην ὑμῖν ἐν τοῖς οὐρανοῖς, ἣν προηκούσατε ἐν τῷ λόγῳ τῆς ἀληθείας τοῦ εὐαγγελίου 6 τοῦ παρόντος εἰς ὑμᾶς, καθὼς καὶ ἐν παντὶ τῷ κόσμῳ ἐστὶν καρποφορούμενον καὶ αὐξανόμενον καθὼς καὶ ἐν ὑμῖν, ἀφ' ἧς ἡμέρας ἠκούσατε καὶ ἐπέγνωτε τὴν χάριν τοῦ θεοῦ ἐν ἀληθείᾳ· 7 καθὼς ἐμάθετε ἀπὸ Ἐπαφρᾶ τοῦ ἀγαπητοῦ συνδούλου ἡμῶν, ὅς ἐστιν πιστὸς ὑπὲρ ὑμῶν[3] διάκονος τοῦ Χριστοῦ, 8 ὁ καὶ δηλώσας ἡμῖν τὴν ὑμῶν ἀγάπην ἐν πνεύματι.

The Person and Work of Christ

9 Διὰ τοῦτο καὶ ἡμεῖς, ἀφ' ἧς ἡμέρας ἠκούσαμεν, οὐ παυόμεθα ὑπὲρ ὑμῶν προσευχόμενοι καὶ αἰτούμενοι, ἵνα πληρωθῆτε τὴν ἐπίγνωσιν τοῦ θελήματος αὐτοῦ ἐν πάσῃ σοφίᾳ καὶ συνέσει

---

[1]2 {A} ἡμῶν 03 06 018 020 33 81 1175 1739 1881 *Lect*^pt lat^vl-pt, vg sy^p cpa co^sa Origen^lat Chrysostom // ἡμῶν καὶ κυρίου Ἰησοῦ Χριστοῦ (*see* Ro 1.7 *etc.*) 01 02 04 012 016 6 256 263 365 1573 1962 2127 2464 *Byz Lect*^pt lat^vl-pt (co^bo) (eth) // ἡμῶν καὶ Ἰησοῦ Χριστοῦ τοῦ κυρίου ἡμῶν 025 (0150 lat^vg-ms Χριστοῦ Ἰησοῦ) lat^vg-ms (sy^h with *)

[2]3 {C} θεῷ πατρί 𝔓^61vid 03 04* (06* 012 θεῷ τῷ πατρί) 1739 lat^vl-pt co eth (Chrysostom) // θεῷ καὶ πατρί 01 02 04² 06¹ 016 025 0150 6 33 81 256 263 365 1175 1573 1881 1962 2127 2464 *Byz* lat^vl-pt, vg

[3]7 {B} ὑμῶν 01² 04 06¹ 025 0150 6 33 81 256 263 365 1175 1573 1739 1881 1962 2127 2464 *Byz* lat^vl-pt, vg sy cpa co eth Chrysostom // ἡμῶν 𝔓^46 01* 02 03 06* 012 lat^vl-pt

πνευματικῇ, **10** περιπατῆσαι ἀξίως τοῦ κυρίου εἰς πᾶσαν ἀρεσκείαν, ἐν παντὶ ἔργῳ ἀγαθῷ καρποφοροῦντες καὶ αὐξανόμενοι τῇ ἐπιγνώσει τοῦ θεοῦ, **11** ἐν πάσῃ δυνάμει δυναμούμενοι κατὰ τὸ κράτος τῆς δόξης αὐτοῦ εἰς πᾶσαν ὑπομονὴν καὶ μακροθυμίαν.

Μετὰ χαρᾶς **12** εὐχαριστοῦντες τῷ πατρὶ[4] τῷ ἱκανώσαντι[5] ὑμᾶς[6] εἰς τὴν μερίδα τοῦ κλήρου τῶν ἁγίων ἐν τῷ φωτί· **13** ὃς ἐρρύσατο ἡμᾶς ἐκ τῆς ἐξουσίας τοῦ σκότους καὶ μετέστησεν εἰς τὴν βασιλείαν τοῦ υἱοῦ τῆς ἀγάπης αὐτοῦ, **14** ἐν ᾧ ἔχομεν τὴν ἀπολύτρωσιν, τὴν ἄφεσιν τῶν ἁμαρτιῶν·

15 ὅς ἐστιν εἰκὼν τοῦ θεοῦ τοῦ ἀοράτου,
πρωτότοκος πάσης κτίσεως,
16 ὅτι ἐν αὐτῷ ἐκτίσθη τὰ πάντα
ἐν τοῖς οὐρανοῖς καὶ ἐπὶ τῆς γῆς,
τὰ ὁρατὰ καὶ τὰ ἀόρατα,
εἴτε θρόνοι εἴτε κυριότητες
εἴτε ἀρχαὶ εἴτε ἐξουσίαι·
τὰ πάντα δι' αὐτοῦ καὶ εἰς αὐτὸν ἔκτισται·
17 καὶ αὐτός ἐστιν πρὸ πάντων
καὶ τὰ πάντα ἐν αὐτῷ συνέστηκεν,
18 καὶ αὐτός ἐστιν ἡ κεφαλὴ τοῦ σώματος τῆς ἐκκλησίας·
ὅς ἐστιν ἀρχή,
πρωτότοκος ἐκ τῶν νεκρῶν,
ἵνα γένηται ἐν πᾶσιν αὐτὸς πρωτεύων,
19 ὅτι ἐν αὐτῷ εὐδόκησεν πᾶν τὸ πλήρωμα κατοικῆσαι

---

[4]**12** {C} τῷ πατρί 𝔓⁶¹ 02 04* 06 025 33 81* 1175 1739ᵗˣᵗ 1962 2464 *Byz* latᵛˡ⁻ᵖᵗ, ᵛᵍ cpa coˢᵃ⁻ᵐˢˢ, ᵇᵒ Origen Basil Cyrilᵖᵗ ∥ ἅμα τῷ πατρί 𝔓⁴⁶ 03 ∥ τῷ θεῷ πατρί 01 (012 θεῷ τῷ πατρί) latᵛˡ⁻ᵖᵗ syᵖ coˢᵃ⁻ᵐˢ, ᵇᵒ⁻ᵐˢ Origenˡᵃᵗ ∥ τῷ θεῷ καὶ πατρί 04³ 0150 6 81ᶜ 256 263 365 1573 1739ᵐᵍ 2127 *Lect* latᵛˡ⁻ᵖᵗ, ᵛᵍ⁻ᵐˢˢ syʰ·ʷⁱᵗʰ * Athanasius Cyrilᵖᵗ ∥ *omit* 1881

[5]**12** {B} ἱκανώσαντι 𝔓⁴⁶ 𝔓⁶¹ᵛⁱᵈ 01 02 04 06² 016 025 0150 6 81 256 263 365 1573 1739 1881 1962 2127 2464 *Byz* latᵛᵍ sy cpa coᵇᵒ eth Origenᵍʳ· ˡᵃᵗ Athanasius Basil Chrysostom Cyril ∥ καλέσαντι 06*, ᶜ 012 33 1175 latᵛˡ⁻ᵖᵗ coˢᵃ ∥ καλέσαντι καὶ ἱκανώσαντι 03 (latᵛˡ⁻ᵖᵗ)

[6]**12** {B} ὑμᾶς 01 03 256 263 365 1175 1573 1739 1881 2127 latᵛᵍ⁻ᵐˢˢ syʰᵐᵍ cpa coˢᵃ ∥ ἡμᾶς 02 04 06 012 025 0150 6 33 81ᵛⁱᵈ 1962 2464 *Byz* latᵛˡ, ᵛᵍ syᵖ, ʰ coᵇᵒ eth Origenᵍʳ· ˡᵃᵗ Athanasius Basil Chrysostom Cyril

20 καὶ δι' αὐτοῦ ἀποκαταλλάξαι τὰ πάντα εἰς αὐτόν, εἰρηνοποιήσας διὰ τοῦ αἵματος τοῦ σταυροῦ αὐτοῦ, [δι' αὐτοῦ][7] εἴτε τὰ ἐπὶ τῆς γῆς εἴτε τὰ ἐν τοῖς οὐρανοῖς.

21 Καὶ ὑμᾶς ποτε ὄντας ἀπηλλοτριωμένους καὶ ἐχθροὺς τῇ διανοίᾳ ἐν τοῖς ἔργοις τοῖς πονηροῖς, **22** νυνὶ δὲ ἀποκατήλλαξεν[8] ἐν τῷ σώματι τῆς σαρκὸς αὐτοῦ διὰ τοῦ θανάτου παραστῆσαι ὑμᾶς ἁγίους καὶ ἀμώμους καὶ ἀνεγκλήτους κατενώπιον αὐτοῦ, **23** εἴ γε ἐπιμένετε τῇ πίστει τεθεμελιωμένοι καὶ ἑδραῖοι καὶ μὴ μετακινούμενοι ἀπὸ τῆς ἐλπίδος τοῦ εὐαγγελίου οὗ ἠκούσατε, τοῦ κηρυχθέντος ἐν πάσῃ κτίσει τῇ ὑπὸ τὸν οὐρανόν, οὗ ἐγενόμην ἐγὼ Παῦλος διάκονος.

Paul's Ministry to the Church

24 Νῦν χαίρω ἐν τοῖς παθήμασιν ὑπὲρ ὑμῶν καὶ ἀνταναπληρῶ τὰ ὑστερήματα τῶν θλίψεων τοῦ Χριστοῦ ἐν τῇ σαρκί μου ὑπὲρ τοῦ σώματος αὐτοῦ, ὅ ἐστιν ἡ ἐκκλησία, **25** ἧς ἐγενόμην ἐγὼ διάκονος κατὰ τὴν οἰκονομίαν τοῦ θεοῦ τὴν δοθεῖσάν μοι εἰς ὑμᾶς πληρῶσαι τὸν λόγον τοῦ θεοῦ, **26** τὸ μυστήριον τὸ ἀποκεκρυμμένον ἀπὸ τῶν αἰώνων καὶ ἀπὸ τῶν γενεῶν – νῦν δὲ ἐφανερώθη τοῖς ἁγίοις αὐτοῦ, **27** οἷς ἠθέλησεν ὁ θεὸς γνωρίσαι τί τὸ πλοῦτος τῆς δόξης τοῦ μυστηρίου τούτου ἐν τοῖς ἔθνεσιν, ὅ ἐστιν Χριστὸς ἐν ὑμῖν, ἡ ἐλπὶς τῆς δόξης· **28** ὃν ἡμεῖς καταγγέλλομεν νουθετοῦντες πάντα ἄνθρωπον καὶ διδάσκοντες πάντα ἄνθρωπον ἐν πάσῃ σοφίᾳ, ἵνα παραστήσωμεν πάντα ἄνθρωπον τέλειον ἐν Χριστῷ· **29** εἰς ὃ καὶ κοπιῶ ἀγωνιζόμενος κατὰ τὴν ἐνέργειαν αὐτοῦ τὴν ἐνεργουμένην ἐν ἐμοὶ ἐν δυνάμει.

---

[7]**20** {C} δι' αὐτοῦ 𝔓[46] 01 02 04 06[1] 025 048 0150 6 33 256 365 1573 2127[vid] *Byz* sy co[bo] Chrysostom[pt] Cyril[pt] // *omit* 03 06* 012 016 020 0278 81 263 1175 1739 1881 1962 2464 lat cpa co[sa] eth Origen[gr, lat] Chrysostom[pt] Cyril[pt]

[8]**22** {C} ἀποκατήλλαξεν/ἀπεκατήλλαξεν 01 02 04 06[2] 025 048 0150 0278 6 81 256 263 365 1175 1573 1739 1881 1962 2127 *Byz* lat[vl-pt, vg] sy eth Chrysostom Cyril // ἀποκατήλλακται 33 // ἀποκατηλλάγητε 𝔓[46] 03 // ἀποκαταλλαγέντες 06* 012 lat[vl-pt] Irenaeus[lat]

2 Θέλω γὰρ ὑμᾶς εἰδέναι ἡλίκον ἀγῶνα ἔχω ὑπὲρ ὑμῶν καὶ τῶν ἐν Λαοδικείᾳ καὶ ὅσοι οὐχ ἑόρακαν τὸ πρόσωπόν μου ἐν σαρκί, 2 ἵνα παρακληθῶσιν αἱ καρδίαι αὐτῶν συμβιβασθέντες ἐν ἀγάπῃ καὶ εἰς πᾶν πλοῦτος τῆς πληροφορίας τῆς συνέσεως, εἰς ἐπίγνωσιν τοῦ μυστηρίου τοῦ θεοῦ, Χριστοῦ[1], 3 ἐν ᾧ εἰσιν πάντες οἱ θησαυροὶ τῆς σοφίας καὶ γνώσεως ἀπόκρυφοι. 4 τοῦτο λέγω, ἵνα μηδεὶς ὑμᾶς παραλογίζηται ἐν πιθανολογίᾳ. 5 εἰ γὰρ καὶ τῇ σαρκὶ ἄπειμι, ἀλλὰ τῷ πνεύματι σὺν ὑμῖν εἰμι, χαίρων καὶ βλέπων ὑμῶν τὴν τάξιν καὶ τὸ στερέωμα τῆς εἰς Χριστὸν πίστεως ὑμῶν.

Fullness of Life in Christ

6 Ὡς οὖν παρελάβετε τὸν Χριστὸν Ἰησοῦν τὸν κύριον, ἐν αὐτῷ περιπατεῖτε, 7 ἐρριζωμένοι καὶ ἐποικοδομούμενοι ἐν αὐτῷ καὶ βεβαιούμενοι τῇ πίστει καθὼς ἐδιδάχθητε, περισσεύοντες ἐν εὐχαριστίᾳ[2]. 8 βλέπετε μή τις ὑμᾶς ἔσται ὁ συλαγωγῶν διὰ τῆς φιλοσοφίας καὶ κενῆς ἀπάτης κατὰ τὴν παράδοσιν τῶν ἀνθρώπων, κατὰ τὰ στοιχεῖα τοῦ κόσμου καὶ οὐ κατὰ Χριστόν· 9 ὅτι ἐν αὐτῷ κατοικεῖ πᾶν τὸ πλήρωμα τῆς θεότητος σωματικῶς, 10 καὶ ἐστὲ ἐν αὐτῷ πεπληρωμένοι, ὅς ἐστιν ἡ κεφαλὴ πάσης ἀρχῆς καὶ ἐξουσίας. 11 ἐν ᾧ καὶ περιετμήθητε περιτομῇ ἀχειροποιήτῳ ἐν τῇ ἀπεκδύσει τοῦ σώματος[3] τῆς σαρκός, ἐν τῇ περιτομῇ τοῦ Χριστοῦ, 12 συνταφέντες αὐτῷ ἐν τῷ βαπτισμῷ, ἐν ᾧ καὶ συνηγέρθητε διὰ τῆς πίστεως τῆς ἐνεργείας τοῦ

---

[1] 2 {C} τοῦ θεοῦ, Χριστοῦ 𝔓⁴⁶ 03 ∥ τοῦ θεοῦ 06¹ 015 025 6 1881 2464 co^(sa-ms) ∥ τοῦ Χριστοῦ 81 (1739 *omit* τοῦ) lat^(vl-pt) ∥ τοῦ θεοῦ, ὅ ἐστιν Χριστός 06* lat^(vl-pt) ∥ τοῦ θεοῦ τοῦ ἐν Χριστῷ 33 (Clement) ∥ τοῦ θεοῦ πατρὸς τοῦ Χριστοῦ (01* 048 *omit second* τοῦ) 02 04 0150 1175 (lat^(vl-pt, vg)) (co^(sa-mss)) co^(bo) ∥ τοῦ θεοῦ πατρὸς καὶ τοῦ Χριστοῦ 0208 0278 (lat^(vg-mss)) sy^p Chrysostom ∥ τοῦ θεοῦ καὶ πατρὸς τοῦ Χριστοῦ 01² 256 263 365 1573 1962 2127 ∥ τοῦ θεοῦ καὶ πατρὸς καὶ τοῦ Χριστοῦ 06² *Byz* sy^(h with *)

[2] 7 {B} ἐν εὐχαριστίᾳ 01* 02 04 015* 016^(vid) 0150 0208 33 81 263 1175 1739 1881 1962 2464 lat^(vg) co^(sa-mss) eth ∥ ἐν αὐτῇ 025 048^(vid) ∥ ἐν αὐτῇ ἐν εὐχαριστίᾳ 03 06² 015^c 0278 6 256 365 (1573 *omit second* ἐν) 2127 *Byz* lat^(vl-pt, vg-mss) sy co^(sa-ms, bo) Chrysostom ∥ ἐν αὐτῷ ἐν εὐχαριστίᾳ 01² 06* lat^(vl-pt) sy^(hmg)

[3] 11 {A} σώματος 𝔓⁴⁶ 01* 02 03 04 06* 012 025 6 33 81 365 1175 1739 1881 2464 lat^(vl-pt, vg) co Clement ∥ σώματος τῶν ἁμαρτιῶν 01² 06¹ (0278) *Byz* (lat^(vl-pt)) sy

θεοῦ τοῦ ἐγείραντος αὐτὸν ἐκ νεκρῶν· **13** καὶ ὑμᾶς νεκροὺς ὄντας [ἐν] τοῖς παραπτώμασιν καὶ τῇ ἀκροβυστίᾳ τῆς σαρκὸς ὑμῶν, συνεζωοποίησεν ὑμᾶς[4] σὺν αὐτῷ, χαρισάμενος ἡμῖν[5] πάντα τὰ παραπτώματα. **14** ἐξαλείψας τὸ καθ' ἡμῶν χειρόγραφον τοῖς δόγμασιν ὃ ἦν ὑπεναντίον ἡμῖν, καὶ αὐτὸ ἦρκεν ἐκ τοῦ μέσου προσηλώσας αὐτὸ τῷ σταυρῷ· **15** ἀπεκδυσάμενος τὰς ἀρχὰς καὶ τὰς ἐξουσίας ἐδειγμάτισεν ἐν παρρησίᾳ, θριαμβεύσας αὐτοὺς ἐν αὐτῷ.

16 Μὴ οὖν τις ὑμᾶς κρινέτω ἐν βρώσει καὶ ἐν πόσει ἢ ἐν μέρει ἑορτῆς ἢ νεομηνίας ἢ σαββάτων· **17** ἅ ἐστιν σκιὰ τῶν μελλόντων, τὸ δὲ σῶμα τοῦ Χριστοῦ. **18** μηδεὶς ὑμᾶς καταβραβευέτω θέλων ἐν ταπεινοφροσύνῃ καὶ θρησκείᾳ τῶν ἀγγέλων, ἃ[6] ἑόρακεν ἐμβατεύων, εἰκῇ φυσιούμενος ὑπὸ τοῦ νοὸς τῆς σαρκὸς αὐτοῦ, **19** καὶ οὐ κρατῶν τὴν κεφαλήν, ἐξ οὗ πᾶν τὸ σῶμα διὰ τῶν ἁφῶν καὶ συνδέσμων ἐπιχορηγούμενον καὶ συμβιβαζόμενον αὔξει τὴν αὔξησιν τοῦ θεοῦ.

The New Life in Christ

20 Εἰ ἀπεθάνετε σὺν Χριστῷ ἀπὸ τῶν στοιχείων τοῦ κόσμου, τί ὡς ζῶντες ἐν κόσμῳ δογματίζεσθε; **21** μὴ ἅψῃ μηδὲ γεύσῃ μηδὲ θίγῃς, **22** ἅ ἐστιν πάντα εἰς φθορὰν τῇ ἀποχρήσει, κατὰ τὰ ἐντάλματα καὶ διδασκαλίας τῶν ἀνθρώπων, **23** ἅτινά ἐστιν λόγον μὲν ἔχοντα σοφίας ἐν ἐθελοθρησκίᾳ καὶ ταπεινοφροσύνῃ καὶ ἀφειδίᾳ σώματος, οὐκ ἐν τιμῇ τινι πρὸς πλησμονὴν τῆς σαρκός.

3 Εἰ οὖν συνηγέρθητε τῷ Χριστῷ, τὰ ἄνω ζητεῖτε, οὗ ὁ Χριστός ἐστιν ἐν δεξιᾷ τοῦ θεοῦ καθήμενος· **2** τὰ ἄνω

---

[4] **13** {C} ὑμᾶς 01* 02 04 0150 6 81 1739 1881 *Byz* sy co eth // ἡμᾶς 𝔓[46] 03 33 *Lect* lat[vl-pt] cpa Marcion[acc. to Tertullian] Origen[acc. to 1739] // *omit* 01[2] 06 012 025 0208 0278 256 263 365 1175 1573 1962 2127 2464[vid] *TR* lat[vl-pt, vg] Tertullian Chrysostom

[5] **13** {A} ἡμῖν 𝔓[46] 01* 02 03 04 06 012 018[c] 048 0150 0208 0278 33 81 256 263 365 1175 1573 1739 1881 1962 2127 *Byz* lat[vl-pt] sy cpa co[sa-mss], bo Marcion[acc. to Tertullian] Chrysostom // ὑμῖν 01[2] 018* 020 025 6 lat[vl-pt, vg] co[sa-mss] eth Tertullian

[6] **18** {B} ἃ 𝔓[46] 01* 02 03 06* 016 6 33 1739 lat[vl-pt] co Marcion[acc. to Tertullian] Origen[gr, lat-pt] // μή 81 // ἃ μή 01[2] 04 06[1] (012 ἃ οὐκ) 025 0150 0278 256 263 365 1175 (1573) 1881 1962 2127 2464 *Byz* lat[vl-pt, vg] eth Origen[gr-ms, lat-pt] Chrysostom

φρονεῖτε, μὴ τὰ ἐπὶ τῆς γῆς. 3 ἀπεθάνετε γὰρ καὶ ἡ ζωὴ ὑμῶν κέκρυπται σὺν τῷ Χριστῷ ἐν τῷ θεῷ· 4 ὅταν ὁ Χριστὸς φανερωθῇ, ἡ ζωὴ ὑμῶν[1], τότε καὶ ὑμεῖς σὺν αὐτῷ φανερωθήσεσθε ἐν δόξῃ.

5 Νεκρώσατε οὖν τὰ μέλη τὰ ἐπὶ τῆς γῆς, πορνείαν ἀκαθαρσίαν πάθος ἐπιθυμίαν κακήν, καὶ τὴν πλεονεξίαν, ἥτις ἐστὶν εἰδωλολατρία, 6 δι᾽ ἃ ἔρχεται ἡ ὀργὴ τοῦ θεοῦ ἐπὶ τοὺς υἱοὺς τῆς ἀπειθείας[2]. 7 ἐν οἷς καὶ ὑμεῖς περιεπατήσατέ ποτε, ὅτε ἐζῆτε ἐν τούτοις· 8 νυνὶ δὲ ἀπόθεσθε καὶ ὑμεῖς τὰ πάντα, ὀργήν, θυμόν, κακίαν, βλασφημίαν, αἰσχρολογίαν ἐκ τοῦ στόματος ὑμῶν· 9 μὴ ψεύδεσθε εἰς ἀλλήλους, ἀπεκδυσάμενοι τὸν παλαιὸν ἄνθρωπον σὺν ταῖς πράξεσιν αὐτοῦ 10 καὶ ἐνδυσάμενοι τὸν νέον τὸν ἀνακαινούμενον εἰς ἐπίγνωσιν κατ᾽ εἰκόνα τοῦ κτίσαντος αὐτόν, 11 ὅπου οὐκ ἔνι Ἕλλην καὶ Ἰουδαῖος, περιτομὴ καὶ ἀκροβυστία, βάρβαρος, Σκύθης, δοῦλος, ἐλεύθερος, ἀλλὰ τὰ πάντα καὶ ἐν πᾶσιν Χριστός.

12 Ἐνδύσασθε οὖν, ὡς ἐκλεκτοὶ τοῦ θεοῦ ἅγιοι καὶ ἠγαπημένοι, σπλάγχνα οἰκτιρμοῦ χρηστότητα ταπεινοφροσύνην πραΰτητα μακροθυμίαν, 13 ἀνεχόμενοι ἀλλήλων καὶ χαριζόμενοι ἑαυτοῖς ἐάν τις πρός τινα ἔχῃ μομφήν· καθὼς καὶ ὁ κύριος[3] ἐχαρίσατο ὑμῖν, οὕτως καὶ ὑμεῖς· 14 ἐπὶ πᾶσιν δὲ τούτοις τὴν ἀγάπην, ὅ ἐστιν σύνδεσμος τῆς τελειότητος[4]. 15 καὶ ἡ εἰρήνη τοῦ Χριστοῦ βραβευέτω ἐν ταῖς καρδίαις ὑμῶν, εἰς ἣν καὶ ἐκλήθητε ἐν ἑνὶ σώματι· καὶ εὐχάριστοι γίνεσθε. 16 ὁ λόγος τοῦ

---

[1] 4 {B} ὑμῶν 𝔓⁴⁶ 01 04 06* 012 025 33 81 256 (263 ἐν σαρκὶ ὑμῶν) 365 1881 2127 lat cpa co^bo eth Origen^{gr-pt, lat-pt} Eusebius Gregory-Nyssa Chrysostom Cyril^pt ∥ ἡμῶν 03 06¹ 015 0150 0278 6 1175 1573 1739 1962 2464 Byz sy co^sa Origen^{gr-pt, lat-pt} Gregory-Nyssa^mss Cyril^pt

[2] 6 {C} ἐπὶ τοὺς υἱοὺς τῆς ἀπειθείας (see Eph 5.6) 01 02 04 06¹ 012 015 016 025 0150 0278 6 33 81 256 263 365 1175 1573 1739 1881 1962 2127 2464 Byz lat^{vl-pt, vg} sy co^bo eth Basil Chrysostom ∥ omit 𝔓⁴⁶ 03 06*vid lat^{vl-pt} cpa co^sa

[3] 13 {C} κύριος 𝔓⁴⁶ 02 03 06* 012 1175 lat^{vl-pt, vg} ∥ Χριστός 01¹ 04 06¹ 025 0150 6 81 256 263 365 1573 1739 1881 1962 2127 Byz lat^{vl-pt} sy co eth Clement Chrysostom ∥ θεός 01* lat^{vg-mss} ∥ θεὸς ἐν Χριστῷ 33

[4] 14 {A} τελειότητος 𝔓⁴⁶ 01 02 03 04 025 048 0150 6 33 (81 τελειώσεως) 256 263 365 1175 1573 1739 1881 1962 2127 2464 Byz lat^vg Clement Chrysostom ∥ ἑνότητος 06* 012 lat^vl

Χριστοῦ ἐνοικείτω ἐν ὑμῖν πλουσίως, ἐν πάσῃ σοφίᾳ διδάσκοντες καὶ νουθετοῦντες ἑαυτούς, ψαλμοῖς ὕμνοις ᾠδαῖς πνευματικαῖς ἐν [τῇ] χάριτι ᾄδοντες ἐν ταῖς καρδίαις ὑμῶν τῷ θεῷ⁵· **17** καὶ πᾶν ὅ τι ἐὰν ποιῆτε ἐν λόγῳ ἢ ἐν ἔργῳ, πάντα ἐν ὀνόματι κυρίου Ἰησοῦ, εὐχαριστοῦντες τῷ θεῷ πατρὶ⁶ δι᾽ αὐτοῦ.

Social Duties of the New Life

18 Αἱ γυναῖκες, ὑποτάσσεσθε τοῖς ἀνδράσιν⁷ ὡς ἀνῆκεν ἐν κυρίῳ. **19** οἱ ἄνδρες, ἀγαπᾶτε τὰς γυναῖκας⁸ καὶ μὴ πικραίνεσθε πρὸς αὐτάς. **20** τὰ τέκνα, ὑπακούετε τοῖς γονεῦσιν κατὰ πάντα, τοῦτο γὰρ εὐάρεστόν ἐστιν ἐν κυρίῳ. **21** οἱ πατέρες, μὴ ἐρεθίζετε τὰ τέκνα ὑμῶν, ἵνα μὴ ἀθυμῶσιν.

22 Οἱ δοῦλοι, ὑπακούετε κατὰ πάντα τοῖς κατὰ σάρκα κυρίοις, μὴ ἐν ὀφθαλμοδουλίᾳ ὡς ἀνθρωπάρεσκοι, ἀλλ᾽ ἐν ἁπλότητι καρδίας φοβούμενοι τὸν κύριον⁹. **23** ὃ ἐὰν ποιῆτε, ἐκ ψυχῆς ἐργάζεσθε ὡς τῷ κυρίῳ καὶ οὐκ ἀνθρώποις, **24** εἰδότες ὅτι ἀπὸ κυρίου ἀπολήμψεσθε τὴν ἀνταπόδοσιν τῆς κληρονομίας. τῷ κυρίῳ¹⁰ Χριστῷ δουλεύετε· **25** ὁ γὰρ ἀδικῶν κομίσεται **4** ὃ ἠδίκησεν, καὶ οὐκ ἔστιν προσωπολημψία. **1** οἱ κύριοι, τὸ δίκαιον καὶ τὴν ἰσότητα τοῖς δούλοις παρέχεσθε, εἰδότες ὅτι καὶ ὑμεῖς ἔχετε κύριον ἐν οὐρανῷ.

---

⁵ **16** {A} τῷ θεῷ 𝔓⁴⁶ 01 02 03 04* 06* 012 6 33 81 365 1739 1881 2464 (256 263 1175 1573 1962 2127 *transpose after* ᾄδοντες) lat^(vl-pt, vg) sy co^(sa, bo) Clement Chrysostom^(com) ∥ τῷ κυρίῳ (*see* Eph 5.19) 04² 06² 0150 *Byz* lat^(vl-pt) co^(bo-mss) Chrysostom^(lem)

⁶ **17** {B} θεῷ πατρί 𝔓^(46vid) 01 02 03 04 81 1739 lat^(vl-pt) sy^p co eth ∥ θεῷ καὶ πατρί (*see* Eph 5.20) 06 012 0150 6 33 256 263 365 (1175 1881 *omit following* δι᾽) 1573 1962 2127 2464 *Byz* lat^(vl-pt, vg) sy^h Clement Chrysostom

⁷ **18** {B} τοῖς ἀνδράσιν 𝔓⁴⁶ 01 02 03 04 048 0150 33 81 1739 1962 *Byz*^(pt) lat^(vl-pt, vg) Clement Chrysostom ∥ τοῖς ἀνδράσιν ὑμῶν 06* 012 lat^(vl-pt) sy^(p, h with *) ∥ τοῖς ἰδίοις ἀνδράσιν 020 6 256 263 365 1175 1573 1881 2127 2464 *Byz*^(pt) TR

⁸ **19** {A} τὰς γυναῖκας 𝔓⁴⁶ 01* 02 03 04* 06² 025 33 81 365 1739 1881 2464 *Byz* lat^(vl-pt, vg) co^(sa-ms, bo-ms) Clement ∥ τὰς γυναῖκας ὑμῶν 04² 06* 012 lat^(vl-pt, vg-mss) sy ∥ τὰς γυναῖκας ἑαυτῶν 1175 ∥ τὰς ἑαυτῶν γυναῖκας 01²

⁹ **22** {A} κύριον 01* 02 03 04 06* 012 020 048 0278 33 81 365 1175 1739 1881 2464 lat^(vl-pt, vg) sy co Clement ∥ θεόν 𝔓⁴⁶ 01² 06² *Byz* lat^(vl-pt)

¹⁰ **24** {B} τῷ κυρίῳ 𝔓⁴⁶ 01 02 03 04 06* 012 0278 33 81 365 1739 1881 2464 lat ∥ τῷ γὰρ κυρίῳ 06¹ 1175 *Byz* sy Clement

Exhortations

2 Τῇ προσευχῇ προσκαρτερεῖτε, γρηγοροῦντες ἐν αὐτῇ ἐν εὐχαριστίᾳ, **3** προσευχόμενοι ἅμα καὶ περὶ ἡμῶν, ἵνα ὁ θεὸς ἀνοίξῃ ἡμῖν θύραν τοῦ λόγου λαλῆσαι τὸ μυστήριον τοῦ Χριστοῦ, δι' ὃ καὶ δέδεμαι, **4** ἵνα φανερώσω αὐτὸ ὡς δεῖ με λαλῆσαι. **5** ἐν σοφίᾳ περιπατεῖτε πρὸς τοὺς ἔξω τὸν καιρὸν ἐξαγοραζόμενοι. **6** ὁ λόγος ὑμῶν πάντοτε ἐν χάριτι, ἅλατι ἠρτυμένος, εἰδέναι πῶς δεῖ ὑμᾶς ἑνὶ ἑκάστῳ ἀποκρίνεσθαι.

Final Greetings

7 Τὰ κατ' ἐμὲ πάντα γνωρίσει ὑμῖν Τύχικος ὁ ἀγαπητὸς ἀδελφὸς καὶ πιστὸς διάκονος καὶ σύνδουλος ἐν κυρίῳ, **8** ὃν ἔπεμψα πρὸς ὑμᾶς εἰς αὐτὸ τοῦτο, ἵνα γνῶτε τὰ περὶ ἡμῶν[1] καὶ παρακαλέσῃ τὰς καρδίας ὑμῶν, **9** σὺν Ὀνησίμῳ τῷ πιστῷ καὶ ἀγαπητῷ ἀδελφῷ, ὅς ἐστιν ἐξ ὑμῶν· πάντα ὑμῖν γνωρίσουσιν τὰ ὧδε.

10 Ἀσπάζεται ὑμᾶς Ἀρίσταρχος ὁ συναιχμάλωτός μου καὶ Μᾶρκος ὁ ἀνεψιὸς Βαρναβᾶ (περὶ οὗ ἐλάβετε ἐντολάς, ἐὰν ἔλθῃ πρὸς ὑμᾶς, δέξασθε αὐτόν) **11** καὶ Ἰησοῦς ὁ λεγόμενος Ἰοῦστος, οἱ ὄντες ἐκ περιτομῆς, οὗτοι μόνοι συνεργοὶ εἰς τὴν βασιλείαν τοῦ θεοῦ, οἵτινες ἐγενήθησάν μοι παρηγορία. **12** ἀσπάζεται ὑμᾶς Ἐπαφρᾶς ὁ ἐξ ὑμῶν, δοῦλος Χριστοῦ [Ἰησοῦ][2], πάντοτε ἀγωνιζόμενος ὑπὲρ ὑμῶν ἐν ταῖς προσευχαῖς, ἵνα σταθῆτε[3] τέλειοι καὶ πεπληροφορημένοι ἐν παντὶ θελήματι τοῦ θεοῦ. **13** μαρτυρῶ γὰρ αὐτῷ ὅτι ἔχει πολὺν πόνον[4] ὑπὲρ ὑμῶν καὶ τῶν ἐν Λαοδικείᾳ καὶ τῶν ἐν Ἱεραπόλει. **14** ἀσπάζεται ὑμᾶς Λουκᾶς ὁ ἰατρὸς ὁ ἀγαπητὸς καὶ Δημᾶς.

---

[1] **8** {C} γνῶτε τὰ περὶ ἡμῶν 02 03 06* 012 025 048 0278 33 81 256 263 365 1175 1573 1962 2127 lat$^{vl\text{-}pt}$ cpa co$^{sa\text{-}mss}$ (eth) // γνῶτε τὰ περὶ ὑμῶν 01* // γνῷ τὰ περὶ ὑμῶν 𝔓^{46} 01² 04 06¹ 0150 6 1739 1881 Byz lat$^{vl\text{-}pt,\,vg}$ sy co$^{sa\text{-}mss,\,bo}$ Chrysostom

[2] **12** {C} Χριστοῦ Ἰησοῦ 01 02 03 04 016 020 0278 33 81 365 1175 2464 lat$^{vl\text{-}pt,\,vg}$ co^{bo} // Ἰησοῦ Χριστοῦ 025 1962 cpa co^{sa} // Χριστοῦ 𝔓^{46} 06 012 0150 6 256 263 1573 1739 1881 2127 Byz lat$^{vl\text{-}pt}$ sy eth Chrysostom

[3] **12** {B} σταθῆτε 01* 03 81 365 1739 1881 // στῆτε 01² 02 04 06 012 025 0278 33 1175 Byz lat$^{vl\text{-}pt,\,vg}$ // ἦτε 016 2464 lat$^{vl\text{-}pt}$ sy^{hmg}

[4] **13** {B} πολὺν πόνον 01 02 03 04 025 0278 81 1175 lat // πολὺν κόπον 06* 012 // πολὺν ἀγῶνα 6 1739 1881 // ζῆλον πολὺν Byz sy // πολὺν ζῆλον 06¹ 33 // πόνον πολύν 365 2464

15 Ἀσπάσασθε τοὺς ἐν Λαοδικείᾳ ἀδελφοὺς καὶ Νύμφαν καὶ τὴν κατ' οἶκον αὐτῆς [5] ἐκκλησίαν. **16** καὶ ὅταν ἀναγνωσθῇ παρ' ὑμῖν ἡ ἐπιστολή, ποιήσατε ἵνα καὶ ἐν τῇ Λαοδικέων ἐκκλησίᾳ ἀναγνωσθῇ, καὶ τὴν ἐκ Λαοδικείας ἵνα καὶ ὑμεῖς ἀναγνῶτε. **17** καὶ εἴπατε Ἀρχίππῳ· βλέπε τὴν διακονίαν ἣν παρέλαβες ἐν κυρίῳ, ἵνα αὐτὴν πληροῖς.
18 Ὁ ἀσπασμὸς τῇ ἐμῇ χειρὶ Παύλου. μνημονεύετέ μου τῶν δεσμῶν. ἡ χάρις μεθ' ὑμῶν. [6]

---

[5] **15** {C} Νύμφαν καὶ τὴν κατ' οἶκον αὐτῆς 03² (Νυμφαν *without accent:* 03*) 0278 6 1739ᶜ (1739* Νυμφᾶν) 1881 syʰ cpaᵐˢ coˢᵃ ∥ Νυμφᾶν καὶ τὴν κατ' οἶκον αὐτοῦ 06² (Νυμφαν *without accent:* 06* 012) 0150 365 *Byz* syᵖ· ʰᵐᵍ Chrysostom ∥ Νύμφαν καὶ τὴν κατ' οἶκον αὐτῶν, *but* Νυμφαν *without accent:* 01 02 04 025 33 1962 cpaᵐˢ coᵇᵒ; Νύμφαν: 81 256 263 1573 (2127); Νυμφᾶν: 1175 2464
[6] **18** {A} ὑμῶν. 01* 02 03 04 012 048 6 33 81 1739* 1881 latᵛˡ·ᵖᵗ cpaᵐˢ coˢᵃ, ᵇᵒ·ᵖᵗ ∥ ὑμῶν· ἀμήν. 01² 06 025 0150 0278 256 263 365 1175 (1573) 1739ᶜ 1962 2127 2464 *Byz* latᵛˡ·ᵖᵗ, ᵛᵍ sy cpaᵐˢ coᵇᵒ·ᵖᵗ eth Chrysostom

ΠΡΟΣ ΘΕΣΣΑΛΟΝΙΚΕΙΣ Α΄

Salutation

1 Παῦλος καὶ Σιλουανὸς καὶ Τιμόθεος τῇ ἐκκλησίᾳ Θεσσαλονικέων ἐν θεῷ πατρὶ καὶ κυρίῳ Ἰησοῦ Χριστῷ, χάρις ὑμῖν καὶ εἰρήνη[1].

The Thessalonians' Faith and Example

2 Εὐχαριστοῦμεν τῷ θεῷ πάντοτε περὶ πάντων ὑμῶν μνείαν[2] ποιούμενοι ἐπὶ τῶν προσευχῶν ἡμῶν, ἀδιαλείπτως 3 μνημονεύοντες ὑμῶν τοῦ ἔργου τῆς πίστεως καὶ τοῦ κόπου τῆς ἀγάπης καὶ τῆς ὑπομονῆς τῆς ἐλπίδος τοῦ κυρίου ἡμῶν Ἰησοῦ Χριστοῦ ἔμπροσθεν τοῦ θεοῦ καὶ πατρὸς ἡμῶν, 4 εἰδότες, ἀδελφοὶ ἠγαπημένοι ὑπὸ [τοῦ] θεοῦ, τὴν ἐκλογὴν ὑμῶν, 5 ὅτι τὸ εὐαγγέλιον ἡμῶν οὐκ ἐγενήθη εἰς ὑμᾶς ἐν λόγῳ μόνον ἀλλὰ καὶ ἐν δυνάμει καὶ ἐν πνεύματι ἁγίῳ καὶ ἐν πληροφορίᾳ πολλῇ, καθὼς οἴδατε οἷοι ἐγενήθημεν [ἐν] ὑμῖν δι᾽ ὑμᾶς. 6 καὶ ὑμεῖς μιμηταὶ ἡμῶν ἐγενήθητε καὶ τοῦ κυρίου, δεξάμενοι τὸν λόγον ἐν θλίψει πολλῇ μετὰ χαρᾶς πνεύματος ἁγίου, 7 ὥστε γενέσθαι ὑμᾶς τύπον[3] πᾶσιν τοῖς πιστεύουσιν ἐν τῇ Μακεδονίᾳ καὶ ἐν τῇ Ἀχαΐᾳ. 8 ἀφ᾽ ὑμῶν γὰρ ἐξήχηται ὁ λόγος τοῦ κυρίου οὐ μόνον ἐν τῇ Μακεδονίᾳ καὶ ἐν τῇ Ἀχαΐᾳ, ἀλλ᾽ ἐν παντὶ τόπῳ ἡ πίστις ὑμῶν ἡ πρὸς τὸν θεὸν ἐξελήλυθεν, ὥστε μὴ χρείαν ἔχειν ἡμᾶς λαλεῖν τι. 9 αὐτοὶ γὰρ περὶ ἡμῶν ἀπαγγέλλουσιν ὁποίαν εἴσοδον ἔσχομεν πρὸς ὑμᾶς, καὶ πῶς ἐπεστρέψατε πρὸς τὸν θεὸν ἀπὸ τῶν εἰδώλων δουλεύειν θεῷ ζῶντι καὶ ἀληθινῷ

---

[1] **1** {A} εἰρήνη 03 012 0278 1739 1881 lat$^{vl\text{-}pt, vg}$ syp cpa^{ms} co$^{sa, fa}$ Origen^{lat} Chrysostom^{com} ∥ εἰρήνη ἀπὸ θεοῦ πατρὸς καὶ κυρίου Ἰησοῦ Χριστοῦ 06 0150 256 263 1573 2127 (lat$^{vl\text{-}pt}$ *omit* πατρὸς) lat$^{vl\text{-}pt}$ ∥ εἰρήνη ἀπὸ θεοῦ πατρὸς ἡμῶν καὶ κυρίου Ἰησοῦ Χριστοῦ 01 02 016 025 6 33 81 (365 *transpose* ἡμῶν *after* κυρίου) 1175 1962 2464^{vid} *Byz* sy$^{h \text{ with } *}$ cpa^{ms} (co^{bo}) (eth) Chrysostom^{lem}

[2] **2** {B} μνείαν 01* 02 03 016 0278 6 33 81 1739 1881 lat$^{vl\text{-}pt, vg}$ ∥ μνείαν ὑμῶν 01^2 04 06 012 025 365 1175 2464 *Byz* lat$^{vl\text{-}pt, vg\text{-}mss}$ sy

[3] **7** {B} τύπον 03 06$^{*, c}$ 6 33 81 1739 1881 lat$^{vl\text{-}pt, vg}$ syp ∥ τύπους 01 02 04 06^2 012 025 0278 365 1175 2464 *Byz* lat$^{vl\text{-}pt}$ sy^h

10 καὶ ἀναμένειν τὸν υἱὸν αὐτοῦ ἐκ τῶν οὐρανῶν, ὃν ἤγειρεν ἐκ [τῶν] νεκρῶν, Ἰησοῦν τὸν ῥυόμενον ἡμᾶς ἐκ τῆς ὀργῆς τῆς ἐρχομένης.

Paul's Ministry in Thessalonica

2 Αὐτοὶ γὰρ οἴδατε, ἀδελφοί, τὴν εἴσοδον ἡμῶν τὴν πρὸς ὑμᾶς ὅτι οὐ κενὴ γέγονεν, **2** ἀλλὰ προπαθόντες καὶ ὑβρισθέντες, καθὼς οἴδατε, ἐν Φιλίπποις ἐπαρρησιασάμεθα ἐν τῷ θεῷ ἡμῶν λαλῆσαι πρὸς ὑμᾶς τὸ εὐαγγέλιον τοῦ θεοῦ ἐν πολλῷ ἀγῶνι. **3** ἡ γὰρ παράκλησις ἡμῶν οὐκ ἐκ πλάνης οὐδὲ ἐξ ἀκαθαρσίας οὐδὲ ἐν δόλῳ, **4** ἀλλὰ καθὼς δεδοκιμάσμεθα ὑπὸ τοῦ θεοῦ πιστευθῆναι τὸ εὐαγγέλιον, οὕτως λαλοῦμεν, οὐχ ὡς ἀνθρώποις ἀρέσκοντες ἀλλὰ θεῷ τῷ δοκιμάζοντι τὰς καρδίας ἡμῶν. **5** οὔτε γάρ ποτε ἐν λόγῳ κολακείας ἐγενήθημεν, καθὼς οἴδατε, οὔτε ἐν προφάσει πλεονεξίας, θεὸς μάρτυς, **6** οὔτε ζητοῦντες ἐξ ἀνθρώπων δόξαν οὔτε ἀφ᾽ ὑμῶν οὔτε ἀπ᾽ ἄλλων, **7** δυνάμενοι ἐν βάρει εἶναι ὡς Χριστοῦ ἀπόστολοι, ἀλλ᾽ ἐγενήθημεν νήπιοι[1] ἐν μέσῳ ὑμῶν. ὡς ἐὰν τροφὸς θάλπῃ τὰ ἑαυτῆς τέκνα, **8** οὕτως ὁμειρόμενοι ὑμῶν εὐδοκοῦμεν μεταδοῦναι ὑμῖν οὐ μόνον τὸ εὐαγγέλιον τοῦ θεοῦ ἀλλὰ καὶ τὰς ἑαυτῶν ψυχάς, διότι ἀγαπητοὶ ἡμῖν ἐγενήθητε. **9** μνημονεύετε γάρ, ἀδελφοί, τὸν κόπον ἡμῶν καὶ τὸν μόχθον· νυκτὸς καὶ ἡμέρας ἐργαζόμενοι πρὸς τὸ μὴ ἐπιβαρῆσαί τινα ὑμῶν ἐκηρύξαμεν εἰς ὑμᾶς τὸ εὐαγγέλιον τοῦ θεοῦ. **10** ὑμεῖς μάρτυρες καὶ ὁ θεός, ὡς ὁσίως καὶ δικαίως καὶ ἀμέμπτως ὑμῖν τοῖς πιστεύουσιν ἐγενήθημεν, **11** καθάπερ οἴδατε, ὡς ἕνα ἕκαστον ὑμῶν ὡς πατὴρ τέκνα ἑαυτοῦ **12** παρακαλοῦντες ὑμᾶς καὶ παραμυθούμενοι καὶ μαρτυρόμενοι εἰς τὸ περιπατεῖν ὑμᾶς ἀξίως τοῦ θεοῦ τοῦ καλοῦντος[2] ὑμᾶς εἰς τὴν ἑαυτοῦ βασιλείαν καὶ δόξαν.

---

[1] **7** {C} νήπιοι 𝔓⁶⁵ 01* 03 04* 06* 012 016 0150 263 1962 lat^(vl-pt, vg-mss) co^(sa-ms, bo) eth Origen^(gr-pt, lat) ∥ ἤπιοι 01ᶜ 02 04² 06² 025 0278 6 33 81 256 365 1573 1739 1881 2127 2464 *Byz* lat^vg (sy) co^(sa-mss, fa) Clement Origen^pt Basil Chrysostom

[2] **12** {B} καλοῦντος 03 06 012 015 025 (0150 παρακαλοῦντος) 0278 6 33 81 256 263 365 1573 1739 1881 1962 2127 *Byz* lat^(vl-pt) sy^hmg Chrysostom^com ∥ καλέσαντος 01 02 2464 lat^(vl-pt, vg) sy co Basil Chrysostom^lem

13 Καὶ διὰ τοῦτο καὶ ἡμεῖς εὐχαριστοῦμεν τῷ θεῷ ἀδιαλείπτως, ὅτι παραλαβόντες λόγον ἀκοῆς παρ' ἡμῶν τοῦ θεοῦ ἐδέξασθε οὐ λόγον ἀνθρώπων ἀλλὰ καθώς ἐστιν ἀληθῶς λόγον θεοῦ, ὃς καὶ ἐνεργεῖται ἐν ὑμῖν τοῖς πιστεύουσιν. **14** ὑμεῖς γὰρ μιμηταὶ ἐγενήθητε, ἀδελφοί, τῶν ἐκκλησιῶν τοῦ θεοῦ τῶν οὐσῶν ἐν τῇ Ἰουδαίᾳ ἐν Χριστῷ Ἰησοῦ, ὅτι τὰ αὐτὰ ἐπάθετε καὶ ὑμεῖς ὑπὸ τῶν ἰδίων συμφυλετῶν καθὼς καὶ αὐτοὶ ὑπὸ τῶν Ἰουδαίων, **15** τῶν καὶ τὸν κύριον ἀποκτεινάντων Ἰησοῦν καὶ τοὺς προφήτας³ καὶ ἡμᾶς ἐκδιωξάντων καὶ θεῷ μὴ ἀρεσκόντων καὶ πᾶσιν ἀνθρώποις ἐναντίων, **16** κωλυόντων ἡμᾶς τοῖς ἔθνεσιν λαλῆσαι ἵνα σωθῶσιν, εἰς τὸ ἀναπληρῶσαι αὐτῶν τὰς ἁμαρτίας πάντοτε. ἔφθασεν δὲ ἐπ' αὐτοὺς ἡ ὀργὴ⁴ εἰς τέλος.

Paul's Desire to Visit the Church Again

17 Ἡμεῖς δέ, ἀδελφοί, ἀπορφανισθέντες ἀφ' ὑμῶν πρὸς καιρὸν ὥρας, προσώπῳ οὐ καρδίᾳ, περισσοτέρως ἐσπουδάσαμεν τὸ πρόσωπον ὑμῶν ἰδεῖν ἐν πολλῇ ἐπιθυμίᾳ. **18** διότι ἠθελήσαμεν ἐλθεῖν πρὸς ὑμᾶς, ἐγὼ μὲν Παῦλος καὶ ἅπαξ καὶ δίς, καὶ ἐνέκοψεν ἡμᾶς ὁ σατανᾶς. **19** τίς γὰρ ἡμῶν ἐλπὶς ἢ χαρὰ ἢ στέφανος καυχήσεως – ἢ οὐχὶ καὶ ὑμεῖς – ἔμπροσθεν τοῦ κυρίου ἡμῶν Ἰησοῦ ἐν τῇ αὐτοῦ παρουσίᾳ; **20** ὑμεῖς γάρ ἐστε ἡ δόξα ἡμῶν καὶ ἡ χαρά.

3 Διὸ μηκέτι στέγοντες εὐδοκήσαμεν καταλειφθῆναι ἐν Ἀθήναις μόνοι **2** καὶ ἐπέμψαμεν Τιμόθεον, τὸν ἀδελφὸν ἡμῶν καὶ συνεργὸν τοῦ θεοῦ¹ ἐν τῷ εὐαγγελίῳ τοῦ Χριστοῦ, εἰς τὸ

---

³ **15** {B} προφήτας 01 02 03 06* 012 016 025 0208 0278 6 33 81 256 263 1573 1739 1881 1962 2127 lat co Tertullian Origen^(gr. lat) ∥ ἰδίους προφήτας 06¹ 0150 365 2464 Byz sy eth Marcion^(acc. to Tertullian) Basil Chrysostom

⁴ **16** {A} ὀργή 01 02 03 025 0150 0208 6 33 81 256 263 (365 1739 1881 *transpose* ἡ ὀργή *after* δέ) 1573 1962 2127 2464 Byz sy co eth Origen^(gr. lat) Eusebius Basil Chrysostom ∥ ὀργὴ τοῦ θεοῦ 06 012 lat

¹ **2** {C} καὶ συνεργὸν τοῦ θεοῦ (03 *omit* τοῦ θεοῦ) 06* 33 lat^(vl-pt) ∥ καὶ διάκονον τοῦ θεοῦ 01 02 025 0278 6 81 263 1739 1881 2464 lat^(vl-pt, vg) co Basil ∥ διάκονον καὶ συνεργὸν τοῦ θεοῦ 012 lat^(vl-pt) ∥ καὶ διάκονον τοῦ θεοῦ καὶ συνεργὸν ἡμῶν 06² 0150 256 365 1573 (1962 καὶ συνεργὸν ἡμῶν *before* καὶ διάκονον) 2127 Byz sy^(p, h with *) eth Chrysostom

στηρίξαι ὑμᾶς καὶ παρακαλέσαι ὑπὲρ τῆς πίστεως ὑμῶν 3 τὸ μηδένα σαίνεσθαι ἐν ταῖς θλίψεσιν ταύταις. αὐτοὶ γὰρ οἴδατε ὅτι εἰς τοῦτο κείμεθα· 4 καὶ γὰρ ὅτε πρὸς ὑμᾶς ἦμεν, προελέγομεν ὑμῖν ὅτι μέλλομεν θλίβεσθαι, καθὼς καὶ ἐγένετο καὶ οἴδατε. 5 διὰ τοῦτο κἀγὼ μηκέτι στέγων ἔπεμψα εἰς τὸ γνῶναι τὴν πίστιν ὑμῶν, μή πως ἐπείρασεν ὑμᾶς ὁ πειράζων καὶ εἰς κενὸν γένηται ὁ κόπος ἡμῶν.

6 Ἄρτι δὲ ἐλθόντος Τιμοθέου πρὸς ἡμᾶς ἀφ᾽ ὑμῶν καὶ εὐαγγελισαμένου ἡμῖν τὴν πίστιν καὶ τὴν ἀγάπην ὑμῶν καὶ ὅτι ἔχετε μνείαν ἡμῶν ἀγαθὴν πάντοτε, ἐπιποθοῦντες ἡμᾶς ἰδεῖν καθάπερ καὶ ἡμεῖς ὑμᾶς, 7 διὰ τοῦτο παρεκλήθημεν, ἀδελφοί, ἐφ᾽ ὑμῖν ἐπὶ πάσῃ τῇ ἀνάγκῃ καὶ θλίψει ἡμῶν διὰ τῆς ὑμῶν πίστεως, 8 ὅτι νῦν ζῶμεν ἐὰν ὑμεῖς στήκετε ἐν κυρίῳ. 9 τίνα γὰρ εὐχαριστίαν δυνάμεθα τῷ θεῷ ἀνταποδοῦναι περὶ ὑμῶν ἐπὶ πάσῃ τῇ χαρᾷ ᾗ χαίρομεν δι᾽ ὑμᾶς ἔμπροσθεν τοῦ θεοῦ ἡμῶν, 10 νυκτὸς καὶ ἡμέρας ὑπερεκπερισσοῦ δεόμενοι εἰς τὸ ἰδεῖν ὑμῶν τὸ πρόσωπον καὶ καταρτίσαι τὰ ὑστερήματα τῆς πίστεως ὑμῶν;

11 Αὐτὸς δὲ ὁ θεὸς καὶ πατὴρ ἡμῶν καὶ ὁ κύριος ἡμῶν Ἰησοῦς κατευθύναι τὴν ὁδὸν ἡμῶν πρὸς ὑμᾶς· 12 ὑμᾶς δὲ ὁ κύριος πλεονάσαι καὶ περισσεύσαι τῇ ἀγάπῃ εἰς ἀλλήλους καὶ εἰς πάντας καθάπερ καὶ ἡμεῖς εἰς ὑμᾶς, 13 εἰς τὸ στηρίξαι ὑμῶν τὰς καρδίας ἀμέμπτους ἐν ἁγιωσύνῃ ἔμπροσθεν τοῦ θεοῦ καὶ πατρὸς ἡμῶν ἐν τῇ παρουσίᾳ τοῦ κυρίου ἡμῶν Ἰησοῦ μετὰ πάντων τῶν ἁγίων αὐτοῦ[, ἀμήν].[2]

A Life Pleasing to God

4 Λοιπὸν οὖν, ἀδελφοί, ἐρωτῶμεν ὑμᾶς καὶ παρακαλοῦμεν ἐν κυρίῳ Ἰησοῦ, ἵνα καθὼς παρελάβετε παρ᾽ ἡμῶν τὸ πῶς δεῖ ὑμᾶς περιπατεῖν καὶ ἀρέσκειν θεῷ, καθὼς καὶ περιπατεῖτε[1], ἵνα περισσεύητε μᾶλλον. 2 οἴδατε γὰρ τίνας παραγγελίας ἐδώκαμεν ὑμῖν διὰ τοῦ κυρίου Ἰησοῦ.

---

[2]13 {C} αὐτοῦ, ἀμήν. 01* 02 06* 81 lat[vl-pt, vg] co[bo] ∥ αὐτοῦ. 01[2] 03 06[2] 012 0150 0278 6 33 256 263 365 1175 1573 1739 1881 1962 2127 2464 Byz lat[vl-pt] sy cpa co[sa, bo-mss] eth[pp] Tertullian Basil Chrysostom

[1]1 {A} καθὼς καὶ περιπατεῖτε 01 02 03 06* 012 0278 33 81 256 263 365 1962 2127 2464[vid] lat (sy[h]) (cpa) co eth ∥ omit 06[2] 0150 1175 Byz sy[p] Chrysostom

3 Τοῦτο γάρ ἐστιν θέλημα τοῦ θεοῦ, ὁ ἁγιασμὸς ὑμῶν, ἀπέχεσθαι ὑμᾶς ἀπὸ τῆς πορνείας, 4 εἰδέναι ἕκαστον ὑμῶν τὸ ἑαυτοῦ σκεῦος κτᾶσθαι ἐν ἁγιασμῷ καὶ τιμῇ, 5 μὴ ἐν πάθει ἐπιθυμίας καθάπερ καὶ τὰ ἔθνη τὰ μὴ εἰδότα τὸν θεόν, 6 τὸ μὴ ὑπερβαίνειν καὶ πλεονεκτεῖν ἐν τῷ πράγματι τὸν ἀδελφὸν αὐτοῦ, διότι ἔκδικος κύριος περὶ πάντων τούτων, καθὼς καὶ προείπαμεν ὑμῖν καὶ διεμαρτυράμεθα. 7 οὐ γὰρ ἐκάλεσεν ἡμᾶς ὁ θεὸς ἐπὶ ἀκαθαρσίᾳ ἀλλ' ἐν ἁγιασμῷ. 8 τοιγαροῦν ὁ ἀθετῶν οὐκ ἄνθρωπον ἀθετεῖ ἀλλὰ τὸν θεὸν τὸν [καὶ] διδόντα τὸ πνεῦμα αὐτοῦ τὸ ἅγιον εἰς ὑμᾶς.

9 Περὶ δὲ τῆς φιλαδελφίας οὐ χρείαν ἔχετε γράφειν ὑμῖν, αὐτοὶ γὰρ ὑμεῖς θεοδίδακτοί ἐστε εἰς τὸ ἀγαπᾶν ἀλλήλους, 10 καὶ γὰρ ποιεῖτε αὐτὸ εἰς πάντας τοὺς ἀδελφοὺς τοὺς ἐν ὅλῃ τῇ Μακεδονίᾳ. παρακαλοῦμεν δὲ ὑμᾶς, ἀδελφοί, περισσεύειν μᾶλλον 11 καὶ φιλοτιμεῖσθαι ἡσυχάζειν καὶ πράσσειν τὰ ἴδια καὶ ἐργάζεσθαι ταῖς [ἰδίαις] χερσὶν ὑμῶν, καθὼς ὑμῖν παρηγγείλαμεν, 12 ἵνα περιπατῆτε εὐσχημόνως πρὸς τοὺς ἔξω καὶ μηδενὸς χρείαν ἔχητε.

The Lord's Coming

13 Οὐ θέλομεν δὲ ὑμᾶς ἀγνοεῖν, ἀδελφοί, περὶ τῶν κοιμωμένων[2], ἵνα μὴ λυπῆσθε καθὼς καὶ οἱ λοιποὶ οἱ μὴ ἔχοντες ἐλπίδα. 14 εἰ γὰρ πιστεύομεν ὅτι Ἰησοῦς ἀπέθανεν καὶ ἀνέστη, οὕτως καὶ ὁ θεὸς τοὺς κοιμηθέντας διὰ τοῦ Ἰησοῦ ἄξει σὺν αὐτῷ. 15 Τοῦτο γὰρ ὑμῖν λέγομεν ἐν λόγῳ κυρίου, ὅτι ἡμεῖς οἱ ζῶντες οἱ περιλειπόμενοι εἰς τὴν παρουσίαν τοῦ κυρίου οὐ μὴ φθάσωμεν τοὺς κοιμηθέντας· 16 ὅτι αὐτὸς ὁ κύριος ἐν κελεύσματι, ἐν φωνῇ ἀρχαγγέλου καὶ ἐν σάλπιγγι θεοῦ, καταβήσεται ἀπ' οὐρανοῦ καὶ οἱ νεκροὶ ἐν Χριστῷ ἀναστήσονται πρῶτον, 17 ἔπειτα ἡμεῖς οἱ ζῶντες οἱ περιλειπόμενοι ἅμα σὺν αὐτοῖς ἁρπαγησόμεθα ἐν νεφέλαις εἰς ἀπάντησιν τοῦ κυρίου εἰς ἀέρα· καὶ οὕτως πάντοτε σὺν κυρίῳ ἐσόμεθα. 18 ὥστε παρακαλεῖτε ἀλλήλους ἐν τοῖς λόγοις τούτοις.

---

[2]**13** {B} κοιμωμένων 01 02 03 0278 33 81 1175 1739 lat Origen ∥ κεκοιμημένων 06 (012) 365 1881 2464 *Byz*

5 Περὶ δὲ τῶν χρόνων καὶ τῶν καιρῶν, ἀδελφοί, οὐ χρείαν ἔχετε ὑμῖν γράφεσθαι, 2 αὐτοὶ γὰρ ἀκριβῶς οἴδατε ὅτι ἡμέρα κυρίου ὡς κλέπτης ἐν νυκτὶ οὕτως ἔρχεται. 3 ὅταν¹ λέγωσιν· εἰρήνη καὶ ἀσφάλεια, τότε αἰφνίδιος αὐτοῖς ἐφίσταται ὄλεθρος ὥσπερ ἡ ὠδὶν τῇ ἐν γαστρὶ ἐχούσῃ, καὶ οὐ μὴ ἐκφύγωσιν. 4 ὑμεῖς δέ, ἀδελφοί, οὐκ ἐστὲ ἐν σκότει, ἵνα ἡ ἡμέρα ὑμᾶς ὡς κλέπτης² καταλάβῃ· 5 πάντες γὰρ ὑμεῖς υἱοὶ φωτός ἐστε καὶ υἱοὶ ἡμέρας. οὐκ ἐσμὲν νυκτὸς οὐδὲ σκότους· 6 ἄρα οὖν μὴ καθεύδωμεν ὡς οἱ λοιποὶ ἀλλὰ γρηγορῶμεν καὶ νήφωμεν. 7 οἱ γὰρ καθεύδοντες νυκτὸς καθεύδουσιν καὶ οἱ μεθυσκόμενοι νυκτὸς μεθύουσιν· 8 ἡμεῖς δὲ ἡμέρας ὄντες νήφωμεν ἐνδυσάμενοι θώρακα πίστεως καὶ ἀγάπης καὶ περικεφαλαίαν ἐλπίδα σωτηρίας· 9 ὅτι οὐκ ἔθετο ἡμᾶς ὁ θεὸς εἰς ὀργὴν ἀλλ' εἰς περιποίησιν σωτηρίας διὰ τοῦ κυρίου ἡμῶν Ἰησοῦ Χριστοῦ 10 τοῦ ἀποθανόντος ὑπὲρ ἡμῶν, ἵνα εἴτε γρηγορῶμεν εἴτε καθεύδωμεν ἅμα σὺν αὐτῷ ζήσωμεν. 11 διὸ παρακαλεῖτε ἀλλήλους καὶ οἰκοδομεῖτε εἰς τὸν ἕνα, καθὼς καὶ ποιεῖτε.

Final Exhortations and Greetings

12 Ἐρωτῶμεν δὲ ὑμᾶς, ἀδελφοί, εἰδέναι τοὺς κοπιῶντας ἐν ὑμῖν καὶ προϊσταμένους ὑμῶν ἐν κυρίῳ καὶ νουθετοῦντας ὑμᾶς 13 καὶ ἡγεῖσθαι αὐτοὺς ὑπερεκπερισσοῦ ἐν ἀγάπῃ διὰ τὸ ἔργον αὐτῶν. εἰρηνεύετε ἐν ἑαυτοῖς. 14 παρακαλοῦμεν δὲ ὑμᾶς, ἀδελφοί, νουθετεῖτε τοὺς ἀτάκτους, παραμυθεῖσθε τοὺς ὀλιγοψύχους, ἀντέχεσθε τῶν ἀσθενῶν, μακροθυμεῖτε πρὸς πάντας. 15 ὁρᾶτε μή τις κακὸν ἀντὶ κακοῦ τινι ἀποδῷ, ἀλλὰ πάντοτε τὸ ἀγαθὸν διώκετε [καὶ] εἰς ἀλλήλους καὶ εἰς πάντας.

16   πάντοτε χαίρετε,
17   ἀδιαλείπτως προσεύχεσθε,
18   ἐν παντὶ εὐχαριστεῖτε· τοῦτο γὰρ θέλημα θεοῦ
     ἐν Χριστῷ Ἰησοῦ εἰς ὑμᾶς.

---

¹3 {C} ὅταν 01* 02 012 33 lat[vl-pt] sy[p] Irenaeus[lat] // ὅταν δέ 01² 03 06 6 1739 1881 2464 sy[h] // ὅταν γάρ 025 0278 81 365 1175 Byz lat[vl-pt, vg]

²4 {A} κλέπτης 01 06 012 025 0150 6 33 81 256 263 365 1175 1573 1739 1881 1962 2127 2464 Byz lat sy co[sa, bo-pt] eth Origen[lat] Chrysostom // κλέπτας 02 03 co[bo-pt]

19 τὸ πνεῦμα μὴ σβέννυτε,
20 προφητείας μὴ ἐξουθενεῖτε,
21 πάντα δὲ δοκιμάζετε, τὸ καλὸν κατέχετε,
22 ἀπὸ παντὸς εἴδους πονηροῦ ἀπέχεσθε.

23 Αὐτὸς δὲ ὁ θεὸς τῆς εἰρήνης ἁγιάσαι ὑμᾶς ὁλοτελεῖς, καὶ ὁλόκληρον ὑμῶν τὸ πνεῦμα καὶ ἡ ψυχὴ καὶ τὸ σῶμα ἀμέμπτως ἐν τῇ παρουσίᾳ τοῦ κυρίου ἡμῶν Ἰησοῦ Χριστοῦ τηρηθείη. **24** πιστὸς ὁ καλῶν ὑμᾶς, ὃς καὶ ποιήσει.

25 Ἀδελφοί, προσεύχεσθε [καὶ]³ περὶ ἡμῶν.

26 Ἀσπάσασθε τοὺς ἀδελφοὺς πάντας ἐν φιλήματι ἁγίῳ. **27** ἐνορκίζω ὑμᾶς τὸν κύριον ἀναγνωσθῆναι τὴν ἐπιστολὴν πᾶσιν τοῖς ἀδελφοῖς⁴.

28 Ἡ χάρις τοῦ κυρίου ἡμῶν Ἰησοῦ Χριστοῦ μεθ' ὑμῶν.⁵

---

³**25** {C} καὶ 𝔓³⁰ 03 06* 0278 6 33 81 1739 1881 2464 lat^(vl-pt) sy^h cpa co^sa Chrysostom ∥ omit 01 02 06¹ 012 016^vid 025 0150 256 263 365 1175 1573 1962 2127 Byz lat^(vl-pt, vg) sy^p co^bo eth

⁴**27** {B} ἀδελφοῖς 01* 03 06 012 0278 lat^(vl-pt) co^sa ∥ ἁγίοις ἀδελφοῖς 𝔓^46vid 01² 02 025 0150 6 33 81 256 263 365 1175 1573 1739 1881 1962 2127 Byz lat^(vl-pt, vg) sy cpa co^bo (eth) Chrysostom

⁵**28** {B} ὑμῶν. 03 06* 012 0278 6 33 1739* 1881 lat^(vl-pt, vg-ms) cpa co^sa ∥ ὑμῶν· ἀμήν. 01 02 06¹ 025 0150 81 256 263 365 1175 1573 1739^c 1962 2127 2464 Byz lat^(vl-pt, vg) sy co^bo eth Chrysostom

ΠΡΟΣ ΘΕΣΣΑΛΟΝΙΚΕΙΣ Β'

Salutation

1 Παῦλος καὶ Σιλουανὸς καὶ Τιμόθεος τῇ ἐκκλησίᾳ Θεσσαλονικέων ἐν θεῷ πατρὶ ἡμῶν καὶ κυρίῳ Ἰησοῦ Χριστῷ, 2 χάρις ὑμῖν καὶ εἰρήνη ἀπὸ θεοῦ πατρὸς ἡμῶν καὶ κυρίου[1] Ἰησοῦ Χριστοῦ.

The Judgment at Christ's Coming

3 Εὐχαριστεῖν ὀφείλομεν τῷ θεῷ πάντοτε περὶ ὑμῶν, ἀδελφοί, καθὼς ἄξιόν ἐστιν, ὅτι ὑπεραυξάνει ἡ πίστις ὑμῶν καὶ πλεονάζει ἡ ἀγάπη ἑνὸς ἑκάστου πάντων ὑμῶν εἰς ἀλλήλους, 4 ὥστε αὐτοὺς ἡμᾶς ἐν ὑμῖν ἐγκαυχᾶσθαι ἐν ταῖς ἐκκλησίαις τοῦ θεοῦ ὑπὲρ τῆς ὑπομονῆς ὑμῶν καὶ πίστεως ἐν πᾶσιν τοῖς διωγμοῖς ὑμῶν καὶ ταῖς θλίψεσιν αἷς ἀνέχεσθε, 5 ἔνδειγμα τῆς δικαίας κρίσεως τοῦ θεοῦ εἰς τὸ καταξιωθῆναι ὑμᾶς τῆς βασιλείας τοῦ θεοῦ, ὑπὲρ ἧς καὶ πάσχετε, 6 εἴπερ δίκαιον παρὰ θεῷ ἀνταποδοῦναι τοῖς θλίβουσιν ὑμᾶς θλῖψιν 7 καὶ ὑμῖν τοῖς θλιβομένοις ἄνεσιν μεθ' ἡμῶν, ἐν τῇ ἀποκαλύψει τοῦ κυρίου Ἰησοῦ ἀπ' οὐρανοῦ μετ' ἀγγέλων δυνάμεως αὐτοῦ 8 ἐν πυρὶ φλογός, διδόντος ἐκδίκησιν τοῖς μὴ εἰδόσιν θεὸν καὶ τοῖς μὴ ὑπακούουσιν τῷ εὐαγγελίῳ τοῦ κυρίου ἡμῶν Ἰησοῦ, 9 οἵτινες δίκην τίσουσιν ὄλεθρον αἰώνιον ἀπὸ προσώπου τοῦ κυρίου καὶ ἀπὸ τῆς δόξης τῆς ἰσχύος αὐτοῦ, 10 ὅταν ἔλθῃ ἐνδοξασθῆναι ἐν τοῖς ἁγίοις αὐτοῦ καὶ θαυμασθῆναι ἐν πᾶσιν τοῖς πιστεύσασιν, ὅτι ἐπιστεύθη τὸ μαρτύριον ἡμῶν ἐφ' ὑμᾶς, ἐν τῇ ἡμέρᾳ ἐκείνῃ. 11 εἰς ὃ καὶ προσευχόμεθα πάντοτε περὶ ὑμῶν, ἵνα ὑμᾶς ἀξιώσῃ τῆς κλήσεως ὁ θεὸς ἡμῶν καὶ πληρώσῃ πᾶσαν εὐδοκίαν ἀγαθωσύνης καὶ ἔργον πίστεως ἐν δυνάμει, 12 ὅπως ἐνδοξασθῇ τὸ

---

[1]2 {C} πατρὸς ἡμῶν καὶ κυρίου 01 02 012 016 0150 0278 6 81 256 263 365 1175 1573 1962 2127 2464 *Byz* lat[vl-pt, vg] sy co[sa-mss] Origen[lat] Chrysostom // πατρὸς καὶ κυρίου 03 06 025 0111[vid] 33 1739 1881 lat[vl-pt] (co[sa-ms, bo]) // πατρὸς καὶ κυρίου ἡμῶν cpa co[sa-mss, bo-pt] eth

ὄνομα τοῦ κυρίου ἡμῶν Ἰησοῦ ἐν ὑμῖν, καὶ ὑμεῖς ἐν αὐτῷ, κατὰ τὴν χάριν τοῦ θεοῦ ἡμῶν καὶ κυρίου Ἰησοῦ Χριστοῦ.

The Man of Lawlessness

2 Ἐρωτῶμεν δὲ ὑμᾶς, ἀδελφοί, ὑπὲρ τῆς παρουσίας τοῦ κυρίου ἡμῶν Ἰησοῦ Χριστοῦ καὶ ἡμῶν ἐπισυναγωγῆς ἐπ' αὐτὸν 2 εἰς τὸ μὴ ταχέως σαλευθῆναι ὑμᾶς ἀπὸ τοῦ νοὸς μηδὲ θροεῖσθαι, μήτε διὰ πνεύματος μήτε διὰ λόγου μήτε δι' ἐπιστολῆς ὡς δι' ἡμῶν, ὡς ὅτι ἐνέστηκεν ἡ ἡμέρα τοῦ κυρίου¹·
3 Μή τις ὑμᾶς ἐξαπατήσῃ κατὰ μηδένα τρόπον. ὅτι ἐὰν μὴ ἔλθῃ ἡ ἀποστασία πρῶτον καὶ ἀποκαλυφθῇ ὁ ἄνθρωπος τῆς ἀνομίας², ὁ υἱὸς τῆς ἀπωλείας, 4 ὁ ἀντικείμενος καὶ ὑπεραιρόμενος ἐπὶ πάντα λεγόμενον θεὸν ἢ σέβασμα, ὥστε αὐτὸν εἰς τὸν ναὸν τοῦ θεοῦ καθίσαι³ ἀποδεικνύντα ἑαυτὸν ὅτι ἐστὶν θεός. 5 οὐ μνημονεύετε ὅτι ἔτι ὢν πρὸς ὑμᾶς ταῦτα ἔλεγον ὑμῖν; 6 καὶ νῦν τὸ κατέχον οἴδατε εἰς τὸ ἀποκαλυφθῆναι αὐτὸν ἐν τῷ ἑαυτοῦ καιρῷ. 7 τὸ γὰρ μυστήριον ἤδη ἐνεργεῖται τῆς ἀνομίας· μόνον ὁ κατέχων ἄρτι ἕως ἐκ μέσου γένηται. 8 καὶ τότε ἀποκαλυφθήσεται ὁ ἄνομος, ὃν ὁ κύριος Ἰησοῦς⁴ ἀνελεῖ τῷ πνεύματι τοῦ στόματος αὐτοῦ καὶ καταργήσει τῇ ἐπιφανείᾳ τῆς παρουσίας αὐτοῦ, 9 οὗ ἐστιν ἡ παρουσία κατ' ἐνέργειαν τοῦ σατανᾶ ἐν πάσῃ δυνάμει καὶ σημείοις καὶ τέρασιν ψεύδους 10 καὶ ἐν πάσῃ ἀπάτῃ ἀδικίας τοῖς ἀπολλυμένοις, ἀνθ' ὧν τὴν

---

¹ 2 {B} τοῦ κυρίου 01 02 03 06* 012 020 025 0278 6 81 365 1739 1881 2464 lat sy co Origen ∥ τοῦ Χριστοῦ 06² 1175 *Byz* ∥ τοῦ κυρίου Ἰησοῦ 33

² 3 {B} ἀνομίας 01 03 0278 6 81 256 263 365 1573 1739 1881 2127 2464 lat^{vl-pt} co eth Marcion^{acc. to Tertullian} Origen^{pt} Cyril-Jerusalem ∥ ἁμαρτίας 02 06 012 025 0150 1175 1962 *Byz* lat^{vl-pt, vg} sy Irenaeus^{lat} Tertullian Hippolytus Origen^{gr-pt, lat} Eusebius Chrysostom

³ 4 {B} καθίσαι 01 02 03 06* 025 6 33 81 256 263 365 1573 1739 1881 1962 2127 2464 lat^{vl-pt, vg} co eth Marcion^{acc. to Tertullian} Irenaeus^{gr} Tertullian Hippolytus Origen^{gr, lat} Eusebius Cyril-Jerusalem Cyril^{pt} ∥ ὡς θεὸν καθίσαι 06² 012^c 0150 0278 1175 *Byz* lat^{vl-pt} sy^{p, h with *} Irenaeus^{arm} Chrysostom Cyril^{pt} ∥ ἵνα θεὸν καθίσαι (012*) lat^{vl-pt}

⁴ 8 {C} Ἰησοῦς 01 02 06* 012 020^c 025 0150 0278 33 81 256 365 1573 1962 2127 2464 lat sy co^{sa, bo} eth Irenaeus^{lat} Tertullian Hippolytus Origen^{gr-pt, lat} Athanasius Cyril-Jerusalem Chrysostom ∥ *omit* 03 06² 020* 6 263 1175 1739 1881 *Byz* co^{bo-ms} Irenaeus^{gr}

ἀγάπην τῆς ἀληθείας οὐκ ἐδέξαντο εἰς τὸ σωθῆναι αὐτούς. **11** καὶ διὰ τοῦτο πέμπει αὐτοῖς ὁ θεὸς ἐνέργειαν πλάνης εἰς τὸ πιστεῦσαι αὐτοὺς τῷ ψεύδει, **12** ἵνα κριθῶσιν πάντες οἱ μὴ πιστεύσαντες τῇ ἀληθείᾳ ἀλλ' εὐδοκήσαντες τῇ ἀδικίᾳ.

Chosen for Salvation

13 Ἡμεῖς δὲ ὀφείλομεν εὐχαριστεῖν τῷ θεῷ πάντοτε περὶ ὑμῶν, ἀδελφοὶ ἠγαπημένοι ὑπὸ κυρίου, ὅτι εἵλατο ὑμᾶς ὁ θεὸς ἀπαρχὴν[5] εἰς σωτηρίαν ἐν ἁγιασμῷ πνεύματος καὶ πίστει ἀληθείας, **14** εἰς ὃ [καὶ] ἐκάλεσεν ὑμᾶς διὰ τοῦ εὐαγγελίου ἡμῶν εἰς περιποίησιν δόξης τοῦ κυρίου ἡμῶν Ἰησοῦ Χριστοῦ.

15 Ἄρα οὖν, ἀδελφοί, στήκετε καὶ κρατεῖτε τὰς παραδόσεις ἃς ἐδιδάχθητε εἴτε διὰ λόγου εἴτε δι' ἐπιστολῆς ἡμῶν. **16** αὐτὸς δὲ ὁ κύριος ἡμῶν Ἰησοῦς Χριστὸς καὶ ὁ θεὸς ὁ πατὴρ ἡμῶν ὁ ἀγαπήσας ἡμᾶς καὶ δοὺς παράκλησιν αἰωνίαν καὶ ἐλπίδα ἀγαθὴν ἐν χάριτι, **17** παρακαλέσαι ὑμῶν τὰς καρδίας καὶ στηρίξαι ἐν παντὶ ἔργῳ καὶ λόγῳ ἀγαθῷ.

Pray for Us

3 Τὸ λοιπὸν προσεύχεσθε, ἀδελφοί, περὶ ἡμῶν, ἵνα ὁ λόγος τοῦ κυρίου τρέχῃ καὶ δοξάζηται καθὼς καὶ πρὸς ὑμᾶς, **2** καὶ ἵνα ῥυσθῶμεν ἀπὸ τῶν ἀτόπων καὶ πονηρῶν ἀνθρώπων· οὐ γὰρ πάντων ἡ πίστις. **3** πιστὸς δέ ἐστιν ὁ κύριος, ὃς στηρίξει ὑμᾶς καὶ φυλάξει ἀπὸ τοῦ πονηροῦ. **4** πεποίθαμεν δὲ ἐν κυρίῳ ἐφ' ὑμᾶς, ὅτι ἃ παραγγέλλομεν καὶ ποιεῖτε καὶ ποιήσετε. **5** ὁ δὲ κύριος κατευθύναι ὑμῶν τὰς καρδίας εἰς τὴν ἀγάπην τοῦ θεοῦ καὶ εἰς τὴν ὑπομονὴν τοῦ Χριστοῦ.

Warning against Idleness

6 Παραγγέλλομεν δὲ ὑμῖν, ἀδελφοί, ἐν ὀνόματι τοῦ κυρίου ἡμῶν Ἰησοῦ Χριστοῦ στέλλεσθαι ὑμᾶς ἀπὸ παντὸς ἀδελφοῦ ἀτάκτως περιπατοῦντος καὶ μὴ κατὰ τὴν παράδοσιν ἣν

---

[5] **13** {B} ἀπαρχήν 03 012 025 0278 33 81 256 365 1573 1739 1881 2127 2464 lat[vl-pt, vg] sy[h] co[bo] ∥ ἀπ' ἀρχῆς 01 06 0150 6 263 1175 1962 *Byz* lat[vl-pt] sy[p] co[sa] eth Chrysostom

παρελάβοσαν¹ παρ' ἡμῶν. 7 αὐτοὶ γὰρ οἴδατε πῶς δεῖ μιμεῖσθαι ἡμᾶς, ὅτι οὐκ ἠτακτήσαμεν ἐν ὑμῖν 8 οὐδὲ δωρεὰν ἄρτον ἐφάγομεν παρά τινος, ἀλλ' ἐν κόπῳ καὶ μόχθῳ νυκτὸς καὶ ἡμέρας ἐργαζόμενοι πρὸς τὸ μὴ ἐπιβαρῆσαί τινα ὑμῶν· 9 οὐχ ὅτι οὐκ ἔχομεν ἐξουσίαν, ἀλλ' ἵνα ἑαυτοὺς τύπον δῶμεν ὑμῖν εἰς τὸ μιμεῖσθαι ἡμᾶς. 10 καὶ γὰρ ὅτε ἦμεν πρὸς ὑμᾶς, τοῦτο παρηγγέλλομεν ὑμῖν, ὅτι εἴ τις οὐ θέλει ἐργάζεσθαι μηδὲ ἐσθιέτω. 11 ἀκούομεν γάρ τινας περιπατοῦντας ἐν ὑμῖν ἀτάκτως μηδὲν ἐργαζομένους ἀλλὰ περιεργαζομένους· 12 τοῖς δὲ τοιούτοις παραγγέλλομεν καὶ παρακαλοῦμεν ἐν κυρίῳ Ἰησοῦ Χριστῷ, ἵνα μετὰ ἡσυχίας ἐργαζόμενοι τὸν ἑαυτῶν ἄρτον ἐσθίωσιν. 13 ὑμεῖς δέ, ἀδελφοί, μὴ ἐγκακήσητε καλοποιοῦντες.

14 Εἰ δέ τις οὐχ ὑπακούει τῷ λόγῳ ἡμῶν διὰ τῆς ἐπιστολῆς, τοῦτον σημειοῦσθε μὴ συναναμίγνυσθαι αὐτῷ, ἵνα ἐντραπῇ· 15 καὶ μὴ ὡς ἐχθρὸν ἡγεῖσθε, ἀλλὰ νουθετεῖτε ὡς ἀδελφόν.

Benediction

16 Αὐτὸς δὲ ὁ κύριος τῆς εἰρήνης δῴη ὑμῖν τὴν εἰρήνην διὰ παντὸς ἐν παντὶ τρόπῳ. ὁ κύριος μετὰ πάντων ὑμῶν.

17 Ὁ ἀσπασμὸς τῇ ἐμῇ χειρὶ Παύλου, ὅ ἐστιν σημεῖον ἐν πάσῃ ἐπιστολῇ· οὕτως γράφω. 18 ἡ χάρις τοῦ κυρίου ἡμῶν Ἰησοῦ Χριστοῦ μετὰ πάντων ὑμῶν.²

---

[1] 6 {B} παρελάβοσαν 01* 02 (06* ἐλάβοσαν) 0278 33 Basil^{mss} ∥ παρέλαβον 01² 06¹ 025 0150 6 81 256 263 365 1175 1573 1739 1881 2127 *Byz* Basil Chrysostom (*or* παρελάβοσαν: lat$^{vl-pt, vg}$ sy^p co^{sa-ms}) ∥ παρέλαβεν 1962 *TR* ∥ παρελάβετε 03 012 2464 lat^{vl-pt} sy^h co^{sa-mss} Basil^{mss}

[2] 18 {B} ὑμῶν. 01* 03 0278 6 33 1739 1881* 2464 lat$^{vl-pt, vg-mss}$ co$^{sa, bo-mss}$ Athanasius ∥ ὑμῶν· ἀμήν. 01² 02 06 012 025 0150 81 256 263 365 1175 1573 1881^c 1962 2127 *Byz* lat$^{vl-pt, vg}$ sy co^{bo} eth Chrysostom

ΠΡΟΣ ΕΒΡΑΙΟΥΣ

God Has Spoken by His Son

1 Πολυμερῶς καὶ πολυτρόπως πάλαι ὁ θεὸς λαλήσας τοῖς πατράσιν ἐν τοῖς προφήταις 2 ἐπ' ἐσχάτου τῶν ἡμερῶν τούτων ἐλάλησεν ἡμῖν ἐν υἱῷ, ὃν ἔθηκεν κληρονόμον πάντων, δι' οὗ καὶ ἐποίησεν τοὺς αἰῶνας·

3 Ὃς ὢν ἀπαύγασμα τῆς δόξης καὶ χαρακτὴρ τῆς ὑποστάσεως αὐτοῦ,
    φέρων τε τὰ πάντα τῷ ῥήματι τῆς δυνάμεως αὐτοῦ,
    καθαρισμὸν[1] τῶν ἁμαρτιῶν ποιησάμενος
    ἐκάθισεν ἐν δεξιᾷ τῆς μεγαλωσύνης ἐν ὑψηλοῖς,
4   τοσούτῳ κρείττων γενόμενος τῶν ἀγγέλων
    ὅσῳ διαφορώτερον παρ' αὐτοὺς κεκληρονόμηκεν
    ὄνομα.

The Son Superior to Angels

5 Τίνι γὰρ εἶπέν ποτε τῶν ἀγγέλων·
    υἱός μου εἶ σύ,   *Ps 2.7*
    ἐγὼ σήμερον γεγέννηκά σε;
καὶ πάλιν·
    ἐγὼ ἔσομαι αὐτῷ εἰς πατέρα,   *2Sm 7.14;*
    καὶ αὐτὸς ἔσται μοι εἰς υἱόν;   *1Chr 17.13*
6 ὅταν δὲ πάλιν εἰσαγάγῃ τὸν πρωτότοκον εἰς τὴν οἰκουμένην, λέγει·
    καὶ προσκυνησάτωσαν αὐτῷ πάντες ἄγγελοι θεοῦ.   *Dt 32.43;*
7 καὶ πρὸς μὲν τοὺς ἀγγέλους λέγει·   *Ps 97.7 LXX*
    ὁ ποιῶν τοὺς ἀγγέλους αὐτοῦ πνεύματα   *Ps 104.4*
    καὶ τοὺς λειτουργοὺς αὐτοῦ πυρὸς φλόγα,

---

[1]**3** {B} τῆς δυνάμεως αὐτοῦ, καθαρισμόν 01 02 03 06¹ 015* 025 0150 33 81 1175 1962 2464 lat^{vl-pt, vg} cpa Cyril // τῆς δυνάμεως, δι' ἑαυτοῦ καθαρισμόν (𝔓⁴⁶ αὐτοῦ) 0243 6 1739 1881* // τῆς δυνάμεως αὐτοῦ, δι' ἑαυτοῦ (*or* αὐτοῦ *or* αὐτοῦ) καθαρισμόν 06*,² 015ᶜ 0278 256 263 365 1573 1881ᶜ 2127 *Byz* lat^{vl-pt} sy co (eth) Chrysostom

8 πρὸς δὲ τὸν υἱόν·

ὁ θρόνος σου ὁ θεὸς εἰς τὸν αἰῶνα τοῦ αἰῶνος,
καὶ ἡ ῥάβδος τῆς εὐθύτητος ῥάβδος τῆς βασιλείας σου².

9 ἠγάπησας δικαιοσύνην καὶ ἐμίσησας ἀνομίαν·
διὰ τοῦτο ἔχρισέν σε ὁ θεὸς ὁ θεός σου
ἔλαιον ἀγαλλιάσεως παρὰ τοὺς μετόχους σου.

10 καί·

σὺ κατ' ἀρχάς, κύριε, τὴν γῆν ἐθεμελίωσας,
καὶ ἔργα τῶν χειρῶν σού εἰσιν οἱ οὐρανοί·

11 αὐτοὶ ἀπολοῦνται, σὺ δὲ διαμένεις,
καὶ πάντες ὡς ἱμάτιον παλαιωθήσονται,

12 καὶ ὡσεὶ περιβόλαιον ἑλίξεις αὐτούς,
ὡς ἱμάτιον καὶ³ ἀλλαγήσονται·
σὺ δὲ ὁ αὐτὸς εἶ καὶ τὰ ἔτη σου οὐκ ἐκλείψουσιν.

13 πρὸς τίνα δὲ τῶν ἀγγέλων εἴρηκέν ποτε·

κάθου ἐκ δεξιῶν μου,
ἕως ἂν θῶ τοὺς ἐχθρούς σου ὑποπόδιον τῶν ποδῶν σου;

14 οὐχὶ πάντες εἰσὶν λειτουργικὰ πνεύματα εἰς διακονίαν ἀποστελλόμενα διὰ τοὺς μέλλοντας κληρονομεῖν σωτηρίαν;

The Great Salvation

2 Διὰ τοῦτο δεῖ περισσοτέρως προσέχειν ἡμᾶς τοῖς ἀκουσθεῖσιν, μήποτε παραρυῶμεν. **2** εἰ γὰρ ὁ δι' ἀγγέλων λαληθεὶς λόγος ἐγένετο βέβαιος καὶ πᾶσα παράβασις καὶ παρακοὴ ἔλαβεν ἔνδικον μισθαποδοσίαν, **3** πῶς ἡμεῖς ἐκφευξόμεθα τηλικαύτης ἀμελήσαντες σωτηρίας, ἥτις ἀρχὴν λαβοῦσα λαλεῖσθαι διὰ τοῦ κυρίου ὑπὸ τῶν ἀκουσάντων εἰς ἡμᾶς ἐβεβαιώθη, **4** συνεπιμαρτυροῦντος τοῦ θεοῦ σημείοις τε καὶ τέρασιν καὶ ποικίλαις δυνάμεσιν καὶ πνεύματος ἁγίου μερισμοῖς κατὰ τὴν αὐτοῦ θέλησιν;

---

²**8** {B} σου (see Ps 45.7) 02 06 025 0150 0243 0278 6 33 81 256 263 365 1175 1739 1881 1962 2127 2464 Byz lat sy cpa^(ms) co eth Gregory-Nyssa Chrysostom Cyril ∥ αὐτοῦ 𝔓⁴⁶ 01 03 ∥ omit 1573 cpa^(ms)

³**12** {B} ὡς ἱμάτιον καί 𝔓⁴⁶ 01 02 03 (06* omit καί) 1739 (lat^(vl-pt)) (cpa^(ms)) co^(fa) ∥ καί (see Ps 101.27 LXX) 06¹ 025 0150 0243 0278 6 33 81 256 263 365 1175 1573 1881 1962 2127 2464 Byz lat^(vl-pt, vg) sy (cpa^(ms)) co^(sa, bo) eth Athanasius Chrysostom Cyril

The Pioneer of Salvation

5 Οὐ γὰρ ἀγγέλοις ὑπέταξεν τὴν οἰκουμένην τὴν μέλλουσαν, περὶ ἧς λαλοῦμεν. 6 διεμαρτύρατο δέ πού τις λέγων·

τί ἐστιν ἄνθρωπος ὅτι μιμνῄσκῃ αὐτοῦ,   Ps 8.4-6 LXX
ἢ υἱὸς ἀνθρώπου ὅτι ἐπισκέπτῃ αὐτόν;
7   *ἠλάττωσας αὐτὸν βραχύ τι παρ᾽ ἀγγέλους,*
    δόξῃ καὶ τιμῇ ἐστεφάνωσας αὐτόν[1],
8   *πάντα ὑπέταξας ὑποκάτω τῶν ποδῶν αὐτοῦ.*

ἐν τῷ γὰρ ὑποτάξαι αὐτῷ τὰ πάντα οὐδὲν ἀφῆκεν αὐτῷ ἀνυπότακτον. νῦν δὲ οὔπω ὁρῶμεν αὐτῷ τὰ πάντα ὑποτεταγμένα· 9 τὸν δὲ βραχύ τι παρ᾽ ἀγγέλους ἠλαττωμένον βλέπομεν Ἰησοῦν διὰ τὸ πάθημα τοῦ θανάτου δόξῃ καὶ τιμῇ ἐστεφανωμένον, ὅπως χάριτι θεοῦ[2] ὑπὲρ παντὸς γεύσηται θανάτου.

10 Ἔπρεπεν γὰρ αὐτῷ, δι᾽ ὃν τὰ πάντα καὶ δι᾽ οὗ τὰ πάντα, πολλοὺς υἱοὺς εἰς δόξαν ἀγαγόντα τὸν ἀρχηγὸν τῆς σωτηρίας αὐτῶν διὰ παθημάτων τελειῶσαι. 11 ὅ τε γὰρ ἁγιάζων καὶ οἱ ἁγιαζόμενοι ἐξ ἑνὸς πάντες· δι᾽ ἣν αἰτίαν οὐκ ἐπαισχύνεται ἀδελφοὺς αὐτοὺς καλεῖν 12 λέγων·

ἀπαγγελῶ τὸ ὄνομά σου τοῖς ἀδελφοῖς μου,   Ps 22.22
ἐν μέσῳ ἐκκλησίας ὑμνήσω σε,
13 καὶ πάλιν·
ἐγὼ ἔσομαι πεποιθὼς ἐπ᾽ αὐτῷ,   Is 8.17; 12.2 LXX
καὶ πάλιν·
ἰδοὺ ἐγὼ καὶ τὰ παιδία ἅ μοι ἔδωκεν ὁ θεός.   Is 8.18

14 ἐπεὶ οὖν τὰ παιδία κεκοινώνηκεν αἵματος καὶ σαρκός, καὶ αὐτὸς παραπλησίως μετέσχεν τῶν αὐτῶν, ἵνα διὰ τοῦ θανάτου καταργήσῃ τὸν τὸ κράτος ἔχοντα τοῦ θανάτου, τοῦτ᾽ ἔστιν τὸν διάβολον, 15 καὶ ἀπαλλάξῃ τούτους, ὅσοι φόβῳ θανάτου διὰ

---

[1]7 {B} αὐτόν 𝔓46 03 06² 1175 Byz Lect^pt // αὐτόν, καὶ κατέστησας αὐτὸν ἐπὶ τὰ ἔργα τῶν χειρῶν σου (see Ps 8.7 LXX) 01 02 04 06* 025 0150 0243 0278 6 33 81 256 263 365 1573 1739 1881 1962 2127 2464 TR Lect^pt lat (sy^p, h with *) co eth Chrysostom

[2]9 {A} χάριτι θεοῦ 𝔓46 01 02 03 04 06 025 0150 0278 6 33 81 256 263 365 1175 1573 1739^v. r.-vid 1881 1962 2127 2464 Byz lat sy cpa co eth mss^acc. to Origen Origen^gr-txt Athanasius Chrysostom Cyril // χωρὶς θεοῦ 0243 1739^txt Origen^gr-v. r., lat mss^acc. to Origen

παντὸς τοῦ ζῆν ἔνοχοι ἦσαν δουλείας. **16** οὐ γὰρ δήπου ἀγγέλων ἐπιλαμβάνεται ἀλλὰ σπέρματος Ἀβραὰμ ἐπιλαμβάνεται. **17** ὅθεν ὤφειλεν κατὰ πάντα τοῖς ἀδελφοῖς ὁμοιωθῆναι, ἵνα ἐλεήμων γένηται καὶ πιστὸς ἀρχιερεὺς τὰ πρὸς τὸν θεὸν εἰς τὸ ἱλάσκεσθαι τὰς ἁμαρτίας τοῦ λαοῦ. **18** ἐν ᾧ γὰρ πέπονθεν αὐτὸς πειρασθείς, δύναται τοῖς πειραζομένοις βοηθῆσαι.

Jesus Superior to Moses

3 Ὅθεν, ἀδελφοὶ ἅγιοι, κλήσεως ἐπουρανίου μέτοχοι, κατανοήσατε τὸν ἀπόστολον καὶ ἀρχιερέα τῆς ὁμολογίας ἡμῶν Ἰησοῦν, **2** πιστὸν ὄντα τῷ ποιήσαντι αὐτὸν ὡς καὶ Μωϋσῆς ἐν ὅλῳ τῷ οἴκῳ αὐτοῦ. **3** πλείονος γὰρ οὗτος δόξης παρὰ Μωϋσῆν ἠξίωται, καθ᾽ ὅσον πλείονα τιμὴν ἔχει τοῦ οἴκου ὁ κατασκευάσας αὐτόν· **4** πᾶς γὰρ οἶκος κατασκευάζεται ὑπό τινος, ὁ δὲ πάντα κατασκευάσας θεός. **5** καὶ *Μωϋσῆς* μὲν *πιστὸς ἐν ὅλῳ τῷ οἴκῳ αὐτοῦ ὡς θεράπων* εἰς μαρτύριον τῶν λαληθησομένων, **6** Χριστὸς δὲ ὡς υἱὸς ἐπὶ τὸν οἶκον αὐτοῦ· οὗ οἶκός ἐσμεν ἡμεῖς, ἐάν[περ] τὴν παρρησίαν καὶ τὸ καύχημα τῆς ἐλπίδος κατάσχωμεν¹.

Nu 12.7 LXX

A Rest for the People of God

7 Διό, καθὼς λέγει τὸ πνεῦμα τὸ ἅγιον·

Ps 95.7-11

σήμερον ἐὰν τῆς φωνῆς αὐτοῦ ἀκούσητε,

8 *μὴ σκληρύνητε τὰς καρδίας ὑμῶν ὡς ἐν τῷ παραπικρασμῷ*

κατὰ τὴν ἡμέραν τοῦ πειρασμοῦ ἐν τῇ ἐρήμῳ,

9 *οὗ ἐπείρασαν οἱ πατέρες ὑμῶν ἐν δοκιμασίᾳ²*

καὶ εἶδον τὰ ἔργα μου **10** *τεσσεράκοντα ἔτη·*

---

¹**6** {B} κατάσχωμεν 𝔓¹³ 𝔓⁴⁶ 03 co^(sa) ∥ μέχρι τέλους βεβαίαν κατάσχωμεν (see 3.14) 01 02 04 06 025 0150 0243 0278 6 33 81 256 263 365 1573 1739 1881 (1962 βεβαίως) 2127 2464 *Byz* lat sy^((p), h) cpa co^(bo) eth Chrysostom

²**9** {C} οὗ ἐπείρασαν οἱ πατέρες ὑμῶν ἐν δοκιμασίᾳ 𝔓¹³ 𝔓⁴⁶ 01* 02 03 04 06* 33 co^(sa) ∥ οὗ ἐπείρασάν με οἱ πατέρες ὑμῶν ἐν δοκιμασίᾳ 025 0243 81 365 1739 1881 lat^(vl-pt) co^(bo) ∥ οὗ ἐπείρασάν με οἱ πατέρες ὑμῶν ἐδοκίμασάν με 01² 06² 0278 2464 *Byz* lat^(vl-pt) (sy^p) ∥ οὗ ἐπείρασάν με οἱ πατέρες ὑμῶν ἐδοκίμασάν lat^(vl-pt, vg)

> διὸ προσώχθισα τῇ γενεᾷ ταύτῃ
> καὶ εἶπον· ἀεὶ πλανῶνται τῇ καρδίᾳ,
> αὐτοὶ δὲ οὐκ ἔγνωσαν τὰς ὁδούς μου,
> 11   ὡς ὤμοσα ἐν τῇ ὀργῇ μου·
> εἰ εἰσελεύσονται εἰς τὴν κατάπαυσίν μου.

12 βλέπετε, ἀδελφοί, μήποτε ἔσται ἔν τινι ὑμῶν καρδία πονηρὰ ἀπιστίας ἐν τῷ ἀποστῆναι ἀπὸ θεοῦ ζῶντος, **13** ἀλλὰ παρακαλεῖτε ἑαυτοὺς καθ᾽ ἑκάστην ἡμέραν, ἄχρις οὗ τὸ σήμερον καλεῖται, ἵνα μὴ σκληρυνθῇ τις ἐξ ὑμῶν ἀπάτῃ τῆς ἁμαρτίας – **14** μέτοχοι γὰρ τοῦ Χριστοῦ γεγόναμεν, ἐάνπερ τὴν ἀρχὴν τῆς ὑποστάσεως μέχρι τέλους βεβαίαν κατάσχωμεν – **15** ἐν τῷ λέγεσθαι·

> σήμερον ἐὰν τῆς φωνῆς αὐτοῦ ἀκούσητε,   Ps 95.7-8
> μὴ σκληρύνητε τὰς καρδίας ὑμῶν ὡς ἐν
> τῷ παραπικρασμῷ.

16 τίνες γὰρ ἀκούσαντες παρεπίκραναν; ἀλλ᾽ οὐ πάντες οἱ ἐξελθόντες ἐξ Αἰγύπτου διὰ Μωϋσέως; **17** τίσιν δὲ προσώχθισεν τεσσεράκοντα ἔτη; οὐχὶ τοῖς ἁμαρτήσασιν, ὧν τὰ κῶλα ἔπεσεν ἐν τῇ ἐρήμῳ; **18** τίσιν δὲ ὤμοσεν μὴ εἰσελεύσεσθαι εἰς τὴν κατάπαυσιν αὐτοῦ εἰ μὴ τοῖς ἀπειθήσασιν; **19** καὶ βλέπομεν ὅτι οὐκ ἠδυνήθησαν εἰσελθεῖν δι᾽ ἀπιστίαν.

4 Φοβηθῶμεν οὖν, μήποτε καταλειπομένης ἐπαγγελίας εἰσελθεῖν εἰς τὴν κατάπαυσιν αὐτοῦ δοκῇ τις ἐξ ὑμῶν ὑστερηκέναι. **2** καὶ γάρ ἐσμεν εὐηγγελισμένοι καθάπερ κἀκεῖνοι· ἀλλ᾽ οὐκ ὠφέλησεν ὁ λόγος τῆς ἀκοῆς ἐκείνους μὴ συγκεκερασμένους[1] τῇ πίστει τοῖς ἀκούσασιν. **3** εἰσερχόμεθα γὰρ εἰς τὴν κατάπαυσιν οἱ πιστεύσαντες, καθὼς εἴρηκεν·

> ὡς ὤμοσα ἐν τῇ ὀργῇ μου·   Ps 95.11
> εἰ εἰσελεύσονται εἰς τὴν κατάπαυσίν μου,

καίτοι τῶν ἔργων ἀπὸ καταβολῆς κόσμου γενηθέντων. **4** εἴρηκεν γάρ που περὶ τῆς ἑβδόμης οὕτως· *καὶ κατέπαυσεν ὁ θεὸς*   Gn 2.2

---

[1]**2** {B} συγκεκερασμένους 𝔓[13vid] 𝔓[46] 02 03 04 06 025 0150 0243 0278 6 33 81 256 263 365 1573 1739 1881 1962 2127 2464 *Byz* lat[vl-pt, vg] sy[h] cpa co[sa-mss] eth Cyril[pt] // συγκεκραμένης lat[vl-pt, vg-mss] Chrysostom // συγκεκερασμένος 01 *TR* lat[vl-pt] sy[p] co[sa-mss] Cyril[pt]

ἐν τῇ ἡμέρᾳ τῇ ἑβδόμῃ ἀπὸ πάντων τῶν ἔργων αὐτοῦ, 5 καὶ ἐν τούτῳ πάλιν· εἰ εἰσελεύσονται εἰς τὴν κατάπαυσίν μου. 6 ἐπεὶ οὖν ἀπολείπεται τινὰς εἰσελθεῖν εἰς αὐτήν, καὶ οἱ πρότερον εὐαγγελισθέντες οὐκ εἰσῆλθον δι᾽ ἀπείθειαν, 7 πάλιν τινὰ ὁρίζει ἡμέραν, σήμερον, ἐν Δαυὶδ λέγων μετὰ τοσοῦτον χρόνον, καθὼς προείρηται·

σήμερον ἐὰν τῆς φωνῆς αὐτοῦ ἀκούσητε,
μὴ σκληρύνητε τὰς καρδίας ὑμῶν.

8 εἰ γὰρ αὐτοὺς Ἰησοῦς κατέπαυσεν, οὐκ ἂν περὶ ἄλλης ἐλάλει μετὰ ταῦτα ἡμέρας. 9 ἄρα ἀπολείπεται σαββατισμὸς τῷ λαῷ τοῦ θεοῦ. 10 ὁ γὰρ εἰσελθὼν εἰς τὴν κατάπαυσιν αὐτοῦ καὶ αὐτὸς κατέπαυσεν ἀπὸ τῶν ἔργων αὐτοῦ ὥσπερ ἀπὸ τῶν ἰδίων ὁ θεός. 11 σπουδάσωμεν οὖν εἰσελθεῖν εἰς ἐκείνην τὴν κατάπαυσιν, ἵνα μὴ ἐν τῷ αὐτῷ τις ὑποδείγματι πέσῃ τῆς ἀπειθείας. 12 ζῶν γὰρ ὁ λόγος τοῦ θεοῦ καὶ ἐνεργὴς καὶ τομώτερος ὑπὲρ πᾶσαν μάχαιραν δίστομον καὶ διϊκνούμενος ἄχρι μερισμοῦ ψυχῆς καὶ πνεύματος, ἁρμῶν τε καὶ μυελῶν, καὶ κριτικὸς ἐνθυμήσεων καὶ ἐννοιῶν καρδίας· 13 καὶ οὐκ ἔστιν κτίσις ἀφανὴς ἐνώπιον αὐτοῦ, πάντα δὲ γυμνὰ καὶ τετραχηλισμένα τοῖς ὀφθαλμοῖς αὐτοῦ, πρὸς ὃν ἡμῖν ὁ λόγος.

Jesus the Great High Priest

14 Ἔχοντες οὖν ἀρχιερέα μέγαν διεληλυθότα τοὺς οὐρανούς, Ἰησοῦν τὸν υἱὸν τοῦ θεοῦ, κρατῶμεν τῆς ὁμολογίας. 15 οὐ γὰρ ἔχομεν ἀρχιερέα μὴ δυνάμενον συμπαθῆσαι ταῖς ἀσθενείαις ἡμῶν, πεπειρασμένον δὲ κατὰ πάντα καθ᾽ ὁμοιότητα χωρὶς ἁμαρτίας. 16 προσερχώμεθα οὖν μετὰ παρρησίας τῷ θρόνῳ τῆς χάριτος, ἵνα λάβωμεν ἔλεος καὶ χάριν εὕρωμεν εἰς εὔκαιρον βοήθειαν.

5 Πᾶς γὰρ ἀρχιερεὺς ἐξ ἀνθρώπων λαμβανόμενος ὑπὲρ ἀνθρώπων καθίσταται τὰ πρὸς τὸν θεόν, ἵνα προσφέρῃ δῶρά τε καὶ θυσίας ὑπὲρ ἁμαρτιῶν, 2 μετριοπαθεῖν δυνάμενος τοῖς ἀγνοοῦσιν καὶ πλανωμένοις, ἐπεὶ καὶ αὐτὸς περίκειται ἀσθένειαν 3 καὶ δι᾽ αὐτὴν ὀφείλει, καθὼς περὶ τοῦ λαοῦ, οὕτως καὶ περὶ αὐτοῦ προσφέρειν περὶ ἁμαρτιῶν. 4 καὶ οὐχ ἑαυτῷ τις λαμβάνει τὴν τιμὴν ἀλλὰ καλούμενος ὑπὸ τοῦ θεοῦ καθώσπερ καὶ Ἀαρών.

5 Οὕτως καὶ ὁ Χριστὸς οὐχ ἑαυτὸν ἐδόξασεν γενηθῆναι ἀρχιερέα ἀλλ᾽ ὁ λαλήσας πρὸς αὐτόν·

υἱός μου εἶ σύ, ἐγὼ σήμερον γεγέννηκά σε· Ps 2.7

6 καθὼς καὶ ἐν ἑτέρῳ λέγει·

σὺ ἱερεὺς εἰς τὸν αἰῶνα κατὰ τὴν τάξιν Μελχισέδεκ, Ps 110.4

7 ὃς ἐν ταῖς ἡμέραις τῆς σαρκὸς αὐτοῦ δεήσεις τε καὶ ἱκετηρίας πρὸς τὸν δυνάμενον σῴζειν αὐτὸν ἐκ θανάτου μετὰ κραυγῆς ἰσχυρᾶς καὶ δακρύων προσενέγκας καὶ εἰσακουσθεὶς ἀπὸ τῆς εὐλαβείας, **8** καίπερ ὢν υἱός, ἔμαθεν ἀφ᾽ ὧν ἔπαθεν τὴν ὑπακοήν, **9** καὶ τελειωθεὶς ἐγένετο πᾶσιν τοῖς ὑπακούουσιν αὐτῷ αἴτιος σωτηρίας αἰωνίου, **10** προσαγορευθεὶς ὑπὸ τοῦ θεοῦ ἀρχιερεὺς κατὰ τὴν τάξιν Μελχισέδεκ.

Warning Against Falling Away

11 Περὶ οὗ πολὺς ἡμῖν ὁ λόγος καὶ δυσερμήνευτος λέγειν, ἐπεὶ νωθροὶ γεγόνατε ταῖς ἀκοαῖς. **12** καὶ γὰρ ὀφείλοντες εἶναι διδάσκαλοι διὰ τὸν χρόνον, πάλιν χρείαν ἔχετε τοῦ διδάσκειν ὑμᾶς τίνα[1] τὰ στοιχεῖα τῆς ἀρχῆς τῶν λογίων τοῦ θεοῦ καὶ γεγόνατε χρείαν ἔχοντες γάλακτος [καὶ] οὐ στερεᾶς τροφῆς. **13** πᾶς γὰρ ὁ μετέχων γάλακτος ἄπειρος λόγου δικαιοσύνης, νήπιος γάρ ἐστιν· **14** τελείων δέ ἐστιν ἡ στερεὰ τροφή, τῶν διὰ τὴν ἕξιν τὰ αἰσθητήρια γεγυμνασμένα ἐχόντων πρὸς διάκρισιν καλοῦ τε καὶ κακοῦ.

6 Διὸ ἀφέντες τὸν τῆς ἀρχῆς τοῦ Χριστοῦ λόγον ἐπὶ τὴν τελειότητα φερώμεθα, μὴ πάλιν θεμέλιον καταβαλλόμενοι μετανοίας ἀπὸ νεκρῶν ἔργων καὶ πίστεως ἐπὶ θεόν, **2** βαπτισμῶν διδαχῆς ἐπιθέσεώς τε χειρῶν, ἀναστάσεώς τε νεκρῶν καὶ κρίματος αἰωνίου. **3** καὶ τοῦτο ποιήσομεν[1], ἐάνπερ ἐπιτρέπῃ ὁ θεός.

---

[1] **12** {C} τίνα 03² 06² 0150 0278 256 263 365 1573 1962 2127 2464 *Byz* lat co^(sa-mss, bo) (eth) Clement Origen^(gr, lat) Chrysostom Cyril // τινά 81 co^(sa-ms) // τινα *without accent* 𝔓⁴⁶ 01 02 03* 04 06* 025 33 // *omit* 6 1739 1881

[1] **3** {B} ποιήσομεν 𝔓⁴⁶ 01 03 016 018 020 0278 6 33 256 1573 1739 1881 2127 *Byz*^pt *TR Lect*^pt lat co^(sa-mss, bo, fa) eth // ποιήσωμεν 02 04 06 025 0150 81 263 365 1962 2464 *Byz*^pt *Lect*^pt

4 Ἀδύνατον γὰρ τοὺς ἅπαξ φωτισθέντας, γευσαμένους τε τῆς δωρεᾶς τῆς ἐπουρανίου καὶ μετόχους γενηθέντας πνεύματος ἁγίου 5 καὶ καλὸν γευσαμένους θεοῦ ῥῆμα δυνάμεις τε μέλλοντος αἰῶνος 6 καὶ παραπεσόντας, πάλιν ἀνακαινίζειν εἰς μετάνοιαν, ἀνασταυροῦντας ἑαυτοῖς τὸν υἱὸν τοῦ θεοῦ καὶ παραδειγματίζοντας. 7 γῆ γὰρ ἡ πιοῦσα τὸν ἐπ᾽ αὐτῆς ἐρχόμενον πολλάκις ὑετὸν καὶ τίκτουσα βοτάνην εὔθετον ἐκείνοις δι᾽ οὓς καὶ γεωργεῖται, μεταλαμβάνει εὐλογίας ἀπὸ τοῦ θεοῦ· 8 ἐκφέρουσα δὲ ἀκάνθας καὶ τριβόλους, ἀδόκιμος καὶ κατάρας ἐγγύς, ἧς τὸ τέλος εἰς καῦσιν.

9 Πεπείσμεθα δὲ περὶ ὑμῶν, ἀγαπητοί, τὰ κρείσσονα καὶ ἐχόμενα σωτηρίας, εἰ καὶ οὕτως λαλοῦμεν. 10 οὐ γὰρ ἄδικος ὁ θεὸς ἐπιλαθέσθαι τοῦ ἔργου ὑμῶν καὶ τῆς ἀγάπης ἧς ἐνεδείξασθε εἰς τὸ ὄνομα αὐτοῦ, διακονήσαντες τοῖς ἁγίοις καὶ διακονοῦντες. 11 ἐπιθυμοῦμεν δὲ ἕκαστον ὑμῶν τὴν αὐτὴν ἐνδείκνυσθαι σπουδὴν πρὸς τὴν πληροφορίαν τῆς ἐλπίδος ἄχρι τέλους, 12 ἵνα μὴ νωθροὶ γένησθε, μιμηταὶ δὲ τῶν διὰ πίστεως καὶ μακροθυμίας κληρονομούντων τὰς ἐπαγγελίας.

God's Sure Promise

13 Τῷ γὰρ Ἀβραὰμ ἐπαγγειλάμενος ὁ θεός, ἐπεὶ κατ᾽ οὐδενὸς εἶχεν μείζονος ὀμόσαι, ὤμοσεν καθ᾽ ἑαυτοῦ 14 λέγων·

εἰ μὴν εὐλογῶν εὐλογήσω σε καὶ πληθύνων πληθυνῶ σε·

15 καὶ οὕτως μακροθυμήσας ἐπέτυχεν τῆς ἐπαγγελίας. 16 ἄνθρωποι γὰρ κατὰ τοῦ μείζονος ὀμνύουσιν, καὶ πάσης αὐτοῖς ἀντιλογίας πέρας εἰς βεβαίωσιν ὁ ὅρκος· 17 ἐν ᾧ περισσότερον βουλόμενος ὁ θεὸς ἐπιδεῖξαι τοῖς κληρονόμοις τῆς ἐπαγγελίας τὸ ἀμετάθετον τῆς βουλῆς αὐτοῦ ἐμεσίτευσεν ὅρκῳ, 18 ἵνα διὰ δύο πραγμάτων ἀμεταθέτων, ἐν οἷς ἀδύνατον ψεύσασθαι [τὸν] θεόν, ἰσχυρὰν παράκλησιν ἔχωμεν οἱ καταφυγόντες κρατῆσαι τῆς προκειμένης ἐλπίδος· 19 ἣν ὡς ἄγκυραν ἔχομεν τῆς ψυχῆς ἀσφαλῆ τε καὶ βεβαίαν καὶ εἰσερχομένην εἰς τὸ ἐσώτερον τοῦ καταπετάσματος, 20 ὅπου πρόδρομος ὑπὲρ ἡμῶν εἰσῆλθεν Ἰησοῦς, κατὰ τὴν τάξιν Μελχισέδεκ ἀρχιερεὺς γενόμενος εἰς τὸν αἰῶνα.

The Priestly Order of Melchizedek

7 Οὗτος γὰρ ὁ *Μελχισέδεκ, βασιλεὺς Σαλήμ, ἱερεὺς τοῦ θεοῦ τοῦ ὑψίστου, ὁ συναντήσας Ἀβραὰμ ὑποστρέφοντι ἀπὸ τῆς κοπῆς τῶν βασιλέων καὶ εὐλογήσας αὐτόν,* 2 ᾧ *καὶ δεκάτην ἀπὸ πάντων ἐμέρισεν Ἀβραάμ,* πρῶτον μὲν ἑρμηνευόμενος βασιλεὺς δικαιοσύνης ἔπειτα δὲ καὶ *βασιλεὺς Σαλήμ,* ὅ ἐστιν βασιλεὺς εἰρήνης, 3 ἀπάτωρ ἀμήτωρ ἀγενεαλόγητος, μήτε ἀρχὴν ἡμερῶν μήτε ζωῆς τέλος ἔχων, ἀφωμοιωμένος δὲ τῷ υἱῷ τοῦ θεοῦ, μένει ἱερεὺς εἰς τὸ διηνεκές.

4 Θεωρεῖτε δὲ πηλίκος οὗτος, ᾧ [καὶ] δεκάτην Ἀβραὰμ ἔδωκεν ἐκ τῶν ἀκροθινίων ὁ πατριάρχης. 5 καὶ οἱ μὲν ἐκ τῶν υἱῶν Λευὶ τὴν ἱερατείαν λαμβάνοντες ἐντολὴν ἔχουσιν ἀποδεκατοῦν τὸν λαὸν κατὰ τὸν νόμον, τοῦτ' ἔστιν τοὺς ἀδελφοὺς αὐτῶν, καίπερ ἐξεληλυθότας ἐκ τῆς ὀσφύος Ἀβραάμ· 6 ὁ δὲ μὴ γενεαλογούμενος ἐξ αὐτῶν δεδεκάτωκεν Ἀβραὰμ καὶ τὸν ἔχοντα τὰς ἐπαγγελίας εὐλόγηκεν. 7 χωρὶς δὲ πάσης ἀντιλογίας τὸ ἔλαττον ὑπὸ τοῦ κρείττονος εὐλογεῖται. 8 καὶ ὧδε μὲν δεκάτας ἀποθνῄσκοντες ἄνθρωποι λαμβάνουσιν, ἐκεῖ δὲ μαρτυρούμενος ὅτι ζῇ. 9 καὶ ὡς ἔπος εἰπεῖν, δι' Ἀβραὰμ καὶ Λευὶ ὁ δεκάτας λαμβάνων δεδεκάτωται· 10 ἔτι γὰρ ἐν τῇ ὀσφύϊ τοῦ πατρὸς ἦν ὅτε συνήντησεν αὐτῷ Μελχισέδεκ.

11 Εἰ μὲν οὖν τελείωσις διὰ τῆς Λευιτικῆς ἱερωσύνης ἦν, ὁ λαὸς γὰρ ἐπ' αὐτῆς νενομοθέτηται, τίς ἔτι χρεία κατὰ τὴν τάξιν Μελχισέδεκ ἕτερον ἀνίστασθαι ἱερέα καὶ οὐ κατὰ τὴν τάξιν Ἀαρὼν λέγεσθαι; 12 μετατιθεμένης γὰρ τῆς ἱερωσύνης ἐξ ἀνάγκης καὶ νόμου μετάθεσις γίνεται. 13 ἐφ' ὃν γὰρ λέγεται ταῦτα, φυλῆς ἑτέρας μετέσχηκεν, ἀφ' ἧς οὐδεὶς προσέσχηκεν τῷ θυσιαστηρίῳ· 14 πρόδηλον γὰρ ὅτι ἐξ Ἰούδα ἀνατέταλκεν ὁ κύριος ἡμῶν, εἰς ἣν φυλὴν περὶ ἱερέων οὐδὲν Μωϋσῆς ἐλάλησεν. 15 καὶ περισσότερον ἔτι κατάδηλόν ἐστιν, εἰ κατὰ τὴν ὁμοιότητα Μελχισέδεκ ἀνίσταται ἱερεὺς ἕτερος, 16 ὃς οὐ κατὰ νόμον ἐντολῆς σαρκίνης γέγονεν ἀλλὰ κατὰ δύναμιν ζωῆς ἀκαταλύτου. 17 μαρτυρεῖται[1] γὰρ ὅτι

σὺ ἱερεὺς εἰς τὸν αἰῶνα κατὰ τὴν τάξιν Μελχισέδεκ.

---

[1] 17 {B} μαρτυρεῖται 𝔓⁴⁶ 01 02 03 06* 025 0278 6 33 365 1739 1881 2464 lat co ∥ μαρτυρεῖ 04 06² 1175 Byz sy

18 ἀθέτησις μὲν γὰρ γίνεται προαγούσης ἐντολῆς διὰ τὸ αὐτῆς ἀσθενὲς καὶ ἀνωφελές – **19** οὐδὲν γὰρ ἐτελείωσεν ὁ νόμος – ἐπεισαγωγὴ δὲ κρείττονος ἐλπίδος δι' ἧς ἐγγίζομεν τῷ θεῷ.

20 Καὶ καθ' ὅσον οὐ χωρὶς ὁρκωμοσίας· οἱ μὲν γὰρ χωρὶς ὁρκωμοσίας εἰσὶν ἱερεῖς γεγονότες, **21** ὁ δὲ μετὰ ὁρκωμοσίας διὰ τοῦ λέγοντος πρὸς αὐτόν·

Ps 110.4   *ὤμοσεν κύριος καὶ οὐ μεταμεληθήσεται·*
       *σὺ ἱερεὺς εἰς τὸν αἰῶνα*².

22 κατὰ τοσοῦτο [καὶ] κρείττονος διαθήκης γέγονεν ἔγγυος Ἰησοῦς. **23** καὶ οἱ μὲν πλείονές εἰσιν γεγονότες ἱερεῖς διὰ τὸ θανάτῳ κωλύεσθαι παραμένειν· **24** ὁ δὲ διὰ τὸ μένειν αὐτὸν εἰς τὸν αἰῶνα ἀπαράβατον ἔχει τὴν ἱερωσύνην· **25** ὅθεν καὶ σῴζειν εἰς τὸ παντελὲς δύναται τοὺς προσερχομένους δι' αὐτοῦ τῷ θεῷ, πάντοτε ζῶν εἰς τὸ ἐντυγχάνειν ὑπὲρ αὐτῶν.

26 Τοιοῦτος γὰρ ἡμῖν καὶ ἔπρεπεν ἀρχιερεύς, ὅσιος ἄκακος ἀμίαντος, κεχωρισμένος ἀπὸ τῶν ἁμαρτωλῶν καὶ ὑψηλότερος τῶν οὐρανῶν γενόμενος, **27** ὃς οὐκ ἔχει καθ' ἡμέραν ἀνάγκην, ὥσπερ οἱ ἀρχιερεῖς, πρότερον ὑπὲρ τῶν ἰδίων ἁμαρτιῶν θυσίας ἀναφέρειν ἔπειτα τῶν τοῦ λαοῦ· τοῦτο γὰρ ἐποίησεν ἐφάπαξ ἑαυτὸν ἀνενέγκας. **28** ὁ νόμος γὰρ ἀνθρώπους καθίστησιν ἀρχιερεῖς ἔχοντας ἀσθένειαν, ὁ λόγος δὲ τῆς ὁρκωμοσίας τῆς μετὰ τὸν νόμον υἱὸν εἰς τὸν αἰῶνα τετελειωμένον.

The High Priest of a Better Covenant

8 Κεφάλαιον δὲ ἐπὶ τοῖς λεγομένοις, τοιοῦτον ἔχομεν ἀρχιερέα, ὃς ἐκάθισεν ἐν δεξιᾷ τοῦ θρόνου τῆς μεγαλωσύνης ἐν τοῖς οὐρανοῖς, **2** τῶν ἁγίων λειτουργὸς καὶ τῆς σκηνῆς τῆς ἀληθινῆς, ἣν ἔπηξεν ὁ κύριος, οὐκ ἄνθρωπος. **3** πᾶς γὰρ ἀρχιερεὺς εἰς τὸ προσφέρειν δῶρά τε καὶ θυσίας καθίσταται· ὅθεν ἀναγκαῖον ἔχειν τι καὶ τοῦτον ὃ προσενέγκῃ. **4** εἰ μὲν οὖν ἦν

---

²**21** {B} εἰς τὸν αἰῶνα 𝔓⁴⁶ 03 04 0150 0278 33 81 2464 lat^(vl-pt, vg) cpa co^(sa, bo-pt) ⫽ εἰς τὸν αἰῶνα κατὰ τὴν τάξιν Μελχισέδεκ (*see* 7.17; Ps 110.4) 01² 02 06 025 6 256 263 365 1175 1573 1739 1881 1962 2127 *Byz* lat^(vl-pt) sy co^(bo-pt) eth Eusebius Chrysostom ⫽ *omit* 01*

ἐπὶ γῆς, οὐδ᾿ ἂν ἦν ἱερεύς, ὄντων τῶν προσφερόντων¹ κατὰ νόμον τὰ δῶρα· 5 οἵτινες ὑποδείγματι καὶ σκιᾷ λατρεύουσιν τῶν ἐπουρανίων, καθὼς κεχρημάτισται Μωϋσῆς μέλλων ἐπιτελεῖν τὴν σκηνήν· *ὅρα γάρ φησιν, ποιήσεις πάντα κατὰ τὸν τύπον τὸν δειχθέντα σοι ἐν τῷ ὄρει·* 6 νυνὶ δὲ διαφορωτέρας τέτυχεν λειτουργίας, ὅσῳ καὶ κρείττονός ἐστιν διαθήκης μεσίτης, ἥτις ἐπὶ κρείττοσιν ἐπαγγελίαις νενομοθέτηται. *Ex 25.40*

7 Εἰ γὰρ ἡ πρώτη ἐκείνη ἦν ἄμεμπτος, οὐκ ἂν δευτέρας ἐζητεῖτο τόπος. 8 μεμφόμενος γὰρ αὐτοὺς² λέγει·

ἰδοὺ ἡμέραι ἔρχονται, λέγει κύριος, *Jr 31.31-34*
καὶ συντελέσω ἐπὶ τὸν οἶκον Ἰσραὴλ
καὶ ἐπὶ τὸν οἶκον Ἰούδα διαθήκην καινήν,
9 *οὐ κατὰ τὴν διαθήκην, ἣν ἐποίησα τοῖς πατράσιν αὐτῶν*
ἐν ἡμέρᾳ ἐπιλαβομένου μου τῆς χειρὸς αὐτῶν
ἐξαγαγεῖν αὐτοὺς ἐκ γῆς Αἰγύπτου,
ὅτι αὐτοὶ οὐκ ἐνέμειναν ἐν τῇ διαθήκῃ μου,
κἀγὼ ἠμέλησα αὐτῶν, λέγει κύριος·
10 *ὅτι αὕτη ἡ διαθήκη, ἣν διαθήσομαι τῷ οἴκῳ Ἰσραὴλ*
μετὰ τὰς ἡμέρας ἐκείνας, λέγει κύριος·
διδοὺς νόμους μου εἰς τὴν διάνοιαν αὐτῶν
καὶ ἐπὶ καρδίας αὐτῶν ἐπιγράψω αὐτούς,
καὶ ἔσομαι αὐτοῖς εἰς θεόν,
καὶ αὐτοὶ ἔσονταί μοι εἰς λαόν·
11 *καὶ οὐ μὴ διδάξωσιν ἕκαστος τὸν πολίτην³ αὐτοῦ*
καὶ ἕκαστος τὸν ἀδελφὸν αὐτοῦ λέγων· γνῶθι
τὸν κύριον,
ὅτι πάντες εἰδήσουσίν με
ἀπὸ μικροῦ ἕως μεγάλου αὐτῶν,

---

¹ 4 {B} ὄντων τῶν προσφερόντων 𝔓⁴⁶ 01 02 03 06* 025 6 33 81 365 1739 1881 2464 lat co // ὄντων τῶν ἱερέων τῶν προσφερόντων 06² 0278 1175 *Byz* sy
² 8 {C} αὐτούς 01* 02 06* 016 018 025 0150 33 81 256 263 365 1573 2127 2464 lat co eth Cyril // αὐτοῖς 𝔓⁴⁶ 01² 03 06² 0278 6 1739 1881 1962 *Byz* Chrysostom
³ 11 {A} πολίτην (*see* Jr 38.34 LXX) 𝔓⁴⁶ 01 02 03 06 0150 0278 6 33 256 263 1573 1739 1881 1962 2127 *Byz* lat^{vl-pt} sy co // πλησίον 025 81 365 2464 *TR* lat^{vl-pt, vg} sy^{hmg} eth Chrysostom Cyril

12 ὅτι ἵλεως ἔσομαι ταῖς ἀδικίαις αὐτῶν
καὶ τῶν ἁμαρτιῶν αὐτῶν[4] οὐ μὴ μνησθῶ ἔτι.
13 ἐν τῷ λέγειν καινὴν πεπαλαίωκεν τὴν πρώτην· τὸ δὲ παλαιούμενον καὶ γηράσκον ἐγγὺς ἀφανισμοῦ.

The Earthly and the Heavenly Sanctuaries

9 Εἶχεν μὲν οὖν [καὶ] ἡ πρώτη δικαιώματα λατρείας τό τε ἅγιον κοσμικόν. **2** σκηνὴ γὰρ κατεσκευάσθη ἡ πρώτη ἐν ᾗ ἥ τε λυχνία καὶ ἡ τράπεζα καὶ ἡ πρόθεσις τῶν ἄρτων, ἥτις λέγεται Ἅγια· **3** μετὰ δὲ τὸ δεύτερον καταπέτασμα σκηνὴ ἡ λεγομένη Ἅγια Ἁγίων, **4** χρυσοῦν ἔχουσα θυμιατήριον καὶ τὴν κιβωτὸν τῆς διαθήκης περικεκαλυμμένην πάντοθεν χρυσίῳ, ἐν ᾗ στάμνος χρυσῆ ἔχουσα τὸ μάννα καὶ ἡ ῥάβδος Ἀαρὼν ἡ βλαστήσασα καὶ αἱ πλάκες τῆς διαθήκης, **5** ὑπεράνω δὲ αὐτῆς Χερουβὶν δόξης κατασκιάζοντα τὸ ἱλαστήριον· περὶ ὧν οὐκ ἔστιν νῦν λέγειν κατὰ μέρος. **6** τούτων δὲ οὕτως κατεσκευασμένων εἰς μὲν τὴν πρώτην σκηνὴν διὰ παντὸς εἰσίασιν οἱ ἱερεῖς τὰς λατρείας ἐπιτελοῦντες, **7** εἰς δὲ τὴν δευτέραν ἅπαξ τοῦ ἐνιαυτοῦ μόνος ὁ ἀρχιερεύς, οὐ χωρὶς αἵματος ὃ προσφέρει ὑπὲρ ἑαυτοῦ καὶ τῶν τοῦ λαοῦ ἀγνοημάτων, **8** τοῦτο δηλοῦντος τοῦ πνεύματος τοῦ ἁγίου, μήπω πεφανερῶσθαι τὴν τῶν ἁγίων ὁδὸν ἔτι τῆς πρώτης σκηνῆς ἐχούσης στάσιν, **9** ἥτις παραβολὴ εἰς τὸν καιρὸν τὸν ἐνεστηκότα, καθ' ἣν δῶρά τε καὶ θυσίαι προσφέρονται μὴ δυνάμεναι κατὰ συνείδησιν τελειῶσαι τὸν λατρεύοντα, **10** μόνον ἐπὶ βρώμασιν καὶ πόμασιν καὶ διαφόροις βαπτισμοῖς, δικαιώματα σαρκὸς μέχρι καιροῦ διορθώσεως ἐπικείμενα.

11 Χριστὸς δὲ παραγενόμενος ἀρχιερεὺς τῶν γενομένων[1] ἀγαθῶν διὰ τῆς μείζονος καὶ τελειοτέρας σκηνῆς οὐ χειροποιήτου, τοῦτ' ἔστιν οὐ ταύτης τῆς κτίσεως, **12** οὐδὲ δι' αἵμα-

---

[4]**12** {B} ἁμαρτιῶν αὐτῶν 𝔓[46] 01* 03 81 1739 1881 lat[vl-pt, vg] sy[p] co ∥ ἁμαρτιῶν αὐτῶν καὶ τῶν ἀνομιῶν αὐτῶν 01[2] 02 06 025 0285[vid] 365 2464 Byz lat[vl-pt] sy[p] ∥ ἀνομιῶν αὐτῶν 0278 33 Cyril

[1]**11** {B} γενομένων 𝔓[46] 𝔓[130] 03 06* 1739 lat[vl-pt] sy[(p), h] (cpa) ∥ μελλόντων 01 02 06[2] 016[vid] 025 0150 0278 33 81 256 263 365 1573 1881 1962 2127 2464 Byz lat[vl-pt, vg] sy[hmg] co eth Origen[lat] Eusebius Cyril-Jerusalem Gregory-Nyssa Chrysostom Cyril

τος τράγων καὶ μόσχων διὰ δὲ τοῦ ἰδίου αἵματος εἰσῆλθεν ἐφάπαξ εἰς τὰ ἅγια αἰωνίαν λύτρωσιν εὑράμενος. **13** εἰ γὰρ τὸ αἷμα τράγων καὶ ταύρων καὶ σποδὸς δαμάλεως ῥαντίζουσα τοὺς κεκοινωμένους ἁγιάζει πρὸς τὴν τῆς σαρκὸς καθαρότητα, **14** πόσῳ μᾶλλον τὸ αἷμα τοῦ Χριστοῦ, ὃς διὰ πνεύματος αἰωνίου² ἑαυτὸν προσήνεγκεν ἄμωμον τῷ θεῷ, καθαριεῖ τὴν συνείδησιν ἡμῶν³ ἀπὸ νεκρῶν ἔργων εἰς τὸ λατρεύειν θεῷ ζῶντι.

15 Καὶ διὰ τοῦτο διαθήκης καινῆς μεσίτης ἐστίν, ὅπως θανάτου γενομένου εἰς ἀπολύτρωσιν τῶν ἐπὶ τῇ πρώτῃ διαθήκῃ παραβάσεων τὴν ἐπαγγελίαν λάβωσιν οἱ κεκλημένοι τῆς αἰωνίου κληρονομίας. **16** ὅπου γὰρ διαθήκη, θάνατον ἀνάγκη φέρεσθαι τοῦ διαθεμένου· **17** διαθήκη γὰρ ἐπὶ νεκροῖς βεβαία, ἐπεὶ μήποτε ἰσχύει ὅτε ζῇ ὁ διαθέμενος. **18** ὅθεν οὐδὲ ἡ πρώτη χωρὶς αἵματος ἐγκεκαίνισται· **19** λαληθείσης γὰρ πάσης ἐντολῆς κατὰ τὸν νόμον ὑπὸ Μωϋσέως παντὶ τῷ λαῷ, λαβὼν τὸ αἷμα τῶν μόσχων [καὶ τῶν τράγων] μετὰ ὕδατος καὶ ἐρίου κοκκίνου καὶ ὑσσώπου αὐτό τε τὸ βιβλίον καὶ πάντα τὸν λαὸν ἐρράντισεν **20** λέγων·

> *τοῦτο τὸ αἷμα τῆς διαθήκης ἧς ἐνετείλατο πρὸς ὑμᾶς ὁ θεός.*

Ex 24.8

21 καὶ τὴν σκηνὴν δὲ καὶ πάντα τὰ σκεύη τῆς λειτουργίας τῷ αἵματι ὁμοίως ἐρράντισεν. **22** καὶ σχεδὸν ἐν αἵματι πάντα καθαρίζεται κατὰ τὸν νόμον καὶ χωρὶς αἱματεκχυσίας οὐ γίνεται ἄφεσις.

Christ's Sacrifice Once for All

23 Ἀνάγκη οὖν τὰ μὲν ὑποδείγματα τῶν ἐν τοῖς οὐρανοῖς τούτοις καθαρίζεσθαι, αὐτὰ δὲ τὰ ἐπουράνια κρείττοσιν θυσίαις παρὰ ταύτας. **24** οὐ γὰρ εἰς χειροποίητα εἰσῆλθεν ἅγια Χριστός, ἀντίτυπα τῶν ἀληθινῶν, ἀλλ᾽ εἰς αὐτὸν τὸν οὐρανόν,

---

²**14** {A} αἰωνίου 𝔓¹⁷ᵛⁱᵈ 𝔓⁴⁶ 01* 02 03 06² 0150 0278 33 256 263 1573 1739 1881 2127 *Byz* lat^(vl-pt) sy cpa^(ms) eth Athanasius ∥ ἁγίου 01² 06* 025 81 365 1962 2464 lat^(vl-pt, vg) cpa^(ms) co^(sa-mss, bo, fa) Chrysostom Cyril

³**14** {C} ἡμῶν 02 06* 018 025 365 1739* lat^(vl-pt, vg-mss) sy^p co^(bo-pt) eth^TH Athanasius Cyril^pt ∥ ὑμῶν 01 06² 0150 0278 33 81 256 263 1573 1739^c 1881 1962 2127 2464 *Byz* lat^(vl-pt, vg) sy^h cpa co^(sa, bo-pt) eth^pp Athanasius^(mss) Chrysostom Cyril^pt

νῦν ἐμφανισθῆναι τῷ προσώπῳ τοῦ θεοῦ ὑπὲρ ἡμῶν· **25** οὐδ᾽ ἵνα πολλάκις προσφέρῃ ἑαυτόν, ὥσπερ ὁ ἀρχιερεὺς εἰσέρχεται εἰς τὰ ἅγια κατ᾽ ἐνιαυτὸν ἐν αἵματι ἀλλοτρίῳ, **26** ἐπεὶ ἔδει αὐτὸν πολλάκις παθεῖν ἀπὸ καταβολῆς κόσμου· νυνὶ δὲ ἅπαξ ἐπὶ συντελείᾳ τῶν αἰώνων εἰς ἀθέτησιν [τῆς] ἁμαρτίας διὰ τῆς θυσίας αὐτοῦ πεφανέρωται. **27** καὶ καθ᾽ ὅσον ἀπόκειται τοῖς ἀνθρώποις ἅπαξ ἀποθανεῖν, μετὰ δὲ τοῦτο κρίσις, **28** οὕτως καὶ ὁ Χριστὸς ἅπαξ προσενεχθεὶς εἰς τὸ πολλῶν ἀνενεγκεῖν ἁμαρτίας ἐκ δευτέρου χωρὶς ἁμαρτίας ὀφθήσεται τοῖς αὐτὸν ἀπεκδεχομένοις εἰς σωτηρίαν.

10 Σκιὰν γὰρ ἔχων ὁ νόμος τῶν μελλόντων ἀγαθῶν, οὐκ αὐτὴν τὴν εἰκόνα τῶν πραγμάτων, κατ᾽ ἐνιαυτὸν ταῖς αὐταῖς θυσίαις ἃς προσφέρουσιν εἰς τὸ διηνεκὲς οὐδέποτε δύναται τοὺς προσερχομένους τελειῶσαι· **2** ἐπεὶ οὐκ ἂν ἐπαύσαντο προσφερόμεναι διὰ τὸ μηδεμίαν ἔχειν ἔτι συνείδησιν ἁμαρτιῶν τοὺς λατρεύοντας ἅπαξ κεκαθαρισμένους; **3** ἀλλ᾽ ἐν αὐταῖς ἀνάμνησις ἁμαρτιῶν κατ᾽ ἐνιαυτόν· **4** ἀδύνατον γὰρ αἷμα ταύρων καὶ τράγων ἀφαιρεῖν ἁμαρτίας. **5** διὸ εἰσερχόμενος εἰς τὸν κόσμον λέγει·

Ps 40.6-8
θυσίαν καὶ προσφορὰν οὐκ ἠθέλησας,
σῶμα δὲ κατηρτίσω μοι·
6 *ὁλοκαυτώματα καὶ περὶ ἁμαρτίας οὐκ εὐδόκησας.*
7 *τότε εἶπον· ἰδοὺ ἥκω,*
ἐν κεφαλίδι βιβλίου γέγραπται περὶ ἐμοῦ,
τοῦ ποιῆσαι ὁ θεὸς τὸ θέλημά σου.

8 ἀνώτερον λέγων ὅτι

θυσίας καὶ προσφορὰς καὶ ὁλοκαυτώματα καὶ περὶ
ἁμαρτίας
οὐκ ἠθέλησας οὐδὲ εὐδόκησας,

αἵτινες κατὰ νόμον προσφέρονται, **9** τότε εἴρηκεν· *ἰδοὺ ἥκω τοῦ ποιῆσαι*[1] *τὸ θέλημά σου*. ἀναιρεῖ τὸ πρῶτον ἵνα τὸ δεύτερον στήσῃ, **10** ἐν ᾧ θελήματι ἡγιασμένοι ἐσμὲν διὰ τῆς προσφορᾶς τοῦ σώματος Ἰησοῦ Χριστοῦ ἐφάπαξ.

---

[1]**9** {B} τοῦ ποιῆσαι 𝔓⁴⁶ 01* 02 04 06 018 025 33 1175 1881 2464 lat^(vl-pt) ∥ τοῦ ποιῆσαι ὁ θεός 01² 0278^vid 81 365 1739 *Byz* lat^(vl-pt, vg) sy^(p, h with *) co^(bo-ms)

11 Καὶ πᾶς μὲν ἱερεὺς ἕστηκεν καθ' ἡμέραν λειτουργῶν καὶ τὰς αὐτὰς πολλάκις προσφέρων θυσίας, αἵτινες οὐδέποτε δύνανται περιελεῖν ἁμαρτίας, **12** οὗτος δὲ μίαν ὑπὲρ ἁμαρτιῶν προσενέγκας θυσίαν εἰς τὸ διηνεκὲς ἐκάθισεν ἐν δεξιᾷ τοῦ θεοῦ, **13** τὸ λοιπὸν ἐκδεχόμενος ἕως τεθῶσιν οἱ ἐχθροὶ αὐτοῦ ὑποπόδιον τῶν ποδῶν αὐτοῦ. **14** μιᾷ γὰρ προσφορᾷ τετελείωκεν εἰς τὸ διηνεκὲς τοὺς ἁγιαζομένους. **15** μαρτυρεῖ δὲ ἡμῖν καὶ τὸ πνεῦμα τὸ ἅγιον· μετὰ γὰρ τὸ εἰρηκέναι·
16   *αὕτη ἡ διαθήκη ἣν διαθήσομαι πρὸς αὐτοὺς*   Jr 31.33
  μετὰ τὰς ἡμέρας ἐκείνας, λέγει κύριος·
  διδοὺς νόμους μου ἐπὶ καρδίας αὐτῶν
  καὶ ἐπὶ τὴν διάνοιαν αὐτῶν ἐπιγράψω αὐτούς,
17   *καὶ τῶν ἁμαρτιῶν αὐτῶν* καὶ *τῶν ἀνομιῶν αὐτῶν*   Jr 31.34
  οὐ μὴ μνησθήσομαι ἔτι.
18 ὅπου δὲ ἄφεσις τούτων, οὐκέτι προσφορὰ περὶ ἁμαρτίας.

Exhortation and Warning

19 Ἔχοντες οὖν, ἀδελφοί, παρρησίαν εἰς τὴν εἴσοδον τῶν ἁγίων ἐν τῷ αἵματι Ἰησοῦ, **20** ἣν ἐνεκαίνισεν ἡμῖν ὁδὸν πρόσφατον καὶ ζῶσαν διὰ τοῦ καταπετάσματος, τοῦτ' ἔστιν τῆς σαρκὸς αὐτοῦ, **21** καὶ ἱερέα μέγαν ἐπὶ τὸν οἶκον τοῦ θεοῦ, **22** προσερχώμεθα μετὰ ἀληθινῆς καρδίας ἐν πληροφορίᾳ πίστεως ῥεραντισμένοι τὰς καρδίας ἀπὸ συνειδήσεως πονηρᾶς καὶ λελουσμένοι τὸ σῶμα ὕδατι καθαρῷ· **23** κατέχωμεν τὴν ὁμολογίαν τῆς ἐλπίδος ἀκλινῆ, πιστὸς γὰρ ὁ ἐπαγγειλάμενος, **24** καὶ κατανοῶμεν ἀλλήλους εἰς παροξυσμὸν ἀγάπης καὶ καλῶν ἔργων, **25** μὴ ἐγκαταλείποντες τὴν ἐπισυναγωγὴν ἑαυτῶν, καθὼς ἔθος τισίν, ἀλλὰ παρακαλοῦντες, καὶ τοσούτῳ μᾶλλον ὅσῳ βλέπετε ἐγγίζουσαν τὴν ἡμέραν.

26 Ἑκουσίως γὰρ ἁμαρτανόντων ἡμῶν μετὰ τὸ λαβεῖν τὴν ἐπίγνωσιν τῆς ἀληθείας, οὐκέτι περὶ ἁμαρτιῶν ἀπολείπεται θυσία, **27** φοβερὰ δέ τις ἐκδοχὴ κρίσεως καὶ πυρὸς ζῆλος ἐσθίειν μέλλοντος τοὺς ὑπεναντίους. **28** ἀθετήσας τις νόμον Μωϋσέως χωρὶς οἰκτιρμῶν ἐπὶ δυσὶν ἢ τρισὶν μάρτυσιν ἀποθνήσκει· **29** πόσῳ δοκεῖτε χείρονος ἀξιωθήσεται τιμωρίας ὁ τὸν υἱὸν τοῦ θεοῦ καταπατήσας καὶ τὸ αἷμα τῆς διαθήκης κοινὸν ἡγησάμενος, ἐν ᾧ ἡγιάσθη, καὶ τὸ πνεῦμα τῆς χάριτος ἐνυβρίσας; **30** οἴδαμεν γὰρ τὸν εἰπόντα·

ἐμοὶ ἐκδίκησις, ἐγὼ ἀνταποδώσω.

καὶ πάλιν·

κρινεῖ κύριος τὸν λαὸν αὐτοῦ.

31 φοβερὸν τὸ ἐμπεσεῖν εἰς χεῖρας θεοῦ ζῶντος.

32 Ἀναμιμνῄσκεσθε δὲ τὰς πρότερον ἡμέρας, ἐν αἷς φωτισθέντες πολλὴν ἄθλησιν ὑπεμείνατε παθημάτων, **33** τοῦτο μὲν ὀνειδισμοῖς τε καὶ θλίψεσιν θεατριζόμενοι, τοῦτο δὲ κοινωνοὶ τῶν οὕτως ἀναστρεφομένων γενηθέντες. **34** καὶ γὰρ τοῖς δεσμίοις² συνεπαθήσατε καὶ τὴν ἁρπαγὴν τῶν ὑπαρχόντων ὑμῶν μετὰ χαρᾶς προσεδέξασθε γινώσκοντες ἔχειν ἑαυτοὺς κρείττονα ὕπαρξιν καὶ μένουσαν. **35** μὴ ἀποβάλητε οὖν τὴν παρρησίαν ὑμῶν, ἥτις ἔχει μεγάλην μισθαποδοσίαν. **36** ὑπομονῆς γὰρ ἔχετε χρείαν ἵνα τὸ θέλημα τοῦ θεοῦ ποιήσαντες κομίσησθε τὴν ἐπαγγελίαν.

37 *ἔτι γὰρ μικρὸν ὅσον ὅσον,*

ὁ ἐρχόμενος ἥξει καὶ οὐ χρονίσει·

38 *ὁ δὲ δίκαιός μου ἐκ πίστεως³ ζήσεται,*

καὶ ἐὰν ὑποστείληται, οὐκ εὐδοκεῖ ἡ ψυχή μου ἐν αὐτῷ.

39 ἡμεῖς δὲ οὐκ ἐσμὲν ὑποστολῆς εἰς ἀπώλειαν ἀλλὰ πίστεως εἰς περιποίησιν ψυχῆς.

Faith

11 Ἔστιν δὲ πίστις ἐλπιζομένων ὑπόστασις, πραγμάτων ἔλεγχος οὐ βλεπομένων. **2** ἐν ταύτῃ γὰρ ἐμαρτυρήθησαν οἱ πρεσβύτεροι. **3** πίστει νοοῦμεν κατηρτίσθαι τοὺς αἰῶνας ῥήματι θεοῦ, εἰς τὸ μὴ ἐκ φαινομένων τὸ βλεπόμενον

---

²**34** {B} δεσμίοις 02 06* 015 0150 6 33 81 1573 1739 2127 lat[vl-pt, vg] sy cpa co Chrysostom // δεσμοῖς 𝔓⁴⁶ 256 Origen[mss] // δεσμοῖς μου 01 06² 025 263 365 1175 1881 1962 *Byz* eth Clement Origen // δεσμοῖς αὐτῶν lat[vl-pt]

³**38** {B} δίκαιός μου ἐκ πίστεως 𝔓⁴⁶ 01 02 015* 33 1739 lat[vl-pt, vg] co[sa, bo-ms] Clement // δίκαιος ἐκ πίστεώς μου (*see* Hab 2.4 LXX) 06* lat[vl-pt] sy Eusebius[pt] // δίκαιος ἐκ πίστεως 𝔓¹³ 06² 015ᶜ 016 025 0150 6 81 256 263 365 1175 1573 1881 1962 2127 *Byz* lat[vl-pt, vg-mss] cpa co[bo] eth Eusebius[pt] Chrysostom

γεγονέναι. **4** πίστει πλείονα θυσίαν Ἅβελ παρὰ Κάϊν προσήνεγκεν τῷ θεῷ, δι' ἧς ἐμαρτυρήθη εἶναι δίκαιος, μαρτυροῦντος ἐπὶ τοῖς δώροις αὐτοῦ τοῦ θεοῦ, καὶ δι' αὐτῆς ἀποθανὼν ἔτι λαλεῖ. **5** πίστει Ἐνὼχ μετετέθη τοῦ μὴ ἰδεῖν θάνατον, καὶ οὐχ ηὑρίσκετο διότι μετέθηκεν αὐτὸν ὁ θεός. πρὸ γὰρ τῆς μεταθέσεως μεμαρτύρηται εὐαρεστηκέναι τῷ θεῷ· **6** χωρὶς δὲ πίστεως ἀδύνατον εὐαρεστῆσαι· πιστεῦσαι γὰρ δεῖ τὸν προσερχόμενον τῷ θεῷ ὅτι ἔστιν καὶ τοῖς ἐκζητοῦσιν αὐτὸν μισθαποδότης γίνεται. **7** πίστει χρηματισθεὶς Νῶε περὶ τῶν μηδέπω βλεπομένων, εὐλαβηθεὶς κατεσκεύασεν κιβωτὸν εἰς σωτηρίαν τοῦ οἴκου αὐτοῦ δι' ἧς κατέκρινεν τὸν κόσμον, καὶ τῆς κατὰ πίστιν δικαιοσύνης ἐγένετο κληρονόμος.

8 Πίστει καλούμενος Ἀβραὰμ ὑπήκουσεν ἐξελθεῖν εἰς τόπον ὃν ἤμελλεν λαμβάνειν εἰς κληρονομίαν, καὶ ἐξῆλθεν μὴ ἐπιστάμενος ποῦ ἔρχεται. **9** πίστει παρῴκησεν εἰς γῆν τῆς ἐπαγγελίας ὡς ἀλλοτρίαν ἐν σκηναῖς κατοικήσας μετὰ Ἰσαὰκ καὶ Ἰακὼβ τῶν συγκληρονόμων τῆς ἐπαγγελίας τῆς αὐτῆς· **10** ἐξεδέχετο γὰρ τὴν τοὺς θεμελίους ἔχουσαν πόλιν ἧς τεχνίτης καὶ δημιουργὸς ὁ θεός. **11** πίστει καὶ αὐτὴ Σάρρα στεῖρα[1] δύναμιν εἰς καταβολὴν σπέρματος ἔλαβεν καὶ παρὰ καιρὸν ἡλικίας, ἐπεὶ πιστὸν ἡγήσατο τὸν ἐπαγγειλάμενον. **12** διὸ καὶ ἀφ' ἑνὸς ἐγεννήθησαν, καὶ ταῦτα νενεκρωμένου, καθὼς τὰ ἄστρα τοῦ οὐρανοῦ τῷ πλήθει καὶ ὡς ἡ ἄμμος ἡ παρὰ τὸ χεῖλος τῆς θαλάσσης ἡ ἀναρίθμητος.

13 Κατὰ πίστιν ἀπέθανον οὗτοι πάντες, μὴ λαβόντες τὰς ἐπαγγελίας ἀλλὰ πόρρωθεν αὐτὰς ἰδόντες καὶ ἀσπασάμενοι καὶ ὁμολογήσαντες ὅτι ξένοι καὶ παρεπίδημοί εἰσιν ἐπὶ τῆς γῆς. **14** οἱ γὰρ τοιαῦτα λέγοντες ἐμφανίζουσιν ὅτι πατρίδα ἐπιζητοῦσιν. **15** καὶ εἰ μὲν ἐκείνης ἐμνημόνευον ἀφ' ἧς ἐξέβησαν, εἶχον ἂν καιρὸν ἀνακάμψαι· **16** νῦν δὲ κρείττονος ὀρέγονται, τοῦτ' ἔστιν ἐπουρανίου. διὸ οὐκ ἐπαισχύνεται αὐτοὺς ὁ θεὸς θεὸς ἐπικαλεῖσθαι αὐτῶν· ἡτοίμασεν γὰρ αὐτοῖς πόλιν.

---

[1] **11** {D} Σάρρα στεῖρα 𝔓⁴⁶ 06* ∥ Σάρρα ἡ στεῖρα 06¹ (0150) 6 81 1739 1881 1962 co ∥ Σάρρα στεῖρα οὖσα 025 256 263 365 1573 2127 eth ∥ Σάρρα 𝔓¹³ᵛⁱᵈ 01 02 06² 33 1175 *Byz* Chrysostom

17 Πίστει προσενήνοχεν Ἀβραὰμ τὸν Ἰσαὰκ πειραζόμενος καὶ τὸν μονογενῆ προσέφερεν, ὁ τὰς ἐπαγγελίας ἀναδεξάμενος, **18** πρὸς ὃν ἐλαλήθη ὅτι *ἐν Ἰσαὰκ κληθήσεταί σοι σπέρμα,* **19** λογισάμενος ὅτι καὶ ἐκ νεκρῶν ἐγείρειν δυνατὸς ὁ θεός, ὅθεν αὐτὸν καὶ ἐν παραβολῇ ἐκομίσατο. **20** πίστει καὶ περὶ μελλόντων εὐλόγησεν Ἰσαὰκ τὸν Ἰακὼβ καὶ τὸν Ἠσαῦ. **21** πίστει Ἰακὼβ ἀποθνῄσκων ἕκαστον τῶν υἱῶν Ἰωσὴφ εὐλόγησεν καὶ *προσεκύνησεν ἐπὶ τὸ ἄκρον τῆς ῥάβδου αὐτοῦ.* **22** πίστει Ἰωσὴφ τελευτῶν περὶ τῆς ἐξόδου τῶν υἱῶν Ἰσραὴλ ἐμνημόνευσεν καὶ περὶ τῶν ὀστέων αὐτοῦ ἐνετείλατο.

23 Πίστει Μωϋσῆς γεννηθεὶς ἐκρύβη τρίμηνον ὑπὸ τῶν πατέρων αὐτοῦ, διότι εἶδον ἀστεῖον τὸ παιδίον καὶ οὐκ ἐφοβήθησαν τὸ διάταγμα τοῦ βασιλέως. **24** πίστει Μωϋσῆς μέγας γενόμενος ἠρνήσατο λέγεσθαι υἱὸς θυγατρὸς Φαραώ, **25** μᾶλλον ἑλόμενος συγκακουχεῖσθαι τῷ λαῷ τοῦ θεοῦ ἢ πρόσκαιρον ἔχειν ἁμαρτίας ἀπόλαυσιν, **26** μείζονα πλοῦτον ἡγησάμενος τῶν Αἰγύπτου θησαυρῶν τὸν ὀνειδισμὸν τοῦ Χριστοῦ· ἀπέβλεπεν γὰρ εἰς τὴν μισθαποδοσίαν. **27** πίστει κατέλιπεν Αἴγυπτον μὴ φοβηθεὶς τὸν θυμὸν τοῦ βασιλέως· τὸν γὰρ ἀόρατον ὡς ὁρῶν ἐκαρτέρησεν. **28** πίστει πεποίηκεν τὸ πάσχα καὶ τὴν πρόσχυσιν τοῦ αἵματος, ἵνα μὴ ὁ ὀλοθρεύων τὰ πρωτότοκα θίγῃ αὐτῶν. **29** πίστει διέβησαν τὴν ἐρυθρὰν θάλασσαν ὡς διὰ ξηρᾶς γῆς, ἧς πεῖραν λαβόντες οἱ Αἰγύπτιοι κατεπόθησαν. **30** πίστει τὰ τείχη Ἰεριχὼ ἔπεσαν κυκλωθέντα ἐπὶ ἑπτὰ ἡμέρας. **31** πίστει Ῥαὰβ ἡ πόρνη οὐ συναπώλετο τοῖς ἀπειθήσασιν δεξαμένη τοὺς κατασκόπους μετ᾽ εἰρήνης.

32 Καὶ τί ἔτι λέγω; ἐπιλείψει με γὰρ διηγούμενον ὁ χρόνος περὶ Γεδεών, Βαράκ, Σαμψών, Ἰεφθάε, Δαυίδ τε καὶ Σαμουὴλ καὶ τῶν προφητῶν, **33** οἳ διὰ πίστεως κατηγωνίσαντο βασιλείας, εἰργάσαντο δικαιοσύνην, ἐπέτυχον ἐπαγγελιῶν, ἔφραξαν στόματα λεόντων, **34** ἔσβεσαν δύναμιν πυρός, ἔφυγον στόματα μαχαίρης, ἐδυναμώθησαν ἀπὸ ἀσθενείας, ἐγενήθησαν ἰσχυροὶ ἐν πολέμῳ, παρεμβολὰς ἔκλιναν ἀλλοτρίων. **35** ἔλαβον γυναῖκες ἐξ ἀναστάσεως τοὺς νεκροὺς αὐτῶν· ἄλλοι δὲ ἐτυμπανίσθησαν οὐ προσδεξάμενοι τὴν ἀπολύτρωσιν, ἵνα κρείττονος ἀναστάσεως τύχωσιν· **36** ἕτεροι δὲ ἐμπαιγμῶν καὶ μαστίγων πεῖραν ἔλαβον, ἔτι δὲ δεσμῶν καὶ φυλακῆς· **37** ἐλιθάσθησαν, ἐπρίσθησαν², ἐν φόνῳ μαχαίρης ἀπέθανον, περιῆλθον ἐν μηλωταῖς, ἐν αἰγείοις δέρμασιν, ὑστερούμενοι, θλιβόμενοι, κακουχούμενοι, **38** ὧν οὐκ ἦν ἄξιος ὁ κόσμος, ἐπὶ ἐρημίαις πλανώμενοι καὶ ὄρεσιν καὶ σπηλαίοις καὶ ταῖς ὀπαῖς τῆς γῆς. **39** καὶ οὗτοι πάντες μαρτυρηθέντες διὰ τῆς πίστεως οὐκ ἐκομίσαντο τὴν ἐπαγγελίαν, **40** τοῦ θεοῦ περὶ ἡμῶν κρεῖττόν τι προβλεψαμένου, ἵνα μὴ χωρὶς ἡμῶν τελειωθῶσιν.

The Discipline of the Lord

12 Τοιγαροῦν καὶ ἡμεῖς τοσοῦτον ἔχοντες περικείμενον ἡμῖν νέφος μαρτύρων, ὄγκον ἀποθέμενοι πάντα καὶ τὴν εὐπερίστατον ἁμαρτίαν, δι᾽ ὑπομονῆς τρέχωμεν τὸν προκείμενον ἡμῖν ἀγῶνα **2** ἀφορῶντες εἰς τὸν τῆς πίστεως ἀρχηγὸν καὶ τελειωτὴν Ἰησοῦν, ὃς ἀντὶ τῆς προκειμένης αὐτῷ χαρᾶς ὑπέμεινεν σταυρὸν αἰσχύνης καταφρονήσας ἐν δεξιᾷ τε τοῦ θρόνου τοῦ θεοῦ κεκάθικεν. **3** ἀναλογίσασθε γὰρ τὸν τοιαύτην ὑπομεμενηκότα ὑπὸ τῶν ἁμαρτωλῶν εἰς ἑαυτὸν ἀντιλογίαν, ἵνα μὴ κάμητε ταῖς ψυχαῖς ὑμῶν ἐκλυόμενοι.

4 Οὔπω μέχρις αἵματος ἀντικατέστητε πρὸς τὴν ἁμαρτίαν ἀνταγωνιζόμενοι. **5** καὶ ἐκλέλησθε τῆς παρακλήσεως, ἥτις ὑμῖν ὡς υἱοῖς διαλέγεται·

υἱέ μου, μὴ ὀλιγώρει παιδείας κυρίου Pr 3.11-12
μηδὲ ἐκλύου ὑπ᾽ αὐτοῦ ἐλεγχόμενος·
6 *ὃν γὰρ ἀγαπᾷ κύριος παιδεύει,*
μαστιγοῖ δὲ πάντα υἱὸν ὃν παραδέχεται.

7 εἰς παιδείαν ὑπομένετε, ὡς υἱοῖς ὑμῖν προσφέρεται ὁ θεός. τίς γὰρ υἱὸς ὃν οὐ παιδεύει πατήρ; **8** εἰ δὲ χωρίς ἐστε παιδείας ἧς μέτοχοι γεγόνασιν πάντες, ἄρα νόθοι καὶ οὐχ υἱοί ἐστε. **9** εἶτα τοὺς μὲν τῆς σαρκὸς ἡμῶν πατέρας εἴχομεν παιδευτὰς καὶ

---

²**37** {C} ἐπρίσθησαν 𝔓⁴⁶ syᵖ (coˢᵃ) eth Origenᵍʳ⁻ᵖᵗ, ˡᵃᵗ⁻ᵖᵗ Eusebius ∥ ἐπειράσθησαν latᵛᵍ⁻ᵐˢˢ Clement ∥ ἐπρίσθησαν, ἐπειράσθησαν 𝔓¹³ᵛⁱᵈ 02 06¹ 6 256 263 365 1573 1739 1881 1962 2127 *Byz* lat (cpa) coᵇᵒ Origenᵍʳ⁻ᵖᵗ, ˡᵃᵗ⁻ᵖᵗ Chrysostom ∥ ἐπειράσθησαν, ἐπρίσθησαν 01 020 025 048 (0150) 33 81 syʰ coᵇᵒ⁻ᵐˢ ∥ ἐπιράσθησαν, ἐπιράσθησαν 06*

ἐνετρεπόμεθα· οὐ πολὺ [δὲ] μᾶλλον ὑποταγησόμεθα τῷ πατρὶ
τῶν πνευμάτων καὶ ζήσομεν; 10 οἱ μὲν γὰρ πρὸς ὀλίγας ἡμέ-
ρας κατὰ τὸ δοκοῦν αὐτοῖς ἐπαίδευον, ὁ δὲ ἐπὶ τὸ συμφέρον
εἰς τὸ μεταλαβεῖν τῆς ἁγιότητος αὐτοῦ. 11 πᾶσα δὲ παιδεία
πρὸς μὲν τὸ παρὸν οὐ δοκεῖ χαρᾶς εἶναι ἀλλὰ λύπης, ὕστερον
δὲ καρπὸν εἰρηνικὸν τοῖς δι᾽ αὐτῆς γεγυμνασμένοις ἀποδίδω-
σιν δικαιοσύνης.

12 Διὸ τὰς παρειμένας χεῖρας καὶ τὰ παραλελυμένα γόνατα
ἀνορθώσατε, 13 καὶ τροχιὰς ὀρθὰς ποιεῖτε τοῖς ποσὶν ὑμῶν,
ἵνα μὴ τὸ χωλὸν ἐκτραπῇ, ἰαθῇ δὲ μᾶλλον. 14 εἰρήνην διώκετε
μετὰ πάντων καὶ τὸν ἁγιασμόν, οὗ χωρὶς οὐδεὶς ὄψεται τὸν
κύριον, 15 ἐπισκοποῦντες μή τις ὑστερῶν ἀπὸ τῆς χάριτος τοῦ
θεοῦ, μή τις ῥίζα πικρίας ἄνω φύουσα ἐνοχλῇ καὶ δι᾽ αὐτῆς μιαν-
θῶσιν πολλοί, 16 μή τις πόρνος ἢ βέβηλος ὡς Ἠσαῦ, ὃς ἀντὶ
βρώσεως μιᾶς ἀπέδετο τὰ πρωτοτόκια ἑαυτοῦ. 17 ἴστε γὰρ ὅτι
καὶ μετέπειτα θέλων κληρονομῆσαι τὴν εὐλογίαν ἀπεδοκιμά-
σθη, μετανοίας γὰρ τόπον οὐχ εὗρεν καίπερ μετὰ δακρύων
ἐκζητήσας αὐτήν.

Warning against Rejecting God's Grace

18 Οὐ γὰρ προσεληλύθατε ψηλαφωμένῳ[1] καὶ κεκαυμένῳ
πυρὶ καὶ γνόφῳ καὶ ζόφῳ καὶ θυέλλῃ 19 καὶ σάλπιγγος ἤχῳ
καὶ φωνῇ ῥημάτων, ἧς οἱ ἀκούσαντες παρῃτήσαντο μὴ προσ-
τεθῆναι αὐτοῖς λόγον, 20 οὐκ ἔφερον γὰρ τὸ διαστελλόμενον·
κἂν θηρίον θίγῃ τοῦ ὄρους, λιθοβοληθήσεται· 21 καί, οὕτως
φοβερὸν ἦν τὸ φανταζόμενον, Μωϋσῆς εἶπεν· ἔκφοβός εἰμι
καὶ ἔντρομος. 22 ἀλλὰ προσεληλύθατε Σιὼν ὄρει καὶ πόλει
θεοῦ ζῶντος, Ἰερουσαλὴμ ἐπουρανίῳ, καὶ μυριάσιν ἀγγέλων,
πανηγύρει 23 καὶ ἐκκλησίᾳ πρωτοτόκων ἀπογεγραμμένων ἐν
οὐρανοῖς καὶ κριτῇ θεῷ πάντων καὶ πνεύμασιν δικαίων τετελει-
ωμένων 24 καὶ διαθήκης νέας μεσίτῃ Ἰησοῦ καὶ αἵματι ῥαντι-
σμοῦ κρεῖττον λαλοῦντι παρὰ τὸν Ἄβελ.

---

[1] 18 {B} ψηλαφωμένῳ 𝔓⁴⁶ 01 02 04 048 33 81 1175 lat syᵖ co eth (Origen^(lat-pt)) //
ψηλαφωμένῳ ὄρει 06 025 0150 6 256 263 365 1573 1739 1881 1962 2127 Byz
(Origen^(lat-pt)) // ὄρει ψηλαφωμένῳ 69 syʰ Chrysostom

25 Βλέπετε μὴ παραιτήσησθε τὸν λαλοῦντα· εἰ γὰρ ἐκεῖνοι οὐκ ἐξέφυγον ἐπὶ γῆς παραιτησάμενοι τὸν χρηματίζοντα, πολὺ μᾶλλον ἡμεῖς οἱ τὸν ἀπ᾽ οὐρανῶν ἀποστρεφόμενοι, 26 οὗ ἡ φωνὴ τὴν γῆν ἐσάλευσεν τότε, νῦν δὲ ἐπήγγελται λέγων·
    ἔτι ἅπαξ ἐγὼ σείσω οὐ μόνον τὴν γῆν ἀλλὰ καὶ τὸν   Hg 2.6
    οὐρανόν.
27 τὸ δὲ ἔτι ἅπαξ δηλοῖ [τὴν] τῶν σαλευομένων μετάθεσιν ὡς πεποιημένων, ἵνα μείνῃ τὰ μὴ σαλευόμενα. 28 διὸ βασιλείαν ἀσάλευτον παραλαμβάνοντες ἔχωμεν χάριν, δι᾽ ἧς λατρεύωμεν εὐαρέστως τῷ θεῷ μετὰ εὐλαβείας καὶ δέους· 29 καὶ γὰρ ὁ θεὸς   Dt 4.24
ἡμῶν πῦρ καταναλίσκον.

Service Well-Pleasing to God

13 Ἡ φιλαδελφία μενέτω. 2 τῆς φιλοξενίας μὴ ἐπιλανθάνεσθε, διὰ ταύτης γὰρ ἔλαθόν τινες ξενίσαντες ἀγγέλους. 3 μιμνῄσκεσθε τῶν δεσμίων ὡς συνδεδεμένοι, τῶν κακουχουμένων ὡς καὶ αὐτοὶ ὄντες ἐν σώματι. 4 τίμιος ὁ γάμος ἐν πᾶσιν καὶ ἡ κοίτη ἀμίαντος, πόρνους γὰρ καὶ μοιχοὺς κρινεῖ ὁ θεός. 5 ἀφιλάργυρος ὁ τρόπος, ἀρκούμενοι τοῖς παροῦσιν. αὐτὸς γὰρ εἴρηκεν· οὐ μή σε ἀνῶ οὐδ᾽ οὐ μή σε ἐγκαταλίπω, 6 ὥστε   Dt 31.6, 8 etc.
θαρροῦντας ἡμᾶς λέγειν·
    κύριος ἐμοὶ βοηθός, καὶ οὐ φοβηθήσομαι,   Ps 118.6
    τί ποιήσει μοι ἄνθρωπος;
7 Μνημονεύετε τῶν ἡγουμένων ὑμῶν, οἵτινες ἐλάλησαν ὑμῖν τὸν λόγον τοῦ θεοῦ, ὧν ἀναθεωροῦντες τὴν ἔκβασιν τῆς ἀναστροφῆς μιμεῖσθε τὴν πίστιν. 8 Ἰησοῦς Χριστὸς ἐχθὲς καὶ σήμερον ὁ αὐτὸς καὶ εἰς τοὺς αἰῶνας. 9 διδαχαῖς ποικίλαις καὶ ξέναις μὴ παραφέρεσθε· καλὸν γὰρ χάριτι βεβαιοῦσθαι τὴν καρδίαν, οὐ βρώμασιν ἐν οἷς οὐκ ὠφελήθησαν οἱ περιπατοῦντες. 10 ἔχομεν θυσιαστήριον ἐξ οὗ φαγεῖν οὐκ ἔχουσιν ἐξουσίαν οἱ τῇ σκηνῇ λατρεύοντες. 11 ὧν γὰρ εἰσφέρεται ζῴων τὸ αἷμα περὶ ἁμαρτίας εἰς τὰ ἅγια διὰ τοῦ ἀρχιερέως, τούτων τὰ σώματα κατακαίεται ἔξω τῆς παρεμβολῆς. 12 διὸ καὶ Ἰησοῦς, ἵνα ἁγιάσῃ διὰ τοῦ ἰδίου αἵματος τὸν λαόν, ἔξω τῆς πύλης ἔπαθεν. 13 τοίνυν ἐξερχώμεθα πρὸς αὐτὸν ἔξω τῆς παρεμβολῆς τὸν ὀνειδισμὸν αὐτοῦ φέροντες· 14 οὐ γὰρ ἔχομεν ὧδε μένουσαν πόλιν ἀλλὰ τὴν μέλλουσαν

ἐπιζητοῦμεν. **15** δι' αὐτοῦ [οὖν] ἀναφέρωμεν θυσίαν αἰνέσεως διὰ παντὸς τῷ θεῷ, τοῦτ' ἔστιν καρπὸν χειλέων ὁμολογούντων τῷ ὀνόματι αὐτοῦ. **16** τῆς δὲ εὐποιΐας καὶ κοινωνίας μὴ ἐπιλανθάνεσθε· τοιαύταις γὰρ θυσίαις εὐαρεστεῖται ὁ θεός. **17** πείθεσθε τοῖς ἡγουμένοις ὑμῶν καὶ ὑπείκετε, αὐτοὶ γὰρ ἀγρυπνοῦσιν ὑπὲρ τῶν ψυχῶν ὑμῶν ὡς λόγον ἀποδώσοντες, ἵνα μετὰ χαρᾶς τοῦτο ποιῶσιν καὶ μὴ στενάζοντες· ἀλυσιτελὲς γὰρ ὑμῖν τοῦτο.

18 Προσεύχεσθε περὶ ἡμῶν· πειθόμεθα γὰρ ὅτι καλὴν συνείδησιν ἔχομεν, ἐν πᾶσιν καλῶς θέλοντες ἀναστρέφεσθαι. **19** περισσοτέρως δὲ παρακαλῶ τοῦτο ποιῆσαι, ἵνα τάχιον ἀποκατασταθῶ ὑμῖν.

Benediction and Final Greetings

20 Ὁ δὲ θεὸς τῆς εἰρήνης, ὁ ἀναγαγὼν ἐκ νεκρῶν τὸν ποιμένα τῶν προβάτων τὸν μέγαν ἐν αἵματι διαθήκης αἰωνίου, τὸν κύριον ἡμῶν Ἰησοῦν, **21** καταρτίσαι ὑμᾶς ἐν παντὶ ἀγαθῷ[1] εἰς τὸ ποιῆσαι τὸ θέλημα αὐτοῦ, ποιῶν ἐν ἡμῖν[2] τὸ εὐάρεστον ἐνώπιον αὐτοῦ διὰ Ἰησοῦ Χριστοῦ, ᾧ ἡ δόξα εἰς τοὺς αἰῶνας [τῶν αἰώνων], ἀμήν.

22 Παρακαλῶ δὲ ὑμᾶς, ἀδελφοί, ἀνέχεσθε τοῦ λόγου τῆς παρακλήσεως, καὶ γὰρ διὰ βραχέων ἐπέστειλα ὑμῖν. **23** γινώσκετε τὸν ἀδελφὸν ἡμῶν Τιμόθεον ἀπολελυμένον, μεθ' οὗ ἐὰν τάχιον ἔρχηται ὄψομαι ὑμᾶς.

24 Ἀσπάσασθε πάντας τοὺς ἡγουμένους ὑμῶν καὶ πάντας τοὺς ἁγίους. ἀσπάζονται ὑμᾶς οἱ ἀπὸ τῆς Ἰταλίας.

25 Ἡ χάρις μετὰ πάντων ὑμῶν.[3]

---

[1] **21** {B} παντὶ ἀγαθῷ (𝔓⁴⁶ τῷ ἀγαθῷ) 01 06* lat co^(bo) ∥ παντὶ ἔργῳ ἀγαθῷ 04 06² 025 0150 0243 0285 6 33 81 256 263 365 1175 1573 1739 1881 1962 2127 Byz lat^(vg-mss) sy co^(sa) eth Chrysostom ∥ παντὶ ἔργῳ καὶ λόγῳ ἀγαθῷ (see 2 Th 2.17) 02

[2] **21** {B} ἡμῖν 𝔓⁴⁶ 01 02 06 018 0243 0285 33 81 365 1175 1739 1881 1962 Byz^(pt) Lect^(pt) sy^p co ∥ ὑμῖν 04 025 0150 6 256 263 1573 2127 Byz^(pt) TR Lect^(pt) lat sy^h eth Chrysostom

[3] **25** {B} πάντων ὑμῶν. 𝔓⁴⁶c 01* 016^(vid) 33 lat^(vl-pt) co^(sa) ∥ πάντων. 𝔓⁴⁶* ∥ πάντων ὑμῶν· ἀμήν. 01² 02 04 06² 015 025 0150 0243 6 81 256 263 365 1573 1739 1881 1962 2127 Byz lat^(vl-pt, vg) sy co^(bo) eth Chrysostom ∥ πάντων τῶν ἁγίων· ἀμήν. 06*

ΠΡΟΣ ΤΙΜΟΘΕΟΝ Α΄

Salutation

1 Παῦλος ἀπόστολος Χριστοῦ Ἰησοῦ κατ᾽ ἐπιταγὴν θεοῦ σωτῆρος ἡμῶν καὶ Χριστοῦ Ἰησοῦ τῆς ἐλπίδος ἡμῶν 2 Τιμοθέῳ γνησίῳ τέκνῳ ἐν πίστει, χάρις ἔλεος εἰρήνη ἀπὸ θεοῦ πατρὸς καὶ Χριστοῦ Ἰησοῦ τοῦ κυρίου ἡμῶν.

Warning against False Doctrine

3 Καθὼς παρεκάλεσά σε προσμεῖναι ἐν Ἐφέσῳ πορευόμενος εἰς Μακεδονίαν, ἵνα παραγγείλῃς τισὶν μὴ ἑτεροδιδασκαλεῖν 4 μηδὲ προσέχειν μύθοις καὶ γενεαλογίαις ἀπεράντοις, αἵτινες ἐκζητήσεις[1] παρέχουσιν μᾶλλον ἢ οἰκονομίαν θεοῦ τὴν ἐν πίστει. 5 τὸ δὲ τέλος τῆς παραγγελίας ἐστὶν ἀγάπη ἐκ καθαρᾶς καρδίας καὶ συνειδήσεως ἀγαθῆς καὶ πίστεως ἀνυποκρίτου, 6 ὧν τινες ἀστοχήσαντες ἐξετράπησαν εἰς ματαιολογίαν 7 θέλοντες εἶναι νομοδιδάσκαλοι, μὴ νοοῦντες μήτε ἃ λέγουσιν μήτε περὶ τίνων διαβεβαιοῦνται. 8 οἴδαμεν δὲ ὅτι καλὸς ὁ νόμος, ἐάν τις αὐτῷ νομίμως χρῆται, 9 εἰδὼς τοῦτο, ὅτι δικαίῳ νόμος οὐ κεῖται, ἀνόμοις δὲ καὶ ἀνυποτάκτοις, ἀσεβέσιν καὶ ἁμαρτωλοῖς, ἀνοσίοις καὶ βεβήλοις, πατρολῴαις καὶ μητρολῴαις, ἀνδροφόνοις 10 πόρνοις ἀρσενοκοίταις ἀνδραποδισταῖς ψεύσταις ἐπιόρκοις, καὶ εἴ τι ἕτερον τῇ ὑγιαινούσῃ διδασκαλίᾳ ἀντίκειται 11 κατὰ τὸ εὐαγγέλιον τῆς δόξης τοῦ μακαρίου θεοῦ, ὃ ἐπιστεύθην ἐγώ.

Thankfulness for Mercy

12 Χάριν ἔχω τῷ ἐνδυναμώσαντί με Χριστῷ Ἰησοῦ τῷ κυρίῳ ἡμῶν, ὅτι πιστόν με ἡγήσατο θέμενος εἰς διακονίαν 13 τὸ πρότερον ὄντα βλάσφημον καὶ διώκτην καὶ ὑβριστήν, ἀλλ᾽ ἠλεήθην, ὅτι ἀγνοῶν ἐποίησα ἐν ἀπιστίᾳ· 14 ὑπερεπλεόνασεν δὲ ἡ χάρις τοῦ κυρίου ἡμῶν μετὰ πίστεως καὶ ἀγάπης τῆς ἐν

---

[1]4 {B} ἐκζητήσεις 01 02 0150 33 81 1175 1962 // ζητήσεις 06 012 025 0285[vid] 6 256 263 365 1573 1739 1881 2127 *Byz* Irenaeus Chrysostom

Χριστῷ Ἰησοῦ. **15** πιστὸς ὁ λόγος καὶ πάσης ἀποδοχῆς ἄξιος, ὅτι Χριστὸς Ἰησοῦς ἦλθεν εἰς τὸν κόσμον ἁμαρτωλοὺς σῶσαι, ὧν πρῶτός εἰμι ἐγώ. **16** ἀλλὰ διὰ τοῦτο ἠλεήθην, ἵνα ἐν ἐμοὶ πρώτῳ ἐνδείξηται Χριστὸς Ἰησοῦς τὴν ἅπασαν μακροθυμίαν πρὸς ὑποτύπωσιν τῶν μελλόντων πιστεύειν ἐπ᾽ αὐτῷ εἰς ζωὴν αἰώνιον. **17** τῷ δὲ βασιλεῖ τῶν αἰώνων, ἀφθάρτῳ ἀοράτῳ μόνῳ θεῷ[2], τιμὴ καὶ δόξα εἰς τοὺς αἰῶνας τῶν αἰώνων, ἀμήν.

18 Ταύτην τὴν παραγγελίαν παρατίθεμαί σοι, τέκνον Τιμόθεε, κατὰ τὰς προαγούσας ἐπὶ σὲ προφητείας, ἵνα στρατεύῃ ἐν αὐταῖς τὴν καλὴν στρατείαν **19** ἔχων πίστιν καὶ ἀγαθὴν συνείδησιν, ἥν τινες ἀπωσάμενοι περὶ τὴν πίστιν ἐναυάγησαν, **20** ὧν ἐστιν Ὑμέναιος καὶ Ἀλέξανδρος, οὓς παρέδωκα τῷ σατανᾷ, ἵνα παιδευθῶσιν μὴ βλασφημεῖν.

Instructions concerning Prayer

2 Παρακαλῶ οὖν πρῶτον πάντων ποιεῖσθαι δεήσεις προσευχὰς ἐντεύξεις εὐχαριστίας ὑπὲρ πάντων ἀνθρώπων, **2** ὑπὲρ βασιλέων καὶ πάντων τῶν ἐν ὑπεροχῇ ὄντων, ἵνα ἤρεμον καὶ ἡσύχιον βίον διάγωμεν ἐν πάσῃ εὐσεβείᾳ καὶ σεμνότητι. **3** τοῦτο καλὸν καὶ ἀπόδεκτον ἐνώπιον τοῦ σωτῆρος ἡμῶν θεοῦ, **4** ὃς πάντας ἀνθρώπους θέλει σωθῆναι καὶ εἰς ἐπίγνωσιν ἀληθείας ἐλθεῖν.
5 εἷς γὰρ θεός,
 εἷς καὶ μεσίτης θεοῦ καὶ ἀνθρώπων,
 ἄνθρωπος Χριστὸς Ἰησοῦς,
6 ὁ δοὺς ἑαυτὸν ἀντίλυτρον ὑπὲρ πάντων,
 τὸ μαρτύριον καιροῖς ἰδίοις.
7 εἰς ὃ ἐτέθην ἐγὼ κῆρυξ καὶ ἀπόστολος, ἀλήθειαν λέγω[1] οὐ ψεύδομαι, διδάσκαλος ἐθνῶν ἐν πίστει καὶ ἀληθείᾳ.

8 Βούλομαι οὖν προσεύχεσθαι τοὺς ἄνδρας ἐν παντὶ τόπῳ

---

[2]**17** {B} θεῷ 01* 02 06* 012 015* 33 1739 lat$^{vl\text{-}pt,\,vg}$ sy^p co ∥ σοφῷ θεῷ 01^2 06^1 015^c 025 81 365 1175 1881 *Byz* lat$^{vl\text{-}pt}$ sy^p

[1]**7** {B} λέγω 01^2 02 06* 012 025 0150 6 81 263 1175 1739 1881 *Lect*^{pt} lat$^{vl\text{-}pt,\,vg}$ sy co eth Chrysostom ∥ λέγω ἐν Χριστῷ (*see* Ro 9.1) 01* 06^2 015 33^{vid} 256 1573 2127 *Byz Lect*^{pt} lat$^{vl\text{-}pt}$

ἐπαίροντας ὁσίους χεῖρας χωρὶς ὀργῆς καὶ διαλογισμοῦ. **9** ὡσαύτως [καὶ] γυναῖκας ἐν καταστολῇ κοσμίῳ μετὰ αἰδοῦς καὶ σωφροσύνης κοσμεῖν ἑαυτάς, μὴ ἐν πλέγμασιν καὶ χρυσίῳ ἢ μαργαρίταις ἢ ἱματισμῷ πολυτελεῖ, **10** ἀλλ᾽ ὃ πρέπει γυναιξὶν ἐπαγγελλομέναις θεοσέβειαν, δι᾽ ἔργων ἀγαθῶν. **11** γυνὴ ἐν ἡσυχίᾳ μανθανέτω ἐν πάσῃ ὑποταγῇ· **12** διδάσκειν δὲ γυναικὶ οὐκ ἐπιτρέπω οὐδὲ αὐθεντεῖν ἀνδρός, ἀλλ᾽ εἶναι ἐν ἡσυχίᾳ. **13** Ἀδὰμ γὰρ πρῶτος ἐπλάσθη, εἶτα Εὔα. **14** καὶ Ἀδὰμ οὐκ ἠπατήθη, ἡ δὲ γυνὴ ἐξαπατηθεῖσα ἐν παραβάσει γέγονεν· **15** σωθήσεται δὲ διὰ τῆς τεκνογονίας, ἐὰν μείνωσιν ἐν πίστει **3** καὶ ἀγάπῃ καὶ ἁγιασμῷ μετὰ σωφροσύνης· **1** πιστὸς ὁ λόγος.

Qualifications of Bishops

Εἴ τις ἐπισκοπῆς ὀρέγεται, καλοῦ ἔργου ἐπιθυμεῖ. **2** δεῖ οὖν τὸν ἐπίσκοπον ἀνεπίλημπτον εἶναι, μιᾶς γυναικὸς ἄνδρα, νηφάλιον σώφρονα κόσμιον φιλόξενον διδακτικόν, **3** μὴ πάροινον μὴ πλήκτην, ἀλλ᾽ ἐπιεικῆ ἄμαχον ἀφιλάργυρον, **4** τοῦ ἰδίου οἴκου καλῶς προϊστάμενον, τέκνα ἔχοντα ἐν ὑποταγῇ, μετὰ πάσης σεμνότητος **5** (εἰ δέ τις τοῦ ἰδίου οἴκου προστῆναι οὐκ οἶδεν, πῶς ἐκκλησίας θεοῦ ἐπιμελήσεται;), **6** μὴ νεόφυτον, ἵνα μὴ τυφωθεὶς εἰς κρίμα ἐμπέσῃ τοῦ διαβόλου. **7** δεῖ δὲ καὶ μαρτυρίαν καλὴν ἔχειν ἀπὸ τῶν ἔξωθεν, ἵνα μὴ εἰς ὀνειδισμὸν ἐμπέσῃ καὶ παγίδα τοῦ διαβόλου.

Qualifications of Deacons

8 Διακόνους ὡσαύτως σεμνούς, μὴ διλόγους, μὴ οἴνῳ πολλῷ προσέχοντας, μὴ αἰσχροκερδεῖς, **9** ἔχοντας τὸ μυστήριον τῆς πίστεως ἐν καθαρᾷ συνειδήσει. **10** καὶ οὗτοι δὲ δοκιμαζέσθωσαν πρῶτον, εἶτα διακονείτωσαν ἀνέγκλητοι ὄντες. **11** γυναῖκας ὡσαύτως σεμνάς, μὴ διαβόλους, νηφαλίους, πιστὰς ἐν πᾶσιν. **12** διάκονοι ἔστωσαν μιᾶς γυναικὸς ἄνδρες, τέκνων καλῶς προϊστάμενοι καὶ τῶν ἰδίων οἴκων. **13** οἱ γὰρ καλῶς διακονήσαντες βαθμὸν ἑαυτοῖς καλὸν περιποιοῦνται καὶ πολλὴν παρρησίαν ἐν πίστει τῇ ἐν Χριστῷ Ἰησοῦ.

The Mystery of God

14 Ταῦτά σοι γράφω ἐλπίζων ἐλθεῖν πρὸς σὲ ἐν τάχει· 15 ἐὰν δὲ βραδύνω, ἵνα εἰδῇς πῶς δεῖ ἐν οἴκῳ θεοῦ ἀναστρέφεσθαι, ἥτις ἐστὶν ἐκκλησία θεοῦ ζῶντος, στῦλος καὶ ἑδραίωμα τῆς ἀληθείας. 16 καὶ ὁμολογουμένως μέγα ἐστὶν τὸ τῆς εὐσεβείας μυστήριον·

ὅς[1] ἐφανερώθη ἐν σαρκί,
    ἐδικαιώθη ἐν πνεύματι,
ὤφθη ἀγγέλοις,
    ἐκηρύχθη ἐν ἔθνεσιν,
ἐπιστεύθη ἐν κόσμῳ,
    ἀνελήμφθη ἐν δόξῃ.

False Observances

4 Τὸ δὲ πνεῦμα ῥητῶς λέγει ὅτι ἐν ὑστέροις καιροῖς ἀποστήσονταί τινες τῆς πίστεως προσέχοντες πνεύμασιν πλάνοις καὶ διδασκαλίαις δαιμονίων, 2 ἐν ὑποκρίσει ψευδολόγων, κεκαυστηριασμένων τὴν ἰδίαν συνείδησιν, 3 κωλυόντων γαμεῖν, ἀπέχεσθαι βρωμάτων, ἃ ὁ θεὸς ἔκτισεν εἰς μετάλημψιν μετὰ εὐχαριστίας τοῖς πιστοῖς καὶ ἐπεγνωκόσιν τὴν ἀλήθειαν. 4 ὅτι πᾶν κτίσμα θεοῦ καλὸν καὶ οὐδὲν ἀπόβλητον μετὰ εὐχαριστίας λαμβανόμενον· 5 ἁγιάζεται γὰρ διὰ λόγου θεοῦ καὶ ἐντεύξεως.

A Good Minister of Christ

6 Ταῦτα ὑποτιθέμενος τοῖς ἀδελφοῖς καλὸς ἔσῃ διάκονος Χριστοῦ Ἰησοῦ, ἐντρεφόμενος τοῖς λόγοις τῆς πίστεως καὶ τῆς καλῆς διδασκαλίας ᾗ παρηκολούθηκας· 7 τοὺς δὲ βεβήλους καὶ γραώδεις μύθους παραιτοῦ. γύμναζε δὲ σεαυτὸν πρὸς εὐσέβειαν· 8 ἡ γὰρ σωματικὴ γυμνασία πρὸς ὀλίγον ἐστὶν ὠφέλιμος, ἡ δὲ εὐσέβεια πρὸς πάντα ὠφέλιμός ἐστιν ἐπαγγελίαν ἔχουσα ζωῆς τῆς νῦν καὶ τῆς μελλούσης. 9 πιστὸς ὁ λόγος καὶ

---

[1]**16** {A} ὅς 01* 02* 04* 012 33 (256 ὃς θεός) 365 1175 2127 eth Origen^lat Cyril // ὅ 06* (061) lat // θεός 01³ 02ᶜ 04² 06² 025 0150 6 81 263 1573 1739 1881 1962 *Byz* Gregory-Nyssa Chrysostom

πάσης ἀποδοχῆς ἄξιος· 10 εἰς τοῦτο γὰρ κοπιῶμεν καὶ ἀγωνιζόμεθα[1], ὅτι ἠλπίκαμεν ἐπὶ θεῷ ζῶντι, ὅς ἐστιν σωτὴρ πάντων ἀνθρώπων μάλιστα πιστῶν. 11 Παράγγελλε ταῦτα καὶ δίδασκε. 12 μηδείς σου τῆς νεότητος καταφρονείτω, ἀλλὰ τύπος γίνου τῶν πιστῶν ἐν λόγῳ, ἐν ἀναστροφῇ, ἐν ἀγάπῃ, ἐν πίστει[2], ἐν ἁγνείᾳ. 13 ἕως ἔρχομαι πρόσεχε τῇ ἀναγνώσει, τῇ παρακλήσει, τῇ διδασκαλίᾳ. 14 μὴ ἀμέλει τοῦ ἐν σοὶ χαρίσματος, ὃ ἐδόθη σοι διὰ προφητείας μετὰ ἐπιθέσεως τῶν χειρῶν τοῦ πρεσβυτερίου. 15 ταῦτα μελέτα, ἐν τούτοις ἴσθι, ἵνα σου ἡ προκοπὴ φανερὰ ᾖ πᾶσιν. 16 ἔπεχε σεαυτῷ καὶ τῇ διδασκαλίᾳ, ἐπίμενε αὐτοῖς· τοῦτο γὰρ ποιῶν καὶ σεαυτὸν σώσεις καὶ τοὺς ἀκούοντάς σου.

Duties toward Others

5 Πρεσβυτέρῳ μὴ ἐπιπλήξῃς ἀλλὰ παρακάλει ὡς πατέρα, νεωτέρους ὡς ἀδελφούς, 2 πρεσβυτέρας ὡς μητέρας, νεωτέρας ὡς ἀδελφὰς ἐν πάσῃ ἁγνείᾳ.

3 Χήρας τίμα τὰς ὄντως χήρας. 4 εἰ δέ τις χήρα τέκνα ἢ ἔκγονα ἔχει, μανθανέτωσαν πρῶτον τὸν ἴδιον οἶκον εὐσεβεῖν καὶ ἀμοιβὰς ἀποδιδόναι τοῖς προγόνοις· τοῦτο γάρ ἐστιν ἀπόδεκτον ἐνώπιον τοῦ θεοῦ. 5 ἡ δὲ ὄντως χήρα καὶ μεμονωμένη ἤλπικεν ἐπὶ θεὸν καὶ προσμένει ταῖς δεήσεσιν καὶ ταῖς προσευχαῖς νυκτὸς καὶ ἡμέρας, 6 ἡ δὲ σπαταλῶσα ζῶσα τέθνηκεν. 7 καὶ ταῦτα παράγγελλε, ἵνα ἀνεπίλημπτοι ὦσιν. 8 εἰ δέ τις τῶν ἰδίων καὶ μάλιστα οἰκείων οὐ προνοεῖ, τὴν πίστιν ἤρνηται καὶ ἔστιν ἀπίστου χείρων.

9 Χήρα καταλεγέσθω μὴ ἔλαττον ἐτῶν ἑξήκοντα γεγονυῖα, ἑνὸς ἀνδρὸς γυνή, 10 ἐν ἔργοις καλοῖς μαρτυρουμένη, εἰ ἐτεκνοτρόφησεν, εἰ ἐξενοδόχησεν, εἰ ἁγίων πόδας ἔνιψεν, εἰ θλιβομένοις ἐπήρκεσεν, εἰ παντὶ ἔργῳ ἀγαθῷ ἐπηκολούθησεν. 11 νεωτέρας δὲ χήρας παραιτοῦ· ὅταν γὰρ καταστρηνιάσωσιν

---

[1] 10 {B} ἀγωνιζόμεθα 01* 02 04 012 018 33 1175 // ὀνειδιζόμεθα 01² 06 025 0150 6 81 256 263 365 1573 1739 1881 1962 2127 Byz lat sy co eth Chrysostom
[2] 12 {A} ἐν πίστει 01 02 04 06 012 016 6 33 81 1175 1739 1881 lat sy co Clement // ἐν πνεύματι, ἐν πίστει 025 365 Byz

τοῦ Χριστοῦ, γαμεῖν θέλουσιν 12 ἔχουσαι κρίμα ὅτι τὴν πρώτην πίστιν ἠθέτησαν· 13 ἅμα δὲ καὶ ἀργαὶ μανθάνουσιν περιερχόμεναι τὰς οἰκίας, οὐ μόνον δὲ ἀργαὶ ἀλλὰ καὶ φλύαροι καὶ περίεργοι, λαλοῦσαι τὰ μὴ δέοντα. 14 βούλομαι οὖν νεωτέρας γαμεῖν, τεκνογονεῖν, οἰκοδεσποτεῖν, μηδεμίαν ἀφορμὴν διδόναι τῷ ἀντικειμένῳ λοιδορίας χάριν· 15 ἤδη γάρ τινες ἐξετράπησαν ὀπίσω τοῦ σατανᾶ. 16 εἴ τις πιστὴ[1] ἔχει χήρας, ἐπαρκείτω αὐταῖς καὶ μὴ βαρείσθω ἡ ἐκκλησία, ἵνα ταῖς ὄντως χήραις ἐπαρκέσῃ.

17 Οἱ καλῶς προεστῶτες πρεσβύτεροι διπλῆς τιμῆς ἀξιούσθωσαν, μάλιστα οἱ κοπιῶντες ἐν λόγῳ καὶ διδασκαλίᾳ. 18 λέγει γὰρ ἡ γραφή· *βοῦν ἀλοῶντα οὐ φιμώσεις*, καί· *ἄξιος ὁ ἐργάτης τοῦ μισθοῦ αὐτοῦ*. 19 κατὰ πρεσβυτέρου κατηγορίαν μὴ παραδέχου, ἐκτὸς εἰ μὴ ἐπὶ δύο ἢ τριῶν μαρτύρων. 20 τοὺς ἁμαρτάνοντας ἐνώπιον πάντων ἔλεγχε, ἵνα καὶ οἱ λοιποὶ φόβον ἔχωσιν. 21 διαμαρτύρομαι ἐνώπιον τοῦ θεοῦ καὶ Χριστοῦ Ἰησοῦ καὶ τῶν ἐκλεκτῶν ἀγγέλων, ἵνα ταῦτα φυλάξῃς χωρὶς προκρίματος, μηδὲν ποιῶν κατὰ πρόσκλισιν. 22 χεῖρας ταχέως μηδενὶ ἐπιτίθει μηδὲ κοινώνει ἁμαρτίαις ἀλλοτρίαις· σεαυτὸν ἁγνὸν τήρει.

23 Μηκέτι ὑδροπότει, ἀλλ᾿ οἴνῳ ὀλίγῳ χρῶ διὰ τὸν στόμαχον καὶ τὰς πυκνάς σου ἀσθενείας. 24 τινῶν ἀνθρώπων αἱ ἁμαρτίαι πρόδηλοί εἰσιν προάγουσαι εἰς κρίσιν, τισὶν δὲ καὶ ἐπακολουθοῦσιν· 25 ὡσαύτως καὶ τὰ ἔργα τὰ καλὰ πρόδηλα, καὶ τὰ ἄλλως ἔχοντα κρυβῆναι οὐ δύνανται.

6 Ὅσοι εἰσὶν ὑπὸ ζυγὸν δοῦλοι, τοὺς ἰδίους δεσπότας πάσης τιμῆς ἀξίους ἡγείσθωσαν, ἵνα μὴ τὸ ὄνομα τοῦ θεοῦ καὶ ἡ διδασκαλία βλασφημῆται. 2 οἱ δὲ πιστοὺς ἔχοντες δεσπότας μὴ καταφρονείτωσαν, ὅτι ἀδελφοί εἰσιν, ἀλλὰ μᾶλλον δουλευέτωσαν, ὅτι πιστοί εἰσιν καὶ ἀγαπητοὶ οἱ τῆς εὐεργεσίας ἀντιλαμβανόμενοι.

---

[1] **16** {B} πιστή 01 02 04 012 025 048 33 81 263 1739 1881 lat[vl-pt, vg] co Athanasius // πιστός lat[vl-pt] eth // πιστὸς ἢ πιστή 06 0150 6 256 365 1175 1573 1962 2127 *Byz* lat[vl-pt, vg-mss] sy Chrysostom // πιστάς lat[vl-pt]

False Teaching and True Wealth

Ταῦτα δίδασκε καὶ παρακάλει. 3 εἴ τις ἑτεροδιδασκαλεῖ καὶ μὴ προσέρχεται ὑγιαίνουσιν λόγοις τοῖς τοῦ κυρίου ἡμῶν Ἰησοῦ Χριστοῦ καὶ τῇ κατ' εὐσέβειαν διδασκαλίᾳ, 4 τετύφωται, μηδὲν ἐπιστάμενος, ἀλλὰ νοσῶν περὶ ζητήσεις καὶ λογομαχίας, ἐξ ὧν γίνεται φθόνος ἔρις βλασφημίαι, ὑπόνοιαι πονηραί, 5 διαπαρατριβαὶ διεφθαρμένων ἀνθρώπων τὸν νοῦν καὶ ἀπεστερημένων τῆς ἀληθείας, νομιζόντων πορισμὸν εἶναι τὴν εὐσέβειαν[1].

6 Ἔστιν δὲ πορισμὸς μέγας ἡ εὐσέβεια μετὰ αὐταρκείας·
7   οὐδὲν γὰρ εἰσηνέγκαμεν εἰς τὸν κόσμον,
       ὅτι[2] οὐδὲ ἐξενεγκεῖν τι δυνάμεθα·
8   ἔχοντες δὲ διατροφὰς καὶ σκεπάσματα,
       τούτοις ἀρκεσθησόμεθα.

9 οἱ δὲ βουλόμενοι πλουτεῖν ἐμπίπτουσιν εἰς πειρασμὸν καὶ παγίδα καὶ ἐπιθυμίας πολλὰς ἀνοήτους καὶ βλαβεράς, αἵτινες βυθίζουσιν τοὺς ἀνθρώπους εἰς ὄλεθρον καὶ ἀπώλειαν. 10 ῥίζα γὰρ πάντων τῶν κακῶν ἐστιν ἡ φιλαργυρία, ἧς τινες ὀρεγόμενοι ἀπεπλανήθησαν ἀπὸ τῆς πίστεως καὶ ἑαυτοὺς περιέπειραν ὀδύναις πολλαῖς.

The Good Fight of Faith

11   σὺ δέ, ὦ ἄνθρωπε θεοῦ, ταῦτα φεῦγε·
       δίωκε δὲ δικαιοσύνην εὐσέβειαν πίστιν,
       ἀγάπην ὑπομονὴν πραϋπαθίαν.
12   ἀγωνίζου τὸν καλὸν ἀγῶνα τῆς πίστεως,
       ἐπιλαβοῦ τῆς αἰωνίου ζωῆς, εἰς ἣν ἐκλήθης
       καὶ ὡμολόγησας τὴν καλὴν ὁμολογίαν
       ἐνώπιον πολλῶν μαρτύρων.

---

[1]5 {A} εὐσέβειαν 01 02 06* 012 048 6 33 81 1175 1739 1881 lat$^{vl-pt, vg}$ co ∥ εὐσέβειαν· ἀφίστασο ἀπὸ τῶν τοιούτων 06² 025 061 0150 256 263 365 1573 1962 2127 *Byz* lat^{vl-pt} sy eth Irenaeus^{lat} Basil Chrysostom

[2]7 {A} ὅτι 01* 02 012 048 33 81 1739 1881 lat^{vl-pt} Chrysostom^{ms} ∥ δῆλον ὅτι 01² 06¹ 025 (0150 δῆλον δέ) 6 256 263 365 1175 1573 1962 2127 *Byz* lat$^{vl-pt, vg}$ sy Chrysostom ∥ ἀληθὲς ὅτι 06* lat$^{vl-pt, vg-mss}$ sy^{hmg} ∥ *omit* co^{bo-pt} Chrysostom^{mss} Cyril

13 παραγγέλλω [σοι]³ ἐνώπιον τοῦ θεοῦ τοῦ ζῳογονοῦντος τὰ πάντα καὶ Χριστοῦ Ἰησοῦ τοῦ μαρτυρήσαντος ἐπὶ Ποντίου Πιλάτου τὴν καλὴν ὁμολογίαν, **14** τηρῆσαί σε τὴν ἐντολὴν ἄσπιλον ἀνεπίλημπτον μέχρι τῆς ἐπιφανείας τοῦ κυρίου ἡμῶν Ἰησοῦ Χριστοῦ, **15** ἣν καιροῖς ἰδίοις δείξει

ὁ μακάριος καὶ μόνος δυνάστης,
ὁ βασιλεὺς τῶν βασιλευόντων
καὶ κύριος τῶν κυριευόντων,
16 ὁ μόνος ἔχων ἀθανασίαν,
φῶς οἰκῶν ἀπρόσιτον,
ὃν εἶδεν οὐδεὶς ἀνθρώπων οὐδὲ ἰδεῖν δύναται·
ᾧ τιμὴ καὶ κράτος αἰώνιον, ἀμήν.

17 Τοῖς πλουσίοις ἐν τῷ νῦν αἰῶνι παράγγελλε μὴ ὑψηλοφρονεῖν μηδὲ ἠλπικέναι ἐπὶ πλούτου ἀδηλότητι ἀλλ᾽ ἐπὶ θεῷ⁴ τῷ παρέχοντι ἡμῖν πάντα πλουσίως εἰς ἀπόλαυσιν, **18** ἀγαθοεργεῖν, πλουτεῖν ἐν ἔργοις καλοῖς, εὐμεταδότους εἶναι, κοινωνικούς, **19** ἀποθησαυρίζοντας ἑαυτοῖς θεμέλιον καλὸν εἰς τὸ μέλλον, ἵνα ἐπιλάβωνται τῆς ὄντως⁵ ζωῆς.

20 Ὦ Τιμόθεε, τὴν παραθήκην φύλαξον ἐκτρεπόμενος τὰς βεβήλους κενοφωνίας καὶ ἀντιθέσεις τῆς ψευδωνύμου γνώσεως, **21** ἥν τινες ἐπαγγελλόμενοι περὶ τὴν πίστιν ἠστόχησαν. Ἡ χάρις μεθ᾽ ὑμῶν.⁶ ⁷

---

³**13** {C} σοι 01² 02 06 015 025 0150 81 256 263 365 1175 1573 1881 1962 2127 *Byz* lat^(vl-pt, vg) sy co^(sa-ms, bo) eth Tertullian Athanasius Chrysostom // *omit* 01* 012 6 33 1739 lat^(vl-pt) co^(sa-mss)

⁴**17** {B} ἐπὶ θεῷ 01 012 Origen^(gr) // ἐπὶ τῷ θεῷ 02 016 025 0150 6 33 81 256 263 365 1175 1739 1881 2127 lat^(vl-pt, vg) (Origen^(lat)) Basil // ἐπὶ θεῷ ζῶντι 06* // ἐν τῷ θεῷ τῷ ζῶντι 06² 1573 1962 *Byz* lat^(vl-pt, vg-mss) sy co^(bo-ms) eth Chrysostom

⁵**19** {A} ὄντως 01 02 06* 012 0150 81 256 263 365 1739 2127 lat sy co^(sa, bo) eth Origen^(lat) Basil // αἰωνίου 06² 025 6 1573 1881 1962 *Byz* co^(bo-ms) Chrysostom // αἰωνίου ὄντως 1175

⁶**21** {B} ἡ χάρις μεθ᾽ ὑμῶν. 01 02 012 025 0150 33 81 lat^(vl-pt) co^(bo-mss) co^(bo) // ἡ χάρις μετὰ σοῦ. 06 048^(vid) 6 256 263 365 1175 1573 1739 1881 1962 2127 *Byz* lat^(vl-pt, vg) sy co^(bo-ms) eth // *omit* co^(sa) Chrysostom

⁷**21** {A} *no addition* 01* 02 06* 012 048^(vid) 33 81 1739* 1881 lat^(vl-pt, vg) co^(sa, bo-mss) Chrysostom // *add* ἀμήν. 01² 06¹ 025 0150 6 256 263 365 1175 1573 1739^c 1962 2127 *Byz* lat^(vl-pt) sy co^(bo) eth

ΠΡΟΣ ΤΙΜΟΘΕΟΝ Β΄

Salutation

1 Παῦλος ἀπόστολος Χριστοῦ Ἰησοῦ διὰ θελήματος θεοῦ κατ' ἐπαγγελίαν ζωῆς τῆς ἐν Χριστῷ Ἰησοῦ 2 Τιμοθέῳ ἀγαπητῷ τέκνῳ, χάρις ἔλεος εἰρήνη ἀπὸ θεοῦ πατρὸς καὶ Χριστοῦ Ἰησοῦ τοῦ κυρίου ἡμῶν.

Loyalty to the Gospel

3 Χάριν ἔχω τῷ θεῷ, ᾧ λατρεύω ἀπὸ προγόνων ἐν καθαρᾷ συνειδήσει, ὡς ἀδιάλειπτον ἔχω τὴν περὶ σοῦ μνείαν ἐν ταῖς δεήσεσίν μου νυκτὸς καὶ ἡμέρας, 4 ἐπιποθῶν σε ἰδεῖν, μεμνημένος σου τῶν δακρύων, ἵνα χαρᾶς πληρωθῶ, 5 ὑπόμνησιν λαβὼν τῆς ἐν σοὶ ἀνυποκρίτου πίστεως, ἥτις ἐνῴκησεν πρῶτον ἐν τῇ μάμμῃ σου Λωΐδι καὶ τῇ μητρί σου Εὐνίκῃ, πέπεισμαι δὲ ὅτι καὶ ἐν σοί.

6 Δι' ἣν αἰτίαν ἀναμιμνήσκω σε ἀναζωπυρεῖν τὸ χάρισμα τοῦ θεοῦ, ὅ ἐστιν ἐν σοὶ διὰ τῆς ἐπιθέσεως τῶν χειρῶν μου. 7 οὐ γὰρ ἔδωκεν ἡμῖν ὁ θεὸς πνεῦμα δειλίας ἀλλὰ δυνάμεως καὶ ἀγάπης καὶ σωφρονισμοῦ. 8 μὴ οὖν ἐπαισχυνθῇς τὸ μαρτύριον τοῦ κυρίου ἡμῶν μηδὲ ἐμὲ τὸν δέσμιον αὐτοῦ, ἀλλὰ συγκακοπάθησον τῷ εὐαγγελίῳ κατὰ δύναμιν θεοῦ,

9   τοῦ σώσαντος ἡμᾶς
       καὶ καλέσαντος κλήσει ἁγίᾳ,
    οὐ κατὰ τὰ ἔργα ἡμῶν
       ἀλλὰ κατὰ ἰδίαν πρόθεσιν καὶ χάριν,
    τὴν δοθεῖσαν ἡμῖν ἐν Χριστῷ Ἰησοῦ
       πρὸ χρόνων αἰωνίων,
10   φανερωθεῖσαν δὲ νῦν
       διὰ τῆς ἐπιφανείας τοῦ σωτῆρος ἡμῶν Χριστοῦ Ἰησοῦ,
    καταργήσαντος μὲν τὸν θάνατον
       φωτίσαντος δὲ ζωὴν καὶ ἀφθαρσίαν διὰ τοῦ εὐαγγελίου

11 εἰς ὃ ἐτέθην ἐγὼ κῆρυξ καὶ ἀπόστολος καὶ διδάσκαλος[1], **12** δι' ἣν αἰτίαν καὶ ταῦτα πάσχω· ἀλλ' οὐκ ἐπαισχύνομαι, οἶδα γὰρ ᾧ πεπίστευκα καὶ πέπεισμαι ὅτι δυνατός ἐστιν τὴν παραθήκην μου φυλάξαι εἰς ἐκείνην τὴν ἡμέραν. **13** ὑποτύπωσιν ἔχε ὑγιαινόντων λόγων ὧν παρ' ἐμοῦ ἤκουσας ἐν πίστει καὶ ἀγάπῃ τῇ ἐν Χριστῷ Ἰησοῦ· **14** τὴν καλὴν παραθήκην φύλαξον διὰ πνεύματος ἁγίου τοῦ ἐνοικοῦντος ἐν ἡμῖν.

15 Οἶδας τοῦτο, ὅτι ἀπεστράφησάν με πάντες οἱ ἐν τῇ Ἀσίᾳ, ὧν ἐστιν Φύγελος καὶ Ἑρμογένης. **16** δῴη ἔλεος ὁ κύριος τῷ Ὀνησιφόρου οἴκῳ, ὅτι πολλάκις με ἀνέψυξεν καὶ τὴν ἅλυσίν μου οὐκ ἐπαισχύνθη, **17** ἀλλὰ γενόμενος ἐν Ῥώμῃ σπουδαίως ἐζήτησέν με καὶ εὗρεν· **18** δῴη αὐτῷ ὁ κύριος εὑρεῖν ἔλεος παρὰ κυρίου ἐν ἐκείνῃ τῇ ἡμέρᾳ. καὶ ὅσα ἐν Ἐφέσῳ διηκόνησεν, βέλτιον σὺ γινώσκεις.

A Good Soldier of Christ Jesus

2 Σὺ οὖν, τέκνον μου, ἐνδυναμοῦ ἐν τῇ χάριτι τῇ ἐν Χριστῷ Ἰησοῦ, **2** καὶ ἃ ἤκουσας παρ' ἐμοῦ διὰ πολλῶν μαρτύρων, ταῦτα παράθου πιστοῖς ἀνθρώποις, οἵτινες ἱκανοὶ ἔσονται καὶ ἑτέρους διδάξαι. **3** συγκακοπάθησον ὡς καλὸς στρατιώτης Χριστοῦ Ἰησοῦ. **4** οὐδεὶς στρατευόμενος ἐμπλέκεται ταῖς τοῦ βίου πραγματείαις, ἵνα τῷ στρατολογήσαντι ἀρέσῃ. **5** ἐὰν δὲ καὶ ἀθλῇ τις, οὐ στεφανοῦται ἐὰν μὴ νομίμως ἀθλήσῃ. **6** τὸν κοπιῶντα γεωργὸν δεῖ πρῶτον τῶν καρπῶν μεταλαμβάνειν. **7** νόει ὃ λέγω· δώσει γάρ σοι ὁ κύριος σύνεσιν ἐν πᾶσιν.

8 Μνημόνευε Ἰησοῦν Χριστὸν ἐγηγερμένον ἐκ νεκρῶν, ἐκ σπέρματος Δαυίδ, κατὰ τὸ εὐαγγέλιόν μου, **9** ἐν ᾧ κακοπαθῶ μέχρι δεσμῶν ὡς κακοῦργος, ἀλλ' ὁ λόγος τοῦ θεοῦ οὐ δέδεται· **10** διὰ τοῦτο πάντα ὑπομένω διὰ τοὺς ἐκλεκτούς, ἵνα καὶ αὐτοὶ σωτηρίας τύχωσιν τῆς ἐν Χριστῷ Ἰησοῦ μετὰ δόξης αἰωνίου. **11** πιστὸς ὁ λόγος·

---

[1] **11** {B} καὶ διδάσκαλος 01* 02 016 1175 cpa^{ms} // καὶ διδάσκαλος ἐθνῶν (see 1 Tm 2.7) 01² (04 025 256^{vid} omit καί) 06 012 0150 6 81 263 365 1573 1739 1881 1962 2127 Byz lat sy cpa^{ms} co eth Chrysostom // καὶ διάκονος 33

εἰ γὰρ συναπεθάνομεν, καὶ συζήσομεν·
12 εἰ ὑπομένομεν, καὶ συμβασιλεύσομεν·
εἰ ἀρνησόμεθα, κἀκεῖνος ἀρνήσεται ἡμᾶς·
13 εἰ ἀπιστοῦμεν, ἐκεῖνος πιστὸς μένει,
ἀρνήσασθαι γὰρ ἑαυτὸν οὐ δύναται.

A Worker Approved by God

14 Ταῦτα ὑπομίμνησκε διαμαρτυρόμενος ἐνώπιον τοῦ θεοῦ[1] μὴ λογομαχεῖν, ἐπ᾿ οὐδὲν χρήσιμον, ἐπὶ καταστροφῇ τῶν ἀκουόντων. 15 σπούδασον σεαυτὸν δόκιμον παραστῆσαι τῷ θεῷ, ἐργάτην ἀνεπαίσχυντον, ὀρθοτομοῦντα τὸν λόγον τῆς ἀληθείας. 16 τὰς δὲ βεβήλους κενοφωνίας περιΐστασο· ἐπὶ πλεῖον γὰρ προκόψουσιν ἀσεβείας 17 καὶ ὁ λόγος αὐτῶν ὡς γάγγραινα νομὴν ἕξει. ὧν ἐστιν Ὑμέναιος καὶ Φίλητος, 18 οἵτινες περὶ τὴν ἀλήθειαν ἠστόχησαν, λέγοντες [τὴν] ἀνάστασιν ἤδη γεγονέναι, καὶ ἀνατρέπουσιν τήν τινων πίστιν. 19 ὁ μέντοι στερεὸς θεμέλιος τοῦ θεοῦ ἕστηκεν, ἔχων τὴν σφραγῖδα ταύτην· *ἔγνω κύριος τοὺς ὄντας αὐτοῦ,* καί· *ἀποστήτω ἀπὸ ἀδικίας πᾶς ὁ ὀνομάζων τὸ ὄνομα κυρίου.* 20 ἐν μεγάλῃ δὲ οἰκίᾳ οὐκ ἔστιν μόνον σκεύη χρυσᾶ καὶ ἀργυρᾶ ἀλλὰ καὶ ξύλινα καὶ ὀστράκινα, καὶ ἃ μὲν εἰς τιμὴν ἃ δὲ εἰς ἀτιμίαν· 21 ἐὰν οὖν τις ἐκκαθάρῃ ἑαυτὸν ἀπὸ τούτων, ἔσται σκεῦος εἰς τιμήν, ἡγιασμένον, εὔχρηστον τῷ δεσπότῃ, εἰς πᾶν ἔργον ἀγαθὸν ἡτοιμασμένον.

22 Τὰς δὲ νεωτερικὰς ἐπιθυμίας φεῦγε, δίωκε δὲ δικαιοσύνην πίστιν ἀγάπην εἰρήνην μετὰ τῶν ἐπικαλουμένων τὸν κύριον ἐκ καθαρᾶς καρδίας. 23 τὰς δὲ μωρὰς καὶ ἀπαιδεύτους ζητήσεις παραιτοῦ, εἰδὼς ὅτι γεννῶσιν μάχας· 24 δοῦλον δὲ κυρίου οὐ δεῖ μάχεσθαι ἀλλ᾿ ἤπιον εἶναι πρὸς πάντας, διδακτικόν, ἀνεξίκακον, 25 ἐν πραΰτητι παιδεύοντα τοὺς ἀντιδιατιθεμένους, μήποτε δώῃ αὐτοῖς ὁ θεὸς μετάνοιαν εἰς ἐπίγνωσιν ἀληθείας 26 καὶ ἀνανήψωσιν ἐκ τῆς τοῦ διαβόλου παγίδος, ἐζωγρημένοι ὑπ᾿ αὐτοῦ εἰς τὸ ἐκείνου θέλημα.

Nu 16.5 LXX

---

[1] 14 {C} θεοῦ 01 04 012 016 1175 1962 lat^{vl-pt} sy^{hmg} co^{sa-ms, bo-pt} ∥ κυρίου 02 06 025 048 0150 6 81 256 263 365 1573 1739 1881 2127 *Byz* lat^{vl-pt, vg} sy^{(p), h} co^{sa-mss, bo-pt} Basil Chrysostom

Godlessness in the Last Days

3 Τοῦτο δὲ γίνωσκε, ὅτι ἐν ἐσχάταις ἡμέραις ἐνστήσονται καιροὶ χαλεποί· 2 ἔσονται γὰρ οἱ ἄνθρωποι φίλαυτοι φιλάργυροι ἀλαζόνες ὑπερήφανοι βλάσφημοι, γονεῦσιν ἀπειθεῖς, ἀχάριστοι ἀνόσιοι 3 ἄστοργοι ἄσπονδοι διάβολοι ἀκρατεῖς ἀνήμεροι ἀφιλάγαθοι 4 προδόται προπετεῖς τετυφωμένοι, φιλήδονοι μᾶλλον ἢ φιλόθεοι, 5 ἔχοντες μόρφωσιν εὐσεβείας τὴν δὲ δύναμιν αὐτῆς ἠρνημένοι· καὶ τούτους ἀποτρέπου. 6 ἐκ τούτων γάρ εἰσιν οἱ ἐνδύνοντες εἰς τὰς οἰκίας καὶ αἰχμαλωτίζοντες γυναικάρια σεσωρευμένα ἁμαρτίαις, ἀγόμενα ἐπιθυμίαις ποικίλαις, 7 πάντοτε μανθάνοντα καὶ μηδέποτε εἰς ἐπίγνωσιν ἀληθείας ἐλθεῖν δυνάμενα. 8 ὃν τρόπον δὲ Ἰάννης καὶ Ἰαμβρῆς ἀντέστησαν Μωϋσεῖ, οὕτως καὶ οὗτοι ἀνθίστανται τῇ ἀληθείᾳ, ἄνθρωποι κατεφθαρμένοι τὸν νοῦν, ἀδόκιμοι περὶ τὴν πίστιν. 9 ἀλλ᾽ οὐ προκόψουσιν ἐπὶ πλεῖον· ἡ γὰρ ἄνοια αὐτῶν ἔκδηλος ἔσται πᾶσιν, ὡς καὶ ἡ ἐκείνων ἐγένετο.

Paul's Exhortation to Timothy

10 Σὺ δὲ παρηκολούθησάς μου τῇ διδασκαλίᾳ, τῇ ἀγωγῇ, τῇ προθέσει, τῇ πίστει, τῇ μακροθυμίᾳ, τῇ ἀγάπῃ, τῇ ὑπομονῇ, 11 τοῖς διωγμοῖς, τοῖς παθήμασιν, οἷά μοι ἐγένετο ἐν Ἀντιοχείᾳ, ἐν Ἰκονίῳ, ἐν Λύστροις, οἵους διωγμοὺς ὑπήνεγκα καὶ ἐκ πάντων με ἐρρύσατο ὁ κύριος. 12 καὶ πάντες δὲ οἱ θέλοντες εὐσεβῶς ζῆν ἐν Χριστῷ Ἰησοῦ διωχθήσονται. 13 πονηροὶ δὲ ἄνθρωποι καὶ γόητες προκόψουσιν ἐπὶ τὸ χεῖρον πλανῶντες καὶ πλανώμενοι. 14 σὺ δὲ μένε ἐν οἷς ἔμαθες καὶ ἐπιστώθης, εἰδὼς παρὰ τίνων[1] ἔμαθες, 15 καὶ ὅτι ἀπὸ βρέφους [τὰ] ἱερὰ γράμματα οἶδας, τὰ δυνάμενά σε σοφίσαι εἰς σωτηρίαν διὰ πίστεως τῆς ἐν Χριστῷ Ἰησοῦ. 16 πᾶσα γραφὴ θεόπνευστος καὶ ὠφέλιμος πρὸς διδασκαλίαν, πρὸς ἐλεγμόν, πρὸς ἐπανόρθωσιν, πρὸς παιδείαν τὴν ἐν δικαιοσύνῃ, 17 ἵνα ἄρτιος ᾖ ὁ τοῦ θεοῦ ἄνθρωπος, πρὸς πᾶν ἔργον ἀγαθὸν ἐξηρτισμένος.

---

[1] 14 {B} τίνων 01 02 04* 012 025 33 81 1175 1739 1881 lat^{vl-pt} ∥ τίνος 04³ 06 0150 6 256 263 365 1573 1962 2127 *Byz* lat$^{vl-pt,\ vg}$ Chrysostom

4 Διαμαρτύρομαι ἐνώπιον τοῦ θεοῦ καὶ Χριστοῦ Ἰησοῦ τοῦ μέλλοντος κρίνειν ζῶντας καὶ νεκρούς, καὶ τὴν ἐπιφάνειαν[1] αὐτοῦ καὶ τὴν βασιλείαν αὐτοῦ· **2** κήρυξον τὸν λόγον, ἐπίστηθι εὐκαίρως ἀκαίρως, ἔλεγξον, ἐπιτίμησον, παρακάλεσον, ἐν πάσῃ μακροθυμίᾳ καὶ διδαχῇ. **3** ἔσται γὰρ καιρὸς ὅτε τῆς ὑγιαινούσης διδασκαλίας οὐκ ἀνέξονται ἀλλὰ κατὰ τὰς ἰδίας ἐπιθυμίας ἑαυτοῖς ἐπισωρεύσουσιν διδασκάλους κνηθόμενοι τὴν ἀκοὴν **4** καὶ ἀπὸ μὲν τῆς ἀληθείας τὴν ἀκοὴν ἀποστρέψουσιν, ἐπὶ δὲ τοὺς μύθους ἐκτραπήσονται. **5** σὺ δὲ νῆφε ἐν πᾶσιν, κακοπάθησον, ἔργον ποίησον εὐαγγελιστοῦ, τὴν διακονίαν σου πληροφόρησον.

6 Ἐγὼ γὰρ ἤδη σπένδομαι, καὶ ὁ καιρὸς τῆς ἀναλύσεώς μου ἐφέστηκεν. **7** τὸν καλὸν ἀγῶνα ἠγώνισμαι, τὸν δρόμον τετέλεκα, τὴν πίστιν τετήρηκα· **8** λοιπὸν ἀπόκειταί μοι ὁ τῆς δικαιοσύνης στέφανος, ὃν ἀποδώσει μοι ὁ κύριος ἐν ἐκείνῃ τῇ ἡμέρᾳ, ὁ δίκαιος κριτής, οὐ μόνον δὲ ἐμοὶ ἀλλὰ καὶ πᾶσιν τοῖς ἠγαπηκόσιν τὴν ἐπιφάνειαν αὐτοῦ.

Personal Instructions

9 Σπούδασον ἐλθεῖν πρός με ταχέως· **10** Δημᾶς γάρ με ἐγκατέλιπεν ἀγαπήσας τὸν νῦν αἰῶνα καὶ ἐπορεύθη εἰς Θεσσαλονίκην, Κρήσκης εἰς Γαλατίαν[2], Τίτος εἰς Δαλματίαν· **11** Λουκᾶς ἐστιν μόνος μετ' ἐμοῦ. Μᾶρκον ἀναλαβὼν ἄγε μετὰ σεαυτοῦ, ἔστιν γάρ μοι εὔχρηστος εἰς διακονίαν. **12** Τύχικον δὲ ἀπέστειλα εἰς Ἔφεσον. **13** τὸν φαιλόνην ὃν ἀπέλιπον ἐν Τρῳάδι παρὰ Κάρπῳ ἐρχόμενος φέρε, καὶ τὰ βιβλία μάλιστα τὰς μεμβράνας. **14** Ἀλέξανδρος ὁ χαλκεὺς πολλά μοι κακὰ ἐνεδείξατο· ἀποδώσει αὐτῷ ὁ κύριος κατὰ τὰ ἔργα αὐτοῦ· **15** ὃν καὶ σὺ φυλάσσου, λίαν γὰρ ἀντέστη τοῖς ἡμετέροις λόγοις. **16** ἐν τῇ πρώτῃ μου ἀπολογίᾳ οὐδείς μοι παρεγένετο, ἀλλὰ πάντες με ἐγκατέλιπον· μὴ αὐτοῖς

---

[1] **1** {B} καὶ τὴν ἐπιφάνειαν 01* 02 04 06* 012 6 33 1175 1739 lat co[bo] // κατὰ τὴν ἐπιφάνειαν 01[2] 06[1] 025 0150 81 256 263 365 1573 1881 1962 2127 *Byz* (sy) co[sa] Basil Chrysostom

[2] **10** {C} Γαλατίαν 02 06 012 025 0150 6 33 256 263 365 1175 1573 1739 1881 1962 2127 *Byz* lat[vl, vg-mss] sy co[bo-pt] eth Irenaeus[lat] Chrysostom // Γαλλίαν 01 04 81 lat[vg] co[sa, bo-pt] Eusebius // Γαλιλαίαν lat[vg-ms] (co[bo-mss])

λογισθείη· **17** ὁ δὲ κύριός μοι παρέστη καὶ ἐνεδυνάμωσέν με, ἵνα δι' ἐμοῦ τὸ κήρυγμα πληροφορηθῇ καὶ ἀκούσωσιν πάντα τὰ ἔθνη, καὶ ἐρρύσθην ἐκ στόματος λέοντος. **18** ῥύσεταί με ὁ κύριος ἀπὸ παντὸς ἔργου πονηροῦ καὶ σώσει εἰς τὴν βασιλείαν αὐτοῦ τὴν ἐπουράνιον· ᾧ ἡ δόξα εἰς τοὺς αἰῶνας τῶν αἰώνων, ἀμήν.

Final Greetings

19 Ἄσπασαι Πρίσκαν καὶ Ἀκύλαν καὶ τὸν Ὀνησιφόρου οἶκον. **20** Ἔραστος ἔμεινεν ἐν Κορίνθῳ, Τρόφιμον δὲ ἀπέλιπον ἐν Μιλήτῳ ἀσθενοῦντα. **21** σπούδασον πρὸ χειμῶνος ἐλθεῖν. ἀσπάζεταί σε Εὔβουλος καὶ Πούδης καὶ Λίνος καὶ Κλαυδία καὶ οἱ ἀδελφοὶ πάντες.

22 Ὁ κύριος[3] μετὰ τοῦ πνεύματός σου. ἡ χάρις μεθ' ὑμῶν.[4]

---

[3]**22** {B} κύριος 01* 012 33 1739 1881 lat[vl-pt] co[sa] ∥ κύριος Ἰησοῦς 02 lat[vl-pt, vg] ∥ κύριος Ἰησοῦς Χριστός 01[2] 04 06 025 0150 6 81 256 263 365 1175 1573 1962 2127 Byz lat[vl-pt, vg-mss] sy co[bo] (eth) Chrysostom

[4]**22** {A} ὑμῶν. 01* 02 04 012 6 33 81 1739* 1881 lat[vl-pt, vg-mss] co[sa, bo-mss] ∥ ὑμῶν· ἀμήν. 01[2] 06 025 0150 256 263 365 1175 1573 1739[c] 1962 2127 Byz lat[vl-pt, (vg)] sy co[bo-mss] (eth) (Chrysostom)

ΠΡΟΣ ΤΙΤΟΝ

Salutation

1 Παῦλος δοῦλος θεοῦ, ἀπόστολος δὲ Ἰησοῦ Χριστοῦ κατὰ πίστιν ἐκλεκτῶν θεοῦ καὶ ἐπίγνωσιν ἀληθείας τῆς κατ' εὐσέβειαν 2 ἐπ' ἐλπίδι ζωῆς αἰωνίου, ἣν ἐπηγγείλατο ὁ ἀψευδὴς θεὸς πρὸ χρόνων αἰωνίων, 3 ἐφανέρωσεν δὲ καιροῖς ἰδίοις τὸν λόγον αὐτοῦ ἐν κηρύγματι, ὃ ἐπιστεύθην ἐγὼ κατ' ἐπιταγὴν τοῦ σωτῆρος ἡμῶν θεοῦ, 4 Τίτῳ γνησίῳ τέκνῳ κατὰ κοινὴν πίστιν, χάρις καὶ εἰρήνη[1] ἀπὸ θεοῦ πατρὸς καὶ Χριστοῦ Ἰησοῦ τοῦ σωτῆρος ἡμῶν.

Titus' Work in Crete

5 Τούτου χάριν ἀπέλιπόν σε ἐν Κρήτῃ, ἵνα τὰ λείποντα ἐπιδιορθώσῃ καὶ καταστήσῃς κατὰ πόλιν πρεσβυτέρους, ὡς ἐγώ σοι διεταξάμην, 6 εἴ τίς ἐστιν ἀνέγκλητος, μιᾶς γυναικὸς ἀνήρ, τέκνα ἔχων πιστά, μὴ ἐν κατηγορίᾳ ἀσωτίας ἢ ἀνυπότακτα. 7 δεῖ γὰρ τὸν ἐπίσκοπον ἀνέγκλητον εἶναι ὡς θεοῦ οἰκονόμον, μὴ αὐθάδη, μὴ ὀργίλον, μὴ πάροινον, μὴ πλήκτην, μὴ αἰσχροκερδῆ, 8 ἀλλὰ φιλόξενον φιλάγαθον σώφρονα δίκαιον ὅσιον ἐγκρατῆ, 9 ἀντεχόμενον τοῦ κατὰ τὴν διδαχὴν πιστοῦ λόγου, ἵνα δυνατὸς ᾖ καὶ παρακαλεῖν ἐν τῇ διδασκαλίᾳ τῇ ὑγιαινούσῃ καὶ τοὺς ἀντιλέγοντας ἐλέγχειν.

10 Εἰσὶν γὰρ πολλοὶ [καὶ] ἀνυπότακτοι, ματαιολόγοι καὶ φρεναπάται, μάλιστα οἱ ἐκ τῆς περιτομῆς, 11 οὓς δεῖ ἐπιστομίζειν, οἵτινες ὅλους οἴκους ἀνατρέπουσιν διδάσκοντες ἃ μὴ δεῖ αἰσχροῦ κέρδους χάριν. 12 εἶπέν τις ἐξ αὐτῶν ἴδιος αὐτῶν προφήτης·

Κρῆτες ἀεὶ ψεῦσται, κακὰ θηρία, γαστέρες ἀργαί.

13 ἡ μαρτυρία αὕτη ἐστὶν ἀληθής. δι' ἣν αἰτίαν ἔλεγχε αὐτοὺς ἀποτόμως, ἵνα ὑγιαίνωσιν ἐν τῇ πίστει, 14 μὴ προσέχοντες

---

[1]4 {A} χάρις καὶ εἰρήνη 01 04* 06 012 025 088 (33 χάρις ὑμῖν καί) 256 263 365 1175 (1739 1881 *omit* καί) 2127 lat sy[p] co[(sa), bo] (eth) Chrysostom // χάρις, ἔλεος, εἰρήνη 02 04[2] 0150 6 81 1573 1962 *Byz* co[bo-ms] (sy[h]) Origen[lat]

Ἰουδαϊκοῖς μύθοις καὶ ἐντολαῖς ἀνθρώπων ἀποστρεφομένων τὴν ἀλήθειαν. **15** πάντα καθαρὰ τοῖς καθαροῖς· τοῖς δὲ μεμιαμμένοις καὶ ἀπίστοις οὐδὲν καθαρόν, ἀλλὰ μεμίανται αὐτῶν καὶ ὁ νοῦς καὶ ἡ συνείδησις. **16** θεὸν ὁμολογοῦσιν εἰδέναι, τοῖς δὲ ἔργοις ἀρνοῦνται, βδελυκτοὶ ὄντες καὶ ἀπειθεῖς καὶ πρὸς πᾶν ἔργον ἀγαθὸν ἀδόκιμοι.

The Teaching of Sound Doctrine

2 Σὺ δὲ λάλει ἃ πρέπει τῇ ὑγιαινούσῃ διδασκαλίᾳ. **2** πρεσβύτας νηφαλίους εἶναι, σεμνούς, σώφρονας, ὑγιαίνοντας τῇ πίστει, τῇ ἀγάπῃ, τῇ ὑπομονῇ· **3** πρεσβύτιδας ὡσαύτως ἐν καταστήματι ἱεροπρεπεῖς, μὴ διαβόλους μὴ οἴνῳ πολλῷ δεδουλωμένας, καλοδιδασκάλους, **4** ἵνα σωφρονίζωσιν τὰς νέας φιλάνδρους εἶναι, φιλοτέκνους **5** σώφρονας ἁγνὰς οἰκουργοὺς ἀγαθάς, ὑποτασσομένας τοῖς ἰδίοις ἀνδράσιν, ἵνα μὴ ὁ λόγος τοῦ θεοῦ βλασφημῆται.

6 Τοὺς νεωτέρους ὡσαύτως παρακάλει σωφρονεῖν **7** περὶ πάντα, σεαυτὸν παρεχόμενος τύπον καλῶν ἔργων, ἐν τῇ διδασκαλίᾳ ἀφθορίαν[1], σεμνότητα[2], **8** λόγον ὑγιῆ ἀκατάγνωστον, ἵνα ὁ ἐξ ἐναντίας ἐντραπῇ μηδὲν ἔχων λέγειν περὶ ἡμῶν φαῦλον.

9 Δούλους ἰδίοις δεσπόταις ὑποτάσσεσθαι ἐν πᾶσιν, εὐαρέστους εἶναι, μὴ ἀντιλέγοντας, **10** μὴ νοσφιζομένους, ἀλλὰ πᾶσαν πίστιν ἐνδεικνυμένους ἀγαθήν, ἵνα τὴν διδασκαλίαν τὴν τοῦ σωτῆρος ἡμῶν θεοῦ κοσμῶσιν ἐν πᾶσιν.

11 Ἐπεφάνη γὰρ ἡ χάρις τοῦ θεοῦ σωτήριος πᾶσιν ἀνθρώποις **12** παιδεύουσα ἡμᾶς, ἵνα ἀρνησάμενοι τὴν ἀσέβειαν καὶ τὰς κοσμικὰς ἐπιθυμίας σωφρόνως καὶ δικαίως καὶ εὐσεβῶς ζήσωμεν ἐν τῷ νῦν αἰῶνι, **13** προσδεχόμενοι τὴν μακαρίαν ἐλπίδα καὶ ἐπιφάνειαν τῆς δόξης τοῦ μεγάλου θεοῦ καὶ σωτῆρος ἡμῶν Ἰησοῦ Χριστοῦ, **14** ὃς ἔδωκεν ἑαυτὸν ὑπὲρ ἡμῶν, ἵνα λυτρώση-

---

[1]7 {B} ἀφθορίαν 01* 02 04 06* 018 025 33 (81) 1739 ∥ ἀδιαφθορίαν 01² 06¹ 365 Byz ∥ ἀφθονίαν 𝔓³² 012 1881

[2]7 {B} σεμνότητα 𝔓³²vid 01 02 04 06* 012 025 33 81 365 1739 1881 lat co ∥ σεμνότητα, ἀφθαρσίαν 06² Byz sy^h

ται ἡμᾶς ἀπὸ πάσης ἀνομίας καὶ καθαρίσῃ ἑαυτῷ λαὸν περιούσιον, ζηλωτὴν καλῶν ἔργων. **15** ταῦτα λάλει καὶ παρακάλει καὶ ἔλεγχε μετὰ πάσης ἐπιταγῆς· μηδείς σου περιφρονείτω.

Maintain Good Deeds

3 Ὑπομίμνῃσκε αὐτοὺς ἀρχαῖς¹ ἐξουσίαις ὑποτάσσεσθαι, πειθαρχεῖν, πρὸς πᾶν ἔργον ἀγαθὸν ἑτοίμους εἶναι, **2** μηδένα βλασφημεῖν, ἀμάχους εἶναι, ἐπιεικεῖς, πᾶσαν ἐνδεικνυμένους πραΰτητα πρὸς πάντας ἀνθρώπους. **3** ἦμεν γάρ ποτε καὶ ἡμεῖς ἀνόητοι, ἀπειθεῖς, πλανώμενοι, δουλεύοντες ἐπιθυμίαις καὶ ἡδοναῖς ποικίλαις, ἐν κακίᾳ καὶ φθόνῳ διάγοντες, στυγητοί, μισοῦντες ἀλλήλους.

4   ὅτε δὲ ἡ χρηστότης καὶ ἡ φιλανθρωπία ἐπεφάνη
       τοῦ σωτῆρος ἡμῶν θεοῦ,
5   οὐκ ἐξ ἔργων τῶν ἐν δικαιοσύνῃ
       ἃ ἐποιήσαμεν ἡμεῖς
ἀλλὰ κατὰ τὸ αὐτοῦ ἔλεος
       ἔσωσεν ἡμᾶς διὰ λουτροῦ παλιγγενεσίας
καὶ ἀνακαινώσεως πνεύματος ἁγίου,
6   οὗ ἐξέχεεν ἐφ᾽ ἡμᾶς πλουσίως
διὰ Ἰησοῦ Χριστοῦ τοῦ σωτῆρος ἡμῶν,
7   ἵνα δικαιωθέντες τῇ ἐκείνου χάριτι
κληρονόμοι γενηθῶμεν κατ᾽ ἐλπίδα ζωῆς αἰωνίου.

8 Πιστὸς ὁ λόγος· καὶ περὶ τούτων βούλομαί σε διαβεβαιοῦσθαι, ἵνα φροντίζωσιν καλῶν ἔργων προΐστασθαι οἱ πεπιστευκότες θεῷ· ταῦτά ἐστιν καλὰ καὶ ὠφέλιμα τοῖς ἀνθρώποις. **9** μωρὰς δὲ ζητήσεις καὶ γενεαλογίας καὶ ἔρεις καὶ μάχας νομικὰς περιΐστασο· εἰσὶν γὰρ ἀνωφελεῖς καὶ μάταιοι. **10** αἱρετικὸν ἄνθρωπον μετὰ μίαν καὶ δευτέραν νουθεσίαν παραιτοῦ, **11** εἰδὼς ὅτι ἐξέστραπται ὁ τοιοῦτος καὶ ἁμαρτάνει ὢν αὐτοκατάκριτος.

---

¹**1** {B} ἀρχαῖς 01 02 04 06* 012 0150 33 1739 1881 lat^(vl-pt) ∥ ἀρχαῖς καί 06¹ 025 0278 81 256 (263) 365 1573 2127 *Byz* lat^(vl-pt, vg) sy cpa co eth Basil Chrysostom

Personal Instructions and Greetings

12 Ὅταν πέμψω Ἀρτεμᾶν πρὸς σὲ ἢ Τύχικον, σπούδασον ἐλθεῖν πρός με εἰς Νικόπολιν, ἐκεῖ γὰρ κέκρικα παραχειμάσαι. **13** Ζηνᾶν τὸν νομικὸν καὶ Ἀπολλῶν σπουδαίως πρόπεμψον, ἵνα μηδὲν αὐτοῖς λείπῃ. **14** μανθανέτωσαν δὲ καὶ οἱ ἡμέτεροι καλῶν ἔργων προΐστασθαι εἰς τὰς ἀναγκαίας χρείας, ἵνα μὴ ὦσιν ἄκαρποι.

15 Ἀσπάζονταί σε οἱ μετ᾽ ἐμοῦ πάντες. ἄσπασαι τοὺς φιλοῦντας ἡμᾶς ἐν πίστει.

Ἡ χάρις μετὰ πάντων ὑμῶν.[2]

---

[2] **15** {A} ὑμῶν. 𝔓[61vid] 01* 02 04 06* 048 33 81 256 1739 1881 lat[vl-pt, vg-mss] co[sa, bo-mss] ∥ ὑμῶν· ἀμήν. 01[2] 06[1] 012 015 025 0150 0278 263 365 1573 2127 *Byz* lat[vl-pt, vg] sy co[bo-mss] eth Chrysostom

ΠΡΟΣ ΦΙΛΗΜΟΝΑ

Salutation

1 Παῦλος δέσμιος Χριστοῦ Ἰησοῦ καὶ Τιμόθεος ὁ ἀδελφὸς Φιλήμονι τῷ ἀγαπητῷ καὶ συνεργῷ ἡμῶν **2** καὶ Ἀπφίᾳ τῇ ἀδελφῇ[1] καὶ Ἀρχίππῳ τῷ συστρατιώτῃ ἡμῶν καὶ τῇ κατ' οἶκόν σου ἐκκλησίᾳ, **3** χάρις ὑμῖν καὶ εἰρήνη ἀπὸ θεοῦ πατρὸς ἡμῶν καὶ κυρίου Ἰησοῦ Χριστοῦ.

Philemon's Love and Faith

4 Εὐχαριστῶ τῷ θεῷ μου πάντοτε μνείαν σου ποιούμενος ἐπὶ τῶν προσευχῶν μου, **5** ἀκούων σου τὴν ἀγάπην καὶ τὴν πίστιν, ἣν ἔχεις πρὸς τὸν κύριον Ἰησοῦν καὶ εἰς πάντας τοὺς ἁγίους, **6** ὅπως ἡ κοινωνία τῆς πίστεώς σου ἐνεργὴς γένηται ἐν ἐπιγνώσει παντὸς ἀγαθοῦ τοῦ ἐν ἡμῖν[2] εἰς Χριστόν. **7** χαρὰν γὰρ πολλὴν ἔσχον καὶ παράκλησιν ἐπὶ τῇ ἀγάπῃ σου, ὅτι τὰ σπλάγχνα τῶν ἁγίων ἀναπέπαυται διὰ σοῦ, ἀδελφέ.

Paul Pleads for Onesimus

8 Διὸ πολλὴν ἐν Χριστῷ παρρησίαν ἔχων ἐπιτάσσειν σοι τὸ ἀνῆκον **9** διὰ τὴν ἀγάπην μᾶλλον παρακαλῶ, τοιοῦτος ὢν ὡς Παῦλος πρεσβύτης νυνὶ δὲ καὶ δέσμιος Χριστοῦ Ἰησοῦ· **10** παρακαλῶ σε περὶ τοῦ ἐμοῦ τέκνου, ὃν ἐγέννησα ἐν τοῖς δεσμοῖς, Ὀνήσιμον, **11** τόν ποτέ σοι ἄχρηστον νυνὶ δὲ [καὶ]

---

[1]**2** {A} τῇ ἀδελφῇ 01 02 06* 012 016 025 048 0278 33 81 1739 1881 lat$^{vl\text{-}pt,\,vg}$ co$^{sa\text{-}ms,\,bo}$ (eth) ∥ τῇ ἀγαπητῇ 06² 0150 256 263 365 1573 *Byz* (sy^p) sy^h co$^{sa\text{-}mss}$ Chrysostom ∥ τῇ ἀδελφῇ τῇ ἀγαπητῇ lat$^{vl\text{-}pt,\,vg\text{-}mss}$ sy$^{h\,with\,*}$

[2]**6** {B} ἐν ἡμῖν 02 04 06 048^{vid} 0150 81 *Byz* lat$^{vl\text{-}pt,\,vg}$ sy^{hmg} Chrysostom^{lem} ∥ ἐν ὑμῖν $\mathfrak{P}^{61}$ $\mathfrak{P}^{139vid}$ 01 012 025 0278 33 256 263 365 1573 1739 1881 *TR* lat$^{vl\text{-}pt,\,vg\text{-}ms}$ sy co Chrysostom^{com} ∥ *omit* lat$^{vg\text{-}mss}$ (eth)

σοὶ καὶ ἐμοὶ εὔχρηστον, **12** ὃν ἀνέπεμψά σοι, αὐτόν, τοῦτ᾽ ἔστιν τὰ ἐμὰ σπλάγχνα·³ **13** ὃν ἐγὼ ἐβουλόμην πρὸς ἐμαυτὸν κατέχειν, ἵνα ὑπὲρ σοῦ μοι διακονῇ ἐν τοῖς δεσμοῖς τοῦ εὐαγγελίου, **14** χωρὶς δὲ τῆς σῆς γνώμης οὐδὲν ἠθέλησα ποιῆσαι, ἵνα μὴ ὡς κατὰ ἀνάγκην τὸ ἀγαθόν σου ᾖ ἀλλὰ κατὰ ἑκούσιον.

15 Τάχα γὰρ διὰ τοῦτο ἐχωρίσθη πρὸς ὥραν, ἵνα αἰώνιον αὐτὸν ἀπέχῃς, **16** οὐκέτι ὡς δοῦλον ἀλλ᾽ ὑπὲρ δοῦλον, ἀδελφὸν ἀγαπητόν, μάλιστα ἐμοί, πόσῳ δὲ μᾶλλον σοὶ καὶ ἐν σαρκὶ καὶ ἐν κυρίῳ. **17** εἰ οὖν με ἔχεις κοινωνόν, προσλαβοῦ αὐτὸν ὡς ἐμέ. **18** εἰ δέ τι ἠδίκησέν σε ἢ ὀφείλει, τοῦτο ἐμοὶ ἐλλόγα. **19** ἐγὼ Παῦλος ἔγραψα τῇ ἐμῇ χειρί, ἐγὼ ἀποτίσω· ἵνα μὴ λέγω σοι ὅτι καὶ σεαυτόν μοι προσοφείλεις. **20** ναὶ ἀδελφέ, ἐγώ σου ὀναίμην ἐν κυρίῳ· ἀνάπαυσόν μου τὰ σπλάγχνα ἐν Χριστῷ.

21 Πεποιθὼς τῇ ὑπακοῇ σου ἔγραψά σοι, εἰδὼς ὅτι καὶ ὑπὲρ ἃ λέγω ποιήσεις. **22** ἅμα δὲ καὶ ἑτοίμαζέ μοι ξενίαν· ἐλπίζω γὰρ ὅτι διὰ τῶν προσευχῶν ὑμῶν χαρισθήσομαι ὑμῖν.

Final Greetings

23 Ἀσπάζεταί σε Ἐπαφρᾶς ὁ συναιχμάλωτός μου ἐν Χριστῷ Ἰησοῦ, **24** Μᾶρκος, Ἀρίσταρχος, Δημᾶς, Λουκᾶς, οἱ συνεργοί μου.

25 Ἡ χάρις τοῦ κυρίου Ἰησοῦ Χριστοῦ μετὰ τοῦ πνεύματος ὑμῶν.⁴

---

³ **12** {B} ἀνέπεμψά σοι, αὐτόν, τοῦτ᾽ ἔστιν τὰ ἐμὰ σπλάγχνα· 01* 02 33 ∥ ἀνέπεμψά σοι, αὐτόν, τοῦτ᾽ ἔστιν τὰ ἐμὰ σπλάγχνα, προσλαβοῦ· 04* ∥ ἀνέπεμψα, σὺ δὲ αὐτόν, τοῦτ᾽ ἔστιν τὰ ἐμὰ σπλάγχνα· 012 ∥ ἀνέπεμψα, σὺ δὲ αὐτόν, τοῦτ᾽ ἔστιν τὰ ἐμὰ σπλάγχνα, προσλαβοῦ· 01² (06² 1573 1881 ἔπεμψα) 025 0150 0278 81 (256 263 365 προσλαβοῦ *after* δέ) 1739 *Byz* lat[vl-pt, vg] (sy[h]) (cpa) Chrysostom[mss] ∥ ἔπεμψά σοι, σὺ δὲ αὐτόν, τοῦτ᾽ ἔστιν τὰ ἐμὰ σπλάγχνα, προσλαβοῦ· (04² ἀνέπεμψα) 06* (048 προσλαβοῦ *after* αὐτόν) lat[vl-pt, vg-mss] (sy[p]) (co) (Chrysostom)

⁴ **25** {B} ὑμῶν. 𝔓[87vid] 02 06* 048[vid] 6 33 81 1739* 1881 lat[vl-pt] co[sa, bo-mss] ∥ ὑμῶν· ἀμήν. 01 04 06¹ 025 0150 0278 256 365 1573 1739[c] *Byz* lat[vl-pt, vg] sy cpa co[bo] eth Chrysostom ∥ σοῦ· ἀμήν. lat[vg-ms]

ΑΠΟΚΑΛΥΨΙΣ ΙΩΑΝΝΟΥ

Introduction and Salutation

1 Ἀποκάλυψις Ἰησοῦ Χριστοῦ ἣν ἔδωκεν αὐτῷ ὁ θεὸς δεῖξαι τοῖς δούλοις αὐτοῦ ἃ δεῖ γενέσθαι ἐν τάχει, καὶ ἐσήμανεν ἀποστείλας διὰ τοῦ ἀγγέλου αὐτοῦ τῷ δούλῳ αὐτοῦ Ἰωάννῃ, 2 ὃς ἐμαρτύρησεν τὸν λόγον τοῦ θεοῦ καὶ τὴν μαρτυρίαν Ἰησοῦ Χριστοῦ ὅσα εἶδεν. 3 μακάριος ὁ ἀναγινώσκων καὶ οἱ ἀκούοντες τοὺς λόγους τῆς προφητείας καὶ τηροῦντες τὰ ἐν αὐτῇ γεγραμμένα, ὁ γὰρ καιρὸς ἐγγύς.

4 Ἰωάννης ταῖς ἑπτὰ ἐκκλησίαις ταῖς ἐν τῇ Ἀσίᾳ· χάρις ὑμῖν καὶ εἰρήνη ἀπὸ[1] ὁ ὢν καὶ ὁ ἦν καὶ ὁ ἐρχόμενος καὶ ἀπὸ τῶν ἑπτὰ πνευμάτων ἃ ἐνώπιον τοῦ θρόνου αὐτοῦ 5 καὶ ἀπὸ Ἰησοῦ Χριστοῦ, ὁ μάρτυς, ὁ πιστός, ὁ πρωτότοκος τῶν νεκρῶν καὶ ὁ ἄρχων τῶν βασιλέων τῆς γῆς. τῷ ἀγαπῶντι ἡμᾶς καὶ λύσαντι ἡμᾶς[2] ἐκ τῶν ἁμαρτιῶν ἡμῶν ἐν τῷ αἵματι αὐτοῦ, 6 καὶ ἐποίησεν ἡμᾶς βασιλείαν, ἱερεῖς τῷ θεῷ καὶ πατρὶ αὐτοῦ, αὐτῷ ἡ δόξα καὶ τὸ κράτος εἰς τοὺς αἰῶνας τῶν αἰώνων· ἀμήν.

7   ἰδοὺ ἔρχεται μετὰ τῶν νεφελῶν,
        καὶ ὄψεται αὐτὸν πᾶς ὀφθαλμὸς
      καὶ οἵτινες αὐτὸν ἐξεκέντησαν,
        καὶ κόψονται ἐπ᾽ αὐτὸν πᾶσαι αἱ φυλαὶ τῆς γῆς.
ναί, ἀμήν.

8 Ἐγώ εἰμι τὸ ἄλφα καὶ τὸ ὦ[3], λέγει κύριος ὁ θεός, ὁ ὢν καὶ ὁ ἦν καὶ ὁ ἐρχόμενος, ὁ παντοκράτωρ.

---

[1]4 {A} ἀπό 𝔓[18] 01 02 04 025 1637 2019 2050 2080 2846 lat[vl-pt, vg] sy co eth ∥ ἀπὸ θεοῦ 82 (91) 250 1006 1611 1854 2053 2329 2344 *Byz* lat[vl-pt] sy[hmg-mss] ∥ ἀπὸ τοῦ *TR*
[2]5 ♦ λύσαντι ἡμᾶς 𝔓[18vid] 01[2] 02 04 254* 2050 2329 *Byz*[A] lat[vl-pt] sy[ph] eth ∥ λύσαντι 01* 1611 2019 2344[vid] ∥ ♦ λούσαντι ἡμᾶς 025 254[c] 1006 1637 1854 2053 *Byz*[K] *TR* lat[vl-pt, vg]
[3]8 {A} ὦ 01[2] 02 04 025 82 1006 1611 1637 2053 *Byz*[K] lat[vl] sy eth ∥ ὦ, ἀρχὴ καὶ τέλος (*see* 21.6) 01* 254 1854 (2019 2329 ἡ ἀρχή *and* τὸ τέλος) 2050 (2344 τὸ τέλος) *Byz*[A] *TR* lat[vg] sy[hmg-mss] co Clement (Hippolytus[vid])

A Vision of Christ

9 Ἐγὼ Ἰωάννης, ὁ ἀδελφὸς ὑμῶν καὶ συγκοινωνὸς ἐν τῇ θλίψει καὶ βασιλείᾳ καὶ ὑπομονῇ ἐν Ἰησοῦ[4], ἐγενόμην ἐν τῇ νήσῳ τῇ καλουμένῃ Πάτμῳ διὰ τὸν λόγον τοῦ θεοῦ καὶ διὰ τὴν μαρτυρίαν Ἰησοῦ. **10** ἐγενόμην ἐν πνεύματι ἐν τῇ κυριακῇ ἡμέρᾳ καὶ ἤκουσα ὀπίσω μου φωνὴν μεγάλην ὡς σάλπιγγος **11** λεγούσης· ὃ βλέπεις γράψον εἰς βιβλίον καὶ πέμψον ταῖς ἑπτὰ ἐκκλησίαις, εἰς Ἔφεσον καὶ εἰς Σμύρναν καὶ εἰς Πέργαμον καὶ εἰς Θυάτειρα καὶ εἰς Σάρδεις καὶ εἰς Φιλαδέλφειαν καὶ εἰς Λαοδίκειαν.

12 Καὶ ἐπέστρεψα βλέπειν τὴν φωνὴν ἥτις ἐλάλει μετ᾿ ἐμοῦ, καὶ ἐπιστρέψας εἶδον ἑπτὰ λυχνίας χρυσᾶς **13** καὶ ἐν μέσῳ τῶν λυχνιῶν ὅμοιον υἱῷ ἀνθρώπου ἐνδεδυμένον ποδήρη καὶ περιεζωσμένον πρὸς τοῖς μαστοῖς ζώνην χρυσᾶν. **14** ἡ δὲ κεφαλὴ αὐτοῦ καὶ αἱ τρίχες λευκαὶ ὡς ἔριον λευκὸν ὡς χιὼν καὶ οἱ ὀφθαλμοὶ αὐτοῦ ὡς φλὸξ πυρὸς **15** καὶ οἱ πόδες αὐτοῦ ὅμοιοι χαλκολιβάνῳ ὡς ἐν καμίνῳ πεπυρωμένης καὶ ἡ φωνὴ αὐτοῦ ὡς φωνὴ ὑδάτων πολλῶν, **16** καὶ ἔχων ἐν τῇ δεξιᾷ χειρὶ αὐτοῦ ἀστέρας ἑπτὰ καὶ ἐκ τοῦ στόματος αὐτοῦ ῥομφαία δίστομος ὀξεῖα ἐκπορευομένη καὶ ἡ ὄψις αὐτοῦ ὡς ὁ ἥλιος φαίνει ἐν τῇ δυνάμει αὐτοῦ.

17 Καὶ ὅτε εἶδον αὐτόν, ἔπεσα πρὸς τοὺς πόδας αὐτοῦ ὡς νεκρός, καὶ ἔθηκεν τὴν δεξιὰν αὐτοῦ ἐπ᾿ ἐμὲ λέγων· μὴ φοβοῦ· ἐγώ εἰμι ὁ πρῶτος καὶ ὁ ἔσχατος **18** καὶ ὁ ζῶν, καὶ ἐγενόμην νεκρὸς καὶ ἰδοὺ ζῶν εἰμι εἰς τοὺς αἰῶνας τῶν αἰώνων καὶ ἔχω τὰς κλεῖς τοῦ θανάτου καὶ τοῦ ᾅδου. **19** γράψον οὖν ἃ εἶδες καὶ ἃ εἰσὶν καὶ ἃ μέλλει γενέσθαι μετὰ ταῦτα. **20** τὸ μυστήριον τῶν ἑπτὰ ἀστέρων οὓς εἶδες ἐπὶ τῆς δεξιᾶς μου καὶ τὰς ἑπτὰ λυχνίας τὰς χρυσᾶς· οἱ ἑπτὰ ἀστέρες ἄγγελοι τῶν ἑπτὰ ἐκκλησιῶν εἰσιν καὶ αἱ λυχνίαι αἱ ἑπτὰ ἑπτὰ ἐκκλησίαι εἰσίν.

---

[4]**9** {B} ἐν Ἰησοῦ 01* 04 025 1611 2050 2080 2344 2846 lat^vg sy^ph co^bo eth Origen ∥ ἐν Χριστῷ 02 ∥ ἐν Χριστῷ Ἰησοῦ (ἐν Ἰησοῦ Χριστῷ 01¹ sy^h co^sa) 82 91 1006 1637 2019 *Byz*^K lat^vl ∥ Ἰησοῦ Χριστῷ 254 1854 2329 *Byz*^A TR

The Message to Ephesus

2 Τῷ ἀγγέλῳ τῆς ἐν Ἐφέσῳ ἐκκλησίας γράψον· τάδε λέγει ὁ κρατῶν τοὺς ἑπτὰ ἀστέρας ἐν τῇ δεξιᾷ αὐτοῦ, ὁ περιπατῶν ἐν μέσῳ τῶν ἑπτὰ λυχνιῶν τῶν χρυσῶν· **2** οἶδα τὰ ἔργα σου καὶ τὸν κόπον καὶ τὴν ὑπομονήν σου καὶ ὅτι οὐ δύνῃ βαστάσαι κακούς, καὶ ἐπείρασας τοὺς λέγοντας ἑαυτοὺς ἀποστόλους καὶ οὐκ εἰσὶν καὶ εὗρες αὐτοὺς ψευδεῖς, **3** καὶ ὑπομονὴν ἔχεις καὶ ἐβάστασας διὰ τὸ ὄνομά μου καὶ οὐκ ἐκοπίασας. **4** ἀλλ᾽ ἔχω κατὰ σοῦ ὅτι τὴν ἀγάπην σου τὴν πρώτην ἀφῆκες. **5** μνημόνευε οὖν πόθεν πέπτωκας καὶ μετανόησον καὶ τὰ πρῶτα ἔργα ποίησον· εἰ δὲ μή, ἔρχομαί σοι καὶ κινήσω τὴν λυχνίαν σου ἐκ τοῦ τόπου αὐτῆς, ἐὰν μὴ μετανοήσῃς. **6** ἀλλὰ τοῦτο ἔχεις, ὅτι μισεῖς τὰ ἔργα τῶν Νικολαϊτῶν ἃ κἀγὼ μισῶ.

7 Ὁ ἔχων οὖς ἀκουσάτω τί τὸ πνεῦμα λέγει ταῖς ἐκκλησίαις. τῷ νικῶντι δώσω αὐτῷ φαγεῖν ἐκ τοῦ ξύλου τῆς ζωῆς, ὅ ἐστιν ἐν τῷ παραδείσῳ τοῦ θεοῦ.

The Message to Smyrna

8 Καὶ τῷ ἀγγέλῳ τῆς ἐν Σμύρνῃ ἐκκλησίας γράψον· τάδε λέγει ὁ πρῶτος καὶ ὁ ἔσχατος, ὃς ἐγένετο νεκρὸς καὶ ἔζησεν· **9** οἶδά σου τὴν θλῖψιν καὶ τὴν πτωχείαν, ἀλλὰ πλούσιος εἶ, καὶ τὴν βλασφημίαν ἐκ τῶν λεγόντων Ἰουδαίους εἶναι ἑαυτοὺς καὶ οὐκ εἰσὶν ἀλλὰ συναγωγὴ τοῦ σατανᾶ. **10** μηδὲν φοβοῦ ἃ μέλλεις πάσχειν. ἰδοὺ μέλλει βάλλειν ὁ διάβολος ἐξ ὑμῶν εἰς φυλακὴν ἵνα πειρασθῆτε καὶ ἕξετε θλῖψιν ἡμερῶν δέκα. γίνου πιστὸς ἄχρι θανάτου, καὶ δώσω σοι τὸν στέφανον τῆς ζωῆς.

11 Ὁ ἔχων οὖς ἀκουσάτω τί τὸ πνεῦμα λέγει ταῖς ἐκκλησίαις. ὁ νικῶν οὐ μὴ ἀδικηθῇ ἐκ τοῦ θανάτου τοῦ δευτέρου.

The Message to Pergamum

12 Καὶ τῷ ἀγγέλῳ τῆς ἐν Περγάμῳ ἐκκλησίας γράψον· τάδε λέγει ὁ ἔχων τὴν ῥομφαίαν τὴν δίστομον τὴν ὀξεῖαν· **13** οἶδα ποῦ κατοικεῖς, ὅπου ὁ θρόνος τοῦ σατανᾶ, καὶ κρατεῖς τὸ ὄνομά μου καὶ οὐκ ἠρνήσω τὴν πίστιν μου καὶ ἐν ταῖς ἡμέραις¹ ἀντίπας² ὁ μάρτυς μου ὁ πιστός, ὃς ἀπεκτάνθη παρ' ὑμῖν, ὅπου ὁ σατανᾶς κατοικεῖ. **14** ἀλλ' ἔχω κατὰ σοῦ ὀλίγα ὅτι ἔχεις ἐκεῖ κρατοῦντας τὴν διδαχὴν Βαλαάμ, ὃς ἐδίδασκεν τῷ Βαλὰκ βαλεῖν σκάνδαλον ἐνώπιον τῶν υἱῶν Ἰσραὴλ φαγεῖν εἰδωλόθυτα καὶ πορνεῦσαι. **15** οὕτως ἔχεις καὶ σὺ κρατοῦντας τὴν διδαχὴν τῶν Νικολαϊτῶν ὁμοίως. **16** μετανόησον οὖν· εἰ δὲ μή, ἔρχομαί σοι ταχὺ καὶ πολεμήσω μετ' αὐτῶν ἐν τῇ ῥομφαίᾳ τοῦ στόματός μου.

17 Ὁ ἔχων οὖς ἀκουσάτω τί τὸ πνεῦμα λέγει ταῖς ἐκκλησίαις. τῷ νικῶντι δώσω αὐτῷ τοῦ μάννα τοῦ κεκρυμμένου καὶ δώσω αὐτῷ ψῆφον λευκήν, καὶ ἐπὶ τὴν ψῆφον ὄνομα καινὸν γεγραμμένον ὃ οὐδεὶς οἶδεν εἰ μὴ ὁ λαμβάνων.

The Message to Thyatira

18 Καὶ τῷ ἀγγέλῳ τῆς ἐν Θυατείροις ἐκκλησίας γράψον· τάδε λέγει ὁ υἱὸς τοῦ θεοῦ, ὁ ἔχων τοὺς ὀφθαλμοὺς αὐτοῦ ὡς φλόγα πυρὸς καὶ οἱ πόδες αὐτοῦ ὅμοιοι χαλκολιβάνῳ· **19** οἶδά σου τὰ ἔργα καὶ τὴν ἀγάπην καὶ τὴν πίστιν καὶ τὴν διακονίαν καὶ τὴν ὑπομονήν σου, καὶ τὰ ἔργα σου τὰ ἔσχατα πλείονα τῶν πρώτων. **20** ἀλλ' ἔχω κατὰ σοῦ ὅτι ἀφεῖς τὴν γυναῖκα Ἰεζάβελ, ἡ λέγουσα ἑαυτὴν προφῆτιν καὶ διδάσκει καὶ πλανᾷ τοὺς ἐμοὺς δούλους πορνεῦσαι καὶ φαγεῖν εἰδωλόθυτα. **21** καὶ ἔδωκα αὐτῇ χρόνον ἵνα μετανοήσῃ, καὶ οὐ θέλει μετανοῆσαι ἐκ τῆς πορνείας αὐτῆς. **22** ἰδοὺ βάλλω αὐτὴν εἰς κλίνην καὶ τοὺς μοιχεύοντας μετ' αὐτῆς εἰς θλῖψιν μεγάλην, ἐὰν μὴ μετανοήσωσιν ἐκ τῶν ἔργων αὐτῆς, **23** καὶ τὰ τέκνα αὐτῆς ἀποκτενῶ ἐν θανάτῳ. καὶ γνώσονται πᾶσαι αἱ ἐκκλησίαι ὅτι ἐγώ εἰμι ὁ

---

¹**13** ♦ καὶ ἐν ταῖς ἡμέραις 02 04 2053 2080 2344 lat^{vg} ∥ καὶ ἐν ταῖς ἡμέραις μου 2329 2846 ∥ καὶ ἐν ταῖς ἡμέραις ἐν αἷς 1854 TR∥ καὶ ἐν ταῖς ἡμέραις μου ἐν αἷς 2050 ∥ ♦ ἐν ταῖς ἡμέραις ἐν αἷς 01 025 254 1611 1637 2019 Byz^A∥ ἐν ταῖς ἡμέραις αἷς 1006 Byz^K

²**13** ♦ ἀντίπας *participle or proper name* 1611 1637 1849 1854 2019 2053 2080 2138 2329 2344 Byz^A∥ ἀντιπᾶς *proper name* (254) lat ∥ ♦ ἀντεῖπας *finite verb* 82 1006 2050 2846^{vid} sy^{h-mss} co ∥ αντιπας *without accents* 𝔓^{43}? 01* 04 025 ∥ αντειπας *without accents* 𝔓^{43}? 01³ 02 ∥ Ἀντίπας TR

ἐραυνῶν νεφροὺς καὶ καρδίας, καὶ δώσω ὑμῖν ἑκάστῳ κατὰ τὰ ἔργα ὑμῶν. **24** ὑμῖν δὲ λέγω τοῖς λοιποῖς τοῖς ἐν Θυατείροις, ὅσοι οὐκ ἔχουσιν τὴν διδαχὴν ταύτην, οἵτινες οὐκ ἔγνωσαν τὰ βαθέα τοῦ σατανᾶ ὡς λέγουσιν· οὐ βάλλω ἐφ᾿ ὑμᾶς ἄλλο βάρος, **25** πλὴν ὃ ἔχετε κρατήσατε ἄχρις οὗ ἂν ἥξω.

26 Καὶ ὁ νικῶν καὶ ὁ τηρῶν ἄχρι τέλους τὰ ἔργα μου, δώσω αὐτῷ ἐξουσίαν ἐπὶ τῶν ἐθνῶν **27** καὶ *ποιμανεῖ αὐτοὺς ἐν ῥάβδῳ σιδηρᾷ ὡς τὰ σκεύη τὰ κεραμικὰ συντρίβεται,* **28** ὡς κἀγὼ εἴληφα παρὰ τοῦ πατρός μου, καὶ δώσω αὐτῷ τὸν ἀστέρα τὸν πρωϊνόν. **29** ὁ ἔχων οὖς ἀκουσάτω τί τὸ πνεῦμα λέγει ταῖς ἐκκλησίαις. Ps 2.8-9

The Message to Sardis

3 Καὶ τῷ ἀγγέλῳ τῆς ἐν Σάρδεσιν ἐκκλησίας γράψον· τάδε λέγει ὁ ἔχων τὰ ἑπτὰ πνεύματα τοῦ θεοῦ καὶ τοὺς ἑπτὰ ἀστέρας· οἶδά σου τὰ ἔργα ὅτι ὄνομα ἔχεις ὅτι ζῇς, καὶ νεκρὸς εἶ. **2** γίνου γρηγορῶν καὶ στήρισον τὰ λοιπὰ ἃ ἔμελλον ἀποθανεῖν, οὐ γὰρ εὕρηκά σου τὰ ἔργα πεπληρωμένα ἐνώπιον τοῦ θεοῦ μου. **3** μνημόνευε οὖν πῶς εἴληφας καὶ ἤκουσας καὶ τήρει καὶ μετανόησον. ἐὰν οὖν μὴ γρηγορήσῃς, ἥξω ὡς κλέπτης, καὶ οὐ μὴ γνῷς ποίαν ὥραν ἥξω ἐπὶ σέ. **4** ἀλλ᾿ ἔχεις ὀλίγα ὀνόματα ἐν Σάρδεσιν ἃ οὐκ ἐμόλυναν τὰ ἱμάτια αὐτῶν, καὶ περιπατήσουσιν μετ᾿ ἐμοῦ ἐν λευκοῖς, ὅτι ἄξιοί εἰσιν.

5 Ὁ νικῶν οὕτως περιβαλεῖται ἐν ἱματίοις λευκοῖς καὶ οὐ μὴ ἐξαλείψω τὸ ὄνομα αὐτοῦ ἐκ τῆς βίβλου τῆς ζωῆς καὶ ὁμολογήσω τὸ ὄνομα αὐτοῦ ἐνώπιον τοῦ πατρός μου καὶ ἐνώπιον τῶν ἀγγέλων αὐτοῦ. **6** ὁ ἔχων οὖς ἀκουσάτω τί τὸ πνεῦμα λέγει ταῖς ἐκκλησίαις.

The Message to Philadelphia

7 Καὶ τῷ ἀγγέλῳ τῆς ἐν Φιλαδελφείᾳ ἐκκλησίας γράψον· τάδε λέγει ὁ ἅγιος, ὁ ἀληθινός, ὁ ἔχων τὴν κλεῖν τοῦ Δαυίδ, ὁ ἀνοίγων καὶ οὐδεὶς κλείσει καὶ κλείων καὶ οὐδεὶς ἀνοίγει· **8** οἶδά σου τὰ ἔργα, ἰδοὺ δέδωκα ἐνώπιόν σου θύραν ἠνεῳγμένην, ἣν οὐδεὶς δύναται κλεῖσαι αὐτήν, ὅτι μικρὰν ἔχεις δύναμιν καὶ ἐτήρησάς μου τὸν λόγον καὶ οὐκ ἠρνήσω τὸ ὄνομά μου. **9** ἰδοὺ διδῶ ἐκ τῆς συναγωγῆς τοῦ σατανᾶ τῶν λεγόντων ἑαυτοὺς Ἰουδαίους εἶναι, καὶ οὐκ εἰσὶν ἀλλὰ ψεύδονται. ἰδοὺ ποιήσω αὐτοὺς ἵνα ἥξουσιν καὶ προσκυνήσουσιν ἐνώπιον τῶν ποδῶν σου καὶ γνῶσιν ὅτι ἐγὼ ἠγάπησά σε. **10** ὅτι ἐτήρησας τὸν λόγον τῆς ὑπομονῆς μου, κἀγώ σε τηρήσω ἐκ τῆς ὥρας τοῦ πειρασμοῦ τῆς μελλούσης ἔρχεσθαι ἐπὶ τῆς οἰκουμένης ὅλης πειράσαι τοὺς κατοικοῦντας ἐπὶ τῆς γῆς. **11** ἔρχομαι ταχύ· κράτει ὃ ἔχεις, ἵνα μηδεὶς λάβῃ τὸν στέφανόν σου.

12 Ὁ νικῶν ποιήσω αὐτὸν στῦλον ἐν τῷ ναῷ τοῦ θεοῦ μου καὶ ἔξω οὐ μὴ ἐξέλθῃ ἔτι καὶ γράψω ἐπ' αὐτὸν τὸ ὄνομα τοῦ θεοῦ μου καὶ τὸ ὄνομα τῆς πόλεως τοῦ θεοῦ μου, τῆς καινῆς Ἰερουσαλὴμ ἡ καταβαίνουσα ἐκ τοῦ οὐρανοῦ ἀπὸ τοῦ θεοῦ μου, καὶ τὸ ὄνομά μου τὸ καινόν. **13** ὁ ἔχων οὖς ἀκουσάτω τί τὸ πνεῦμα λέγει ταῖς ἐκκλησίαις.

The Message to Laodicea

14 Καὶ τῷ ἀγγέλῳ τῆς ἐν Λαοδικείᾳ ἐκκλησίας γράψον· τάδε λέγει ὁ ἀμήν, ὁ μάρτυς ὁ πιστὸς καὶ ἀληθινός, ἡ ἀρχὴ τῆς κτίσεως τοῦ θεοῦ· **15** οἶδά σου τὰ ἔργα ὅτι οὔτε ψυχρὸς εἶ οὔτε ζεστός. ὄφελον ψυχρὸς ἦς ἢ ζεστός. **16** οὕτως ὅτι χλιαρὸς εἶ καὶ οὔτε ζεστὸς οὔτε ψυχρός, μέλλω σε ἐμέσαι ἐκ τοῦ στόματός μου. **17** ὅτι λέγεις πλούσιός εἰμι καὶ πεπλούτηκα καὶ οὐδενός χρείαν ἔχω, καὶ οὐκ οἶδας ὅτι σὺ εἶ ὁ ταλαίπωρος καὶ ὁ ἐλεεινὸς καὶ πτωχὸς καὶ τυφλὸς καὶ γυμνός, **18** συμβουλεύω σοι ἀγοράσαι παρ' ἐμοῦ χρυσίον πεπυρωμένον ἐκ πυρὸς ἵνα πλουτήσῃς, καὶ ἱμάτια λευκὰ ἵνα περιβάλῃ καὶ μὴ φανερωθῇ ἡ αἰσχύνη τῆς γυμνότητός σου, καὶ κολλούριον ἐγχρῖσαι τοὺς ὀφθαλμούς σου ἵνα βλέπῃς. **19** ἐγὼ ὅσους ἐὰν φιλῶ ἐλέγχω καὶ παιδεύω· ζήλευε οὖν καὶ μετανόησον. **20** ἰδοὺ ἕστηκα ἐπὶ τὴν θύραν καὶ κρούω· ἐάν τις ἀκούσῃ τῆς φωνῆς μου καὶ ἀνοίξῃ τὴν θύραν, καὶ εἰσελεύσομαι πρὸς αὐτὸν καὶ δειπνήσω μετ' αὐτοῦ καὶ αὐτὸς μετ' ἐμοῦ.

21 Ὁ νικῶν δώσω αὐτῷ καθίσαι μετ' ἐμοῦ ἐν τῷ θρόνῳ μου, ὡς κἀγὼ ἐνίκησα καὶ ἐκάθισα μετὰ τοῦ πατρός μου ἐν τῷ θρόνῳ αὐτοῦ. **22** ὁ ἔχων οὖς ἀκουσάτω τί τὸ πνεῦμα λέγει ταῖς ἐκκλησίαις.

The Heavenly Worship

4 Μετὰ ταῦτα εἶδον, καὶ ἰδοὺ θύρα ἠνεῳγμένη ἐν τῷ οὐρανῷ, καὶ ἡ φωνὴ ἡ πρώτη ἣν ἤκουσα ὡς σάλπιγγος λαλούσης μετ' ἐμοῦ λέγων· ἀνάβα ὧδε, καὶ δείξω σοι ἃ δεῖ γενέσθαι μετὰ ταῦτα. 2 Εὐθέως ἐγενόμην ἐν πνεύματι, καὶ ἰδοὺ θρόνος ἔκειτο ἐν τῷ οὐρανῷ, καὶ ἐπὶ τὸν θρόνον καθήμενος, 3 καὶ ὁ καθήμενος ὅμοιος ὁράσει λίθῳ ἰάσπιδι καὶ σαρδίῳ, καὶ ἶρις κυκλόθεν τοῦ θρόνου ὅμοιος ὁράσει σμαραγδίνῳ. 4 καὶ κυκλόθεν τοῦ θρόνου θρόνους εἴκοσι τέσσαρες, καὶ ἐπὶ τοὺς θρόνους εἴκοσι τέσσαρας πρεσβυτέρους καθημένους περιβεβλημένους ἐν ἱματίοις λευκοῖς καὶ ἐπὶ τὰς κεφαλὰς αὐτῶν στεφάνους χρυσοῦς. 5 καὶ ἐκ τοῦ θρόνου ἐκπορεύονται ἀστραπαὶ καὶ φωναὶ καὶ βρονταί, καὶ ἑπτὰ λαμπάδες πυρὸς καιόμεναι ἐνώπιον τοῦ θρόνου, ἅ εἰσιν τὰ ἑπτὰ πνεύματα τοῦ θεοῦ, 6 καὶ ἐνώπιον τοῦ θρόνου ὡς θάλασσα ὑαλίνη ὁμοία κρυστάλλῳ. καὶ ἐν μέσῳ τοῦ θρόνου καὶ κύκλῳ τοῦ θρόνου τέσσαρα ζῷα γέμοντα ὀφθαλμῶν ἔμπροσθεν καὶ ὄπισθεν. 7 καὶ τὸ ζῷον τὸ πρῶτον ὅμοιον λέοντι καὶ τὸ δεύτερον ζῷον ὅμοιον μόσχῳ καὶ τὸ τρίτον ζῷον ἔχον τὸ πρόσωπον ὡς ἀνθρώπου καὶ τὸ τέταρτον ζῷον ὅμοιον ἀετῷ πετομένῳ. 8 καὶ τὰ τέσσαρα ζῷα, ἓν καθ' ἓν αὐτῶν ἔχον ἀνὰ πτέρυγας ἕξ, κυκλόθεν καὶ ἔσωθεν γέμουσιν ὀφθαλμῶν, καὶ ἀνάπαυσιν οὐκ ἔχουσιν ἡμέρας καὶ νυκτὸς λέγοντες·

ἅγιος ἅγιος ἅγιος κύριος ὁ θεὸς ὁ παντοκράτωρ,
ὁ ἦν καὶ ὁ ὢν καὶ ὁ ἐρχόμενος.

9 καὶ ὅταν δώσουσιν τὰ ζῷα δόξαν καὶ τιμὴν καὶ εὐχαριστίαν τῷ καθημένῳ ἐπὶ τοῦ θρόνου τῷ ζῶντι εἰς τοὺς αἰῶνας τῶν αἰώνων, 10 πεσοῦνται οἱ εἴκοσι τέσσαρες πρεσβύτεροι ἐνώπιον τοῦ καθημένου ἐπὶ τοῦ θρόνου καὶ προσκυνήσουσιν τῷ ζῶντι εἰς τοὺς αἰῶνας τῶν αἰώνων καὶ βαλοῦσιν τοὺς στεφάνους αὐτῶν ἐνώπιον τοῦ θρόνου λέγοντες·

11 ἄξιος εἶ, ὁ κύριος καὶ ὁ θεὸς ἡμῶν,
λαβεῖν τὴν δόξαν καὶ τὴν τιμὴν καὶ τὴν δύναμιν,

ὅτι σὺ ἔκτισας τὰ πάντα
καὶ διὰ τὸ θέλημά σου ἦσαν καὶ[1] ἐκτίσθησαν.

The Scroll and the Lamb

5 Καὶ εἶδον ἐπὶ τὴν δεξιὰν τοῦ καθημένου ἐπὶ τοῦ θρόνου βιβλίον γεγραμμένον ἔσωθεν καὶ ἔξωθεν κατεσφραγισμένον σφραγῖσιν ἑπτά. 2 καὶ εἶδον ἄγγελον ἰσχυρὸν κηρύσσοντα ἐν φωνῇ μεγάλῃ· τίς ἄξιος ἀνοῖξαι τὸ βιβλίον καὶ λῦσαι τὰς σφραγῖδας αὐτοῦ; 3 καὶ οὐδεὶς ἐδύνατο ἐν τῷ οὐρανῷ οὐδὲ ἐπὶ τῆς γῆς οὐδὲ ὑποκάτω τῆς γῆς ἀνοῖξαι τὸ βιβλίον οὔτε βλέπειν αὐτό. 4 καὶ ἔκλαιον πολύ, ὅτι οὐδεὶς ἄξιος εὑρέθη ἀνοῖξαι τὸ βιβλίον οὔτε βλέπειν αὐτό. 5 καὶ εἷς ἐκ τῶν πρεσβυτέρων λέγει μοι· μὴ κλαῖε, ἰδοὺ ἐνίκησεν ὁ λέων ὁ ἐκ τῆς φυλῆς Ἰούδα, ἡ ῥίζα Δαυίδ, ἀνοῖξαι τὸ βιβλίον καὶ τὰς ἑπτὰ σφραγῖδας αὐτοῦ.

6 Καὶ εἶδον ἐν μέσῳ τοῦ θρόνου καὶ τῶν τεσσάρων ζῴων καὶ ἐν μέσῳ τῶν πρεσβυτέρων ἀρνίον ἑστηκὸς ὡς ἐσφαγμένον ἔχον κέρατα ἑπτὰ καὶ ὀφθαλμοὺς ἑπτὰ οἵ εἰσιν τὰ ἑπτὰ πνεύματα τοῦ θεοῦ ἀπεσταλμένα εἰς πᾶσαν τὴν γῆν. 7 καὶ ἦλθεν καὶ εἴληφεν ἐκ τῆς δεξιᾶς τοῦ καθημένου ἐπὶ τοῦ θρόνου.

8 Καὶ ὅτε ἔλαβεν τὸ βιβλίον, τὰ τέσσαρα ζῷα καὶ οἱ εἴκοσι τέσσαρες πρεσβύτεροι ἔπεσαν ἐνώπιον τοῦ ἀρνίου ἔχοντες ἕκαστος κιθάραν καὶ φιάλας χρυσᾶς γεμούσας θυμιαμάτων, αἵ εἰσιν αἱ προσευχαὶ τῶν ἁγίων, 9 καὶ ᾄδουσιν ᾠδὴν καινὴν λέγοντες·
ἄξιος εἶ λαβεῖν τὸ βιβλίον καὶ ἀνοῖξαι τὰς σφραγῖδας αὐτοῦ,
ὅτι ἐσφάγης καὶ ἠγόρασας τῷ θεῷ ἡμᾶς[1] ἐν τῷ αἵματί σου
ἐκ πάσης φυλῆς καὶ γλώσσης καὶ λαοῦ καὶ ἔθνους

---

[1]11 {A} ἦσαν καί 01 02 1006 1611 2053 2846 Byz[K] lat[vl-pt, vg] sy[ph] ∥ οὐκ ἦσαν καί 2080 ∥ εἰσὶν καί 025 254 1637 1854 2050 2344 Byz[A] TR sy[h] co[sa] ∥ ἐγένοντο καί 2329 ∥ omit 2019 lat[vl-pt]

[1]9 {C} τῷ θεῷ ἡμᾶς 01 025 1006 1611 1637 2053 2080 2846 Byz[K] lat? co[bo, sa-mss]? ∥ τῷ θεῷ 02 sy co[sa-mss] eth ∥ ἡμᾶς τῷ θεῷ 254 2019 2050 2344 2595 Hippolytus lat? co[bo, sa-mss]? ∥ ἡμᾶς 2814 lat[vg-ms]

10 καὶ ἐποίησας αὐτοὺς τῷ θεῷ ἡμῶν βασιλείαν² καὶ ἱερεῖς,
    καὶ βασιλεύσουσιν³ ἐπὶ τῆς γῆς.

11 Καὶ εἶδον, καὶ ἤκουσα φωνὴν⁴ ἀγγέλων πολλῶν κύκλῳ τοῦ θρόνου καὶ τῶν ζῴων καὶ τῶν πρεσβυτέρων, καὶ ἦν ὁ ἀριθμὸς αὐτῶν μυριάδες μυριάδων καὶ χιλιάδες χιλιάδων **12** λέγοντες φωνῇ μεγάλῃ·
    ἄξιόν ἐστιν τὸ ἀρνίον τὸ ἐσφαγμένον λαβεῖν
        τὴν δύναμιν καὶ πλοῦτον καὶ σοφίαν
        καὶ ἰσχὺν καὶ τιμὴν καὶ δόξαν καὶ εὐλογίαν.
13 καὶ πᾶν κτίσμα ὃ ἐν τῷ οὐρανῷ καὶ ἐπὶ τῆς γῆς καὶ ὑποκάτω τῆς γῆς καὶ ἐπὶ τῆς θαλάσσης καὶ τὰ ἐν αὐτοῖς πάντα ἤκουσα λέγοντας·
    τῷ καθημένῳ ἐπὶ τῷ θρόνῳ καὶ τῷ ἀρνίῳ
    ἡ εὐλογία καὶ ἡ τιμὴ καὶ ἡ δόξα καὶ τὸ κράτος
    εἰς τοὺς αἰῶνας τῶν αἰώνων.
14 καὶ τὰ τέσσαρα ζῷα ἔλεγον· ἀμήν. καὶ οἱ πρεσβύτεροι ἔπεσαν καὶ προσεκύνησαν.

The Seals

6 Καὶ εἶδον ὅτε ἤνοιξεν τὸ ἀρνίον μίαν ἐκ τῶν ἑπτὰ σφραγίδων, καὶ ἤκουσα ἑνὸς ἐκ τῶν τεσσάρων ζῴων λέγοντος ὡς φωνὴ βροντῆς· ἔρχου. **2** καὶ εἶδον¹, καὶ ἰδοὺ ἵππος λευκός, καὶ ὁ καθήμενος ἐπ᾽ αὐτὸν ἔχων τόξον καὶ ἐδόθη αὐτῷ στέφανος καὶ ἐξῆλθεν νικῶν καὶ ἵνα νικήσῃ.

---

² **10** ◆ βασιλείαν 01 02^vid 1611*^vid 1637 1854 2050 2080 2329 2344 2846 lat sy^hmg-mss, ph co eth Hippolytus ∥ ◆ βασιλεῖς 254 1006 1611^c 2019 2053 *Byz* sy^h
³ **10** {C} βασιλεύσουσιν 01 025 82 1006 1637 1854 2019 2050 2053 2344 *Byz*^A lat sy^ph co Hippolytus ∥ βασιλεύουσιν 02 254 1611 1849 2080 2138 2329 2846 sy^h∥ βασιλεύσομεν *TR*
⁴ **11** ◆ φωνήν 02 025 1611* 2053 2080 2329 2846 *Byz*^A *TR* lat co^bo eth ∥ ◆ ὡς φωνήν 01 254 1006 1611^c 1637 1854 2019 2050 2344 *Byz*^K lat^vl-mss sy co^sa
¹ **1-2** {B} ἔρχου. καὶ εἶδον 02 04 025 1006 1611 1637 2019 2053 2080 2846 *Byz*^A lat^vg co^(sa), bo ∥ ἔρχου καὶ ἴδε. καὶ εἶδον 01 2344 lat^vl-pt (eth) ∥ ἔρχου καὶ ἴδε. καὶ ἤκουσα καὶ εἶδον sy^ph ∥ ἔρχου καὶ ἴδε 2329 *Byz*^K lat^vl-pt ∥ ἔρχου 254 1854 ∥ ἔρχου καὶ βλέπε. καὶ εἶδον *TR*

3 Καὶ ὅτε ἤνοιξεν τὴν σφραγῖδα τὴν δευτέραν, ἤκουσα τοῦ δευτέρου ζῴου λέγοντος· ἔρχου. 4 καὶ ² ἐξῆλθεν ἄλλος ἵππος πυρρός, καὶ τῷ καθημένῳ ἐπ᾽ αὐτὸν ἐδόθη αὐτῷ λαβεῖν τὴν εἰρήνην ἐκ τῆς γῆς καὶ ἵνα ἀλλήλους σφάξωσιν καὶ ἐδόθη αὐτῷ μάχαιρα μεγάλη.

5 Καὶ ὅτε ἤνοιξεν τὴν σφραγῖδα τὴν τρίτην, ἤκουσα τοῦ τρίτου ζῴου λέγοντος· ἔρχου. καὶ εἶδον³, καὶ ἰδοὺ ἵππος μέλας, καὶ ὁ καθήμενος ἐπ᾽ αὐτὸν ἔχων ζυγὸν ἐν τῇ χειρὶ αὐτοῦ. 6 καὶ ἤκουσα ὡς φωνὴν ἐν μέσῳ τῶν τεσσάρων ζῴων λέγουσαν· χοῖνιξ σίτου δηναρίου καὶ τρεῖς χοίνικες κριθῶν δηναρίου, καὶ τὸ ἔλαιον καὶ τὸν οἶνον μὴ ἀδικήσῃς.

7 Καὶ ὅτε ἤνοιξεν τὴν σφραγῖδα τὴν τετάρτην, ἤκουσα φωνὴν τοῦ τετάρτου ζῴου λέγοντος· ἔρχου. 8 καὶ εἶδον⁴, καὶ ἰδοὺ ἵππος χλωρός, καὶ ὁ καθήμενος ἐπάνω αὐτοῦ ὄνομα αὐτῷ ὁ θάνατος, καὶ ὁ ᾅδης ἠκολούθει μετ᾽ αὐτοῦ καὶ ἐδόθη αὐτοῖς ἐξουσία ἐπὶ τὸ τέταρτον τῆς γῆς ἀποκτεῖναι ἐν ῥομφαίᾳ καὶ ἐν λιμῷ καὶ ἐν θανάτῳ καὶ ὑπὸ τῶν θηρίων τῆς γῆς.

9 Καὶ ὅτε ἤνοιξεν τὴν πέμπτην σφραγῖδα, εἶδον ὑποκάτω τοῦ θυσιαστηρίου τὰς ψυχὰς τῶν ἐσφαγμένων διὰ τὸν λόγον τοῦ θεοῦ καὶ διὰ τὴν μαρτυρίαν ἣν εἶχον. 10 καὶ ἔκραξαν φωνῇ μεγάλῃ λέγοντες· ἕως πότε, ὁ δεσπότης ὁ ἅγιος καὶ ἀληθινός, οὐ κρίνεις καὶ ἐκδικεῖς τὸ αἷμα ἡμῶν ἐκ τῶν κατοικούντων ἐπὶ τῆς γῆς; 11 καὶ ἐδόθη αὐτοῖς ἑκάστῳ στολὴ λευκὴ καὶ ἐρρέθη αὐτοῖς ἵνα ἀναπαύσωνται ἔτι χρόνον μικρόν, ἕως πληρώσωσιν καὶ οἱ σύνδουλοι αὐτῶν καὶ οἱ ἀδελφοὶ αὐτῶν οἱ μέλλοντες ἀποκτέννεσθαι ὡς καὶ αὐτοί.

---

² **3-4** {A} ἔρχου. καί 02 04 025 1006 1611 1637 1854 2019 2053 2080 2329 2846 *Byz* lat^{vg} sy co eth ∥ ἔρχου καὶ ἴδε. καί 2344 lat^{vl} co^{bo-ms} ∥ ἔρχου καὶ βλέπε. καί *TR* ∥ ἔρχου. καὶ ἰδού 254 ∥ ἔρχου καὶ ἴδε. καὶ εἶδον καὶ ἰδού 01

³ **5** {B} ἔρχου. καὶ εἶδον 02 04 025 1006 1611 1637 2019 2053 2080 2846 *Byz*^{A} lat^{vg} sy^h co^{bo} ∥ ἔρχου καὶ ἴδε 2329 2344 *Byz*^{K} lat^{vl-pt} sy$^{h\ with\ *-mss}$ eth ∥ ἔρχου καὶ ἴδε. καὶ εἶδον 01 lat^{vl-pt} sy^h ∥ ἔρχου 254 (1854) ∥ ἔρχου καὶ βλέπε. καὶ εἶδον *TR*

⁴ **7-8** {B} ἔρχου. καὶ εἶδον $\mathfrak{P}^{24vid}$ 02 025 1006 1611 1637 2019 2080 2846 *Byz*^{A} lat^{vg} sy^{ph} co$^{sa-ms,\ (sa-mss),\ bo}$ ∥ ἔρχου καὶ ἴδε 254 *Byz*^{K} lat^{vl} (eth) ∥ ἔρχου καὶ ἴδε. καὶ εἶδον 01 ∥ ἔρχου. εἶδον 04 2053 ∥ ἔρχου 1854 2329 ∥ καὶ ἴδε (*and omit* τοῦ τετάρτου ... ἔρχου) 2344 ∥ ἔρχου καὶ βλέπε. καὶ εἶδον *TR*

12 Καὶ εἶδον ὅτε ἤνοιξεν τὴν σφραγῖδα τὴν ἕκτην, καὶ σεισμὸς μέγας ἐγένετο καὶ ὁ ἥλιος ἐγένετο μέλας ὡς σάκκος τρίχινος καὶ ἡ σελήνη ὅλη ἐγένετο ὡς αἷμα **13** καὶ οἱ ἀστέρες τοῦ οὐρανοῦ ἔπεσαν εἰς τὴν γῆν, ὡς συκῆ βάλλει τοὺς ὀλύνθους αὐτῆς ὑπὸ ἀνέμου μεγάλου σειομένη, **14** καὶ ὁ οὐρανὸς ἀπεχωρίσθη ὡς βιβλίον ἑλισσόμενον καὶ πᾶν ὄρος καὶ νῆσος ἐκ τῶν τόπων αὐτῶν ἐκινήθησαν. **15** καὶ οἱ βασιλεῖς τῆς γῆς καὶ οἱ μεγιστᾶνες καὶ οἱ χιλίαρχοι καὶ οἱ πλούσιοι καὶ οἱ ἰσχυροὶ καὶ πᾶς δοῦλος καὶ ἐλεύθερος ἔκρυψαν ἑαυτοὺς εἰς τὰ σπήλαια καὶ εἰς τὰς πέτρας τῶν ὀρέων **16** καὶ λέγουσιν τοῖς ὄρεσιν καὶ ταῖς πέτραις· πέσετε ἐφ᾿ ἡμᾶς καὶ κρύψατε ἡμᾶς ἀπὸ προσώπου τοῦ καθημένου ἐπὶ τοῦ θρόνου καὶ ἀπὸ τῆς ὀργῆς τοῦ ἀρνίου, **17** ὅτι ἦλθεν ἡ ἡμέρα ἡ μεγάλη τῆς ὀργῆς αὐτοῦ[5], καὶ τίς δύναται σταθῆναι;

The 144,000 of Israel Sealed

7 Καὶ μετὰ τοῦτο εἶδον τέσσαρας ἀγγέλους ἑστῶτας ἐπὶ τὰς τέσσαρας γωνίας τῆς γῆς, κρατοῦντας τοὺς τέσσαρας ἀνέμους τῆς γῆς ἵνα μὴ πνέῃ ἄνεμος ἐπὶ τῆς γῆς μήτε ἐπὶ τῆς θαλάσσης μήτε ἐπὶ πᾶν δένδρον. **2** καὶ εἶδον ἄλλον ἄγγελον ἀναβαίνοντα ἀπὸ ἀνατολῆς ἡλίου ἔχοντα σφραγῖδα θεοῦ ζῶντος, καὶ ἔκραξεν φωνῇ μεγάλῃ τοῖς τέσσαρσιν ἀγγέλοις οἷς ἐδόθη αὐτοῖς ἀδικῆσαι τὴν γῆν καὶ τὴν θάλασσαν **3** λέγων· μὴ ἀδικήσητε τὴν γῆν μήτε τὴν θάλασσαν μήτε τὰ δένδρα, ἄχρι σφραγίσωμεν τοὺς δούλους τοῦ θεοῦ ἡμῶν ἐπὶ τῶν μετώπων αὐτῶν.

4 Καὶ ἤκουσα τὸν ἀριθμὸν τῶν ἐσφραγισμένων, ἑκατὸν τεσσεράκοντα τέσσαρες χιλιάδες, ἐσφραγισμένοι ἐκ πάσης φυλῆς υἱῶν Ἰσραήλ·
5   ἐκ φυλῆς Ἰούδα δώδεκα χιλιάδες ἐσφραγισμένοι,
     ἐκ φυλῆς Ῥουβὴν δώδεκα χιλιάδες,
     ἐκ φυλῆς Γὰδ δώδεκα χιλιάδες,
6   ἐκ φυλῆς Ἀσὴρ δώδεκα χιλιάδες,
     ἐκ φυλῆς Νεφθαλὶμ δώδεκα χιλιάδες,
     ἐκ φυλῆς Μανασσῆ δώδεκα χιλιάδες,

---

[5] **17** {C} αὐτοῦ 02 025 1006 1637 2846 *Byz* lat[vl-pt] sy[h-mss, hmg-mss] co[sa, bo-mss] eth // αὐτῶν 01 04 254 1611 1854 2053 2080 2329 2344 lat[vl-pt, vg] sy

7 ἐκ φυλῆς Συμεὼν δώδεκα χιλιάδες,
ἐκ φυλῆς Λευὶ δώδεκα χιλιάδες,
ἐκ φυλῆς Ἰσσαχὰρ δώδεκα χιλιάδες,
8 ἐκ φυλῆς Ζαβουλὼν δώδεκα χιλιάδες,
ἐκ φυλῆς Ἰωσὴφ δώδεκα χιλιάδες,
ἐκ φυλῆς Βενιαμὶν δώδεκα χιλιάδες ἐσφραγισμένοι.

The Multitude from Every Nation

9 Μετὰ ταῦτα εἶδον, καὶ ἰδοὺ ὄχλος πολύς, ὃν ἀριθμῆσαι αὐτὸν οὐδεὶς ἐδύνατο, ἐκ παντὸς ἔθνους καὶ φυλῶν καὶ λαῶν καὶ γλωσσῶν ἑστῶτες ἐνώπιον τοῦ θρόνου καὶ ἐνώπιον τοῦ ἀρνίου περιβεβλημένους στολὰς λευκὰς καὶ φοίνικες ἐν ταῖς χερσὶν αὐτῶν, 10 καὶ κράζουσιν φωνῇ μεγάλῃ λέγοντες·
ἡ σωτηρία τῷ θεῷ ἡμῶν τῷ καθημένῳ ἐπὶ τῷ θρόνῳ καὶ τῷ ἀρνίῳ.

11 καὶ πάντες οἱ ἄγγελοι εἱστήκεισαν κύκλῳ τοῦ θρόνου καὶ τῶν πρεσβυτέρων καὶ τῶν τεσσάρων ζῴων καὶ ἔπεσαν ἐνώπιον τοῦ θρόνου ἐπὶ τὰ πρόσωπα αὐτῶν καὶ προσεκύνησαν τῷ θεῷ 12 λέγοντες·
ἀμήν, ἡ εὐλογία καὶ ἡ δόξα καὶ ἡ σοφία καὶ ἡ εὐχαριστία καὶ ἡ τιμὴ καὶ ἡ δύναμις καὶ ἡ ἰσχὺς τῷ θεῷ ἡμῶν εἰς τοὺς αἰῶνας τῶν αἰώνων· ἀμήν.

13 Καὶ ἀπεκρίθη εἷς ἐκ τῶν πρεσβυτέρων λέγων μοι· οὗτοι οἱ περιβεβλημένοι τὰς στολὰς τὰς λευκὰς τίνες εἰσὶν καὶ πόθεν ἦλθον; 14 καὶ εἴρηκα αὐτῷ· κύριέ μου, σὺ οἶδας. καὶ εἶπέν μοι·
οὗτοί εἰσιν οἱ ἐρχόμενοι ἐκ τῆς θλίψεως τῆς μεγάλης
καὶ ἔπλυναν τὰς στολὰς αὐτῶν
καὶ ἐλεύκαναν αὐτὰς ἐν τῷ αἵματι τοῦ ἀρνίου.
15 διὰ τοῦτό εἰσιν ἐνώπιον τοῦ θρόνου τοῦ θεοῦ
καὶ λατρεύουσιν αὐτῷ ἡμέρας καὶ νυκτὸς ἐν τῷ ναῷ αὐτοῦ,
καὶ ὁ καθήμενος ἐπὶ τοῦ θρόνου σκηνώσει ἐπ᾽ αὐτούς.

Is 49.10 16 *οὐ πεινάσουσιν ἔτι οὐδὲ διψήσουσιν ἔτι*
οὐδὲ μὴ πέσῃ ἐπ᾽ αὐτοὺς ὁ ἥλιος οὐδὲ πᾶν καῦμα,
17 ὅτι τὸ ἀρνίον τὸ ἀνὰ μέσον τοῦ θρόνου ποιμανεῖ αὐτοὺς
καὶ ὁδηγήσει αὐτοὺς ἐπὶ ζωῆς πηγὰς ὑδάτων,

καὶ ἐξαλείψει ὁ θεὸς πᾶν δάκρυον ἐκ τῶν ὀφθαλμῶν αὐτῶν.

The Seventh Seal and the Golden Censer

8 Καὶ ὅτε ἤνοιξεν τὴν σφραγῖδα τὴν ἑβδόμην, ἐγένετο σιγὴ ἐν τῷ οὐρανῷ ὡς ἡμιώριον. **2** καὶ εἶδον τοὺς ἑπτὰ ἀγγέλους οἳ ἐνώπιον τοῦ θεοῦ ἑστήκασιν, καὶ ἐδόθησαν αὐτοῖς ἑπτὰ σάλπιγγες. **3** καὶ ἄλλος ἄγγελος ἦλθεν καὶ ἐστάθη ἐπὶ τοῦ θυσιαστηρίου ἔχων λιβανωτὸν χρυσοῦν, καὶ ἐδόθη αὐτῷ θυμιάματα πολλά, ἵνα δώσει ταῖς προσευχαῖς τῶν ἁγίων πάντων ἐπὶ τὸ θυσιαστήριον τὸ χρυσοῦν τὸ ἐνώπιον τοῦ θρόνου. **4** καὶ ἀνέβη ὁ καπνὸς τῶν θυμιαμάτων ταῖς προσευχαῖς τῶν ἁγίων ἐκ χειρὸς τοῦ ἀγγέλου ἐνώπιον τοῦ θεοῦ. **5** καὶ εἴληφεν ὁ ἄγγελος τὸν λιβανωτὸν καὶ ἐγέμισεν αὐτὸν ἐκ τοῦ πυρὸς τοῦ θυσιαστηρίου καὶ ἔβαλεν εἰς τὴν γῆν, καὶ ἐγένοντο βρονταὶ καὶ φωναὶ καὶ ἀστραπαὶ καὶ σεισμός.

The Trumpets

6 Καὶ οἱ ἑπτὰ ἄγγελοι οἱ ἔχοντες τὰς ἑπτὰ σάλπιγγας ἡτοίμασαν ἑαυτοὺς ἵνα σαλπίσωσιν.

7 Καὶ ὁ πρῶτος ἐσάλπισεν· καὶ ἐγένετο χάλαζα καὶ πῦρ μεμιγμένα ἐν αἵματι καὶ ἐβλήθη εἰς τὴν γῆν, καὶ τὸ τρίτον τῆς γῆς κατεκάη καὶ τὸ τρίτον τῶν δένδρων κατεκάη καὶ πᾶς χόρτος χλωρὸς κατεκάη.

8 Καὶ ὁ δεύτερος ἄγγελος ἐσάλπισεν· καὶ ὡς ὄρος μέγα πυρὶ καιόμενον ἐβλήθη εἰς τὴν θάλασσαν, καὶ ἐγένετο τὸ τρίτον τῆς θαλάσσης αἷμα **9** καὶ ἀπέθανεν τὸ τρίτον τῶν κτισμάτων τῶν ἐν τῇ θαλάσσῃ τὰ ἔχοντα ψυχὰς καὶ τὸ τρίτον τῶν πλοίων διεφθάρησαν.

10 Καὶ ὁ τρίτος ἄγγελος ἐσάλπισεν· καὶ ἔπεσεν ἐκ τοῦ οὐρανοῦ ἀστὴρ μέγας καιόμενος ὡς λαμπὰς καὶ ἔπεσεν ἐπὶ τὸ τρίτον τῶν ποταμῶν καὶ ἐπὶ τὰς πηγὰς τῶν ὑδάτων, **11** καὶ τὸ ὄνομα τοῦ ἀστέρος λέγεται ὁ Ἄψινθος, καὶ ἐγένετο τὸ τρίτον τῶν ὑδάτων εἰς ἄψινθον καὶ πολλοὶ τῶν ἀνθρώπων ἀπέθανον ἐκ τῶν ὑδάτων ὅτι ἐπικράνθησαν.

12 Καὶ ὁ τέταρτος ἄγγελος ἐσάλπισεν· καὶ ἐπλήγη τὸ τρίτον τοῦ ἡλίου καὶ τὸ τρίτον τῆς σελήνης καὶ τὸ τρίτον τῶν ἀστέρων, ἵνα σκοτισθῇ τὸ τρίτον αὐτῶν καὶ ἡ ἡμέρα μὴ φάνῃ τὸ τρίτον αὐτῆς καὶ ἡ νὺξ ὁμοίως.

13 Καὶ εἶδον, καὶ ἤκουσα ἑνὸς ἀετοῦ πετομένου ἐν μεσουρανήματι λέγοντος φωνῇ μεγάλῃ· οὐαὶ οὐαὶ οὐαὶ τοὺς κατοικοῦντας ἐπὶ τῆς γῆς ἐκ τῶν λοιπῶν φωνῶν τῆς σάλπιγγος τῶν τριῶν ἀγγέλων τῶν μελλόντων σαλπίζειν.

9 Καὶ ὁ πέμπτος ἄγγελος ἐσάλπισεν· καὶ εἶδον ἀστέρα ἐκ τοῦ οὐρανοῦ πεπτωκότα εἰς τὴν γῆν, καὶ ἐδόθη αὐτῷ ἡ κλεὶς τοῦ φρέατος τῆς ἀβύσσου 2 καὶ ἤνοιξεν τὸ φρέαρ τῆς ἀβύσσου, καὶ ἀνέβη καπνὸς ἐκ τοῦ φρέατος ὡς καπνὸς καμίνου μεγάλης, καὶ ἐσκοτίσθη ὁ ἥλιος καὶ ὁ ἀὴρ ἐκ τοῦ καπνοῦ τοῦ φρέατος. 3 καὶ ἐκ τοῦ καπνοῦ ἐξῆλθον ἀκρίδες εἰς τὴν γῆν, καὶ ἐδόθη αὐταῖς ἐξουσία ὡς ἔχουσιν ἐξουσίαν οἱ σκορπίοι τῆς γῆς. 4 καὶ ἐρρέθη αὐταῖς ἵνα μὴ ἀδικήσωσιν τὸν χόρτον τῆς γῆς οὐδὲ πᾶν χλωρὸν οὐδὲ πᾶν δένδρον, εἰ μὴ τοὺς ἀνθρώπους οἵτινες οὐκ ἔχουσιν τὴν σφραγῖδα τοῦ θεοῦ ἐπὶ τῶν μετώπων. 5 καὶ ἐδόθη αὐταῖς ἵνα μὴ ἀποκτείνωσιν αὐτούς, ἀλλ᾽ ἵνα βασανισθήσονται μῆνας πέντε, καὶ ὁ βασανισμὸς αὐτῶν ὡς βασανισμὸς σκορπίου ὅταν παίσῃ ἄνθρωπον. 6 καὶ ἐν ταῖς ἡμέραις ἐκείναις ζητήσουσιν οἱ ἄνθρωποι τὸν θάνατον καὶ οὐ μὴ εὑρήσουσιν αὐτόν, καὶ ἐπιθυμήσουσιν ἀποθανεῖν καὶ φεύγει ὁ θάνατος ἀπ᾽ αὐτῶν.

7 Καὶ τὰ ὁμοιώματα τῶν ἀκρίδων ὅμοια ἵπποις ἡτοιμασμένοις εἰς πόλεμον, καὶ ἐπὶ τὰς κεφαλὰς αὐτῶν ὡς στέφανοι ὅμοιοι χρυσῷ, καὶ τὰ πρόσωπα αὐτῶν ὡς πρόσωπα ἀνθρώπων, 8 καὶ εἶχον τρίχας ὡς τρίχας γυναικῶν, καὶ οἱ ὀδόντες αὐτῶν ὡς λεόντων ἦσαν, 9 καὶ εἶχον θώρακας ὡς θώρακας σιδηροῦς, καὶ ἡ φωνὴ τῶν πτερύγων αὐτῶν ὡς φωνὴ ἁρμάτων ἵππων πολλῶν τρεχόντων εἰς πόλεμον, 10 καὶ ἔχουσιν οὐρὰς ὁμοίας σκορπίοις καὶ κέντρα, καὶ ἐν ταῖς οὐραῖς αὐτῶν ἡ ἐξουσία αὐτῶν ἀδικῆσαι τοὺς ἀνθρώπους μῆνας πέντε, 11 ἔχουσιν ἐπ᾽ αὐτῶν βασιλέα τὸν ἄγγελον τῆς ἀβύσσου, ὄνομα αὐτῷ Ἑβραϊστὶ Ἀβαδδών, καὶ ἐν τῇ Ἑλληνικῇ ὄνομα ἔχει Ἀπολλύων.

12 Ἡ οὐαὶ ἡ μία ἀπῆλθεν· ἰδοὺ ἔρχεται ἔτι δύο οὐαὶ μετὰ ταῦτα.

13 Καὶ ὁ ἕκτος ἄγγελος ἐσάλπισεν· καὶ ἤκουσα φωνὴν μίαν ἐκ τῶν τεσσάρων κεράτων τοῦ θυσιαστηρίου τοῦ χρυσοῦ τοῦ ἐνώπιον τοῦ θεοῦ, **14** λέγουσαν τῷ ἕκτῳ ἀγγέλῳ, ὁ ἔχων τὴν σάλπιγγα· λῦσον τοὺς τέσσαρας ἀγγέλους τοὺς δεδεμένους ἐπὶ τῷ ποταμῷ τῷ μεγάλῳ Εὐφράτῃ. **15** καὶ ἐλύθησαν οἱ τέσσαρες ἄγγελοι οἱ ἡτοιμασμένοι εἰς τὴν ὥραν καὶ ἡμέραν καὶ μῆνα καὶ ἐνιαυτόν, ἵνα ἀποκτείνωσιν τὸ τρίτον τῶν ἀνθρώπων. **16** καὶ ὁ ἀριθμὸς τῶν στρατευμάτων τοῦ ἱππικοῦ δισμυριάδες μυριάδων, ἤκουσα τὸν ἀριθμὸν αὐτῶν.

17 Καὶ οὕτως εἶδον τοὺς ἵππους ἐν τῇ ὁράσει καὶ τοὺς καθημένους ἐπ᾿ αὐτῶν, ἔχοντας θώρακας πυρίνους καὶ ὑακινθίνους καὶ θειώδεις, καὶ αἱ κεφαλαὶ τῶν ἵππων ὡς κεφαλαὶ λεόντων, καὶ ἐκ τῶν στομάτων αὐτῶν ἐκπορεύεται πῦρ καὶ καπνὸς καὶ θεῖον. **18** ἀπὸ τῶν τριῶν πληγῶν τούτων ἀπεκτάνθησαν τὸ τρίτον τῶν ἀνθρώπων, ἐκ τοῦ πυρὸς καὶ τοῦ καπνοῦ καὶ τοῦ θείου τοῦ ἐκπορευομένου ἐκ τῶν στομάτων αὐτῶν. **19** ἡ γὰρ ἐξουσία τῶν ἵππων ἐν τῷ στόματι αὐτῶν ἐστιν καὶ ἐν ταῖς οὐραῖς αὐτῶν, αἱ γὰρ οὐραὶ αὐτῶν ὅμοιαι ὄφεσιν, ἔχουσαι κεφαλὰς καὶ ἐν αὐταῖς ἀδικοῦσιν.

20 Καὶ οἱ λοιποὶ τῶν ἀνθρώπων, οἳ οὐκ ἀπεκτάνθησαν ἐν ταῖς πληγαῖς ταύταις, οὐδὲ μετενόησαν ἐκ τῶν ἔργων τῶν χειρῶν αὐτῶν, ἵνα μὴ προσκυνήσωσιν τὰ δαιμόνια καὶ τὰ εἴδωλα τὰ χρυσᾶ καὶ τὰ ἀργυρᾶ καὶ τὰ χαλκᾶ καὶ τὰ λίθινα καὶ τὰ ξύλινα, ἃ οὔτε βλέπειν δύνανται οὔτε ἀκούειν οὔτε περιπατεῖν, **21** καὶ οὐ μετενόησαν ἐκ τῶν φόνων αὐτῶν οὔτε ἐκ τῶν φαρμάκων αὐτῶν οὔτε ἐκ τῆς πορνείας αὐτῶν οὔτε ἐκ τῶν κλεμμάτων αὐτῶν.

The Angel and the Little Scroll

10 Καὶ εἶδον ἄλλον ἄγγελον ἰσχυρὸν καταβαίνοντα ἐκ τοῦ οὐρανοῦ περιβεβλημένον νεφέλην, καὶ ἡ ἶρις ἐπὶ τῆς κεφαλῆς αὐτοῦ καὶ τὸ πρόσωπον αὐτοῦ ὡς ὁ ἥλιος καὶ οἱ πόδες αὐτοῦ ὡς στῦλοι πυρός, **2** καὶ ἔχων ἐν τῇ χειρὶ αὐτοῦ βιβλαρίδιον ἠνεῳγμένον. καὶ ἔθηκεν τὸν πόδα αὐτοῦ τὸν δεξιὸν ἐπὶ τῆς θαλάσσης, τὸν δὲ εὐώνυμον ἐπὶ τῆς γῆς, **3** καὶ ἔκραξεν φωνῇ μεγάλῃ ὥσπερ λέων μυκᾶται. καὶ ὅτε ἔκραξεν, ἐλάλησαν αἱ ἑπτὰ βρονταὶ τὰς ἑαυτῶν φωνάς. **4** καὶ ὅτε ἐλάλησαν αἱ ἑπτὰ βρονταί, ἤμελλον γράφειν, καὶ ἤκουσα φωνὴν ἐκ τοῦ οὐρανοῦ λέγουσαν· σφράγισον ἃ ἐλάλησαν αἱ ἑπτὰ βρονταί, καὶ μὴ αὐτὰ γράψῃς.

5 Καὶ ὁ ἄγγελος, ὃν εἶδον ἑστῶτα ἐπὶ τῆς θαλάσσης καὶ ἐπὶ τῆς γῆς, ἦρεν τὴν χεῖρα αὐτοῦ τὴν δεξιὰν εἰς τὸν οὐρανὸν **6** καὶ ὤμοσεν ἐν τῷ ζῶντι εἰς τοὺς αἰῶνας τῶν αἰώνων, ὃς ἔκτισεν τὸν οὐρανὸν καὶ τὰ ἐν αὐτῷ καὶ τὴν γῆν καὶ τὰ ἐν αὐτῇ καὶ τὴν θάλασσαν καὶ τὰ ἐν αὐτῇ, ὅτι χρόνος οὐκέτι ἔσται, **7** ἀλλ᾽ ἐν ταῖς ἡμέραις τῆς φωνῆς τοῦ ἑβδόμου ἀγγέλου, ὅταν μέλλῃ σαλπίζειν, καὶ ἐτελέσθη τὸ μυστήριον τοῦ θεοῦ, ὡς εὐηγγέλισεν τοὺς ἑαυτοῦ δούλους τοὺς προφήτας.

8 Καὶ ἡ φωνὴ ἣν ἤκουσα ἐκ τοῦ οὐρανοῦ πάλιν λαλοῦσαν μετ᾽ ἐμοῦ καὶ λέγουσαν· ὕπαγε λάβε τὸ βιβλίον τὸ ἠνεῳγμένον ἐν τῇ χειρὶ τοῦ ἀγγέλου τοῦ ἑστῶτος ἐπὶ τῆς θαλάσσης καὶ ἐπὶ τῆς γῆς. **9** καὶ ἀπῆλθα πρὸς τὸν ἄγγελον λέγων αὐτῷ δοῦναί μοι τὸ βιβλαρίδιον. καὶ λέγει μοι· λάβε καὶ κατάφαγε αὐτό, καὶ πικρανεῖ σου τὴν κοιλίαν, ἀλλ᾽ ἐν τῷ στόματί σου ἔσται γλυκὺ ὡς μέλι. **10** Καὶ ἔλαβον τὸ βιβλαρίδιον ἐκ τῆς χειρὸς τοῦ ἀγγέλου καὶ κατέφαγον αὐτό, καὶ ἦν ἐν τῷ στόματί μου ὡς μέλι γλυκὺ καὶ ὅτε ἔφαγον αὐτό, ἐπικράνθη ἡ κοιλία μου. **11** καὶ λέγουσίν μοι· δεῖ σε πάλιν προφητεῦσαι ἐπὶ λαοῖς καὶ ἔθνεσιν καὶ γλώσσαις καὶ βασιλεῦσιν πολλοῖς.

The Two Witnesses

11 Καὶ ἐδόθη μοι κάλαμος ὅμοιος ῥάβδῳ[1], λέγων· ἔγειρε καὶ μέτρησον τὸν ναὸν τοῦ θεοῦ καὶ τὸ θυσιαστήριον καὶ τοὺς προσκυνοῦντας ἐν αὐτῷ. **2** καὶ τὴν αὐλὴν τὴν ἔξωθεν τοῦ ναοῦ ἔκβαλε ἔξωθεν καὶ μὴ αὐτὴν μετρήσῃς, ὅτι ἐδόθη τοῖς ἔθνεσιν, καὶ τὴν πόλιν τὴν ἁγίαν πατήσουσιν μῆνας τεσσεράκοντα δύο.

3 Καὶ δώσω τοῖς δυσὶν μάρτυσίν μου καὶ προφητεύσουσιν

---

[1] **1** {A} ῥάβδῳ 𝔓⁴⁷ 01* 02 025 254 1006 1611 2019 2053 2080 2344 2846 *Byz* lat^(vl-pt, vg) co eth // ῥάβδῳ καὶ εἱστήκει ὁ ἄγγελος (01³ εστηκει) 1637 1854 2329 lat^(vl-pt) sy

ἡμέρας χιλίας διακοσίας ἑξήκοντα περιβεβλημένοι σάκκους. **4** οὗτοί εἰσιν αἱ δύο ἐλαῖαι καὶ αἱ δύο λυχνίαι αἱ ἐνώπιον τοῦ κυρίου τῆς γῆς ἑστῶτες. **5** καὶ εἴ τις αὐτοὺς θέλει ἀδικῆσαι πῦρ ἐκπορεύεται ἐκ τοῦ στόματος αὐτῶν καὶ κατεσθίει τοὺς ἐχθροὺς αὐτῶν· καὶ εἴ τις θέλει αὐτοὺς ἀδικῆσαι, οὕτως δεῖ αὐτὸν ἀποκτανθῆναι. **6** οὗτοι ἔχουσιν τὴν ἐξουσίαν κλεῖσαι τὸν οὐρανόν, ἵνα μὴ ὑετὸς βρέχῃ τὰς ἡμέρας τῆς προφητείας αὐτῶν, καὶ ἐξουσίαν ἔχουσιν ἐπὶ τῶν ὑδάτων στρέφειν αὐτὰ εἰς αἷμα καὶ πατάξαι τὴν γῆν ἐν πάσῃ πληγῇ ὁσάκις ἐὰν θελήσωσιν.

7 Καὶ ὅταν τελέσωσιν τὴν μαρτυρίαν αὐτῶν, τὸ θηρίον τὸ ἀναβαῖνον ἐκ τῆς ἀβύσσου ποιήσει μετ' αὐτῶν πόλεμον καὶ νικήσει αὐτοὺς καὶ ἀποκτενεῖ αὐτούς. **8** καὶ τὸ πτῶμα αὐτῶν ἐπὶ τῆς πλατείας τῆς πόλεως τῆς μεγάλης, ἥτις καλεῖται πνευματικῶς Σόδομα καὶ Αἴγυπτος, ὅπου καὶ ὁ κύριος αὐτῶν ἐσταυρώθη. **9** καὶ βλέπουσιν ἐκ τῶν λαῶν καὶ φυλῶν καὶ γλωσσῶν καὶ ἐθνῶν τὸ πτῶμα αὐτῶν ἡμέρας τρεῖς καὶ ἥμισυ καὶ τὰ πτώματα αὐτῶν οὐκ ἀφίουσιν τεθῆναι εἰς μνῆμα. **10** καὶ οἱ κατοικοῦντες ἐπὶ τῆς γῆς χαίρουσιν ἐπ' αὐτοῖς καὶ εὐφραίνονται καὶ δῶρα πέμψουσιν ἀλλήλοις, ὅτι οὗτοι οἱ δύο προφῆται ἐβασάνισαν τοὺς κατοικοῦντας ἐπὶ τῆς γῆς.

11 Καὶ μετὰ τὰς τρεῖς ἡμέρας καὶ ἥμισυ πνεῦμα ζωῆς ἐκ τοῦ θεοῦ εἰσῆλθεν αὐτοῖς, καὶ ἔστησαν ἐπὶ τοὺς πόδας αὐτῶν, καὶ φόβος μέγας ἐπέπεσεν ἐπὶ τοὺς θεωροῦντας αὐτούς. **12** καὶ ἤκουσαν φωνῆς μεγάλης ἐκ τοῦ οὐρανοῦ λεγούσης αὐτοῖς· ἀνάβατε ὧδε. καὶ ἀνέβησαν εἰς τὸν οὐρανὸν ἐν τῇ νεφέλῃ, καὶ ἐθεώρησαν αὐτοὺς οἱ ἐχθροὶ αὐτῶν. **13** καὶ ἐν ἐκείνῃ τῇ ὥρᾳ ἐγένετο σεισμὸς μέγας καὶ τὸ δέκατον τῆς πόλεως ἔπεσεν καὶ ἀπεκτάνθησαν ἐν τῷ σεισμῷ ὀνόματα ἀνθρώπων χιλιάδες ἑπτὰ καὶ οἱ λοιποὶ ἔμφοβοι ἐγένοντο καὶ ἔδωκαν δόξαν τῷ θεῷ τοῦ οὐρανοῦ.

14 Ἡ οὐαὶ ἡ δευτέρα ἀπῆλθεν· ἰδοὺ ἡ οὐαὶ ἡ τρίτη ἔρχεται ταχύ.

The Seventh Trumpet

15 Καὶ ὁ ἕβδομος ἄγγελος ἐσάλπισεν· καὶ ἐγένοντο φωναὶ μεγάλαι ἐν τῷ οὐρανῷ λέγουσαι·

ἐγένετο ἡ βασιλεία τοῦ κόσμου τοῦ κυρίου ἡμῶν
    καὶ τοῦ χριστοῦ αὐτοῦ,
καὶ βασιλεύσει εἰς τοὺς αἰῶνας τῶν αἰώνων.

16 καὶ οἱ εἴκοσι τέσσαρες πρεσβύτεροι οἱ ἐνώπιον τοῦ θεοῦ καθήμενοι ἐπὶ τοὺς θρόνους αὐτῶν ἔπεσαν ἐπὶ τὰ πρόσωπα αὐτῶν καὶ προσεκύνησαν τῷ θεῷ **17** λέγοντες·

εὐχαριστοῦμέν σοι, κύριε ὁ θεὸς ὁ παντοκράτωρ,
    ὁ ὢν καὶ ὁ ἦν,
ὅτι εἴληφας τὴν δύναμίν σου τὴν μεγάλην
    καὶ ἐβασίλευσας.
18 καὶ τὰ ἔθνη ὠργίσθησαν,
    καὶ ἦλθεν ἡ ὀργή σου
    καὶ ὁ καιρὸς τῶν νεκρῶν κριθῆναι
    καὶ δοῦναι τὸν μισθὸν τοῖς δούλοις σου τοῖς προφήταις
    καὶ τοῖς ἁγίοις καὶ τοῖς φοβουμένοις τὸ ὄνομά σου,
    τοῖς μικροῖς καὶ τοῖς μεγάλοις,
    καὶ διαφθεῖραι τοὺς διαφθείροντας τὴν γῆν.

19 Καὶ ἠνοίγη ὁ ναὸς τοῦ θεοῦ ὁ ἐν τῷ οὐρανῷ καὶ ὤφθη ἡ κιβωτὸς τῆς διαθήκης αὐτοῦ ἐν τῷ ναῷ αὐτοῦ, καὶ ἐγένοντο ἀστραπαὶ καὶ φωναὶ καὶ βρονταὶ καὶ σεισμὸς καὶ χάλαζα μεγάλη.

The Woman and the Dragon

12 Καὶ σημεῖον μέγα ὤφθη ἐν τῷ οὐρανῷ, γυνὴ περιβεβλημένη τὸν ἥλιον, καὶ ἡ σελήνη ὑποκάτω τῶν ποδῶν αὐτῆς καὶ ἐπὶ τῆς κεφαλῆς αὐτῆς στέφανος ἀστέρων δώδεκα, **2** καὶ ἐν γαστρὶ ἔχουσα, κράζει ὠδίνουσα καὶ βασανιζομένη τεκεῖν. **3** καὶ ὤφθη ἄλλο σημεῖον ἐν τῷ οὐρανῷ, καὶ ἰδοὺ δράκων μέγας πυρρὸς ἔχων κεφαλὰς ἑπτὰ καὶ κέρατα δέκα καὶ ἐπὶ τὰς κεφαλὰς αὐτοῦ ἑπτὰ διαδήματα, **4** καὶ ἡ οὐρὰ αὐτοῦ σύρει τὸ τρίτον τῶν ἀστέρων τοῦ οὐρανοῦ καὶ ἔβαλεν αὐτοὺς εἰς τὴν γῆν. καὶ ὁ δράκων ἕστηκεν ἐνώπιον τῆς γυναικὸς τῆς μελλούσης τεκεῖν, ἵνα ὅταν τέκῃ τὸ τέκνον αὐτῆς καταφάγῃ. **5** καὶ ἔτεκεν υἱὸν ἄρρενα, ὃς μέλλει ποιμαίνειν πάντα τὰ ἔθνη ἐν ῥάβδῳ σιδηρᾷ. καὶ ἡρπάσθη τὸ τέκνον αὐτῆς πρὸς τὸν θεὸν καὶ πρὸς τὸν θρόνον αὐτοῦ. **6** καὶ ἡ γυνὴ ἔφυγεν εἰς τὴν ἔρημον, ὅπου ἔχει ἐκεῖ τόπον ἡτοιμασμένον ἀπὸ τοῦ θεοῦ, ἵνα ἐκεῖ τρέφωσιν αὐτὴν ἡμέρας χιλίας διακοσίας ἑξήκοντα.

7 Καὶ ἐγένετο πόλεμος ἐν τῷ οὐρανῷ, ὁ Μιχαὴλ καὶ οἱ ἄγγελοι αὐτοῦ τοῦ πολεμῆσαι μετὰ τοῦ δράκοντος. καὶ ὁ δράκων ἐπολέμησεν καὶ οἱ ἄγγελοι αὐτοῦ, 8 καὶ οὐκ ἴσχυσαν οὐδὲ τόπος εὑρέθη αὐτῶν ἔτι ἐν τῷ οὐρανῷ. 9 καὶ ἐβλήθη ὁ δράκων ὁ μέγας, ὁ ὄφις ὁ ἀρχαῖος, ὁ καλούμενος Διάβολος καὶ ὁ Σατανᾶς, ὁ πλανῶν τὴν οἰκουμένην ὅλην, ἐβλήθη εἰς τὴν γῆν, καὶ οἱ ἄγγελοι αὐτοῦ μετ' αὐτοῦ ἐβλήθησαν. 10 καὶ ἤκουσα φωνὴν μεγάλην ἐν τῷ οὐρανῷ λέγουσαν·

ἄρτι ἐγένετο ἡ σωτηρία καὶ ἡ δύναμις
 καὶ ἡ βασιλεία τοῦ θεοῦ ἡμῶν
 καὶ ἡ ἐξουσία τοῦ χριστοῦ αὐτοῦ,
ὅτι ἐβλήθη ὁ κατήγορος τῶν ἀδελφῶν ἡμῶν,
 ὁ κατηγορῶν αὐτοὺς ἐνώπιον τοῦ θεοῦ ἡμῶν ἡμέρας
 καὶ νυκτός.
11 καὶ αὐτοὶ ἐνίκησαν αὐτὸν διὰ τὸ αἷμα τοῦ ἀρνίου
 καὶ διὰ τὸν λόγον τῆς μαρτυρίας αὐτῶν
 καὶ οὐκ ἠγάπησαν τὴν ψυχὴν αὐτῶν ἄχρι θανάτου.
12 διὰ τοῦτο εὐφραίνεσθε, οὐρανοὶ
 καὶ οἱ ἐν αὐτοῖς σκηνοῦντες.
οὐαὶ τὴν γῆν καὶ τὴν θάλασσαν,
 ὅτι κατέβη ὁ διάβολος πρὸς ὑμᾶς
ἔχων θυμὸν μέγαν,
 εἰδὼς ὅτι ὀλίγον καιρὸν ἔχει.

13 Καὶ ὅτε εἶδεν ὁ δράκων ὅτι ἐβλήθη εἰς τὴν γῆν, ἐδίωξεν τὴν γυναῖκα ἥτις ἔτεκεν τὸν ἄρσενα. 14 καὶ ἐδόθησαν τῇ γυναικὶ αἱ δύο πτέρυγες τοῦ ἀετοῦ τοῦ μεγάλου, ἵνα πέτηται εἰς τὴν ἔρημον εἰς τὸν τόπον αὐτῆς, ὅπου τρέφεται ἐκεῖ καιρὸν καὶ καιροὺς καὶ ἥμισυ καιροῦ ἀπὸ προσώπου τοῦ ὄφεως. 15 καὶ ἔβαλεν ὁ ὄφις ἐκ τοῦ στόματος αὐτοῦ ὀπίσω τῆς γυναικὸς ὕδωρ ὡς ποταμόν, ἵνα αὐτὴν ποταμοφόρητον ποιήσῃ. 16 καὶ ἐβοήθησεν ἡ γῆ τῇ γυναικὶ καὶ ἤνοιξεν ἡ γῆ τὸ στόμα αὐτῆς καὶ κατέπιεν τὸν ποταμὸν ὃν ἔβαλεν ὁ δράκων ἐκ τοῦ στόματος αὐτοῦ. 17 καὶ ὠργίσθη ὁ δράκων ἐπὶ τῇ γυναικὶ καὶ ἀπῆλθεν ποιῆσαι πόλεμον μετὰ τῶν λοιπῶν τοῦ σπέρματος αὐτῆς

τῶν τηρούντων τὰς ἐντολὰς τοῦ θεοῦ καὶ ἐχόντων τὴν μαρτυρίαν Ἰησοῦ.
18 Καὶ ἐστάθη¹ ἐπὶ τὴν ἄμμον τῆς θαλάσσης.

The Two Beasts

13 Καὶ εἶδον ἐκ τῆς θαλάσσης θηρίον ἀναβαῖνον, ἔχον κέρατα δέκα καὶ κεφαλὰς ἑπτὰ καὶ ἐπὶ τῶν κεράτων αὐτοῦ δέκα διαδήματα καὶ ἐπὶ τὰς κεφαλὰς αὐτοῦ ὄνομα¹ βλασφημίας. **2** καὶ τὸ θηρίον ὃ εἶδον ἦν ὅμοιον παρδάλει καὶ οἱ πόδες αὐτοῦ ὡς ἄρκου καὶ τὸ στόμα αὐτοῦ ὡς στόμα λέοντος. καὶ ἔδωκεν αὐτῷ ὁ δράκων τὴν δύναμιν αὐτοῦ καὶ τὸν θρόνον αὐτοῦ καὶ ἐξουσίαν μεγάλην. **3** καὶ μίαν ἐκ τῶν κεφαλῶν αὐτοῦ ὡς ἐσφαγμένην εἰς θάνατον, καὶ ἡ πληγὴ τοῦ θανάτου αὐτοῦ ἐθεραπεύθη.

Καὶ ἐθαύμασεν ὅλη ἡ γῆ ὀπίσω τοῦ θηρίου **4** καὶ προσεκύνησαν τῷ δράκοντι, ὅτι ἔδωκεν τὴν ἐξουσίαν τῷ θηρίῳ, καὶ προσεκύνησαν τῷ θηρίῳ λέγοντες· τίς ὅμοιος τῷ θηρίῳ καὶ τίς δύναται πολεμῆσαι μετ᾽ αὐτοῦ;

5 Καὶ ἐδόθη αὐτῷ στόμα λαλοῦν μεγάλα καὶ βλασφημίας καὶ ἐδόθη αὐτῷ ἐξουσία ποιῆσαι μῆνας τεσσεράκοντα δύο. **6** καὶ ἤνοιξεν τὸ στόμα αὐτοῦ εἰς βλασφημίας πρὸς τὸν θεὸν βλασφημῆσαι τὸ ὄνομα αὐτοῦ καὶ τὴν σκηνὴν αὐτοῦ, τοὺς ἐν τῷ οὐρανῷ σκηνοῦντας². **7** καὶ ἐδόθη αὐτῷ ποιῆσαι πόλεμον μετὰ τῶν ἁγίων καὶ νικῆσαι αὐτούς, καὶ ἐδόθη αὐτῷ ἐξουσία ἐπὶ πᾶσαν φυλὴν καὶ λαὸν καὶ γλῶσσαν καὶ ἔθνος. **8** καὶ προσκυνήσουσιν αὐτὸν πάντες οἱ κατοικοῦντες ἐπὶ τῆς γῆς, οὗ οὐ γέγραπται τὸ ὄνομα αὐτοῦ ἐν τῷ βιβλίῳ τῆς ζωῆς τοῦ ἀρνίου τοῦ ἐσφαγμένου ἀπὸ καταβολῆς κόσμου.

---

¹**18** ♦ ἐστάθη 𝔓⁴⁷ 01 02 04 1854 2344 2846 lat sy^h eth // ♦ ἐστάθην 025 1006 1611 1637 2019 2053 2080 2329 *Byz* lat^{vg-mss} sy^{ph, hmg-ms} co

¹**1** {C} ὄνομα 𝔓⁴⁷ 01 04 025 1006 2329 2846 *Byz*^A *TR* lat^{vl, vg-mss} sy^{ph} co eth // ὀνόματα 02 254 1611 1637 1854 2019 2053 2080 2344 *Byz*^K lat^{vg} sy^h

²**6** {A} τοὺς ἐν τῷ οὐρανῷ σκηνοῦντας 01* 02 04 025 (1006 *omit* τῷ) 1611 1637 (1854 *omit* τοὺς) 2329 2344 2846 *Byz*^K sy^h (sy^{ph} τῶν ... σκηνούντων) // καὶ τοὺς ἐν τῷ οὐρανῷ σκηνοῦντας 01² 025 254 2019 2053 *Byz*^A *TR* lat^{vg} co eth^{mss} // ἐν τῷ οὐρανῷ 𝔓⁴⁷ eth

9 Εἴ τις ἔχει οὖς ἀκουσάτω.
10 εἴ τις εἰς αἰχμαλωσίαν, ὑπάγει³·
εἴ τις ἐν μαχαίρῃ ἀποκτενεῖ, δεῖ αὐτὸν⁴ ἐν μαχαίρῃ
ἀποκτανθῆναι.
ὧδέ ἐστιν ἡ ὑπομονὴ καὶ ἡ πίστις τῶν ἁγίων.
11 Καὶ εἶδον ἄλλο θηρίον ἀναβαῖνον ἐκ τῆς γῆς, καὶ εἶχεν κέρατα δύο ὅμοια ἀρνίῳ καὶ ἐλάλει ὡς δράκων. **12** καὶ τὴν ἐξουσίαν τοῦ πρώτου θηρίου πᾶσαν ποιεῖ ἐνώπιον αὐτοῦ, καὶ ποιεῖ τὴν γῆν καὶ τοὺς ἐν αὐτῇ κατοικοῦντας ἵνα προσκυνήσωσιν τὸ θηρίον τὸ πρῶτον, οὗ ἐθεραπεύθη ἡ πληγὴ τοῦ θανάτου αὐτοῦ. **13** καὶ ποιεῖ σημεῖα μεγάλα, ἵνα καὶ πῦρ ποιῇ ἐκ τοῦ οὐρανοῦ καταβαίνειν εἰς τὴν γῆν ἐνώπιον τῶν ἀνθρώπων, **14** καὶ πλανᾷ τοὺς κατοικοῦντας ἐπὶ τῆς γῆς διὰ τὰ σημεῖα ἃ ἐδόθη αὐτῷ ποιῆσαι ἐνώπιον τοῦ θηρίου, λέγων τοῖς κατοικοῦσιν ἐπὶ τῆς γῆς ποιῆσαι εἰκόνα τῷ θηρίῳ, ὃς ἔχει τὴν πληγὴν τῆς μαχαίρης καὶ ἔζησεν.

15 Καὶ ἐδόθη αὐτῷ δοῦναι πνεῦμα τῇ εἰκόνι τοῦ θηρίου, ἵνα καὶ λαλήσῃ ἡ εἰκὼν τοῦ θηρίου καὶ ποιήσῃ ἵνα ὅσοι ἐὰν μὴ προσκυνήσωσιν τῇ εἰκόνι τοῦ θηρίου ἀποκτανθῶσιν. **16** καὶ ποιεῖ πάντας, τοὺς μικροὺς καὶ τοὺς μεγάλους, καὶ τοὺς πλουσίους καὶ τοὺς πτωχούς, καὶ τοὺς ἐλευθέρους καὶ τοὺς δούλους, ἵνα δῶσιν αὐτοῖς χάραγμα ἐπὶ τῆς χειρὸς αὐτῶν τῆς δεξιᾶς ἢ ἐπὶ τὸ μέτωπον αὐτῶν **17** καὶ ἵνα μή τις δύνηται ἀγοράσαι ἢ πωλῆσαι εἰ μὴ ὁ ἔχων τὸ χάραγμα τὸ ὄνομα τοῦ θηρίου ἢ τὸν ἀριθμὸν τοῦ ὀνόματος αὐτοῦ.

---

³ **10** {B} εἰς αἰχμαλωσίαν, ὑπάγει 𝔓⁴⁷? 01 04 025 254 1006 1611 2053 2329 2595 2846 lat^(vl-pt) ∥ εἰς αἰχμαλωσίαν, ἀπάγει 𝔓⁴⁷? 1854 ∥ εἰς αἰχμαλωσίαν, συνάγει 2081 (2814 *omit* εἰς) ∥ εἰς αἰχμαλωσίαν, εἰς αἰχμαλωσίαν ὑπάγει 02 lat^(vg) ∥ αἰχμαλωτίζει, εἰς αἰχμαλωσίαν ὑπάγει 2019 ∥ εἰς αἰχμαλωσίαν ἀπάγει, εἰς αἰχμαλωσίαν ὑπάγει lat^(vl, vg-mss) sy^(h with*-ms) Irenaeus^(lat) ∥ αἰχμάλωτός ἐστιν, αἰχμάλωτος θήσεται 2344 ∥ ἔχει αἰχμαλωσίαν, ὑπάγει 𝔓⁴⁷? 1637 *Byz*^K ∥ αἰχμαλωσίαν συνάγει, εἰς αἰχμαλωσίαν ὑπάγει *TR*
⁴ **10** {B} ἀποκτενεῖ, δεῖ αὐτόν 𝔓^(47vid) 04 025 254 1611 1637 2019 2053 2080 2329 2344 *Byz*^A *TR* lat (co) ∥ ἀποκτενεῖ sy^(ph) ∥ ἀποκτείνει, δεῖ αὐτόν 01 1006 1854 2846 eth ∥ ἀποκτανθῆναι αὐτόν 02 ∥ δεῖ αὐτὸν ἀποκτανθῆναι (*and omit following* ἐν μαχαίρῃ ἀποκτανθῆναι) *Byz*^K

18 Ὧδε ἡ σοφία ἐστίν. ὁ ἔχων νοῦν ψηφισάτω τὸν ἀριθμὸν τοῦ θηρίου, ἀριθμὸς γὰρ ἀνθρώπου ἐστίν, καὶ ὁ ἀριθμὸς αὐτοῦ ἐστιν ἑξακόσιοι ἑξήκοντα ἕξ⁵.

The Song of the 144,000

14 Καὶ εἶδον, καὶ ἰδοὺ τὸ ἀρνίον ἑστὸς ἐπὶ τὸ ὄρος Σιὼν καὶ μετ᾽ αὐτοῦ ἑκατὸν τεσσεράκοντα τέσσαρες χιλιάδες ἔχουσαι τὸ ὄνομα αὐτοῦ καὶ τὸ ὄνομα τοῦ πατρὸς αὐτοῦ γεγραμμένον ἐπὶ τῶν μετώπων αὐτῶν. **2** καὶ ἤκουσα φωνὴν ἐκ τοῦ οὐρανοῦ ὡς φωνὴν ὑδάτων πολλῶν καὶ ὡς φωνὴν βροντῆς μεγάλης, καὶ ἡ φωνὴ ἣν ἤκουσα ὡς κιθαρῳδῶν κιθαριζόντων ἐν ταῖς κιθάραις αὐτῶν. **3** καὶ ᾄδουσιν ὡς¹ ᾠδὴν καινὴν ἐνώπιον τοῦ θρόνου καὶ ἐνώπιον τῶν τεσσάρων ζῴων καὶ τῶν πρεσβυτέρων, καὶ οὐδεὶς ἐδύνατο μαθεῖν τὴν ᾠδὴν εἰ μὴ αἱ ἑκατὸν τεσσεράκοντα τέσσαρες χιλιάδες, οἱ ἠγορασμένοι ἀπὸ τῆς γῆς.
4 οὗτοί εἰσιν οἳ μετὰ γυναικῶν οὐκ ἐμολύνθησαν,
παρθένοι γάρ εἰσιν, οὗτοι οἱ ἀκολουθοῦντες τῷ ἀρνίῳ
ὅπου ἂν ὑπάγῃ. οὗτοι ἠγοράσθησαν ἀπὸ τῶν ἀνθρώπων
ἀπαρχὴ τῷ θεῷ καὶ τῷ ἀρνίῳ, **5** καὶ ἐν τῷ στόματι
αὐτῶν οὐχ εὑρέθη ψεῦδος, ἄμωμοί εἰσιν².

The Messages of the Three Angels

6 Καὶ εἶδον ἄλλον ἄγγελον πετόμενον ἐν μεσουρανήματι, ἔχοντα εὐαγγέλιον αἰώνιον εὐαγγελίσαι ἐπὶ τοὺς καθημένους ἐπὶ τῆς γῆς καὶ ἐπὶ πᾶν ἔθνος καὶ φυλὴν καὶ γλῶσσαν καὶ λαόν, **7** λέγων ἐν φωνῇ μεγάλῃ·
φοβήθητε τὸν θεὸν καὶ δότε αὐτῷ δόξαν, ὅτι ἦλθεν
ἡ ὥρα τῆς κρίσεως αὐτοῦ, καὶ προσκυνήσατε τῷ

---

⁵ **18** {C} ἑξήκοντα ἕξ 𝔓⁴⁷ 01 02 025 254 1006 1611 1637 1854 2053 2080 2329 2846 *Byz* lat^(vl-pt, vg) sy co eth Irenaeus ∥ ἑξήκοντα πέντε 2344 ∥ δέκα ἕξ 𝔓¹¹⁵ 04 lat^(vl-pt) mss^(acc. to Irenaeus)
¹ **3** ♦ ὡς 02 04 254 1006 2846 *Byz*^A *TR* lat^(vl-pt, vg) sy^ph ∥ ♦ omit 𝔓⁴⁷ 01 025 1611 1637 1854 2019 2053 2080 2329 2344 *Byz*^K lat^(vl-pt) sy^h co eth Origen
² **5** ♦ ἄμωμοί εἰσιν 02 04 025 1854 2053 *Byz*^A lat ∥ ♦ ἄμωμοι γάρ εἰσιν 𝔓⁴⁷ 01 254 1611 1637 2080 2329 2344 2846 *Byz*^K lat^(vg-mss) sy ∥ ἀμώμητοι γάρ εἰσιν 1006 ∥ *omit* 2019 ∥ ἄμωμοι γάρ εἰσιν ἐνώπιον τοῦ θρόνου τοῦ θεοῦ *TR*

ποιήσαντι τὸν οὐρανὸν καὶ τὴν γῆν καὶ θάλασσαν καὶ πηγὰς ὑδάτων.

8 Καὶ ἄλλος ἄγγελος δεύτερος ἠκολούθησεν λέγων·
ἔπεσεν ἔπεσεν Βαβυλὼν ἡ μεγάλη ἐκ τοῦ οἴνου τοῦ θυμοῦ τῆς πορνείας αὐτῆς πεπότικεν πάντα τὰ ἔθνη.

9 Καὶ ἄλλος ἄγγελος τρίτος ἠκολούθησεν αὐτοῖς λέγων ἐν φωνῇ μεγάλῃ·

εἴ τις προσκυνεῖ τὸ θηρίον καὶ τὴν εἰκόνα αὐτοῦ καὶ λαμβάνει χάραγμα ἐπὶ τοῦ μετώπου αὐτοῦ ἢ ἐπὶ τὴν χεῖρα αὐτοῦ, **10** καὶ αὐτὸς πίεται ἐκ τοῦ οἴνου τοῦ θυμοῦ τοῦ θεοῦ τοῦ κεκερασμένου ἀκράτου ἐν τῷ ποτηρίῳ τῆς ὀργῆς αὐτοῦ καὶ βασανισθήσεται ἐν πυρὶ καὶ θείῳ ἐνώπιον ἀγγέλων ἁγίων καὶ ἐνώπιον τοῦ ἀρνίου. **11** καὶ ὁ καπνὸς τοῦ βασανισμοῦ αὐτῶν εἰς αἰῶνας αἰώνων ἀναβαίνει, καὶ οὐκ ἔχουσιν ἀνάπαυσιν ἡμέρας καὶ νυκτὸς οἱ προσκυνοῦντες τὸ θηρίον καὶ τὴν εἰκόνα αὐτοῦ καὶ εἴ τις λαμβάνει τὸ χάραγμα τοῦ ὀνόματος αὐτοῦ. **12** ὧδε ἡ ὑπομονὴ τῶν ἁγίων ἐστίν, οἱ τηροῦντες τὰς ἐντολὰς τοῦ θεοῦ καὶ τὴν πίστιν Ἰησοῦ.

13 Καὶ ἤκουσα φωνῆς ἐκ τοῦ οὐρανοῦ λεγούσης· γράψον· μακάριοι οἱ νεκροὶ οἱ ἐν κυρίῳ ἀποθνῄσκοντες ἀπ' ἄρτι. ναί, λέγει τὸ πνεῦμα, ἵνα ἀναπαήσονται ἐκ τῶν κόπων αὐτῶν, τὰ γὰρ ἔργα αὐτῶν ἀκολουθεῖ μετ' αὐτῶν.

The Harvest of the Earth

14 Καὶ εἶδον, καὶ ἰδοὺ νεφέλη λευκή, καὶ ἐπὶ τὴν νεφέλην καθήμενον ὅμοιον υἱὸν ἀνθρώπου, ἔχων ἐπὶ τῆς κεφαλῆς αὐτοῦ στέφανον χρυσοῦν καὶ ἐν τῇ χειρὶ αὐτοῦ δρέπανον ὀξύ. **15** καὶ ἄλλος ἄγγελος ἐξῆλθεν ἐκ τοῦ ναοῦ κράζων ἐν φωνῇ μεγάλῃ τῷ καθημένῳ ἐπὶ τῆς νεφέλης·

πέμψον τὸ δρέπανόν σου καὶ θέρισον, ὅτι ἦλθεν ἡ ὥρα θερίσαι, ὅτι ἐξηράνθη ὁ θερισμὸς τῆς γῆς.

16 καὶ ἔβαλεν ὁ καθήμενος ἐπὶ τῆς νεφέλης τὸ δρέπανον αὐτοῦ ἐπὶ τὴν γῆν καὶ ἐθερίσθη ἡ γῆ.

17 Καὶ ἄλλος ἄγγελος ἐξῆλθεν ἐκ τοῦ ναοῦ τοῦ ἐν τῷ οὐρανῷ ἔχων καὶ αὐτὸς δρέπανον ὀξύ. **18** καὶ ἄλλος ἄγγελος ἐξῆλθεν ἐκ τοῦ θυσιαστηρίου ἔχων ἐξουσίαν ἐπὶ τοῦ πυρός, καὶ ἐφώνησεν κραυγῇ³ μεγάλῃ τῷ ἔχοντι τὸ δρέπανον τὸ ὀξὺ λέγων· πέμψον σου τὸ δρέπανον τὸ ὀξὺ καὶ τρύγησον τοὺς βότρυας τῆς ἀμπέλου τῆς γῆς, ὅτι ἤκμασαν αἱ σταφυλαὶ αὐτῆς. **19** καὶ ἔβαλεν ὁ ἄγγελος τὸ δρέπανον αὐτοῦ εἰς τὴν γῆν καὶ ἐτρύγησεν τὴν ἄμπελον τῆς γῆς καὶ ἔβαλεν εἰς τὴν ληνὸν τοῦ θυμοῦ τοῦ θεοῦ τὸν μέγαν. **20** καὶ ἐπατήθη ἡ ληνὸς ἔξωθεν τῆς πόλεως καὶ ἐξῆλθεν αἷμα ἐκ τῆς ληνοῦ ἄχρι τῶν χαλινῶν τῶν ἵππων ἀπὸ σταδίων χιλίων ἑξακοσίων.

The Angels with the Last Plagues

15 Καὶ εἶδον ἄλλο σημεῖον ἐν τῷ οὐρανῷ μέγα καὶ θαυμαστόν, ἀγγέλους ἑπτὰ ἔχοντας πληγὰς ἑπτὰ τὰς ἐσχάτας, ὅτι ἐν αὐταῖς ἐτελέσθη ὁ θυμὸς τοῦ θεοῦ.

2 Καὶ εἶδον ὡς θάλασσαν ὑαλίνην μεμιγμένην πυρὶ καὶ τοὺς νικῶντας ἐκ τοῦ θηρίου καὶ ἐκ τῆς εἰκόνος αὐτοῦ καὶ ἐκ τοῦ ἀριθμοῦ τοῦ ὀνόματος αὐτοῦ ἑστῶτας ἐπὶ τὴν θάλασσαν τὴν ὑαλίνην ἔχοντας κιθάρας τοῦ θεοῦ. **3** καὶ ᾄδουσιν τὴν ᾠδὴν Μωϋσέως τοῦ δούλου τοῦ θεοῦ καὶ τὴν ᾠδὴν τοῦ ἀρνίου λέγοντες·

μεγάλα καὶ θαυμαστὰ τὰ ἔργα σου,
    κύριε ὁ θεὸς ὁ παντοκράτωρ·
δίκαιαι καὶ ἀληθιναὶ αἱ ὁδοί σου,
    ὁ βασιλεὺς τῶν ἐθνῶν¹·
4 τίς οὐ μὴ φοβηθῇ, κύριε,
    καὶ δοξάσει τὸ ὄνομά σου;
ὅτι μόνος ὅσιος,
    ὅτι πάντα τὰ ἔθνη ἥξουσιν
    καὶ προσκυνήσουσιν ἐνώπιόν σου,
ὅτι τὰ δικαιώματά σου ἐφανερώθησαν.

---

³**18** {B} κραυγῇ 𝔓⁴⁷ 04 025 254 1611 1637 1854 2019 2329 2344 *Byz* ∥ φωνῇ 01 02 1006 2053 2080 2846

¹**3** {C} ἐθνῶν 01²ᵃ 02 025 254 1637 1854 2019 2053 2080 2329 2344 *Byz* latᵛˡ, ᵛᵍ⁻ᵐˢ syʰᵐᵍ⁻ᵐˢ coᵇᵒ eth ∥ αἰώνων (*see* 1 Tm 1.17) 𝔓⁴⁷ 01*, ²ᵇ 04 1006 1611 2846 latᵛᵍ sy coˢᵃ ∥ ἁγίων *TR*

5 Καὶ μετὰ ταῦτα εἶδον, καὶ ἠνοίγη ὁ ναὸς τῆς σκηνῆς τοῦ μαρτυρίου ἐν τῷ οὐρανῷ, 6 καὶ ἐξῆλθον οἱ ἑπτὰ ἄγγελοι οἱ ἔχοντες τὰς ἑπτὰ πληγὰς ἐκ τοῦ ναοῦ ἐνδεδυμένοι λίνον[2] καθαρὸν λαμπρὸν καὶ περιεζωσμένοι περὶ τὰ στήθη ζώνας χρυσᾶς. 7 καὶ ἓν ἐκ τῶν τεσσάρων ζῴων ἔδωκεν τοῖς ἑπτὰ ἀγγέλοις ἑπτὰ φιάλας χρυσᾶς γεμούσας τοῦ θυμοῦ τοῦ θεοῦ τοῦ ζῶντος εἰς τοὺς αἰῶνας τῶν αἰώνων. 8 καὶ ἐγεμίσθη ὁ ναὸς καπνοῦ ἐκ τῆς δόξης τοῦ θεοῦ καὶ ἐκ τῆς δυνάμεως αὐτοῦ, καὶ οὐδεὶς ἐδύνατο εἰσελθεῖν εἰς τὸν ναὸν ἄχρι τελεσθῶσιν αἱ ἑπτὰ πληγαὶ τῶν ἑπτὰ ἀγγέλων.

The Bowls of God's Wrath

16 Καὶ ἤκουσα φωνῆς μεγάλης ἐκ τοῦ ναοῦ λεγούσης τοῖς ἑπτὰ ἀγγέλοις· ὑπάγετε καὶ ἐκχέετε τὰς ἑπτὰ φιάλας τοῦ θυμοῦ τοῦ θεοῦ εἰς τὴν γῆν.

2 Καὶ ἀπῆλθεν ὁ πρῶτος καὶ ἐξέχεεν τὴν φιάλην αὐτοῦ εἰς τὴν γῆν, καὶ ἐγένετο ἕλκος κακὸν καὶ πονηρὸν ἐπὶ τοὺς ἀνθρώπους τοὺς ἔχοντας τὸ χάραγμα τοῦ θηρίου καὶ τοὺς προσκυνοῦντας τῇ εἰκόνι αὐτοῦ.

3 Καὶ ὁ δεύτερος ἐξέχεεν τὴν φιάλην αὐτοῦ εἰς τὴν θάλασσαν, καὶ ἐγένετο αἷμα ὡς νεκροῦ, καὶ πᾶσα ψυχὴ ζωῆς ἀπέθανεν τὰ ἐν τῇ θαλάσσῃ.

4 Καὶ ὁ τρίτος ἐξέχεεν τὴν φιάλην αὐτοῦ εἰς τοὺς ποταμοὺς καὶ τὰς πηγὰς τῶν ὑδάτων, καὶ ἐγένετο αἷμα. 5 καὶ ἤκουσα τοῦ ἀγγέλου τῶν ὑδάτων λέγοντος·

δίκαιος εἶ, ὁ ὢν καὶ ὁ ἦν, ὁ ὅσιος,
    ὅτι ταῦτα ἔκρινας,
6   ὅτι αἷμα ἁγίων καὶ προφητῶν ἐξέχεαν
    καὶ αἷμα αὐτοῖς ἔδωκας πιεῖν,
ἄξιοί εἰσιν.

7 καὶ ἤκουσα τοῦ θυσιαστηρίου λέγοντος·
    ναὶ κύριε ὁ θεὸς ὁ παντοκράτωρ,
    ἀληθιναὶ καὶ δίκαιαι αἱ κρίσεις σου.

---

[2]6 {C} λίνον 025 1006 1611 1637 2329 2846 *Byz* ∥ λινοῦν 𝔓⁴⁷ 254* 2019 lat^{vg-ms} ∥ λινοῦς *after* καθαρούς *and before* λαμπρούς 01 lat^{vl-pt} ∥ λίθον (*see* Eze 28.13) 02 04 254^c 2053 2080 lat^{vg} sy^{hmg}

8 Καὶ ὁ τέταρτος ἐξέχεεν τὴν φιάλην αὐτοῦ ἐπὶ τὸν ἥλιον, καὶ ἐδόθη αὐτῷ καυματίσαι τοὺς ἀνθρώπους ἐν πυρί. **9** καὶ ἐκαυματίσθησαν οἱ ἄνθρωποι καῦμα μέγα καὶ ἐβλασφήμησαν τὸ ὄνομα τοῦ θεοῦ τοῦ ἔχοντος τὴν ἐξουσίαν ἐπὶ τὰς πληγὰς ταύτας καὶ οὐ μετενόησαν δοῦναι αὐτῷ δόξαν.

10 Καὶ ὁ πέμπτος ἐξέχεεν τὴν φιάλην αὐτοῦ ἐπὶ τὸν θρόνον τοῦ θηρίου, καὶ ἐγένετο ἡ βασιλεία αὐτοῦ ἐσκοτωμένη, καὶ ἐμασῶντο τὰς γλώσσας αὐτῶν ἐκ τοῦ πόνου, **11** καὶ ἐβλασφήμησαν τὸν θεὸν τοῦ οὐρανοῦ ἐκ τῶν πόνων αὐτῶν καὶ ἐκ τῶν ἑλκῶν αὐτῶν καὶ οὐ μετενόησαν ἐκ τῶν ἔργων αὐτῶν.

12 Καὶ ὁ ἕκτος ἐξέχεεν τὴν φιάλην αὐτοῦ ἐπὶ τὸν ποταμὸν τὸν μέγαν τὸν Εὐφράτην, καὶ ἐξηράνθη τὸ ὕδωρ αὐτοῦ, ἵνα ἑτοιμασθῇ ἡ ὁδὸς τῶν βασιλέων τῶν ἀπὸ ἀνατολῆς ἡλίου. **13** καὶ εἶδον ἐκ τοῦ στόματος τοῦ δράκοντος καὶ ἐκ τοῦ στόματος τοῦ θηρίου καὶ ἐκ τοῦ στόματος τοῦ ψευδοπροφήτου πνεύματα τρία ἀκάθαρτα ὡς βάτραχοι· **14** εἰσὶν γὰρ πνεύματα δαιμονίων ποιοῦντα σημεῖα, ἃ ἐκπορεύεται ἐπὶ τοὺς βασιλεῖς τῆς οἰκουμένης ὅλης συναγαγεῖν αὐτοὺς εἰς τὸν πόλεμον τῆς ἡμέρας τῆς μεγάλης τοῦ θεοῦ τοῦ παντοκράτορος. **15** ἰδοὺ ἔρχομαι ὡς κλέπτης. μακάριος ὁ γρηγορῶν καὶ τηρῶν τὰ ἱμάτια αὐτοῦ, ἵνα μὴ γυμνὸς περιπατῇ καὶ βλέπωσιν τὴν ἀσχημοσύνην αὐτοῦ. **16** καὶ συνήγαγεν αὐτοὺς εἰς τὸν τόπον τὸν καλούμενον Ἑβραϊστὶ Ἁρμαγεδών.

17 Καὶ ὁ ἕβδομος ἐξέχεεν τὴν φιάλην αὐτοῦ ἐπὶ τὸν ἀέρα, καὶ ἐξῆλθεν φωνὴ μεγάλη ἐκ τοῦ ναοῦ[1] ἀπὸ τοῦ θρόνου λέγουσα· γέγονεν. **18** καὶ ἐγένοντο ἀστραπαὶ καὶ φωναὶ καὶ βρονταὶ καὶ σεισμὸς ἐγένετο μέγας, οἷος οὐκ ἐγένετο ἀφ' οὗ ἄνθρωποι ἐγένοντο[2] ἐπὶ τῆς γῆς τηλικοῦτος σεισμὸς οὕτως μέγας. **19** καὶ ἐγένετο ἡ πόλις ἡ μεγάλη εἰς τρία μέρη καὶ αἱ πόλεις τῶν ἐθνῶν ἔπεσαν. καὶ Βαβυλὼν ἡ μεγάλη ἐμνήσθη ἐνώπιον

---

[1] **17** {A} ναοῦ 𝔓⁴⁷ 01 02 1006 1611 2053 2080 (2329 ἐκ τοῦ ναοῦ *after* θρόνου) lat sy co eth // οὐρανοῦ 254 1854 2019 2344 *Byz*ᴬ lat^{vl-pt} // ναοῦ τοῦ οὐρανοῦ 1637 *Byz*ᴷ *TR*

[2] **18** {B} ἄνθρωποι ἐγένοντο 𝔓⁴⁷? 01 1006 1611 (1637 *Byz*ᴷ *TR* οἱ ἄνθρωποι) 1854 2019 2053 2329 2344 2846 *Byz*ᴬ // ἄνθρωπος ἐγένετο 𝔓⁴⁷? 02 254 // ἐγένετο ἄνθρωπος 2080

τοῦ θεοῦ δοῦναι αὐτῇ τὸ ποτήριον τοῦ οἴνου τοῦ θυμοῦ τῆς ὀργῆς αὐτοῦ. **20** καὶ πᾶσα νῆσος ἔφυγεν καὶ ὄρη οὐχ εὑρέθησαν. **21** καὶ χάλαζα μεγάλη ὡς ταλαντιαία καταβαίνει ἐκ τοῦ οὐρανοῦ ἐπὶ τοὺς ἀνθρώπους, καὶ ἐβλασφήμησαν οἱ ἄνθρωποι τὸν θεὸν ἐκ τῆς πληγῆς τῆς χαλάζης, ὅτι μεγάλη ἐστὶν ἡ πληγὴ αὐτῆς σφόδρα.

The Great Whore and the Beast

17 Καὶ ἦλθεν εἷς ἐκ τῶν ἑπτὰ ἀγγέλων τῶν ἐχόντων τὰς ἑπτὰ φιάλας καὶ ἐλάλησεν μετ' ἐμοῦ λέγων· δεῦρο, δείξω σοι τὸ κρίμα τῆς πόρνης τῆς μεγάλης τῆς καθημένης ἐπὶ ὑδάτων πολλῶν, **2** μεθ' ἧς ἐπόρνευσαν οἱ βασιλεῖς τῆς γῆς καὶ ἐμεθύσθησαν οἱ κατοικοῦντες τὴν γῆν ἐκ τοῦ οἴνου τῆς πορνείας αὐτῆς. **3** καὶ ἀπήνεγκέν με εἰς ἔρημον ἐν πνεύματι.

Καὶ εἶδον γυναῖκα καθημένην ἐπὶ θηρίον κόκκινον, γέμον ὀνόματα βλασφημίας, ἔχον κεφαλὰς ἑπτὰ καὶ κέρατα δέκα. **4** καὶ ἡ γυνὴ ἦν περιβεβλημένη πορφυροῦν καὶ κόκκινον καὶ κεχρυσωμένη χρυσίῳ καὶ λίθῳ τιμίῳ καὶ μαργαρίταις, ἔχουσα ποτήριον χρυσοῦν ἐν τῇ χειρὶ αὐτῆς γέμον βδελυγμάτων καὶ τὰ ἀκάθαρτα τῆς πορνείας αὐτῆς **5** καὶ ἐπὶ τὸ μέτωπον αὐτῆς ὄνομα γεγραμμένον, μυστήριον, Βαβυλὼν ἡ μεγάλη, ἡ μήτηρ τῶν πορνῶν καὶ τῶν βδελυγμάτων τῆς γῆς. **6** καὶ εἶδον τὴν γυναῖκα μεθύουσαν ἐκ τοῦ αἵματος τῶν ἁγίων καὶ ἐκ τοῦ αἵματος τῶν μαρτύρων Ἰησοῦ. καὶ ἐθαύμασα ἰδὼν αὐτὴν θαῦμα μέγα.

7 Καὶ εἶπέν μοι ὁ ἄγγελος· διὰ τί ἐθαύμασας; ἐγὼ ἐρῶ σοι τὸ μυστήριον τῆς γυναικὸς καὶ τοῦ θηρίου τοῦ βαστάζοντος αὐτὴν τοῦ ἔχοντος τὰς ἑπτὰ κεφαλὰς καὶ τὰ δέκα κέρατα. **8** τὸ θηρίον ὃ εἶδες ἦν καὶ οὐκ ἔστιν καὶ μέλλει ἀναβαίνειν ἐκ τῆς ἀβύσσου καὶ εἰς ἀπώλειαν ὑπάγειν, καὶ θαυμάσονται οἱ κατοικοῦντες ἐπὶ τῆς γῆς, ὧν οὐ γέγραπται τὸ ὄνομα ἐπὶ τὸ βιβλίον τῆς ζωῆς ἀπὸ καταβολῆς κόσμου, βλεπόντων τὸ θηρίον ὅτι ἦν καὶ οὐκ ἔστιν καὶ παρέσται. **9** ὧδε ὁ νοῦς ὁ ἔχων σοφίαν. αἱ ἑπτὰ κεφαλαὶ ἑπτὰ ὄρη εἰσίν, ὅπου ἡ γυνὴ κάθηται ἐπ' αὐτῶν. καὶ βασιλεῖς ἑπτὰ εἰσιν· **10** οἱ πέντε ἔπεσαν, ὁ εἷς ἔστιν, ὁ ἄλλος οὔπω ἦλθεν, καὶ ὅταν ἔλθῃ ὀλίγον αὐτὸν δεῖ μεῖναι. **11** καὶ τὸ θηρίον ὃ ἦν καὶ οὐκ ἔστιν καὶ αὐτὸς ὄγδοός ἐστιν καὶ ἐκ τῶν ἑπτά ἐστιν, καὶ εἰς ἀπώλειαν ὑπάγει. **12** καὶ τὰ δέκα κέρατα ἃ εἶδες δέκα βασιλεῖς εἰσιν, οἵτινες βασιλείαν οὔπω ἔλαβον, ἀλλ᾽ ἐξουσίαν ὡς βασιλεῖς μίαν ὥραν λαμβάνουσιν μετὰ τοῦ θηρίου. **13** οὗτοι μίαν γνώμην ἔχουσιν καὶ τὴν δύναμιν καὶ ἐξουσίαν αὐτῶν τῷ θηρίῳ διδόασιν. **14** οὗτοι μετὰ τοῦ ἀρνίου πολεμήσουσιν καὶ τὸ ἀρνίον νικήσει αὐτούς, ὅτι κύριος κυρίων ἐστὶν καὶ βασιλεὺς βασιλέων καὶ οἱ μετ᾽ αὐτοῦ κλητοὶ καὶ ἐκλεκτοὶ καὶ πιστοί.

15 Καὶ λέγει μοι· τὰ ὕδατα ἃ εἶδες οὗ ἡ πόρνη κάθηται, λαοὶ καὶ ὄχλοι εἰσὶν καὶ ἔθνη καὶ γλῶσσαι. **16** καὶ τὰ δέκα κέρατα ἃ εἶδες καὶ τὸ θηρίον οὗτοι μισήσουσιν τὴν πόρνην καὶ ἠρημωμένην ποιήσουσιν αὐτὴν καὶ γυμνὴν καὶ τὰς σάρκας αὐτῆς φάγονται καὶ αὐτὴν κατακαύσουσιν ἐν πυρί. **17** ὁ γὰρ θεὸς ἔδωκεν εἰς τὰς καρδίας αὐτῶν ποιῆσαι τὴν γνώμην αὐτοῦ καὶ ποιῆσαι μίαν γνώμην καὶ δοῦναι τὴν βασιλείαν αὐτῶν τῷ θηρίῳ ἄχρι τελεσθήσονται οἱ λόγοι τοῦ θεοῦ. **18** καὶ ἡ γυνὴ ἣν εἶδες ἔστιν ἡ πόλις ἡ μεγάλη ἡ ἔχουσα βασιλείαν ἐπὶ τῶν βασιλέων τῆς γῆς.

The Fall of Babylon

18 Μετὰ ταῦτα εἶδον ἄλλον ἄγγελον καταβαίνοντα ἐκ τοῦ οὐρανοῦ ἔχοντα ἐξουσίαν μεγάλην, καὶ ἡ γῆ ἐφωτίσθη ἐκ τῆς δόξης αὐτοῦ. **2** καὶ ἔκραξεν ἐν ἰσχυρᾷ φωνῇ λέγων· ἔπεσεν ἔπεσεν Βαβυλὼν ἡ μεγάλη, καὶ ἐγένετο κατοικητήριον δαιμόνων καὶ φυλακὴ παντὸς πνεύματος ἀκαθάρτου καὶ φυλακὴ παντὸς ὀρνέου ἀκαθάρτου καὶ μεμισημένου[1],

---

[1] **2** {C} ἀκαθάρτου καὶ μεμισημένου 01 (04 1854, *but omit* καὶ φυλακὴ παντὸς πνεύματος ἀκαθάρτου) (025 *Byz*^A, *but omit* καὶ φυλακὴ παντὸς ὀρνέου ἀκαθάρτου) 1006 (2019, *but omit* πνεύματος ἀκαθάρτου καὶ φυλακὴ παντὸς ὀρνέου) 2053 2080 *Byz* lat^vg ∥ ἀκαθάρτου καὶ μεμισημένου καὶ φυλακὴ παντὸς θηρίου ἀκαθάρτου καὶ μεμισημένου (02, *but omit* καὶ φυλακὴ παντὸς ὀρνέου ἀκαθάρτου) 254 (1611, *but omit* καὶ φυλακὴ παντὸς πνεύματος ἀκαθάρτου) 2329

3 ὅτι ἐκ τοῦ οἴνου τοῦ θυμοῦ τῆς πορνείας ² αὐτῆς πεπτώκασιν³ πάντα τὰ ἔθνη καὶ οἱ βασιλεῖς τῆς γῆς μετ᾽ αὐτῆς ἐπόρνευσαν καὶ οἱ ἔμποροι τῆς γῆς ἐκ τῆς δυνάμεως τοῦ στρήνους αὐτῆς ἐπλούτησαν.
4 Καὶ ἤκουσα ἄλλην φωνὴν ἐκ τοῦ οὐρανοῦ λέγουσαν·
ἐξέλθατε ἐξ αὐτῆς ὁ λαός μου ἵνα μὴ συγκοινωνήσητε ταῖς ἁμαρτίαις αὐτῆς, καὶ ἐκ τῶν πληγῶν αὐτῆς ἵνα μὴ λάβητε,
5 ὅτι ἐκολλήθησαν αὐτῆς αἱ ἁμαρτίαι ἄχρι τοῦ οὐρανοῦ καὶ ἐμνημόνευσεν ὁ θεὸς τὰ ἀδικήματα αὐτῆς. **6** ἀπόδοτε αὐτῇ ὡς καὶ αὐτὴ ἀπέδωκεν καὶ διπλώσατε διπλᾶ κατὰ τὰ ἔργα αὐτῆς, ἐν τῷ ποτηρίῳ ᾧ ἐκέρασεν κεράσατε αὐτῇ διπλοῦν, **7** ὅσα ἐδόξασεν ἑαυτὴν καὶ ἐστρηνίασεν, τοσοῦτον δότε αὐτῇ βασανισμὸν καὶ πένθος. ὅτι ἐν τῇ καρδίᾳ αὐτῆς λέγει ὅτι κάθημαι βασίλισσα καὶ χήρα οὐκ εἰμὶ καὶ πένθος οὐ μὴ ἴδω. **8** διὰ τοῦτο ἐν μιᾷ ἡμέρᾳ ἥξουσιν αἱ πληγαὶ αὐτῆς, θάνατος καὶ πένθος καὶ λιμός, καὶ ἐν πυρὶ κατακαυθήσεται, ὅτι ἰσχυρὸς κύριος ὁ θεὸς ὁ κρίνας αὐτήν.
9 Καὶ κλαύσουσιν καὶ κόψονται ἐπ᾽ αὐτὴν οἱ βασιλεῖς τῆς γῆς οἱ μετ᾽ αὐτῆς πορνεύσαντες καὶ στρηνιάσαντες, ὅταν βλέπωσιν τὸν καπνὸν τῆς πυρώσεως αὐτῆς, **10** ἀπὸ μακρόθεν ἑστηκότες διὰ τὸν φόβον τοῦ βασανισμοῦ αὐτῆς λέγοντες·

οὐαὶ οὐαί, ἡ πόλις ἡ μεγάλη,

Βαβυλὼν ἡ πόλις ἡ ἰσχυρά,

ὅτι μιᾷ ὥρᾳ ἦλθεν ἡ κρίσις σου.

11 Καὶ οἱ ἔμποροι τῆς γῆς κλαίουσιν καὶ πενθοῦσιν ἐπ᾽ αὐτήν, ὅτι τὸν γόμον αὐτῶν οὐδεὶς ἀγοράζει οὐκέτι **12** γόμον χρυσοῦ καὶ ἀργύρου καὶ λίθου τιμίου καὶ μαργαριτῶν καὶ βυσσίνου

---

²**3** {C} τοῦ οἴνου τοῦ θυμοῦ τῆς πορνείας 01 1006 2080 2329 *Byz*ᴷ *TR* syʰ coˢᵃ, ᵇᵒ⁻ᵐˢˢ ∥ τοῦ θυμοῦ τοῦ οἴνου τῆς πορνείας 025 254 1637 2019 *Byz*ᴬ coᵇᵒ⁻ᵖᵗ ethᵐˢˢ Hippolytus ∥ τοῦ θυμοῦ τῆς πορνείας 02 (04 τῆς πορνείας τοῦ θυμοῦ) 1611 2053 2846 latᵛᵍ coᵇᵒ⁻ᵐˢˢ (eth) ∥ τοῦ οἴνου τῆς πορνείας 1854 syᵖʰ

³**3** {D} πεπτώκασιν (*or* πέπτωκαν) 01 02 04 1006* 1611 (1854 2053ᶜ *TR* πέπτωκεν) 2846 *Byz*ᴷ eth ∥ πέπωκαν (*or* πεπώκασιν) (025 254 1637 2053* *Byz*ᴬ πέπωκεν) 1006ᶜ 2080 2329 latᵛᵍ syʰ ∥ πεπότικεν 2019 ∥ πέπτωκεν εἰς syʰᵐᵍ

καὶ πορφύρας καὶ σιρικοῦ καὶ κοκκίνου, καὶ πᾶν ξύλον θύϊνον καὶ πᾶν σκεῦος ἐλεφάντινον καὶ πᾶν σκεῦος ἐκ ξύλου τιμιωτάτου καὶ χαλκοῦ καὶ σιδήρου καὶ μαρμάρου, **13** καὶ κιννάμωμον καὶ ἄμωμον καὶ θυμιάματα καὶ μύρον καὶ λίβανον καὶ οἶνον καὶ ἔλαιον καὶ σεμίδαλιν καὶ σῖτον καὶ κτήνη καὶ πρόβατα, καὶ ἵππων καὶ ῥεδῶν καὶ σωμάτων, καὶ ψυχὰς ἀνθρώπων.

14 καὶ ἡ ὀπώρα σου τῆς ἐπιθυμίας τῆς ψυχῆς ἀπῆλθεν
ἀπὸ σοῦ,
καὶ πάντα τὰ λιπαρὰ καὶ τὰ λαμπρὰ ἀπώλετο ἀπὸ σοῦ
καὶ οὐκέτι αὐτὰ οὐ μὴ εὑρήσουσιν.

15 Οἱ ἔμποροι τούτων οἱ πλουτήσαντες ἀπ᾽ αὐτῆς ἀπὸ μακρόθεν στήσονται διὰ τὸν φόβον τοῦ βασανισμοῦ αὐτῆς κλαίοντες καὶ πενθοῦντες **16** λέγοντες·

οὐαὶ οὐαί, ἡ πόλις ἡ μεγάλη,
ἡ περιβεβλημένη βύσσινον καὶ πορφυροῦν καὶ
κόκκινον
καὶ κεχρυσωμένη ἐν χρυσίῳ καὶ λίθῳ τιμίῳ καὶ
μαργαρίτῃ,

17 ὅτι μιᾷ ὥρᾳ ἠρημώθη ὁ τοσοῦτος πλοῦτος.

Καὶ πᾶς κυβερνήτης καὶ πᾶς ὁ ἐπὶ τόπον πλέων καὶ ναῦται καὶ ὅσοι τὴν θάλασσαν ἐργάζονται, ἀπὸ μακρόθεν ἔστησαν **18** καὶ ἔκραζον βλέποντες τὸν καπνὸν τῆς πυρώσεως αὐτῆς λέγοντες· τίς ὁμοία τῇ πόλει τῇ μεγάλῃ; **19** καὶ ἔβαλον χοῦν ἐπὶ τὰς κεφαλὰς αὐτῶν καὶ ἔκραζον κλαίοντες καὶ πενθοῦντες καὶ λέγοντες·

οὐαὶ οὐαί, ἡ πόλις ἡ μεγάλη,
ἐν ᾗ ἐπλούτησαν πάντες οἱ ἔχοντες τὰ πλοῖα ἐν τῇ
θαλάσσῃ ἐκ τῆς τιμιότητος αὐτῆς,
ὅτι μιᾷ ὥρᾳ ἠρημώθη.

20 εὐφραίνου ἐπ᾽ αὐτῇ, οὐρανὲ
καὶ οἱ ἅγιοι καὶ οἱ ἀπόστολοι καὶ οἱ προφῆται,
ὅτι ἔκρινεν ὁ θεὸς τὸ κρίμα ὑμῶν ἐξ αὐτῆς.

21 Καὶ ἦρεν εἷς ἄγγελος ἰσχυρὸς λίθον ὡς μύλον μέγαν καὶ ἔβαλεν εἰς τὴν θάλασσαν λέγων·

οὕτως ὁρμήματι βληθήσεται Βαβυλὼν ἡ μεγάλη πόλις
   καὶ οὐ μὴ εὑρεθῇ ἔτι.
22 καὶ φωνὴ κιθαρῳδῶν καὶ μουσικῶν καὶ αὐλητῶν καὶ σαλπιστῶν
   οὐ μὴ ἀκουσθῇ ἐν σοὶ ἔτι,
καὶ πᾶς τεχνίτης πάσης τέχνης
   οὐ μὴ εὑρεθῇ ἐν σοὶ ἔτι,
καὶ φωνὴ μύλου
   οὐ μὴ ἀκουσθῇ ἐν σοὶ ἔτι,
23 καὶ φῶς λύχνου
   οὐ μὴ φάνῃ ἐν σοὶ ἔτι,
καὶ φωνὴ νυμφίου καὶ νύμφης
   οὐ μὴ ἀκουσθῇ ἐν σοὶ ἔτι·
ὅτι οἱ ἔμποροί σου ἦσαν οἱ μεγιστᾶνες τῆς γῆς,
   ὅτι ἐν τῇ φαρμακείᾳ σου ἐπλανήθησαν πάντα τὰ ἔθνη,
24 καὶ ἐν αὐτῇ αἷμα προφητῶν καὶ ἁγίων εὑρέθη
   καὶ πάντων τῶν ἐσφαγμένων ἐπὶ τῆς γῆς.

19 Μετὰ ταῦτα ἤκουσα ὡς φωνὴν μεγάλην ὄχλου πολλοῦ ἐν τῷ οὐρανῷ λεγόντων·
ἁλληλουϊά·
ἡ σωτηρία καὶ ἡ δόξα καὶ ἡ δύναμις τοῦ θεοῦ ἡμῶν,
2   ὅτι ἀληθιναὶ καὶ δίκαιαι αἱ κρίσεις αὐτοῦ·
ὅτι ἔκρινεν τὴν πόρνην τὴν μεγάλην
   ἥτις ἔφθειρεν τὴν γῆν ἐν τῇ πορνείᾳ αὐτῆς,
καὶ ἐξεδίκησεν τὸ αἷμα τῶν δούλων αὐτοῦ ἐκ χειρὸς αὐτῆς.
3 καὶ δεύτερον εἴρηκαν·
ἁλληλουϊά·
καὶ ὁ καπνὸς αὐτῆς ἀναβαίνει εἰς τοὺς αἰῶνας τῶν αἰώνων.
4 καὶ ἔπεσαν οἱ πρεσβύτεροι οἱ εἴκοσι τέσσαρες καὶ τὰ τέσσαρα ζῷα καὶ προσεκύνησαν τῷ θεῷ τῷ καθημένῳ ἐπὶ τῷ θρόνῳ λέγοντες·
   ἀμὴν ἁλληλουϊά.

The Marriage Supper of the Lamb

5 Καὶ φωνὴ ἀπὸ τοῦ θρόνου ἐξῆλθεν λέγουσα·
αἰνεῖτε τῷ θεῷ ἡμῶν
πάντες οἱ δοῦλοι αὐτοῦ
καὶ οἱ φοβούμενοι αὐτόν,
οἱ μικροὶ καὶ οἱ μεγάλοι.
6 καὶ ἤκουσα ὡς φωνὴν ὄχλου πολλοῦ καὶ ὡς φωνὴν ὑδάτων πολλῶν καὶ ὡς φωνὴν βροντῶν ἰσχυρῶν λεγόντων·
ἁλληλουϊά,
ὅτι ἐβασίλευσεν κύριος ὁ θεὸς ἡμῶν ὁ παντοκράτωρ.
7   χαίρωμεν καὶ ἀγαλλιῶμεν καὶ δώσωμεν τὴν δόξαν αὐτῷ,
ὅτι ἦλθεν ὁ γάμος τοῦ ἀρνίου καὶ ἡ γυνὴ αὐτοῦ
ἡτοίμασεν ἑαυτὴν
8   καὶ ἐδόθη αὐτῇ ἵνα περιβάληται βύσσινον λαμπρὸν καθαρόν·
τὸ γὰρ βύσσινον τὰ δικαιώματα τῶν ἁγίων ἐστίν.

9 Καὶ λέγει μοι· γράψον· μακάριοι οἱ εἰς τὸ δεῖπνον τοῦ γάμου τοῦ ἀρνίου κεκλημένοι. καὶ λέγει μοι· οὗτοι οἱ λόγοι ἀληθινοὶ τοῦ θεοῦ εἰσιν. **10** καὶ ἔπεσα ἔμπροσθεν τῶν ποδῶν αὐτοῦ προσκυνῆσαι αὐτῷ. καὶ λέγει μοι· ὅρα μή· σύνδουλός σού εἰμι καὶ τῶν ἀδελφῶν σου τῶν ἐχόντων τὴν μαρτυρίαν Ἰησοῦ· τῷ θεῷ προσκύνησον. ἡ γὰρ μαρτυρία Ἰησοῦ ἐστιν τὸ πνεῦμα τῆς προφητείας.

The Rider on the White Horse

11 Καὶ εἶδον τὸν οὐρανὸν ἠνεῳγμένον, καὶ ἰδοὺ ἵππος λευκὸς καὶ ὁ καθήμενος ἐπ' αὐτὸν καλούμενος πιστὸς καὶ ἀληθινός, καὶ ἐν δικαιοσύνῃ κρίνει καὶ πολεμεῖ. **12** οἱ δὲ ὀφθαλμοὶ αὐτοῦ φλὸξ[1] πυρός, καὶ ἐπὶ τὴν κεφαλὴν αὐτοῦ διαδήματα πολλά, ἔχων ὄνομα γεγραμμένον ὃ οὐδεὶς οἶδεν εἰ μὴ αὐτός, **13** καὶ περιβεβλημένος ἱμάτιον βεβαμμένον αἵματι, καὶ κέκληται τὸ ὄνομα αὐτοῦ ὁ λόγος τοῦ θεοῦ. **14** καὶ τὰ στρατεύματα τὰ ἐν τῷ οὐρανῷ ἠκολούθει αὐτῷ ἐφ' ἵπποις λευκοῖς, ἐνδεδυμένοι

---

[1] 12 {B} φλόξ 01 025 254 1611 1637 2019 2053 2329 2344 *Byz* Hippolytus // ὡς φλόξ 02 1006 1854 2080 2846 *TR* lat sy co eth Origen

βύσσινον λευκὸν καθαρόν. **15** καὶ ἐκ τοῦ στόματος αὐτοῦ ἐκπορεύεται ῥομφαία ὀξεῖα, ἵνα ἐν αὐτῇ πατάξῃ τὰ ἔθνη, καὶ αὐτὸς ποιμανεῖ αὐτοὺς ἐν ῥάβδῳ σιδηρᾷ, καὶ αὐτὸς πατεῖ τὴν ληνὸν τοῦ οἴνου τοῦ θυμοῦ τῆς ὀργῆς τοῦ θεοῦ τοῦ παντοκράτορος, **16** καὶ ἔχει ἐπὶ τὸ ἱμάτιον καὶ ἐπὶ τὸν μηρὸν αὐτοῦ ὄνομα γεγραμμένον· Βασιλεὺς βασιλέων καὶ κύριος κυρίων.

17 Καὶ εἶδον ἕνα ἄγγελον ἑστῶτα ἐν τῷ ἡλίῳ καὶ ἔκραξεν ἐν φωνῇ μεγάλῃ λέγων πᾶσιν τοῖς ὀρνέοις τοῖς πετομένοις ἐν μεσουρανήματι· δεῦτε συνάχθητε εἰς τὸ δεῖπνον τὸ μέγα τοῦ θεοῦ **18** ἵνα φάγητε σάρκας βασιλέων καὶ σάρκας χιλιάρχων καὶ σάρκας ἰσχυρῶν καὶ σάρκας ἵππων καὶ τῶν καθημένων ἐπ᾽ αὐτῶν καὶ σάρκας πάντων ἐλευθέρων τε καὶ δούλων καὶ μικρῶν καὶ μεγάλων.

19 Καὶ εἶδον τὸ θηρίον καὶ τοὺς βασιλεῖς τῆς γῆς καὶ τὰ στρατεύματα αὐτῶν συνηγμένα ποιῆσαι τὸν πόλεμον μετὰ τοῦ καθημένου ἐπὶ τοῦ ἵππου καὶ μετὰ τοῦ στρατεύματος αὐτοῦ. **20** καὶ ἐπιάσθη τὸ θηρίον καὶ μετ᾽ αὐτοῦ ὁ ψευδοπροφήτης ὁ ποιήσας τὰ σημεῖα ἐνώπιον αὐτοῦ, ἐν οἷς ἐπλάνησεν τοὺς λαβόντας τὸ χάραγμα τοῦ θηρίου καὶ τοὺς προσκυνοῦντας τῇ εἰκόνι αὐτοῦ· ζῶντες ἐβλήθησαν οἱ δύο εἰς τὴν λίμνην τοῦ πυρὸς τὴν καιομένην ἐν θείῳ. **21** καὶ οἱ λοιποὶ ἀπεκτάνθησαν ἐν τῇ ῥομφαίᾳ τοῦ καθημένου ἐπὶ τοῦ ἵππου τῇ ἐξελθούσῃ ἐκ τοῦ στόματος αὐτοῦ, καὶ πάντα τὰ ὄρνεα ἐχορτάσθησαν ἐκ τῶν σαρκῶν αὐτῶν.

The Thousand Years

20 Καὶ εἶδον ἄγγελον καταβαίνοντα ἐκ τοῦ οὐρανοῦ ἔχοντα τὴν κλεῖν τῆς ἀβύσσου καὶ ἅλυσιν μεγάλην ἐπὶ τὴν χεῖρα αὐτοῦ. **2** καὶ ἐκράτησεν τὸν δράκοντα, τὸν ὄφιν τὸν ἀρχαῖον, ὅς ἐστιν Διάβολος καὶ ὁ Σατανᾶς, καὶ ἔδησεν αὐτὸν χίλια ἔτη **3** καὶ ἔβαλεν αὐτὸν εἰς τὴν ἄβυσσον καὶ ἔκλεισεν καὶ ἐσφράγισεν ἐπάνω αὐτοῦ, ἵνα μὴ πλανήσῃ ἔτι τὰ ἔθνη ἄχρι τελεσθῇ τὰ χίλια ἔτη. μετὰ ταῦτα δεῖ λυθῆναι αὐτὸν μικρὸν χρόνον.

4 Καὶ εἶδον θρόνους καὶ ἐκάθισαν ἐπ᾽ αὐτοὺς καὶ κρίμα ἐδόθη αὐτοῖς, καὶ τὰς ψυχὰς τῶν πεπελεκισμένων διὰ τὴν μαρτυρίαν

Ἰησοῦ καὶ διὰ τὸν λόγον τοῦ θεοῦ καὶ οἵτινες οὐ προσεκύνησαν τὸ θηρίον οὐδὲ τὴν εἰκόνα αὐτοῦ καὶ οὐκ ἔλαβον τὸ χάραγμα ἐπὶ τὸ μέτωπον καὶ ἐπὶ τὴν χεῖρα αὐτῶν. καὶ ἔζησαν καὶ ἐβασίλευσαν μετὰ τοῦ Χριστοῦ χίλια ἔτη.
5 Αὕτη[1] ἡ ἀνάστασις ἡ πρώτη. **6** μακάριος καὶ ἅγιος ὁ ἔχων μέρος ἐν τῇ ἀναστάσει τῇ πρώτῃ· ἐπὶ τούτων ὁ δεύτερος θάνατος οὐκ ἔχει ἐξουσίαν, ἀλλ᾽ ἔσονται ἱερεῖς τοῦ θεοῦ καὶ τοῦ Χριστοῦ καὶ βασιλεύσουσιν μετ᾽ αὐτοῦ χίλια ἔτη.

The Defeat of Satan

7 Καὶ ὅταν τελεσθῇ τὰ χίλια ἔτη, λυθήσεται ὁ σατανᾶς ἐκ τῆς φυλακῆς αὐτοῦ **8** καὶ ἐξελεύσεται πλανῆσαι τὰ ἔθνη τὰ ἐν ταῖς τέσσαρσιν γωνίαις τῆς γῆς, τὸν Γὼγ καὶ Μαγώγ, συναγαγεῖν αὐτοὺς εἰς τὸν πόλεμον, ὧν ὁ ἀριθμὸς αὐτῶν ὡς ἡ ἄμμος τῆς θαλάσσης. **9** καὶ ἀνέβησαν ἐπὶ τὸ πλάτος τῆς γῆς καὶ ἐκύκλευσαν τὴν παρεμβολὴν τῶν ἁγίων καὶ τὴν πόλιν τὴν ἠγαπημένην, καὶ κατέβη πῦρ ἀπὸ τοῦ θεοῦ ἐκ τοῦ οὐρανοῦ[2] καὶ κατέφαγεν αὐτούς. **10** καὶ ὁ διάβολος ὁ πλανῶν αὐτοὺς ἐβλήθη εἰς τὴν λίμνην τοῦ πυρὸς καὶ θείου ὅπου καὶ τὸ θηρίον καὶ ὁ ψευδοπροφήτης, καὶ βασανισθήσονται ἡμέρας καὶ νυκτὸς εἰς τοὺς αἰῶνας τῶν αἰώνων.

The Judgment at the Great White Throne

11 Καὶ εἶδον θρόνον μέγαν λευκὸν καὶ τὸν καθήμενον ἐπ᾽ αὐτόν, οὗ ἀπὸ τοῦ προσώπου ἔφυγεν ἡ γῆ καὶ ὁ οὐρανὸς καὶ τόπος οὐχ εὑρέθη αὐτοῖς. **12** καὶ εἶδον τοὺς νεκρούς, τοὺς μεγάλους καὶ τοὺς μικρούς, ἑστῶτας ἐνώπιον τοῦ θρόνου. καὶ βιβλία ἠνοίχθησαν, καὶ ἄλλο βιβλίον ἠνοίχθη, ὅ ἐστιν τῆς ζωῆς,

---

[1]**5** {C} Αὕτη 01 2053 *Byz*^K ∥ καὶ οἱ λοιποὶ τῶν νεκρῶν οὐκ ἔζησαν ἄχρι τελεσθῇ τὰ χίλια ἔτη. Αὕτη (02 2846 lat^vg *omit* καί) 254 1006 1637 1854 2050 2080 2329 (1611) (2344) (*Byz*^A) (*TR*)

[2]**9** {C} ἀπὸ τοῦ θεοῦ ἐκ τοῦ οὐρανοῦ 01² (01* *homoeoteleuton*) 025 1006^c (1006* *two times* ἀπό) 1611 2050 2053 2846 *TR* lat^vg ∥ ἐκ τοῦ θεοῦ ἀπὸ τοῦ οὐρανοῦ 254 (*Byz*^A) sy^h ∥ ἐκ τοῦ οὐρανοῦ 02 lat^vl·pt, vg·ms eth? ∥ ἀπὸ τοῦ οὐρανοῦ 2080 eth? ∥ ἀπὸ τοῦ θεοῦ 1854 ∥ ἐκ τοῦ οὐρανοῦ ἀπὸ τοῦ θεοῦ (*see* 21.2, 10) 1637 2329 *Byz*^K lat^vl sy^ph co

καὶ ἐκρίθησαν οἱ νεκροὶ ἐκ τῶν γεγραμμένων ἐν τοῖς βιβλίοις κατὰ τὰ ἔργα αὐτῶν. **13** καὶ ἔδωκεν ἡ θάλασσα τοὺς νεκροὺς τοὺς ἐν αὐτῇ καὶ ὁ θάνατος καὶ ὁ ᾅδης ἔδωκαν τοὺς νεκροὺς τοὺς ἐν αὐτοῖς, καὶ ἐκρίθησαν ἕκαστος κατὰ τὰ ἔργα αὐτῶν. **14** καὶ ὁ θάνατος καὶ ὁ ᾅδης ἐβλήθησαν εἰς τὴν λίμνην τοῦ πυρός. οὗτος ὁ θάνατος ὁ δεύτερός ἐστιν, ἡ λίμνη τοῦ πυρός. **15** καὶ εἴ τις οὐχ εὑρέθη ἐν τῇ βίβλῳ τῆς ζωῆς γεγραμμένος, ἐβλήθη εἰς τὴν λίμνην τοῦ πυρός.

The New Heaven and the New Earth

21 Καὶ εἶδον οὐρανὸν καινὸν καὶ γῆν καινήν. ὁ γὰρ πρῶτος οὐρανὸς καὶ ἡ πρώτη γῆ ἀπῆλθαν καὶ ἡ θάλασσα οὐκ ἔστιν ἔτι. **2** καὶ τὴν πόλιν τὴν ἁγίαν Ἰερουσαλὴμ καινὴν εἶδον καταβαίνουσαν ἐκ τοῦ οὐρανοῦ ἀπὸ τοῦ θεοῦ ἡτοιμασμένην ὡς νύμφην κεκοσμημένην τῷ ἀνδρὶ αὐτῆς. **3** καὶ ἤκουσα φωνῆς μεγάλης ἐκ τοῦ θρόνου[1] λεγούσης·

ἰδοὺ ἡ σκηνὴ τοῦ θεοῦ μετὰ τῶν ἀνθρώπων, καὶ σκηνώσει μετ᾽ αὐτῶν, καὶ αὐτοὶ λαοὶ[2] αὐτοῦ ἔσονται, καὶ αὐτὸς ὁ θεὸς μετ᾽ αὐτῶν ἔσται αὐτῶν θεός[3], **4** καὶ ἐξαλείψει πᾶν δάκρυον ἀπὸ τῶν ὀφθαλμῶν αὐτῶν, καὶ ὁ θάνατος οὐκ ἔσται ἔτι οὔτε πένθος οὔτε κραυγὴ οὔτε πόνος οὐκ ἔσται ἔτι, τὰ πρῶτα ἀπῆλθαν.

5 Καὶ εἶπεν ὁ καθήμενος ἐπὶ τῷ θρόνῳ· ἰδοὺ καινὰ ποιῶ πάντα καὶ λέγει· γράψον, ὅτι οὗτοι οἱ λόγοι πιστοὶ καὶ ἀληθινοί εἰσιν. **6** καὶ εἶπέν μοι· γέγονα ἐγώ[4] τὸ ἄλφα καὶ τὸ ὦ, ἡ ἀρχὴ καὶ τὸ τέλος. ἐγὼ τῷ διψῶντι δώσω ἐκ τῆς πηγῆς τοῦ ὕδατος τῆς

---

[1] **3** ♦ θρόνου 01 02 lat^(vl-pt, vg) sy ∥ ♦ οὐρανοῦ 025 254 1006 1611 1637 1854 2053 2080 2329 2846 *Byz* lat^(vl-pt) co eth ∥ *omit* ἐκ τοῦ θρόνου 2050

[2] **3** ♦ λαοί 01 02 2050 2053 2080 2329 2846 *Byz*^A *TR* ∥ ♦ λαός 025 254 1006 1611 1637 1854 *Byz*^K lat sy co

[3] **3** ♦ μετ᾽ αὐτῶν ἔσται αὐτῶν θεός 02^vid (2053 2846 ὁ θεός) (1854 θεὸς αὐτῶν) (2050 *add* καί *before* ἔσται) (2080) 2329 lat^vg eth ∥ μετ᾽ αὐτῶν ἔσται θεός 1006 1611 (co^(sa, bo-pt)) ∥ ἔσται μετ᾽ αὐτῶν θεὸς αὐτῶν 025 *TR* ∥ ♦ ἔσται μετ᾽ αὐτῶν 01 254 1637 *Byz*^A (*Byz*^K μετ᾽ αὐτῶν ἔσται) (co^(bo-pt))

[4] **6** {C} γέγονα ἐγώ 01* 025 1611 1854 2050 2329 sy^h co^sa Origen ∥ γέγονα 1637 *Byz* ∥ γέγοναν. ἐγώ 01² co^bo Hippolytus^(pt-vid) ∥ γέγοναν (*or* γεγόνασιν). ἐγώ εἰμι 02 254 1006 2053 2080 2846 lat Hippolytus^(pt-vid) ∥ γέγονεν. ἐγώ εἰμι *TR*

ζωῆς δωρεάν. **7** ὁ νικῶν κληρονομήσει ταῦτα καὶ ἔσομαι αὐτῷ θεὸς καὶ αὐτὸς ἔσται μοι υἱός. **8** τοῖς δὲ δειλοῖς καὶ ἀπίστοις καὶ ἐβδελυγμένοις καὶ φονεῦσιν καὶ πόρνοις καὶ φαρμάκοις καὶ εἰδωλολάτραις καὶ πᾶσιν τοῖς ψευδέσιν τὸ μέρος αὐτῶν ἐν τῇ λίμνῃ τῇ καιομένῃ πυρὶ καὶ θείῳ, ὅ ἐστιν ὁ θάνατος ὁ δεύτερος.

The New Jerusalem

9 Καὶ ἦλθεν εἷς ἐκ τῶν ἑπτὰ ἀγγέλων τῶν ἐχόντων τὰς ἑπτὰ φιάλας τῶν γεμόντων τῶν ἑπτὰ πληγῶν τῶν ἐσχάτων καὶ ἐλάλησεν μετ᾽ ἐμοῦ λέγων· δεῦρο, δείξω σοι τὴν νύμφην τὴν γυναῖκα τοῦ ἀρνίου. **10** καὶ ἀπήνεγκέν με ἐν πνεύματι ἐπὶ ὄρος μέγα καὶ ὑψηλόν, καὶ ἔδειξέν μοι τὴν πόλιν τὴν ἁγίαν Ἰερουσαλὴμ καταβαίνουσαν ἐκ τοῦ οὐρανοῦ ἀπὸ τοῦ θεοῦ **11** ἔχουσαν τὴν δόξαν τοῦ θεοῦ, ὁ φωστὴρ αὐτῆς ὅμοιος λίθῳ τιμιωτάτῳ ὡς λίθῳ ἰάσπιδι κρυσταλλίζοντι. **12** ἔχουσα τεῖχος μέγα καὶ ὑψηλόν, ἔχουσα πυλῶνας δώδεκα καὶ ἐπὶ τοῖς πυλῶσιν ἀγγέλους δώδεκα καὶ ὀνόματα ἐπιγεγραμμένα, ἅ ἐστιν τῶν δώδεκα φυλῶν υἱῶν Ἰσραήλ· **13** ἀπὸ ἀνατολῆς πυλῶνες τρεῖς καὶ ἀπὸ βορρᾶ πυλῶνες τρεῖς καὶ ἀπὸ νότου πυλῶνες τρεῖς καὶ ἀπὸ δυσμῶν πυλῶνες τρεῖς. **14** καὶ τὸ τεῖχος τῆς πόλεως ἔχον θεμελίους δώδεκα καὶ ἐπ᾽ αὐτῶν δώδεκα ὀνόματα τῶν δώδεκα ἀποστόλων τοῦ ἀρνίου.

15 Καὶ ὁ λαλῶν μετ᾽ ἐμοῦ εἶχεν μέτρον κάλαμον χρυσοῦν, ἵνα μετρήσῃ τὴν πόλιν καὶ τοὺς πυλῶνας αὐτῆς καὶ τὸ τεῖχος αὐτῆς. **16** καὶ ἡ πόλις τετράγωνος κεῖται καὶ τὸ μῆκος αὐτῆς ὅσον τὸ πλάτος. καὶ ἐμέτρησεν τὴν πόλιν τῷ καλάμῳ ἐπὶ σταδίων δώδεκα χιλιάδων, τὸ μῆκος καὶ τὸ πλάτος καὶ τὸ ὕψος αὐτῆς ἴσα ἐστίν. **17** καὶ ἐμέτρησεν τὸ τεῖχος αὐτῆς ἑκατὸν τεσσεράκοντα τεσσάρων πηχῶν μέτρον ἀνθρώπου, ὅ ἐστιν ἀγγέλου. **18** καὶ ἦν ἡ ἐνδώμησις τοῦ τείχους αὐτῆς ἴασπις καὶ ἡ πόλις χρυσίον καθαρὸν ὅμοιον ὑάλῳ καθαρῷ. **19** οἱ θεμέλιοι τοῦ τείχους τῆς πόλεως παντὶ λίθῳ τιμίῳ κεκοσμημένοι· ὁ θεμέλιος ὁ πρῶτος ἴασπις, ὁ δεύτερος σάπφιρος, ὁ τρίτος χαλκηδών, ὁ τέταρτος σμάραγδος, **20** ὁ πέμπτος σαρδόνυξ, ὁ ἕκτος σάρδιον, ὁ ἕβδομος χρυσόλιθος, ὁ ὄγδοος βήρυλλος, ὁ ἔνατος τοπάζιον, ὁ δέκατος χρυσόπρασος, ὁ ἑνδέκατος ὑάκινθος,

ὁ δωδέκατος ἀμέθυστος, **21** καὶ οἱ δώδεκα πυλῶνες δώδεκα μαργαρῖται, ἀνὰ εἷς ἕκαστος τῶν πυλώνων ἦν ἐξ ἑνὸς μαργαρίτου. καὶ ἡ πλατεῖα τῆς πόλεως χρυσίον καθαρὸν ὡς ὕαλος διαυγής.
22 Καὶ ναὸν οὐκ εἶδον ἐν αὐτῇ, ὁ γὰρ κύριος ὁ θεὸς ὁ παντοκράτωρ ναὸς αὐτῆς ἐστιν καὶ τὸ ἀρνίον. **23** καὶ ἡ πόλις οὐ χρείαν ἔχει τοῦ ἡλίου οὐδὲ τῆς σελήνης ἵνα φαίνωσιν αὐτῇ, ἡ γὰρ δόξα τοῦ θεοῦ ἐφώτισεν αὐτήν, καὶ ὁ λύχνος αὐτῆς τὸ ἀρνίον. **24** καὶ περιπατήσουσιν τὰ ἔθνη διὰ τοῦ φωτὸς αὐτῆς, καὶ οἱ βασιλεῖς τῆς γῆς φέρουσιν τὴν δόξαν αὐτῶν εἰς αὐτήν, **25** καὶ οἱ πυλῶνες αὐτῆς οὐ μὴ κλεισθῶσιν ἡμέρας, νὺξ γὰρ οὐκ ἔσται ἐκεῖ, **26** καὶ οἴσουσιν τὴν δόξαν καὶ τὴν τιμὴν τῶν ἐθνῶν εἰς αὐτήν. **27** καὶ οὐ μὴ εἰσέλθῃ εἰς αὐτὴν πᾶν κοινὸν καὶ ὁ ποιῶν[5] βδέλυγμα καὶ ψεῦδος εἰ μὴ οἱ γεγραμμένοι ἐν τῷ βιβλίῳ τῆς ζωῆς τοῦ ἀρνίου.

22 Καὶ ἔδειξέν μοι ποταμὸν ὕδατος ζωῆς λαμπρὸν ὡς κρύσταλλον, ἐκπορευόμενον ἐκ τοῦ θρόνου τοῦ θεοῦ καὶ τοῦ ἀρνίου. **2** ἐν μέσῳ τῆς πλατείας αὐτῆς καὶ τοῦ ποταμοῦ ἐντεῦθεν καὶ ἐκεῖθεν ξύλον ζωῆς ποιοῦν καρποὺς δώδεκα, κατὰ μῆνα ἕκαστον ἀποδιδοῦν τὸν καρπὸν αὐτοῦ, καὶ τὰ φύλλα τοῦ ξύλου εἰς θεραπείαν τῶν ἐθνῶν. **3** καὶ πᾶν κατάθεμα οὐκ ἔσται ἔτι. καὶ ὁ θρόνος τοῦ θεοῦ καὶ τοῦ ἀρνίου ἐν αὐτῇ ἔσται, καὶ οἱ δοῦλοι αὐτοῦ λατρεύσουσιν αὐτῷ **4** καὶ ὄψονται τὸ πρόσωπον αὐτοῦ, καὶ τὸ ὄνομα αὐτοῦ ἐπὶ τῶν μετώπων αὐτῶν. **5** καὶ νὺξ οὐκ ἔσται ἔτι καὶ οὐκ ἔχουσιν χρείαν φωτὸς λύχνου καὶ φωτὸς ἡλίου, ὅτι κύριος ὁ θεὸς φωτίσει αὐτούς, καὶ βασιλεύσουσιν εἰς τοὺς αἰῶνας τῶν αἰώνων.

The Coming of Christ

6 Καὶ εἶπέν μοι· οὗτοι οἱ λόγοι πιστοὶ καὶ ἀληθινοί, καὶ ὁ κύριος ὁ θεὸς τῶν πνευμάτων τῶν προφητῶν ἀπέστειλεν τὸν ἄγγελον αὐτοῦ δεῖξαι τοῖς δούλοις αὐτοῦ ἃ δεῖ γενέσθαι ἐν τάχει. **7** καὶ

---

[5]**27** ♦ ὁ ποιῶν 1854 2080 2344 *Byz*^K sy co eth ∥ ὁ ποιωσει 01* ∥ ποιῶν 01² 02 1006 2050 2329 2846 ∥ ♦ ποιοῦν 025 254 1611 1637 2053 *Byz*^A *TR* lat^vl-pt, vg-mss?

ἰδοὺ ἔρχομαι ταχύ. μακάριος ὁ τηρῶν τοὺς λόγους τῆς προφητείας τοῦ βιβλίου τούτου. **8** Κἀγὼ Ἰωάννης ὁ ἀκούων καὶ βλέπων ταῦτα. καὶ ὅτε ἤκουσα καὶ ἔβλεψα, ἔπεσα προσκυνῆσαι ἔμπροσθεν τῶν ποδῶν τοῦ ἀγγέλου τοῦ δεικνύοντός μοι ταῦτα. **9** καὶ λέγει μοι· ὅρα μή· σύνδουλός σού εἰμι καὶ τῶν ἀδελφῶν σου τῶν προφητῶν καὶ τῶν τηρούντων τοὺς λόγους τοῦ βιβλίου τούτου· τῷ θεῷ προσκύνησον.

10 Καὶ λέγει μοι· μὴ σφραγίσῃς τοὺς λόγους τῆς προφητείας τοῦ βιβλίου τούτου, ὁ καιρὸς γὰρ ἐγγύς ἐστιν. **11** ὁ ἀδικῶν ἀδικησάτω ἔτι καὶ ὁ ῥυπαρὸς ῥυπαρευθήτω ἔτι, καὶ ὁ δίκαιος δικαιοσύνην ποιησάτω ἔτι καὶ ὁ ἅγιος ἁγιασθήτω ἔτι.

12 Ἰδοὺ ἔρχομαι ταχύ, καὶ ὁ μισθός μου μετ᾽ ἐμοῦ ἀποδοῦναι ἑκάστῳ ὡς τὸ ἔργον ἔσται[1] αὐτοῦ. **13** ἐγὼ τὸ ἄλφα καὶ τὸ ὦ, ὁ πρῶτος καὶ ὁ ἔσχατος, ἡ ἀρχὴ καὶ τὸ τέλος.

14 Μακάριοι οἱ πλύνοντες τὰς στολὰς αὐτῶν[2], ἵνα ἔσται ἡ ἐξουσία αὐτῶν ἐπὶ τὸ ξύλον τῆς ζωῆς καὶ τοῖς πυλῶσιν εἰσέλθωσιν εἰς τὴν πόλιν. **15** ἔξω οἱ κύνες καὶ οἱ φάρμακοι καὶ οἱ πόρνοι καὶ οἱ φονεῖς καὶ οἱ εἰδωλολάτραι καὶ πᾶς φιλῶν καὶ ποιῶν ψεῦδος.

16 Ἐγὼ Ἰησοῦς ἔπεμψα τὸν ἄγγελόν μου μαρτυρῆσαι ὑμῖν ταῦτα ἐπὶ ταῖς ἐκκλησίαις. ἐγώ εἰμι ἡ ῥίζα καὶ τὸ γένος Δαυίδ, ὁ ἀστὴρ ὁ λαμπρὸς ὁ πρωϊνός.

17 Καὶ τὸ πνεῦμα καὶ ἡ νύμφη λέγουσιν· ἔρχου. καὶ ὁ ἀκούων εἰπάτω· ἔρχου. καὶ ὁ διψῶν ἐρχέσθω, ὁ θέλων λαβέτω ὕδωρ ζωῆς δωρεάν.

18 Μαρτυρῶ ἐγὼ παντὶ τῷ ἀκούοντι τοὺς λόγους τῆς προφητείας τοῦ βιβλίου τούτου· ἐάν τις ἐπιθῇ ἐπ᾽ αὐτά, ἐπιθήσει ὁ θεὸς ἐπ᾽ αὐτὸν τὰς πληγὰς τὰς γεγραμμένας ἐν τῷ βιβλίῳ τούτῳ, **19** καὶ ἐάν τις ἀφέλῃ ἀπὸ τῶν λόγων τοῦ βιβλίου τῆς προφητείας ταύτης, ἀφελεῖ ὁ θεὸς τὸ μέρος αὐτοῦ ἀπὸ τοῦ

---

[1] **12** {B} ἔσται (254) 1006 (1611) 1637 1854 2050 2053 (2080) (2329) 2846 (Byz^A) (TR) Byz^K ∥ ἔστιν 01 02 (Origen) ∥ omit lat^{vg} Clement Cyril

[2] **14** {B} πλύνοντες τὰς στολὰς αὐτῶν 01 02 1006 (2050 πλύναντες) 2053 2080 2846 lat^{vg} co^{sa} eth ∥ ποιοῦντες τὰς ἐντολὰς αὐτοῦ 254 1611 1637 1854 2050 2329 Byz (lat^{vl-pt} ἐμοῦ for αὐτοῦ) sy co^{bo} ∥ φυλάσσοντες τὰς ἐντολὰς αὐτοῦ lat^{vl-mss} sy^{h-mss}

ξύλου τῆς ζωῆς καὶ ἐκ τῆς πόλεως τῆς ἁγίας τῶν γεγραμμένων ἐν τῷ βιβλίῳ τούτῳ.

20 Λέγει ὁ μαρτυρῶν ταῦτα· ναί, ἔρχομαι ταχύ. ἀμήν, ἔρχου κύριε Ἰησοῦ.

21 Ἡ χάρις τοῦ κυρίου Ἰησοῦ[3] μετὰ πάντων τῶν ἁγίων· ἀμήν.[4]

---

[3]**21** ♦ κυρίου Ἰησοῦ 01 02 1611 2053 lat^(vg-mss) eth ∥ ♦ κυρίου Ἰησοῦ Χριστοῦ 254 1006 1637 1854 2050 2846 *Byz* lat^(vl-pt) sy^h ∥ κυρίου ἡμῶν Ἰησοῦ Χριστοῦ *TR* lat^(vl-pt, vg) sy^ph (co^sa *omit* Χριστοῦ)

[4]**21** {C} μετὰ πάντων τῶν ἁγίων· ἀμήν. 254 1611 1637 1854 2053 2377 2846 *Byz*^K sy co ∥ μετὰ πάντων τῶν ἁγίων σου· ἀμήν. 2329 ∥ μετὰ πάντων τῶν ἁγίων. 1006 *Byz*^A ∥ μετὰ πάντων. 02 lat^(vl-pt, vg) (lat^(vg-mss) eth *add* ἀμήν) ∥ μετὰ πάντων ἡμῶν· ἀμήν. 2050 (*TR* lat^(vg-mss) ὑμῶν *for* ἡμῶν) ∥ μετὰ τῶν ἁγίων· ἀμήν. 01 (lat^(vl-pt) *omit* ἀμήν)

TEXTUAL CHANGES BETWEEN THE FIFTH AND SIXTH EDITIONS

The Gospel According to Mark

	ECM/UBS6/NA29	UBS5/NA28
1.1	υἱοῦ τοῦ θεοῦ	[υἱοῦ θεοῦ]
1.2	ἐγώ	–
1.4	–	[ὁ]
2.12	ἐναντίον	ἔμπροσθεν
3.11	λέγοντα	λέγοντες
3.14	–	[οὓς καὶ ἀποστόλους ὠνόμασεν]
3.16	–	[καὶ ἐποίησεν τοὺς δώδεκα]
3.20	ὄχλος	[ὁ] ὄχλος
3.32	–	[καὶ αἱ ἀδελφαί σου]
4.15	ἐν αὐτοῖς	εἰς αὐτούς
4.16	ὁμοίως	–
4.31	κόκκον	κόκκῳ
6.22	ὁ δὲ βασιλεὺς εἶπεν	εἶπεν ὁ βασιλεύς
6.23	–	[πολλά]
6.40	ἀνὰ ἑκατὸν καὶ ἀνά	κατὰ ἑκατὸν καὶ κατά
7.6	–	[ὅτι]
7.9	τηρήσητε	στήσητε
7.12	καὶ οὐκέτι	οὐκέτι
7.35	–	[εὐθέως]
7.37	–	[τούς]
8.35	ἀπολέσῃ	ἀπολέσει
9.1	τῶν ὧδε	ὧδε τῶν
10.25	εἰσελθεῖν	διελθεῖν
10.28	ἠκολουθήσαμεν	ἠκολουθήκαμεν

	ECM/UBS6/NA29	UBS5/NA28
11.3	ὅτι	–
11.23	γάρ	–
11.32	λαόν	ὄχλον
12.36	ὁ	–
14.31	με δέῃ	δέῃ με
14.44	ἀπαγάγετε	ἀπάγετε
15.12	–	[θέλετε]
16.14	–	[δέ]
16.19	–	Ἰησοῦς

The Acts of the Apostles

1.10	ἐσθῆτι λευκῇ	ἐσθήσεσιν λευκαῖς
1.15	ὡς	ὡσεί
1.26	αὐτῶν	αὐτοῖς
2.3	ἐκάθισέν τε	καὶ ἐκάθισεν
2.5	ἐν	εἰς
2.20	ἤ	–
2.20	τήν	–
2.33	–	[καί]
3.13	–	[ὁ θεός]
3.13	–	[ὁ θεός]
4.4	ὡσεί	[ὡς]
5.26	ἤγαγεν	ἦγεν
5.31	–	τοῦ
5.33	ἐβουλεύοντο	ἐβούλοντο
7.7	δουλεύσωσιν	δουλεύσουσιν
7.22	–	[ἐν]
8.31	ὁδηγήσῃ	ὁδηγήσει
9.8	οὐδένα	οὐδέν
9.12	–	[ἐν ὁράματι]
9.12	χεῖρας	[τὰς] χεῖρας
9.21	ἐν	εἰς
10.9	αὐτῶν	ἐκείνων

	ECM/UBS6/NA29	**UBS5/NA28**
10.40	–	[ἐν]
11.22	–	[διελθεῖν]
12.11	–	[ὁ]
13.11	ἐπέπεσεν	ἔπεσεν
13.33	ἡμῖν	[αὐτῶν] ἡμῖν
14.3	–	[ἐπί]
14.10	τῇ	–
15.4	ὑπό	ἀπό
15.17	ὁ ποιῶν	ποιῶν
15.37	καί	καὶ τόν
15.41	–	[τήν]
16.11	οὖν	δέ
16.12	πρώτη τῆς	πρώτη[ς]
16.13	ἐνομίζετο προσευχή	ἐνομίζομεν προσευχήν
16.17	κατακολουθήσασα	κατακολουθοῦσα
16.27	–	[τήν]
16.28	ὁ	[ὁ]
18.7	Τίτου	Τιτίου
19.14	τινες	τινος
19.15	–	[μέν]
20.5	προσελθόντες	προελθόντες
20.6	οὗ	ὅπου
20.21	Χριστόν	–
23.1	τῷ συνεδρίῳ ὁ Παῦλος	ὁ Παῦλος τῷ συνεδρίῳ
23.5	–	ὅτι
23.10	γενομένης	γινομένης
25.18	πονηράν	πονηρῶν
27.8	ἦν πόλις	πόλις ἦν
27.23	οὗ εἰμι, ᾧ καὶ λατρεύω	οὗ εἰμι [ἐγώ] ᾧ καὶ λατρεύω
28.5	ἀποτιναξάμενος	ἀποτινάξας

Revelation

	ECM/UBS6/NA29	UBS5/NA28
1.9	διά	–
1.13	υἱῷ	υἱόν
2.3	οὐκ ἐκοπίασας	οὐ κεκοπίακες
2.13	–	μου
2.25	ἄχρι	ἄχρι[ς]
3.7	τοῦ Δαυίδ	Δαυίδ
3.17	πλούσιος	ὅτι πλούσιος
3.17	οὐδενός	οὐδέν
3.17	ὁ ἐλεεινός	ἐλεεινός
4.7	ἔχον	ἔχων
4.8	ἔχον	ἔχων
4.9	τοῦ θρόνου	τῷ θρόνῳ
5.1	ἔξωθεν	ὄπισθεν
5.6	ἔχον	ἔχων
5.6	ἀποστελλόμενα	ἀπεσταλμένοι
5.9	ἡμᾶς	–
6.4	σφάξωσιν	σφάξουσιν
6.11	ἀναπαύσωνται	ἀναπαύσονται
6.11	πληρώσωσιν	πληρωθῶσιν
6.17	αὐτοῦ	αὐτῶν
7.1	καί	–
8.1	ὅτε	ὅταν
8.6	ἑαυτούς	αὐτούς
9.2	ἐσκοτίσθη	ἐσκοτώθη
9.4	ἀδικήσωσιν	ἀδικήσουσιν
9.5	αὐταῖς	αὐτοῖς
9.14	λέγουσαν	λέγοντα
9.20	προσκυνήσωσιν	προσκυνήσουσιν
11.5	θέλει	θελήσῃ
11.11	αὐτοῖς	ἐν αὐτοῖς
11.15	λέγουσαι	λέγοντες
11.18	τοῖς μικροῖς καὶ τοῖς μεγάλοις	τοὺς μικροὺς καὶ τοὺς μεγάλους

	ECM/UBS6/NA29	**UBS5/NA28**
12.2	–	καί
12.5	ἄρρενα	ἄρσεν
12.8	ἴσχυσαν	ἴσχυσεν
12.10	κατήγορος	κατήγωρ
12.12	–	οἱ
13.1	ὄνομα	ὀνόμα[τα]
13.3	ἐθαύμασεν	ἐθαυμάσθη
13.10	εἰς αἰχμαλωσίαν	εἰς αἰχμαλωσίαν εἰς αἰχμαλωσίαν
13.10	ἀποκτενεῖ, δεῖ αὐτὸν ἐν μαχαίρᾳ	ἀποκτανθῆναι αὐτὸν ἐν μαχαίρῃ
13.12	προσκυνήσωσιν	προσκυνήσουσιν
13.18	ἐστιν	–
14.8	–	ἥ
14.18	–	[ὁ]
14.18	κραυγῇ	φωνῇ
16.1	φωνῆς μεγάλης	μεγάλης φωνῆς
16.6	ἔδωκας	[δ]έδωκας
16.18	ἄνθρωποι ἐγένοντο	ἄνθρωπος ἐγένετο
17.3	γέμον	γέμον[τα]
17.3	ἔχον	ἔχων
17.8	ὑπάγειν	ὑπάγει
17.8	θαυμάσονται	θαυμασθήσονται
18.2	δαιμόνων	δαιμονίων
18.2	–	[καὶ φυλακὴ παντὸς θηρίου ἀκαθάρτου]
18.3	πεπτώκασιν	πέπωκαν
18.4	ἐξ αὐτῆς ὁ λαός μου	ὁ λαός μου ἐξ αὐτῆς
18.6	διπλᾶ	τὰ διπλᾶ
18.7	ἑαυτήν	αὐτήν
18.14	αὐτὰ οὐ μή	οὐ μὴ αὐτά
18.19	καὶ λέγοντες	λέγοντες
18.21	μύλον	μύλινον
19.12	–	[ὡς]
19.20	τὴν καιομένην	τῆς καιομένης

	ECM/UBS6/NA29	UBS5/NA28
20.2	τὸν ὄφιν τὸν ἀρχαῖον	ὁ ὄφις ὁ ἀρχαῖος
20.5	–	οἱ λοιποὶ τῶν νεκρῶν οὐκ ἔζησαν ἄχρι τελεσθῇ τὰ χίλια ἔτη
20.6	χίλια	[τὰ] χίλια
20.9	ἀπὸ τοῦ θεοῦ ἐκ	ἐκ
21.4	ἀπό	ἐκ
21.4	–	[ὅτι]
21.6	γέγονα ἐγώ	γέγοναν. ἐγώ [εἰμι]
21.12	–	[τὰ ὀνόματα]
21.14	ἔχον	ἔχων
21.16	–	[καὶ]
21.18	ἦν ἡ	ἡ
22.5	–	ἐπ᾽
22.11	ῥυπαρευθήτω	ῥυπανθήτω
22.12	ἔσται	ἐστίν
22.21	πάντων τῶν ἁγίων	πάντων
22.21	ἀμήν	–

INDEX OF QUOTATIONS

Old Testament Order

GENESIS

1.27	Mt 19.4
	Mk 10.6
2.2	He 4.4
2.7	1 Cor 15.45
2.24	Mt 19.5
	Mk 10.7-8a
	1 Cor 6.16
	Eph 5.31
5.2	Mt 19.4
	Mk 10.6
12.1	Ac 7.3
12.3	Ga 3.8
12.7	Ga 3.16
14.17-20	He 7.1-2
15.13-14	Ac 7.6-7
15.5	Ro 4.18
15.6	Jas 2.23
	Ro 4.3
	Ga 3.6
17.5	Ro 4.17
17.8	Ac 7.5
18.10, 14	Ro 9.9
21.10	Ga 4.30
21.12	Ro 9.7
	He 11.18
22.17	He 6.14
22.18	Ac 3.25
25.23	Ro 9.12
26.4	Ac 3.25
28.12	Jn 1.51
47.31 LXX	He 11.21
48.4	Ac 7.5

EXODUS

1.8	Ac 7.18
2.14	Ac 7.27-28, 35
3.5	Ac 7.33
3.6	Mt 22.32
	Mk 12.26
	Lk 20.37
	Ac 3.13; 7.32
3.7-8, 10	Ac 7.34
9.16	Ro 9.17
12.10, 46	
LXX	Jn 19.36
13.2, 12	Lk 2.23
16.18	2 Cor 8.15
20.12	Mt 15.4
	Mk 7.10a
	Eph 6.2-3
20.12-16	Mt 19.18-19
	Mk 10.19
	Lk 18.20
20.13	Mt 5.21
20.13-14	Jas 2.11
20.13-17	Ro 13.9
20.14	Mt 5.27
20.17	Ro 7.7
21.17	Mt 15.4
	Mk 7.10b
21.24	Mt 5.38
22.28	Ac 23.5
23.20	Mt 11.10
	Mk 1.2b
	Lk 7.27
24.8	He 9.20
25.40	He 8.5
32.1, 23	Ac 7.40
32.6	1 Cor 10.7
33.19	Ro 9.15

LEVITICUS

11.44-45	1 Pe 1.16
12.8	Lk 2.24
18.5	Ro 10.5
	Ga 3.12
19.2	1 Pe 1.16
19.18	Mt 5.43;
	19.19; 22.39
	Mk 12.31, 33
	Lk 10.27
	Jas 2.8
	Ro 13.9
	Ga 5.14
20.9	Mk 7.10b
23.29	Ac 3.23
24.20	Mt 5.38
26.11s	2 Cor 6.16

NUMBERS

12.7 LXX	He 3.5
16.5 LXX	2 Tm 2.19

DEUTERONOMY

4.24	He 12.29
4.35	Mk 12.32
5.16	Mt 15.4
	Mk 7.10a
	Eph 6.2-3

5.16-20	Mt 19.18-19	*JOSHUA*		**16.10** LXX	Ac 13.35	
	Mk 10.19			**18.49**	Ro 15.9	
	Lk 18.20	**22.5**	Mt 22.37	**19.4**	Ro 10.18	
5.17	Mt 5.21		Mk 12.30, 33	**22.1**	Mt 27.46	
5.17-18	Jas 2.11		Lk 10.27		Mk 15.34	
5.17-21	Ro 13.9			**22.8**	Mt 27.43	
5.18	Mt 5.27	*2 SAMUEL*		**22.18**	Mt 27.35	
5.21	Ro 7.7				Mk 15.24	
6.4	Mk 12.29-30,	**5.2**	Mt 2.6		Lk 23.34	
	32	**7.14**	2 Cor 6.18		Jn 19.24	
6.5	Mt 22.37		He 1.5	**22.22**	He 2.12	
	Mk 12.30, 33	**22.50**	Ro 15.9	**24.1**	1 Cor 10.26	
	Lk 10.27			**31.5**	Lk 23.46	
6.13	Mt 4.10	*1 KINGS*		**32.1-2**	Ro 4.7-8	
	Lk 4.8			**34.12-16**	1 Pe 3.10-12	
6.16	Mt 4.7	**19.10, 14**	Ro 11.3	**34.20**	Jn 19.36	
	Lk 4.12	**19.18**	Ro 11.4	**36.1**	Ro 3.18	
8.3	Mt 4.4			**40.6-8**	He 10.5-9	
	Lk 4.4	*1 CHRONICLES*		**41.9**	Jn 13.18	
9.4	Ro 10.6			**44.22**	Ro 8.36	
9.19	He 12.21	**11.2**	Mt 2.6	**45.6-7**	He 1.8-9	
10.20	Mt 4.10	**17.13**	He 1.5	**51.4**	Ro 3.4	
17.7	1 Cor 5.13			**53.1-3**	Ro 3.10-12	
18.15	Ac 7.37	*JOB*		**68.18**	Eph 4.8	
18.15-16	Ac 3.22			**69.4**	Jn 15.25	
18.19	Ac 3.23	**5.13**	1 Cor 3.19	**69.22-23**	Ro 11.9-10	
19.15	Mt 18.16	**41.3**	Ro 11.35	**69.25**	Ac 1.20	
	2 Cor 13.1			**69.9**	Jn 2.17	
19.21	Mt 5.38	*PSALMS*			Ro 15.3	
21.23	Ga 3.13			**78.2**	Mt 13.35	
25.4	1 Cor 9.9	**2.1-2**	Ac 4.25-26	**78.24**	Jn 6.31	
	1 Tm 5.18	**2.7**	Ac 13.33	**86.2**	Jn 10.34	
27.26	Ga 3.10		He 1.5; 5.5	**91.11**	Lk 4.10	
29.4	Ro 11.8	**2.8-9**	Re 2.27	**91.11-12**	Mt 4.6	
30.12	Ro 10.6	**4.4** LXX	Eph 4.26	**91.12**	Lk 4.11	
31.6, 8	He 13.5	**5.9**	Ro 3.13	**94.11**	1 Cor 3.20	
32.21	Ro 10.19	**6.8**	Mt 7.23	**95.7-8**	He 3.15	
32.25	Ro 12.19		Lk 13.27		He 4.7	
32.35	He 10.30	**8.2** LXX	Mt 21.16	**95.7-11**	He 3.7-11	
32.36	He 10.30	**8.4-6** LXX	He 2.6-8	**95.11**	He 4.3, 5	
32.43	Ro 15.10	**8.6**	1 Cor 15.27	**97.7** LXX	He 1.6	
32.43 LXX	He 1.6		Eph 1.22	**102.25-27**	He 1.10-12	
		10.7	Ro 3.14	**104.4**	He 1.7	
		14.1-3	Ro 3.10-12	**109.8**	Ac 1.20	
		16.8-11	Ac 2.25-28			

Index of Quotations

110.1	Mt 22.44	**8.8, 10** LXX	Mt 1.23
	Mk 12.36	**8.18**	He 2.13
	Lk 20.42	**9.1-2**	Mt 4.15-16
	Ac 2.34-35	**10.22-23**	Ro 9.27-28
	1 Cor 15.25	**11.10**	Ro 15.12
	He 1.13	**12.2** LXX	He 2.13
110.4	He 5.6;	**13.10**	Mt 24.29
	7.17, 21		Mk 13.24
112.9	2 Cor 9.9	**22.13**	1 Cor 15.32
116.10 LXX	2 Cor 4.13	**25.8**	1 Cor 15.54
117.1	Ro 15.11	**26.20** LXX	He 10.37
118.6	He 13.6	**28.11-12**	1 Cor 14.21
118.22	Lk 20.17	**28.16**	1 Pe 2.6
	Ac 4.11		Ro 9.33;
	1 Pe 2.7		10.11
118.22-23	Mt 21.42	**29.10**	Ro 11.8
	Mk 12.10b-11	**29.13** LXX	Mt 15.8
118.25-26	Mt 21.9		Mk 7.6b-7
	Jn 12.13	**29.14**	1 Cor 1.19
118.26	Mt 23.39	**29.16** LXX	Ro 9.20
	Lk 13.35;	**34.4** LXX	Mt 24.29
	19.38		Mk 13.25
119.25-26	Mk 11.9	**40.3**	Mt 3.3
135.14	He 10.30		Mk 1.3
140.3	Ro 3.13		Jn 1.23
		40.3-5	Lk 3.4b-6
PROVERBS		**40.6-7**	1 Pe 1.24
		40.8	1 Pe 1.25
1.16	Ro 3.15-17	**40.13** LXX	Ro 11.34
3.11-12	He 12.5-6		1 Cor 2.16
3.34 LXX	Jas 4.6	**42.1-4**	Mt 12.18-21
	1 Pe 5.5	**45.21**	Mk 12.32
11.31 LXX	1 Pe 4.18	**45.23** LXX	Ro 14.11
25.21-22	Ro 12.20	**49.6**	Ac 13.47
		49.8	2 Cor 6.2
ISAIAH		**49.10**	Re 7.16
		49.18	Ro 14.11
1.9	Ro 9.29	**52.5**	Ro 2.24
6.9-10	Mt 13.14	**52.7**	Ro 10.15
	Mk 4.12	**52.11**	2 Cor 6.17
	Ac 28.26-27	**52.15**	Ro 15.21
6.10	Jn 12.40	**53.1**	Jn 12.38
7.14	Mt 1.23		Ro 10.16
8.14	1 Pe 2.8	**53.4**	Mt 8.17
8.17 LXX	He 2.13	**53.7-8** LXX	Ac 8.32-33
53.9	1 Pe 2.22
53.12	Lk 22.37
54.1	Ga 4.27
54.13	Jn 6.45
55.3 LXX	Ac 13.34
56.7	Mt 21.13
	Mk 11.17
	Lk 19.46
58.6	Lk 4.18-19
59.7-8	Ro 3.15-17
59.20-21	Ro 11.26-27
61.1-2	Lk 4.18-19
62.11	Mt 21.5
64.4	1 Cor 2.9
65.1	Ro 10.20
65.2 LXX	Ro 10.21
66.1-2	Ac 7.49-50
66.24	Mk 9.48

JEREMIAH

5.21	Mk 8.18
6.16	Mt 11.29
7.11	Mt 21.13
	Mk 11.17
	Lk 19.46
9.23-24	1 Cor 1.31
	2 Cor 10.17
31.15	Mt 2.18
31.31-34	He 8.8-12
31.33	He 10.16
31.34	He 10.17

EZEKIEL

20.34, 41	2 Cor 6.17
37.27	2 Cor 6.16

DANIEL

3.6	Mt 13.42, 50
7.13	Mt 24.30;
	26.64
	Mk 14.62
	Lk 21.27

7.13-14	Mk 13.26	*AMOS*		**2.4**	Ro 1.17
11.31	Mt 24.15				Ga 3.11
	Mk 13.14	**5.25-27**	Ac 7.42-43		
12.11	Mt 24.15	**9.11-12**	Ac 15.16-17	*HAGGAI*	
	Mk 13.14				
		JONAH		**2.6**	He 12.26
HOSEA					
		1.17	**Mt 12.40**	*ZECHARIAH*	
1.10	Ro 9.26-28				
2.23	Ro 9.25	*MICAH*		**8.16**	Eph 4.25
6.6	Mt 9.13			**9.9**	Mt 21.5
	Mt 12.7	**5.2, 4**	Mt 2.6	**11.13**	Mt 27.9
10.8	Lk 23.30	**7.6**	Mt 10.35	**12.10**	Jn 19.37
11.1	Mt 2.15			**13.7**	Mt 26.31
13.14	1 Cor 15.55	*NAHUM*			Mk 14.27
		1.15	Ro 10.15	*MALACHI*	
JOEL					
		HABAKKUK		**1.2-3**	Ro 9.13
2.28-32	Ac 2.17-21			**3.1**	Mt 11.10
2.32	Ro 10.13	**1.5** LXX	Ac 13.41		Mk 1.2b
		2.3-4 LXX	He 10.37-38		Lk 7.27

New Testament Order

MATTHEW		**5.27**	Ex 20.14;	**13.42**	Dn 3.6
			Dt 5.18	**13.50**	Dn 3.6
1.23	Is 7.14	**5.38**	Ex 21.24;	**15.4**	Ex 20.12;
1.23	Is 8.8, 10		Lv 24.20;		Dt 5.16
	LXX		Dt 19.21	**15.4**	Ex 21.17
2.6	Mic 5.2, 4	**5.43**	Lv 19.18	**15.8**	Is 29.13 LXX
2.6	2 Sm 5.2;	**7.23**	Ps 6.8	**18.16**	Dt 19.15
	1 Chr 11.2	**8.17**	Is 53.4	**19.4**	Gn 1.27; 5.2
2.15	Ho 11.1	**9.13**	Ho 6.6	**19.5**	Gn 2.24
2.18	Jr 31.15	**10.35**	Mic 7.6	**19.18-19**	Ex 20.12-16;
3.3	Is 40.3	**11.10**	Ex 23.20;		Dt 5.16-20
4.4	Dt 8.3		Mal 3.1	**19.19**	Lv 19.18
4.6	Ps 91.11-12	**11.29**	Jr 6.16	**21.5**	Is 62.11;
4.7	Dt 6.16	**12.7**	Ho 6.6		Zch 9.9
4.10	Dt 6.13; 10.20	**12.18-21**	Is 42.1-4	**21.9**	Ps 118.25-26
4.15-16	Is 9.1-2	**12.40**	Jon 1.17	**21.13**	Is 56.7
5.21	Ex 20.13;	**13.14**	Is 6.9-10	**21.13**	Jr 7.11
	Dt 5.17	**13.35**	Ps 78.2	**21.16**	Ps 8.2 LXX

Index of Quotations

21.42	Ps 118.22-23	**12.32**	Dt 6.4;	**22.37**	Is 53.12
22.32	Ex 3.6		Dt 4.35;	**23.30**	Ho 10.8
22.37	Dt 6.5;		Is 45.21	**23.34**	Ps 22.18
	Jos 22.5	**12.33**	Dt 6.5;	**23.46**	Ps 31.5
22.39	Lv 19.18		Jos 22.5		
22.44	Ps 110.1	**12.33**	Lv 19.18	*JOHN*	
23.39	Ps 118.26	**12.36**	Ps 110.1		
24.15	Dn 11.31;	**13.14**	Dn 12.11;	**1.23**	Is 40.3
	12.11		11.31	**1.51**	Gn 28.12
24.29	Is 13.10	**13.24**	Is 13.10	**2.17**	Ps 69.9
24.29	Is 34.4 LXX	**13.25**	Is 34.4 LXX	**6.31**	Ps 78.24
24.30	Dn 7.13	**13.26**	Dn 7.13-14	**6.45**	Is 54.13
26.31	Zch 13.7	**14.27**	Zch 13.7	**10.34**	Ps 86.2
26.64	Dn 7.13	**14.62**	Dn 7.13	**12.13**	Ps 118.25-26
27.9	Zch 11.13	**15.24**	Ps 22.18	**12.15**	Zch 9.9
27.35	Ps 22.18	**15.34**	Ps 22.1	**12.38**	Is 53.1
27.43	Ps 22.8			**12.40**	Is 6.10
27.46	Ps 22.1	*LUKE*		**13.18**	Ps 41.9
				15.25	Ps 35.19; 69.4
MARK		**2.23**	Ex 13.2, 12	**19.24**	Ps 22.18
		2.24	Lv 12.8	**19.36**	Ex 12.10, 46
1.2b	Ex 23.20;	**3.4b-6**	Is 40.3-5		LXX; Ps 34.20
	Mal 3.1	**4.4**	Dt 8.3	**19.37**	Zch 12.10
1.3	Is 40.3	**4.8**	Dt 6.13		
4.12	Is 6.9-10	**4.10**	Ps 91.11	*ACTS*	
7.6b-7	Is 29.13 LXX	**4.11**	Ps 91.12		
7.10a	Ex 20.12;	**4.12**	Dt 6.16	**1.20**	Ps 69.25
	Dt 5.16	**4.18-19**	Is 61.1-2	**1.20**	Ps 109.8
7.10b	Ex 21.17;	**4.18-19**	Is 58.6	**2.17-21**	Jl 2.28-32
	Lv 20.9	**7.27**	Mal 3.1;	**2.25-28**	Ps 16.8-11
8.18	Jr 5.21		Ex 23.20	**2.34-35**	Ps 110.1
9.48	Is 66.24	**10.27**	Dt 6.5;	**3.13**	Ex 3.6
10.6	Gn 1.27; 5.2		Jos 22.5	**3.22**	Dt 18.15s
10.7-8a	Gn 2.24	**10.27**	Lv 19.18	**3.23**	Dt 18.19;
10.19	Ex 20.12-16;	**13.27**	Ps 6.8		Lv 23.29
	Dt 5.16-20	**13.35**	Ps 118.26	**3.25**	Gn 22.18;
11.9	Ps 119.25-26	**18.20**	Ex 20.12-16;		26.4
11.17	Is 56.7		Dt 5.16-20	**4.11**	Ps 118.22
11.17	Jr 7.11	**19.38**	Ps 118.26	**4.25-26**	Ps 2.1-2
12.10b-11	Ps 118.22-23	**19.46**	Is 56.7	**7.3**	Gn 12.1
12.26	Ex 3.6	**19.46**	Jr 7.11	**7.5**	Gn 17.8; 48.4
12.29-30	Dt 6.4	**20.17**	Ps 118.22	**7.6-7**	Gn 15.13-14
12.30	Dt 6.5;	**20.37**	Ex 3.6	**7.18**	Ex 1.8
	Jos 22.5	**20.42**	Ps 110.1	**7.27-28**	Ex 2.14
12.31	Lv 19.18	**21.27**	Dn 7.13	**7.32**	Ex 3.6

7.33	Ex 3.5	**3.10-12**	Ps 14.1-3;	**11.9-10**	Ps 69.22-23
7.34	Ex 3.7s, 10		53.1-3	**11.26-27**	Is 59.20-21
7.35	Ex 2.14	**3.13**	Ps 5.9	**11.34**	Is 40.13 LXX
7.37	Dt 18.15	**3.13**	Ps 140.3	**11.35**	Job 41.3
7.40	Ex 32.1, 23	**3.14**	Ps 10.7	**12.19**	Dt 32.25
7.42-43	Am 5.25-27	**3.15-17**	Is 59.7-8;	**12.20**	Pr 25.21-22
7.49-50	Is 66.1-2		Pr 1.16	**13.9**	Ex 20.13-17;
8.32-33	Is 53.7-8 LXX	**3.18**	Ps 36.1		Dt 5.17-21
13.33	Ps 2.7	**4.3**	Gn 15.6	**13.9**	Lv 19.18
13.34	Is 55.3 LXX	**4.7-8**	Ps 32.1-2	**14.11**	Is 49.18
13.35	Ps 16.10 LXX	**4.17**	Gn 17.5	**14.11**	Is 45.23 LXX
13.41	Hab 1.5 LXX	**4.18**	Gn 15.5	**15.3**	Ps 69.9
13.47	Is 49.6	**7.7**	Ex 20.17;	**15.9**	2 Sm 22.50;
15.16-17	Am 9.11-12		Dt 5.21		Ps 18.49
23.5	Ex 22.28	**8.36**	Ps 44.22	**15.10**	Dt 32.43
28.26-27	Is 6.9-10	**9.7**	Gn 21.12	**15.11**	Ps 117.1
		9.9	Gn 18.10, 14	**15.12**	Is 11.10
JAMES		**9.12**	Gn 25.23	**15.21**	Is 52.15
		9.13	Mal 1.2-3		
2.8	Lv 19.18	**9.15**	Ex 33.19	*1 CORINTHIANS*	
2.11	Ex 20.13-14;	**9.17**	Ex 9.16		
	Dt 5.17-18	**9.20**	Is 29.16 LXX	**1.19**	Is 29.14
2.23	Gn 15.6	**9.25**	Ho 2.23	**1.31**	Jr 9.23-24
4.6	Pr 3.34 LXX	**9.26**	Ho 1.10	**2.9**	Is 64.4
		9.27-28	Is 10.22-23;	**2.16**	Is 40.13 LXX
1 PETER			Ho 1.10	**3.19**	Job 5.13
		9.29	Is 1.9	**3.20**	Ps 94.11
1.16	Lv 11.44-45;	**9.33**	Is 28.16	**5.13**	Dt 17.7
	19.2	**10.5**	Lv 18.5	**6.16**	Gn 2.24
1.24	Is 40.6-7	**10.6**	Dt 9.4	**9.9**	Dt 25.4
1.25	Is 40.8	**10.6**	Dt 30.12	**10.7**	Ex 32.6
2.6	Is 28.16	**10.11**	Is 28.16	**10.26**	Ps 24.1
2.7	Ps 118.22	**10.13**	Jl 2.32	**14.21**	Is 28.11-12
2.8	Is 8.14	**10.15**	Is 52.7;	**15.25**	Ps 110.1
2.22	Is 53.9		Na 1.15	**15.27**	Ps 8.6
3.10-12	Ps 34.12-16	**10.16**	Is 53.1	**15.32**	Is 22.13
4.18	Pr 11.31 LXX	**10.18**	Ps 19.4	**15.45**	Gn 2.7
5.5	Pr 3.34 LXX	**10.19**	Dt 32.21	**15.54**	Is 25.8
		10.20	Is 65.1	**15.55**	Ho 13.14
ROMANS		**10.21**	Is 65.2 LXX		
		11.3	1 Kgs 19.10, 14	*2 CORINTHIANS*	
1.17	Hab 2.4				
2.24	Is 52.5	**11.4**	1 Kgs 19.18	**4.13**	Ps 116.10 LXX
3.4	Ps 51.4	**11.8**	Dt 29.4; Is 29.10	**6.2**	Is 49.8

Index of Quotations

6.16	Lv 26.11s; Eze 37.27	*HEBREWS*		**10.5-9**	Ps 40.6-8
6.17	Is 52.11; Eze 20.34, 41	**1.5**	Ps 2.7	**10.16**	Jr 31.33
6.18	2 Sm 7.14	**1.5**	2 Sm 7.14; 1 Chr 17.13	**10.17**	Jr 31.34
8.15	Ex 16.18	**1.6**	Dt 32.43 LXX; Ps 97.7 LXX	**10.30**	Dt 32.35
9.9	Ps 112.9	**1.7**	Ps 104.4	**10.30**	Dt 32.36; Ps 135.14
10.17	Jr 9.23-24	**1.8-9**	Ps 45.6-7	**10.37**	Is 26.20 LXX
13.1	Dt 19.15	**1.10-12**	Ps 102.25-27	**10.37-38**	Hab 2.3-4 LXX
		1.13	Ps 110.1	**11.18**	Gn 21.12
GALATIANS		**2.6-8**	Ps 8.4-6 LXX	**11.21**	Gn 47.31 LXX
3.6	Gn 15.6	**2.12**	Ps 22.22	**12.5-6**	Pr 3.11-12
3.8	Gn 12.3	**2.13**	Is 8.17; 12.2 LXX	**12.21**	Dt 9.19
3.10	Dt 27.26	**2.13**	Is 8.18	**12.26**	Hg 2.6
3.11	Hab 2.4	**3.5**	Nu 12.7 LXX	**12.29**	Dt 4.24
3.12	Lv 18.5	**3.7-11**	Ps 95.7-11	**13.5**	Dt 31.6, 8 etc.
3.13	Dt 21.23	**3.15**	Ps 95.7-8	**13.6**	Ps 118.6
3.16	Gn 12.7	**4.3**	Ps 95.11		
4.27	Is 54.1	**4.4**	Gn 2.2	*1 TIMOTHY*	
4.30	Gn 21.10	**4.5**	Ps 95.11	**5.18**	Dt 25.4
5.14	Lv 19.18	**4.7**	Ps 95.7-8		
		5.5	Ps 2.7	*2 TIMOTHY*	
EPHESIANS		**5.6**	Ps 110.4		
1.22	Ps 8.6	**6.14**	Gn 22.17	**2.19**	Nu 16.5 LXX
4.8	Ps 68.18	**7.1-2**	Gn 14.17-20		
4.25	Zch 8.16	**7.17**	Ps 110.4	*REVELATION*	
4.26	Ps 4.4 LXX	**7.21**	Ps 110.4		
5.31	Gn 2.24	**8.5**	Ex 25.40	**2.27**	Ps 2.8-9
6.2-3	Ex 20.12; Dt 5.16	**8.8-12**	Jr 31.31-34	**7.16**	Is 49.10
		9.20	Ex 24.8		

PRINCIPAL SYMBOLS AND ABBREVIATIONS

( )	Parentheses indicate the presence of a negligible difference from the reading for which the enclosed witnesses are cited. They are also used for editorial comments.	♦	The ECM editors were unable to decide which of these readings was the earliest text.
[ ]	Brackets enclose certain selected Byzantine manuscripts immediately following the symbol *Byz*. When the original or corrected reading of 13 or 828 differs from f^{13}, the correlative witness for the group is bracketed with the sign * or c following the group symbol (cf. Lk 22.43–44).	?	An indication of doubt as to whether the witness supports the given reading. In the case of early translations, this may be used to indicate a possible back-translation into Greek which cannot be verified.
⟦ ⟧	Double brackets enclose passages which are regarded as later additions to the text.	*	The original reading of a manuscript (when the reading of a manuscript has been corrected); correlated to c or 1,2,3.
{ }	Braces enclose a letter A, B, C, D which indicates the relative degree of confidence regarding the reading adopted in the text.	1,2,3,c	Successive correctors of a manuscript in chronological sequence to the extent this can be determined. The symbol c at the end of the sequence refers to the latest corrector. Correlated to *. In Codex Sinaiticus (01), corrector 2 is sometimes split into 2a and 2b.

a	Indication that a manuscript contains the Acts of the Apostles
acc. to	A citation which is preserved within another source ('according to').
app	critical apparatus.
arab	An Arabic translation of the text of a Greek writer.
arm	An Armenian translation of the text of a Greek writer.
Byz	The reading of the majority of the Byzantine witnesses.
Byz^{pt}	A part of the Byzantine manuscript tradition.
Byz^A	The Byzantine Andreas tradition in Revelation.
Byz^K	The Byzantine Koine tradition in Revelation.
c	Indicates that a manuscript contains all or part of the Catholic Epistles.
c	The reading of the corrector of a manuscript; correlated to *.

Principal Symbols and Abbreviations

com	Citations in a running commentary when it differs from the biblical text of the witness (^{txt}) provided with the commentary.
co	All Coptic traditions.
co^{ac}	Achmimic Coptic.
co^{bo}	Bohairic Coptic.
co^{cv}	Coptic Dialect V.
co^{cw}	Middle Egyptian Fayyumic Coptic.
co^{fa}	Fayyumic Coptic.
co^{ly}	Lycopolitan Coptic.
co^{mae}	Middle Egyptian Coptic.
co^{pbo}	Proto-Bohairic Coptic.
co^{sa}	Sahidic Coptic.
cpa	Christian Palestinian Aramaic.
^{dub}	A citation whose attribution to the given source is dubious.
e	Indicates that a manuscript contains all or part of the Gospels.
$^{ed(d)}$	A reading from the editorial text of a Christian writer when it differs from the manuscript tradition; correlated to ^{pap}.
eth	Ethiopic version.
eth^{ms}	The Hackspill edition of the manuscript Paris, Ms. Eth. 32.
eth^{pp}	The Pell Platt edition of the Ethiopic version.
eth^{ro}	The Rome edition of the Ethiopic version.
ethTH	The Takla Hāymānot edition of the Ethiopic version.
f^1	"Family 1," a group of Greek manuscripts including GA 1 (see pp. 16*-17*).
f^{13}	"Family 13," a group of Greek manuscripts including GA 13 (see pp. 16*-17*).
got	Gothic version.
^{gr}	A citation from a Greek fragment of the work of an ancient writer which is preserved complete only in a translation.
lat	The Latin version or a Latin translation of the text of a Greek writer.
lat^{vg}	The Latin Vulgate.
lat^{vl}	The Old Latin version.
Lect	The Greek lectionary tradition.
^{lem}	A citation from a lemma, i. e., the text of the New Testament which precedes the commentary (^{com}) in a commentary manuscript or ancient writer.
LXX	A quotation whose text is taken from the Greek Septuagint. In the apparatus, the verse numbering of these references corresponds to that of editions of the Septuagint, which may differ from modern forms of the Old Testament.
mg	Textual evidence contained in the margin of a manuscript; correlated to * or ^{txt}.
ms(s)	A reading attested by individual manuscripts within a broader tradition (e. g. an early translation). In ancient writers, this indicates a difference in the textual tradition from the edited text.
MT	Verse numbering in the Masoretic Text of the Hebrew Scriptures.
p	Indicates that a manuscript contains all or part of the Epistles of Paul.
𝔓	A papyrus manuscript, identified by the superscript number.
pap	A reading from the papyrus stage of the tradition of a Christian writer when it differs from the editorial text of the work; correlated to ^{ed}.

pt	One part of the evidence when a group of witnesses is divided. Accordingly this symbol always appears at least twice in a given set of variants.	sy	Syriac versions, or a Syriac translation of the text of a Greek writer.	sy^ph	Philoxenian Syriac version.
		sy^c	The Curetonian manuscript of the Old Syriac version.	sy^s	The Sinaitic manuscript of the Old Syriac version.
r	Indicates that a manuscript contains all or part of the text of Revelation.	sy^f	The New Find fragment of the Old Syriac.	txt	The biblical text of a witness when it differs from a citation in a running commentary (^com), a marginal reading (^mg), or a variant reading (^v.r.).
		sy^h	Harklean Syriac version.		
[sic]	An abnormality reproduced exactly from the original.	sy^h with *	Harklean Syriac reading in the text enclosed between an asterisk and a metobelos.		
slav	A Slavonic translation of the text of a Greek writer.			vid	The apparent reading of a witness where the state of its preservation or other factors make complete verification impossible.
		sy^hgr	A Greek marginal qualification for a Harklean Syriac reading.		
supp	A portion of a manuscript supplied by a later hand where the original is missing.	sy^hmg	Harklean Syriac variant reading in the margin.	v.r.	A variant reading specifically designated in a manuscript as an alternative; correlated to ^txt.
		sy^p	Peshitta Syriac version.		

The Eastern Mediterranean in New Testament Times

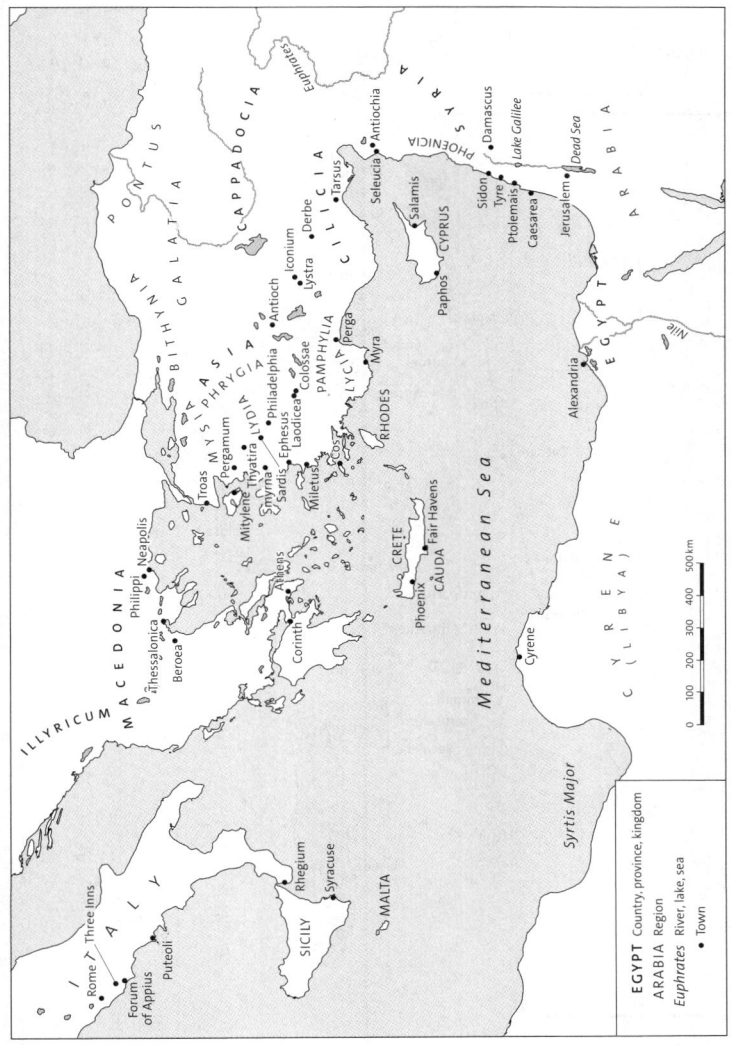

Palestine in New Testament Times

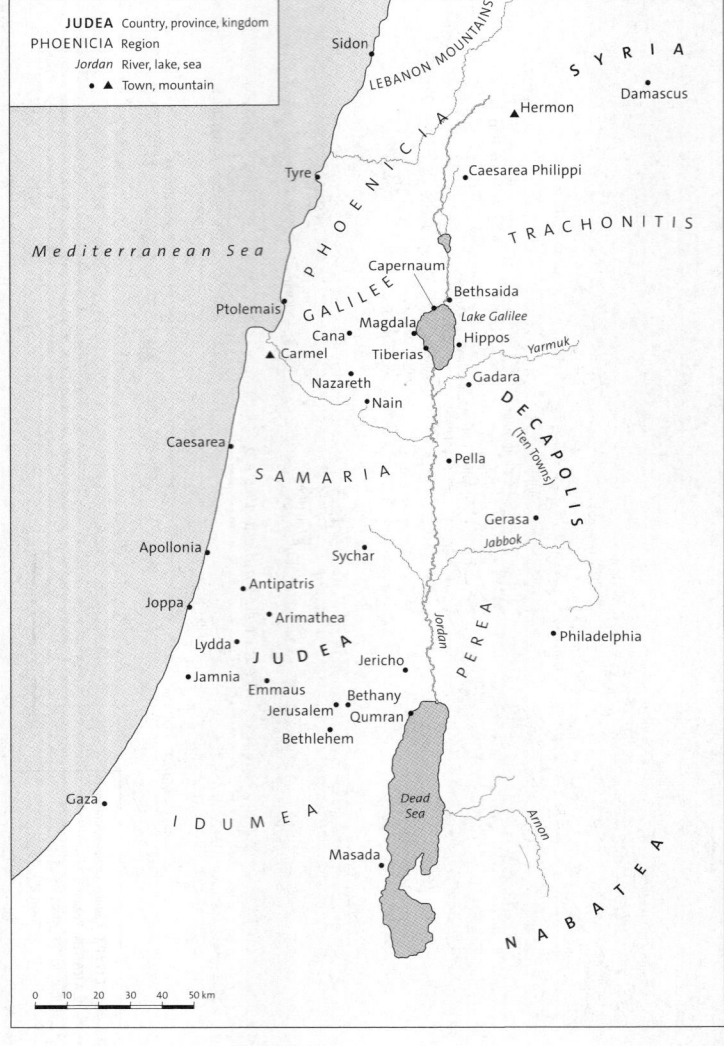